O Apóstolo do Senhor
crucificado

O Apóstolo do Senhor
CRUCIFICADO

Uma introdução

teológica a Paulo

e suas cartas

MICHAEL J. GORMAN

© Título original: Apostle of the Crucified Lord: A Theological Introduction to Paul & His Letters
© 2017 de Michael J. Gorman

Publicado por Wm. B. Eerdmans Publishing Co.
2140 Oak Industrial Drive N.E., Grand Rapids, Michigan 49505
www.eerdmans.com

1ª edição: novembro de 2022

Tradução
Wilson Almeida

Revisão
Elizeu Correa Lira (copidesque)
Luiz Werneck Maia (provas)

Capa
Julio Carvalho

Diagramação
Letras Reformadas

Editor
Aldo Menezes

Coordenador de produção
Mauro Terrengui

Impressão e acabamento
Imprensa da Fé

O copyright dos mapas das páginas 47, 98, 260 e 307 são de André Daniel Reinke. Usados com permissão.

As opiniões, as interpretações e os conceitos emitidos nesta obra são de responsabilidade do autor e não refletem necessariamente o ponto de vista da Hagnos.

© 2022. Todos os direitos desta edição reservados à:
Editora Hagnos Ltda.
Av. Jacinto Júlio, 27
04815-160 — São Paulo, SP
Tel.: (11) 5668-5668

E-mail: hagnos@hagnos.com.br
Home page: www.hagnos.com.br

Editora associada à

Dados Internacionais de Catalogação na Publicação (CIP)
Angélica Ilacqua CRB-8/7057

Gorman, Michael
  O apóstolo do Senhor crucificado : uma introdução teológica a Paulo e suas cartas / Michael J Gorman ; tradução de Wilson Ferraz de Almeida. — São Paulo : Hagnos, 2022.

ISBN 978-85-7742-373-6
Título original: Apostle of the Crucified Lord

1. Bíblia – Estudo e ensino 2. Paulo, Apóstolo, Santo I. Título II. Almeida, Wilson Ferraz de

22-5669   CDD-220.7

Índice para catálogo sistemático:

  1. Bíblia – Estudo e ensino

Para Richard Hays
Mentor, colega e amigo
e
Estudioso da Bíblia para a Igreja

Sumário

Apresentação de John M. G. Barclay 9
Prefácio à segunda edição americana 12
Prefácio à primeira edição americana 16
Nota ao leitor 18
Agradecimentos (segunda edição americana) 19
Agradecimentos (primeira edição americana) 23
Abreviaturas 25

INTRODUÇÃO: CONHECENDO PAULO
Perspectivas sobre o apóstolo 27

1. O MUNDO DE PAULO
O contexto greco-romano de sua missão 37

2. CURRÍCULO DO APÓSTOLO PAULO
A missão do ex-perseguidor 89

3. AS CARTAS DE PAULO
Apostolado in absentia 137

4. O EVANGELHO DE PAULO
As boas-novas do Cristo crucificado e ressurreto 174

5. A ESPIRITUALIDADE DE PAULO
Participação e transformação em Cristo 198

6. A TEOLOGIA DE PAULO
Doze convicções fundamentais 228

7. 1TESSALONICENSES
Santidade e esperança de um testemunho fiel para um mundo pagão 257

8. 2TESSALONICENSES
Resistência cruciforme e bondade antes da parúsia 286

9. Gálatas
A suficiência de Cristo e do Espírito..305

10. 1Coríntios
O caos, a cruz e o Espírito em Corinto..363

11. 2Coríntios
A defesa de Paulo da vida e do ministério cruciformes
cheios do Espírito 451

12. Romanos
Gentios e judeus na comunidade cruciforme da aliança
em Cristo..517

13. Filipenses
A história magistral do Senhor crucificado e exaltado na
comunidade cruciforme e missionária...629

14. Filemom
A cruz e o status quo 683

15. Colossenses
A plenitude e sabedoria de Deus no Cristo cósmico e crucificado..705

16. Efésios
Uma nova humanidade digna do Cristo cósmico, crucificado e
pacificador 743

17. 2Timóteo
Sofrimento em lugar de vergonha 790

18. 1Timóteo
Ordem e conduta adequada na casa de Deus................................814

19. Tito
Colocando em ordem a vida e a liderança da igreja 838

20. Epílogo
Paulo, nosso contemporâneo... 847

Apresentação de John M. G. Barclay

Entre os muitos livros sobre Paulo, esta obra de Michael J. Gorman, *O apóstolo do Senhor crucificado*, ocupa um lugar especial. Escrita a partir de três décadas de experiência como professor, o texto e a sua forma são bastante acessíveis aos alunos: claramente organizados, bem ilustrados e de fácil leitura. A abordagem sobre Paulo também é abrangente (outra característica ideal de um livro didático): inclui todas as treze cartas atribuídas ao apóstolo, ao mesmo tempo que explica com clareza as questões relativas à autoria de cada uma. Mas essa não é apenas uma introdução comum a Paulo, como deixa claro o subtítulo com seu adjetivo 'teológico'. Utilizando-se de todos os recursos de pesquisa histórica e de análise literária, este livro nos leva ao *tema das cartas* de Paulo, a teologia que governou essas intervenções pastorais em seus variados contextos sociais. Não é preciso aceitar o *status* canônico dessas cartas para se beneficiar desse foco teológico, mas os leitores que leem Paulo como parte das Escrituras considerarão este livro particularmente atraente. A questão que pulsa nesta obra e é retratada nas perguntas de recapitulação no final de cada capítulo é esta: se Paulo expôs as boas-novas de Jesus Cristo *dessas* formas ao moldar as igrejas do primeiro século, o que isso significa para *nós, agora*, na forma como expressamos coletivamente nossa participação na missão de Deus com foco na cruz para o nosso mundo?

Nem todos os estudiosos da estatura de Gorman estariam dispostos a articular essa questão. Alguns considerariam o tema como uma mistura de questões sobre "o Paulo histórico" com as preocupações contemporâneas da Igreja, isto é, "o Paulo da fé". Mas os instintos teológicos de Gorman não são apenas um produto de sua localização institucional ou de seu público-alvo primário. Eles também refletem a convicção de que as cartas de Paulo, escritas pela fé e para a fé, *exigem* um tipo de engajamento existencial que não pode ser completo se elas forem tratadas apenas como relíquias do passado. E a insistência de Gorman de que o engajamento deve ser corporativo e social (em "comunidades multiculturais") também é peculiarmente apropriada: Paulo não estava escrevendo para indivíduos, mas para "assembleias", e sua postura "teopolítica" no contexto de sua cultura não pode ser reduzida a uma piedade individualista. Como Gorman afirma, a fé para Paulo é "pessoal, mas não privativa", e é essa dimensão pública das boas-novas, que agora é tão amplamente discutida por leitores teológicos e não-teológicos de Paulo (e.g., filósofos europeus contemporâneos), que vem poderosamente à tona na obra de Gorman.

Esta é a aguardada segunda edição deste livro amplamente utilizado, doze anos após sua primeira publicação. Os pontos fortes da edição original estão preservados com sabedoria: a criteriosa introdução à vida de Paulo e sua teologia; a leitura cuidadosa de cada uma das treze cartas, atentando tanto para a história por detrás do texto como para a história dentro dele; as perguntas incisivas no final de cada capítulo foram formuladas para reflexão individual ou discussão em grupo. As bibliografias comentadas foram atualizadas e expandidas de maneira útil, o debate da teologia de Paulo foi retrabalhado e uma nova introdução apropriada informa o leitor sobre a multiplicidade de "perspectivas" sobre Paulo, situando a própria posição de Gorman sem o rancor que caracteriza alguns estudos paulinos.

Aqueles que estão familiarizados com os estudos sobre Paulo reconhecerão a influência, neste livro, de Morna Hooker, N. T. Wright e (particularmente) Richard Hays, a quem esta segunda edição é dedicada. Mas Gorman tem suas próprias ênfases distintas na maneira como ele lê Paulo, e todas elas são frutíferas e provocativas. Com base em seu próprio trabalho recente, o autor liga a linguagem da "participação em Cristo" à rica teologia da *theōsis* ("deificação") que brota dos teólogos patrísticos, convidando a uma reflexão profunda sobre as maneiras pelas quais a vida cristã se baseia na vida divina do Cristo ressuscitado (veja Rm 6). Ao mesmo tempo, Gorman, com razão, não abandonará a ênfase luterana no Senhor *crucificado* (a cruz como a "assinatura" do Cristo ressuscitado), e ele, de maneira prestativa, extrai uma e outra vez (e de modo supremo na "narrativa modelo" de Filipenses 2) a forma como a cruz molda a vida das comunidades cristãs no sofrimento, no serviço e no amor. Finalmente, ele destaca o significado sociopolítico das comunidades "benevolentemente subversivas" fundadas por Paulo e as questões contemporâneas que elas levantam sobre justiça (restaurativa), reconciliação e paz (não-violência).

Aqui é fundamental ter a percepção clara de que a teologia de Paulo não é simplesmente alguma coisa para ser *crida*. É para ser vivida. Como mostra o incidente de Antioquia, em que houve contenda entre Paulo e Pedro (Gl 2:11-21), o evangelho não pode se mostrar simplesmente como uma "doutrina", mas é projetado para ser vivido em comunidades socialmente inovadoras, que atravessam barreiras tradicionais e desafiam sistemas dominantes de valor. Pedro e os outros em Antioquia não "andaram de acordo com a verdade das boas-novas" (Gl 2:14), e para Paulo não são "boas-novas" a menos e até que sejam "vivenciadas", isto é, vividas na prática. O êxito de Gorman neste livro não se deve apenas ao fato de apresentar Paulo a um público amplo, mas também ao fato de nos apontar na direção de uma fé vívida e que aja em todas as áreas de nossas vidas, e desafiar os crentes a pensar o que significa ser seguidores de um "Senhor crucificado" no contexto crítico e altamente volúvel do início do século 21.

Junho de 2016
John M. G. Barclay
Universidade de Durham

Prefácio à segunda edição americana

Com respeito aos estudos paulinos, muita coisa tem acontecido — na teologia, no mundo e na minha própria vida — desde a publicação da primeira edição deste livro em 2004. Felizmente, o livro foi bem recebido por professores, alunos e outros leitores interessados. Uma tradução coreana surgiu em 2014. Fiquei agradavelmente surpreso com as frequentes referências ao livro na literatura acadêmica. Considero, porém, tanto uma contribuição aos estudos paulinos (especialmente esta nova edição), quanto como um excelente texto.

Alguns inicialmente questionaram o que seria imprescindível a uma introdução "teológica", e então concluíram corretamente que ela não deveria ignorar os aspectos históricos e literários das cartas de Paulo. De fato, em meu ponto de vista, uma introdução teológica *não poderia* ignorar esses aspectos. Um livro que abraça uma abordagem teológica representa várias coisas, talvez algo até mais importante que seu próprio autor — e espero que muitos de seus leitores —, e isso envolve reconhecer as cartas de Paulo como parte das Escrituras, como a Palavra de Deus, dirigida inicialmente às assembleias de seguidores de Cristo no primeiro século, depois para leitores ou ouvintes subsequentes, e finalmente para nós. A estrutura dos capítulos, especialmente aqueles dedicados a cartas específicas, incorpora essa abordagem abrangente, porém, em última análise, teológica. Consideramos as histórias e os contextos por trás, por dentro e à frente dos textos. No entanto, não é necessário ler as cartas de Paulo como elementos das Escrituras para se beneficiar deste livro.

Minha abordagem em relação a Paulo é particular, embora não idiossincrática. Certamente, as discussões e debates sobre a interpretação paulina continuaram, e provavelmente aceleraram, desde 2004. Vários tópicos teológicos que são centrais para a leitura de Paulo neste livro — suas dimensões apocalípticas, participacionistas, cruciformes, trinitárias e teopolíticas, em particular — figuraram significativamente na interpretação recente do apóstolo, ao mesmo tempo em que recebem atenção renovada ou reconfigurada no campo da teologia em geral. Ao preparar esta edição, reli e editei cuidadosamente cada capítulo, muitas vezes fazendo acréscimos expressivos, especialmente à discussão de certas passagens que têm grande significado teológico. Além disso, incluí, como introdução ao livro, uma breve visão geral das abordagens de Paulo.

Minhas próprias publicações sobre Paulo refletiram algumas das principais tendências e tentaram ajudar a moldá-las. Minha profunda preocupação com o papel da morte de Jesus e da "cruciformidade" (existência moldada pela cruz) em Paulo não diminuiu, apesar das preocupações de pelo menos um estudioso que achava que meu trabalho enfatiza demais a morte de Jesus. Quero, porém, destacar que o título deste livro é *O apóstolo do Senhor crucificado*, cuja última palavra significa que Jesus não está mais morto, mas ressuscitado, vivo e atuante. Se Jesus não tivesse ressuscitado, sua morte não teria valor salvífico ou teológico; por isso, a identidade do ressuscitado suplanta à do crucificado. Nesta edição, tento deixar esse ponto, bem como o significado da ressurreição, mais claro.

Esta edição também desenvolve a noção de cruciformidade de Paulo em termos de participação na vida e missão dadas por Deus. (Às vezes isto é chamado de *theosis*, ou deificação.) Esse desenvolvimento inclui uma ligeira reformulação do capítulo sobre a espiritualidade de Paulo na linguagem da participação e transformação, com uma atenção um pouco maior para a vida em Deus (isto é, Deus Pai) e o Espírito, em todo o livro. Além disso, a família de palavras "missão" (incluindo "missional" etc.), portanto, se mostra de alguma forma mais proeminente nesta edição. Esse termo refere-se à interpretação bíblica feita (1) a partir da convicção de que as Escrituras, incluindo as cartas de Paulo, dão testemunho da missão de Deus (do latim, *missio Dei*) e (2) com a tarefa de discernir e participar desse mandato divino.

Além disso, três temas inter-relacionados tornaram-se muito mais importantes para minha compreensão acerca de Paulo e estão refletidos nas páginas seguintes: justiça, paz e não-violência. Para que isso não seja visto como uma imposição de uma agenda "estranha" ao apóstolo e talvez "progressista", peço aos leitores que tentem abordar essas perspectivas como teses a serem testadas (como eu mesmo o fiz) e permitir que esses e outros aspectos negligenciados em relação à voz de Paulo sejam ouvidos em lvez de serem suprimidos.

Finalmente, desde 2012 minhas próprias responsabilidades profissionais passaram de uma carga pesada de tarefas administrativas para um ritmo menos frenético, focado em pesquisa e redação. Por isso, sou grato aos meus colegas do St. Mary's Seminary & University, particularmente ao padre Thomas Hurst e ao Dr. Brent Laytham. Uma generosa bolsa da Henry Luce Foundation para escrever um livro sobre João e a missão, a qual me proporcionou um ano sabático entre 2015-2016, também me possibilitou o tempo necessário para fazer as edições finais deste livro, que também eram, em grande parte, sobre missão.

Três observações ao leitor

1. Eu mantive uma convenção da primeira edição: o emprego de aspas duplas ("...") apenas para citações diretas das Escrituras e outras fontes, e aspas simples ('...') para definições de palavras, termos técnicos, expressões idiomáticas e usos figurativos ou especiais de palavras e frases.
2. Embora eu tenha novamente trabalhado de perto com o texto grego das cartas de Paulo e especialmente observado, comparado e avaliado três traduções principais — a *New Revised Standard Version* (NRSV), a Nova Versão Internacional (NVI, edição de 2011) e a *New American Bible* (NAB) —, eu também consultei algumas vezes a *Common English Bible* (CEB, a partir de janeiro de 2016), a NET *Bible* (*New English Translation*; NET, a partir de janeiro de 2016), a *New Jerusalem Bible* (NJB), a *Revised Standard Version* (RSV), e até mesmo a *King James Version* (KJV).
3. O livro começa com uma introdução que descreve dez abordagens atuais de Paulo e que se situa nessas análises como representante de um enfoque 'participacionista'. Seguem-se seis capítulos que examinam o(s) mundo(s), a vida e o apostolado, as cartas, o evangelho, a espiritualidade e a teologia de Paulo. Uma atenção especial é dada aos temas de participação, transformação, cruciformidade (existência moldada pela cruz), justiça e paz, e a Igreja como uma cultura alternativa, ou sociedade de contraste.

Os treze capítulos seguintes são dedicados a cada uma das cartas paulinas, com foco contínuo nos temas há pouco mencionados. Cada capítulo fornece os seguintes elementos: o público, temporalidade e propósito da carta; um comentário substantivo à carta, atento às realidades sociais, porém centrado na teologia; resumos teológicos das principais seções de cada carta; uma seleção de citações breves e provocativas da história da interpretação da carta; questões teológicas para reflexão e discussão; e uma bibliografia comentada.

O livro termina com um epílogo chamado 'Paulo, nosso contemporâneo', que reúne alguns dos principais aspectos do livro como uma contribuição para a tarefa de engajar Paulo aos dias de hoje.

Prefácio à primeira edição americana

Este livro é oferecido em primeiro lugar àqueles que desejam se aprofundar no conhecimento do apóstolo Paulo e de suas cartas porque acreditam que ele e suas cartas têm algo a dizer à igreja cristã contemporânea. Também é disponibilizado para outros que estão interessados não apenas nos aspectos históricos e literários das cartas de Paulo, mas também, e principalmente, em seu conteúdo religioso ou teológico. O livro foi projetado para ser lido juntamente com as cartas do apóstolo.

Escrever um livro sobre o apóstolo Paulo e suas cartas é uma tarefa assustadora. A interpretação de cada versículo, quase até mesmo de cada palavra, pode ser discutida. Os textos foram analisados por algumas das maiores mentes dos últimos dois mil anos e continuam a ser colocados sob o microscópio por milhares de estudiosos — e milhões de leitores leigos — em todo o mundo. Tentar escrever sobre o sentido da vida de Paulo e de suas cartas é semelhante a preparar um livro sobre o próprio sentido da vida: há tantos pontos de vista sobre o tema que o autor é obrigado a oferecer sua própria perspectiva.

É isso que faço neste livro. No entanto, embora a perspectiva desta obra seja distinta, ela não é isolada das interpretações de outros nem tão diversa a ponto de ser idiossincrática. Na verdade, muito do que este livro diz sobre Paulo pode ser e de fato será encontrado em outras obras, pois fica bem claro que aprendi bastante com muita gente, e em inúmeros tópicos paulinos há, na verdade, um pouco de concordância geral. Escrever sobre esse homem e suas cartas, portanto, é como reger uma sinfonia. A pessoa lê repetidamente a partitura cuidadosamente, ouve interpretações dela feitas por regentes respeitados, lê a partitura novamente (talvez enquanto ouve primeiro uma interpretação e depois outra), e assim por diante. Por mais de duas décadas tenho lido e ouvido, desenvolvendo minha própria interpretação (em constante evolução) e ocasionalmente produzindo minhas próprias gravações.

Assim como ouvir música, ler as cartas de Paulo requer atenção constante tanto aos pequenos detalhes como aos grandes temas, e o leitor cuidadoso está constantemente voltando para ver como os temas informam os detalhes e os detalhes criam os temas. Esse movimento de vai e vem — o que às vezes é chamado de 'círculo hermenêutico (interpretativo)' — eventualmente produz uma estrutura dentro da qual se ouve e lê a música ou o texto.

No entanto, essa estrutura raramente é simples a ponto de poder ser reduzida a uma palavra descritiva. Neste livro, seis palavras-chave descrevem o quadro de referências dentro do qual Paulo é entendido: 'judeu', 'aliança', 'narrativa', 'altercultural', 'trinitário' e especialmente 'cruciforme'. Essa lista pode inicialmente parecer a alguns leitores como uma estranha combinação de linguagem judaica e cristã (e talvez até cristã anacrônica), mas à medida que eles avançarem na leitura deste livro, espera-se que fique claro que a própria experiência de Paulo e seus escritos são bem expostos por esses termos. Também pode ocorrer a alguns leitores que a ausência de um termo descritivo como 'escatológico' ou 'apocalíptico' seja peculiar. Acredito que é melhor incluir esse aspecto de Paulo no âmbito da 'narrativa', que se refere em parte à história relativa a Deus desde a promessa até seu cumprimento.

Tanto quanto possível, tentei indicar áreas envolvendo significativo debate acadêmico e justificar minha própria leitura de Paulo. No entanto, em um livro dessa extensão e com esse escopo, fica impossível mencionar todas as questões ou defender todas as interpretações.

Embora eu tenha trabalhado diretamente com o texto grego do Novo Testamento, as citações bíblicas, salvo indicação em contrário, vêm da NRSV (*New Revised Standard Version*). Muitas traduções alternativas interessantes e significativas da NVI (*Nova Versão Internacional*) e NAB (*New American Bible*) também são fornecidas e indicadas.

Existem duas características distintas no formato deste livro. A primeira é o conjunto de questões de reflexão que aparecem no final de cada capítulo. Elas são incluídas para uma consideração individual, discussão em grupo ou ambos os propósitos, como um meio de alcançar o objetivo básico do livro: reconhecer o desafio próprio de Paulo e suas cartas no âmbito pastoral, espiritual e teológico. Nos capítulos sobre cada carta (caps. 7—19), a pergunta final da reflexão é sempre: 'Em suma, o que esta carta exorta a Igreja a crer, esperar e fazer?' Essa é a pergunta, de fato, que norteia este livro.

A segunda característica distintiva é uma breve coleção de citações, de uma variedade de fontes e perspectivas, que aparecem imediatamente antes das perguntas de reflexão nos capítulos 7 a 19. Elas também têm a intenção de estimular o pensamento e o debate, apontando os pontos de vista dos outros.

Nota ao leitor

Este livro contém não apenas uma introdução ao pensamento de Paulo e a suas cartas, mas é também um comentário bastante extenso sobre cada uma delas. Destina-se a um público leitor amplo, porém destina-se especialmente aos estudantes de teologia de modo especial. Aqueles que, por qualquer motivo, não puderem ler todo o capítulo de uma determinada carta são aconselhados a ler atentamente a introdução ('A história por trás da carta'); o esboço da carta, que aparece no início de 'A história dentro da carta'; e o resumo ou resumos da carta que são fornecidos (no final de cartas curtas e em duas ou mais junções em cartas mais longas). E certamente, como observado há pouco, as próprias cartas de Paulo devem ser lidas em conjunto com este livro.

Para não confundir o leitor, ao longo deste livro usei aspas duplas ("...") apenas para citações diretas das Escrituras e outras fontes, e aspas simples (') para termos, expressões idiomáticas e usos figurativos ou especiais de palavras e frases.

Agradecimentos
(segunda edição americana)

Já se passaram doze anos desde que a foi lançada a primeira edição deste livro. Sou grato aos professores e alunos, tanto os meus e os alunos de outros que o usaram e deram pareceres muito úteis. Também tenho gratidão para com meus muitos amigos e colegas que estimularam meu pensamento sobre tantos assuntos relacionados com este livro. Além de todas as pessoas mencionadas nos agradecimentos referentes à primeira edição, gostaria de destacar Andy Johnson como um amigo próximo e colega de trabalho que ajudou a aguçar minha mente e apoiou meus projetos com grande entusiasmo. Andy leu e comentou parte do manuscrito inicial, assim como Ben Blackwell, Mike Bird, Ray Collins, Craig Evans, Steve Fowl, Tim Gombis, Nijay Gupta, Frank Matera, Tom Stegman e Peter Williamson. Sou extraordinariamente grato a todos eles. Também gostaria de reconhecer a dívida que tenho com muitos outros estudiosos, numerosos demais para citar nominalmente, embora eu possa destacar Michael Barram, Dean Flemming e Jim Miller por seu trabalho sobre Paulo e a missão.

São dignos de uma menção especial, no desenvolvimento da compreensão de Paulo articulada neste livro, três estudiosos de reputação internacional incomum: Richard B. Hays, Morna D. Hooker e N. T. (Tom) Wright. Foi um imenso privilégio desfrutar de uma longa amizade com Tom Wright, trabalhar com ele em vários ambientes, participar de discussões e debates amigáveis e também ler seu trabalho, frequentemente antes de sua publicação. Quanto à professora Hooker, acho que seus estudos sobre Paulo estão entre os mais importantes, e por outro lado, infelizmente, entre os mais negligenciados do último meio século. Eu aprecio sua amizade relativamente nova para mim.

Finalmente, com respeito aos estudiosos de Paulo, quero dizer algo sobre Richard Hays, meu amigo há quase vinte anos. O apoio, a amizade e a segurança profissional de Richard me afetaram profundamente, assim como de muitos outros. Seus insights sobre Paulo, interpretação teológica e a vida da igreja são, em minha opinião, sem paralelo no cenário americano. Os primeiros trabalhos de Richard sobre tópicos paulinos fundamentais (e.g., a fé de Cristo, narrativa, cristologia e ética) informaram meu próprio trabalho inicial e sua atenção contínua a questões críticas (e.g., interpretação teológica, a 'conversão da imaginação', participação e transformação, reconciliação e paz) continuou a moldar meu trabalho — e igualmente a mim pessoalmente.

Richard generosamente deu seu endosso a dois de meus livros, *Reading Paul* e *Inhabiting the Cruciform God*; ele sugeriu ao então reitor Greg Jones, da Duke Divinity School, que eu assumisse seu lugar como professor em 2008—09; e, quando ele era o reitor da Duke em 2012, reservou um tempo para participar de debates sobre Paulo quando fui nomeado para a cadeira Raymond E. Brown, no St. Mary's Seminary & University. É por essas e muitas outras razões que dedico este livro a ele.[1]

Desejo também agradecer aos meus colegas e superiores do St. Mary's. Um agradecimento especial ao nosso Presidente Reitor de 2008 a 2016, Pe. Thomas R. Hurst, P.S.S., por seu apoio. Agradecimentos especiais vão também para o Rev. Dr. D. Brent Laytham, Decano do St. Mary's Ecumenical Institute, um admirável teólogo e colega intérprete de Paulo.

Também devem ser citados, em meus agradecimentos, meus muitos alunos da classe sobre Paulo no St. Mary's (tanto no seminário católico quanto no Instituto Ecumênico, incluindo participantes em várias viagens de estudo às 'cidades de Paulo'), na Duke Divinity School (primavera de 2009), e em outros lugares. Entre muitos que poderiam ser nomeados estão especialmente Diego Buritica, Daniel Jackson (agora trabalhando em uma tese de Ph.D. sobre Paulo), David Jacobson, Brigit Macksey, Shannon Curran, Fr. Tony DeCandia, Jonathan Dickson, Susan Jaeger, Rick Jasper, Fr. Chris Lubecke, Art Lyons, Mark Newman, Rev. Jason Poling, Fr. Juan Rojas, Gary Staszak, Pe. Michel Tchoumbou (agora professor em Camarões), e Ted Wiese em St. Mary's, bem como Presian Burroughs e David Litwa em Duke (ambos agora estudiosos do Novo Testamento por conta própria). Agradecimentos especiais vão

---

[1] É tentador dizer que muito do meu trabalho sobre Paulo foi realmente uma nota de rodapé (muito longa) para o trabalho de Richard. Embora eu considere que a afirmação é verdadeira em muitos aspectos, não desejo envolvê-lo em todas as reviravoltas de minha abordagem a Paulo.

AGRADECIMENTOS (SEGUNDA EDIÇÃO AMERICANA)

para Daniel, Gary e David, meus assistentes de pesquisa do projeto; Gary fez a maior parte da indexação.

Sou grato também ao bom pessoal da Eerdmans, particularmente Michael Thomson e James Ernest, que os considero alegremente não apenas como editores e responsáveis por publicações de livros, mas também como colegas e amigos. Tenho uma dívida especial de gratidão com meu editor para este projeto, Trevor Thompson.

Uma palavra especial de agradecimento vai para um estimado colega, John Barclay, por escrever o prefácio deste livro. Há muito tempo o admiro e recebi muitos benefícios de seu trabalho, sinto-me honrado por ele considerar valioso este meu trabalho.

A maioria das fotos desta edição foram mais uma vez tiradas pelo autor enquanto conduzia viagens de estudo à Turquia e à Grécia. Algumas foram produzidas por alunos e outros que me acompanharam nessas viagens — Rev. Al Hathaway, Pe. Victor Kynam, Patty Rath e especialmente meu filho Brian Gorman — e eles são muito conhecidos. Algumas outras fotos são da Todd Bolen Photos e são assim creditados.

Salvo indicação em contrário, os textos bíblicos citados são retirados da NVI. O gráfico na p. 83 é copiado de Jerome Murphy-O'Connor, *St. Paul's Corinth*, copyright 2002 pela Ordem de São Benedito; publicado pela Liturgical Press, Collegeville, Minnesota; usado com permissão. O gráfico na p. 239, que ilustra a sobreposição das idades é adaptado de Michael J. Gorman, *Reading Paul* (Eugene, OR: Cascade, 2008), p. 60 e é usado com permissão de Wipf e Stock Publishers; www.wipfandstock.com. O mapa de Filipos na p. 634 é retirado de Charalambos Bakirtzis e Helmut Koester, eds., *Philippi at the Time of Paul and after His Death* (Harrisburg: Trinity, 1998; repr. Eugene, OR: Wipf e Stock), placa 5, e é usado com permissão da Wipf and Stock Publishers. www.wipfandstock.com. Também gostaria de agradecer mais uma vez as fontes de várias outras ilustrações: as fotografias de papiro na p. 147, dos Museus Estatais de Berlim, Coleção de Papiros; a fotografia de P46 na p. 166, do Institute for New Testament Textual Research, Münster, Westphalia; e a reconstrução do centro romano de Corinto, de N. Papahatzis, *Ancient Corinth: The Museums of Corinth, Isthmia and Sicyon* (Atenas: Ekdotike Athenon, 1981), nas p. 366-67.

Por último, todavia não menos importante, agradeço à minha família. De muitas maneiras, meus familiares têm sido meus maiores apoiadores: Amy (Gorman) Caruso, ocasionalmente minha aluna de investigação; Brian, talvez meu melhor publicitário e uma verdadeira figura do tipo Epafrodito, além de fotógrafo; Mark, agora um teólogo e um querido parceiro de conversação e colega de faculdade; e Nancy, minha esposa de muitos anos e aquela que esteve e está comigo durante minha passagem pela academia, pela igreja e pelo restante da vida.

Agradecimentos
(primeira edição americana)

A escrita de qualquer livro requer a ajuda de muitas pessoas, algumas das quais podem nem perceber a contribuição que fizeram.

Começo reconhecendo minha dívida para com meus professores e colegas nos estudos paulinos. Alguns desses colegas, que tenho o privilégio de contar também como amigos, leram criticamente partes do manuscrito: Warren Carter, Steve Fowl, Beverly Gaventa, Kathy Grieb, Frank Matera, Judy Ryan, Jeff Siker, Marty Soards, Marianne Meye Thompson, Ron Witherup e Tom Wright. Judy Ryan e Ron Witherup merecem menção especial por terem lido vários capítulos, enquanto Tom Wright fez o mesmo e também gentilmente me enviou uma cópia das provas de página de seu comentário bíblico do *New Interpreter's Bible* sobre Romanos. É claro que não considero nenhum deles responsável pelas deficiências que ainda permanecem no texto.

Tenho uma dívida de gratidão também para com meus muitos alunos ao longo das últimas duas décadas de ensino em vários ambientes; eles me ajudaram a iluminar meu pensamento e minhas formas de expressar as conclusões a que fui levado. Alguns deles também leram várias versões do manuscrito no seu todo ou em parte: meus alunos nas aulas sobre Paulo, incluindo Matthew Frisoni, que fez muitas sugestões úteis; um ex-assistente de pesquisa, Bill Garrison; bem como também outro ex-assistente de pesquisa, Rev. Pat Keane, então seminarista, que leu cuidadosamente vários rascunhos do livro, fez inúmeras sugestões valiosas, verificou as referências das Escrituras e ajudou a criar o índice. Mais recentemente, Irene Morin, Zenaida Bench e Judy Langmead completaram o índice. Judy Langmead também revisou grande parte do manuscrito.

Agradeço também à minha família pelo apoio constante: minha esposa Nancy, meus filhos e meu pai. Agradecimentos especiais são devidos ao meu filho Mark, um historiador iniciante, que leu partes do manuscrito.

Sou grato, também, aos amigos que apoiaram este projeto, especialmente George Leiman, por seu interesse contínuo, e Steffanie Felder, que ajudou na digitação em alguns momentos cruciais.

Também expresso minha profunda gratidão àqueles que tornaram possível a escrita deste livro. O primeiro rascunho foi amplamente realizado durante um período sabático, em 2001, de todas as minhas responsabilidades no Seminário e na Universidade de St. Mary. Agradeço ao nosso Presidente Reitor, Pe. Robert Leavitt, por sua generosidade, apoio e interesse; Dr. Chris Dreisbach por assumir minhas responsabilidades administrativas na minha ausência; e ao Conselho Executivo, corpo docente e funcionários do Instituto Ecumênico de Teologia por sua ajuda e encorajamento.

Sou grato, igualmente, ao grupo de pessoas maravilhosas, principalmente de Fresno, Califórnia, com quem viajei para a Turquia e a Grécia durante meu período sabático. Todo o grupo, e especialmente seus líderes, o Dr. Jim Westgate e o Rev. Gordon Donaho, que tornaram minha jornada muito gratificante. A maioria das fotos deste livro foram tiradas pelo autor, em grande parte, durante essa experiência.

Também gostaria de agradecer as fontes de várias outras ilustrações: as fotografias de papiro na página 80, dos Museus Estatais de Berlim, Coleção de Papiros; a fotografia de P46 na p. 114, do Institute for New Testament Textual Research, Münster, Westphalia; a reconstrução do centro romano de Corinto, de N. Papahatzis, *Ancient Corinth: The Museums of Corinth, Isthmia e Sicyon* (Atenas: Ekdotike Athenon, 1981); e o mapa da antiga Filipos na p. 416, de C. Bakirtzis e H. Koester, eds., *Philippi at the Time of Paul and after His Death* (Harrisburg: Trinity, 1998).

Finalmente, desejo agradecer a John Simpson e a todo o Wm. B. Eerdmans Publishing Company por seu apoio a este projeto e por permitir a impressão de várias versões de pré-publicação para uso dos alunos. Essas versões foram preparadas por Wipf e Stock Publishers sob a orientação de Jon Stock e Jim Tedrick, a quem também agradeço.

Abreviaturas

AB	Anchor Bible
ACCS	Ancient Christian Commentary Series
ANTC	Abingdon New Testament Commentaries
AYB	Anchor Yale Bible
BECNT	Baker Exegetical Commentary on the New Testament
BNTC	Black's New Testament Commentaries
CCSS	Catholic Commentary on Sacred Scripture
CEB	Common English Bible
ECC	Eerdmans Critical Commentary
HNTC	Harper's New Testament Commentaries
ICC	International Critical Commentary
JB	Jerusalem Bible
JSNT	Sup Journal for the Study of the New Testament Supplement Series
LCL	Loeb Classical Library
LNTS	The Library of New Testament Studies
LXX	Septuagint (Greek Bible)
NAB	New American Bible
NCCS	New Covenant Commentary Series
NET	NET Bible (New English Translation)

NICNT	New International Commentary on the New Testament
NIGTC	New International Greek Testament Commentary
NIV	New International Version
NIVAC	NIV Application Commentary
NPP	New perspective on Paul
NovT-Sup	Novum Testamentum Supplements
NRSV	New Revised Standard Version
NT	New Testament
NTL	New Testament Library
par.	parallel(s)
PCNT	Paideia Commentaries on the New Testament
PNTC	Pillar New Testament Commentaries
RSV	Revised Standard Version
SGBC	Story of God Bible Commentary
SHBC	Smyth & Helwys Bible Commentary
SNTS-MS	Society of New Testament Studies Monograph Series
SP	Sacra Pagina
THNTC	Two Horizons New Testament Commentary
TNTC	Tyndale New Testament Commentaries
WBC	Word Biblical Commentary
WUNT	Wissenschaftliche Untersuchungen zum Neuen Testament

INTRODUÇÃO: CONHECENDO PAULO

Perspectivas sobre o apóstolo

Paulo é o único homem da época cristã primitiva que realmente conhecemos...

ALBERT SCHWEITZER[1]

Albert Schweitzer estava certo? Por um lado, sim, porque sabemos mais sobre Paulo do que sobre qualquer outro cristão do primeiro século. Por outro lado, quão bem realmente o conhecemos?

Paulo era uma figura complexa. Assim, sempre houve muitas maneiras de abordá-lo. Além das perspectivas contemporâneas que discutirei brevemente a seguir, há atualmente um interesse renovado pelas formas antigas, medievais e reformadas de ler Paulo (veja várias bibliografias e as citações no final dos caps. 7 a 19). O presente livro faz parte dessa ampla paisagem histórica e contemporânea, embora tenha, é claro, um ponto de vista distinto.

Ao ler este livro, você encontrará referências explícitas e implícitas às seguintes perspectivas sobre Paulo:[2]

- A '*perspectiva tradicional*' sobre Paulo, às vezes chamada de 'protestante tradicional' ou a perspectiva 'luterana', é a posição padrão de muitas pessoas.

  Essa perspectiva geralmente descreve Paulo enfatizando a justificação do indivíduo (relação de justiça com Deus) pela fé

---

[1] Albert Schweitzer, *The Mysticism of Paul the Apostle*, trad. William Montgomery (London: Black, 1931), p. 332.
[2] Não se pretende aqui fazer uma descrição exaustiva de abordagens possíveis para Paulo; o foco está naquelas feitas no mundo de língua inglesa com interesses que são principalmente teológicos. Além disso, há variedade dentro de cada uma das perspectivas.

ao invés de 'obras'; a justificação como uma declaração divina de absolvição, como em um tribunal; a expiação substitutiva, ou a morte de Jesus em nosso lugar; e a história da salvação, ou a continuidade entre a revelação de Deus a Israel e a obra de Deus em Cristo. Essa abordagem de Paulo geralmente remonta a João Calvino e a Martinho Lutero. Os proponentes contemporâneos incluem Douglas Moo, John Piper, Thomas Schreiner e Stephen Westerholm.

- A *'nova perspectiva'* (ou 'perspectivas') sobre Paulo (muitas vezes abreviada como NPP) surgiu na década de 1960 até o início da década de 1980, continuando hoje de formas um tanto diferenciadas devido à crítica da perspectiva tradicional e de outros pontos de vista. Seus defensores têm tentado entender melhor o judaísmo do primeiro século e Paulo dentro dele. Alguns temas e vozes da NPP incluem o seguinte:
  — Paulo não tinha um complexo de culpa introspectivo moderno (Krister Stendahl).
  — O judaísmo não era uma religião de esforço humano, ou 'obras de justiça', mas de 'nomismo de aliança': guardar a lei era uma resposta à graça de Deus (E. P. Sanders).
  — O centro da teologia de Paulo não era a justificação, mas a participação em Cristo (Sanders).
  — A justificação tem a ver principalmente com a inclusão de gentios na comunidade da aliança, além de guardar a lei judaica, especialmente os 'marcos de fronteira' judaicos da circuncisão, alimentação (kosher) e calendário (e.g., sábado) (James D. G. Dunn, especialmente no princípio).
  — A justificação é a declaração graciosa de Deus de que alguém é membro da aliança, que será seguida no dia do julgamento pela declaração de vindicação final de Deus, baseada em obras (N. T. Wright). (Veja a seguir mais sobre Wright.)
- A *'perspectiva da narrativa-intertextual'* enfatiza Paulo como um teólogo *narrativo* — isto é, há histórias discerníveis dentro e por trás de suas cartas — e um teólogo *bíblico* — ou seja, Paulo é principalmente um intérprete das Escrituras de Israel (o Antigo Testamento cristão). Seu principal proponente é Richard Hays, o

qual também argumenta que o evangelho de Paulo se concentra não na fé humana, mas na fé, ou fidelidade, de Jesus. Sua abordagem de Paulo está, portanto, intimamente associada à 'perspectiva participacionista' discutida a seguir. Outros proponentes da perspectiva pela narrativa-intertextual incluem J. Ross Wagner e A. Katherine Grieb.

- A *'perspectiva apocalíptica'* enfatiza que o 'apocalipse' de Deus (revelação) em Cristo é a inesperada incursão divina na história humana para resgatar as pessoas, e eventualmente todo o cosmos, dos poderes cósmicos do Pecado e da Morte. Assim, as imagens tradicionais do 'tribunal' para justificação e salvação são insuficientes, e a linguagem de uma história de salvação contínua precisa ser modificada. As bases dessa abordagem foram lançadas no século passado por Ernst Käsemann e depois por J. Christiaan Beker e especialmente por J. Louis Martyn. Eles foram seguidos por outros como Alexandra Brown, Douglas Campbell, Martinus de Boer, Susan Eastman e Beverly Gaventa.
- A *'perspectiva anti-imperialista'* afirma que o evangelho de Paulo era uma crítica e uma alternativa a Roma — seu imperador, deuses, boas-novas ('evangelho'), valores e assim por diante. Os defensores dessa perspectiva afirmam que Paulo consistentemente — ou pelo menos algumas vezes — mina as reivindicações e práticas romanas, apresentando Jesus em vez de César como o verdadeiro senhor, e a comunidade de Cristo como uma alternativa ao império opressivo. Os proponentes incluem Neil Elliott, Richard Horsley, Sylvia Keesmaat e N. T. Wright.[3]
- O influente trabalho de N. T. Wright merece menção em separado: *'a perspectiva Wrightiana'*. Além de fazer parte das novas perspectivas e narrativas anti-imperialistas, Wright afirma que (1) a maioria dos judeus do Segundo Templo ainda acreditava estar no

---

[3] Um surpreendente desenvolvimento relacionado ao tema é o que poderíamos chamar de *'perspectiva de Paulo e da filosofia política'*, uma leitura de Paulo por filósofos políticos europeus, a maioria dos quais são ateus e, em alguns casos, marxistas: Giorgio Agamben, Alain Badiou, Jacob Taubes, e Slavoj Žižek. Eles tendem a ver em Paulo uma voz universalizante, 'messiânica' (porém não teológica) para a democracia e o tratamento humano dos outros em uma situação global de extrema despersonalização, desigualdade e perigo de vários tipos.

exílio; (2) Paulo retrata Cristo como o retorno de YHWH a Israel para libertar seu povo do exílio e torná-lo uma bênção para as nações, cumprindo a promessa feita a Abraão; e (3) o que acontece em Cristo é, portanto, o 'clímax da aliança'. Para Wright, a teologia de Paulo gira em torno da reconfiguração de três pontos focais do judaísmo: monoteísmo (um Deus), eleição (um povo de Deus) e escatologia (um futuro para o povo de Deus e o mundo). Ele tenta reunir perspectivas pactuais — ou históricas da salvação — e apocalípticas.[4]

- Os defensores da 'perspectiva de Paulo dentro do judaísmo' (algumas vezes chamada de perspectiva radical, ou nova) acreditam que as perspectivas tradicionais e até as novas são muito influenciadas pelas próprias crenças cristãs de seus proponentes, falhando assim em entender adequadamente Paulo e suas comunidades. Eles afirmam que Paulo permaneceu firmemente dentro do judaísmo como um judeu observante da Lei, até mesmo como um apóstolo do Messias. Uma das áreas de exploração em andamento é a melhor forma de entender e identificar os não-judeus em Cristo ('gentios') em relação à nova forma de judaísmo de Paulo. Entre os defensores dessa abordagem a Paulo estão Pamela Eisenbaum, Neil Elliott, Paula Fredriksen, Mark Nanos, Matthew Thiessen e Magnus Zetterholm.
- Por outro lado, sem negar o judaísmo paulino, a 'perspectiva social-científica' enfatiza principalmente a compreensão de Paulo em seu contexto greco-romano mais amplo. Os estudiosos que trabalham dentro dessa perspectiva usam a história social e outras ciências sociais para tentar entender Paulo e suas comunidades como realidades sociais concretas do primeiro século. Entre os praticantes dessa perspectiva estão John Barclay, David Horrell, Margaret MacDonald, Wayne Meeks, Peter Oakes e Todd Still. Muitos desses estudiosos encontram grande significado teológico em seu trabalho analítico.
- Os defensores da 'perspectiva feminista' (ou 'perspectivas', pois, novamente, não há uniformidade) sobre Paulo trazem suas questões

---

[4] *Paul and the Faithfulness of God*, vol. 4 de *Christian Origins and the Question of God* (Mineápolis: Fortress, 2013), Wright, na verdade, chama a abordagem NPP, especialmente como a suposta antítese da perspectiva tradicional, de "inútil".

e preocupações para o estudo de Paulo e das cartas paulinas. Eles analisam de modo crítico e construtivo as visões das mulheres expressas nas cartas em seus contextos antigos e na interpretação dessas visões desde a antiguidade até hoje. Esses intérpretes incluem Lynn Cohick, Kathy Ehrensperger, Beverly Gaventa, Frances Taylor Gench, Amy-Jill Levine e Sandra Polaski.

- A *'perspectiva participacionista'* sobre Paulo (que podemos chamar de PPP) lembra um pouco o trabalho de Albert Schweitzer e Wilhelm Wrede de cerca de um século atrás, e se baseia no trabalho mais recente de E. P. Sanders e Richard Hays. Destaca a participação transformadora na morte e ressurreição de Cristo como dimensão central da teologia paulina. Seus proponentes ecoam os primeiros intérpretes cristãos de Paulo e da salvação, que fizeram declarações como as seguintes: 'Ele [Cristo/Deus] se tornou o que somos para que pudéssemos nos tornar o que Ele é'. Os defensores incluem Ben Blackwell, Douglas Campbell, Morna Hooker, Udo Schnelle e este autor, que enfatiza o aspecto missionário da participação.

Claramente há uma sobreposição entre essas várias perspectivas, e alguns estudiosos, como Beverly Gaventa e N. T. Wright, trabalham perfeitamente dentro de mais de uma perspectiva. Além disso, nem todos se encaixam perfeitamente em uma dessas 'escolas'. Outro estudioso, Michael Bird, é crítico do que ele chama de interpretações apocalípticas 'radicais' de Paulo, mas ele também pensa que a nova perspectiva precisa de alguma correção. Ainda outro estudioso, Mark Seifrid, tem sido um crítico da nova perspectiva e um defensor da visão mais tradicional, embora tenha adotado uma perspectiva bastante participacionista. Paulo é de fato uma figura complexa!

Embora o autor deste livro escreva dentro da 'perspectiva participacionista', ele compartilha alguns dos pontos de vista que caracterizam outras perspectivas básicas. Há, de fato, um pouco de quase todas as outras perspectivas mencionadas há pouco nas páginas seguintes, especialmente de narrativa-intertextual, apocalíptica, anti-imperial e wrightiana.

Tentaremos agora, então, conhecer a pessoa que gerou toda essa discussão e muito mais: Paulo.

Para leitura e estudo adicionais

Essa bibliografia concentra-se em obras que tratam de várias perspectivas contemporâneas, apresentam uma variedade de tópicos, ou ambos. Há também algumas entradas para a história da interpretação e uma ou duas para cada perspectiva mencionada acima. Obras específicas adicionais de vários intérpretes são identificadas nesses livros. A maioria dos alunos desejará voltar a esta lista depois, e não antes, de ler o restante deste livro.

Geral

Badiou, Alain. *Saint Paul: The Foundation of Universalism.* Trad. por Ray Brassier. Stanford: Stanford University Press, 2003. A interpretação de um filósofo francês ateu de Paulo como um fornecedor de 'salvação' universal relevante para o mundo contemporâneo.

Bird, Michael F., ed. *Four Views on the Apostle Paul.* Grand Rapids: Zondervan, 2012. Ensaios de interação entre Thomas Schreiner, Luke Johnson, Douglas Campbell, e Mark Nanos.

Campbell, Douglas A. *The Lost Gospel of Paul.* Grand Rapids: Eerdmans, a ser publicado. Leitura resumida da abordagem de Campbell.

Dunn, James D. G., ed. *The Cambridge Companion to St. Paul.* Cambridge: Cambridge University Press, 2003. Ensaios curtos de um grupo de estudiosos paulinos de primeira linha.

Gorman, Michael J. *Reading Paul.* Eugene, OR: Cascade, 2008. Perspectiva participacionista em resumo, com evidência de outras influências.

Grieb, A. Katherine. *The Story of Romans: A Narrative Defense of God's Righteousness.* Louisville: Westminster John Knox, 2002. Uma abordagem narrativa e intertextual.

Hawthorne, Gerald F., Ralph P. Martin e Daniel G. Reid, eds. *Dictionary of Paul and His Letters.* Downers Grove, IL: InterVarsity, 1993. Artigos de excelente qualidade, muitos de extensão e substância significativas.

Horrell, David. *An Introduction to the Study of Paul.* 3ª ed. Nova York: Bloomsbury T&T Clark, 2015. Visão geral sobre Paulo, principais questões interpretativas e vários intérpretes.

Johnson, Andy. 'Navigating Justification: Conversing with Paul.' *Catalyst* Nov. 1, 2010. http://www.catalystresources.org/navigating-justification-conversing-with-paul/. Resumo e análise da visão tradicional e de N. T. Wright, Michael Gorman e Douglas Campbell.

Levine, Amy-Jill, ed., com Marianne Blickenstaff. *A Feminist Companion to Paul.* Nova York: T&T Clark, 2004. Ensaios de várias perspectivas.

Martyn, J. Louis. *Theological Issues in the Letters of Paul.* Edinburgh: T&T Clark; Nashville: Abingdon, 1997. Ensaios significativos e influentes sobre o caráter apocalíptico do evangelho de Paulo.

Meeks, Wayne A., e John T. Fitzgerald, eds. *The Writings of St. Paul*. 2ª ed. Norton Critical Editions. Nova York: Norton, 2007. Interpretações de Paulo ao longo dos séculos.
Polaski, Sandra Hack. *A Feminist Introduction to Paul*. St. Louis: Chalice, 2005. Trabalho cuidadoso, geralmente apreciativo de Paulo.
Sanders, E. P. *Paul: A Very Short Introduction*. Nova York: Oxford University Press, 1991. Por um dos criadores da NPP.
____ *Paul: The Apostle's Life, Letters, and Thought*. Minneapolis: Fortress, 2015. O trabalho maduro deste estudioso da NPP.
Stendahl, Krister. *Paul Among Jews and Gentiles*. Philadelphia: Fortress, 1976. Ensaios que ajudaram a lançar o NPP.
Thompson, Michael B. *The New Perspective on Paul*. Cambridge: Grove Books, 2002. Resumo, excelente visão geral.
Westerholm, Stephen, ed. *The Blackwell Companion to Paul*. Oxford/Malden, MA: Blackwell, 2011. Ensaios de estudiosos proeminentes sobre as comunidades, cartas e teologia de Paulo, além de grandes intérpretes ao longo da história.
Wright, N. T. 'Paul in Current Anglophone Scholarship'. *ExpTim* 123 (2012): 367-81. Breve visão geral.
Yinger, Kent L. *The New Perspective on Paul: An Introduction*. Eugene, OR: Cascade, 2011. Leitura de introdução aos proponentes, críticos e questões.
Zetterholm, Magnus. *Approaches to Paul: A Student's Guide to Recent Scholarship*. Mineápolis: Fortress, 2009. Análise de uma variedade de perspectivas críticas, incluindo algumas não discutidas aqui.

Técnica

Anderson, Garwood P. *Paul's New Perspective: A Soteriological Itinerary*. Downers Grove, IL: InterVarsity, 2016. Uma interpretação perspicaz de Paulo como uma tentativa de superar o impasse entre as perspectivas tradicional e nova, com atenção especial à linguagem da participação e aos desenvolvimentos no pensamento de Paulo ao longo das treze cartas.
Barclay, John M. G. *Paul and the Gift*. Grand Rapids: Eerdmans, 2015. Extenso trabalho sobre graça, judaísmo do segundo templo e Paulo, desafiando as perspectivas antigas e novas e oferecendo uma visão teológica significativa.
Bird, Michael F. *An Anomalous Jew: Paul among Jews, Greeks, and Romans*. Grand Rapids: Eerdmans, 2016. Ensaios reunidos.
Campbell, Douglas A. *The Deliverance of God: An Apocalyptic Rereading of Justification in Paul*. Grand Rapids: Eerdmans, 2009. Perspectiva apocalíptica radical, altamente crítica da perspectiva tradicional.
Carson, Donald, Peter T. O'Brien, e Mark A. Seifrid, eds. *The Paradoxes of Paul*. Vol. 2 de *Justification and Variegated Nomism*. WUNT 2.181. Tübingen: Mohr Siebeck; Grand Rapids: Baker Academic, 2004. Reações críticas à nova perspectiva.
Dunn, James D. G. *The New Perspective on Paul*. Rev. ed. Grand Rapids: Eerdmans, 2008. Ensaios coletados por uma voz eminente da NPP.

Ehrensperger, Kathy. *That We May Be Mutually Encouraged: Feminism and the New Perspective in Pauline Studies*. Nova York: Bloomsbury T&T Clark, 2004. Traz abordagens feministas, NPP e pós-Holocausto para Paulo em conversa.

Given, Mark D., ed. *Paul Unbound: Other Perspectives on the Apostle*. Peabody, MA: Hendrickson, 2010. Ensaios sobre Paulo e império, economia, judaísmo, mulheres etc.

Gorman, Michael J. *Inhabiting the Cruciform God: Kenosis, Justification, and Theosis in Paul's Narrative Soteriology*. Grand Rapids: Eerdmans, 2009. A perspectiva participacionista em profundidade.

Harding, Mark, and Alanna Nobbs, eds. *All Things to All Cultures: Paul among Jews, Greeks, and Romans*. Grand Rapids: Eerdmans, 2013. Ensaios sobre os principais tópicos paulinos com discussões de vários pontos de vista, além de centenas de referências à literatura acadêmica.

Harink, Douglas, ed. *Paul, Philosophy, and the Theopolitical Vision: Critical Engagements with Agamben, Badiou, Žižek, and Others*. Eugene, OR: Cascade, 2010. Ensaios úteis sobre a perspectiva 'Paulo e a filosofia política'.

Hays, Richard B. *The Faith of Jesus Christ: The Narrative Substructure of Gal 3:1-4:11*. 2ª ed. Grand Rapids: Eerdmans, 2002 (orig. 1983). O estudo clássico de Hays.

Heilig, Christoph, J. Thomas Hewitt, e Michael F. Bird, eds. *God and the Faithfulness of Paul*. WUNT 2.413. Tübingen: Mohr Siebeck, 2016. Ensaios criticamente envolventes de N. T. Wright: *Paul and the Faithfulness of God*.

Hooker, Morna D. *From Adam to Christ: Essays on Paul*. Cambridge: Cambridge University Press, 1990. Ensaios significativos sobre a perspectiva participacionista.

Horsley, Richard, ed. *Paul and Empire: Religion and Power in Roman Imperial Society*. Harrisburg, PA: Trinity, 1997. Ensaios que discutem o sentimento antirromano em várias cartas.

Nanos, Mark D., and Magnus Zetterholm, eds. *Paul within Judaism: Restoring the First- Century Context to the Apostle*. Mineápolis: Fortress, 2015. Ensaios de vários estudiosos judeus e cristãos.

Oakes, Peter. *Reading Romans in Pompeii: Paul's Letter at Ground Level*. Mineápolis: Fortress, 2009. Paulo à luz das ciências sociais.

Schnelle, Udo. *Apostle Paul: His Life and Theology*. Traduzido por M. Eugene Boring. Grand Rapids: Baker Academic, 2005. Relato abrangente enfatizando a teologia paulina da participação.

Stanley, Christopher, ed. *The Colonized Apostle: Paul in Postcolonial Eyes*. Paul in Critical Contexts. Mineápolis: Fortress, 2011. Ensaios sobre Paulo e a interpretação de Paulo em contextos coloniais e imperiais antigos e modernos.

Still, Todd D., ae David G. Horrell, eds. *After the First Urban Christians: The Social-Scientific Study of Pauline Christianity Twenty-Five Years Later*. Nova York: Bloomsbury T&T Clark, 2009. Ensaios em homenagem ao trabalho de Wayne Meeks, em continuidade à sua abordagem sociocientífica.

Thate, Michael J., Kevin J. Vanhoozer, e Constantine R. Campbell, eds. *'In Christ' in Paul: Explorations in Paul's Theology of Union and Participation*. WUNT 2.384. Tübingen: Mohr Siebeck, 2014. Ensaios com profundidade.

Westerholm, Stephen. *Perspectives Old and New on Paul: The 'Lutheran' Paul and His Critics*. Grand Rapids: Eerdmans, 2004. Defesa da perspectiva tradicional.

Wright, N. T. *Paul and the Faithfulness of God*. Vol. 4 of *Christian Origins and the Question of God*. Minneapolis: Fortress, 2013. Magnum opus de Wright.

____. *Paul and His Recent Interpreters*. Minneapolis: Fortress, 2015. Análise de abordagens recentes, com ênfase em perspectivas novas, apocalípticas, sociocientíficas e apropriações contemporâneas.

Outros recursos

Para intérpretes mais antigos de Paulo, veja especialmente as seguintes coleções, bem como comentários específicos dos períodos patrístico, medieval e reformador (disponíveis em várias traduções e formatos):

George, Timothy, gen. ed. *Reformation Commentary on Scripture: New Testament*. Downers Grove, IL: InterVarsity, 2011. Volumes sobre Gálatas e Efésios e sobre Filipenses e Colossenses disponíveis a partir de 2015.

Oden, Thomas C., gen. ed. *Ancient Christian Commentary on Scripture: New Testament*. Downers Grove, IL: InterVarsity, 1998. Volumes sobre Romanos; 1—2Coríntios; Gálatas, Efésios e Filipenses; Colossenses, 1—2Tessalonicenses, 1-2Timóteo, Tito e Filemom.

2. Também são úteis para o estudo de Paulo as seguintes obras de referência e sites:

Ware, James P., ed. *Synopsis of the Pauline Letters in Greek and English*. Grand Rapids: Baker Academic, 2010. Apresenta passagens paralelas, em inglês (NRSV) e grego, das cartas e Atos sobre 177 tópicos diferentes.

Wilson, Walter T. *Pauline Parallels: A Comprehensive Guide*. Louisville: Westminster John Knox, 2009. Lista os textos paulinos carta por carta, com textos paralelos de Paulo em outros lugares da Bíblia e fora da Bíblia.

http://www.ntgateway.com/paul-the-apostle/ 'Paul the Apostle', parte do 'New Testament Gateway', mantido pelo professor Mark Goodacre, com muitos links para bons sites, textos, vídeos etc.

http://www.thepaulpage.com/ Bibliografias, artigos e outros recursos, com foco na NPP e seus críticos, Paulo e império, e Paulo dentro do judaísmo, mantidos por uma equipe de estudiosos.

www.textweek.com/pauline/paul.htm 'Paul and the Pauline Epistles', parte de 'The Text This Week', com links para artigos e muito mais.

https://www2.luthersem.edu/ckoester/Paul/Early/Main.htm 'Journeys of Paul', mantido pelo professor Craig Koester, com fotografias e texto.

3. Muitas revistas acadêmicas têm artigos sobre Paulo e suas cartas; uma é dedicada especificamente ao tema: *the Journal for the Study of Paul and His Letters (JSPL)*.

4. Para aqueles que podem viajar para as cidades em que Paulo esteve ou aqueles que simplesmente se interessam pelos sítios arqueológicos, os seguintes recursos são especialmente úteis:

Fant, Clyde E., e Mitchell G. Reddish. *A Guide to Biblical Sites in Greece and Turkey*. New York: Oxford University Press, 2003. Fotos, mapas do local e descrições detalhadas de todas as ruínas arqueológicas relevantes.
Walker, Peter. *In the Steps of Saint Paul: An Illustrated Guide to Paul's Journeys*. Oxford: Lion House, 2011. Narrativa e guia ricamente ilustrados e fáceis de usar.
Wilson, Mark. *Biblical Turkey: A Guide to the Jewish and Christian Sites of Asia Minor*. 3ª ed. Istanbul: Ege Yayinlari, 2014. Fotos coloridas, textos antigos relevantes e descrições de sites.

1

O MUNDO DE PAULO

O contexto greco-romano de sua missão

Estendi as fronteiras de todas as províncias do povo romano, que tinha como vizinhas raças não obedientes ao nosso império. Eu restaurei a paz...

C. Julius Caesar Octavianus (Caesar Augustus)[1]

Apreciar grandes figuras históricas requer uma compreensão de seu mundo: Martinho Lutero, no alvorecer da Europa do século 16, Abraham Lincoln, na América do século 19, Madre Teresa no século 20 ou o apóstolo Paulo no primeiro século. Paulo era um homem de vários mundos — a cultura da região helenizada do Mediterrâneo, a realidade política do Império Romano e o entorno do judaísmo do segundo templo. Fica bem claro, porém, que esses mundos não eram realmente distintos; constituíam uma realidade vivida no primeiro século. Cidadãos romanos (e quase todos as pessoas cultas) escreviam em grego com mais frequência; judeus palestinos foram helenizados; os deuses e deusas dos gregos e dos romanos assumiram os traços das divindades locais.

Um estudo completo desse mundo já seria por si mesmo material para um livro. O propósito deste capítulo é simplesmente apresentar algumas dimensões do(s) mundo(s) de Paulo que serão úteis e, em alguns casos, necessárias para a compreensão de sua pessoa e de suas cartas.

---

[1] *Res gestae divi Augusti* (*Things Accomplished by the Divine Augustus*) 26, in Augustus, *The Monumentum Ancyranum*, ed. E. G. Hardy (Oxford: Clarendon Press, 1923), p. 114.

Alexandre, o Grande (local: Museus Arqueológicos de Istambul)

Consideraremos brevemente a cultura mediterrânea de Paulo, o Império Romano, o judaísmo contemporâneo, algumas religiões e filosofias pagãs, bem como a cidade romana.

A CULTURA MEDITERRÂNEA DE PAULO

Nas últimas décadas, devido à influência das ciências sociais nos estudos bíblicos, tornou-se popular falar da 'cultura da região do Mediterrâneo' ou usar linguagem semelhante que generaliza a cultura dessa vasta região. Ainda hoje falamos de valores, cultura ou culinária do 'Oriente Médio' ou do 'Mediterrâneo'. Todavia, alguma cautela é necessária; os valores e costumes romanos na Itália e seus equivalentes judaicos na Palestina dificilmente poderiam ser idênticos. A região do Mediterrâneo continha uma mistura de povos e culturas, e as generalizações poderiam deixar de reconhecer as diferenças representadas por esses vários grupos. No entanto, é útil — com a devida cautela — falar de algumas características gerais da cultura mediterrânea dos dias de Paulo.

Helenização

A primeira característica a ser observada é a *helenização* da região. O triunfo de Alexandre, o Grande (323 a.C.), resultou na disseminação da cultura grega por toda a região do Mediterrâneo e além. A língua grega, as ideias, a educação, a filosofia, a religião, a política e os valores seguiam os passos de Alexandre. Uma forma um tanto simplificada do grego clássico, o grego *koinē* (comum), tornou-se o idioma convencional para conduzir o comércio e os demais negócios, bem como para a maioria das outras formas de comunicação; é a linguagem do Novo Testamento.

As comunidades judaicas, cuja dispersão pela região é conhecida como Diáspora, não ficaram imunes a essa helenização. Muitas vezes pensavam à maneira grega e usavam uma tradução grega das Escrituras Hebraicas (a Septuaginta, abreviada LXX).[2] Até mesmo a Palestina e o judaísmo palestino não puderam escapar da influência helenística. Obviamente a cultura grega não substituiu de modo automático a cultura local, mas fundiu-se com ela, como, por exemplo, ocorreu de diferentes

---

[2] Existiam diferentes tipos da Bíblia grega (Antigo Testamento), e não apenas uma única versão.

maneiras nas comunidades judaicas de Jerusalém, e igualmente nas comunidades judaicas de Alexandria, no Egito. A realidade da helenização não converteu todas as pessoas em filósofos gregos, mas fez com que todas elas se tornassem devedoras e participantes da herança da Grécia que permeou e ajudou a moldar a região.

Senso de identidade de grupo

Um segundo aspecto importante da cultura mediterrânea antiga era seu *senso de identidade de grupo*. Enquanto os ocidentais contemporâneos tendem a definir a si mesmos e sua identidade antes de tudo como indivíduos, as culturas mediterrâneas antigas procuravam definir o eu principalmente em termos de pertencimento a um grupo. Essa diferença cultural básica às vezes é chamada de distinção entre uma cultura 'monádica' e uma cultura 'diádica'. Em uma cultura monádica, o eu pode ser definido sozinho (mono), com ênfase na pessoa como um indivíduo. No entanto, em uma cultura diádica, o eu nunca pode ser definido individualmente, mas sempre e apenas em referência a outro (di, 'dois'), e particularmente ao grupo — a família, a cidade etc., o valor primário é colocado em agir e viver de acordo com as normas e costumes do grupo, não na formulação de julgamentos e valores independentes. Viver é fazer parte de um grupo e ocupar seu lugar dentro desse grupo. Desviar-se desse conceito provavelmente implicará em um desastre.

A importância da identidade de grupo não significava, entretanto, que o indivíduo como pessoa não tivesse nenhum significado. Ao contrário, implicava que a criação de identidade individual era impossível sem a dinâmica de solidariedade com os outros em seu(s) grupo(s). Isto é, não havia *egō* ('eu') sem *hēmeis* ('nós').

Honra e vergonha

Esse senso de identidade de grupo leva a outra generalização sobre a cultura mediterrânea antiga: era uma cultura de *honra e vergonha*. Definidas de forma simples, honra e vergonha referem-se à contínua atribuição e retirada de estima pelos pares: família, grupo socioeconômico, cidade etc. Na sociedade romana esse respeito era baseado principalmente em coisas como riqueza, educação, habilidade retórica, linhagem familiar e conexões políticas. Esses eram os principais 'indicadores de *status*' da cultura. Em uma cultura diática, a 'autoestima' era, em grande parte, uma contradição; a única estima que se poderia ter não era concedida pelo eu, mas pelo grupo. 'Perder a honra' por não agradar ao grupo, por não incorporar os valores do grupo, constituía tanto a perda da honra quanto a perda de si mesmo. Nesse ambiente, a pressão dos pares não era algo a ser evitado, como diria a maioria dos ocidentais, mas de fato uma dinâmica cultural apropriada e bem-vinda.

Hierarquia: poder e pobreza

A cultura da época de Paulo, apesar da — e na verdade por sua causa — ênfase na solidariedade de grupo, também era muito *hierárquica*. A cultura greco-romana exibia uma hierarquia que poderia ser, embora não perfeitamente, comparada à Torre Eiffel: um pequeno pináculo (a 'elite', *honestiores* em latim, com poder, riqueza, propriedade e status — o grupo do 'um por cento'), reforçado por um setor de apoio maior, mas ainda pequeno (os 'vassalos'), todos apoiados nos ombros de uma fundação maciça (os que faziam parte da 'não-elite', ou *humiliores*). Nesse arranjo hierárquico, o poder estava centrado no topo, entre a elite, mas as massas estavam logicamente concentradas perto da base. No ponto mais alto ficava o imperador. Abaixo dele estavam os senadores; os cavaleiros, uma classe de figuras militares e políticas de alto escalão; e os decuriões [oficiais de cavalaria] — aristocratas que possuíam terras e outras formas de riqueza, mas apenas exerciam poder político local. Apoiando essa classe governante havia uma rede de pessoas que os sociólogos chamariam hoje de vassalos: funcionários políticos e religiosos (sacerdotes, burocratas do governo etc.) que mantinham a máquina do poder funcionando, atendiam às necessidades da elite e obtinham uma certa medida de poder e de *status*, bem como tinham sua conexão com a elite. Estudos recentes sugerem que a elite e seus vassalos provavelmente compreendiam cerca de 3% da população.

Mais abaixo, na 'torre' socioeconômica, encontravam-se aqueles que tinham alguns recursos, mas pouco ou nenhum poder político, incluindo os comerciantes e artesãos mais bem-sucedidos. Embora não fossem semelhantes a uma classe média ocidental contemporânea, às vezes eram chamados de grupo 'intermediário' entre a elite e o povo de *status* inferior, consistindo talvez de 5 a 15% da população. Essas pessoas teriam um moderado suprimento de recursos financeiros e de outros meios.

E quanto ao restante da população, os 85%, pouco mais ou pouco menos? Ainda mais embaixo ficavam os escravos que eram 'gerentes intermediários' para a elite (veja informações a seguir); depois a classe trabalhadora mais baixa de pessoas livres e os libertos, incluindo muitos artesãos, comerciantes e afins; escravos de nível inferior; e os trabalhadores pobres livres, como diaristas e muitos agricultores. Na base inferior de nossa 'Torre Eiffel' socioeconômica, como em qualquer sociedade, estavam os impuros e os 'descartáveis': aqueles que não possuíam qualquer riqueza, poder ou *status*, como viúvas, órfãos, prisioneiros e pessoas com alguma deficiência, que se transformavam muitas vezes em mendigos. Assim, a questão para a maioria das pessoas era a subsistência ou mesmo a própria sobrevivência.

Embora os estudiosos debatam as estatísticas, do ponto de vista econômico, os '85 por cento' (aproximadamente) incluíam aqueles que viviam nesse nível de subsistência um pouco acima da linha da pobreza, e os que ficavam abaixo da linha da pobreza. É bem provável que cerca de um quarto da população na época de Paulo vivesse nesse último nível: as viúvas e mendigos, bem como seus filhos, e até mesmo alguns trabalhadores não qualificados com pouca ou nenhuma renda regular. Talvez uma população semelhante — determinados comerciantes, artesãos e agricultores — vivesse um pouco acima da linha da pobreza, com um mínimo de estabilidade. Porém, havia ainda um grande número de comerciantes, artesãos, agricultores e trabalhadores que pairava em torno do nível de pobreza e era seriamente ameaçado sempre que havia escassez de alimentos ou algum outro tipo de crise. Assim, embora existam muitas maneiras de definir a palavra 'pobre', em quase todos os sentidos, mais da metade da população do império, e talvez bem mais do que isso, era pobre: capaz apenas de mal sobreviver, sem ter nenhum poder ou quaisquer outros meios para mudar sua situação.

As comunidades judaicas do mundo antigo tanto participavam da cultura hierárquica vertical romana quanto se constituíam em uma cultura própria. Fora da Palestina, nas cidades da Diáspora, os judeus, por vezes (embora nem sempre), viviam próximos uns dos outros, quase sempre praticando seus ofícios como membros do setor artesanal de sua cidade. Eles interagiam com os gentios e, certamente, a elite estava aí incluída, bem como alguns deles poderiam ter feito parte dela. Uma evidência concreta a esse respeito, porém, é inconsistente. Na Palestina havia uma hierarquia dentro da própria sociedade judaica: alguns judeus participavam da classe dominante; outros eram vassalos que apoiavam (e se beneficiavam deles) os poderes religiosos judaicos ou políticos romanos, ou ambos; outros ainda eram artesãos e comerciantes; e os que eram muito pobres: diaristas, camponeses, impuros ou descartáveis. Relacionado a essa hierarquia estava o que também poderíamos chamar de hierarquia 'horizontal' ou 'concêntrica'. O poder e a condição de pureza estavam nas mãos daqueles mais próximos do centro, quer esse centro fosse concebido como o templo, quer como a Lei. Aqueles homens que faziam parte do sistema ritual ou da lei constituíam o círculo interno, seguidos por outros homens judeus com alguma posição religiosa, mulheres e crianças judias aparentadas, os pobres ('o povo da terra') e, finalmente, os gentios. Essa estrutura social era simbolizada em parte pela construção 'concêntrica' do templo, com seu lugar Santíssimo no centro e sua sucessão de pátios, ficando por último o Pátio dos Gentios.

Patriarcado

Um aspecto inerente à hierarquia da cultura mediterrânea era seu *patriarcado*. O homem, chefe de família, governava seu próprio pequeno universo, sendo que sua esposa, filhos e escravos eram praticamente sua propriedade pessoal. Isso concedia aos homens livres poder e privilégio em sua própria casa, mesmo que não os tivessem em nenhum outro lugar. Por exemplo, os homens podiam — e faziam isso muitas vezes — 'rejeitar' bebês deformados ou indesejados que eles próprios haviam gerado (i.e., deixá-los no lixo fora da cidade, para morrer ou para serem 'adotados' como escravos ou prostitutas). Os homens governavam os impérios, províncias e cidades (embora as esposas dos governantes pudessem exercer um poder considerável) e, em geral, controlavam a maioria dos templos e cultos. Os homens nascidos livres exerciam *auctoritas* (da qual obtemos a palavra 'autoridade'): poder sobre os impotentes e prestígio (honra) entre os seus pares.

As mulheres eram designadas para servir principalmente no lar como esposas, mães e administradoras domésticas, mas isso não significava que elas não tivessem outro papel na sociedade. As mulheres da elite tinham mais liberdade do que as demais e, durante o período romano, podiam receber uma boa educação. Algumas mulheres eram proeminentes nos negócios, e certos cultos davam a elas uma liderança considerável, bem como papéis participativos. Havia, naturalmente, deusas como modelos para a função do gênero feminino na esfera religiosa. Em alguns templos, as sacerdotisas atendiam às necessidades dos deuses e de seus devotos, e as mulheres muitas vezes figuravam com destaque em certas procissões religiosas e em outros eventos. Algumas seitas, especialmente as religiões de mistério (veja a seguir), atraíam exclusivamente, ou principalmente, mulheres. Na Diáspora, as mulheres judias provavelmente eram ativas em suas comunidades e às vezes até em suas sinagogas, como benfeitoras e líderes. No entanto, em todo o mundo mediterrâneo, muito do acesso à educação, à vida pública e à liderança religiosa era determinado pelo gênero, e os homens eram claramente a metade privilegiada da raça humana.

Escravidão

Outra condição inevitável da cultura hierárquica greco-romana tinha a ver com a instituição da *escravidão*. Nas áreas urbanas, uma porcentagem significativa de todos os habitantes era composta de escravos, embora números confiáveis não estejam disponíveis e as estimativas dos estudiosos possam variar. Famílias menores muitas vezes tinham alguns poucos escravos, enquanto as famílias maiores, dentre os muito ricos, tinham grande quantidade deles. Ser escravo era pertencer não a si mesmo, mas a outro (Aristóteles, *Politics* 1.1254a.14), e viver para cumprir as ordens de outro — sem o direito de recusar (Sêneca, *On Benefits* [*De beneficiis*] 3.19). Era possuir pouco ou nenhum direito legal, e permanecer em constante estado de desonra. Os escravos eram usados e abusados; eles poderiam ser forçados a trabalhar muitas horas e também ser punidos severamente. Escravos desobedientes, indisciplinados, fugitivos ou problemáticos eram torturados ou até mesmo mortos, embora a lei romana no período imperial exigisse uma causa justa para a morte de um escravo. Muitos deles, homens e mulheres, eram explorados sexualmente por seus senhores e viviam sob a condição de medo. No entanto, nem todos os escravos faziam trabalhos manuais difíceis, sem descanso, ou sofriam maus-tratos, pois alguns (talvez muitos) senhores eram geralmente bondosos. Havia incentivo financeiro para que os senhores garantissem a sobrevivência a longo prazo de seus escravos, que eram sua propriedade.

Ao contrário do sistema americano de escravidão, no mundo greco-romano ela não era baseada na etnia. Escravos podiam ser obtidos por meio de conquista ou de pirataria; poderiam ser encontrados, como no caso de crianças rejeitadas ou abandonadas; ou mesmo, embora muito mais raramente, alguns faziam a si mesmos de escravos, vendendo-se como tal. Porém, havia algumas semelhanças com a escravidão na América. Na época de Paulo, a maioria dos escravos já nascia na escravidão; os filhos de um escravo também se tornavam propriedade do dono de escravos. Como propriedade, os escravos eram comprados e vendidos de forma privativa ou por intermediação de 'comerciantes'. Eles eram julgados e precificados de acordo com sua utilidade real ou potencial. Os escravos domésticos contribuíam para as necessidades e para o conforto do senhor e sua família. Também era possível que um escravo adquirisse habilidades em um ofício e até alcançasse algum destaque como, por exemplo, ser gerente dos negócios de seu senhor. Além disso, no primeiro século, um pequeno número de escravos em todo o império fazia parte da 'casa imperial', atuando no serviço público do governo. Mas seria errôneo pensar que a escravidão era geralmente um meio de alguém buscar seu próprio aperfeiçoamento ou conquistas na vida.

A alforria (libertação da escravidão), objetivo de quase todo escravo, exigia a generosidade do senhor e sua disposição de perder o valor monetário de sua propriedade. Mas entre a elite também poderia ser um símbolo de *status* libertar escravos e assim demonstrar aos seus pares as virtudes da clemência e generosidade. Há alguma evidência de que durante o período romano os escravos podiam esperar a libertação por volta dos trinta anos (quando a expectativa de vida não era muito maior do que isso), mas com que frequência o fato realmente ocorria e por que (talvez para aliviar o mestre do cuidado de escravos idosos e doentes) é uma questão para ser debatida. A alforria podia ocorrer enquanto o senhor ainda estava vivo, a seu critério ou mediante o pagamento de uma determinada quantia pelo escravo ou por outra pessoa em favor do escravo (resgate). Às vezes, um deus, por meio dos sacerdotes, efetuava uma alforria sacra. Ocasionalmente, um mestre libertava crianças escravas adotando-as legalmente como suas. A alforria também poderia ocorrer por morte do proprietário de acordo com as disposições de seu testamento.

Os libertos geralmente se tornavam clientes de seus antigos proprietários, que, como patronos, muitas vezes ajudavam seus novos clientes financeiramente (veja a discussão sobre patrocínio adiante). Os libertos então podiam viajar à vontade, mas não podiam ocupar certos cargos cívicos e religiosos. Eles poderiam achar a vida mais difícil e até fracassar, pelo menos economicamente, em seu novo *status*, embora alguns — como o professor estoico Epíteto do primeiro século — tenham sido bem-sucedidos não apenas economicamente, mas também de outras formas importantes. Alguns escravos libertos até se tornaram cidadãos romanos.

O que nos leva, naturalmente, a Roma e a seu império.

O Império Romano do tempo de Paulo

Paulo viveu em uma época em que existia uma realidade primordial e unificadora — o Império Romano, herdeiro do mundo conquistado por Alexandre. Naturalmente, é impossível elaborar uma discussão completa do Império Romano neste livro, embora certos aspectos do mundo social, político e religioso de Paulo sejam mencionados brevemente, à medida que se torne apropriada na discussão de textos paulinos específicos. Aqui destacamos apenas alguns aspectos da realidade imperial que afetou a missão e a mensagem de Paulo: a *pax Romana*, comunidade no império, mobilidade no império e unidade imperial por meio do culto e da teologia. A última delas recebe ênfase especial, pois se refere à dimensão religiosa do império, uma vez que a 'competição pagã' que era atacada por Paulo (tópico a ser considerado mais adiante neste capítulo) incluía o culto ao imperador.

Pax romana

Nenhum império na história humana é tão celebrado quanto o Império Romano. Esse império era sinônimo de 'paz romana' — a *pax Romana*. O império encerrou uma era de conflitos civis em Roma e unificou uma enorme área de terra habitada por diversos povos. Os sistemas que o império construiu e a forma como manteve essa paz foram motivo de inveja de muitos durante dois milênios: governo, militares, arquitetura, estradas e assim por diante.

O MUNDO DE PAULO

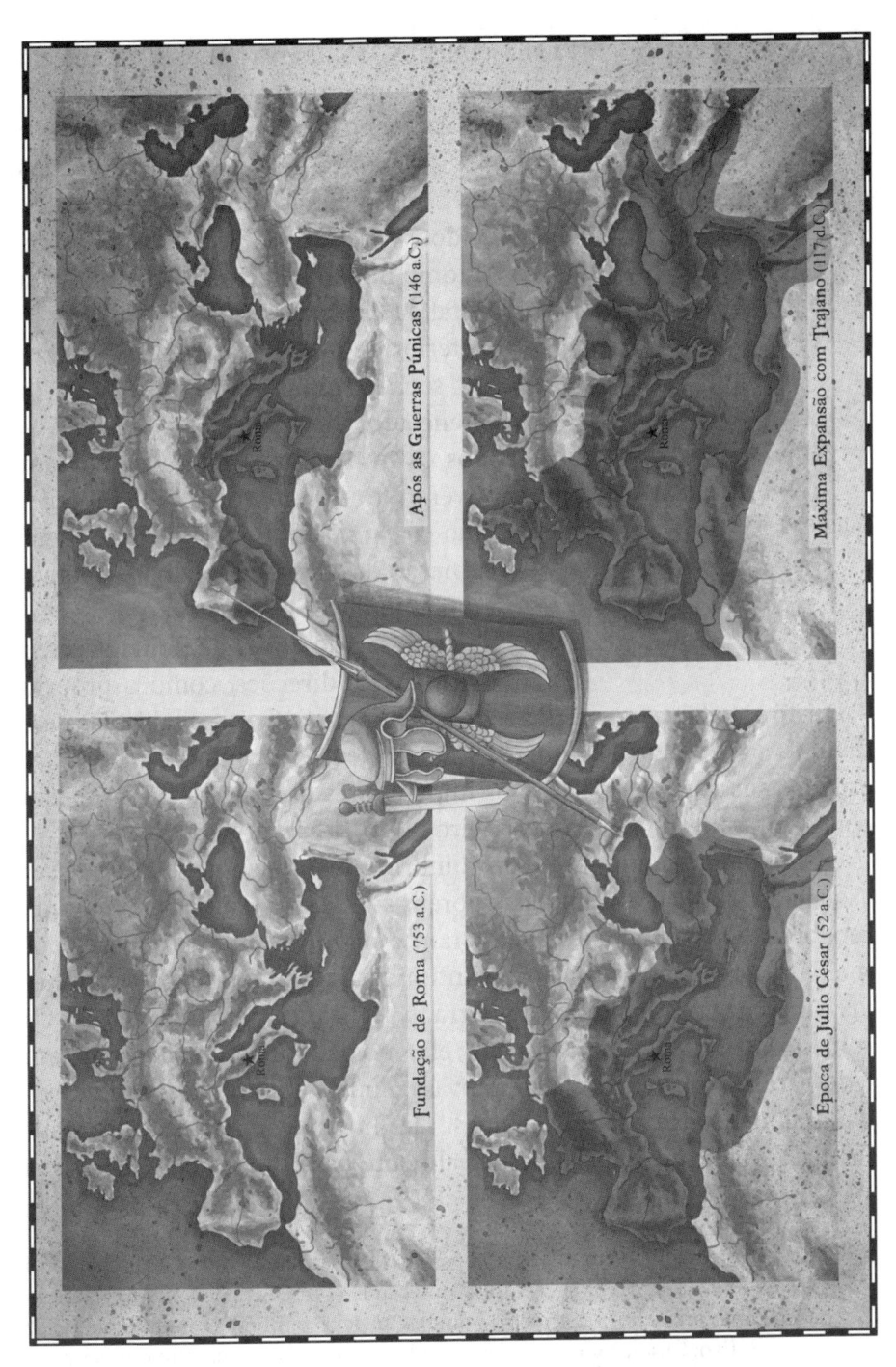

Após as Guerras Púnicas (146 a.C.)

Máxima Expansão com Trajano (117 d.C.)

Fundação de Roma (753 a.C.)

Época de Júlio César (52 a.C.)

A EXPANSÃO do IMPÉRIO ROMANO (753 a.C.–395 d.C.)

O nascimento do império pode ser datado em 31 ou, mais propriamente, em 27 d.C., embora seu nascimento tenha sido precedido por anos de preparação e seguido por séculos de desenvolvimento. Em 31 d.C., Otaviano, filho adotivo de Júlio César, derrotou Marco Antônio na Batalha de Actium, na costa ocidental da Grécia.

Posteriormente, Otaviano (27 d.C.) recebeu do senado romano o nome de Augusto ('reverenciado', 'honrado pelos deuses') — e todos os imperadores que o sucederam mantiveram o mesmo nome.[3] Ele foi recebido como o salvador de Roma e a encarnação das boas-novas divinas para o mundo inteiro. Sob seu governo, a grande expansão do poder de Roma ocorreu em todas as direções, como o próprio Augusto se gabava em sua *Resgestae divi Augusti* [Coisas realizadas pelo divino Augusto]. A lei romana, valores, deuses, estradas e moedas se espalharam por toda parte, e os imperadores que sucederam Augusto continuaram o trabalho do primeiro salvador imperial de Roma.

Augusto, o primeiro imperador romano (27 a.C. – 14 d.C.) (Localização: Museu Arqueológico de Istambul)

Havia, no entanto, um lado sombrio nessa 'paz' que não pode ser esquecido. Nasceu um império, porém ao mesmo tempo morreu uma república. Os romanos estabeleceram e mantiveram seu império por meio da conquista, subjugação e intimidação. Em outras palavras, havia uma paz conseguida pela guerra, e segurança pela dominação. Os romanos invadiam e escravizavam; eles moviam os conquistados de um lado para outro; eles formavam novas colônias e refundavam velhas cidades como suas próprias colônias. Eles impuseram impostos e tributos para manter o império, especialmente os militares e a elite, e sua

---

[3] O termo "imperador" vem do latim *imperator* (comandante). Júlio César chamou a si mesmo *imperator*, e seus sucessores, começando com Otaviano (Augusto), tomaram-no como *praenomen* (primeiro nome). Otaviano também manteve o nome de seu pai adotivo, César, como *cognomen* ("sobrenome" — porém, muitas vezes era o nome pelo qual era conhecido), enquanto imperadores posteriores o usaram como parte de seu título imperial.

pax entre os povos subjugados. E eles mantinham uma espécie de barreira para garantir que aqueles que pudessem ameaçar a paz entendessem as consequências: a crucificação.

Os romanos não inventaram a crucificação, mas a aperfeiçoaram. Com troncos, vigas únicas e cruzes de vários formatos, eles matavam qualquer não-cidadão que colocasse a *pax* em perigo. Seus próprios escritores sabiam que era a mais cruel das mortes: Cícero, por exemplo, chamou a crucificação de 'um castigo muito cruel e ignominioso' e 'a tortura mais miserável e dolorosa, apropriada apenas para escravos' (*Against Verres* 2.5.64, 66).[4] O escritor judeu Josefo, que tinha conhecimento das crucificações em massa de seus compatriotas, referiu-se à prática como "a mais desprezível das mortes" (*Jewish War* 7.203).[5]

No entanto, apesar dessa punição — ou seria por essa mesma razão? — uma multidão de romanos se reunia para assistir à morte de insurretos, escravos e outros em vergonhosa nudez. 'Quando crucificamos criminosos, os lugares mais frequentados são os escolhidos, onde o maior número de pessoas pode observar a cena e ser tomado por esse medo. Pois toda punição tem mais a ver com o exemplo do que com a ofensa' (Quintiliano, *Lesser Declamation* 274).[6] Assim, em resposta à famosa revolta de Espártaco, o rebelde escravo-gladiador, em 71 d.C., os romanos crucificaram 6.000 escravos na Via Ápia entre Cápua e Roma. Não poderia haver nada mais irracional,

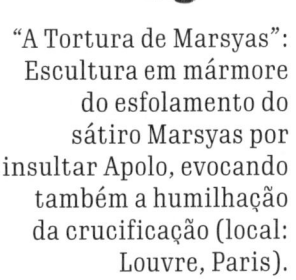

"A Tortura de Marsyas": Escultura em mármore do esfolamento do sátiro Marsyas por insultar Apolo, evocando também a humilhação da crucificação (local: Louvre, Paris).

---

[4] Cicero, *The Orations of Marcus Tullius Cicero*, vol. 1, trad. C. D. Yonge (Londres: George Bell & Sons, 1916), pequenas alterações.
[5] Josefo, *War* (Thackeray, LCL). A palavra 'desprezível' pode também ser traduzida como 'miserável' ou 'desgraçado'.
[6] Quintilian, *The Lesser Declamations* (Shackleton Bailey, LCL). O verdadeiro autor foi provavelmente um discípulo de Quintiliano no século 2.

mais vergonhoso ou mais detestável para Roma do que atribuir honra — para não dizer *endeusar*! — um homem crucificado pelas autoridades imperiais.

Comunidade: império, cidade, família

A imagem de uma multidão de romanos assistindo à morte de escravos rebeldes ou revolucionários políticos por oficiais do governo pode nos parecer um quadro estranho e até sádico, porém, no primeiro século, era uma espécie de encontro familiar. Pois o império se imaginava como uma grande família sob a liderança de seu pai, o próprio imperador (*pater patriae*, 'pai do país').

A família, ou lar (gr. *oikos*; lat. *domus*), era a unidade fundamental da sociedade romana. Essa família incluiria não apenas o homem que era o chefe de família com sua esposa e filhos, mas talvez também a família estendida e até mesmo, entre os que possuíam recursos moderados, os escravos domésticos.

Muitas famílias no primeiro século viviam em cidades, algumas das quais, como Roma e Éfeso, eram bem grandes tanto em sua área quanto em população. Algumas dessas cidades, com obrigações e deveres especiais para com o imperador e o império, eram colônias de Roma (Veja mais detalhes sobre a cidade romana a seguir). Dentro dessas cidades viviam vários tipos de pessoas, muitas vezes dentro da mesma casa: cidadãos e não-cidadãos; escravos, livres e libertos (ex-escravos); pobres e ricos. Todos eram altamente conscientes dessas diferenças socioeconômicas.

O instrumento que impulsionava o império, a família e a cidade era o amor à honra (lat. *philotimia*), a qual assumia um papel divino, e sua busca criava uma forma de devoção quase religiosa. Cícero proclamou que a "[n]atureza nos fez ... entusiastas buscadores de honra, e uma vez que conquistamos... algum vislumbre de seu esplendor, não há nada que não estejamos preparados para suportar e aceitar para protegê-la" (*Tusculan Disputations* 2.24.58).[7] Observações semelhantes podem ser encontradas em escritores tão conhecidos como o filósofo estoico romano Sêneca (contemporâneo de Paulo) e, séculos antes, o filósofo grego Aristóteles. A busca da honra — estima pública, especialmente

---

[7] Cicero, *Tusculan Disputations* (King, LCL).

de seus pares — criou uma sociedade ferozmente competitiva, especialmente entre aqueles sujeitos que tinham posses. Eles se esforçaram para superar um ao outro na acumulação de honra para o imperador e para Roma, para sua cidade e família em particular e, claro, para si mesmos. Um projeto de construção financiado por um homem rico, ou mesmo uma associação de, digamos, comerciantes, poderia realizar todos os três. Embelezava e servia a cidade enquanto podia ser dedicada ao imperador e com a inscrição proeminente do(s) nome(s) do(s) patrono(s).

A elite de uma cidade estava associada principalmente a pessoas de *status* semelhante. Os homens costumavam gastar seu tempo em atividades cívicas (tudo por honra, e nunca trabalhando com as mãos), se reuniam nos banhos e entretinham uns aos outros em jantares. Se a não-elite (artesãos, escravos da família etc.) estivesse presente em tal jantar, seria servida para ela comida de menor qualidade em salas separadas.

Como observado há pouco, realmente não havia nenhuma classe média na sociedade romana, pelo menos nada como a grande classe média nos países ocidentais, relativamente próspera e independente. A 'classe trabalhadora' era composta de pessoas de baixo *status*, embora constituísse uma grande porcentagem da população. Indivíduos que não faziam parte da elite, mas eram livres, tinham seus próprios meios de viver em comunidade, chamados *collegia*, ou (em tradução livre) 'clubes' — organizações sociais com conotações religiosas e uma variedade de funções. Um tipo de *collegium* era uma espécie de associação comercial, um grupo de trabalhadores (em grande parte homens), como fabricantes de tendas ou construtores de navios, que se reuniam para fins comerciais e sociais em vários locais. Tal grupo ou o encontro de seus participantes às vezes era chamado de *koinon* (como em *koinōnia*, que significa 'comunidade' ou 'solidariedade') ou *sinagōgē*; o líder poderia ser chamado de *archisynagōgos*. Outro tipo era estritamente religioso, dedicado à prática de um dos cultos. Ainda havia um grupo, especialmente criado para reunir os pobres, que era a sociedade funerária, uma associação destinada a ajudar a pagar o alto custo dos enterros. Esses colegiados eram sancionados por Roma, embora grupos problemáticos pudessem ser banidos.

A estrutura das relações na sociedade romana não era, no entanto, uma questão completamente horizontal. Além da interação entre senhores e escravos, bem como entre ricos e comerciantes que forneciam seus bens, havia um sistema de relações patrões-clientes. Sêneca chamou o patronato de 'o principal vínculo da sociedade humana' (*On Benefits*, 1.4.2, 1.4.2).[8] Começando pelo imperador, que era visto como patrono de todo o império, e passando pelas camadas da elite, pessoas de posses e *status* agiam em benefício, financeiro e outros, daqueles que possuíam menos recursos e posições. Em troca, os beneficiários — os clientes — prestavam ao patrono sua lealdade e honra. Os clientes podiam incluir os antigos escravos de um homem, vários trabalhadores pobres, talvez um artista ou professor dependente do patrono para apoio, ou um grupo de pessoas, como um *collegium*. Um aspecto importante desse sistema de reciprocidade patrão-cliente era a linguagem usada para expressá-lo: 'graça' (*charis*) poderia se referir à atitude do provedor, à doação ou ato beneficente e à resposta do destinatário endividado. *Charis* normalmente era estendida a clientes dignos e, portanto, certamente não a inimigos, e manifestações concretas de gratidão eram esperadas de todos os destinatários de *charis*.

Mobilidade: viagens no império

Apesar da comunidade e da estabilidade encontradas na casa e na cidade — para não mencionar a disponibilidade da maioria dos bens e serviços —, algumas pessoas desejavam ou eram obrigadas a viajar. Fosse para negócios, lazer, serviço governamental ou militar, fosse com fins religiosos, mover-se pelo império era bastante comum.

Roma se tornou justificadamente famosa por seu extenso e bom sistema de estradas, uma necessidade política e militar para o bom funcionamento do império; algumas delas ainda podem ser vistas e usadas ainda hoje. As estradas ligavam as cidades, possibilitando o transporte de pessoas, mercadorias, servindo ainda para correspondências, ideias e religiões. As viagens rodoviárias para as pessoas comuns eram feitas principalmente a pé. Aqueles que dispunham de recursos poderiam viajar montados em um burro, num veículo puxado por animais, ou — no caso dos mais poderosos — em uma liteira carregada por escravos pessoais. Algumas viagens terrestres poderiam ocorrer durante todo o ano, embora os deslocamentos durante o inverno pelas elevações mais

---

[8] Sêneca, *De Beneficiis* (Basore, LCL).

altas naturalmente tivessem que ser reduzidos em determinadas ocasiões. (Tanto a Turquia quanto a Grécia são regiões mais montanhosas do que se pode imaginar.) Viajar por rodovias também poderia ser um negócio arriscado, devido aos ataques de ladrões e outros perigos naturais. As pousadas eram notórias por seus 'serviços': oferecer comida ruim, condições inseguras e insalubres, por causa de seus proprietários sombrios e prostitutas.

Além das rodovias, o Mediterrâneo e seus fluxos de água adjacentes serviam como várias rotas de viagem. Os deslocamentos eram também restritos durante os meses de inverno. As viagens marítimas eram ainda mais perigosas do que as que feitas por terra; uma tempestade poderia ser fatal e, apesar dos esforços imperiais para coibi-los, os piratas navegavam pelos mares, na esperança de encontrar mercadorias — incluindo mercadorias humanas — para roubar e depois vendê-las.

Unidade: poder imperial, culto e teologia

Os que viajavam por todo o império encontravam uma diversidade não apenas de crenças e rituais, mas também de paisagens — geográficas e de outros tipos. No entanto, unificando e dominando o contexto religioso, político, cívico, recreativo e arquitetônico da região do Mediterrâneo no primeiro século estava o culto ao imperador. A devoção ao imperador — incluindo não apenas aquele que reinava na época, mas também sua família e seus predecessores, especialmente Júlio e Augusto — era uma questão multifacetada que permeava a cultura. Era uma forma de fidelidade religiosa e nacionalista, ou teopolítica, tanto para com humanos deificados (os imperadores) quanto para com uma entidade cultural e política (o Império Romano). Em muitos aspectos, portanto, se tornava um dos elementos de coesão mais fundamentais do império, ajudando a manter seus diversos distritos eleitorais juntos.[9]

---

[9] Esse elemento de coesão era mais forte em certas áreas do que em outras (especialmente se mostrava muito vigoroso na Ásia Menor), e não existia isoladamente; a coesão do império havia sido estabelecida e reforçada também por impostos e tributos, pelos militares, e assim por diante. Mas nada simbolizava ou unificava mais poderosamente o Império Romano do que o próprio imperador, como objeto de admiração e temor. A devoção simultânea a ele e a Roma era essencial para a estabilidade do império.

O culto ao imperador era, de certa forma, uma continuação do culto ao governante helenístico, o qual era conhecido em grande parte do território que se tornou o Império Romano. Todavia, para Roma uma mudança altamente significativa de atitude e comportamento vinha ocorrendo desde o período da República Romana, e essa questão encontrou alguma resistência na própria Roma. Entretanto, a mudança seria inevitável; afinal de contas, como os antigos e os modernos frequentemente supunham, ninguém, a não ser um deus ou deusa, poderia subjugar e depois controlar uma grande parte do mundo conhecido. Da época de Júlio em diante, César não era apenas a principal figura política, mas também a principal figura religiosa, o sumo sacerdote (*pontifex maximus*, a 'maior ponte de ligação' [entre os humanos e os deuses]).[10] Júlio foi tratado de muitas formas como um deus mesmo antes de sua elevação póstuma à divindade, momento em que seu filho adotivo Gaius Octavius (Augustus) e sucessor tornou-se, naturalmente, o filho de um deus (lat. *divi filius*, gr. *huios [tou] theou*).[11] E mesmo antes que Augusto fosse formalmente deificado após sua morte em 14 d.C., ele iniciou ações em dedicação a si mesmo, a Júlio e a Roma, que se tornariam parte do culto imperial.

As formas dessa devoção e adoração ao imperador se desenvolveram de várias maneiras em cada lugar.[12] Mesmo não sendo centralizado nem homogêneo, o culto imperial se espalhou como um rastro de fogo em todo o império durante a primeira metade do primeiro século, especialmente nas cidades, e mais especialmente nas colônias (estendidas de Roma) na Grécia e na Ásia Menor, como Antioquia da Pisídia, Corinto e Filipos. (Os eruditos têm demonstrado a falsidade da noção comum de que o culto imperial não floresceu nem impactou os cristãos até a época de Domiciano no final do primeiro século.) Nas províncias, os cidadãos romanos deveriam participar do culto a Roma e ao

---

[10] A famosa inscrição em Delfos que nomeia Gálio como procônsul da Acaia no início dos anos 50 (enquanto Paulo estava em Corinto) tem a forma de uma saudação do imperador Cláudio (que reinou de 41 a 54 d.C.), identificado como 'Tibério Cláudio César Augusto Germânico Pontifex Maximus'.

[11] Caio Otávio tornou-se filho adotivo de Júlio César após a morte deste, conforme prescrito em seu testamento. Ele era na verdade neto de Julia, irmã de Julius.

[12] Estudiosos debatem quais práticas devem ser consideradas parte do culto, e mesmo se a expressão 'cultos imperiais' (plural) é a mais apropriada.

Ruínas do que foi provavelmente um templo do culto imperial em Corinto, dedicado a Otávia, irmã de Augusto.

divino Júlio, enquanto os não-cidadãos deveriam ser devotos de Roma e Augusto.[13]

Na época do ministério de Paulo, conforme registrado em suas cartas e no livro de Atos, foram erguidos templos para o culto imperial, ou estavam sendo edificados, em quase todas as principais cidades do império; esses templos eram frequentemente os maiores e mais centrais santuários de uma cidade. O enorme e elevado templo imperial em Antioquia da Pisídia, na Ásia Menor central, era visível por quilômetros. Mesmo os templos mais modestos para o culto, como o de Corinto, dedicado a Otávia (irmã de Augusto e esposa de Marco Antônio, que se divorciou dela por Cleópatra), eram edifícios impressionantes. Além dos templos, as cidades ergueram outros edifícios e monumentos dedicados aos imperadores, bem como estátuas deles. Às vezes, estátuas

---

[13] Mesmo a Palestina não estava isenta do culto imperial; antes do nascimento de Paulo, Herodes, o Grande, já havia construído (ou reconstruído) duas cidades dedicadas ao imperador (Cesareia Marítima e Sebaste [Samaria]), três templos para o culto imperial e inúmeras estátuas do imperador. Ele também havia dedicado jogos, mesmo em Jerusalém, a Augusto. A maioria dos judeus claramente se opunha ao culto imperial, e por causa disso, em parte, alguns consideravam a possibilidade de se revoltar contra Roma.

imperiais eram colocadas dentro de templos dedicados a outros deuses. As moedas, que antes traziam a efígie das imagens dos deuses, agora também traziam a figura do imperador. As cidades celebravam o aniversário, a ascensão, as conquistas do imperador reinante, e assim por diante, resultando em um calendário cheio de cerimônias, festivais, desfiles e concursos (atléticos, gladiadores e outros tipos) em sua homenagem. Cidades — e dentro das cidades, cidadãos líderes — competiam para patrocinar os eventos mais impressionantes e erguer as estruturas mais monumentais. A ideologia, ou teologia, do culto imperial foi assim narrada e reforçada de várias maneiras, inclusive visualmente. O imperador estava em toda parte, o tempo todo — patrocinado por seus amigos.

Desse modo, o culto imperial era em parte uma forma de prestigioso serviço cívico e patriótico, uma espécie de fenômeno 'Deus e país', ou religião civil. Juramentos públicos de fidelidade faziam parte dessa atividade teopolítica. Porém o culto também abrangia formas mais explícitas de devoção religiosa ao imperador e a Roma. Isso incluía cerimônias, em homenagem ao 'gênio' ('espírito imortal' e também uma espécie de divindade guardiã) do imperador, sacrifícios oferecidos pelos sacerdotes imperiais, queima de incenso, refeições especiais e assim por diante. O culto imperial era um ritual multifacetado de poder — humano e divino.

Todas essas atividades de culto eram, de fato, religiosas e políticas, e a devoção ao imperador, bem como a devoção ao império, eram inseparáveis. Por trás e mesmo dentro das atividades encontrava-se uma teologia, um conjunto de convicções sobre Roma, como a escolha dos deuses para governar o mundo, uma eleição supostamente comprovada e exibida nas vitórias de Roma em todo o mundo e a 'paz' que essas vitórias haviam alcançado. O imperador era o patrono, protetor, pai e síntese de Roma e seu poder, divinamente designado e capacitado. Augusto era o portador, e seus sucessores os garantidores da paz e da segurança — em resumo, da salvação, da escatológica idade de ouro. Aqueles que se submetessem a Roma compartilhariam da salvação imperial, e portanto, divina, na terra: paz, segurança, fertilidade, justiça e assim por diante.

Esse era o 'evangelho' de Roma, ou boas-novas (*euangelion/euangelia*), como uma inscrição de 9 d.C., encontrada em vários lugares (incluindo Priene, não muito longe de Éfeso, na província da Ásia), sobre o "salvador" (*sōtēr*) Augusto, a quem a 'providência' enviou para acabar com a guerra e estabelecer a paz: "[Se]ndo que César, quando revelado [*epiphanein*], superou as esperanças de todos os que haviam predito as boas-novas [*euangelia*], não apenas indo além dos benefícios daqueles que o precederam, mas também não deixando esperança de ser superado por aqueles que virão, assim, por causa dele, o dia de seu aniversário deu início às boas-novas [*euangelia*] para o mundo".[14] Essa inscrição ecoa o sentimento expresso por Horácio, em um poema (*Carmen saeculare*) escrito em 17 d.C. para os jogos em homenagem a Augusto: "Agora a boa-fé, e a paz, e a honra, e a modéstia primitiva, e a virtude há muito abandonada, ousam retornar, e a abençoada Fartura aparece, com seu chifre bem cheio".[15] Da mesma forma, o discurso de um pastor nas *Éclogas* de Virgílio (1.6-8) contém esta afirmação sobre Augusto: "[Ele] é um deus que forjou para nós esta paz [ou, "tranquilidade"; lat. *ostia*] — pois um deus ele sempre será para mim; muitas vezes um tenro cordeiro de nossos apriscos maculará o seu altar".[16]

Como benfeitores magníficos, Augusto e seus sucessores imperiais receberam, ou adotaram para si mesmos, títulos como Salvador, Filho de Deus, Deus e Senhor, e as pessoas os reconheciam como tais. O imperador era 'igual a Deus' (cf. Fl 2:6, onde esse é um predicado de Cristo). Embora a maioria dos imperadores não exigisse a real adoração de si mesmos como um deus (sendo notáveis exceções Calígula [Gaio], que governou de 37 a 41, e possivelmente Domiciano, que governou de 81 a 96), o poder e a força do ofício imperial fez com que cada um deles recebesse honras divinas simplesmente por ser imperador de Roma. O grande filósofo estoico dos séculos 1 e 2, Epíteto, afirmou: "Prestamos reverência aos imperadores como estando diante dos deuses, porque consideramos que a eles foram conferidos o poder e o privilégio divinos" (*Discourses* 4.1.60). *Divindade tinha a ver com poder.*

---

[14] Traduzido de Neil Elliot e Mark Reasoner, eds. *Documents and Images for the Study of Paul* (Mineápolis: Fortress, 2011), p. 35.
[15] Tradução de Neil Elliott in Elliott e Reasoner, *Documents and Images*, p. 3.
[16] Virgil, *Eclogues, Georgics, Aeneid* (Fairclough; LCL).

Os judeus e, portanto, os primeiros 'cristãos', na medida em que eram vistos como parte da comunidade judaica,[17] gozavam de isenção de certos aspectos da vida romana, incluindo o culto imperial. Seria desnecessário dizer, entretanto, que qualquer movimento ou mensagem que parecesse estar deslocando o imperador de seu trono seria entendido como um ataque contra o império e contra Roma (cf. Atos 17:1-9). O evangelho de Roma e o de Paulo estavam em desacordo, às vezes explicitamente, às vezes implicitamente, pois Paulo se tornaria o embaixador de um Senhor diferente com um tipo radical e diverso de poder e de seu 'império'.[18]

O(s) JUDAÍSMO(s) DE PAULO

O judaísmo dos dias de Paulo é conhecido como judaísmo primitivo ou do Segundo Templo.[19] Costuma-se dizer, no entanto, que existia, de fato, uma pluralidade de judaísmos e não apenas uma religião monolítica. Há muita verdade nessa visão, pois havia vários grupos judaicos, e os judeus do Segundo Templo estavam, em certo sentido, sempre

---

[17] O termo 'cristão' para um 'seguidor de Cristo' (alguém que confessa Jesus como o Messias judeu e o Senhor universal) é atestado no NT apenas em At 11:26; 26:28 e 1Pd 4:16. Usá-lo para os primeiros crentes em Jesus, ou para o "movimento de Jesus" é apropriado, desde que não importemos todos os seus significados posteriores para as primeiras gerações de crentes em Cristo.

[18] Muitos eruditos debatem a existência e a extensão das referências e críticas de Paulo ao Império Romano, incluindo ao culto imperial. A visão adotada neste livro é de que a vida e os ensinamentos de Paulo, assim como os de Jesus, estavam frequentemente em conflito com os de Roma de maneiras fundamentais, em parte porque "religião" e "política" eram inseparáveis, na antiguidade. O evangelho de Paulo era, portanto, "teopolítico", como veremos no capítulo quatro. No entanto, Paulo viu algo ainda mais poderoso em ação e por trás dos poderes políticos, sociais e econômicos do mal: os poderes apocalípticos do Pecado, da Morte e, finalmente, de Satanás.

[19] O templo em Jerusalém foi destruído em 587 a.C., reconstruído após o exílio babilônico e ampliado grandemente por Herodes, o Grande, a partir de 20 a.C., antes de ser destruído novamente em 70 d.C. pelos romanos. 'Judaísmo' não é uma palavra bíblica em si mesma, nunca tendo ocorrida na Bíblia hebraica, apenas cinco vezes na LXX (2Macabeus 2:21; 8:1; 14:38 [duas vezes]; 4Macabeus 4:26), e apenas duas vezes no NT (Gl 1:13-14). Quando ocorre nesses escritos, provavelmente se refere a uma religiosidade nacionalista extrema, algo muito mais estreito do que o senso comum e genérico das práticas, crenças e rituais do povo judeu.

discutindo sobre o que significava ser o povo escolhido de Deus em seu tempo e lugar específicos.

No entanto, os judeus em todos os lugares e de todas as tendências ainda estavam unidos por uma herança comum, assim como por várias convicções, entidades e práticas básicas: monoteísmo, eleição e aliança, nação, Moisés e a Lei (Torá), templo e sinagoga (*synagōgē*, liderada por um *archisynagōgos*), circuncisão e esperança no reino de Deus. Ser judeu era confessar e adorar o único Deus YHWH, que graciosamente escolheu Israel para ser o povo distinto de Deus. Esse Deus estabeleceu uma aliança com Israel, revelando a Lei a Moisés e, desse modo, chamou Israel para um relacionamento de aliança caracterizado por amor, obediência e fidelidade para com YHWH, bem como amor, justiça e pureza para com os outros. Essa aliança era expressa em certas práticas de 'piedade' e 'virtude', como a resumiu Filo (i.e., amor a Deus e ao próximo), em tempos bons e ruins, fosse em casa, fosse em outros locais, e vividos na esperança de um tempo quando os sofrimentos e a subjugação de Israel cessariam para sempre. O proeminente estudioso N. T. Wright organiza sua interpretação de Paulo em torno de dimensões bem abrangentes do judaísmo: um Deus, um povo de Deus e um futuro para o povo e o mundo de Deus; isto é, monoteísmo, eleição e escatologia.

Para entender Paulo, devemos ter em mente não apenas essa cosmovisão judaica geral, mas também pelo menos quatro dimensões da unidade judaica na diversidade: subjugação a Roma; alguns marcadores de fronteira comuns; um desenvolvimento teológico que afetou muitos judeus, incluindo Paulo (apocaliticismo); e alguns dos diferentes grupos judaicos (às vezes chamados de 'escolas' ou 'partidos').

Sujeição à Roma

Como já observado anteriormente, os judeus tinham alguns privilégios, mesmo estando sob o domínio romano, mas ainda assim se encontravam sob dominação estrangeira. Embora os judeus tivessem aprendido a lidar com tal situação, esse jugo não parecia apropriado para certos judeus que, cerca de dois séculos antes de Paulo, quando, sob o domínio selêucida, os macabeus se revoltaram (167—164 a.C.). Tampouco esse domínio era aceitável para muitos outros judeus sob ocupação romana; esses sentimentos levaram a atos esporádicos de desafio a Roma e, realmente, acabou produzindo uma tentativa, em grande escala, em 66—74 d.C. de expulsar os romanos da Palestina. A revolta malsucedida provocou a destruição do templo de Jerusalém pelos romanos em 70 e o famoso incidente de suicídio coletivo em Massada (atingindo o clímax em c. de 74 d.C.).

Dentro desse contexto político é que devemos entender as esperanças judaicas pelo reino (reinado, ou mesmo 'império') de Deus e por um Messias, ou 'ungido': em grego, *christos*; daí vem a palavra 'Cristo'. A maioria dos judeus esperava por uma figura salvadora como seu Messias, mas eles não entravam em acordo a respeito de qual seria sua natureza ou qual seria exatamente seu papel: seria ele um profeta, um sacerdote ou um rei? Ou o libertador haveria de ser uma figura transcendente e celestial? Um Messias real e davídico era a esperança mais comum, todavia era possível esperar a restauração de Israel e a vinda do reino de Deus sem referência a um rei guerreiro tão idealizado? Alguns judeus que procuravam por esse tal Messias acreditavam que poderiam apressar sua vinda por meio de uma atividade revolucionária; outros pensavam que tinham de tolerar os romanos e esperar que Deus agisse. Em outras palavras, havia uma variedade de esperanças de libertação e salvação no judaísmo do Segundo Templo, mas quase sempre eram de caráter teopolítico: ansiar pela ação concreta de Deus neste mundo. Nenhuma evidência clara existia, no entanto, para que fosse nutrida qualquer esperança dos judeus do Segundo Templo para receber um Messias *sofredor*, muito menos um Messias que seria crucificado e depois ressuscitado.

Marcadores de fronteira: ritual e ético-religioso

Ser judeu era, e ainda é, apresentar-se como uma pessoa diferente. Esse é o significado básico da linguagem bíblica da santidade: alguém separado para os propósitos de Deus. Ser santo é ser distinto; o termo 'santo', quando aplicado a pessoas, é uma abreviação de 'peculiar em virtude de ser obediente aos mandamentos de Deus'. A santidade é o modo de vida que marca o povo da aliança, a expressão do fato de que esse povo é chamado, ou eleito, por Deus (e.g., Lv 11:44-45; 19:2; 20:7, 26; Dt 7:6; 14:2; Nm 15:40). Os santos constituem uma contracultura ou uma cultura alternativa, uma forma diferente de estar no mundo.

Na segunda metade do século 20, sob a influência de E. P. Sanders e outros, tornou-se comum referir-se ao padrão básico da religião do judaísmo do Segundo Templo como 'nomismo da aliança'. Essa caracterização significava a observância da Lei (gr. *nomos*) não como uma forma de entrar no grupo, mas de permanecer na aliança: seguir a Lei era o que aqueles escolhidos por um Deus gracioso faziam depois de entrarem nessa aliança. Também se tornou uma convenção acadêmica, sob a influência de estudiosos como James D. G. Dunn, para se referir a certas práticas judaicas distintas — especialmente a circuncisão, a observância do calendário (i.e., a observância do sábado e dos festivais), e as leis alimentares — como 'marcadores de fronteira'. Um dos resultados significativos dessas orientações nos estudos paulinos era a rejeição de noções mais antigas do judaísmo como uma religião de 'obras justas', nas quais, como apresentava a nova perspectiva sobre Paulo (NPP), os judeus expressariam sua graciosa eleição obedecendo à Lei. Outro impacto nos estudos paulinos foi a noção de que a verdadeira crítica de Paulo ao judaísmo e aos judaizantes não era a justiça própria desenvolvida pelo judaísmo, mas o que alguns chamavam de seu 'imperialismo cultural', ou orgulho étnico.

Essa nova perspectiva foi um desenvolvimento importante no estudo do judaísmo primitivo e vivido por Paulo. Apesar de sua riqueza de perspectivas importantes, ela não ficou isenta de suas próprias questões internas. Um desses problemas é que às vezes se negligenciava a diversidade dentro do judaísmo e era subestimado o papel do orgulho religioso em certas expressões da identidade judaica. Outra questão séria era o entendimento de uma acusação como 'imperialismo cultural'. É verdade que os judeus (especialmente os da Diáspora) se sentiam, e de fato geralmente eram, diferentes de seus vizinhos não judeus. Mas as diferenças, os limites de fronteira, que funcionavam como *sinais rituais* de sua aliança com Deus, não podiam ser separados dos *substantivos religiosos e éticos*, ou *éticos-religiosos*, distintivos dessa mesma aliança. Embora reconheçamos a estreita interconexão entre esses dois tipos de marcadores de fronteira, podemos, no entanto, fazer distinções entre os marcos de fronteira *ritual* e o *ético-religioso*.[20]

---

[20] A distinção oferecida aqui pode parecer à primeira vista arbitrária, porém, na verdade ela tenta refletir um impulso discriminatório dentro do judaísmo. Esse impulso tem suas raízes na tradição profética, na qual, por exemplo, misericórdia e justiça

Marcadores de limites *rituais* incluiriam circuncisão, calendário e leis alimentares. Esses eram aspectos claramente importantes da vida judaica que distinguiam os judeus dos gentios. Chamá-los de 'marcadores de fronteira ritual' não diminui sua importância, pois os judeus suportaram o ridículo e às vezes até arriscaram a morte em sua recusa teimosa em comprometer essas práticas. No entanto, o que a judaica *Carta de Aristeas* do século 2 a.c. diz acerca das leis alimentares é verdade para cada um desses marcadores de fronteira ritual: eles apontam para dimensões mais carnais (sem trocadilhos) da vida judaica. "O simbolismo transmitido por essas coisas [animais e alimentos proibidos] nos compele a fazer uma distinção na realização de todos os nossos atos, tendo como objetivo a justiça" (v. 151).

Embora os não-judeus certamente notassem os estranhos (para eles) marcadores de fronteira ritual, como dieta e circuncisão, o que também os impressionou, e o que os judeus enfatizaram repetidamente na Diáspora, foram os marcos ético-religiosos. Estes incluiriam os distintivos do *culto monoteísta* e da *moralidade* judaica.[21] Os não-judeus observavam que os judeus adoravam exclusivamente um Deus, e sem o uso de imagens, assim como também não adotavam certos comportamentos sociais, especialmente práticas como (1) relações sexuais com pessoas que não fossem seus cônjuges e (2) rejeição de seus filhos indesejados. É certo que os judeus também notavam esses mesmos distintivos e muitas vezes acusaram os não-judeus de modo geral de serem idólatras e imorais. Mesmo sendo um crente em Cristo, Paulo podia recorrer a essas generalizações, como Rm 1:18-32 demonstra.[22]

---

são preferidas ao sacrifício (Os 6:6; Is 1:12-17; Mq 6:6-8), uma escolha ecoada por Jesus, segundo o Evangelho de Mateus (Mt 9:13, contrastando a misericórdia para com os pecadores e a separação deles; e 12:7, contrastando a misericórdia com a observância do sábado). Idealmente, todos os distintivos devem estar juntos; o que a tradição profética não tolera é a presença de marcadores rituais na ausência de marcadores éticos-religiosos.

[21] Essa é uma declaração geral que requer alguns matizes. Pode ter havido formas de monoteísmo pagão, e é claro que houve alguns judeus que não cumpriram as normas éticas ou religiosas da tradição. No entanto, de modo geral, os pagãos comuns e aqueles que produziam descrições escritas dos costumes judaicos podiam atestar estes distintivos.

[22] Ao mesmo tempo, no entanto, em Rm 2—3, Paulo ecoa a tradição profética ao sugerir que, embora seus companheiros judeus mantivessem certos marcos rituais,

Foram precisamente as diferenças de adoração monoteísta e moralidade que geraram a preocupação judaica para com a contaminação dos gentios. Ironicamente, ao mesmo tempo muitos gentios desdenhavam dos judeus por seu monoteísmo e sua consequente recusa em se curvar diante dos deuses e do imperador. No entanto, também eram frequentes as distinções éticas religiosas substantivas do monoteísmo e da moralidade que atraíam certos gentios para o judaísmo, enquanto os marcadores de limites rituais (como a circuncisão) eram mais ofensivos para esses mesmos gentios. Aqueles que achavam o monoteísmo e a moralidade judaicos cativantes filiavam-se a uma sinagoga, porém, não se sujeitavam à circuncisão para se tornarem verdadeira e plenamente judeus. Esses simpatizantes judeus, muitas vezes chamados de 'tementes a Deus' (cf. At 10:2; 13:16, 26; 16:14; 18:7), teriam sido os principais candidatos para o evangelho livre de circuncisão de Paulo.[23]

No que os judeus do primeiro século nem sempre podiam concordar era com a extensão exata do diferencial (ou santidade, ou observância da Lei) necessário para ser um 'verdadeiro judeu'. Essas divergências ajudaram a criar a pluralidade de judaísmos observados anteriormente e descritos a seguir (seguindo a seção sobre apocaliticismo). A definição exata sobre Israel estava, de muitas maneiras, em discussão.

Apocaliticismo (apocalíptico)

Antes de considerarmos algumas das várias respostas à questão da identidade de Israel, devemos levar em conta um desenvolvimento, o qual não era uma das questões do judaísmo propriamente dito. Ao contrário, era uma visão de mundo que encontrou seu lugar em uma variedade de grupos judeus, incluindo os fariseus e a comunidade de Qumran, produtores dos Manuscritos do Mar Morto e, mais amplamente, em todo o judaísmo do Segundo Templo. Esse fenômeno muito importante é o apocaliticismo, ou apocalíptico, como é frequentemente

---

eles haviam abandonado os éticos-religiosos e, assim, em sua opinião, cometeram os mesmos tipos de erros que os gentios.

[23] Há um debate acadêmico sobre a medida em que tais pessoas tementes a Deus poderiam ou não manter sua crença em outras divindades enquanto participavam da sinagoga. É provável que houvesse uma variedade de níveis de associação na sinagoga.

chamado.²⁴ O próprio termo deriva da palavra grega *apokalypsis*, que significa 'revelação'. O termo apocalíptico pode ser definido como uma visão de mundo sobre o significado e objetivo da história, entendida como uma batalha cósmica entre Deus e as forças do mal, que é comunicada por meio de visões e de outras formas de revelações incomuns. Essa visão de mundo é frequentemente preservada em um tipo de escrita conhecida como 'apocalipse' (como Dn 7—12 e todo o livro do Apocalipse), a revelação a um humano por meio de um ser sobrenatural, ou em outros escritos que contêm temas apocalípticos ou seções (como Marcos 13 e paralelos).

Além dos apocalipses bíblicos, várias outras visões apocalípticas judaicas primitivas foram preservadas. Os estudiosos às vezes dividem essa literatura apocalíptica em dois tipos: (1) 'cósmica' ou 'vertical', revelando a realidade celestial presente por meio de uma viagem ou visão; e (2) 'histórica' ou 'horizontal', revelando eventos futuros, especialmente de julgamento e salvação. Na verdade, porém, os dois tipos podem ser misturados, como são até certo ponto no livro do Apocalipse. O próprio Paulo tinha sua visão apocalíptica da história e também afirmou ter feito viagens ao céu (veja a seguir e no capítulo 2).²⁵

As origens da literatura apocalíptica são debatidas entre os estudiosos. Parece ter surgido da tradição profética como uma resposta ao problema da constante opressão de Israel nas mãos de governantes estrangeiros, quando a situação parecia mais grave do que nunca e a esperança de intervenção divina dentro do quadro histórico normal não parecia mais possível. Quaisquer que sejam as causas históricas e sociológicas precisas para seu nascimento, a literatura apocalíptica funcionou essencialmente para dar esperança — promessa de que Deus,

---

²⁴ Os termos são geralmente intercambiáveis, embora alguns estudiosos façam distinção entre a expressão 'apocalíptico' como visão de mundo e 'apocalipticismo' como se referindo aos movimentos e comunidades que encarnavam esse tipo de visão de mundo.

²⁵ Os estudiosos debatem o significado do termo 'apocalíptico' com respeito a Paulo em seu contexto judaico. Para a maioria dos estudiosos, o conceito refere-se à convicção de Paulo de que na vinda do Messias Jesus houve uma incursão divina na história humana que derrotará os poderes cósmicos do pecado e da morte e inaugurará a radical nova era do Espírito. Porém, o termo também pode se referir às viagens celestiais de Paulo e a outras experiências "místicas" nas quais ele experimenta a revelação.

de uma nova maneira e em um novo dia, mais uma vez libertaria Israel e seu povo (e em alguns casos, toda a humanidade) da opressão, perseguição e de outras crises. Essa intervenção divina futura seria de alcance cósmico, abalando e depois recriando os céus e a terra. Também seria um dia de julgamento para os malfeitores e um dia de salvação, incluindo a ressurreição dos justos para estar na presença celestial de Deus, ou no reino de Deus na terra renovada. Assim, a literatura apocalíptica também atuava para levar o povo de Deus a ter uma resistência fiel em face da opressão.

A visão apocalíptica de mundo vislumbrava dois tipos de realidades invisíveis: (1) uma realidade presente de seres sobrenaturais 'lá em cima' (a dimensão vertical ou espacial da apocalíptica) e (2) uma realidade futura de participação com esses seres (a realidade horizontal, escatológica, ou dimensão temporal da apocalíptica).[26] Essas duas realidades estavam ligadas pela experiência de visões e visitas, que serviam como uma previsão do futuro e do celestial, e um meio de suportar e engajar o terreno e o presente.

O apocaliticismo também foi distinguido por um dualismo multifacetado, ou a crença em fortes pares de opostos (binários). O pensamento apocalíptico foi caracterizado pelo dualismo cósmico, temporal e ético.

O dualismo *cósmico* refere-se à convicção de que o cosmos é o campo de batalha entre dois conjuntos de forças opostas, os poderes divinos juntamente com as que estão ao lado de Deus, e os poderes de Satanás e as forças do lado dele. Esses poderes incluíam não só anjos e demônios (que nessa época povoavam o universo judaico), mas também humanos que se alinham com Deus (e.g., os santos de Israel) ou com Satanás (e.g., os pagãos opressores). Já engajadas na guerra espiritual, essas duas forças opostas se encontrarão em alguma batalha cataclísmica futura e final na qual Deus finalmente derrotará as forças do mal.

Esse dualismo cósmico leva naturalmente ao dualismo temporal e ético. O dualismo *temporal* significa que a história é concebida sendo dividida em duas eras, a presente e a por vir. A era atual é caracterizada pelo mal, injustiça e opressão do povo de Deus, enquanto a era vindoura será caracterizada pela retidão, justiça e libertação do povo de Deus da

---

[26] O adjetivo "escatológico" e o substantivo "escatologia" referem-se a ensinamentos sobre as "últimas coisas", ou a dimensão futura da salvação.

escravidão dos opressores. A nova era não poderá ser estabelecida nem evoluirá gradualmente a partir das atuais circunstâncias históricas, que estão além da restauração, mas apenas por meio de uma espetacular intervenção divina para esmagar o inimigo e estabelecer a justiça. Por essa razão, a literatura apocalíptica, embora em última análise esperançosa e otimista, também é corretamente descrita como pessimista; não tem esperança nos processos normais dos seres humanos e da história para resolver a crise.

Em tal situação, os seres humanos devem escolher um dos lados. Eles se alinharão com Deus e com as forças do bem, ou tomarão o lado de Satanás e dos demônios? Eles se prepararão adequadamente para a batalha final e a vitória divina, ou trairão sua lealdade e viverão como servos de Satanás? Não há meio termo, nenhuma área intermediária. Esse é o dualismo *ético* do conceito apocalíptico.

De várias formas, a mentalidade apocalíptica foi expressa em importantes escritos judaicos produzidos antes e depois do primeiro século d.C. Estes incluem partes dos livros canônicos de Ezequiel, Zacarias e especialmente Daniel; e textos não canônicos como 1Enoque, 4Esdras e 2Baruque; também há muitos dos escritos de Qumran (os Manuscritos do Mar Morto); e muito da literatura cristã primitiva, incluindo muitas das cartas de Paulo.[27]

Tipos de judaísmo

Quando lemos os Evangelhos do Novo Testamento, encontramos vários partidos ou grupos judaicos, e outros ainda são conhecidos a partir de outras antigas fontes judaicas e não judaicas. Nem todo judeu era membro de tais partidos, mas sua existência era uma parte significativa do mundo de Paulo.

Saduceus, fariseus, essênios, zelotes

Entre os mencionados nos Evangelhos, os saduceus, o grupo associado à aristocracia sacerdotal que se concentrava apenas na Torá e

---

[27] De fato, o grande estudioso alemão do NT do século 20, Ernst Käsemann, certa vez observou que o tema apocalíptico era a mãe de toda a teologia cristã. Mesmo que um pouco exagerado, o comentário ressalta a importância da questão apocalíptica para a compreensão do NT.

negava a ressurreição e os anjos, desempenharam pouco ou praticamente nenhum papel na vida de Paulo.[28]

Entre os tipos de judaísmo dos dias de Paulo, o mais importante para nossos propósitos é o grupo dos fariseus, uma palavra possivelmente derivada do verbo hebraico 'separar'. Infelizmente, nosso conhecimento sobre os fariseus provêm de fontes não farisaicas, incluindo o sacerdotal aristocrático historiador judeu Josefo[29] e os quatro evangelistas do Novo Testamento, que não eram muito simpáticos ao grupo, e de um fariseu — o próprio Paulo. No entanto, as fontes concordam que os fariseus eram um grupo não sacerdotal, zelosamente dedicados à proteção e promoção da Lei e à pureza de Israel. Especialistas na lei escrita, eles também valorizavam muito o desdobramento dessa lei escrita em várias leis orais chamadas 'a tradição dos pais'. Os fariseus desenvolveram uma série de princípios para interpretar as Escrituras, os quais mais tarde foram chamados *midrash* (do hebraico, 'pesquisar, examinar'), que permitiu que os textos antigos tratassem sobre novas situações. Ao contrário dos saduceus, eles acreditavam na ressurreição dos mortos, no julgamento final e na existência de poderes ou espíritos, além de Deus. Os fariseus parecem ter desenvolvido tendências apocalípticas e nacionalistas (em contraste com os sentimentos favoráveis aos romanos pelos saduceus), mas tudo isso ainda é motivo de debate, assim como sua real proeminência na primeira metade do primeiro século.

Outro grupo judaico significativo para nossos propósitos é representado pela comunidade de Qumran e sua provável origem, os essênios. Eram judeus com fortes compromissos apocalípticos, nacionalistas e com a pureza ritual. Os essênios rejeitavam os sacerdotes do templo em Jerusalém, acreditando que eles eram impuros e inadequados. Alguns essênios permaneceram nas cidades, reunindo-se para interpretar e observar as Escrituras de acordo com suas próprias doutrinas, as

---

[28] De acordo com At 23:1–11, Paulo teve pelo menos um encontro com um grupo de judeus que incluía saduceus. É possível que Paulo tenha se definido em parte (como fariseu) em contraste com os saduceus.

[29] Para referências aos fariseus em Josefo, veja especialmente seu livro *Jewish Antiquities* 13.171-73, p. 288, p. 297-98; p. 17, p. 41-45; 18.11-25; e sua obra *Jewish War* p. 119-66. Josefo chama os fariseus tanto de 'filosofia' quanto de 'seita'.

A comunidade dos essênios em Qumran construiu um assentamento no deserto perto do mar Morto e escondeu seus pergaminhos nas cavernas próximas. (Todd Bolen/BiblePlaces.com)

quais eram decididamente diferentes das crenças dos saduceus e mais radicais do que os preceitos da maioria dos fariseus.

A comunidade Qumran localizava-se no deserto perto do mar Morto, a sudeste de Jerusalém, isolada de Jerusalém e do restante de Israel para estabelecer uma sociedade pura, remanescente, que estudava as Escrituras, participando de banhos de pureza ritual e preparando-se para a vinda da grande batalha final de Deus. Conhecida por produzir os Manuscritos do Mar Morto — uma coleção de textos bíblicos, comentários, diretrizes da comunidade e outros escritos —, os documentos da comunidade de Qumran revelam uma mentalidade completamente apocalíptica; eles se consideravam parte de uma luta cósmica entre as trevas e a luz, Satanás e o Deus de Israel, que seria consumada em uma batalha que levaria à derrota de todos os inimigos, incluindo os romanos. Dedicados aos ensinamentos de seu fundador, chamado de 'Mestre da Justiça', os membros estavam aparentemente esperando por dois messias, um sacerdotal e um real (que seria um militar vencedor), e possivelmente um profeta. Seu método de interpretação bíblica, chamado de *pesher* (palavra hebraica para 'interpretação'), era baseado na suposição de que a Escritura era cumprida nas experiências atuais de sua comunidade como o verdadeiro Israel. A comunidade de Qumran existiu apenas no período de cerca de 150 a.C. até cerca de 68 d.C.

Ainda mais radicais, porém indo numa direção diferente, encontravam-se os zelotes, participantes de um movimento judaico de libertação, cujo zelo teopolítico os levou a tentar derrubar o domínio romano. Os estudiosos discordam sobre as origens de um movimento revolucionário organizado, um verdadeiro partido de zelotes, alguns postulando sua existência no início do primeiro século, outros pouco antes do início da guerra judaica nos anos 60. Em ambos os casos, havia um espírito de zelo e um desejo de revolta no ar. Semelhantes a muitos judeus do Segundo Templo, os zelotes, como um grupo, bem como os judeus radicais de forma mais ampla, contavam entre seus heróis o sacerdote Fineias, o profeta Elias e os Macabeus — todos incendiados pelo zelo religioso e nacional, até o ponto de violência letal.[30] Ao contrário da maioria dos outros judeus, grupos como os zelotes estavam preparados para levar seu zelo ao nível máximo de agressividade e política violenta.

Judaísmo da Diáspora

Fora da Palestina — onde os grupos mencionados floresceram — viviam muitos judeus entre os gentios, na Diáspora, ou dispersão. Estabelecendo sinagogas sempre que possível, esses judeus continuavam a adorar o único Deus sem desfrutar o benefício direto do templo. (Por exemplo, uma inscrição em Corinto, embora posterior ao primeiro século, diz '[Sin]agoga dos hebr[eus]'.) Como observado anteriormente, eles se distinguiam por um conjunto de rituais interconectados e por limites ético-religiosos. Circuncisão, práticas dietéticas e seu próprio calendário eram bem conhecidos entre seus pares gentílicos. Assim como a sua rejeição convencional de certas práticas aceitas, como mencionado há pouco, as quais eles consideravam idólatras ou imorais. As autoridades romanas toleravam os judeus, embora os achassem estranhos em muitos aspectos, e até os isentavam do serviço militar e da adoração imperial. Ocasionalmente, no entanto, as autoridades urbanas ou os vizinhos gentios dos judeus não os tratavam com bondade. Restrições

---

[30] Nm 25:6-13 e Sl 106:30-31 (Fineias); 1Rs 17—19 e Sirácida 48:1-12a (Elias); 1Macabeus 2:2326 (o macabeu Matatias).

legais, oposição a tais práticas como a adoração de um só Deus e a guarda do sábado; até mesmo perseguições de vários tipos eram frequentes.

Isso não quer dizer que os judeus da Diáspora não tenham sido influenciados por seu ambiente. Bem ao contrário, a vida na Diáspora, que obviamente consistia em mais interação com não-judeus do que na Palestina, oferecia desafios e oportunidades únicos. Embora certas práticas gentílicas repelissem a maioria dos judeus, fazendo-os seguir seus próprios caminhos distintivos, sempre havia uma tensão entre separação e assimilação. Os judeus que escolhiam ou eram forçados a interagir regularmente com não-judeus (e no caso, a maioria deles) reagiam ao seu ambiente ao longo de um contínuo antagonismo até a sua adaptação. Entretanto, as evidências sugerem que, apesar da diversidade na aceitação judaica da cultura não-judaica (educação, valores etc.), a maioria dos judeus tentava manter seus marcadores essenciais de rituais e limites ético-religiosos enquanto participavam da vida e cultura dos lugares particulares em que viviam.

Alguns judeus foram especialmente atraídos pelos valores e filosofias intelectuais do helenismo. Nesse contexto, notamos Filo de Alexandria (falecido c. 50 d.C.), que era conhecido por seu método alegórico de interpretação escriturística e por uma abordagem mais intelectual do judaísmo. Escritor prolífico que misturou tradição judaica e filosofia clássica, ele foi testemunha de um judaísmo helenístico vital, inspirado pelo melhor da educação gentia.

Místicos e tementes a Deus

Deve-se mencionar também uma vertente do judaísmo que provavelmente não se qualificava como uma escola de pensamento, mas como movimento que transitava entre as escolas: o judaísmo *merkabah*. A palavra hebraica *merkabah* significa 'carruagem', referindo-se à carruagem descrita em Ezequiel 1. O judaísmo *merkabah* era uma forma mística de espiritualidade judaica na qual as pessoas tinham experiências extáticas (incluindo sonhos e estados de transe), durante as quais faziam viagens ao reino celestial. Lá eles encontravam Deus e outros seres celestiais. Embora a preponderância de evidências para esse movimento tenha aparecido depois de Paulo, existem fontes anteriores suficientes para sugerir que o judaísmo *merkabah* existiu no primeiro século. Uma dessas fontes é o próprio Paulo (2Co 12:1-4).

Finalmente, havia outro grupo de judeus e prosélitos judaicos (embora não organizado), já mencionado, que deve ser incluído aqui: gentios convertidos e tementes a Deus. Embora a maioria dos judeus provavelmente não fizesse proselitismo ativamente, alguns gentios eram atraídos pelas crenças e práticas judaicas. Desses, uma porcentagem se tornou judeu de pleno direito, mas outros se filiaram informalmente à sinagoga local sem, no caso dos homens, serem circuncidados. Esses eram os gentios geralmente conhecidos hoje como 'tementes a Deus'. Eles provavelmente estariam abertos à mensagem de Paulo.

A COMPETIÇÃO DE PAULO COM O PAGANISMO

Embora o monoteísmo possa ter existido, em algumas formas, no mundo pagão de Paulo, quase todos os não-judeus eram decididamente politeístas. A palavra 'gentios' (do grego, *ta ethnē*, 'as nações') representava uma forma judaica de agrupar todos os que etnicamente não eram judeus na expressão: 'não um de nós'. De uma perspectiva judaica, isso era idolatria, a qual por sua vez levaria inevitavelmente, da forma como os judeus geralmente pensavam, à imoralidade e à injustiça. Assim, o termo 'pagão', que significava 'politeísta', mas tinha também a conotação de 'politeísta imoral', era um lembrete importante do que a palavra 'gentio' significava para Paulo. No entanto, para os próprios pagãos, o politeísmo não era um problema; simplesmente reconhecia as coisas do modo como realmente eram.

'Muitos deuses e muitos senhores'

No primeiro século, as cidades da Itália, Grécia, Anatólia (a 'terra do Oriente', também conhecida como Ásia Menor; Turquia moderna) e o restante do império eram uma mistura de "muitos deuses e muitos

Afrodite (local: museu de Éfeso)

senhores" (1Co 8:5): divindades gregas e romanas, divindades locais, deuses das 'religiões de mistério', deuses egípcios e até mesmo, muitas vezes, o Deus de Israel. Era, nas palavras de N. T. Wright, uma cultura "encharcada de deuses".[31] Santuários estavam espalhados por todo o campo, enquanto grandes templos — às vezes dezenas de templos para tantos deuses — enchiam as cidades.

Os templos eram estruturas grandes, retangulares e com várias colunas. Uma estátua bem alta da divindade era o elemento central do interior do templo, e um altar de sacrifício era o ponto focal no seu exterior. Tanto os sacerdotes do culto quanto os participantes 'leigos' participaram dos sacrifícios rituais. A carne do sacrifício tinha vários propósitos: algumas eram dadas ao deus, algumas distribuídas aos sacerdotes e a outros participantes, e algumas usadas no restaurante do templo ou vendidas nos mercados (veja 1Co 8:1-11:1).

A base de uma coluna de Asclépio em Pérgamo (oeste da Ásia Menor), esculpida com a assinatura da cobra de Asclépio, o deus da cura – um símbolo ainda usado pela profissão médica (Brian Gorman)

Embora houvesse uma hierarquia de deuses — com Zeus/Júpiter no topo, e deuses mais antigos geralmente considerados melhores do que os mais novos — a maioria das pessoas, com exceção dos judeus e, depois, dos cristãos, era bastante tolerante e podia ser devota de muitas divindades. Além disso, as identidades distintas dos deuses eram comumente misturadas, como Ártemis/Diana, por exemplo, que assumiu os traços da deusa-mãe frígia local Cibele. Tal sincretismo andava de mãos dadas com a tolerância e com o império, pois acomodar deuses locais facilitava a sujeição dos povos. Todavia, esse sincretismo tolerante criou problemas óbvios para aqueles que reconheciam apenas um Deus.

---

[31] N. T. Wright, *Paul and the Faithfulness of God*, vol. 4 of *Christian Origins and the Question of God* (Mineápolis: Fortress, 2013), p. 254.

A religião na antiguidade oferecia aos adeptos uma série de rituais comuns e outras atividades. Tudo isso incluía orações, sacrifícios, refeições, procissões, festivais e vários tipos de competições (atléticas, artísticas, retóricas etc.). As práticas religiosas aconteciam em casa, nos encontros sociais de entidades como o *collegia* (associações colegiadas) e em público. Quase todos os grandes eventos populares, bem como muitos edifícios públicos, apresentavam uma dimensão religiosa. Na verdade, seria um erro considerar algumas atividades como 'seculares' e outras como 'religiosas'. A cultura e suas variadas dimensões eram todas inerentemente religiosas.

Zeus (locação: Museu antigo de Corinto

Nesse sentido, a religião atendia a uma ampla gama de necessidades humanas individuais e coletivas.[32] Das divindades as pessoas buscavam a salvação, definida amplamente em termos deste mundo: paz e prosperidade, orientação e proteção, harmonia e solidariedade, êxtase e fuga, beleza e amor, saúde física (com frequência) e imortalidade (com menos frequência). Acima de tudo, a maioria dos habitantes do império acreditava que todos e quaisquer deuses disponíveis eram necessários para abençoar seu imperador/império e protegê-los de inimigos, fossem militares, fossem cósmicos. As divindades, por sua vez, exigiam ser satisfeitas através de sacrifícios contínuos, mas raramente faziam exigências éticas a seus adeptos. Seu relacionamento com os humanos era mais *contratual* e focado no *ritual* adequado, em vez de *pactual* e centrado no *comportamento ético* adequado, como no judaísmo.

Entre as experiências religiosas populares no primeiro século estavam vários chamados cultos de mistério, que geralmente davam acesso ao conhecimento e a uma certa experiência com a divindade — e,

---

[32] Luke Timothy Johnson descreve várias formas de religião antiga como oferecendo participação em benefícios divinos, transformação moral, transcendência e estabilização deste mundo (*Among the Gentiles: Greco-Roman Religion and Christianity* [AYB Reference Library; New Haven: Yale University Imprensa, 2009]).

portanto, ao renascimento, à salvação e até à imortalidade, conforme criam — por meio de um rito de iniciação. Os iniciados frequentemente compartilhavam uma refeição sacra. Os cultos de mistério podiam ser cooptados para fins políticos, mas tendiam a ser mais pessoais do que os cultos dos deuses tradicionais. Entre os cultos de mistério mais populares estavam os mistérios de Elêusis, Ísis, Dionísio e Mitra.

Apesar da popularidade desses cultos de mistério, com sua promessa de imortalidade, parece que a maioria das pessoas estava mais preocupada em viver sua vida presente do que em sobreviver à morte. A crença em uma vida após a morte existia em várias formas, mas uma inscrição popular em uma lápide latina dizia: "Eu não era, eu era, não sou, não me importo". Os mistérios, portanto, devem ter proporcionado uma sensação de satisfação espiritual e liberação emocional no presente. Além de juntar os mistérios, muitas pessoas buscavam superar sua sensação de escravização aos poderes do universo, especialmente o destino, usando a astrologia. Alguns também tentavam aproveitar alguns desses poderes para seu próprio benefício, e muitas vezes para o prejuízo de outros, usando magia. Como em nossos dias, tais práticas quase religiosas não se limitavam às massas; até os imperadores consultavam astrólogos.

A religião às vezes provia um senso de significado ou orientação pessoal. Todavia, sua principal função em todo o império era promover a identidade social e política e a unidade do povo sob a proteção de várias divindades, logicamente incluindo o imperador. Nesse sentido, a religião tinha como uma de suas funções centrais a estabilização do mundo e, portanto, da cultura. Qualquer ameaça a essa estabilidade era considerada perigosa em muitos níveis. O livro de Atos demonstra que o evangelho de Paulo era, de uma certa perspectiva, uma força desestabilizadora, mesmo sendo o agente de uma nova cultura.[33] As cartas paulinas apoiam esse testemunho de Lucas.

Alguns dos deuses e deusas mais importantes do mundo de Paulo são listados na tabela a seguir:

---

[33] Veja C. Kavin Rowe, *World Upside Down: Reading Acts in the Graeco-Roman Age* (Nova York: Oxford University Press, 2009).

DIVINDADES IMPORTANTES NO MUNDO DE PAULO

Divindade	Descrição
Afrodite/Vênus	Deusa do amor/sexo/beleza. Seu famoso templo na Acrópole de Corinto teria sido, antes de Paulo, o lar de muitas prostitutas sagradas. Era também padroeira da navegação e mãe da família imperial. Principais centros de culto incluíam Corinto, Pafos, e Chipre (cf. At 13:6).
Apolo	Filho de Zeus/Júpiter e deus da música e da juventude. Acreditava-se também que ele proporcionava cura e orientação, mediante os oráculos de Delfos. Um grande templo em Corinto provavelmente foi dedicado a Apolo.
Ártemis/Diana	Irmã gêmea de Apolo e deusa da caça e (talvez) da fertilidade, transformada em deusa-mãe na Ásia Menor. Ela era a divindade padroeira de Éfeso ('Ártemis, a Grande'), onde seu templo estava entre as sete maravilhas do mundo antigo. A Ártemis de Éfeso era adorada em todo o império. Os devotos vivenciavam oráculos, epifanias e curas em seus santuários.
Asclépio	Filho de Apolo e um grande deus da cura que apareceu na terra como uma cobra. Os doentes viajavam para um dos muitos 'Asclepeia' (espaços semelhantes a campus com banhos, santuários, quartos de dormir, teatros e outros edifícios), esperando que Asclépio aparecesse para eles durante o sono para curá-los. Corinto, Epidauro e Pérgamo estavam entre as várias centenas de lugares com tais centros de cura. Os curados deixavam réplicas de terracota das partes do corpo restauradas como oferendas votivas à divindade.
Cibele/Magna Mater	Esperava-se que a antiga deusa-mãe frígia, que muitas vezes se misturava com outras deusas semelhantes, fornecesse uma terra fértil Especialmente popular na Antioquia da Pisídia e em toda a Frígia e Galácia, mas também em Roma, ela era homenageada com o sacrifício de touros. Os sacerdotes do culto se autocastravam para se identificarem com o filho e amante de Cibele, Átis (que, depois de esquartejado, foi reconstituído por Cibele, mas sem sua genitália); realizavam-se rituais frenéticos e masoquistas acompanhados de flautas e pandeiros. Os iniciados, colocados em uma cova, eram 'lavados' no sangue de um touro sacrificado. Os ritos anuais incluíam uma celebração do tipo carnaval da ressurreição de Átis.

Deméter	Deusa da vegetação. Ela era celebrada, junto com sua filha Perséfone, nos mistérios eleusinos em Elêusis, nos arredores de Atenas. Um processo de iniciação em dois estágios de identificação com Perséfone e sacrifício a Deméter foi proposto para garantir a felicidade após a morte.
Dionísio/Baco	Deus do vinho, da fertilidade e do êxtase. A atividade cultual (a bacanalia) se concentrava em uma pessoa entrar em um frenesi de bebedeira, com o acompanhamento de flautas e instrumentos de percussão, a fim de experimentar o dom da vida daquele deus. Os membros desse culto de mistério acreditavam que Dionísio, representado pelo falo, lhes proporcionava um renascimento e imortalidade. O culto era frequentemente alvo de restrições por parte dos oficiais romanos.
Ísis e Osíres/ Serápis	Uma deusa egípcia e seu irmão consorte que foram cortados em pedaços e reconstituídos pelo uso de magia de Ísis. Acreditava-se que Ísis era cheia de compaixão e era a garantia da imortalidade, enquanto Osíres/Serápis era conhecido como aquele que curava. Esse culto de mistério generalizado era especialmente popular entre as mulheres, mas também atraía os homens e até o imperador Calígula, que colocou os ritos da ressurreição de Osíris no calendário oficial romano.
Poseidon/ Netuno	Irmão de Zeus/Júpiter e deus do mar. Os jogos olímpicos realizados a cada dois anos em Ístmia, perto de Corinto, eram dedicados a Poseidon e aconteciam perto do templo dedicado a ele.
Tychē/Fortuna	Destino ou acaso. Muitos achavam que, em vez de Zeus/ Júpiter, essa deusa governava o universo.
Zeus/Júpiter	O deus principal do panteão que assumiu uma variedade de características específicas em vários momentos. O templo de Zeus em Atenas, que ainda pode ser visto, era o maior da Grécia. Zeus e Hermes (seu mensageiro) tinham um culto conjunto em alguns lugares (cf. At 14:8-18).

Um aspecto interessante da religião romana que complementava os cultos das divindades do panteão era o 'culto das virtudes divinizadas', incluindo a construção de templos dedicados a elas. A devoção à *Fides* era de importância precípua, e implicava confiança e fidelidade. Outras virtudes deificadas incluíam *Victoria* (semelhante ao termo gr. *Nikē*), *Pax, Concordia, Securitas, Libertas, Felicitas, Clementia, Pietas* e *Iustitia*:

O famoso Parthenon na acrópole de Atenas

vitória, paz, harmonia, segurança, liberdade, felicidade/boa sorte, misericórdia, piedade e justiça. Em 13 d.C., por exemplo, Augusto estabeleceu um templo para a deusa *Iustitia*. A devoção às virtudes deificadas também se expressava em moedas e monumentos, bem como em obras literárias.

Tais virtudes divinizadas transformaram os valores sociais e políticos romanos em entidades sagradas, e a adoração a elas era, portanto, muitas vezes naturalmente associada aos imperadores, a suas forças particulares e ao culto imperial. As conquistas imperiais eram manifestações dessas várias deusas. Mais uma vez, vemos o caráter inerentemente 'teopolítico' do mundo antigo.

Escolas filosóficas

Além da infinidade de cultos e práticas religiosas, várias escolas filosóficas eram influentes nos dias de Paulo. A filosofia no primeiro século era mais prática do que especulativa; sua busca era um meio para a *eudaimonia*, que significa 'felicidade' ou 'viver bem'. A filosofia também era às vezes vista como um remédio para a vida, e a escola filosófica, como um hospital. Entre as principais escolas filosóficas estavam as seguintes:

- Os *cínicos* (lit. 'cães', o nome que receberam depreciativamente) eram um grupo radical e altercultural, conhecido pela frugalidade, desatenção a roupas e cuidados corporais e confortos, discurso impetuoso, mendicância e outros comportamentos públicos ofensivos (e.g., sexo em público). Vagando a esmo e usando um tipo de ensino muitas vezes conflituoso, eles tentavam instruir as massas na busca da liberdade. Os cínicos influenciaram os estoicos (veja adiante).
- Os *epicureus* acreditavam que o prazer — entendido não como sensualidade, mas como virtude conhecida pelos sentidos e como ausência de dor no corpo e na alma — era o objetivo da vida humana. Eles minimizavam ou negavam a existência dos deuses e da imortalidade. Buscavam libertar as pessoas da superstição e do medo, levando-as à imperturbabilidade ('imperturbável'; Gr. *ataraxia*). Alguns encontravam influência epicurista em Corinto e entre os destinatários das Cartas Pastorais.
- Os *platônicos* não eram muito numerosos no tempo de Paulo, mas sua convicção de que o corpo era o túmulo da alma e, portanto, de pouca importância parece ter afetado muitas pessoas.
- Os *estoicos* pensavam que o universo era permeado pela razão, *logos*, que se identificava com Deus/Zeus. Haveria uma centelha dessa razão universal em cada ser humano, constituindo o verdadeiro eu da pessoa. O objetivo da vida era viver em harmonia com a razão/Deus/o verdadeiro eu e não ser afetado pelas vicissitudes da vida. 'Apatia' (*apatheia*, indiferença a coisas que não podem afetar o verdadeiro eu), autossuficiência e contentamento eram, portanto, virtudes estoicas importantes. Originária da filosofia orientada por Zeno (333-264 d.C.), o estoicismo 'tardio' (após Jesus) era voltado para a ética. Mais tarde incluíram-se entre os estoicos o filósofo Sêneca, o ex-escravo Epíteto, e o imperador-filósofo Marco Aurélio. Paulo parece refletir alguma influência estoica e desafiar algumas de suas reivindicações mais básicas.

Alguns dos possíveis convertidos de Paulo teriam sido comprometidos com uma ou outra dessas escolas filosóficas, e o próprio Paulo parece ter sido afetado de várias maneiras por elas (como, e até que nível, é uma questão permanente de debate).

As cidades eram dominadas por uma acrópole, como a Acrocorinto em Corinto.

As cidades de Paulo

O conjunto de opções religiosas e filosóficas discutidas nas seções anteriores, algumas mutuamente compatíveis e outras não, existia especialmente nas cidades, onde as pessoas e as ideias eram abundantes e, graças às redes de transporte, tinham mobilidade. Além disso, Paulo passava a maior parte do tempo nas cidades; ele era um missionário urbano. É importante, portanto, ter alguma familiaridade com as cidades do mundo de Paulo.

A importância das cidades

Muitas das cidades que Paulo visitou possuíam longas histórias, que remontam aos tempos gregos clássicos ou helenísticos. As muralhas e estradas das cidades, os templos e outros edifícios, bem como os cemitérios, eram muitas vezes bastante antigos. Ao mesmo tempo, porém, algumas cidades eram devastadas pela guerra, e foram mais tarde refundadas como colônias, pouco antes do nascimento do cristianismo. Isso ocorreu, por exemplo, com Corinto e com Filipos.

A cidade, fosse ela grande como Roma, Éfeso, Antioquia da Pisídia, Tessalônica ou Atenas, ou ainda modesta como Filipos e provavelmente Colossos, era o coração religioso e comercial de uma região. As cidades maiores poderiam ser tão vastas quanto uma área de 130 quilômetros quadrados e conter várias centenas de milhares de pessoas. Em certos momentos — para celebrações religiosas especiais ou competições atléticas — a população de uma cidade poderia aumentar exponencialmente, oferecendo oportunidades para o crescimento das vendas de produtos locais e artesanato, incluindo tendas. Ao redor das cidades havia fazendas e plantações que forneciam os grãos, vegetais e animais necessários para a vida cotidiana, para festividades religiosas e eventos esportivos e para o comércio.

A rede de cidades do primeiro século no Império Romano não era diferente da rede de terminais de companhias aéreas urbanas de hoje. As cidades eram conectadas por estradas e rotas marítimas que permitiam o intercâmbio regular e relativamente rápido de pessoas e ideias, de filosofias e religiões. Muitas das cidades evangelizadas por Paulo, quer tenham sido por um período curto, quer longo, tinham portos importantes, estavam localizadas ao lado de grandes rotas comerciais, ou tinham ambas as características. Por exemplo, Corinto, localizada em um estreito istmo que liga os mares Egeu e Adriático, tinha dois portos satélites, um para cada mar, e era, portanto, uma significativa interseção do comércio entre o leste e o oeste. Sua localização estratégica também era vital para o comércio interior norte-sul. Na Macedônia, ao norte, tanto Tessalônica como Filipos ficavam na Via Egnatia, a estrada principal entre Roma e a Ásia Menor. Tessalônica também era a única cidade portuária localizada diretamente na Via Egnatia na Grécia, enquanto Filipos usava a vizinha Neápolis como porto. Na província da Ásia, Éfeso — onde Paulo esteve por uma quantidade considerável de tempo — era um porto importante nos dias do apóstolo (embora o assoreamento acabou resultando na separação do mar da cidade).

A estrutura de uma cidade

Quase todas as cidades eram construídas em torno de uma acrópole ('cidade alta'), ou pico, muitas vezes uma formação natural semelhante a um morro. Quer fosse localizada no interior, quer com vista para alguma região de água, a acrópole era o ponto central da cidade, visível a muitos quilômetros de distância em todas as direções. Nesse pico localizava-se um ou mais templos, geralmente dedicados à divindade ou divindades principais da cidade (e também, por vezes, na

O MUNDO DE PAULO

O antigo teatro de Pérgamo, construído em uma das inclinações mais íngremes usadas para tais fins no mundo antigo (Victor Kynam)

época romana, dedicados a um imperador), bem como outros edifícios públicos. Em Atenas, por exemplo, ficava o Parthenon, o mais proeminente de vários edifícios, abrigando a estátua de Atena. Atena também protegia a cidade costeira de Assôs (cf. At 20:13) no oeste da Ásia Menor, de dentro de um impressionante templo com vista para o mar. Em Filipos há inscrições do culto de Ártemis na acrópole. E em Corinto, o extraordinariamente alto Acrocorinto, com quase 600 metros de altura, abrigava o templo de Afrodite, entre outros.

Normalmente, os principais edifícios e atividades das cidades eram encontrados em terreno plano abaixo da acrópole. Nas concepções das cidades estavam situados os seguintes tipos de estruturas:

- *Ágora* — o mercado, fórum ou praça pública: uma grande área retangular com colunas, que era circundada por templos, prédios públicos, lojas e outras estruturas. Algumas cidades tinham mais de uma; Éfeso, por exemplo, tinha uma ágora comercial e estatal, a primeira (perto do porto) cercada por lojas; a segunda, por edifícios governamentais e religiosos.

- **Colunatas** — calçadas cobertas ao ar livre, especialmente populares nas grandes cidades.
- **Templos e santuários** — dedicados a divindades, antigos governantes, e mais abundantes no primeiro século, aos imperadores, com pequenos mercados e restaurantes ligados a alguns deles.
- **Sinagoga(s)** — existia apenas em algumas cidades, onde os judeus podiam se reunir em casas ou edifícios religiosos dedicados para esse fim. Judeus que não tinham uma sinagoga ou um lugar reservado para o conselho de homens poderiam se reunir em um local aberto, dedicado à oração (como em Filipos, de acordo com Atos 16).
- **Lojas** — pequenas estruturas onde os comerciantes vendiam seus produtos ou artigos variados e os artesãos exerciam seus negócios.
- **Edifícios públicos** — estruturas para várias atividades municipais ou provinciais, incluindo aquelas conhecidas como *basílicas*.
- ***Bouleutērion*** — uma pequena estrutura semicircular, semelhante a um teatro, para reuniões de autoridades municipais.
- ***Bēma*** — um banco, na ágora, usado para anúncios públicos oficiais e discursos, audiências públicas e atividades judiciais.
- **Fontes e monumentos** — muitas vezes dedicados a um deus ou ao imperador, e às vezes com uma inscrição contendo o nome do benfeitor.
- **Um ou mais teatros e arenas** — estruturas semicirculares, redondas ou elípticas, muitas vezes construídas em uma encosta para se misturar à natureza e aproveitar a acústica natural; eram usadas para apresentação de dramas, eventos esportivos (jogos, corridas etc.), cerimônias religiosas e políticas, bem como para a música, muitas vezes em um dos muitos feriados públicos. Entre eles estavam o teatro semicircular, muitas vezes datado em épocas helenísticas ou anteriores; o *amphitheater* redondo, que era mais comum na parte ocidental do império e mais proeminente depois do tempo de Paulo; o circo elíptico, como em Roma e Laodiceia; e o *odeion* semicircular, sendo este usado exclusivamente para a música. As lutas de gladiadores, que aconteciam em algumas dessas arenas, cresceram em popularidade após a época de Paulo.
- **Banhos** — uma série de salas com água fria, morna e quente para relaxamento (banho, sauna etc.), às vezes abertas para ambos os sexos, em outros casos, restritas ao uso do mesmo sexo.

- **Residências** — casas e apartamentos de vários tamanhos, incluindo especialmente prédios de apartamentos do tipo cortiço (chamados *insulae*; 'ilhas') que abrigavam muitas pessoas acima de um primeiro nível de lojas. Havia também casas maiores, incluindo vilas fora do distrito central.

O que mais impressionava em todas essas estruturas eram os vários templos, tanto acima, na acrópole, quanto abaixo, adjacentes à ágora e além dela. O templo de Ártemis em Éfeso, por exemplo, estava entre as sete maravilhas do mundo antigo, atraindo adoradores e turistas para a grande cidade. O tamanho e a grandiosidade dos edifícios e das estátuas que eles abrigavam eram lembretes constantes do poder e do patrocínio dos deuses e do imperador. Os templos anunciavam de forma icônica a todos que os deuses e o imperador deveriam ser admirados e temidos, solicitados e agradecidos.

Seria um caso irônico, então, que o movimento associado ao evangelho de Paulo não tivesse construído novos templos, reunindo seus

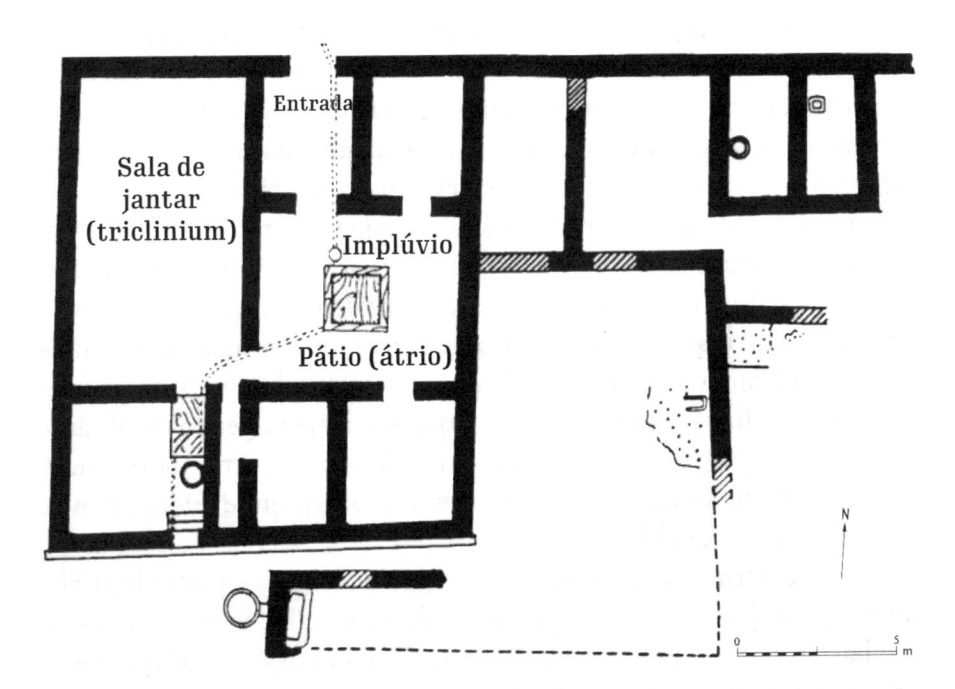

Planta de uma casa romana típica da elite; os quartos incluiriam banheiros, uma cozinha, uma sala de vinhos e muito mais.

adeptos aparentemente em estruturas existentes de vários tipos. Algumas dessas reuniões podem ter ocorrido em pequenos prédios de apartamentos (*insulae*) e em outras residências relativamente pequenas nos centros das cidades, muitas vezes ao lado ou acima de uma loja; tais casas poderiam acomodar apenas uma dúzia de pessoas ou menos. Espaços de uso misto que serviam como oficinas e moradias (*tabernae*) também podem ter sido usados para as assembleias. Casas maiores tinham uma sala de jantar separada (o *triclinium*, ou espaço para três sofás), uma sala de recepção/salão, outros espaços públicos de tamanhos variados e um pátio interno aberto — todos os quais poderiam receber convidados. Uma grande congregação doméstica poderia ter espaço para uma reunião de cinquenta a cem pessoas, mas não necessariamente todas em uma área, a menos que se reunissem ao ar livre. Algumas vilas com pátios amplos e áreas externas podem ter acomodado várias centenas de pessoas.

Grande parte do espaço de uma cidade era público, de uma ou de outra forma. Pode-se entender que os bairros da cidade eram comumente organizados naturalmente de acordo com a etnia ou com o comércio. Enquanto a elite vivia em casas maiores na parte principal da cidade ou mais longe, o povo comum vivia nas *ínsulas*, empilhadas umas em cima das outras, e em casas menores que ladeavam as ruas urbanas. A vida urbana ao longo desses corredores estreitos, que não eram limpos nem higiênicos, era repleta de gente e havia pouca privacidade; era uma experiência 'cara a cara', e as pessoas sabiam quem eram os encrenqueiros locais. Essa situação criava uma dinâmica paradoxal interessante. Por um lado, qualquer atividade que fosse percebida como uma ameaça ao bem-estar da cidade ou do império poderia muito bem ser enfrentada com ostracismo, violência da multidão ou, eventualmente, por ação legal e política formal. Por outro lado, qualquer mensagem e ou alguma comunidade que oferecesse salvação, igualdade e poder a todos, independentemente do *status*, potencialmente criaria grande interesse entre o povo comum nas cidades.

Esses centros urbanos e cosmopolitas de idolatria e poder imperial tornaram-se para Paulo os epicentros do evangelho, apesar da oposição bastante frequente. Pessoas de todos os estratos da cidade, embora principalmente dentre os que não faziam parte da elite, responderam à mensagem apostólica, criando novas comunidades dentro de sua cidade. A partir delas, a mensagem se espalhou pelo campo, pelas estradas romanas e pelos mares.

Perguntas para reflexão

1. Que semelhanças e diferenças fundamentais você percebe entre o mundo de Paulo e o seu?
2. Que aspectos da vida política, social, cultural e religiosa de nossa sociedade são mais importantes para compreendermos a busca espiritual das pessoas hoje?
3. Identifique algumas das formas contemporâneas de 'competição' em relação ao evangelho e à igreja cristã. Isto é, quais são algumas das maneiras mais significativas pelas quais homens e mulheres contemporâneos expressam sua busca por Deus, renascimento/renovação, paz, justiça e imortalidade?
4. Como as respostas às duas últimas perguntas podem afetar a maneira como a Igreja interpreta o evangelho cristão para os outros?
5. Quais são os indicadores de honra ou *status* na cultura e na Igreja da forma como você os tem vivenciado? Por que é importante entender esses indicadores?
6. O que você pensa da afirmação, feita por muitos cristãos, de que o 'Ocidente' ou o Hemisfério Norte mudou para uma era pós-cristã ou até pagã? Qual é o significado dessa afirmação para a vida e missão da Igreja?
7. Quais são os deuses e deusas de nossos dias e onde estão seus templos? Quais 'virtudes' ou valores se tornaram divindades e como seus respectivos 'cultos' são marcados e celebrados?
8. Até que ponto o mundo contemporâneo ainda é 'teopolítico'? Onde vemos hoje expressões de 'Deus e pátria', 'Deus e [nossa] cultura', e até mesmo 'Deus e violência'?
9. O cristianismo ainda é uma fé urbana? Uma fé principalmente para os que não pertencem à elite? Que lições a Igreja pode aprender com os cenários urbanos e não elitistas do trabalho missionário de Paulo?

Para leitura e estudo adicionais
Geral

Ascough, Richard S., Philip A. Harland, e John S. Kloppenborg. *Associations in the Greco-Roman World: A Sourcebook*. Berlin: de Gruyter; Waco, TX: Baylor University Press, 2012. Excertos de mais de 300 documentos antigos. Veja também http://www.philipharland.com/greco-roman-associations/.

Barrett, C. K., ed. *The New Testament Background: Writings from Ancient Greece and the Roman Empire that Illuminate Christian Origins*. Ed. rev. e exp. Nova York: HarperCollins, 1995. Aproximadamente 300 excertos ilustrando práticas políticas, filosóficas e religiosas (especialmente judaicas), crenças e práticas.

Bell, Albert A., Jr. *Exploring the New Testament World: An Illustrated Guide to the World of Jesus and the First Christians*. Nashville: Nelson, 1998. Guia básico com ilustrações e bibliografias.

Bradley, Keith. *Slavery and Society at Rome*. Cambridge: Cambridge University Press, 1994. Destaca a desumanidade e brutalidade da escravidão.

Carter, Warren. *The Roman Empire and the New Testament: An Essential Guide*. Nashville: Abingdon, 2006. Visão geral de oficiais imperiais, espaços, teologia, economia e muito mais.

_____, *Seven Events That Shaped the New Testament World*. Grand Rapids: Baker Academic, 2013. Eventos-chave desde a morte de Alexandre, o Grande, até o estabelecimento do cânon do NT.

Cohen, Shaye J. D. *From the Maccabees to the Mishnah*. 3ª ed. Louisville: Westminster John Knox, 2014. Excelente introdução à unidade e diversidade das crenças e práticas judaicas.

Cohick, Lynn H. *Women in the World of the Earliest Christians: Illuminating Ancient Ways of Life*. Grand Rapids: Baker Academic, 2009. Estudo cuidadoso e completo com o objetivo de corrigir mal-entendidos comuns.

Collins, John J. e Daniel C. Harlow, eds. *The Eerdmans Dictionary of Early Judaism*. Grand Rapids: Eerdmans, 2010. Trata dos principais aspectos do período.

_____ ed. *Early Judaism: A Comprehensive Overview*. Grand Rapids: Eerdmans, 2012. Quinze artigos extensos e oficiais do *Dicionário Eerdmans do Judaísmo Primitivo*.

Collins, *The Apocalyptic Imagination: An Introduction to Jewish Apocalyptic Literature*. 3ª ed. Grand Rapids: Eerdmans, 2016. Assertivo e acessível.

De Silva, David A. *Honor, Patronage, Kinship and Purity: Unlocking New Testament Culture*. Downers Grove, IL: InterVarsity, 2000. Aspectos-chave do contexto social do primeiro século.

_____. *Introducing the Apocrypha: Message, Context, and Significance*. Grand Rapids: Baker, 2002. Introduções aos livros de Sabedoria, 1-4Macabeus e outros livros apócrifos (deuterocanônicos).

Elliott, Neil e Mark Reasoner, eds. *Documents and Images for the Study of Paul*. Minneapolis: Fortress, 2011. Coleção comentada de textos e fotos.

Ferguson, Everett. *Backgrounds of Early Christianity*. 3ª ed. Grand Rapids: Eerdmans, 2003. Relato do mundo em que Paulo viveu.

Goodman, Martin. *O mundo romano: 44 —180 d.C.* 2ª ed. Nova York: Routledge, 2012. Estudo clássico e acessível da política romana, sociedade, religiões e vida nas várias partes do Império.

Green, Joel B. e Lee Martin McDonald, eds. *The World of the New Testament: Cultural, Social, and Historical Contexts.* Grand Rapids: Baker Academic, 2013. Mais de 40 tópicos com inúmeras tabelas e fotos.

Hengel, Martin. *Crucifixion.* Traduzido por John Bowden. Filadelphia: Fortress, 1977. Breve, porém, clássico estudo sobre o significado da crucificação na antiguidade e nas primeiras igrejas.

Jobes, Karen H., e Moisés Silva. *Invitation to the Septuagint.* 2ª ed. Grand Rapids: Baker Academic, 2015. Relato completo e acessível da história da LXX, sua importância para os estudos bíblicos e o campo acadêmico dos estudos da LXX.

Johnson, Lucas Timothy. *Among the Gentiles: Greco-Roman Religion and Christianity.* AYB Reference Library. New Haven: Yale University Press, 2009. Explora aspectos das religiões antigas, como o contexto do cristianismo primitivo.

Jones, A. H. M. *Cities of the Eastern Roman Provinces.* Oxford: Clarendon Press, 1937. Um comentário clássico.

Longenecker, Bruce W. *The Lost Letters of Pergamum: A Story from the New Testament World.* 2ª ed. Grand Rapids: Baker Academic, 2016. Imaginativa, porém, confiável coleção de correspondência ficcional.

McKnight, Scot, e Joseph B. Modica, eds. *Jesus is Lord, Caesar is Not: Evaluating Empire in New Testament Studies.* Downers Grove, IL: InterVarsity, 2013. Precauções contra o exagero das divagações excessivas em Paulo e em outros lugares do NT.

Reasoner, Mark. *Roman Imperial Texts: A Sourcebook.* Minneapolis: Fortress, 2013. Enfoca os imperadores, as formas de comunidade, e o poder universal de Roma.

Shelton, Jo-Ann. *As the Romans Did: A Sourcebook in Roman Social History.* 2ª ed. New York: Oxford University Press, 1998. Quase 500 trechos, organizados por temas (patrocínio, famílias, educação, escravos, religião etc.).

VanderKam, James C. *An Introduction to Early Judaism.* Grand Rapids: Eerdmans, 2001. Levantamento da história, literatura e povo do período do segundo Templo.

_____. *The Dead Sea Scrolls Today.* Rev. e ed. Grand Rapids: Eerdmans, 2010. Excelente introdução a todos os aspectos dos rolos [do mar Morto] e sua relação com o NT.

Técnica

Barclay, John M. G. *Jews in the Mediterranean Diaspora from Alexander to Trajan (323 bce–117 ce).* 2ª ed. Londres: T&T Clark Continuum, 2016. Assimilação, aculturação e acomodação judaica — e ainda distinções práticas comuns; inclui um capítulo sobre Paulo.

_____. *Pauline Churches and Diaspora Jews.* Grand Rapids: Eerdmans, 2016 (orig. WUNT 275. Tübingen: Mohr Siebeck, 2011). Compara aspectos das comunidades paulinas com comunidades do judaísmo da Diáspora.

Brodd, Jeffrey e Jonathan L. Reed. *Rome and Religion: A Cross-Disciplinary Dialogue on the Imperial Cult*. Atlanta: Society of Biblical Literature, 2011. Importante obra sobre a definição do culto imperial e suas manifestações em várias cidades.

Cook, John G. *Crucifixion in the Mediterranean World*. WUNT 327. Tübingen: Mohr Siebeck, 2014. Estudo aprofundado de textos gregos e latinos referentes à crucificação e à história da prática.

Engberg-Pedersen, Troels, ed. *Paul in his Hellenistic Context*. Minneapolis: Fortress, 1995. Ensaios sobre Paulo e determinadas cartas em relação à cultura helenística.

Evans, Craig A. *Ancient Texts for New Testament Studies: A Guide to the Background Literature*. Peabody, MA: Hendrickson, 2005. Visão geral, com bibliografias, de escritos judaicos e não-judaicos.

Galinsky, Karl. *Augustan Culture: An Interpretive Introduction*. Princeton: Princeton University Press, 1996. Estudo clássico das realizações de Augusto, sua subsequente divinização e culto, e a época em que ele os criou.

Kraemer, Ross Shephard e Mary Rose D'Angelo. *Women and Christian Origins*. Nova York: Oxford University Press, 1999. Ensaios perspicazes e provocativos, com vários textos sobre o contexto greco-romano e judaico.

Longenecker, Bruce W. *Remember the Poor: Paul, Poverty, and the Greco-Roman World*. Grand Rapids: Eerdmans, 2010. Análise de riqueza e pobreza no mundo de Paulo, e um contexto de que Paulo exortou suas comunidades a cuidar dos pobres.

Meeks, Wayne A. *The First Urban Christians: The Social World of the Apostle Paul*. 2ª ed. New Haven: Yale University Press, 2003 (orig. 1983). Descrição social inovadora e agora clássica das comunidades de Paulo e suas práticas.

Meggitt, Justin J. Paul. *Paul, Poverty and Survival*. Estudos do Novo Testamento e de seu mundo. Edimburgo: T&T Clark, 1998. Argumenta que as igrejas paulinas eram em grande parte comunidades de pobres que se dedicavam à ajuda mútua.

Mitchell, Stephen e Peter van Nuffelen, eds. *One God: Pagan Monotheism in the Roman Empire*. Cambridge: Cambridge University Press, 2010. Ensaios sobre o possível significado e práticas do 'monoteísmo' pagão.

Murphy-O'Connor, Jerome e James H. Charlesworth, eds. *Paul and the Dead Sea Scrolls*. Nova York: Crossroad, 1990. Semelhanças e diferenças de pensamento entre Paulo e aqueles que produziram os pergaminhos.

Price, S. R. F. *Rituals and Power: The Roman Imperial Cult in Asia Minor*. Cambridge: Cambridge University Press, 1984. Estudo altamente significativo que se tornou a base para muitos estudos sobre o NT.

Rowe, C. Kavin. *World Upside Down: Reading Acts in the Graeco-Roman Age*. Nova York: Oxford University Press, 2009. Atua como uma narrativa política que desestabiliza a cultura existente e defende uma nova cultura, sem promover a sedição.

Sampley, J. Paul, ed. *Paul in the Greco-Roman World: A Handbook*. 2ª ed. 2 vol. Nova York: Bloomsbury T&T Clark, 2016. Ensaios de autoria de vários estudiosos.

Sanders, E. P. *Paul and Palestinian Judaism*. Philadelphia: Fortress, 1977. Clássico moderno que revolucionou os estudos paulinos, defendendo o 'nomismo da aliança' como o padrão básico do judaísmo palestino.

2

CURRÍCULO DO APÓSTOLO PAULO

A missão do ex-perseguidor

[O] perseguidor tornou-se o pregador, o torturador tornou-se a mãe, o carrasco tornou-se o cuidador, para que você possa realmente entender que todo o seu sangue se transformou em doçura de leite materno, sua crueldade, em bondade.

GUERRIC, ABADE DE IGNY, CERCA DE 1157[1]

Você conhecerá a verdade, e a verdade o tornará estranho.

ATRIBUÍDO A FLANNERY O'CONNOR[2]

Paulo nasceu judeu, viveu judeu e morreu judeu. Foi, portanto, obviamente como um judeu que ele experimentou o Jesus que fora crucificado como o Senhor ressurreto e exaltado. Paulo não partiu para fundar uma nova religião, mas para chamar judeus e especialmente gentios para confessar o Messias judeu (grego *christos*), enviado pelo único Deus verdadeiro YHWH, como o Senhor. Em retrospecto, é claro que podemos dizer que Paulo era um 'cristão' — alguém que confessa e segue Jesus como Messias e Senhor. Mas devemos fazê-lo sem esquecer o

---

[1] Citado em Susan Grove Eastman, *Recovering Paul's Mother Tongue: Language and Theology in Galatians* (Grand Rapids: Eerdmans, 2007), p. 1
[2] Como outros já disseram, essas palavras refletem o espírito de O'Connor, mas provavelmente não são sua citação literal.

judaísmo inerente a este mesmo termo ('cristão', de *christos*) e do grande apóstolo cristão Paulo.³

Nosso objetivo neste capítulo é destacar brevemente alguns aspectos-chave da vida desse judeu vitalício: seus primeiros anos no judaísmo da Diáspora, sua vida como fariseu na Palestina, seu zeloso compromisso inicial de extinguir o "movimento de Jesus", seu encontro com o Jesus ressuscitado, e sua vida subsequente como apóstolo do Deus judeu e seu Messias crucificado entre as nações. É claro que a partir desta última fase é que suas cartas aparecem. Nelas encontramos os pensamentos de alguém em missão ou, melhor dizendo, colocado em uma missão divina: o perseguidor feito pregador e mãe.

Fontes para a vida de Paulo

O que podemos saber sobre a vida de Paulo, e como podemos saber? Existem quatro tipos de fontes:

- As sete cartas que levam o seu nome e que são indiscutíveis quanto à sua autoria (Romanos, 1 e 2Coríntios, Gálatas, Filipenses, 1Tessalonicenses e Filemom).⁴
- As seis cartas com o nome de Paulo que são contestadas quanto à sua real autoria (2Tessalonicenses, Colossenses, Efésios, 1 e 2Timóteo e Tito).
- O livro de Atos.
- Outros documentos, inscrições, evidências arqueológicas, moedas etc. da época de Paulo.⁵

---

[3] Visto que, de acordo com At 11:26, os crentes foram primeiramente chamados de 'cristãos' (*christianoi*; usado também em At 26:28; 1Pe 4:16) em Antioquia, possivelmente enquanto Paulo estava lá, ele pode ter conhecido a palavra, mas seus próprios termos para os crentes são especialmente 'santos/os separados' (*hagioi*) e 'irmãos [e irmãs]' (*adelphoi*).

[4] Sobre as questões que envolvem a autoria paulina das cartas que lhe são atribuídas, veja cap. 3. Para resumir as discussões posteriores, a posição deste livro é que Paulo é mais ou menos responsável direto por onze das treze cartas, mas provavelmente não 1Timóteo e Tito.

[5] Além dessas fontes da época de Paulo e seguinte, existem vários documentos posteriores atribuídos a ele ou supostamente sobre ele que, na verdade, nos falam mais sobre indivíduos e comunidades cristãs desde a época de sua composição, a partir do final do século 2 até o século 4. Esses escritos apócrifos incluem cartas, a saber,

Desses quatro tipos de fontes, todos os historiadores naturalmente confiam piamente nas cartas indiscutíveis. Eles se mostram divididos quanto ao uso das cartas contestadas e o livro de Atos, dependendo da avaliação da data, autoria e valor histórico desses escritos. Por exemplo, alguns estudiosos acreditam que Atos foi escrito por um ex-companheiro de Paulo chamado Lucas, ou que contém documentos coletados por ele, enquanto outros acreditam que esse 'Lucas' — quem quer que ele fosse — escreveu várias décadas depois, não era companheiro de Paulo e criou artificialmente passagens que parecem anotações de diário de viagens com o apóstolo. Da mesma forma, alguns estudiosos acreditam que as cartas paulinas discutíveis são realmente de Paulo e refletem fielmente sua vida e pensamento, enquanto outros acreditam que se trata de escritos posteriores elaborados pelas mãos de discípulos bem-intencionados, mas não completamente fiéis. Quanto a outras fontes, todo historiador deve confia nelas, mas cada estudioso interpreta o significado e a importância da quantidade considerável de dados históricos fornecidos por tais fontes de maneiras diferentes.

A tarefa de construir uma biografia da vida de Paulo — ou mesmo descobrir quando e onde ele escreveu uma carta em particular — é extraordinariamente difícil. Por exemplo, mesmo alguém que acredita que o livro de Atos seja historicamente confiável deve levantar certas questões. O que fazemos com os conflitos entre Atos e os escritos do próprio Paulo? Atos pretendia, essencialmente, apresentar uma 'história' das atividades de Paulo, ou uma interpretação delas? Atos teria uma perspectiva particular sobre Paulo (e sobre outras pessoas e assuntos) que afeta sua narrativa da história?

O 'Paulo de Atos', o 'Paulo das cartas incontestáveis' e o 'Paulo das cartas discutíveis' constituem pelo menos três figuras literárias diferentes. Essas figuras apresentariam a mesma pessoa a partir de ângulos diferentes? Suas perspectivas poderiam ser compreendidas de forma complementar, ou haveria conflito insolúvel? Por que, por exemplo, Atos nunca descreve Paulo escrevendo uma carta? Por que parece narrar três viagens missionárias quando Paulo não expressa nenhuma segmentação paralela de seu trabalho missionário? Por que descobrimos pouco ou nada, em Atos, sobre o ensino como marca registrada de

---

III Coríntios, a Carta aos Laodiceanos e a correspondência entre Paulo e o estoico romano Sêneca; outro 'atos', Atos de Paulo; e outro apocalipse, Apocalipse de Paulo.

Paulo sobre justificação, ou a centralidade da cruz? Por que o próprio Paulo nunca menciona sua cidadania romana ou seus estudos com o mestre Gamaliel, embora Atos o faça? Por que nenhum dos detalhes de sua experiência na estrada de Damasco é narrada nas cartas como em Atos? E assim por diante.

Essas questões são ainda mais complicadas pela falta de dados concretos de fontes externas para confirmar as cartas e o livro de Atos, ou até mesmo para fornecer alguns 'ganchos' nos quais se pode firmar as informações que podemos obter do Novo Testamento. A mais importante é provavelmente a data do proconsulado de Gálio na província da Acaia em Corinto, diante de quem Paulo apareceu, de acordo com Atos 18:12-17. Porém, mesmo esta data — provavelmente 50-51 ou 51-52 — tem sido debatida. Escrever a 'história do Novo Testamento' é realmente uma tarefa difícil.

No entanto, nem tudo está perdido. A maioria dos estudiosos hoje reconhece esse tipo de dificuldade e tenta encontrar um meio-termo entre, por um lado, usar Atos de forma acrítica e, por outro, rejeitá-lo como sem utilidade para construir a vida de Paulo. Na verdade, tem havido uma certa tendência em aceitar Atos como historicamente confiável, mesmo reconhecendo a existência de um 'machado teológico para ser usado' ao contar a história de Paulo — assim como o próprio Paulo ao escrever de forma autobiográfica.

O resultado final de todos esses fenômenos contém boas e más notícias. A má notícia é que há muitas perguntas que não podem ser respondidas com certeza e, portanto, há um amplo espectro de opiniões sobre determinados assuntos. A boa notícia é mais importante. Primeiro, há algum acordo geral sobre a estrutura básica da vida e ministério de Paulo. Em segundo lugar, muitas das questões históricas mais debatidas não impedem uma leitura inteligente das cartas de Paulo. E em terceiro, algumas das diferentes interpretações de Paulo podem ser vistas como mutuamente complementares em vez de contraditórias.

EXCURSO: MAIS SOBRE A QUESTÃO DAS FONTES

O livro de Atos e as cartas de Paulo contêm diferenças de perspectiva e detalhes sobre a sua vida e o seu ministério. Alguns desses tipos de diferenças são conciliáveis, enquanto outros podem não ser, pelo menos com nosso conhecimento limitado, pois nem Atos nem a missiva paulina tem a história da missão de Paulo como sua agenda principal.

De fato, tanto Atos quanto as cartas apresentam suas narrativas das atividades de Paulo, além de outros dados, para certos propósitos teológicos e retóricos. Porém, os estudiosos bíblicos geralmente concordam que as cartas indiscutíveis de Paulo são as fontes primárias para a construção de uma cronologia ou narrativa da sua vida e ministério, levando-se em conta que foram escritas pelo próprio apóstolo. Todavia, os estudiosos diferem marcadamente em sua avaliação das cartas paulinas questionadas e de Atos. Dessas duas fontes, Atos é particularmente digno de consideração, pois pretende, pelo menos, apresentar uma narrativa coerente da atividade missionária de Paulo após sua experiência na estrada de Damasco.

Existem três abordagens principais para o valor de Atos na descrição da história de Paulo. A abordagem maximalista considera a obra um relato relativamente confiável das atividades do apóstolo e correlaciona sua narrativa com as cartas. A abordagem minimalista, por outro lado, vê a narrativa de Atos com grande desconfiança e usa muito pouco dela para construir um relato da vida e ministério de Paulo. Porém, mesmo os proponentes dessa abordagem geralmente garantem a exatidão do livro em certos assuntos-chave, como a estada de dezoito meses de Paulo em Corinto (18:11), um ministério de cerca de dois ou três anos em Éfeso (19:8, 10; 20:31), e uma missão ao 'norte da Galácia' (16:6; 18:23). Uma abordagem moderada, que provavelmente é a empregada pela maioria dos estudiosos, usa as cartas inquestionáveis como a principal fonte de conhecimento sobre Paulo, mas complementa esse conhecimento com informações de Atos, na medida em que não contradiga as cartas ou represente claramente a suposta distorção da história de Lucas para fins teológicos. Essas três abordagens não devem ser vistas como metodologias definidas com precisão, mas como pontos-chave ao longo de um espectro.

As questões envolvidas na determinação do uso mais apropriado dos Atos são complexas e certamente não podem ser resolvidas aqui. O presente escritor se convenceu nos últimos anos de que Atos é um reflexo muito mais confiável das realidades do primeiro século e da história do cristianismo primitivo do que muitos estudiosos reconhecem. A importante série *The Book of Acts in Its First-Century Setting* [O livro de Atos em seu contexto do primeiro século], editada por Bruce Winter, e os extensos comentários de Craig Keener (veja bibliografia), tornaram-se certamente influentes fontes a esse respeito.

Essa convicção sofre a uma abordagem crítica que se inclina para o extremo maximalista do espectro, em lugar do minimalista. Isso significa que Atos deve receber o benefício da dúvida sobre a veracidade geral de suas narrativas, e devemos fazer todo o possível para permitir que permaneça o testemunho de Paulo e de Atos. Essa posição deve ainda ser mantida, no entanto, com a devida moderação e cautela, admitindo-se que subsistem dificuldades na utilização dos Atos e na sua correlação com as cartas. No entanto, diferenças percebidas entre as cartas de Paulo e Atos que parecem ser irreconciliáveis devem ser assim rotuladas com alguma restrição à luz da quantidade e do caráter dos dados que possuímos.

Não importa qual seja a posição de alguém sobre a confiabilidade histórica de Atos, deve-se reconhecer que Atos não nos fornece todas as informações que gostaríamos de ter para nos envolver na reconstrução histórica, tampouco as cartas, especialmente o tipo mais importante de reconstrução histórica para este livro: discernir e descrever as situações que deram origem às várias cartas. Na discussão das epístolas, apresentaremos resumos dos dados de Atos que podem ser relevantes juntamente com as informações que podem ser daí extraídas. No entanto, existem poucos ou até mesmo nenhum dado claramente relevante de Atos para muitas cartas, de modo que a interpretação dessas cartas não é significativamente afetada pela abordagem de Atos. Além disso, mesmo aqueles que divergem um pouco sobre as circunstâncias que levaram à redação de uma determinada carta podem concordar nos aspectos mais significativos de sua interpretação.

No presente capítulo, tentamos delinear a vida e a missão de Paulo em geral, fazendo uso tanto das cartas quanto, mais cautelosamente, de Atos.

UMA CRONOLOGIA GERAL DA VIDA DE PAULO

Apesar de todos os desafios mencionados na seção anterior, Atos e as cartas concordam em vários pontos-chave sobre Paulo: que ele era um perseguidor dos primeiros seguidores de Jesus, o Messias; que ele passou por uma reviravolta em sua vida; que ele pregou o evangelho entre os gentios, especialmente na Ásia Menor (atual Turquia) e na Grécia; e que ele sofreu por causa de seu testemunho. Muito pouco dessas fontes canônicas, ou de outras fontes cristãs primitivas, pode ser dito com muita certeza sobre sua juventude ou o final de sua vida. Por exemplo, seu martírio sob o reinado de Nero é baseado em uma tradição posterior e confiável, mas não aparece no Novo Testamento.

O que se segue é uma cronologia geral e provisória de sua vida. Como temos muito poucos dados concretos, e muitos deles designam períodos de tempo (e.g., 'por três anos' ou 'depois de três anos'), alguns dos quais podem ser números redondos, qualquer cronologia paulina particular é não apenas aproximada, mas também interdependente — uma data é relativa a outra. Por causa do intervalo de datas, a maioria das reconstruções acadêmicas se encaixam nessa estrutura. (Deve-se notar que um intervalo de datas [e.g., c. 33-39] pode exceder o período de tempo descrito [por exemplo, 'três anos na Arábia e Damasco'] devido à ampla gama de possíveis reconstruções históricas.)

Datas aproximadas	Evento
5 a.C.-10 d.C.	Nascimento em Tarso, seguido de educação em Tarso e Jerusalém
30-36	Perseguição dos crentes em Cristo (1Co 15:9; Gl 1:13-14; Fl 3:6; At 8:1-3; 9:1-2)
32-36	Chamado/conversão (Gl 1:15-16; At 9; 22; 26; cf. Fp 3:3-11)
33-39	Três anos na Arábia e Damasco (Gl 1:17)
36-39	Primeira visita a Jerusalém: duas semanas com Cefas e Tiago (Gl 1:18-19)
37-48	Trabalho missionário inicial na Síria e Cilícia e possivelmente em outros lugares (Gl 1:21; cf. At 9:30)
37-48	Trabalho inicial na Síria e Cilícia (Co 15:9; Gl 1:13-14; Fl 3:6; At 8:1-3; 9:1-2)
46-58	Período de trabalho missionário na Ásia Menor, Grécia etc., e escrita da maioria das cartas existentes (c. 49-58)
47-51	Reunião/'concílio' em Jerusalém (Gl 2:1-10 = At 11:27-30? At 15?)[6]
50-52	Permanência de dezoito meses em Corinto (At 18)
52-57	Permanência em Éfeso de dois a três anos (At 19; veja At 19:8, 10; 20:31), incluindo possível prisão

---

[6] Há um debate acadêmico significativo sobre a relação entre a narrativa do encontro (privativo? cf. Gl 2:2) em Gl 2 e as narrativas em Atos que podem se referir ao mesmo evento. Muitos estudiosos conectam Gl 2 a At 15, apesar das discrepâncias, enquanto uma minoria de estudiosos conecta Gl 2 a At 11:27-30. Nenhuma das soluções é isenta de dificuldades. Alguns estudiosos sugerem que não devemos tentar ligar Lucas e Paulo aqui.

54-59   Prisão em Jerusalém (At 21:27-36)

54-59   Aprisionamento em Roma (Atos 28)

62-68   Possível libertação de Roma e posterior trabalho missionário/escrita de cartas

62-68   Morte

Prisões adicionais ocorreram ao longo desse período de anos. Se 1Clemente 5 (c. 96 d.C.) e fontes posteriores estiverem corretas, Paulo morreu como mártir, provavelmente em Roma.

Embora essa cronologia geral seja aceita por muitos estudiosos, algumas reconstruções trazem aspectos-chave do ministério de Paulo e, portanto, algumas de suas cartas foram escritas ainda mais cedo. Recentemente, por exemplo, Douglas Campbell construiu uma cronologia paulina — baseada apenas nas cartas — em que data a missão original de Paulo na Grécia, mais suas cartas aos Tessalonicenses, no início dos anos 40.[7] Outros trabalhos missionários, incluindo atividades na Galácia, são atribuídos a meados dos anos 40. Atividade na Ásia e viagens de acompanhamento à Grécia, além do restante das cartas 'inquestionáveis', bem como Colossenses e Efésios, são datados do início dos anos cinquenta. Essas datas movem itens do diário paulino de volta no tempo em cerca de três a cinco anos, mas a confirmação sobre essa versão específica de reconstruções acadêmicas anteriores ainda está em debate.

Dentro do prazo geral da principal atividade missionária apresentada anteriormente, por volta de 46-58, Atos parece nos apresentar três viagens missionárias, que são seguidas por uma viagem final e inesperada a Roma. (Atos não menciona a carta escrita por Paulo, porém, a maior parte de sua correspondência é geralmente datada de c. 49 ou um pouco mais tarde para c. 58.) Não podemos ter certeza de que o trabalho missionário de Paulo seguiu exatamente as rotas delineadas nessas viagens como são narradas em Atos, nem podemos ter certeza de que o próprio Paulo considerou seu ministério como uma série dessas tais viagens. (Alguns até questionam se Lucas o fez.) No entanto, as viagens descritas em Atos fornecem uma estrutura para a missão de Paulo — às

---

[7] Douglas A. Campbell, *Framing Paul: An Epistolary Biography* (Grand Rapids: Eerdmans, 2014).

Os portões da cidade helenística de Pérgamo (sul da Ásia Menor), através dos quais Paulo teria passado (Todd Bolen/BiblePlaces.com).

vezes chamada de 'missão do Egeu' porque se concentrava em regiões limítrofes do mar Egeu entre a Turquia e a Grécia — que destaca com precisão a extensão geográfica geral de seu trabalho, conforme refletido nas cartas. Ademais, com ou sem razão, essa estrutura de viagens missionárias tornou-se uma convenção no estudo de Paulo, e é tolice fingir o contrário. Segue o roteiro de cada viagem.

Primeira viagem (At 13—14: Chipre, Panfília, sul da Galácia)

Saída de Antioquia da Síria para o porto selêucida e continuação para Salamina, na costa leste da ilha de Chipre. De Salamina a Pafos, na costa sudoeste de Chipre. Partida de Pafos em direção noroeste para o porto de Pérgamo, na província de Panfília na Ásia Menor. Do norte de Pérgamo até Antioquia da Pisídia, a capital da província da Galácia. Do sudeste de Antioquia da Pisídia até Icônio, depois para sudoeste até Listra, em seguida para sudeste até Derbe. De volta a Listra, Icônio e Antioquia, e a seguir pela região da Pisídia (sudoeste da Galácia) até a província de Panfília e ao sul até Pérgamo. Oeste para Atália a fim de zarpar para Antioquia da Síria.

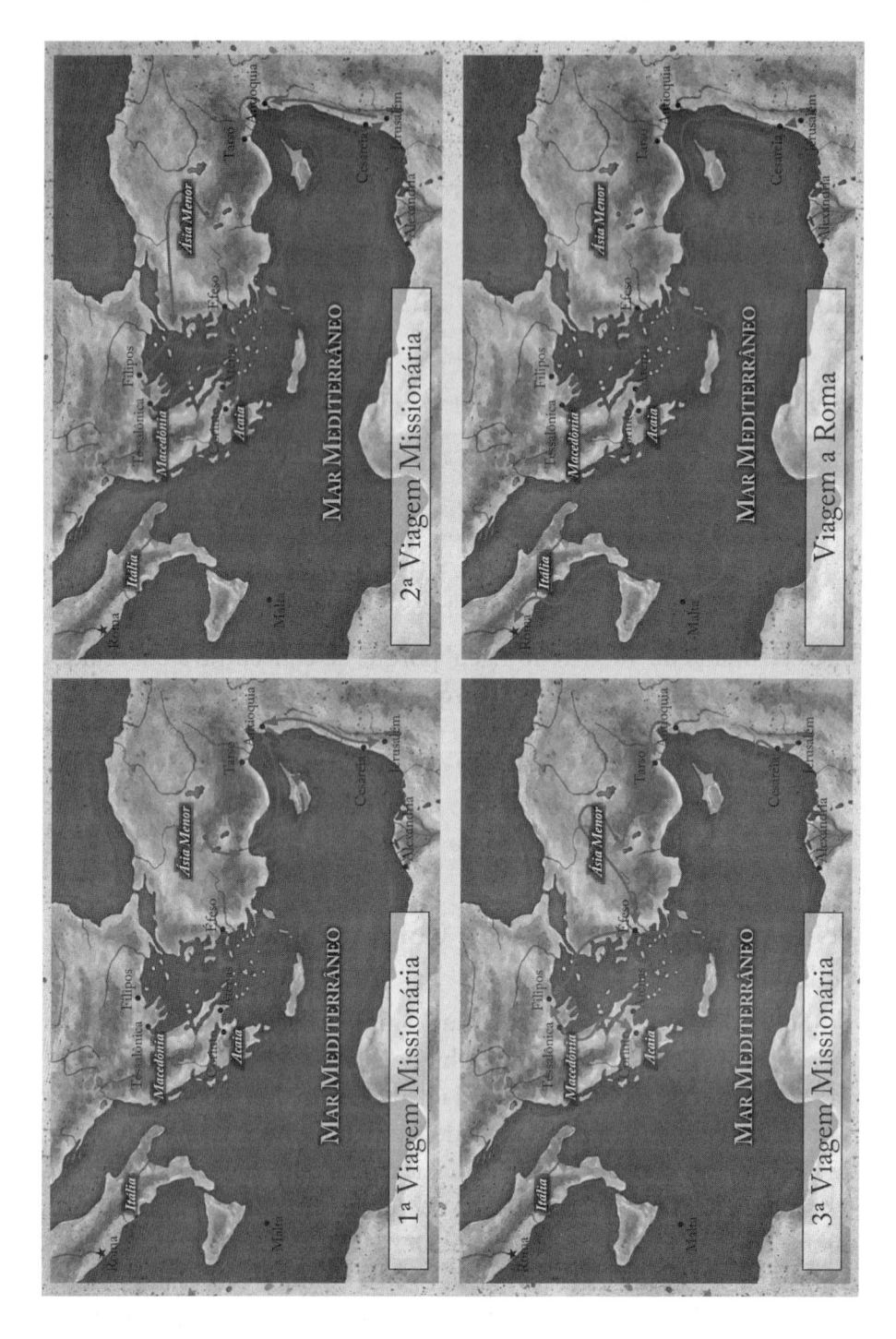

As três viagens missionárias de Paulo e suas viagens a Roma

Segunda viagem (At 15:36—18:22: Síria, Cilícia, Galácia, Frígia, Ásia, Macedônia, Acaia)

Da Antioquia da Síria, por terra, através da Síria até a província da Cilícia, no sudeste da Ásia Menor. Partida para a Galácia e as cidades de Derbe, Listra e (provavelmente) Icônio. Então, para oeste e norte pelas províncias da Frígia e Galácia (evitando a Ásia), aproximando-se da província da Bitínia, ao norte. Sem entrar na Bitínia, a oeste, até o porto de Trôade na Mísia, na parte noroeste da província da Ásia. Partida, de navio, para a ilha de Samotrácia, depois para o porto de Neápolis, na província da Macedônia (primeira visita europeia). Para Filipos, depois pelo sudoeste ao longo da costa através de Anfípolis e Apolônia até Tessalônica. De lá para Bereia e depois para o sul na província de Acaia e na cidade de Atenas. De Atenas a oeste de Corinto e em seguida para o porto de Cencreia. Parte de Cencreia, de navio, para Éfeso, depois para Cesareia e depois, por terra, para Antioquia da Síria.

Terceira viagem (At 18:23—21:16: Galácia, Frígia, Ásia, Macedônia, Chipre)

De Antioquia da Síria à Galácia e Frígia e depois a Éfeso, a província da capital da Ásia. De Éfeso à província da Macedônia. Ao sul para "Grécia" (Acaia; provavelmente Atenas e Corinto) e depois de volta à Macedônia. Partindo de Filipos, de navio, para Trôade na Ásia Menor, e depois descendo a costa da Ásia até os portos de Assôs, Mitilene, Samos e Mileto, contornando Éfeso. De Mileto para Cós, Rodes e Pátara; depois, passando por Chipre e para Tiro, na Síria. De Tiro a Ptolemaida, em seguida Cesareia, e finalmente para Jerusalém.

Viagem a Roma (At 21:15—28:31: Jerusalém, Chipre, Ásia, Creta, Malta, Itália)

Prisão em Jerusalém, seguida de vários acontecimentos na cidade. Para Antípatris e depois a Cesareia, para uma audiência com Félix. De Cesareia a Sidom, ao redor do nordeste de Chipre, até Mirra na Lícia, a região mais meridional da Ásia. Em seguida, para Bons Portos, perto de Laseia, na ilha de Creta. Naufrágio e permanência na ilha de Malta, sul da Itália. De Malta a Siracusa, Sicília, depois a Régio, subindo a costa

Ruínas no importante porto de Trôade, uma colônia romana no mar Egeu, no noroeste da Ásia Menor (Todd Bolen/BiblePlaces.com)

ocidental da Itália até Puteoli e, finalmente, permaneceu em Roma por dois anos.

Essa atividade, entendida como quatro viagens (como Atos diz) ou não, reflete o trabalho missionário de Paulo nos anos 48—62, aproximadamente.

Nessa estrutura geral, os estudiosos localizam algumas ou todas as treze cartas que levam o nome do apóstolo. As primeiras são provavelmente 1Tessalonicenses (e 2Tessalonicenses, se forem genuínas) e a carta aos Gálatas, escritas entre 48 e 51; depois 1 e 2Coríntios, em meados dos anos 50; e a epístola aos Romanos em meados dos anos 50. As 'epístolas da prisão' — Filipenses e Filemom, bem como Colossenses e Efésios, se as duas últimas forem consideradas genuínas — podem ter sido escritas durante uma ou mais prisões no meio dos anos 50, ou a partir de Roma no início dos anos 60. Se as 'epístolas pastorais' (1 e 2Timóteo e Tito) forem genuínas, elas podem ter sido escritas na década de 60 após o cativeiro de Paulo em Roma (considerando que ele acabou sendo libertado), embora defensores recentes de autenticidade às vezes localizem duas das Pastorais (1Timóteo e Tito) no início do ministério

Um mosaico, localizado na cidade de Bereia, de Paulo em Troas recebendo a chamada para evangelizar a Macedônia.

de Paulo. 2Timóteo, se for genuína, poderia ter sido escrita durante a prisão romana mencionada em Atos ou durante uma possível prisão posterior em Roma, que não é mencionada em Atos.

Voltaremos às questões de localização das cartas com relação à data e proveniência geográfica em capítulos posteriores. Mas, por enquanto, nosso objetivo é examinar brevemente vários aspectos do currículo de Paulo que constituem a principal preocupação deste capítulo.

JUDEU DA DIÁSPORA

De acordo com Atos — e há poucas razões para duvidar dessa afirmação — Paulo nasceu em Tarso, na província da Cilícia, na parte oriental da moderna Turquia e recebeu influência da cidade (At 22:3; cf. 9:11; 21:39). A data exata de seu nascimento é desconhecida, embora tenha sido possivelmente na mesma época do nascimento de Jesus; a evidência pode ser interpretada a sugerir uma data entre cerca de 5 a.C. e 10 d.C. Os pais judeus de Paulo eram membros da tribo de Benjamim (Rm 11:1; Fp 3:5) que viviam na Diáspora. Bem pouco é conhecido sobre sua família ou sua situação socioeconômica. Seu pai pode ter se tornado um cidadão romano (o que resultaria na cidadania romana de Paulo; veja At 16:37-38; 22:27-28; 23:27),[8] talvez tenha realizado algum bem cívico para ganhar sua cidadania, mas ele também pode ter sido um escravo que foi liberto por um generoso companheiro judeu. Alguns sugeriram que seu pai era um artesão que ensinou a Paulo o ofício de fazer tendas, mas também é possível que Paulo tenha escolhido aprender o ofício mais tarde, em sua vida, mesmo depois de seu chamado/conversão. Finalmente, não sabemos se o pai de Paulo era fariseu (como At 23:6 pode implicar) ou se Paulo se tornou um fariseu depois de se mudar para a Palestina.

De qualquer forma, como residentes judeus da Diáspora, os pais de Paulo provavelmente teriam dado dois nomes ao filho. O primeiro, Saulo (gr. *Saulos*), era o nome do ancestral mais famoso da tribo, o rei Saul,[9] transliterado do hebraico. O segundo, Paulo (lat. *Paul[l]us*), era um nome romano comum, talvez escolhido por causa de sua semelhança com Saulo. Não há evidência de que Saulo mudou seu nome após a experiência na estrada de Damasco. Lucas, no entanto, o chama de Saulo até seu comissionamento em Antioquia (veja At 13), após o qual ele se refere ao apóstolo dos gentios por seu nome gentio, Paulo.[10]

Tarso era uma cidade universitária próspera e cosmopolita. O geógrafo do primeiro século, Estrabão, registra a presença de numerosas 'escolas de retórica', as antigas equivalentes das faculdades de artes liberais, em Tarso, atraindo seus cidadãos intelectualmente curiosos (*Geografy* 14.5.13). Estrabão nos diz que a cidade também era um centro do estoicismo, e havia uma presença judaica em toda a região. Todos esses aspectos iniciais sobre Paulo ambientam as características das cartas do apóstolo.

Como judeu da Diáspora, ele teria estudado as Escrituras de Israel em grego, usando a Septuaginta (LXX) e talvez outras versões gregas

---

[8] Conforme observado anteriormente, as cartas de Paulo nunca confirmam ou negam sua cidadania romana. "Varas" (2Co 11:25), uma forma romana de punição, não eram geralmente usados em cidadãos, mas funcionários ansiosos para punir aqueles percebidos como encrenqueiros nem sempre faziam perguntas antes de agir.

[9] Não sabemos se a família de Paulo seguiu o costume romano de atribuir três nomes: *praenomen* (primeiro nome), *nomen* (nome de família ou étnico) e *cognomen* (nome pessoal adicional). *Paul[l]us* era normalmente um *cognome*.

[10] Três ocorrências adicionais do nome do apóstolo Saulo aparecem em Atos, mas todas nos relatos de sua conversão (22:7, 13; 26:14).

dos escritos sagrados. Sua autodesignação como "hebreu de hebreus" (Fp 3:5) pode indicar seu conhecimento de hebraico e/ou aramaico (veja também At 22:2), que ele poderia ter aprendido quando criança ou mais tarde em Jerusalém. Citações diretas e alusões às Escrituras são abundantes em suas cartas (muitas vezes da LXX, mas também às vezes como traduções do texto hebraico), e elas revelam o conhecimento de muitos métodos judaicos típicos de interpretação bíblica. Paulo provavelmente também foi exposto a vários escritos judaicos contemporâneos e ideias importantes da época, mas é impossível saber se ele (ou seu pai) tinha uma perspectiva explicitamente apocalíptica nos primeiros anos.

Suas cartas também sugerem que Paulo era um produto do sistema escolar helenístico dos não-judeus, ou pelo menos de suas matérias. Como Filo de Alexandria, quando jovem, ele pode ter seguido o currículo padrão de literatura, matemática, música e filosofia, e depois passou para a retórica, a arte da eloquência e da persuasão. Nas escolas de retórica, os alunos aprendiam a arte do argumento e sua aplicação à escrita de discursos, falar em público e escrever cartas. As cartas de Paulo revelam um conhecimento profundo da substância e dos estratagemas do ofício retórico, embora ele se distancie formalmente da retórica, ou pelo menos da retórica exibicionista (1Co 2:1-5, nas próprias palavras de Paulo; cf. 2Co 10:10, a perspectiva de seus detratores). Paulo era um escritor brilhante de cartas, mesmo que sua presença ao falar em público não impressionasse tanto.

Como parte de sua educação helenística, ou talvez meramente respirando o ar intelectual de Tarso (e de sua família), ele também foi exposto ao estoicismo. A corrente filosófica do primeiro século estava muito mais interessada na ética e na vida cotidiana do que na filosofia mais especulativa de seus primeiros dias. Métodos estoicos de argumentação, ideias e termos aparecem nas cartas. Paulo pode ter adotado, adaptado ou refutado certas noções estoicas, dependendo de sua compreensão e de sua correspondência com as Escrituras ou ao seu evangelho. Segundo alguns estudiosos, uma análise da estrutura profunda do pensamento de Paulo sugere sua interação contínua, não apenas com o judaísmo, mas também com o estoicismo.

Paulo, então, sofreu três grandes influências associadas a Tarso: o judaísmo da Diáspora, a educação e a retórica helenística e o estoicismo do primeiro século. O efeito dessas características formativas era permanente, embora Paulo examinasse e reinterpretasse cada uma delas à luz, primeiro, dos ensinamentos dos fariseus e, segundo, da revelação de Deus no Messias crucificado.

Fariseu e perseguidor

Em algum momento de sua juventude, Paulo, provavelmente com sua família, mudou-se para a Palestina. (Jerusalém está implícito em At 22:3.) O Paulo de Atos afirma que ele estudou em Jerusalém com o grande rabino Gamaliel (22:3), uma afirmação contestada por alguns estudiosos, uma vez que o próprio Paulo nunca menciona isso em suas cartas (embora alguns estudiosos argumentem que seu público, em grande parte gentio, provavelmente não conheceria e nem se importaria com um rabino palestino). Não há, no entanto, nenhuma outra razão histórica para contestar a afirmação, e sua precisão ajudaria a explicar o conhecimento de Paulo sobre a argumentação rabínica. Além disso, At 26:4 pode ser interpretado como indicando que Paulo passou parte de seus anos de educação tanto em Tarso como em Jerusalém. Também é possível, embora não tão provável, que ele tenha recebido alguma educação em retórica e literatura helenística não-judaica em uma cidade como Jerusalém, que era bastante helenizada. Quaisquer que sejam as circunstâncias precisas de sua vinda para a Palestina, o judeu da Diáspora (por nascimento) estava se tornando um judeu palestino.

Pode ter sido em Jerusalém que Paulo adotou uma visão apocalíptica da história como constituindo duas eras (veja o capítulo 1). Fica claro em suas cartas que ele tinha uma perspectiva apocalíptica semelhante à de outros judeus apocalípticos, embora seja radicalmente reformulada à luz da intervenção de Deus na história por meio da morte e ressurreição do Messias e o subsequente envio do Espírito.

Paulo, o fariseu

O que quer que tenha acontecido com Paulo em Jerusalém, ele se tornou um fariseu, ou se se envolveu mais completamente com o partido. Tanto Atos como o próprio Paulo atestam que ele era fariseu (At 23:6; 26:5; Fl 3:5). Em suas cartas, essa filiação é lembrada como uma insígnia de orgulho (explicitamente em Fl 3:3-6 e implicitamente em Gl 1:13-14). Conforme observado no capítulo 1, no entanto, nossa evidência para o farisaísmo do início do século primeiro é muito escassa. Ainda assim, pode-se dizer com bastante segurança que os fariseus se distinguiam por três grandes preocupações: zelo pela Lei, tanto escrita quanto oral; compromisso com a pureza de Israel; e crença na ressurreição corporal dos mortos. Essa crença na ressurreição provavelmente fazia parte de uma visão de mundo apocalíptica mais ampla que incluía a crença de que Deus estava prestes a transformar a história.

As duas primeiras preocupações estavam intimamente ligadas e podiam levar a crenças e a ações extremas. Como protetores e promotores da Lei, os fariseus acreditavam que estavam protegendo Israel do julgamento divino. Manter Israel santo e puro, conservando-o em conformidade com a Lei de Moisés, significava opor-se a toda e qualquer ameaça percebida quanto ao cumprimento correto da Lei e, portanto, à pureza étnica e religiosa judaica. Uma das dimensões significativa dessa atividade protetora seria manter os judeus livres da contaminação dos gentios. Isso pode ter significado insistir na separação dos gentios nas refeições, exigir que os gentios do sexo masculino associados à sinagoga fossem circuncidados ou se opor à ocupação romana da terra. Paulo poderia mais tarde resumir sua atitude em termos como "pregar a circuncisão" (Gl 5:11) — manter a pureza de Israel, como encarnada e simbolizada nesse marco de fronteira dado por Deus — e ser "zeloso" (Gl 1:14; Fl 3:6). De fato, a característica mais marcante de Paulo era seu zelo.

Para alguns fariseus, incluindo Paulo, esse ardor significava a possibilidade de intimidação e até violência contra outros judeus que violassem a Lei, ou contra qualquer um que colocasse em perigo a pureza de Israel ou se opusesse a Deus. Paulo também se refere ao seu zelo como parte de sua "vida anterior no judaísmo" (Gl 1:13-14). Isso não significa que ele mais tarde abandonou o judaísmo pelo cristianismo. Em vez disso, ele está quase certamente usando um termo técnico, desenvolvido durante a revolta dos macabeus no século 2 d.C., para o judaísmo nacionalista extremo. Para os judeus do primeiro século, política e religião eram inseparáveis. Embora não haja provas concretas de que Paulo planejou algum tipo de violência revolucionária contra Roma, não é de todo impossível que ele possa ter apoiado tal atividade algum dia; não podemos ter certeza.[11]

---

[11] Isto é, o uso do termo "zelote" com respeito a Paulo não significa que ele fazia parte do movimento de resistência violenta discutido no capítulo 1. A evidência

Paulo, o perseguidor

Nada, no entanto, é mais certo sobre Paulo (ou Saulo), o zeloso fariseu, do que seu intenso desdém e perseguição à igreja primitiva, ou rede de assembleias de crentes em Jesus como o Messias de Israel. Tanto Atos quanto as próprias cartas de Paulo atestam essa realidade sombria.[12] Sua reputação era tal que tornava suspeita sua suposta mudança de opinião.

A natureza precisa dessa perseguição não pode, no entanto, ser conhecida com certeza. Não é impossível que o zelo irado de Paulo tenha crescido a ponto de planejar punição (At 26:11), e possivelmente até violência letal. Atos revela que ele aprovou o apedrejamento de Estêvão (8:1) e 'votou' pela morte de outros (26:10), mas que sua viagem a Damasco tinha como objetivo prender os crentes e trazê-los aos oficiais em Jerusalém (9:1-2), presumivelmente para uma severa repreensão religiosa. É provável que seu padrão de oposição consistisse primeiro em argumentos bíblicos e reprimenda privativa, depois em intimidação e renúncia pública e, finalmente, em ameaças de entregar pessoas às autoridades, fossem judias, fossem seculares. Entregar crentes em Cristo a oficiais judeus poderia resultar em espancamento, como ocorreu com o próprio Paulo mais tarde (2Co 11:24: "quarenta chicotadas menos uma"). Paulo também pode ter seguido às vezes a estratégia daqueles que organizaram a crucificação de Jesus, ao acusarem-no de traição. Como uma ameaça a Israel, os crentes em Cristo tiveram que ser detidos, e os romanos talvez mais uma vez pudessem ser úteis.

Em todo os casos, por qualquer meio que fosse preciso, Paulo "perseguia com violência a igreja de Deus, procurando destruí-la" (Gl 1:13). Ele queria que o movimento morresse. Essa atividade foi, para Paulo, a manifestação de seu zelo pelas tradições de seus antepassados (Gl 1:14; Fl 3:6). Em vez de se revoltar contra a Roma pagã, ele parece ter visto seu próprio papel nacionalista, pelo menos inicialmente, como mais focado internamente. Seus heróis e modelos podem muito bem ter sido três fanáticos do passado: o neto bíblico de Arão, Fineias; o profeta Elias; e o mais recente herói sacerdotal Matatias. Esses três homens,

---

disponível diz que Paulo era um fanático, mas não um zelote.
[12] Veja At 7:54-8:3; 9:1-2; 22:4-5; 26:9-11; Gl 1:13-14; 1Co 15:9; Fl 3:6.

cheios de zelo violento por YHWH e sua lei, inspiraram muitos judeus do primeiro século. É provável que Fineias e Matatias, em particular, foram especialmente importantes para Paulo, uma vez que cada um matou seus próprios compatriotas por zelo a Deus antes de ir à guerra contra os inimigos pagãos.[13]

Seguindo uma ordem geral de Moisés, Fineias agiu com "zelo" (Nm 25:11, 13) e matou Zinri, junto com sua consorte midianita, para parar "a praga [da idolatria e da imoralidade]... contra os israelitas" (25:7-9). De acordo com o Salmo 106:30-31, seu ato de violência sagrada não foi apenas celebrado, mas também "isso lhe foi creditado como um ato de justiça que para sempre será lembrado, por todas as gerações". A linguagem é um claro eco de Gênesis 15:6 sobre a própria justificação de Abraão (relação correta com Deus e aprovação divina), onde sua *fé* é atribuída a ele como justiça. Antecipa a própria compreensão de Paulo da fé e justificação semelhantes a Abraão (Rm 4:3-11, 22-24; Gl 3:6). Segundo o próprio livro de Números, Deus recompensou esse zelo violento porque trouxe salvação a Israel: "E o Senhor disse a Moisés: 'Fineias, filho de Eleazar, neto do sacerdote Arão, desviou a minha ira de sobre os israelitas, pois foi zeloso, com o mesmo zelo que tenho por eles, para que em meu zelo eu não os consumisse. Diga-lhe, pois, que estabeleço com ele a minha aliança de paz. Dele e dos seus descendentes será a aliança do sacerdócio perpétuo, porque ele foi zeloso pelo seu Deus e fez propiciação pelos israelitas'" (Nm 25:10-13).

O profeta Elias, em uma das histórias mais dramáticas da Bíblia, também exibiu seu zelo por Deus (1Rs 19:10) desafiando os profetas de Baal em uma competição para mostrar quem era o único e verdadeiro Deus poderoso, YHWH ou Baal, para depois matá-los quando ele e YHWH venceram a disputa (18:17-40).[14] Centenas de anos depois,

---

[13] Inspiração zelosa adicional, mas um pouco menos paralela, pode ter vindo de Moisés, ao ordenar a morte de 3 mil israelitas após o incidente do bezerro de ouro (Êx 32:25-29).

[14] Essa discussão seguiu a previsão precisa do profeta de uma seca na terra como um castigo divino pela adoração de Israel a Baal (17:1-7), um culto promovido pelo rei Acabe e sua esposa não judia Jezabel (16:31-7). 34), que também matou os profetas do Senhor (18:4, 13). Embora Elias não tenha matado nenhum israelita (que imediatamente confessou YHWH como Deus quando Baal perdeu a disputa), seu zelo violento por Deus ao matar os falsos profetas tornou-se lendário (cf. Sirácida 48:1-4).

seguindo o espírito de Elias e os passos de Fineias, Matatias "queimou com zelo pela lei" e matou um judeu quando este ofereceu um sacrifício pagão por ordem de Antíoco IV (1Macabeus 2:23-28). Esse incidente desencadeou a famosa revolta dos macabeus sob a liderança de Matatias e seus filhos, incluindo Judas Macabeu. Fineias, Matatias e Paulo tinham um zelo comum por Deus, Israel e a Lei, que se expressava, antes de tudo, na severidade ao lidar com os judeus apóstatas. Embora Paulo não estivesse envolvido em matar literalmente, parece que ele buscou sua justiça e justificação em seu zelo, embora mais tarde ele certamente o considerasse um zelo 'sem entendimento' (cf. Rm 10:2-3).

Mas por quê? Por que Paulo percebeu esse grupo de companheiros judeus em seus dias como uma ameaça a Israel? Por que seu zelo por Deus o levou à perseguição? O que havia de errado com os crentes em Cristo que levaram Paulo a concluir que eles estavam contaminando Israel? Várias razões têm sido sugeridas, todas com um grau significativo de plausibilidade. Os crentes em Cristo:

- tinham uma atitude relaxada em relação à Lei;
- tinham uma postura crítica em relação ao templo;
- os gentios eram totalmente aceitos em sua comunidade (judaica) e em sua mesa, sem circuncisão, 'poluindo' Israel;
- contradiziam a Lei de modo ultrajante e quase blasfemo ao confessarem que um criminoso derrotado e amaldiçoado (veja Dt 21:23, citado em Gl 3:13) havia ressuscitado dos mortos para ser o Messias de Israel;
- colocavam tolamente Israel em risco de represálias políticas das autoridades romanas ao proclamar falsamente o advento do Messias real;
- blasfemavam ou praticavam idolatria ao identificar um ser humano com Deus, referindo-se a Jesus como 'Senhor'.

Embora uma ou outra dessas razões possa ter sido a mais importante, é provável que seu efeito cumulativo tenha levado Paulo ao limite. Ele se opôs a tudo o que os crentes em Cristo defendiam: suas convicções, sua conduta e a composição de sua comunidade. O zelo dele era tão abrangente que não podia ser contido ou preso. Ou assim parecia.

A EXPERIÊNCIA TRANSFORMADORA: APARIÇÃO, CHAMADO, COMISSIONAMENTO, CONVERSÃO

Tendo Fineias como seu paradigma, Paulo buscou sua justificativa em uma forma de violência sagrada — destruição da comunidade. Seja por iniciativa própria ou, como diz Atos, com sanção oficial (9:2), Paulo partiu para Damasco para tentar parar o câncer que se reproduzia em metástase naquela região de Jerusalém. As igrejas ainda eram muito jovens; embora o ano não possa ser especificado com certeza, foi poucos anos depois da execução de Jesus, em algum momento entre cerca de 32 e 36 d.C.

E então aconteceu: Paulo foi convertido. Mas o que foi, mais precisamente, que aconteceu? Em Atos, Paulo conta a história três vezes (9:1-31; 22:1-21; 26:2-23), cada versão um pouco diferente das outras. O que nos preocupa principalmente, porém, é o próprio entendimento de Paulo do que ocorreu, conforme expresso em suas cartas.

Aparição/apocalipse

Primeiro, diz Paulo, Jesus apareceu a ele, como havia aparecido aos apóstolos e crentes originais (1Co 15:5-8). Paulo tinha visto Jesus, o Senhor (9:1). Foi uma revelação divinamente concedida, ou ima forma de apocalipse (Gl 1:15-16; gr. *apokalypsis*). Isso significaria pelo menos o seguinte (embora Paulo não tivesse necessariamente entendido todas as implicações de sua experiência no momento em que aconteceu):

- Jesus não estava mais morto, porém, vivo.
- Deus ressuscitou Jesus e, assim, tanto o justificou como o exaltou.
- O Jesus crucificado foi de fato exaltado como o Messias (o ungido de Deus) de Israel e, portanto, o Filho real de Deus e Senhor.
- A morte de Jesus não foi apenas uma maldição que caiu sobre Ele, mas uma morte eficaz "pelos pecados [dos outros]".
- A ressurreição escatológica dos mortos e, portanto, os últimos dias haviam começado.
- Jesus pode ser encontrado como pessoa viva e presente.
- O encontro com Jesus foi uma experiência de misericórdia imerecida.

- O zelo violento pela Lei foi mal orientado, e perseguir a igreja foi um erro grave.
- O significado da Lei, do templo e da circuncisão precisava ser reavaliado à luz da vindicação de Jesus por Deus.
- Os gentios, que viessem a Deus nos últimos dias, deviam de alguma forma fazer parte do plano divino na morte e exaltação de Jesus.

Por mais surpreendente e abrangente que pareça essa lista, cada item segue a partir da experiência transformadora de Paulo — se de fato foi, como Paulo acreditava — uma revelação do Jesus ressuscitado e crucificado.

É essa notável simbiose de poder e fraqueza — Jesus, o Senhor exaltado, sendo o mesmo que Jesus, o Messias crucificado — que se tornou a afirmação central da teologia e espiritualidade de Paulo. Essa realidade, trazida dramaticamente ao mundo de Paulo por essa revelação inicial de Jesus, seria confirmada por visões posteriores do Jesus celestial (2Co 12:1-10), reafirmando também o entendimento de Paulo sobre o poder inspirado na cruz, discutido a seguir.

Chamado e comissionamento

Em segundo lugar, Paulo diz, Deus graciosamente o chamou e o designou, da mesma forma que Ele chamou os profetas Isaías e Jeremias.[15] Embora nenhum dos profetas seja mencionado pelo nome, a afirmação de Paulo de que Deus "me separou desde o ventre materno e me chamou por sua graça" (Gl 1:15) ecoa as declarações de ambos os profetas:

E agora o Senhor diz, aquele que me formou no ventre para ser o seu servo, para trazer de volta Jacó e reunir Israel a ele mesmo, pois sou honrado aos olhos do Senhor, e o meu Deus tem sido a minha força;

---

[15] Paulo nunca reivindica a designação de 'profeta', embora ele veja a si mesmo claramente em continuidade com os profetas bíblicos e pareça exercer o dom de profecia (fala inspirada). Ele provavelmente evita o termo 'profeta' porque o vê na igreja como uma referência a alguém que fala oráculos inspirados, mas, diferentemente de um 'apóstolo', não viu (ou foi comissionado por) o Senhor ressurreto como Paulo, Pedro e Tiago o viram. (cf. 1Co 12:28 com 9:1-2 e 15:3-10). Atos, por outro lado, expressa a continuidade de Paulo com os profetas bíblicos ao mostrar repetidamente a semelhança de sua função e destino com os deles.

ele diz: "Para você é coisa pequena demais ser meu servo para restaurar as tribos de Jacó e trazer de volta aqueles de Israel que eu guardei. Também farei de você uma luz para os gentios [LXX *ethnē*, significando também 'nações'] para que você leve a minha salvação até os confins da terra" (Is 49:5-6).[16]

A palavra do Senhor veio a mim, dizendo: "Antes de formá-lo no ventre eu o escolhi; antes de você nascer, eu o separei e o designei profeta às nações [LXX *ethnē*]". Mas eu disse: Ah, Soberano Senhor! Eu não sei falar, pois ainda sou muito jovem. O Senhor, porém, me disse: "Não diga que é muito jovem. A todos a quem eu o enviar, você irá e dirá tudo o que eu ordenar a você. Não tenha medo deles, pois eu estou com você para protegê-lo", diz o Senhor (Jr 1:4-8).

Além disso, assim como o chamado dos profetas, o chamado de Paulo trazia consigo uma comissão. A comissão específica de Paulo era "revelar o seu Filho em mim para que eu o anunciasse entre os gentios" (Gl 1:16; veja também os relatos em At). As palavras 'aparição' ("depois destes [Ele] apareceu também a mim, como a um que nasceu fora de tempo" [1Co 15:8]) e 'chamado/comissionamento' ("Deus me separou" [Gl 1:15]) juntas sugerem tanto algo visto (o Senhor ressuscitado) como algo ouvido (uma convocação divina). Embora Atos e as cartas discordem nos detalhes, concordam nesses dois aspectos sensoriais da experiência.

Mas por que os gentios? É difícil resistir à conclusão de que o foco da comissão de Paulo estava diretamente relacionado ao foco de sua perseguição: a plena participação dos gentios na comunidade dos judeus crentes em Cristo. O encontro de Paulo com o Cristo ressuscitado sinalizou para ele que os últimos dias haviam sido inaugurados. E Paulo sabia que uma esperança profética era que os gentios viriam ao Deus de Israel nos últimos dias. Essa esperança, não por coincidência, foi expressa de forma poderosa em Is 49:6, citado acima como parte do contexto ao qual Paulo se refere em Gl 1:15.[17] Paulo interpretou sua voca-

---

[16] Paulo não tinha como saber o que a maioria dos estudiosos bíblicos modernos acredita: que o profeta referido em Is 49 é o chamado segundo Isaías, o autor exilado de Is 40—55, não o Isaías de Jerusalém, o profeta de oito séculos responsável por Isaías 1—39.

[17] O chamado de Jeremias (1:4-8, citado há pouco) também contém uma missão para as nações/gentios, embora para Jeremias significasse principalmente um chamado

ção não apenas *permitindo*, mas *exortando* os gentios a se voltarem para o verdadeiro Deus reconhecendo seu Messias, o Senhor, Jesus. Aqueles que antes eram excluídos deveriam agora ser incluídos. Embora a consciência e a compreensão de Paulo de sua comissão possam ter se desenvolvido ao longo do tempo, ele parece tê-la visto em retrospecto como uma dimensão essencial de seu encontro inicial com Jesus ressuscitado.

É difícil também resistir à conclusão de que o sofrimento posterior de Paulo por Cristo, que era parte integrante de sua identidade e missão apostólica, também surgiu diretamente da experiência de ser chamado divinamente enquanto perseguidor (1Co 15:9). Isso certamente integra o que a poderosa história de Atos 9 procura transmitir quando narra o encontro de Paulo com Jesus, incluindo a pergunta: "Saulo, Saulo, por que você me persegue?" (At 9:4; 22:7; 26:14). A experiência também deixou Paulo impressionado com a fidelidade e graça de Deus (mencionada em 1Co 15:9-10 e Gl 1:15; cf. Ef 3:1-2, 7-12), que se tornaria central para sua missão e mensagem. A palavra 'graça' deve ser especialmente enfatizada. Não há absolutamente nenhuma evidência de que antes de seu chamado Paulo sentiu alguma culpa por seu zelo perseguidor; ele não tinha dúvidas sobre sua missão. De fato, não, pois as cartas testemunham que Paulo foi 'surpreendido pela graça', assombrado com a revelação que recebeu.[18]

Em resumo, a experiência de uma revelação e aparição de Jesus como um chamado e comissão divina significava pelo menos o seguinte para Paulo:

- Ele foi o destinatário de uma graça inesperada e imerecida.
- Ele tinha uma missão divinamente designada para proclamar Jesus como Filho de Deus entre os gentios.
- Ele provavelmente sofreria na execução de seu comissionamento, mesmo que tenha infligido sofrimento anteriormente.

---

para profetizar contra as nações (ver especialmente Jr 46-51). Paulo parece ter entendido o chamado de maneira bem diferente.

[18] Não há nenhuma evidência concreta de que Paulo tenha se engajado anteriormente em atividade missionária para com os gentios, seja antes ou depois de seu encontro inicial com Cristo, que envolvesse instá-los a se converterem e serem circuncidados (como alguns estudiosos têm argumentado com base em Gl 5:11). As cartas como um todo implicam que Paulo mudou de atitudes e práticas de exclusão de gentios para atitudes e práticas de inclusão deles.

Conversão

A experiência de Paulo na estrada de Damasco é muitas vezes referida como sua 'conversão'. Alguns intérpretes de Paulo temiam que isso implicasse que ele passou por algo como uma experiência de conversão cristã de remorso e arrependimento ou, mais erroneamente, uma mudança de religião do judaísmo para o cristianismo. Algumas palavras da pena do bispo luterano e professor de Harvard, Krister Stendahl, capturam a essência do argumento: Paulo deve ser entendido como "o chamado — não o convertido — apóstolo".[19]

Estátua do apóstolo na Basílica de São Paulo Fora dos Muros, Roma.

Mas a experiência de Paulo com o Jesus ressuscitado não foi meramente um chamado e comissionamento profético; foi uma conversão religiosa. "Nenhum profeta histórico viveu essa experiência como Paulo viveu quando chamado para sua missão", comenta um importante estudioso judeu de Paulo, Alan Segal.[20] Da perspectiva da sociologia moderna, argumentam Segal e outros, uma conversão religiosa não significa necessariamente uma mudança de *religião*, mas uma mudança de *identidade e comunidade religiosa*. Uma conversão pode ser definida, de forma mais completa, como uma reorientação radical de um compromisso fundamental que se expressa em três coisas:

- convicções ou crenças;
- conduta ou comportamento;
- afiliação à comunidade ou pertencimento.

---

[19] Krister Stendahl, *Paul among Jews and Gentiles* (Filadélfia: Fortress, 1976), p. 23. Todo o tratamento (7—23) do "chamado ao invés da conversão" de Paulo (12) é provocativo.

[20] Alan F. Segal, *Paul the Convert: The Apostolate and Apostasy of Saul the Pharisee* (New Haven: Yale University Press, 1990), p. 6.

Por essa definição, Paulo certamente experimentou uma conversão: uma mudança radical na crença, comportamento e pertencimento. Podemos igualmente dizer que ele experimentou uma morte e ressurreição, até mesmo uma participação na morte e ressurreição de seu novo Senhor.

Essa linguagem, de fato, se tornará central para a compreensão de Paulo de sua própria existência e de todos os crentes (Gl 2:15-21; Rm 6; veja a discussão da espiritualidade paulina no capítulo 5). Além disso, todo o evento foi como se o apóstolo estivesse se tornando uma 'nova criatura' (2Co 5:17); o que estava acontecendo por meio de Cristo na incursão benevolente de Deus no mundo também foi acontecendo no próprio mundo de Paulo.

No caminho para destruir a Igreja de Deus, então, Paulo se convenceu de que Jesus era vivo e era de fato o Messias e Senhor (convicção). Ele consequentemente parou de perseguir os crentes em Cristo e começou a se preparar para proclamar aquele a quem ele havia se oposto; ele não iria mais imitar pessoas como Fineias e Matatias, buscando sua própria justificação por meio do zelo violento pela Lei (conduta). E ele deixou os fariseus[21] para se juntar à crescente comunidade de judeus e gentios comprometidos com Jesus (filiação à comunidade). Ao fazê-lo, no entanto, ele permaneceu judeu; mudou de partido, por assim dizer, mudando de fanático pela Torá para fanático pelo Messias — o exaltado, crucificado Messias Jesus. Antes de Jesus, ele buscou um relacionamento correto com Deus por meio de violência sagrada para a propagação da Lei de Deus e a pureza do povo de Deus; depois, buscou-o — ou melhor, descobriu que o havia encontrado — na pessoa e obra de Jesus. Ele foi o *locus* da graça divina, que pegou Paulo de surpresa, dando ao inimigo de Deus (1 Co 15:10) a graça, que acabaria, por fim, no coração do evangelho de Paulo (e.g., Rm 5:1-11; cf. Ef 2:1-10; 2Tm 1:8-10; Tt 2:11-14). A graça também significa uma forte ênfase ética para Paulo na reconciliação, paz e não-violência.

---

[21] A afirmação de Paulo de ser um fariseu, de acordo com At 23:6, destina-se a mostrar sua crença farisaica de longa data (e em continuidade) na ressurreição dos mortos, não para implicar sua afiliação contínua aos fariseus como um grupo. Em Fl 3:5, ser fariseu faz parte de sua orgulhosa herança.

Apóstolo entre os gentios (nações)

Como vimos, o encontro de Paulo com o ressuscitado o levou à profunda convicção de que ele havia sido chamado por Deus para ser apóstolo entre as nações. Tendo experimentado uma aparição do Senhor, e tendo sido comissionado, não menos do que Pedro e aqueles que estiveram com o Jesus terreno, era agora o mensageiro autorizado de Deus (1Co 9:1; 15:7-11; Gl 1). Tal é o significado básico de 'apóstolo' (gr. *apostolos*) — alguém enviado com a mensagem e autoridade do remetente, e no lugar do remetente —, um 'emissário', 'agente' ou 'embaixador'.

Paulo acreditava ser enviado porque ele mesmo havia sido 'alcançado' (Fl 3:12) pelo Messias Jesus e, assim, envolvido em uma missão divina — uma missão que nem todos apreciavam, para dizer o mínimo. *Essa missão era espalhar uma palavra graciosa e poderosa de boas-novas que estabeleceria uma rede 'internacional' (em todo o império) de comunidades multiculturais transformadas, obedecendo, glorificando e dando testemunho público do único e verdadeiro Deus de Israel em conformidade com a vontade do Filho de Deus no poder do Espírito.*

A natureza do apostolado

Formas da palavra 'apóstolo' (incluindo 'apostolado') aparecem mais de vinte vezes nas cartas incontestáveis de Paulo, e outras dez vezes nas cartas questionadas. Paulo se identifica como um apóstolo na abertura de quatro das sete cartas indiscutíveis (Romanos, 1 e 2Coríntios e Gálatas), enquanto cinco das seis cartas contestadas também se iniciam com o "apóstolo" que a si mesmo se intitula (Colossenses, Efésios, 1 e 2Timóteo e Tito). Paulo considera o apostolado um chamado (e.g., Rm 1:1; 1Co 1:1; 2Co 1:1; Gl 1:1; Cl 1:1) e um dom — o dom mais importante na Igreja (1Co 12: 28). Com a vocação e o dom vêm certas responsabilidades e direitos. A principal responsabilidade, é claro, é pregar o evangelho e formar comunidades daqueles que creem nesse evangelho e são assim reconciliados com Deus por meio de Cristo; Paulo atua como embaixador de Cristo e porta-voz de Deus (2Co 5:16-21; cf. 2Tm 1:11). Os apóstolos são mordomos, responsáveis perante Deus pela qualidade de seu ministério (1Co 3:10-15; 4:1-5). Eles também são pais — Paulo usa imagens maternas e paternas — que dão à luz, nutrem e disciplinam seus filhos (1Co 4:14-21; Gl 4:19-20; 1Ts 2:7b-12).

Associados ao dom do apostolado estão os direitos de apoio financeiro e de companheirismo por uma "esposa crente", bem como a expectativa de respeito, se não direito absoluto a ele (1Co 9:1-12; 1Ts 2:7). Além disso, na medida em que o apostolado significa representação autorizada e responsabilidade parental, Paulo espera que os crentes em suas igrejas prestem atenção aos seus conselhos, e ele pode exercer seu poder apostólico de várias maneiras, mesmo à distância (1Co 5:1-5). Se ele não tiver certeza de que aqueles que ele gerou espiritualmente obedecerão, ele pode avisá-los, explícita ou implicitamente, de uma possível visita disciplinar paterna (1Co 4:14-20; 2Co 12:11-13:10; Fl 22).

No entanto, para Paulo, o apostolado não tem a ver primariamente com poder ou autoridade como normalmente são entendidos. Ser apóstolo não é meramente pregar, mas também viver o evangelho. Isso significa para Paulo que sua vida e a de seus colegas devem refletir a realidade de Cristo crucificado. Como ele escreve aos coríntios com um toque de sarcasmo:

> Porque me parece que Deus nos pôs a nós, os apóstolos, em último lugar, como condenados à morte. Viemos a ser um espetáculo para o mundo, tanto diante de anjos como de homens. Nós somos loucos por causa de Cristo, mas vocês são sensatos em Cristo! Nós somos fracos, mas vocês são fortes! Vocês são respeitados, mas nós somos desprezados! Até agora estamos passando fome, sede e necessidade de roupas, estamos sendo tratados brutalmente, não temos residência certa e trabalhamos arduamente com nossas próprias mãos. Quando somos amaldiçoados, abençoamos; quando perseguidos, suportamos; quando caluniados, respondemos amavelmente. Até agora nos tornamos a escória da terra, o lixo do mundo (1Co 4:9-13).

Como essa passagem indica, e outras confirmam, para Paulo a marca essencial do apostolado é a conformidade com Cristo crucificado por meio de sacrifício, fraqueza e sofrimento (veja mais a seguir em "Servo Sofredor"). Existem outros 'indicadores' do apostolado — "sinais, prodígios e milagres" (2Co 12:12) — mas, pelo menos para Paulo, essas não são as principais marcas dos representantes de Cristo.

É o compromisso de Paulo em viver o evangelho, de fato, que o leva a não usar os próprios direitos que ele tem como apóstolo (1Co 9:12b, 15; 1Ts 2:1-12). Isso confere uma dimensão inusitada ao seu poder apostólico: caracteriza-se pela doação de si e pela renúncia ao poder. Não importa o custo pessoal, Paulo fará tudo o que for necessário para levar o evangelho aos judeus e, especialmente, aos gentios (1Co 9:19-23).

Paulo se via principalmente como o apóstolo para os gentios (Rm 1:5, 13; 11:13; 15:15-16; cf. Ef 3:1-6; Cl 1:25-27; 1Tm 2:7). De acordo com Gl 2, os "pilares" (2:9) da igreja (Pedro, Tiago e João) concordaram que Paulo e seu colega Barnabé seriam enviados aos incircuncisos (não judeus), Pedro e os demais, aos circuncidados (2:8).[22] Apesar da 'divisão do trabalho' que ocorreu na reunião de Jerusalém, é muito importante que não pensemos que o apostolado de Paulo aos gentios significava que ele excluiu os judeus de suas preocupações ou esforços. Vários fatos demonstram os esforços contínuos de Paulo para evangelizar os judeus como parte de sua missão:

- O evangelho de Paulo é sobre o Messias judeu crucificado que manifesta a fidelidade de Deus a Israel, não apenas um enviado divino que revela a preocupação de Deus pelos não-judeus.
- Paulo declara especificamente que o evangelho é o poder de salvação para todos, judeus e gentios (Rm 1:16-17).
- Ao longo de suas cartas Paulo entende a Igreja como uma comunidade unificada de gentios e judeus que reconhecem Jesus como o Messias de Israel ("Cristo") e Senhor das nações (Gl 3:28; 5:6; 6:15-16; 1Co 7:17-20; 12:13; cf. Ef 2:11-22; Cl 3:11).
- Ao tentar ser sensível às diferenças culturais sem comprometer os princípios básicos, Paulo afirma que deliberadamente se adequou de maneira diferente aos judeus e gentios para levar o evangelho a cada grupo (1Co 9:19-23).
- Alguns dos colaboradores mais importantes de Paulo na proclamação do evangelho eram judeus (e.g., Timóteo, Barnabé, Prisca/ Priscila e Áquila).
- Em cinco ocasiões (em meados dos anos 50) Paulo recebeu um açoite oficial de trinta e nove chicotadas nas mãos de judeus (i.e., líderes da sinagoga aplicando uma punição oficial; 2Co 11:24),

---

[22] Essa 'decisão' foi tomada, no entanto, depois que Paulo provavelmente evangelizava os gentios por uma década ou mais (veja Gl 2:1-2). Infelizmente, não há como sabermos muito sobre esse período inicial de seu trabalho missionário.

sugerindo que ele regularmente fez contato com a comunidade de judeus e buscou não sua aprovação (da qual ele não precisava), mas sua resposta favorável ao evangelho, com grande risco para sua própria segurança.[23]

Tudo isso significa que o padrão de Paulo em Atos de ir primeiro aos judeus é historicamente plausível, refletindo seu próprio entendimento do evangelho e de sua missão, bem como os resultados reais de seus esforços (a composição de suas igrejas) e sua experiência de perseguição.

Um pequeno — mas atuante e influente — número de estudiosos acredita que Paulo defendia a salvação ou justificação por duas vias, a crença em Cristo para os gentios e a adesão à lei judaica para os judeus. Essa interpretação, às vezes chamada de 'teoria das duas alianças', contradiz quase tudo o que sabemos sobre as convicções, o comportamento e as comunidades de Paulo. Seu evangelho era "primeiro ao judeu e também ao grego [gentio]" (Rm 1:16). Os proponentes dessa teoria, embora bem-intencionados, são guiados mais por preocupações ideológicas do que históricas. (Para uma discussão mais aprofundada, veja a seção introdutória do capítulo sobre Romanos.)

A principal missão de Paulo, então, era pregar o evangelho *entre* as nações e, assim, aos incircuncisos. Mas porque sua missão era parte de um plano divino maior de levar todos os povos a reconhecer Jesus como Senhor, ele ficou feliz em proclamar as boas-novas aos judeus da Diáspora e ficou aflito quando apenas poucos responderam (Rm 9:1-5). *De fato, o objetivo concreto de Paulo era construir comunidades multiculturais de crentes em Cristo compostas por judeus e gentios.* Se isso não fosse verdade, então textos como Gl 3:28 não fariam sentido algum ("Não há judeu nem grego [...] pois todos são um em Cristo Jesus").

---

[23] É possível também que Paulo tenha sido perseguido por zelotes em uma missão como sua própria missão anterior, porém, a frequência de encontros, além da evidência que corrobora em Atos, torna mais provável que ele evangelizasse regularmente entre os judeus e, assim, às vezes gerasse reações negativas graves.

Paulo, Isaías e os gentios

Ainda assim, a maior preocupação de Paulo, como vimos, eram os gentios. A confiança dele de que o fim havia começado na morte e ressurreição de Jesus significava que os gentios, assim como os judeus, estavam sendo convocados para um relacionamento de aliança com o Deus de Israel. Em algum momento muito cedo, talvez sob a influência da pregação e adoração que interpretava Jesus e a Igreja à luz das Escrituras de Israel, Paulo parece ter desenvolvido sua noção de apostolado especialmente à luz do livro de Isaías, capítulos 40—66.[24]

Cada uma das duas seções principais de Is 40—66 (caps. 40—55 e 56—66), embora abordando diferentes circunstâncias, tenta tranquilizar Israel quanto à salvação de Deus. O objetivo dos capítulos 40—55 é confortar o povo (40:1-2), pois, apesar de sua situação, YHWH é soberano e está prestes a trazê-los de volta da Babilônia em um novo êxodo. O propósito dos capítulos 56—66 é assegurar ao povo que a salvação prometida, embora ainda não totalmente presente, chegará como uma nova criação.

Vários temas em Is 40—66 (com diferentes nuances em 40—55 e 56—66) parecem ter capturado a imaginação de Paulo e moldado sua visão:

- *Monoteísmo e o reino de Deus*: YHWH, o Deus de Israel, é o único e verdadeiro Deus, o único e soberano Senhor do mundo (43:10-13; 44:6-20; 45:5—46:13).
- *Boas-novas de redenção*: YHWH está prestes a agir com fidelidade e compaixão para redimir e restaurar Israel (43:1-7; 14-21; 44:21-28; 51:12-16; 52:1-12; 54:1-17; 57:14-21; 59:15b-21; 61:1-11; "boas-novas" em 52:7 e 61:1).
- *Universalidade*: a salvação de Israel também resultará no reconhecimento do único Deus verdadeiro pelas nações da terra e até

---

[24] Esta parte do livro canônico de Isaías é frequentemente chamada Deutero Isaías, ou Segundo Isaías (caps. 40—55) e Trito, ou Terceiro Isaías (caps. 56-66), provavelmente datando do período do exílio e do pós-exílio, respectivamente. Provavelmente inconsciente de tais questões históricas e literárias, Paulo parece ter lido Is 40—66 como uma unidade. Além desta parte de Isaías, o senso de vocação de Paulo também foi informado por outros livros bíblicos, como porções de Êxodo, Deuteronômio, Salmos, 'Primeiro' Isaías (caps. 1—39), e livros proféticos adicionais.

mesmo na formação de uma comunidade multinacional adorando o único Deus (51:5; 52:7-10; 56:1-8; 60:1-22; 65:12; 66:20-23).
- *Novidade*: a salvação de Deus será um novo êxodo, uma nova aliança e uma nova criação, produzindo um novo cântico (42:9-10; 43:14-21; 62:2; 65:17-25; 66:22).
- *Serviço e missão nacional*: YHWH chamou Israel para ser seu servo e uma luz (testemunha) para as nações (42:6-7; 43:8-13; 49:6; 51:4; 55:5; 60:1-3).
- *Serviço e missão pessoal*: YHWH chamou não apenas Israel, mas também o profeta, a figura sofredora não identificada de 52:13-53:12 (Israel? O profeta? Outra figura?), e até Ciro (45:18) para ser seu servo (para Israel/o profeta, veja também 42:1-9; 49:1-6; 50:4-11; 61:1-3).

Paulo trata esses temas sob a influência da experiência da igreja primitiva (incluindo a sua própria) de Deus em Jesus, e ele chega a algumas conclusões significativas. A missão do servo sofredor foi assumida por Jesus, que morreu pelos pecados de todos e foi justificado por Deus na ressurreição. Esta é uma boa-nova, uma grande notícia! A vindicação de Jesus significou sua exaltação ao senhorio universal e, assim (em certo sentido), em igualdade com Deus (compare Fl 2:9-11 com Is 45:23). Portanto, em Jesus Deus está trazendo a nova criação, êxodo e aliança — a libertação do pecado que redimirá Israel e trará os gentios a Deus. Assim como o escritor de Is 40—55, Paulo se vê chamado para representar Israel, levando a luz do evangelho às nações e sofrendo, como Jesus, ao fazê-lo.[25]

PREGADOR ITINERANTE, LÍDER COMUNITÁRIO
E SERVO SOFREDOR

A vocação apostólica que acabamos de considerar, formada nos moldes de Is 40—66 (e especialmente a do servo dos caps. 40—55), mas reformulada à luz de Jesus, levou Paulo a três atividades fundamentais: proclamar a boa-nova, formar comunidades de judeus e especialmente

---

[25] É quase certo que Paulo leu as "boas-novas" prometidas em Is 52:1-12 em conexão com a famosa passagem do "servo sofredor" que se segue imediatamente em Is 52:13—53:12.

gentios que creem nas boas-novas e sofrem por elas. Cada uma delas caracterizou seu apostolado, que o tirou da Palestina, em sua maior parte, e o conduziu de volta à Diáspora, embora muito além de Tarso, sua terra natal. Voltamo-nos agora para essas três dimensões de seu apostolado.

Pregador itinerante

Paulo viajou larga e intensamente; se os percursos descritos em Atos se aproximam de sua atividade real, ele pode ter caminhado e navegado cerca de dezesseis mil quilômetros.[26] Ele viajava a pé (cerca de 32 quilômetros por dia em média) e de navio, constantemente arriscando a vida e a integridade física tanto em terra quanto no mar. Os perigos das viagens terrestres não eram menos reais do que a ameaça de naufrágio.

Conforme observado no capítulo 1, a topografia da Anatólia, ou Ásia Menor (moderna Turquia), e da Grécia teria sido um desafio para o antigo viajante. Ambos os países são montanhosos e abrigam inúmeros lagos e rios. Mesmo os viajantes que seguiam pelas principais estradas romanas eram obrigados a passar por regiões acidentadas e montanhosas, evitando viajar por essas áreas durante os meses de inverno, quando a neve e o gelo tornavam as viagens traiçoeiras ou impossíveis. Em 2Co 11:26, o próprio Paulo testemunha os "perigos dos rios", possivelmente aqueles que cortam os cânions montanhosos do sul da Anatólia, bem como os "perigos no deserto", as áreas desertas longe das cidades. Outros perigos eram perpetrados pela ação humana e não pela natureza: são os mencionados no mesmo texto coríntio, os "assaltantes". Durante todas essas viagens terrestres, ao que parece, Paulo viajou modestamente com o orçamento de um artesão, caminhando a pé em vez de andar em animais ou em carroças, o que implicaria despesas extras para si mesmo, sua equipe e (em última análise) seus apoiadores. Quando ele viajava de navio, também teria despesas (a menos que Paulo encontrasse um dono simpático de um navio comercial) e "perigos no mar" de tempestades que poderiam causar naufrágios (2Co 11:25-26), bem como de piratas (embora nem Paulo nem Lucas falem a respeito).

---

[26] As estimativas variam e são, obviamente, baseadas em fontes incompletas.

(As montanhas do Sultão no centro-oeste da Ásia Menor, cobertas de neve mesmo na primavera, vistas de Antioquia da Pisídia)

Líder da comunidade: fundador, construtor, pastor

Embora ele possa ter evangelizado no campo enquanto caminhava, o objetivo principal de Paulo era estabelecer comunidades de crentes em Cristo nas cidades da Ásia Menor e Grécia; ele era um missionário urbano, como observamos no capítulo 1. Em algumas cidades ele pode ter ficado apenas algumas semanas, mas em outras ele permaneceu por longos períodos de tempo, cerca de dois anos ou mais em Éfeso e dezoito meses em Corinto. Embora cada comunidade fosse única e, em certo sentido, uma entidade independente, Paulo também tinha uma visão da igreja universal. Ele havia perseguido "a [única] igreja de Deus" (Gl 1:13). Ele disse aos coríntios que eles foram "chamados para serem santos, com todos os que, em toda parte, invocam o nome de nosso Senhor Jesus Cristo, Senhor deles e nosso" (1Co 1:2b). Em termos práticos, ele esperava que a maioria das igrejas gentias ajudasse os crentes judeus em Jerusalém (e talvez em outros lugares), como ele havia concordado em fazer (Gl 2:10; 2Co 8-9; Rm 15:22-33); e Paulo provavelmente encorajou igrejas, pelo menos de vez em quando, para compartilhar sua correspondência com eles (Cl 4:16).

Uma estrada romana que liga os templos em Mileto e Dídima, ao sul de Éfeso

Paulo não viajou ou se envolveu em trabalho missionário, ou mesmo se correspondeu, sozinho, mas com colegas de trabalho, e esses colegas também aumentavam a sensação de interligação das igrejas. Seus colegas de trabalho variavam em quantidade e habilidades ao longo dos anos, mas seu número é bastante impressionante: cerca de três dúzias são nomeados nas cartas. Eles serviram como companheiros evangelistas e fundadores de comunidades, corremetentes de cartas, mensageiros e secretários; eles também forneceram apoio emocional, visitaram Paulo na prisão e, sem dúvida, o ajudaram a refletir sobre sua missão e mensagem. Paulo claramente via a todos eles como associados próximos; ele lhes deu títulos como colegas de trabalho e parceiros, bem como companheiros escravos, companheiros soldados e companheiros prisioneiros. Entre os mais importantes desses companheiros de equipe estavam:[27]

---

[27] As referências incluem textos de cartas incontestáveis, cartas sob contestação e Atos.

- **Timóteo** (veja Rm 16:21; 1Co 4:17; 16:10; 2Co 1:1, 19; Fl 1:1; 2:19; Cl 1:1; 1Ts 1:1; 3:2, 6; 2Ts 1:1; 1Tm; 2Tm; At 16:1-3; 17:14-15; 18:5; 19:22; 20:4)
- **Tito** (veja 2Co 2:13; 7:6, 13-14; 8:6, 16, 23; 12:18; Gl 2:1, 3; 2Tm 4:10; Tito)
- **Barnabé** (veja 1Co 9:6; Gl 2:1-13; At 9:27; 11:22-30; 12:25; 13:1-12, 42-50; 14:1-20; 15:1-39)
- **Silvano/Silas**[28] (veja 2Co 1:19; 1Ts 1:1; 2Ts 1:1; At 15:22-41; 16:16-32; 17:1-15; 18:5)
- **Priscila (Prisca) e Áquila**[29] (ver Rm 16:3; 1Co 16:19; 2Tm 4:19; At 18:1-4, 18-28)
- **Sóstenes** (veja 1Co 1:1; At 18:17)
- **Febe** (veja Rm 16:1-2)

Essa não era uma operação de baixo custo: despesas de viagem, hospedagem e alimentação, aluguel de instalações ocasionais e assim por diante. Paulo decidiu desde cedo não ser um fardo financeiro para nenhuma comunidade em que trabalhava (1Ts 2:9; cf. 1Co 9). O ministério era em grande parte autossustentável; Paulo trabalhava noite e dia com as mãos (1Ts 2:9; 2Ts 3:8), especificamente na fabricação de tendas ou artesanato em couro (At 18:2-3).[30] Ele fazia tendas, e talvez outros objetos, de couro ou linho, que eram então vendidos para donos de mercado e lojistas, proprietários de casas, espectadores em jogos (como os jogos ístmicos bienais realizados perto de Corinto) e outros. Não sabemos se a maioria de seus colegas trabalhava também, embora Priscila e Áquila compartilhassem o mesmo ofício (At 18:2-3). Paulo e sua equipe aceitaram apoio financeiro de algumas comunidades que eles fundaram mesmo depois que as deixaram; os filipenses eram especialmente generosos.

O trabalho manual era exercido pela classe baixa e escravos, e a elite os desprezava. Além disso, as pessoas esperavam que os professores

---

[28] A forma latina "Silvano" aparece nas cartas, enquanto a forma semítica ou grega "Silas" é usada em Atos.

[29] "Prisca" aparece apenas nas cartas, o diminutivo "Priscilla", apenas em Atos.

[30] Pelo menos algumas comunidades apoiaram Paulo após seu ministério inicial com eles (veja Fl 4:14-19), e muitos estudiosos pensam que quando Paulo escreveu aos romanos ele estava solicitando seu apoio financeiro para uma missão na Espanha.

importantes cobrassem por seus serviços ou fossem apoiados por um patrono abastado. Porém, ainda que tenha trabalhado e recebido ajuda de seus conversos, Paulo era inferiorizado como mestre e apóstolo além de escarnecerem dele por se associar à considerada ralé.

Como 1Coríntios 9 demonstra, Paulo poderia — e o fez — citar as Escrituras e o ensino de Jesus para justificar seu direito de ser apoiado por seus convertidos. Recusar-se a exercer esse direito e trabalhar com as mãos, no entanto, aparentemente eram absolutamente essenciais para sua autocompreensão como apóstolo. Era uma forma concreta de ser imitador de Cristo e identificar-se com os menos favorecidos: [x] possuir um direito, associado a um certo estatuto privilegiado, que lhe seria vantajoso; ainda [y] escolhendo livremente não usar o direito; e sim [z] rebaixar-se à condição de escravo em benefício de outros. Esse padrão apostólico foi fundamentado na história magna de Cristo que Paulo narra em Filipenses 2:6-11, que consideraremos no capítulo 4. Os seguintes paralelos entre ela e 1Coríntios 9 mostram claramente essa relação:

PARALELOS ENTRE FILIPENSES 2:6-11 (CRISTO) E 1CORÍNTIOS 9 (PAULO)

Posse de status/direito privilegiado [x]

Filipenses 2:6a	**1Coríntios 9:1-12a, 13-14, 19a (partes)**
Embora ele [Cristo Jesus] estava na forma de Deus,	Não sou *livre*? Não sou um *apóstolo*?... Não temos nós o *direito* de comer e beber?... Ou será que só eu e Barnabé não temos *direito de receber sustento sem trabalhar*?... Não digo isso do ponto de vista meramente humano? A lei não diz a mesma coisa? Pois está escrito na lei de Moisés: "Não amordace o boi enquanto ele estiver debulhando o cereal"... Se entre vocês semeamos coisas espirituais, seria demais

Decisão de não exercer o direito [y]

Filipenses 2:6b	**1Coríntios 9:12b, 15, 18**
[ele] não considerou a igualdade com Deus como algo a ser explorado	Mas nós *nunca usamos desse direito*... Mas eu não tenho usado

> de nenhum desses direitos. Não estou escrevendo na esperança de que vocês façam isso por mim. Prefiro morrer a permitir que alguém me prive deste meu orgulho – ninguém vai me privar de meu motivo de orgulho!.. Qual é, pois, a minha recompensa? Apenas esta: que, pregando o evangelho, eu o apresente gratuitamente, *não usando, assim, dos meus direitos ao pregá-lo.*

Rebaixamento de si mesmo ao status de escravo [z]

Filipenses 2:7-8	**1Coríntios 9:12c, 19b**
mas *esvaziou-se a si mesmo*, vindo a ser servo, tornando-se semelhante aos homens. E, sendo encontrado em forma humana, *humilhou-se a si mesmo* e foi obediente até a morte, e morte de cruz!	... *suportamos tudo* para não pôr obstáculo algum ao evangelho de Cristo... fiz-me *escravo* de todos, para ganhar o maior número possível de pessoas.

Paulo, então, se via como uma espécie de pequeno Cristo (para tomar emprestada uma expressão de Martinho Lutero). Sua vida foi sua primeira mensagem evangelística e pastoral, razão pela qual ele pensou que poderia convidar outros a serem seus imitadores, isto é, de Cristo (1Co 11:1).

Ao entrar em uma cidade, Paulo e sua equipe provavelmente buscavam uma comunidade judaica local, onde pudessem encontrar hospedagem e um lugar para se instalar. Normalmente ele e sua equipe tentavam estabelecer — aparentemente — um núcleo inicial de crentes judeus, ou enquanto, também, procuravam gentios. Se possível, eles falavam na sinagoga ou onde quer que os judeus se reunissem. Se não houvesse judeus, ou se a missão para eles não tivesse sucesso, Paulo se concentrava exclusivamente nos gentios. Essa atividade evangelística ocorria eventualmente em público — ao ar livre ou em salões alugados —, todavia é provável que com mais frequência na oficina de tendas, pois Paulo "trabalhava noite e dia" (1Ts 2:9; cf. 2Ts 3:8).

Acompanhando a pregação de Paulo, embora esse aspecto não seja enfatizado com frequência, havia atos de poder, como o livro de Atos (e.g., 15:12) e as cartas (Rm 15:14-21; 2Co 12:12; Gl 3:1-5) atestam. Paulo pôde até resumir seu ministério capacitado pelo Espírito como aquele que foi estabelecido "em palavra e em ação" (Rm 15:18). Esse ministério de atos poderosos certamente incluiria curas e também possíveis exorcismos. Embora Paulo acreditasse que tais "sinais, maravilhas e milagres" (2Co 12:12) não tivessem significado algum à parte de um ministério de serviço cristão (2Co 12:13-17), eles eram parte da evidência, tanto para Paulo quanto aparentemente para os seus ouvintes e depois para as comunidades do seu apostolado: a presença do poder de Deus nele e na sua mensagem. Não menos milagroso para Paulo foi o afastamento regular do culto pagão e dos modos de vida que acompanharam a resposta à sua mensagem. Isso também foi obra do Espírito, que, afinal, é o *Espírito Santo*. Ironicamente, porém, foi a mensagem da cruz que trouxe o derramamento do Espírito através de Paulo sobre seus ouvintes (Gl 3:1-5). A derrota do pecado e dos poderes do mal na cruz estava sendo traduzida para a vida real das pessoas.

Com o sucesso e a formação de uma comunidade, Paulo e os novos crentes precisariam de um lugar para se encontrar. A missão de Paulo não incluía construir 'igrejas' no sentido de edifícios. O termo grego que Paulo usa para essas comunidades é *ekklēsia* (plural *ekklēsiai*), do qual obtemos palavras como 'eclesiologia', a teologia da igreja. Essa palavra grega foi usada na septuaginta para a assembleia do povo de Deus (heb. *qahal* YHWH; 'congregação de YHWH'), e os judeus nos dias de Paulo às vezes a usavam para se referir à sinagoga. Também foi usada em contextos seculares greco-romanos tanto para a assembleia de associações quanto para a assembleia do conselho da cidade para deliberar ('assembleia cívica').

Assim, *ekklēsia* era um termo religioso e político para um corpo ou sua reunião proposital. Pode ser traduzido como 'comunidade' ou 'assembleia', talvez como um qualificador para 'assembleia de seguidores de Cristo' ou 'comunidade em Cristo'. Se usarmos o termo 'assembleia', no entanto, não devemos pensar que a *ekklēsia* era apenas uma reunião; era uma comunidade contínua, até mesmo uma rede dessas comunidades. Além disso, teologicamente falando, não devemos hesitar em traduzir *ekklēsia* como 'igreja', desde que não pensemos nela como um edifício. Pois assim como "assembleia" nos lembra que a *ekklēsia* fazia parte do mundo do primeiro século, 'igreja' nos lembra da continuidade entre as comunidades de Paulo e todas as comunidades cristãs subsequentes. Além disso, ouvir o que Paulo diz sobre o que chamamos de 'igreja' pode expandir nossa própria visão dessa realidade. Assim, ao longo deste livro usaremos essas várias versões de *ekklēsia* de forma intercambiável.[31]

Os convertidos de Paulo dependiam da hospitalidade e patrocínio de um ou mais dos crentes; daí o termo 'igreja doméstica'.[32] Os pobres livres que viviam em cortiços urbanos muito modestos (latim *insulae*) seriam capazes de acomodar apenas um grupo muito pequeno — talvez uma dúzia ou pouco mais. Apesar disso, alguns *ekklēsiai* provavelmente se reuniam nessas casas. Outras habitações usadas para assembleias incluíam as *tabernas* dos artesãos: uma oficina combinada com pequena residência. Às vezes, uma comunidade maior se reunia na casa, até mesmo uma vila, de um dos crentes mais ricos (veja Rm 16:23). Dependendo do tamanho da casa e de quanto espaço possuía (e.g., sala de jantar, pátio etc.) podia acomodar cem ou mais pessoas. Esse número também poderia ser acomodado ao ar livre no jardim de uma vila. Esse tipo de situação em uma vila teria problemas inerentes, pois as redes de hierarquia, clientelismo e amizade envolvendo o chefe de família encontraram um conjunto de novos relacionamentos em que todos faziam parte da família ou lar de Deus (veja, por exemplo, 1Co 11:17-34; Gl 3:28; Fm; cf. Co 3:18-4:1; Ef 5:21-6:9). Além de casas — pensam alguns estudiosos —, os crentes ocasionalmente alugavam ou emprestavam salões, armazéns, pousadas ou salas de restaurante para suas reuniões, semelhante às guildas europeias. É possível até que alguns *ekklēsiai* se encontrassem ao ar livre nos espaços públicos.[33]

---

[31] É claro que nenhuma tradução de *ekklēsia* revela todo o significado do que a palavra significa. Textos breves, mas teologicamente densos como 1Co 1:2 e Gl 3:28, ou passagens mais longas como 1Co 12 (cf. Ef 4), nos dizem muito. Veja mais discussão no cap. 6.

[32] Veja Rm 16:5, 23 (?); 1Co 16:19; Co 4:15; Fm 2; e talvez At 20:8. Na comunidade judaica poderia haver também algumas 'sinagogas domésticas'.

[33] Veja Edward Adams, *The Earliest Christian Meeting Places: Almost Exclusively Houses?* rev. ed. (Londres: Bloomsbury T&T Clark, 2015). Embora a evidência concreta para 'igrejas domésticas' de *per si* seja bastante escassa nas cartas paulinas e Atos, em outros locais é menor ainda, e em grande parte uma questão de examinar as práticas de outros grupos sociais.

Essas comunidades não eram incidentais à missão de Paulo, mas centrais a ela. Paulo não via sua vocação meramente como um ajuntamento de convertidos, mas como criação de comunidades alternativas — (relativamente) pequenas em relação às várias outras comunidades religiosas e políticas, até mesmo um tipo de cultura e política alternativa, ou uma maneira de estar no mundo. Paulo visualiza a igreja como um corpo (1Co 12) e uma família (endereçando suas cartas a "irmãos" [e "irmãs"]), ambas imagens corporativas e até políticas. Foi nessas assembleias, e com esses tipos de imagens, que a identidade dos seguidores paulinos de Cristo tomou forma.

Paulo não queria que as comunidades que ele fundou e dirigiu apenas *acreditassem* no evangelho, mas também se *tornassem* o evangelho — incorporando fielmente a narrativa do evangelho. Eles deveriam dar testemunho da obra salvadora de Deus com seus lábios e sua vida, e em plena vista de suas famílias e companheiros, "e maneira digna do evangelho de Cristo, para que assim, quer eu vá e os veja, quer apenas ouça a seu respeito em minha ausência, fique eu sabendo que vocês permanecem firmes num só espírito, lutando unânimes pela fé evangélica" (Fl 1:27). A promessa de salvação seria, portanto, estendida a todos por todos, não apenas por apóstolos e evangelistas "oficiais". Cada crente e comunidade tinha uma parte a dar em testemunho (veja, e.g., 1Co 7:12-16).

Mesmo quando Paulo deixava uma cidade e sua *ekklēsia,* ele não terminava seu relacionamento com a comunidade. Ele permanecia, em certo sentido, seu 'líder' ou 'pastor', embora este não seja um termo que ele mesmo usasse. Seu cuidado pastoral muitas vezes assumiu a forma de enviar emissários e especialmente cartas para formar ainda mais as comunidades à imagem de Cristo (veja o capítulo 3), mas seu ministério não se limitou a essas duas atividades. Presente ou ausente, ele compartilhou não apenas suas palavras, mas também sua vida (1Ts 2:8) e convidou as pessoas a se tornarem como Cristo, observando seu comportamento (1Co 11:1). O que quer que ele fizesse e onde quer que estivesse, ele via seu ministério como uma existência cruciforme, ou em forma de cruz, que era — paradoxalmente — vivificante para os outros (2Co 4:8-18).[34] Como figura paterna ou materna, ele se preocupava

---

[34] A palavra 'cruciforme' significa literalmente 'em forma de cruz', como na forma de uma catedral, mas também pode ser usada metaforicamente. O substantivo

pava com seus 'filhos' (1Ts 3:1-10; 2Co 11:28). Quando necessário, ele colocava em prática o que poderíamos chamar de 'amor exigente' (1Co 5:1-11; Gálatas), mas também honrou as comunidades que foram fiéis em Cristo (Fl 4:1; 1Ts 2:19-20; 2Co 3:1-4).

O pastor Paulo também orava por seus filhos e os confiava aos cuidados de Deus, sabendo que Ele cumpriria a promessa de formá-los em Cristo e recebê-los na glória preparada para eles (1Co 1:8-9; Fl 1: 9-11; 1Ts 3:13; 5:23). Além disso, como seu pastor/apóstolo/pai/mãe — e irmão — ele também queria e precisava de *suas* orações.[35]

Servo sofredor

O esforço e o sucesso evangelístico de Paulo eram uma espada de dois gumes. Embora trouxesse salvação aos judeus e especialmente aos gentios, e formasse novas comunidades, também trazia frequentemente oposição e sofrimento, tanto para os convertidos (tanto inicialmente como posteriormente) quanto para o próprio Paulo. Quase um terço do livro de Atos retrata Paulo no julgamento ou na prisão, e em cinco das treze cartas ele é identificado como prisioneiro de, ou em, Cristo (nunca mencionando as autoridades romanas!): Filipenses e Filemom, cuja autoria é inquestionável, e Colossenses, Efésios e 2Timóteo, cuja autoria é passível de questionamento.

Paulo discerniu logo após sua conversão — sua morte inicial e ressurreição com Jesus — que sua vida daí em diante seria uma daquelas que paradoxalmente mostra o poder da ressurreição ao ser marcada com o sinal da cruz. Para Paulo, o sofrimento era uma forma de se identificar com seu Senhor, de reviver sua história no presente. Seu sofrimento também foi, portanto, como a morte de Jesus, um ato de amor vivificante para aqueles a quem ele pregava: os que haviam respondido, os que ainda poderiam responder e até aqueles que se opunham ao seu evangelho. Paulo foi, de fato, honrado por sofrer em amor por Cristo e pelos outros (2Co 1:5-6; 12:15; Fl 1:12-14; Ef 3:13; Cl 1:24; 2Tm 1:8-12). Na fraqueza encontrava força e eficácia (2Co 12:10); no sofrimento ele

---

associado a 'cruciforme' é 'cruciformidade'.
[35] Para os temas oração e confiança em Paulo, veja Rm 1:9; 1Co 1:1-9; 2Co 13:7, 9; Fl 1:4, 9-11; 1Ts 1:2-3; 3:10-13; Fm 1:4, 6; cf. 2Ts 1:11-12; Cl 1:3, 9-14; Ef 1:15-21; 3:14-21; 2Tm 1:3. Para orações feitas por Paulo, veja Rm 15:30-32; 2Co 1:11; Fl 1:19; 1Ts 5:25; Fm 22; cf. 2Ts 3:1-5; Cl 4:3-4; Ef 6:19-20.

via a manifestação do poder de Deus para a salvação de gentios e judeus (2Co 4:7-12).

Esse sofrimento era tão importante para Paulo que ele 'cataloga', ou lista, suas provações em várias ocasiões (veja a tabela a seguir). Esses catálogos são responsáveis por alguns dos textos retoricamente mais poderosos das cartas de Paulo. Por exemplo, em 2Coríntios, comparando-se a seus 'oponentes', Paulo diz: "trabalhei muito mais, fui encarcerado mais vezes, fui açoitado mais severamente e exposto à morte repetidas vezes" (2Co 11:23). Tal era a natureza e o custo do apostolado em favor de um Senhor crucificado. A frequência, escopo, variedade e agonia dessas experiências são bastante surpreendentes, como mostra a tabela nas páginas 134 e 135.

Deve ser especialmente notado o intenso caráter social e mesmo político de muitas das experiências de sofrimento listadas nos textos catalogados. Paulo e suas comunidades foram às vezes ridicularizados e perseguidos, e ocasionalmente ocorreu o pior, porque suas boas notícias eram vistas como más notícias, como ameaçando tudo o que era pacífico, seguro e abundante sobre a vida no império debaixo do olhar benevolente de César e dos deuses. Ser membro ou defensor de uma outra cultura, baseada em um culto alternativo, poderia ser um negócio perigoso.

Conclusão

Paulo nos deixou cartas, não um diário ou uma autobiografia. Toda tentativa de escrever sobre sua vida é repleta de dificuldades. Como disse um estudioso: "A biografia definitiva do homem [Paulo] ainda está para ser escrita e pode nunca ser completada. Mas se o apóstolo tivesse escrito uma autobiografia, sem dúvida ele teria enfatizado o padrão cruciforme e cristocêntrico de sua vida".[36]

É sabido que Jesus foi o Messias que ensinou, curou, sofreu e morreu. Como representante do Messias, Paulo cumpriu cada um desses papéis também. Ele pregou e ensinou, curou (assumindo que a cura estava entre as "obras poderosas" que ele realizou) e sofreu. Ele via esses aspectos de seu ministério como absolutamente integrantes de seu

---

[36] Ben Witherington III, *The Paul Quest: The Renewed Search for the Jew of Tarsus* (Downers Grove, IL: InterVarsity, 1998), p. 303.

OS SOFRIMENTOS APOSTÓLICOS DE PAULO

Textos catalogados	Dor e sofrimento generalizado	Desgraça pública e dor psicológica
1Co 4:8-13	Último de todos; como se condenado a morrer; fraco; como o lixo do mundo, a escória de todas as coisas	Espetáculo para o mundo; tolo por amor de Cristo; mantido em descrédito; insultado; caluniado
2Co 1:3-11	Aflição; sofrimentos de Cristo em abundância; sentiu como se fosse sentenciado à morte	Completa e insuportavelmente esmagado; desesperado da própria vida
2Co 4:7-12	Aflito; sempre carregando a 'morte de Jesus no corpo; sempre sendo entregue à morte por amor de Jesus'	Perplexo
2Co 6:3-10	Aflições; dificuldades; calamidades; como morrendo	Tumultos; desonra; má reputação; tratado como impostor; como desconhecido; tristeza
2Co 11:23-33	Fraqueza	Pressão diária por causa da ansiedade por todas as igrejas; indignado (ofendido?)
2Co 12:10	Fraquezas; calamidades	Insultos
Rm 8:35	Dificuldade; sofrimento; perigo	

Privação física e dor	Fadiga de trabalho braçal	Punição política e tortura
Faminto; sedento; mal vestido; sem teto	Cansado do trabalho manual	Açoitado; perseguido
Um perigo tão mortal		
		Perseguido; abatido
Prisões; noites sem dormir; fome; pobre; não tendo nada	Trabalhos	Espancamentos; punições
39 chibatadas (5x); apedrejamento; naufragado (3x); uma noite e um dia à deriva no mar; em perigo de rios, bandidos, judeus, gentios, na cidade, no deserto, no mar, falsos irmãos e irmãs; muitas noites sem dormir; com fome e sede; muitas vezes sem comida; resfriado; nu	Grandes trabalhos; viagens frequentes; labuta e sofrimento	Múltiplas prisões; incontáveis açoites; muitas vezes perto da morte; três vezes açoitado com varas; ameaças de prisão
Dificuldades		Perseguições
Fome; nudez		Perseguição; [espada*]

* A menção provavelmente significa a ameaça de uma espada romana para a pena capital. Fora dos textos catalogados, Paulo menciona "grande oposição" (1Ts 2:2); uma "enfermidade física" não especificada ou "fraqueza da carne" (Gl 4:13); uma terrível "aflição" (2Co 1:8-10); e luta (metafórica) "com animais selvagens" (1Co 15:32). Esta tabela é adaptada de meu *Cruciformity: Paul's Narrative Spirituality of the Cross* [Cruciformidade: a narrativa da espiritualidade da cruz em Paulo] (Grand Rapids: Eerdmans, 2001), p. 286-287.

chamado apostólico. Nesse sentido, ele continuou a missão de Jesus, encontrando em sua identificação com Ele o propósito de seu zelo. Essas várias dimensões de sua missão vieram à luz de seu evangelho, encontraram expressão teológica e prática em suas cartas e formaram uma espiritualidade para ele, seus colegas de trabalho e suas igrejas. Voltaremos a esses assuntos nos capítulos seguintes.

Perguntas para reflexão

1. Qual é o significado e a importância das afirmações que abrem este capítulo: "Paulo nasceu judeu, viveu judeu e morreu judeu. Foi, portanto, obviamente como um judeu que ele experimentou o Jesus que fora crucificado como o Senhor ressurreto e exaltado. Paulo não partiu para fundar uma nova religião..."?
2. Qual é a importância histórica e teológica de entender a experiência transformadora de Paulo ante a aparição de Jesus? Como uma chamada e comissão? Como uma conversão?
3. Como o entendimento de Paulo sobre o apostolado pode informar, e talvez até mesmo corrigir, as noções contemporâneas de 'apostolado' e ministério em geral?
4. Quais são alguns dos paralelos contemporâneos com os papéis apostólicos de Paulo de pregador viajante, líder comunitário e servo sofredor?
5. Qual você considera ser o significado da comunidade e parceria no ministério e na igreja em geral?
6. Qual é o significado teológico da terminologia que se usa para identificar a *ekklēsia*?

Para leitura e estudo adicionais

Geral

Banks, Robert J. *Paul's Idea of Community: The Early House Churches in Their Cultural Setting.* Rev. ed. Peabody, MA: Hendrickson, 1994. O contexto social e a dinâmica dentro das comunidades paulinas.

Bruce, F. F. *The Pauline Circle.* Grand Rapids: Eerdmans, 1985. Série: Paul's Colleagues.

Dunn, James D. G. *Beginning from Jerusalem.* Vol. 2 of *Christianity in the Making.* Grand Rapids: Eerdmans, 2009. História abrangente das primeiras igrejas, com foco em Paulo e em grande parte seguindo Atos.

Gaventa, Beverly Roberts. *Our Mother Saint Paul*. Louisville: Westminster John Knox, 2007. Imagens maternas nas cartas paulinas.
Hock, Ronald F. *The Social Context of Paul's Ministry: Tentmaking and Apostleship*. Minneapolis: Fortress, 1980 [repr. 2007]. Estudo clássico da vida de Paulo como um "artesão-missionário".
Murphy-O'Connor, Jerome. *Paul: His Story*. Nova York: Oxford University Press, 2004. Leitura biográfica usando Atos e as cartas, fundamentada em excelente erudição e alguma imaginação controlada.
Schnabel, Eckhard J. *Paul the Missionary: Realities, Strategies, and Methods*. Downers Grove, IL: InterVarsity, 2008. A tarefa missionária de Paulo: a mensagem, os objetivos e os métodos.
Stendahl, Krister. *Paul among Jews and Gentiles*. Filadélfia: Fortress, 1976. Inclui ensaios clássicos sobre a 'conversão' de Paulo e sobre a 'consciência introspectiva' do Ocidente na interpretação paulina.
Witherington, Ben, III. *The Paul Quest: The Renewed Search for the Jew of Tarsus*. Downers Grove, IL: InterVarsity, 1998. Análise útil sobre Paulo em seus vários 'papéis': orador, apóstolo, contador de histórias, defensor da ética etc.

Técnica

Adams, Edward. *The Earliest Christian Meeting Places: Almost Exclusively Houses?* Rev. ed. London: Bloomsbury T&T Clark, 2015. Explora possíveis configurações além da 'igreja doméstica'.
Boccaccini, Gabrielle, e Carlos A. Segovia, eds. *Paul the Jew: Rereading the Apostle as a Figure of Second Temple Judaism*. Mineápolis: Fortress, 2016. Os principais estudiosos envolvem vários aspectos da identidade judaica de Paulo em relação a outros judeus, gentios e Roma.
Bolt, Peter, e Mark Thompson, eds. *The Gospel to the Nations: Perspectives on Paul's Mission*. Downers Grove, IL: InterVarsity, 2000. Ensaios sobre vários aspectos históricos e teológicos da atividade missionária de Paulo.
Boyarin, Daniel. *A Radical Jew: Paul and the Politics of Identity*. Berkeley, CA: University of California Press, 1994. Paulo como um judeu radicalmente inclusivo, com foco em Gálatas.
Burke, Trevor J., e Brian S. Rosner, eds. *Paul as Missionary: Identity, Activity, Theology, and Practice*. LNTS 420. London: T&T Clark, 2011. Ensaios significativos sobre Paulo, o missionário.
Campbell, Douglas A. *Framing Paul: An Epistolary Biography*. Grand Rapids: Eerdmans, 2014. Estudo provocativo tentando reconstruir a carreira de Paulo sem recorrer a Atos, resultando em datas anteriores para a maioria das cartas.
Donaldson, T. L. *Paul and the Gentiles: Remapping the Apostle's Convictional World*. Mineápolis: Fortress, 1997. Como as convicções de Paulo sobre a participação dos gentios no povo de Deus mudaram do foco da Torá para Cristo.
Downs, David J. *The Offering of the Gentiles: Paul's Collection for Jerusalem in Its Chronological, Cultural, and Cultic Contexts*. Grand Rapids: Eerdmans, 2016 (orig.

WUNT 2.248; Tübingen: Mohr Siebeck, 2008). O significado social, teológico, e espiritual da coleção.

Hengel, Martin. *The Pre-Christian Paul.* Trad. por John Bowden. Filadélfia: Trinity, 1991. Uma reconstrução, com base em Atos e outras fontes históricas, da cidadania e educação de Paulo, e da perseguição de cristãos por ele.

Hengel, Martin, e Anna Maria Schwemer. *Paul between Damascus and Antioch: The Unknown Years.* Trad. por John Bowden. Louisville: Westminster John Knox, 1997. História consistente da atividade de Paulo desde sua conversão até a primeira viagem missionária, defendendo a confiabilidade de Atos.

Keener, Craig S. *Acts: An Exegetical Commentary.* 4 vols. Grand Rapids: Baker Academic, 2012-15. O livro de Atos como uma testemunha historicamente confiável da missão de Paulo, com informações históricas e exegéticas abrangentes.

Kim, Seyoon. *The Origin of Paul's Gospel.* Grand Rapids: Eerdmans, 1982. A experiência da estrada de Damasco como fonte da alta cristologia de Paulo e, portanto, da missão.

Longenecker, Richard N. ed. *The Road from Damascus: The Impact of Paul's Conversion on His Life, Thought, and Ministry.* Grand Rapids: Eerdmans, 1997. Vários aspectos do impacto da conversão/chamada de Paulo em sua vida e pensamento.

Malina, Bruce J., e Jerome H. Neyrey. *Portraits of Paul: An Archaeology of Ancient Personality.* Louisville: Westminster John Knox, 1996. Usa a visão da cultura antropológica para descrever como Paulo foi percebido por seus contemporâneos.

Murphy-O'Connor, Jerome. *Paul: A Critical Life.* Nova York: Oxford University Press, 1996. Reconstrução detalhada e útil mesmo quando se discorda de uma interpretação particular da evidência.

Riesner, Rainer. *Paul's Early Period: Chronology, Mission Strategy, Theology.* Trad. Doug Stott. Grand Rapids: Eerdmans, 1998. Usa e defende a confiabilidade de Atos, bem como de outras fontes.

Segal, Alan F. *Paul the Convert: The Apostolate and Apostasy of Saul the Pharisee.* New Haven: Yale University Press, 1990. Estudo sociológico significativo de Paulo como um "convertido", por um importante intérprete judeu.

Twelftree, Graham H. *Paul and the Miraculous: A Historical Reconstruction.* Grand Rapids: Baker Academic, 2013. O papel da cura e outros atos milagrosos no ministério de Paulo.

Winter, Bruce W., ed. *The Book of Acts in Its First-Century Setting.* 5 vols. Grand Rapids: Eerdmans, 1993-96. Análise exaustiva de todos os aspectos de Atos, demonstrando sua utilidade para interpretar Paulo e o mundo do primeiro século.

3

AS CARTAS DE PAULO

Apostolado in absentia[1]

> *Nosso amado irmão Paulo escreveu a vocês, com a sabedoria que Deus lhe deu. Ele escreve da mesma forma em todas as suas cartas, falando nelas destes assuntos. Suas cartas contêm algumas coisas difíceis de entender, as quais os ignorantes e instáveis torcem, como também o fazem com as demais Escrituras, para a própria destruição deles.*
>
> 2Pedro 3:15b-16

As cartas têm um apelo inerente a nós, como leitores. Elas são íntimas, reveladoras e comumente cheias de experiências e sabedoria da vida. Foram extraordinariamente importantes na história da Igreja. No século 20, por exemplo, podemos pensar na correspondência de pessoas, como o reverendo dr. Martin Luther King Jr., C. S. Lewis e Dietrich Bonhoeffer. Especialmente nos primeiros séculos do cristianismo, muitas questões teológicas importantes foram discutidas por meio de cartas.

Paulo era um correspondente ávido e articulado. Suas cartas preservadas, ou pelo menos aquelas atribuídas a ele, constituem quase metade dos documentos do Novo Testamento (treze de vinte e sete). Embora variem em sua forma, estilo, propósito e conteúdo, elas também compartilham muitos recursos importantes. Olhando para as cartas como um todo, podemos dizer com alguma confiança que, embora Paulo

---

[1] Expressão latina que significa "em ausência". No jargão jurídico, indica a realização de um julgamento sem a presença do réu. [N. do E.]

empregasse antigas convenções na escrita de cartas, ele introduziu um novo estilo; na verdade, um novo gênero de literatura. Esse gênero é a carta apostólica, ou talvez, de forma mais geral, a epístola pastoral. Sua função básica era falar pastoralmente pelo apóstolo em sua ausência.

Neste capítulo consideramos as cartas de Paulo: seu caráter e propósito; sua forma literária e retórica; seu conteúdo e suas fontes; a questão de sua autoria; e também sua divulgação, coleta e ordem. Além disso, encerramos o capítulo refletindo brevemente sobre as cartas como textos teológicos.

Apostolado *in absentia*

As cartas de Paulo foram escritas em grego, a língua comum nos seus dias. Sua linguagem não era o grego trivial e básico de um mercador apenas alfabetizado, nem o grego de nível mais elevado e complexo de um erudito literato, embora às vezes tenham atingido até as alturas da eloquência. Essa realidade linguística reflete tanto a educação de Paulo quanto a natureza de sua correspondência.

Uma leitura rápida de suas cartas revela os seguintes tipos de conteúdo dentro delas:

- saudações pessoais;
- ações de graças, bênçãos e outras orações;
- revisões do relacionamento entre Paulo e os destinatários, e de sua experiência do evangelho;
- resumos de crenças básicas;
- citações e comentários de textos bíblicos;
- explicações práticas de conceitos teológicos;
- instruções e advertências morais, às vezes com argumentos bem fundamentados;
- críticas e advertências;
- declarações autobiográficas;
- planos de viagem.

Essa lista resumida sugere algo do caráter de uma carta paulina: é um substituto para o próprio Paulo. Relata o que o apóstolo diria pessoalmente, ou quem sabe, algumas vezes aquilo que ele teria dificuldade em dizer presencialmente. É um tipo de comunicação destinado a cumprir os objetivos apostólicos de Paulo *in absentia* e fazer sentir a presença do apóstolo ausente entre os destinatários da carta.[2] Não apenas isso, mas também para lembrá-los de sua experiência de Deus em Cristo, pela presença do Espírito. A carta é, portanto, uma ferramenta do apostolado de Paulo. Como tal, pode ser descrita como narrativa ocasional, pastoral, teológica e de caráter autoritativo.

Uma carta narrativa: a história por trás de dentro da carta

Referir-se a uma carta como 'narrativa' em caráter pode parecer algo estranho à primeira vista. Porém, um exame atento das cartas de Paulo revela que ele está sempre narrando histórias, por mais breves que sejam: histórias sobre Deus em Cristo, sobre si mesmo, sobre seu relacionamento com os destinatários e a recepção do evangelho por parte deles, sobre a vida dentro da comunidade, e assim por diante. Em suas cartas há uma interseção de três vias entre a história de Deus, a história de Paulo e a história dos destinatários. De fato, a intenção de uma carta paulina parece se destinar tanto para revisitar o passado quanto para orientar o futuro da 'relação triangular', nessa interseção de três vias de narrativas pessoais.

Essa confluência de narrativas é, com certeza, realmente uma história — a história do poder salvador de Deus experimentado em uma comunidade em particular, com a ajuda de um apóstolo em particular e seus colaboradores. Uma carta de Paulo diz: 'Esta história não acabou'. Ao examinarmos as várias cartas paulinas, portanto, precisamos estar sempre atentos ao passado e ao futuro (esperado) dessa relação narrativa triangular. Há sempre uma história por trás da carta, assim como uma história tomando forma dentro dela. Além disso, levando em conta que cada carta atraiu pessoas subsequentes ao longo dos séculos, uma história contínua 'na frente' da carta é iniciada com sua distribuição.

Uma carta ocasional: uma 'palavra dirigida ao alvo'

Pode-se considerar que o caráter narrativo de cada uma das cartas de Paulo também é ocasional por natureza — suscitado por um conjunto específico de circunstâncias dentro da relação narrativa 'triangular'

---

[2] A noção da presença de uma pessoa via correspondência pessoal é encontrada em outras reflexões sobre cartas, tanto antigas (e.g., Sêneca, Epístola 40.1) quanto modernas.

que existe entre Paulo, os destinatários da carta e Deus. Esse fato é adequadamente resumido na frase cunhada por J. Christiaan Beker: uma carta de Paulo é uma "palavra dirigida ao alvo".[3] Na maioria dos casos, tais circunstâncias incluem um ou mais problemas (pelo menos da perspectiva de Paulo) que surgiram na ausência do apóstolo. O que se segue, de alguma forma, é uma "conversação dentro do contexto", tomando-se emprestada a descrição adequada de Calvin Roetzel de uma carta paulina.[4] Há apenas um problema, naturalmente: temos a 'transcrição' de apenas um lado da conversa.

Ler uma carta paulina, portanto, é algo como estar em uma sala com alguém ao telefone e ouvir apenas aquela parte da conversa de mão dupla. Enquanto ouvimos, tentamos ao máximo imaginar o que a outra parte está dizendo, o que causa as várias reações e comentários da pessoa que está em nossa presença. Isso pode ser um esforço frustrante, enganoso e potencialmente perigoso. Se fizermos inferências errôneas, podemos julgar mal o caráter e as convicções da outra parte, para não mencionar as respostas da pessoa na mesma sala.

Assim, também, isso ocorre com uma carta de Paulo. Somos forçados a tentar reconstruir o outro lado da conversa. No entanto, alguns intérpretes de Paulo levam isso a um extremo precário, acreditando que podem deduzir muito sobre os destinatários explícitos das cartas de Paulo e até mesmo seus oponentes implícitos. Esse processo às vezes é conhecido como 'leitura de espelho' e, com razão, já recebeu algumas críticas bastante duras. Se alguém assume, por exemplo, que toda vez que Paulo diz: 'Não faça x', aludindo-se a algum problema em relação a x, pode-se estar assumindo a existência de uma questão que Paulo quer apenas antecipar. Ou ainda, se alguém assume que cada afirmação que Paulo faz é uma negação da posição de algum oponente, pode-se estar criando oponentes, ou pelo menos posições, que jamais existiram. Todavia, apesar dessas preocupações, ainda devemos prosseguir — embora com a devida cautela — em nossas tentativas de entender a comunidade, possíveis oponentes e críticos de Paulo e questões que o apóstolo está abordando, se quisermos entender o próprio Paulo.

---

[3] J. Christiaan Beker, *Paul the Apostle: The Triumph of God in Life and Thought* (Filadelphia: Fortress, 1980), p. 12.

[4] Calvin J. Roetzel, *The Letters of Paul: Conversations in Context*, 6ª ed. (Louisville: Westminster John Knox, 2015).

A expressão de Beker, "uma palavra dirigida ao alvo", relaciona-se a outro conceito que ele desenvolveu: a ideia de coerência e contingência nas cartas de Paulo.[5] Ou seja, há para Paulo um evangelho coerente, uma mensagem básica fundamentalmente consistente. Porém, conforme argumenta Beker, a ocasião específica da carta — a situação que teria suscitado uma resposta escrita — exigia a transmissão da mensagem de uma maneira concreta que abordasse essa situação específica ou seu contingente. Como as circunstâncias e as necessidades variavam de comunidade para comunidade e de tempos em tempos, Paulo só poderia ser um bom apóstolo se interpretasse o evangelho à luz da situação concreta — o que muitas vezes é chamado de "ocasião" ou situação retórica. De fato, essa sensibilidade contextual estava no centro da responsabilidade pastoral de Paulo.

Uma carta pastoral: formação espiritual

Como apóstolo, a principal missão de Paulo era fundar igrejas, comunidades multiculturais de crentes em Cristo. Como observamos no capítulo anterior, Paulo se via como o pai espiritual dessas comunidades e também de indivíduos que haviam aceitado a fé. Ele cuidou deles como um pai, até mesmo como uma mãe ou enfermeira (1Ts 2:7), e ansiava por seu amadurecimento em Cristo (1Co 3:1-3; Gl 4:12-20). Seu relacionamento com essas comunidades e indivíduos continuou após sua conversão e após ter ficado longe deles. A carta tornou-se, para Paulo, uma maneira de exercer sua responsabilidade parental e de se engajar na formação espiritual contínua, ou formação de identidade, de seus convertidos como indivíduos e comunidades. O envio de cartas fazia parte do seu jeito de ser pastor: ministro, guia, líder e diretor espiritual. Portanto, uma carta paulina era uma epístola pastoral.

Paulo dirigiu essas cartas quase exclusivamente a comunidades de modo geral, não a indivíduos. Até mesmo a chamada carta a Filemom está assim escrita: "a você, Filemom, nosso amado cooperador, à irmã Áfia, a Arquipo, nosso companheiro de lutas, e à igreja que se reúne com você em sua casa [de Filemom]" (Fl 1b-2). E duas das três Cartas Pastorais (1Timóteo e Tito, não 2Timóteo) dizem respeito à exortação de toda a igreja, embora sejam dirigidas a um indivíduo.

---

[5] Beker, *Paul the Apostle*, p. 12.

Esse trabalho pastoral de formação espiritual e construção de identidade por meio da carta pode ser resumido no substantivo grego *paraklēsis*, do verbo *parakaleō*, muitas vezes traduzido como "instar", "exortar" ou "encorajar". Essa palavra tem duas conotações relacionadas, porém distintas; dependendo do contexto, pode significar tanto confortar quanto corrigir, dar um impulso ou um empurrão. As cartas de Paulo procuram fazer as duas coisas: encorajar a fidelidade contínua e, conforme fosse necessário, instar a um retorno ao caminho certo. O exemplo mais explícito dessa diferença, num texto em que o verbo *parakaleō* é usado nesses dois sentidos diferentes é 1Ts 4:13—5:11. Paulo exorta os tessalonicenses a consolar uns aos outros com palavras de esperança escatológica do evangelho (4:13-18, com *parakaleō* no v. 18), e a *exortar* uns aos outros para uma vida santa com palavras de conotação moral do evangelho (5:1-11, com *parakaleō* no v. 11). O objetivo de Paulo é sempre guiar aqueles para quem ele escreve a ter um modo de vida digno, uma narrativa pessoal e corporativa contínua, que seja mais congruente com a narrativa evangélica da morte e ressurreição do Messias de Deus. A identidade das assembleias de Paulo está fundamentada nessa morte e ressurreição, que fornece a estrutura para a construção contínua de sua identidade, que por sua vez deve ser manifestada em práticas que se conformam com Cristo.

Uma carta teológica: fundamentada no evangelho

Embora a principal tarefa de Paulo ao escrever cartas fosse a formação espiritual e comunitária, ou a construção de identidade, esse objetivo não significa que ele evitasse a teologia ou a 'teologização'. Teologizar, ou fazer teologia, é sondar seriamente o conteúdo e o significado do evangelho; é articular e explicar as convicções básicas sobre Deus e nosso relacionamento com Ele. Paulo fez isso; de fato, seu trabalho de formação e construção de identidade estava fundamentado em tais convicções teológicas; estava baseado no evangelho.

Certamente, como veremos com mais detalhes no capítulo 6, Paulo não era um 'teólogo de escritório', mas um 'teólogo pastoral'. Sua teologização e sua teologia tinham propósitos práticos. Porém, a amplitude e a profundidade de seu processo de pensamento e de suas convicções teológicas concretas não devem ser subestimadas. Às vezes, o formato e a extensão da carta não permitem o desenvolvimento aprofundado de um ponto teológico particular, então o que encontramos são sentenças densas, trechos de credo, alusões bíblicas e outras formas resumidas de alegações teológicas. Pode exigir esforço por parte dos destinatários de uma carta ouvir tais alegações e pensar plenamente em suas implicações.

Outras vezes, porém, as cartas de Paulo contêm argumentos teológicos extensos. Mesmo a breve primeira carta aos tessalonicenses contém dois argumentos teológicos significativos, embora relativamente curtos, sobre a natureza da esperança cristã (1Ts 4:13-18; 5:1-11). Em 1Coríntios, Paulo apresenta uma teologia bastante extensa da igreja e ministério (especialmente 1Co 3-4; 12) e uma teologia da ressurreição altamente desenvolvida (1Co 15). Segundo Coríntios é sem dúvida uma consideração teológica estendida da natureza do ministério como a expressão da obra reconciliadora de Deus na morte de Jesus. Romanos contém tanta teologização e teologia que alguns intérpretes esquecem que se trata de uma carta específica para uma comunidade em particular. No entanto, mesmo reconhecendo a peculiaridade de Romanos, alguns intérpretes chamam Romanos de 'carta-ensaio' ou tratado.

Do ponto de vista de Paulo, conselhos pastorais ou recomendações a respeito de formação para a comunidade que fossem teologicamente vazios seriam inadequados e ineficazes. Não atingiriam seu objetivo de fazer com que indivíduos e comunidades se pusessem em conformidade com o Cristo de Deus proclamado no evangelho. Paulo escreve teologicamente porque está escrevendo pastoralmente.

Uma carta autoritativa: a conformidade com Cristo

Em alguns aspectos, uma carta de Paulo não era realmente uma carta. Embora tenha sido escrita na forma de uma carta antiga, como veremos a seguir, destinava-se à proclamação oral a uma comunidade de crentes reunidos, e quase certamente para adoração. Somente tal circunstância elevou o *status* da carta a uma posição quase bíblica, visto que as Escrituras de Israel teriam sido a principal fonte de textos proclamados na assembleia.[6] É certo que as cartas de Paulo foram às vezes contestadas e talvez até rejeitadas por comunidades ou facções

---

[6] De fato, no tempo de 2Pedro, as cartas de Paulo foram comparadas a "outras escrituras".

contenciosas dentro delas. No entanto, elas eram lidas em culto de adoração, e elas mesmas tinham uma qualidade litúrgica para as igrejas. Paulo utiliza vários dispositivos, do começo ao fim, tanto de modo formal quanto material para colocar os destinatários de sua carta na presença e na graça de Deus.

Escrever uma carta que deve ser lida na assembleia durante o culto significa que Paulo está exercendo o lado autoritativo de sua vocação apostólica, assim como seu lado pastoral (não que os dois possam ser separados). Ele é um embaixador de Cristo, um porta-voz comissionado. Seu papel é semelhante ao dos profetas, de apresentar (ou, no caso, de escrever) a 'Palavra do Senhor'. Paulo sabe que às vezes ele tem uma palavra direta de Jesus (isto é, falada pelo Jesus encarnado e comunicada à igreja) sobre um determinado assunto, e que em outras circunstâncias ele não tem tal palavra, mas deve apresentar sua própria mensagem (veja 1Co 7:10, 12). Ele compreende a diferença entre essas duas formas de autoridade, porém, mesmo ao fazer esse tipo de distinção ele acredita ter "o Espírito de Deus" (1Co 7:40), a "mente de Cristo" (1Co 2:16). Suas palavras não são oferecidas como um conselho para ser aceito ou desprezado, mas como profecia inspirada pelo Espírito. Isto porque seu evangelho lhe foi revelado por Deus (Gl 1:11), e esse evangelho está encarnado na vida e na mensagem do apóstolo — pelo menos na própria perspectiva de Paulo.

Isso nos leva à natureza última da autoridade de Paulo e de suas cartas. Não é uma questão de meramente Paulo dizer: 'Obedeçam às minhas palavras', e sim: "Tornem-se meus imitadores, como eu o sou de Cristo" (1Co 11:1). Em suas cartas Paulo procura sobretudo representar o Senhor crucificado, para proclamar mais uma vez o evangelho da fidelidade de Deus na morte e ressurreição de seu Messias. As cartas revelam a interpretação de Paulo sobre o que significa para comunidades específicas de crentes, em situações específicas, viver fielmente em Cristo Senhor, em conformidade com Ele e assim cumprindo as justas exigências da aliança divina pelo poder do Espírito.

CARTAS ANTIGAS E RETÓRICA

Muitas vezes se diz que a forma segue a função. Paulo adotou e adaptou antigas formas e técnicas epistolares e retóricas para avançar em seus propósitos apostólicos. No mundo greco-romano, escrever cartas poderia ser o meio de comunicação cotidiano de um plebeu ou o veículo de um orador experiente para fazer discursos persuasivos. As cartas de Paulo contêm um pouco de cada. Ele podia ser prático e direto, mas quase sempre com um toque retórico que se comunicava com a máxima eficácia. O corpo de suas cartas é, nesse sentido, o texto de um discurso — poderíamos até dizer tratar-se de um sermão escrito para ser entregue por terceiros. Todas as partes da carta — desde saudações e bênçãos, até narrativas autobiográficas e planos de viagem, chegando a máximas curtas e discursos mais longos que constituem o corpo — servem à função retórica e pastoral dominante da carta.

O uso por Paulo da forma antiga de carta

Na antiguidade, como em nossos dias, existiam vários tipos de cartas: cartas comerciais, cartas oficiais, cartas de amor, cartas de amizade, cartas de recomendação e apresentação, cartas de conselho (gr. *parainesis*),[7] cartas discursivas (discursos ou ensaios em forma de carta), e assim por diante. Algumas relações de antigos tipos de cartas contêm vinte ou mais variedades. As cartas de Paulo, como muitas na antiguidade, parecem conter elementos de vários modelos de cartas, embora às vezes os estudiosos insistam em chamar esta ou aquela carta de 'carta de amizade' (e.g., Filipenses) ou uma 'carta parenética' (e.g., 2Timóteo). Pode-se referir a todas as cartas de Paulo como 'cartas de conselho' ou 'correspondência oficial'. Tais classificações podem ser úteis, porém o que mais importa é determinar o caráter e a função da carta paulina como um todo, como sugerimos anteriormente, e das várias partes da carta, como veremos mais adiante.

A extensão das cartas na antiguidade variava consideravelmente, contudo, a maioria não se aproximava do tamanho de nenhuma das cartas de Paulo, exceto aquela endereçada a Filemom (335 palavras gregas). A correspondência pessoal era geralmente breve e direta; de fato, o tamanho médio das cartas, entre milhares de correspondências de papiro que foram descobertas, é inferior a 100 palavras. Uma carta tão longa quanto a epístola de Romanos, 1Coríntios, ou mesmo 2Coríntios

---

[7] As palavras são vertidas em português como 'parenesis' ou 'paraenesis'; a forma adjetiva é parenética.

era quase inédita, até mesmo para filósofos e retóricos como Sêneca e Cícero.[8]

Esses vários tipos de cartas, de diferentes comprimentos, seguiram um padrão semelhante, assim como a maioria das cartas modernas segue um padrão previsível, como o que segue (com as palavras entre colchetes que eram mais comumente usadas apenas em cartas comerciais):

- Data
- [Endereço do destinatário]
- Saudação ('Caro...')
- Saudações
- Corpo
- Parágrafo final
- Sentimento ('Com amor', 'Atenciosamente', 'Saudações' etc.)
- Assinatura
- [Título]

Esse padrão, embora não inflexível, permite que tanto o escritor quanto o leitor reconheçam uma relação adequada ao caráter da correspondência. Adições ou revisões significativas ao padrão pelo escritor podem ser deliberadas ou não, porém, muitas vezes serão notadas pelo destinatário a falta de uma data, a redação peculiar de um sentimento no fechamento (ou sua ausência), a duração anormal de uma saudação, a inclusão de anexos e assim por diante.

Nos dias de Paulo, as cartas também tinham um formato básico padrão, como segue:

- Abertura
  — Breve identificação do remetente e do destinatário, normalmente sob a forma de 'Pessoa X para Pessoa Y'
  — Saudação, muitas vezes um simples 'Olá' (gr. *chairein*)
- [Ação de Graças ou outro tipo de oração][9]
- Corpo

---

[8] Romanos: aproximadamente 7.114 palavras em grego; 1Coríntios: 6.842; 2Coríntios: 4.448.

[9] Coloquei esse elemento entre colchetes porque há algum debate acadêmico sobre sua frequência nas cartas.

Exemplo de uma carta antiga escrita em papiro, enrolada e lacrada para entrega

- Desejos/exortações/saudações finais
- Encerramento, às vezes um simples 'Adeus'

Veja na seguinte o exemplo de uma carta, datada de 168 d.C., de uma esposa egípcia para seu marido ausente (chamado por ela de "irmão"), implorando-lhe que volte para casa imediatamente quando ela soube que ele foi autorizado a partir de um templo distante de Serápis, talvez seguindo uma peregrinação religiosa.[10]

Paulo adota esse formato básico de carta e o adapta a seus propósitos. Mesmo sob o risco de usar um anacronismo, podemos dizer que ele 'cristianiza' uma carta antiga. Alguns aspectos gerais dessa adaptação são importantes para serem observados.

Paulo adorna criativamente a abertura de sua carta para estabelecer, em termos teológicos claros, a identidade do(s) remetente(s) e do(s) destinatário(s), assim como seu relacionamento com todos. Por exemplo, em 2Coríntios ele escreve: "Paulo, apóstolo de Cristo Jesus pela vontade de Deus, e o irmão Timóteo, à igreja de Deus que está em Corinto, com todos os santos de toda a Acaia" (2Co 1:1). A identificação do(s) remetente(s) e do(s) destinatário(s) às vezes também indica o que virá a seguir no corpo da carta, sugerindo seu propósito, como em 1Coríntios: "À igreja de Deus que está em Corinto, aos santificados em Cristo Jesus e chamados para serem santos" (1Co 1:2a).

A saudação é também teologicamente embelezada. Paulo gosta de dizer "graça e paz". A palavra "graça" (gr. *charis*) é um uso de palavras da sequência padrão da saudação *charein* ('saudações', 'olá'), enquanto

---

[10] Found in C. K. Barrett, ed., *The New Testament Background: Writings from Ancient Greece and the Roman Empire that Illuminate Christian Origins*, rev. e exp. ed. (Nova York: HarperCollins, 1995), p. 28–29.

UMA CARTA ANTIGA QUE ILUSTRA O FORMATO TÍPICO DE UMA CARTA:

Formato	Conteúdo da carta
Abertura	
– Identificação do remetente e seu endereço	Isias para seu irmão Hephastuon
– Saudação	Saudação
Ação de graças ou oração	Se você está bem e outras coisas estão indo bem, isso está de acordo com a oração que faço continuamente para os deuses. Eu mesmo, a criança e toda a família está com boa saúde e pensa sempre em você.
Corpo da carta	Quando recebi sua carta, por meio de Hórus, na qual você relata que está detido no Serapeum [Templo de Serápis], em Mênfis, com a notícia de que você está bem, agradeci aos deuses, mas sobre o fato de você não voltar para casa, quando todos os outros que haviam sido isolados já chegaram de lá, sinto-me incomodada... eu estou tendo falta de tudo o que você provia quando ainda estava aqui, sem mencionar esse longo período de tempo e esses dias críticos, durante os quais você não nos enviou nada. Além disso, Hórus, que entregou a carta, trouxe notícias de que você foi libertado da detenção e isso me deixou completamente angustiada. No entanto, como sua mãe também está aborrecida, volte para a cidade, se nada mais urgente o impedir, tanto para o bem dela quanto para o meu.
Desejos/exortações finais, incluindo muitas vezes um desejo de saúde e saudações a conhecidos mútuos	Faça-me um favor: cuide da saúde do seu corpo [sem saudação]
Encerramento	Até logo. Ano 2, Epeigh 30*

* O Epeiph era um mês de verão no calendário egípcio; essa data corresponde a 29 de agosto de 168 a.C.

"paz" ecoa a saudação semítica *shalom*. O que Paulo oferece não é apenas uma saudação, mas um sabor renovado das bênçãos da aliança que Deus ofereceu em Cristo.

A abertura da carta também pode conter linguagem tradicional ou litúrgica da própria história da Igreja. Esse tipo de linguagem coloca a carta em seu contexto apropriado — a presença de Deus. Também pode acrescentar importância à reivindicação apostólica de Paulo e introduzir o tema da carta: "Paulo, apóstolo enviado, não da parte de homens nem por meio de pessoa alguma, mas por Jesus Cristo e por Deus Pai, que o ressuscitou dos mortos, e todos os irmãos que estão comigo, às igrejas da Galácia: A vocês, graça e paz da parte de Deus nosso Pai e do Senhor Jesus Cristo, que se entregou a si mesmo por nossos pecados a fim de nos resgatar desta presente era perversa, segundo a vontade de nosso Deus e Pai, a quem seja a glória para todo o sempre. Amém!" (Gl 1:1-5; cf. Rm 1:1-7).

As ações de graças de Paulo são particularmente importantes, muitas vezes antecipando o impulso e a intenção do corpo da carta; 1Coríntios é um excelente exemplo, com Paulo mencionando as questões delicadas dos dons espirituais e da escatologia (questões de tempo final):

> Sempre dou graças a meu Deus por vocês, por causa da graça que dele receberam em Cristo Jesus. Pois nele vocês foram enriquecidos em tudo, isto é, em toda palavra e em todo conhecimento, porque o testemunho de Cristo foi confirmado entre vocês, de modo que não falta a vocês nenhum dom espiritual, enquanto vocês esperam que o nosso Senhor Jesus Cristo seja revelado. Ele os manterá firmes até o fim, de modo que vocês serão irrepreensíveis no dia de nosso Senhor Jesus Cristo. Fiel é Deus, o qual os chamou à comunhão com seu Filho Jesus Cristo, nosso Senhor (1Co 1:4-9).

Quando uma carta paulina não contém uma ação de graças, sua ausência é bastante perceptível, como em Gálatas, quando parece que Paulo está tão zangado e ansioso para chegar ao tema em questão, a tal ponto que não sente necessidade de apresentar uma palavra de ação de graças, mas apenas colocar uma expressão de espanto, uma paródia deliberada em lugar da normal saudação de ação de graças paulina (veja Gl 1:6-10). A ação de graças, quando presente, conclui as partes preliminares da carta, todas elas colocando os destinatários na presença de

Deus e lembrando-os da graça divina que vem no evangelho e através do ministério do apóstolo.

O corpo da carta é, naturalmente, a adaptação mais peculiarmente paulina do formato de uma carta antiga. Aqui Paulo combina a forma epistolar, exegese (interpretação) escriturística, retórica helenística e muito mais (veja mais adiante) para produzir o núcleo de sua correspondência pastoral. Como observado na lista no início deste capítulo, o corpo de uma carta paulina contém vários tipos de materiais, porém, especialmente três características principais: uma revisão autobiográfica, geralmente com um propósito autoritativo; instrução pastoral ou exortação; e planos futuros. Infelizmente, alguns intérpretes de Paulo relegam boa parte das admoestações a uma coleção separada e menos central de 'exortações finais'. Isso deve ser refutado, pois grande parte de uma carta paulina é naturalmente feita de exortações ou de advertências; afinal de contas, ele é um pastor tentando moldar comunidades.

Não obstante, Paulo às vezes parece reunir um conjunto de exortações finais sobre o comportamento dos crentes, de modo geral ou nas assembleias, antes de assinar a carta. O melhor exemplo pode ser encontrado em 1Tessalonicenses: "Agora pedimos a vocês, irmãos, que tenham consideração para com os que se esforçam no trabalho entre vocês. [...] vivam em paz uns com os outros. Exortamos vocês, irmãos, a que advirtam os ociosos, confortem os desanimados, auxiliem os fracos [...] tenham cuidado para que ninguém retribua o mal com o mal, mas sejam sempre bondosos uns para com os outros e para com todos. Alegrem-se sempre. Orem continuamente. [...] Não apaguem o Espírito. [...] Afastem-se de toda forma de mal (1Ts 5:12-22). Mas uma leitura atenta da carta sugere que mesmo essas exortações estão cuidadosamente relacionadas à comunidade e à carta como um todo.

Tais palavras finais de conselho precedem vários elementos do encerramento formal da carta ou às vezes são misturadas com eles. Embora não sejam consistentes em cada carta, elas incluem uma doxologia e/ou bênção, saudações, um convite para compartilhar o ósculo sagrado, advertências e uma assinatura ou outro sinal de identificação de autoridade apostólica. Cada um desses elementos reforça o caráter apostólico e litúrgico do evento da própria carta, e especialmente de sua leitura na assembleia.

Depois que uma carta de Paulo era redigida, ela deveria ser entregue e em seguida lida em voz alta numa reunião da comunidade para a qual foi endereçada.[11] O serviço de correio romano era geralmente restrito aos que realizavam os negócios do império e aos que tinham posses. Paulo e outras pessoas comuns tinham de confiar em indivíduos particulares que conheciam e em quem acreditavam: familiares itinerantes, escravos, amigos, ou pessoas contratadas para ajudar. Esse 'sistema' informal poderia, na verdade, ser bastante eficiente, com cartas percorrendo distâncias significativas em apenas algumas semanas. As práticas antigas de entrega de cartas sugerem que quem levava uma carta para, digamos, Corinto, também era responsável por sua interpretação para os destinatários. Além disso, estudos recentes indicam que tal interpretação, como um evento litúrgico, poderia muito bem ter incluído não apenas a leitura da carta, mas também uma espécie de 'apresentação' oral da mesma.

Como leitor/apresentador, então, o *portador* da carta tinha uma responsabilidade significativa como *intérprete* da epístola. O portador ou portadora — Febe levou uma carta de Paulo para as congregações romanas (Rm 16:1-2) — provavelmente deveria ser considerado, juntamente com a carta, um substituto para Paulo. Talvez o apóstolo tenha instruído os mensageiros das cartas sobre suas intenções, especialmente nas partes potencialmente sensíveis das mesmas, e sobre suas interpretações da Escritura; não podemos saber com certeza. Possivelmente Paulo também tenha contado com professores ou outros líderes em cada *ekklēsia* para ajudar na leitura de suas cartas. Em qualquer hipótese, as pessoas que Paulo encarregou de levar suas cartas devem ter sido homens e mulheres em quem ele confiou seu evangelho e, portanto, de forma realmente significativa, sua vida. O ministério deles em seu nome fazia parte da eficácia retórica, ou da falta dela, da carta.

---

[11] Relativamente poucas pessoas em cada congregação teriam sido capazes de ler as cartas do apóstolo. Estimativas sobre a taxa de alfabetização no mundo de Paulo geralmente colocam esse número em cerca de dez por cento, embora talvez mais pessoas tivessem um nível mínimo de conhecimento para a leitura. Também parece provável que o número fosse maior nas primeiras comunidades cristãs, como no judaísmo, caso a quantidade de material escrito tivesse alguma indicação.

O uso da retórica antiga de Paulo

O formato da carta descrito antes foi seguido, com maior ou menor frequência, por redatores de correspondência informal e formal. Cartas mais formais, escritas por aqueles que tinham estudado a arte de escrever cartas nas escolas de retórica, poderiam incorporar uma discussão sobre algum tópico filosófico, religioso e político, sendo todos os três campos bastante interligados para os mais antigos.

É indiscutível que Paulo era hábil na retórica — a arte da comunicação eficaz e persuasiva. É um tanto irônico, considerando que o próprio Paulo expressa uma certa desconfiança sobre a retórica como antitética ao poder do evangelho, embora ele fosse principalmente crítico da retórica ostensiva que se tornou popular em sua época e pela qual certos crentes coríntios estavam apaixonados (1Co 1:18-25; 2:1-5). Ele foi acusado de não ter uma figura pessoal carismática que era frequentemente associada a bons oradores públicos, uma acusação que ele nunca negou (2Co 10:10). No entanto, as cartas de Paulo atestam sua grande habilidade retórica, e mesmo aqueles críticos de sua capacidade de falar reconheceram o poder de suas palavras escritas. Além das características específicas da retórica greco-romana, encontramos Paulo usando dispositivos retóricos universais, tais como ironia, sarcasmo, repetição, hipérbole, metáfora e fala direta a um interlocutor (ao falar como outra pessoa; veja Rm 7:7-25).

Havia três tipos de retórica antiga, cada uma com um objetivo básico diferente: forense, deliberativa e epidética. A retórica forense, ou judicial, tinha o objetivo de defender ou criticar alguma ação passada. A retórica deliberativa foi projetada para incitar, persuadir ou dissuadir a audiência sobre alguma possível ação futura. A retórica epidética, ou demonstrativa, foi concebida para elogiar ou culpar, muitas vezes uma ação ou qualidade presente ou contínua, ou como uma reflexão sobre ações passadas (como uma eulogia).

Pode-se supor, em função do caráter pastoral das cartas de Paulo, que a maioria delas são principalmente exemplos de retórica deliberativa. No entanto, os discursos antigos e as cartas de Paulo podiam combinar dois ou mais tipos de retórica. Por exemplo, 1Coríntios 9 contém algumas linhas de retórica forense (autodefesa), e o capítulo 13 é um exemplar de retórica epidética (em louvor ao amor), enquanto o propósito geral da carta é claramente deliberativo, buscando modificar o comportamento dos coríntios. Por outro lado, é possível que certas cartas contenham dimensões de retórica deliberativa, mas tenham uma função forense (Gálatas?) ou epidética (1Tessalonicenses?) substancial.

Uma forma retórica particular que ocasionalmente aparece nas cartas de Paulo é a diatribe. Era frequentemente usada por professores antigos, como o estoico Epíteto do primeiro século, em seus *Discourses*. A diatribe não consistia principalmente em uma longa repreensão, como muitas vezes acontece hoje, mas em um modo criativo dialógico de instrução e exortação. Ela emprega dispositivos retóricos como parceiros de conversa imaginários, perguntas retóricas, exageros, objeções hipotéticas e conclusões errôneas. O real orador refuta os erros do interlocutor (às vezes começando com a famosa frase "Que nunca seja!"),[12] usando-os como trampolim para o ensino. Exemplos do modo diatríbico podem ser encontrados espalhados por Rm 1—11 (e.g., caps. 2 e 6), em Gl 2—3, e talvez em outros lugares em escritos de Paulo.

De maneira mais geral, os princípios da retórica incluíam diretrizes para a construção de um discurso e — como observado anteriormente — o corpo de uma carta era em grande parte um discurso por escrito. O discurso, que se concentrava em uma questão específica, ou *stasis*, normalmente era dividido em várias partes, incluindo:

- *exordium*, uma introdução ao personagem e à questão
- *narratio*, uma narrativa dos eventos centrais à questão
- *propositio* ou tese
- *probatio*, ou argumentos em apoio da tese
- *refutatio*, ou refutação da posição real ou imaginada dos oponentes ou refutação potencial
- *exhortatio*, ou exortação
- *peroratio*, ou recapitulação e obtenção de acordo, com um apelo final (muitas vezes emocional)

Alguns intérpretes de Paulo tentaram dividir muitas de suas cartas nessas partes retóricas principais, argumentando sobre o início preciso de cada seção. Outros são mais cautelosos, questionando a possibilidade

---

[12] Gr. *mē genoito*. Traduções incluem: 'de forma alguma!'; 'Claro que não!'; 'Absolutamente!' etc. Veja Rm 3:4, 6 (mais uma frase similar em 3:9); 6:2, 15; 7:7, 13; 9:14; 11:1, 11; 1Co 6:15; Gl 2:17; 3:21; 6:14.

e o valor de tal análise retórica. Há também um debate considerável sobre como tanto a análise retórica quanto a análise epistolar (de acordo com o formato da carta descrita anteriormente) podem ser aplicadas simultaneamente às cartas de Paulo.

Embora às vezes seja verdade que Paulo pareça seguir a sequência retórica padrão com bastante cuidado (como, no caso, em Gálatas), também parece ser verdade que ele pode alterar ou misturar a sequência. Por exemplo, se está lidando com mais de um assunto em uma carta, ele pode muito bem precisar de mais de um conjunto de argumentos, como em 1Coríntios, ou refutações, como em Romanos. Uma obsessão com a forma, seja ela epistolar seja retórica sobre a substância não é sábia. O que é importante para os leitores das cartas de Paulo compreenderem é que ele tanto adota quanto adapta convenções antigas. A atenção aos aspectos da estrutura retórica pode ajudar na interpretação do conteúdo de uma carta.

Dentro das várias partes do discurso ou carta retórica, os escritores e oradores antigos, incluindo Paulo, tentaram elaborar seus argumentos por meio de três tipos gerais de recursos, ou provas:

- *ethos*, um apelo ao caráter moral do orador (e.g., 1Ts 2:1-12; 2Co 11:7-11);
- *pathos*, um apelo às emoções (e.g., Gl 3:1);
- *logos*, um apelo à lógica (e.g., Rm 6).

Como os exemplos sugerem, encontramos todos esses tipos de recursos nas cartas de Paulo.

Os antigos também podiam apelar para vários tipos de autoridades no decorrer de sua argumentação, e Paulo não era exceção. Mas esse tópico nos leva de volta ao conteúdo real das cartas de Paulo, pois suas autoridades mais óbvias são as religiosas. Encontramos nas cartas de Paulo um uso criativo da tradição e dos precedentes, misturados com sua própria criatividade.

Conteúdo e fontes de uma carta

Já mencionamos brevemente os vários conteúdos de uma típica carta paulina. A variedade é bastante notável, em função da relativa brevidade do corpus paulino. Muito desse material é original de Paulo, porém parte do texto não é do apóstolo. Sua originalidade reside em grande parte de sua capacidade para explorar um texto bíblico, um poema ou hino cristão primitivo, ou uma imagem por todo o seu valor. Ele faz daquilo que possa usar como algo que lhe pertence, empregando-o criativamente para explicar e apoiar suas convicções sobre o Senhor crucificado e a existência dos crentes nele.

Entre o conteúdo das cartas de Paulo, encontramos material não judaico, material judaico comum e material judaico especificamente messiânico (i.e., cristão primitivo). As seguintes listas não pretendem ser completas, mas representativas:

- *Não-judaico*
  — Termos estoicos (e.g., *autarkēs*, 'conteúdo', Fl 4:11).
  — Citações ocasionais de escritores pagãos (e.g., 1Co 15:32).
- *Judaico comum*
  — Citações e alusões às Escrituras (e.g., Rm 3:9-20; Rm 9—11).
  — Técnicas judaicas midráshicas (interpretativas) (e.g., Gl 4:21-31).
  — Apela a figuras judaicas importantes como Moisés (e.g., 2Co 3) e Abraão (e.g., Gl 3; Rm 4).
- *Judaico messiânico (cristianismo primitivo)*
  — Palavras de Jesus e alusões ao seu ensino (e.g., 1Co 7:10; Rm 12:14, 17).
  — Credos, resumos do evangelho e confissões de fé (e.g., Rm 1:3-4; 1Co 15:3-11).
  — Hinos ou textos poéticos (e.g., Fl 2:6-11).
  — Orações em aramaico: Abba (= "Pai", Gl 4:6; Rm 8:15); Maranata (= "Nosso Senhor vem", 1Co 16:22).
  — Outros trechos litúrgicos: o rito da Ceia do Senhor (eucarístico) (1Co 11:23-26), talvez o rito batismal (Rm 6:1-11?; Gl 3:27-28?).
  — Tradição apocalíptica (e.g., 1Ts 4:15-17).
  — Listas de virtudes, vícios e exortações comuns (e.g., Gl 5:19-23; 1Ts 5:11-21; Rm 12:9-21).

— Códigos domésticos (diretrizes para relações domésticas; por exemplo, Cl 3:18—4:1; Ef 5:21—6:9).[13]

O fato de um texto estar utilizando e reformulando outros textos como recursos é conhecido como "intertextualidade". Os textos utilizados dessa forma são chamados de 'intertextos'. A intertextualidade não faz de um autor um plagiador ou um títere, pois se tem dito que toda criatividade é, em algum sentido, um exercício de intertextualidade. O gênio de Paulo, como observado antes, está em sua capacidade de tecer todos estes tipos de elementos em um todo coerente, governado pela imagem de Jesus como o Messias crucificado, mas agora exaltado e Senhor. Suas cartas são, assim, amostras do que podemos chamar de *intertextualidade focalizada* — um tecido de fios variados com uma cor temática dominante, ao qual todos os fios parecem destinados a prestar homenagem.

Autoria e autenticidade

Passamos a seguir para a questão da autoria das cartas paulinas, pois segundo muitos estudiosos nem todas as treze epístolas podem ser consideradas com segurança serem provenientes diretamente da mão do apóstolo. Mas esta afirmação — 'diretamente da mão do apóstolo' — levanta imediatamente a questão do que queremos dizer com a palavra 'autoria'. Sete das cartas atribuídas a Paulo foram citadas como enviadas em conjunto por um ou mais associados (1 e 2Coríntios, Filipenses, Colossenses, 1 e 2Tessalonicenses e Filemom), e outra (Gálatas) menciona "todos os irmãos que estão comigo" como os corremetentes da carta.[14]

A questão que surge, logicamente, é até que ponto um *corremetente* de uma carta também seria um *coautor*. Do ponto de vista dos destinatários, a menção de um dos corresponsáveis implicaria em que pelo menos a(s) pessoa(s) nomeada(s) concordou ou concordaram com o conteúdo da carta e estavam por trás do seu conteúdo. Parece improvável que Paulo mencionasse os remetentes a menos que eles soubessem,

---

[13] Várias dessas formas literárias também eram comuns em escritos não-judeus e não--cristãos, tais como hinos, listas de virtudes e vícios, além de códigos domésticos.

[14] Isso nos deixa apenas com Romanos, Efésios e as epístolas pastorais (1 e 2Timóteo e Tito) sem corremetentes.

ou pelo menos que tivessem sido consultados, e que eles de fato concordavam com o apóstolo. Em alguns casos essa consulta — e, portanto, a contribuição dos corremetentes — pode ter sido substancial, enquanto em outros casos Paulo pode simplesmente ter enviado a carta com a aprovação dos corresponsáveis e com a adição de seus nomes para acrescentar importância ou familiaridade a uma carta. Não podemos, entretanto, descartar a possibilidade de que a(s) pessoa(s) nomeada(s) como corremetente(s) tenha(m) contribuído para o conteúdo de uma carta e, portanto, também deve(m) ser chamada(s) de coautora(s).

Ademais, a maioria das cartas de Paulo, senão todas, foram realmente escritas por um secretário (e.g., Tércio, mencionado em Rm 16:22), talvez em razão de conteúdo ditado por Paulo — ou não. Tal assistência na escrita de cartas era comum na antiguidade, e um secretário às vezes podia ser autorizado não apenas a transcrever literalmente o modo como o autor ditava, mas também a tomar notas para compilar e editar, ou mesmo a compor cartas para o autor aprovar (o que às vezes significava rascunhos múltiplos).[15] Quanta margem de manobra os secretários e associados de Paulo teriam na produção de suas cartas? Quanta influência eles tiveram sobre o estilo ou substância delas? As respostas a tais perguntas são, francamente, desconhecidas. Também é desconhecido o grau com que certas ideias de Paulo podem ter circulado e evoluído antes de serem finalmente colocadas por escrito. O núcleo de uma carta do próprio Paulo pode ter evoluído e se tornado um documento maior que só foi publicado algum tempo depois. Tudo isso para dizer que se definirmos a autoria paulina para incluir a contribuição de mentes e mãos diferentes das de Paulo, como maior, em vez de menor, então algumas das diferenças percebidas entre as chamadas cartas autênticas e inautênticas podem ser explicadas.

Porém, estamos indo à frente de nós mesmos. Usando vários critérios, os estudiosos geralmente dividem as cartas paulinas em duas

---

[15] O termo técnico para um tal secretário é 'amanuense'. Embora apenas Tércio seja nomeado nas cartas de Paulo, o uso de um secretário está implícito na presença de saudações ou outras palavras escritas pela própria mão de Paulo, no final de várias cartas: 1Co 16:21; Gl 6:11; Cl 4:18; 2Ts 3:17; Fl 19. E. Randolph Richards argumenta que um secretário poderia ter a função de um estenógrafo, contribuinte ou compositor (*Paul and First-Century Letter Writing: Secretaries, Composition, and Collection* [Downers Grove, IL: InterVarsity, 2004], p. 59–80).

categorias, ou 'autênticas' e 'inautênticas', ainda mais objetivamente, 'disputadas' ou 'contestadas' (quanto à autoria) e 'indiscutíveis' ou 'não contestadas'. Os critérios que são utilizados incluem:

- a linguagem (vocabulário e estilo) das cartas;
- o pensamento (teologia) das cartas;
- as situações históricas refletidas nas cartas.

Do mesmo modo como dois amigos ou dois pregadores da mesma tradição religiosa, porém de lugares ou épocas diferentes, ou duas pessoas em uma relação professor-aluno apresentam tanto semelhanças quanto diferenças em seus escritos, o mesmo pode ter acontecido com Paulo e aqueles que às vezes são chamados de "paulinistas". Se houver uma lacuna no tempo (digamos, entre o professor agora falecido e o aluno), então os desenvolvimentos históricos podem ser refletidos nos escritos posteriores.

Quais das cartas de Paulo são questionadas sobre a autoria? Quase todos os leitores, sem qualquer hesitação, reconhecem a autoria de Paulo em sete cartas: Romanos, 1 e 2Coríntios, Gálatas, Filipenses, 1Tessalonicenses e Filemon. (De fato, cinco delas, como já mencionado há pouco, são na verdade enviadas em conjunto e talvez coautoria.) Essas cartas podem ser datadas e localizadas dentro de um prazo que abrange, mais ou menos, a década dos anos 50. Elas foram escritas num vocabulário e estilo bastante comum, e têm uma perspectiva semelhante sobre muitos tópicos, embora dificilmente possam revelar um apóstolo monocromático. Além disso, dizem pouco ou nada que pareça estar fora de lugar para as primeiras igrejas dos anos 50.

Outras cartas são julgadas, portanto, em comparação com essas. Segundo se tem afirmado, a perspectiva escatológica de 2Tessalonicenses entra em conflito com a de 1Tessalonicenses, enquanto a teologia e a ética de Colossenses e Efésios entram em conflito com as de Gálatas e Romanos. Além disso, muitos argumentam que as Epístolas Pastorais — 1 e 2Timóteo e Tito refletem um tipo de institucionalização posterior do credo e do ministério, o que é estranho a Paulo. Além disso, é dito com frequência que essas cartas geralmente incorporam um tom e um espírito que não podem ser enquadrados no ministério e na mensagem do Paulo histórico como o conhecemos de fontes indiscutíveis.

As cartas que levam o nome de Paulo são julgadas como tendo sido escritas por outros, e são chamadas de obras *pseudônimas* ('[com um] nome fictício').

As recentes discussões acadêmicas sugerem, entretanto, que as questões de autoria estão sendo amplamente reconsideradas e as conclusões reavaliadas. Isto significa que certos 'resultados garantidos' de estudos críticos não são mais tido como certos, e que muitos estudiosos estão atualmente indecisos sobre a autoria de livros específicos. O que se segue são estimativas das porcentagens de estudiosos bíblicos, no mundo inteiro, *que rejeitam ou duvidam seriamente* da autoria de Paulo dos seis livros em questão: 2Tessalonicenses = 40%; Colossenses = 40 a 50%; Efésios = 50 a 60%; 2Timóteo = 70%; 1Timóteo e Tito = 75 a 80%. Os números são obviamente apenas aproximações, baseados em uma pesquisa contínua de publicações acadêmicas sobre as cartas paulinas, e não se destinam a sugerir que a pesquisa acadêmica histórica seja como uma pesquisa de opinião. Ao contrário, elas nos oferecem uma indicação aproximada de quais das cartas disputadas são mais ou menos prováveis de serem provenientes das mãos de Paulo. Aquelas que contam com maior apoio acadêmico à autenticidade (2Tessalonicenses e Colossenses) diferem menos em teologia e estilo das cartas indiscutíveis, e podem ser mais facilmente encaixadas no que conhecemos acerca do ministério de Paulo, do que aquelas cartas que têm consideravelmente menos apoio à autenticidade.[16]

Além de julgamentos sobre cartas inteiras, os estudiosos também questionam a autoria de certas passagens nas cartas indiscutíveis, usando critérios similares aos listados há pouco. Essas passagens incluem aquelas julgadas como sendo de origem pré-paulina e póspaulina. Os textos pré-paulinos são aqueles conhecidos e usados por Paulo, tais como textos de credo precoce, hinários ou poéticos como Fl 2:6-11 e 1Co 15:3-11 (como muitos estudiosos acreditam que sejam). Os textos pós-paulinos são aqueles alegadamente inseridos em uma carta após sua composição e são geralmente chamados de 'interpolações'. Entre as

---

[16] Esses números variam significativamente, dependendo especialmente do país e da tradição teológica dentro da qual a erudição é praticada. Por exemplo, os números seriam muito mais altos em um país como a Alemanha, porém, provavelmente muito mais baixos no hemisfério sul. Ao mesmo tempo, cada aferição diminuiu cerca de dez por cento desde a primeira edição deste livro, indicando uma tendência geral.

passagens que alguns estudiosos chamam de interpolações estão Rm 13:1-7, 1Co 14:33b-35 ou 36, e 1Ts 2:14-16.

Algumas observações históricas e teológicas

O que devemos fazer com esses assuntos? Várias observações estão em ordem, tanto históricas quanto teológicas. Primeiro, mesmo na antiguidade, o entendimento da autoria era provavelmente bastante abrangente. Charles Talbert argumentou que seis entendimentos de autoria existiam na época de Paulo: (1) escrita real, (2) ditado, (3) colaboração, (4) autorização para outro escrever, (5) escrever em nome de outro por meio de um amigo ou discípulo, e (6) falsificação direta.[17] Cartas com o nome de Paulo poderiam caber em qualquer um desses tipos, ou mesmo em alguma combinação deles.

Em segundo lugar, a questão da autoria das cartas paulinas contestadas é mais aberta do que era há uma geração atrás. A mudança das definições de "autoria", conforme observado previamente, contribuiu para a reabertura da questão. Assim, existe uma disposição acadêmica, em alguns círculos, de permitir maiores diferenças entre as cartas, devido às circunstâncias contingentes que as ocasionaram. Também alguns intérpretes de Paulo notaram anteriormente semelhanças negligenciadas ou subestimadas entre cartas indiscutíveis e cartas contestadas (e.g., Filipenses e 1Coríntios em relação às Cartas Pastorais). Isto não significa que se tenha desenvolvido uma tendência de atribuir todas as treze cartas diretamente a Paulo, mas apenas que o capítulo final da história ainda não foi escrito. Há estudiosos que aceitam, em qualquer lugar, de sete a todas as treze cartas como essencialmente de Paulo, escritas durante sua vida. Talvez precisemos entender a autoria como um espectro ou *continuum*, algumas cartas tendo a contribuição mais direta do próprio Paulo, outras tendo um pouco menos, e ainda outras tendo muito menos — se é que existe alguma.

Terceiro, os leitores das cartas de Paulo precisam estar cientes do efeito dominó de reconhecer as semelhanças, bem como as diferenças entre cartas indiscutíveis e cartas disputadas. Por exemplo, existem

---

[17] Charles H. Talbert, *Ephesians and Colossians*, PNTC (Grand Rapids: Baker Academic, 2007), p. 7–9.

conexões muito estreitas entre Filemon e Colossenses que tornam difícil — embora não impossível — aceitar uma como autêntica e não a outra. Da mesma forma, uma tendência relativamente recente que permite a autenticidade de 2Timóteo, mas não de 1Timóteo e Tito, deve lidar com a linguagem muito distinta que permeia os três documentos e nenhuma outra carta paulina.

Em quarto lugar, parece que na Antiguidade a imitação não era apenas a forma mais sincera de lisonja, era uma forma admissível de honrar e estender a autoridade legítima de uma figura importante. Os primeiros judeus e cristãos que o fizeram — e há muitas evidências na literatura não canônica de que assim procederam — não estavam violando seu código moral ao [supostamente] mentir ou dar falso testemunho. Ao contrário, eles estavam fazendo o que seus antepassados e contemporâneos também parecem ter feito repetidamente: reconhecer o valor contínuo dos professores do passado, reutilizando suas perspectivas básicas em um novo cenário. Os escritores bíblicos reciclam constantemente os temas do monoteísmo, êxodo, aliança etc., sem dar crédito às fontes. Fazê-lo em nome de Isaías ou Daniel (como parece) não desonra, porém, concede honra à fonte. Se os amigos ou 'discípulos' de Paulo escreveram em seu nome, foi para permitir que ele falasse para novas situações. Então, se foi isso que ocorreu, e se o fizeram fielmente é uma questão diferente — e difícil.

Em quinto lugar, é preciso dizer que algumas das dúvidas sobre a autoria de certas cartas de Paulo surgiram da aversão acadêmica por certos aspectos dos escritos em questão. Tal antipatia apareceu primeiramente nos círculos protestantes, onde alguns viam um cheiro do 'catolicismo primitivo' — a institucionalização do credo e do ministério — nas cartas paulinas supostamente posteriores. Embora a antipatia geral pelas Epístolas Pastorais não se limite mais àqueles que têm um preconceito anticatólico, ainda é possível que as preferências teológicas tenham às vezes afetado os julgamentos históricos.

Finalmente, de um ponto de vista teológico, três pontos construtivos precisam ser estabelecidos. O primeiro tem a ver com a inspiração. Um axioma teológico fundamental deveria ser que a inspiração das Escrituras é independente de sua autoria humana. Se isso não fosse verdade, teríamos confiança na inspiração de bem poucas partes da Bíblia — talvez 20 por cento: um punhado de cartas de Paulo e uma dúzia de livros proféticos. A autoria de grande parte de seu conteúdo é desconhecida ou contestada.

O segundo ponto teológico é sobre o cânon e o processo de canonização. Os cristãos afirmam que tanto a composição dos livros bíblicos ao longo do tempo quanto o processo de coleta de certos livros em uma coleção autorizada, ou cânon, foram empreendimentos humanos guiados pelo Espírito de Deus. A Igreja hoje vive com os resultados desses processos no cânon. A combinação, edição e complementação de fontes era uma parte normal e natural dessas atividades humanas.

O ponto final é que as tendências mudam. Um caso em questão: a carta de Tiago. Martinho Lutero a considerava "uma epístola de palha", muito inferior aos escritos verdadeiramente evangélicos como Gálatas, Romanos e o Evangelho de João.[18] Muitos protestantes têm lutado com esse documento desde então. Mas no final do século 20, quando muitos cristãos começaram a levar muito mais a sério a exigência pelo evangelho de justiça social, Tiago se levantou para a ocasião. A carta, outrora marginalizada, tomou o centro das atenções, juntamente com livros como Lucas e Amós.

É possível que esse mesmo fenômeno possa acontecer mais uma vez, mesmo com escritos tão à margem como 1 Timóteo e Tito. São documentos nos quais a integridade das testemunhas da Igreja — em sua doutrina, em seu comportamento e, sobretudo, em relação a seus ministros — é tratada com a máxima seriedade. Numa época em que a norma (na prática, e às vezes até no papel) é bem oposta, essas Epístolas Pastorais marginalizadas podem mais uma vez ter algo a dizer.

Minhas próprias posições sobre a questão da autoria de cada carta são expostas nos diversos capítulos. Como a maioria dos estudiosos, mudei meu ponto de vista ao longo dos anos, tendo pensado que Paulo pode ter escrito até treze ou apenas sete cartas. Para resumir as discussões posteriores, e como mencionado no capítulo 2, mantenho agora a opinião de que Paulo é em maior ou menor grau diretamente responsável por onze das treze cartas, mas provavelmente não 1 Timóteo e Tito. Meu julgamento tem a ver principalmente com o conteúdo teológico; não encontro a teologia distintiva de Paulo e a espiritualidade da cruz

---

[18] Eu uso o termo 'evangélico' neste livro para indicar 'relacionado com o evangelho' (gr. *Euangelion*).

nessas duas cartas. Outras razões e nuances dessas conclusões aparecem nos capítulos apropriados.

A carta aos Hebreus, embora incluída com as epístolas de Paulo em algumas coleções antigas e ainda frequentemente assumida como sendo de Paulo, não é considerada como sendo de autoria do apóstolo, ao contrário das treze que temos discutido. Além disso, apesar de algumas semelhanças com as cartas que levam o nome de Paulo, de modo geral Hebreus difere marcadamente em estilo e substância das mesmas. Quanto a quem escreveu Hebreus, disse Orígenes já no terceiro século, só Deus sabe.

A DIVULGAÇÃO, COLETA E ORDEM DAS CARTAS DE PAULO

Com a possível exceção de Efésios (caso ela não tenha sido escrita realmente para os efésios, mas como uma carta circular resumindo os ensinamentos de Paulo) e as Cartas Pastorais (se não foram realmente escritas por Paulo a seus representantes), as cartas de Paulo foram escritas para comunidades e indivíduos específicos.[19] No entanto, elas foram reconhecidas por muitos séculos como cartas que falam de preocupações universais como parte de um cânon, ou coleção de escritos de autoridade. Como se iniciou o discreto processo de coleta e canonização de cartas?

A divulgação e coleta das cartas

É evidente que aqueles que receberam cartas de Paulo não só as leram em voz alta em suas próprias igrejas (1Ts 5:27), mas também eventualmente as compartilharam com outras igrejas. Pelo menos algumas dessas congregações também entenderam as palavras de Paulo como edificantes, mesmo que suas circunstâncias fossem diferentes daquelas do público pretendido. De acordo com Cl 4:16, Paulo, ou um de seus associados, encorajou tal prática. A combinação da (1) leitura e interpretação das cartas de Paulo quando a comunidade se reunisse para o culto com (2) o compartilhamento dessas cartas com outras comunidades

---

[19] As questões relativas a Efésios e as Epístolas Pastorais serão abordadas nos capítulos apropriados.

iniciou o processo de as cartas de Paulo se tornarem parte do que viria a ser o cânon cristão.

O modo como esse processo começou e se desenvolveu no primeiro e segundo séculos não pode ser discernido com certeza. Sabemos que Paulo escreveu cartas que não chegaram ao cânon e não sobreviveram (veja 1Co 5:9; 2Co 7:8; cf. Cl 4:16). Parece também que algumas vezes pessoas escreveram cartas em seu nome sem sua permissão (cf. 2Ts 2:2). Assim, como as cartas atribuídas a Paulo surgiram e circularam, as igrejas tiveram que determinar quais eram genuínas e, entre elas, quais eram universalmente aplicáveis e autorizadas.

Em algum momento, alguém decidiu coletar algumas ou todas as cartas de Paulo conhecidas e valorizadas em conjunto. Quem poderia ter começado a empreender essa tarefa? As sugestões incluíram o próprio Paulo, uma vez que era comum na antiguidade que cópias de cartas importantes fossem feitas para um destinatário e conservadas pelo remetente;[20] seu colega próximo, Timóteo; Lucas, o autor de Atos; Onésimo, o escravo de Filemom que, de acordo com algumas tradições e interpretações, tornou-se bispo de Éfeso; uma ou mais igrejas que Paulo fundou e/ou com as quais se comunicou por meio de correspondências (veja Cl 4:16); ou um dos 'discípulos' de Paulo, possivelmente após a morte do apóstolo. Certamente é possível que várias pessoas ou igrejas, em diferentes lugares, tenham começado a coletar e compartilhar as cartas do apóstolo mais ou menos ao mesmo tempo. Criar tal coleção, provavelmente em forma de um códice ('livro') em vez de um pergaminho, seria prático para usar e compartilhar as cartas de Paulo. Contudo, uma coleção também poderia fazer uma declaração teológica: essas cartas *deveriam* ser mantidas juntas e lidas como um *corpus*, um 'cânone' emergente, ou um guia autoritativo.

Já no final do primeiro século, muitas das cartas existentes de Paulo eram conhecidas e citadas pelo autor de 1Clemente, um documento da igreja de Roma para a igreja de Corinto (c. 96). Isto sugere a existência de uma coleção. A carta do Novo Testamento chamada 2Pedro, geralmente datada no início do segundo século (embora talvez tenha sido escrita várias décadas antes), refere-se a "todas" as cartas de Paulo (3:16), provavelmente implicando uma coleção. As referências às cartas

---

[20] A esse respeito, veja Richards, *Paul and First-Century Letter Writing*, p. 210-23

paulinas em outros escritos do segundo século sugerem similarmente a existência de coleções paulinas. Um fator importante, não apenas para as cartas paulinas, mas também para o desenvolvimento geral do cânon do Novo Testamento, foi a atividade do presbítero herético Marcião, do século 2. Seu amor por Paulo, em contrapartida a seu desprezo pelas coisas judaicas, o levou a elaborar um cânon que removeu todos os escritos e referências judaicas. Um Paulo fortemente editado sobreviveu erroneamente a esse corte, e dez de suas cartas — as treze que conhecemos, menos as Epístolas Pastorais — foram resumidas no cânon de Marcião. (Tem sido dito que o único que talvez entendeu Paulo foi Marcião, e ele o entendeu mal.)

Em resposta a Marcião e a outros hereges, o famoso bispo-teólogo de Lyon, Irineu (c. 200), alegou que era errado retirar as Epístolas Pastorais do *corpus* paulino, e as usou regularmente em seu próprio trabalho. Também, no final do segundo século em Roma, se a datação convencional estiver correta, apareceu uma lista anotada dos livros do Novo Testamento agora conhecidos como o Cânone Muratori (ou Fragmento). Essa lista se refere a treze cartas de Paulo, as mesmas treze que reconhecemos hoje, divididas em dois grupos: cartas às igrejas e cartas a indivíduos. Este último grupo deve ter sido objeto de algum debate, considerando que o Cânone Muratori afirma seu valor universal. (Alguns estudiosos até falaram de uma 'batalha' por Paulo entre vários partidos.) O Cânone Muratori também reconhece a existência de duas falsificações heréticas de cartas paulinas que promovem a causa de Marcião. Não menciona, no entanto, a carta aos Hebreus.

Se essa importante lista de quase 200 é representativa, então o cânon paulino foi mais ou menos resolvido até o final do século 2, embora as disputas sobre as quatro cartas aos indivíduos e especialmente Hebreus tenham persistido em alguns círculos. Essa conclusão é confirmada pelo mais antigo manuscrito sobrevivente das cartas de Paulo, P46 (papiro 46), que data de cerca de 200. Embora faltem as páginas externas de ambas as extremidades do manuscrito, ele aparentemente continha as nove cartas às igrejas e Hebreus, mas não todas as cartas aos indivíduos, embora isto possa ter sido acidental ao invés de deliberado.[21] Clemente de Alexandria (c. 215) menciona treze cartas paulinas

---

[21] O manuscrito P46 contém as seguintes cartas: Romanos (a partir das 5:17), Hebreus, 1Coríntios, 2Coríntios, Efésios, Gálatas, Filipenses, Colossenses e 1Tessalonicenses.

(menos Filemon, mais Hebreus), enquanto Orígenes (c. 254) afirma que as treze são universalmente aceitas, mas que Hebreus é contestado. Eusébio de Cesareia (c. 339) inclui as treze epístolas mais a epístola aos Hebreus. As várias listas canônicas que foram confirmadas pelos bispos ou aprovadas pelos conselhos da Igreja no século 4 contêm os vinte e sete livros do Novo Testamento ainda hoje considerados sagrados, incluindo, portanto, as treze cartas que levam o nome de Paulo. A mais importante dessas listas apareceu numa carta de Atanásio, o bispo-teólogo de Alexandria, cerca de 367. No entanto, várias cartas espúrias foram ocasionalmente reconhecidas por determinadas igrejas, incluindo uma chamada *3Coríntios* e uma carta para os Laodiceanos.

Porções de Romanos 15—16 do manuscrito mais antigo das cartas de Paulo, P46 (c. 200)

A ordem das cartas

As primeiras coleções das cartas de Paulo provavelmente não foram todas organizadas na mesma ordem. Alguns estudiosos acreditam que Efésios, como uma espécie de resumo do *corpus* paulino (seja ou não proveniente das mãos de Paulo), pode ter ficado uma vez à frente da coleção como uma introdução a ela. Entretanto, como Efésios é mais longo do que Gálatas, e a epístola segue no cânon, também foi sugerido que Efésios seria uma carta posterior inserida fora de ordem (de acordo com sua extensão) em uma coleção muito precoce de cartas genuínas de Paulo, organizadas em ordem decrescente de acordo com a extensão. Outra teoria acadêmica é que, como as sete cartas de Apocalipse 2—3, as cartas de Paulo foram originalmente coletadas em um grupo de

---

As folhas externas em falta teriam espaço para 2Tessalonicenses e algumas (mas provavelmente não todas) das cartas a indivíduos. Há algumas evidências de que o compilador estava trabalhando com um número fixo de folhas encadernadas e simplesmente ficou sem espaço.

cartas para sete igrejas de acordo com a extensão total para cada igreja (Corinto [duas cartas longas], Roma, Éfeso, Tessalônica [duas cartas breves], Gálatas, Filipos e Colossenses).[22] Qualquer uma dessas teorias é certamente possível, todavia não podemos determinar sua validade com alguma certeza.

Os primeiros manuscritos das cartas paulinas e de todo o Novo Testamento, datados do início do terceiro ao quinto século, apresentam as cartas de Paulo em uma sequência básica com pequenas variações: cartas às igrejas, seguidas por cartas aos indivíduos, cada grupo apresentado do mais longo ao mais curto. O manuscrito P46 apresenta as cartas às igrejas basicamente em ordem decrescente de acordo com a extensão (veja nota anterior), embora Hebreus deva seguir e não preceder 1Coríntios. (Duas cartas para uma igreja, entretanto, não seriam separadas.)[23]

Esse padrão, com pequenas variações, tornou-se a norma para as nove cartas de Paulo às igrejas que foram aceitas como autoritárias. A inclusão de um grupo de quatro cartas a indivíduos (1 e 2Timóteo, Tito e Filemon), também organizadas de acordo com sua extensão, significou que as duas categorias (igrejas, indivíduos) reconhecidas pelo Cânone Muratori foram mantidas.[24]

Os importantes manuscritos B dos séculos 4 e 5 (*Vaticanus*, século 4), ℵ (*Sinaiticus*, século 4), A (*Alexandrinus*, século 5) e C (*Ephraemi Rescriptus*, século 5), bem como a carta supostamente contemporânea de Atanásio, componha a lista das cartas paulinas na sequência que as

---

[22] O Cânon Muratori apoia a ideia do interesse cristão inicial em sete igrejas abordadas por Paulo. Tanto para o Apocalipse quanto para as cartas paulinas, sete estavam ligadas à integralidade e universalidade. O Cânon Muratori apresenta as cartas em uma ordem distinta, porém, que parece representar a compreensão dos compiladores de sua cronologia (pelo menos para as cartas às igrejas): Coríntios (2), Efésios, Filipenses, Colossenses, Gálatas, Tessalonicenses (2), Romanos; Filemom, Tito, Timóteo (2).

[23] Podemos supor que quaisquer cartas aos indivíduos que o manuscrito continha foram organizadas de forma semelhante.

[24] A extensão dos documentos antigos era geralmente medida em linhas (*stichoi*), e o tamanho dos documentos podia variar dependendo dos hábitos de escrita de um escriba. Como observado previamente, no que eventualmente se tornou a sequência padrão, Efésios está tecnicamente fora de ordem ao ser colocado após a carta aos Gálatas. Colossenses também aparece ocasionalmente fora de ordem nos manuscritos.

conhecemos hoje, exceto que em cada caso Hebreus é inserido no alinhamento entre 2Tessalonicenses e 1Timóteo — isto é, entre as cartas às igrejas e aos indivíduos. (Hebreus, na verdade, aparece em vários locais diferentes em outros manuscritos.)

Certas coleções muito antigas de cartas de Paulo podem ter sido ordenadas de acordo com sua percepção de importância teológica ou pastoral. Em tempos mais recentes, quatro das cartas paulinas têm sido chamadas de *Hauptbriefe*, ou 'cartas principais': Romanos, 1 e 2Coríntios, e Gálatas. Qualquer que seja a verdade que possa haver na avaliação teológica indicada por essa coleção dentro da coleção, nós erraríamos em negligenciar as supostamente um pouco menores. E ninguém hoje sugere seriamente um rearranjo da sequência canônica aceita.[25]

Neste livro as cartas são apresentadas, não em ordem canônica, nem em uma ordem presumida de importância teológica, mas em uma ordem cronológica que se aproxima da ocasião em que foram escritas, pelo menos na medida em que eu possa determinar essa cronologia. Não há consenso sobre este assunto entre os estudiosos do Novo Testamento, mas muitos concordariam com isto:

- 1Tessalonicenses é provavelmente a carta mais antiga.
- 1 e 2Coríntios, assim como Romanos, podem ser datados com alguma especificidade.
- A carta aos Gálatas foi escrita provavelmente bem antes e precede a carta aos Romanos (alguns acham que na verdade é a mais antiga epístola.)
- Colossenses deve ser datado o mais tarde possível se produzido pelas mãos de Paulo, e o mais cedo possível após a sua morte, caso não o tenha sido.
- É provável que Efésios se baseie em Colossenses.
- As Epístolas Pastorais são as últimas cartas paulinas, caso não sejam autênticas, e possivelmente ainda as mais recentes, caso sejam autênticas.[26]

---

[25] A sequência atual é a de muitos manuscritos do início do período medieval e foi usada por Erasmo em 1516, quando ele preparou o primeiro NT grego impresso.

[26] Tradicionalmente, os defensores da autenticidade colocam as Pastorais no final da carreira de Paulo, porém uma tendência recente tem sido localizá-las mais cedo.

As indiscutíveis Cartas do Cativeiro, ou Epístolas da Prisão (Filipenses e Filemom), são difíceis de se datar, embora a epístola aos Filipenses tenha muito em comum com as chamadas cartas principais, e Filemom esteja provavelmente relacionado de modo íntimo a Colossenses. Pensa-se que a segunda carta aos Tessalonicenses é geralmente posterior a 1Tessalonicenses, porém isso pode ser por uma questão de meses ou décadas, dependendo de sua autenticidade. Já observamos que para alguns estudiosos 2Timóteo parece diferente de 1Timóteo e Tito, mais parecido com as cartas incontestáveis, e assim talvez mais precoce do que as outras duas Epístolas Pastorais. A ordem de apresentação nesse livro é uma ordem cronológica razoável: 1Tessalonicenses, 2Tessalonicenses, Gálatas, 1Coríntios, 2Coríntios, Romanos, Filipenses, Filemom, Colossenses, Efésios, 2Timóteos, 1Timóteo e Tito. Essa ordem, ao invés da ordem canônica, foi escolhida principalmente para facilitar o reconhecimento das relações entre cartas posteriores e anteriores.

As cartas como textos teológicos

Em uma introdução "teológica" a Paulo e a suas cartas, não podemos deixar este capítulo sem pelo menos abordar brevemente duas questões teológicas. Se as cartas de Paulo eram epístolas pastorais e não tratados teológicos em si mesmos, até que ponto encontramos a teologia de Paulo contida nelas? E ainda, se eram exercícios de 'apostolado *in absentia*', de que modo as cartas podem nos abordar hoje como Escritura, quando o apóstolo está afastado de nós não apenas pelo espaço, mas também pelo tempo — muito tempo?

Para tratar da segunda questão, primeiramente se deve levar em conta que ler as cartas de Paulo como Escritura requer uma espécie de empatia com o autor e com os seus propósitos. Isto é parte do que o filósofo e linguista Umberto Eco chamou de "leitor modelo". Tal postura não implica um compromisso prévio para concordar com tudo o que o escritor diz, mas requer uma vontade de ser afetado pelo texto de uma forma que seja condizente com os objetivos "formação de comunidade' ou, nas palavras do especialista do Novo Testamento Richard Hays, a "conversão da imaginação".[27]

---

[27] Veja, e.g., Richard B. Hays, *The Conversion of the Imagination: Paul as Interpreter of Israel's Scripture* (Grand Rapids: Eerdmans, 2005).

Mais especificamente, o objetivo de Paulo ao escrever é ser um instrumento da graça divina para moldar comunidades e indivíduos à imagem de Cristo. *Ler Paulo teologicamente é, antes de tudo, compartilhar essa agenda teológica primária.* É, na minha opinião, dar-lhe o benefício da dúvida como apóstolo, o que nem sempre é fácil de fazer.

Isso nos leva de volta à primeira pergunta, sobre o conteúdo teológico em cartas pastorais ocasionais. Como veremos mais adiante no capítulo 6, "ocasional" não significa espontâneo ou irrefletido. Embora a atividade de Paulo possa ser corretamente descrita como 'teologização' em vez de simplesmente oferecer proposições dogmáticas, suas cartas, no entanto, contêm afirmações teológicas específicas que são, de sua perspectiva, parte da verdade do evangelho; elas não dependem das circunstâncias dos destinatários individuais, ou de sua própria situação. (Isso, no entanto, não significa que *cada coisa* que Paulo diz pode se encaixar nessa categoria.) Às vezes, essas convicções são explícitas, enquanto outras são muito mais implícitas e precisam ser 'descompactadas'. O capítulo 6 identificará algumas das convicções fundamentais de Paulo, ou grandes ideias. Esses 'conceitos-chave', para tomar emprestado um termo dos campos do pensamento crítico e da educação, geralmente se tornaram normativos para a fé cristã, embora nem sempre exatamente da maneira como Paulo pretendia que fossem entendidos. E, de fato, eles devem ser normativos se as cartas de Paulo são Escrituras. Nos capítulos de cada carta, resumirei as principais afirmações teológicas que Paulo faz em cada seção dessa carta em particular.

Finalmente, três coisas devem ser mantidas em mente quando pensamos nas cartas como textos teológicos. Em primeiro lugar, precisamos reconhecer que Paulo é sempre e em toda parte motivado e guiado teologicamente. Nada é casual, mesmo que pareça teologicamente leve ou improvisado, à primeira vista. Às vezes, porém, será necessário 'ligar os pontos', por assim dizer, para ver no que Paulo acredita e por que ele o faz, especialmente quando ele não o articula explicitamente. Em segundo lugar, muitas vezes precisaremos lutar com essas cartas, tanto para entendê-las como para engajá-las como textos que nos abordam com seus modos de teologizar e com suas reivindicações teológicas. Esse não é um trabalho fácil. Em terceiro lugar, precisaremos desenvolver uma espécie de humildade e abertura, pois se a luta não é fácil, a conversão — da imaginação e da vida de alguém — é ainda mais difícil.

Perguntas para reflexão

1. Quais são algumas das vantagens e desvantagens de comunicar sobre questões delicadas, seja na igreja, seja em outro lugar, por carta?
2. Identifique alguns dos possíveis ativos e passivos para a Igreja em ter escritos autorizados e canônicos que eram documentos 'ocasionais' como as cartas de Paulo.
3. Que aspectos de Paulo como comunicador em seu contexto particular — como antigo escritor de cartas e retórico — podem ser instrutivos para os comunicadores do evangelho hoje?
4. Discuta o axioma teológico proposto: "A inspiração da Escritura é independente de sua autoria humana". Isso nega a necessidade de um cuidadoso estudo erudito histórico?
5. Quais são os possíveis ativos e passivos envolvidos na avaliação do valor das cartas paulinas de acordo com sua suposta data de composição? O caráter de seu público original (Igreja ou indivíduo)? Sua suposta importância teológica?
6. Quais são as implicações de ler Paulo como 'leitores-modelo' e para a 'conversão da imaginação'?
7. O que você acha da seguinte descrição de Paulo pelo romancista Frederick Buechner? "Ele plantava igrejas do mesmo jeito que Johnny Appleseed plantava árvores. E sempre que tinha dez minutos de sobra, escrevia cartas. Ele intimidava. Ele persuadia. Ele confortava. Ele amaldiçoava. Ele desnudava sua alma. Ele relembrava. Ele reclamava. Ele teologizava. Ele inspirava. Ele se exultava. Ele estava envolvido com tudo e em íntima ligação com Cristo, ele mantinha contato com todo mundo. Só as postagens deve ter lhe custado uma fortuna, sem contar a energia e o tempo." (*Peculiar Treasures: A Biblical Who's Who* [Nova York: HarperCollins, 1979], p. 129).

Para leitura e estudo adicionais

Geral

Doty, William G. *Letters in Primitive Christianity*. Philadelphia: Fortress, 1973. Guia básico para cartas na Antiguidade, cartas de Paulo e os elementos formais menores nas primeiras cartas cristãs.

Gray, Patrick. *Opening Paul's Letters: A Reader's Guide to Genre and Interpretation*. Grand Rapids: Baker Academic, 2012. Um guia básico e útil para Paulo, o autor de cartas.

Heil, John Paul. *The Letters of Paul as Rituals of Worship*. Eugene, OR: Cascade, 2011. Uma interpretação de cada uma das cartas paulinas como sendo destinada a promover, expressar, e ser utilizada no culto cristão primitivo.

McDonald, Lee M., e James A. Sanders. *The Canon Debate*. Peabody, MA: Hendrickson, 2002. Abordagem exaustiva das questões relativas à formação do cânone bíblico, incluindo as cartas de Paulo.

Murphy-O'Connor, Jerome. *St. Paul the Letter-Writer: His World, His Options, His Skill*. Collegeville, MN: Liturgical Press, 1995. Estudo esclarecedor do antigo processo de composição de cartas, do formato da carta e da coleta das cartas de Paulo.

Richards, E. Randolph. *Paul and First-Century Letter Writing: Secretaries, Composition, and Collection*. Downers Grove, IL: InterVarsity, 2004. As cartas de Paulo escritas em seu contexto.

Roetzel, Calvin J. *The Letters of Paul: Conversations in Context*. 6ª ed. Louisville: Westminster John Knox, 2015. Introdução clássica à forma e à natureza ocasional das cartas de Paulo, com uma pesquisa sobre o mundo de Paulo e intérpretes.

Stirewalt, M. Luther, Jr. *Paul, the Letter Writer*. Grand Rapids: Eerdmans, 2003. Argumentos para atestar a influência das cartas oficiais na correspondência de Paulo.

Stowers, Stanley K. *Letter-Writing in Greco-Roman Antiquity*. Library of Early Christianity 5. Philadelphia: Westminster, 1986. Análise dos formatos de cartas judaicas e não judaicas e sua relação com as cartas do NT.

Trobisch, David. *Paul's Letter Collection: Tracing the Origins*. Mineápolis: Fortress, 1994. Atribui a origem do processo de coleta das cartas de Paulo ao próprio Paulo: quatro cartas que tratam da coleta de fundos para a igreja de Jerusalém.

Weima, Jeffrey A. D. *Paul the Ancient Letter Writer: An Introduction to Epistolary Analysis*. Grand Rapids: Baker Academic, 2016. Como o uso de convenções de escrita nas cartas compostas por Paulo ajuda seus objetivos persuasivos.

White, John L. *Light from Ancient Letters*. Philadelphia: Fortress, 1986. Textos com debates.

Técnica

Harvey, John. *Listening to the Text: Oral Patterning in Paul's Letters*. Grand Rapids: Baker, 1998. Uma análise dos padrões orais, graças tanto à oralidade judaica quanto à retórica greco-romana, no texto grego das cartas de Paulo.

Klauck, Hans-Josef. *Ancient Letters and the New Testament: A Guide to Context and Exegesis*. Waco, TX: Baylor University Press, 2006. Um guia abrangente, com exercícios para estudantes.

O'Brien, P. T. *Introductory Thanksgivings in the Letters of Paul*. NovTSup 49. Leiden: Brill, 1977. Estudo clássico do papel das ações de graças nas cartas de Paulo.

Porter, Stanley E., ed. *The Pauline Canon*. Boston: Brill, 2004. Autoria, produção e coleção das cartas de Paulo.

Weima, Jeffrey A. D. *Neglected Endings: The Significance of the Pauline Letter Closings*. Sheffield: JSOT Press, 1994. Análise dos elementos finais das cartas de Paulo.

4

O EVANGELHO DE PAULO

As boas-novas do Cristo crucificado e ressurreto

A cruz é a assinatura daquele que ressuscitou.
Ernst Käsemann[1]

Paulo está corretamente associado à palavra 'evangelho' (*euangelion*), um termo que significa "boas-novas", o qual aparece na correspondência paulina cerca de sessenta vezes, sendo quarenta e oito vezes naquelas cartas de autoria indiscutível. Para Paulo, no entanto, o evangelho não se trada de apenas palavras; é *poder* — "o poder de Deus para a salvação" (Rm 1:16; cf. 1Ts 2:13). É a expressão eficaz ou performativa de Deus, a nova palavra divina que não volta vazia, mas cumpre o propósito divino (Is 55:11).

A natureza desse poder e a substância dessas boas-novas devem ser cuidadosamente analisadas. Neste capítulo, consideramos o conteúdo do evangelho de Paulo de acordo com declarações resumidas em suas cartas, a história mais ampla que essas declarações incorporam e inferem, o caráter religioso e político ('teopolítico') do evangelho paulino e os benefícios do evangelho para aqueles que lhe respondem com fé.

Cristo crucificado e ressuscitado

Paulo pode dizer com máxima convicção e honestidade que sua missão era — "conhecer" — experimentar e proclamar tanto em palavras

---

[1] Ernst Käsemann, "The Saving Significance of the Death of Jesus", in Perspectives on Paul, trad. Margaret Kohl (Filadelfia: Fortress, 1971; reimpr. Mifflintown, PA: Sigler, 1996), p. 56.

quanto em atos — nada além de "Jesus, o Messias, ou seja, Jesus, o Messias *crucificado*" (1Co 2:2, tradução e ênfase do autor). Essa fixação em um 'criminoso morto' ou mesmo em um Messias morto soa limitada, se não mórbida. Onde ficariam as 'boas-novas' sem a ressurreição?

Com certeza, o evangelho de Paulo não seria uma boa notícia para ele, e não seriam boas-novas para mais ninguém sem a ressurreição (veja, e.g., 1Co 15). De fato, foi o Senhor ressuscitado que Paulo encontrou pela primeira vez nas proximidades de Damasco. No entanto, é absolutamente crucial para Paulo que seu evangelho seja entendido com a centralidade no Cristo crucificado; o Senhor ressuscitado segue ao Messias crucificado. Nas famosas e eloquentes palavras de Ernst Käsemann citadas há pouco, a cruz é a "assinatura daquele que ressuscitou". Isso significa que, embora a cruz deva ser narrada e compreendida em conexão com outros eventos na história de Cristo e a história maior do Deus de Israel, esses eventos devem ser compreendidos, para Paulo, através das lentes interpretativas da cruz.[2] A ressurreição torna essa perspectiva *possível* e *necessária*.

O EVANGELHO NO CREDO E NO TEXTO

Paulo afirma que a fonte de seu evangelho não são os seres humanos, mas somente Deus (Gl 1:1, 11-12). Ironicamente, no entanto, parece que Paulo às vezes cita, ou talvez parafraseia, porções de credos, hinos ou poemas e outras curtas confissões de fé das igrejas primitivas para resumir seu próprio evangelho. Ao citar esse material, Paulo tanto o afirma quanto o reutiliza criativamente para seus propósitos particulares. Esses fragmentos primitivos de liturgia nos fornecem um esboço dos primórdios do evangelho cristão e do evangelho paulino. Alguns desses fragmentos, ou alusões a tais fragmentos, incluem os textos a seguir, listados em ordem canônica, nos quais algumas palavras-chave e frases são destacadas:[3]

---

[2] Portanto, quando 2Timóteo resume o evangelho como "Jesus Cristo, ressuscitado dentre os mortos, descendente de Davi" (2:8), faz isso em conexão com os sofrimentos de Paulo por esse evangelho (2:9-11).

[3] Há um certo consenso acadêmico sobre o caráter litúrgico pré-paulino de alguns desses textos, mas ainda permanece um debate em andamento sobre muitos outros, incluindo um dos mais importantes, Fl 2:6-11, que é parcialmente citado a seguir.

O evangelho de Deus, o qual foi *prometido por ele de antemão* por meio dos seus profetas nas Escrituras Sagradas, acerca de seu Filho, que, como homem, era *descendente de Davi*, e que mediante o Espírito de santidade *foi declarado Filho de Deus com poder, pela sua ressurreição dentre os mortos*: Jesus Cristo, nosso Senhor (Rm 1:1-4; as palavras destacadas dos v. 3-4 são muitas vezes consideradas anteriores a Paulo).

[Eles são] justificados gratuitamente por sua graça, por meio da *redenção* que há em Cristo Jesus. *Deus o ofereceu como sacrifício para propiciação* mediante a fé (Rm 3:24-25a).

[Palavras escritas] também para nós [como justos], a quem Deus creditará justiça, a nós, que cremos naquele que ressuscitou dos mortos a Jesus, nosso Senhor. *Ele foi entregue à morte por nossos pecados e ressuscitado para nossa justificação* (Rm 4:24-25).

Aquele que não poupou seu próprio Filho, mas o entregou por todos nós, como não nos dará com ele, e de graça, todas as coisas? (Rm 8:32).

Se você *confessar* com a sua boca que Jesus é Senhor e crer em seu coração que Deus o ressuscitou dentre os mortos, *será salvo* (Rm 10:9).

Ninguém pode dizer: "*Jesus é Senhor*", a não ser pelo *Espírito Santo* (1Co 12:3).

[Jesus Cristo] *que se entregou a si mesmo por nossos pecados a fim de nos resgatar desta presente era perversa*, segundo a vontade de nosso Deus e Pai (Gl 1:4).

Assim, já não sou eu quem vive, mas Cristo vive em mim. A vida que agora vivo no corpo, vivo-a pela fé no filho de Deus, *que me amou e se entregou por mim* (Gl 2:20).

Mas, quando chegou *a plenitude do tempo,* Deus enviou seu *Filho,* nascido de mulher, nascido debaixo da Lei, a fim de *redimir* os que

---

Além disso, algumas das traduções fornecidas pela NRSV são debatidas, mas essa discussão está fora de nossos propósitos atuais.

estavam sob a Lei, para que recebêssemos a *adoção* de filhos (Gl 4:4-5).

E, sendo encontrado em *forma humana*, humilhou-se a si mesmo e foi obediente até a morte, e *morte de cruz!* (Fl 2:8).

Como se *voltaram* para Deus, deixando os ídolos a fim de servi̱r ao Deus vivo e verdadeiro e *esperar dos céus seu Filho, a quem ressuscitou dos mortos*: Jesus, que nos livra da ira que há de vir (1Ts 1:9b-10)[4]

Tomados em conjunto, esses textos indicam que um esboço do evangelho paulino destaca certos pontos-chave na história de Jesus e seu significado:

- a promessa divina enunciada pelos profetas;
- a vinda de Jesus como o cumprimento da promessa divina;
- o *status* de Jesus como filho de Davi e Filho de Deus (o que implica *status* real e messiânico);
- a morte de Jesus por crucificação como dom de Deus e a doação de Jesus por si mesmo;
- a ressurreição de Jesus por Deus;
- a posição de Jesus como Senhor;
- o retorno de Jesus, e um futuro dia de salvação e ira;
- a exigência de uma resposta humana: fé, confissão do senhorio de Jesus, serviço a Deus;
- os efeitos da morte e ressurreição de Jesus para aqueles que creem: o derramamento do Espírito, o perdão dos pecados, a libertação do pecado e do presente século mau, justificação, redenção, libertação da ira vindoura.[5]

---

[4] A essa lista das cartas incontestáveis poderiam ser acrescentados vários textos das cartas discutíveis, incluindo Cl 1:15-20; Ef 1:3-14; 1Tm 3:16; e 2Tm 2:8, 11-13.

[5] Esse resumo do evangelho tem sido algumas vezes chamado de kerygma (gr. *kērygma*), ou 'proclamação'. Um resumo bastante abrangente do evangelho de Paulo em suas próprias palavras pode ser encontrado tanto em Rm 5:1-11 quanto em 2Co 5:11-21.

Além de fragmentos dispersos que testificam de vários elementos do evangelho, relatos mais desenvolvidos que parecem ser tradicionais (isto é, transmitidos) e talvez também de caráter litúrgico podem ser encontrados nas cartas de Paulo. Por exemplo, em 1Co 15:3-8 ele renova a memória dos coríntios sobre o evangelho que havia pregado (v. 1):

> Pois o que primeiramente lhes transmiti foi o que recebi: que *Cristo morreu pelos nossos pecados, segundo as Escrituras*, foi *sepultado* e *ressuscitou no terceiro dia, segundo as Escrituras*, e *apareceu* a Pedro e depois aos Doze. Depois disso *apareceu* a mais de quinhentos irmãos de uma só vez, a maioria dos quais ainda vive, embora alguns já tenham adormecido. Depois *apareceu* a Tiago e, então, a todos os apóstolos; depois destes *apareceu* também a mim, como a um que nasceu fora de tempo (ênfase adicionada).

Aqui temos um credo básico, ou declaração do evangelho, com quatro afirmações principais, ou 'artigos', três dos quais incluem alguma interpretação e elaboração:

AFIRMAÇÕES E ELABORAÇÕES DO EVANGELHO EM 1CORÍNTIOS 15:3-8

Afirmação/Artigo	Interpretação/Elaboração
Cristo [o Messias] morreu	- pelos nossos pecados - de acordo com as Escrituras
Ele foi sepultado	
Ele foi ressuscitado	- no terceiro dia - de acordo com as Escrituras
Ele se manifestou	- para... depois para... - Então, para... - Então... para..., então para... - Por último... para...

A primeira e a terceira afirmações, a morte e ressurreição de Cristo, são aqui e em outras partes em Paulo os "eventos principais", cumprindo as Escrituras, enquanto a segunda e a quarta, o sepultamento de Cristo e as aparições pós-ressurreição, confirmam a realidade dos dois atos centrais, respectivamente. No entanto, para Paulo, a sequência realmente funcionou ao contrário, de forma experiencial: ele encontrou o Jesus ressuscitado, o que o levou a concluir que Deus o havia ressuscitado dos mortos e, portanto, que a realidade da morte de Jesus por crucificação não era apenas o epítome de vergonha, mas a obra salvadora de Deus, prevista nas Escrituras.[6]

É crucial notar que essas quatro afirmações, como a maioria dos pontos com marcadores coletados das declarações mais curtas do evangelho, não são declarações teológicas ou filosóficas especulativas, mas afirmações *narrativas*. O evangelho de Paulo é uma história, uma narrativa sobre o que Deus e Cristo fizeram "por nós". Suas boas-novas têm, portanto, um duplo caráter. São boas-novas *sobre* Deus e seu Messias e, portanto, boas-novas *para* "nós".

Isso significa que a dimensão teológica e a soteriológica (salvífica) do evangelho de Paulo são inseparáveis. Assim, quando Paulo explica o batismo, ele fala sobre ele na linguagem dessa narrativa do credo, como participação na morte, sepultamento e ressurreição de Jesus (Rm 6). Quando ele resume sua proclamação do evangelho como a revelação da justiça de Deus (Rm 1:16-17) ou como Cristo crucificado (1Co 2:2), ele está dizendo algo sobre Deus e Cristo, mas também sobre a possibilidade e mesmo a necessidade de participar desse 'evento de Cristo', como às vezes é chamado. Quando, em Rm 3:21-26, Paulo resume seu evangelho em termos da justiça de Deus (provavelmente mais uma vez com base na tradição anterior), ele escreve não apenas sobre a graciosa atividade de redenção e expiação de Deus, mas também sobre a necessidade de apropriação do dom pela fé; seu evangelho é sobre "justiça de Deus mediante a fé em Jesus Cristo para todos os que creem" (3:22). A iniciativa divina requer resposta humana.

A NARRATIVA PRINCIPAL DE PAULO

Uma dimensão implícita, porém, muito importante, do credo preservado em 1Co 15 é a afirmação de que Jesus é tanto o Messias crucificado (pois todos tinham conhecimento da forma pela qual Ele morreu) quanto o Senhor vivo e exaltado cuja ressurreição por Deus ("Ele foi ressuscitado" não 'Ele se levantou') foi sua justificação. Em outro lugar, portanto, Paulo cita a aclamação inicial "Jesus é Senhor" como

---

[6] Estudiosos têm debatido a(s) possível(is) referência(s) bíblica(s) à ressurreição e aos três dias. Dois textos possíveis são Os 13:14 e Sl 16:10 (Septuaginta 15:10).

o corolário de Deus ressuscitá-lo dos mortos (1Co 12:3; 2Co 4:5; Rm 10:9; Fl 2:11; cf. Ef 1:15-23); recitar a aclamação significa acreditar na vindicação e vice-versa. Os crentes, portanto, reafirmam implicitamente todo o evangelho simplesmente confessando que "Jesus é o Senhor". Quando o fazem, querem dizer que o Jesus crucificado, ressuscitado e exaltado é o Messias Divino e Senhor. Como tal, esse Jesus, com razão, compartilha da devoção e da honra devidas ao único Deus verdadeiro, o Deus de Israel, sendo o destinatário adequado da homenagem indevidamente prestada a todos e quaisquer outros chamados senhores e deuses, incluindo Zeus, Apolo, e logicamente o imperador.

Em nenhum lugar nas cartas de Paulo isso é retratado de modo mais graficamente do que em Fl 2:6-11, que possivelmente é um fragmento de um hino ou poema, uma narrativa dramática semelhante a um credo que pode ter sido usada na adoração. A narrativa poética indica dois 'atos' principais (humilhação e exaltação) no drama da história de Cristo (a tradução é minha.)

O DRAMA DA HISTÓRIA DE CRISTO EM FILIPENSES 2:6-11

Ato I: Humilhação (2:6-8)

[x] Posse do status	2:6a	Embora [Jesus, o Messias], sendo Deus,*
[y] Renúncia de sua posição	2:6b	Ele não considerou essa igualdade com Deus como algo a explorar para seu próprio benefício,
[z] Esvaziamento de si mesmo/ tornando-se servo	2:7-8	
(i) Encarnação		mas esvaziou-se assumindo a forma de servo, isto é, nascendo como ser humano.
(ii) Morte		E, sendo encontrado em forma humana, humilhou-se a si mesmo e foi obediente até a morte, e morte de cruz!

Ato II: Exaltação (2:9-11)

[a] Vindicação divina	2:9	Por isso Deus o exaltou à mais alta posição e lhe deu o nome que está acima de todo nome,

| [b] Reconhecimento universal | 2:10-11 | para que ao nome de Jesus se dobre todo joelho, nos céus, na terra e debaixo da terra, e toda língua confesse que Jesus Cristo é o Senhor, para a glória de Deus Pai. |

* A tradução "Embora sendo Deus" também pode ser traduzida assim: "Porque sendo Deus". Veja o capítulo sobre Filipenses.

Embora muitos estudiosos acreditem que Paulo provavelmente não compôs esse texto (embora certamente o pudesse ter feito), ele também o incorpora em seu evangelho de forma magistral.[7] Seus dois atos, (I) humilhação seguida de (II) exaltação, contam a sequência histórica de atividade de Cristo, seguida por uma resposta de Deus e de todas as criaturas. No Ato I, Cristo passa de [x] uma posição de igualdade pré--encarnação com Deus (*status*),[8] porém [y] ele não explora essa condição como uma vantagem egoísta, mas antes [z] se esvazia na encarnação e se humilha na morte obediente na Cruz. Essa renúncia de *status* e rebaixamento de si mesmo em duas partes levam, no Ato II, à sua consequente [a] exaltação por Deus Pai à posição de Senhor (vindicação). Bem como o [b] reconhecimento por toda a criação. Aqui encontramos, então, o fundamento explícito para a confissão "Jesus é o Senhor" (gr. *kyrios*). O segundo ato desse poema narrativo (2:9-11) empresta a linguagem da devoção de Israel a YHWH como o único Deus e Senhor verdadeiro:

> Voltem-se para mim e sejam salvos,
> todos vocês, confins da terra;
> pois eu sou Deus, e não há nenhum outro.
> Por mim mesmo eu jurei,
> a minha boca pronunciou com toda a integridade
> uma palavra que não será revogada:

---

[7] O debate interminável sobre o caráter e a história deste texto não pode ser explorado aqui. Os estudos anteriores insistiam e se concentravam em suas origens pré--paulinas como um credo ou hino; os estudos atuais estão divididos na questão das origens e gênero, mas geralmente unidos na importância do texto para Paulo e na necessidade de focar seu significado em seu contexto paulino (e não pré-paulino).

[8] Embora a interpretação das linhas iniciais como representando o Cristo pré-encarnado ainda seja debatida, agora é sustentada pela maioria dos estudiosos paulinos.

"Diante de mim todo joelho se dobrará;
junto a mim toda língua jurará" (Is 45:22-23).

Ouvindo em Filipense 2 o eco do texto da Escritura que reserva tal confissão e adoração somente para YHWH, descobrimos também que o Jesus exaltado está do lado divino da grande divisão entre divindade e humanidade. Para aqueles que recitam esse texto, incluindo Paulo, Jesus é parte integrante da identidade divina. Da mesma forma, Paulo interpreta o Shemá de Israel — sua declaração fundamental de fé e fidelidade somente a YHWH — como uma afirmação de um Deus Pai e um Senhor Jesus:

> Ouça, ó Israel: O Senhor [LXX *kyrios*] é o nosso Deus [LXX theos], é o único Senhor [LXX *kyrios*] (Dt 6:4).

> Sabemos que "nenhum ídolo no mundo realmente existe" e que "não há Deus senão um só". De fato, ainda que haja os assim chamados deuses no céu ou na terra — como de fato há muitos deuses e muitos senhores — para nós ainda há um Deus [*theos*], o Pai, de quem são todas as coisas e para quem nós existimos, e um Senhor [*kyrios*], Jesus Cristo, por meio de quem são todas as coisas e por meio de quem existimos (1Co 8:4b-6).

Aqui Paulo mantém o monoteísmo judaico do Shemá — um Deus/Senhor com uma missão (criação) — enquanto reconhece, de fato, duas 'pessoas' nessa identidade divina: Deus Pai e o Senhor Jesus Cristo. Essa afirmação da unidade divina ainda é a distinção que dá sentido a mais um resumo do evangelho paulino e da missão de salvação: "Deus em Cristo estava reconciliando consigo o mundo" (2Co 5:19).

Muito mais poderia ser dito sobre o conhecido e extraordinariamente rico texto poético de Filipenses 2, embora apenas alguns comentários sejam necessários neste capítulo. Primeiro, contém alusões a várias figuras importantes, incluindo especialmente Adão (com quem Cristo é contrastado; cf. Gn 3) e o servo sofredor de Isaías 52:13—53:12 (a quem Cristo é comparado). O Shemá também teria sido ouvido em cidades como Filipos, onde o culto imperial era proeminente, como contraste e desafio à honra equivocada dada ao imperador como senhor universal, ou *kyrios*. Em segundo lugar, assim como 1Co 15:3-11, também é uma narrativa. Ao contrário do texto de Coríntios, porém, não contém nada explícito sobre o efeito salvífico da história — os eventos da história ocorrendo 'para nós'. Em si mesmo, o texto é apenas teológico e cristológico, não soteriológico ('para nós') ou ético ('como exemplo'). No entanto, repetidamente em suas cartas, Paulo explora essa narrativa para interpretar não apenas a vinda, morte e exaltação de Cristo (o evento de Cristo), mas também seu próprio ministério e a vida dos crentes. Isto é, Paulo usa o texto eticamente.[9]

De fato, tanto em Filipenses quanto em outros textos, Paulo vê o relato de Jesus encontrado nessa narrativa poética como uma história de fé obediente, amor abnegado e esperança inabalável, mesmo diante do sofrimento e da morte.[10] A história apresenta tanto a *fonte* da salvação dos crentes na encarnação, morte e exaltação de Cristo, quanto sua *forma* de participação nesse evento de Cristo. Paulo, em outras palavras, encontra na história de Cristo Jesus também a história da igreja, como veremos no próximo capítulo. Com tanta frequência e criatividade, Paulo explora esse poema de tal forma que não estaríamos errados se o reconhecêssemos como seu relato mais importante do evangelho. Poderíamos dizer que é sua apresentação *principal*. Ele a conta de forma mais completa e sucinta do que em qualquer outro texto seu. (Um exemplo de uma versão abreviada está em 2Co 8:9.)

No entanto, essa história é colocada mesmo por Paulo dentro de uma estrutura narrativa mais ampla, a saber, a história da salvação de Deus contada pelo parceiro da aliança de Deus, Israel. O evangelho é a história do Deus de Israel restaurando seu povo, bem como também as nações a um relacionamento correto e de aliança. Para essa história nos voltamos agora brevemente.

A HISTÓRIA DA FIDELIDADE E SALVAÇÃO DE DEUS

Para Paulo, o evangelho não era uma invenção humana — e nenhuma 'ideia nova'. Embora tenha sido revelado apenas recentemente, ele tem o ponto culminante do plano e da atividade de Deus em e através de Israel. A "plenitude dos tempos" (Gl 4:4) não se refere a um momento

---
[9] Esse processo foi uma consequência natural da visão de Paulo da inseparabilidade da teologia, incluindo a cristologia e a soteriologia, da ética.
[10] Veja, por exemplo, Fl 1:27—2:5; Rm 15:1-3; 1Co 9; 10:23—11:1; 2Co 8:9; 1Ts 2:7-8.

oportuno criado pelo Império Romano, mas à vontade e ao tempo de Deus, ao momento decisivo da história — o momento apocalíptico. A dependência de Paulo das Escrituras para interpretar o significado e o progresso do evangelho revela que ele estava absolutamente convencido de que o que havia acontecido em Cristo, e o que estava acontecendo na missão das igrejas, era o foco da atividade de salvação de Deus para todo o mundo.

Uma das principais questões teológicas que a revelação do evangelho colocou para Paulo foi a questão da fidelidade de Deus, pois em sua experiência, mais gentios do que judeus estavam respondendo ao evangelho, talvez sugerindo que Deus havia abandonado seu povo (veja Rm 9-11). Paulo sabia, porém, que as Escrituras haviam anunciado boas-novas sobre o vindouro reino de Deus (Rm 1:2; Gl 3:8). A tradução grega (LXX) de Isaías até usa o verbo relacionado *a euangelion* — *euangelizomai* — em várias partes-chave dos capítulos 40—66.[11] Como observamos no capítulo 2, toda essa seção das Escrituras teve uma profunda influência sobre Paulo. Ele acredita que em Cristo as promessas de Deus estão sendo cumpridas, mas de formas novas e inesperadas. Em Cristo, o novo êxodo, a nova aliança, o novo coração e a nova criação, profeticamente prometidos, estão todos se concretizando. Deus está sendo fiel e redimirá Israel (apesar de fortes evidências — a descrença de muitos judeus — em contrário), mesmo como os salmistas e profetas de Israel repetidamente disseram que Deus faria. Ao mesmo tempo, a 'história da salvação' se concretiza de forma 'apocalíptica'; o cumprimento das promessas de Deus é surpreendentemente inesperado e novo.

Uma parte essencial desse algo novo realmente não é tão novo — a inclusão dos gentios. Para Paulo, sua parte no plano de Deus não é uma reflexão tardia, mas remonta à intenção original de Deus ao chamar Abraão para formar um povo distinto de Deus e, assim, abençoar as nações (Gl 3:14-29; cf. Gn 12:1-3). Assim, as boas novas são tanto para Israel quanto para as nações, como o grande texto profético havia afirmado:

Como são belos nos montes
os pés daqueles que anunciam [*euangelizomenou*] boas-novas,

---

[11] Is 40:9 (duas vezes); 52:7; 60:6; 61:1-2.

que proclamam a paz,
que trazem boas notícias [*euangelizomenos agatha*],
que proclamam salvação,
que dizem a Sião:
"O seu Deus reina!"
Escutem! Suas sentinelas erguem a voz;
juntas gritam de alegria.
Quando o SENHOR voltar a Sião,
elas o verão com os seus próprios olhos.
Juntas cantem de alegria,
vocês, ruínas de Jerusalém,
pois o SENHOR consolou o seu povo;
ele resgatou Jerusalém.
O SENHOR desnudará seu santo braço
à vista de todas as nações,
e todos os confins da terra verão
a salvação de nosso Deus (Is 52:7-10).

O caráter distintivo da linguagem desse texto, prometendo salvação, não deve ser esquecido. Não é apenas uma linguagem 'religiosa', mas também política: "o seu Deus reina!" Até mesmo o nome ou título de Deus é um termo político: "Senhor" (grego, *kyrios*). Essa união do religioso e do político era natural para os judeus (incluindo Paulo) e para os antigos em geral, para quem política e religião eram inseparáveis, sendo dois lados de uma moeda (veja o capítulo 1). A questão para eles não era se política e religião se misturariam, mas apenas *qual* política moldaria a religião e seria moldada por ela. Para Paulo, a resposta foi a estranha política de Deus manifestada na crucificação e ressurreição de Jesus. Paulo provavelmente teria observado a sequência narrativa do texto profético, desde essa passagem em Is 52:7-10 até o famoso relato do sofrimento do servo de Deus vindicado em Isaías 52:13—53:12.

A salvação e o reino de Deus, então, não são "princípios" ou políticas vagas. Como também o livro de Isaías proclama, o anúncio de boas-novas significa a *presença* salvadora de Deus: "suba num alto monte. Você, que traz boas-novas a Jerusalém... Diga às cidades de Judá: Aqui está [RSV "Eis"] seu Deus! O Soberano, o SENHOR, vem com poder!" (Is 40:9-10a).

Lucas relata que Jesus citou uma passagem relacionada de Isaías (61:1-2): "O Espírito do Senhor está sobre mim, porque ele me ungiu para pregar boas-novas aos pobres. Ele me enviou para proclamar liberdade aos presos e recuperação da vista aos cegos, para libertar os oprimidos e proclamar o ano da graça do Senhor" (Lc 4:18-19). Para Paulo, essa presença divina e salvadora encontra-se especialmente no Messias crucificado e ressuscitado, assim como no Espírito; esses são os meios da atividade libertadora de Deus. E como a missão de Jesus, ecoando os profetas, o evangelho de Paulo se concentrará decididamente nos pobres e fracos (e.g., 1Co 1:18-2:5). E isso tem consequências sociais e até políticas.

UM EVANGELHO TEOPOLÍTICO

Nos dias de Paulo, a palavra 'evangelho' não se referia a um tipo de escrita, mas a uma notícia — boas-novas. Era um termo conhecido tanto na comunidade judaica quanto no mundo greco-romano mais amplo.

Os judeus, que conheciam o texto de Is 40—66, teriam associado o anúncio das boas-novas com o início da presença, salvação e reinado de Deus. Eles tinham entendido essa revelação em termos sociais e políticos, bem como 'espirituais'; a salvação de Deus traria não apenas a renovação do coração do povo, mas também a libertação de Israel da opressão estrangeira, o estabelecimento do *shalom* de Deus e bênçãos aos pobres.

Para os não-judeus, a palavra *euangelion* e termos relacionados tinham uma variedade de conotações. Talvez o mais importante tenha sido o uso de 'boas notícias' para se referir à chegada de um imperador e suas benfeitorias. Como observado no capítulo 1, o sentimento expresso na famosa inscrição do calendário de 9 d.C. encontrado em Priene (perto de Éfeso) e em outros lugares foi dado como certo: "César [Augusto], através de sua aparição [*epiphanein*], excedeu as esperanças de todas as boas-novas [*euangelia*] anteriores, superando não apenas os benfeitores que vieram antes dele, mas também não deixando nenhuma esperança de que alguém no futuro o venha a superar, uma vez que para o mundo o aniversário do deus foi o começo de suas boas-novas [*euangeliōn*]".[12]

---

[12] Tradução de Helmut Koester, *Ancient Christian Gospels: Their History and Development* (Nova York: Bloomsbury T&T Clark, 1992), p. 3-4.

Não surpreende, desse modo, que tanto o evangelho de Paulo quanto a linguagem em que é proclamado sejam políticos e religiosos. Seu evangelho, poderíamos dizer, é um evangelho *teopolítico*. Ele anuncia um evento que tem a ver com a intervenção de Deus na história, algo que deve ser tanto um evento 'teológico' quanto 'político'. Tentar separar política e religião é um esforço muito moderno; o termo 'teopolítico' tenta mostrar sua interconexão. A tabela a seguir indica quanto do vocabulário básico de Paulo tem esse caráter teopolítico, extraído dos bancos de palavras tanto do mundo judaico quanto do não judaico:

O VOCABULÁRIO DO EVANGELHO TEOPOLÍTICO DE PAULO[13]

Termo(s) grego(s)	Tradução(ões) comum(s) em português	Significado em contexto judaico	Significado em contexto greco-romano mais amplo
Euangelion; euangelizomai	boas-novas/ evangelho; proclamar a boa-nova	boas-novas da salvação de Deus; anunciar as boas-novas da salvação de Deus	boas-novas da vitória militar ou do nascimento/ reinado do imperador; anunciar a beneficência do imperador
Kyrios	Senhor	YHWH (Deus)	mestre; governante, imperador (título imperial)

---

[13] Adaptado de Michael J. Gorman, *Cruciformity: Paul's Narrative Spirituality of the Cross* (Grand Rapids: Eerdmans, 2001). Outros termos (e.g., *politeuma*, "comunidade", Fp 3:20). As cartas de Paulo poderiam ser adicionadas a esta lista, mas as palavras da tabela são frequentes e centrais para a expressão de seu evangelho.

Termo(s) grego(s)	Tradução(ões) comum(s) em português	Significado em contexto judaico	Significado em contexto greco-romano mais amplo
Sotēr; sotēria	Salvador; salvação	Deus como libertador/salvador; libertação/salvação de Deus	imperador como salvador político; era imperial ou resultados da vitória militar
Basileia	reino, domínio	Reino de Deus, reinado	reino; império; domínio imperial, era
Charis	graça; dom gracioso	graça divina ou humana, compaixão, ou favor	benefício; presente; generosidade; beneficência imperial
Eirēnē	paz	relações corretas entre humanos e entre os humanos e Deus	domínio imperial e cessação de conflitos internos e externos; lat. *pax* (*pax Romana*)
Pistis	fé	fidelidade da aliança, fidelidade	lealdade (recíproca entre Roma e seus cidadãos); lat. *fides*
Eleutheria	liberdade	libertação da política opressiva de poderes	autonomia política ou ética
Dikaios; dikaiosynē	justo, reto; justiça, justificação, retidão	justo, íntegro; fidelidade da aliança e justiça	justo; justiça (romana)

Termo(s) grego(s)	Tradução(ões) comum(s) em português	Significado em contexto judaico	Significado em contexto greco-romano mais amplo
Doxa	glória; honra	o peso, o esplendor, a magnificência de Deus, e a participação humana nela	o esplendor, o poder 'eterno' e fama de Roma; estima social, esp. entre a elite; elogios
Ekklēsia	igreja; assembleia	a assembleia do povo de Deus	a assembleia local de cidadãos em uma cidade (*polis*), ou a reunião de negócios de um clube (*collegium*)
Parousia	[segunda] vinda	presença de Deus	chegada imperial ou oficial, visita, presença; presença/revelação de uma divindade

Essa tabela essencialmente nos revela que o evangelho de Deus é o relato da salvação graciosa, pacificadora e libertadora de Deus para Israel e todo o mundo, que estabelece o governo divino e que se expressa em uma assembleia de pessoas leais a Deus que antecipam a plenitude desse governo sobre todo o cosmos.

Como Jesus, então, Paulo estava anunciando uma nova ordem 'política' divinamente estabelecida: não novos partidos políticos e governos, mas uma nova maneira de estar no mundo. Enquanto Jesus pregou repetidamente a vinda do reino de Deus, começando em seu próprio ministério de ensino, de cura e por meio de sua morte, Paulo ocasionalmente falava do reino de Deus, mas com mais frequência anunciava o senhorio do Jesus crucificado, porém, agora ressuscitado. O reinado de Jesus antecipa o reinado final e completo de Deus Pai sobre um Israel renovado, inclusive os gentios, e uma criação restaurada. Tanto Jesus quanto Paulo usaram linguagem teopolítica porque o evento anunciado é ao mesmo tempo espiritual e público. Dentro do contexto de Roma, podemos dizer que cada um anunciou o 'império de Deus'. Para Paulo, não menos do que para Jesus, as boas-novas convocam as pessoas a tomar uma decisão a favor ou contra YHWH. A quem Israel e as nações prestarão lealdade? A quem reconhecerão como Senhor soberano? Tanto para Paulo quanto para Jesus, as boas-novas são uma intervenção divina que traz salvação ao abalar o *status quo* religioso, político e até mesmo cósmico.

No caso de Paulo, o que mais seu evangelho poderia fazer? Pois centrava-se em um Messias crucificado — um criminoso executado, humilhado e amaldiçoado: "[Jesus, o Nazareno], o Rei dos Judeus" (Mc 15:26 e paral.). Como evento *religioso*, essa intervenção divina foi uma nova revelação da parte de Deus e, portanto, uma convocação para conhecê-lo de uma forma renovada. Como evento *político*, era um mandato para reconhecer o senhorio de Jesus em continuidade com a fé de Israel e em contraste com as reivindicações do imperador e seu império. Como evento *cósmico*, essa intervenção divina foi de fato uma ocorrência apocalíptica, a incursão de Deus na era atual para inaugurar a era vindoura (Gl 1:4). Como tal, o evangelho oferece as promessas e benefícios daquela época, ao mesmo tempo em que compele a participação em sua expansão para todo o mundo.[14]

---

[14] Em uma seção de *Mere Christianity* [Cristianismo puro e simples] intitulada "A Invasão", C. S. Lewis escreve estas palavras: "Uma das coisas que me surpreendeu quando li o Novo Testamento seriamente pela primeira vez foi que ele falava tanto sobre um Poder das Trevas no universo — um poderoso espírito maligno que era considerado o Poder por trás da morte, da doença e do pecado. A diferença é que o cristianismo diz que esse Poder das Trevas foi criado por Deus, e era bom quando foi criado, mas deu errado. O cristianismo concorda com o dualismo, segundo o qual este universo está em guerra. Mas não pensa que se trata de uma guerra entre potências independentes. Acredita que é uma guerra civil, uma rebelião, e que estamos vivendo em uma parte do universo ocupada pelo poder rebelde.

Um território ocupado pelo inimigo — isso é o que este mundo é. O cristianismo é a história de como o rei legítimo chegou aqui, pode-se dizer, chegou disfarçado, e está nos chamando para participar de uma grande campanha de sabotagem" (Nova York: HarperCollins, 2001 [orig. 1952], p. 43-44).

Os benefícios do evangelho

Até agora, neste capítulo, enfatizamos o caráter narrativo do evangelho de Paulo como o anúncio de boas-novas com dimensões sociais e políticas, bem como 'espirituais' ou (restritamente interpretado) 'religiosas'. Essa ênfase foi necessária em parte porque geralmente muitos leitores do Novo Testamento, e de Paulo em particular, não reconhecem essas dimensões fundamentais do evangelho; eles muitas vezes pensam no evangelho em termos individuais e particulares: uma mensagem simplesmente para e sobre mim.

Naturalmente para Paulo, o evangelho é uma palavra pessoal. Isso fica especialmente evidente quando ele diz: "Fui crucificado com Cristo. Assim, já não sou eu quem vive, mas Cristo vive em mim. A vida que agora vivo no corpo, vivo-a pela fé no filho de Deus, que me amou e se entregou por mim" (Gl 2:20) — embora, mesmo aqui, Paulo esteja falando representativamente para todos os crentes. No entanto, para Paulo o evangelho, embora *pessoal*, não é *privativo*. É o anúncio das boas-novas de Deus para toda a humanidade, para toda a criação. Um manifesto teopolítico dificilmente se presta a uma experiência religiosa meramente particular. (A redução da religião à esfera privada começou com o Iluminismo.)

Esta palavra pessoal, porém, não particular, é um convite e um desafio:

> Mas o que ela diz? [a Escritura; ou talvez melhor traduzido 'Ele' = Deus]. "A palavra está perto de você; está em sua boca e em seu coração", isto é, a palavra da fé que estamos proclamando; se você confessar com a sua boca que Jesus é Senhor e crer em seu coração que Deus o ressuscitou dentre os mortos, será salvo. Pois com o coração se crê para justiça, e com a boca se confessa para salvação. Como diz a Escritura: "Todo o que nele confia jamais será envergonhado". Não há diferença entre judeus e gentios, pois o mesmo Senhor é Senhor de todos e abençoa ricamente todos os que o invocam, porque "todo aquele que invocar o nome do Senhor será salvo" (Rm 10:8-13).

Duas das palavras-chave nesse texto indicam por que as boas-novas são de fato boas notícias: as pessoas podem ser "justificadas" e "salvas". Para muitas pessoas, essas são duas das primeiras palavras que vêm à mente quando pensam em Paulo — e com razão. São dois dos grandes 'benefícios' do evangelho; ou, como dissemos anteriormente, o evangelho é tanto uma boa notícia *sobre* Cristo quanto uma boa notícia *para* nós. Mesmo aqui, porém, devemos sempre lembrar que a boa notícia para nós é que agora podemos participar da grande história de Deus; o benefício e a experiência 'pessoais' (que exploraremos mais detalhadamente no próximo capítulo) devem ser colocados no contexto mais amplo da atividade salvífica de Deus. Em outras palavras, para Paulo, realidades como 'justificação' e 'salvação' são realidades sociais ou corporativas; nós as experimentamos com outras pessoas.

Em poucas palavras, o evangelho de Cristo crucificado é "Deus por nós" (Rm 8:31). Os benefícios específicos que fluem desse caráter divino estão disponíveis para todos os que têm fé, que creem no evangelho — todos os que afirmam suas verdades, confiam na misericórdia divina que ele revela e morrem para si mesmos a fim de começar a vida com Deus. (Mais sobre "fé" pode ser encontrado no próximo capítulo.) Esses benefícios são frequentemente retratados nas cartas de Paulo em imagens vívidas; eles se combinam para criar uma espécie de caleidoscópio de graça — um conjunto de peças distintas, porém inter-relacionadas, de uma grande realidade que pode ser vista de uma variedade quase infinita de perspectivas. Embora em essência essa realidade seja uma só, é útil considerar algumas das várias imagens que Paulo usa para descrever a experiência polivalente da graça oferecida no evangelho. Esses benefícios incluem o seguinte:

- **Justificação:** Ser justificado é ser restaurado a um relacionamento de aliança correto com o Deus justo/digno e, ao fazê-lo, tornar-se parte do povo justo/digno de Deus, antecipando a absolvição no dia do julgamento final e a salvação. Cristo é a fonte *de justiça e participação dos crentes na justiça salvadora de Deus.* Veja Rm 3:21-31; 5:1-11; 5:12-21; Gl 2:15-21; 2Co 5:21.[15]

---

[15] O uso de Paulo das palavras "justo/justificado" e "justificar", que são tão centrais em seu léxico, revela sua apreciação da justificação como uma realidade complexa. A palavra e seus cognatos — que incluem em português palavras como 'justo' e 'justiça', bem como 'reto' e 'retidão' — vêm do vocabulário do caráter divino, da aliança e do tribunal, incluindo julgamento. Paulo dá sua própria interpretação a esse conceito à luz de Cristo, de modo que a justificação é inseparável da participação na morte e ressurreição do Senhor e, portanto, é inerentemente transformadora. Veja mais discussão no cap. 6.

- **Reconciliação e paz:** Esse benefício implica para Paulo uma condição prévia de inimizade entre o povo e Deus, e entre as pessoa umas com as outras, que Deus tomou a iniciativa de reparar. Cristo é o *mediador* dos crentes e sua *paz*, seu *shalom*. Veja Rm 5:1-11; 2Co 5:18-21; cf. Ef 2:14-17.
- **Perdão:** Esse benefício leva a sério a perspectiva judaica de que pecados e ofensas contra Deus requerem expiação como meio de perdão. Embora Paulo não use as palavras 'perdoar' ou 'perdão' com frequência, ele cita com aprovação as interpretações iniciais da morte de Jesus como uma morte pelos pecados (plural), com a implicação de perdão/remissão. Cristo é o *sacrifício* dos crentes. Veja Rm 3:21-26; 4:7-8 (citando Sl 32:1-2 sobre o perdão), 24—25; 1Co 5:7; 15:3, 17; 2Co 5:18-19; cf. Ef 1:7.
- **Redenção, libertação e liberdade:** Uma das contribuições únicas de Paulo é entender a condição humana como uma escravidão, tanto ao pecado, como uma força dentro e ao redor de nós, quanto aos poderes cósmicos hostis no universo.[16] Por meio de Cristo somos redimidos ou libertos — a linguagem ecoa o mercado de escravos, bem como a narrativa do êxodo — desses senhores de escravos para sermos 'escravos' de Deus em Cristo, bem como servos uns dos outros em amor. Essa redenção é completada com a redenção, ou ressurreição, do corpo (veja "Ressurreição corporal e vida eterna" a seguir). Cristo é a *libertação* dos crentes e sua *liberdade*. Veja Rm 6:12-23; 1Co 6:19-20; Gl 1:4; 4:1-11; 5:1-26.
- **Nova vida, ou constante 'ressurreição':** Embora alguns intérpretes de Paulo discordem, ele afirma claramente que os crentes participam da ressurreição de Cristo agora ao serem ressuscitados para uma nova vida. Ironicamente, porém, essa vida de ressurreição está em conformidade com a cruz de Cristo (veja cap. 5). Cristo é a *vida* dos crentes. Veja Rm 6:1-14, especialmente os versículos 11, 13.
- **Incorporação ao povo de Deus:** Por meio de uma variedade de imagens — *ekklēsia*, corpo de Cristo, nova criação, Israel de Deus, templo do Espírito Santo etc. — Paulo expressa a realidade de que os crentes constituem o povo da aliança de Deus. Como

---

[16] Estudiosos paulinos muitas vezes colocam em maiúscula as palavras "pecado" e "morte" quando se referem a forças ou poderes.

observado antes, essa realidade está intimamente relacionada à justificação. Cristo é a comunidade dos crentes. Veja Gl 6:16; 1Co 3:9-17; 12:1-31; 2Co 5:17; cf. Ef 2:11-22.

- **O dom do Espírito**: O Espírito — a presença pessoal de Deus e Cristo no indivíduo e na comunidade — é dado a todos os que creem. O Espírito dá vida, torna conhecido o amor de Deus e torna possível a vida de fé, esperança e amor. Cristo, pelo Espírito, é o *poder* que habita os crentes. Veja Rm 5:1-5; 8:1-27; cf. Ef 3:16-17.
- **A certeza do amor de Deus**: Para Paulo, o dádiva divina que nos deu Cristo é a prova e manifestação do amor de Deus no passado, presente e futuro. A certeza e a presença deste amor são comunicadas agora, como notado acima, pelo Espírito. Cristo é a *demonstração do ágape divino* pelos crentes. Veja Rm 5:6-8; 8:28-39; Gl 2:20.
- **Santificação**: Na visão de Paulo, Cristo capacita os crentes a incorporar o estilo de vida santificado ("santo") — isto é, distinto ou altercultural — apropriado para o povo da aliança. Pela ação do Espírito Santo, Cristo é a santidade dos crentes. Veja Rm 12:1; 1Co 1:30; 1Ts 3:13; 4:1-8.
- **Libertação da ira**: Paulo herda a crença judaica na responsabilidade em um futuro dia de julgamento, com a ira divina para o destino dos incrédulos/desobedientes. O amor de Deus manifestado na morte de Cristo garante proteção contra essa ira vindoura. Cristo é a segurança dos crentes. Veja 1Ts 1:10; 5:9; Rm 5:6-11.
- **Salvação**: Para Paulo, nas cartas irrefutáveis, "salvação" refere-se especialmente à experiência futura da graça e glória de Deus que resulta da justificação. É o lado positivo da libertação da ira, assim como de todos os outros inimigos, principalmente do pecado e da morte. Inclui ressurreição corporal, glorificação e vida eterna (veja a seguir). Cristo é a *salvação* dos crentes. Veja Rm 1:16; 8:18-25; 10:1-21; 1Co 15:1-2; Fl 3:20-21.
- **Ressurreição corporal e vida eterna**: Paulo mantém sua convicção judaica (farisaica) de que a vida humana é a vida 'incorporada' tanto nesta vida como a conhecemos (antes da morte) quanto na vida futura (após a ressurreição). Assim, a esperança futura dos crentes é para uma existência corporal transformada na presença

de Deus. Cristo é a *esperança* dos crentes. Veja Rm 6:20-23; 8:18-25; 1Co 15:1-58; 2Co 4:16-5:10; Fl 3:11, 21; cf. 2Tm 1:10.
- **Glorificação:** Pelo fato de Paulo acreditar que os humanos falharam completamente em incorporar a imagem de Deus à parte de Cristo, nele eles começam nesta vida um processo de transformação à semelhança do Senhor, a imagem de Deus, que é completado na vida por vir, quando eles serão totalmente como Ele na presença de Deus. Cristo é o *alvo* dos crentes, seu *telos* [finalidade, plenitude]. Veja Rm 5:1-2 (contraste 3:23); 8:12-39; 1Co 13:12; 2Co 3:12—4:6, esp. 3:18; Fl 3:12-21; cf. Cl 1:27; 2Tm 2:10.

Uma mensagem que dá significado a todas essas coisas é realmente poderosa e, de fato, uma boa notícia. Mais uma vez, no entanto, devemos enfatizar que os benefícios do evangelho não são questões de uma 'religião privativa', mas aspectos da participação na infusão da graça de Deus para a salvação de Israel, das nações e do cosmos. Experimentar esses benefícios em sua plenitude requer um reconhecimento da totalidade da reivindicação de Deus sobre a humanidade em Cristo e um apego ao lugar onde essa reivindicação é pregada e praticada — a Igreja.

Cada um dos benefícios do evangelho é, em última análise, derivado da graça de Deus manifestada em Cristo, centralizada na cruz, confirmada pela ressurreição, efetivada pelo Espírito, experimentada em comunidade e destinada ao mundo inteiro. O evangelho é, portanto, em última análise, um evento trinitário para Paulo, uma história de morte e ressurreição tanto para Cristo quanto para os crentes, individual e coletivamente.[17] Crer neste evangelho é entrar em um relacionamento com o Deus triúno da cruz e da ressurreição, com o povo de Deus, no mundo e para o mundo de Deus. Esse é o assunto do próximo capítulo.

O evangelho, para resumir, "não é um conjunto de proposições; é o relato da intenção benevolente planejada, executada e logo a ser consumada por Deus na história de Israel, na história humana em geral e em todo o cosmos para corrigir a criação que deu errado. Tanto a intenção em si quanto a releitura dela (em várias formas e com variadas ênfases) efetuam a transformação naqueles que recebem a mensagem

---

[17] Conforme será discutido no próximo capítulo, a linguagem trinitária é usada aqui em reconhecimento de que, embora Paulo não tenha uma teologia da Trindade totalmente desenvolvida, tal linguagem é apropriada.

pelo que ela é — boas-novas da ação de Deus em Cristo e no Espírito. É por isso que Paulo pode dizer que o evangelho é 'o poder de Deus para a salvação' (Rm 1:16)".[18] É o poder de Deus desencadeado no mundo. Efetivamente, então, Paulo diz: "Atenção!"

Perguntas para reflexão

1. Qual é o significado de entender o evangelho como poder divino, como um 'enunciado performativo'?
2. Avalie o significado e a adequação da afirmação de Ernst Käsemann de que para Paulo "a cruz é a assinatura daquele que ressuscitou".
3. Quais são alguns dos (mal) entendimentos comuns do evangelho cristão em relação à perspectiva de Paulo? De que maneira a igreja atual apreciou ou negligenciou as dimensões (a) narrativa, (b) judaica e (c) teopolítica do evangelho?
4. Avalie a afirmação de que "para Paulo, o evangelho, embora *pessoal*, não é *particular*".
5. Quais dos 'benefícios' do evangelho de acordo com Paulo são mais e menos compreendidos totalmente e experimentados na igreja hoje? Existem outros benefícios do evangelho que Paulo não destaca?
6. Qual é o significado teológico e prático da afirmação de que o evangelho não é um conjunto de proposições?

Para leitura e estudo adicionais

Veja também as bibliografias dos capítulos 5 e 6.

Geral

Crossan, John Dominic, e Jonathan Reed. *In Search of Paul: How Jesus' Apostle Opposed Rome's Empire with God's Kingdom*. Nova York: HarperCollins, 2004. Observa a mensagem de paz e justiça divinas de Paulo como um desafio à religião e à política imperial.

De Silva, David. *Transformation: The Heart of Paul's Gospel*. Bellingham, WA: Lexham, 2014. Introdução básica ao evangelho de Paulo sobre transformação individual, comunitária e cósmica.

---

[18] Michael J. Gorman, *Reading Paul* (Eugene, OR: Cascade, 2008), p. 44-45.

Gabrielson, Jeremy. *Paul's Non-Violent Gospel: The Theological Politics of Peace in Paul's Life and Letters*. Eugene, OR: Pickwick, 2014. Sustenta que a não-violência e a pacificação eram centrais para a identidade, o evangelho e as comunidades pós-conversão de Paulo.

Georgi, Dieter. *Theocracy in Paul's Praxis and Theology*. Trad. David E. Green. Mineápolis: Fortress, 1991. Estudo inovador do caráter político ('teocrático') do evangelho de Paulo.

Gorman, Michael J. *Becoming the Gospel: Paul, Participation, and Mission*. Grand Rapids: Eerdmans, 2015. Argumenta que Paulo queria que suas comunidades incorporassem o evangelho.

Harrison, James R. "Paul among the Romans", p. 143-76 in *All Things to All Cultures: Paul among Jews, Greeks, and Romans*. Editado por Mark Harding e Alanna Nobbs. Grand Rapids: Eerdmans, 2013. Levantamento sucinto, porém abrangente, do evangelho de Paulo frente à ideologia romana.

Horsley, Richard A., ed. *Paul and Empire: Religion and Power in Roman Imperial Society*. Harrisburg, PA: Trinity, 1997. Excelente coleção de ensaios contrastando o evangelho anti-imperialista de Paulo com o evangelho imperial da salvação.

Kim, Seyoon. *Christ and Caesar: The Gospel and the Roman Empire in the Writings of Paul and Luke*. Grand Rapids: Eerdmans, 2008. Desafia as leituras anti-imperialistas de Paulo.

Swartley, Willard M. *Covenant of Peace: The Missing Peace in New Testament Theology and Ethics*. Grand Rapids: Eerdmans, 2006. A centralidade de *shalom* para os escritores do NT, incluindo Paulo (p. 189-253).

Wright, N. T. *What Saint Paul Really Said: Was Paul of Tarsus the Real Founder of Christianity?* Grand Rapids: Eerdmans, 1997. Breve, porém lúcida introdução enfatizando tanto o caráter judaico quanto o 'político' do evangelho de Paulo.

Paul's Gospel and Caesar's Empire", p. 160-83 in *Paul and Politics: Ekklesia, Israel, Imperium, Interpretation: Essays in Honor of Krister Stendahl*. Editado por Richard H. Horsley. Harrisburg, PA: Trinity, 2000. Ensaio histórico sobre o contraste entre dois evangelhos. Também disponível em http://ntwrightpage.com/Wright_Paul_Caesar_Empire.pdf

Técnica

Barclay, John. "Why the Roman Empire Was Insignificant to Paul." p. 363-87 in *Pauline Churches and Diaspora Jews*. WUNT 275. Tübingen: Mohr Siebeck, 2011. O importante argumento de Barclay, especialmente contra N. T. Wright, sobre Paulo e o império.

Campbell, Douglas A. *The Quest for Paul's Gospel: A Suggested Strategy*. New York: T&T Clark, 2005. Um prelúdio para a *magnum opus* de Campbell (veja leitura recomendada para o cap. 6), propondo uma compreensão participativa do evangelho de Paulo.

Jervis, L. Ann, e Peter Richardson, eds. *Gospel in Paul: Studies on Corinthians, Galatians, and Romans for Richard N. Longenecker*. JSNTSup 108. Sheffield: Sheffield Academic Press, 1994. Ensaios importantes sobre as boas-novas de Paulo.

5

A ESPIRITUALIDADE DE PAULO

Participação e transformação em Cristo

> *Fui crucificado com Cristo. Assim, já não sou eu quem vive, mas Cristo vive em mim, A vida que agora vivo no corpo, vivo-a pela fé [fidelidade] no filho de Deus, que me amou e se entregou por mim.*
>
> GÁLATAS 2:20.[1]

Muitas introduções a Paulo sempre têm um capítulo sobre a ética paulina; este texto dedica um capítulo a respeito de sua espiritualidade. Queremos enfatizar a indivisibilidade do evangelho e da vida, bem como das relações com Deus e com os outros, para o apóstolo. O termo 'espiritualidade' pretende ser um termo mais abrangente do que 'ética', o qual, no entanto, também está incluído na própria espiritualidade. No momento, porém, estamos menos interessados no que Paulo pensava sobre certas questões éticas — esses temas surgirão no devido tempo na discussão das cartas — e muito mais interessados na forma geral da vida em Cristo que ele imaginava.

Uma definição comum e útil de espiritualidade, a partir de uma perspectiva cristã, é na verdade a 'experiência vivida' pelos crentes — aqueles que afirmam que "Jesus é o Senhor". Mas essa não é apenas uma experiência em nome de si mesma; é sempre uma experiência *transformadora*, e consiste em hábitos e práticas que expressam e possibilitam essa transformação. A *espiritualidade* também pode ser corretamente

---

[1] A tradução do autor deste versículo é utilizada ao longo de todo o capítulo.

entendida como o viver no *Espírito* — o Espírito de Cristo e de Deus. Paulo repetidamente usa a simples expressão "em Cristo", que significa "no Messias crucificado e ressuscitado". Mais especificamente, aprendemos nos ensinos de Paulo que a vida espiritual é uma vida de *mútua habitação*, ou morada recíproca: Cristo e o Espírito de Deus vivendo nos crentes e entre eles, e os crentes vivendo em Cristo e no Espírito (veja especialmente Rm 8:1-17). Duas palavras-chave, portanto, resumem a espiritualidade cristã a partir da perspectiva de Paulo: participação e transformação.

Como observamos no capítulo dois, Paulo queria que suas comunidades não apenas *acreditassem* no evangelho, mas que se *tornassem* o próprio evangelho, que incorporassem sua realidade em sua vida de forma coletiva e individual. Ao fazer isso, Paulo acreditava que suas comunidades também participariam naturalmente com ele no *avanço* do evangelho. A transformação participativa em Cristo, em outras palavras, é inerentemente missionária: ela participa, por graça, do grande drama do que Deus está fazendo em Cristo e através do Espírito.

O que se segue é um breve olhar sobre a experiência vivida por Paulo a partir de vários ângulos sobrepostos. Não há uma maneira clara e simples de dividir as várias dimensões da espiritualidade de Paulo, pois todas elas estão intimamente inter-relacionadas. Nossa discussão segue uma estrutura trinitária porque o Deus que Paulo experimenta é, por assim dizer, 'multidimensional' — conhecido como Pai, Filho e Espírito.[2] O caráter distintivo da espiritualidade participativa e transformadora de Paulo é que ela é em forma de *aliança* (em relação a Deus Pai, o Deus de Israel), *cruciforme* (moldada de acordo com a cruz de Cristo), *carismática* (fortalecida pelo Espírito), *comunitária* (vivida na companhia de outros crentes) e, portanto, *contracultural*, ou altercultural (formada em contraste com os valores sociopolíticos dominantes do mundo helenístico pagão). Tal espiritualidade altercultural comunitária está, no entanto, inerentemente envolvida no mundo.[3]

---

[2] A linguagem trinitária é novamente usada neste capítulo em reconhecimento de que, embora Paulo não tenha uma teologia da Trindade totalmente desenvolvida, tal linguagem é apropriada, como a discussão a seguir irá sugerir.

[3] Ao longo do livro, os termos 'contracultural', 'altercultural' e palavras relacionadas são usados alternadamente para indicar a natureza da comunidade de Cristo como

Ademais, do modo como a experiência com Deus, vivida por Paulo em Cristo, pelo poder do Espírito e na comunidade altercultural, ocorre dentro da obra maior do Deus criador que redime toda a criação, sua espiritualidade é também uma espiritualidade *criacional*, ou melhor, *nova-criacional* (experimentada como parte da reconciliação divina do cosmos consigo).[4] Finalmente, essa espiritualidade, assim como o evangelho, as cartas e a teologia de Paulo (como veremos no capítulo 6), tem uma forma narrativa para ela. Paulo e suas igrejas são chamados a contar uma história com sua vida individual e corporativa, uma história de autodoação de fé, esperança e amor como meio de encarnar e fazer avançar a história de Deus renovando a aliança e redimindo o mundo através do Cristo crucificado. Isto significa que a espiritualidade de Paulo é *corpórea*, física.

O que torna Paulo um judeu distintivamente centrado no Messias é, portanto, sua compreensão e experiência do Deus de Israel como uma participação transformadora inicial e contínua, habilitada pelo Espírito na morte e ressurreição de Jesus, o Messias, pela qual este único Deus está reconciliando o mundo consigo mesmo.

Em aliança: vivendo para Deus

Qualquer discussão sobre a espiritualidade de Paulo deve começar com o reconhecimento de que o propósito da vinda e morte de Cristo era a restauração (para os judeus) ou o estabelecimento (para gentios) de relações de aliança corretas entre os seres humanos e Deus. Na experiência de Paulo, estar em relação de aliança com Deus é conhecer a Deus — ou melhor, ser conhecido por Deus (Gl 4:9; cf. 1Co 8:3). Para os judeus, cuja história começou com a graça libertadora de Deus no êxodo, as relações de aliança sempre foram iniciadas por Deus e sempre implicaram numa resposta de Israel de amor a Deus e amor ao próximo. Assim também ocorreu com Paulo.

---

uma maneira distinta de estar no mundo, uma 'sociedade de contraste' (o termo usado por Gerhard Lohfink, *Jesus and Community* [Filadélfia: Fortress, 1984]).

[4] Embora eu tenha articulado essa perspectiva em outro lugar (*Cruciformity: Paul's Narrative Spirituality of the Cross* [Grand Rapids: Eerdmans, 2001], cap. 12 [304-48]), estou em dívida com N. T. Wright pelos termos usados aqui ('criacional', 'nova-criacional') e por lembrar que a espiritualidade de Paulo não pode ser descrita adequadamente sem referência a essa dimensão.

Na próxima seção veremos como a experiência de Paulo com o exaltado Messias crucificado afetou sua compreensão dessa resposta inter-relacionada e bidimensional a Deus e ao próximo. Primeiro, no entanto, devemos ver brevemente como a cruz afetou a compreensão e a experiência de Deus experimentada por Paulo, pois em Cristo a aliança é renovada e Deus é revelado em uma nova plenitude. Para Paulo, então, o que distingue esse Deus tornado conhecido em Cristo (que, certamente, ainda é o Deus de Israel)? Quatro coisas principais precisam ser ditas brevemente: Deus é fiel e ainda surpreendente em sua misericórdia, Deus é triúno, Deus é cruciforme e Deus é Pai.

Deus é fiel e misericordioso

Conforme observado no capítulo 2, o momento de conversão e chamado de Paulo foi para ele uma experiência de favor não merecido, de graça sem mérito (Gl 1:15; 1Co 15:9-10). Isto se tornou o tema da celebração, ao longo da vida de Paulo, da misericórdia de Deus em Cristo: ele fora surpreendido pela graça e queria que os outros conhecessem e desejassem essa graça. A peça central da graça de Deus, sem dúvida, foi a entrega do seu Filho (Gl 4:4-5), o próprio "aparecimento" da graça de Deus (Tt 2:1), culminando na cruz. A cruz foi a manifestação do amor gracioso de Deus, não aos justos, mas aos pecadores, até mesmo aos inimigos de Deus (Rm 5:6-8, 20; 2Co 8:9). Essa graça é agora um poder desencadeado no mundo (Rm 5:21) que concede vida —vida com Deus (6:1-14). Não é sem razão que Paulo começa e termina suas cartas abençoando seus leitores com esse dom fundamental da graça de Deus.[5]

Entretanto, o paradoxo da graça é, em parte, ser ela também a manifestação da fidelidade de Deus. Paulo vê o dom gracioso de Deus como *graça* porque é o amor de Deus por *pecadores indignos*, e também o vê como *fidelidade* porque é *o amor de Deus* por pecadores sem qualquer merecimento. Deus então cumpriu promessas que Ele havia feito muito tempo antes, ainda que seu cumprimento possa ter ocorrido de maneiras surpreendentes. Essa dinâmica é especialmente a força motriz em Rm 9—11, o longo e apaixonado discurso de Paulo sobre a infidelidade de Israel e a fidelidade de Deus. Como veremos a seguir,

---

[5] Rm 1:7; 16:20; 1Co 1:3; 16:23; 2Co 1:2; 13:13; Gl 1:3; 6:18; Ef 1:2; 6:24; Fl 1:2; 4:23; Cl 1:2; 4:18; 1Ts 1:1; 5:28; 2Ts 1:2; 3:18; 1Tm 1:2; 6:21; 2Tm 1:2; 4:22; Tt 1:4; 3:15; Fm 3:25.

essa fidelidade abrange a atividade de Deus não apenas como Deus de Israel, mas também como criador do cosmos.

Deus é triúno

O amor de Deus que Paulo experimenta por meio da cruz vem de três fontes — e ainda assim as três são uma só. Essa realidade é expressa de forma mais sucinta na bênção em 2Co 13:14: "A graça do Senhor Jesus Cristo, o amor de Deus e a comunhão [*koinōnia*] do Espírito Santo sejam com todos vocês". A expressão é descompactada de forma mais completa, porém ainda concisa, no centro teologicamente denso de Rm 5:1-11. Lá, Paulo explica que o amor de *Deus* é visto na morte sacrificial de *Cristo* (5:8) e que "Deus derramou seu amor em nossos corações" (5:5) através do *Espírito Santo*.

Embora seja verdade que a igreja cristã levou várias centenas de anos para elaborar uma teologia da Trindade, a experiência cheia de graça de Paulo e suas igrejas só pode ser descrita adequadamente como trinitária. N. T. Wright observa, com respeito ao entendimento de Paulo sobre Deus, que "pode-se concluir que, se a doutrina da Trindade não tivesse existido, teria sido necessário inventá-la".[6] Ao longo de suas cartas, Paulo escreve sobre um encontro contínuo com o único Deus de Israel (YHWH, o Senhor), que é uma experiência de Deus como "Abba", ou Pai; uma experiência de Jesus crucificado como o Messias ressuscitado, Filho de Deus e Senhor; e uma experiência do Espírito de Deus (que também é chamado de "Senhor", 2Co 3:17) prometido há muito tempo pelos profetas. Nenhuma dessas experiências tem a ver com uma força impessoal, mas com um ser pessoal, e nenhuma pessoa da trindade é independente da outra. Paulo encontra Deus como Pai, Filho e Espírito; são distintos, porém inseparáveis; eles são três e ao mesmo tempo um.

O caráter trinitário da experiência de Paulo com Deus e, portanto, de Deus, se manifesta de várias maneiras no *corpus* paulino. Além do caráter trinitário da cruz, o Deus três-em-um aparece em textos sobre confissão de fé e batismo (e.g., 1Co 6:11; 12:3, 13), dons espirituais e ministério (e.g., 1Co 12:4-6; Rm 15:16), a oração (1Ts 5:16-19), e a vida

---

[6] N. T. Wright, *Paul: In Fresh Perspective* (Mineápolis: Fortress, 2005), p. 98.

de fé e a experiência da graça de forma mais geral (Gl 4:4-6; 2Co 3:3; 13:13; 1Ts 1:1-5).[7]

Tudo isso significa que estar em relacionamento de aliança com Deus é estar em relacionamento com Pai, Filho e Espírito, que estão em relacionamento entre si. Deus Pai é o pai do Senhor Jesus, que agora adotou os crentes e os tornou seus filhos. Os crentes se relacionam com o Pai assim como o Jesus em forma humana, chamando "Abba" (= 'Pai'; Rm 8:15; Gl 4:6; cf. Mc 14:36). No entanto, eles confessam Jesus como "Senhor", reconhecendo-o com o título uma vez reservado para YHWH, ou somente Deus Pai, como observamos no capítulo anterior (e.g., Is 45:23 aplicado a Jesus em Fl 2:9-11). E eles experimentam o Espírito como o Espírito de Deus (e.g., Rm 8:11, 14; 1Co 3:16), bem como o Espírito do Filho (e.g., Gl 4:6); de fato, em Rm 8:9 Paulo identifica o Espírito de ambas as maneiras.

Deus é cruciforme

As interconexões inseparáveis de Pai, Filho e Espírito na experiência de Paulo levam a (ou talvez derivam para) uma afirmação importante e distintamente paulina: que Deus é cruciforme ou semelhante a uma cruz. Ou seja, aprendemos com Paulo que a cruz de Cristo não é apenas *iniciada* por Deus, mas também *revela* Deus. Cristo crucificado é o poder e a sabedoria de Deus (1Co 1:18-25); as ações de Deus revelam o caráter de Deus.

O caráter revelador da cruz significa que quando a vemos nos é mostrado algo não apenas sobre Cristo, mas sobre Deus; descobrimos que Deus é sensível, poderoso na fraqueza. Descobrimos que Deus é fiel e amoroso além da medida, mesmo para com os inimigos (Rm 5:6-8).

Além disso, o caráter revelador da cruz significa que nos é mostrado algo não apenas sobre o "Jesus histórico", mas também sobre o Senhor vivo e, portanto, sobre o Espírito. Descobrimos que o mesmo Jesus que foi à cruz com fé e amor (Gl 2:15-21) continua pelo Espírito a criar uma comunidade de fé e amor em forma de cruz (5:6, esp. à luz de 2:19-20). (Mais sobre esse tema adiante.)

---

[7] Veja depois meu livro *Cruciformity,* cap. 4 e outras obras relevantes na bibliografia do cap. 6 adiante.

Deus é Pai

Uma das características distintivas do relacionamento com Jesus para Paulo e (ao que parece) para a maioria dos primeiros cristãos com Deus era sua prática de chamá-lo de "Pai", muitas vezes fazendo uso da palavra aramaica *Abba* (em Paulo, como observado anteriormente, veja Rm 8:15 e Gl 4:6). Embora não seja proeminente nas Escrituras hebraicas ou no judaísmo, o título "Pai" para Deus às vezes era usado em comunidades judaicas. Para os judeus, incluindo Jesus e Paulo, "Pai", em referência a Deus, não era meramente um termo carinhoso. Como Pai, Deus é digno de honra e obediência, e Ele supre seus filhos em suas necessidades e com uma herança.

Para Paulo, a paternidade de Deus é vivida como numa adoção — aqueles que chegam à fé são trazidos para a família de Deus (Rm 8:12-17; Gl 4:4-7). Como filhos adotivos, os crentes são herdeiros plenos de seu Pai e coerdeiros com Cristo (Rm 8:17); eles herdarão a glória de Deus. Enquanto isso, eles conhecem a Deus intimamente e como filhos, obedecem com alegria, porém respeitosamente clamando: "Abba! Pai!"

Viver para Deus

Paulo caracteriza a vida no conhecimento do Deus de Israel, revelado em Cristo, como estar vivo para Deus (Rm 6:11). Isso significa estar totalmente aberto ao poder, sabedoria e ao amor gracioso e peculiar de Deus manifestado na cruz. Significa ter um relacionamento com esse Deus como com um Pai amoroso e, portanto, desfrutar do privilégio da comunicação direta — da oração. Ao longo de suas cartas, Paulo menciona esse privilégio, acreditando que isso deve acontecer na assembleia e em casa, ao mesmo tempo em que exorta todos a participar do privilégio de orar uns pelos outros.[8]

Viver para Deus exige, antes de tudo, uma espécie de 'morte' para tudo o mais a fim de ter essa vida com Deus (Rm 6:1-11; Gl 2:19-20; 5:24; 6:14). Tal morte, no entanto, não tira as pessoas do mundo (cf. 1Co 5:10), mas as envia para ele. Esse elemento essencial da nossa presença no mundo nos leva ao próximo aspecto da espiritualidade de

---

[8] Veja, e.g., Rm 8:26; 12:12; 1Co 7:5; 11:4, 13; 14:13–15; 2Co 1:11; 9:14; Fl 4:6; 1Ts 5:17; cf. Cl 4:2; Ef 6:18-20; 1Tm 2:1, 8; 4:5.

Paulo: a forma básica da existência cotidiana, a vida de conformidade com Cristo.

CRUCIFORME: VIDA EM CRISTO

Ser um crente no relacionamento de aliança com Deus por meio de Cristo também é, certamente, manter um relacionamento com Cristo. Paulo descreve esse relacionamento de várias maneiras. Por exemplo, de acordo com Gl 3:27, os crentes já se revestiram "de Cristo", enquanto Rm 13:14 os exorta a fazê-lo, indicando que revestir-se de Cristo — uma metáfora vívida — não é uma experiência única. É um modo de vida, uma vida de fé cruciforme, esperança, amor e muito mais — como poder em forma de cruz, hospitalidade, compaixão, generosidade, justiça e paz.

Viver em Cristo e ter Cristo no interior

A metáfora de se 'revestir' de Cristo aponta para um relacionamento íntimo. Uma das frases básicas e favoritas de Paulo para descrever a vida de fé, portanto, é estar "em Cristo". Isso significa estar 'envolvido' por Ele como se estivesse envolto por roupas, sob seu poder e influência, moldado no padrão, ou na história de seu amor sacrificial.[9] É também, como veremos com mais detalhes adiante, estar em seu corpo, que significa integrar a comunidade daqueles que o confessam como Senhor e juntos procuram ser formados por Ele.

Enquanto Paulo fala repetidamente de estar em Cristo, ele também fala de crentes tendo o Cristo ressuscitado habitando dentro deles. "Já não sou eu quem vive, mas Cristo vive em mim" (Gl 2:20; cf. Rm 8:10). Cristo não está meramente do lado de fora, mas dentro; Ele permeia a vida do crente tanto como indivíduo quanto como comunidade.

Essa relação de estar em Cristo e Cristo estar dentro do ser humano pode ser chamada de *habitação mútua ou morada recíproca* (cf. João 15). Quer dizer, os crentes são habitados pelo Messias ressuscitado e crucificado, em quem, por sua vez, eles vivem. Significa que Cristo (ou o Espírito de Cristo — Gl 4:6) não é um modelo externo, mas um poder interno. Fora de Cristo, as pessoas são habitadas pelo pecado — uma

---

[9] E.g., Rm 6:11; 8:1; 1Co 1:30; 2Co 1:21; 2:17; 5:17; Gl 3:26, 28; 5:6; Fl 1:1; 2:1; 4:2, 4, 7, 19; 1Ts 2:14; 3:8.

poderosa força contra Deus (Rm 7:17).¹⁰ Em Cristo, as pessoas são habitadas por Ele (Cristo), que substitui o pecado como o poder determinante. Com o consentimento e cooperação dos crentes, a habitação do Espírito do Messias os move em direção ao objetivo do chamado divino: a conformidade com o Filho de Deus (Rm 8:29).

A ideia da habitação do Espírito de Deus nas pessoas e comunidades vem da esperança dos profetas, especialmente Ezequiel (Ez 11:17-20; 36:22-32; 37:1-27). O que é notável em Paulo é sua identificação do Espírito de Deus com o Espírito de Cristo crucificado e ressurreto (e.g., Rm 8:1-17). Portanto, se é Cristo que vive dentro dos crentes e em quem os crentes vivem, é finalmente Deus (o Pai) o 'parceiro' nessa habitação mútua. Os crentes estão em Deus Pai (1Ts 1:1), e eles se tornaram de forma individual e corporativa o templo de Deus (1Co 3:16-17; 6:19). Assim, tal como o relacionamento de aliança descrito acima, a espiritualidade de Paulo em Cristo, de habitação mútua é, em última análise, compartilhar a vida do Pai, Filho e Espírito, o único Deus triúno.¹¹

Morrer e ressuscitar com Cristo

Paulo expressa o objetivo geral de conformidade com Cristo de várias maneiras, mas a mais poderosa envolve a linguagem da morte, da crucificação. Ele fala do batismo como uma experiência de morrer e ressuscitar com Cristo que significa a 'crucificação' do velho eu e a ressurreição para uma nova vida (Rm 6; cf. Ef 2:1-10). Em outro lugar, falando para todos os crentes, ele diz que foi crucificado com Cristo, com

---

¹⁰ Romanos 7 é muitas vezes considerado uma descrição da existência dos crentes; por razões pelas quais isso provavelmente está errado, veja a discussão no capítulo sobre Romanos.

¹¹ A tradição cristã se referiu à habitação mútua das pessoas da Trindade, e às vezes também à habitação mútua dos humanos e do Deus Triúno, como 'pericoresis'. Além disso, o objetivo de se tornar como Deus foi chamado 'deificação' ou 'teosis'. Como a linguagem explícita de participação e transformação de Paulo é mais frequentemente focada em Cristo, às vezes tem sido chamada de 'cristificação' ou 'ristosis' (veja especialmente Ben Blackwell). *Teosis*, na perspectiva paulina, seria a participação transformadora no caráter *kenótico* (autoesvaziamento) e cruciforme de Deus através da conformidade habilitada pelo Espírito ao Cristo encarnado, crucificado e ressuscitado/glorificado. Ou seja, a *cruci*formidade é *teo*formidade. Quaisquer que sejam os termos usados, a realidade espiritual para Paulo é a participação na vida do Pai, Filho e Espírito que efetua a conformidade com Cristo.

o corolário da ressurreição para uma nova vida infundida com a vida de Cristo (Gl 2:19-20). E ele afirma que os crentes crucificaram a "carne" — não seus corpos, mas sua propensão contra Deus induzida pelo pecado — com suas "paixões e desejos" para que uma nova vida possa ser perseguida, guiada pelo Espírito (Gl 5:24-25). Uma vez que alguém 'morreu' para o antigo modo de vida, retornar a ele não faz absolutamente nenhum sentido; seria anacrônico viver fora de sincronia com o tempo e com o eu. Como disse a teóloga Alice, "não adianta voltar ao ontem, porque naquela época eu era outra pessoa".[12]

Paulo apresenta sua obra-prima em forma de história poética pedindo aos crentes filipenses que permitam que sua vida corporativa — sua história — tome a forma da história de Cristo de obediente esvaziamento de si mesmo e entrega em sua morte na cruz (Fl 2:1-5). Quando a história de Cristo se torna a própria história de uma pessoa, ela é narrada e formada dentro dessa história. Isso sempre implicará em desaprender e se libertar de outras narrativas falsas ou inadequadas que formaram uma pessoa ou comunidade ao longo do tempo.

Podemos nos referir a essa conformidade com Cristo crucificado como *cruciformidade* (de 'cruciforme'). Essa não é uma experiência única, mas uma realidade contínua, o *modus operandi* da vida em Cristo. Começa no primeiro momento da fé, expressa no batismo, e continua por toda a vida. O paradoxo de crer na existência, de acordo com Paulo, é que a vida nova ou a 'ressurreição' para a qual as pessoas ascendem em seu batismo em Cristo é uma vida de 'morte' contínua — conformidade contínua com a morte de Jesus.

O significado da conformidade com o Cristo crucificado

Uma maneira de resumir a compreensão de Paulo sobre a existência dos crentes em forma de cruz pode ser encontrada no imperativo "tornem-se meus imitadores, como eu o sou de Cristo" (1Co 11:1). Aqui Paulo se oferece como modelo de vida, mas somente na medida em que se torna em conformidade com Cristo; a semelhança final que ele deseja é entre os crentes e Cristo. Esse texto não deve ser entendido como um apelo a uma espiritualidade de imitação, no caso de a imitação ser

---

[12] Alice in Lewis Carroll, *Alice's Adventures in Wonderland*, cap. 10, "The Lobster-Quadrille".

entendida como a cópia de um modelo externo, pois a experiência de Cristo vivida por Paulo é de quem vive nele e dentro de quem Ele vive. Tornar-se um imitador de Paulo é, paradoxalmente, buscar uma espiritualidade, não de imitação, mas de habitação.

Como é a espiritualidade em forma de cruz? Paulo lança alguma luz sobre a noção de cruciformidade, tomando alguns termos mais comuns, 'fé' e 'amor', e interpretando-os à luz da cruz. Paulo faz esse movimento interpretativo porque encontra na morte de Cristo na cruz a revelação definitiva e paradigmática da fé e do amor, das relações corretas com Deus e com os outros. Paulo, de fato, vive "pela fé [fidelidade] no filho de Deus, que me amou e se entregou por mim" (Gl 2:20). Por esta razão, o que importa, em última análise, para os crentes é "a fé que atua pelo amor" (Gl 5:6).

Imediatamente antes de Gl 5:6, há também uma referência à esperança: "Pois é mediante o Espírito que nós aguardamos pela fé a justiça, que é a nossa esperança" (5:5). Da mesma forma, no final de um de seus textos mais conhecidos, Paulo afirma que permanecem "a fé, a esperança e o amor. O maior deles, porém, é o amor" (1Co 13:13). Essa tríade de 'virtudes teológicas', como às vezes são chamadas, é claramente muito importante para a espiritualidade de Paulo.[13] O modelo fundamental da vida cruciforme é a vida de fé, esperança e amor. A fé e a esperança cruciformes referem-se principalmente ao relacionamento apropriado do crente com Deus, enquanto o amor cruciforme refere-se principalmente ao relacionamento de alguém com os outros — crentes, estranhos e até inimigos. Exploraremos brevemente cada uma dessas três virtudes ou práticas espirituais.

Fé/fidelidade

Para Paulo, a fé é a resposta apropriada ao evangelho (Rm 10:5-17), a base *subjetiva* (i.e., a resposta humana exigida) da justificação (3:21-31; Gl 2:15-21), para a qual a base *objetiva* (i.e., o ato efetivo ao qual os humanos respondem) é a morte em fidelidade e obediência do Messias.[14] A fé é uma resposta abrangente, com dimensões cognitivas

---

[13] Aparece também em 1Ts 1:3 e 5:8; e em Rm 5:1–5; cf. Cl 1:4–5.
[14] E.g., Gl 2:20; Rm 5:18-19; Fl 2:6-8. Às vezes, a base objetiva da justificação é chamada de 'meio', e a resposta subjetiva, de 'modo'.

(crença) e relacionais (confiança). Porém, é mais do que qualquer uma destas ou ambas juntas; a fé é mais uma postura de entrega e compromisso com Deus. É, de fato, um termo de aliança, o que as Escrituras de Israel chamam de amor a Deus. Esse tipo de amor — com todo o coração, alma, mente e entendimento — é realmente *fidelidade* ou *lealdade*. É por isso que Paulo pode chamar de "obediência da fé" (Rm 1:5; 16, 26). A fé (gr. *pistis*) implica fidelidade; alguns traduziram *pistis* como 'lealdade de fé'.

'Obedecer' a Deus é tornar-se 'servo' ou 'escravo' de Deus (1Ts 1:9; Rm 6:22), mas isso requer uma desconexão ou libertação do pecado, senhor da humanidade escravizada à parte de Cristo (Rm 6:12-23). Em outras palavras, a fé é uma experiência de morte e ressurreição — uma morte para o velho eu, para a carne e suas paixões, bem como para o mundo, a fim de viver para Deus em Cristo (Rm 6:11; 2Co 5:15). Esse tipo de fé pode muito bem custar caro, como o próprio Paulo sabia claramente. A fé tem um custo porque o próprio Jesus demonstrou sua fé — sua lealdade a Deus — tornando-se "obediente até a morte, e morte de cruz" (Fl 2:8).

Se, para Paulo, a fé é uma experiência de morte e ressurreição, ou nova vida, não se trata meramente de uma afirmação intelectual ou emocional sobre o alto preço da morte de Jesus, mas um envolvimento completo com ela, uma participação nela.[15] A fé é, então, participativa e cruciforme, porque envolve compartilhar a vida de obediência fiel de Jesus a Deus, que foi em forma de cruz.

Esperança

Para Paulo, a esperança é o tempo futuro da fé. É a certeza de que o processo de transformação à semelhança de Cristo encontrará sua conclusão na presença de Deus após a morte (Rm 8:29; Fl 3:7-14). É a confiança de que a ressurreição corporal e a vida eterna (1Co 15; Rm 6:23) oferecidas pela morte de Cristo acontecerão como parte da redenção de todo o universo (8:19-25). Em uma palavra, a esperança é a certeza da glória — de compartilhar plenamente a presença e o esplendor de Deus.

---

[15] É provável que o final de Rm 3:26 seja traduzido, "[Deus] justifica aquele que compartilha a fé de Jesus". (Cf. a nota na margem da NRSV.)

Os crentes agora não participam plenamente da glória de Deus, pois tal glória absoluta é precedida por um tempo de sofrimento, de tribulação. Muitos judeus esperavam esse tempo de sofrimento (os 'ais messiânicos') antes da chegada do Messias e do reino de Deus. Para Paulo, esse sofrimento não deve gerar desespero, mas construir esperança (Rm 5:3-5) porque, como na história de Cristo, o sofrimento e a morte precedem a ressurreição e a glória; o Espírito assegura isso aos crentes. E ainda mais, sem sofrimento não haverá glória (Rm 8:17), porém, o "peso" da glória eterna supera em muito o sofrimento momentâneo que os crentes experimentam agora (2Co 5:16-18; Rm 8:18). Ao mesmo tempo, há um presente antegozo da glória, pois os crentes estão sendo transformados pelo Espírito à imagem de Cristo (Rm 8:29-30; 2Co 3:18).

A esperança, portanto, também é cruciforme, porque o sofrimento precedeu a própria glorificação de Cristo. No entanto, a conformidade com a cruz que os crentes são chamados a experimentar nem sempre implica sofrimento físico. A vida de fé e esperança é sempre também uma vida de amor — e da mesma forma o amor pode ser uma maneira de abraçar a cruz.

Amor

O amor tem um significado muito específico para Paulo — conformidade com o padrão do amor sacrificial de Cristo na cruz: "que me amou e se entregou por mim" (Gl 2:20).[16] O amor é, portanto, mais uma ação e menos um sentimento. Negativamente, o amor "não se conduz inconvenientemente" ou "não procura os seus interesses" (1Co 13:5, ARA). Positivamente, o amor busca o bem-estar dos outros e os edifica (1Co 8:1).[17] Com efeito, o amor é a edificação do outro e, portanto, é transformador para indivíduos e comunidades. O amor é o dar de si para os outros, a disposição de "gastar e ser gasto" por eles (2Co 12:15). Sua fonte e paradigma é o dom de si mesmo de Cristo, que é simultaneamente um dom de Deus (Rm 5:6-8; 8:31-39; 2Co 5:14-21) efetivado

---

[16] Paulo ocasionalmente fala de amor a Deus (Rm 8:28; 1Co 2:9; 8:3), mas seus termos preferidos para o relacionamento humano com Deus são fé, obediência e esperança. Na tríade de fé, esperança e amor, o termo "amor" sempre se refere ao amor pelos outros, não por Deus.

[17] Cf. Fl 2:4 para ambos os aspectos em um texto.

e presente na obra do Espírito (Rm 5:5; Gl 5:22; Fl 2:1). Daí o seu poder transformador.

Para Paulo, Cristo era uma pessoa cheia de humildade e mansidão tanto na vida quanto na morte (2Co 10:1). Essas não eram qualidades celebradas pelo Império Romano, mas aqueles que estão em Cristo também são chamados a viver em humildade e mansidão. Isso significa alguém considerar amorosamente os outros como mais importantes do que a si mesmo e, contra a corrente da cultura romana, tentar demonstrar honra ao invés de *recebê-la* (Fl 2:1-4; Rm 12:10).

Fé e amor são, portanto, inseparáveis para Paulo; amor é fé em ação (Gl 5:6). É a dimensão social ou 'horizontal' (pessoa a pessoa) da fidelidade à aliança, da qual a fidelidade a Deus é o aspecto 'vertical'. Como Paulo reúne em uma palavra ('amor') todas as exigências da fidelidade da aliança para com os outros, devemos entender que o amor definido por Paulo abrange mais do que quaisquer relações pessoais estreitamente definidas. De fato, o amor de que ele fala se sobrepõe à noção de justiça nas Escrituras hebraicas: atenção especial e concreta aos membros mais fracos ou necessitados da comunidade local ou mais ampla (veja 1Co 11:17-34; 12:12-26; 2Co 8:1-15). Ademais, o amor de Deus em Cristo não negligencia os que estão fora da comunidade e inclui até os inimigos (e.g., 1Ts 5:15; Rm 12:9-21; Gl 6:10). Afinal, a morte de Cristo foi um dom de Deus para aqueles que estavam em inimizade com Ele (Rm 5:6-8; 2Co 5:18-19).

Assim como a fé, o amor pode ter um alto custo; custou a vida de Cristo, e muitas vezes representou para Paulo gastar muito de seu tempo (para não mencionar suas horas de sono! — 2Co 6:5; 11:27), seu dinheiro e sua posição social. E quase certamente também lhe custou a própria vida. O amor, como a fé e a esperança, é cruciforme.

E mais...

Por mais importante que seja essa tríade de práticas cruciformes, elas não esgotam as virtudes que Paulo vê encravadas na cruz de Jesus, o Messias. Paulo também escreve sobre poder cruciforme, hospitalidade, compaixão, perdão, generosidade, justiça e paz. A maioria dessas virtudes alterculturais são manifestações do amor cruciforme, mas é importante ver que elas são inerentes à vida em Cristo.

Como Jesus (e.g., Mc 9:33-37; 10:35-45), Paulo entendia o poder principalmente em termos de exemplo e serviço sacrificial, não de força (e.g., 2Co 12:15). Ele exortou as comunidades a acolher e os fracos e cuidar deles (e.g., 1Co 8; Rm 14:1—15:13), pois a maior revelação de Deus sobre si mesmo estava na fraqueza da cruz (1Co 1:18—2:5), e Deus em Cristo acolheu os fracos (Rm 15:1-8). Em Cristo, Deus estava acolhendo, perdoando e reconciliando o mundo, e agora o fazendo por meio da Igreja, Deus continua a mesma missão de recebimento e reconciliação, da qual o perdão é um elemento central (2Co 5:11—6:2; cf. Cl 3:12-15; Ef 4:32—5:2).

A morte de Cristo não é apenas o maior dom de Deus para a humanidade (Rm 8:3-4, 31-32; 2Co 9:15), é também o dom de Cristo (Gl 1:4; 2:19-20; 2Co 8:9), e a resposta adequada a esse dom incrível é, previsivelmente, a doação de si mesmo e a generosidade (2Co 8—9). Esse modo cruciforme de generosidade é, de fato, uma forma de justiça divina: não como retribuição, mas restauração da intenção de Deus. E porque cada comunidade paulina e cada indivíduo foi *justificado* por meio da cruz, Paulo espera que suas comunidades pratiquem a *justiça* cruciforme. Implica em não buscar vingança ou infligir danos, e sim em absorver ferimentos (e.g., 1Co 6:1-11). Tudo isso faz parte da maneira peculiar por meio da qual Deus fez as pazes com o mundo — com pecadores e inimigos — através da morte de seu Filho. Tal comunidade justificada e reconciliada é conclamada a praticar a justiça cruciforme e a paz na comunidade e no mundo.

O que talvez seja mais surpreendente e paradoxal na espiritualidade da cruciformidade exposta por Paulo é que *tornar-se mais semelhante a Cristo significa tornar-se mais semelhante a Deus e tornar-se mais plenamente humano.*

O paradoxo: a vida cruciforme como vida de ressurreição

Outro aspecto surpreendente e paradoxal da espiritualidade na cruciformidade de Paulo é que ela não está inundada de tristeza e morbidez, mas de alegria e vida. Por exemplo, em Filipenses, Paulo escreve sobre a alegria, como prisioneiro político, a um povo sofredor (1:4, 18, 25; 2:2, 17-18, 28-29; 3:1; 4:1, 4, 10). Por quê?

A resposta direta é o paradoxo da cruz. Assim como o evangelho de um Messias crucificado e ressuscitado revela o poder vivificador de

Deus, igualmente quando o Messias ressuscitado habita uma comunidade e seus membros, Ele e a comunidade se tornam tanto recipientes quanto canais da própria vida de Deus. Paulo fala desse paradoxo quando descreve a justificação como uma experiência de morte e ressurreição: "Fui crucificado com Cristo. Assim, já não sou eu quem vive, mas Cristo vive em mim. A vida que agora vivo no corpo, vivo-a pela fé no filho de Deus, que me amou e se entregou por mim" (Gl 2:20). Aqui surge a verdadeira vida através da morte.

De maneira semelhante, Paulo fala do ministério: "Trazemos sempre em nosso corpo o morrer de Jesus, para que a vida de Jesus também seja revelada em nosso corpo. Pois nós, que estamos vivos, somos sempre entregues à morte por amor a Jesus, para que a sua vida também se manifeste em nosso corpo mortal. De modo que em nós atua a morte; mas em vocês, a vida" (2Co 4:10-12). O privilégio do ministério é tanto receber quanto transmitir a vida de Deus — dentro e através da existência cruciforme. Porém, essa forma de vida por meio da morte não é destinada apenas para os apóstolos; é para todos em Cristo. Como alguém disse, "a igreja é chamada a tornar-se o evangelho da reconciliação sob a cruz, evidência demonstrável do amor de Deus *em forma cruciforme e da vitalidade da ressurreição*"[18].

Morrer com Cristo é também ressuscitar para uma nova vida — uma vida restaurada (Rm 6). Alguns estudiosos têm sugerido que devemos falar não apenas da existência cruciforme em Paulo, mas também da existência em forma *ressurreta*, *revivida*, ou *existência anastiforme* — um termo baseado na palavra grega para ressurreição, *anastasis*.[19] Isto é fato, mas é verdade apenas paradoxalmente: a existência cruciforme é em forma de anástase, e vice versa. Também é verdade apenas de modo parcial e provisório, pois a vida plena da ressurreição só será conhecida no futuro, no *escáton*.

Algumas comunidades de Paulo, especialmente as de Corinto, esqueceram essas verdades paradoxais. Eles, como Paulo, afirmavam estar cheios do Espírito e, portanto, da vida de Deus. Todavia, Paulo

---

[18] Pastor batista escocês Jim Gordon em correspondência pessoal (21 de maio de 2015; ênfase acrescentada).

[19] Andrew Boakye cunhou os termos "forma ressurreta" e " forma revivida", e Stephen Finlan "anastiforme [em forma de anástase]".

queria que eles soubessem quem é esse Espírito e que tipo de vida esse Espírito cria no presente.

CARISMÁTICO: VIDA NO ESPÍRITO

Como observado anteriormente, a vida em Cristo é simultaneamente a vida no Espírito de Deus, que para Paulo é também o Espírito de Cristo. Paulo relaciona especificamente o Espírito com vários aspectos-chave da vida do crente — tanto com a cruz de Cristo quanto com sua ressurreição.

A presença do Espírito

Para Paulo, o Espírito não é um suplemento opcional à vida com Deus em Cristo; quando o evangelho do Messias crucificado é derramado sobre as pessoas, faz cair sobre elas o Espírito (Gl 3:1-5; cf. Rm 5:5), o Espírito da vida. Todos os que estão em Cristo têm o Espírito e são possuídos pelo Espírito; é impossível a vida em Cristo sem o Espírito (1Co 12:1-7; Rm 8:9b). Possuir o Espírito é a prova de estar em Cristo, de fazer parte do povo da aliança de Deus. O Espírito de Deus relaciona as pessoas intimamente a Cristo, a Deus como *Abba* e uns aos outros como irmãos e irmãs em Cristo (Gl 3:14, 27-29; Fl 2:1-4).

O duplo dom de Cristo e do Espírito (cf. Gl 4:4,6) inaugurou, na visão de Paulo, o novo tempo e, portanto, o povo 'escatológico' de Deus. Como os profetas haviam dito, essa nova era e seu povo seriam marcados por um derramamento do Espírito — a presença real — de Deus. Além disso, o Espírito é a "garantia", ou "penhor" (ARA), da glória futura dos crentes (2Co 1:22; cf. Ef 1:14). O Espírito conecta os crentes tanto ao passado quanto ao futuro de Deus, bem como ao presente de Deus.

As várias designações de Paulo para o Espírito revelam algo da experiência dos crentes com esse Espírito, incluindo as seguintes:

- Porque o Espírito é o Espírito de *Deus*, o Espírito forma os crentes em uma comunidade do povo de Deus, marcada pela presença de Deus, como um templo (1Co 3:16).
- Porque o Espírito é o *Espírito Santo*, o Espírito forma os crentes em uma comunidade de aliança distinta ("santa", altercultural) cujos padrões de vida diferem daqueles observados em seus vizinhos pagãos e cumprem a vontade de Deus (e.g., 1Ts 4:1-8). A

designação favorita de Paulo para os crentes é "santos" ou "separados" (gr. *hagioi*).
- Porque o Espírito é o Espírito da *vida* (Rm 8:2), a realidade que o Espírito cria é a antítese da existência sob os poderes do pecado e da morte. O Espírito capacita a existência em Cristo, significando ressurreição para uma vida de vitória sobre o pecado e a capacidade de fazer a vontade de Deus (Rm 8:3-4).
- Porque o Espírito é o Espírito de *Cristo* (Rm 8:9-10; Gl 4:6), o Espírito molda os crentes em uma comunidade, o corpo de Cristo (1Co 12). O Espírito molda a vida do corpo e de cada 'membro' no padrão de Cristo (e.g., Fl 2:5). Viver segundo o Espírito é viver segundo Cristo.

Esse último ponto nos leva à característica realmente distintiva do Espírito no pensamento e na experiência de Paulo: a indicação primária da presença do Espírito Santo de Deus não são manifestações extáticas ou viagens místicas ao céu — ambas as quais Paulo, e sem dúvida outros crentes do primeiro século, experimentaram (e.g., 1Co 14:18; 2Co 12:1-10). Porém, a obra primária do Espírito é transformar os crentes à imagem de Cristo (2Co 3:12-4:7), que Paulo chama de transformação de "glória em glória" (2Co 3:18). Paradoxalmente, tal glória presente é em forma de cruz; o Espírito mantém os crentes ligados a Cristo crucificado. O Espírito é, portanto, o Espírito da cruciformidade, capacitando a fidelidade a Deus e, lugar da fidelidade à carne ou ao mundo, sustentando a esperança em meio ao sofrimento e capacitando as pessoas para o amor abnegado.

Paradoxalmente, mais uma vez, a vida de serviço aos outros é uma vida de liberdade; o Espírito realmente significa "liberdade" para Paulo. Essa liberdade não é libertinagem para alguém fazer o que bem entender, mas é a libertação de si mesmo *da* escravidão a (na ausência da lei) ou à lei (como meio de autojustiça ou exclusão) e *para* o serviço de Deus, e o serviço em prol dos outros (Gl 5:1-15).

Uma maneira de Paulo descrever essa vida cruciforme de liberdade no Espírito é com a metáfora do ato de andar — embora, infelizmente, muitas versões traduzam o verbo grego 'andar' (*peripateō*) como "viver" (e.g., Gl 5:16), faltando a referência a uma metáfora e tema bíblico centrais.[20] A vida no Espírito é uma jornada em direção ao futuro com Deus; no presente, os crentes 'se movem em sintonia" com o Espírito, permitindo que o Espírito, em vez da carne (a propensão dos seres humanos contra Deus), os dirija. Dentro dessa 'caminhada', Paulo afirma, o Espírito tem um 'ministério' multidimensional na Igreja. Aqui mencionamos dois aspectos, frutos e dons.

O fruto e os dons do Espírito

O "fruto" do Espírito é listado por Paulo em Gl 5:22-23: amor, alegria, paz, paciência, amabilidade, bondade, fidelidade, mansidão e domínio próprio. A imagem agrícola sugere o produto natural da presença do Espírito, enquanto o substantivo singular ("fruto" e não "frutos") pode sugerir a indivisibilidade das nove 'virtudes', ou práticas aqui listadas. O amor é mencionado primeiro porque sem ele, nada mais tem valor (cf. 1Co 13:1-3) — especialmente em relação aos dons do Espírito.

Os dons (1Co 12; Rm 12:3-8; cf. Ef 4:7-16), ao contrário do fruto, não são dados de uma forma geral como um pacote, mas individualmente, de acordo com o melhor julgamento do próprio Espírito (1Co 12:7, 11). Os dons incluem ensino, cura, profecia, falar em línguas (glossolalia), liderança e muito mais. O propósito dos dons é edificar outros (1Co 12:7; 14:1-5); eles são expressões concretas do fruto que começa com o amor.

O Espírito e a vida de oração

A vida em Cristo, tanto de forma individual quanto coletivamente é desafiadora; deve brotar de uma vida de oração que é em si mesma dependente do Espírito (Rm 8:26-27).

Vimos no capítulo 2 que Paulo era uma pessoa que estava em constante oração. Ele não nos fala muito sobre seus hábitos ou métodos de oração, exceto que nunca para de orar (e.g., Rm 1:9; Fl 1:3-4; 1Ts 1:2), e que às vezes orava em 'línguas', exercitando um dom do Espírito (1Co 14:14-18). Da mesma forma, Paulo exortou suas comunidades a orar sempre com ação de graças e alegria (e.g., 1Ts 5:16-18; Fl 4:4-7).

---

[20] Veja, e.g., Dt 8:6; 10:12; 30:16; Sl 15:2; 26:1, 3, 11; 56:13; 78:10; 81:13; 86:11; 119:1, 3, 45; Pv 2:7, 13, 20; 8:20; Is 2:5; 33:15; 59:8–9. O motivo é destacado tanto em Colossenses quanto em Efésios e Gálatas.

Ele encorajou os coríntios a orar em línguas mesmo no contexto do culto coletivo, mas apenas com um intérprete, porque ele os exortou a se concentrarem em edificar companheiros crentes e visitantes (1Co 14:10-20).

A oração, segundo entende Paulo, faz parte do ritmo normal da vida em Cristo, mas também pode haver períodos especiais de oração intensa (1Co 7:15). A oração requer paciência e perseverança, especialmente em tempos de sofrimento (Rm 12:12). Assim, sem surpresa, tal dimensão da existência cristã não pode ser separada da realidade da cruz, mesmo que esteja fundamentada na certeza do cuidado amoroso de Deus (Fl 4:4-7).

Comunitária, altercultural e missional

A experiência de Paulo com Deus em Cristo é pessoal, mas não particular. A obra do Espírito não é conduzir indivíduos desconectados para uma experiência particular com Deus, mas criar uma comunidade multicultural de pessoas que vivem de modo distinto em relação a seus vizinhos pagãos — vizinhos que adoram falsos deuses em vez do único Deus verdadeiro, que confessam devoção ao imperador em vez de a Jesus como Senhor, e estão intoxicados com o espírito do mundo em vez do Espírito Santo — para dar testemunho da atividade reconciliadora de Deus na cruz de Cristo. Como tal, são uma comunidade alternativa, ou altercultural, sendo uma espécie de "colônia do céu" (veja Fl 1:27; 3:20). Na tradição do livro de Levítico e na literatura da piedade judaica em geral (especialmente a encontrada na Diáspora), Paulo enxerga aqueles que foram reunidos para ser o povo de Deus como "santos" (*hagios*) — separados para os propósitos de Deus e, portanto, diferentes de todos os demais.[21]

Paulo recorre a uma variedade de outras imagens para expressar o caráter dessa comunidade santa formada pelo Espírito: Israel de Deus

---

[21] Veja Lv 19:2. O termo grego *hoi hagioi*, "os santos", é uma das palavras básicas de Paulo para todos os que estão em Cristo. Algumas traduções geralmente o vertem como "santos" ou "pessoas santas", algumas vezes precedido por "do Senhor" ou "de Deus" (e.g., NAB, NJB), enquanto outras usam consistentemente "santos" (e.g., NRSV, RSV, KJV, NET). Ocasionalmente, especialmente no CEB, encontra-se "o povo de Deus" ou mesmo crentes". A NIV emprega diversas formas, geralmente usando "povo de Deus", muitas vezes qualificado por "santo".

(e.g., Gl 6:16), Corpo de Cristo (e.g., 1Co 12), templo do Espírito Santo (e.g., 1Co 3:16). A Igreja também é constantemente retratada como uma irmandade — uma comunidade com preocupações comuns e uma missão comum —, bem como uma família de irmãos e irmãs.

Enquanto comunidade, a Igreja tem responsabilidades internas e externas, às vezes chamadas de aspectos "centrípetos" e "centrífugos" da missão. Internamente, os membros devem amar uns aos outros, edificar uns aos outros, carregar os fardos uns dos outros (e.g., Rm 12:3-21; Gl 5:13—6:10). Se alguém sofre, todos sofrem, e se alguém se alegra, todos se alegram. Externamente, eles devem dar testemunho a seus vizinhos e amar a todos — até mesmo seus inimigos. Se perseguidos, a exemplo de Paulo e como participantes de Cristo, não se esperaria que fossem surpreendidos nem retaliados (Rm 12:14-21; cf. 1Co 4:12-13). Em outras palavras, eles deveriam compartilhar sua fé, expressar seu amor e permanecer seguros em sua esperança enquanto interagissem e dessem testemunho vibrante para o mundo ao seu redor, ainda que em meio ao sofrimento (Fl 1:27-30; 2:12-16).

As responsabilidades da comunidade para com os que estão fora são muitas vezes mencionadas brevemente nas cartas de Paulo, quase de passagem, porém, mesmo assim continuam dignas de consideração. Elas são geralmente expressas pelo uso da palavra "todos" como referência àqueles que não são crentes. Por exemplo: "confortem os desanimados, auxiliem os fracos, sejam pacientes para com todos. Tenham cuidado para que ninguém retribua o mal com o mal, mas sejam sempre bondosos uns para com os outros e para com todos" (1Ts 5:14-15; cf. Gl 6:9-10); "Não retribuam a ninguém mal por mal. Procurem fazer o que é correto aos olhos de todos. Façam todo o possível para viver em paz com todos" (Rm 12:17-18). Esses tipos de admoestações demonstram a convicção de Paulo de que a Igreja é chamada para dar testemunho coletivo do evangelho, encarnando-o publicamente. Esse testemunho se liga diretamente à grande visão de Paulo do que Deus está fazendo, não apenas na Igreja, mas no cosmos.

Uma comunidade de igualdade em Cristo

Certamente, muito mais poderia ser dito sobre a Igreja, ou sobre a comunidade, como parte integrante da espiritualidade de Paulo, e muito mais haverá de surgir de fato quando considerarmos as várias cartas. De particular importância agora é esta declaração: a Igreja é o local onde as pessoas de todos os gêneros, raças e condições socioeconômicas são *iguais* (Gl 3:28). Isso significa, para Paulo, que homens e mulheres recebem dons (observe o número de mulheres com quem ele trabalhou de acordo com Rm 16); que todas as raças e grupos étnicos estão em pé de igualdade em Cristo; e que a honra que os ricos e poderosos tipicamente concedem uns aos outros não tem importância — e nenhum lugar — na Igreja. Mesmo escravos e senhores são irmãos sob o único Senhor (veja Filemom). O Espírito não torna todos *idênticos*, apenas *semelhantes*. A Igreja é a comunidade de Deus de unidade na diversidade (1Co 12).

Vivendo a história, ou tornando-se o próprio evangelho

Essa Igreja feita de pessoas iguais em Cristo, chamada à paz e à santidade, é o lugar onde o único Deus de Israel é adorado, a morte de Cristo é celebrada por todos e a presença de Deus em Cristo, através do Espírito, é experimentada na adoração e na vida cotidiana. É onde a história do Cristo crucificado, como a sabedoria e o poder de Deus, é descrita no poder do Espírito, não apenas com palavras, mas como uma história viva — a narrativa fiel de todos os "santos" ou "separados", uma das designações favoritas de Paulo para os crentes. A história de Cristo é 'representada' na vida real. É uma história de renúncia de *status*; consumir e ser consumido; de amor aos inimigos, incluindo os excluídos; e até sofrimento — mas sempre na esperança da glória de Deus. Abraçar essa existência cruciforme é o que significa viver agora no poder da ressurreição — viver no novo tempo inaugurado pela morte e ressurreição de Cristo e pelo dom do Espírito.

Viver uma vida assim é viver em continuidade com a história de Israel, mas em descontinuidade marcante com deuses e valores da polis romana. É confessar Jesus, e não César, como Senhor e, portanto, viver pela história da cruz e ressurreição de Jesus, e não pelo pseudoevangelho da salvação imperial. A *ekklēsia* interrompe a história do império de idolatria, imoralidade, injustiça, violência e a busca de honra com sua própria história — contada em palavras e na vida — do Espírito do Filho de Deus vivo no mundo para a salvação de todos. Aqui é onde indivíduos, comunidades e o mundo inteiro podem encontrar a paz, segurança, prosperidade, justiça e benevolência (graça) prometidas pelos impérios antigos e modernos, mas não realmente entregues por eles, apesar de sua propaganda em sentido contrário.

A *ekklēsia*, então, deve ser uma exegese viva da história de Jesus; a comunidade daqueles que estão no Messias é chamada não apenas a *crer* no evangelho, mas a se *tornar* o próprio evangelho (i.e., incorporá-lo e não o substituir). Isso não é algo que pode ser feito plenamente por um indivíduo. As exortações de Paulo e as descrições da *ekklēsia* são quase sempre expressas em formas plurais de pronomes e verbos: 'vocês', para colocar coloquialmente. E se o crente individualmente é parte de uma comunidade maior, a própria comunidade é parte de algo ainda maior.

(Nova) Criação: a história maior

Nos últimos tempos, o caráter comunitário da espiritualidade de Paulo tem sido cada vez mais reconhecido, mesmo que o indivíduo em si não seja negligenciado. Seríamos descuidados, no entanto, terminar a história aqui, pois a visão de Paulo da obra de Deus é mais do que pessoal, mais do que comunitária; é universal e cósmica: "Deus em Cristo estava reconciliando consigo o mundo" (2Co 5:19a; cf. Cl 1:15-20). Reconciliar-se com Deus é fazer parte dessa atividade universal e cósmica; é experimentar a "nova criação" (5:17). É, portanto, estar envolvido no mundo e na missão de Deus de refazer esse mundo através do Messias e do Espírito. Por essa razão, a espiritualidade paulina — mesmo quando envolve visões e viagens ao céu (2Co 12:1-10), bem como dons carismáticos (1Co 12) — é, em última análise, uma espiritualidade deste mundo, uma espiritualidade da nova criação vivida em meio à velha criação.

Essa nova criação se refere não apenas ao crente individualmente (assim nas versões NAB, NET em 2Co 5:17), mas ao grande ato de re-criação no qual os indivíduos participam (assim nas versões CEB, NIV, NJB, NRSV em 2Co 5:17). Como o livro do profeta Isaías havia prometido, Deus um dia renovaria não apenas o povo de Israel, mas toda a criação:

Pois vejam! Criarei novos céus e nova terra (Is 65:17a; cf. 66:22).

Para Paulo, essa nova criação (que significa 'renovada') já está ocorrendo agora, embora, logicamente, ainda esteja incompleta e só seja concluída no futuro. Como Efésios afirma, Deus tem um plano "de fazer convergir em Cristo todas as coisas, celestiais ou terrenas, na dispensação da plenitude dos tempos" (Ef 1:10). A prova de que a nova criação está a caminho é a existência de uma comunidade de pessoas reconciliadas, judeus e gentios, vivendo em relacionamento de aliança com Deus em Cristo pelo poder do Espírito (Gl 3:28-29; 6:15; cf. Ef 2:11-22). Eles antecipam, em algum sentido real, ainda que em um imperfeito senso de incorporação, a esperança profética do *shalom* de Deus.

Uma comunidade de *shalom*: paz, justiça e reconciliação

Quando os profetas bíblicos olhavam para a era escatológica ou messiânica, eles antecipavam a paz e a justiça — em hebraico, *shalom*. Essa era uma visão de plenitude e florescimento humano. Seria uma época em que adversários comuns, como lobos e cordeiros, estariam em paz na companhia uns dos outros (e.g., Is 11:1-9; 65:17-25), e quando atividades agressivas 'normais', como construir armas para a guerra, seriam transformadas em atos de criatividade e educação (e.g., Is 2:1-4; Mq 4:1-7).

Embora Paulo não cite especificamente algumas das passagens mais famosas que incorporam essa visão de *shalom*, ele se refere às Escrituras ao nos dizer que o reino de Deus, o reinado escatológico de Deus, tem a ver com justiça (NAB; NRSV "retidão") e paz no Espírito Santo (Rm 14:17; cf. Is 32:17). Também, logicamente, Paulo via *shalom* como o dom abrangente de Deus em Jesus e o chamado da Igreja que vive nele e no Espírito. Ele começa e termina suas cartas com uma lembrança desse dom e do chamado divino: como um conjunto de expressões emblemáticas para as epístolas, a bênção de abertura "Graça e paz para vocês" geralmente é combinada com um pronunciamento final como "paz seja com os irmãos" ou "o Deus da paz esteja com todos vocês". Essas não são declarações irrelevantes; antes, expressam o coração do evangelho, o coração de Paulo, o coração de Deus.

Praticar *shalom* está no centro da espiritualidade paulina, pois é tanto o que Deus realizou em Cristo quanto o modo como Deus o fez. A igreja é o sinal de que a nova criação já começou, mas só pode ser um sinal confiável, sendo suas práticas coerentes com sua mensagem da paz e justiça *cruciforme* de Deus em Cristo: tornando-se a própria justiça de Deus (2Co 5:21; cf. Sl 111—112).

Esta vida presente da Igreja como um todo é, então, parte do plano maior de Deus, que é libertar a própria criação da "escravidão da decadência" (Rm 8:21) e "por meio dele [Cristo]" reconciliar "consigo todas as coisas" (Cl 1:20; cf. Ef 1:10). A comunidade dos que estão em Cristo, produzindo os "primeiros frutos do Espírito" (Rm 8:23; cf. Ef 1:13-14), é sinal de esperança para o cosmos de que Deus é realmente fiel e também o redimirá. Ao mesmo tempo, a experiência dos crentes, especialmente seu sofrimento e gemido, em antecipação à redenção completa, é uma espécie de comunhão de sofrimento e esperança com a ordem criada (Rm 8:22-23).

Fazer parte dessa comunhão é conhecer os sofrimentos de Cristo e se tornar uma pessoa em conformidade com Ele, num contraste com a cultura circundante, ser consolado e capacitado pelo Espírito e ter a esperança de que o Deus de Israel, que é o Pai do Senhor Jesus, completará a nova criação que já teve início, para trazer em sua plenitude o prometido *shalom*. A Igreja é a irmandade que fala e vive essa história pessoal, comunitária e cósmica.

CORPÓREA: UMA ESPIRITUALIDADE INCORPORADA

Finalmente, chegamos de maneira inevitável ao caráter físico ou corporal da espiritualidade de Paulo. Infelizmente, o termo 'espiritualidade' muitas vezes transmite um foco puramente interior, sobrenatural ou celestial que tem pouco ou nada a ver com o 'mundo real' e pouco ou nada relacionado com nosso corpo. E mais, o adjetivo 'espiritual' geralmente se refere a pessoas que afirmam ter uma experiência contínua de autotranscedência ou um relacionamento pessoal com o universo, ou com Deus, que não requer nenhuma conduta específica ou qualquer associação com outros para ter essa experiência ou relacionamento. Já vimos, porém, que para Paulo a vida no Espírito de Deus é uma vida em comunidade, o 'corpo' de Cristo. Também notamos a definição comum de espiritualidade cristã como a 'vivência da fé cristã'. Os seres humanos precisam de um corpo para viver neste mundo. É em nosso corpo, e através dele, que experimentamos e expressamos quem somos realmente e quem somos em relação aos outros. De fato, nosso corpo nos permite expressar quem somos em relação a Deus. Para Paulo, o corpo de Cristo consiste em pessoas que praticam a vida no Espírito, a vida de fidelidade, amor e esperança, com seu corpo. Sua vida em relação a Deus e aos outros é uma espiritualidade *corporal*.

Em outras palavras, para Paulo não pode haver separação entre a vida do espírito, ou a vida no Espírito, e a vida no mundo. A espiritualidade paulina envolve o corpo, tanto o corpo comunitário de Cristo, a *ekklēsia* como um todo, quanto o corpo de cada membro individual. O novo 'eu' em Cristo permanece como um 'eu' encarnado e serve a Deus e aos outros como tal. Paulo diz aos romanos que ofereçam seu corpo e seus membros para o serviço de Deus (Rm 6:1-23; 12:1-2), e repreende os coríntios por pensarem que o corpo humano é irrelevante quando se trata de assuntos de espiritualidade e sexualidade (1Co 6:12-20). Em vez desse conceito, eles devem reconhecer que o corpo é o templo do Espírito Santo, o lugar em que Deus deve ser glorificado (1Co 6:19-20). O mesmo é verdade para o Corpo de Cristo como uma unidade (1Co 3:16).

A relação da vida interior e exterior do eu, bem como as duas dimensões da espiritualidade corporal individual e coletiva, se unem de maneira significativa em Romanos 12:1-2. Com base nas suas palavras em Romanos 6, Paulo convida os crentes a apresentarem seus corpos, no *plural*, a Deus como um "sacrifício vivo", *singular* — muitos corpos formando um só corpo (v. 1). Esse será seu ato individual e coletivo apropriado de 'adoração'. Além disso, Paulo diz (v. 2) que esse ato de adoração ao longo da vida é um processo contínuo de transformação que requer um corolário contínuo de "renovação da sua mente". Por quê? Porque tanto a mente quanto o corpo foram afetados pelo poder do pecado (Rm 1:18-32) e precisam de metamorfose. Romanos 12:1-2 fornece então uma declaração sucinta da espiritualidade corporal de Paulo: mente e corpo, indivíduo e comunidade, trabalhando juntos em um processo de transformação pelo Espírito que se manifesta de maneiras concretas e na forma humana. É esse tipo de espiritualidade do mundo real que marca os crentes como a comunidade da aliança e altercultural de Deus, como um povo "santo e agradável a Deus" (v. 1).

A ênfase de Paulo no corpo ao tratar de espiritualidade tem raízes profundas em sua teologia judaica da criação e da nova criação, sua compreensão judaica da pessoa humana como uma 'unidade psicossomática' (um ser holístico e unificado) e sua afirmação da ressurreição corporal especificamente aprendida com os fariseus. Essa espiritualidade muito corpórea, até mesmo 'terrena', assume nova relevância à luz do envio, por Deus, do Filho à terra, do sofrimento físico do Filho na cruz, de o Pai tê-lo ressuscitado corporalmente dentre os mortos, do gemido do Espírito em relação aos sofredores, e da esperança da criação (Rm 8:17-25), e a renovada certeza da ressurreição corporal e transformação final, ou glorificação, por causa da ressurreição de Cristo (1Co 15; Fl 3:21). Corpos importam.

Essa não é, todavia, uma espiritualidade de corpos que promove o poder corporal, seja individual, seja de forma coletiva, do modo como o poder é normalmente praticado. A graça opera nas fraquezas corporais através delas e apesar delas, bem como em outras formas de impotência. É assim que o poder de Cristo permanece em nosso corpo humano, "pois, quando sou fraco, é que sou forte", declara Paulo (2Co 12:10). Os crentes, mesmo os apóstolos, são "vasos de barro" que encarnam o evangelho em sua fraqueza, "para mostrar que o poder que a tudo excede provém de Deus, e não de nós" (2Co 4:7).

Sumário

Vimos que a compreensão de espiritualidade de Paulo se concentra na participação e transformação em Cristo. Vimos também que essa espiritualidade pode ser caracterizada como triúna em sua estrutura, e que pode ser resumida como pactual, cruciforme, carismática, em comum, altercultural, nova-criacional e corporal. Além disso, exploramos brevemente algumas das virtudes cruciformes, ou práticas, que permitem e expressam essa vida em missão e altercultural em prol dos outros, como fidelidade, esperança, amor, generosidade, justiça e reconciliação.

Voltamos à teologia de Paulo: as convicções fundamentais sobre Deus que estão por trás e dentro da experiência vivida por Paulo e suas comunidades.

Perguntas para reflexão

1. Como o termo 'espiritualidade' é entendido hoje, tanto dentro quanto fora da igreja? Como esse entendimento é semelhante ou diferente da compreensão de Paulo? Da perspectiva de Paulo, é possível ser 'espiritual' mas não 'religioso'?
2. Você concorda que a experiência de Deus vivida por Paulo é 'triúna'? Por que essa afirmação é importante?

3. Como os crentes cristãos comuns podem se apropriar da noção de 'cruciformidade' de Paulo?
4. O Espírito Santo às vezes tem sido rotulado como o 'participante silencioso' na Trindade. Reflita sobre a afirmação de que, para Paulo, o Espírito "conecta os crentes tanto ao passado quanto ao futuro, bem como ao presente de Deus". Como a experiência de Paulo com o Espírito pode ser instrutiva para a igreja contemporânea?
5. Como Paulo responderia às alegações feitas por alguns de que sua doutrina da justificação pela fé torna a ética sem importância?
6. Como a seguinte declaração reflete — ou não — as realidades da Igreja hoje: "a honra que os ricos e poderosos tipicamente concedem uns aos outros não tem importância — e não têm nenhum lugar — na Igreja"?
7. Como a perspectiva 'cósmica' de Paulo deve afetar a espiritualidade cristã hoje?
8. Quais são as implicações de pensar a espiritualidade em termos narrativos — a Igreja contando uma história em atos e palavras?
9. O que significa hoje pensar na espiritualidade como sendo inerentemente 'missional' e 'corpórea'?

Para leitura e estudo adicionais

Veja também as bibliografias apresentadas nos capítulos 4 e 6.

Geral

Boakye, Andrew K. "Inhabiting the 'Resurrectiform' God: Death and Life as Theological Headline in Paul." *ExpTim* 128: (2016-17): p. 53-62.

Fee, Gordon D. *Paul, the Spirit, and the People of God.* Peabody, MA: Hendrickson, 1996. *God's Empowering Presence* (veja adiante) para um público geral.

Finlan, Stephen. "Can We Speak of Theosis in Paul?" P. 68-80 in *Partakers of the Divine Nature: The History and Development of Deification in the Christian Traditions.* Editado por Michael J. Christensen e Jeffery A. Wittung. Grand Rapids: Baker Academic, 2007.

Gorman, Michael J. *Cruciformity: Paul's Narrative Spirituality of the Cross.* Grand Rapids: Eerdmans, 2001. O papel central da cruz na experiência de Paulo com Deus (Pai, Filho e Espírito) e na vida de fé, amor, poder e esperança.

Hays, Richard B. *The Moral Vision of the New Testament: Community, Cross, New Creation; A Contemporary Introduction to New Testament Ethics*. São Francisco: HarperCollins, 1996 [cap. 1 (16-59)]. Tratamento breve, porém clássico, da 'ética' de Paulo.

Levison, John R. *Filled with the Spirit*. Grand Rapids: Eerdmans, 2009. Os primeiros cristãos, incluindo Paulo (253-316) e o Espírito no contexto do AT e do judaísmo do Segundo Templo.

Longenecker, Richard N. "Prayer in the Pauline Letters." P. 203-27 in *Into God's Presence: Prayer in the New Testament*. Editado por Richard N. Longenecker. Grand Rapids: Eerdmans, 2001. Considera um aspecto negligenciado de Paulo.

Meye, Robert P. "Spirituality." P. 906-16 in *Dictionary of Paul and His Letters*. Editado por Gerald F. Hawthorne, Ralph P. Martin e Daniel G. Reid. Downers Grove, IL: InterVarsity, 1993. Obra suscinta, porém abrangente.

Reeves, Rodney. *Spirituality According to Paul: Imitating the Apostle of Christ*. Downers Grove, IL: InterVarsity, 2011. Estruturado de acordo com a narrativa de ser crucificado, sepultado e ressuscitado com Cristo.

Røsæg, Nils Aksel. "The Spirituality of Paul: An Active Life." *Studies in Spirituality* p. 14 (2004): p. 49-92. Visão abrangente com boa bibliografia.

Schweitzer, Albert. *The Mysticism of Paul the Apostle*. Trad. por William Montgomery. Londres: Black; Nova York: H. Holt, 1931. Estudo clássico enfatizando a 'participação em Cristo' em vez da justificação pela fé como a marca registrada da teologia e da vida de Paulo.

Tobin, Thomas H. *The Spirituality of Paul*. Message of Biblical Spirituality 4. Collegeville, MN: Liturgical, 1991. Atenção especial dada à experiência de poder por Paulo.

Thompson, James W. *Moral Formation According to Paul: The Context and Coherence of Pauline Ethics*. Grand Rapids: Baker Academic, 2011. A ética de Paulo, em seus contextos judaico e não judaico, como transformação à imagem de Cristo.

Técnica

Blackwell, Ben C. *Christosis: Pauline Soteriology in Light of Deification in Irenaeus and Cyril of Alexandria*. Rev. e ed. Grand Rapids: Eerdmans, 2016. Estudo importante da transformação em Paulo.

Boakye, Andrew K. *Death and Life: Jesus' Resurrection, Israel's Restoration, and Humanity's Rectification in Paul's Letter to the Galatians*. Eugene, OR: Pickwick, 2017. Retificação (justificação) como recebimento do Espírito e a vida do Jesus ressuscitado.

Campbell, Constantine R. *Paul and Union with Christ: An Exegetical and Theological Study*. Grand Rapids: Zondervan, 2012. A linguagem e a teologia da vida de Paulo em Cristo, com Ele e por meio dele.

Deidun, T. J. *New Covenant Morality in Paul*. AnBib 89. Roma: Biblical Institute Press, 1981. Obra mais antiga, porém essencial sobre Paulo e a prometida nova aliança.

Dunn, James D. G. *Jesus and the Spirit: A Study of the Religious and Charismatic Experience of Jesus and the First Christians as Reflected in the New Testament*. Grand Rapids: Eerdmans, 1997 (orig. Londres: SCM Press, 1975). Estudo inovador sobre a experiência do Espírito por Jesus e Paulo.

Engberg-Pedersen, Troels. *Paul and the Stoics*. Edinburgh: T&T Clark, 2000. Encontra semelhanças estruturais entre a ética de Paulo e a dos estoicos.

Fee, Gordon D. *God's Empowering Presence: The Holy Spirit in the Letters of Paul*. Peabody, MA: Hendrickson, 1994. Estudo exegético abrangente, com importantes conclusões teológicas (incluindo trinitarianas).

Horrell, David G. *Solidarity and Difference: A Contemporary Reading of Paul's Ethics*. 2ª ed. Londres: Bloomsbury T&T Clark, 2015. Unidade e diversidade na construção de comunidades de Paulo, com reflexão contemporânea.

Keener, Craig S. *The Mind of the Spirit: Paul's Approach to Transformed Thinking*. Grand Rapids: Baker Academic, 2016. A corrupção da mente e sua transformação em Cristo no contexto das crenças antigas.

Longenecker, Bruce W. *Remember the Poor: Paul, Poverty, and the Greco-Roman World*. Grand Rapids: Eerdmans, 2010. Análise da pobreza na Antiguidade e a resposta moral de Paulo.

Rabens, Volker. *The Holy Spirit and Ethics in Paul: Transformation and Empowering for Religious-Ethical Life*. 2ª rev. ed. Mineápolis: Fortress, 2014. Trabalho importante sobre o papel relacional e transformacional do Espírito.

6

A TEOLOGIA DE PAULO

Doze convicções fundamentais

A pessoa às vezes (não tão frequentemente) fica feliz por não ser um grande teólogo; pode-se facilmente confundi-lo com um bom cristão.

C. S. Lewis[1]

Para algumas pessoas, um teólogo é alguém que escreve obras eruditas e teóricas e está longe do contato com a vida cotidiana de pessoas reais, e talvez até com Deus. Paulo certamente não era um teólogo nesse sentido. Como vimos nos capítulos anteriores, ele era um evangelista, um pastor, um líder espiritual, um construtor de comunidades, uma pessoa que se mantinha em profunda comunhão com Deus. Examinamos primeiro seu evangelho e sua espiritualidade antes de considerar sua teologia, ou seus 'pensamentos' sobre Deus. Paulo, no entanto, atuou com um conjunto de convicções claras, e ele foi muito mais consistente, embora sempre de forma criativa, na articulação e aplicação dessas convicções do que muitas vezes se acredita. Sua tarefa era, em parte, expor — da forma mais clara e persuasiva possível — o significado dessas convicções para ele e suas comunidades. Essa é precisamente, desde sempre, a verdadeira tarefa de um teólogo, como a discussão teológica contemporânea tem sugerido ao falar, por exemplo, da "função pastoral

---

[1] C. S. Lewis, Reflections on the Psalms (Nova York: Harcourt, Brace and World, 1958), p. 57.

da doutrina cristã".[2] Paulo era de fato um teólogo nesse sentido; podemos hoje chamá-lo de 'teólogo pastoral'.

Como teólogo pastoral, Paulo era muito sensível às circunstâncias particulares de suas comunidades. Este livro parte do pressuposto de que muito do que Paulo disse em suas cartas dependia das situações que as motivaram. Além disso, ao desenvolver uma compreensão de Paulo, é útil analisar carta por carta, como faremos na segunda parte deste livro. No entanto, também não faz sentido abordar as cartas de Paulo como se ele estivesse sempre 'atirando a esmo', ou como se elas nunca tivessem sido lidas antes. Não nos trará prejuízo — na verdade, isso nos ajudará — ler suas cartas através de algumas lentes, isto é, com alguma apreciação antecipada da mente do apóstolo.

O que nos interessa neste capítulo é uma breve descrição de doze convicções paulinas fundamentais. Elas são o que alguns chamariam de seus princípios teológicos básicos, de modo que também podemos nos referir a elas como as 'grandes convicções de Paulo'. Porém, mesmo essas grandes convicções são, em sua maior parte, declarações narrativas, ou afirmações feitas dentro de uma estrutura narrativa. Elas se escondem internamente e estão por trás de quase todos os textos das páginas de todas as cartas. Visto que muitos já foram mencionados ou discutidos como aspectos de seu evangelho ou de sua espiritualidade, eles servem não apenas como uma visão geral, mas também como um resumo, especialmente dos dois capítulos anteriores.

Alguns podem objetar que buscar consistências em cartas ocasionais, ou dentro de um *corpus* de cartas que possam refletir desenvolvimentos no pensamento de Paulo, é inapropriado. Mas o fator de contingência, embora muito importante — como veremos nos capítulos subsequentes —, não elimina uma coerência geral com o pensamento de Paulo. O mesmo vale para o desenvolvimento delas; embora certas situações possam ter incitado a evolução ou afinação das convicções, a evidência das cartas de Paulo não sugere (pelo menos não para mim) sua falta geral de coerência ou o 'atraso' de qualquer um dos pontos descritos neste capítulo, mesmo aqueles mais cuidadosamente articulados na carta (relativamente tardia) aos Romanos.

---

[2] Veja Ellen T. Charry, By the Renewing of Your Minds: The Pastoral Function of Christian Doctrine (Nova York: Oxford University Press, 1997).

Veremos que a teologia de Paulo é totalmente judaica, mas refratada, logicamente, por meio de sua experiência vivida com Jesus, o Messias e o Espírito. Uma breve reflexão acerca de Paulo como um tipo particular de teólogo e intérprete judeu é, portanto, adequada.

PAULO, O (MESSIÂNICO) TEÓLOGO BÍBLICO JUDAICO

O Novo Testamento – incluindo as cartas de Paulo – pode ser descrito com justiça como um extenso comentário ou interpretação das Escrituras de Israel (o Antigo Testamento cristão). A teologia de Paulo era certamente pastoral, mas também escriturística, o que significa que era judaica. Estudiosos debatem precisamente como Paulo estudou as Escrituras de Israel, mas ninguém questiona quão essenciais esses textos são para sua teologia.

Os livros bíblicos favoritos de Paulo parecem ter sido Deuteronômio, Salmos e Isaías, particularmente Is 40–66. Paulo usa esses livros e outros de várias maneiras. Às vezes, ele os cita em maior ou menor grau (a partir de uma versão da Bíblia grega).

O qualificador "maior ou menor" é importante, pois parece bastante claro que Paulo às vezes altera deliberadamente seu texto, omite partes dele ou oferece sua própria tradução. Ocasionalmente, Paulo nos revela sua fonte (e.g., Isaías); tais textos identificados são chamados de 'citações marcadas'. Porém, muitas vezes Paulo menciona as Escrituras sem nos mostrar que se trata de uma citação.

Ademais, além de citações explícitas, Paulo às vezes faz alusão ou ecoa um personagem, texto, frase ou imagem escriturísticos. Estudiosos debatem o significado preciso de termos como 'alusão' e 'eco', porém, mais uma vez, todos concordam sobre o significado dessas referências bíblicas menos precisas. Então, como determinar sua presença? Por exemplo, como avaliamos a afirmação de que há alusões em Paulo ao episódio do 'ressurgimento dos ossos secos' de Ezequiel, embora a palavra 'ossos' não apareça em nenhum lugar nas cartas de Paulo? Richard Hays propôs um conjunto útil de critérios que nos ajudam a identificar ecos das Escrituras. Estes incluem, entre outros, a plausibilidade do eco, seu 'volume' (força) e a coerência que sua presença faria com o texto paulino, onde supostamente ocorre a menção.[3]

Conforme observado no capítulo 3, o fenômeno de tecer as próprias palavras com as palavras de outros é chamado de 'intertextualidade', e os textos, bíblicos ou não, assim empregados são chamados de 'intertextos'. Paulo era um pensador e escritor altamente intertextual. O ponto principal para nossa compreensão sobre o apóstolo, entretanto, não é simplesmente que ele interpretou e citou as Escrituras, mas

---

[3] Richard B. Hays, Echoes of Scripture in the Letters of Paul (New Haven: Yale University Press, 1989), p. 29–32

que o fez de um modo particular e para um propósito específico. Esse modo rotularemos como 'messiânico' e 'narrativo'; o propósito, como já observamos, chamaremos 'pastoral' ou mesmo 'espiritual'.

Paulo é um intérprete *messiânico*; ele vê as Escrituras através das lentes de Jesus, o Messias crucificado e ressuscitado. Isso não significa que ele pense que tudo nas Escrituras é sobre Jesus – embora em grande parte seja –, mas que tudo deve agora ser entendido à luz de Jesus. Muitos dos 'conceitos-chave' de Paulo são temas bíblicos fundamentais em novos trajes, reconfigurados, reformulados, retrabalhados, reimaginados etc. – todos os termos usados de forma especial e apropriada por N. T. Wright para descrever a teologia de Paulo. O apóstolo acredita que sua reinterpretação escriturística é guiada pelo Espírito de Deus, sendo tanto o dom da presença divina realizada pela morte e ressurreição do Messias quanto aquele que garante essa interpretação escriturística, como todo discernimento por aqueles em Cristo, reflete a "mente de Cristo" – a mente do Messias judaico Jesus (1Co 2:16).

Por vezes, uma questão tem sido levantada: "O que Paulo entendia que estava errado com o judaísmo?" No entanto, essa não é a pergunta certa. Para Paulo não há nada de errado com o judaísmo. Mas há algo de errado com a humanidade – gentios e judeus, homens e mulheres, escravos e livres – e somente o Deus judeu, agindo por meio do Messias judeu e através do Espírito do Deus judeu e seu Messias, pode resolver o problema. Na verdade, para Paulo o judaísmo é a solução – porém um judaísmo restaurado, renovado, inclusivo, escatológico e messiânico, prometido (segundo Paulo) nas Escrituras judaicas.[4] Suas cartas atestam essa solução e sua incorporação em pessoas e comunidades reais.

Paulo também é um teólogo *narrativo*. Há debate entre os estudiosos sobre essa afirmação, e mesmo entre aqueles que aceitam a premissa, há uma disputa sobre quais narrativas precisas Paulo busca nas Escrituras e as retrabalha à luz do Messias. Alguns intérpretes (especialmente os que se identificam como parte da escola 'apocalíptica' da interpretação paulina) enfatizam a completa surpresa do que o evangelho representou para Paulo e, portanto, podem ver menos continuidade com as Escrituras de Israel e mais descontinuidade com qualquer narrativa anterior. Outros enfatizam que existem inúmeras narrativas bíblicas e que não há uma 'grande narrativa' na Bíblia. Porém, no mínimo, devemos reconhecer que para Paulo algo prometido a Abraão, aos profetas e através deles, se materializou no Messias Jesus e agora também acontece em suas assembleias; a

---

[4] Conforme observado no capítulo 2, a aparente dissociação de Paulo de sua vida passada no "judaísmo" (Gl 1:13-14) não é uma rejeição do judaísmo em si mesmo, mas de um certo tipo de judaísmo.

missão de Deus para Israel e através do povo escolhido está avançando, mesmo que de formas estranhas e inesperadas.

Finalmente, Paulo é um teólogo *pastoral e espiritual*. Ele está usando teologia no interesse de pessoas e comunidades, não apenas com o interesse de ideias. Isso pode sugerir que ele está 'teologizando' – um termo usado por alguns para enfatizar o processo, e não os resultados, de sua atividade teológica. Sem dúvida, Paulo está, em um sentido profundo, teologizando, respondendo, às vezes até falando consigo mesmo. Mas sua teologização está fundamentada em convicções essenciais, convicções que orientam e moldam sua teologização pastoral.

Voltamo-nos, então, para as grandes ideias de Paulo, ou pelo menos doze que considero mais cruciais. Com exceção da justificação pela graça por meio da fé, nossa discussão de cada uma será muito breve. Como essas ideias nem sempre se expressam em um lugar específico, os textos ilustrativos, sejam citados, sejam simplesmente listados, pretendem destacar dimensões-chave do tema, não necessariamente o tema em sua totalidade. A maioria dos textos foi escolhida a partir das cartas indiscutíveis, embora os mesmos temas, às vezes em uma 'chave' ligeiramente diferente, também possam ser encontrados nas outras cartas.

1. O Deus da aliança de Israel

O único Deus verdadeiro que criou o mundo, escolheu Israel e fez aliança com a nação para ser o seu povo e, deste modo, ser o veículo da bênção divina entre as nações (gentios). Esse Deus é um juiz imparcial que espera obediência de todas as pessoas, seja à Lei escrita de Moisés, seja àquela que foi inscrita no coração humano.

(O termo que E. P. Sanders e alguns outros estudiosos da 'nova perspectiva' usaram para descrever o entendimento do judaísmo sobre sua obediência à lei de Deus, dentro do contexto desse relacionamento de aliança, é 'nomismo de aliança'). No entanto, assim como os profetas, Paulo acredita que Deus considerou Israel infiel e desobediente, e os gentios idólatras e imorais (Rm 1:18—3:20). Deus planejou, portanto, desde os tempos dos profetas, efetuar uma nova aliança com Israel (Jr 31:31-34; Ez 11:17-20; 36:23-38; 37:21-28; Dt 30:1-8 cf. 1Coríntios 11:25; 2 Cor 3:6), e assim com e para todas as nações.

Textos ilustrativos:

Para nós, porém, há um único Deus, o Pai, de quem vêm todas as coisas e para quem vivemos; e um só Senhor, Jesus Cristo, por meio de quem vieram todas as coisas e por meio de quem vivemos (1Co 8:6; cf. 1Tm 1:17).

Deus é Deus apenas dos judeus? Ele não é também o Deus dos gentios? Sim, dos gentios também, visto que existe um só Deus (Rm 3:29-30a).

Haverá tribulação e angústia para todo ser humano que pratica o mal: primeiro para o judeu, depois para o grego; mas glória, honra e paz para todo o que pratica o bem: primeiro para o judeu, depois para o grego. Pois em Deus não há parcialidade. Todo aquele que pecar sem a Lei, sem a Lei também perecerá, e todo aquele que pecar sob a Lei, pela Lei será julgado. Porque não são os que ouvem a Lei que são justos aos olhos de Deus; mas os que obedecem à Lei, estes serão declarados justos (Rm 2:9-13).

Prevendo a Escritura que Deus justificaria os gentios pela fé, anunciou primeiro as boas-novas a Abraão: "Por meio de você todas as nações serão abençoadas" (Gl 3:8).

2. O PODER DO PECADO E DA MORTE E A IMPOTÊNCIA DA LEI

Paulo acredita que o problema humano fundamental, experimentado tanto por judeus quanto por gentios, não são apenas pecados, no *plural*, mas Pecado, no *singular* — e com inicial maiúscula para indicar que Paulo o retrata como uma personagem do drama humano e cósmico. O pecado opera como uma espécie de poder dentro da raça humana e sobre ela. Esse poder se manifesta em pecados, ou formas inadequadas de se relacionar tanto com Deus (idolatria em lugar de fé) quanto com outros seres humanos (imoralidade e injustiça em lugar de amor). Estar sob o poder do pecado é como ter um vício; viciados são escravizados ao seu vício como a um mestre. Os seres humanos são, portanto, do ponto de vista da *aliança*, moral e espiritualmente *disfuncionais*. O resultado dessa situação é o confronto da humanidade com a morte, tanto como realidade presente, uma espécie de morte viva, quanto como separação futura e permanente de Deus, o doador da vida. De fato, como o pecado, a morte é um poder que exerce domínio sobre a raça humana.

Uma vez que o problema humano é tanto o pecado quanto os pecados, os seres humanos precisam de uma solução que lide com ambos — libertação ou redenção do pecado e perdão pelos pecados — e que os restaure à vida, a relações apropriadas tanto com Deus (fé) quanto com os outros (amor). A Lei de Moisés, apesar de seu valor positivo, não pode livrar as pessoas do Pecado e da Morte ou efetuar a justiça e a vida.

Textos ilustrativos

> Então, a Lei opõe-se às promessas de Deus? De maneira nenhuma! Pois, se tivesse sido dada uma lei que pudesse conceder vida, certamente a justiça viria da lei. Mas a Escritura encerrou tudo debaixo do pecado, a fim de que a promessa, que é pela fé em Jesus Cristo, fosse dada aos que creem (Gl 3:21-22).

> Já demonstramos que tanto judeus quanto gentios estão debaixo do pecado (Rm 3:9).
> Portanto, da mesma forma como o pecado entrou no mundo por um homem, e pelo pecado a morte, assim também a morte veio a todos os homens, porque todos pecaram (Rm 5:12).

> Pois o salário do pecado é a morte (Rm 6:23).

> Porque, aquilo que a Lei fora incapaz de fazer por estar enfraquecida pela carne, Deus o fez, enviando seu próprio Filho (Rm 8:3a).

3. A justiça de Deus: fidelidade a Israel e misericórdia para com os gentios

A importante frase "a justiça de Deus" tem sido interpretada de várias maneiras, porém, talvez seja mais bem entendida como a justiça salvadora e restauradora de Deus, a manifestação da própria justiça de Deus. Há, de fato, boas razões para simplesmente traduzir a frase como 'a justiça de Deus', embora os ocidentais muitas vezes assumam erroneamente que isso significa justiça *retributiva* divina em vez de justiça *restaurativa*: justiça que corrige as coisas. A justiça de Deus é, portanto, também a fidelidade da aliança e o poder salvador de Deus. (Alguns argumentam a favor de uma contra a outra, mas é impossível, para Paulo, separar as funções; veja Rm 1:16-17.) Para ele, Deus manifesta fidelidade e misericórdia (cf. Tt 3:4-7) em face da infidelidade humana, tanto judaica quanto gentia. Essa fidelidade e misericórdia são manifestadas particularmente no envio do Filho para efetuar a salvação — para morrer pelos pecados da humanidade, para libertá-la do pecado e para restaurar os gentios e judeus àquilo para o que foram criados: relações corretas com Deus e de um ser humano com o outro. Ao fazer isso, Deus cumpre a promessa feita a Abraão de que por meio dele todas as nações seriam abençoadas.

Textos ilustrativos:

Não me envergonho do evangelho, porque é o poder de Deus para a salvação de todo aquele que crê: primeiro do judeu, depois do grego. Porque no evangelho é revelada a justiça de Deus, uma justiça que do princípio ao fim é pela fé, como está escrito: "O justo viverá pela fé" (Rm 1:16-17).

Que importa se alguns deles foram infiéis? A sua infidelidade anulará a fidelidade de Deus? De maneira nenhuma! (Rm 3:3-4a).

Mas agora se manifestou uma justiça que provém de Deus, independente da Lei, da qual testemunham a Lei e os Profetas, justiça de Deus mediante a fé em Jesus Cristo para todos os que creem. Não há distinção, pois todos pecaram e estão destituídos da glória de Deus, sendo justificados gratuitamente por sua graça, por meio da redenção que há em Cristo Jesus. Deus o ofereceu como sacrifício para propiciação mediante a fé, pelo seu sangue, demonstrando a sua justiça. Em sua tolerância, havia deixado impunes os pecados anteriormente cometidos; mas, no presente, demonstrou a sua justiça, a fim de ser justo e justificador daquele que tem fé em Jesus (Rm 3:21-26).

E, se vocês são de Cristo, são descendência de Abraão e herdeiros segundo a promessa (Gl 3:29).

4. A MORTE SALVADORA E A RESSURREIÇÃO DE JESUS, O MESSIAS

Para Paulo, a morte por crucificação de Jesus, o Messias, tem um significado rico, polivalente, quase inesgotável. Três das dimensões mais importantes dessa morte precisam ser constantemente lembradas: (a) a morte de Jesus na cruz *revela* sua própria obediência fiel a Deus e amor pela humanidade, bem como a fidelidade, o amor, a justiça restaurativa e o poder paradoxal de Deus. Sua morte é, portanto, tanto uma cristofania quanto uma teofania. (b) Como Messias, Jesus morre como o fiel e obediente representante de Israel, o povo da aliança de Deus, e também como o *representante* de todos os seres humanos; Ele é uma espécie de segundo Adão, cujas ações [de Jesus] contrastam e neutralizam as de Adão (Rm 5:12-21). Sua morte "por nós" e "pelos nossos pecados" é, por excelência, o ato de fé judaico e humano da aliança por excelência para com Deus e amor para com os outros; envolve um 'intercâmbio', aquele que é sem pecado de alguma forma 'tornando-se pecado' para que possamos nos tornar o que Ele é. (c) Essa morte, como um ato de Deus e do Messias de Deus, traz a *reconciliação* humana com Deus: perdão pelos pecados e redenção do pecado.

No entanto, a morte vergonhosa de Jesus pela crucificação romana não tem significado salvador sem a ressurreição. A ressurreição de Cristo foi um fato real e corporal — não uma ressurreição de seu espírito na memória de seus discípulos. Para Paulo, a ressurreição é o poderoso ato de Deus de vindicar e validar a vida, o ensino e especialmente a morte de Jesus. Por esta razão, Paulo quase sempre diz "Deus o ressuscitou" ou "Cristo foi ressuscitado", demonstrando o ato feito pelo Pai, em vez de "Ele ressuscitou". Sem a ressurreição, não há perdão dos pecados, redenção, vida nova ou eterna — nada além de outro pseudo-Messias crucificado por Roma.

Textos ilustrativos:

> Os judeus pedem sinais milagrosos, e os gregos procuram sabedoria; nós, porém, pregamos Cristo crucificado, o qual, de fato, é escândalo para os judeus e loucura para os gentios, mas para os que foram chamados, tanto judeus como gregos, Cristo é o poder de Deus e a sabedoria de Deus (1Co 1:22-24).
> Deus demonstra seu amor por nós: Cristo morreu em nosso favor quando ainda éramos pecadores (Rm 5:8; cf. Rm 8:31-39).

> Entretanto, não há comparação entre a dádiva e a transgressão. De fato, muitos morreram por causa da transgressão de um só homem,

mas a graça de Deus, isto é, a dádiva pela graça de um só, Jesus Cristo, transbordou ainda mais para muitos (Rm 5:15).

[O] Filho de Deus, que me amou e se entregou por mim (Gl 2:20; cf. Gl 4:4; Ef 5:2, 25; 1Tm 2:5-6).

Estamos convencidos de que um morreu por todos; logo, todos morreram... Deus em Cristo estava reconciliando consigo o mundo, não levando em conta os pecados dos homens... Deus tornou pecado por nós aquele que não tinha pecado, para que nele nos tornássemos justiça de Deus (2Co 5:14b, 19, 21; cf. Rm 8:3-4; Cl 1:19-22).

Ele [Jesus nosso Senhor] foi entregue à morte por nossos pecados e ressuscitado para nossa justificação (Rm 4:25; cf. 2Tm 2:8).

Se Cristo não ressuscitou, é inútil a nossa pregação, como também é inútil a fé que vocês têm... E, se Cristo não ressuscitou, inútil é a fé que vocês têm, e ainda estão em seus pecados. Neste caso, também os que dormiram em Cristo estão perdidos (1Co 15:14, 17-18).

5. A MESSIANIDADE E SENHORIO DE JESUS

Os dois títulos, 'Messias' e 'Senhor', indicam a compreensão de Paulo sobre a condição exaltada de Jesus após sua ressurreição. O termo *Christos* ('Messias') não é um subtítulo ou o sobrenome de Jesus, mas um título honorífico, de honra e respeito, que indica seu *status* real. O termo 'Filho de Deus' funciona de forma semelhante. O título *kyrios* ('Senhor') tem dois sentidos relacionados com respeito a Jesus. Primeiro, refere-se à posição exaltada concedida a Ele como resultado de sua morte humana obediente e fiel. A ressurreição e exaltação feita por Deus vindicam o Jesus crucificado como de fato o Messias de Israel e Senhor de todos. Se Jesus é o Senhor, então César não é, nem sequer qualquer outra divindade greco-romana. Como "Senhor", Jesus governa um 'império alternativo' com valores e práticas contra o império. Portanto, Ele deve ser não apenas reconhecido, mas também obedecido; aqueles que vivem "nele" vivem dentro da esfera de sua soberania beneficente e cheia de graça. Jesus, assim, compartilha a honra devida apenas a Deus (compare Fl 2:9-11 com Is 45:23). Assim, o segundo sentido de *kyrios*, a palavra usada para traduzir YHWH (nome de Deus) para o grego, é uma indicação da participação de Jesus na identidade divina e da propriedade de se relacionar com Ele, assim como os judeus se relacionam com o único Deus. Portanto, é praticamente certo, apesar de algumas objeções acadêmicas, que Paulo reafirma a preexistência e o *status* divino de Jesus (Gl 4:4; Rm 8:3; Fl 2:6).

Textos ilustrativos:

O evangelho [...] acerca de seu Filho, que, como homem, era descendente de Davi, e que mediante o Espírito de santidade foi declarado Filho de Deus com poder, pela sua ressurreição dentre os mortos: Jesus Cristo, nosso Senhor (Rm 1:1b, 3-4; cf. 15:7-12).

Por isso, eu afirmo que ninguém que fala pelo Espírito de Deus diz: "Jesus seja amaldiçoado"; e ninguém pode dizer: "Jesus é Senhor", a não ser pelo Espírito Santo (1Co 12:3).

Por isso Deus o exaltou à mais alta posição e lhe deu o nome que está acima de todo nome, para que ao nome de Jesus se dobre todo joelho, nos céus, na terra e debaixo da terra, e toda língua confesse que Jesus Cristo é o Senhor, para a glória de Deus Pai (Fl 2:9-11).

6. O CLÍMAX DA ALIANÇA E A SOBREPOSIÇÃO DAS ERAS[5]

Paulo acredita que em Cristo todas as promessas de Deus são cumpridas, são "Sim" (2Co 1:20). A nova aliança, prometida pelos profetas para os últimos dias, foi estabelecida por meio da vinda, morte e ressurreição de Jesus (1Co 11:25; 2Co 3:6). Cristo torna-se para Paulo a lente através da qual ele lê as Escrituras de Israel. Cristo é, de fato, o alvo, o centro da Lei (Rm 10:4), e também dos Profetas e Escritos. Sua vinda, morte e ressurreição significam que a 'nova era' ou 'nova criação' que o judaísmo vaticinou foi inaugurada, mesmo enquanto 'esta era' continua. As comunidades de crentes da nova aliança, então,

---

[5] A frase resumida, muito útil "o clímax da aliança", vem do livro de N. T. Wright, The Climax of the Covenant: Christ and the Law in Pauline Theology (Edimburgo: T&T Clark, 1991; Mineápolis: Fortress, 1993). É um pouco surpreendente que termos como "aliança" e "nova aliança" não apareçam com frequência nas cartas de Paulo. No entanto, a teologia da aliança (e da nova aliança) é abrangente apesar da escassez desses termos. Veja, e.g., Michael J. Gorman, The Death of the Messiah and the Birth of the New Covenant: A (Not So) New Model of the Atonement (Eugene, OR: Cascade, 2014).

existem durante a 'sobreposição' das duas eras. Este é um tempo 'entre', um tempo de 'agora', mas 'ainda não'. Durante essa sobreposição, os crentes vivem uma existência 'bifocal', o que significa que eles mantêm um olho no passado (a morte de Cristo, ressurreição e exaltação) e o outro no futuro (o retorno de Cristo, nossa ressurreição, o julgamento e a renovação do cosmos). O gráfico a seguir representa essa perspectiva paulina básica, que é uma revisão da típica (embora não somente ela) visão apocalíptica judaica do desfile linear das duas eras desde a atual era até a futura:[6]

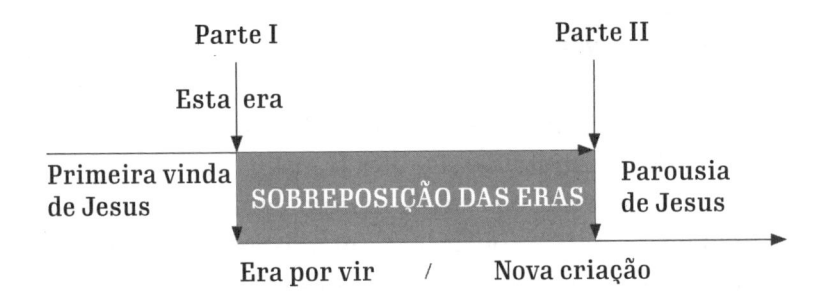

```
                    Parte I              Parte II
                  Esta era
                     ↓                       ↓
   Primeira vinda ┌─────────────────────────┐ Parousia
   de Jesus       │ SOBREPOSIÇÃO DAS ERAS   │ de Jesus
                  └─────────────────────────┘
                     Era por vir  /  Nova criação
```

Aqui a Parte I representa a primeira vinda de Cristo ('encarnação', morte e ressurreição, exaltação), enquanto a Parte II representa sua 'segunda vinda', ou *parousia*, e a ressurreição dos crentes, momento em que a nova era chega em sua plenitude (veja também o nº 12 adiante).

Textos ilustrativos:

Pois quantas forem as promessas feitas por Deus, tantas têm em Cristo o "sim". Por isso, por meio dele, o "Amém" é pronunciado por nós para a glória de Deus (2Co 1:20).

Essas coisas lhes aconteceram para servir de exemplo e foram escritas para nos instruir, a quem chegou a sobreposição dos tempos (1Co 10:11, tradução do autor).

---

[6] Parece ter havido, entre alguns judeus, uma crença semelhante de que havia uma sobreposição das eras que já havia começado, mas essa não teria sido a visão da maioria judaica.

> Portanto, se alguém está em Cristo, é nova criação. As coisas antigas já passaram; eis que surgiram coisas novas! (2Co 5:17).

> Da mesma forma, depois da ceia Ele [Jesus] tomou o cálice e disse: "Este cálice é a nova aliança no meu sangue; façam isto sempre que o beberem em memória de mim" (1Co 11:25).

7. Justificação pela graça através da fé

Já observamos que, para Paulo, graça se refere à iniciativa salvadora imerecida de Deus. É também, de fato, um poder que supera os poderes em ação contra a humanidade, isto é, o Pecado e a Morte. Sendo que a graça (ou talvez devêssemos grafar Graça com letra maiúscula) é um poder, podemos até dizer, um poder apocalíptico, então quando Paulo fala de justificação pela graça, ele está falando sobre o desencadeamento do poder divino. Justificação significa transformação.

O termo 'justificação' é parte da mesma família de palavras que a palavra usada para 'retidão' ou 'justiça' (gr. *dikaiosynē*). Conforme usado por Paulo, esse rico termo se baseia em várias esferas primárias de definição para seu significado: (a) o caráter e a atividade de Deus (justiça/retidão salvadora, santidade, fidelidade, salvação); (b) a aliança (a expectativa de conduta justa ou reta); (c) o tribunal de justiça (a noção de um veredicto de absolvição); e, intimamente relacionado ao tribunal de justiça, (d) escatologia (o julgamento final de Deus de vindicação ou condenação). A justificação para Paulo pode ser definida da seguinte forma: *o estabelecimento ou restauração de relações de aliança corretas com Deus, incluindo fidelidade a Deus e amor ao próximo, e incorporação na comunidade de aliança dos justos, com a certa esperança de absolvição no dia de julgamento e glorificação finais.*

A justificação, então, diz respeito tanto à reconciliação com Deus quanto à participação na comunidade da aliança de Deus. Para Paulo, isso acontece por iniciativa e graça de Deus, a qual os humanos respondem, habilitados por essa graça divina, por meio da fé: confiança, obediência e confissão pública. Assim, o ato reconciliador de Deus na morte de Cristo é o meio de justificação, e a fé é o modo, o instrumento, pelo qual nos apropriamos e participamos desse ato divino gracioso.

Tradicionalmente, alguns cristãos têm entendido a justificação, tanto em Paulo e de modo mais geral, principalmente — na verdade, exclusivamente — como um veredicto divino ou declaração de absolvição ou perdão. Mais recentemente, os proponentes da 'nova perspectiva' sobre Paulo acrescentaram uma outra dimensão, argumentando que a justificação é também (e talvez principalmente, mas não exclusivamente) um veredicto ou declaração sobre a participação na comunidade da aliança. A primeira perspectiva enfatiza a dimensão 'vertical' das relações com Deus em virtude da fé em vez de boas obras, enquanto a segunda enfatiza as relações 'horizontais' de fazer parte da família de Deus em virtude da fé e não em virtude da origem étnica. Ou seja, para a nova perspectiva, a justificação é, antes de tudo, sobre como gentios e judeus podem e devem entrar na comunidade da aliança na mesma base. Ambas as perspectivas estão certas — em parte.

No entanto, uma terceira tendência, representada em parte por este livro, argumenta que, para Paulo, a justificação é mais do que um veredito ou declaração, especialmente do modo como esses termos são frequentemente entendidos. Duas grandes reivindicações, portanto, são feitas. Primeiro, na medida em que a justificação deve ser entendida como uma declaração divina, é um *ato declarativo que faz algo acontecer*, como quando um membro do clero diz: 'Eu agora os declaro marido e mulher', ou como na narrativa da criação em Gênesis na qual Deus fala e algo é criado. Estudantes de linguagem às vezes se referem a esse tipo de pronunciamento como um 'enunciado performativo'. Da mesma forma, um teólogo contemporâneo, Peter Leithart, cunhou apropriadamente uma nova palavra para descrever a justificação: 'libertação', combinando 'libertação' com 'veredito'.[7]

Em segundo lugar, então, essa perspectiva emergente sobre justificação em Paulo destaca *sua dimensão libertadora e transformadora*. É libertadora porque justificação significa libertação do poder do pecado, não apenas perdão dos pecados (Rm 3:21-26; Rm 6:7). A justificação também é transformadora porque ocorre pela fé entendida como uma identificação íntima com a morte e a ressurreição de Cristo, um morrer e ressuscitar com Cristo. Para Paulo, a justificação, e a fé que dela se apropria, é um evento participativo, um morrer junto com o Messias Jesus e ressuscitar junto com Ele. Podemos falar de justificação pela fé

---

[7] Veja, e.g., Peter J. Leithart, Delivered from the Elements of the World: Atonement, Justification, and Mission (Downers Grove, IL: IVP Academic, 2016), esp. p. 179–92, 333–54.

como justificação por crucificação junto com o Messias, que significa vida por meio da morte.[8]

Ademais, a justificação também é *transformadora* porque significa tornar-se a justiça de Deus (2Co 5:21). Tanto a língua portuguesa quanto a tradição teológica têm dificuldade em preservar aquilo que o hebraico e o grego mantêm linguisticamente juntos: justificação e justiça. (Em nosso idioma, as pessoas quase sempre falam de 'justificação' e 'justiça'). Ser justificado significa ser membro da comunidade da aliança dos justos e, unidos, assumir o caráter de justiça divina (isto é, justiça salvadora, restaurativa) manifestada em Jesus, especialmente em sua morte doadora e vivificante.[9]

Finalmente, é importante notar que estudos recentes sobre a graça (gr. *charis*) a situam no contexto cultural da beneficência romana. Neste contexto, a graça de Deus que conduz à justificação é imerecida e não recebida; de fato, Paulo radicaliza a noção de dom e graça operante em sua cultura greco-romana ao enfatizar a indignidade dos destinatários (nós). Mas tal graça, tanto em seu contexto cultural quanto em Paulo, não é um tipo de graça *barata*, para tomar emprestada uma expressão de Dietrich Bonhoeffer. É um presente com obrigações implícitas; é graça que tem alto custo. Para muitos intérpretes de Paulo, essa dimensão crítica da graça e, portanto, da justificação, tem passado despercebida.[10]

---

[8] Na linguagem (principalmente) do pensamento cristão oriental que remonta aos primeiros pais da Igreja e a certos textos paulinos que podem ser rotulados como 'textos de intercâmbio' (e.g., Gl 3:13; 2Co 5:21; 8:9), "Ele se tornou o que somos (humanos) para que pudéssemos nos tornar o que ele é (divino; ou seja, semelhante a Deus) [versão do autor]." Isto é, nos tornamos pela graça o que Cristo é por natureza. Essa compreensão de salvação e espiritualidade é chamada de 'theosis' ou 'deificação', discutida brevemente no capítulo anterior. Alguns intérpretes, incluindo o presente escritor, portanto (controversamente), interpretam a justificação em termos de theosis.

[9] Para uma visão geral útil da discussão recente sobre justificação, veja Andy Johnson, "Navigating: conversing with Paul" em http://www.catalystresources.org/navigating-justification-conversing-with-paul/.

[10] Veja especialmente John M. G. Barclay, Paul and the Gift (Grand Rapids: Eerdmans, 2015).

Textos ilustrativos

Não tendo a minha própria justiça que procede da Lei, mas a que vem mediante a fé em [ou a fé de] Cristo, a justiça que procede de Deus e se baseia na fé (Fl 3:9).

Sabemos que ninguém é justificado pela prática da Lei, mas mediante a fé [ou através da fidelidade de] em Jesus Cristo. Assim, nós também cremos em Cristo Jesus para sermos justificados pela fé [ou pela fidelidade de] em Cristo, e não pela prática da Lei, porque pela prática da Lei ninguém será justificado. Pois, por meio da Lei eu morri para a Lei, a fim de viver para Deus. Fui crucificado com Cristo. Assim, já não sou eu quem vive, mas Cristo vive em mim. A vida que agora vivo no corpo, vivo-a pela fé [ou pela fidelidade de] no filho de Deus, que me amou e se entregou por mim. Não anulo a graça de Deus; pois, se a justiça vem pela Lei, Cristo morreu inutilmente! (Gl 2:16, 19-21; alt.)[11]

Pois sustentamos que o homem é justificado pela fé, independente da obediência à Lei. Deus é Deus apenas dos judeus? Ele não é também o Deus dos gentios? Sim, dos gentios também, visto que existe um só Deus, que pela fé justificará os circuncisos e os incircuncisos (Rm 3:28-30; 4:25; cf. Tt 3:4-7).

Tendo sido, pois, justificados pela fé, temos paz com Deus, por nosso Senhor Jesus Cristo, por meio de quem obtivemos acesso pela fé a esta graça na qual agora estamos firmes (Rm 5:1-2a; cf. Ef 2:1-10).

Mas onde aumentou o pecado transbordou a graça, a fim de que, assim como o pecado reinou na morte, também a graça reine pela justiça para conceder vida eterna, mediante Jesus Cristo, nosso Senhor (Rm 5:20a-21).

Da mesma forma, considerem-se mortos para o pecado, mas vivos para Deus em Cristo Jesus (Rm 6:11).

Deus o fez, enviando seu próprio Filho, à semelhança do homem pecador, como oferta pelo pecado. E assim condenou o pecado na

---

[11] Veja a discussão deste texto, suas traduções alternativas e sua teologia no capítulo anterior e no capítulo sobre Gálatas.

carne, a fim de que as justas exigências da Lei fossem plenamente satisfeitas em nós, que não vivemos segundo a carne, mas segundo o Espírito (Rm 8:3b-4).

Deus em Cristo estava reconciliando consigo o mundo, não levando em conta os pecados dos homens, e nos confiou a mensagem da reconciliação. Deus tornou pecado por nós aquele que não tinha pecado, para que nele nos tornássemos justiça de Deus (2Co 5:19, 21).

8. A EXPERIÊNCIA TRINITÁRIA DE DEUS

Está fora de moda em alguns círculos usar as palavras 'trindade' e 'Paulo' na mesma frase, embora isso tenha mudado ultimamente. Pode haver pouca dúvida, no entanto, que a experiência de Deus de Paulo pode ser mais bem descrita como trinitária — ele conhece um Deus em três realidades: Abba/Pai, Messias/Filho de Deus/Senhor Jesus e Espírito Santo/Espírito de Deus/Espírito de Cristo.[12] Os crentes conhecem e são conhecidos por Deus Pai, que os adotou. Eles vivem "no" Cristo crucificado, mas agora exaltado, que também vive neles. Eles são capacitados para viver em Cristo, como filhos de Deus, pelo Espírito.

Textos ilustrativos:

E, porque vocês são filhos, Deus enviou o Espírito de seu Filho ao coração de vocês, e ele clama: "Aba, Pai" (Gl 4:6).
Há diferentes tipos de dons, mas o Espírito é o mesmo. Há diferentes tipos de ministérios, mas o Senhor é o mesmo. Há diferentes formas de atuação, mas é o mesmo Deus quem efetua tudo em todos (1Co 12:4-6).

A graça do Senhor Jesus Cristo, o amor de Deus e a comunhão do Espírito Santo sejam com todos vocês (2Co 13:14).
Entretanto, vocês não estão sob o domínio da carne, mas do Espírito, se de fato o Espírito de Deus habita em vocês. E, se alguém não tem o Espírito de Cristo, não pertence a Cristo. Mas, se Cristo está em vocês, o corpo está morto por causa do pecado, mas o espírito está vivo por causa da justiça. E, se o Espírito daquele que ressuscitou Jesus dentre

---

[12] Como nos capítulos anteriores e subsequentes, a linguagem trinitária é usada aqui em reconhecimento de que, embora Paulo não tenha uma teologia da Trindade totalmente desenvolvida, tal linguagem é apropriada.

os mortos habita em vocês, aquele que ressuscitou a Cristo dentre os mortos também dará vida a seus corpos mortais, por meio do seu Espírito, que habita em vocês (Rm 8:9-11; cf. Ef 3:14-21).

9. Cruciformidade, ou a Lei do Messias

Para Paulo, a morte de Jesus não é apenas reveladora, representativa e reconciliadora, como observado acima (item 4), mas também paradigmática. Não é apenas a *fonte* da salvação, mas também a *forma* da salvação.[13] A essência existencial do crente é a conformidade com o Cristo crucificado, ou cruciformidade. Embora a cruciformidade possa envolver sofrimento, é muito mais abrangente do que isso. Paulo se refere duas vezes a ela como a "lei de Cristo", ou o padrão descritivo do Messias crucificado (Gl 6:2; 1Co 9:21). Esse padrão refere-se especificamente ao tipo de "fé que atua em amor" (Gl 5:6) que está fundamentada na cruz, onde o Filho de Deus expressou sua fé (fidelidade, obediência) entregando-se em amor (Gl 2:19-20). Ele não buscou o seu próprio bem, mas o dos outros, como relata a descrição magistral de Paulo (Fl 2:1-11). Este é o padrão de vida de todos os crentes: fé para com Deus, amor para com os outros. A fé orientada para o futuro é esperança; assim, Paulo resume a existência de fé como uma vida de fé, esperança e amor.

Textos ilustrativos

> Pois é mediante o Espírito que nós aguardamos pela fé a justiça, que é a nossa esperança. Porque em Cristo Jesus nem circuncisão nem incircuncisão têm efeito algum, mas sim a fé que atua pelo amor... Levem os fardos pesados uns dos outros e, assim, cumpram a lei de Cristo (Gl 5:5-6; 6:2).

> Se por estarmos em Cristo nós temos alguma motivação, alguma exortação de amor, alguma comunhão no Espírito, alguma profunda afeição e compaixão, completem a minha alegria, tendo o mesmo modo de pensar, o mesmo amor, um só espírito e uma só atitude. Nada façam por ambição egoísta ou por vaidade,

---

[13] Uma maneira de dizer o mesmo é que a cruz não é apenas uma cristofania e uma teofania (veja exposição anterior), mas também uma eclesiofania — uma revelação do caráter da ekklēsia, a comunidade de Cristo.

mas humildemente considerem os outros superiores a vocês mesmos. Cada um cuide, não somente dos seus interesses, mas também dos interesses dos outros.

Seja a atitude de vocês a mesma de Cristo Jesus,
que, embora sendo Deus,
não considerou que o ser igual a Deus
era algo a que devia apegar-se;
mas esvaziou-se a si mesmo,
vindo a ser servo,
tornando-se semelhante aos homens.
E, sendo encontrado em forma humana,
humilhou-se a si mesmo
e foi obediente até a morte,
e morte de cruz! (Fl 2:1-8).

Quero conhecer Cristo, o poder da sua ressurreição e a participação em seus sofrimentos, tornando-me como ele em sua morte para, de alguma forma, alcançar a ressurreição dentre os mortos (Fl 3:10-11).

Sempre damos graças a Deus por todos vocês, mencionando-os em nossas orações. Lembramos continuamente, diante de nosso Deus e Pai, o que vocês têm demonstrado: o trabalho que resulta da fé, o esforço motivado pelo amor e a perseverança proveniente da esperança em nosso Senhor Jesus Cristo (1Ts 1:2-3).

10. O Espírito como promessa cumprida e esperança garantida

Para Paulo, o derramamento do Espírito de Deus prometido pelos profetas para os últimos dias, que renovaria Israel, estabeleceria o *shalom* de Deus (paz e justiça) no mundo e levaria as nações para Sião já ocorreu. Ele vê especialmente a experiência dos gentios com o Espírito como prova de que a nova era já havia começado e como promessa de que será consumada em um futuro próximo. O Espírito é um 'adiantamento' e a garantia da futura plenitude dessa realidade. A nova era também é a era da prometida 'nova aliança', na qual o Espírito que habita em nós capacita o povo de Deus a cumprir a Lei, particularmente a lei do amor. Todos os crentes possuem e devem ser guiados por esse Espírito, que é o

Espírito do Pai e do Filho. O Espírito une os crentes, intercede com eles e por eles, capacita-os a produzir frutos e a viver uma vida santa (como o Espírito 'Santo'), e equipa a *ekklēsia* com dons para o ministério.

Textos ilustrativos:

> Cristo nos redimiu da maldição da Lei quando se tornou maldição em nosso lugar, pois está escrito: "Maldito todo aquele que for pendurado num madeiro". Isso para que em Cristo Jesus a bênção de Abraão chegasse também aos gentios, para que recebêssemos a promessa do Espírito mediante a fé (Gl 3:13-14).

> A fim de que as justas exigências da Lei fossem plenamente satisfeitas em nós, que não vivemos segundo a carne, mas segundo o Espírito (Rm 8:4).

> Foi Deus que nos preparou para esse propósito [vida além da morte], dando-nos o Espírito como garantia do que está por vir (2Co 5:5; cf. 2Co 1:22; Ef 1:13-14; Tt 3:4-7).

> A cada um, porém, é dada a manifestação do Espírito, visando ao bem comum (1Co 12:7).

> Mas o fruto do Espírito é amor, alegria, paz, paciência, amabilidade, bondade, fidelidade, mansidão e domínio próprio (Gl 5:22-23a).

11. A *EKKLĒSIA* ('IGREJA') COMO COMUNIDADE ALTERNATIVA

A visão de Paulo da *ekklēsia*, ou Igreja — para usar a tradução tradicional para as comunidades que ele fundou e se dirigiu em cartas — é de uma comunidade de aliança de judeus e gentios, separada e "santa", ou distinta de sua cultura anfitriã. Assim, existe em continuidade significativa com Israel e em contraste significativo com o Império Romano pagão e todas as suas subculturas religiosas e sociais. É uma realidade local e global, interconectada. Pela fé e pelo batismo, pessoas de todas as etnias, *status* sociais e gêneros são trazidas 'para' Cristo, e juntas vivem 'nele', de forma individual e coletiva moldadas por sua presença e sua história. Dentro da Igreja deve haver um corpo de harmonia, humildade e, acima de tudo, amor — não apenas para com os irmãos na fé, mas também para com os de fora e os inimigos. A Igreja é chamada a incorporar o evangelho como uma exegese viva dele, uma comunidade 'altercultural' cruciforme e de *shalom* — a paz e a justiça de Deus atualizadas no Jesus crucificado e ressurreto e agora, pelo Espírito, na Igreja cruciforme que vive pelo poder da ressurreição.

Textos ilustrativos:

À igreja (*ekklēsia*) de Deus que está em Corinto, aos santificados em Cristo Jesus, chamados (*klētois*) para serem santos (*hagiois*; 'santos'), juntamente com todos aqueles que em todo lugar invocam o nome de nosso Senhor Jesus Cristo, Senhor deles e nosso (1Co 1:2).

Nota: Nesta frase sucinta, mas plena, encontramos um esboço bastante completo da *ekklēsia* como Paulo a entende:

- Semelhança com, mas também distinção, a 'congregação de YHWH' (heb. *qahal* YHWH), como uma congregação 'judaica messiânica': 'a ekklēsia de Deus... no Messias Jesus.
- Semelhança, mas também distinção de outros órgãos e associações políticas em Corinto: 'a *ekklēsia* de Deus que está em Corinto'.
- Eleição, ou chamado para um relacionamento de aliança com o Deus de Israel: "chamado".
- Uma vocação de santidade, ou separação (como em Israel), incluindo um estilo de vida altercultural: "santificado... santos".
- Unidade e comunidade: "a igreja" (singular).
- Relacionamento e participação no Messias vivo Jesus, o Senhor: "em Cristo Jesus... invocando o nome de nosso Senhor... Senhor".
- e tanto a particularidade como a universalidade: "em Corinto... em todo lugar... tanto o Senhor deles como o nosso".

[Em Jesus] todos vocês são filhos de Deus mediante a fé em Cristo Jesus, pois os que em Cristo foram batizados, de Cristo se revestiram. Não há judeu nem grego, escravo nem livre, homem nem mulher; pois todos são um em Cristo Jesus (Gl 3:26-28; cf. Cl 3:11).

Vocês não sabem que os perversos não herdarão o Reino de Deus? Não se deixem enganar: nem imorais, nem idólatras, nem adúlteros, nem homossexuais passivos ou ativos, nem ladrões, nem avarentos, nem alcoólatras, nem caluniadores, nem trapaceiros herdarão o

Reino de Deus. Assim foram alguns de vocês. Mas vocês foram lavados, foram santificados, foram justificados no nome do Senhor Jesus Cristo e no Espírito de nosso Deus. (1Co 6:9-11; cf. 1Ts 4:3-5).

Ora, assim como o corpo é uma unidade, embora tenha muitos membros, e todos os membros, mesmo sendo muitos, formam um só corpo, assim também com respeito a Cristo. (1Co 12:12; cf. Ef 4:4-6).

A nossa cidadania, porém, está nos céus, de onde esperamos ansiosamente o Salvador, o Senhor Jesus Cristo. (Fl 3:20).

Exortamos vocês, irmãos, a que advirtam os ociosos, confortem os desanimados, auxiliem os fracos, sejam pacientes para com todos. Tenham cuidado para que ninguém retribua o mal com o mal, mas sejam sempre bondosos uns para com os outros e para com todos. Alegrem-se sempre. Orem continuamente. Deem graças em todas as circunstâncias, pois esta é a vontade de Deus para vocês em Cristo Jesus (1Ts 5:14-18).

12. A *Parousia*, a ressurreição e o triunfo final de Deus

A narrativa da salvação tem um objetivo, um *telos*. Enquanto as cartas de Paulo contêm vários cenários escatológicos ('tempos do fim'), as principais imagens que ele emprega têm a ver com a vinda real ou presença de Jesus, expressa em termos como *parousia* ('vinda oficial, presença'), *apantēsis* ('reunião oficial'), e *epiphaneia* ('aparição'; somente nas Epístolas Pastorais e 2Ts; e.g., 2Tm 4:1), bem como *apokalypsis* ('revelação') e 'o dia [do Senhor]' adaptado dos profetas. Como um judeu apocalíptico e um fariseu, Paulo encontrou na ressurreição do Messias o início da era vindoura, a antecipação do futuro no presente. Assim como Cristo foi o representante humano em sua morte, ele também o foi em sua ressurreição. Especificamente, Paulo encontrou em Cristo as "primícias" (1Co 15:20) da ressurreição geral, a garantia da ressurreição corporal para todos os que estão nele e participam de sua vida cruciforme, bem como a certeza da vitória final de Deus sobre o pecado e a morte e a restauração de todo o cosmos. Parte deste cenário final é o julgamento divino, pois todos comparecerão perante o tribunal de Cristo (2Co 5:10). Na restauração final, Deus será "tudo em todos" (1Co 15:28), e o propósito divino para o cosmos será cumprido.

Textos ilustrativos:

Quero conhecer Cristo, o poder da sua ressurreição e a participação em seus sofrimentos, tornando-me como ele em sua morte para, de alguma forma, alcançar a ressurreição dentre os mortos (Fl 3:10-11).

Pois, dada a ordem, com a voz do arcanjo e o ressoar da trombeta de Deus, o próprio Senhor descerá dos céus, e os mortos em Cristo ressuscitarão primeiro. Depois nós, os que estivermos vivos, seremos arrebatados com eles nas nuvens, para o encontro com o Senhor nos ares. E assim estaremos com o Senhor para sempre (1Ts 4:16-17).

Mas de fato Cristo ressuscitou dentre os mortos, sendo ele as primícias entre aqueles que dormiram. Visto que a morte veio por meio de um só homem, também a ressurreição dos mortos veio por meio de um só homem. Pois, da mesma forma que em Adão todos morrem, em Cristo todos serão vivificados. Mas cada um por sua vez: Cristo, o primeiro; depois, quando ele vier, os que lhe pertencem. Então virá o fim, quando ele entregar o Reino a Deus, o Pai, depois de ter destruído todo domínio, toda autoridade e todo poder. Pois é necessário que ele reine até que todos os seus inimigos sejam postos debaixo de seus pés. O último inimigo a ser destruído é a morte. Porque ele "tudo sujeitou debaixo de seus pés". Ora, quando se diz que "tudo" lhe foi sujeito, fica claro que isso não inclui o próprio Deus, que tudo submeteu a Cristo. Quando, porém, tudo lhe estiver sujeito, então o próprio Filho se sujeitará àquele que todas as coisas lhe sujeitou, a fim de que Deus seja tudo em todos (1Co 15:20-28).

Considero que os nossos sofrimentos atuais não podem ser comparados com a glória que em nós será revelada. A natureza criada aguarda, com grande expectativa, que os filhos de Deus sejam revelados. Pois ela foi submetida à inutilidade, não pela sua própria escolha, mas por causa da vontade daquele que a sujeitou, na esperança de que a própria natureza criada será libertada da escravidão da decadência em que se encontra, recebendo a gloriosa liberdade dos filhos de Deus (Rm 8:18-21).

Embora esses doze pontos não sejam arbitrários, outros podem encurtar a lista, enfatizar um aspecto em detrimento de outro e excluir ou adicionar certos tópicos. Mesmo esta lista poderia ser abreviada para três temas abrangentes e inter-relacionados: *aliança, cruciformidade* e *comunidade*. Sejam três ou doze em número, e quaisquer que sejam as 'grandes ideias' específicas enumeradas, elas não devem ser separadas da missão de Paulo, a missão mencionada no capítulo 2: *criar uma vasta rede "internacional" (em todo o império) de pessoas transformadas, comunidades pacíficas e multiculturais que obedecem, glorificam e dão testemunho público do único e verdadeiro Deus de Israel, vivendo vidas de fé cruciforme, esperança e amor em Cristo Jesus, o Senhor, pelo poder do Espírito.* A teologia de Paulo expressa e informa essa missão; suas cartas não são meros depósitos de ideias, mas instrumentos de sua missão.

PAULO EM UMA FRASE

Consideramos as 'grandes ideias' de Paulo. O que acontece se tentarmos colocá-las em uma frase longa, semelhante à língua alemã? O texto a seguir é oferecido como tal frase; não pode dizer tudo, mas tenta apresentar uma síntese deste capítulo e dos dois anteriores:

> Paulo pregou e depois explicou em várias cartas pastorais, formadoras de comunidade, um evangelho narrativo, apocalíptico e teopolítico da chocante fidelidade e graça de Deus, (1) em continuidade com a história de Israel e (2) em distinção ao evangelho imperial de Roma (e poderes análogos), que foi centrado no Messias Jesus crucificado e exaltado por Deus, cuja encarnação, vida e morte por crucificação foram validadas, sendo vindicado por Deus em sua ressurreição e exaltação como Senhor, que inaugurou a nova era ou nova criação, na qual todos os membros desta raça humana diversa, mas consistentemente disfuncional da aliança, que respondem em autoabandono e autocompromisso de fé, assim participam da morte e ressurreição de Cristo e são (1) justificados, ou restaurados às corretas relações de aliança com Deus e com os outros, e adotados na família de Deus; (2) incorporados a uma manifestação particular do corpo de Cristo na terra, a Igreja, que é uma comunidade alternativa às comunidades humanas de *status quo* comprometidas e governadas por César (e governantes análogos) e por valores contrários ao evangelho; e (3) infundidos tanto individual quanto corporativamente pelo Espírito do Filho de Deus para que possam levar vidas 'bifocais', focadas tanto na primeira quanto na segunda vinda de Cristo, consistindo em fé (plenitude) semelhante à de Cristo,

cruciforme (1) e (2) esperança em Deus e (3) amor ao próximo e aos inimigos (um amor marcado pela paz e hospitalidade), dando assim testemunho em palavras e ações do único Deus verdadeiro e do senhorio de Cristo, e participando pelo poder do Espírito Santo na missão de Deus de reconciliação e justiça restaurativa em Cristo, mesmo sob risco de sofrimento e morte, tudo em alegre expectativa (1) do retorno de Cristo, (2) da ressurreição dos mortos para a vida eterna, e (3) da renovação de toda a criação.[14]

Conforme observado no capítulo 3, passamos agora para as cartas de acordo com a sequência (como eu entendo) em que provavelmente foram escritas: 1Tessalonicenses, 2Tessalonicenses, Gálatas, 1Coríntios, 2Coríntios, Romanos, Filipenses, Filemom, Colossenses, Efésios, 2Timóteo, 1Timóteo e Tito. Os estudiosos discordam sobre essa ordem, e certamente é possível ler os capítulos seguintes fora da ordem em que são apresentados.

Perguntas para reflexão

1. Em que sentido é apropriado falar de Paulo como um 'teólogo'? Existem limites ou problemas com esse título? Se Paulo foi corretamente entendido como teólogo, como isso deve afetar nossa compreensão da tarefa teológica?
2. Com quais 'grandes ideias' Paulo esteve associado em sua experiência e, até onde você sabe, na história da Igreja? Elas são semelhantes ou diferentes daquelas discutidas neste capítulo?
3. Qual das grandes ideias de Paulo você acha mais atraente para a Igreja entender ou lidar com ela neste momento?
4. Uma das grandes ideias de Paulo que se entrelaçam em toda a lista é 'aliança'. Por que essa noção é importante para entender Paulo? E para nos entendermos como cristãos?
5. Que significado — tanto para entender Paulo quanto para fazer teologia hoje — você atribui ao fato de a teologia de Paulo ter um caráter narrativo?

---

[14] Essa frase é adaptada do meu Reading Paul, 8 e Becoming the Gospel: Paul, Participation, and Mission (Grand Rapids: Eerdmans, 2015), p, 302. Sou grato a Nathan Hickox, aluno de Scot McKnight no Northern Seminary, por sugerir a adição da linguagem de 'adoção'.

Para leitura e estudo adicionais

Veja também as bibliografias do prefácio e dos capítulos 4 e 5.

Geral

Bauckham, Richard. *Jesus and the God of Israel: God Crucified and Other Studies on the New Testament's Christology of Divine Identity*. Grand Rapids: Eerdmans, 2008. Estudos marcantes da inclusão de Jesus na identidade de Deus de acordo com Paulo e outros escritores do NT.

Beker, J. Christiaan. *Paul the Apostle: The Triumph of God in Life and Thought*. Philadelphia: Fortress, 1980. Um clássico moderno enfatizando a natureza apocalíptica e teocêntrica do evangelho de Paulo em sua coerência e contingências.

_____. *The Triumph of God: The Essence of Paul's Thought*. Minneapolis: Fortress, 1990. Destilação do clássico maior de Beker (veja acima).

Bird, Michael F. *The Saving Righteousness of God: Studies on Paul, Justification, and the New Perspective*. Paternoster Biblical Monographs. Eugene, OR: Wipf e Stock, 2007. Tentativa útil de um equilíbrio entre as perspectivas 'antigas' e 'novas' sobre justificação.

Cousar, Charles B. *A Theology of the Cross: The Death of Jesus in the Pauline Letters*. Minneapolis: Fortress, 1990. Estudo perspicaz do papel central da morte de Jesus em Paulo.

Fitzmyer, JosEf A. *Paul and His Theology: A Brief Sketch*. Englewood Cliffs, NJ: Prentice Hall, 1989. Uma análise clássica, compacta, porém abrangente.

Gathercole, Simon. *Defending Substitution: An Essay on Atonement in Paul*. Grand Rapids: Baker Academic, 2015. Defesa espirituosa, porém cuidadosa da visão de que o entendimento de Paulo sobre a morte de Jesus inclui expiação substitutiva.

Gorman, Michael J. *Inhabiting the Cruciform God: Kenosis, Justification, and Theosis in Paul's Narrative Soteriology*. Grand Rapids: Eerdmans, 2009. Argumenta que Paulo tem um modelo de salvação, justificação pela co-crucificação com Cristo, que é inerentemente participativo e transformador.

The Death of the Messiah and the Birth of the New Covenant: A (Not So) New Model of the Atonement. Eugene, OR: Cascade, 2014. Teologia da nova aliança em Paulo e no restante do NT.

Hill, Wesley. *Paul and the Trinity: Persons, Relations, and the Pauline Letters*. Grand Rapids: Eerdmans, 2015. Um argumento cuidadoso para a presença e o significado da Trindade em Paulo.

Jervis, L. Ann Jervis, *At the Heart of the Gospel: Suffering in the Earliest Christian Message*. Grand Rapids: Eerdmans, 2007. Sofrimento em 1Tessalonicenses, Filipenses e Romanos, com reflexão teológica.

Kirk, J. R. Daniel. *Jesus Have I Loved, but Paul? A Narrative Approach to the Problem of Pauline Christianity*. Grand Rapids: Baker Academic, 2012. Argumenta que Paulo é um intérprete fiel de Jesus.

Matera, Frank J. *God's Saving Grace: A Pauline Theology*. Grand Rapids: Eerdmans, 2012. Teologia abrangente e legível de Paulo, incluindo todas as treze cartas em suas semelhanças e diferenças.

Moyise, Steve. *Paul and Scripture: Studying the New Testament Use of the Old Testament*. Grand Rapids: Baker Academic, 2014. Levantamento básico da interpretação de Paulo de temas bíblicos e de várias abordagens à estratégia interpretativa de Paulo.

Sanders, E. P. *Paul: The Apostle's Life, Letters, and Thought*. Minneapolis: Fortress, 2015. Estudo maduro e inteligível por um dos formuladores da 'nova perspectiva'.

Schreiner, Thomas R. *Paul, Apostle of God's Glory in Christ: A Pauline Theology*. Downers Grove, IL: InterVarsity, 2001. Uma teologia de Paulo a partir da perspectiva tradicional, com foco no ato de Deus em Cristo e na resposta humana.

Tamez, Elsa. *The Amnesty of Grace: Justification by Faith from a Latin American Perspective*. Traduzido por Sharon H. Ringe. Nashville: Abingdon, 1993. Trabalho provocativo de um teólogo da libertação, enfatizando o caráter político e humanizador da teologia de Paulo.

Thompson, James W. *The Church According to Paul: Rediscovering the Community Conformed to Christ*. Grand Rapids: Baker Academic, 2014. Exame altamente perspicaz e relevante da *ekklēsia* em Paulo.

Westerholm, Stephen. *Justification Reconsidered: Rethinking a Pauline Theme*. Grand Rapids: Eerdmans, 2013. Defesa breve, mas significativa, do entendimento 'tradicional' da justificação em Paulo.

Witherington, Ben, III. *Paul's Narrative Thought World*. Louisville: Westminster John Knox, 1994. Ênfase no caráter narrativo da teologia de Paulo.

Wright, N. T. *Paul: In Fresh Perspective*. Minneapolis: Fortress, 2005. Relato relativamente breve que antecipa muitos dos temas *de Paulo e a fidelidade de Deus* (veja abaixo); a perspectiva "arejada" é o caráter político da mensagem de Paulo.

_____. *Justification: God's Plan and Paul's Vision*. Downers Grove, IL: InterVarsity, 2009. Uma exposição apaixonada e até polêmica da "nova perspectiva" de Wright sobre a justificação, em resposta aos críticos.

Zerbe, Gordon Mark. *Citizenship: Paul on Peace and Politics*. Winnipeg: CMU Press, 2012. Ensaios sobre temas como fé/lealdade, mutualidade e paz/segurança.

Técnica

Barclay, John M. G. *Paul and the Gift*. Grand Rapids: Eerdmans, 2015. A teologia da graça de Paulo e o dom de Cristo em seus contextos antigos e em interpretações posteriores.

Blackwell, Ben. *Participating in the Righteousness of God: Justification in Pauline Theology*. Grand Rapids: Eerdmans, obra a ser lançada. Uma interpretação histórica, exegética e teológica a partir da perspectiva 'participacionista'.

Blackwell, Ben C., John K. Goodrich, and Jason Maston, eds. *Paul and the Apocalyptic Imagination*. Mineápolis: Fortress, 2016. Os principais estudiosos examinam várias perspectivas apocalípticas sobre Paulo.

Campbell, Constantine R. *Paul and Union with Christ: An Exegetical and Theological Study*. Grand Rapids: Zondervan, 2012. A linguagem de vida de Paulo em, para, com e por meio de Cristo.

Campbell, Douglas A. *The Deliverance of God: An Apocalyptic Rereading of Justification*. Grand Rapids: Eerdmans, 2009. Crítica massiva dos entendimentos protestantes tradicionais de justificação e uma proposta de que a justificação em Paulo é a obra libertadora e transformadora do Deus Triúno.

Dunn, James D. G. *The Theology of the Apostle Paul*. Grand Rapids: Eerdmans, 1998. Estudo abrangente, padrão, organizado tematicamente, principalmente em torno da estrutura de Romanos.

Hays, Richard B. *Echoes of Scripture in the Letters of Paul*. New Haven: Yale University Press, 1989. Clássico moderno sobre Paulo como intérprete das Escrituras.

___. *The Faith of Jesus Christ: The Narrative Substructure of Galatians 3:1-4:11*. 2ª ed. Grand Rapids: Eerdmans, 2002 (orig. 1983). Estudo marcante da fé, ou fidelidade, de Jesus na teologia de Paulo.

___. *The Conversion of the Imagination: Paul as Interpreter of Israel's Scripture*. Grand Rapids: Eerdmans, 2005. Estudos em Paulo como intérprete das Escrituras.

Jipp, Joshua W. *Christ is King: Paul's Royal Ideology*. Mineápolis: Fortress, 2015. Argumento para a compreensão de Paulo sobre Jesus como o rei ideal, *Christos*, e seu significado para sua teologia.

Longenecker, Bruce W., ed. *Narrative Dynamics in Paul*. Louisville: Westminster John Knox, 2002. Um passeio acadêmico sobre o papel da narrativa em Paulo.

Novenson, Matthew V. *Christ among the Messiahs: Christ Language in Paul and Messiah Language in Ancient Judaism*. Oxford: Oxford University Press, 2012. Estudo significativo da importância do "Messias" honorífico em Paulo.

Sanders, E. P. *Paul and Palestinian Judaism*. Filadélphia: Fortress, 1983. Obra clássica que revolucionou o estudo do Judaísmo do Segundo Templo e de Paulo, concentrando-se no 'nomismo da aliança' do Judaísmo e na participação de Paulo em Cristo.

Schnelle, Udo. *Apostle Paul: His Life and Theology*. Traduzido por M. Eugene Boring. Grand Rapids: Baker Academic, 2005. Estudo profundo e significativo, com ênfase na participação em Cristo.

Thiessen, Matthew. *Paul and the Gentile Problem*. New York: Oxford University Press, 2016. Argumenta que Paulo pensava que os gentios tinham que se tornar a semente de Abraão e assim receber o espírito de Cristo, resolvendo seu problema de falta de moralidade e sobre a imortalidade.

Tilling, Chris. *Paul's Divine Christology*. Grand Rapids: Eerdmans, 2015. Estudo inovador da compreensão de Paulo sobre Cristo como Deus a partir da perspectiva de sua relação com os crentes.

Wagner, J. Ross. *Heralds of the Good News: Isaiah and Paul in Concert in the Letter to the Romans*. NovTSup 101. Leiden/Boston: Brill, 2003. O uso de Isaías por Paulo para abordar a salvação de judeus e gentios.

Whittle, Sarah. *Covenant Renewal and the Consecration of the Gentiles in Romans*. SNTSMS 161. Cambridge: Cambridge University Press, 2014. O uso de Deuteronômio, Oseias e Isaías por Paulo para entender a inclusão dos gentios.

Wolter, Michael. *Paul: An Outline of His Theology*. Traduzido por Robert L. Brawley. Waco, TX: Baylor University Press, 2015. Uma contribuição da erudição alemã, focando especialmente na questão da identidade em Cristo.

Wright, N. T. *The Climax of the Covenant: Christ and the Law in Pauline Theology*. Minneapolis: Fortress, 1992. Ensaios significativos e influentes que são fundamentais para o projeto Paulo ao longo da vida de Wright.

___. *Paul and the Faithfulness of God*. Vol. 4 of *Christian Origins and the Question of God*. Minneapolis: Fortress, 2013. Uma *obra magna* de Wright sobre a visão de mundo e teologia de Paulo como a reformulação dos entendimentos judaicos do Segundo Templo de Deus, eleição e escatologia, com a Igreja como o principal símbolo dessa nova visão de mundo.

7

1 Tessalonicenses

Santidade e esperança de um testemunho fiel para um mundo pagão

> *Que ele fortaleça o coração de vocês para serem irrepreensíveis em santidade diante de nosso Deus e Pai, na vinda de nosso Senhor Jesus com todos os seus santos.*
>
> 1 Tessalonicenses 3:13

Uma leitura superficial de 1 Tessalonicenses pode sugerir que esta carta é bastante simples, porém, na verdade, ela tem um impacto bastante poderoso. Com toda a probabilidade, é a mais antiga carta preservada de Paulo (e, portanto, provavelmente o mais antigo documento do Novo Testamento), revelando muito sobre sua compreensão do evangelho para os gentios, mesmo antes do grande conflito relacionado aos gálatas. Na epístola, Paulo lembra aos crentes de Tessalônica as decorrências do passado, as demandas presentes e as promessas futuras do evangelho em seu meio, apesar de várias formas de oposição tanto a Paulo quanto à jovem igreja. Em suma, Paulo escreve sobre escatologia e ética, sobre o testemunho de santidade e esperança em um mundo pagão.

A HISTÓRIA POR TRÁS DA CARTA

A cidade

A cidade murada de Tessalônica (moderna cidade homônima, a segunda maior da Grécia) recebeu este nome em homenagem à meia-irmã

A *ágora* (fórum) do século 2 em Tessalônica. Aqui são mostrados os arcos de sustentação do criptopórtico, usado para armazenamento, embaixo; esta foi provavelmente construída e muito semelhante à ágora anterior que Paulo encontrou.

de Alexandre, o Grande. A cidade continua no mesmo local desde 316 a.C.; suas ruínas romanas, ao contrário das ruínas de Filipos ou Corinto, estão localizadas entre e sob edifícios modernos. Capital da província romana da Macedônia, no norte da Grécia, era uma cidade portuária natural — a única de grande extensão na Via Egnácia — de tamanho considerável e importância econômica e política. Embora Tessalônica fosse, durante o ministério de Paulo, uma cidade livre (não era uma colônia romana, como Filipos, cerca de 200 quilômetros a nordeste) que tinha um governo independente e mantinha sua herança grega, ainda era um centro do culto imperial. Era também, naturalmente, o local de muitos templos para uma grande variedade de divindades, incluindo Ísis, Osíris/Serápis, Dionísio e Cabirus, um deus da fertilidade e proteção no mar. Além disso, em um dia claro, da cidade pode-se ver o monte Olimpo, a morada dos deuses, elevando-se aos céus do outro lado do porto. Lembranças dos ídolos aos quais os tessalonicenses seriam chamados a abandonar (cf. 1:9) estavam por toda parte.

Missão e perseguição

De acordo com Atos 17:1-9, Paulo, Silas (Silvano) e Timóteo (implícito em 16:1-3; 17:14-15) fundaram a igreja de Tessalônica durante a segunda viagem missionária (conforme o livro de Atos a apresenta). A visita seguiu-se a uma experiência muito difícil em Filipos, que incluiu açoitamento e prisão (At 16:11-40; 1Ts 2:2). O breve relato encontrado em Atos é fascinante por várias razões. O texto descreve Paulo pregando na sinagoga, porém, a maioria de seus convertidos estava entre os não-judeus: "muitos gregos tementes a Deus e não poucas mulheres de alta posição" (17:4). A pregação de Paulo sobre um Messias judeu que teve de sofrer e ressuscitar dos mortos, identificado como Jesus, foi interpretada como "Esses homens, que têm causado alvoroço por todo o mundo, agora chegaram aqui... estão agindo contra os decretos de César, dizendo que existe um outro rei [ou, melhor, imperador] chamado Jesus" (17:6b-7). Isso levou primeiro a uma ação de turba instigada por outros judeus, começando na *ágora* ("praça pública" [NAB] ou "mercado"), e depois a procedimentos oficiais contra alguns dos crentes (17:5-7). Claramente, de acordo com Atos, o evangelho desse apóstolo judeu e seu Messias judeu era um ataque ao *status quo* religioso, econômico e político. Durante a curta visita de Paulo (apenas três semanas se 17:2 contar toda a história, todavia provavelmente mais longa), alguém corretamente fez a conexão entre o Messias crucificado e o Senhor reinante.

A própria carta de 1Tessalonicenses reverbera elementos dessa narrativa. Houve oposição a Paulo e a sua equipe (2:2; 3:4), porém mesmo assim pregaram a palavra com convicção e poder — provavelmente com a operação de milagre de toda sorte (1:5). Os tessalonicenses eram não-judeus, ou provavelmente a maior parte deles que se afastou de seus ídolos (1:9) e recebeu alegremente o evangelho apesar da perseguição (1:6; 2:14). Essa perseguição provavelmente resultou da rejeição implícita ou mesmo explícita dos crentes de Tessalônica às reivindicações do culto imperial, e sua recusa em continuar participando da vida nos cultos e na *collegia* da cidade, ou em associações voluntárias — ou pelo menos nos aspectos cúlticos da vida associativa da cidade. Essa teria sido uma mudança muito difícil no estilo de vida, especialmente se os convertidos tessalonicenses do sexo masculino fossem, em grande parte, como alguns estudiosos têm proposto,

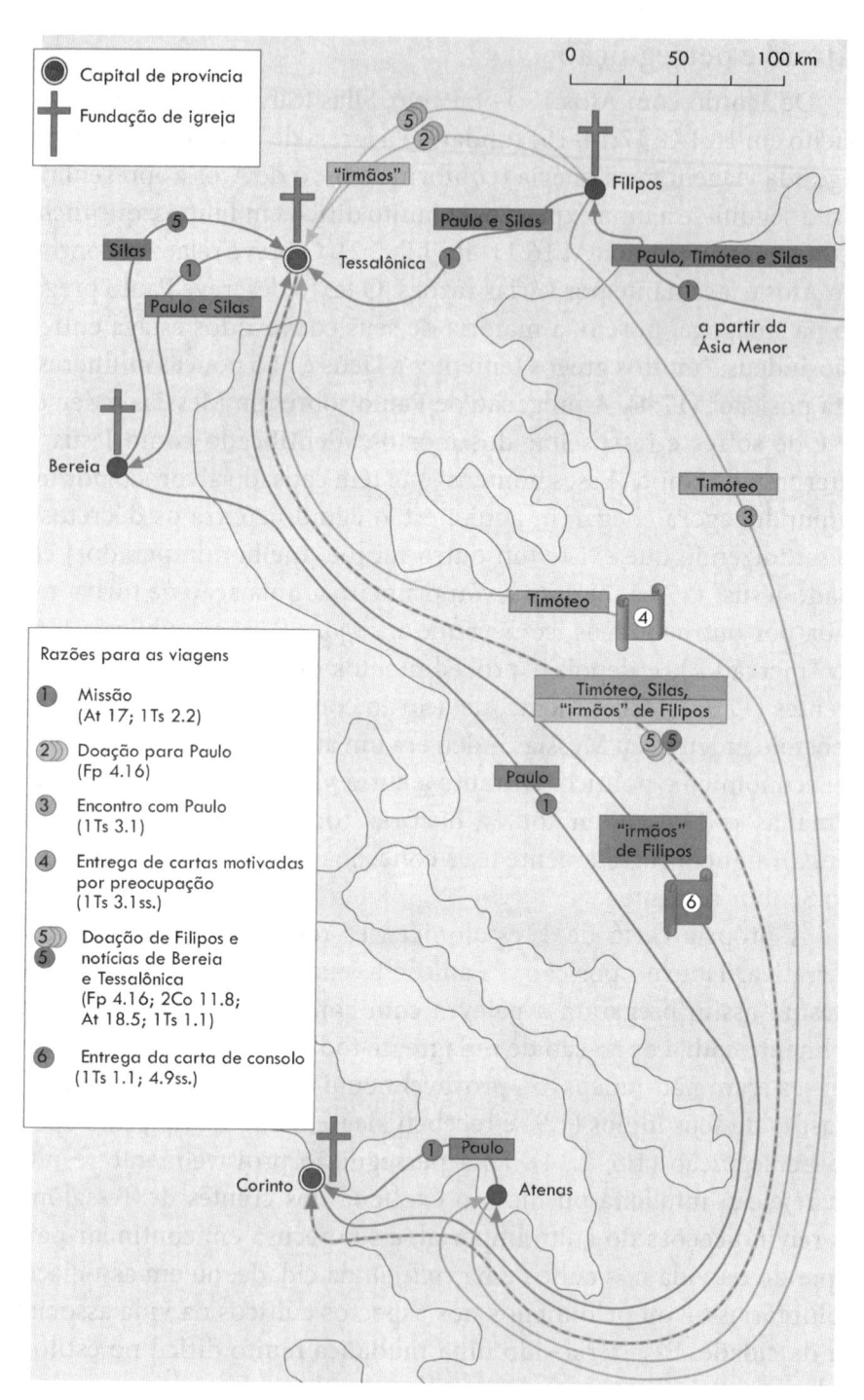

VIAGENS RELACIONADAS COM A FUNDAÇÃO DA IGREJA DE TESSALÔNICA

- Capital de província
- Fundação de igreja

Razões para as viagens

1. Missão (At 17; 1Ts 2.2)
2. Doação para Paulo (Fp 4.16)
3. Encontro com Paulo (1Ts 3.1)
4. Entrega de cartas motivadas por preocupação (1Ts 3.1ss.)
5. Doação de Filipos e notícias de Bereia e Tessalônica (Fp 4.16; 2Co 11.8; At 18.5; 1Ts 1.1)
6. Entrega da carta de consolo (1Ts 1.1; 4.9ss.)

Locais: Filipos, Tessalônica, Bereia, Corinto, Atenas

Movimentos: Paulo e Silas; Silas; "irmãos"; Paulo, Timóteo e Silas (a partir da Ásia Menor); Timóteo; Timóteo, Silas, "irmãos" de Filipos; Paulo; "irmãos" de Filipos artesãos que trabalhavam com as mãos (1Ts 2:9, de Paulo; 4:11-12; 5:14 cf. 2Ts 3:6-15) e eram ativos nas guildas em seus ofícios. Porém, abandonar a idolatria fazia parte de seu testemunho do evangelho — um testemunho *público* (visível), ações que inevitavelmente provocavam reações e tinham consequências, incluindo possivelmente implicações econômicas. Os tessalonicenses tornaram-se um irritante grupo social e político para seus pares pagãos, mas um exemplo inspirador de fé (e fidelidade — a palavra grega *pistis* pode ter ambos os significados), amor e esperança para os crentes em toda a Grécia (1:3, 7-9). O testemunho dos tessalonicenses — sua identidade e práticas missionárias naturais — foi rejeitado por alguns, mas, por outro lado, bem recepcionado por outros.[1]

Carinho e preocupação

A profunda afeição de Paulo por essa comunidade, que começou durante sua visita inicial, permeia a carta, na qual ele chama os leitores de "irmãos [e irmãs]" uma vez a cada meia dúzia de versos. Ele e sua equipe trabalharam "noite e dia" para não sobrecarregar a igreja (2:9). Tendo motivos puros no coração, segundo Paulo afirma, eles se dedicaram desinteressadamente aos tessalonicenses, como uma mãe e um pai (2:1-12). Ao partir para Bereia e depois para Atenas, Paulo queria desesperadamente visitar a "coroa em que nos gloriamos" novamente, mas foi bloqueado por Satanás (2:17-20). Enquanto isso, aparentemente, as perseguições em Tessalônica continuaram e pioraram (3:3). As preocupações de 4:13-18 sugerem que alguns dos crentes podem ter sido martirizados. Por fim, Paulo enviou Timóteo de Atenas para verificar como estava a comunidade de Tessalônica. A perseguição havia provado ser demais para eles? Eles haviam abandonado Jesus? Teriam eles perdido a esperança?

O que Timóteo descobriu foram boas notícias: os crentes estavam suportando a perseguição com fé e amor tão firmes que serviram de encorajamento para Paulo em seus próprios sofrimentos (3:6-10). Os tessalonicenses também amavam e sentiam falta de seu pai espiritual

---

[1] Para saber mais sobre 1Tessalonicenses como um texto de missão, veja, de minha autoria, Becoming the Gospel: Paul, Participation, and Mission (Grand Rapids: Eerdmans, 2015), p. 63-105; Andy Johnson, 1-2Thessalonians (THNTC; Grand Rapids: Eerdmans, 2016).

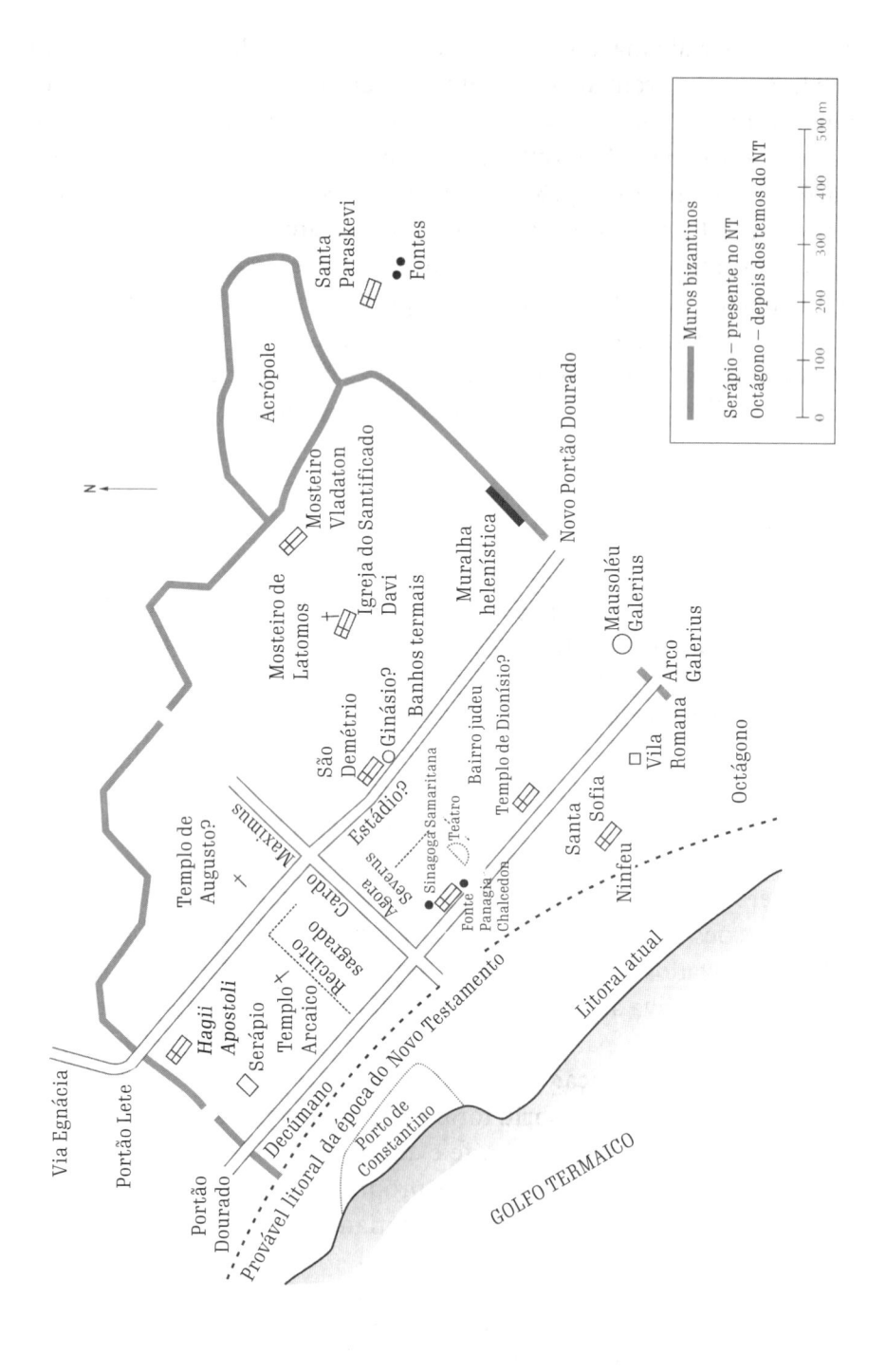

TESSALÔNICA DO PRIMEIRO SÉCULO

(3:6), embora o tom do capítulo 2 possa sugerir que alguns provavelmente se tornaram críticos do apóstolo, talvez por abandoná-los em seu tempo de angústia. Ao escrever, o próprio Paulo queria vê-los face a face para fortalecer ainda mais a fé deles (3:10). Na ocasião, porém, Paulo só podia fazer duas coisas: orar por eles (3:10-13) e enviar uma carta para substituir sua visita. Tendo se estabelecido em Corinto por um tempo (At 18:1), o apóstolo provavelmente escreveu 1 Tessalonicenses a partir de lá, talvez em 50 ou 51.[2] O propósito da carta consistia, de fato, em ser uma resposta à própria oração de Paulo — fortalecer os crentes tessalonicenses com segurança e dar instrução quanto à vida comum e testemunho público deles.

A HISTÓRIA POR DENTRO DA CARTA

O propósito e o tema de 1 Tessalonicenses aparecem duas vezes na carta, no final da longa introdução, em forma de oração, assim como na bênção, no epílogo:

> Que ele [o Senhor] fortaleça o coração de vocês para serem irrepreensíveis em santidade diante de nosso Deus e Pai, na vinda de nosso Senhor Jesus com todos os seus santos (3:13).

> Que o próprio Deus da paz os santifique inteiramente. Que todo o espírito, a alma e o corpo de vocês sejam preservados irrepreensíveis na vinda de nosso Senhor Jesus Cristo (5:23).

Em outras palavras, a esperança segura da vinda do Senhor fornece o contexto apocalíptico dentro do qual a vida altercultural ('santa', 'santificada' ou 'separada') de fé e amor que levou à perseguição faz sentido. A esperança faz a santidade valer a pena.

Para cumprir esse propósito, a carta entrelaça as histórias do Senhor Jesus crucificado, ressuscitado e vindouro; a equipe apostólica cruciforme chefiada por Paulo; e os perseguidos tessalonicenses. As duas histórias da visita anterior de Paulo aos tessalonicenses e a futura

---

[2] Há uma discussão acadêmica sugerindo uma data anterior para 1 Tessalonicenses (início a meados dos anos 40) ou uma data posterior como seguimento de uma visita posterior a Tessalônica (At 20:1-2 coloca Paulo na Macedônia por algum tempo), mas essas são visões minoritárias.

vinda de Jesus envolvem uma série de ensinamentos básicos sobre "A vontade de Deus é que vocês sejam santificados" (4:3). Em outras palavras, 1Tessalonicenses, na linguagem que faz um resumo do evangelho preservado em 1:9-10, é sobre o que significa "voltar-se dos ídolos para Deus" em resposta à pregação de Paulo (caps. 1—3) e "servir a um Deus vivo e verdadeiro, e esperar a vinda de seu Filho" (caps. 4—5). Torna-se claro, tanto pela narrativa quanto pelas partes exortativas desta carta, que a 'espera' que Paulo tem em mente é tudo, menos passiva. Paulo está escrevendo uma exortação missional a um povo missionário.

A forte ênfase de Paulo na esperança apocalíptica nesta carta pode muito bem derivar da própria experiência de perseguição e até morte dos tessalonicenses por causa de sua vida e de seu testemunho fiel. Se essa situação foi uma reação à rejeição explícita ou implícita do culto imperial, como parte do abandono da idolatria, também pode explicar por que Paulo usa um número significativo de metáforas teopolíticas para descrever o presente reinado e o futuro retorno de Jesus, o Senhor, como vamos ver.

A maior parte da carta toma a forma de uma ação de graças estendida (com detalhes da história) pela chegada e persistência do evangelho em Tessalônica, seguida por uma seção de parênese, ou instrução, estabelecendo as práticas cruciformes da esperança missional e apocalíptica. Podemos, portanto, descrevê-la da seguinte forma:

1:1   Abertura

1:2—3:13 Ação de graças — voltando-se para Deus: Paulo, os tessalonicenses e o evangelho

    1:2-10   A autenticidade da conversão dos tessalonicenses e o efeito de seu testemunho

    2:10-12   A autenticidade do ministério de Paulo

    2:13-16   O vínculo comum com o sofrimento

    2:17—3:13 A visita de Timóteo: ausência, preocupação e confiança

4:1—5:11 Instruções — servindo a Deus e esperando pelo Filho

    4:1-12   O chamado altercultural para a santidade

	4:1-3a	O chamado
	4:3b-8	Pureza sexual
	4:9-12	Amor uns pelos outros e relacionamentos fora da comunidade
4:13—5:11	A espera pelo Filho: esperança apocalíptica e desafio	
	4:13-18	Esperança para os mortos
	5:1-11	Desafio para os vivos
5:12-28	Exortações de encerramento e questões finais	

São apresentados resumos para os capítulos 1—3 e 4—5.

1:1. ABERTURA

A abertura, muito breve e sem ornamentos, é digna de nota apenas por duas coisas. Primeiramente, são identificados três autores, e embora Paulo seja claramente o autor principal (observe o pronome pessoal "eu" em 2:18—3:5), o uso da linguagem de primeira pessoa do plural ("nós/nosso") na maior parte da carta indica a preocupação e o envolvimento contínuo com Silvano e, especialmente, Timóteo (3:1-6), como estimados colegas de Paulo. A presença do nome deles não é meramente um artifício retórico. Para evitar constrangimentos estilísticos, no entanto, geralmente nos referimos a Paulo como o autor, tendo em mente o significado inclusivo de sua autoria.

Em segundo lugar, a abertura identifica a Igreja como estando não apenas "em" Cristo, um tema paulino comum, mas também em Deus Pai. Essas duas características correspondem ao resumo do evangelho de Paulo em 1:9-10 e à orientação de Deus em 3:11. O papel do Espírito, embora não mencionado em nenhuma dessas passagens, continua sendo proeminente na carta (1:5-6; 4:8; 5:19). A experiência dos tessalonicenses com Deus e com o evangelho é de caráter trinitário.[3]

---

[3] Como nos capítulos anteriores, a linguagem trinitária é usada aqui em reconhecimento de que, embora Paulo não tenha uma teologia da Trindade totalmente desenvolvida, tal linguagem é apropriada.

1:2—3:13. Ação de Graças — voltando-se para Deus: Paulo, os tessalonicenses e o evangelho

Após a breve abertura, a carta se inicia com uma oração de agradecimento (1:2) que rapidamente se torna um relato e uma apologia da história de Paulo e dos tessalonicenses. A ação de graças continua explicitamente em 2:13 e novamente em 3:9, quando a linguagem da oração reaparece para concluir essa primeira seção principal da carta (3:9-13). Ao longo desses três primeiros capítulos, o clima é de gratidão, pois Paulo se regozija na conversão dos tessalonicenses e especialmente em sua persistência apesar da perseguição. É melhor, portanto, considerar toda a narrativa como parte de uma longa oração. A revisão histórica provê substância à apologia e reforça a estima mútua entre a equipe de Paulo e os tessalonicenses, pela qual o apóstolo agradece.

A autenticidade da conversão dos tessalonicenses e o efeito de seu testemunho (1:2-10)

A ação de graças começa com uma narrativa curta, porém abrangente, da conversão dos tessalonicenses e de seus resultados. Ao notar sua gratidão constante (1:2-3) e reconhecer a escolha graciosa de Deus pelos crentes tessalonicenses, Paulo apresenta um resumo do evangelho que ele pregou, e segue destacando vários aspectos-chave da resposta inicial e contínua dos tessalonicenses. Antes verificarmos essa resposta, vamos começar com o resumo do evangelho.

Como já observamos, 1:9-10 resume o evangelho de Paulo, embora a linguagem e a estrutura cuidadosa insinuem que o texto possa ter vindo de um credo primitivo. O evangelho convoca os pagãos a fazerem três coisas: (1) abandonar os ídolos, (2) servir — ou, melhor, se tornar escravo de (gr. *douleuein*) — ao único Deus vivo e verdadeiro, e (3) esperar o retorno do céu do Filho de Deus — um tipo dinâmico de espera. Isso significa que a mensagem trata sobre o único Deus de Israel e sobre o seu Filho (i.e., o Messias) que liberta da futura ira divina aqueles que se voltam para o Senhor. O evangelho de Paulo é apocalíptico, mas também cristocêntrico. A narrativa de Jesus é compacta; na carta não há menção de sua morte, embora possa ser insinuada na referência a "resgate"; o texto similarmente apocalíptico em 5:9-10 nomeia explicitamente a morte de Jesus (cf. 4:4, "morreu e ressuscitou"), que também é mencionada na referência anterior sobre imitar o Senhor por meio do sofrimento (1:6; também 2:7-8 [veja a seguir] e 2:15). Porém, outras partes da história de Jesus são claramente nomeadas: sua ressurreição por Deus, sua exaltação ao céu e seu retorno de lá. A importância desses tópicos é resumida no título "Senhor" (veja 1:1, 3, 6, 8).

A resposta dos tessalonicenses às boas-novas, que Paulo e sua equipe pregaram com "poder", "convicção" e integridade (1:5), foi com demonstração de alegria (1:6) quando eles deixaram os ídolos e se voltaram para Deus. Esses gentios podiam já terem estado associados à sinagoga de alguma forma (veja At 17:4), pois é possível que as autoridades judaicas nem sempre insistissem que eles devessem abandonar outras divindades. De qualquer forma, o chamado de Paulo, para que os conversos se afastassem dos ídolos e se voltassem para o único Deus, sem dúvida incluía um chamado paralelo para que se afastassem do mal, em relação aos outros, especialmente no que dizia respeito à imoralidade sexual (cf. 4:3b-8), e que se voltassem para os caminhos de Deus, pois Paulo via a idolatria como a fonte última de injustiça e imoralidade (veja Rm 1:18-32).[4]

Paulo descreve a conversão dos tessalonicenses como tridimensional: consistindo de fé (ou fidelidade; gr. *pistis*), amor e esperança (1:3; cf. 5:8).[5] Esta tríade paulina, tornada famosa por meio de 1Co 13:13 (onde a sequência é: fé, esperança e amor), reaparece na mesma ordem em 5:8; o foco da carta no item final, a esperança, é bastante claro. A conversão dos tessalonicenses não é apenas tridimensional nesse sentido, mas também em um sentido que só pode ser adequadamente chamado de trinitário: uma experiência com Deus Pai (1:1, 3, 8-9), Jesus Filho/Messias e Senhor (1:1, 3, 6, 8, 10), e o Espírito Santo (1:5-6). Os crentes tessalonicenses se relacionam com Deus Pai como aquele que os escolheu e os ama, com Jesus como o Senhor que os resgata e a quem eles obedecem e imitam, e com o Espírito Santo como aquele que capacita os pregadores e inspira os que ouvem.

---

[4] O mandato de Paulo dos apóstolos originais incluía chamar os gentios para longe dessas práticas relacionadas (At 15:20, 29; 21:25). Paulo diz aos coríntios para "fugir" da imoralidade sexual e da idolatria (1Co 6:18; 10:14).

[5] A CEB traduz pistis como 'fidelidade' em todas as ocorrências desta carta, exceto duas (1:3; 3:10).

A resposta dos tessalonicenses à mensagem de Paulo foi claramente muito positiva, apesar da perseguição (1:6), que pode ter envolvido o ostracismo, atividade de turbas, processos legais e até assassinatos. Por essa razão — fé em meio à perseguição — os tessalonicenses apresentavam uma reputação bem-merecida e difundida, da qual Paulo se orgulhava (1:8); sua 'fé' era de fato sua fidelidade, lealdade à aliança, o que alguns chamam de "lealdade de fé".[6] É evidente, a partir desse ponto, e de todo o contexto da carta, que tanto Paulo quanto os tessalonicenses entendiam a espera pelo Senhor como algo verdadeiro, uma aexpectativa ativa. De fato, em 5:8 aprendemos que a fidelidade, amor e esperança mencionados em 1:3 são as 'armas' na batalha apocalíptica da comunidade. São virtudes missionais — na verdade, *práticas* missionárias — no testemunho público da Igreja ao evangelho, apesar da oposição. E ao longo da carta vemos que Paulo afirma ter praticado as mesmas virtudes que pregava.

A autenticidade do ministério de Paulo (2:1-12)

Já nos primeiros versículos da carta, a questão da integridade da equipe ministerial de Paulo havia sido levantada (1:5). Em seguida é abordada diretamente. Se o evangelho foi tão bem-sucedido, como aqueles que o pregaram poderiam ser outra coisa senão autênticos mensageiros de Deus? As palavras de Paulo nesses versículos sugerem que alguns crentes em Tessalônica questionaram seus motivos. Eles podem tê-lo associado a certos tipos de professores errantes, incluindo alguns cínicos, que se aproveitavam de pessoas ingênuas para obter ganhos financeiros. Paulo rejeita tais acusações falsas e retrata o trabalho de sua equipe com três imagens positivas: materna, paterna e cristológica. Ele e seus colaboradores não eram apenas professores ideais que se entregavam, mas eram imitadores do Senhor Jesus. A intenção de Paulo aqui é provavelmente dupla: elogiar, ou mesmo defender, o ministério de sua equipe e oferecê-lo como um exemplo de fidelidade e amor semelhantes a Cristo.

Em primeiro lugar, Paulo lembra a seus leitores que o sofrimento anterior de sua equipe em Filipos deveria ter sido suficiente para descartar qualquer acusação de motivos torpes (2:1-3). Tendo Deus como

---

[6] E.g., Johnson, 1—2Thessalonians.

autenticador e testemunha de seu apostolado, Paulo assegura aos tessalonicenses que ele e seus parceiros não buscavam a aprovação humana nem o ganho financeiro por meio de seu ministério (2:4-6). Além disso, eles não somente nunca tiraram proveito dos tessalonicenses, como também se entregaram ao máximo — apesar de possuírem privilégios apostólicos (2:7-12).

Aqui Paulo descreve o ministério dos apóstolos com três imagens muito importantes de doação que revelam muito sobre sua autocompreensão. Pelo fato de a palavra "apóstolo" implicar autoridade, pode-se concluir que os apóstolos poderiam 'ter sido um peso' (a NRSV traduz 2:7a como: "poderia ter feito exigências"; cf. NAB, "impor nosso peso").[7] De fato, como Paulo diz em 1Co 9:3-14, os apóstolos têm direito a apoio financeiro. No entanto, em fidelidade ao evangelho e por amor aos tessalonicenses, Paulo, Silvano e Timóteo não exerceram seu direito apostólico, antes derramaram (literalmente, suas próprias "almas") para seus queridos filhos (2:8), tratando-os com a mansidão de uma mãe que amamenta (2:7b) e trabalha noite e dia para não sobrecarregar financeiramente os filhos (2:9).[8] Eles tampouco os forçaram a cumprir seus ensinamentos como um pai despótico, mas incentivaram e encorajaram seus filhos (2:11-12).

A linguagem do comportamento abnegado e complacente está no centro da autocompreensão de Paulo sobre seu apostolado, pois ao renunciar a um direito pelo bem-estar dos outros, ele reencena a história de Cristo, que escolheu não explorar sua igualdade com Deus, mas se esvaziou. (Fp 2:6-8). Assim também, embora Paulo e seus companheiros tivessem direito ao apoio financeiro, eles optaram por não fazer exigências ou impor encargos de qualquer tipo, mas esvaziaram-se por meio da entrega de seu evangelho e de si mesmos. O padrão paulino de ministério descrito nesses versículos (esp. 2:6-8) é o mesmo encontrado em 1Co 9 (esp. v. 12, 15, 19) e enraizado no padrão de Cristo (Fp 2:6-8).

---

[7] A NVI [em inglês] coloca esse ponto em 2:6 e o traduz: "poderíamos ter afirmado nossa autoridade".

[8] O texto e, portanto, a tradução de 2:7b apresenta um desafio, pois alguns manuscritos apresentam a palavra 'suave' (ēpioi), enquanto outros mostram 'crianças' (nēpioi), o que criaria uma metáfora mista. O que está claro, no entanto, é a ênfase de Paulo em seu amor de doação de si mesmo e carinho: o cuidado de uma mãe, ou ama que amamenta, para com seus próprios filhos.

Pode ser resumido como: 'embora *x*, não *y*, mas *z*', significando 'embora [x] *status*, não [y] egoísmo, mas [z] renúncia e doação de si mesmo'.[9] O tema sobre estar em conformidade com Cristo aparece dessa mesma forma em todas as cartas de Paulo. É um modo de vida, não apenas para os apóstolos, mas para os tessalonicenses e todos os demais crentes.

O vínculo comum com o sofrimento (2:13-16)

Alguns estudiosos entendem que os versículos 14-16 não fazem parte da carta original de Paulo, e sim trata-se de uma adição posterior, ou interpolação, que reflete uma polêmica antijudaica estranha a Paulo. Porém, esses versículos fazem todo o sentido no contexto como outra afirmação da recepção dos tessalonicenses da mensagem apostólica como a palavra de Deus (2:13) apesar da oposição. Paulo se refere ao sofrimento dos profetas, de Jesus, das igrejas na Judeia e de sua própria equipe — uma espécie de 'cadeia' de sofrimento ao longo do tempo — para assegurar aos tessalonicenses que sua difícil experiência pode ser normal para aqueles que são testemunhas fiéis de Deus. (2:14-16a); é seu vínculo comum. A menção acerca da ira (2:16b) não é 'antijudaica', porém completamente judaica e apocalíptica em seu conteúdo: aqueles que se opõem a Deus e à sua palavra (nesse caso, ao evangelho para os gentios), mesmo de dentro de Israel, não ficarão livres da ira vindoura (cf. 1:10). (Veja também 4:6, em que Deus é retratado como um vingador até mesmo dos crentes que praticam a imoralidade.)

Há, no entanto, um sentimento antijudaico real, porém, desnecessário, na maioria das traduções dessa passagem. Infelizmente, elas interpretam erroneamente o final de 2:14 e o início de 2:15, dando a entender que *todos* os judeus (pelo menos daquela época) foram responsáveis pela morte de Jesus e por várias perseguições. Em uma vírgula simples, no entanto, usada incorretamente, depois de "os judeus", repousa a principal culpa: "os judeus, que mataram o Senhor Jesus e os seus próprios profetas" (ARA; similarmente, NAB). O grego realmente implica que apenas alguns judeus eram culpados desses males. A NIV [em inglês, não a versão em português] elimina corretamente a vírgula: "os judeus que mataram..." Ainda mais correto seria traduzir como

---
[9] Veja tabela no cap. 2, p. 125.

"aqueles judeus que mataram..." A questão é que, pertencer à mesma etnia não garantiria proteção contra perseguidores.

A visita de Timóteo: ausência, preocupação e confiança (2:17—3:13)

Tendo estabelecido que sua presença entre os tessalonicenses era um ministério de amor abnegado, Paulo em seguida precisa lembrá-los de que, mesmo em sua ausência, ele continuou a cuidar deles. Esse cuidado foi assumido de três formas: anseio por visitá-los, envio de um mensageiro e suas orações. Paulo revela não apenas sua preocupação, mas também sua inquietação; no entanto, depois tranquilizado, ele conclui com ação de graças e intercessão por seus filhos amados.

Paulo muda criativamente as metáforas de pais para filhos — órfãos (2:17) — para enfatizar a profundidade de seus sentimentos enquanto está longe da comunidade. Ele culpa Satanás, provavelmente referindo-se ao inimigo do povo de Deus como a principal fonte de perseguição em suas tentativas frustradas de os visitar (2:18). Mas o resultado da batalha cósmica está decidido, e no dia da vitória, a vinda do Senhor, ou a parúsia, os tessalonicenses constituirão a coroa da vitória do apóstolo. Eles são sua história de sucesso; sua fidelidade é a prova.

O envio de Timóteo foi a personificação da preocupação de Paulo. A motivação de Paulo não era meramente expressar seus sentimentos positivos em relação aos tessalonicenses, nem sua preocupação com os possíveis sentimentos negativos deles em relação a si mesmo. Ao contrário, ele temia profundamente (observe "nós/eu não pudemos mais suportar" em 3:1, 5) que as intensas perseguições os pudessem "sacudir" e que eles não tivessem realmente entendido que o sofrimento era parte integrante do serviço ao único Deus verdadeiro. O trabalho de sua equipe "foi inútil" (3:5)?

Timóteo voltou com duas notícias excelentes: a fé dos tessalonicenses (fé, lealdade dos crentes) e o amor eram infalíveis; a estima que eles demonstravam pela equipe paulina não diminuiu (3:6). Mais uma vez Paulo afirma como a firmeza dos tessalonicenses o encorajava e renovava a vida para ele e seus colegas (3:7-8). Portanto, eles agora estavam cheios de alegria, apesar de suas próprias perseguições; Paulo ora fervorosamente para vê-los, não por medo, mas com confiança (3:9-11).

Não significava que os tessalonicenses fossem perfeitos. Eles ainda precisavam da força do Senhor e da instrução pastoral de Paulo, razões pelas quais ele desejava visitá-los para "suprir" tudo o que pudesse lhes faltar na fé (3:10-11). Ele também ora para que o Senhor os faça crescer em amor e santidade enquanto aguardam a parúsia e anseiam por serem irrepreensíveis naquele dia (3:12-13; cf. 5:23-24; 1Co 1:7- 8; Fp 1:10). Fomentar esse crescimento, como vimos, será o objetivo do restante da carta.

SUMÁRIO DE 1TESSALONICENSES 1–3

Vemos nesses três capítulos algumas dimensões muito importantes da visão de Paulo em relação à existência dos crentes em geral e do ministério em particular. Essas incluem:

- Estando na fase entre a morte/ressurreição e a parúsia de Jesus, os crentes buscam uma vida de fé, amor e esperança em relação a Deus como Pai, Filho e Espírito; em relação a outros crentes; e em testemunho ao mundo.
- A perseguição é uma condição normal, não apenas para ministros do evangelho, mas para todos os crentes.
- O ministério deve sempre ser feito com integridade diante de Deus e dos outros, em conformidade com o Cristo crucificado e no poder do Espírito.
- Os crentes se fortalecem e se confirmam entre si; o ministério é uma via de mão dupla, mesmo entre pais espirituais (evangelistas e pastores), por um lado, e seus filhos espirituais (convertidos, membros das congregações), por outro.
- Em suma, podemos dizer que, para Paulo, a existência apocalíptica é uma existência cruciforme, missionária, que requer assistência mútua e força divina.

4:1—5:11. Instruções — servindo a Deus e esperando pelo Filho

Assim como pudemos ver em 1:9-10, Paulo fornece um breve resumo da natureza da vida dos tessalonicenses após sua conversão e abandono dos ídolos: "a fim de servir ao Deus vivo e verdadeiro e esperar dos céus seu Filho". Tendo ensaiado nos três primeiros capítulos a história da conversão dos tessalonicenses e seu relacionamento com Paulo e sua equipe, o apóstolo então desenvolve algumas das particularidades dos verbos "servir" e "esperar".

Servindo a Deus: o chamado altercultural à santidade (4:1-12)

O chamado (4:1-3a)

Como um judeu fiel, Paulo pregou uma mensagem sobre deixar a idolatria para servir a Deus, o que sempre representou uma conversão também da imoralidade. Nas Escrituras, a Lei e a aliança sempre envolvem relacionamentos corretos com Deus e com os outros; os judeus, como observamos no capítulo 1, muitas vezes olhavam para os gentios como idólatras e imorais. Aqueles que servem a Deus no Senhor Jesus são, portanto, chamados à santidade, ou à "santificação" (4:3a). Esse termo genérico para a vida correta e agradável diante de Deus significava que os tessalonicenses eram, de maneira fundamental, uma comunidade contracultural ou altercultural. Paulo lhes ensinou tudo isso pessoalmente (4:1), transmitindo instruções com a autoridade de Jesus (4:2), e então eles deveriam continuar a crescer em sua vida de santidade. Dois aspectos específicos do mandato altercultural — pureza sexual e amor pelos outros — aparecem no início do capítulo 4, talvez em resposta a perguntas dirigidas a Paulo por meio de Timóteo. Outras dimensões serão mencionadas brevemente na seção seguinte sobre 'esperar' (4:13-5:11), bem como nas exortações finais (5:12-28).

Pureza sexual

O primeiro tópico da vida altercultural, abordado por Paulo, é a sexualidade, especificamente a abstenção de qualquer tipo de "imoralidade sexual" (NVI, CEB; NET; NJB; NAB, "imoralidade"; gr. *porneia*, que inclui "fornicação", mas é mais amplo do que ela na ACF). O ponto básico de Paulo é que o chamado de Deus deve ser diferente dos gentios "que não conhecem a Deus" (4:5) por serem puros em vez de viver em luxúria (4:5, 7). Aqui Paulo continua a tradição bíblica e judaica geral de criticar a imoralidade sexual pagã e enfatizar que um dos principais distintivos daqueles que estão no relacionamento de aliança com Deus é a santidade sexual (veja Lv 18:1-3, 24-30), como observado na discussão de 1:9-10. Os judeus afirmavam ser, e também assim eram conhecidos, como aqueles que não se engajavam em práticas pagãs como sexo fora do casamento, relações homossexuais, aborto, infanticídio e exposição de recém-nascidos indesejados. Os primeiros crentes em Jesus seguiram o exemplo, e Paulo seguia o exemplo levítico ao tratar essa questão da sexualidade com a maior gravidade (4:6, 8).

Dentro dessa observação geral, uma atividade específica é mencionada (4:4), embora seu significado exato tenha sido debatido. Uma palavra grega essencial no texto, *skeuos* (lit. 'vaso'), é provavelmente uma referência à genitália ou corpo masculino ("cada um saiba controlar o seu próprio corpo", NVI; NRSV),[10] embora possa ser uma referência a uma esposa como um vaso ("como adquirir uma esposa para si mesmo", NAB; cf. margens NRSV e NVI). Em ambos os casos, a ênfase está em uma abordagem do sexo e do casamento que é ao mesmo tempo contracultural e (apesar da natureza 'privativa' do assunto) parte do testemunho público da Igreja; é uma sexualidade distinta do que Paulo percebe como típica "paixão lasciva" gentia (4:5).

A perspectiva de Paulo é típica da antiga crítica judaica da moralidade sexual dos gentios, e críticas semelhantes podem ser encontradas até mesmo entre moralistas pagãos. Embora a visão de Paulo sobre o comportamento sexual dos gentios fosse talvez estereotipada, poderia haver pouca dúvida de que muitos gentios, especialmente homens, consideravam a luxúria normal e tinham estilos de vida sexuais mais libertinos do que os judeus permitiriam. Paulo poderia especialmente ter em mente o culto popular a Dionísio na Tessalônica, com seus símbolos fálicos e outras imagens eróticas. Aqueles que conhecem o verdadeiro Deus de Israel e de Jesus Cristo devem encarar a sexualidade de maneira controlada e pura, que não explore um companheiro crente ("irmão [ou irmã]", 4:6). Essa preocupação com a outra pessoa revela não apenas a maneira como Paulo quer que os tessalonicenses abordem o sexo e o casamento, mas também sua convicção de que os crentes devem se casar apenas com os crentes (cf. 1Co 7:39). Paulo não considera o sexo sujo ou ruim; no entanto, é apropriado para os crentes apenas na pureza e no casamento. Duas convicções modernas, de que o sexo é fundamentalmente um assunto privativo e que o único comportamento sexual antiético é o sexo explorador, não são encontradas em Paulo, para quem a não exploração é um critério necessário, mas não

---

[10] O simbolismo fálico foi usado em muitos cultos pagãos, incluindo os de Dionísio e outros cultos em Tessalônica.

suficiente, para a atividade sexual, e para quem o comportamento faz parte do testemunho público da Igreja.

Para resumir: como pessoas santificadas que ainda estão no processo de serem santificadas, os fiéis são chamados a se afastar da imoralidade sexual, assim como já se afastaram da idolatria (1:9-10), pois a imoralidade sexual é uma das 'marcas' básicas daqueles que não conhecem o Deus verdadeiro, o Deus vivo (cf. Rm 1:18-32; 1Co 6:19; 10:14).

Amor uns pelos outros e relacionamentos fora da comunidade (4:9-12)

A preocupação com a luxúria e a exploração nas relações sexuais leva Paulo ao próximo tópico geral: amor mútuo (gr. *philadelphia*) dentro da comunidade de crentes, tanto para com os próximos quanto para com os distantes. De fato, a conduta correta em relação à sexualidade é, para Paulo, uma dimensão da *philadelphia*. Em 4:1, ele refirma a conversão dos tessalonicenses e os exorta a um crescimento contínuo (4:9-10a). Algumas manifestações específicas de amor são sugeridas posteriormente: encorajamento, exortação, ajuda prática e não retribuição do mal com o mal (4:18; 5:11, 14-15).

A rápida menção sobre o relacionamento com estranhos em 4:11-12 é ainda notada mais uma vez em 5:14 e complementada com uma exortação mais geral para que "sejam sempre bondosos uns para com os outros e para com todos" em 5:15. Aqui a ênfase está em uma vida tranquila e autossuficiente que soa como uma mistura de ideais epicuristas e estoicos. A instrução de Paulo pode ser entendida como um aviso para não apenas 'esperar' pelo Filho (1:10) muito literalmente; uma situação e resposta semelhantes reaparecem em 2Tessalonicenses (3:6-16). No entanto, em relação a ambas as cartas, o contexto cultural das relações patrão-cliente sugere que a menção sobre os 'preguiçosos' pode ter sido relacionada com aqueles que buscavam apoio de um patrono, dentro ou fora da comunidade. Quaisquer que sejam as razões específicas para a 'ociosidade', quando os crentes deliberadamente não trabalham, eles falham em amar tanto os de fora quanto os irmãos, dando um pobre testemunho aos de fora e impondo um fardo sobre os membros da igreja, que acabam se sentindo responsáveis por eles. A assistência prática da igreja deve ir apenas para os verdadeiramente necessitados, enquanto os ociosos (cuja falta de disciplina e responsabilidade os tornaram 'indisciplinados' ou perturbadores para a vida da comunidade) devem conseguir um emprego (5:14). Esse trabalho provavelmente seria manual (4:11), o que indicaria o *status* social de pelo menos a maioria dos crentes em Tessalônica.

A espera pelo Filho: esperança apocalíptica e desafio (4:13—5:11)

Se o conjunto anterior de instruções tratava, em grande parte, sobre o amor, o próximo conjunto, consistindo de dois discursos exortatórios curtos, porém cuidadosamente desenvolvidos, é sobre a esperança. Cada discurso começa com uma palavra introdutória ("quanto a x") e termina com uma exortação usando o verbo *parakaleō*. Esse verbo pode ser traduzido como 'encorajar', mas tem duas nuances diferentes: 'confortar' (seu significado em 4:18; cf., "consolem-se") ou 'exortar' (seu sentido em 5:11; infelizmente, as versões NRSV, NAB, NAB e ARA usam o indefinido "edificai-vos"). Esses dois discursos mais ou menos paralelos revelam, então, algo sobre a esperança contracultural dos crentes, tanto no que promete (4:13-18) quanto no que exige (5:1-11).

Esperança para os mortos (4:13-18)

Algumas lápides romanas traziam as palavras: "*Eu não era, eu era, não sou, não me importo*". Tão popular era esse epitáfio que, eliminando a segunda frase, a lápide geralmente trazia apenas seis letras: n-f-n-s-n-c, para as palavras latinas *non fui, non sum, non curo*, significando "eu não era, eu não sou, eu não me importo". O evangelho de Paulo oferecia esperança com base na ressurreição passada e no futuro retorno de Jesus (1:10; 3:13), mas é possível que Paulo não tenha explicado aos tessalonicenses que alguns deles poderiam morrer antes da parúsia — e se isso ocorresse, o que haveria de acontecer com eles. A morte (lit. 'adormecer', uma antiga metáfora comum para a morte preservada na NIV e ARA, mas relegada às margens em outras versões como a NRSV) de alguns membros da comunidade (4:13), fosse por causas naturais, fosse, mais provavelmente, em razão da perseguição, teria abalado a esperança das pessoas. Paulo as convida a voltar atrás e entender melhor sua esperança contracultural em contraste com aqueles que não têm nenhuma (4:13).

Para fazer isso, Paulo recorre ao apocaliptismo e à linguagem política tradicional para desvendar o significado da ressurreição e parúsia de Jesus para o problema pastoral muito prático sobre o luto. Em poucas palavras, ele diz não apenas que os mortos serão ressuscitados, mas também que eles serão os primeiros a encontrar o Senhor.

A linguagem apocalíptica inclui especialmente 4:16 e partes de 4:17. A volta de Jesus é retratada como a vitória de Deus anunciada por um arcanjo com uma trombeta (cf. Zc 9:14; 1Co 15:52), originada no céu, envolvendo as nuvens (cf. Dn 7:13) e culminando com a ressurreição dos mortos. Imagens semelhantes aparecem em outra literatura apocalíptica. A linguagem política é um pouco mais sutil. Parúsia ("vinda", 4:15) e *apantēsis* ("encontrar"; lit. 'encontro', em 4:17) são termos usados para se referir à chegada e recepção de figuras imperiais e militares.[11] O som apocalíptico então anuncia o verdadeiro imperador e vencedor, Jesus.

O destino final de todos os crentes será estar "para sempre com o Senhor", que são as palavras finais de encorajamento (4:17-18). Porém, a maneira exata como isso acontece é um pouco obscura no imaginário apocalíptico-imperial. À medida que Cristo vai descendo do céu, os mortos vão sendo ressuscitados e, em seguida, os vivos serão "arrebatados com eles nas nuvens, para o encontro com o Senhor nos ares" (4:17). Portanto, há um 'encontro no ar', mas o que acontece a seguir? Onde estaremos "com o Senhor para sempre"? Os crentes ficam no ar/nas nuvens com Jesus? Voltaremos para o céu? Ou viremos para a terra?

Os túmulos dos ricos, como este em Atenas, tinham como característica esculturas elaboradas.

---

[11] O escritor judeu Josefo, por exemplo, conta que os cidadãos de Antioquia foram vários quilômetros fora de sua cidade para o encontro (apantēsis) com o imperador Tito quando ele se aproximou da cidade.

Embora as duas primeiras respostas (ficar nas nuvens, voltar ao céu) sejam possíveis cenários apocalípticos, apenas a terceira leva suficientemente em conta o imaginário político da parúsia. Nessa imagem, os crentes -— mortos e vivos — são retratados como a delegação oficial da cidade que sai para encontrar o imperador e escoltá-lo em sua volta à cidade. Os crentes saúdam Jesus e voltam à terra com Ele, onde governará como Senhor, com seus servos em sua presença. (Pode-se comparar à visão da descida à terra da cidade de Deus em Apocalipse 21.)[12] A ênfase de Paulo está na presença permanente dos crentes com seu Senhor, não na 'viagem' que os leva até lá.

Em face dessa interpretação, e mesmo as outras opções para o 'encontro no ar', devemos rejeitar como imaginações perigosas os cenários populares de um 'arrebatamento' devastador em que aviões e carros se destroem devido ao desaparecimento de cristãos.[13] Paulo é notavelmente contido em suas previsões apocalípticas, e tais cenários não expressam sua mentalidade aqui ou em qualquer outro lugar; ele não escreve para provocar medo nos crentes, mas para lhes estender a esperança. Ele não pretende, no entanto, proibir o luto (como se isso fosse possível!), mas reconfigurá-lo à luz do evangelho. A passagem é uma palavra de conforto (4:18).

Desafio para os vivos (5:1-11)

Enquanto o texto de 4:13-18 trata da escatologia e daqueles que estão dormindo, 5:1-11 enfoca o impacto da esperança escatológica naqueles que estão acordados — ou que deveriam estar. O tema do discurso é a vigilância. Mais uma vez, Paulo mistura imagens apocalípticas e políticas, recorrendo criativamente e de modo especial às primeiras, para fazer aplicações na vida cotidiana.

Paulo aparentemente contrasta o conhecimento dos tessalonicenses sobre "os tempos e as estações" com sua ignorância sobre os mortos (5:1 em contraste com 4:13), mas isso provavelmente é apenas um artifício retórico. Paulo está, de fato, os instruindo, a fim de certificar-se de

---

[12] Especialmente quando consideramos a insistência de Paulo em Rm 8:18-23 de que, como nossos próprios corpos, toda a criação será redimida, a opção interpretativa delineada aqui faz o melhor sentido acerca das expectativas futuras de Paulo.

[13] 'Arrebatamento' vem da palavra latina para capturado, *rapiemur*, traduzindo o grego *harpagēsometha*, em 4:17.

que a visão apocalíptica apenas conduz a uma vida apropriada em fé, amor e esperança (5:8). A passagem inclui uma exortação escatológica (5:2-3), com imperativos baseados na identidade apocalíptica dos crentes (5:4-10) e uma exortação à edificação mútua (5:11).

"O dia do Senhor" (5:2) descrito nos profetas bíblicos era o dia vindouro de YHWH, que haveria de trazer tanto julgamento quanto salvação. Para aqueles que reconheceram Jesus como Senhor, "o dia do Senhor" tornou-se o dia do retorno de Jesus, sua parúsia. "Como ladrão à noite" refere-se ao caráter inesperado do evento, era uma imagem bastante comum nas igrejas primitivas (Mt 24:43; 2Pe 3:10; Ap 3:3; 16:15). A mudança imprevista feita por Paulo com essa figura de linguagem consiste em conectá-la com a importância superestimada de Roma, de cujo lema, *pax et securitas* ("paz e segurança"), Paulo zomba (5:3). As "dores de parto" que precedem o dia do Senhor são bem-vindas somente para aqueles que conhecem a verdadeira paz e esperança em Cristo (cf. Rm 8,18-25); para aqueles que não conhecem a Deus, sua falsa segurança os levará apenas a um julgamento inesperado.

Essa imagem da vinda do Senhor à noite estabelece para Paulo a dicotomia apocalíptica de dois grupos de pessoas (5:4-5): os filhos da luz (a igreja) e os filhos das trevas (cultura pagã greco-romana). Aqueles que pertencem à luz não serão surpreendidos pelo dia do Senhor (5:4), que não significará ira para eles, mas salvação (5:9). Isso não implica, no entanto, que a salvação futura dos tessalonicenses fosse tão garantida que eles pudessem adormecer ao longo da vida. As metáforas apocalípticas de vigília e sobriedade (adicionadas em 5:6) têm consequências para a vida real. Se aqueles que afirmam pertencer ao dia forem agir como aqueles que pertencem à noite, deixando de manter-se moralmente vigilantes e, dessa forma, recaindo na impiedade de sua cultura pagã, trairão sua identidade (5:6). Ao contrário, eles devem deixar sua verdadeira identidade — sua 'sobriedade' — ser manifestada por meio de uma vida de fé, amor e esperança (5:8). Como observado anteriormente, todas essas armas devem ser empregadas numa batalha efetiva — a luta apocalíptica entre Deus e aqueles que se opõem a Ele, incluindo a cultura idólatra da Roma pagã. Fica bem claro que as armas não são as de Roma ou de qualquer outro poder humano. Aqueles que "lutam" com essas armas testemunham uma forma alternativa de estar no mundo.

Em outras palavras, Paulo pode dizer que Jesus morreu e ressuscitou para que os crentes possam viver "unidos com ele" (5:10), não apenas quando dormem na morte (reverberando 4:17), mas enquanto estão acordados e vivos agora, entre a ressurreição de Cristo e a deles. Essa importante declaração do propósito da morte de Cristo — não apenas para perdoar os pecados das pessoas, mas para reorientar e reestruturar toda a sua existência particular e pública (veja também 2Co 5:15) — leva à exortação final aos tessalonicenses, para que eles continuem a admoestar e a edificar uns aos outros em sua existência comum (5:11).

5:12-28. Exortações de encerramento e questões finais

Antes de terminar sua carta, Paulo deixa aos tessalonicenses uma lista de dezessete advertências relativamente simples sobre a vida em comum. Essas exortações finais dividem-se de maneira bastante uniforme entre o que poderíamos chamar de admoestações relacionais e litúrgicas, ou comportamento em relação a vários grupos de pessoas e o comportamento no culto. Há dentro do primeiro grupo algumas orientações reveladoras, ainda que breves, sobre as relações externas.

Os líderes da igreja, que têm responsabilidades formativas e educacionais, devem ser considerados em alta estima (5:12-13a). Paz, paciência, não retribuição do mal com o mal e fazer o bem de modo geral devem ser os modos de interação entre todos os crentes (5:13b-14, 15), enquanto atenção especial e apropriada deve ser dada àqueles que não oferecem contribuição para a comunidade e aqueles que não o podem fazer (5:14). A exortação à não-violência e à prática do bem é ampliada para incluir estranhos ("todos" ou "uns para com os outros e para com todos"; 5:15, NAB, NVI).[14] Ou seja, há uma teologia incipiente, mas não insignificante, da necessidade da igreja em expressar sua vida comum e distinta em público para o bem comum. Os verbos "crescer", "transbordar" e "seguir" com respeito às exortações sobre tratar estranhos ("outros") aqui em 5:15 e em 3:12 sugerem um tipo de amor deliberado, imaginativo e proativo — um amor missionário. Esse tipo

---

[14] Veja também Rm 12:14-21 e textos relacionados, discutidos no capítulo sobre Romanos.

de admoestação é um aspecto especialmente crítico da visão de Paulo sobre a Igreja, em face das condições hostis em que se espera que os tessalonicenses pratiquem a paciência e a não retaliação. Os cristãos não podem guardar a paz para si mesmos porque são uma comunidade missional de fidelidade, amor e esperança que conhece a graça e a paz de Deus e de Cristo (1:1).

Oito das exortações, em 5:16-22, geralmente seguem um padrão sintático simples qualificador (advérbio, objeto etc.). Esses imperativos (além de 5:22) dizem respeito à vida litúrgica da comunidade, que parece ser vibrante. É caracterizada pela alegria, oração e ação de graças, que são a vontade de Deus e devem ser praticadas sem cessar (5:16-18). É caracterizada também por manifestações do Espírito de Deus, especialmente na forma de declarações proféticas, que devem ser bem recebidas, mas também cuidadosamente discernidas (5:19-21).

Uma exortação final para afastar-se "de toda forma de mal" (5:22), ecoando o chamado geral da carta à santidade, resulta em bênção (5:23-24). Essa bênção resume o tema da carta, santidade e esperança, assim como o encerramento de sua primeira metade (3:11-13). Ela também assegura aos tessalonicenses que eles serão mantidos "irrepreensíveis na vinda do Senhor", não apenas por seus esforços humanos, mas pelo Deus fiel que os chamou à santidade (5:24; cf. 4:3, 7).

Paulo termina a carta com quatro elementos. Os dois primeiros refletem sua profunda afeição paterna e estreita relação com os tessalonicenses: um pedido de oração por ele e por sua equipe, bem como um pedido para que se compartilhasse um beijo santo como uma saudação dele (5:25-26). Os dois últimos elementos expressam sua autoridade apostólica (uma ordem para que leiam "esta carta a todos os irmãos") e a bênção (5:27-28).

RESUMO DE 1TESSALONICENSES 4–5

Na segunda parte de 1Tessalonicenses vimos vários elementos do ensino de Paulo sobre a vida no serviço de Deus e sobre aguardar pelo Filho:

• A santidade – diferença da cultura pagã – é a norma para a vida dos crentes, especialmente à luz de sua identidade apocalíptica como filhos da luz.

- A promessa da parúsia de Jesus e da ressurreição dos mortos apresenta tanto uma esperança reconfortante quanto um mandato ético.
- A igreja se reúne como uma comunidade de membros da família em adoração e apoio mútuo que experimentam a presença de Deus, de Cristo e do Espírito juntos e que dão testemunho público da graça e da paz que receberam.

A HISTÓRIA POR DENTRO DA CARTA
Algumas leituras sobre 1 Tessalonicenses

"Dado o fato de que a maioria dos cristãos afirma estar ligada à fé apostólica, é interessante imaginar sermos transportados de volta ao ano 51 e entrar na sala de reuniões em Tessalônica, onde esta carta do apóstolo Paulo estava sendo lida pela primeira vez. Nos dez versículos iniciais, ouvia-se referências a Deus Pai, ao Senhor Jesus Cristo e ao Espírito Santo, bem como à fé, ao amor e à esperança. Esse é um testemunho notável de quão rapidamente as ideias que se tornaram padrão no cristianismo já estavam em vigor."

Raymond E. Brown, *An Introduction to the New Testament* (Nova York: Doubleday, 1997), p. 464-65.

"Como um *slogan* político, a expressão *eirēnē kai asphaleia* [1Ts 5:3a] = *pax et securitas* é mais bem atribuída ao domínio da propaganda romana imperial. Se essa interpretação da frase estiver correta, isso implica que Paulo estava apontando para a vinda do dia do Senhor como um evento que vai destruir a falsa paz e segurança da instituição romana... Paulo prevê um papel para a comunidade escatológica que apresenta uma alternativa utópica à ideologia acerca dos acontecimentos referentes às últimas coias prevalecente em Roma."

Helmut Koester, "Ideologia Imperial e Escatologia de Paulo em 1 Tessalonicenses", *in Paul and Empire: Religion and Power in Roman Imperial Society*, ed. Richard A. Horsley (Harrisburg, PA: Trinity, 1997), 158-66, no caso em questão, p. 166.

"A ênfase apocalíptica de Paulo não ocorre sem razão. É radical e interfere na qualidade de vida vivida no presente. De muitas maneiras, é uma reminiscência do espírito apocalíptico encontrado nas canções *Negro spirituals*. Embora as canções *spirituals* fossem conhecidas por sua orientação sobrenatural, elas também falavam sobre ações neste mundo... Entre as funções deste mundo... foram a construção da

solidariedade comunitária e a prática de uma forma velada de crítica e comunicação.... Em suma, os *spirituals* confrontaram a experiência sórdida dos escravos, tornaram os conceitos bíblicos novamente em mitos, para falar de forma enigmática, mas encorajadora, e forneceram uma fonte de conforto e desafio. Sua tensão apocalíptica, como a visão apocalíptica de Paulo, lê a realidade presente à luz da expectativa futura."
Abraham Smith, "The First Letter to the Thessalonians", *in The New Interpreter's Bible*, ed. Leander E. Keck (Nashville: Abingdon, 2000), 11:671-737, no caso aqui, p. 728.

"[Em 1Tessalonicenses] Paulo tenta ainda mais formatar a vida eclesial de seu público em uma exibição visível do próprio caráter do santo Deus de Israel como uma explicação cultural de sua identidade triúna."
Andy Johnson, *1-2Tessalonicenses*, TNHTC (Grand Rapids: Eerdmans, 2016), p. 9.

Perguntas para reflexão

1. Por que o evangelho de Paulo seria percebido como uma ameaça ao *status quo* religioso, econômico e político em um contexto urbano como Tessalônica? Em que aspectos, se é que houve algum, o evangelho foi (ou deveria ser) um desafio ao *status quo* hoje?
2. Que aspectos do ministério de Paulo em Tessalônica são especialmente paradigmáticos, por um lado, e possivelmente problemáticos, por outro, para o ministério hoje?
3. De que forma a teologia da sexualidade de Paulo (reconhecidamente embrionária) articulada em 1Tessalonicenses pode contribuir para a discussão desse assunto nas igrejas de hoje?
4. Como a esperança cristã afeta ou não afeta as convicções e a conduta dos cristãos contemporâneos de hoje? Como isso deveria ser feito?
5. Como você responde às interpretações de 1Tessalonicenses citadas anteriormente?
6. O que significa hoje ser uma comunidade missionária de fidelidade, amor e esperança?

7. Em suma, o que esta carta exorta a Igreja a crer, esperar e fazer?

Para leitura e estudo adicionais

Geral

Fee, Gordon D. *The First and Second Letters to the Thessalonians*. NICNT. Grand Rapids: Eerdmans, 2009. Exegese detalhada, cuidadosa e com boa legibilidade.

Furnish, Victor Paul. *1 Thessalonians, 2 Thessalonians*. ANTC. Nashville: Abingdon, 2007. Concentra-se em teologia, ética e alusões bíblicas.

Gaventa, Beverly Roberts. *First and Second Thessalonians*. Interpretation. Louisville: Westminster John Knox, 1998. Obra exegética e pastoralmente perspicaz, especialmente útil para pregadores e professores.

Gorday, Peter, ed. *Colossians, 1—2 Thessalonians, 1—2 Timothy, Titus, Philemon*. ACCS 9. Downers Grove, IL: InterVarsity, 2000. Trechos das interpretações dos pais da Igreja Primitiva.

Gupta, Nijay. *1—2 Thessalonians*. NCCS. Eugene, OR: Cascade, 2016. Apresenta várias imagens e temas, com especial destaque para a esperança.

Johnson, Andy. *1—2 Thessalonians*. THNTC. Grand Rapids: Eerdmans, 2016. Destaca as dimensões teológica, missional e canônica da carta.

Míguez, Nestor O. *The Practice of Hope: Ideology and Intention in 1 Thessalonians*. Paul in Critical Contexts. Trad. Aquíles Martínez. Mineápolis: Fortress, 2012. Leitura teopolítica ("contra-hegemônica") da carta em seus contextos latino-americanos do primeiro século e contemporâneos.

Richard, Earl J. *First and Second Thessalonians*. SP. Collegeville, MN: Liturgical, 1995. Interpretação histórica e teologicamente sensível da carta entendida como uma composição.

Smith, Abraham. "The First Letter to the Thessalonians." P. 671-737 no vol. 11 do *The New Interpreter's Bible*. Edit. por Leander E. Keck *et al*. Nashville: Abingdon, 2000. Interpreta a carta como um chamado para manter um modo de vida 'apocalíptico', com reflexões para hoje.

Witherington, Ben, III. *1 and 2 Thessalonians: A Socio-Rhetorical Commentary*. Grand Rapids: Eerdmans, 2006. Interpretação perspicaz com foco especial no mundo social e nas experiências dos tessalonicenses.

Técnica

Bruce, F. F. *1 and 2 Thessalonians*. WBC 45. Waco, TX: Word, 1982. Concise, careful analysis, showing Paul's debt to both Jewish and Gentile vocabulary and thought.

Collins, Raymond F., ed. *The Thessalonian Correspondence*. Leuven: Leuven University Press, 2000. Artigos acadêmicos sobre os vários aspectos das cartas.

Donfried, Karl Paul. *Paul, Thessalonica, and Early Christianity*. Nova York: T&T Clark/Grand Rapids: Eerdmans, 2002. Ensaios sobre vários aspectos do cristianismo em Tessalônica.

Malherbe, Abraham J. *The Letters to the Thessalonians*. AYB 32B. Nova York: Doubleday, 2000. Análise cuidadosa, com atenção especial aos contextos literários e sociais antigos.

Still, Todd D. *Conflict at Thessalonica: A Pauline Church and Its Neighbours*. JSNTSup p. 183. Sheffield: Sheffield Academic, 1999. Cuidadosa análise social.

Wanamaker, C. A. *The Epistles to the Thessalonians: A Commentary on the Greek Text*. NIGTC. Grand Rapids: Eerdmans, 1990. Interpretação sociorretórica que defende a autoria de Paulo de 1Tessalonicenses depois de 2Tessalonicenses.

Weima, Jeffrey A. D. *1-2 Thessalonians*. BECNT. Grand Rapids: Baker Academic, 2014. Interpretação detalhada com grande atenção aos contextos históricos e culturais.

8

2TESSALONICENSES

Resistência cruciforme e bondade antes da parúsia

> *Que não se deixem abalar nem alarmar tão facilmente, quer por profecia, quer por palavra, quer por carta supostamente vinda de nós, como se o dia do Senhor já tivesse chegado.*
>
> 2Tessalonicenses 2:2

A segunda carta de Paulo aos Tessalonicenses jamais ganhará um concurso de popularidade; é raramente lida, e ainda menos frequentemente pregada. Mas se quisermos apreciar as nuances com as quais Paulo foi capaz de exercer suas responsabilidades pastorais, faremos bem em prestar muita atenção a essa nota breve (apenas quarenta e sete versículos), mas estratégica para os crentes tessalonicenses. Nela, Paulo os adverte a desenvolver fidelidade e bondade à semelhança de Cristo enquanto aguardam a parúsia do Senhor — que, ao contrário das crenças de alguns na comunidade, ainda está no futuro.

A história por trás da carta

O documento que chamamos de 2Tessalonicenses tem muitas semelhanças, ao mesmo tempo que também apresenta diferenças substanciais em relação a 1Tessalonicenses. Essa combinação de semelhanças e diferenças levou alguns estudiosos a questionar a ordem em que as duas cartas foram escritas, e, mais frequentemente, a autoria paulina de 2Tessalonicenses. No entanto, a explicação mais coerente e plausível para 2Tessalonicenses provavelmente não é nem que se trata de um arranjo diferente de escrita e nem que sua autoria se deva a outra pessoa que não seja Paulo. Ao contrário, é um agravamento das circunstâncias em Tessalônica, não muito depois do envio e recebimento de 1Tessalonicenses, que leva o apóstolo a abordar preocupações semelhantes de maneiras novas e mais vigorosas.

Uma carta de Paulo?

Conforme foi observado no capítulo 3, a autoria de Paulo para 2Tessalonicenses é reafirmada por, talvez, um pouco mais da metade dos estudiosos paulinos. Como observado anteriormente, alguns lhe atribuem ambas as cartas, mas questionam a ordem de sua escrita, sugerindo que ele realmente tenha escrito 2Tessalonicenses antes de 1Tessalonicenses. Esta opinião, que não ganhou muitos seguidores, baseia-se na possibilidade de que as circunstâncias (com respeito à perseguição, crenças escatológicas, relações com Paulo e outras questões) da igreja de Tessalônica descritas em 1Tessalonicenses possam ser desdobramentos daquelas circunstâncias descritas em 2Tessalonicenses. No final, porém, a maioria dos estudiosos concorda que as circunstâncias sugeridas por 2Tessalonicenses são mais provavelmente uma extensão, ou pelo menos tomaram essa forma posteriormente às de 1Tessalonicenses.

A visão mais comum é de que Paulo não teria escrito 2Tessalonicenses — que é uma carta posterior, pseudônima, que poderia ter a intenção de corrigir 1Tessalonicenses à luz do atraso da parúsia ou para dar uma resposta ao entusiasmo exacerbado sobre o tema. Os argumentos para essa interpretação têm a ver tanto com a forma quanto com a substância, e com semelhanças e diferenças entre as cartas.

Por um lado, muitos estudiosos têm argumentado, corretamente, que a estrutura e a linguagem de 2Tessalonicenses têm muito em comum com 1Tessalonicenses, como se o escritor da segunda carta tivesse acesso à primeira. Por outro lado, muitos estudiosos também já argumentaram que 2Tessalonicenses é tão diferente em estilo, vocabulário, tom e convicção escatológica que não poderia ter sido escrita pelo mesmo autor de 1Tessalonicenses. Entre as observações (corretas) desses estudiosos está a de que a segunda carta é menos pessoal e mais contundente do que a primeira. Mais importante, argumenta-se que na primeira carta Paulo expressa esperança em uma parúsia iminente, enquanto na segunda carta ele apresenta um quadro apocalíptico que parece empurrar o retorno de Cristo para um futuro mais distante.

Aqueles que defendem o pseudônimo afirmam que 1Tessalonicenses é o modelo para 2Tessalonicenses, tendo sido a primeira carta copiada em parte, mas alterada para um público diferente. Mas pode-se argumentar que, embora exista uma combinação interessante de semelhanças e diferenças, a conclusão de pseudônimo não é necessária nem provável quando outra explicação — sugerida pelas próprias cartas — pode esclarecer tanto as semelhanças quanto as diferenças. Antes de examinar esse cenário, duas observações — uma breve, outra um pouco mais longa — precisam ser feitas.

Primeiro, poucos intérpretes enfatizam suficientemente as diferenças marcantes que ocorrem dentro do material paralelo nas duas cartas. Raramente há qualquer citação idêntica, e a combinação de semelhança e diferença aponta para um autor relacionando ao mesmo grupo em diferentes situações.

Em segundo lugar, muitos estudiosos interpretaram mal, ou o fizeram de forma excessiva, as palavras escatológicas de Paulo e sua função pastoral. Paulo sempre escreve sobre escatologia para edificar em particular a igreja para a qual ele se dirige, e as especificidades do que ele diz dependem de sua percepção das necessidades da igreja. Embora tenha convicções claras e consistentes sobre alguns pontos básicos (e.g., o retorno de Cristo, a glorificação dos crentes na presença de Deus), ele também é capaz de recorrer a uma rica variedade de temas e imagens apocalípticas em suas várias cartas. Não podemos esperar uniformidade.

Isso não quer dizer, entretanto, que as escatologias das duas cartas sejam incompatíveis. Ao contrário, elas são diferentes, mas consistentes, abordando necessidades distintas. Embora se diga com frequência que em 1Tessalonicenses a parúsia é iminente (e distante em 2Tessalonicenses), essa afirmação sobre a primeira carta é na verdade um pouco exagerada. Em vez disso, Paulo escreve sobre a vinda do Senhor para 'consolar os aflitos' (aqueles que estão de luto, 4:13-18) e 'afligir os acomodados' (aqueles que estão cochilando, 5:1-11). Isso o leva a enfatizar tanto a certeza (4:13-18) quanto a proximidade (5:1-11) da parúsia; não é um evento tão duvidoso ou distante no futuro que permita desespero ou apatia. Esse foco não é, no entanto, o mesmo que uma fixação na iminência do evento.

Em 2Tessalonicenses as necessidades dos crentes mudaram, como veremos a seguir, e Paulo aborda o medo de alguns tessalonicenses de que o dia do Senhor já chegou (2:2). Essa situação requer uma ênfase escatológica diferente, que tenha um cenário de fim dos tempos mais elaborado, como em 1Coríntios. Ambas as perspectivas escatológicas existiam no judaísmo apocalíptico, e Paulo se baseou primeiro em uma e depois na outra diante das mudanças nas necessidades pastorais.

Desenvolvimento do comportamento dos crentes em Tessalônica

Paulo escreveu 1Tessalonicenses para expressar alívio pelo fato de os tessalonicenses terem sobrevivido à perseguição, bem como para lembrá-los de continuarem dando testemunho de santidade, fé, amor e esperança enquanto aguardavam o retorno de seu Senhor. Em 2Tessalonicenses encontramos indícios de que a situação evoluiu:

- A perseguição continuava (e talvez tivesse aumentado em intensidade), mas também persistia a resistência dos tessalonicenses (1:4). No entanto, os tessalonicenses poderiam estar procurando por isso, ou Paulo percebeu a necessidade de uma visão adicional sobre o significado desse sofrimento.
- Alguns crentes reivindicaram autoridade apostólica ou inspirada pelo Espírito para proclamar que o dia do Senhor já havia chegado (2:2). Isso causou confusão e ansiedade em Tessalônica.
- O problema da ociosidade não desapareceu e provavelmente tenha piorado (3:6-15; cf. 1Ts 5:14).

A questão surge naturalmente se estes são desenvolvimentos independentes ou inter-relacionados. Tem sido frequentemente sugerido que a ociosidade em Tessalônica acontecia devido ao fervor escatológico (por que trabalhar se o fim está às portas?), embora Paulo nunca tenha feito essa conexão explicitamente, e tal raciocínio faria mais sentido no cenário da primeira do que na segunda carta. Mais recentemente, a ociosidade de Tessalônica foi interpretada simplesmente como um fardo para a comunidade, o que Paulo abordou, em parte, apelando para seu próprio exemplo (3:6-9). Os vários desenvolvimentos podem ter sido independentes.

No entanto, uma proposta provisória como a seguinte não é implausível. O anúncio feito por certas pessoas não identificadas — reivindicando a autoridade do Espírito e de Paulo (2:2) — de que o dia do Senhor havia chegado levou a uma maior consternação por parte de alguns e a uma maior apatia por outros. De um lado, alguns teriam perguntado: 'Se o dia do Senhor chegou, por que ainda estamos sendo perseguidos em vez de estarmos com o Senhor na glória?' Por outro lado, alguns teriam dito, ou pelo menos pensado: 'Por que devemos trabalhar se o dia do Senhor já chegou?' Eles podem ter acrescentado: 'seja lá como for, em breve partiremos deste mundo', ou 'o julgamento já passou, e como sobrevivemos a ele, não precisamos mais praticar o bem', ou ainda 'não há necessidade de trabalho no reino de Deus'. Assim, a (errônea) 'notícia' da chegada do dia do Senhor teria causado grandes problemas em Tessalônica para a compreensão das relações externas e internas dos crentes. Teria efetivamente encerrado a vida da comunidade em conjunto e o testemunho ao mundo.

Não sabemos exatamente como Paulo ficou ciente de tais comportamentos, se eram interligados ou não. Mas ele estaria claramente preocupado em aliviar a ansiedade desnecessária, explicando por que o dia do Senhor ainda não poderia ter chegado, enquanto ele mesmo estava ansioso para encorajar a perseverança e a bondade dos tessalonicenses. Ao mesmo tempo, Paulo se sentiu ofendido com o engano que encontrou na perversão escatológica e na irresponsabilidade que ele identificou na ociosidade. Isso explica o tom 'mais áspero' da carta em comparação com a primeira; ele quer que todos os tessalonicenses obedeçam (2:15; 3:6, 14,15). Apesar de tudo, Paulo ainda tem uma visão positiva deles e espera que a igreja aceite sua maneira de pensar sobre os assuntos controvertidos.

Como a primeira carta, a segunda foi corremetida por Silvano e Timóteo. Talvez escrita não muito depois de 1Tessalonicenses e, portanto, talvez em 51, em Corinto, embora seja possível uma data um pouco posterior e um local diferente. (Sendo a carta pseudônima, sua ocasião, data e público podem ser alvo de debates.) Ao colocar as perspectivas escatológicas de Paulo em 1 e 2Tessalonicenses lado a lado, encontramos um pastor que orienta um meio-termo entre os extremos de visão da parúsia do Senhor como um evento irrelevante num futuro distante e como um evento plenamente realizado no passado ou no presente.

A HISTÓRIA DENTRO DA CARTA

Como 1Tessalonicenses, 2Tessalonicenses é regido por um tom de ação de graças, mesmo sendo mais moderado (1:3; 2:13), e também é salpicada de orações e bênçãos de intercessão (1:11-12; 2:16; 3:5, 16). O conteúdo principal da carta, no entanto, relaciona-se diretamente com as três questões inter-relacionadas identificadas anteriormente: perseguição, parúsia e ociosidade. Paulo conclama os tessalonicenses a olharem para o evento da parúsia de Jesus — é futuro, não passado — e, assim, também examinarem suas próprias histórias. Especificamente, em meio à perseguição, eles devem continuar com fé e esperança cruciformes — a firmeza ou perseverança (*hypomonē*; 1:4) de Cristo — demonstrando bondade e amor cruciformes, trabalhando para não serem um fardo para os outros na comunidade. A carta se desenrola da seguinte forma:

1:1-2   Abertura
1:3-12 O significado da perseguição
       1:3-4   Ação de graças pela perseverança
       1:5-10 O futuro dos crentes e não crentes
       1:11-12 Oração pela fidelidade
2:1-3:5 Perseguição e parúsia
       2:1-3a Aviso contra o erro
       2:3b-12 Dois eventos antes da Parúsia
       2:13-3:5 Exortações e orações pela fidelidade
3:6-15 O erro da ociosidade e a obrigação de trabalhar
       3:6-10 Exemplo apostólico e ensino
       3:11-15 Lidando com o ocioso
3:16-18 Questões finais

Um resumo da carta aparece na conclusão do comentário sobre o texto.

1:1-2. ABERTURA

A carta começa como 1Tessalonicenses, nomeando Paulo e seus dois corremetentes, Silvano e Timóteo (a única vez que alguns nomes pessoais aparecem na carta), e identificando a igreja como composta de tessalonicenses que existem "em Deus nosso Pai e no Senhor Jesus Cristo" (1:1). A saudação difere ligeiramente da primeira carta, especificando que a graça e a paz vêm do Pai e do Filho (1:2).

1:3-12. O SIGNIFICADO DA PERSEGUIÇÃO

A primeira seção da carta trata da perseguição contínua dos tessalonicenses. Após expressar sua ação de graças inicial por sua perseverança (1:3-4), Paulo descreve os respectivos destinos finais de crentes e não crentes (1:5-10) antes de oferecer uma oração pela fidelidade continuada dos tessalonicenses (1:11-12). Paulo e seus coautores intercalam a instrução pastoral e o encorajamento com a oração. Embora haja ecos da abertura da primeira carta aqui, também há diferenças que refletem a situação em evolução.

Ação de graças pela perseverança (1:3-4)

A ação de graças inicial da carta (cf. também 2:13) é uma reminiscência de 1Ts 1:3-8, mas é bastante compacta. A razão específica para a ação de graças agora não é meramente a presença de qualidades como fé e amor, mas especialmente seu incremento. Ao agradecer a Deus, Paulo simultaneamente honra os tessalonicenses, que muitas vezes foram desonrados por não crentes em geral e familiares incrédulos, e reforça a resiliência deles. A gratidão de Paulo se deve, em parte, ao que ele entende como resposta a orações oferecidas em conexão com a primeira carta (e.g., 1Tessalonicenses 3:12; 4:1, 10). No entanto, o que parece estar faltando aqui é o terceiro item da tríade paulina de fé, amor e esperança (cf. 1Ts 1:3). De fato, porém, a esperança surge de forma reforçada na palavra "firmeza" (1:4, *hypomonē*), que se une à fé diante da perseguição. Paulo vê claramente essa "perseverança" (NVI) ou "constância" (ARA) dos tessalonicenses — sua fidelidade e esperança cruciformes — como prova da parte deles na realidade futura que ele agora descreverá.

O futuro dos crentes e não crentes (1:5-10)

Paulo prossegue para explicar o significado do sofrimento dos tessalonicenses, concentrando-se no destino daqueles que são afligidos por ele e daqueles que o infligem, juntamente com outros descrentes.

Esse texto levantou questões exegéticas e preocupações teológicas. A perseguição poderia ser uma evidência da justiça divina? O Deus conhecido em Cristo retribuiria o mal com o mal?

Paulo parece dizer que a perseguição é uma evidência do justo julgamento de Deus e tem o propósito de assegurar a dignidade dos crentes para o reino de Deus (1:5; cf. 1:11). Isso não significa que o apóstolo pensa que Deus está orquestrando a perseguição. Ao contrário, Paulo está exortando os crentes a colocar a aflição presente em uma perspectiva futura, quando a sorte será revertida, como aconteceu no caso da crucificação e depois da ressurreição de seu Senhor. Aqueles que estão causando o sofrimento dos tessalonicenses revelam seu verdadeiro caráter como ignorantes de Deus e desobedientes às boas-novas (1:8; cf. Rm 10:16-17). Seu destino futuro é de aflição que virá da parte de Deus (1:6, 8-9), em consequência de sua maldade — isto é, nada mais do que a ira divina anunciada pelos profetas e pregada por Jesus e Paulo.[1] Essa ira é chamada por Paulo de "destruição eterna" e definida como separação da presença e poder de Jesus (1:9, reverberando Is 2:10-21) — o que obviamente significa que não haverá participação dos ímpios em sua glória.

Os crentes, por outro lado, especialmente aqueles perseguidos como os tessalonicenses, receberão "alívio" divino (1:7): eles herdarão o reino de Deus (1:5), desfrutando da presença do Senhor Jesus, glorificando-o para sempre (1:9,10). Essa inversão ou troca de destinos — o "juízo justo de Deus" (1:5) — baseia-se na convicção paulina de que, assim como os crentes compartilharam o sofrimento de seu Senhor, eles também compartilharão sua glória (2:14), do mesmo modo como eles o glorificam como Senhor (1:10; Fp 2:9-11).[2] Isso não ocorrerá, no entanto, até que o Senhor Jesus seja "revelado" (*apokalypsei*) com seus poderosos anjos para o julgamento (1:7-8,10).

"Naquele dia", conforme a ARA (1:10), claramente se refere ao futuro — e por isso que o assunto do próximo capítulo é um tema tão importante para Paulo. A linguagem apocalíptica usada nesses versículos é intensificada no capítulo 2, mas é típica de Paulo, especificamente, e

---

[1] E.g., para Paulo, 1Ts 1:10; 2:16; 5:9; cf. Rm 1:18; 2:5, 8; 3:5; 5:9; 1Co 1:18; 2Co 2:15; 4:3; Fl 1:28; 3:19.

[2] Para a participação dos crentes no sofrimento e glória do Messias, veja também, e.g., Rm 8:17; Fp 3:10-11, 21; cf. 1Ts 1:6; 4:13-18.

dos primeiros cristãos, de modo geral. O dia do Senhor Deus citado pelos profetas tornou-se o dia do Senhor Jesus, com salvação para os fiéis e ira para os desobedientes (cf. Fl 1:28). Por essa razão, as coisas ditas sobre Deus nas Escrituras (e.g., ter uma hoste de anjos) são agora atributos do Senhor Jesus.

Oração por fidelidade (1:11-12)

O capítulo de abertura termina com uma oração pela fidelidade dos tessalonicenses à luz dos dois destinos futuros descritos em 1:5-10. Tornar-se "digno" do "chamado" de Deus é simplesmente permanecer fiel (cf. 1Ts 1:3), apesar da perseguição, e assim honrar o Senhor Jesus agora, em antecipação à sua glorificação final em seu *apokalypsis* (revelação). Paulo até sugere que, ao glorificar Jesus como Senhor, os tessalonicenses já *compartilham*, parcial e antecipadamente, a glória de Jesus que será completa e final em sua vinda. Sua atividade fiel em dar testemunho de seu senhorio é realizada pelo poder e graça de Deus (cf. Fp 1:6; 2:13).

2:1—3:5. PERSEGUIÇÃO E PARÚSIA

No capítulo 1, de acordo com Paulo, é a certeza do futuro *apocalypsis* de Jesus, com o julgamento e a salvação que isso acarretará, que faz valer a pena a perseguição duradoura. Assim, devemos ser capazes de entender seu sinal de alerta, bem como o dos tessalonicenses, com a noção de que a parúsia (o termo que Paulo usa em 2:1, 8), já teria ocorrido, mas o sofrimento dos crentes não havia cessado! (Embora Paulo não mencione isso explicitamente, a mensagem também pode criar uma falsa esperança de que a perseguição estava prestes a terminar e, portanto, talvez pudesse haver uma complacência quanto à necessidade de fidelidade contínua.) Sobre esse 'engano' (2:3) Paulo adverte, ensina, admoesta e ora, conectando o futuro da parúsia com o propósito do sofrimento. Parece certo que toda a situação é real e não apenas possível, dada a intensidade da resposta de Paulo.

Advertência contra o erro (2:1-3a)

Paulo começa com fortes palavras de advertência, pedindo ou mesmo implorando (versão NTLH) aos tessalonicenses para não se deixarem perturbar (2:2) ou serem enganados (2:3a) por uma mensagem errônea sobre a "vinda" (*parúsia*) de Jesus e a reunião de crentes com Ele[3] — assuntos sobre os quais ele os havia ensinado (2:15; cf. 1Ts 1:9-10; 4:13-18). É possível que quem estivesse espalhando a mensagem não falasse de parúsia e "reunião", mas, possivelmente, apenas do menos específico "dia do Senhor" (2:2). Porém, proclamar que "tenha chegado o Dia do Senhor" (ARA) ou "já chegou" (NTLH; NAB [versão em Inglês] "está próximo" quase perde o ponto principal) implica, no que diz respeito a Paulo, todos os tipos de coisas que claramente ainda não são verdadeiras — glória em vez de sofrimento, julgamento dos ímpios e a reunião de todos os crentes com o Senhor.

Tais mensageiros poderiam ter considerado uma 'escatologia concretizada' atribuindo a salvação espiritual plena ao presente. Ou eles poderiam simplesmente ter entendido mal a tradição bíblica e apocalíptica sobre o dia do Senhor, uma vez que deram-lhe uma nova forma nas igrejas primitivas. De qualquer maneira, eles reivindicam o Espírito (ARA, "espírito"; NVI, "profecia"), ou Paulo ou ambos como a autoridade para seu ensino. Ao contrário do que alguns estudiosos já disseram, não há razão para que uma "carta" de Paulo não possa ter circulado com essa interpretação errônea do seu ensino. É mais provável, no entanto, que algum tipo de declaração profética tenha sido feita e associada ao nome de Paulo, talvez no contexto de adoração quando o ensino ou a correspondência de Paulo estava sendo discutido, alegando a chegada do dia do Senhor. Além disso, os professores podem, a partir dos ensinamentos explícitos de Paulo, ter retirado de sua "palavra" (lógica) algum suposto significado implícito. Porém, qualquer associação dessa convicção com Paulo não é somente um erro, da perspectiva do apóstolo, mas também um engano (2:3a) imposto aos tessalonicenses.

Dois eventos antes da parúsia (2.3b-12)

Depois de concluir sua advertência, Paulo se baseia fortemente em várias tradições apocalípticas para informar aos tessalonicenses que duas coisas devem ocorrer antes da parúsia de Jesus: (1) a "rebelião" (NBV) ou, melhor, a "apostasia" (ARA; gr. *apostasia*), e (2) a revelação, na verdade a parúsia (2:9), do "perverso" (NTLH) ou "iníquo" (ARA).

---

[3] Cf. 1Ts 4:13-18, esp. 4:15, 17, embora sejam usadas palavras gregas diferentes.

Sobre a apostasia, Paulo não diz mais nada. Em muitas tradições apocalípticas no Novo Testamento e em outros lugares, aparece uma expectativa de falta de fé na tribulação e afastamento da verdade (e.g., Mc 13:22 e passagens paralelas), e isso é provavelmente o que está previsto aqui. Ironicamente, talvez, o fato de nenhum dos tessalonicenses ter apostatado àquela altura seria uma prova de que o dia ainda não havia chegado.

A imagem do "perverso" fica bem desenvolvida. Essa figura tem paralelos em outras partes do Novo Testamento, representada pelo "abominável desolação" e falsos messias da tradição sinótica (Mc 13:14-23 e passagens paralelas), a primeira besta de Apocalipse 13 e os "anticristos" das cartas joaninas.[4] Segundo Paulo, o iníquo:

- Já exerce influência preliminar no mundo (2:7; cf. 1Jo 2:18; 4:3), embora seu impacto seja diminuído por alguma força ou agente restritivo (2:6-7; a primeira referência é neutra para uma força impessoal, a segunda é uma imagem masculina para uma pessoa).
- Será revelado (2:3, 8, usando formas do verbo *apokalyptō*), ou seja, terá uma vinda (*parúsia*, 2:9).
- Exaltará a si mesmo acima de todas as divindades, tomará assento no templo de Deus e se declarará Deus (2:4).
- É um agente de Satanás (cf. Ap 12:7-13:8), que é por natureza um enganador que seduz com sucesso os não crentes (2:9-12) e (ao que parece) tenta enganar também os crentes (2:3; cf. 1Jo 3:7).[5]
- Enganará, e talvez já esteja enganando, pessoas por meio de milagres (2:9; cf. Mc 13:22 e passagens paralelas).
- Será destruído por Jesus — especificamente pelo "sopro de sua boca" — em sua própria vinda (de Jesus) (2:3, 8 [que usa tanto *epiphaneia*, 'manifestação/aparecimento', como *parúsia*]).[6]

---

[4] 1Jo 2:18, 22; 4:3; 2Jo 7.
[5] O papel de Deus (2:11-12) neste padrão de ilusão e engano parece ser a confirmação da aceitação do mal pelas pessoas, como na entrega das pessoas às consequências do pecado de acordo com Rm 1:18-32.
[6] Veja também, e.g., Is 11:4; Ap 19:15, 20.

Essa figura "sem lei" é uma espécie de composição com várias fontes e tradições, bíblicas, além de outras, mas fica claro pelos paralelos nos evangelhos sinóticos, no Apocalipse e em outros lugares que os contornos amplos dessa figura devem ter sido bastante comuns nas igrejas primitivas. De particular importância é a aparente alusão, em 2:4, a Antíoco IV (Antíoco Epifânio), que em 167 a.C. profanou o templo de Jerusalém e se proclamou Deus (veja Dn 11:36). Também ao fundo pode estar a figura do imperador Calígula, o poderoso megalomaníaco que por volta de 40 d.C. tentou, sem sucesso, colocar uma estátua de si mesmo como um deus no templo de Jerusalém. Mas também é possível que Paulo tenha em mente Ezequiel 28 e o cruel rei de Tiro, ou que ele tenha pretendido fazer uma alusão mais genérica ao poder real ou imperial exagerado. Em ambos os casos, a linguagem de Paulo lembra seus leitores que a "parúsia" de qualquer suposto 'senhor' ou 'deus' é apenas uma farsa do evento real em que eles e ele depositaram sua esperança.[7]

A identidade da força ou pessoa restritiva (2:6-7) tem sido muito debatida, mas a intenção de Paulo infelizmente nos escapa. Alguns já sugeriram que um colaborador do anticristo (uma figura imperial, ou o próprio império?) está retendo o ataque do mal até um momento oportuno. É mais provável, no entanto, que Paulo visualizasse uma força ou agente opositor, que em última análise quisesse se passar por Deus. Mais especificamente, Paulo poderia ter em mente o Espírito e o evangelho, ou ministros apostólicos e seu trabalho. Alguns também defenderam o arcanjo Miguel, que teve uma função semelhante em outras fontes judaicas do Segundo Templo, como aquele que detém.

Paulo afirma ter instruído os tessalonicenses sobre todo esse assunto (2:5), embora não seja especificamente mencionado em 1Tessalonicenses, ou em qualquer outro lugar nos escritos de Paulo. É igualmente claro, no entanto, que a maior preocupação do apóstolo aqui não é uma postura dogmática sobre o 'anticristo', e muito menos sobre a identidade

---

[7] Andy Johnson (1-2Tessalonicenses, p. 189) aponta para Ez 28. Em sua essência, esta passagem em 2Ts 2 é sobre o grande contraste entre dois tipos de parúsia, um que é demoníaco, opondo-se a Deus e causando danos à humanidade, e outro que é divino, trazendo esperança e salvação. Quer Paulo pretenda, quer não, que sua audiência interprete a parúsia do mal como um humano literal, ele quer que eles saibam que ficará absolutamente claro para todos quando a parousia de Jesus ocorrer. Johnson refere-se à representação do sem lei como a "Anti-Cristologia" de Paulo (p. 271-87).

real dessa figura. (Sugestões para o que Paulo tinha em mente incluem um imperador, uma figura militar romana ou um falso profeta ou milagreiro). Sua preocupação primordial é pastoral — enfatizar o futuro da parúsia (2:3) e encorajar a fidelidade ao Senhor quando os dias de prova chegarem. É a última parte da preocupação pastoral que domina os próximos parágrafos.

Exortações e orações pela fidelidade (2:13—3:5)

Tendo defendido a impossibilidade de o dia do Senhor já ter chegado, Paulo volta à sua preocupação dominante: a saúde espiritual dos tessalonicenses. Ele está demonstrando sua profunda preocupação pastoral com a confusão escatológica deles. Ele repete sua ação de graças por eles (2:13; cf. 1:3) como um lembrete de seu chamado especial para estar em relacionamento com o Deus triúno: Deus (o Pai) que elege, o Senhor (Jesus) que ama e o Espírito que santifica (2:13).

Esse chamado veio através do ministério de Paulo e seus colegas, um chamado para compartilhar a glória do Senhor (2:14), como Paulo já havia dito (cf. 1:12). Assim, os tessalonicenses devem permanecer firmes em convicção e conduta (cf. 1Ts 3:8), atendendo às instruções orais e escritas sobre a parúsia — e mantendo viva a esperança — que Paulo e seus companheiros lhes ofereceram (2:15).

Essa exortação leva a uma oração, ecoando a oração anterior pelo poder de Deus (1:11), para Deus, seu gracioso e amoroso Pai, e o Senhor Jesus (em quem a Igreja existe, 1:1) para confortá-los nessa perseguição e fortalecê-los para praticar a bondade em "trabalho e palavra" (2:16-17). A menção ao trabalho antecipa a discussão de 3:6-15 sobre a obrigação de todos trabalharem.

Depois de tomar fôlego, e como conclusão desta seção, a apóstolo aos gentios pede oração pelos esforços evangelísticos de sua equipe (3:1; cf. 1Ts 5:25), e pelo resgate de seus próprios perseguidores (3:2; cf. At 18:5-17). Essa oração é curta, no entanto, e se transforma mais uma vez em uma promessa e oração pelos tessalonicenses (3:3-5). Paulo os tranquiliza ainda outra vez que a fidelidade do Senhor irá fortalecê-los e protegê-los, até mesmo do maligno que vai procurar enganá-los (3:3; cf. 2:9-12). Depois de expressar sua convicção de que a igreja cumprirá suas admoestações (3:4), Paulo conclui com um desejo de oração para que os tessalonicenses sejam inspirados a permanecer focados no amor de Deus e na própria firmeza de Cristo enquanto procuram viver uma vida de amor e paciência em sua própria situação difícil. Sendo imitadores de Cristo — conformados à sua existência cruciforme (cf. 1Ts 1:6; 2:14-16) — devem continuar no mesmo caminho de fidelidade.

3:6-15. O ERRO DA OCIOSIDADE E A OBRIGAÇÃO DE TRABALHAR

Paulo reserva o que provavelmente sejam suas palavras mais fortes de advertência à comunidade para o tema do trabalho e ociosidade, ou talvez até mesmo comportamento "desordenado" (cf. ARA). A linguagem é severa e de ("comando", 3:6, 10) e a prescrição — ostracismo para causar vergonha (3:6, 14) — pode parecer extrema. No entanto, para Paulo, esses intrometidos ociosos, esses membros indisciplinados da comunidade, são mais do que apenas um incômodo; eles não são inimigos, todavia são crentes malformados (3:15) que estão deixando de exercer amor pelos outros. Alguns intérpretes têm associado a ociosidade de Tessalônica a um mal-entendido sobre a natureza da esperança cristã; talvez os tessalonicenses aguardassem uma parúsia iminente que tornasse o trabalho desnecessário. Intérpretes recentes tendem a ver em tal situação uma tendência por parte de alguns em depender de outros crentes, ou talvez de forasteiros, numa espécie de relação cliente-patrono. Ambas as dinâmicas podem estar aí inseridas.

A recusa de alguns em trabalhar, não importa a razão por trás disso, é um fardo inaceitável para a comunidade (cf. Gl 6:5). Nenhuma estrutura social, nem mesmo culturalmente normal, e nenhuma espiritualidade, nem mesmo uma supostamente relacionada a um grande ensinamento cristão como a segunda vinda, exime um crente dentre os tessalonicenses da responsabilidade de imitar Paulo — e, finalmente, Cristo — em trabalhar para o bem dos outros, e abstendo-se do egocentrismo. A resposta de Paulo, portanto, mais uma vez revela que ele é um pastor-teólogo, que não fica satisfeito com qualquer prática que comprometa a narrativa central do evangelho.

Exemplo apostólico e ensino (3:6-10)

Paulo emite sua ordem como uma reafirmação do ensino e exemplo que ele e seus companheiros já haviam provido (3:6-10), mas ele o faz "em nome de nosso Senhor Jesus Cristo" (3:6; cf. 3:12) — com a autoridade de Jesus (cf. 1Co 5:3-5). Em face da estreita conexão entre a imitação de Paulo e Cristo nas cartas paulinas,[8] essa autoridade implica não apenas que Paulo invoque o nome de Cristo, mas em que ele baseia seu mandamento no exemplo e ensino do próprio Cristo. Como lembrado também em 1Ts 2:9, em linguagem quase idêntica, Paulo e seus companheiros trabalhavam noite e dia, sem comer de graça (3:8), embora tivessem o direito apostólico de abster-se de trabalhar e serem sustentados (cf. 1Ts 2:7-9; 1Co 9; At 20:33-35). A menção da negação voluntária de direitos é mais uma vez uma alusão ao amor altruísta de Cristo na cruz,[9] e a fórmula paulina padrão 'embora x, não y, mas z' esteja por trás de 3:8-9. O trabalho árduo da equipe paulina e sua recusa de patrocínio foi então concebido como um paradigma geral do amor cristão e, mais importante naquele contexto, como um modelo específico de trabalho (3:7-9). Acompanhando o exemplo havia uma ordem concreta: sem trabalho, sem comida (3:10, para a qual existem muitos paralelos antigos). Aquela era a hora de implementar consequências por ignorar o exemplo e a instrução.

Lidando com o ocioso (3:11-15)

Os culpados por ociosidade são descritos em um jogo de palavras em grego que pode ser traduzido como 'sair do trabalho em vez de entrar nele' (3:11).[10] Paulo exorta essas pessoas diretamente a trabalhar (3:12; cf. 1Ts 4:10-12), apoiado por uma exortação geral para não se cansar da bondade (3:13; cf. Gl 6:9). Ele diz ao restante da comunidade para evitar os ociosos (3:6,14, formando um *inclusio*, ou molduras verbais) na esperança de que eles sejam envergonhados com o comportamento honroso, em vez de desonroso, apropriado para os crentes (3:14-15).

---

[8] E.g., 1Ts 1:6; 1Co 11:1.
[9] Cf. 1Ts 2:7-9; 1Co 9:19; Fl 2:6-11 etc.
[10] Cf. NAA, "não trabalham, mas se intrometem na vida dos outros", e NVI, "Eles não estão ocupados; eles são intrometidos" [NT. Traduzido do inglês].

3:16-18. QUESTÕES FINAIS

A carta termina com uma bênção, em três partes, pela paz, presença e graça do Senhor (3:16, 18), um desejo de oração especialmente apropriado para uma igreja perseguida. No meio há uma saudação da própria mão de Paulo, algo observado também em outras cartas (1Co 16:21; Gl 6:11; Cl 4:18; Fm 19), mas é enfatizada aqui por causa do problema da personificação mencionado em 2:2. A referência à presença da marca de Paulo em "cada" carta não é um anacronismo; 1Tessalonicenses pode ser a única carta sobrevivente anterior a 2Tessalonicenses, mas não há razão para pensar que Paulo nunca havia escrito uma carta antes!

RESUMO DE 2TESSALONICENSES

Os três problemas abordados nesta carta – perseguição, parúsia e trabalho – podem parecer à primeira vista de diferentes tipos (experiencial, doutrinário, ético), mas estejam ou não todos inter-relacionados em Tessalônica, eles estão claramente interligados na mente de Paulo.

- Antes da parúsia do Senhor e da salvação ou destruição que ela trará, haverá apostasia e o aparecimento do iníquo.
- O tempo entre a primeira e a segunda vinda de Jesus é marcado pelo símbolo da cruz, tanto nas responsabilidades mundanas das atividades diárias como trabalhar para não sobrecarregar os outros e contribuir para uma comunidade, quanto nas situações mais perigosas, mesmo de perseguição com risco de vida que podem levar à apostasia.
- A perseverança de Cristo requer e capacita as comunidades a incorporar sua fidelidade tanto nas pequenas como nas grandes preocupações da vida até o futuro dia do Senhor.

A HISTÓRIA EM RELAÇÃO À CARTA

Algumas leituras de 2Tessalonicenses

"Os tessalonicenses de fato ficaram perplexos com essas coisas [a ressurreição e o fim], mas sua perplexidade foi proveitosa para nós. Pois não apenas para eles, mas também para nós essas coisas são úteis."
John Chrysostom, *Homily 1 of his Homilies on the Second Epistle of St. Paul the Apostle to the Thessalonians* (d.C. 400).

"2Tessalonicenses surpreende com o foco estreito de seu pensamento... Não há referência à confissão de credo de Cristo, nenhum ato cultual ou memorial da morte e ressurreição de Jesus. O batismo não é mencionado em nenhum lugar, a menos que alguém o entenda por meio da palavra 'chamado'... 2Tessalonicenses é essencialmente uma carta com um tema: perseverança fiel sob perseguição. A fidelidade mantém a(s) tradição(ões) apresentada(s) na própria carta. O escritor vasculha os recursos do pensamento apocalíptico para sublinhar seu tema. Seu objetivo é despertar os leitores para uma espera inabalável enquanto o calendário apocalíptico se desenrola."

Edgar Krentz, "Through a Lens: Theology and Fidelity in 2 Thessalonians", in *Thessalonians, Philippians, Galatians, Philemon*, vol. 1 of *Pauline Theology*, ed. Jouette M. Bassler (Mineápolis: Fortress, 1991) p. 52-62 (aqui p. 61).

"[a segunda] epístola aos Tessalonicenses é uma carta desafiadora. Isso força a difícil questão de como pregar e ensinar passagens que achamos difíceis... Poucos argumentariam que esta carta é fundamental para a compreensão do Novo Testamento. No entanto, a linguagem áspera e até mesmo sinistra que caracteriza este texto nos incomoda precisamente porque levanta questões significativas que a Igreja muitas vezes prefere negligenciar."

Beverly Roberts Gaventa, *First and Second Thessalonians*, Interpretation (Louisville: Westminster John Knox, 1998), p. 95-97.

PERGUNTAS PARA REFLEXÃO

1. Muitos leitores de 2Tessalonicenses reagiram negativamente a esta carta por causa de sua percepção de vingança e seu apocaliptismo gráfico. Como a compreensão das circunstâncias da carta — e as diferenças das nossas — nos permite apreciar esses seus aspectos? Uma igreja que não sofre pode se identificar totalmente com uma igreja e seu povo que sofre?
2. Por que a escatologia é sempre um assunto tão inconstante na igreja? Quais aspectos da perspectiva escatológica de Paulo têm valor duradouro para a igreja contemporânea? Quais permanecem problemáticos, sejam em si mesmos ou conforme são usados (e talvez abusados)?
3. A noção de "sem trabalho, sem comida" não era exclusiva de Paulo, e encontrou seu caminho em várias perspectivas

seculares e religiosas modernas. Quais podem ser algumas maneiras apropriadas — e inadequadas — de usar esse princípio hoje?
4. Como você responde às interpretações de 2Tessalonicenses citadas acima?
5. Em suma, o que esta carta exorta a igreja a crer, esperar e fazer?

Para leitura e estudo adicionais

Geral

Fee, Gordon D. *The First and Second Letters to the Thessalonians.* NICNT. Grand Rapids: Eerdmans, 2009. Exegese cuidadosa sobre a suposição da autoria de Paulo.

Foster, Paulo. "Who Wrote 2Thessalonians? A Fresh Look at an Old Problem" JSNT 35 (2012): p. 150-75. Argumento recente para autoria paulina.

Furnish, Victor Paul. *1Thessalonians; 2Thessalonians.* ANTC. Nashville: Abingdon, 2007. Argumenta cautelosamente que a carta é deutero-paulina e se concentra em teologia, ética e alusões bíblicas.

Gaventa, Beverly Roberts. *First and Second Thessalonians.* Interpretation. Louisville: Westminster John Knox, 1998. Leitura exegética e pastoralmente perspicaz, especialmente útil para pregadores e professores.

Gorday, Peter, ed. *Colossians, 1—2 Thessalonians, 1—2 Timothy, Titus, Philemon.* ACCS 9. Downers Grove, IL: InterVarsity, 2000. Trechos das interpretações dos pais da IgrejaPprimitiva.

Gupta, Nijay. *1—2Thessalonians.* NCCS. Eugene, OR: Wipf & Stock, 2016. Uma leitura da carta que faz bom sentido com ela como a correção de Paulo dos erros de Tessalônica.

Jhonson, Andy. *1—2Thessalonians.* THNTC. Grand Rapids: Eerdmans, 2016. Destaca as dimensões teológica, missional e canônica da carta.

Richard, Earl J *First and Second Thessalonians.* SP. Collegeville, MN: Liturgical, 1995. Defende a carta como um pseudônimo corretivo para pregadores apocalípticos que erroneamente causam alarme em nome de Paulo.

Witherington, Ben, III. *1 and 2Thessalonians: A Socio-Rhetorical Commentary.* Grand Rapids: Eerdmans, 2006. Atenção especial ao mundo social e às experiências dos tessalonicenses.

Técnica

Bassler, Jouette M., ed. *Thessalonians, Philippians, Galatians, Philemon.* Vol. 1 of *Pauline Theology.* Mineápolis: Fortress, 1991. Inclui dois ensaios sobre 2Tessalonicenses a partir de diferentes entendimentos da autoria e teologia da carta.

Bruce, F. F. *1 and 2Thessalonians*. WBC 45. Waco, TX: Word, 1982. Mostra a dívida de Paulo para com o vocabulário e o pensamento tanto dos judeus quanto dos gentios.

Collins, Raymond F., ed. *The Thessalonian Correspondence*. Leuven: Leuven University Press, 2000. Artigos acadêmicos sobre vários aspectos das cartas.

Malherbe, Abraham J. *The Letters to the Tessalonicians* AYB 32B. Nova York: Doubleday, 2000. Análise cuidadosa, com atenção especial aos contextos antigos, que defende a autoria paulina.

Tuckett, *Christopher 2Thessalonians and Pauline Eschatology: For Petr Pokorny on his 80th Birthday. Colloquium Oecumenicum Paulinum*. Leuven: Peeters, 2013. Ensaios técnicos sobre 2Tessalonicenses e escatologia paulina em geral.

Wanamaker, C. A. *The Epistles to the Thessalonians: A Commentary on the Greek Text*. NIGTC. Grand Rapids: Eerdmans, 1990. Uma interpretação sóciorretórica que defende a autoria de Paulo de 2Tessalonicenses antes de 1Tessalonicenses.

Weima, Jeffrey A. D. *1-2Thessalonians*. BECNT. Grand Rapids: Baker Academic, 2014. Interpretação detalhada, com argumentos para a autoria de Paulo.

9

Gálatas

A suficiência de Cristo e do Espírito

Porque em Cristo Jesus nem circuncisão nem incircuncisão têm efeito algum, mas sim a fé que atua pelo amor.

GÁLATAS 5:6

É difícil imaginar uma carta pastoral mais apaixonada, irada e ao mesmo tempo carinhosa do que aquela que foi enviada por Paulo às igrejas da Galácia. Forjada no calor da controvérsia sobre uma questão específica — se a circuncisão era necessária para os crentes gentios que aceitaram o evangelho —, a epístola rendeu um dos textos mais poderosos e influentes de todos os tempos. Para o reformador Martinho Lutero, a carta aos Gálatas foi a "minha querida Epístola... minha Katy von Bora [sua esposa]"[1]. Muitos, desde o século 16, particularmente aqueles que olhavam para Lutero como seu pai teológico e espiritual, encontraram em sua 'esposa' a fonte de sua própria vida espiritual e a mãe de sua teologia. A carta tem sido frequentemente chamada de Carta Magna da liberdade cristã — que é um belo codinome, desde que permitamos que Paulo defina o termo 'liberdade'. No contexto, ela se assemelha a Romanos; e no tom a 2Co 10—13.

---

[1] Martinho Lutero, Table Talk, vol. 54 of Luther's Works, ed. e trad. Theodore G. Tappert (Filadélfia: Fortress, 1967), "Table Talk 146".

Antioquia da Pisídia: a rua principal da cidade.

Certamente, de particular importância na leitura da epístola aos Gálatas a 'justificação pela fé' em lugar das obras, tem sido o tema que para muitos é a preocupação central desta carta. Essa interpretação de longa data, acerca da carta aos Gálatas, via Martinho Lutero, passou por intenso escrutínio nas últimas décadas. Foram levantadas questões muito básicas, tais como: qual é o significado de 'justificação'? Pela 'fé'? Ao que exatamente Paulo está se opondo e o que ele propõe nesta carta? Embora descubramos que a maior preocupação de Paulo não é a 'fé' em oposição ao que alguns chamam de 'justiça pelas obras', uma nova leitura de sua carta não se mostrará menos radical e desafiadora do que abordagens mais antigas (que eram legitimamente proféticas em seus dias). Paulo afirma que não há absolutamente nada que possa ou deva ser acrescentado ao evangelho do Messias crucificado e do Espírito libertador, um evangelho que gera fé e amor cruciformes.

A HISTÓRIA POR TRÁS DA CARTA

Paulo escreve esta carta às (não especificadas) "igrejas da Galácia" (1:2). A Galácia havia sido inicialmente um território e depois se tornou uma

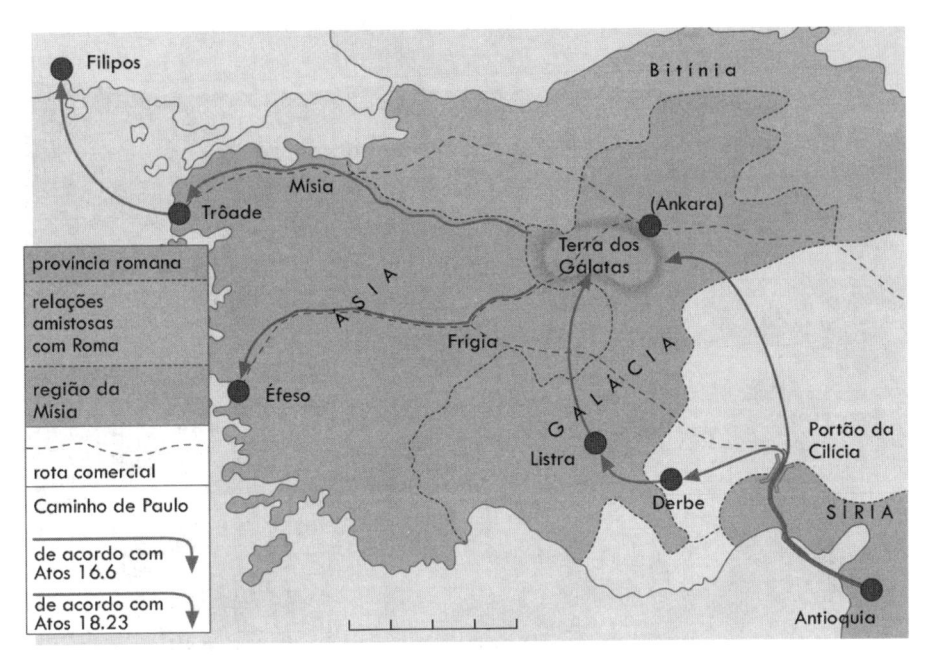

As duas visitas de Paulo à "terra dos 'celtas' (grego: gálatas)"

província romana oficial. Como uma região da Ásia Menor do Norte (Anatólia), a Galácia foi a terra onde se estabeleceu o povo conhecido como os gálatas, uma tribo celta que se mudou para a área em torno de Agyra (hoje a capital da Turquia, Ancara) no século 3 a.C. Quando Augusto criou a província da Galácia, ele estendeu o território ao sul e um pouco a oeste, tornando a Antioquia da Pisídia (ou Antioquia pisídica, moderna Yalvaç) a capital provincial. A cidade era grande, geograficamente maior que Éfeso, a capital da província vizinha da Ásia a oeste. Sua acrópole, suavemente posicionada em uma encosta, proporcionava uma vista magnífica da cidade e da paisagem fértil. A criação da província também trouxe para a Galácia cidades menores como Icônio (uma colônia romana, como Antioquia), Listra e Derbe. Estas estavam entre as cidades, segundo Atos, que Paulo visitou durante suas viagens através da Galácia.

Podemos encontrar registros sobre as relações de Paulo com o povo da Galácia em Atos e na própria epístola aos Gálatas, considerando também que os dados ocasionalmente diferentes e talvez conflitantes costumam causar uma variedade de problemas interpretativos.

Antioquia da Pisídia: local do templo de Augusto, no ponto mais alto da cidade, construído parcialmente em um corte da encosta rochosa.

Antioquia da Pisídia: uma coluna esculpida com guirlandas e a cabeça de um touro, provavelmente do templo de Augusto.

Certamente vamos aludir a alguns deles, todavia não podemos nos aprofundar, muito menos iremos fazer alguma tentativa de resolver todas as questões pertinentes a eles.

Galácia(s) e Paulo de acordo com Atos

Em sua primeira jornada (da forma como Atos narra as viagens do apóstolo), provavelmente em 48 ou 49, Paulo se mudou da costa sul da Ásia Menor para o interior da Antioquia da Pisídia (13:13-51). Lá, junto com Barnabé, ele foi à sinagoga para pregar uma mensagem de perdão dos pecados através de Cristo, bem como uma forma de libertação ou justificação (*dikaiōthēnai*, 13:39) para aqueles que viessem a crer, sendo uma forma de restauração com Deus que a Lei de Moisés não poderia oferecer (13:39-40). Depois de uma oposição feita por alguns dos judeus que não acreditavam em sua mensagem, eles se dirigiram para os gentios até que as autoridades locais, por instigação de alguns judeus, os fizeram sair da cidade (13:44-51). Paulo e Barnabé seguiram para Icônio (moderna cidade de Cônia) afim de continuarem a pregar, tanto a judeus quanto a gentios, acompanhados por "sinais e maravilhas", ao mesmo tempo em que sofreram muita oposição enquanto pregavam, eles escaparam pouco antes de um apedrejamento planejado contra eles (14:1-7); depois foram para Listra, onde curaram um homem coxo, o que fez com que fossem proclamados como Zeus e Hermes; mas logo depois Paulo foi apedrejado quase até a morte por uma multidão instigada por judeus de Antioquia e Icônio (14:8-20); após esses acontecimentos seguiram para Derbe, onde eles alcançaram muito bons resultados, e aparentemente não foram perseguidos (14:20-21). Eles refizeram seus passos para encorajar as igrejas que estavam enfrentado perseguição, bem como nomear líderes (14:21-23).

A segunda jornada de Paulo (a partir de 49 ou 50) aconteceu depois que ele recebeu a bênção dos líderes de Jerusalém — os quais se posicionaram contra alguns agitadores fariseus (15:1, 5, 24) — para pregar aos gentios sem exigir sua circuncisão nem sua adesão à lei de Moisés (15:1-29). Paulo partiu com Silas e, passando por sua cidade natal, Tarso, visitou Derbe e Listra, onde acrescentou Timóteo à sua equipe (16:1-5). Talvez, de forma surpreendente, ele encontrou esse jovem, filho de mãe judia e pai grego circuncidado, da Galácia. Eles também visitaram outras cidades (não mencionadas por nome) da região (16:4-5) antes de seguirem para o norte e, depois, rumo a oeste, acabando finalmente por chegar à Grécia. Segundo muitos estudiosos, o relato de Atos indica que Paulo fundou algumas igrejas na Galácia central, ou mesmo ao norte (étnico) durante essa viagem (16:6 à luz de 18:23), mas vale afirmar que essa informação é ambígua, na melhor das hipóteses. Em sua terceira viagem, Paulo visitou novamente a região da Galácia, embora nenhuma cidade tenha sido mencionada especificamente (18:23).

Muito já foi debatido sobre se Paulo escreveu às igrejas da região mais ao norte da Galácia, supostamente com base na segunda jornada, ou às igrejas ao sul, ao longo da linha de Antioquia até Derbe, fundadas na sua primeira viagem. É curioso notar que os únicos dois registros da palavra "Galácia" por Lucas (16:6; 18:23) talvez se refiram a uma região ao norte da linha Antioquia-Derbe; porém, ainda que isso seja verdade, não significa que Paulo tenha empregado a palavra da mesma maneira. A suposta evidência de uma missão ao norte é pequena e indefinida. Além disso, as questões que Paulo aborda na carta aos Gálatas — santificação e a Lei de Moisés — ecoam as histórias e preocupações que Lucas conecta às cidades do sul, especialmente o sermão em Antioquia da Pisídia. (Este ponto é importante se Paulo e Lucas escrevem independentemente ou se Lucas depende das informações de Paulo.) Além disso, as experiências de perseguição e atos milagrosos descritos em Atos, no sul da Galácia, são refletidos em Gálatas (3:1-5; 6:12). Como Lucas fala pouco sobre o que aconteceu na Galácia durante a segunda e terceira viagem de Paulo, não sabemos se ele acha que o apóstolo teve experiências semelhantes de controvérsia, perseguição e milagres, mesmo que Lucas tenha em mente a região norte.

Embora não haja consenso sobre essa questão, atualmente há uma preferência acadêmica pela teoria do norte da Galácia. Sem entrar em mais detalhes sobre os argumentos a favor e contra as teorias do norte da Galácia e do sul da Galácia, podemos sugerir (apesar das tendências acadêmicas atuais) que, de modo geral, a evidência é mais forte para uma carta dirigida às igrejas do sul. Sendo a carta direcionada para o sul, poderia ter sido escrita em 48-51 e a partir de qualquer local; se for o contrário, provavelmente foi escrita nos anos 53-55, provavelmente de Éfeso. Embora nenhuma conclusão segura seja possível dentro do intervalo dos anos 48-55, a data mais provável, na estimativa deste escritor, é 50 ou 51, após a conferência de Jerusalém (At 15 = Gl 2:1-10 — embora nem todos concordem em juntar as duas reuniões). O público-alvo era o grupo de igrejas no sul da Galácia, especialmente nas proximidades da linha Antioquia da Pisídia-Derbe.

Quanto à interpretação real da carta, a data e o público-alvo exatos provavelmente importam muito pouco, embora as histórias de Atos possam fornecer evidências que corroboram para os dados fornecidos por Paulo em Gálatas.

Galácia e Paulo, de acordo com a carta aos Gálatas

O sucesso de Paulo na Galácia — onde quer que ele estivesse — ocorreu principalmente entre os pagãos, aqueles que não eram judeus (4:8-9). Nos seus dias, a população da província era em grande parte pagã, adepta tanto das divindades locais tradicionais, quanto de outros deuses do Oriente, da Grécia e de Roma, incluindo o imperador. Na acrópole de Antioquia da Pisídia, por exemplo, há ruínas de um templo de Cibele, assim como escombros de um impressionante templo imperial de Augusto que estava sendo construído na época das visitas de Paulo. Muitas das colunas da cidade, provavelmente incluindo algumas no templo imperial, eram decoradas com a cabeça de um touro — o animal usado em sacrifícios dedicados a Cibele, sob a liderança de seus sacerdotes autocastrados.

Paulo tinha vindo para a Galácia por causa de uma 'doença' (4:13, enfermidade, literalmente). Isso pode se referir a uma "fraqueza na carne" (ARC) ou "enfermidade" (física) (ARA), talvez relacionada com seus olhos (cf. 4:15), mas também pode se referir à sua perseguição (cf. "espinho... na carne", 2Co 12:7), que ficou evidenciada em suas cicatrizes (6:17). Ele expôs publicamente "Jesus Cristo crucificado" (NAA) (3:1) — com todas as suas cicatrizes — e foi muito bem recebido, como um anjo ou mensageiro divino (4:12-15). Muitos gálatas creram no evangelho, foram batizados em Cristo (3:27) e receberam o Espírito (3:1-5; 4:6; 5:25). Desde o início da missão de Paulo, continuando até o momento da crise que ele aborda, o Espírito foi evidenciado em milagres (3:5), mas também na oração a Deus como Pai (4:6-7) e na vida em justiça (5:16-26). Do ponto de vista de Paulo, até muito recentemente os gálatas "corriam bem" (5:7). No entanto, a carta sugere que as comunidades não estavam isentas de tensões normais e questões morais para serem resolvidas (5:13—6:10). Pelo menos algum grau de perseguição parece ter acompanhado o nascimento das igrejas da Galácia (3:4 NET, NIV [nota na margem].; cf. 6:12; At 13—14).

A chegada dos 'adeptos da circuncisão'

Após a visita evangelística de Paulo (ou talvez uma segunda visita — 4:13), um grupo de pessoas que ele considerava encrenqueiras (1:6-8; 5:10, 12), "os que perturbam" (5:12), chegou à Galácia. Esses indivíduos se infiltraram na igreja como fermento, conforme Paulo afirma (5:9), trabalhando para desafiar e modificar os seus esforços evangelizadores. (A frequente designação 'judaizantes' está sujeita a mal-entendidos e é provavelmente um mau uso do antigo verbo 'judaizar': i.e., viver como um judeu.) Embora alguns estudiosos argumentem que esses intrusos ou 'influenciadores' eram judeus (não-cristãos) interessados em converter gentios ao judaísmo, a maioria dos intérpretes de Gálatas acredita que eles eram crentes judeus (i.e., 'cristãos') que vieram de fora das igrejas na Galácia. Não há evidência de que esses forasteiros tenham vindo com a aprovação direta de qualquer um dos apóstolos em Jerusalém, mas Paulo vê claramente um precedente para sua atividade como "falsos irmãos" (2:4) e como "defensores da circuncisão" (2:12), "alguns da parte de Tiago" (2:12) que não viam os gentios como iguais em Cristo. O último grupo, em Antioquia, persuadiu Pedro e Barnabé a não ter comunhão à mesa com os crentes gentios (2:11-14), mesmo depois que Tiago, Pedro e João concordaram, no concílio de Jerusalém, em não exigir a circuncisão para os gentios (2:1-10).

Os pregadores visitantes certamente eram "perturbadores", do ponto de vista de Paulo. Termos mais neutros para essas pessoas comumente empregados são 'missionários' ou 'professores' (um rótulo popularizado por J. Louis Martyn e usado por muitos), embora nenhum termo transmita sua distinção. É tentador chamá-los de 'zelotes', pois parecem bastante semelhantes ao zeloso Paulo de tempos antigos, devotado à lei judaica e à pureza de Israel. Seu desejo óbvio de trazer os gentios totalmente para Israel torna o termo 'circuncisos' mais apropriado, uma vez que sua missão principal, pelo menos na Galácia, era convencer os crentes gentios a serem circuncidados e então "viverem como judeus"

(2:14, *ioudaikōs zēn* e *ioudaizein*, emprestando frases que Paulo usa em sua crítica a Pedro). Assim, os gentios foram aconselhados da seguinte forma:

- serem circuncidados (5:2-12; 6:12-13; cf. 2:3-5; obviamente aplicável apenas a homens);
- seguirem o calendário judaico (4:9-10) e costumes dietéticos (2:11-14);
- (provavelmente) seguirem toda a Lei (veja 3:5, 10, 12; 5:2-4).

Ao seguir esses requisitos, os adeptos da circuncisão aparentemente argumentaram que os gentios consumariam sua nova fé em Jesus como Messias (1) tornando-se membros plenos do povo da aliança de Deus, que se iniciou em Abraão e (2) abraçando os seus rituais (circuncisão, dieta, calendário) e princípios éticos, que serviam como marcas distintas de Israel. Sem esses distintivos, a fé e a experiência dos gentios seriam incompletas; eles ainda estariam fora de Israel (4:17) e incapazes de levar a vida de santidade e justiça para a qual o povo da aliança de Deus havia sido chamado e através da qual a Lei os havia guiado. De fato, é provável que os adeptos da circuncisão tivessem ensinado os gentios que sem esse ritual e a estrita observância da Lei eles não poderiam receber verdadeiramente o Espírito (cf. 3:1-5, 14). Ainda mais, embora não negassem a importância da morte de Cristo pelos pecados, sua cristologia não estava centrada na cruz de Cristo, porém, quase certamente, no papel de Cristo como mestre da Lei.

Porque os adeptos da circuncisão parecem ter abraçado uma visão abrangente maior do que o mero desejo de levar os gentios à circuncisão, a descrição mais adequada para eles pode ser o termo que alguns estudiosos usaram para os judeus do Segundo Templo de forma mais geral — 'nomistas da aliança' (*nomos* = 'lei'; portanto, 'nomistas'), pessoas que acreditavam que guardar a Lei era a maneira de expressar e manter seu *status* de aliança. Talvez devêssemos dizer mais especificamente que os adeptos da circuncisão eram nomistas *messiânicos* da aliança, pois seria provável que eles afirmassem ser Jesus o Messias. Neste capítulo, no entanto, vamos nos referir a eles pela forma mais restritiva, porém com um termo menos incômodo, 'adeptos da circuncisão', entendendo esse termo como apontando para essa visão abrangente. Como nomistas messiânicos da aliança, os adeptos da circuncisão teriam acreditado (1) que por meio do Messias Jesus, o Deus de Israel estava graciosamente convidando os gentios para a aliança; (2) essa entrada na aliança foi conquistada pela fé no Messias, seguida (para os homens) pela circuncisão; e (3) que Deus esperava que seu povo da aliança levasse uma vida distinta de santidade e justiça na qual eles observassem a Lei de Deus.

Um resultado inevitável — se não seu principal impulso — da mensagem dos adeptos da circuncisão foi uma crítica ao apóstolo Paulo. Eles parecem ter considerado seu apostolado *duvidoso*, sua mensagem *deficiente* e seu ministério *perigoso*. Eles provavelmente afirmaram que sua mensagem e ministério se originaram nele mesmo e não tinham a sanção de Jerusalém nem do céu. Seu evangelho truncado teria oferecido aos gentios o Messias judeu sem trazê-los para o reino da aliança e da Lei que o Messias incorporava. Sua ênfase na cruz, em vez de enfatizar a Lei, e no recebimento do Espírito sem a necessidade de circuncisão, provavelmente gerou perseguição desnecessária de líderes judeus e, por meio deles, talvez também de turbas pagãs e de funcionários do governo.

Apesar (ou talvez por causa) da reação veemente de Paulo para com os adeptos da circuncisão, seríamos negligentes em não lhes dar o benefício da dúvida, pelo menos inicialmente, sobre seus motivos. Eles não eram anticristos que se opunham ao messianismo de Jesus. Nem eram 'legalistas', ensinando uma doutrina de salvação pelas obras, como muitas interpretações tradicionais os apresentam. Eles eram, como Paulo, judeus que confirmavam a eleição e aliança graciosas de Deus, Jesus como o Messias e a inclusão dos gentios na aliança — apenas em termos que diferiam significativamente dos ensinados por Paulo. (Designá-los como 'imperialistas culturais' ou 'etnocêntricos', conforme alguns dentro da nova perspectiva já o fizeram, pode ser parcialmente correto, todavia é, em última análise, uma posição enganosa sobre a questão central.) Eles eram 'suplementaristas' (pelo menos de sua própria perspectiva), acrescentado algo mais ao evangelho de Paulo para corrigi-lo.

A resposta de Paulo

Após a chegada dos adeptos da circuncisão, os gálatas começaram a duvidar seriamente de Paulo (4:15) e, mais grave ainda, de seu evangelho. Para Paulo, essa atitude era equivalente a abandonar o próprio Deus que os havia chamado (1:6). A reação de Paulo a essa situação foi visceral e sistemática, com ambos os elementos claramente preservados em Gálatas. Pelo lado emocional, ele substitui a costumeira ação de graças por uma severa repreensão (1:6); ele chama os gálatas de insensatos (3:1); em termos íntimos e comoventes, ele expressa profunda consternação sobre o abandono deles em relação a si, bem como de seus caminhos (4:12-20). Ele pergunta a si mesmo se teria perdido seu tempo (4:11) e sente que deveria começar do zero, precisando fazê-lo à distância (4:18-20).

Quanto aos adeptos da circuncisão, Paulo — de forma indireta, porém, clara — pronuncia uma dupla maldição sobre eles e qualquer outro que tivessem a mesma atitude deles (1:8-9); ele os acusa de perverter o evangelho (1:7) e também de feitiçaria (3:1); e ele até mesmo deseja, pelo menos retoricamente, que esses indivíduos se castrem (5:12). Mais substantivamente, Paulo os acusa de hipocrisia por não guardarem a Lei (6:13). Ainda mais grave, ele os acusa de querer contornar a cruz para evitar a perseguição, substituindo a cruz e o Espírito pela "carne" (6:12). Ele, por outro lado, abraça o "escândalo da cruz" e assume a forma de vida e até a perseguição que o acompanha (5:11; 6:14, 17).

As explosões emocionais de Paulo são colocadas dentro de um argumento narrativo cuidadosamente construído sobre o significado da cruz e da experiência do Espírito dentro do grande plano de Deus para judeus e gentios. O resumo do argumento de Paulo pode ser posto desta forma: 'meu evangelho cheio da graça de Deus sobre a cruz e o Espírito do Messias é suficiente para envolver e viver dentro do povo da aliança de Deus, então que ninguém seja circuncidado nem siga o costume judaico e a Lei!' Enquanto os adeptos da circuncisão podem ser chamados de nomistas messiânicos da aliança, Paulo, podemos dizer, crê numa *aliança cruciforme carismática*. Ele está focado no Messias crucificado cuja morte desencadeia a era do Espírito, por meio de quem os crentes cumprem a aliança por meio da fé e do amor, à parte da circuncisão e da lei.

Isso é claramente para Paulo uma situação de uma coisa ou outra. A "verdade do evangelho" (2:5, 14) está em jogo. O que os adeptos da circuncisão veem como um *suplemento* do evangelho de

Paulo, o apóstolo vê como algo que vem para suplantá-lo; ele pode, portanto, rotular a mensagem desses indivíduos como nada além de um evangelho diferente e pervertido (1:6-7). Se eles estivessem certos, Cristo teria morrido sem propósito (2:21); abraçar essa mensagem seria separar-se de Cristo (5:2, 4). Se estivessem errados (como certamente estavam, para Paulo), eles seriam julgados (5:10).

Esse relato da história por trás da epístola aos Gálatas é uma reconstrução histórica que não pode ser apresentada sem alguma cautela. Seu esboço geral é, no entanto, ecoado por muitos comentaristas recentes. O fato que muitas vezes é subestimado, no entanto, tem a ver com a conjuntura de perseguição que a carta pressupõe. Não apenas tal situação é mencionada em conexão com o esquivamento da cruz pelos adeptos da circuncisão e a aceitação de Paulo a ela, mas também aparece no relato de Paulo sobre a conversão dos gálatas: "Será que foi inútil sofrerem [gr. *epathete*] tantas coisas? Se é que foi inútil!" (3:4). Muitos tradutores e comentaristas simplesmente traduzem o verbo "sofrer" como "experimentar" ou "coisa pelas quais passaram" (e.g., NRSV, NAB, NTLH), mas as histórias em Atos e as palavras de Paulo em outros lugares em Gálatas (esp. 6:12) sugerem que em 3:1-5 ele alude a todo o espectro da experiência de conversão dos gálatas: ouvir, crer, receber o Espírito, testemunhar milagres e sofrer perseguição.

A HISTÓRIA POR DENTRO DA CARTA

Paulo responde à crise na Galácia contando uma série de histórias — narrativas sobre si mesmo, sobre Cristo, sobre os gálatas e sua experiência com o Espírito, sobre Deus, sobre a Lei, sobre personagens bíblicos como Abraão, Agar e Sara, e sobre a vida em comunidade. Essas histórias demonstram a habilidade e criatividade de Paulo em interpretar a tradição cristã primitiva e as Escrituras, bem como a experiência humana à luz de ambas. Todas essas histórias servem ao seu propósito principal de dissuadir os gentios gálatas de se deixarem circuncidar. Elas estão organizadas em três divisões principais, que são sugeridas pelo próprio Paulo no início da carta. Em 1:3-4 ele diz que "o Senhor Jesus Cristo"

    1. [Ele] "se entregou a si mesmo por nossos pecados"

2. "a fim de nos resgatar desta presente era perversa"
3. "segundo a vontade de nosso Deus e Pai"

Essas três frases sugerem que Paulo tem o objetivo de se concentrar (1) na morte de Cristo na cruz, que é o fundamento de seu evangelho (caps. 1—2), e (2) na cruz como o meio apocalíptico pelo qual as pessoas são libertadas da presente era má para viver no reino do Espírito (caps. 5—6), que (3) é o plano de Deus Pai prometido nas Escrituras (caps. 3—4). Esses três movimentos e suas histórias são envolvidos por palavras contundentes que resumem as paixões e convicções do apóstolo (1:1-10; 6:11-18).[2]

Esse conjunto de três estágios de argumentos narrativos aborda todas as acusações e reivindicações dos adeptos da circuncisão à medida que a carta se desenrola. Paulo confirma a origem divina e o precedente bíblico para seu apostolado e seu evangelho. Ele interpreta a morte de Cristo na cruz como um ato de fidelidade do Filho para com Deus Pai (que o enviara) e de amor para conosco. Essa morte foi também uma incursão apocalíptica na condição humana, uma invasão benigna, por assim dizer. Como tal, inaugurou tanto a prometida nova aliança quanto a promessa de nova criação. Ambas as realidades (na verdade, um único fato) se referem à era do Espírito, que liberta aqueles que creem no evangelho para serem filhos adotivos de Deus Pai, em cujos corações o Espírito é derramado. *Voltar à Lei seria voltar à escravidão; seria viver um anacronismo, como se a nova aliança/nova criação não tivesse começado.*

Esse Espírito é o Espírito do Filho, que foi enviado, como o Filho, pelo Pai. O Espírito do Filho vem sobre todos — gentios e judeus, homens e mulheres, escravos e livres — que respondem ao evangelho e são batizados, capacitando-os a serem crucificados com Cristo, a viver uma vida cristã de fé e amor, e assim cumprir a Lei.

---

[2] Deve ser lembrado que, para Paulo, a morte de Cristo na cruz é salvífica somente quando acompanhada de sua ressurreição (Rm 4:24-25; 1Co 15:3-5); os dois constituem um ato salvador. No entanto, por uma variedade de razões, Paulo pode explicitamente se concentrar na cruz por si só, na suposição da ressurreição subsequente (que muitas vezes está implícita no contexto), como ele mesmo diz em 1Co 2:2 e como ele faz em grande parte aqui em Gálatas. No entanto, a primeira palavra sobre Jesus e Deus Pai nesta carta é uma afirmação da ressurreição (1:1), e a ressurreição de Jesus está implícita várias vezes ao longo da carta (e.g., 2:19-20; 4:6).

Se Cristo, o Filho crucificado de Deus, cumpriu as exigências de fidelidade e amor da aliança, então aqueles que são crucificados com Ele e ressuscitados para uma nova vida, e em quem Ele vive por seu Espírito, também cumprirão as mesmas exigências da aliança pela obra do Espírito — sem subscrever o costume e a lei judaicos. A era da própria Lei findou porque cumpriu sua função de conduzir todos ao Messias e, por meio do Messias, ao Espírito.

Tudo isso cumpre as promessas feitas a Abraão e por meio dele, por um Deus que incluiria os gentios nas bênçãos (1) para serem membros da aliança como filhos de Deus e (2) para o recebimento do Espírito — somente por meio do Messias (que morreu uma morte amaldiçoada) e unicamente pela fé. Essa inclusão dos gentios na justificação, além do cumprimento dos costumes judaicos e da Lei, torna a circuncisão irrelevante para a questão da inclusão na aliança, e essa busca da circuncisão como meio de obter a inclusão se constitui num erro grave. Para Paulo, o evangelho está ligado à crucificação (a de Cristo e nossa), não à circuncisão; é sobre o Espírito, não tem a ver com a Lei. É esse evangelho que deve unir os crentes gálatas mais uma vez, libertá-los dos adeptos da circuncisão e unificá-los. Ou, melhor dizendo, essa é a obra do Pai, do Filho e do Espírito, dos quais o evangelho de Paulo dá testemunho.

A carta toma a seguinte forma:

1:1-5	Abertura e tema	
1:6– 2:21	O evangelho de Cristo: justificação como crucificação e ressurreição com o Messias	
	1:6-10	Repreensão apostólica, maldição e reivindicação
	1:11-24	A origem divina do apostolado e do evangelho de Paulo
	2:1-10	A aprovação inicial de Jerusalém ao evangelho de Paulo
	2:11-14	Uma traição ao evangelho
	2:15-21	O evangelho de Cristo
3:1–4:31	**A promessa do Pai: o testemunho das Escrituras**	
	3:1-5	A experiência inicial e contínua dos gálatas no Espírito

3:6-14	A promessa do Espírito feita por Deus a Abraão
3:15-29	A Lei e a promessa
4:1-7	O dom do Pai, do Filho e do Espírito
4:8-20	Apelo apostólico
4:21-31	Liberdade e escravidão: a alegoria de Agar e Sara

5:1—6:10 A liberdade do Espírito: a vida de fé e amor

5:1-12	Cristo, o Espírito e a circuncisão
5:13-15	Liberdade, amor cruciforme e o cumprimento da Lei
5:16-26	Andando no Espírito
6:1-10	A lei de Cristo na vida da comunidade

6:11-18 Resumo e exortações finais

Resumos dos capítulos 1—2, 3—4, 5—6 são apresentados na sequência dos comentários nas seções correspondentes da carta.

1:1-5. ABERTURA E TEMA

Paulo começa sua carta "às igrejas da Galácia" identificando-se enfaticamente como um apóstolo de Deus, e não de humanos (1:1). Esse é um tema-chave de todo o capítulo de abertura, quase certamente porque foi contestado pelos adeptos da circuncisão. O primeiro versículo parece ter sido construído em forma de quiasmo (no modo *abb'a'*) para enfatizar a fonte não humana e o agenciamento do apostolado de Paulo. Não vem (*a*) de fonte humana ou (*b*) por meio de humanos, mas (*b'*) através de Jesus Cristo e (*a'*) de Deus Pai. No entanto, Paulo não está sozinho enquanto escreve; ele é acompanhado por "todos os irmãos que estão comigo" (1:2; lit. 'irmãos'), uma afirmação implícita de que todos os verdadeiros crentes concordam com seu evangelho e sobre o que ele está prestes a escrever. A Igreja universal se une a Paulo ao acolher os crentes gentios sem precisar da circuncisão.

É importante, desde o início, que Paulo vincule Cristo a Deus Pai, como ele faz em 1:1 e 1:3, pois o evangelho cristocêntrico, que ele entende que está sendo desafiado, é tanto a vontade quanto a obra do Pai em cumprimento de promessas feitas muito tempo antes. A prova final da conexão de Cristo com Deus Pai é a ressurreição, ela mesma um ato do Pai (1:1; cf. Rm 1:1-4). Paulo identifica, assim, Deus, o Pai, como aquele que ressuscitou Jesus, o Filho, portanto Ele é o Deus que concede vida. Ao longo da carta, compreendemos que, em virtude do Cristo crucificado-ressurreto e do Espírito, os seres humanos podem se tornar vivos para Deus. Na verdade, o que tem sido tradicionalmente identificado como a questão teológica central da carta aos Gálatas — os meios e o significado da justificação — tem a ver, em última análise, com a ressurreição para a vida.

O desejo de graça e paz de Paulo vem, como seu apostolado, tanto de Deus Pai quanto do Senhor Jesus (1:3). Tendo já identificado o Pai como aquele que ressuscitou Jesus, Paulo agora emprega três frases para identificar o Senhor Jesus, referindo-se à morte de Cristo, seu propósito e sua sanção divina (1:4). Como observado há pouco, isso provê o conteúdo básico e a estrutura de toda a carta. O tema será descompactado ao longo da carta, com um resumo um tanto polêmico em 2:15-21.

A frase "se entregou a si mesmo por nossos pecados" é uma expressão idiomática comum do Novo Testamento que provavelmente antecede a Paulo e que o apóstolo reutiliza em 2:20, dando-lhe seu próprio toque significativo. Mesmo aqui, Paulo toma essa 'fórmula de doação/morte', com sua ênfase judaica tradicional na morte como sacrifício pelos pecados, e a torna parte de uma visão mais ampla da morte de Cristo, conectando-a à segunda frase, "a fim de nos resgatar desta presente era perversa". Essa frase introduz outra estrutura judaica para a interpretação da morte de Cristo, da esperança apocalíptica no fim iminente desta era e do início da era vindoura: a era da retidão e justiça que será marcada pelo conhecimento de Deus e a presença do Espírito de Deus em todo o mundo. De acordo com Paulo, essa era começou na morte e ressurreição de Jesus, que foi, portanto, um — não, o — evento apocalíptico. Embora a presente era maligna ainda exista, ela é sobreposta por essa incursão do futuro no evento de Cristo, permitindo assim que as pessoas escapem das garras da era presente e de todos os seus poderes (incluindo, como Paulo dirá mais tarde, a "carne").

Para Paulo, então, a morte de Cristo não é meramente um *sacrifício*, mas também um evento *apocalíptico* que oferece libertação, bem como perdão. (Alguns intérpretes de Paulo insistem desnecessariamente em apenas uma ou outra visão da cruz.) Está implícito aqui, e declarado explicitamente em Gálatas 5 e 6, que o dom do Espírito, liberado por Deus após a morte e ressurreição de Cristo, continua sua obra libertadora em sua morte. Essa morte e seus efeitos sobre os seres humanos foram desejados (e prometidos) pelo Pai (de acordo com a terceira frase de 1:4), que deve, portanto, ser glorificado para sempre (1:5). Acontece, então, que a visão de libertação de Paulo é trinitária, desejada pelo Pai, efetuada pelo Filho e capacitada pelo Espírito.[3] O que mais os gálatas — ou os adeptos da circuncisão — poderiam querer?

1:6—2:21. O EVANGELHO DE CRISTO: JUSTIFICAÇÃO COMO CRUCIFICAÇÃO E RESSURREIÇÃO COM O MESSIAS

O breve resumo do evangelho de Paulo em 1:4, junto com sua autodefesa em 1:1, torna-se o foco da série de narrativas que Paulo apresenta na primeira seção principal da carta. Antes de revelar o conteúdo do evangelho em si mesmo, na tese estendida da carta (2:15-21), Paulo demonstra a origem, o progresso e o *status* real de ameaça ao evangelho — sem a ação de graças normal que apresenta a maioria das cartas paulinas.

Repreensão apostólica, maldição e reivindicação (1:6-10)

Paulo expressa uma série de palavras muito negativas começando com "admiro-me" em vez de "estou agradecido" (1:6). Todo o parágrafo constitui um substituto e uma paródia da expressão normal de ação de graças do apóstolo.

A primeira é uma repreensão aos gálatas por 'abandonar' aquele — Deus, não Paulo — que os chamou pela graça de Cristo (1:6). Eles se voltaram para um "evangelho" que não é evangelho, pois os adeptos da circuncisão provocaram confusão e perverteram o evangelho de Cristo — isto é, o Cristo crucificado (1:4; 2:20; 3:1), recebido pela fé (2:16; 3:2) — sobre quem Paulo havia pregado. Segue-se, em 1:8-9, uma dupla maldição pronunciada sobre qualquer um que contradiga o evangelho paulino original que os Gálatas "receberam".[4] A maldição de Paulo tem como alvo qualquer um que pregue um evangelho contrário ao seu — o qual na verdade é o evangelho de Deus —, alguém que alegue ter uma

---

[3] Como nos capítulos anteriores, a linguagem trinitária é usada aqui em reconhecimento de que, embora Paulo não tenha uma teologia da Trindade totalmente desenvolvida, tal linguagem é apropriada.

[4] O termo grego para maldição (de Deus) em 1:8-9 é anátema (cf. Rm 9:3; 1Co 16:22).

revelação angelical, ainda que seja o próprio Paulo e, por implicação, os adeptos da circuncisão.

As palavras de Paulo parecem duras, mas ele as usa como prova de que, não importa o que alguém diga, não é seu objetivo agradar de forma alguma as pessoas; ele é o servo de Cristo (*doulos*, 'escravo'), e tem por objetivo agradá-lo — o propósito de ser um apóstolo (1:10; cf. 1:1). Por essa razão, ele enfrenta os adeptos da circuncisão, assim como enfrentou os falsos irmãos (2:4-5), do mesmo modo como confrontou Pedro (2:11-14). Ele está absolutamente confiante na veracidade de sua mensagem.

A origem divina do apostolado e do evangelho de Paulo (1:11-24)

A confiança de Paulo em seu apostolado e evangelho, porém, não provém dele mesmo, mas tem sua origem na revelação e no chamado de Deus; essa é a afirmação central narrada nos próximos versículos, que são essenciais para a compreensão da missão e mensagem de Paulo. O apóstolo procura especialmente mostrar que seu apostolado é independente de Jerusalém, embora as igrejas da Judeia e (mais tarde) os oficiais de Jerusalém o tenham aprovado.

Paulo começa com a afirmação feita em 1:1, agora com ênfase no próprio evangelho — o evangelho que os adeptos da circuncisão estavam 'pervertendo'. Eles precisavam saber a origem da mensagem que estavam tentando adulterar: não era algo recebido por revelação humana, ainda que tivesse sido entregue pelo próprio Paulo. Em oposição a isso, seu evangelho veio diretamente de uma revelação (*apokalypsis*) de Cristo dada por Deus (1:12). Paulo então passa a narrar essa "revelação" e suas consequências.

Muito já foi escrito sobre a questão do encontro inicial de Paulo com Cristo, que ocorreu, de acordo com Atos, na 'estrada de Damasco' (narrado três vezes em Atos;[5] implícito também na referência a Damasco em Gl 1:17). Aqui não tentaremos fazer uma comparação de Gálatas com Atos, mas o objetivo é simplesmente observar o significado do encontro, na forma como Paulo o narra. No capítulo 2 (e em outros

---

[5] At 9:1-31; 22:1-21; 26:2-23.

lugares), sugeri que os termos 'conversão', 'chamado' e 'comissão' são descrições apropriadas desse evento revelador.[6]

Paulo descreve claramente uma experiência de conversão (1:13-16), desde seu anterior "procedimento no judaísmo" (1:13 — uma história com a qual os gálatas já estavam familiarizados) até sua vida presente (no Messias/na Igreja). Ele havia mudado radicalmente, passando de perseguidor (1:13) a proclamador, de zeloso "das tradições dos [seus] antepassados" (1:14) para zeloso pelas boas-novas de Cristo (cf. Fl 3,2-11). No entanto, devemos ter cuidado para não confundir essa 'conversão' com uma mudança de religião. Paulo ainda permanecia como um judeu (cf. 2:15). O termo "judaísmo" em 1:13-14 não é o equivalente ao nosso termo moderno para nominar a religião judaica. Datando da época dos macabeus, a palavra provavelmente se referia especificamente ao tipo de judaísmo zeloso e nacionalista que buscava sua pureza a qualquer custo, até mesmo através da violência. Seus heróis eram pessoas como o sumo sacerdote Fineias (Nm 25:6-13) e o macabeu Matatias (1Macabeus 2:23-26), cujo zelo os levou a matar seus companheiros judeus para eliminar a impureza e evitar a ira de Deus.[7] O desejo de Paulo em "destruir" a Igreja de Deus (1:13), embora não levando a uma ação letal, manifestou-se num zelo semelhante. Então, em sua conversão, ele mudou sua 'marca' de judaísmo, de um judaísmo exclusivo, centrado na Torá, para um judaísmo inclusivo, centrado no Messias. O violento aplicador da punição (talvez com as trinta e nove chicotadas dos judeus), oposto a uma seita que pregava um Messias crucificado e acolhia os gentios, estava agora disposto a sofrer em nome do mesmo Messias e de seu povo, especialmente seu povo gentio.[8] Não admira que Paulo não pudesse tolerar os adeptos da circuncisão!

Sua conversão é também uma história de chamado e comissão profética (1:15-16). Tomando emprestada a linguagem dos profetas Jeremias e (segundo) Isaías, Paulo confirma que Deus graciosamente

---

[6] Em minha obra *Cruciformity: Paul's Narrative Spirituality of the Cross* (Grand Rapids: Eerdmans, 2001), cap. 2.

[7] Zelo semelhante foi associado também com Elias (1Rs 17-19; Sirácida 48:1-2). Veja discussão no cap. 2.

[8] E.g., 6:17; cf. 2Co 11:23-29, onde as trinta e nove chicotadas são mencionadas no v. 24.

o chamou e o designou para "proclamá-lo [o Filho de Deus] entre os gentios":

> Antes de formá-lo no ventre eu o escolhi;
> antes de você nascer, eu o separei
> e o designei profeta às nações (Jr 1:5).
> Antes de eu nascer o SENHOR me chamou;
> desde o meu nascimento ele fez menção de meu nome.
> Ele fez de minha boca uma espada afiada...
> Ele me disse: "Você é meu servo,
> Israel, em quem mostrarei o meu esplendor"...
> "Também farei de você uma luz para os gentios,
> para que você leve a minha salvação até os confins da terra" (Is 49:1b-2a, 3, 6b).

A graça e o prazer de Deus resultaram na revelação do Filho, não meramente a Paulo (1:16 NAB, NRSV), mas *nele* (corretamente NET, NVI, NJB, NRSV [nota na margem]). Ou seja, a missão, a mensagem e a pessoa de Paulo eram inseparáveis; ele proclamaria o Cristo crucificado — a fé e o amor do Filho de Deus (2:20) — entre as nações, não apenas com sua boca, mas também por meio de sua vida (cf. novamente 6:17). Ele seria uma encarnação viva da atividade apocalíptica e transformadora de Deus.

Paulo destaca a importância desse chamado e comissão terem vindo diretamente de Deus, dizendo aos gálatas que por muito tempo ele não colocou os pés em Jerusalém para conferenciar com os apóstolos previamente designados (1:17). Ele passou esses anos na Arábia (a área ao sul de Damasco ou, possivelmente, onde o monte Sinai está localizado) e depois em Damasco. Fosse pregando, orando, fosse praticando qualquer outra atividade, ele não estava conferenciando com as autoridades da Igreja. Quando ele finalmente foi a Jerusalém, três anos após sua conversão/chamado (ou após seu retorno a Damasco), foi apenas por duas semanas para conversar com Cefas (Pedro) e Tiago (1:18-20). Não se sabe o que aconteceu lá (seria a transmissão das tradições da Igreja ou dos ensinamentos sobre o Jesus terreno?), mas depois Paulo foi para o norte a fim de pregar nas cidades de Antioquia da Síria e em sua cidade natal, Tarso, na Cilícia (1:21). Desenvolvendo uma reputação como o perseguidor que se tornou proclamador, ele ainda era desconhecido pessoalmente entre as igrejas da Judeia — embora elas se regozijassem com seu trabalho missionário (1:22-24). Paulo já havia conquistado uma grande reputação.

O ponto central dessa última parte da narrativa é enfatizar a independência de Paulo, e também a aprovação dele pelos crentes judeus, incluindo os próprios apóstolos. Eles reconheceram nele a graça de Deus em ação: uma graça que estava sendo estendida por meio de sua pregação, como sua comissão exigia, para além dos muros de Israel em direção aos gentios.

A aprovação inicial de Jerusalém ao evangelho de Paulo (2:1-10)

Em 2:1-10, Paulo passa da aprovação não oficial de sua obra, narrada no final de Gálatas 1, para o apoio oficial dos apóstolos que eram "colunas" (2:9) — Tiago, Cefas (Pedro) e João — da igreja em Jerusalém. Aparentemente, isso ocorreu anos depois, quatorze anos após seu chamado/conversão ou depois de sua primeira visita a Jerusalém, que Paulo visitou novamente. Lá ele encontrou um apoio oficial significativo, bem como a primeira oposição dos crentes a ele (embora Paulo em 2:4 os chame de "falsos crentes" ou "falsos irmãos"; gr. *pseudadelphous*). Paulo menciona essa oposição, em primeiro lugar, para contrastá-la com o apoio dos apóstolos de Jerusalém e, em segundo lugar, para conectá-la com os adeptos da circuncisão que vieram para a Galácia. A narrativa informa aos gálatas que, embora Paulo não *precisasse* da aprovação de Jerusalém, ele *a tinha* (ou pelo menos *a teve*), e que nunca tolerou, nem pretendia tolerar, qualquer oposição ao evangelho que recebeu de Deus. Esse segundo tema prossegue em 2:11-14, em termos ainda mais ousados.

A reunião de Jerusalém narrada em 2:1-10 é equiparada, pela maioria dos estudiosos, com o 'Concílio de Jerusalém' narrado em At 15:1-29. Existem, no entanto, várias diferenças nos dois relatos que têm levado alguns intérpretes a sugerir que em At 15 Lucas condensou duas ou mais reuniões em uma, ou que nossa passagem se refere não a At 15, porém ao breve 'alívio da fome' na reunião em Jerusalém mencionada em At 11:27-30. O último grupo (minoritário) de eruditos geralmente datava Gálatas bem cedo (c. 49) e afirmava que o Concílio de Jerusalém citado em At 15 foi feito, e se destinou, em parte, para resolver a crise da

Galácia. Para nossos propósitos, notamos apenas que a visão da maioria (Gl 2:1-10 = At 15:1-29) provavelmente possui a preponderância com evidências de peso.

De acordo com Paulo, a reunião ocorreu, em grande parte, num evento que reuniu três líderes de cada grupo, ou mesmo entre um e três líderes (uma "reunião em particular", 2:2). A atitude de Paulo para com os líderes de Jerusalém beira o cavalheirismo (2:6); o apóstolo foi até eles porque lhe fora revelado como sendo aquela a vontade de Deus (2:2), não para demonstrar alguma deferência aos que eram tidos como "mais influentes". (Ele não está sendo de fato desrespeitoso, porém, seguindo o princípio bíblico da imparcialidade de Deus, respeita apenas a consistência deles com o evangelho, não o *status* que tinham.) Como símbolos vivos da realidade do evangelho e do sucesso de seu ministério, Paulo levou consigo dois companheiros: o judeu Barnabé, seu colega de trabalho (2:1) que o acompanhou em sua primeira viagem missionária na Galácia, e o gentio incircunciso Tito (2:1, 3), que viria a ter destaque mais tarde no ministério de Paulo.[9] Numa reunião particular,ele explicou aos "líderes mais influentes" (as "colunas") seu evangelho direcionado aos gentios incircuncisos para que seu trabalho não tivesse sido "inútil" — provavelmente implicando o perigo de ser combatido ou de ter seu trabalho desfeito por líderes judeus crentes (2: 2). A resposta dos três que eram considerados "colunas" foi tripla:

- Não circuncidar Tito (o caso que serviu como teste de Paulo, por assim dizer), com efeito, admitindo totalmente na Igreja os gentios, sem a necessidade de circuncisão (2:3).
  - Aprovar o ministério evangelizador de Paulo aos gentios como obra da graça de Deus, em paralelo à pregação de Pedro entre os judeus (2:7), estendendo a Paulo e a Barnabé a "mão direita... em sinal de comunhão" (2:9).

---

[9] Barnabé era um levita, se At 4:36 estiver correto. A primeira viagem missionária é narrada em At 13—14. Barnabé, embora não Tito, estava presente no Concílio de Jerusalém de acordo com At 15. Tito estava particularmente envolvido no ministério de Paulo na Grécia (veja 2Co 2:13; 7:6, 13-14; 8:6, 16, 23; 12:18).

- Requerer que Paulo e Barnabé se lembrassem dos pobres, o que eles ficaram felizes em fazer (2:10).[10]

Em forte contraste com os lideres considerados colunas, um grupo de falsos irmãos se infiltrou, observando a 'liberdade' da equipe de Paulo e tentou reduzi-los à escravidão (2:4), provavelmente criticando o evangelho de Paulo, livre de lei e circuncisão, e sua manifestação social na unidade de gentios e judeus. A esses Paulo não deu atenção, em última análise, no interesse da "verdade do evangelho" para pessoas como os gálatas (2:5). O subtexto aqui é evidente por si mesmo; os adeptos da circuncisão, como os falsos irmãos, se opõem à verdade do evangelho e não devem ser ouvidos.

A traição ao evangelho (2:11-14)

Em 2:11-14, Paulo relata um incidente muito desagradável, porém, significativo, em Antioquia (Síria), um centro proeminente da Igreja primitiva que, de acordo com o relato de Atos, era a base para o seu trabalho missionário inicial. Cefas (Pedro) e Barnabé aparentemente entenderam que a decisão de Jerusalém significava que crentes gentios e judeus poderiam e deveriam ter comunhão à mesa juntos. A chegada de "alguns da parte de Tiago", que provavelmente também eram "os adeptos da circuncisão" (2:12), causou uma mudança radical no coração de Pedro, dos crentes judeus em Antioquia e até mesmo de Barnabé. Pedro, seguido pelos outros, a partir de então se recusou a comer com os gentios (2:12) e aparentemente queria obrigá-los a serem circuncidados para seguir a Lei ("viver como judeus", 2:14).

Paulo interpreta essa reviravolta como uma atitude covarde, hipócrita, repreensível e — acima de tudo — contrária à "verdade do evangelho" (2:14). Paulo vê Pedro e os outros como traidores, o equivalente funcional dos "falsos crentes" em Jerusalém (2:4). Mas Pedro é um apóstolo, e Paulo não pode tolerar sequer a hipocrisia apostólica (pois o próprio Pedro aparentemente não estava mais seguindo todos

---

[10] Às vezes é dito que a presença deste último requisito (e nada mais) contradiz o relato de At 15, que essencialmente proíbe os gentios da idolatria e da imoralidade (At 15:19-20, 28-29). Não há, no entanto, nenhuma contradição, porque o relato de Atos apresenta as exigências impostas aos crentes gentios, enquanto a carta aos Gálatas retrata a obrigação imposta aos evangelistas judeus.

os costumes judaicos; 2:14) nem a oposição ao evangelho da graça incondicional de Deus para os gentios sem que eles se tornassem judeus. Destemido, Paulo enfrentou-o [Pedro] "face a face por sua atitude" (2:11), começando com a acusação retórica em 2:14 e continuando com o discurso que resume seu evangelho (2:15-21, ou pelo menos parte dele). Tanto a ousadia quanto o conteúdo do encontro de Paulo com Pedro são, naturalmente, destinados aos gálatas e aos adeptos da circuncisão.

O evangelho de Cristo (2:15-21)

Poucas passagens nas cartas paulinas são mais densas, ou mais importantes para a compreensão do apóstolo Paulo e de seu evangelho, do que esta. Para o próprio Paulo, é um discurso com um público original (Cefas) e um novo público — todos os da Galácia. A maioria dos intérpretes da carta aos Gálatas a identificou como sendo a tese, ou proposição da carta, em conjunto com 1:4, e realmente é.

Essa passagem também tem sido vista por muitos leitores como um texto-chave contendo a 'doutrina' paulina da justificação pela fé em lugar de obras, e compreensivelmente, para as formas das palavras "justificar/justificação" (*dikaioō* e *dikaiosynē*, esta última algumas vezes traduzida como 'justiça'), 'fé/crença' (*pistis* e *pisteuō*), e 'obras' (da Lei, *erga nomou*) que aparecem cinco, quatro e três vezes, respectivamente. Do mesmo modo, outros dois conjuntos de palavras são importantes, 'viver', que como 'justificar' ocorre cinco vezes, e 'morrer/crucificar', que juntas aparecem num total de três vezes. Também significativa é a menção muito frequente de 'Cristo (Jesus)/Jesus Cristo/o Filho de Deus' — num total de nove vezes. Finalmente, é importante notar as palavras para 'pecado/pecador/transgressor' (quatro vezes), e a palavra 'graça', que aparece apenas uma vez, mas fornece uma espécie de título para toda a passagem: "a graça de Deus" (2:21).

Esse texto trata sobre a graça de Deus manifestada na morte de Cristo, pela qual os pecadores que creem, os quais participam, dessa forma, da morte de Cristo, são justificados e encontram vida — a vida que a Lei não pode entregar (3:21). É fundamental notar que todo esse parágrafo trata sobre um e apenas um tópico (muito complexo), a saber, justificação. Mais especificamente, essa passagem não é sobre justificação *acrescida* de morte e ressurreição com Cristo, e sim, justificação *como* o ato de morrer e ressuscitar com Cristo. A justificação ocorre por meio da crucificação (o meio objetivo, a morte do Messias) e pela nossa crucificação conjunta (o modo subjetivo, nossa participação nessa morte). De fato — e esse é um grupo crucial de observações — parece que 'justificação' é virtualmente sinônimo de 'vida' e 'fé', sendo também, virtualmente, sinônimo de 'crucificação'. Justificação, em outras palavras, é definitivamente uma nova vida. Ironicamente, a vida vem através da morte, e somente através da morte — a morte de Cristo por nós, e nossa morte com Ele. Essa é a substância da graça de Deus e o cerne do evangelho de Paulo. Seu evangelho da graça não deixa espaço para uma teologia de justificação impotente ou 'barata'. Em vez disso, a justificação é uma realidade robusta, uma reconstrução divina total do eu e da comunidade.

Definindo alguns termos-chave

Antes de olhar para o fluxo do argumento de Paulo, devemos fazer alguns comentários sobre as três primeiras palavras-chave mencionadas há pouco: 'justificação', 'fé' e 'obras'. Recentes estudos sobre Paulo têm iluminado significativamente nosso entendimento sobre as realidades que esses termos apontam, e também foram levantadas algumas questões difíceis sobre eles. (Veja também a discussão no capítulo 6.)

1. 'Justificação' (e palavras relacionadas como 'justiça', todas provenientes da mesma raiz grega, *dik-*) tem sido frequentemente entendida como um conceito legal (jurídico, forense). A expressão está associada à imagem de Deus como um juiz que dá um veredito de 'inocente' aos culpados. No entanto, embora haja certamente uma dimensão judicial e declarativa para a justificação, como observaremos no capítulo 6, a justificação é agora muitas vezes entendida como um conceito muito mais relacional, apocalíptico e também pactual do que anteriormente era reconhecido (cf. Rm 5:1-11, onde é colocada ao lado de 'reconciliação'). Ser justificado é ser restaurado, pelo incurso benigno da graça de Deus, às relações corretas da aliança e à participação na comunidade dos justos agora, com certa esperança de absolvição no futuro dia do julgamento (Rm 5:9-10; Gl 5:5) e glorificação finais (Rm 5:2).[11] A jus-

---

[11] Veja mais a discussão da justificação no capítulo 6 e em minha obra Inhabiting the Cruciform God: Kenosis, Justification, and Theosis in Paul's Narrative Soteriology

tificação é, desse modo, tanto transformadora quanto (como veremos mais adiante) participativa. Além disso, como acabamos de observar, essa transformação é efetivamente uma ressurreição para uma nova vida, a própria vida que a Lei não pode conceder, mas a vida que vem pela fé em Cristo (3:21-22; cf. 2:16, 20 e a discussão da "fé em Cristo" a seguir). Os intérpretes tradicionais de Gálatas, que insistem corretamente em ver a justificação como tema central para esta carta, nem sempre fizeram as conexões entre 'justificação' e 'vida' que Paulo faz.

Às vezes afirma-se que a compreensão complexa da justificação oferecida aqui não representa com precisão o que a palavra e seus cognatos significam no Antigo Testamento ou em outra literatura contemporânea de Paulo. E esse é precisamente o aspecto em questão. Por causa de Jesus crucificado e ressuscitado, Paulo foi forçado a *redefinir* a justificação como uma experiência transformadora, participativa, de morte e ressurreição.

2. 'Fé' também é um termo da aliança que implica não apenas consentimento intelectual, mas fidelidade — um compromisso total do eu representado pelo coração que é mais parecido com lealdade, obediência e devoção (como em 'amor de Deus') do que com 'crença' ou mesmo 'confiança', embora cada uma delas ainda deva ser entendida como parte da fé. Um número crescente de estudiosos acredita que Gl 2:15-21 (assim como Rm 3:21-26, Fl 3:2-11 e Gl 3:22) fala não apenas de nossa fé, mas também da fé de Cristo, entendida nesse caminho da aliança como sua fidelidade. O espaço não permite a exposição de um argumento para tal interpretação, mas é reconhecida na margem da NRSV e em algumas outras traduções (e.g., CEB, NET), e será adotada como base para o comentário. Especificamente, o conceito afeta dois versículos nesta passagem, 2:16 e 2:20 (veja na tabela a seguir — as frases em questão encontram-se em itálico). A tradução marginal da NRSV (nossa interpretação) significa que Paulo entende a morte de Cristo como sua fidelidade a Deus em se entregar na cruz "por mim" (ou seja, 'por nós'; Paulo fala representativamente), e que isso, ao invés de nossa atuação das obras da Lei, é a base do nosso relacionamento correto com Deus e o meio para a vida. Essa vida se encontra em Cristo, na comunidade do Messias.

(Grand Rapids: Eerdmans, 2009), p. 40-104.

A FÉ EM CRISTO EM GÁLATAS 2:15-21

Texto	NRSV (Nova versão padrão revisada, em inglês)	NRSV (margem)
2:16	mas sabemos que uma pessoa é justificada não pelas obras da lei, mas *através da fé em Jesus Cristo*. E passamos crer em Cristo Jesus para que sejamos justificados *pela fé em Cristo*, e não praticando as obras da lei, porque ninguém será justificado pelas obras da lei.	mas sabemos que uma pessoa é justificada não pelas obras da lei, mas *através da fé em Jesus Cristo*. E passamos a crer em Cristo Jesus, para que sejamos justificados *pela fé em Cristo*, e não praticando as obras da lei, porque ninguém será justificado pelas obras da lei.
2:20	e já não sou eu que vivo, mas é Cristo que vive em mim. E a vida que agora vivo na carne, vivo-a *pela fé no Filho de Deus*, que me amou e se entregou por mim.	e já não sou eu que vivo, mas é Cristo que vive em mim. E a vida que agora vivo na carne, vivo-a *pela fé do Filho de Deus*, que me amou e se entregou por mim.

3. Finalmente, a frase "obras da lei" tem sido objeto de muito debate. Interpretações anteriores sobre Paulo enfatizavam que o apóstolo estava colocando qualquer tipo de esforço humano, incluindo tentativas de 'ser moral' ou obedecer aos mandamentos, contra a "fé" (geralmente entendida como 'crença' ou 'confiança') como a base da justificação (geralmente entendida como uma 'declaração' forense). Embora seja verdade que Paulo descarte qualquer esforço humano como base da justificação, essa interpretação tradicional às vezes inclui a conclusão errônea de que ele também descartou as 'boas obras' como desnecessárias ou sem importância para os crentes. Em acréscimo a isso, alguns intérpretes, especialmente dentro da 'nova perspectiva', argumentam que o termo "obras da lei" pode se referir mais aos rituais da circuncisão, calendário e dieta, em vez de, digamos, aos Dez Mandamentos — embora isso não seja de forma alguma uma questão resolvida. Em ambos os casos, duas coisas são claras em 2:15-21 e em outros textos paulinos:

(1) a justificação ocorre somente pela graça de Deus, não pelo esforço humano, *status* ou etnia; e

(2) a justificação tem uma dimensão ética séria e profunda.

O texto

Com essas observações em mãos, podemos prosseguir para o texto em si. É útil ter em mente o último versículo (2:21), que serve tanto como resumo quanto como chave para o significado geral da passagem: "Não anulo a graça de Deus; pois, se a justiça vem pela Lei, Cristo morreu inutilmente!".

Paulo começa com uma afirmação enfática, destinada a incluir todos os crentes judeus ("Nós... judeus de nascimento"), que não é sua condição entre aqueles judeus que possuem (ou mesmo cumprem) a lei judaica a qual os justifica (2:15-16). Ao colocar-se diante da perspectiva judaica comumente aceita, que distingue judeus de gentios "pecadores",[12] Paulo fala como um crente judeu que sabe (como certamente Pedro e os adeptos da circuncisão deveriam saber) que essa distinção não pode ser a base para sua justificação. Em 2:16, e novamente em 2:21, ele afirma repetidamente, e de forma enfática, que a fonte de sua justificação não é possuir a Lei ou cumpri-la como um todo ou qualquer parte das obras da Lei. Isso é uma impossibilidade tanto em princípio quanto em experiência, como a própria Escritura afirma (Sl 143:2 [142:2 LXX], citado em 2:16). Se isso fosse possível, "Cristo morreu inutilmente" (2:21). No mínimo, em Gálatas, isso implica em que a circuncisão não é a base da justificação, nem sequer garante a participação de alguém no povo de Deus.

Ao contrário, a fonte da justificação de todos os crentes é a morte de Cristo, por iniciativa de Deus e como expressão de sua graça, como 2:21 afirma claramente.[13] O conjunto de fundamentos para a justificação — a lei *versus* a morte de Cristo — aparece também em 2:16, mas nesse caso Paulo se refere duas vezes à morte de Cristo como base de sua fé (em plenitude), cada uma das vezes em oposição às obras da Lei. A fé em Cristo, expressa em sua morte é, portanto, a base *objetiva* da justificação dos crentes, às vezes chamada como *meio* de justificação. Isso implica que a justificação é um 'acordo feito' para todos porque

---

[12] Veja, e.g., o livro dos Jubileus (23.23a), que prediz um ataque contra Israel feito pelos "pecadores gentios", aqueles que "não têm misericórdia nem compaixão, e que não respeitarão a pessoa de ninguém, nem velho, nem jovem, nem qualquer um, pois eles são mais perversos e fortes para fazer o mal do que todos os filhos dos homens".

[13] Por iniciativa de Deus.,Observe a ocorrência do verbo 'justificar' na voz passiva, implicando Deus como o agente, três vezes em 2:16.

Cristo morreu? De forma alguma; Paulo enfatiza absolutamente a necessidade da fé como a resposta adequada à graça de Deus na morte de Cristo, sendo a fé, portanto, a base *subjetiva* da justificação, às vezes chamada de *modo* de justificação. Paulo diz claramente que o propósito/resultado da fé é a justificação (2:16). É provável, no entanto, que mesmo aqui Paulo não esteja falando de fé *no* Cristo, mas a fé interior *em* (gr. *eis*) Cristo, uma resposta de fé que 'move' pessoas que estão de fora de Cristo para imergir nele (como o texto paralelo sobre o batismo em 3:26-27 também sugere). Em breve (2:19-20) a natureza dessa fé será descrita mais detalhadamente.

Em 2:17-18 Paulo liga suas afirmações sobre justificação, em 2:15-16, à situação social de gentios e judeus em Antioquia e na Galácia. Primeiramente, ele rejeita a ideia, talvez sugerida pelos adeptos da circuncisão, de que se essa experiência de justificação em Cristo coloca os crentes judeus em contato com os gentios e os polui com o pecado, então Cristo seria um "servo do pecado". Em seguida, ele diz que não pode voltar e reconstruir o que ele já havia descontruído (i.e., a exigência de que os crentes gentios observem a Lei)[14] sem admitir ou cometer uma transgressão grave. Paulo é inflexível sobre as implicações sociais dessa nova vida/justificação em Cristo (cf. 3:28).

Paulo então retorna ao assunto da fé, embora a própria palavra não apareça, e ao caráter da vida que a justificação pela fé resultou para ele (falando de forma representativa para todos os crentes). Em duas imagens poderosas, ele retrata a resposta da fé como uma experiência de morte que gera vida.

Primeiro, a resposta da fé é uma morte "para a lei, a fim de viver para Deus" (2:19a), uma declaração bastante chocante para um judeu, mas faz todo o sentido uma vez que a Lei não pode "conceder vida" (3:21). A fé, portanto, inclui uma separação da Lei como a esperança de justificação e concessão de vida — as mesmas coisas que a maioria dos judeus encontrou na Lei (e.g., Dt 30:15-20; Sl 1; 119:93). Como essa morte *para* a Lei aconteceu *através* da Lei não está claro, mas o propósito/resultado disso é a vida em relação a Deus (o paralelo com o meio de 2:16 é inconfundível: fé para haver justificação = morte para a Lei para receber a vida com Deus).

---

[14] Também pode haver uma alusão aqui à parede de separação do templo entre judeus e gentios (cf. Ef 2:11-22, esp. v. 14).

Em segundo lugar, a resposta da fé é uma morte na medida em que é um ato de identificação tão completa com a morte de Cristo a ponto de se ter uma participação nela, uma 'crucificação conjunta' (*synestaurōmai*): "Fui crucificado com o Messias; e já não sou eu que vivo, mas o Messias vive em mim. E a vida que agora vivo na carne, vivo-a pela fé [fidelidade] do Filho de Deus, que me amou dando-se a si mesmo por mim" (2:19-20; tradução do autor). A voz passiva e o tempo perfeito do verbo grego (= 'fui crucificado') sugerem tanto a iniciativa divina quanto um ato ocorrido no passado com consequências contínuas; os crentes permanecem em um estado constante de crucificação e, portanto, mortos (2.20a). A velha vida e o velho eu se foram, junto com suas paixões (5:24; cf. 6:14b; Rm 6:1-14). Isso também gera vida, porque o crucificado, mas ressuscitado e vivo Messias Jesus, agora vive nos crentes — que também existem nele (3:26). Naturalmente, isso não significa uma morte literal, pois os crentes continuam vivendo "no corpo" ("na carne", ARA), mas não em sua própria força. Se eles morreram, todavia agora ainda permanecem, ou mais uma vez estão vivos, então a implicação se torna clara: eles ressuscitaram dos mortos. E agora eles vivem 'pela', ou 'por meio da', fé do Filho de Deus que habita neles (2:20b). Mas o que isso significa?

A evidência está na última frase de 2:20, em que a morte do Filho de Deus, entendida como expressão de sua fé, é descrita na frase "me amou e a si mesmo e se entregou por mim" (cf. 1:4, ARA). Para Paulo, a morte de Cristo na cruz foi simultaneamente seu ato de doação de si mesmo por meio da fé (plenitude) para com Deus (2:16, 20) e doação de si mesmo em favor da humanidade (2:20). Foi um ato unificado de cumprimento da aliança, de amor a Deus e ao próximo — o ato de aliança por excelência, cumprindo as exigências 'verticais' e 'horizontais' da Lei. Foi o desempenho paradigmático e modificador de época do que Paulo, referindo-se à essência da vida do crente, mais tarde chamará de "fé que opera pelo amor" (5:6 ARA, NRSV, NAB), ou (melhor) "a fé que atua pelo amor". Viver por meio da fidelidade do Filho de Deus, então, é viver em tal devoção sincera a Deus que se expressa em amor sacrificial, ou em forma de cruz, pelos outros. E isso só é possível por meio do Espírito do Filho dado por Deus (4:6; cf. 5:16-25, esp. v. 25); é assim que o Messias crucificado e ressuscitado "vive em mim" (2:20). Esta habitação do Espírito de Deus — o Espírito do Filho — é o marcador de identidade do povo justificado de Deus, o povo da nova era/nova aliança, tanto os judeus quanto os gentios. A justificação não é uma experiência privativa, apesar da presença da linguagem "eu" e "mim" nessa passagem. A crença *no* Messias (2:16) é paralela ao batismo *no* Messias (3:27), que significa em seu corpo, a comunidade do Espírito, o povo da aliança.

Procurar justificação e vida em qualquer outro lugar que não seja na morte fiel de Cristo e em nossa crucificação junto com Ele anula a graça de Deus e a morte de Cristo (2:16). *Para Paulo, qualquer tentativa de complementar a crucificação a invalida*. O entendimento de Paulo sobre salvação é de justificação — de vida — por meio da morte. É a vida vivida para Deus, por meio da habitação de Cristo, dentro da comunidade da aliança, e capacitada pelo Espírito, como enfatizado em 3:1-5. Desse modo, como está claro em 2:19-20, e se tornará ainda mais explícito em Gl 5—6, essa vida vivida para Deus tem consequências inerentes para a vida em relação aos outros.

RESUMO DE GÁLATAS 1–2

Até este ponto, a carta aos Gálatas tem sido em grande parte uma apresentação autobiográfica da essência do evangelho, e Paulo escolheu cada aspecto do tema para ser instrutivo e servir para exemplificar. Os dois primeiros capítulos da carta afirmam, em suma, que:

- O apostolado e o evangelho de Paulo têm sua fonte no chamado e revelação de Deus, não em qualquer pessoa humana (mesmo os apóstolos de Jerusalém) ou em algum ensinamento.
- O apostolado de Paulo começou em uma experiência inesperada de conversão, chamado e comissão que transformou o zeloso perseguidor da Igreja em um proclamador incansável da graça de Deus disponível universalmente, de modo especial entre os gentios.
- Sua atividade missionária entre os gentios foi apreciada não oficialmente pelos crentes judeus e, anos depois, formalmente aprovada pela liderança de Jerusalém.
- A influência dos crentes judeus, os quais pensavam que os gentios deveriam ser circuncidados, não deteve Paulo, que se opôs publicamente a Pedro sobre o assunto depois que ele sucumbiu à influência dos judaizantes.
- O evangelho é sobre a graça de Deus justificando a todos, judeus e gentios, que respondem em fé participativa (incluindo sua participação na crucificação) à proclamação do Cristo

crucificado, que lhes traz vida com Deus no Messias e no Espírito, e assim inseparavelmente dentro a comunidade da aliança.
- A fonte dessa justificação, portanto, não é a posse ou o cumprimento da lei judaica e seus costumes, incluindo a circuncisão, mas a morte fiel, amorosa e cumpridora da aliança do Filho de Deus, que agora, como o Senhor ressurreto, vive em e entre os crentes.

3:1—4:31. A PROMESSA DO PAI:
O TESTEMUNHO DAS ESCRITURAS

Desviando sua atenção de Pedro e daqueles que pensavam de forma semelhante (os adeptos da circuncisão), Paulo agora se dirige diretamente aos gálatas. Começando com a experiência do Espírito (3:1-5), ele entrelaça a história deles e a dele (3:1-5; 3:23-29; 4:1-20) dentro de uma série de interpretações bíblicas (3:6—4:7; 4:21-31) com um objetivo, uma tese: mostrar que a experiência libertadora do Espírito, a qual lhes deu vida e os tornou filhos de Deus, e que começou e continua pela fé, é a realização da antiga promessa de Deus a Abraão para abençoar todas as nações/gentios. Buscar a circuncisão seria um retorno à escravidão, como 5:1 declara explicitamente.

A experiência inicial e contínua dos gálatas no Espírito (3:1-5)

Paulo agora conecta a fé sobre a qual ele acabara de falar (em 2:15-21) à experiência inicial e contínua dos gálatas no Espírito. Como pode ser observado na introdução deste tópico, ele os chama de insensatos (3:1, 3) por simplesmente pensarem em trocar a mensagem sedutora dos adeptos da circuncisão pela poderosa mensagem de Cristo crucificado (3:1). Essa mensagem foi clara e publicamente entregue por Paulo, não apenas por intermédio de suas palavras sobre Cristo, mas também por meio de sua história (1:13) e de sua pessoa, caracterizada pelas cicatrizes (6:17) que marcaram sua própria conversão repleta de graça. Os gálatas não possuíam nem realizavam as "obras da lei", mas simplesmente haviam respondido com fé ao evangelho e, assim, receberam o Espírito (3:2). O Espírito continuou com eles como um dom gracioso de Deus recebido pela fé — manifestado, por exemplo, na operação de milagres (3:5). Abandonar a "fé" em troca das "obras da lei" seria substituir o "Espírito" pela "carne", tanto de modo literal (circuncisão corporal) quanto figurativo (o impulso contra Deus que leva as pessoas a valorizar o *status* humanamente definido).

Além disso, fazer esse movimento insensato seria também abandonar a cruz, algo do qual os adeptos da circuncisão pareciam ao menos querer tirar a ênfase (6:12). Para Paulo, o Espírito está intimamente ligado à cruz: alguém responde à mensagem da cruz e recebe o Espírito (3:1-2); a pessoa experimenta Cristo vivendo dentro de si (pelo seu Espírito) ao ser crucificada com ele (2:19-20). E também a presença do Espírito na Galácia, especialmente por ocasião do surgimento das igrejas, caracterizou-se pelo sofrimento (3:4, NET, corretamente, contra a maioria das traduções contemporâneas; cf. At 13—14), outra forma de identificação com a cruz.[15] Se os gálatas abandonarem a fé, o Espírito e a cruz, esse sofrimento — e, de fato, toda a sua experiência de Cristo — terá sido "inútil" (NRSV, NET, NVI), "não serviram para nada" (NTLH).

O argumento principal de Paulo em tudo isso não é declarado explicitamente, mas vai se tornando claro à medida que o restante do capítulo se desenvolve: que a experiência dos gálatas com o Espírito pela fé é evidência de que eles foram totalmente incorporados ao Messias e à era messiânica (escatológica), à comunidade da nova aliança, como gentios recipientes do Espírito prometido por Deus. Nada mais é necessário ou possível. Mudar seria regredir, viver como se a nova era não tivesse começado.

A promessa do Espírito feita por Deus a Abraão (3:6-14)

O argumento escriturístico compacto e complexo nesses versículos se baseia em 3:14, e esta é a tese que Paulo quer demonstrar: "Isso para que em Cristo Jesus a bênção de Abraão chegasse também aos gentios, para que recebêssemos a promessa do Espírito mediante a fé". Essa declaração resume tanto o evangelho de Paulo (veja 3:8) quanto a experiência dos gálatas. Paulo se concentra em Abraão porque o patriarca era considerado o prosélito por excelência, e era quase certamente o foco dos argumentos dos adeptos da circuncisão para exigi-la dos gentios. Afinal, de acordo com Gn 17, Abraão e os membros do

---

[15] Para a confluência do Espírito e sofrimento, veja também Rm 8.

sexo masculino de sua família receberam a circuncisão como sinal da aliança de Deus com ele, uma aliança eterna com Abraão e seus descendentes, que seriam membros da aliança somente se também fossem circuncidados (Gn 17:9-14). Dessa forma, estaria em jogo a definição dos descendentes ou filhos de Abraão, isto é, membros do povo da aliança e destinatários da bênção (originalmente a terra) prometida a Abraão.

Citando Gn 15:6, um de seus textos favoritos, Paulo primeiramente mostra que a justiça ou justificação de Abraão veio por meio da fé (3:6), tornando assim a fé, não a circuncisão, a característica que define Abraão e seus filhos (3:7). Paulo então conecta Gn 15:6 com Gn 12:3 para demonstrar que a justiça, os filhos e as bênçãos de Abraão se estenderiam para a inclusão dos gentios (ou nações, gr. *ethnē*) que creem (3:8-9). Para Paulo, esses textos registram o evangelho anunciado antecipadamente (3:8). É um evangelho de fé, justiça e bênção — não a bênção terrena, mas a bênção do Espírito, pois a tradição profética (presumida, porém não nomeada por Paulo) interpretava a bênção escatológica de Deus como a presença do Espírito de Deus por toda parte na terra.[16] Visto que os profetas também acreditavam que os gentios eventualmente viriam a Sião e participariam da verdadeira adoração a Deus, eles implicitamente reconheceram o dom escatológico do Espírito também para os gentios; Paulo torna essa crença explícita.

A complexa argumentação bíblica de Paulo continua em 3:10-14 com citações de Deuteronômio e Habacuque.[17] Essa passagem tem sido muito contestada, porém, três pontos do argumento de Paulo são bem claros: (1) fundamentalmente, a Lei traz consigo uma maldição ao invés de bênção para a vida; (2) a justificação (e, portanto, a vida) deriva da fé, não da Lei; e (3) Cristo "nos" redimiu (judeus/crentes judeus) da maldição da Lei para abrir o caminho para a bênção de Abraão — o Espírito — aos judeus e gentios igualmente. Esse importante terceiro ponto repousa sobre duas imagens que aparecem em 3:13. A primeira é uma figura pendurada em um madeiro, que era para os judeus a imagem de uma pessoa amaldiçoada por Deus: "qualquer que for pendurado num madeiro está debaixo da maldição de Deus" (Dt 21:23). A segunda é a imagem criativa de Paulo sobre a morte de Cristo como um ato de redenção do escravo (cf. 1Co 6:9-20). Essa redenção é efetivada

---

[16] E.g., Ez 36:22-32; Jl 2:28-29.
[17] Dt 27:26 e 28:58-59 em 3:10; 21:23 em 3:13; Hb 2:4 em 3:11.

por meio de uma troca, ou intercâmbio (termo usado por Morna Hooker): Cristo foi amaldiçoado por nós (na cruz) para que pudéssemos ser abençoados nele (cf. 2Co 5:21). A bênção prometida de Deus vem, ironicamente, por meio de uma maldição divina, que explica em parte como o evangelho pode ser um "escândalo para os judeus" (1Co 1:23). É bem possível, de fato, que Paulo tenha usado anteriormente Dt 21:23 como um texto que serviria de prova para sua oposição à igreja nascente.[18]

Na era presente, em relação a Paulo, a cruz de Cristo inaugurou a era do Espírito, na qual judeus e gentios passariam a herdar a bênção de Abraão e seriam justificados crendo no evangelho do Cristo crucificado; e, assim, são incorporados ao povo da aliança que existe agora em Cristo.

A Lei e a promessa (3:15-29)

Uma pergunta natural que surge da aparente rejeição da Lei por Paulo como fonte de bênção e vida é: e quanto à Lei? Não era boa? Não tinha propósito? Paulo responde a esse tipo de pergunta em três partes principais: (1) a Lei foi posterior à promessa e, portanto, não poderia alterá-la (3:15-18); (2) a Lei não se opunha à promessa, mas, por causa do pecado, não poderia dar vida (3:21-22); e (3) a Lei teve um papel importante, mas temporário, até que a promessa fosse cumprida (3:19-20, 23-25). Isso leva a uma afirmação dramática da igualdade de todos os que estão em Cristo como descendência ou "semente" de Abraão (3:26-29).

Paulo começa sua discussão sobre a relação entre a Lei e a promessa com uma analogia da vida cotidiana: o "testamento" de uma pessoa (3:15, ARC, A21, NRSV, NAB) — embora o termo que Paulo use sugestivamente, *diathēkē*, também possa significar "aliança" (ARA). Seu argumento parece ser que um testamento e as promessas que ele contém, uma vez ratificados, não podem ser suplementados ou cancelados por um terceiro, mesmo um mediador do testamento ou um testador (cf. 3:20). No caso da Lei (mosaica), uma vez que atingiu 430 anos (de acordo com a cronologia judaica padrão; cf. Êx 12:40) após a aliança

---

[18] Curiosamente, vários textos dos Manuscritos do Mar Morto aplicam Dt 21:23 especificamente à crucificação.

divinamente ratificada (*diathēkē*) com Abraão, e a promessa feita a ele, não pode anular a promessa abraâmica (3:17). A 'herança' associada ao testamento/aliança — a recepção do Espírito pelos gentios — pode, portanto, vir apenas da (e nos termos da) promessa, não de uma lei posterior.

No meio dessa analogia está a interpretação expressiva de Paulo sobre a promessa a Abraão e sua "semente" com um sentido singular, e não coletivo: a Abraão e seu único descendente, Cristo (3:16). Essa observação quase entre parênteses é significativa porque permite que Paulo mais tarde (3:26-29) redefina os descendentes de Abraão como todos aqueles que estão em Cristo, a única "semente" (3:29; cf. 3:14). Ironicamente, então, a interpretação singular de Paulo acaba sendo coletiva.

O tema da função da Lei continua em 3:19-25, embora as várias imagens de Paulo não sejam completamente transparentes. O ponto principal é que a Lei, além de tardia, também foi temporária e de alcance limitado. Não foi uma alteração da aliança original porque não veio diretamente de Deus, mas por meio de um mediador, Moisés (3:19b-20). Foi planejada para funcionar somente até que Cristo, o Descendente (singular) ("a Semente", NVI em inglês) chegasse (3:19). E foi acrescentada "por causa das transgressões" (3:19) — o que pode significar aumentá-las, revelá-las ou restringi-las, considerando que Paulo em Romanos parece atribuir todas as três funções à Lei. Aqui o contexto sugere uma função reveladora e restritiva.

Paulo nega enfaticamente que seu argumento oponha a Lei de Moisés à promessa feita a Abraão (3:21). A Lei, conforme ele sugere, dá testemunho da necessidade da promessa porque a própria Lei não pode conceder vida (3:21b), mas revela que outro poder vivificante é necessário para libertar aqueles que estão "debaixo do pecado" — isto é, escravizados pelo pecado (3.22a). Esse é um ponto essencial para Paulo: os seres humanos precisam de um poder que os liberte do Pecado (e de sua consequência, a Morte) e lhes conceda vida. Tal libertação e vivificação não são algo diferente da justificação, mas sim parte da sólida compreensão de Paulo sobre ela. Esse poder que os humanos precisam não é a Lei; nem é esse poder a nossa fé (NRSV, NAB, NIV). É a fé (plenitude) de Jesus Cristo (CEB, NET, NRSV [nota na margem]; cf. 1:4; 2:15-21), cujos benefícios são apropriados pela resposta da fé. (O aparecimento de ambos os tipos de fé em 3:22 — a de Cristo e a nossa — vem em paralelo ao que encontramos em 2:15-21, sendo altamente significativo; ambos são necessários, mas a fé de Cristo precede a nossa.)

Se a Lei não podia e não pode conceder vida, qual seria o seu papel? A função restritiva e orientadora da Lei aparece na imagem provocativa dos *paidagōgos* (3:23-25). Variadamente interpretado como "disciplinador" (NRSV, NAB), "tutor" (NVI, NET) e "guardião" (RSV, CEB), esse termo refere-se a um antigo escravo doméstico cujo trabalho era guiar os filhos (do sexo masculino) de uma família na ida e volta para a escola, protegendo-os de danos e fornecendo-lhes algumas diretrizes morais básicas (veja NAA). Paulo emprega a imagem aqui para destacar a função temporária da Lei, uma vez que a função do *paidagōgos* se esgotava quando a criança atingia a maioridade. Considerando que Cristo (3:24) e a fé (ou nossa ou, mais provavelmente, a dele; 3:23, 25) já chegaram, a função da Lei cessou e somos libertos de seu domínio (3:24-25). Por quê? Porque os crentes "em Cristo Jesus" (NAA, NRSV, NAB) atingiram a idade adulta, paradoxalmente, tornando-se filhos de Deus através da fé (3:26; novamente, também nossa, de Cristo, ou ambos os casos, mas não "fé em Cristo" [CEB]). Além disso, Paulo provavelmente assume que a chegada do Messias e, portanto, a era vindoura, significa que Deus agora colocou seu Espírito e sua Lei dentro de seu povo, como os profetas Jeremias e Ezequiel haviam prometido, capacitando-os a cumprir as exigências centrais da Lei no poder do Espírito (veja 5:1—6:10; cf. Rm 8:1-4).[19] Esse povo inclui os gentios, que agora fazem parte da família da aliança que conhece a Deus como "Pai" (e.g., Is 31:9; 64:8-9; cf. Gl 4:6).

O importante conceito 'em Cristo', ou 'no Messias', domina a conclusão desta seção (ocorrendo três vezes em 3:26-29). Visto que o Messias é a única Semente ou descendência, aqueles que estão nele são os filhos de Deus, a descendência (semente) de Abraão e "herdeiros segundo a promessa" (3:29). Estar "em Cristo" significa ter respondido com fé ao evangelho da morte fiel de Cristo e ter sido movido, no batismo (acompanhado pela fé) de fora de Cristo "para dentro" de Cristo (3:27; cf. 3:16). Além disso, Paulo continua, estar em Cristo é 'revestir-se' de Cristo (3:27) — de modo a identificar-se com Ele e com sua morte para se conformar a ela (cf. Rm 13:14; Ef 4:24). É provável que isso tenha

---

[19] Jr 31:33; Ez 11:19-20; 36:26–27; cf. Dt 30:6.

sido simbolizado no batismo pelo uso de roupas novas. A experiência paulina da fé-batismo-vestir-se é claramente de total imersão e participação em Cristo.

Como único critério definidor dos filhos de Deus, o ato de estar "em Cristo" apaga todas as distinções entre os seres humanos que são usadas para identificá-los e separá-los (3:28): étnico/racial (judeu-gentio), socioeconômica (livre/escravo) e de gênero (masculino-feminino). Isso não quer dizer que essas distinções realmente desapareçam, mas que elas não importam mais e não devem ser permitidas para dividir comunidades em Cristo. O que importa é que esses grupos díspares estão unificados em uma nova criação (6:15) para viver em fé, esperança e amor (5:5-6). A unidade de gentios e judeus é de particular importância no contexto de Gálatas, mas os outros pares não devem ser ignorados. É certamente dentro do reino da possibilidade, por exemplo, que a oposição de Paulo à circuncisão seja motivada ou confirmada, pelo menos parcialmente, porque exclui as mulheres. Os patriarcados da antiguidade deram grande *status* e preferência aos homens livres. Paulo — ou melhor, Cristo, de acordo com Paulo — enfraquece o papel de todos esses patriarcados e, de fato, todo sistema de subjugação baseado em etnia, raça, classe, *status* ou gênero. Essa é uma reviravolta surpreendente, e, de fato, revolucionária. Significa que, em Cristo, "o escravo é meu irmão"; a mulher indigente é minha irmã.

O que Paulo não diz nesses versículos é que *todas* as coisas são indiferentes em Cristo. Ele não diz, por exemplo, que 'não há moral nem imoral.' O fruto do Espírito, a evidência da libertação da "carne" (5:16-26), permanece crucial para o significado da vida em Cristo.

O dom do Pai, do Filho e do Espírito (4:1-7)

Paulo então passa a usar as analogias de herança, escravidão e *status* de maioridade/menoridade introduzidas na seção anterior para descrever a mudança radical que ocorreu por causa da atividade triúna do Pai, do Filho e do Espírito que inaugurou a nova era. O tema serve como preparação do cenário para um apelo apaixonado aos gálatas a fim de que não voltem atrás (4:8-20).

Paulo começa com o princípio legal de que, como os filhos menores de idade não podem receber uma herança de seu pai, mas estão "sujeitos" aos guardiões e curadores até que o pai tome medidas para mudar seu *status*, eles "de nada diferem de um escravo de seu pai" — que também não podem herdar nada (4:1-2). A escravidão a que Paulo se refere é aquela "aos princípios elementares do mundo" (*ta stoicheia*, 4:3). O termo muitas vezes significa algo como 'os princípios elementares do universo' (terra, ar, água, fogo), embora aqui em Gl 4 (cf. também 4:9) pareça indicar um conjunto de poderes cósmicos hostis por trás de tudo o que promete conceder vida às pessoas — tanto gentios quanto judeus — mas, ao contrário disso, as escraviza.[20] A humanidade anterior a Cristo e que não está nele, como diz Paulo, permanece em estado de escravidão (cf. 3:22).

A analogia é clara: Deus (o Pai) agora tomou medidas que alteram radicalmente o *status* das pessoas menores de idade para a condição de herdeiros legais e de escravos para filhos livres. Isso aconteceu "quando chegou a plenitude do tempo", quando era hora (da perspectiva do Pai) de acabar com a era de menoridade do ser humano e "nos" tornar (aqueles que creem no evangelho) filhos de Deus. Paulo descreve a ação dramática e apocalíptica de Deus em dois eventos paralelos e inter-relacionados: o envio do Filho (4:4-5) e o envio do Espírito (4:6-7).

A descrição de Paulo sobre o envio do Filho reverbera 3:14. Nascido de uma mulher judia e totalmente humano, o Filho foi enviado não fundamentalmente para ensinar, mas para identificar e "redimir" aqueles que estavam "debaixo" — isto é, escravizados pela — da Lei (os judeus) e, assim, abrir a adoção como filhos para um grupo mais amplo ("nós", 4:5) que inclui também os gentios. Essa redenção foi efetivada pela morte do Filho (1:4); aqueles que se identificam com a morte do Filho tornam-se filhos de Deus e recebem o Espírito de Deus, como os crentes gálatas o fizeram (4:6; cf. 3:1-5).

As palavras de Paulo sobre o envio do Espírito ao coração dos crentes revelam que ele o vê como uma continuação do dom e ministério do Filho (cf. Rm 5:5-8). A ação divina é descrita, pelo uso de "Espírito" e "coração", em linguagem que ecoa as promessas proféticas de uma nova aliança (mencionada há pouco), bem como uma nova criação (Ez 37; Is 65:17; 66:22; cf. Gl 6:15). O evento divino cósmico em Cristo torna-se existencialmente real para os seres humanos por meio da obra do Espírito. Este é, portanto, o Espírito *do Filho*, continuando o padrão de

---

[20] Cf. 4:8-9, bem como Cl 1:16; 2:8, 20; Ef 1:21; 3:10; 6:12.

vida do Filho dentro da comunidade dos filhos adotivos de Deus (cf. 2:19-20) e capacitando-os a experimentar Deus como Jesus, o Filho, ao clamar "Aba! Pai!" (4:6; cf. Rm 8:15). Para os crentes, a escravidão acabou e eles receberam todos os privilégios da adoção, um costume romano em que os filhos adotivos eram tratados pelos pais como os filhos legítimos. Não sendo mais escravos ou menores de idade, porém filhos maduros, os crentes são "herdeiros" (4:7) — que recebem agora o Espírito e a plenitude da justiça no futuro (5:5). Ao dar o Messias e o Espírito do Messias, Deus está usando a linguagem da (nova) aliança, dizendo: "Eu sou seu Pai, e vocês são meus filhos" (cf. Ap 21:7).[21] Nada mais é preciso; a promessa está cumprida.

Apelo apostólico (4:8-20)

Tendo concluído o primeiro dos seus dois principais argumentos bíblicos para entender a experiência dos crentes (especialmente os gentios) com o Espírito, como libertação da escravidão, e tendo aplicado isso diretamente à experiência dos gálatas com o Espírito (3:23-29; 4:1-7), Paulo agora coloca todo o seu sentimento nas suas palavras.

Ele começa lembrando aos gálatas que eles, de fato, foram libertos dos falsos deuses e dos "princípios elementares, fracos e sem poder" (4:8-9; cf. 4:3). Sua escravidão anterior aos deuses e poderes que nada têm a ver com o Deus real deu lugar ao conhecimento do verdadeiro Deus (4:9a; cf. 1Co 8:3; 1Ts 1:9-10), o Deus de Abraão.[22] No entanto se, ironicamente, eles se voltarem para a Lei Judaica — aqui especialmente as leis ligadas ao calendário judaico (4:10) — estarão, na verdade, abandonando o verdadeiro Deus de Abraão, revelado em Cristo, e retornarão à escravidão. Nesse caso, Paulo terá desperdiçado seus esforços evangelísticos (4:11).

Apelando agora para seu relacionamento inicial e caloroso com os gálatas, Paulo implora a eles que não permitam que seu trabalho tenha sido em vão (4:12-20). Seu tom é de apreensão e também de repreensão

---

[21] Observe, mais uma vez, a natureza trinitária implícita desta atividade salvífica, como no texto paralelo Rm 5:5-8.
[22] As tentativas de identificar o deus ou deuses específicos aos quais Paulo se refere, ou que podem formar o contexto cultural para a carta, não foram bem recebidas pelos estudiosos. Entre os cultos pagãos que podem estar à espreita por dentro e por trás da carta estão o culto imperial e o culto a Cibele, ou Magna Mater ("grande mãe").

(4:20) enquanto ele lamenta — por meio de imagens maternas criativas e convincentes — que novamente teria de passar pelo processo de gravidez/desenvolvimento fetal e as dores do parto em relação a eles (4:19). O que esse processo de desenvolvimento significaria para eles?

Primeiro, significa imitar seu pai e professor, que se tornou como eles (4:12a). Paulo está se referindo ao seu princípio de acomodação à cultura na qual ele ministra (cf. 1Co 9:19-23). Os gálatas, então, deveriam viver como gentios (semelhante ao comportamento de Paulo entre eles) e não tentar viver como judeus. Em segundo lugar, eles deveriam renovar sua estima por Paulo. Quando ele ocupava o primeiro lugar entre eles, os gálatas não fizeram nada de errado em relação ao apóstolo (4:12b; em nada o ofenderam), pois embora Paulo tivesse ido para a Galácia por causa de uma fraqueza na carne (provavelmente como resultado de perseguição) que 'testou' os gálatas (4:13-14), eles o receberam com muito apreço (4:14b), como um mensageiro celestial — até mesmo como o próprio Cristo (4:14). Eles teriam feito qualquer coisa por Paulo, como o apóstolo os lembra de forma ilustrativa (4:15b).

No entanto, Paulo pergunta a si mesmo, naquele momento, se sua honestidade a respeito do evangelho o tornou inimigo dos gálatas (4:16). Isso conduz ao seu terceiro desejo: que eles abandonem seus novos 'amigos', cuja atenção dada a eles não é realmente para o bem deles, mas para isolá-los (4:17), por meio de afastamento/exclusão (NAA/ARC). Aquele que realmente tem o melhor interesse em seu coração — sua plena inclusão em Cristo — é Paulo (4:19), seu fundador e sua 'mãe'.

Liberdade e escravidão: a alegoria de Agar e Sara (4:21-31)

Para ilustrar sua tese central sobre a atividade libertadora do Espírito contra uma regressão escravizadora sob a Lei, Paulo se volta para a antiga e reverenciada técnica retórica da alegoria (4:24). Praticada por judeus e não-judeus, essa técnica era uma forma de atualizar uma narrativa antiga para um novo público. Demonstra profundo respeito tanto pela história antiga quanto pela nova situação, na suposição de que a primeira pode, de alguma forma, se ligar com a segunda. Paulo exorta os gálatas, ansiosos por estar "sob" a tutela de alguém ou escravizados (NRSV, "sujeitos") à Lei, para aprender uma lição através da própria Lei (aqui representada pelos livros de Moisés [Gn 16—18; 21]) (4:21).[23] A afirmação de Paulo é que a própria Lei apoia as promessas de Deus (cf. 4:21) e o evangelho pregado por ele.

A alegoria é uma interpretação da história das duas mulheres, Agar e Sara, que deram à luz filhos a Abraão. "Estas mulheres representam duas alianças" (4:24a), e várias dimensões da história correspondem a aspectos da situação religiosa nos dias de Paulo, especialmente nas igrejas da Galácia. As principais características da alegoria podem ser vistas no gráfico a seguir:

A ALEGORIA DE PAULO SOBRE AGAR E SARA

Hagar e seu(s) filho(s)	Sara e seu(s) filho(s)
Mulher escrava	Mulher livre
Gera filhos para a escravidão	[implícito: gera filhos para a liberdade]
Em escravidão com seus filhos	Livre, mãe dos crentes [= seus filhos livres]
Do monte Sinai, correspondente a Jerusalém nos dias de Paulo (associado com os adeptos da circuncisão)	Correspondente à Jerusalém do alto (cujos filhos serão mais numerosos que os filhos da Jerusalém terrena [4:27 = Is 54:1])
O filho Ismael nascido de modo natural [implícito: adeptos da circuncisão conforme a carne]	O filho Isaque nascido mediante a promessa e conforme o Espírito = crentes sendo filhos da promessa e do Espírito
Ismael perseguiu Isaque, o filho de Sara = adeptos da circuncisão perseguindo os crentes gentios	O filho Isaque perseguido por Ismael, o filho de Agar = crentes gentios sendo perseguidos pelos adeptos da circuncisão
= aliança baseada na Lei e associada com os adeptos da circuncisão	= aliança baseada na promessa, Cristo e o Espírito, associados com Paulo

A mão criativa de Paulo é evidente em toda a alegoria. A interpretação judaica normal acerca de Isaque e Ismael como pai dos judeus e dos

---

[23] "Sob" (hypo) é usado neste sentido de estar sujeito, em 3:23, 25; 4:4, 5; 5:18.

gentios, respectivamente, é revisada para que Ismael seja o pai de certos judeus (crentes judeus que se apegam à Lei), enquanto Isaque é o pai de certos gentios (crentes gentios). Muita ênfase é colocada no contraste entre Agar, a escrava (Gn 16:2) e Sara, a mulher livre, e no caráter de Isaque como filho da promessa (cf. Gn 17:15—18:15), para corroborar a afirmação das próprias convicções de Paulo sobre a escravidão sob a Lei e a promessa agora cumprida para os gentios.

Deve-se enfatizar que o objetivo da alegoria não é menosprezar a Lei e a aliança baseada na própria Lei, mas a Lei e sua aliança na forma *como interpretadas e praticadas pelos adeptos da circuncisão na Galácia*. Como vimos no capítulo 3, Paulo acredita que a Lei teve um papel importante, embora temporário. *A aliança baseada na Lei é uma aliança de 'escravidão' somente depois que a aliança da promessa chegou.*

Dessa alegoria Paulo tira duas conclusões práticas inter-relacionadas: (1) expulsar os adeptos da circuncisão, os filhos da escrava, que não compartilharão a herança do filho da mulher livre (4:30, citando Gn 21:10; cf. 5:10); e (2) reconhecer e permanecer na liberdade que todos os crentes têm, não retornando à escravidão a se deixar ser circuncidado (4:31). As implicações completas da segunda conclusão, implícitas na própria alegoria, tornam-se explícitas no início da próxima seção.

RESUMO DE GÁLATAS 3–4

A essência do argumento de Paulo nesses capítulos é que os gálatas já se tornaram totalmente descendentes de Abraão (3:6, 29; 4:31), filhos da promessa como recipientes do Espírito de acordo com o plano e a vontade de Deus. Nada mais é necessário, e qualquer outra coisa anulará e reverterá sua liberdade. Especificamente:

- Os gálatas já possuem o Espírito, respondendo com fé ao evangelho do Cristo crucificado.
- Deus prometeu através de Abraão – e de sua "Descendência" (Cristo) – abençoar, justificar e dar o Espírito a todos os gentios que tenham fé como o patriarca.
- A Lei foi posterior à aliança e teve uma função reveladora e restritiva temporária para o tempo entre Moisés e o Messias.
- A morte de Cristo como maldição por nós redime os crentes daquilo que os escraviza, incluindo a Lei e os poderes cósmicos.
- As distinções étnicas/raciais, socioeconômicas e de gênero não têm importância em Cristo.
- O envio do Filho e do Espírito por Deus inaugurou a nova aliança/nova criação, alterando radicalmente a situação dos crentes; a

nova aliança não deve ser desfeita retornando-se à Lei e, portanto, à escravidão, por meio da circuncisão.

5:1—6:10. A LIBERDADE DO ESPÍRITO:
A VIDA DE FÉ E AMOR

Nos primeiros quatro capítulos, Paulo defendeu a verdade e a base bíblica de seu evangelho: afirmou que a cruz de Cristo inaugurou a era do Espírito prometido pelo Pai, e que os gentios recebem esse Espírito assim como todas as bênçãos dela resultantes sem as obras Lei. A palavra 'circuncisão' propriamente dita quase não foi mencionada, mas aparece explicitamente no início e no final deste último terço da carta (5:2-12; 6:11-18). No entanto, o foco real desses dois últimos capítulos está direcionado para as implicações éticas do evangelho paulino da cruz e do Espírito, livre da Lei.

Alguns intérpretes têm afirmado que os capítulos 5 e 6 de Gálatas estão desconectados dos quatro primeiros capítulos, sugerindo (1) que um novo grupo de pessoas está sendo abordado (talvez 'libertinos' gentios que não viam conexão entre justificação, ou o Espírito, e o viver em justiça), ou (2) que Paulo simplesmente não faz um bom trabalho ao mostrar a relação entre a 'teologia' dos capítulos 1—4 e a 'ética' dos capítulos 5—6.

Ambas as premissas estão equivocadas. Sobre a primeira, é muito mais provável que, ao levantar questões concretas acerca de comportamento, Paulo esteja abordando as preocupações dos adeptos da circuncisão, e daqueles que eles têm influenciado, sobre os possíveis perigos de um evangelho de liberdade no Espírito, livre da Lei. Como essas 'boas-novas' podem produzir uma vida justa? Quais seriam seus critérios? Quanto à segunda proposição, uma leitura cuidadosa dos capítulos 5 e 6 revelará que Paulo, na verdade, os conecta cuidadosamente com os capítulos anteriores, como já observamos ao comparar 2:20 com 5:6 sobre o tema sobre fé e amor.

Para ir direto ao ponto e colocar a questão em termos judaicos apropriados: o evangelho da cruz, fé e Espírito, apresentado por Paulo, seria suficiente para capacitar as pessoas a guardar a aliança a qual foram incorporadas? Ou, por outro lado, a Lei seria necessária, afinal, para neutralizar as realidades interligadas do pecado e da carne? Esses dois últimos capítulos constituem um enfático sim de Paulo à primeira pergunta e um não à segunda. Eles apresentam uma visão geral da vida no Espírito como uma vida vivida de acordo com a cruz. É uma vida, paradoxalmente, tanto de liberdade radical quanto de 'escravidão' total — não a liberdade de qualquer responsabilidade, e não a uma escravidão à Lei, mas a liberdade da morte para a "carne" e a 'escravidão' do amor cruciforme pelos outros no Espírito. Ironicamente, tal vida, de fato, cumpre a Lei.

Cristo, o Espírito e a circuncisão (5:1-12)

Nesses versículos, Paulo explica muito claramente o duplo objetivo básico de sua carta: (1) advertir contra a circuncisão dos gentios, em princípio (5:1-6) e, portanto, também contra os próprios adeptos da circuncisão (5:7-12), e (2) confirmar Cristo e o conjunto de realidades associadas a Ele (graça, fé, Espírito etc.). Suas advertências e afirmações são fundamentadas em sua absoluta convicção de que Cristo e o Espírito são totalmente suficientes para a justificação e a retidão. Cristo, por meio de sua morte, libertou aqueles que creem (5:1a; cf. 1:4); eles devem, portanto, permanecer nessa liberdade e não se permitir serem escravizados outra vez pela submissão à Lei, através dessa brecha de entrada por meio da circuncisão (5:1b).

Paulo escreve enfaticamente: "Permaneçam firmes... Ouçam bem o que eu, Paulo, tenho a dizer" (5:1-2) — como ele também faz de modo similar no início do resumo da carta (6:11). Superficialmente, há uma contradição no que ele diz. Por um lado, a circuncisão é *antitética* em Cristo (5:2-4); isto é, a circuncisão e Cristo são mutuamente excludentes. Por outro lado, a circuncisão é *irrelevante* em Cristo (5:6); isto é, a circuncisão e Cristo são mutuamente compatíveis, mesmo que a circuncisão seja insignificante. Como explicamos essa aparente contradição?

Para Paulo, Cristo é tudo ou nada. Deus inaugurou a nova era escatológica do Espírito através de Cristo, ou não. A justificação, ou a vida no Espírito, é recebida pela fé, ou não. A fé cruciforme, expressando-se através do amor cruciforme, é a essência da existência da aliança, ou não. Isso tudo provém da graça, ou não. *Enquanto para os adeptos da circuncisão Cristo é necessário, mas não totalmente suficiente, para Paulo Cristo é suficiente ou então Ele não é necessário.* Quaisquer gentios gálatas em Cristo que forem circuncidados tornam-se um caso de anacronismo, retornando ao seu antigo estado de escravidão (4:9; 5:1), perdendo qualquer benefício de Cristo (5:2), afastando-se dele e da graça (5: 4). A circuncisão é uma porta para um modo de vida — obediência a toda a Lei (5:3) — que teve seu período de validade, mas terminou com a vinda do Messias e de seu Espírito (3:24). A partir de então, qualquer um — gentio ou judeu — que está em Cristo, pela fé, compartilha da esperança da justiça futura (5:5) e expressa essa fé, como Cristo fez (2:20), em amor (5:6).[24] A circuncisão não vale nada porque 'adotá-la' (ou não) não permite nem impede a entrada no reino de Cristo e do Espírito. Submeter-se a ela, no entanto, representa uma falta de confiança no poder da graça e da fé, a suficiência de Cristo e do Espírito. É por isso que a circuncisão antes de alguém estar em Cristo é ao mesmo tempo irrelevante e compatível com Cristo, mas depois de alguém estar em Cristo é imprópria e incompatível.

Por essa razão Paulo adverte explicitamente contra os adeptos da circuncisão. Eles "impediram" (5:7) a corrida espiritual dos gálatas, fazendo-os tropeçar. Essa atividade não vinha de Deus (5:8), mas se mostrou como um câncer, ou fermento (5:9), espalhando-se por todas as igrejas da Galácia (cf. 1Co 5:6-8). Enquanto Paulo expressa confiança de que os gálatas o atenderão e (ele entende que farão) vão expulsar os adeptos da circuncisão (5:10a), ele também não deixa dúvidas sobre seus sentimentos em relação aos próprios adeptos da circuncisão. Eles serão finalmente punidos por Deus (5:10b), mas, enquanto isso, Paulo espera que suas facas de circuncisão escorreguem de suas mãos, causem um pouco de dor temporal e lesões corporais (5:12) e (talvez) as coloquem no lugar onde elas devem estar — em companhia dos sacerdotes pagãos autocastrados da deusa Cibele. Tal como aconteceu com os escritores bíblicos que o precederam, para Paulo os inimigos de Deus e do povo de Deus são seus inimigos, embora nesse momento ele guerreie apenas com palavras (cf. 2Co 10:1-6).

A mensagem de Paulo sobre a suficiência da graça e da fé, de Cristo e do Espírito, não é uma fórmula para uma 'crença fácil' ou para a chamada graça barata. Paulo não defende a observância da Lei, mas descreve a vida de fé como "obedecendo à verdade" (5:7).[25] E como as passagens seguintes mostrarão, a vida no Espírito de Cristo é uma vida

---

[24] Sobre fé, esperança e amor, veja também 1Ts 1:3; 5:8; 1Co 13:13; Rm 5:1-5.
[25] Cf. 2:5, 14; veja também, e.g., Rm 1:5 para a conexão fé-obediência.

de graça que tem um alto custo. O próprio Paulo sabia disso; seu foco na cruz em lugar da circuncisão (5:11; como uma parte e a parcela de seu zelo anterior: 1:13-14) havia criado para ele uma situação de constante perseguição, a qual ele tem certeza de que os adeptos da circuncisão querem evitar (6:12).[26]

Liberdade, amor cruciforme e o cumprimento da Lei (5:13-15)

Paulo via esses adeptos da circuncisão na busca de uma tentativa de roubar a liberdade dos crentes e devolvê-los à escravidão. 'Liberdade' era uma das palavras de ordem do apóstolo. De uma só vez resumia para ele a situação dos crentes em Cristo (2:4; 5:1). Essa liberdade proporcionada por Cristo e o Espírito era abrangente: redenção (3:13; 4:5), libertação de falsos deuses e de "princípios elementares" (4:8-9), do pecado (3:22), da carne (5:16), e da Lei (5:18) — ou seja, a libertação da "presente era perversa" (1:4). Porém, uma mensagem que enfoca a liberdade pode ser mal interpretada, como Paulo também aprendeu em seu trato com os coríntios. Os adeptos da circuncisão tinham boas razões para se preocupar, como certamente era o caso, com tanta ênfase na fé e na graça — na "liberdade". O que exatamente isso significa para Paulo?

Em apenas algumas palavras aqui (expandidas em 1Co 8:1—11:1), Paulo provê sua resposta. A liberdade é uma *realidade comum* para ele, como indicam os versículos que seguem. De modo negativo, a liberdade não é uma desculpa para a "autoindulgência" (NRSV) ou "a carne" (literalmente; então, NAB) — o impulso contra a aliança (em oposição a Deus, contra o ser humano e anticomunitário) dentro de seres humanos e comunidades, que procura exercer controle sobre eles.[27] Para Paulo, o que se coloca em oposição à carne não é algum espírito humano imaterial, mas o Espírito de Deus, o Espírito do Filho. Assim, o fato de não dar oportunidade à carne significa, por alusão, dar oportunidade ao Espírito (cf. o mesmo contraste, explicitamente,

---

[26] A "pregação da circuncisão" de Paulo (5:11) é considerada por alguns como uma referência ao seu tempo anterior quando não estava 'em Cristo', porém, muito mais provavelmente indica sua perspectiva geral de pré-conversão.

[27] Por "carne" Paulo não se refere aqui a 'corpo', como ele o faz em 2:20 e 4:13, como se o corpo fosse de alguma forma inerentemente mau.

em 5:16-26). Positivamente, então, liberdade significa permitir que o Espírito venha produzir o fruto do amor (5:13; cf. 5:22), e especificamente o tipo de amor radical e sacrificial que só pode ser retratado na imagem da 'escravidão' mútua (NRSV, corretamente, traduzindo *douleuete*, relacionado a *doulos*, em 5:13), uma imagem mais poderosa do que simplesmente "serviço" (assim, na maioria das versões). Esse é o tipo de amor encontrado na história de Cristo, o amor que brota da fé (plenitude) para com Deus (5:6; cf. 2:20), o amor que tomou a forma de escravidão (Fp 2:6-8).

Por que esse tipo de amor é necessário para aqueles que, pela fé, agora têm liberdade em Cristo? Porque toda a Lei se "cumpre" (e.g., ARA, ARC, traduzindo corretamente *peplērōtai*) — não apenas se "resume" (NRSV) — em uma palavra divina: "Ame o seu próximo como a si mesmo" (5:14, citando Lv 19:18). Para aqueles que temem que o evangelho de Paulo descarte completamente a Lei, ele ecoa Jesus (Mc 12:28-31) ao afirmar que ao amar o próximo a Lei é cumprida — implicando as responsabilidades da aliança para com outras pessoas (assim também Rm 13:8-10; cf. 8:3-4).

O versículo 15 não é uma advertência cautelar (i.e., 'vocês se mordem e se devoram uns aos outros, cuidado para não se destruírem mutuamente'), mas uma proscrição ilustrativa, se deliberadamente compreendida, um comportamento sem amor e destrutivo da comunidade. Define o oposto extremo do amor ao próximo (5:14) e de levar os fardos pesados (6:2), qualquer que seja a sua fonte — incluindo especialmente disputas entre crentes gentios e judeus. O amor, como Paulo diz em outro lugar (1Co 8:1), edifica; não destrói. Paulo pode estar insinuando que alguns gálatas, e todos os adeptos da circuncisão, têm revelado sua falta de fé e seu fracasso em cumprir ou obedecer a Lei (6:13) por sua atividade prejudicial à comunidade. Ser livre é amar e servir os outros.

Andando no Espírito (5:16-26)

Paulo prossegue descrevendo com um pouco mais de detalhes a vida de fé, expressando-a no amor e no Espírito, que cumpre a Lei. Ele usa três imagens para transmitir o caráter desse modo de vida: caminhar, guerrear e produzir frutos.

Em três lugares a passagem contém a imagem de um caminhar dentro da esfera de influência do Espírito, sendo conduzido e guiado por esse Espírito (5:16, 18, 25). Infelizmente, essa imagem, uma importante ilustração bíblica, está parcialmente escondida em algumas versões como a NRSV e a NAB, que traduzem o primeiro verbo na passagem como "viver" em vez de "andar" (*peripateite*, 5:16; NVI, ARA, ARC e RSV usam 'andar').[28] A imagem aparece, porém, em 5:18 (NRSV, NVI, NAB: "guiados") e 5:25 (NRSV, "ser guiado"; NAB, "seguir"; NVI, "andemos também pelo..."). Paulo lembra aos gálatas que "se" (que significa 'desde que') eles vivem (são justificados e se encontram em um relacionamento de aliança com Deus) pelo Espírito, eles também são obrigados a cumprir a ordem do Espírito (5:25). O 'modo indicativo' da justificação, por assim dizer, contém um imperativo inerente que não pode ser ignorado.

A imagem da vida com Deus como uma jornada certamente apresenta uma longa história antes e depois de Paulo. Parte dessa narrativa pode explicar a segunda imagem: a guerra entre o "Espírito" e a "carne" (*sarx*). A tradição judaica, que remonta a Deuteronômio 30 (especialmente 30:15), descrevia a vida como uma escolha entre dois caminhos. Esses 'dois caminhos' eram a escolha por Deus, pela aliança, pela bênção e pela vida, ou a escolha por outros deuses, pela infidelidade, pela adversidade e pela morte. Para Paulo, essas escolhas são feitas entre o Espírito e a carne, duas forças que se encontram em oposição uma à outra (5:16-17, 24-25). Ele associa implicitamente a carne com a Lei (5:18), e, assim, ao pecado como um poder (3:22) — um conjunto de conexões que se torna mais explícito em Romanos. Os crentes "crucificaram a carne" (5:24) por meio da sua morte com Cristo e para a Lei (2:19); eles romperam seu relacionamento com a carne, mas ela ainda continua existindo e exerce poder, mesmo dentro da comunidade daqueles que estão em Cristo. A carne deve, portanto, ser resistida ativamente (5:16, 25).

Essa guerra entre a carne e o Espírito leva à terceira imagem — a produção de frutos. Tanto a carne quanto o Espírito são agentes ativos, o primeiro produz "obras" (5:19, usando um termo que ecoa, talvez deliberadamente, as "obras da lei"), o segundo, o "fruto" (5:22). Paulo

---

[28] Veja a breve discussão desse ponto no cap. 6. O mesmo problema reaparece, mais dramaticamente, nas traduções de Colossenses e Efésios.

inclui uma lista das "obras" e do "fruto" de cada um, respectivamente, semelhante aos gêneros antigos comuns de listas de vícios e listas de virtudes. Porém, as listas de Paulo têm uma reviravolta teológica substancial. A relação de vícios (5:19-21a) não é simplesmente um inventário de maus hábitos; as atividades listadas são violações de alianças, ações contrárias à fé ("idolatria, feitiçaria") e ao amor (o restante, com ênfase especial na imoralidade sexual e no divisionismo[29]). Aqueles cujas vidas são caracterizadas por tal comportamento demonstram que não têm o Espírito, estão fora da aliança e não são justificados e, portanto, não herdarão o reino de Deus (5:21; cf. 1Co 6:9-10).

Em contraste com as obras da carne está o fruto do Espírito (5:22-23). Esse fruto multifacetado difere dos 'dons' do Espírito (1Co 12; cf. Rm 12 e Ef 4), dentre os quais cada crente aparentemente recebe pelo menos um, mas não todos. No entanto, o Espírito concede o fruto em sua *totalidade* a todos os crentes, em vez de apenas algum aspecto do fruto (e.g., alegria, mas não autocontrole). Mais uma vez a lista reflete as obrigações da aliança (e.g., amor, apropriadamente listado primeiro nesse contexto, e fé [fidelidade]), mas com claros ecos dessa aliança como incorporada em Cristo (cf. 2:20; 2Co 10:1) e experimentada por Paulo (e.g., "alegria").

A imagem de frutificação pode implicar uma abordagem passiva ou individualista da ética, todavia, essa claramente não é a intenção de Paulo (e.g., 5:26). A atividade do Espírito requer a cooperação e o esforço dos crentes. Eles estão — ou deveriam estar — caminhando, guerreando e produzindo frutos juntos, como um corpo unificado ao invés de um corpo fraturado. A vida no Espírito não ocorre isoladamente, mas em comunidade e em relacionamentos — em que pode prevalecer o conflito ou a bondade, a inveja ou a generosidade. Esse foco comunitário continua na seção seguinte.

A lei de Cristo na vida da comunidade (6:1-10)

Ao abordar alguns detalhes mais específicos, antes de concluir com uma advertência geral, Paulo termina seu discurso sobre a vida no

---

[29] As preocupações de Paulo sobre a carne, definida como imoralidade sexual, podem ser encontradas em Rm 1:18-32; 1Co 5:1-13; 6:12-20; 1Ts 4:1-8; cf. Ef 5:3-14. Para a carne definida como divisionismo, veja especialmente Rm 14:1—15:13, introduzido por 13:14, e 1Co 1:10-4:21, com um resumo conciso em 3:2.

Espírito apontando três áreas concretas de responsabilidade, ao mesmo tempo em que oferece uma imagem final desta vida. As três responsabilidades são para com os outros, para consigo mesmo e para com os mestres. A imagem, como produção de frutos, é agrícola: semear sem desanimar.

A primeira responsabilidade que os crentes têm é mútua: de uns para com os outros (6:1-3), e é dupla: 'restaurar' e 'carregar fardos' de forma mais geral. Aqueles que são mencionados no versículo 1 (*hoi pneumatikoi*) são provavelmente *todos* os gálatas em virtude de serem recipientes do Espírito, ao invés de um conjunto seleto de pessoas 'espirituais'. Eles são convidados para "restaurar" de forma gentil e cuidadosa aqueles que transgrediram (no contexto, retornaram às obras da carne listadas em 5:19-21a), para que também não se desviem. Esse não deve ser um comportamento opcional, porque o transgressor ocasional pode eventualmente se tornar em um praticante regular, e por isso perderá o reino de Deus (5:21). Nem é opcional levar os fardos uns dos outros, não importa quais sejam — tentação, dificuldades econômicas, tristeza, outras formas de perda etc. (cf. Rm 12:15).

Tal preocupação pelos outros é a fé em ação, amor como o de Cristo na cruz. Por essa razão, Paulo chama essa atitude como cumprir (cf. 5:14) a "lei de Cristo" (6:2). Essa linguagem é bastante inesperada, devido ao tratamento da "Lei" em Gálatas. No contexto, essa "lei de Cristo" não é algo que Jesus definiu, mas tudo o que Ele viveu. É a "lei" da aliança — ou princípio — da fé, expressando-se em amor (2:20; 5:6). Poderíamos melhor nos referir a ela como o *padrão narrativo* do Messias, uma espécie de lei real, viva, que serve de paradigma para outros.[30] Se, para Paulo, Jesus é um mestre (respondendo talvez aos adeptos da circuncisão), Ele é um mestre da mesma forma que a história de sua morte fiel e amorosa é a lição ministrada por Ele. A lei de Cristo é o padrão narrativo do amor em forma de cruz que a verdadeira fé descreve. Qualquer um que se considere importante demais para amar os outros dessa maneira se engana a si mesmo sobre ter o Espírito (6:3). O Espírito é o Espírito do amor cruciforme, o Espírito da nova aliança, que habita em nós, agora conhecido como o Espírito do Filho (4:6).

---

[30] Para o Messias como lei, veja Joshua W. Jipp, Christ is King: Paul's Royal Ideology (Mineápolis: Fortress, 2015), cap. 2, "King and Law: Christ the King as Living Law".

A segunda responsabilidade é para consigo mesmo (6:4-5). Fazer parte de uma comunidade amorosa e 'sobrecarregada de fardos' não justifica a preguiça ou a irresponsabilidade. Os crentes, portanto, levam seus próprios fardos e, conforme a necessidade, os fardos dos outros. A terceira responsabilidade, que é uma expressão das duas primeiras, é compartilhar — provavelmente financeiramente — os próprios recursos ("coisas boas") com os professores da comunidade (6:6).

Paulo encerra suas reflexões sobre a vida no Espírito com uma imagem bíblica (e secular) tradicional que contém tanto uma advertência quanto uma admoestação (6,7-10): "colhemos" o que "semeamos". Conectando isso às imagens de 'dois caminhos' e duas 'forças' (carne, Espírito) de 5:16-26, Paulo oferece aos gálatas a opção de semear na carne e colher a morte, ou semear no Espírito e colher a vida eterna. A vida no Espírito requer atenção contínua; a obtenção da justiça é uma esperança (5:5), baseada em manter a vida no Espírito (6:9). Isso significa, em poucas palavras, "trabalhar para o bem de todos" constantemente, para crentes e não crentes (6:10). A vida cheia do Espírito é inerentemente orientada para o exterior, sendo, portanto, missionária. Significa incorporar a cruz em serviço amoroso, pois o Espírito é o Espírito do Filho crucificado e ressurreto (4:6).

6:11-18. Resumo e exortações finais

A conclusão, ou a retórica *peroratio*, de Gálatas ecoa várias partes da carta e reforça a mensagem básica de Paulo: pelo lado negativo, busca barrar a circuncisão e os seus adeptos; positivamente, procura manter o foco na cruz de Cristo.

Paulo começa pegando a pena de seu secretário para enfatizar seu envolvimento pessoal no conteúdo apaixonado da carta (6:11). Começando pelos próprios adeptos da circuncisão, ele os acusa de ter um orgulho 'carnal', além de hipócrita, e de evitarem a perseguição "por causa da cruz de Cristo" (6:12-13). Ao longo da carta aos Gálatas, Paulo procurou associar a circuncisão com a Lei, e ambas com a "carne", enquanto ele manteve todas as três em oposição ao Espírito. Aqui essas associações e antíteses continuam. A circuncisão, para Paulo, tem a ver com valores e padrões humanos que não importam para Deus e que criam um sentimento inadequado de orgulho entre aqueles que são circuncidados. Além disso, conforme diz Paulo, a circuncisão nem mesmo conduz à obediência à Lei (6:13), desferindo outra punhalada retórica nos adeptos da circuncisão. Em acréscimo, e mais importante, Paulo vê no foco dos adeptos da circuncisão uma oposição à cruz e às suas consequências.

Seria, de fato, bem possível que os adeptos da circuncisão acreditassem que tornar os gentios plenamente judeus (através da circuncisão) diminuiria a perseguição ao movimento messiânico de Jesus por parte da sinagoga ou dos oficiais romanos. Para Paulo, isso era, obviamente, um compromisso inaceitável. Seu foco, sua única 'ostentação', é a cruz, que permanece como a peça central implícita de toda a carta. Através da cruz, Paulo escreve: "o mundo foi crucificado para mim, e eu para o mundo" (6:14). Essa é a terceira de três afirmações interligadas sobre a própria crucificação de Paulo — sua crucificação juntamente com Cristo (2:19), a crucificação de sua carne (5:24) e agora sua crucificação para "o mundo". Morrer com Cristo é identificar-se com sua cruz a ponto de eliminar todo interesse pelos valores e padrões deste mundo e desta época (cf. 1:4), em que a cruz é repudiada. É também afirmar, mais uma vez, que a circuncisão e a incircuncisão não importam (cf. 5:6), porém, os efeitos da cruz importam — a inauguração da nova criação prometida pelos profetas (6:15; cf. 2Co 5:17), que é o próprio período em que a fé se expressa por meio do amor, como é colocado no texto paralelo, em 5:6. Isso não implica negar o significado da vida no 'mundo', mas evocar uma maneira totalmente nova de envolver este mundo: não em seus próprios termos, mas a partir da perspectiva de uma nova criação. É estar no mundo, mas não pertencer a ele (cf. Jo 17:14-16).

Para aqueles que "andam conforme essa regra" — a regra da nova criação iniciada na cruz de Cristo e cumprida por seu Espírito — Paulo oferece uma bênção judaica de paz e misericórdia, definindo os destinatários como o "Israel de Deus" (6:16). Nessa nova era, o que marca Israel como povo de Deus não é a circuncisão, mas uma nova criação envolvendo gentios e judeus, mulheres e homens, escravos e livres (3:28) que vivem juntos em Cristo, como descendência de Abraão, como filhos de Deus, assinalados pela marca da cruz. O próprio Paulo, de fato, foi marcado — literalmente. Ele carrega "as marcas [*stigmata*] de Jesus" em seu corpo (6:17). O apóstolo se refere às cicatrizes que recebeu em várias formas de perseguição, talvez, especialmente, as trinta e nove chicotadas nas mãos dos oficiais da sinagoga (2Co 11:24). Todavia, essas cicatrizes funcionam para Paulo como as marcas de seu mestre, o Senhor Jesus Cristo. Como todos os escravos da antiguidade, Paulo foi marcado como escravo de seu dono e Senhor (cf. 1:10), crucificado junto com Ele até no sofrimento físico. Aqueles que questionam seu evangelho ou apostolado precisam apenas olhar para a correspondência entre ele e o Senhor Jesus. E, no entanto, essa cruz significa ressurreição — vida!

É o Senhor Jesus Cristo, anunciado em palavras e obras por seu servo e apóstolo Paulo, que é suficiente para trazer graça — e tudo o que essa graça representa — aos gálatas (6:18). Os gálatas são, pela graça e tal como Paulo, membros da comunidade da cruz e da ressurreição, a comunidade do Espírito — de fato, a comunidade do Pai, Filho e Espírito.

RESUMO DE GÁLATAS 5–6

A experiência do evangelho paulino de cruz, fé e Espírito é suficiente para neutralizar o poder do pecado, da carne e da morte e, portanto, suficiente para justificação, retidão e vida.

- A circuncisão é irrelevante em Cristo e, se procurada pelos crentes, tira Cristo de seu lugar em sua vida e o invalida como o único e suficiente meio de liberdade.
- A 'liberdade' não é uma desculpa para 'a carne', para licenciosidade, imoralidade ou irresponsabilidade.
- A liberdade é uma realidade para a comunidade e uma realidade paradoxal, experimentada apenas como 'escravidão' para os outros.
- O que importa em Cristo é a vida de fé cristã, expressando-se em amor, que é a verdadeira liberdade e que cumpre a Lei; é a marca daqueles que vivem na nova criação como o Israel de Deus.
- A vida em Cristo é 'andar' ou 'andar em sintonia' com o Espírito: crucificar os desejos da carne e permitir que o fruto do Espírito seja produzido.
- Aqueles que 'andam' pelo Espírito carregam o fardo, uns dos outros, e assim cumprem a 'lei', ou padrão narrativo, de Cristo, fazendo o bem aos crentes e aos de fora da comunidade.

A HISTÓRIA DIANTE DA CARTA

Algumas leituras sobre Gálatas

"Você vê a compaixão paterna dele? Você vê a angústia que é apropriada para um apóstolo? Você vê como ele gemeu mais amargamente

do que as mulheres quando dão à luz? 'Você arruinou a imagem de Deus', ele está dizendo. — 'Você perdeu a filiação, trocou a semelhança. Você precisa de um renascimento e reforma.'"
    João Crisóstomo, *Homilies on Galatians* (c. 390), citado em *Galatians, Ephesians, Philippians*, ACCS 8, ed. Mark J. Edwards (Downs Grove, IL: InterVarsity, 1999), p. 66.

"O Apóstolo, portanto, escreve esta epístola aos Gálatas, na qual ele mostra que com a vinda da graça do Novo Testamento, o Antigo Testamento deve ser lançado fora, para que com o cumprimento da verdade, a figura possa ser abandonada, e com a obtenção desses dois elementos, a saber, graça e verdade, pode-se chegar à verdade da justiça e da glória. E eles são adquiridos se, abandonando a observância da 'legalia' [isto é, os preceitos cerimoniais da Antiga Lei], nos concentrarmos fervorosamente em observar o evangelho de Cristo."
    Tomás de Aquino, *Commentary on St. Paul's Epistle to the Galatians,* Lecture 1, (século 13), trad. F.R. Larcher (Albany: Magi, 1966), p. 3.

"Se [a doutrina da justificação] for perdida e perecer, todo o conhecimento da verdade, vida e salvação é perdido e perece ao mesmo tempo. Mas se florescer, tudo o que é bom floresce — religião, adoração verdadeira, a glória de Deus e o conhecimento correto de todas as coisas e de todas as condições sociais... 'Embora eu seja um pecador de acordo com a lei... não me desespero. Eu não morro, porque Cristo vive, porque é minha justiça e minha vida eterna e celestial... [Acima] desta vida tenho uma justiça fora de mim, outra vida, que é Cristo... Nesta epístola, portanto, Paulo está preocupado em nos instruir, confortar e sustentar diligentemente em um perfeito conhecimento dessa justiça excelente e cristã. Pois se a doutrina da justificação for perdida, toda a doutrina cristã será perdida."
    Martinho Lutero, vol. 26 *Works; Lectures on Galatians 1535, Chapters 1-4,* ed. Jaroslav Pelikan (St. Louis: Concordia, 1963), p. 3, 8, 9.

"O argumento de Paulo contra a circuncisão, que é também um argumento contra a identidade com uma certa disposição religiosa e uma nação em particular, trata de nossas lutas atuais para sermos moldados por Cristo além dos padrões herdados de comportamento ou lealdade nacional."
    L. Ann Jervis, *Galatians* (Peabody, MA: Hendrickson, 1999), p. 23.

"Estar em Cristo implica ser habitado pelo Espírito do Filho de Deus, um Espírito que confirma a identidade do cristão como filho de Deus. Para os membros da igreja doméstica, isso é surpreendente. Otaviano [César Augusto] pode alegar ser filho de um deus. Para a escrava de um artesão reivindicar isso vira a hierarquia do *status* de cabeça para baixo. E como ela se sente quando Paulo muda para o singular e escreve: 'Você já não é mais um escravo, mas filho... Deus também o tornou herdeiro' (4:7)? A visão é deslumbrante, embora a realidade cotidiana deve ter sido muito mais prosaica."

Peter Oakes, *Galatians*, PCNT (Grand Rapids: Baker Academic, 2015), p. 138.

PERGUNTAS PARA REFLEXÃO

1. Em Gálatas, Paulo expressa uma paixão significativa — raiva, decepção, confiança etc. Que tipos de critérios podem ser necessários para a expressão apropriada de tais emoções no contexto da vida da igreja?
2. Que tipos de 'suplementos' ao evangelho do Cristo crucificado e ao dom do Espírito foram ou estão sendo introduzidos na igreja? O que faz com que pessoas e movimentos tentem complementar o evangelho? De que maneiras a carta aos Gálatas pode ajudar a identificar e abordar tais suplementos?
3. Como a epístola aos Gálatas pode contribuir para uma teologia contemporânea e experiência da cruz? Do Espírito? De sua inter-relação?
4. Qual é, e qual deve ser, o significado contemporâneo da afirmação de Paulo de que em Cristo "não há mais judeu ou grego, não há mais escravo ou livre, não há mais homem ou mulher"?
5. Que contribuições Gálatas faz, e que questões a epístola pode levantar sobre uma compreensão contemporânea da liberdade cristã?
6. De que maneira os cristãos contemporâneos separam fé e amor, ou teologia e ética, um do outro? Como Gálatas pode ajudar a Igreja na teoria e na prática de mantê-los juntos?
7. Como a tensão entre a responsabilidade individual e comunitária ('levar os fardos') se manifesta na vida contemporânea da igreja?

8. Alguns leitores acusaram Paulo de antissemitismo em Gálatas. Qual pode ser a base para essas acusações? Que possíveis réplicas poderiam ser oferecidas a tais acusações?
9. Como você responde às interpretações da carta aos Gálatas citadas acima?
10. Em suma, o que esta carta exorta a igreja a crer, esperar e fazer?

Para leitura e estudo adicionais

Geral

Agostinho. *Augustine's Commentary on Galatians: Introduction, Text, Translation, and Notes*. Traduzido por Eric Plumer. Nova York: Oxford University Press, 2003. O único comentário formal do pai da Igreja; Plumer vê a interpretação de Agostinho da carta aos Gálatas como um exercício de construção de comunidade.

Braxton, Brad R. *No Longer Slaves: Galatians and African American Experience*. Collegeville, MN: Liturgical, 2002. Gálatas como um instrumento de libertação e reconciliação.

Cousar, Charles B. *Galatians*. Interpretation. Louisville: Westminster John Knox, 1982. Para a pregação e ensino, com ênfase na graça de Deus como tema da carta.

Dunn, James D. G. *A Commentary on the Epistle to the Galatians*. BNTC. Peabody, MA: Hendrickson, 1993. Comentário provocador a partir da 'nova perspectiva' de Paulo.

Edwards, Mark J., ed. *Galatians, Ephesians, Philippians*. ACCS 8. Downers Grove, IL: InterVarsity, 1999. Fragmentos das interpretações dos pais da Igreja primitiva.

Elliott, Mark W., et al., eds. *Galatians and Christian Theology: Justification, the Gospel, and Ethics in Paul's Letter*. Grand Rapids: Baker Academic, 2014. Ensaios perspicazes de estudiosos e teólogos bíblicos de renome.

Hays, Richard B. "Galatians", p. 181-348 *in* vol. 11 of *The New Interpreter's Bible*. Edit. por Leander E. Keck. Nashville: Abingdon, 2000. Uma rica interpretação da carta como um sermão argumentativo, sublinhando o evangelho paulino apocalíptico e centrado na cruz.

Luther, Martin. *Lectures on Galatians*. Vols. 25-26 of *Luther's Works*. Edit. por Jaroslav Pelikan. St. Louis: Concordia, 1963. A interpretação histórica do reformador da carta que ele chamou de 'esposa'.

Matera, Frank J. *Galatians*. SP. Collegeville, MN: Liturgical, 2007 (orig. 1992). De modo geral, a partir da 'nova perspectiva' sobre Paulo, enfatizando as dimensões sociais e éticas, bem como individuais, da justificação.

Oakes, Peter. *Galatians*. PCNT. Grand Rapids: Baker Academic, 2015. Exposição perspicaz com atenção especial ao mundo social de Paulo e dos gálatas.

Riches, John. *Galatians through the Centuries*. Oxford: Blackwell, 2008. Fascinante tratamento da história da interpretação, passagem por passagem.

Tomás de Aquino. *Commentary on St. Paul's Epistle to the Galatians*. Trad. por F. R. Larcher. Albany: Magi, 1966. Interpretação do grande teólogo medieval.

Williams, Sam K. *Galatians*. ANTC. Nashville: Abingdon, 1997. Exposição cuidadosa enfatizando a forma como a carta teria sido ouvida na Galácia.

Técnica

Barclay, John M. G. *Obeying the Truth: Paul's Ethics in Galatians*. Mineápolis: Fortress, 1988. O caráter teológico da ética gerada pelo Espírito a Paulo em Gálatas, e sua relação integral com o restante da carta.

Betz, Hans Dieter. *Galatians: A Commentary on Paul's Letter to the Churches in Galatia*. Hermeneia. Filadélfia: Fortress, 1979. Uma obra clássica que tenta situar a carta em seu antigo contexto retórico e social.

Bruce, F. F. *The Epistle to the Galatians: A Commentary on the Greek Text*. NIGTC. Grand Rapids: Eerdmans, 1982. Um comentário sólido e visto de uma perspectiva tradicional.

Das, A. Andrew. *Galatians*. Concordia Commentary. St. Louis: Concordia, 2014. Uma interpretação tecnicamente adequada e teologicamente rica de um estudioso luterano com visão apocalíptica.

___. *Paul and the Stories of Israel: Grand Thematic Narratives in Galatians*. Mineápolis: Fortress, 2016. Examina criticamente várias propostas para o motivo narrativo principal da carta e, em seguida, defende a história do servo em Isaías.

de Boer, Martinus C. *Galatians*. NTL. Louisville: Westminster John Knox, 2011. Uma análise cuidadosa e detalhada da carta de um dos principais proponentes da escola 'apocalíptica'.

Eastman, Susan Grove. *Recovering Paul's Mother Tongue: Language and Theology in Galatians*. Grand Rapids: Eerdmans, 2007. Explora o relacionamento íntimo de Paulo e as admoestações aos crentes da Galácia.

Kahl, Brigitte. *Galatians Re-Imagined: Reading with the Eyes of the Vanquished*. Mineápolis: Fortress, 2010. Interpreta a carta como uma resposta ao poder imperial.

Longenecker, Richard N. *Galatians*. WBC 41. Waco, TX: Word, 1990. Um comentário detalhado sobre o texto grego, com atenção aos contextos judaicos e não judaicos.

Martyn, J. Louis. *Galatians*. AYB 33A. Nova York: Doubleday, 1998. Grande obra destacando o caráter teológico e especialmente apocalíptico da carta.

Moo, Douglas. *Galatians*. Grand Rapids: Baker Academic, 2013. Análise detalhada da carta a partir da perspectiva mais 'tradicional' sobre Paulo, mas com atenção aos aspectos 'históricos da salvação' e 'apocalípticos' do texto.

Nanos, Mark D. *The Irony of Galatians: Paul's Letter in First-Century Context*. Mineápolis: Augsburg Fortress, 2002. Tratamento provocativo da retórica de Paulo, afirmando que os 'influenciadores' são judeus gálatas, não 'cristãos'.

Witherington, Ben, III. *Grace in Galatia: A Commentary on Paul's Letter to the Galatians*. Grand Rapids: Eerdmans, 1998. Análise retórica detalhada da carta.

10

1CORÍNTIOS

O caos, a cruz e o Espírito em Corinto

Proclamamos Cristo crucificado... o poder de Deus e a sabedoria de Deus.

1Coríntios 1:23-24

A comunidade coríntia era o filho problemático de Paulo. Os crentes em Corinto conseguiram entender mal quase tudo que Paulo disse e fez, para seu próprio prejuízo e total espanto do apóstolo. Quando Paulo escreveu a carta que chamamos de 1Coríntios, a igreja, do ponto de vista do apóstolo, estava em completo caos. A carta parece uma lista de problemas, mas esses são os sintomas de uma doença mais significativa. O que infectou os coríntios foi uma divisão baseada no *status* social e espiritual. Porém, mesmo isso indicava um problema mais fundamental: uma falha em entender as consequências na vida real do evangelho de "Jesus Cristo, e este crucificado" (2:2). O objetivo de Paulo tornou-se convencer os coríntios a incorporar a cruz na vida diária à luz da ressurreição passada e do breve retorno de seu Senhor crucificado.

Esse objetivo estava, portanto, ligado à questão básica da 'espiritualidade': como se conhece a presença do Espírito de Deus/Cristo em uma comunidade ou indivíduo? Afinal, o Espírito é o sinal da nova criação/nova aliança, como Gálatas já havia deixado claro e a correspondência coríntia confirmará. Esta questão sobre o Espírito é central para ambas as cartas aos coríntios que foram preservadas. Em 1Coríntios, a pergunta pungente parece ser geral: "Como é a vida de uma comunidade cheia do Espírito?" — com alguma atenção à natureza do ministério apostólico. Em 2Coríntios, a questão crítica mais específica parece ser "Como é o ministério de um apóstolo cheio do Espírito?" — com implicações para todos os crentes.

Em 1Coríntios, o assunto deste capítulo, temos mais (relativamente) janelas claras para uma comunidade cristã primitiva do que em qualquer outro escrito do Novo Testamento. É também, talvez, a carta mais prática e contemporânea de Paulo. O grande estudioso Raymond Brown afirmou que esta carta, não Romanos, é o documento a ser estudado em profundidade se tivermos tempo para apenas uma única carta paulina.[1] O que exatamente significa, na agitação da vida diária, para indivíduos e comunidades estarem juntos em Cristo e serem cheios do Espírito?

A HISTÓRIA POR TRÁS DA CARTA

"A viagem a Corinto não é para qualquer homem", observaram vários viajantes antigos. Corinto tinha uma reputação de lugar de problemas, e era até o homônimo de um verbo. "Tornar-se corintianizado" (gr. *korinthiazesthai*) significava algo como 'tornar-se completamente imoral e materialista' ou até mesmo 'fornicador'. Corinto tinha a reputação que algumas cidades americanas têm, especialmente entre os não-ocidentais. Entre suas prósperas indústrias estava um comércio sexual bastante agitado, algumas das quais podem ter sido inspiradas pela longa associação da cidade com Afrodite e seu templo. (No período romano, no entanto, Afrodite tinha várias funções, incluindo ser mãe da família imperial, e não apenas uma divindade sexual.) Entre as ruínas da cidade estão também mais de duas dúzias de templos, estátuas e monumentos a Apolo, Asclépio, Atena, Deméter e Kore, Serápis, o imperador e outros deuses. Na vizinha Ístmia estão os restos de um grande templo a Poseidon, deus do mar.

Corinto foi de considerável importância estratégica para a propagação do evangelho. Localizada na província da Acaia, no istmo que liga a Grécia continental à região mais ao sul, o Peloponeso, a cidade era uma metrópole próspera, cosmopolita e comercial. Ela estava situada em um local impressionante, dominado pelo maciço Acrocorinto (local

---

[1] Raymond E. Brown, *An Introduction to the New Testament* (Nova York: Doubleday, 1997), p. 511

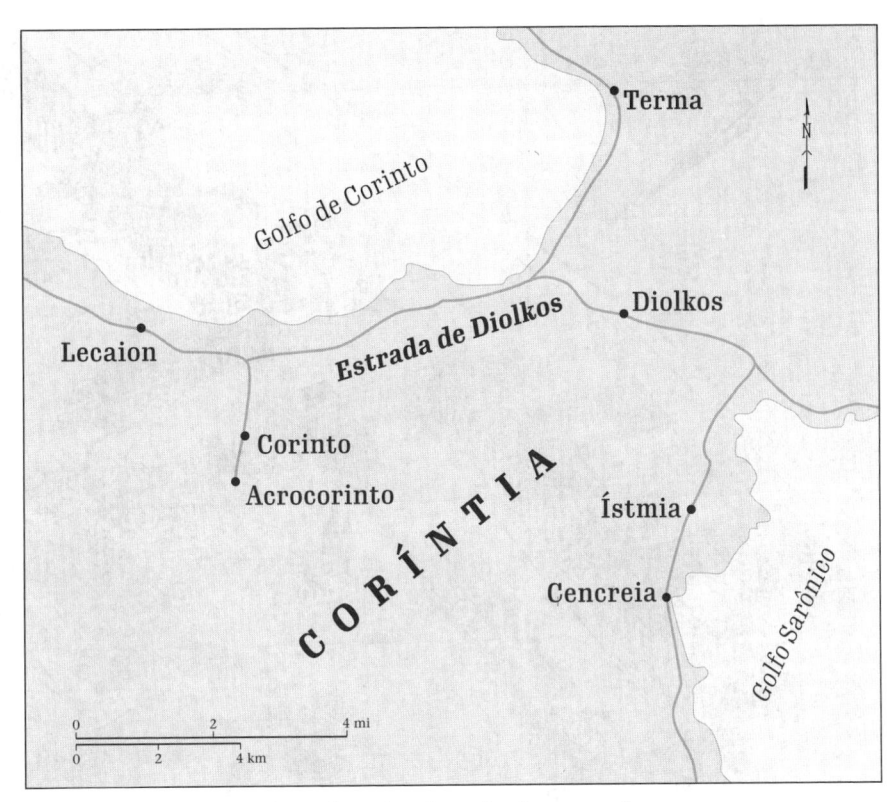

Corinto do primeiro século e arredores

do templo de Afrodite), que se elevava a cerca de 550 metros ao sul. Era o "mestre de dois portos" (Estrabão, *Geogr.* 8.6.20) — *Lechaeum* (ou Lecaion), cerca de 3,2 km a noroeste no Golfo de Corinto, levando ao mar Adriático; e Cencreia, cerca de 9,6 km a sudeste no golfo Sarônico, em direção ao mar Egeu. As duas cidades eram conectadas pela estrada de Diolkos, pela qual mercadorias e até pequenos navios podiam ser transportados entre os dois portos. (Hoje um canal, concebido por Júlio César, mas não concluído até 1893, liga os dois golfos.) Por esses portos, Corinto controlava o tráfego comercial da Ásia Menor para a Itália. Os portos também permitiam o fluxo leste-oeste de ideias religiosas e de seus mensageiros. Corinto era "a passagem para toda a humanidade" (Élio Aristides, *Orations* 46.24).

Outrora uma poderosa cidade-estado grega, Corinto foi destruída por Roma em 146 a.C. e deixada inativa até 44 a.C., quando Júlio César a refundou como uma colônia de Roma (*Colonia Laus Julia Corinthiensis*,

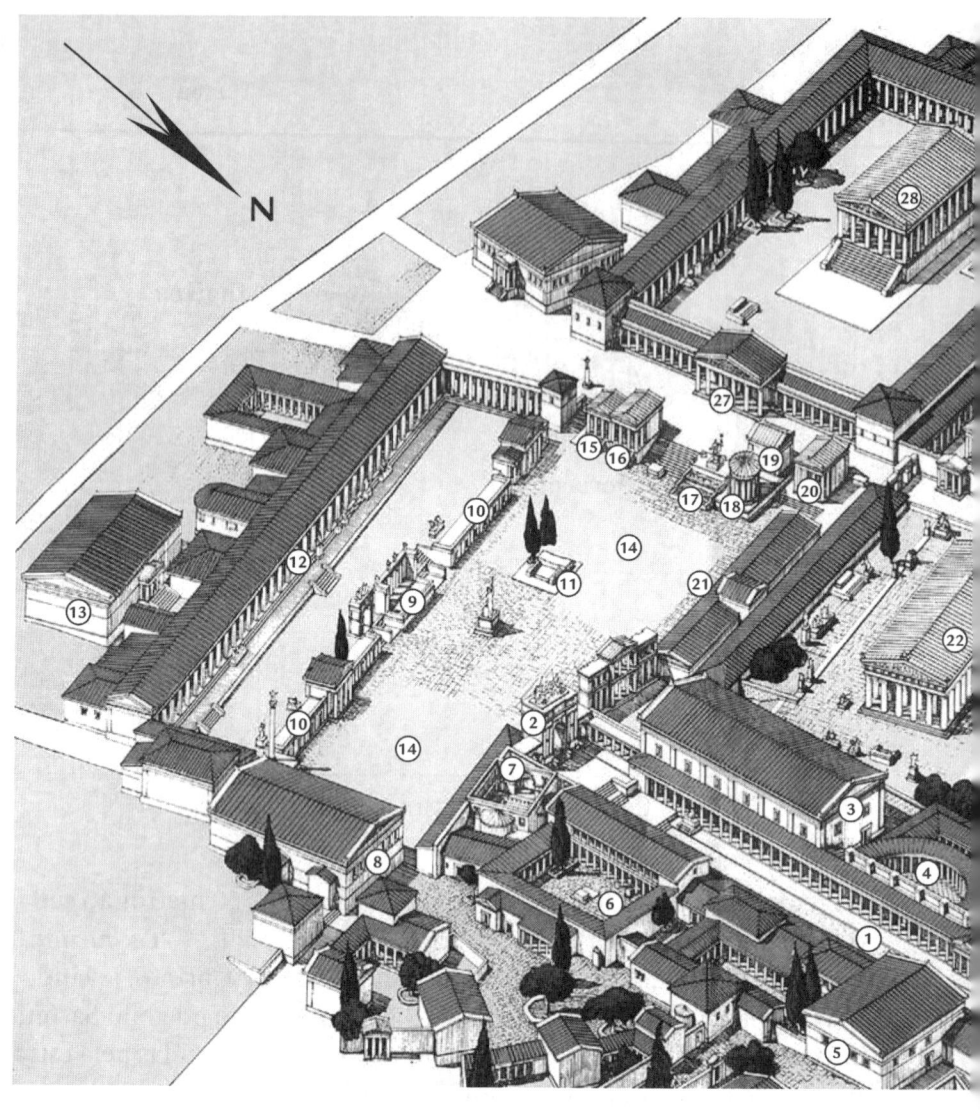

1. Estrada para Lecaion
2. Arco monumental
3. Basílica
4. Mercado
5. Banhos
6. Períbolos de Apolo construídos no final do primeiro século; antes disso, uma possível localização do "mercado de carne" de 1Co 10:25
7. Fonte Pirenesa
8. Basílica Juliana
9. *Bēma* (o "tribunal" de At 18:12)
10. Mercado
11. Altar
12. *Stoa*
13. Basílica
14. Fórum
15. Templo de Vênus Vitrix
16. Templo dos cultos de Roma, do imperador e do senado
17. Fonte de Poseidon
18. *Stoa*

Uma reconstrução do centro romano de Corinto

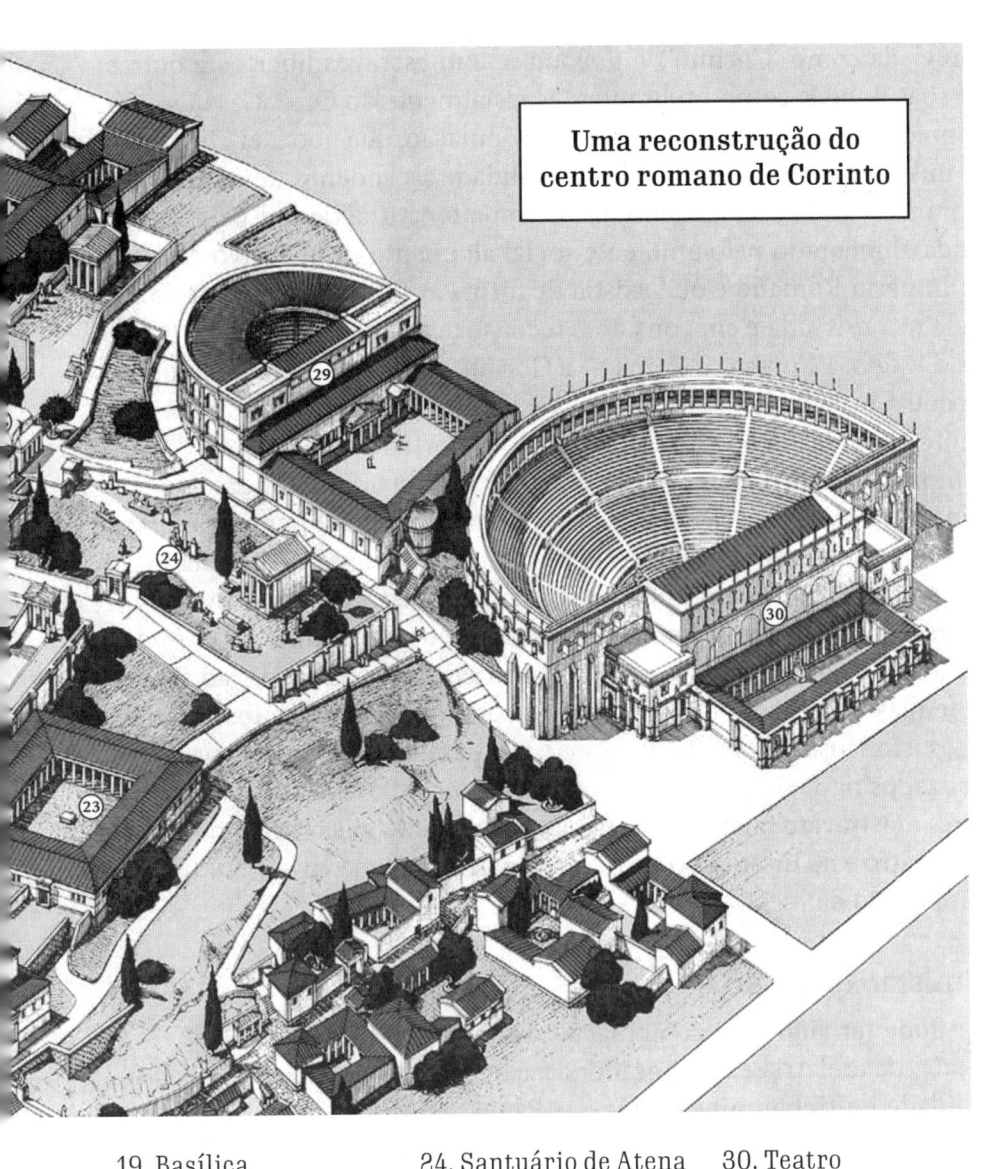

19. Basílica
20. Fórum
21. Templo de Vênus Vitrix
22. Templo dos cultos de Roma, do imperador e do senado
23. Fonte de Poseidon
24. Santuário de Atena Calínita
25. Templo
26. Fonte Glauke
27. Mercado
28. Templo
29. Odeion (construído após o tempo de Paulo)
30. Teatro

abreviada como 'Corinto') e povoou-a com escravos libertos e outras pessoas pobres, como imigrantes, especialmente do Oriente. Não seria impreciso descrever grande parte da população, que pode ter chegado a 80 mil habitantes,[2] como tendo "mobilidade ascendente", tentando melhorar na escala socioeconômica. O ímpeto natural de tais pessoas era ainda alimentado pelo ambiente social altamente competitivo comum no Império Romano e que existia de forma acentuada dentro dessa cidade reconstruída e em constante reconstrução.

De fato, a Corinto romana — a Corinto de Paulo — rapidamente se tornou a principal cidade da Acaia, e dentro do Império Romano, não muito atrás de Roma e Alexandria em importância. Como em Filipos ao norte, o latim (não o grego) dominava os espaços públicos. No entanto, a cidade não era cheia de ricos (e os ricos geralmente não eram velhos, cultos, com dinheiro romano), mas tinha uma preponderância de pessoas trabalhadoras não elitizadas que se aproveitavam de sua localização. Um artesão como Paulo teria encontrado muitas oportunidades de emprego a partir de pedidos habituais de trabalho de fabricação de tendas, e talvez também de pedidos especiais para eventos como os jogos ístmicos bienais. Perdendo apenas para a Olimpíada, esses jogos realizados na vizinha Ístmia eram dedicados a Poseidon. Os competidores mostravam talento não apenas no atletismo, mas também na música, teatro e no discurso (retórica) — eram um ícone vivo da cultura de competição da região.

A missão de Paulo

Pode ter sido essa combinação das características da cidade — o desafio da idolatria e da imoralidade, a localização estratégica e a oportunidade de trabalho — que levou Paulo, de acordo com At 18:11, a passar dezoito meses de sua segunda viagem missionária em Corinto, durante os anos 50-51 ou 51-52. (A datação bastante precisa é possível por causa de uma referência em At 18:12-17 ao procônsul da Acaia, Gálio, que é mencionado em uma inscrição em Delfos que data de cerca

---

[2] Donald Engels, Roman Corinth: An Alternative Model for the Classical City (Chicago: University of Chicago Press, 1990), p. 33, 84, embora os dados sejam escassos e talvez mais representativos do segundo século.

de 52.³) O que se segue é um resumo da missão de Paulo de acordo com Atos.

Paulo chegou sozinho a Corinto depois de pouco sucesso obtido em Atenas, embora isso possa ter sido mais agradável do que o problema que ele havia encontrado imediatamente antes em Bereia, Tessalônica e Filipos. Ele se encontrou com um homem chamado Áquila e sua esposa Priscila, dois crentes judeus que deixaram Roma quando Cláudio expulsou os judeus, e que também eram fabricantes de tendas (18:1-4). Como de costume, Paulo pregou na sinagoga, teve pouco ou nenhum sucesso, e então juntou-se novamente a Silas e Timóteo, dirigindo seus esforços para os gentios (18:5-6). Atos nos diz que um homem temente a Deus, chamado Tício Justo, um oficial da sinagoga chamado Crispo, possivelmente outro oficial da sinagoga, Sóstenes, e muitos coríntios (gentios) "se tornaram crentes e foram batizados" (18:7-8, 17; cf. 1Co 1:1, 14). Como em locais anteriores, Paulo foi novamente contestado por certos judeus, que levaram o assunto a Gálio, o procônsul, mas ele rejeitou o caso (At 18:12-17).

A primeira carta aos Coríntios atesta também o sucesso de Paulo. Desenvolveu-se uma comunidade vibrante e carismática que incluía principalmente gentios (veja 12:2), mas também judeus, homens e mulheres, escravos e livres. Alguns tinham posses, intelecto e cultura, embora a maioria fosse de vários estratos sociais de pessoas que não pertenciam à elite, carentes de tais 'indicadores de *status*' (1:26), para usar a linguagem das ciências sociais. Juntas, essas pessoas constituíam a única igreja de Deus em Corinto (1:2). É bem possível que houvesse de fato várias assembleias diferentes na cidade (veja as referências a famílias em 1:16; 16:15), talvez de diversos tamanhos e características. Que fosse uma só assembleia ou várias delas, os crentes se reuniam como um único corpo (14:23) para a celebração regular ou ocasional da Ceia do Senhor e adoração conjunta na casa de um crente rico (caps. 11—14),⁴ que pelo menos por algum tempo era um homem chamado Gaio, a quem o próprio Paulo havia batizado (1:14; Rm 16:23).

---

³ Alguns estudiosos pensam que At 18 funde duas das visitas de Paulo a Corinto em uma, o que poderia colocar a primeira visita de Paulo cerca de uma década antes.
⁴ Isso provavelmente sugere uma ekklēsia total não superior a 50 ou 100 pessoas.

Divisões e escândalos

Em retrospecto, talvez Paulo tenha desejado não ter batizado ninguém, pois a questão sobre quem batizou quem se tornou uma das causas da divisão na comunidade (1:13-14). A partida de Paulo de Corinto foi seguida por uma visita muito bem-sucedida do judeu alexandrino Apolo, um pregador brilhante e retoricamente poderoso (1:12; 3:4-6, 22; 4:6; 16:12; cf. At 18:24—19:1), e talvez também uma visita de Pedro ("Cefas": 1:12; 3:22) — embora isso não seja confirmado de alguma forma.

Por uma série de razões, diversos tipos de divisões se seguiram em várias linhas. Alguns indivíduos e grupos, possivelmente correspondentes a assembleias organizadas de acordo com seus respectivos pais espirituais (os pregadores que os converteram e os batizaram), alinharam-se com uma figura apostólica ou outra — Paulo, Apolo ou Pedro (1:12). Eles se consideravam, em certo sentido, 'pertencentes' ao seu líder e 'servos' desse líder (1:12; 3:4-5), talvez em um relacionamento cliente-patrono. Além do batismo, fatores culturais e socioeconômicos podem ter atraído as pessoas para um ou outro pregador; talvez os crentes judeus mais conservadores reivindicassem Pedro enquanto os intelectualmente sofisticados se reuniam em torno de Apolo. Alguns podem ter sido críticos de Paulo, enquanto outros se juntaram ao seu 'partido'. Ainda outros podem ter rejeitado todas as lealdades humanas ("Eu pertenço a Cristo"?), mas mesmo assim contribuíram para o partidarismo.

Outras divisões, talvez relacionadas a essas, também apareceram. Alguns coríntios levaram irmãos crentes ao tribunal (6:1-11). Muitos evitavam completamente os templos dos ídolos, enquanto outros comiam dentro de seus recintos e podem ter zombado dos escrúpulos dos outros (8:1-13). Determinados crentes tratavam as reuniões da Ceia do Senhor como um jantar para os ricos e negligenciavam os pobres retardatários (11:17-34). Outros ainda (ou eram as mesmas pessoas?) desprezavam certos membros da comunidade, especialmente aqueles que não possuíam os dons mais espetaculares do Espírito como a glossolalia — falar em línguas (12:1—14:40).

Ao mesmo tempo, surgiram escândalos morais. Além das ações judiciais, um crente que mantinha relações sexuais com sua madrasta era tolerado, se não celebrado, pela comunidade (5:1-8), e alguns crentes estavam contratando os serviços de prostitutas (6:12-20). Muitos estavam confusos sobre sexo e casamento (7:1-40). Uma carta anterior de Paulo, pelo menos em parte sobre a imoralidade sexual, confundiu ainda mais os coríntios quando eles erroneamente interpretaram sua admoestação para evitar pessoas sexualmente imorais (i.e., crentes) como um chamado para evitar o contato com seus amigos incrédulos (5:9-13).[5] Em acréscimo a tudo isso, alguns coríntios negavam a ressurreição dos mortos (15:12), o que, para Paulo, tinha profundas implicações morais sobre a sexualidade e sobre a vida em geral.

A estrada de Lechaeum (ou Lecaion), vindo do porto do golfo de Corinto pela área da ágora/fórum de Corinto, com o Acrocorinto ao fundo

Além disso, um número significativo de crentes parecia estar, na metáfora apropriada de Paulo, "arrogante" (4:6, 18, 19; 5:2; 8:1; 13:4) sobre qualquer convicção ou comportamento ou dom espiritual que eles estavam ostentando. Embora não possamos saber com certeza, parece que muitas dessas atitudes e ações estavam interligadas. Um grupo relativamente pequeno de pessoas, possuindo significativo *status* social e espiritual, provavelmente estava exercendo uma influência desproporcional na igreja como um todo. Pensa-se geralmente que essas pessoas eram autodenominadas cheias do Espírito, às vezes chamadas de pessoas espiritualizadas, entusiastas ou elitistas, que eram apaixonadas por demonstrações de discurso poderoso, tanto na pregação quanto na glossolalia. Elas se sentiam iluminadas e eram aparentemente propensas a desenvolver uma espécie de libertinagem moral em assuntos fisiológicos — como comida e sexo ("todas as coisas são lícitas": 6:12; 10:23) —, que foi combinada com desdém por aqueles que supostamente tinham menor *status* espiritual ou socioeconômico. É provável que a espiritualidade delas se concentrasse na posse presente da glória e poder do Espírito,

---

[5] Esta carta é muitas vezes chamada de carta A (ou seja, a primeira carta de Paulo aos coríntios), com 1Coríntios sendo então rotulada como carta B. Alguns estudiosos acreditam que uma parte da carta A é preservada em 2Coríntios 6:14—7:1, mas a evidência não favorece esta visão.

O porto de Cencreia, porto oriental de Corinto no Golfo Sarônico
(Al Hathaway)

não no padrão paulino de sofrimento e humildade presentes (na cruz) seguidos de glória futura (na ressurreição). Essa atitude pode ter dado origem à sua crítica, não apenas aos "inferiores" na comunidade, mas também a Paulo.

A situação em Corinto era um conjunto complexo de problemas sociais, sexuais e espirituais inter-relacionados que frequentemente opunham os supostos iluminados ou a elite contra os supostamente não-iluminados ou os que não pertenciam à elite. É bem provável que muitos dos problemas se concentrassem nas atividades e perspectivas da elite, homens patriarcais. Paulo soube desses problemas — esse caos — por meio de comunicações orais e escritas (1:11; 7:1; 16:17) da igreja. De sua nova base em Éfeso (16:8), ele respondeu, enviando Timóteo, que o havia ajudado em Corinto, anteriormente à carta (4:17; 16:10-11). Paulo desejou também enviar Apolo, que sabiamente recusou ou discerniu que não era a vontade de Deus (16:12). Mas a principal resposta de Paulo foi, é claro, a carta, escrita de Éfeso, provavelmente em 54 (mais ou menos um ano) antes da festa da primavera de Pentecostes (16:8) e tempo de navegação segura. É a segunda de pelo menos quatro cartas que Paulo escreveu aos Coríntios.[6]

---

[6] Veja mais discussão na introdução de 2Coríntios.

A HISTÓRIA DENTRO DA CARTA

A primeira carta aos Coríntios é uma peça bem elaborada de retórica deliberativa destinada acima de tudo a fortalecer, santificar e unificar a comunidade (1:8, 10), exortando todos os seus membros a "fazer tudo o que você faz com amor" (16:14). Essas duas pistas para o propósito da carta, que servem como suporte para toda a coleção de discursos curtos e cuidadosamente elaborados dentro dela, sugerem também que seu famoso "capítulo do amor" (cap. 13) é uma peça crucial do argumento de Paulo. Em seu contexto imediato, o capítulo 13 aborda o problema da desunião por desrespeito aos irmãos e irmãs "mais fracos" (hoje poderíamos dizer dotados de 'forma diferente'; veja cap. 12, especialmente v. 22-24), mas também alude a outros problemas abordados em outras partes da carta. De fato, Paulo parece ver muitos dos problemas da igreja como uma falha em amar, especialmente uma deficiência daqueles que possuem certos indicadores de *status* em amar aqueles que não os possuem.

No centro de 1Coríntios 13 e da compreensão de Paulo sobre o amor está a parte do versículo 5 que diz "[o amor] não insiste em seu próprio caminho", que é melhor traduzido como 'o amor não busca seu próprio bem ou interesses'. Esta linguagem grega também aparece em 10:24 e 10:33, onde explica o que significa ser um imitador de Paulo e, em última análise, de Cristo (11:1). Da mesma forma, em Filipenses 2 basicamente a mesma expressão idiomática aparece (2:4), tanto como um resumo dos tipos de humildade e amor que produzem unidade e um resumo da história magna de Cristo, que se esvaziou e se humilhou (Fp 2:7-8).

Assim, quando Paulo chama os coríntios à unidade através da santidade da humildade e do amor, ele está dizendo a eles que vivam a história de Cristo crucificado em sua comunidade. Afinal, ele "decidiu nada saber entre [eles], exceto Jesus Cristo, e este crucificado" (2:2). Na verdade, foi sua pregação da história do Cristo crucificado, "o poder de Deus e a sabedoria de Deus" (1:24), que conduziu os coríntios à fé e ao Espírito de Deus — por quem eles estavam tão apaixonados. Suas histórias pessoais e coletivas anteriores foram reorganizadas por seu encontro com Deus, Jesus e o Espírito (6:11) na mensagem de Cristo crucificado, através da qual qualquer ministro tenha sido o agente.

Agora a vida deles precisava ser reorganizada mais uma vez. Sua ressocialização, como diriam os sociólogos, foi incompleta. Poderíamos dizer mais apropriadamente que a conversão deles foi incompleta e precisava ser contínua. As histórias, ideologias e espiritualidades de sabedoria e poder dos coríntios precisavam ser desconstruídas e reconstruídas — remodeladas pela história do Cristo crucificado. Nesse sentido, 1Coríntios não é meramente deliberativo, mas *subversivo* — subversivo do *status quo* mesmo dentro da igreja, cujos valores estão sendo virados de cabeça para baixo. No entanto, o resultado do processo de reconstrução seria uma parceria mais completa ou "comunhão" (*koinōnia*) com o Filho de Deus (1:9), em antecipação à conclusão da história divina: a revelação e o dia do Senhor Jesus (1:7-8) e a ressurreição dos crentes que aquele dia trará (cap. 15). Isto é o que a santidade é para Paulo: cruciformidade contracultural com a expectativa de proximidade do dia de julgamento e salvação. É a participação na vida de Cristo, na vida do Espírito e na vida de Deus. Paulo, como fundador e pai da comunidade, com ênfase (repetidamente usando o pronome 'eu') chama os coríntios para essa conversão contínua e para a *koinōnia*. É essa participação na vida do Deus triúno que construirá a unidade.

Muitos intérpretes modernos se concentram em 1Co 1:10 como o propósito declarado da carta, ecoando as palavras do Cânon Muratoriano (ou Fragmento) do final do século 2, que diz que o propósito de 1Coríntios é proibir a "heresia de cisma". Mas essa visão enfatiza a unidade em detrimento da ênfase de Paulo na conversão, santidade e amor, dos quais a unidade é o fruto. Pode ser, de fato, que a *koinōnia*, tanto com o Senhor quanto entre si, seja um bom resumo da agenda de Paulo. *Koinōnia* é uma palavra que não tem tradução perfeita para o nosso idioma. Tem a ver com duas ou mais partes [pessoas] tendo algo significativo em comum e compartilhando suas vidas intimamente. Assim, palavras como amizade, comunhão, partilha, parceria, companheirismo, solidariedade e participação podem ser usadas para indicar a natureza dos relacionamentos 'verticais' (das pessoas com Deus) e 'horizontais' (pessoas com pessoas) que Paulo procura promover. Mais coloquialmente, pode-se pensar em *koinōnia* como 'estar em comunhão'.

As características da igreja e a estrutura da carta

Teologicamente falando, 1Coríntios também é uma carta sobre as 'características' da Igreja. Na tradição cristã, o Credo de Niceia expressa as marcas essenciais da Igreja nas palavras "una, santa, católica e apostólica". Paulo certamente não conhecia esse credo, que foi formalmente adotado em 325 d.C. no Concílio de Niceia. No entanto, Paulo desejou que a *ekklēsia* em Corinto fosse...

- *Unificada* por um Espírito em um Senhor diante de um Pai.
- *Santa*, no sentido de ser contracultural ou altercultural.
- *Católica*, tanto no sentido de acolher pessoas de diferentes graus de fé, etnias, gêneros, posições socioeconômicas e dons espirituais quanto no sentido de estar conectada a uma igreja global maior.
- *Apostólica*, tanto em imitação do amor cristão de Paulo e em adesão à fé apostólica que ele lhes entregou.

Esses quatro aspectos da Igreja correspondem, mais ou menos, às principais divisões da carta identificadas no esboço a seguir.[7] Paulo aborda o caos em Corinto com a cruz e a ressurreição de Cristo, e com a atividade do Espírito em forma de cruz, a fim de reformar a identidade e as práticas da igreja em quatro grandes movimentos, precedidos por

---

[7] Isso não quer dizer, no entanto, que cada característica é limitada a uma seção específica de 1Coríntios, mas sim que cada uma delas recebe atenção concentrada em uma determinada parte da carta.

uma importante introdução e seguidos de um encerramento igualmente significativo:

1:1-9	Abertura e ação de graças	
1:10–4:21	Abordando o caos eclesial: unidade pela sabedoria e poder da cruz	
	1:10-17	Divisões
	1:18-2:5	A Palavra da Cruz
	2:6–3:4	Espiritualidade cruciforme e imaturidade coríntia
	3:5–4:13	Ministros como servos cruciformes
	4:14-21	Aviso final: a potencial "parúsia" de Paulo
5:1–7:40	Abordando o caos moral: viver santo entre Cruz e Parúsia	
	5:1-13	Incesto e a santidade da igreja
	6:1-11	Processos judiciais e a justiça de Deus
	6:12-20	Sexo com prostitutas e o templo do Espírito
	7:1-40	Confusão sobre o casamento e o chamado de Deus
8:1–14:40	Abordando o caos litúrgico: A cruz e adoração para todos os membros do corpo	

- 8:1–11:1   Carne associada a ídolos
  - 8:1-13   O problema e a solução de Paulo
  - 9:1-27   O exemplo de cruciformidade apostólica e intencionalidade salvífica
  - 10:1–11:1   *Koinōnia* com e imitação de Cristo
- 11:2-16   Mulheres e homens desordenados na assembleia
- 11:17-34   Abuso da Ceia do Senhor
- 12:1–14:40   Dons espirituais
  - 12:1-31   A Igreja como corpo de Cristo
  - 13:1-13   A 'regra' (critério) do amor cruciforme
  - 14:1-40   O uso dos dons na adoração

15:1-58	Abordando o caos teológico: O testemunho apostólico da ressurreição como vindicação da cruz	
	15:1-11	O credo comum
	15:12-34	As consequências da descrença e da crença

15:35-50   Dúvidas sobre a ressurreição corporal
15:51-57   A vitória final
15:58   Exortação final
16:1-24   Fechamento

Os resumos podem ser encontrados após os comentários dos capítulos 1—4, capítulos 5—7, 8:1—11:1, capítulos 11—14 e capítulo 15.

1:1-9. ABERTURA E AÇÃO DE GRAÇAS

A rica abertura desta carta prepara o cenário e o clima para o que está por vir. Paulo se concentra particularmente na identidade da igreja, tanto na saudação quanto na ação de graças, na esperança de que a igreja cumpra seu elevado chamado.

Paulo começa identificando a si mesmo, com ênfase em seu apostolado divinamente ordenado, e Sóstenes como os escritores das cartas (1:1). Se Sóstenes é o (agora crente) oficial da sinagoga coríntia mencionado em At 18:17, sua coautoria fortaleceria a audiência de Paulo depois que sua popularidade provavelmente diminuiu em alguns lugares após o advento de outros pregadores.

Em 1:2 os destinatários coríntios são identificados como uma manifestação local de um amplo movimento de comunidades que estão no Messias Jesus e o invocam como Senhor. Como tal, Paulo afirma duas vezes, eles são chamados a serem contraculturais ("santificados", "santos"; NAB "separados"; cf. Êx 19:6; Lv 19:2). Eles podem estar geograficamente localizados em Corinto ou em algum outro lugar, mas sua verdadeira identidade deriva do fato de estarem "em" Cristo (1:2, 4, 5). Depois de uma saudação típica (1:3), Paulo retoma esse tema na ação de graças (1:4-9), assim como o expande. Certos temas-chave da carta aparecem então: graça (*charis*), riqueza na fala e conhecimento, dons espirituais (*charismata*, ou 'manifestações da graça de Deus'), irrepreensibilidade (o resultado da santidade), o dia do Senhor e companheirismo ou participação (*koinōnia*).

O que Paulo sugere aqui é bastante inteligente: ele afirma a proeza espiritual dos coríntios na medida em que são obra da graça de Deus, mas ele os lembra que a missão de Deus não termina com a concessão de dons espirituais; continua com o trabalho de estabelecer a Igreja como um povo santo e irrepreensível, pronto para o julgamento que virá no dia do Senhor, o dia de sua revelação pública, ou *apocalipse* (1:7-8; cf. Fp 1:10; 1Ts 3:13; 5:23-24). Isso é o que constitui a verdadeira comunhão com Jesus, ou participação em conjunto em Jesus (1:9). O foco da carta, então, será sobre como uma comunidade *carismática* (doada e dotada pelo Espírito) deve viver para ser fiel à sua identidade como uma *contracultura* de Deus, o que significará uma comunidade *cruciforme*.

Especialmente notável é a frequência com que Paulo menciona Deus e Jesus (muitas vezes como o nosso Senhor Jesus Cristo) por nome nesses poucos versículos: seis e dez vezes, respectivamente.[8] É uma lembrança retórica e teológica do verdadeiro assunto da teologia, bem como a verdadeira fonte e objetivo da espiritualidade. Não menos notável é a reinterpretação de Paulo de 'invocar o Senhor' (1:2) e do 'dia do Senhor' (1:8) como referências, não a Deus Pai (YHWH nas Escrituras de Israel), mas a Cristo — sem diminuir a honra devida ao Pai (veja também Fp 2:9-11).

1:10—4:21. DIRIGINDO-SE AO CAOS ECLESIAL: UNIDADE PELA SABEDORIA E PODER DA CRUZ

O tema dos primeiros quatro capítulos é bem claro: unidade, unidade, unidade (ao qual Paulo realmente se refere três vezes em 1:10). Embora muitos intérpretes tomem este versículo também como o tema de toda a carta, ele é formalmente separado do anúncio dos temas mais amplos (1:1-9), dos quais a unidade é uma parte importante. Paulo leva as divisões *muito* a sério, sugerindo em 3:17 que elas podem resultar na destruição da igreja, caso em que Deus destruiria os perpetradores. O desejo de Paulo é que os coríntios abandonem seu espírito partidário secular centrado na pessoa e reorientem sua vanglória apenas no Senhor crucificado (1:29, 31; 3:21). É crucial também notar o que Paulo *não* quer — isto é, que todos os coríntios digam "Eu pertenço a Paulo" (veja 1:12; 3:4-5, 22), pois mesmo que eles o imitassem (4:16) como seu pai e como um imitador de Cristo, ele é seu servo, não seu 'senhor'.

---

[8] Deus também aparece constantemente como o principal 'ator' na igreja de Corinto através das inúmeras ocorrências da voz passiva nestes versículos ("chamado" [duas vezes, mais uma vez de Paulo], "santificado", "dado", "enriquecido" e "fortalecido").

Uma dimensão desse extenso discurso sobre a unidade é o relato da interseção de três histórias: Cristo crucificado como o poder na "fraqueza" de Deus; o ministério retoricamente inexpressivo e em forma de cruz de Paulo; e a conversão dos coríntios — que geralmente eram um grupo sem expressão (1:28). Com base nessas histórias, a outra dimensão desses capítulos é um cuidadoso delineamento da natureza do ministério.

Divisões (1:10-17)

O apelo inicial de Paulo à unidade indica tanto a fonte do apelo quanto a fonte da harmonia: a mente de Cristo (cf. 2:16).[9] Paulo aprendeu sobre as divisões, as fraturas e as rivalidades na comunidade (semelhante àquelas conhecidas em antigos 'corpos' políticos) de uma equipe visitante, talvez escravos, clientes, familiares ou colegas, relacionados a uma mulher chamada Cloe. Os 'dísticos' (1:12) que ele ouve deles, literalmente ou não, representam um espírito de divisão e lealdade que era típico entre discípulos de professores concorrentes na antiguidade, mas que contradiz o evangelho. A expressão idiomática "eu pertenço a" — literalmente, 'eu sou de' — poderia ser usada para identificar seguidores, filhos, escravos, devotos de um deus ou clientes, e é por isso que Paulo enfatizará mais tarde que ele e Apolo são servos dos coríntios, e não o contrário (3:5, 9; 4:1), e que eles também são servos do Senhor (3:5-9; 4:1).

Por enquanto, Paulo usa um trio de perguntas retóricas (1:13) para colocar os pregadores no lugar deles e Cristo no dele. Cristo é uma pessoa/corpo; Cristo, não um dos pregadores, foi crucificado para a redenção dos coríntios; e os coríntios, embora batizados *por* um ou outro pregador, foram batizados *em* Cristo — não em um deles. Ou seja, somente Cristo é a fonte de sua identidade. Paulo então lembra (com alguma dificuldade) aqueles que ele batizou (1:14-16), não para conceder-lhes qualquer *status* especial, mas para enfatizar que a verdadeira obra de um apóstolo é pregar em vez de batizar, e pregar de maneira discreta de tal modo que o poder de Cristo crucificado — não algum

---

[9] A linguagem que Paulo usa em 1:10 é semelhante ao apelo à humildade e unidade através da mente de Cristo em Fp 2:1-5.

"poder" humano — pode ser destacado (1:17).¹⁰ A crítica das "palavras de sabedoria", que podem ser mais bem traduzidas como 'retórica vistosa', é que ela torna as boas-novas do poder da cruz nulas e sem efeito. (Em 15:10, 14, Paulo usará a mesma família de palavras para dizer que negar a ressurreição também torna o evangelho vazio e vão.) Essa crítica explode na próxima seção.

A mensagem da cruz (1:18—2:5)

"Sabedoria" e "poder" podem muito bem ter sido elementos-chave do vocabulário especializado dos elitistas/entusiastas coríntios. Ambos os conceitos certamente floresceram na antiguidade. Em 1:18—2:5, um dos textos mais importantes de todas as cartas de Paulo, ele procura desconstruir a ideologia de sabedoria e poder dos coríntios e substituí-la pela 'mensagem da cruz' (1:18, literalmente), isto é, com Cristo crucificado como sabedoria e poder de Deus (1:23-24). Paulo apresenta sua redefinição dessas realidades (1:18-25) e, em seguida, oferece duas corroborações: a composição social da comunidade coríntia (1:26-31) e a forma de seu próprio ministério (2:1-5).

Para Paulo, a palavra da cruz, a mensagem do Messias Jesus crucificado, é o poder de Deus lançado no mundo (cf. Rm 1:16-17). A perspectiva é tudo; somente aqueles que são chamados (1:24) e estão "sendo salvos" (1:18; cf. 15:2) podem perceber a loucura e a fragilidade de Cristo crucificado como a revelação da sabedoria e poder de Deus (1:23-24). Isso tem sido chamado de 'paradoxo querigmático', e é a afirmação mais fundamental que Paulo faz em 1Coríntios. Essa sabedoria decididamente não é a sabedoria dos escribas judeus ou filósofos, professores e oradores gentios, cuja suposta sabedoria não revela Deus verdadeiramente e, portanto, é de fato loucura (1:19-21). Aqueles que estão perecendo, sejam judeus, sejam gentios, só podem tropeçar ou rir do oxímoro — a "pedra de tropeço" — de um Messias, Deus ou Senhor crucificado (1:22-23). Eles desejam, em vez disso, as provas convencionais de poder e sabedoria, como sinais milagrosos ou perspicácia filosófica.

---

¹⁰ Sobre Crispo, Gaio e Estéfanas, veja At 18:8; Rm 16:23; 1 Co 16:15, 17. Embora eles estivessem provavelmente entre as poucas elites em Corinto (1:26), seu status não tem importância para Paulo aqui.

Não é novidade que os humanos deixariam de ver a sabedoria e o poder de Deus, afirma Paulo, e Deus está empenhado em subverter o entendimento humano desde pelo menos o tempo de Isaías, a quem Paulo cita em 1:19 (Is 29:14). Deus continua tal atividade subversiva no presente, através da cruz (cf. 1:20 — Paulo novamente confiando em perguntas retóricas — e 1:25). Dizer que Cristo crucificado é o poder e a sabedoria de Deus significa que a cruz não apenas nos diz algo sobre Cristo, mas também revela Deus. É, em outras palavras, tanto uma cristofania quanto uma teofania.

A primeira demonstração da tese radical de Paulo sobre a natureza da sabedoria e poder divinos revelados na cruz é a aparência da própria igreja de Corinto (1:26-31). Deus claramente não se impressiona com a sabedoria e o poder do *status quo*, uma vez que Deus chamou tão poucos sábios, ricos e nobres, mas tantos outros que são "insignificantes e desprezados" (1:26-28).[11] O Deus revelado na cruz de Cristo e a igreja de Corinto tem uma 'opção preferencial' pelos pobres, o degrau mais baixo da sociedade, e está novamente empenhada em subverter o *status quo* fazendo alguém a partir de um ninguém — e vice-versa (1:28). Em 1:31, Paulo combina sua descrição da maioria dos crentes de Corinto com outro texto bíblico, desta vez de Jeremias (Jr 9:23-24) e/ou 1Samuel (1Sm 2:1-10). Ele faz isso para enfatizar que o único tipo adequado para 'gloriar-se' é no Senhor que age com justiça divina não intuitiva, não em si mesma ou em qualquer outro humano, nem na sabedoria humana. Para Paulo, gloriar-se no Senhor é celebrar Cristo, o Senhor, como a sabedoria de Deus (1:30), com o que, certamente, ele quer dizer Cristo crucificado (1:23-24; 2:2). O Cristo crucificado é a verdadeira sabedoria, porque Ele é a personificação da justiça de Deus (justiça salvadora), santificação e redenção — um resumo da interpretação única de Paulo da morte de Cristo (1:30). Ou seja, como Paulo já disse explicitamente

---

[11] Tem havido um debate acadêmico considerável sobre a composição socioeconômica da igreja de Corinto e das comunidades paulinas em geral. Paulo é bem claro aqui: os crentes — pelo menos em Corinto — são em sua maioria não-elite, e talvez alguns, ou mesmo muitos deles, estejam perto do nível de subsistência, com uma (muito) pouca elite presente. No entanto, de acordo com 2Co 8, os coríntios como um todo estavam em melhor situação econômica do que a igreja de Jerusalém e provavelmente também as igrejas macedônias (e.g., em Filipos e Tessalônica).

em 1:24, a morte de Cristo é reveladora, a manifestação do caráter e da atividade de Deus.

A segunda demonstração da tese em 1:18-25 é o *modus operandi* de Paulo como pregador entre os coríntios (2:1-5). Não só Deus não *escolheu* os sábios e poderosos, como Deus não *usou* os sábios e poderosos. Paulo evitava "palavras de sabedoria" (retórica vistosa, que era bastante popular em Corinto, graças a um grupo de retóricos chamados sofistas) e, por sua própria admissão, era fraco e temeroso em público (2:1, 3-4; cf. 2Co 10:10). Essas características de seu ministério — que contrastavam nitidamente com os da maioria dos professores, incluindo seu sucessor Apolo, e que provavelmente estavam sob crítica — expressaram sua decisão de "conhecer", de retratar em fala e ação, nada além do Cristo crucificado (2:2). O resultado inspirado de sua fraqueza e falta de sabedoria foi uma "demonstração do poder do Espírito" (2:4), significando tanto manifestações carismáticas quanto conversões.

A compreensão cruciforme de Paulo sobre sabedoria e poder denuncia todas as outras reivindicações de um ou de ambos, sejam essas reivindicações pessoais, filosóficas, políticas ou piedosas. Desafia especialmente todas as formas de sabedoria e poder imperial, tanto em Corinto quanto em qualquer outro lugar, incluindo a manipulação de palavras por meio de distorção ou propaganda, bem como a manipulação de pessoas por meio de poder econômico, militar ou policial abusivo. Assim como Ana e Maria (1Sm 2:1-10; Lc 1:46-55; cf. Sl 146), Paulo recebeu uma palavra de revelação de que Deus habita entre, está do lado e trabalha através das pessoas insignificantes deste mundo, não dos sábios e poderosos.

Espiritualidade cruciforme e imaturidade coríntia (2:6—3:4)

Se as histórias de Cristo, da comunidade coríntia e o *modus operandi* paulino compartilham uma trama cruciforme, o que isso revela sobre o problema em questão? Paulo se volta para responder a essa pergunta, passando do geral (2:6-16) para o específico (3:1-4).

O texto em 1Co 2:6-16 é uma das passagens mais intrigantes do *corpus* paulino. A atenção cuidadosa ao seu contexto, no entanto, ajuda. O resultado de 1:18—2:5 é a rejeição da sabedoria e poder humanos (o *status quo*) e a afirmação de Cristo crucificado como sabedoria e poder divinos. Ter isso em mente e lembrar que Paulo ainda está preocupado principalmente com as divisões geradas pela paixão da sabedoria humana (3:1-4), ajudará na interpretação desse quebra-cabeça. Paulo não está afirmando dois 'níveis' de maturidade cristã, o 'carnal' ou 'mundano' e o 'espiritual'. Ao contrário, ele está rotulando certo tipo de maturidade espiritual como fraudulenta, carnal e determinada por padrões mundanos. O objetivo de Paulo em 2:6-16 é afirmar a realidade da sabedoria inspirada pelo Espírito e enfatizar mais uma vez sua conexão com o Cristo crucificado. É provável que Paulo esteja captando a linguagem e as reivindicações da elite espiritual e social em Corinto, que se deleitava em sua própria versão de 'maturidade espiritual' — uma sabedoria supostamente inspirada pelo Espírito que não tinha conexão com a cruz.

Paulo afirma que o perigo de desconectar o Espírito da cruz pode ser visto, ironicamente, na crucificação do "Senhor da glória" pelos "poderosos desta era", que estão "sendo reduzidos a nada" (2:6, 8). Embora Cristo crucificado seja verdadeiramente a revelação da sabedoria de Deus, a própria crucificação do Senhor só poderia ser perpetrada por aqueles cuja (chamada) "sabedoria" falhou em esclarecê-los sobre a identidade daquele que eles crucificaram. Agora, para os crentes, a falha em identificar Cristo crucificado como a sabedoria de Deus — com todas as implicações dessa identificação — revela a *ausência* de sabedoria e do Espírito, apesar de toda e qualquer afirmação em contrário. O Messias crucificado tornou-se o critério fundamental de sabedoria e conhecimento, para não falar da espiritualidade.

A incapacidade, portanto, de conectar o Espírito e a cruz, na teoria e na prática, revela o caráter de alguém como imaturo e "não espiritual" ou "carnal" (NAB), em vez de cheio do Espírito (2:14; 3:1). A razão para isso é bastante simples, e Paulo a expressa em uma analogia. Apenas o "espírito" de uma pessoa conhece e revela a essência dessa pessoa (2:11a). Assim também o "espírito" (Espírito) de Deus compreende e revela Deus (2:10-13). Se, como Paulo tem repetidamente afirmado, a sabedoria de Deus ("do mistério que estava oculto", 2:7) é revelada em Cristo crucificado, então o Espírito de Deus e tudo associado com o Espírito (e.g., dons carismáticos, incluindo sabedoria: 2:12-13; 12:8) também deve refletir e apontar para Cristo crucificado. Esta é, em última análise, uma afirmação ontológica e reveladora: Cristo crucificado é a revelação definitiva da realidade divina — o 'espírito interior' ou identidade fundamental, por assim dizer, de Deus. A pessoa verdadeiramente espiritual é aquela que faz a ligação entre cruz e Espírito; esse tipo de pessoa (e Paulo afirma ser uma delas) realmente possui o Espírito de Deus e, portanto, tem "a mente de Cristo" (2:16), a mente do Messias crucificado (cf. Fp 2:5).[12] Tal pessoa pode vislumbrar o futuro incrível que Deus planejou para aqueles que amar a Deus (2:9; cf. 8:3; 16:22).

Tendo estabelecido em 2:6-16 a conexão entre cruz e sabedoria e entre cruz e Espírito, Paulo retorna ao seu ponto principal: que as divisões em Corinto, que efetivamente negam a cruz (1:13), revelam a imaturidade espiritual (3:1). Eles não são "pessoas espirituais", mas "pessoas carnais", governadas pelo oposto do Espírito cruciforme de Deus (3:1, 3; cf. Gl 5:13-26). A infância espiritual e o leite materno podem ter sido apropriados quando Paulo pregou para eles pela primeira vez, mas não mais. A fidelidade a Paulo ou a Apolo, e não a Cristo crucificado, é uma marca certa de infância espiritual, ou mesmo de ser natimorto.

"Ainda são carnais" (3:3) e "agindo como mundanos" (3:4) implicam uma posição precária longe de Cristo e do Espírito; contudo, Paulo ainda chama essa comunidade de "a igreja de Deus" (1:2) e o "santuário de Deus" (3:16; cf. 6:19). O que significa ser um corpo assim? Qual é o papel dos líderes individuais dentro dessa igreja?

Ministros como servos cruciformes (3:5—4:13)

Paulo agora se compromete a reformar a compreensão dos apóstolos/ministros coríntios do evangelho e, assim, sua compreensão da igreja. Ele tenta transformar uma compreensão altamente antropocêntrica do ministério e da comunidade em uma compreensão teológica. Aqueles que ministram são servos de *Deus* e (por extensão) da igreja (3:5-9, 18-23), que é propriedade e projeto de *Deus* (3:9-15), e que, se destruídos, serão vingados (3:16-17). Esses servos são, em última análise, responsáveis apenas por seu Senhor, que tanto os capacita quanto os julga (3:12-15; 4:1-7). Porque o evangelho de Cristo crucificado deve ser pregado e vivido como o fundamento da igreja (3:11), os apóstolos vivem uma existência em forma de cruz (4:8-13).

---

[12] A equação claramente implícita de "a mente de Cristo" (2:16) com "o Espírito de Deus" (2:11-14) tem, por sua vez, implicações trinitárias.

Em 3:5-9, Paulo oferece uma alternativa ao zelo mal direcionado dos coríntios pelos líderes humanos, desenvolvendo ainda mais sua noção profética de que os crentes devem se gloriar somente no Senhor (1:31; 3:21). O tom teocêntrico dessa passagem é um contraste surpreendente com a atitude coríntia: Paulo e Apolo são servos de Deus a quem Ele designou e por meio de quem Deus trabalhou; Deus promoveu o crescimento onde um "plantou" e outro "regou", então todo o crédito vai somente para Deus (3:5-7). Os servos de Deus não estão em competição, mas têm um "só propósito" (3:8; lit. "são um"), pelo qual prestarão contas. Eles servem a Deus como "cooperadores"[13] no que Paulo chama de lavoura e edifício de Deus — a Igreja (3:9).

Tendo desenvolvido a metáfora agrícola nos versículos anteriores, Paulo agora descreve a imagem arquitetônica (3:10-15). Assim como ele plantou e Apolo regou, também ele lançou "o alicerce" e outro está (e outros ainda podem estar) construindo sobre ele (3:10). O restante do texto é claramente destinado não apenas para descrever e defender o ministério de Paulo (ou Apolo), mas para advertir todo e qualquer que "construir" em Corinto. Paulo foi um exemplo de mestre construtor "sábio" (3:10 NAB; a frase pode significar simplesmente "mestre construtor" [NRSV], mas a alusão à sabedoria coríntia não deve ser esquecida). Agora que o fundamento — Jesus Cristo e Ele crucificado — foi colocado corretamente, não pode ser alterado ou substituído (3:11). Aqueles que edificam sobre o ministério inicial de Paulo serão avaliados por Deus, no dia do julgamento que se aproxima (muitas vezes retratado como um tempo de fogo em imagens apocalípticas), de acordo com a qualidade dos materiais usados e com a qualidade e a durabilidade de sua obra (3:12-15). O bom trabalho será reconhecido, o mau trabalho, destruído — e o próprio construtor tolo escapará apenas por um triz das chamas que destroem sua obra (3:14-15).

A ameaça implícita nesses versículos torna-se explícita em 3:16-17, onde Paulo transforma a imagem arquitetônica geral em uma imagem sagrada — a Igreja como templo de Deus (cf. 6:19). "Vocês não sabem?" significa que os coríntios deveriam ter conhecido e *agido* de

---

[13] Não está completamente claro se Paulo quer dizer trabalhar com Deus ou, mais provavelmente, trabalhar uns com os outros como servos de Deus (cf. NRSV).

acordo com esse conhecimento.[14] Deus não só é *dono* da Igreja, Ele a *habita*. Por estar o Espírito entre eles, como os "sábios" gostavam de dizer, os coríntios como um corpo ('vós' no plural grego de cada versículo: 'todos') constituem o templo de Deus, o *locus* da presença de Deus sobre a terra. Paulo aumentou a aposta, por assim dizer. Se o prédio for destruído — o que poderia muito bem ser o resultado das divisões — os supostos construtores terão se tornado profanadores e sofrerão a perda final no dia vindouro.

A advertência continua em 3:18-23 com uma palavra para o autointitulado sábio e uma advertência geral para a comunidade. Os "sábios" devem se tornar tolos ao se reconectar à cruz e tomar seu lugar como servos, pois Deus vê e subverte a sabedoria humana deles, como as Escrituras ensinam (3:18-20, citando Jó 5:12-13; Sl. 94:11). A comunidade não deve se orgulhar de líderes humanos, pois os líderes "pertencem" a ela (como servos), e não o contrário (3:21-22, a ruína de 1:12). E, em última análise, o que importa é que os coríntios são servos de Cristo, que por sua vez é servo de Deus (3:23).

Para reforçar o que ele disse e para responder a seus críticos, Paulo desenvolve ainda mais a noção de ministro como servo usando a imagem de "mordomo", ou administrador doméstico (*oikonomos*), em 4:1-5. Os mordomos devem "ser fiéis" (4:2), e Paulo não deseja nada mais do que a aprovação de Deus. Mas qualquer julgamento humano do ministério de Paulo, mesmo pelo próprio apóstolo, é inadequado, pois o único veredito que importa é o julgamento futuro do Senhor (4:3-5). Essa atitude não torna Paulo necessariamente arrogante, pois ele claramente se examinou e tentaria corrigir qualquer erro que descobrisse (4:4). Em vez disso, o que ele quer dizer não é que ele seja perfeito, mas que, até onde ele sabe, ele nunca se desviou de "Jesus Cristo crucificado".

Voltando ao assunto em questão de forma mais concreta, Paulo começa seu resumo dizendo aos coríntios que tudo o que ele disse se destinava a si mesmo e a Apolo (4:6). Qualquer que seja o significado preciso de "o que está escrito" (fonte desconhecida), a linha de fundo de Paulo é clara: não há mais arrogância divisionista, isto é, 'se orgulhar"

---

[14] Consulte "Vocês não sabem..?" também em 5:6; 6:2, 3, 9, 15, 16, 19; 9:13, 24. Cf. 10:1; 12:1.

(4:6b).¹⁵ Aqueles que reconhecem seus próprios dons e os dons dos outros como dons de Deus não se gloriarão (4:7).

Caso esse ponto não esteja claro, Paulo finalmente se volta para um ataque retórico incisivo à arrogância da espiritualidade elitista coríntia por meio de um relato espirituoso de sua própria vida cruciforme. O "já" repetido duas vezes, junto com as imagens sarcásticas de riqueza e realeza (4:8), sugere uma espiritualidade coríntia do aqui-e-agora, uma espécie de evangelho do sucesso. A fonte dessa atitude coríntia tem sido debatida. Deriva de uma rejeição da ressurreição futura (veja 15:12) que leva a uma espiritualidade de glória presente? Ou reflete uma mentalidade epicurista? Em ambos os casos, Paulo contra-ataca com sua própria narrativa. É isso que significa conhecer apenas Cristo crucificado (2:2): viver como criminosos à espera da pena de morte ou prisioneiros de guerra desfilados em público (4:9; cf. 2Co 2:14); ser tolo e fraco em vez de sábio e forte (4:10; cf. 1:18-25); sofrer fisicamente (4:11); envolver-se em trabalho manual autossustentável (4:12a; cf. 9:14-15; 1Ts 2:9; 2Ts 3:8); abençoar e suportar quando maltratado (4:12b-13, ecoando o ensinamento de Jesus: Mt 5:3-12, 38-48; Lc 6:27-36; cf. Rm 12:14-21); ser tratado como lixo (4:13).

Paulo não está buscando piedade. Pelo contrário, ele está estabelecendo sua autenticidade e autoridade apostólica. Se seu estilo de vida é realmente apropriado para ministros do evangelho, ele deve ter sucesso em fazê-lo. Nesse caso, os sábios de Corinto — na verdade, toda a comunidade — devem cessar suas divisões arrogantes e renovar seu respeito por Paulo, que não apenas prega, mas também vive o evangelho de Cristo crucificado. Em certo sentido, então, Paulo está se vangloriando, mas apenas em sua correspondência com o Senhor crucificado, e assim, em última análise, ele está seguindo sua própria forte admoestação sobre gloriar-se no Senhor e não em qualquer ser humano (1:31; cf. 1:29; 3:21).¹⁶ De modo incrível, mas realmente sem surpresa (sendo 1Co 1:18-25 verdade), Paulo atribui a forma de seu ministério em última análise à vontade de Deus (4:9), como ele já havia sugerido em 1:26-31 e como ele desenvolverá em 2Coríntios. *A loucura e fraqueza*

---

¹⁵ A metáfora vívida de ser "orgulhoso" (arrogante) reaparece em 4:18, 19; 5:2; 8:1; 13:4.

¹⁶ Essa breve quase jactância no ministério cruciforme antecipa a semelhante, mas mais extensa, "ostentação tola" de 2Co 11:1—12:10.

apostólica (4:10) é uma manifestação da loucura e fraqueza de Deus em Cristo — que é na verdade a manifestação da sabedoria e poder apocalíptico, não intuitivo e salvador de Deus.

Advertência final: A potencial 'parúsia' de Paulo (4:14-21)

A advertência um tanto surpreendente que conclui os capítulos 1—4 só faz sentido se lida no contexto do senso de autoridade apostólica de Paulo como pai espiritual dos coríntios e como imitador de Cristo (4:14-16; cf. 11:1). Seu convite à imitação não é abraçá-lo em si, mas encarnar Cristo crucificado. Além disso, a advertência de Paulo só faz sentido se reconhecermos a gravidade da situação, pelo menos da perspectiva de Paulo. Paulo havia enviado (ou talvez esteja enviando; cf. 16:10-11) seu fiel colega Timóteo como um lembrete gentil dos "caminhos de Paulo em Cristo Jesus" (4:17-18). Uma vez que alguns coríntios, no entanto, interpretaram com arrogância (da perspectiva de Paulo; 4:18-19) a decisão de ele não os visitar, ele os adverte que sua ausência é temporária e não é desculpa para desobediência. Ele pode muito bem estar prestes a ir ter pessoalmente com eles (o tom é uma reminiscência da conversa anterior sobre o julgamento vindouro), e ele sem dúvida preferiria fazê-lo gentilmente no amor. Mas o outro lado de sua personalidade paterna aparecerá se seus filhos o desobedecerem — e finalmente a Deus — nesta questão crucial da unidade da igreja.

RESUMO DE 1CORÍNTIOS 1–4

Nestes quatro capítulos vemos algumas das perspectivas básicas de Paulo sobre Deus, Cristo, Igreja, espiritualidade e ministério:

- A lealdade orgulhosa aos líderes humanos dentro da igreja, em vez de a Cristo, é divisionista e destrutiva.
- O Cristo crucificado é, paradoxalmente, a sabedoria e o poder de Deus; a cruz é uma teofania, bem como uma cristofania.
- A posse do Espírito e a maturidade espiritual não consistem em ter e exibir indicadores de *status* social ou espiritual humanamente valorizados, mas em viver uma vida ligada à cruz.
- A marca do apostolado, e do ministério em geral, é a fidelidade ao chamado de Deus em palavras e ações através da conformidade com Cristo crucificado e serviço ao povo de Deus.
- Os servos de Deus são responsáveis perante Deus pela qualidade de seu trabalho.
- A Igreja não pertence a líderes humanos, mas a Deus.

5:1—7:40. Abordando o caos moral: a vida santa entre a cruz e a parúsia

Tendo lidado longamente com o partidarismo coríntio, Paulo passa para um novo conjunto de questões: o caos moral e a confusão dentro da igreja. Não significa que Paulo tenha deixado a questão das divisões para trás, pois mesmo nesses assuntos, e especialmente nos tópicos abordados nos capítulos 8 a 14, o partidarismo é parte do problema. Certos comportamentos estão causando outras divisões e alinhamentos dentro da igreja. E, no entanto, pelo menos da perspectiva de Paulo, a igreja parece ter uma certa unidade em sua desunião — alguma capacidade comum de entender mal, ou ser enganada por aqueles que entendem mal, o significado do evangelho na vida diária.

Nem é o caso de que o 'caos moral' seja algo completamente separado do 'caos litúrgico' — o título que este livro deu à próxima seção principal da carta (8:1—14:40). Se tanto a igreja quanto o crente individualmente podem ser chamados de templo de Deus (3:16-17; 6:19), então questões morais são, em um sentido muito real, assuntos litúrgicos — questões sobre como Deus é honrado ou não. E se os cenários litúrgicos, como a possível participação em atividades cultuais pagãs (8:1—11:1) e a celebração da ceia do Senhor (11:17-34) levantam profundas preocupações éticas, então as questões de adoração são problemas inerentemente éticos.

Nos capítulos 5 a 7, Paulo aborda questões trazidas à sua apreciação em comunicações orais (caps. 5 e 6) ou escritas (cap. 7). O que unifica suas respostas a esses problemas é sua convicção subjacente de que os crentes têm uma existência "bifocal". Ou seja, eles vivem com um olho fixo na morte e ressurreição passadas de Cristo, e outro em sua futura parúsia, com a ressurreição corporal e o julgamento final que aquele dia acarretará. Viver entre esses dois eventos e ser moldado por ambos requer um processo de cuidadoso discernimento comunitário guiado pelo Espírito e, claro, pelo apóstolo. Aqui, então, vemos Paulo, o pastor-teólogo, cuidadosamente trabalhando, fundamentando sua resposta a cada situação na existência dinâmica 'bifocal' da igreja, na sobreposição das eras e convidando os coríntios e outros que ouvem ou leem sua carta para fazer o mesmo.

Incesto e a santidade da Igreja (5:1-13)

A primeira situação que Paulo enfrenta é, para ele, um verdadeiro choque, pois envolve um tipo de imoralidade sexual (*porneia*) que nem mesmo os amigos gentios não convertidos ('pagãos') dos coríntios praticariam ou tolerariam. Um dos crentes está "vivendo com [lit. 'tendo', um caso sexual] a esposa de seu pai" — isto é, sua madrasta (5:1). Tal comportamento era proibido tanto pela lei e costume romanos quanto pelas Escrituras judaicas, segundo os quais o ofensor era digno de maldição ou mesmo de morte.[17] Além do mais, em vez de lamentar adequadamente a regressão desse crente às práticas pagãs e até mesmo além delas, a igreja tornou-se "arrogante" (NRSV) ou "inflada de orgulho" (NAB, mais próxima das vívidas imagens gregas de estarem "orgulhosos") sobre isso (5.2a). O remédio de Paulo — mencionado quatro vezes — provavelmente parece drástico no início: expulsão do membro ofensor da igreja (5:2b, 5, 7, 13b). A garantia de Paulo para essa ação é o tema deuteronômico de 'remover o mal do meio de vocês', ao qual ele se refere em 5:13 — embora ele use o tema sem citar seu apelo conclusivo para a pena de morte como meio de remover o mal.[18]

Paulo certamente acredita que seu julgamento apostólico autoritário tem a aprovação do Senhor Jesus (5:3-4). Quais são os motivos dele? Primeiro, olhando para frente e considerando o indivíduo, ele se preocupa com a salvação do homem ofensor no dia do julgamento. O comportamento do homem é uma traição de sua identidade em Cristo, e aqueles que vivem dessa maneira, não importa sua confissão verbal ou filiação comunitária, "não herdarão o reino de Deus" (6:9-10). (Como Paulo não diz nada sobre a mulher, podemos supor que ela não é membro da comunidade.) Paulo espera que aquele homem seja retirado da esfera do Senhor Jesus e remetido para a esfera de Satanás (cf. 2Co 4:4) a fim de que, eventualmente, possa abandonar seu comportamento para que seja finalmente salvo (5:5). As apostas são claramente altas.[19]

---

[17] Veja Lv 18:8; 20:11; Dt 22:30 (cf. v. 22); 27:20.
[18] Veja Dt 13:1-5; 17:1-7, 8-13; 19:15-21; 21:18-21; 22:20-24; 24:7.
[19] Paulo não nos diz se alguém na comunidade já tentou dissuadir esse homem de seu modo de vida, embora a questão seja provavelmente irrelevante para Paulo à luz da arrogância da comunidade, de sua perspectiva. Paulo também não diz se o homem poderia ser readmitido na comunidade caso terminasse o relacionamento.

Em segundo lugar, Paulo está preocupado com o espírito de "tolerância" da comunidade, embora na verdade ele pense que eles são mais do que tolerantes; na verdade, são orgulhosos (5:2, 6; cf. Sl 52:1; 94:4). Ele afirma que eles deveriam estar tristes, penitentes. Seu orgulho provavelmente derivaria da crença em uma libertinagem extrema (afinal, Paulo pregou um evangelho de liberdade) a qual sustentava que aquilo que alguém faz sexualmente com o corpo não tem impacto no relacionamento com Deus (veja 6:12-20). Eles vinham neste homem a prova viva da liberdade que tinham. A versão judaica que Paulo faz de 'uma maçã podre estraga todo o cento' (5:6), usando a imagem do fermento, assume que o comportamento é errado e perigoso para a igreja.[20] No entanto, ao contrário do livro de Deuteronômio, mas como outros escritos judaicos pós-bíblicos, o chamado de Paulo para purgar a comunidade desse mal não requer a morte do malfeitor. De fato, como vimos, ele visa à sua salvação.

A analogia do fermento serve não apenas para ilustrar a propagação da impureza, mas também para conectar toda a questão a Cristo crucificado como "nosso cordeiro pascal [que]... foi sacrificado" (5:7). Paulo sugere, ao refletir sobre a morte passada de Cristo, que os crentes vivem em um estado permanente de Páscoa, durante o qual só se pode comer pão sem fermento (Êx 12). O 'fermento' a ser removido para a celebração comunitária contínua da morte de Cristo é "maldade e perversidade" (5:8). Isso é, em parte, o que significa ser o povo diferenciado dos outros pelo sangue do cordeiro, a igreja de Deus chamada e santificada em Cristo.

Aqui Paulo insere um comentário entre parênteses para esclarecer um princípio importante e relevante de uma carta anterior: "vocês não devem associar-se com pessoas imorais" (*pornoi*) ou com outros tipos de malfeitores, idólatras e assim por diante (5:9-11, provavelmente tomando emprestado novamente de Deuteronômio e suas práticas passíveis de julgamento, com foco nos problemas reais de Corinto). Paulo não queria dizer que a comunidade deveria se dissociar de todos os incrédulos, mas que se distanciasse de flagrantes hipócritas, crentes

---

No entanto, as palavras de 2Co 2:5-11, referindo-se ou não a essa situação, revelam que Paulo acreditava em arrependimento, perdão e restauração.

[20] O fermento era a massa restante (massa azeda) que era utilizada como agente de fermentação e misturada com a massa nova.

professos que ainda viviam como pagãos idólatras e imorais — como o homem com sua madrasta (5:11). Abster-se da comunhão à mesa com essas pessoas deveria ser uma forma apropriada de discernimento ou julgamento da comunidade (5:11-12).

A unidade inteira é um esforço altamente retórico, mas também completamente teológico, para enfatizar a importância do princípio da santidade comunal — separação do mal — e sua aplicação ao assunto em questão. Era uma palavra difícil então, e certamente não é mais fácil vinte séculos depois.

Processos judiciais e a justiça de Deus (6:1-11)

O tema do julgamento (5:12-13) continua em 6:1-11; agora, no entanto, Paulo escreve sobre julgamento inapropriado. A passagem é criativamente construída em torno de formas das palavras 'injusto' e 'injustiça' (gr. *adik-*) e a palavra relacionada 'justificado' (*edikaiōthēte*; 6:11), todas em ligação com a palavra *adelphos*, "irmão" (6:5, 6, 8). Infelizmente, a maioria das traduções, especialmente a NRSV, não consegue transmitir essas interconexões; o NAB é melhor do que a maioria. As perguntas em questão são "Por que você processaria um irmão?" e "Por que a família não pode resolver os assuntos familiares?"

Alguns membros da comunidade/família estão processando outros membros nos tribunais pagãos (6:1, 4, 6) — a esfera dos 'injustos' (*adikōn*, 6:1; então NAB, CEB; NRSV "injusto"). Alguns estudiosos acreditam que a elite estava levando as pessoas de menor *status* social (e legalmente mais vulneráveis) ao tribunal, onde os juízes normalmente ficariam do lado da elite, mas sendo isso verdade ou não, as preocupações de Paulo se aplicariam a qualquer pessoa da comunidade que tomasse medidas legais. Para Paulo, esse tipo de ação é um fracasso tridimensional: de sabedoria (6:2-6), de amor cruciforme e justiça (6:2-8) e, finalmente, de conversão e santificação (6:9-11). Os coríntios deveriam saber melhor as coisas, como o triplo "Vocês não sabem?" de 6:2, 3 e 9 indicam.

Olhando para o futuro, Paulo apela para a crença apocalíptica judaica (e depois, baseando-se em Jesus, o cristão primitivo) de que o povo de Deus ajudará a Deus no dia do julgamento (6:2-3),[21] e na

---

[21] Veja, e.g., Sabedoria 3:8; Mt 19:28; Lc 22:30; cf. Dn 7:22.

autodesignação dos coríntios como uma comunidade dos "sábios" (6:5), para fazer seu primeiro ponto. Como, ele pergunta, os coríntios podem esperar participar do julgamento final do mundo se não podem julgar "causas de menor importância" (6:2) entre seus próprios membros? Uma comunidade/família supostamente dotada de sabedoria deveria se envergonhar (6:5) dessa falha em julgar os erros por um "tribunal" interno (da igreja) presidido por alguns dos sábios. Esse conselho reflete as práticas nas comunidades judaicas contemporâneas.

Paulo, então, se volta para os processos propriamente ditos. O fato da existência deles — não importa quem ganhe ou perca — é uma "derrota" para a comunidade (6:7; "entre vocês", plural). Eles, Paulo diz no v. 8, "causam injustiça" em (NAB; gr. *adikeite*; NRSV "erro") um *membro da família*, um irmão ou irmã (cf. 8:11).[22] Por quê? A base do argumento de Paulo é expressa em duas poderosas perguntas retóricas (6.7b-8): "Por que não preferem sofrer a injustiça?" (6:7b, NAB; gr. *adikeisthe*); "Por que não preferem sofrer o prejuízo?" Ou seja, "Por que não suportar em vez de infligir injustiça?" Paulo retrata uma atividade legal comum (contenciosa) como injustiça e fraude. Ele faz isso porque, olhando para trás, lembra o ensinamento sobre a não retaliação, no exemplo e na morte de Jesus, aos quais já aludiu nesta carta como inspiração para seu estilo de vida cruciforme (4:12-13), e aos quais retornará no capítulo 13. O amor não busca seus próprios interesses (13:5) ou se alegra com a injustiça/erro (*adikia*, 13:6), nos tribunais ou em qualquer outro lugar.

Para Paulo, esse fracasso do amor familiar aponta, em última análise, para uma questão mais fundamental. Aqueles que se engajam nesta *adikia* percebem que os *adikoi* — os injustos — são excluídos do reino de Deus (6:9)? Isso ocorre porque tais indivíduos, como os outros mencionados na "lista de vícios" de 6:9-10,[23] não foram "la-

---

[22] A NVI traduz usa a palavra como "irmão", mas infelizmente, a NRSV traduz "irmão(s)" como "crente(s)" em 6:5, 6, 8, perdendo completamente a dimensão "família" do assunto.

[23] Mais uma vez, como em 5:11, essa é provavelmente uma lista seletiva extraída de Deuteronômio e Levítico, mas focada primeiro nos dois erros fundamentais de idolatria e imoralidade sexual e depois no tópico da ganância/roubo. A tradução do quarto e do quinto termo dessa lista é notoriamente difícil e hermeneuticamente significativa: malakoi e arsenokoitai. O último termo quase certamente

vados... santificados... justificados" por Deus em nome de Jesus e no Espírito (6:11; uma realidade claramente trinitária).²⁴ Aqui "justificado" (*edikaiōthēte*) mantém claramente sua conexão com a 'justiça': 'na justificação/batismo você foi incorporado na comunidade dos justos'. Para Paulo, o comportamento dos coríntios é um sinal de não conversão, de continuarem sendo pagãos ainda enredados na injustiça, e que não resistirão ao dia do julgamento. Para muitos coríntios, porém, formados (naturalmente) por sua cultura, essa afirmação não faria sentido.

Quando os crentes agem injustamente, traindo sua identidade e abandonando a cruz de seu Senhor, eles se envolvem em um anacronismo perigoso que os revela mais como pessoas antes de aceitar a Cristo do que depois de aceitá-lo: "Assim foram alguns de vocês" (6:11a). Aqueles que creram no evangelho e foram colocados em um relacionamento de aliança correto com Deus, que foram batizados e separados para Deus, não podem continuar em seus velhos hábitos. Os justificados devem agora praticar a justiça de Deus. Aqueles que reivindicam a presença do Espírito de Deus devem viver o amor contracultural visto em Jesus, que é uma parte essencial de deixar para trás a idolatria e a injustiça para buscar o amor a Deus e ao próximo; caso contrário, a falsidade de sua alegação de justificação e santificação será revelada no dia por vir.

Sexo com prostitutas e o templo do Espírito (6:12-20)

A lista dos imorais em 6:9-10 pode ter levado Paulo a retornar a outro problema específico de imoralidade sexual (*porneia*, como em 5:1): fazer sexo com prostitutas. Se estas eram meretrizes comuns ou sacras (associadas a um templo), ou talvez 'convidadas depois do jantar' nas

---

significa o que sua etimologia sugere: simplesmente "homens deitando com homens", isto é, comportamento homossexual (masculino) em geral, conforme proibido em Lv 18:22; 20:13. O primeiro termo é mais difícil e pode significar "prostitutos masculinos" ou "parceiro passivo em relações homossexuais" (CEB: "ambos participantes de relações homossexuais"). As relações do mesmo sexo eram de vários tipos na antiguidade, tanto exploratórias quanto consensuais, casuais e de longo prazo.

²⁴ Como nos capítulos anteriores, a linguagem trinitária é usada aqui em reconhecimento de que, embora Paulo não tenha uma teologia da Trindade totalmente desenvolvida, tal linguagem é apropriada.

casas de alguns membros da elite de Corinto, tem sido debatido, embora o infame contingente de prostitutas no templo de Afrodite provavelmente estivesse ativo apenas em tempos pré-romanos (se os relatos antigos forem precisos). De qualquer forma, a atividade com as prostitutas parece muito claramente ter sido fruto de uma ética libertina resumida em uma espécie de 'provérbio' coríntio que Paulo cita de volta à igreja: "Tudo me é permitido" (6:12, duas vezes). De fato, a maioria dos estudiosos acredita que boa parte dessa passagem consiste em ditados coríntios (talvez perversões dos próprios ensinamentos de Paulo) e refutações de Paulo, embora haja debate sobre qual das frases pode representar a posição coríntia — ou pelo menos a posição daqueles que usavam os serviços de prostitutas. A posição dos coríntios também revela uma espécie de dualismo em que as atividades do corpo não teriam significado espiritual. As palavras dominantes na passagem, portanto, são *porneia/pornoi* ("imoralidade sexual"/"a sexualidade imoral") e *sōma* ("corpo").[25]

A resposta negativa de Paulo à libertinagem e ao dualismo, embora tenha tom de uma bronca ("Vocês não sabem?" ocorre, mais uma vez, três vezes: 6:15, 16, 19), é uma peça cuidadosamente estruturada que se baseia nos dispositivos retóricos da diatribe para tornar alguns pontos teológicos bem significativos. Essa passagem é absolutamente crucial para entender a 'ética' de Paulo em geral e sua ética sexual especificamente. O texto parece ser composto como dois argumentos consecutivos, mas paralelos (6:12-18a e 6:18b-20), cada um deles consistindo de provérbios, contraposição aos ditos, correção teológica, reivindicações e exortação. A tabela a seguir, que usa o texto da NRSV, mas apresenta pequenas alterações na pontuação para indicar citações e algumas pequenas alterações na tradução, mostra esses elementos paralelos:

---

[25] A CEB, NIV e NJB corretamente interpretam a raiz *pornoi* como referindo-se geralmente à "imoralidade sexual"; a NRSV, erroneamente, refere-se à "fornicação" e a NAB, simplesmente à "imoralidade".

PARALELOS EM 1CORÍNTIOS 6:12-18A E 6:18B-20

	6:12-18a	6:18b-20
Provérbios coríntios	12a – "Todas as coisas me são lícitas". 12c – "Todas as coisas me são lícitas". 13a – "Comida é para o estômago e o estômago para comida, e Deus destruirá tanto um como o outro".	18b – "Todo pecado que uma pessoa comete é fora do corpo" (NRSV). *Nota: ao não reconhecer essa frase como um provérbio coríntio, muitas traduções (e.g., NAB, NVI, NJB, RSV) tornam isso algo como "Todos os outros pecados...", inserindo uma palavra ("outros") que está ausente do texto grego para tentar dar algum sentido à ideia de Paulo.*
	6:12-18a	**6:18b-20**
As contraposições dos provérbios por Paulo	12b – "mas nem tudo convém". 12d – "mas eu não deixarei que nada me domine". 13b – "O corpo, porém, não é para a imoralidade, mas para o Senhor, e o Senhor para o corpo". 14 – "Por seu poder, Deus ressuscitou o Senhor e também nos ressuscitará".	18c – "mas quem peca sexualmente, peca contra o seu próprio corpo". *Nota: a frase da NRSV, "o corpo em si", é melhor traduzida como "seu próprio corpo". Os pronomes plurais são usados aqui (assim também a CEB) porque a generalização pode se aplicar tanto a homens quanto a mulheres.*
Correção e reivindicações teológicas	15 – *Vocês não sabem* que os seus corpos são membros de Cristo? Tomarei eu os membros de Cristo e os unirei a uma prostituta? De maneira nenhuma! 16 – *Vocês não sabem* que aquele que se une a uma prostituta é um corpo com ela? Pois como está escrito: "Os dois serão uma só carne". 17 – Mas aquele que se une ao Senhor é um espírito com ele.	19 – *Acaso não sabem* que o corpo de vocês é santuário do Espírito Santo que habita em vocês, que lhes foi dado por Deus, e que vocês não são de vocês mesmos? 20a – Vocês foram comprados por alto preço.

Exortação   18a – Fujam da imoralidade sexual!

Nota: "Fugi de" (assim também NET, NIV) traduz melhor o grego pheugete (NRSV "fugir").

20b – Portanto, glorifiquem a Deus com o seu próprio corpo.

O primeiro argumento (6:12-18a) concentra-se no mal-entendido do sexo como uma atividade irrestrita semelhante à alimentação. Paulo responde ao provérbio de absoluta libertinagem, "todas as coisas me são lícitas" (NRSV) ou "tudo me é permitido" (NVI), com dois critérios de liberdade autêntica: a ação 'livre' deve ser benéfica (provavelmente aqui para o próprio eu, mas em 10:23 para outros), e não deve escravizar ou dominar o indivíduo (6:12). Em seguida, Paulo responde à analogia implícita do sexo com a comida e com a crença de que todo o corpo será um dia destruído, permitindo assim a indulgência sexual sem consequências morais ou espirituais.[26] Paulo rejeita a noção de que a indulgência sexual — que é realmente imoralidade sexual — (*porneia*) é o objetivo para que o corpo, dizendo que o corpo é destinado "para o Senhor, e o Senhor para o corpo" (6:13). Ao desenvolver esta ideia, ele se baseia na noção de crentes como membros do corpo de Cristo (veja cap. 12) e na narrativa de Gênesis que diz que o sexo faz duas pessoas uma só carne (6:15-16; cf. Gn 2:21-25). A união corporal com uma prostituta — imoralidade sexual — subverte não uma união física, mas uma união espiritual existente, exibida em atividade corporal concreta, entre Cristo e o crente (6:17; cf. 2Co 11:2-3). Além disso, o corpo do crente não está destinado à destruição, mas à ressurreição (6:14). Em outras palavras, seja na vida, seja na morte, o crente está em um relacionamento com o Senhor que se expressa através do corpo. *Corpos importam*. Por essas razões, os crentes devem fugir da imoralidade sexual (6.18a); isso os desvia do objetivo de sua existência.[27]

---

[26] A analogia é a seguinte: comer= estômago; sexo= corpo; ou, 'comer é para o estômago como o sexo é para o corpo'.

[27] Nesta carta, Paulo aconselha os coríntios a "fugir" (pheugete) de duas práticas, a imoralidade sexual e a idolatria (10:14), que ele e outros judeus entendiam como os pecados característicos da existência gentia (veja Sab 13—14; Rm 1:18-32).

O segundo argumento, paralelo, porém mais breve, desenvolve ainda mais a perspectiva de Paulo sobre o significado do corpo. A conclusão do desrespeito errôneo pelo significado espiritual do corpo é que o pecado não envolve o corpo e que nenhuma atividade corporal pode ser pecado (6:18b). Conforme mostrado na tabela, a ideia de "todos os outros pecados" (NAB; cf. NVI) estar fora do corpo não é algo que Paulo pensou ou diria; seu argumento é que muitas ações corporais, incluindo especialmente algumas sexuais, podem ser pecados — de fato, pecados "contra o corpo" (6:18c). Mas como se pode pecar contra o corpo? Somente se o corpo estiver associado a Deus, que é precisamente o argumento de 6:19-20. O corpo de uma pessoa é o templo de Deus, cheio do Espírito de Deus, e não pertence a ela (6:19). Aqui Paulo se refere à cruz de Cristo como o ato de Deus comprar o crente, como a redenção de um escravo (6:20a). Doravante, a pessoa comprada não pertence a si mesmo, mas ao sei redentor. Por essas razões, os crentes não devem apenas, negativamente, fugir da imoralidade (6.18a), mas também, positivamente, glorificar a Deus na habitação de Deus — seu corpo (6.20b). Para Paulo, então, tanto o indivíduo quanto a comunidade (3:16) são o templo de Deus; salvação significa que pessoas como um todo, corpo e tudo o mais, são incorporadas ao corpo único de Cristo como o *locus* do culto divino (cf. Rm 12:1-2). Como em 6:11, a realidade salvífica da graça de Deus e a experiência dos coríntios com ela são decididamente trinitárias: cada corpo coríntio, assim como o corpo coríntio como um todo, é o templo do Espírito, pertencente a Deus por causa morte redentora de Jesus.

Paulo, mais uma vez, raciocina 'em forma bifocal', invocando as consequências da morte passada de Jesus e a esperança da futura ressurreição dos crentes. A atividade corporal *tem* importância e *tem* consequências espirituais por causa do *status* presente e futuro do corpo em relação a Deus. O corpo do indivíduo é o *locus* da espiritualidade (cf. Rm 6:12-23; 12:1) e o foco da redenção (cf. Rm 8:23); também faz parte de um corpo e templo maiores, o corpo comunal de Cristo e templo do Espírito de Deus. A liberdade corporal, portanto, não pode ser entendida como nada menos do que pertencer ao Senhor correto (a Deus, não a si mesmo) e honrar esse Senhor no templo do Senhor e através dele. Os corpos humanos, para resumir, têm um propósito presente e um destino futuro que o comportamento sexual de alguns coríntios revela.

A teologia paulina do corpo desafia afirmações antigas e modernas que sugerem que os seres humanos, ou pelo menos aqueles que reivindicam o nome de Cristo, têm direitos inalienáveis ao controle e uso de seus corpos e às práticas sexuais de sua escolha. Para Paulo, nada poderia estar mais longe da verdade. De fato, tal "liberdade" é tanto escravidão quanto idolatria.

Confusão sobre o casamento e o chamado de Deus (7:1-40)

Parece que os crentes em Corinto estavam, de modo geral, confusos sobre o lugar da sexualidade na vida daqueles que pertencem a Cristo. Os próprios ensinamentos de Paulo podem ter gerado algumas perguntas sobre a propriedade da atividade sexual, mesmo no casamento, e também sobre o próprio casamento. Parece também que alguns dos crentes em Corinto concluíram que o sexo não seria permitido para qualquer pessoa com qualquer pessoa (e.g., mesmo com parentes ou prostitutas), mas que não era permitido *de qualquer modo* para irmãos e irmãs em Cristo, mesmo no casamento (veja também 1Tm 4:3). Esse pode ter sido o sentido das palavras em 7:1: "É bom que o homem não toque [tenha relações sexuais com] em mulher", que quase certamente devem ser atribuídas não a Paulo, mas a (alguns) Coríntios, como indicam as aspas na NRSV, NAB, (atualizada) e muitas outras traduções.[28] A resposta bastante longa de Paulo no capítulo 7 procura estabelecer alguns princípios gerais sobre o casamento e também abordar as situações específicas de certos grupos dentro da igreja. Dentre os muitos aspectos fascinantes deste texto está o tema da mutualidade marido-mulher e da responsabilidade homem-mulher no casamento. (Como em outras partes das Escrituras, o casamento é entre um homem e uma mulher.)

---

[28] A tradução original da NVI de "tocar" no sentido de se "casar" é um completo erro de tradução; a NIV atualizada [no original em inglês], "ter relações sexuais com uma mulher", está correta (assim também CEB, NET). O erro da NJB e da NAS (como a KJV e a NIV original) em colocar essas palavras entre aspas perpetua a impressão errônea de que Paulo, ao contrário de alguns dos coríntios, se opunha ao sexo em si. É possível que Paulo esteja citando aos coríntios a interpretação deles do que ele disse sobre preferir o celibato, mas se for assim, os coríntios o entenderam radicalmente como apoiando o casamento sem sexo.

Em 7:2-6 Paulo rejeita a noção de que a abstinência sexual seja apropriada para crentes casados, exceto talvez ocasionalmente para períodos especiais de oração (7:5-6). Ele claramente, ainda que um pouco desajeitado, vê o casamento — e o sexo dentro dele — como um relacionamento exclusivo de reciprocidade (7:3-4). Ele realisticamente vê a abstinência de sexo dentro do casamento como um convite à tentação (7:2, 5-6). Paulo não apenas espera que os maridos (assim como as esposas) satisfaçam as necessidades conjugais apropriadas de seus cônjuges, mas — em contraste com grande parte do mundo pagão — ele também espera que eles não se envolvam em relacionamento sexual com outras pessoas.[29] Assim, embora a palavra 'amor' não apareça nesses versículos, Paulo está descrevendo um aspecto do amor centrado no outro, que ele exalta no capítulo 13.

Tendo esclarecido sua posição sobre o sexo no casamento, Paulo torna conhecida sua preferência em 7:7. O problema, ao que parece, não é o sexo, mas o próprio casamento. Embora a permanência como solteiro (celibato) e o casamento sejam ambos dons (*carisma*, 7:7), a forma de celibato de Paulo é preferível, ele acredita. Por quê? Mais tarde, ele escreverá que isso permite uma devoção à obra do Senhor sem distrações (7:22-36). Paulo não é um *oponente* do sexo, mas um *defensor* da dedicação a Cristo. Por essa razão, ele aconselha homens solteiros — provavelmente querendo se referir a viúvos — e viúvas a permanecerem assim, a menos que sua paixão esteja fora de controle (7:8-9). O celibato é um dom do Espírito, e nem todos o têm.

Voltando ao assunto de pessoas casadas em 7:10-16, Paulo primeiro ordena aos crentes casados com crentes (7:10-11) que não iniciem um processo de divórcio, baseando sua enfática advertência nos ensinamentos de Jesus ("não eu, mas o Senhor"; veja Mt 5:31-32; 19:3-9; Mc 10:2-12; Lc 16:18). Se uma mulher (e se supõe também um homem) busca a separação, isso até pode levar à reconciliação, mas não

---

[29] Algumas exceções à norma cultural geral do "vale tudo" na arena sexual, pelo menos para homens livres, existiam. O contemporâneo de Paulo, Musonius Rufus, um importante estoico, se opunha ao sexo fora do casamento; acreditava como Paulo na mutualidade no casamento com respeito ao corpo e ao sexo; ele enfatizou a devoção conjugal mútua total; e sustentou que o casamento tem dois objetivos, procriação e koinōnia, ou companheirismo ("On the Chief End of Marriage" [Sobre o objetivo principal do casamento]).

ao casamento com outro (veja também 7:39). Quanto aos que possuem cônjuges descrentes (7:12-16), Paulo não tem uma palavra direta de Jesus, que abordou uma situação diferente. Mas especialmente quando os gentios se tornavam crentes e (muitas vezes) seus cônjuges não, certamente alguns devem ter se perguntado se o casamento era prejudicial ou impuro. Paulo aconselha a não buscar o divórcio (7:12-13) porque o efeito da união desequilibrada é o da profanação para a santidade, e não vice-versa, afetando positivamente os filhos, bem como o cônjuge incrédulo (7:14), que pode realmente tornar-se um crente (7:16). Ou seja, um "casamento com um não crente" pode ser uma oportunidade de testemunho cristão. Se, no entanto, o cônjuge incrédulo buscar o divórcio, o crente não é obrigado a manter a união — e pode, de fato, ser livre para se casar novamente, embora Paulo não seja aí completamente claro (7:15). Mais uma vez, Paulo mantém homens e mulheres, irmãos e irmãs cristãos, nos mesmos padrões.

A seguir, o apóstolo muda seu foco para explicar a sua marca geral do que podemos chamar de 'apatia positiva' dentro da qual ele vê o casamento e todas as outras 'fases' da vida (7:17-24). Sua linha de pensamento é basicamente: "continue vivendo na condição que o Senhor lhe designou e de acordo com o chamado de Deus" (7:17, 20, 24; veja também 7:27). Como ele dirá mais claramente em 7:29-31, há uma perspectiva escatológica fundamental subjacente a essa 'apatia' sobre as fases da vida. Aqui, no entanto, a ênfase está na irrelevância (veja esp. 7:19) de todas as distinções sociais para uma comunidade que engloba pessoas de todas as posições: gentios e judeus, escravos e livres, homens e mulheres, casados e solteiros. O que importa é a obediência a Deus, não *status* ou posição (7:19; cf. Gl 5:6; 6:15).[30]

A única questão difícil aqui é o que Paulo diz sobre escravos, particularmente 7:21, cuja principal construção verbal grega não é clara. Paulo quer que eles permaneçam escravos mesmo que possam obter a liberdade (assim na NRSV) ou que aproveitem a oportunidade e se tornem livres (assim na NRSV [nota na margem], CEB, NET, ARA)? O debate acadêmico é interminável, embora alguns tenham declarado o problema

---

[30] A breve menção de desfazer a circuncisão refere-se a uma prática cirúrgica real, ainda que ocasional (e.g., 1Macabeus 1:15) chamada epispasmo, destinada a reverter a circuncisão e, assim, aumentar o status de um homem em um ambiente dominado por gentios.

insolúvel. À luz da carta de Paulo a Filemom (veja discussão no cap. 14), pode-se argumentar que Paulo gostaria que os escravos fossem livres.³¹ Do mesmo modo, em 7:23, que reverbera 6:20, a clara implicação paulina é que a condição de um ser humano como propriedade de outro não é apropriada para alguém comprado e possuído por Deus. Qualquer que seja a resposta ao problema de 7:21, mesmo essa pergunta não representa algo determinante para Paulo, uma vez que todos os escravos são livres em Cristo e todas as pessoas livres são escravas de Cristo (7:22-23). Como maridos e esposas, escravos e senhores são iguais em Cristo.

Voltando momentaneamente a um grupo específico na igreja antes de continuar com princípios mais gerais, Paulo oferece seu conselho pessoal às "virgens" (mulheres solteiras), que deveriam, como seria de esperar, permanecer solteiras (7:25-26), embora o casamento não fosse pecado (7:28). Agora vemos claramente o que realmente impulsiona a opção de Paulo pelo estado de solteiro. Há duas coisas, como já observamos: escatologia e devoção. O casamento é uma distração da devoção total ao Senhor, pois uma pessoa casada — seja homem, seja mulher — é (apropriadamente) distraída de uma maneira que não ocorre com os solteiros (7:32-35). O casamento também pode causar bastante aflição, Paulo observa realisticamente em 7:28. Mais importante, Paulo acredita que porque em Cristo a nova era já havia começado, "Por causa dos problemas atuais" — com todas as suas instituições como casamento e escravidão —, "a forma presente deste mundo está passando" (7:31). O resultado deve ser uma profunda relativização de todos os compromissos e relacionamentos humanos (7:29b-31b), não apenas porque o tempo antes da parúsia é curto (7:29), mas também porque em Cristo o futuro já invadiu o presente. Ou seja, a perspectiva de Paulo sobre as estruturas sociais desta época deve-se tanto à *qualidade* do tempo presente quanto à *quantidade* de tempo restante. A iminência da parúsia é menos importante do que a presença do novo em meio ao antigo, durante essa sobreposição das eras.

---

³¹ É importante notar que em Filemom Paulo se dirige a um mestre; aqui ele se dirige aos escravos. (Se Colossenses ou Efésios são textos genuínos [ou ambos], o assunto se torna ainda mais complicado, pois nada é dito em Cl 3:18—4:1 ou Ef 5:21—6:9 sobre escravos buscando a liberdade, ou senhores a concedendo. Ambas as cartas, no entanto, afirmam que escravos e senhores são diferentes e, no entanto, iguais em Cristo.) Para Paulo, a "moralidade da escravidão" pode ter menos que ver com o sistema do que com a igualdade de escravo e senhor em Cristo e com as obrigações de cada um.

Paulo encerra este capítulo com conselhos para mais dois grupos de pessoas solteiras, homens solteiros, mas noivos (provavelmente; 7:36-38), e viúvas (7:39-40). Mais uma vez, em cada caso, ele endossa o casamento — especialmente se fortes paixões juvenis estão envolvidas (7:36) —, mas prefere permanecer solteiro (7:38, 40). Seu princípio de que as viúvas se casem novamente apenas com crentes ("contanto que ele pertença ao Senhor", 7:39) simplesmente torna explícito seu pressuposto, que permeia o capítulo, de que os crentes se casam apenas com crentes.[32] Ele conclui com a sugestão de que seus conselhos aqui e em outros lugares, mesmo quando não baseados nos ensinamentos do Jesus terreno, derivam de sua sabedoria apostólica inspirada pelo Espírito (7:40; cf. 7:25).

> **RESUMO DE CORÍNTIOS 5–7**
>
> Nesses três capítulos, Paulo articulou alguns princípios básicos para a vida entre a primeira e a segunda vinda de Cristo. Esses incluem:
>
> - Pertencer à nova comunidade de Deus implica deixar para trás as imoralidades e injustiças da vida anterior e do mundo pagão.
> - A vida em Cristo significa ter uma visão bifocal: moldar a existência presente à luz do passado (ensinamentos, morte e ressurreição de Jesus) e do futuro (parúsia, ressurreição corporal e julgamento).
> - A busca egoísta de vingar o mal em tribunais pagãos – ou em qualquer outro lugar, incluindo a igreja – é em si mesmo um ato de transgressão e uma traição ao evangelho.
> - O comportamento sexual em particular é uma questão em que a santificação deve ser expressa; a imoralidade sexual põe em perigo tanto o crente de forma individual quanto a comunidade.
> - Os corpos dos crentes, que um dia serão ressuscitados, não pertencem aos crentes por sua indulgência, mas a Deus para a glória de Deus e, dentro do casamento (em um sentido mais restrito), aos seus cônjuges.
> - O casamento, para os crentes, é um vínculo permanente de reciprocidade em Cristo. Não é um pecado, mas um dom (como é o celibato na condição de solteiro), embora também seja uma distração da total devoção ao Senhor e uma instituição que terminará com o passar desta era.

---

[32] Incentivar as viúvas a permanecerem solteiras provavelmente implica a existência de um sistema de apoio dentro da igreja, de modo que o novo casamento não seja uma necessidade ou expectativa financeira.

8:1—14:40 ABORDANDO O CAOS LITÚRGICO: A CRUZ E A ADORAÇÃO PARA TODOS OS MEMBROS DO CORPO

Se a cultura pagã oferecia muitas oportunidades para imoralidade e injustiça, não oferecia menos para idolatria e práticas relacionadas. Como templo do único Deus verdadeiro (3:16-17) localizado no meio de muitos outros templos e suas diversas atividades, a igreja se viu interagindo, direta e indiretamente, com a dimensão explicitamente 'religiosa' da cultura Greco-Romana. Problemas decorrentes de algumas dimensões dessa interação e da vida de adoração geral da comunidade coríntia são abordados nos capítulos 8 a 14. Os coríntios mais influentes eram todos a favor da liberdade, como seria de esperar. Nesses capítulos, Paulo busca uma espécie de ordem e unidade para a vida litúrgica que é totalmente aberta ao Espírito e, portanto, totalmente fundamentada na cruz. Falando como um homem carismático (pessoa cheia do Espírito) para os outros, Paulo pode argumentar não apenas que liberdade e *ordem* são compatíveis, mas também que liberdade e *amor* se combinam. De fato, liberdade e amor não são apenas compatíveis, são dois lados da mesma moeda.

A carta de 1Coríntios 8-14 é a encruzilhada da eclesiologia de Paulo e sua ética. Duas vezes nesses capítulos Paulo estrutura seu argumento em um padrão *aba*', ou '*quiástico*': capítulos 8—10 (na verdade, 8:1—11:1) e capítulos 12—14. Esse padrão sugere que Paulo concede um lugar de destaque especial em apoio a cada um desses argumentos, a saber, os capítulos 9 e 13, aos quais deve ser dada atenção particular.

Carne associada a ídolos (8:1—11:1)

Mais uma vez, nesses capítulos, Paulo aborda o partidarismo coríntio. Essas divisões podem corresponder aos 'partidos' descritos no capítulo 1, mas especialmente à divisão abrangente entre a elite social/ espiritual e a não-elite. A questão desta vez não é lealdade a líderes ou sexualidade, mas o consumo de alimentos (NRSV, "carnes") oferecidos, ou talvez geralmente associados, a ídolos, quer fosse nos recintos de templos pagãos (a questão principal, 8:10), quer (de menor importância) em casas particulares (10:23-30). Os judeus abominavam a prática como idolatria e eram proibidos de comer essa carne de qualquer forma em qualquer lugar: quer fosse em uma refeição sacra num templo

Corinto: O templo de Apolo

pagão; quer num restaurante no recinto do templo, onde 'sobras' da refeição do deus podiam estar no cardápio; quer em casa, onde sobras adicionais, compradas no mercado do templo, também podiam ser preparadas. Parece que a Igreja primitiva geralmente esperava que os gentios convertidos evitassem tal tipo de carne (At 15:28-29), embora a questão às vezes fosse contestada (Ap 2:14, 20).

Os coríntios estavam divididos. Havia um grupo de autodenominados possuidores de conhecimento (8:1, 10), brandindo seu conhecimento de que os ídolos não existem realmente e sua consequente liberdade e direito de comer o que quer que seja, a qualquer hora — mesmo no terreno do templo (8:1-6, 9-11). Havia também um grupo que o próprio Paulo rotula de "fracos" (8:9), pessoas com uma 'consciência fraca' (8:7, 12) que carecem do conhecimento do outro grupo. Os irmãos e irmãs deste grupo associam tal consumo de carne com idolatria real (8:7a). Vendo outros crentes consumindo esse tipo de carne, especialmente em um templo pagão, eles poderiam ser tentados a comer e assim (de sua própria perspectiva) cometer idolatria (8:7b-10). Vamos nos referir aos dois grupos de forma neutra como os carnívoros e os não carnívoros.

A resposta de Paulo à situação é tão complexa quanto criativa. Ele prepara uma espécie de golpe duplo. Seu primeiro movimento é confirmar a teologia monoteísta dos comedores de carne, mas desafiar sua ética baseada no conhecimento dos direitos pessoais, clamando por uma ética do amor orientado para os outros (cap. 8). Depois de se oferecer como exemplo da ética alternativa que propõe (cap. 9), ele volta à questão teológica, alertando os carnívoros que a participação em uma refeição sacra pagã é, na verdade, uma espécie de idolatria, uma comunhão com os demônios (10:1-22). Os capítulos terminam com reiterações de seus princípios éticos e com permissão, embora não geral, para comer carne comprada no mercado do templo em casas particulares (10:23—11:1). A grande importância que Paulo atribui aos princípios e argumentos desenvolvidos nestes capítulos é evidente pela sua reutilização em Rm 14.

O problema e a solução de Paulo (8:1-13)

Seguindo o padrão elaborado no capítulo 6, Paulo começa o capítulo 8 citando um provérbio coríntio: "Todos nós possuímos conhecimento", e o refuta com um contra-argumento: "O conhecimento traz orgulho, mas o amor edifica" (8:1).[33] Paulo afirma que ele realmente concorda com o conhecimento que os carnívoros possuem. Aludindo (e reinterpretando, à luz de Cristo) a afirmação judaica básica de YHWH como o único Deus (veja especialmente Dt 6:4, uma porção do Shemá), Paulo concorda que os muitos deuses e senhores pagãos não existem realmente, pois existe apenas "um Deus, o Pai", a fonte e o objetivo de toda a criação, e "um só Senhor, Jesus Cristo", o agente da criação e redenção (8:4-6). Paulo também concorda que, considerando que toda carne é a criação do único Deus, ela é boa (10:26; cf. Mc 7:19b), e ele não acredita que comer ou abster-se de comida por si só afete o relacionamento com Deus. (8:8, que também pode conter um provérbio coríntio; cf. Rm 14 para ver que esta é a visão de Paulo). Até agora tudo bem.

---

[33] A linguagem anterior de ser "orgulhoso" (4:6, 18, 19; 5:2) e especialmente seu reaparecimento posterior em 13:4 reforçam a antítese conhecimento-amor. O verbo grego oikodomeō, 'construir', será usado sarcasticamente em 8:10.

Mas o contra-argumento em 8:1 resume toda a atitude de Paulo em relação ao *comportamento*, ou ética, dos carnívoros conhecedores de Corinto. O "conhecimento necessário" que os coríntios devem ter é que o lema apropriado para aqueles que amam e são conhecidos por este único Deus (8:2) — aquele revelado no Cristo crucificado — não é "conhecimento", mas "amor". Uma ética fundamentada no "conhecimento" centra-se na *liberdade* individual e no exercício do *direito* de cada um (8:9; gr. *exousia*, muitas vezes mal traduzido como "libertação" ou "liberdade"[34]), que pensa-se derivar dessa liberdade. Uma ética do amor cruciforme, por outro lado, busca edificar o outro, levando em conta o impacto de seu comportamento sobre seus irmãos em Cristo (8:11-12) e estar disposto a renunciar ao exercício de um direito para o bem-estar do outro (8:13). Como em 6:1-11, esse também é um assunto relacionado com a família.[35]

O comportamento atual dos carnívoros, como Paulo o vê, é total e inadequadamente egocêntrico. Não mostra nenhuma preocupação com a consciência de outros irmãos ou irmãs (os não comedores de carne) e com a grave tentação ("pedra de tropeço") que o comportamento representa para esses crentes mais fracos (8:9-10), de 'os induzir' à idolatria (veja, com razão, 8:10). De fato, o exercício desse conhecimento e direito torna-se *pecado*. É pecado contra o irmão ou irmã, que pode ser destruído (separado de Cristo) pela idolatria (8:11-12a), e também contra Cristo, que morreu por aquela pessoa 'fraca' e cujo corpo é constituído por todos os crentes (8:12; cf. cap. 12). Afinal, Paulo já havia instruído os coríntios sobre o lado de Deus com os fracos na cruz (1:18-31), e ele dirá aos romanos que Cristo morreu por nós quando *todos* eram fracos (Rm 5:6). Ironicamente, os 'fortes' carnívoros coríntios demonstram sua fraqueza — seu pecado — no próprio ato de exercer sua suposta força.

A gravidade dessa situação leva Paulo a lançar um desafio em forma de anseio: para evitar que outro tropece e caia, ele deixaria definitivamente de comer qualquer tipo de carne (8:13).[36] Ou seja, *ele renunciaria ao exercício de um 'direito inalienável' para o bem dos outros*. Ao fazer

---

[34] O significado básico de exousia é "autoridade." Aqui a conotação é "inerente" ou mesmo direito "inalienável".

[35] Gr. adelphos ("irmão", "irmãos") ocorre em 8:11, 12, 13 (duas vezes).

[36] Cf. Rm 14:13b, 20; Mc 9:42 e paralelos; Lv 19:14.

isso, ele não estaria apenas do lado dos fracos, ele está efetivamente se tornando fraco (veja 4:10; 9:22). E demonstra a credibilidade de sua afirmação, ao mesmo tempo em que oferece um exemplo vivo de tal amor e de tal força na fraqueza, no capítulo autobiográfico que se segue.

O exemplo de cruciformidade apostólica e intencionalidade salvífica (9:1-27)

Quando Paulo escreve em forma autobiográfica, ele escreve paradigmaticamente. Na superfície, 1Co 9 soa como uma autodefesa dos direitos apostólicos, o que em parte o é. Paulo usa a palavra *exousia* ("liberdade/direito") de 8:9 seis vezes (9:4, 5, 6, 12 [duas vezes] e 18). Mas todo o propósito da afirmação de direitos de Paulo é mostrar que ele, como a elite coríntia, tinha direitos legítimos que poderiam ser deliberadamente suprimidos como um ato de amor cruciforme e, em última análise, de verdadeira liberdade (cf. 1Ts 2:1-12). Neste capítulo, com uma enxurrada de perguntas retóricas, Paulo estabelece seus direitos apostólicos (9:1-12a, 13-14); narra sua renúncia a eles como parte fundamental de sua identidade apostólica e *modus operandi* (9,12b, 15-18); e explica seus dois motivos para fazê-lo — 'ganhar outros' por meio da liberdade e do amor semelhantes ao de Cristo (9:19-23), e assegurar sua própria participação na vitória escatológica (9:24-27)!

Paulo habilmente começa reafirmando sua própria liberdade — uma liberdade a que ele nunca vai renunciar — e assim identifica seu *status* comum com os comedores de carne (9:1). Mas a sua liberdade também é única, porque se trata de liberdade apostólica. As duas provas de seu apostolado oferecidas aqui são o fato de ele ter visto o Jesus ressuscitado e ter ajudado a igreja de Corinto (9:1-2). Com o apostolado vêm certos direitos, para os quais Paulo oferece uma breve apologia ("defesa", 9:3) em 9:3-14 (menos os parênteses em 9:12b).

Paulo afirma a existência de dois direitos básicos: o apoio financeiro (9:4, 7-12a, 13-14) e a companhia conjugal em viagens missionárias (9:5-6). Este último direito é de pouca relevância aqui e provavelmente é oferecido apenas para deixar claro que ele é igual a outros apóstolos (cf. 9:12a) e que seus direitos apostólicos se estendem além de aspectos econômicos. Paulo oferece três garantias para seu direito ao apoio financeiro para refeições e outras despesas: "do ponto de vista meramente

Uma das lojas do noroeste ao longo da ágora (fórum) em Corinto; Paulo pode ter trabalhado em uma estrutura semelhante.

humano" (9:8) ou prática comum, tanto secular quanto religiosa; a Lei (9:8); e a ordem de Jesus (9:14).

Como um soldado, um apóstolo não custeia sua própria missão e, como um fazendeiro ou pastor, ele se beneficia de seu trabalho (9:7-8). Esse princípio é enunciado também em Dt 25:4, segundo afirma Paulo, interpretando (de maneira rabínica) a proibição de amordaçar o boi como uma palavra sobre direitos apostólicos (9:8-12a). Se alguém semear "coisas espirituais" deveria colher algumas "coisas materiais" (9:11). Outra ilustração sobre o tema é fornecida pelos sacerdotes no templo judaico (9:13), e a palavra final vem do próprio Jesus (9:14, um eco do ensino preservado em Mt 10:10 e Lc 10: 7). O direito inerente e 'inalienável' de Paulo como apóstolo está fundamentado nas mais altas e evidentes autoridades.

"Mas nós nunca usamos desse direito". — A grande adversativa de Paulo em relação a todas as afirmações sobre seu direito apostólico de sustento aparece duas vezes (9:12b, 15). Ele não usou esse direito e não pretende exercê-lo agora. Em vez disso, Paulo (com seus companheiros, 9:12b) absteve-se de usar o direito para não criar nenhum obstáculo para a propagação do evangelho (9:12b; cf. 8:9). Quaisquer críticos em potencial, assim como os comedores de carne, precisam conhecer seu motivo: para o bem do evangelho e pela salvação de outros. Essa decisão e seu consequente estilo de vida tornaram-se agora o "orgulho" de

Paulo (9:15) e sua "recompensa" (9:18). Como apóstolo, ele não tem escolha a não ser proclamar o evangelho, mas deve fazê-lo gratuitamente, quando tem o direito de ser pago; é um sacrifício admirável, algo de que se orgulhar. Ou deveria ser?

Repetidamente nesta carta Paulo condenou o orgulho e aconselhou orgulhar-se somente no Senhor. Ele agora estava se contradizendo? Não! Os versículos 19-23 demonstram que a renúncia de Paulo ao apoio financeiro é sua maneira de incorporar a fé e o amor cruciformes de Jesus; é sua maneira de "gloriar-se no Senhor". Trata-se, portanto, de uma escolha livre, mas também necessária. Os versículos 24-27 confirmam que Paulo está convencido de que somente encarnando tal semelhança com Cristo ele terá a salvação garantida.

O significado concreto desta existência cruciforme é fornecido em 9:19. Nesse versículo, lido com 9:12, 15, 18, bem como 9:20-22, vemos Paulo sucintamente contando sua própria história em três etapas que são paralelas à história de Jesus, conforme narrado no poema narrativo de Fp 2:6-11, a 'história magistral' de Paulo.[37] Como Jesus, Paulo possuía um *status* particular e, portanto, certos direitos associados a esse *status*, mas em vez de explorá-los para seu próprio benefício, ele assumiu a forma de escravo para benefício de outros.

PARALELOS ENTRE FILIPENSES 2 E 1CORÍNTIOS 9

	Filipenses 2	1Coríntios 9
[x] Posse de status e direitos	embora sendo [Cristo Jesus] (6a)	– Porque, embora seja livre de todos (19a) – embora eu mesmo não esteja debaixo da Lei (20b)
[Yy] Decisão de não usar o status e os direitos para benefício próprio	[Ele] não considerou que o ser igual a Deus era algo a que devia apegar-se (6b)	– No entanto, não fizemos uso deste direito (12b) – Mas nós nunca usamos desse direito (15a) – para não pôr obstáculo algum ao evangelho (18c)

---

[37] Para mais discussão de Fp 2, veja o cap. 4 sobre o evangelho de Paulo e cap. 13 de Fl.

[z] Rebaixamento de si mesmo / autoescravização	– mas esvaziou-se a si mesmo, vindo a ser servo, tornando-se semelhante aos homens. E, sendo encontrado em forma humana, humilhou-se a si mesmo e foi obediente até a morte, e morte de cruz! (7-8)	– Fiz-me escravo [lit. "me escravizei"] de todos, para ganhar o maior número possível de pessoas. (19b-c) – suportamos tudo para não pôr obstáculo algum ao evangelho de Cristo. (12c) – Tornei-me judeu para os judeus, a fim de ganhar os judeus... Para com os fracos tornei-me fraco... Tornei-me tudo para com todos, para de alguma forma salvar alguns. (20-22)

O trabalho manual era associado aos escravos e desprezado pela elite greco-romana. O fato de Paulo trabalhar com as próprias mãos e renunciar ao apoio financeiro de toda a igreja, ou de algum patrono rico, sem dúvida gerou críticas, especialmente da elite coríntia. Paulo, no entanto, vê sua recusa de apoio financeiro, e o próprio rebaixamento ao ponto de trabalho servil, como análogo à humilhação que Cristo fez de si mesmo em relação à igualdade com Deus para a 'escravidão' da vida humana e uma morte vergonhosa na Cruz. Como Cristo (embora o poema não diga isso explicitamente, apenas em seu contexto paulino em Filipenses), Paulo agiu pela salvação de todos, motivado em última análise pelo amor. Ele se acomodou a todo e qualquer judeu ("os que estão debaixo da lei"), gentios ("os que não têm a Lei") e especialmente os fracos (9:22; cf. 8:11). Vale ressaltar que Paulo *não* completa o paralelismo com "fraco" ao dizer que se tornou 'poderoso' ou 'forte' para conquistar tais pessoas, pois isso significaria (nesse contexto, pelo menos) não trabalhar com as mãos, o que para ele seria uma traição ao evangelho. Em vez disso, ele sugere que o evangelho é para a elite e os poderosos, mas apenas se eles o aceitarem como o paradoxal poder-em-fraqueza que reverte o *status* que eles têm.

Michael Barram rotulou a atitude que Paulo exibe aqui como 'intencionalidade salvífica', uma postura missionária, intencional e culturalmente sensível em todas as situações.[38] O fato de Paulo se tornar "tudo para com todos" (9:22), no entanto, não significa que ele teve um ministério falso ou camaleônico. Em vez disso, sua 'inconsistência' era de fato sua consistência, seu constante autoesvaziamento de sua maneira de cumprir a lei de Deus ao vir "sob a lei de Cristo" (9:21; cf. Gl 6:2). No contexto, essa "lei" de Cristo refere-se ao padrão demonstrado na tabela anterior e é melhor traduzida como 'padrão narrativo de Cristo (i.e., história paradigmática) de autoescravização' ou 'padrão narrativo de fé (= obediência) e amor de Cristo'. Conforme observado no capítulo 4 e indicado na tabela, esse padrão pode ser resumido como 'embora x (posse de *status* e direitos), não y (uso de *status* e direitos), mas z (auto-humilhação/autoescravização)'. Além disso, como Cristo, Paulo seguiu esse padrão *apesar* de seu *status* e *por causa de* seu *status*; ao não fazer o que poderia ter feito, mas fazendo algo radicalmente inesperado para os observadores, cada um revelou sua verdadeira identidade.[39]

Incorporar consistentemente esse padrão — "faço tudo" (9:23) — é a maneira de Paulo realmente compartilhar as bênçãos do evangelho: não os "benefícios materiais" (9:11) que ele merece como apóstolo, mas a coroa "imperecível" da salvação final (9:25). Como um atleta que pratica o autocontrole e a "escravidão" corporal (9:27) — como se testemunharia nos Jogos Ístmicos — Paulo se escraviza como Cristo Jesus se escravizou. Ao fazê-lo, o apóstolo não *renuncia* à sua liberdade, mas a *exerce* em atos de amor. Caso contrário, ele seria "desqualificado" do evento principal (9:27) e não receberia a coroa incorruptível, uma metáfora atlética da imortalidade (9:25; cf. 15:42-54);[40] *ele não seria salvo*. Deixemos que aqueles que têm ouvidos (como os comedores de carne) ouçam.

---

[38] Michael Barram, "Pauline Mission as Salvific Intentionality: Fostering a Missional Consciousness in 1Co 9:19-23 and 10:31-11:1," in Paul as Missionary: Identity, Activity, Theology, and Practice, ed. Trevor J. Burke e Brian S. Rosner, LNTS 420 (Londres: T&T Clark, 2011), p. 234-46.

[39] As frases que começam com 'embora' em Fp 2:6a e 1Co 9:19a também podem ser traduzidas como 'porque...'. Paulo abandona os direitos porque isso é a essência do apostolado cristão.

[40] Parece que os atletas em Ístmia às vezes recebiam coroas de aipo ou pinho murchos.

Koinōnia com e imitação de Cristo (10:1—11:1)

A advertência inconfundível de Paulo, mas ainda apenas implícita, aos carnívoros guiados pelo conhecimento sobre seu exercício egocêntrico de direitos será declarada mais positivamente na forma de *slogans* ou máximas resumidas em 10:23-24 e 10:31—11:1. A advertência, no entanto, ainda não está completa, pois Paulo primeiro deseja que os coríntios reconsiderem a questão da idolatria. Talvez o apóstolo pense que eles estarão abertos a um autoexame cuidadoso agora que ele lhes mostrou o erro ético de seus caminhos. (Porém, talvez não; provavelmente os coríntios pertencentes à elite, pelo menos, ainda o desprezassem, não apenas por agir como um escravo, mas por admitir, de fato, desobedecer a Jesus [9:14]. Paulo poderia argumentar que o mandamento do Senhor estabelece uma não-responsabilidade negociável sobre aqueles que estariam dando, não recebendo, apoio.) Em qualquer caso, ele não quer que eles "testem" a Cristo (10:9) flertando com a idolatria inspirada por demônios, mas que sejam a nova aliança de Cristo, parceiros e imitadores.

Em 10:1-22, Paulo se baseia no passado de Israel como uma lição (10:6, 11) para a igreja de Corinto: mesmo aqueles que são batizados e participam da Ceia do Senhor não estão imunes à idolatria. O uso de Paulo da narrativa do êxodo-deserto-bezerro de ouro de Êxodo, Números e Deuteronômio sugere que mesmo os antigos pagãos da igreja de Corinto, que agora são descendentes dos israelitas (10:1), haviam aprendido essas histórias bíblicas. Para Paulo, as narrativas das Escrituras não apenas demonstram, mas também prefiguram a Igreja; a história de Israel é agora também a história dos coríntios.

Os ancestrais israelitas da Igreja tiveram todas as experiências espirituais imagináveis (10:1-4), como os próprios coríntios: resgatados, batizados e até 'eucaristizados' (ou 'em comunhão') por meio de comida e bebida espirituais (veja Êx 16-17).[41] Na verdade, eles "beberam da... rocha espiritual... que era Cristo" (10:4). (Essa talvez seja uma interpretação surpreendente da rocha em Êxodo 17, no entanto, apropriada uma vez que Cristo é o Filho de Deus preexistente, sendo o Senhor Deus a rocha de Israel no deserto [e.g., Dt 32:15, 18, 30-31], e sendo

---

[41] A primeira evidência que temos da Ceia do Senhor (Comunhão) sendo chamada de Eucaristia (gr. eucharistia, 'ação de graças') é Didaquê 9, provavelmente datando do final do primeiro século.

tanto Deus Pai quanto Jesus corretamente chamados de 'Senhor'.) Nada dessa experiência importava (ou importa, como Paulo sugere), pois "Deus não se agradou da maioria deles; por isso os seus corpos ficaram espalhados no deserto" (10:5; veja Nm 25:1-9). O erro deles, do qual suas experiências espirituais e 'sacramentais' não os protegeram, foi "desejar o mal" e se tornarem idólatras e sexualmente imorais (10:6-8). Tal imoralidade era comum em templos pagãos e até mesmo em casas particulares. Paulo já havia mostrado que os coríntios, ou pelo menos alguns (a maioria? — 10:5) deles, eram imorais em termos sexuais e em outros aspectos. Deveriam, portanto, cuidar para não cair (10:12) e confiar em Deus, que é fiel (cf. 1:9), para livrá-los dessa tentação.

Mas os coríntios devem desempenhar seu papel no ato de fidelidade de Deus: "fujam da idolatria!" (10:14 similarmente, NRSV), que é paralelo a "fujam da imoralidade sexual" (6:18). Essas são as duas grandes tentações para romper as relações da aliança com Deus, para testar Cristo, para reencenar erradamente a história de seus ancestrais. Paulo agora não contradiz sua afirmação anterior no capítulo 8 de que os ídolos não existem (10:19). Ao contrário, com outros judeus de seu tempo, ele afirma que há algo real por trás de um ídolo, a saber, um demônio (10:20-21). A idolatria não é má porque os deuses existem, mas porque a adoração a eles faz parte da grande batalha cósmica contra a adoração ao único Deus verdadeiro. E como princípio geral, Paulo diz que sempre que alguém participa de qualquer tipo de culto, particularmente uma refeição sagrada, torna-se um parceiro íntimo (*koinōnos*) com a divindade (10:18) — ou, se a divindade não existe, com o poder demoníaco por trás disso (10:20-21). Isso era verdade para as refeições sagradas de Israel, continua sendo verdade para as refeições nos templos pagãos (chamadas 'ceias de deus'), e é verdade para "a mesa do Senhor" ou "a ceia do Senhor" (10:17, 21; cf. 11:20). Para Paulo, a 'participação' é o próprio coração da vida espiritual e cultual, ou litúrgica. Participar da adoração de ídolos é seguir os passos de Israel sacrificando aos demônios (Dt 32:17, citado em 10:20).

A convicção que conduz o argumento de Paulo aqui é que, diferentemente dos ídolos, mas como YHWH, Cristo exerce uma reivindicação exclusiva e total sobre seu corpo, sua comunidade, expressa na partilha ou participação (*koinōnia*), que é a Ceia do Senhor (10:16-17, 21; por isso chamamos de 'comunhão'). O Senhor ainda é um Deus "zeloso"

(Dt 4:24; 5:9; 6:15; 32:16-21); os coríntios não podiam participar da Ceia do Senhor e das ceias dos deuses.

Voltando finalmente ao ponto de partida, Paulo agora resume seus pontos principais em duas seções curtas, semelhantes a provérbios (10:23-24; 10:31-11:1), que cercam uma breve discussão do único assunto não abordado até agora: não comer a carne que havia sido oferecida aos ídolos no templo, mas sim em casa. Os resumos em si são bastante claros e enfáticos. Paulo, de fato, responde ao provérbio coríntio "Tudo é permitido" (10:23, duas vezes) com duas refutações, e então o substitui por quatro máximas próprias. As refutações são "nem tudo convém" e "nem tudo edifica". Ou seja, nem todas as ações são atos de *amor*, que buscam o benefício dos outros e os edifica (8:1; cf. 13:4-7). As máximas substitutas que Paulo apresenta enfatizam esse critério de centramento no outro para julgar todas as atividades:

- "Ninguém deve buscar o seu próprio bem, mas sim o dos outros" (10:24).
- "Assim, quer vocês comam, quer bebam, quer façam qualquer outra coisa, façam tudo para a glória de Deus" (10:31; cf. 6:20).
- "Não se tornem motivo de tropeço, nem para judeus, nem para gregos, nem para a igreja de Deus. Também eu procuro agradar a todos, de todas as formas. Porque não estou procurando o meu próprio bem [NAB "benefício"], mas o bem de muitos, para que sejam salvos" (10:32-33).
- "Tornem-se meus imitadores, como eu o sou de Cristo" (11:1).

Em suma, essas máximas conclamam os coríntios a glorificar a Deus no comer, ou não comer, vivendo uma vida dedicada ao bem-estar do outro, até o ponto de renunciar ao exercício de *status* e direitos, como imitador de seu pai espiritual e, em última análise, de seu Senhor.

Entre esses dois conjuntos de máximas (10:25-30), Paulo pode parecer confuso ou contraditório, embora na verdade não esteja sendo. A questão aqui é comer carne *vendida* no recinto do templo (mercado), mas *consumida* em uma casa particular. Os crentes de Corinto são livres para comer tal carne como parte da boa criação de Deus (10:25-26; implicitamente, em suas próprias casas). Mesmo na casa de um incrédulo para uma refeição, eles ainda podem comer essa carne, sem fazer perguntas, já que o fato não ocorre num templo e não (novamente, Paulo presume) de uma refeição sagrada (10:27). Se, no entanto, alguém identificar a origem da carne, os coríntios devem procurar não ser uma pedra de tropeço (para crente ou incrédulo), abstendo-se e dissociando-se de qualquer indício de idolatria (10:28-29a, modelado nas máximas em 10:24 e 10:32-33).

Isso abandona, no entanto, o que foi exposto nos versículos 10:29b-30. Se 10:28-29a for lido como uma espécie de parêntese, Paulo pode estar reafirmando sua própria posição de 10:25-27 de que a liberdade de alguém não deve ser desnecessariamente restringida. Ou seja, em uma casa particular, quando não há perguntas, não há razão para hesitar por causa de ninguém. Por outro lado, 10:29b pode ser o início do resumo (final) de Paulo, e ele pode estar novamente citando a posição libertina coríntia, apenas para refutá-la finalmente com a série de máximas em 10:31-33. Em ambos os casos, Paulo preserva a liberdade exercendo-a por meio do uso de direitos ou da renúncia de direitos, o que convém e avança o evangelho servindo aos outros e glorificando a Deus. Ele quer que os coríntios exemplifiquem o mesmo tipo de intencionalidade amorosa e salvífica que ele mesmo pratica e a descreveu para eles no capítulo 9. Isso não é um exercício de poder pessoal ou mesmo apostólico; é a provisão de um padrão cristão.

RESUMO DE 1CORÍNTIOS 8:1–11:1

Uma vez que 1Co 8:1–11:1 é uma unidade tão importante e substantiva, algumas expressões resumidas estão em ordem:

- Aqueles que vivem em Cristo não podem ordenar sua vida de acordo com uma ética de liberdade baseada no conhecimento – mesmo conhecimento teológico correto – que enfatiza o interesse próprio e os direitos sem levar em conta o impacto do comportamento sobre os outros.
- A expressão mais verdadeira da liberdade não é o exercício de direitos, mas a livre decisão, por amorosa preocupação com os outros, de não exercer nem mesmo direitos legítimos. A verdadeira liberdade, em outras palavras, é a liberdade da tirania do eu; é amor de doação. Para aqueles que modelam sua vida segundo Cristo, tal liberdade também pode, paradoxalmente, ser uma obrigação.
- Mesmo o conhecimento teológico aparentemente correto pode ser destrutivo e perigoso quando usado de forma descuidada ou egoísta.

- A fidelidade ao Senhor Jesus é uma devoção exclusiva e uma *koinōnia* que não deixa espaço para a associação com a idolatria.
- A Igreja foi tecida na história e nas histórias de Israel, dentro da qual e a partir da qual ela deve aprender a ser o povo de Deus.

Mulheres e homens desordenados na assembleia (11:2-16)

Poucas passagens nas cartas paulinas são tão irritantes para o intérprete quanto esta. A dificuldade de certas palavras, a complicada — alguns diriam torturante ou inconsistente — lógica de pensamento e inter-rrelação de sentenças, e as referências veladas (sem jogo de palavras) a fenômenos sociais antigos são apenas algumas das questões interpretativas. O resultado é um conjunto complexo de variáveis que deu origem a inúmeras reconstruções do cenário social e, portanto, a várias interpretações gerais. Algumas pessoas acham que as declarações de Paulo são ofensivas; outros concluem que a passagem pode ser uma interpolação posterior semelhante em seu sentido a 1Tm 2:9-15.

Dentro desse pântano exegético, um aspecto muito importante do texto, sobre o qual todos os intérpretes devem concordar, é muitas vezes esquecido: Paulo assume sem hesitação ou discussão que as mulheres, como os homens, podem orar e profetizar — falar tanto *com* Deus (oração) e *para* Deus (profecia) — na igreja reunida (11:4-5). Isto é, as mulheres se dirigem a Deus em nome da assembleia e a assembleia em nome de Deus. Não importa o que mais possamos concluir, devemos enfatizar que, a esse respeito, homens e mulheres são iguais em Cristo.

O texto levanta muitas questões específicas, entre as quais podemos destacar as seguintes:

- A passagem descreveria relacionamentos homem-mulher ou marido-mulher — ou um pouco de ambos? (As palavras gregas para 'homem' e 'mulher' também podem significar 'marido' e 'esposa'.)
- O que significa a palavra "cabeça" nesses versículos? Poderia haver vários significados no texto? (Alguns significados não literais possíveis incluem 'autoridade', 'origem', 'figura mais proeminente' e 'contraste ou complemento ao corpo').
- O texto poderia se referir à prática de usar alguma peça de roupa (capuz, véu, cobertura de cabeça — embora nenhuma seja explicitamente nomeada), a penteados (soltos ou presos) ou a ambos?

- A passagem poderia interpretar as relações homem-mulher ou marido-mulher como hierárquicas, recíprocas ou ambas?
- Cada linha no texto representa as próprias opiniões de Paulo? Em caso afirmativo, ele se *contradiz* ou se *qualifica* à medida que a passagem avança? Se não, ele estaria citando mais uma vez alguns coríntios?

Como vamos juntar todas essas variáveis e responder a tais perguntas difíceis? Qualquer interpretação deve ser oferecida com a devida humildade e sem um caráter definitivo. No entanto, apesar das diferenças nos detalhes, tem surgido uma espécie de 'opinião majoritária' acadêmica (embora tenha sido contestada, como veremos). Parece no entendimento de muitos estudiosos que algumas mulheres em Corinto sentiram que o evangelho (ou seja, a vida em Cristo e no Espírito) as havia liberado, pelo menos quando estavam em adoração, das expressões públicas normais de sua cultura de (a) distinção feminina de homens ou mulheres ou (b) modéstia sexual — e talvez ambos. Essas mulheres expressavam essa emancipação evangélica (enraizada no evangelho) na assembleia descobrindo suas cabeças ou deixando seus cabelos soltos, emitindo assim sinais culturais de masculinidade, frouxidão sexual ou ambos os casos.

Paulo procura corrigir essa prática, não 'colocando as mulheres em seu lugar' (i.e., sob a autoridade dos homens), mas lembrando tanto homens quanto mulheres crentes acerca da necessidade contínua de sinais culturais apropriados de identidade de gênero e modéstia, bem como a realidade da igualdade e interdependência na Igreja. Os intérpretes estão divididos sobre se essa identidade de gênero em virtude da criação deve ser entendida como hierarquia de gênero (ou seja, superioridade ou proeminência masculina) ou simplesmente uma diferenciação. Em ambos os casos, pode-se argumentar que a tensão criativa na mente de Paulo entre as duas realidades de criação/cultura e redenção/Cristo produz as dificuldades e quase inconsistências na passagem.

Nessa leitura, Paulo abre e fecha a passagem (11:2, 16) apelando para a importância da tradição apostólica e do costume universal em certos assuntos (cf. também 11:23-26; 15:3-7), incluindo a si mesmo. A afirmação de três relações de 'liderança' (11:3) pode ser entendida em termos especificamente hierárquicos (cabeça como autoridade) ou em termos mais geralmente relacionais (cabeça como fonte ou contraste/complemento). Em ambos os casos, o relacionamento implica que a "cabeça" pode ser envergonhada ou desonrada pelo comportamento do outro (11:4-5), que é a "imagem" e "glória" (ARA, NAB) da cabeça correspondente (11:7).

Essas observações um tanto confusas sobre liderança e glória envolvem a prática concreta em questão: a cobertura da cabeça ou penteado apropriado para homens e mulheres no culto. (O contexto inclui, mas também é mais amplo do que apenas relações marido-mulher.) Se um homem ora ou profetiza com a cabeça coberta (11:4) — como homens contemporâneos com *status* social suficiente para liderar ritos em templos pagãos frequentemente faziam (estátuas e moedas antigas dão testemunho) — ele envergonha sua cabeça (provavelmente significando Cristo; cf. 11:3), talvez tratando Cristo como uma divindade pagã, chamando a atenção para si mesmo e vestindo-se de maneira inadequadamente efeminada.[42] Por outro lado, uma mulher que ora ou profetiza com a cabeça descoberta (ou o cabelo solto)[43] desonra sua cabeça (seu marido), talvez por não manter sua identidade de gênero, sua modéstia sexual ou ambos; ela se tornou uma 'mulher perdida', por assim dizer, e poderia adotar o sinal culturalmente mais radical de rejeitar sua feminilidade e modéstia, uma cabeça rapada (11:5-6). A cobertura da cabeça ou cabelo preso, então, seria um sinal de castidade, uma barreira simbólica aos avanços sexuais. É possível que a cabeça descoberta ou o cabelo solto de uma mulher na adoração estivesse associado também à atividade frenética das mulheres em certos cultos pagãos.

À primeira vista, os próximos versículos (11:7-10), que apelam para a narrativa da criação de Gênesis, soam como as sentenças mais hierárquicas e patriarcais da passagem, e podem muito bem ser. Porém as traduções modernas podem realmente criar impressões mais fortes nesse sentido do que o que texto realmente diz. Por exemplo, "*mas* a mulher é a glória do homem" (11:7b) pode ser traduzido como "*e* mulher...", enquanto a criação da mulher "*para* o homem" (11:9 NAB) ou "*por causa do* homem" (NRSV, ARA, NVI) é melhor traduzida "*por*

---

[42] Em alguns cultos, os homens não cobriam suas cabeças, então a referência e a analogia precisas não podem ser discernidas com certeza.

[43] Embora nenhuma das versões padrão em inglês ou português traduza a frase dessa maneira, muitos intérpretes a sugeriram.

conta do homem". Essas nuances podem sugerir que o relacionamento do homem com a mulher não é primariamente de superioridade, mas sim de fonte, como afirma 11:8. As referências enigmáticas a um sinal de "autoridade" e a "anjos" (11:10) provavelmente pretendem reforçar a necessidade de ordem na assembleia, onde aparentemente se pensava que os anjos se juntavam aos humanos na adoração a Deus. (Outra possibilidade é que as mulheres não deveriam tentar os anjos sexualmente, como aqueles relatos em Gênesis 6:1-4, de acordo com a tradição judaica.)

Se assumirmos que todo o texto representa o pensamento de Paulo, estejam ou não as tendências hierárquicas presentes em 11:7-10, o significado final de tais tendências é contrariado pela reciprocidade e igualdade afirmadas em 11:11-12. No Senhor (Cristo), homens e mulheres são totalmente interdependentes (11:11); o evangelho os torna iguais (cf. Gl 3:28; cf. Cl 3:11), e ambos edificam uns aos outros através da oração e da profecia. Esta afirmação evangélica é complementada por um lembrete de que mesmo na criação contínua da humanidade através do parto, o homem vem da mulher e ambos de Deus (11:12) — uma afirmação igualitária explícita.

A conclusão da passagem é uma advertência final na forma de um convite (11:13), fundamentado em um apelo à natureza (11:14-15) e aos costumes da Igreja (11:16). Em suma, de acordo com a sua leitura, Paulo afirma tanto expressões culturalmente apropriadas de identidade de gênero (distinção e modéstia sexual), fundamentadas na criação, quanto igualdade e interdependência de gênero, fundamentadas tanto na criação quanto em Cristo. A adoração verdadeiramente cheia do Espírito respeita esses princípios e incorpora a ordem apropriada à adoração de Deus e à edificação da comunidade (cf. 14:33, 40).

Uns poucos estudiosos sugeriram, no entanto, que os aspectos mais patriarcais desse texto não representam a teologia de Paulo, mas sim a da elite dominante dos homens em Corinto. Eles argumentam, entre outras coisas, que Paulo não subscreveria a hierarquia flagrante que encontramos na seção central desta passagem, que está em contraste evidente com partes das seções de abertura e fechamento e com a mutualidade macho-fêmea do cap. 7, e com textos como Gl 3:28. Nessa visão, a própria perspectiva de Paulo é encontrada principalmente em 11:11-16, que coloca na frase inicial a palavra "todavia" ou "contudo" (gr. *plēn*): no Senhor (Cristo), há interdependência masculina e feminina, e não há necessidade de restrições de cabelo além da diferença 'natural' entre cabelo curto masculino e cabelo longo feminino.[44]

Embora o júri ainda não tenha se decidido por esta tese, tem muito a elogiá-la. De qualquer forma, qualquer que seja a resolução exegética para as aparentes inconsistências nesse texto, o que está claro é absolutamente certo: homens e mulheres devem orar e profetizar na igreja.

Abuso na Ceia do Senhor (11:17-34)

Este trecho é de particular importância porque é a única discussão, em conjunto com alguns versículos do capítulo 10, sobre a "ceia do Senhor" (11:20) nas cartas paulinas. É bem provável que os crentes coríntios, naturalmente usando os modelos do antigo *collegium* religioso e do jantar (*symposium*), se reunissem para uma refeição que incluía certos elementos rituais e era seguida por um tempo de adoração, incluindo louvor e profecia (cf. caps. 12-14). No caso, porém, Paulo interpreta tal ceia não como uma típica refeição greco-romana, mas como um evento de solidariedade (*koinōnia*), comemoração e proclamação que traz bênção espiritual em antecipação ao banquete escatológico da salvação. De sua perspectiva, no entanto, os coríntios criaram um evento de divisão, amnésia e traição que justifica a ira divina. Parece muito com algo que o deus Dionísio (Baco) poderia ser o anfitrião. Os coríntios *não* estavam celebrando a ceia do Senhor crucificado, ressurreto, presente e vindouro.

Problema e solução

Paulo começa contrastando sua recomendação sobre o tópico anterior (11:2) com sua crítica sobre essa cerimônia (11:17, 22), pois algo que deveria beneficiar a comunidade na verdade a estaria prejudicando (11:17, 34). A reação discreta de Paulo, para efeito retórico, expressa a outra variação do tema coríntio das facções (11:18), contextualizando sua preocupação mais profunda (11:18). No entanto, ele também espera que algo bom ainda possa vir desse caos (11:19).

---

[44] Veja mais recentemente Lucy Peppiatt, Women and Worship at Corinth: Paul's Rhetorical Arguments in 1Coríntios (Eugene, OR: Cascade, 2015).

O problema concreto parece ser algo como (11:20-22): todos os crentes, representando uma variedade de grupos socioeconômicos, estão reunidos na grande casa de um membro-patrono mais rico. Aqueles com mais riqueza, liberdade e *status* — talvez amigos e associados do dono da casa — estavam chegando cedo para a reunião da noite, que incluía uma boa refeição, enquanto os situados mais abaixo na escala socioeconômica estariam chegando muito mais tarde, depois de trabalhar até a noite. Os 'madrugadores' não esperavam os retardatários, mas juntavam-se ao patrono para o que equivaleria a uma refeição privada, com alguns exagerando no álcool e ninguém demonstrando preocupação com as necessidades dos pobres que chegariam atrasados.

Mesmo uma casa muito grande normalmente teria apenas uma ou duas salas de jantar (*triclinia*), o que não acomodaria a todos, de modo que os retardatários mais pobres seriam obrigados a comer separadamente dos membros mais ricos, talvez no átrio ou em outros recintos, e teriam de vasculhar as sobras. Esse evento, portanto, perdeu toda a conexão com o ensinamento que Paulo havia dado aos coríntios (11:23-26) e passou a se assemelhar a um jantar típico da elite coríntia, no qual essa situação seria perfeitamente normal. É possível, de fato, que os coríntios tenham abandonado completamente a dimensão 'ritual' da Ceia do Senhor, o cálice e o pão especiais que deveriam ser o centro do evento.

A solução de Paulo para este problema é multifacetada. Em uma palavra, no entanto, é 'Esperem' (11:33; ou talvez "deem as boas-vindas [a todos]!") — esperem e deem as boas-vindas a todos para participarem da ceia *do Senhor*. Mas o que seria essa ceia do Senhor?

O significado da ceia

Paulo transmitiu aos coríntios a tradição que ele recebeu sobre a última ceia de Jesus (11:20-23). Em resposta ao caos em Corinto, Paulo interpretou essa tradição teológica na prática, primeiro brevemente no capítulo 10 e depois em maior extensão aqui em 11:17-34.

1. Em primeiro lugar, "a ceia do Senhor" não é uma sequência de refeições privadas, mas um *evento comunitário de* koinōnia: *solidariedade, companheirismo, comunhão*. Essa comunhão é com Cristo (10:16-21), o anfitrião ressuscitado e presente na refeição e, portanto, de uns para com os outros, pois as pessoas são o corpo de Cristo (cf. 8:12; 10:16-17;

O interior das "casas com terraço" (como condomínios de alto padrão) ao longo da Rua Curetes em Éfeso, indicando o estilo de vida da elite urbana em Corinto

cap. 12) e a Igreja de Deus (11:22; cf. 1:2; 3:16). Deve haver uma solidariedade especial com "os que nada têm" (11:22), pois eles são o objeto especial do chamado de Deus em Corinto (1:26-31). Paulo acredita que a 'presença real' de Jesus nessa refeição está especialmente nos membros de seu corpo; Cristo e Igreja (= pessoas) são inseparáveis para Ele (cf. 8:12). Assim, a advertência contra comer e beber "sem discernir o corpo" (11:29) é, antes de tudo, sobre discernir e honrar os membros da igreja como o corpo de Cristo. Ao mesmo tempo, porém, há algo único sobre esse pão e esse cálice (10:16-21; 11:24-26), que são inseparáveis do corpo de Cristo que eles representam e simbolizam. Os 'elementos de comunhão' são, portanto, também inseparáveis do próprio Cristo. Nesse sentido, pelo menos, Jesus está presente no pão e no cálice. A prática da Ceia do Senhor deve corresponder a esta misteriosa realidade da presença de Cristo e aos meios 'terreno' de participação comunitária nele (11:27-29).

2. Em segundo lugar, a ceia é um *evento de memória*. Paulo lembra aos coríntios as 'palavras da instituição': as palavras do Senhor

transmitidas primeiro a ele por Jesus, talvez por meio dos outros apóstolos em Jerusalém, e depois transmitidas aos convertidos coríntios (11:23). Essas palavras, que ecoam Lucas (22:15-20) mais de perto do que Marcos e Mateus, concentram-se na frase "em memória de mim" (11:24, 25), ou seja, lembrando o significado da morte e experimentando seu significado mais uma vez. 'Lembrar' para os judeus nunca era meramente recordar; significava responder fielmente a Deus e às ações salvadoras de Deus no passado (especialmente o êxodo), que se tornam presentes e eficazes mais uma vez no ato da lembrança fiel (veja, e.g. Êx 12:14). Em sua morte, Cristo se entregou pelos pecados para realizar o novo êxodo (5:7) e estabelecer a nova aliança na qual os coríntios agora vivem. Lembrar a entrega de Cristo na morte é participar dela como uma realidade presente, vivendo fiel e adequadamente à sombra da cruz.

3. Em terceiro lugar, a celebração da ceia do Senhor é um *ato de renovação da (nova) aliança*. Se o "cálice" de Jesus é "a nova aliança no [seu] sangue" (11:25; Lc 22:20; cf. Êx 24:8), então beber o cálice juntos é um ato coletivo de receber, ou ingerir, a morte de Jesus e assim reafirmar a participação da comunidade na nova aliança. É a maneira de a comunidade renovar repetidamente a experiência batismal de morrer e ressuscitar com Cristo para a nova vida da nova aliança (cf. 6:11; Rm 6). A tradição evangélica a qual Paulo se refere também sugere, assim como em Romanos, que essa realidade batismal não é uma experiência única, mas uma realidade contínua. Significa servir em vez de buscar honra (Lc 22:23-27), e pode envolver sofrimento (Mc 10:38-39). Os participantes da refeição, como os coríntios, podem não estar cientes de que esse ato de renovação da aliança significa implicitamente um compromisso de todo o coração, mesmo até o ponto do sofrimento e até do martírio.[45]

4. Em quarto lugar, para Paulo o ritual é um *ato de proclamação* — um sermão parabólico sobre o coração da missão de Jesus e do evangelho de Paulo (cf. 15:3-5). Isso significa que, para ele, não apenas os

---

[45] São poucas as metáforas que transmitem uma relação mais íntima e participativa com alguém ou alguma coisa do que aquelas que envolvem líquidos, seja consumo (beber) ou limpeza. Tanto Paulo quanto a tradição do evangelho usam cada metáfora para transmitir a totalidade de entrar na nova aliança/Cristo e participar plenamente dela.

incrédulos, mas também os crentes precisam ter a cruz proclamada para eles. Uma comunidade que esquece a cruz esquece sua identidade — sua origem, bem como sua forma atual. Uma comunidade descentralizada da cruz inevitavelmente marginalizará os fracos. Somente pregando constantemente a cruz de maneira tangível (com pão e cálice) é que os coríntios serão lembrados e capacitados a incorporar o amor que a cruz proclama (11:1; cap. 13).

Painel de um piso de mosaico de uma vila romana em Corinto, mostrando a cabeça de Dioníso no centro.

5. Em quinto lugar, então, a ceia é um *ato de incorporação e integridade*. A morte de Jesus inaugura a nova aliança, mas a realidade dessa inauguração só se manifesta quando a comunidade incorpora a vida cheia do Espírito que a nova aliança trouxe à existência. É por isso que a ceia requer autoexame comunitário (11:28). Nesse sentido, a ceia é um momento icônico, uma janela para a vida da comunidade — e, portanto, esperançosamente, sua fé, amor e esperança comum (1Co 13:13).

6. Isso leva a uma sexta dimensão para Paulo, sua ênfase no caráter prospectivo da refeição; é uma *antecipação do futuro banquete messiânico, um evento de esperança e memória*. É uma experiência presente de bênção e sustento espiritual (10:3-4, 16-21) em antecipação à plenitude escatológica da salvação.

7. Finalmente, então, embora Paulo não use o termo, devemos entender a ceia do Senhor como um *sacramento*. Por 'sacramento' aqui quero dizer simplesmente um evento litúrgico da graça, um sinal e um meio da beneficência divina.[46] Se o julgamento é o resultado de práticas equivocadas da ceia, então seu oposto, a graça, é implicitamente o resultado de práticas apropriadas. Deus trabalha na lembrança e

---

[46] Este não é o lugar para uma discussão detalhada de como várias famílias eclesiais interpretaram a Ceia do Senhor (Eucaristia, Comunhão). Portanto, uso a palavra 'sacramento' em um sentido geral.

participação da comunidade no ato fundamental da graça, a obra reconciliadora de Deus na morte de Jesus (Rm 5:1-11; 2Co 5:14-21).

Em suma, a ceia lembra à Igreja que tanto sua vida quanto sua pregação devem ser transversais até a parúsia. Se assim não for, o evento de memória, integridade e esperança da nova aliança se transforma em esquecimento, traição e julgamento (a antítese da esperança). Um meio de graça tornou-se uma ocasião para julgamento.

Em 11:27-34 a igreja de Corinto recebe palavras fortes de condenação, advertência e instrução sobre seu comportamento. Comungar "indignamente" (11:27) e "sem discernir o corpo" (11:29) significa sobretudo fazê-lo sem ver as interconexões entre Cristo, cruz, comunidade, práticas concretas e elementos de comunhão. Isso torna a comunidade 'responsável' pela cruz (11:27) e julgada pelo Senhor; Paulo explica a debilidade e a morte dos coríntios como consequência de seu grave mau comportamento — eles são como os israelitas no deserto (10:3-5). Em última análise, no entanto, a disciplina do Senhor é sempre para o bem da comunidade (11:32), então se os coríntios podem realmente examinar a si mesmos para discernir sua verdadeira identidade (11:28), e assim agir como o corpo do Cristo crucificado que eles são, eles não serão finalmente condenados (11:32, 34). De outro modo, tristemente e de forma inevitável, eles compartilharão o destino final do mundo incrédulo (11:32).

Dons espirituais (12:1—14:40)

O tema da unidade da comunidade centrada na cruz que Paulo articula em 11:17-34 fornece o trampolim para o próximo tópico, "dons espirituais". Esse tópico abrange três capítulos, os dois primeiros provendo uma estrutura dentro da qual o problema específico da glossolalia (falar em línguas) na assembleia reunida pode ser abordado especificamente no último. A estrutura quiástica dos três capítulos (aba') dá ênfase especial ao capítulo 13. Conforme Paulo, os dons são providos por Deus para unificar e edificar a Igreja e, portanto, devem sempre ser exercidos publicamente em amor construtivo e cristão e com um grau de ordem. A adoração carismática aparentemente descontrolada em Corinto não correspondia, na visão de Paulo, ao Deus, Cristo e Espírito de seu evangelho.

A Igreja como corpo de Cristo (12:1-31)

O capítulo 12 continua o tema da Igreja como um corpo diverso formado pela cruz, desenvolvido primeiro em 1:18—2:5 e depois em 11:17-34. Nele, Paulo descreve a Igreja como uma combinação paradoxal de igualdade e hierarquia. Por um lado, estão uma *igualdade* de dons e uma unidade conclusiva interdependente na diversidade. Por outro lado, há uma *hierarquia* de dons — baseada em sua capacidade de edificar os outros, não de melhorar a si mesmo — assim como uma hierarquia de membros do corpo — baseada em sua fraqueza, não em seu poder. A linguagem sobre o corpo era comumente usada na Antiguidade como metáfora da comunidade. Isso não é exclusivo de Paulo; nem é seu foco na interdependência. É único o seu desprezo pelo poder e *status*, e sua priorização dos membros fracos do corpo, os quais equivalem a uma inversão do *status quo* greco-romano (e dos coríntios). Em cada caso, a hierarquia que Paulo constrói reflete a cruz: os valores do amor e da fraqueza. Tal é a obra do Espírito.

Paulo usa dois termos diferentes para se referir a "dons espirituais", cada um indicando sua origem: *pneumatika* (12:1; 14:1) e *charismata* (12:4, 9, 28, 30, 31), ou 'dons de Espírito" (possivelmente a própria designação dos coríntios) e 'dons da graça'. Antes de abordar sua fonte divina e seu propósito comunitário com algum detalhe através da metáfora do corpo, ele introduz o critério mais básico de toda existência de fé: a confissão cristã primitiva comum "Jesus é o Senhor" (12:2-3). Para Paulo, é claro, isso significa que o Jesus *crucificado* é o Senhor. Essa confissão, e a realidade que ela atesta, é a característica mais básica e essencial da comunidade, distinguindo-a de todas as formas de paganismo. Nenhum discurso ou comportamento (como amaldiçoar Jesus, ou talvez usar o nome de Jesus para pronunciar uma maldição — 12:3) que contradiga essa confissão pode ser inspirado pelo Espírito, mesmo que o orador afirme estar cheio dele. Por outro lado, todos os que fazem a afirmação — não importa que outro dom (incluindo dons de fala) eles possuam ou não — são membros do corpo de Cristo cheios do Espírito.

A visão específica de Paulo sobre essa aclamação inicial do senhorio de Jesus é na verdade trinitária: 'o Jesus crucificado, que foi ressuscitado dentre os mortos para a posição de Senhor por Deus o Pai, está presente conosco através do Espírito'. Fica claro em 12:4-11, onde Paulo indica que a obra do Espírito é na verdade a obra do Deus triúno, o qual determina a distribuição e o propósito dos dons. Essa comunidade divina de unidade na diversidade é implicitamente o 'modelo' para a comunidade coríntia que participa da vida divina. O Espírito concede os dons aos vários membros da comunidade (12:4, 7-11); Jesus, como o Senhor e como aquele cujo corpo é constituído pela Igreja, é servido (12:5); e Deus (o Pai) ativa os dons (12:6). Todo crente tem um dom ("a cada um", 12:7), embora nem todos tenham o mesmo dom. Algumas das possibilidades são listadas pela primeira vez em 12:8-11. Todo dom é concedido como uma "manifestação do Espírito, visando ao bem comum" (12:7; não 'algum benefício' [NAB]) — um princípio fundamental da perspectiva de Paulo sobre esse tópico, e um dos pontos principais do capítulo. Paulo repetidamente enfatiza que é o único Espírito, o *mesmo* Deus triúno, que se manifesta nos vários dons.

Essa realidade da diversidade de dons, mas unidade de fonte (Deus) e propósito (edificação da comunidade) cria uma igualdade fundamental na igreja, que Paulo agora aborda com a linguagem de um "corpo". Depois de anunciar o ponto principal de sua comparação entre o corpo humano e o corpo de Cristo (12:12-13) como unidade gerada pelo Espírito na diversidade, Paulo primeiro apresenta uma extensa descrição do corpo humano (12:14-26), que é obviamente uma descrição implícita da Igreja. Ele então dá uma aplicação parcial explícita disso à igreja (12:27-31). A imagem de um corpo aqui é mais do que simplesmente uma metáfora; o Messias crucificado e exaltado está presente no mundo por meio das pessoas habitadas pelo Espírito, que foram batizadas nele.

É especialmente interessante que, embora o foco de Paulo nesses capítulos sejam os dons espirituais, a unidade na diversidade para a qual ele aponta engloba distinções étnicas e socioeconômicas (12:13, possivelmente extraída de uma liturgia batismal primitiva). A ausência de uma palavra sobre distinções de gênero (ao contrário do paralelo em Gl 3:26-28, mas como Cl 3:11) pode ser acidental, ou pode estar relacionada às questões em 11:2-16 e 14:34b-36 (sendo autêntico). De qualquer forma, é claro que Paulo incluiu mulheres entre os que recebem esses dons (11:5).

A imagem do corpo veicula quatro pontos principais interligados, três convencionais e um não. Os pontos convencionais são a unidade corporal na diversidade (12:14, 20); a necessidade de todas as partes (12:15-19, 21); e a solidariedade, ou interdependência mútua, de todas as partes (12:26). Pés, mãos, ouvidos, olhos, nariz — todos são necessários; não pode haver corpo sem diversas partes corporais. Assim, também, Paulo sugere que a Igreja, como o corpo de Cristo, consiste em pessoas com várias origens e dons, todos os quais são necessários para a atividade do corpo (12:19), e todos os quais precisam uns dos outros e devem cuidar uns dos outros (12:25-26). Ninguém deve se sentir inferior ('não sou necessário', 12:15-16) ou superior ('você não é necessário', 12:21).

O ponto não convencional em 12:14-26 aparece nessa conjuntura e constitui a primeira hierarquia cruciforme de Paulo. Não apenas os sentimentos de inferioridade ou superioridade são inadequados, mas na Igreja os membros aparentemente "mais fracos" são na verdade "indispensáveis" e os "menos honrosos... os menos respeitáveis [ou "indecorosos"]" são tratados com maior honra e respeito (12:22-24a). (Provavelmente há uma alusão aos órgãos sexuais como as partes do corpo 'indecorosas'.) Isso é por arranjo divino (12:24b), assim como Paulo disse em 1:26-31, e tem a intenção de evitar dissensão (*cisma*; 12:25a, como em 1:10; 11:18) e em razão de contraculturalmente dispensar *mais* atenção sobre aqueles de *menor status* para que todos recebam igual cuidado (12:25b), uma coisa muito antirromana de se fazer. Além disso, quando um membro da Igreja sofre de qualquer doença ou passa por uma situação difícil, toda a Igreja fica com esse membro, independentemente do seu *status* em termos mundanos (12:25-26, usando os verbos 'sofrer' e 'alegrar'; cf. Rm 12:15-16). O Deus da cruz mistura as coisas de maneira radical, mas os coríntios, ao que parece, não chegaram tão longe. Esse novo 'corpo' do qual Paulo dá testemunho está muito longe dos 'corpos' conhecidos por seus destinatários: a Corinto de cultura romana e, de fato, o Império Romano como um todo.

Paulo segue sua discussão sobre essa primeira hierarquia cruciforme (maior honra para os fracos) com uma segunda, mencionando explicitamente a Igreja como o corpo de Cristo: maior importância para os dons que edificam (12:27-31). Embora haja uma diversidade de dons, e nem todos tenham dons que possam sinalizar maior *status*, existem para Paulo "dons melhores" (12:31a). A hierarquia que ele vislumbra é refletida em 12:28-29, em que os apóstolos, profetas e mestres são claramente mais elevados do que aqueles que possuem os dons mais 'espetaculares' (como a cura), incluindo — no fundo — aqueles que falam em línguas. Esse é um ataque direto de Paulo, não aos dons (pois eles são, afinal, de Deus), mas à supervalorização inadequada pelos coríntios dos dons menos valiosos, especialmente as línguas. Como Paulo dirá explicitamente no capítulo 14, os maiores dons são aqueles que edificam os outros (e.g., 14:4-5), demonstrando assim mais amor (8:1) e mais conformidade à cruz. De fato, todo dom deve ser exercido em amor — que é o argumento do capítulo 13.

A 'regra' (critério) do amor cruciforme (13:1-13)

Poucas passagens da Bíblia são lidas com tanta frequência ou fora de contexto quanto 1Coríntios 13. Esse elogio, ou discurso em louvor de uma virtude, é pretendido por Paulo como uma descrição do "caminho ainda mais excelente" (12:31) para exercer os dons espirituais — e viver como crentes em geral — pelo Espírito à luz da cruz. Ele contém tanto uma descrição inversa dos coríntios quanto um antídoto para seu comportamento egocêntrico e autodestrutivo. Neste capítulo, Paulo aborda a necessidade do amor (13:1-3), o caráter (13:4-7), a permanência (13:8-12) e a superioridade (13:13). Apesar da ausência de qualquer referência explícita a Deus, Cristo ou o Espírito, o ágape descrito neste capítulo é claramente o fruto do Espírito (cf. Gl 5:22), o tipo de amor que Deus tem pelo mundo (Rm 5:6-8) e que Cristo demonstrou em sua morte na cruz (Gl 2:20).

As primeiras palavras de Paulo vão direto ao ponto principal: o uso de línguas, ou qualquer outro dom espiritual, que não seja feito com amor, apaga qualquer *status* que a pessoa possa ter e a torna simplesmente em "nada" (13:2). A glossolalia nada mais é do que barulho (talvez como o de adoradores frenéticos no culto [à deusa grega] Cibele) que não traz nenhum benefício (13:1). A posse de poderes proféticos e mesmo a autoentrega absoluta de suas posses ou de seu corpo,[47] à parte do amor, nada merece (13:2-3). O amor, ágape, é a marca da atividade de todos os crentes em todos os tempos; é absolutamente necessário, condição *sine qua non* da espiritualidade.

---

[47] Se a entrega do corpo é para "gabar-se" (NRSV, NAB, NIV mg.), "para ser queimado" (NRSV mg., NJB) ou "para enfrentar dificuldades" (NIV em inglês) não afeta o ponto principal. As diferentes traduções são por causa das diferenças nos manuscritos gregos.

Esse ágape é descrito em 13:4-7. Traduções para o nosso idioma, no entanto, normalmente são incapazes de representar o fato de que a descrição de Paulo é uma narrativa. Os versículos não têm adjetivos ('o amor é x'), mas apenas uma série de frases verbais, sete positivas e oito negativas: 'o amor faz x, mas não faz y' etc. Amor é uma palavra de *ação* para Paulo, um conjunto de práticas, e nesses versículos o amor claramente age de modo oposto ao que os coríntios fazem. Ao longo de todo o parágrafo há alusões a várias partes da carta — algumas frases explicitamente repetindo palavras, outras se referindo mais implicitamente a situações — que mostram Paulo pensando nos coríntios essencialmente como um bando de pessoas sem amor. No jantar, eles agem com impaciência; eles têm inveja dos líderes, do *status* e mesmo dos dons uns dos outros; eles são arrogantes em relação ao seu próprio *status* espiritual e social, e até mesmo sobre sua imoralidade; alguns agem de forma rude e vergonhosa em questões legais e sexuais; outros ficam ressentidos e fazem coisas erradas (praticam injustiça, *adikeō* em 13:6 como em 6:1, 7-9). Poucos são marcados fundamentalmente pelo tipo de fé, esperança e perseverança que o amor de Deus gera (13:7). A história deles, através da perspectiva de Paulo, ainda não é de amor cruciforme.

Em contraste com o amor, os coríntios eram um povo acima de tudo "ensoberbecido" (13:4; NET) e que "procura seus próprios interesses" (*zētei ta heautēs*; 13:5). Encontramos o mesmo problema anterior, e a imagem, várias vezes (4:6, 18-19; 5:2; 8:1). O 'último desvio é descrito em uma expressão idiomática (NAB: "buscando seus próprios interesses"; também cf. NIV: "egoísmo") que Paulo já havia descrito e denunciado em 8:1—11:1, começando e terminando com os provérbios e ditados contrapostos que opõem o modo de vida coríntio diante da conformidade com o evangelho paulino da cruz de Cristo:

- "O conhecimento traz orgulho, mas o amor edifica." (8:1b).
- "'Tudo é permitido', mas nem tudo convém. 'Tudo é permitido', mas nem tudo edifica. Ninguém deve buscar o próprio bem [*mēdeis to heautou zēteitō*], mas sim o dos outros" (10:23-24).
- "Também eu procuro agradar a todos de todas as formas. Porque não estou procurando o meu próprio bem [*mē zētōn to emautou symphoron*], mas o bem de muitos, para que sejam

salvos. Tornem-se meus imitadores, como eu o sou de Cristo." (10:33—11:1).

Isso sugere que Paulo pretende que leiamos sua descrição do amor, em essência, para entender que 'o amor edifica'; ele busca humildemente o bem do outro ao invés de buscar arrogantemente seu próprio interesse (cf. Fp 2:1-4). Isso é precisamente o que Paulo dirá no capítulo 14.

Para mostrar a importância do amor de outro ângulo, Paulo muda o enfoque de abordagem em face dos dons espirituais, particularmente profecia, línguas e conhecimento (13:8-12). Esses dons, não importa seu valor, são temporários porque fornecem apenas uma revelação parcial de Deus (13:8-10). Eles são destinados temporariamente para a Igreja agora, em sua imaturidade, mas não para o tempo após a parúsia e ressurreição — "quando vier o que é perfeito" (13:10). Será para quando a Igreja, representada pelo "eu" do breve solilóquio em 13:11, atingir sua maturidade. Isso também será para quando a Igreja, agora o "nós" de 13:12, puder ver a Deus plenamente, não como se estivesse olhando para um pobre espelho antigo no qual a realidade e a imagem (conhecimento) não correspondem perfeitamente (veja 2Co 3:18). A continuidade entre a experiência de já ser plenamente conhecido por Deus e conhecer plenamente a Deus é encontrada na busca, não de conhecimento, mas de amor (cf. 8:1-3).

Essa conexão leva, finalmente, à afirmação final de Paulo, pela qual o amor é a maior das três coisas que "permanecem" (ou 'sobreviver na era por vir' ou que 'importa a longo prazo nesta era') — a tríade paulina de fé, esperança e amor (cf. 1Ts 1,3; 5,8; Gl 5:5-6). Especialmente para os coríntios, Paulo não poderia dizer nem mais nem menos (cf. também o final da carta: 16:14, 22, 24). O amor cruciforme é o padrão duradouro — a 'lei' — da vida na Igreja.[48]

O uso de dons na adoração (14:1-40)

Se o amor cruciforme é a regra de vida da Igreja, essa regra deve ser incorporada quando a congregação se reúne para adoração, como Paulo já havia dito implicitamente em 11:17-34 e como ele diz explicitamente

---

[48] 'Lei' neste contexto está sendo usada no sentido de uma 'regra' monástica, significando 'diretriz(es) para a vida em conjunto.' A igreja é uma koinōnia de agapē.

no capítulo 14. Este capítulo aplica os princípios dos capítulos 12 e 13 à questão concreta do exercício dos dons, especialmente a glossolalia, na assembleia pública. A adoração coríntia, na opinião de Paulo, era caótica e autoindulgente, era certamente tudo menos cruciforme e, portanto, não seria realmente cheia do Espírito. Sua perspectiva básica sobre a situação pode ser resumida de forma bem sumária: a igreja se reúne para adorar a Deus e ser edificada, então seus membros devem buscar os dons do Espírito e então exercê-los publicamente, de uma forma que seja de adoração e edificação para os outros — isto é, em amor.

Com base nos princípios enunciados nos capítulos 12 e 13, Paulo lembra aos coríntios que todos devem buscar tanto o amor quanto os dons e, portanto, os dons que melhor expressam o amor ao edificar a igreja (14:3-5, 12, 17). Esses são os "melhores dons" (12:31), especialmente a profecia (perdendo apenas para o apostolado [12:28], que é restrito a muito poucos). Ao contrário do dom de línguas, cujo recebedor "em espírito fala mistérios" (14:2) e que edifica apenas o orador (14:4), a menos que seja interpretado (14:5), a profecia edifica, encoraja e consola (14:3). Devemos concluir, então, que a profecia é uma palavra inspirada de instrução e exortação que se dirige à comunidade na linguagem do povo — como os 'discursos' ou 'mensagens' nas cartas de Paulo. Ele agrupa vários outros dons com profecia na categoria de 'inerentemente edificantes': revelação, conhecimento, ensino e línguas interpretadas (14:5b-6).

Paulo se baseia em analogias da vida cotidiana — os sons pouco distintos de alguns instrumentos musicais, a qualidade do chamado de um corneteiro militar para a batalha e a experiência de ouvir uma língua estrangeira desconhecida (14:7-11) — para enfatizar a necessidade de compreensão quando as pessoas ouvem sons, principalmente idiomas; assim também com os dons de fala na adoração (14:12). Por essa razão, os que falam em línguas devem orar "para que a possa[m] interpretar" (14:13), o que é um dom distinto. Paulo compara as línguas com e sem interpretação à oração e louvor somente com o espírito ou também com a mente (14:15); ele pode conhecer duas formas de línguas, a fala *de* Deus e a fala *para* (entre mim e) Deus (14:16; cf. 14:28). De qualquer forma, Paulo não rebaixa ou despreza as línguas, que ele mesmo usa com frequência, mas para as quais prefere uma 'linguagem simples', a ser dita — com amor, para a edificação de toda a comunidade

— na assembleia (14:18-19); cf. 14:39). Com respeito à parcimônia no uso da glossolalia, como no caso de recusar apoio financeiro (cap. 9), Paulo exibe sua história principal cristocêntrica de "embora 'x' (*status*) não 'y' (exploração egoísta), mas 'z' (ação orientada para o outro)." E espera que os coríntios façam o mesmo.

Segue-se em 14:20-25 uma seção confusa que tem, ironicamente, alguns grandes problemas de tradução. A essência da passagem, embora confusa em si mesma, está de acordo com a preocupação básica de Paulo: tudo o que for feito deve ser feito para edificar e instruir quem estiver presente, sejam crentes batizados, não instruídos ou inquiridores (cf. NAB;), ou incrédulos. Mais uma vez emerge a atitude de 'intencionalidade salvífica' de Paulo; há uma dimensão de testemunho público para a adoração. A profecia compreensível pode mover os 'estranhos' em direção a Deus e à comunidade (14:24-25).

Em seguida vêm as diretrizes práticas de Paulo mais claramente articuladas: uma vez que o propósito da assembleia é a edificação (14:26), o uso de dons não pode ser caótico ou inútil. Portanto, as pessoas devem fazer seus vários tipos de fala de forma hábil e ordenada, uma de cada vez (14:26, 30-31), enquanto outras permanecem em silêncio (14:28, 30); os que falam línguas podem falar somente se alguém puder interpretar (14:28-29); e os profetas como um grupo devem ser mutuamente discerníveis e autocontrolados (14:29, 32-33). Paulo resume seu ponto principal em uma afirmação teológica que é, para ele, axiomática: Deus não é Deus de desordem, mas de paz (14:33).

Antes da conclusão do capítulo, há outro texto confuso, 14:33b-36, exigindo que as mulheres fiquem em silêncio (ecoando o silêncio mencionado em 14:28, 30). Muitos estudiosos acreditam que 14:34-35 é na verdade uma inserção posterior de alguém diferente de Paulo (uma 'interpolação'), embora a evidência manuscrita para esta hipótese seja muito pequena. Se o próprio Paulo escreveu esta seção inteira, no entanto, ele não pode querer dizer que as mulheres devem ficar absolutamente silenciosas na assembleia, pois elas podem falar para e por Deus (cf. 11:5). Alguns sugeriram que Paulo está tentando silenciar um grupo de profetizas do sexo feminino, ou para lembrar as mulheres (especificamente esposas) de seu papel público apropriado (submissão), ou para impedir o discurso frenético. Ainda outros sugeriram que em 14:34-35 Paulo está citando, e em 14:36, repreendendo os coríntios equivocados que desejam suprimir as vozes das mulheres na assembleia. Mas a possível evidência para algo como provérbios e ditos contrários a eles (como em 6:12-20 e 8:1-13) aqui não é convincente para todos os intérpretes.

A essência de 14:33b-36 no contexto, se Paulo de fato o escreveu, é provavelmente para evitar que as mulheres aumentem o caos pedindo explicações de profecias ou interpretações de línguas. Pois a maior preocupação de Paulo, reiterada em 14:37-40, é que a assembleia da igreja seja um momento em que os vários sons da comunidade, que são todos dons do Espírito, sejam manifestados de maneira ordenada para que todos os membros, e quaisquer pessoas de fora da comunidade, possam ser edificados na fé, esperança e amor. Isso requer uma certa autodisciplina, até mesmo uma renúncia cruciforme do 'direito de falar', por parte de alguns dos dotados por dons. O resultado, no entanto, seria um contraste marcante com as frenéticas cerimônias pagãs com as quais a maioria dos coríntios estaria familiarizada (12:1-3) e com as quais sua própria adoração se tornou muito comparável. Para Paulo, a cruz e o Espírito estão sempre em harmonia, nunca com propósitos opostos.

RESUMO DE 1CORÍNTIOS 11–14

Nos capítulos 11–14, vimos Paulo expressar várias preocupações importantes sobre o culto coríntio (veja também o resumo de 8:1–11:1 acima):

- O culto da comunidade requer uma combinação adequada de liberdade, ou espontaneidade, e ordem, para que siga os costumes das igrejas e garanta a edificação de seus membros.
- A Igreja é o corpo de Cristo, uma comunidade dotada de unidade na diversidade que lembra, proclama e encarna a cruz de seu Senhor, dando atenção especial aos seus membros mais pobres e mais fracos.
- O amor cruciforme – amor que é paciente e bondoso, mas não rude ou arrogante, que não busca seus próprios interesses, mas suporta e sofre todas as coisas – é a característica mais fundamental, essencial e distintiva da vida da Igreja.
- O *modus operandi* da Igreja é sempre o amor cruciforme capacitado pelo Espírito, que dá sentido e forma à sua vida de culto, especialmente ao exercício dos dons espirituais para a edificação do corpo.

15:1-58. Abordando o caos teológico: o testemunho apostólico da ressurreição como vindicação da cruz

Poucos livros da Escritura culminam tão dramaticamente quanto 1Coríntios com seu majestoso capítulo 15. Junto, talvez, com Rm 8, representa o auge da retórica e do argumento teológico paulino, e ainda (como Rm 8) não contém as reflexões de uma cátedra teológica. Em vez disso, incorpora as convicções mais profundas e práticas de um homem que acredita que o que ele tem a dizer é uma questão de vida ou morte para si mesmo e para seus leitores/ouvintes.

Paulo não tem tanta certeza de que os coríntios compreendem o pleno significado da ressurreição; ele os considera 'desafiados escatologicamente', como poderíamos dizer numa linguagem comum. Algumas questões já abordadas na carta dizem respeito à escatologia: a questão de julgar os apóstolos e sua obra (caps. 3, 4 e 9); o homem a ser entregue a Satanás (5:1-13); as ações judiciais (6:1-11); o problema com as prostitutas (6:12-20); a passagem desta era (cap. 7); a ameaça de condenação por não discernir o corpo (11:17-34); e a permanência do amor *versus* dons (cap. 13). Além disso, a espiritualidade coríntia dominante parece ser aquela em que a experiência atual dos crentes, particularmente na adoração extática, no sentido de liberdade do julgamento futuro e na apatia em relação ao corpo físico, é de glória e poder — algo que Paulo reserva para o futuro. Esse tipo de escatologia 'realizada' ou 'colapsada' pelos coríntios é um significado plausível das frases "Vocês já têm tudo o que querem! Já se tornaram ricos! Chegaram a ser reis" (4:8). Embora isso seja debatido, a explicação mais convincente para o comportamento dos coríntios é uma crença na ressurreição espiritual presente juntamente com uma negação da ressurreição corporal futura (15:12). Mesmo que os coríntios não tivessem noção de uma ressurreição presente, no entanto, alguns deles — talvez os mais influentes — negaram categoricamente a ressurreição ou a negaram em qualquer sentido significativo, incluindo a crença de Paulo em seu futuro caráter corpóreo. A teologia deles era, então, funcionalmente pagã em sua negação da ressurreição corporal, seguindo os passos de Platão, dos epicuristas e do cidadão comum.

O capítulo 15 é a exposição bastante longa de Paulo das implicações, para esta vida e para a próxima, da ressurreição corporal de Cristo como as 'primícias' da ressurreição corporal dos crentes. Suas várias alegações abordam quase todo tipo de negação da ressurreição futura. Para Paulo, a ressurreição de Jesus justifica sua morte e garante a derrota final dos poderes do Pecado e da Morte; portanto, também garante a validade e o valor da existência em forma de cruz dos crentes até a parúsia e sua própria ressurreição. Este capítulo, em outras palavras, é o fundamento de toda a carta, e seu bloco de construção mais fundamental é o "credo" que Paulo não concebeu, mas entregou — e no qual os coríntios creram.[49]

O credo comum (15:1-11)

Paulo começa lembrando aos coríntios o conteúdo do evangelho que ele recebeu e pregou, e que eles receberam e confirmam (15:1, 3, 11).[50] Esse evangelho é o meio de sua salvação, mas somente se eles se apegarem a ele com firmeza, pois se não o fizerem, sua fé terá sido em vão (15:2). A possibilidade de trabalho e crença vãos ou fúteis é um dos temas principais do capítulo (veja 15:10, 14, 58).

O conteúdo do evangelho de Paulo — o que ele recebeu e pregou — tem a aparência de uma declaração de credo inicial que consiste em quatro pontos principais, o que podemos chamar de 'artigos' ou afirmações (15:3-8):

1. que Cristo morreu por nossos pecados de acordo com as Escrituras;
2. que ele foi sepultado;
3. que ele ressuscitou no terceiro dia de acordo com as Escrituras;
4. que ele apareceu a Cefas, depois aos Doze, a mais de 500, a Tiago, a todos os apóstolos e, finalmente, a Paulo.

Este 'credo' não é apenas uma lista de reivindicações históricas e teológicas; é um relato narrativo da atividade salvífica de Deus em Cristo. A ênfase do credo está claramente nas duas afirmações que dizem estar de acordo com as Escrituras, a saber, a morte e a ressurreição do

---

[49] Além dos comentários sobre o cap. 15, veja esp. N. T. Wright, The Resurrection of the Son of God, vol. 3 of Christian Origins and the Question of God (Mineápolis: Fortress, 2003), p. 312-60.
[50] Veja discussão adicional deste texto no cap. 4.

Messias. No contexto, o ponto principal deste texto fascinante é que desde o início os coríntios afirmaram que o mesmo Cristo que (1) "morreu" e (2) "foi sepultado", demonstrando a realidade da morte, também (3) "ressuscitou [foi ressuscitado]" e (4) "apareceu", demonstrando a realidade da ressurreição. A voz passiva no verbo "ressuscitou" [foi ressuscitado] significa que Deus ressuscitou Cristo dentre os mortos. Se Deus agiu em cumprimento das Escrituras, e se os apóstolos e outros encontraram o Senhor ressurreto, como alguns poderiam agora negar a ressurreição dos mortos (15:12)?

As breves observações autobiográficas e autorreveladoras de Paulo (15:8-11) relatam seu sentimento de indignidade de ser um apóstolo porque ele perseguiu a Igreja de Deus (15:9) e se tornou um apóstolo de maneira tardia e fora do comum (lit. 'como a um que nasceu fora de tempo' [15:8]), mas a ênfase está na graça divina (15:10). Essas afirmações, em última análise, servem à sua preocupação abrangente: que se não houver ressurreição, se ele realmente não encontrou o Cristo vivo, então todo o projeto Jesus-como-Messias foi em vão — literalmente, 'sem propósito' (15:10; conf. NAB). Paulo, porém, tem certeza de que Deus ressuscitou Jesus e que nem tudo é em vão. E esse evangelho apostólico da morte e ressurreição do Messias era precisamente o que os coríntios tinham ouvido e crido (15:11).

As consequências da descrença e da crença (15:12-34)

A negação da ressurreição dos mortos por alguns coríntios leva Paulo a explorar as consequências de negar e afirmar a ressurreição dos mortos. É importante notar tanto seu ponto de partida quanto os diferentes pontos de partida deles. Paulo, como antigo fariseu, começa com a convicção de que Deus um dia ressuscitará os mortos. Em sua cosmovisão, a ressurreição é uma *possibilidade* que se tornou *realidade* na ressurreição dentre os mortos do Messias Jesus crucificado. Ele interpreta seu encontro com o Senhor ressuscitado à luz de sua compreensão farisaica de uma ressurreição corporal escatológica dos mortos. Por outro lado, como ex-pagãos imersos em tudo menos na crença na ressurreição corporal, alguns coríntios negam a ressurreição dos mortos, em princípio. Eles começam, em outras palavras, com a *impossibilidade* da ressurreição corporal dos mortos, o que os obriga a interpretar a experiência de Cristo e a sua própria de certas maneiras que nada têm a ver com a ressurreição corporal. A questão fundamental e ponto de partida, então, é a possibilidade ou impossibilidade da ressurreição dos mortos (15:16), cuja afirmação ou negação afeta a compreensão tanto de Cristo quanto da existência dos crentes.

Para Paulo, as implicações ("se... então") de negar a ressurreição dos mortos são realmente graves (15:13-19, 29-32):

- Cristo não ressuscitou (15:13, 16).
- A pregação de Paulo e a fé dos coríntios foram em vão (15:14, 17 [lit. 'inúteis' no v. 14, como no v. 10; veja NAB]).
- A pregação de Paulo deturpa Deus (15:15; lit. 'falsas testemunhas' [CEB, NAB, ARA]).
- Os crentes ainda estão "em seus pecados" porque (está implícito) a morte de Jesus foi realmente apenas uma crucificação brutal e não uma morte pelos pecados (15:17).
- Os crentes que morreram pereceram; eles estão permanentemente mortos e não serão ressuscitados (15:18).
- Apóstolos e crentes são as pessoas que merecem mais compaixão, pois eles (é implícito) suportaram muitas coisas pelo que equivaleria a uma farsa cheia de reivindicações e promessas vazias (15:19).
- O ritual coríntio do batismo em favor dos mortos (que Paulo escolhe não tolerar ou condenar, mas explorar para seu argumento) é inútil (15:29).
- O perigo e sofrimento diários de Paulo (incluindo luta literal ou, mais provavelmente, figurativa com "animais selvagens") — seu estilo de vida apostólico e orgulho — são absurdos e sem ganho (15:30-32a).
- O hedonismo é o estilo de vida lógico: "Comamos e bebamos, porque amanhã morreremos" (15:32b, citando Is 22:13).

Em outras palavras, sem ressurreição, não há *ressurreição* de Jesus, que seria o caso em que a morte de Jesus não é salvífica. E mais, se não há ressurreição dos mortos, não há razão para fé, esperança ou amor — o tipo de amor que suporta o sofrimento. A morte é o inimigo final, e a vida nada mais do que uma viagem sem sentido para experimentar, como uma festa de confraternização universitária (ou uma ceia do Senhor em Corinto). E então os mortos estariam simplesmente mortos.

"Mas, de fato", escreve Paulo, "Cristo ressuscitou dentre os mortos" (15:20a; ênfase adicionada) — como ele sabe por experiência pessoal e eles sabem por seu testemunho. Portanto, todas as implicações de negar a ressurreição dos mortos são revertidas. Paulo se concentra na realidade fundamental da parúsia de Cristo (15:23), que sinaliza a futura ressurreição dos mortos e a vitória final de Deus sobre a morte:

- Cristo representa as "primícias" dos crentes que morreram, ou seja, o primeiro de muitos a ressuscitar (15:20, 23).
- Cristo é o segundo Adão, que desfaz o reino da morte iniciado pelo primeiro Adão (15:21-22).[51]
- Cristo está vivo e reinando agora como Senhor, no processo de derrotar todos os inimigos, não com o poder imperial romano, mas com o poder de Deus evidenciado na ressurreição (15:24-28, citando Sl 8:6; 110:1).
- No futuro que pertence a Deus, a Morte — o inimigo mais poderoso da humanidade — será finalmente destruída, "a fim de que Deus seja tudo em todos" (15:24-28).

Desse modo, dentro desses versículos encontramos um drama apocalíptico em vários atos (cf. Fl 2:6-11): a morte de Cristo, sua ressurreição, seu reinado (i.e., como Senhor) e a derrota que Ele impõe aos poderes, sua parúsia, a ressurreição daqueles em Cristo (que implicará transformação: 15:42-54), a entrega de toda autoridade ao Pai, e a realidade de Deus ser "tudo em todos" (15:28). O último ato não é um panteísmo vago, mas uma afirmação de que a missão de Deus em Cristo é atrair todas as pessoas para a plenitude da vida em Cristo e, assim, também tornar essas pessoas cheias da presença e glória de Deus (cf. Ef 3:19). Antes dessa realidade final, a ressurreição e o senhorio de Cristo são um ataque direto, não apenas contra os poderes do Pecado e da Morte, mas também contra todos os poderes, incluindo as autoridades

---

[51] O que parece à primeira vista como uma reivindicação de ressurreição universal para a salvação em paralelo à morte universal (o duplo "todos" de 15:22) é qualificado pela frase "os que lhe pertencem [a Cristo]" em 15:23, que restringe a universalismo.

políticas, que de alguma forma se opõem à missão de Deus no mundo (15:24-25). Paulo está alertando o império: aquela Roma 'eterna' e seus vários herdeiros não terão a palavra final sobre a história e a vida humana.

À luz dessas verdades — e das repercussões de estilo de vida que elas implicam — Paulo aconselha os coríntios em geral a se separarem da má influência daqueles que negam a ressurreição dos mortos (15:33). Nesta peroração intermediária, ele adverte particularmente aqueles que negam a ressurreição para 'ficarem sóbrios', deixarem de ser ignorantes quanto a Deus e abandonarem esse 'pecado' (15:34).

Questões sobre a ressurreição corporal (15:35-50)

Em boa forma retórica, Paulo, a seguir, aborda questões (ou talvez objeções), conhecidas ou pesumidas, à sua doutrina da ressurreição corporal. Especificamente, o apóstolo considera duas questões (15:35) — o processo da ressurreição (*como*) e a natureza do corpo da ressurreição (*o quê*) — oferecendo uma analogia da natureza (15:36-41) que é então aplicada às questões (15:42-49). A principal afirmação de Paulo é que a ressurreição, a qual logicamente deve ser precedida pela morte, envolve a transformação pós-morte.

A analogia que Paulo oferece para fundamentar a afirmação é a antiga crença de que uma semente que é plantada deve morrer para ganhar vida (15:36, o 'como'), mais a observação de que a planta resultante é uma transformação da semente original: "você não semeia o corpo que há de ser" (15:37, o 'o quê'). Ecoando Gn 1, ele expande a última parte da analogia, observando que há uma grande variedade de "corpos" no universo (planta, animal, humano e celestial), cada um com sua "glória" distintiva, ou esplendor divinamente concedido (15:38-41). Assim, a analogia indica que (1) há continuidade e descontinuidade na morte que efetua a transformação de semente em corpo, e (2) existem diferentes tipos de corpos, cada um com sua própria glória.

Assim também ocorre com a ressurreição dos mortos (15:42a). Há continuidade, pois o que é semeado (15:43-44, significando o corpo que morre) também é o que é ressuscitado, mas também há descontinuidade. Morte e ressurreição significam transformação: de um corpo que é perecível, desonroso, fraco e "natural" para um corpo que é imperecível, honroso, poderoso e espiritual (15:42b-44).⁵² Por corpo "espiritual" Paulo claramente não quer dizer a ausência do corpo (como em um espírito 'flutuando livremente') — o que arruinaria sua analogia —, mas sim um corpo transformado, totalmente vivificado e glorificado pelo Espírito transformador de Deus. Este corpo transformado não é meramente "carne e sangue" (15:50), porque foi mudado de um tipo de glória para outro. Ele foi transformado da glória ("imagem") de Adão, representada pela existência terrena mortal, para a glória ("imagem") de Cristo, "o homem do céu", representando a existência imortal (15:45-49). *Mas ambas as formas da existência são corporais* — cada um com seu próprio esplendor, o "espiritual" maior do que o "natural".⁵³

Ao longo de toda esta seção e na próxima, a repetição de um ponto fundamental deixa claro o foco central de Paulo: ressurreição significa transformação de perecibilidade/corruptibilidade para imperecibilidade/incorruptibilidade (15:42, 50, 52-54). Isso significa que os seres humanos em Cristo serão totalmente transformados em conformidade com Ele, totalmente imbuídos do Espírito de Deus e, assim, participantes daquele traço divino mais fundamental da imortalidade. Isso, na tradição cristã, às vezes é chamado de fim (*telos*) da *theosis*, ou deificação.

A vitória final (15:51-57)

Tendo explicado o como e o quê da ressurreição corporal, Paulo muda da analogia retórica para a proclamação apocalíptica triunfante. O tema dos primeiros versículos é novamente transformação ("todos seremos transformados", 15:52; "se revestir [vestes]", 15:53-54). No entanto, ainda há a ênfase na continuidade também: os sujeitos de cada frase — "nós" e "seremos transformados" — indicam continuidade do eu na existência incorporada, embora transformada. Essa transformação afeta tanto os crentes vivos quanto os mortos (15:51b); quando a trombeta — uma característica padrão da literatura apocalíptica que anuncia o triunfo de Deus (e.g., Zc 9:14; cf. 1Ts 4:16) — de repente

---

⁵² NAB, ARA usam "corpo natural" como o oposto de "corpo espiritual", que é melhor do que o enganoso "físico" da NRSV. O grego é psychikon, 'alma', baseado em 'alma vivente' em Gn 2:7, que é citado em 15:45. A terminologia aparece também em 2:14-15.

⁵³ Sobre a transformação escatológica à imagem e glória de Cristo, veja também Rm 8:11, 17, 29-30; 2Co 3:17-18; 4:17-5:5; Fp 3:10-11, 20-21; Cl 1:27; 3:3-4; 2Ts 2:13-14.

soar, os mortos serão ressuscitados e transformados, e os vivos também serão igualmente transformados (15:52). Tudo isso é obra de Deus,[54] pois indica o seu tempo para derrotar finalmente o "último inimigo", a Morte (15:26, 54-56, conforme as promessas de Is 25:8; Os 13:4), para a qual não haverá chance de vitória final ou "picada" fatal. Assim, "Morte, tu morrerás", escreveu John Donne.[55] Essa vitória é a conclusão do triunfo de Deus, iniciado na morte de Cristo (mencionada em 15:57), por meio de quem os crentes foram libertos do poder do pecado e da Lei (15:56). Agora, no clímax da salvação de Deus — a ressurreição corporal dos crentes —, o último inimigo está derrotado e a vitória final, conquistada.

Exortação final (15:58)

Na ressurreição de Cristo, Deus derrotou a Morte. Por essa razão, e somente por ela, Paulo escreve em sua conclusão que os coríntios devem ser firmes e fiéis no Senhor: 15:58 é a antítese de 15:32. Eles podem viver a vida de amor cruciforme que encontram em Cristo Jesus, vendo os exemplos em Paulo e ouvindo as leituras por meio da carta. Por quê? Porque seu trabalho no corpo, como o de Paulo, "não é em vão", levando em consideração que Cristo ressuscitou como as primícias em sua ressurreição corporal.

SUMÁRIO DE 1CORÍNTIOS

De acordo com Paulo em 1Coríntios 15:

- A ressurreição de Cristo é uma parte original e integral do evangelho.
- Se não existe a ressurreição dos mortos, Cristo não ressuscitou; o evangelho não é uma boa-nova; e a vida de fé, esperança e amor dos crentes é vã.
- No entanto, uma vez que Cristo ressuscitou, Ele é a primícia e o garantidor da ressurreição corporal dos crentes.
- Na parúsia, todos os crentes experimentarão a transformação de um corpo perecível para um corpo imperecível após a

---

[54] O arbítrio de Deus é expresso na voz passiva de 15:52 (como em 15:4, da ressurreição de Cristo), "os mortos ressuscitarão [ressuscitados por Deus] incorruptíveis, e nós seremos transformados [por Deus]".
[55] Santo Soneto X ("Morte, Não Tenha Orgulho"), d.C. p. 1601-10.

ressurreição dos mortos; há, portanto, continuidade e descontinuidade entre a existência encarnada pré e pós-parúsia.
- A parúsia levará à derrota final de todos os inimigos de Deus e da humanidade, incluindo o último inimigo, a própria Morte.

16:1-24 ENCERRAMENTO

Tendo completado o corpo de sua carta, Paulo aborda brevemente alguns assuntos adicionais a respeito de seu relacionamento com a igreja de Corinto.

Primeiramente, Paulo convida a igreja a participar da coleta para os crentes pobres em Jerusalém (16:1-4), em cumprimento de um acordo feito com os líderes da cidade (Gl 2:10 — embora a promessa não se limite aos pobres de Jerusalém). Quando os coríntios não respondem, Paulo repete longamente o convite em 2Co 8—9, e de fato ele mesmo entrega o presente, aparentemente com a participação deles (Rm 15:25-29).

Ele então os informa de suas esperanças de viagem, que incluem a possibilidade de uma estadia prolongada em Corinto após deixar Éfeso através da Macedônia (16:5-7). Enquanto isso, porém, a oposição e, portanto, também a oportunidade em Éfeso, são muito grandes para sair (16:8-9; cf. 15:32).

Em seguida, Paulo escreve sobre dois colegas bem conhecidos dos coríntios, seu colega de trabalho e seu sucessor em Corinto, Timóteo e Apolo (16:10-12). Paulo parece esperar alguma hostilidade em relação a Timóteo, que está a caminho de Corinto ou prestes a ir para lá (4:17), sem dúvida porque ele representa o agora mais controverso Paulo. Assim, o apóstolo pede a comunidade lhe dê boas-vindas e uma estada segura e hospitaleiras para Timóteo. Quanto a Apolo, Paulo parece querer que os coríntios saibam que a ausência de Apolo durante essas controvérsias foi sua própria decisão, não de Paulo, pois ele havia insistido com Apolo para fazer uma visita.

Outros assuntos pessoais se seguirão, mas primeiro Paulo recapitula sua carta em cinco breves exortações, que talvez possam ser resumidas como um apelo escatologicamente orientado para serem firmes (na fé e na esperança) e fazer tudo em amor (16:13-14; cf. 1:4-9). Essa advertência ao "caminho mais excelente" do amor é, de muitas maneiras, um resumo da carta.

Finalmente, em 16:15-18 Paulo recomenda aos coríntios três de seus companheiros que o visitaram, incluindo Estéfanas a quem Paulo batizou (1:16), reconectando-os a si mesmo em sua ausência. Ele também elogia outros que servem na igreja e são dignos de assistência e reconhecimento.

As últimas palavras de saudação e graça começam com uma mensagem de Áquila e Prisca (Priscila), os crentes judeus fabricantes de tendas, originários de Roma, que também trabalharam com Paulo em Corinto (At 18:2-3). E ainda mais, a igreja em sua casa e todos os crentes enviam saudações — um símbolo da universalidade da igreja (16:19-20a). Paulo conclui com instruções para o beijo santo, sua assinatura, uma maldição para aqueles que não têm amor ao Senhor (*anátema*, como em 12:3; Rm 9:3; Gl 1:8-9), uma oração cristã primitiva comum para a parúsia ("Vem Senhor" = aramaico *maranata*), uma bênção da graça e uma oferta final de amor apostólico (16:20b-24). Paulo estende seu amor como uma lembrança de sua afeição pelos coríntios (apesar de todos as ações corretivas que o apóstolo fez ao longo da carta!), e também como uma observação de que imitá-lo significa tratar os outros sempre com amor cristão.

A HISTÓRIA DIANTE DA CARTA

Algumas leituras de 1Coríntios

"Observemos toda a primeira epístola, escrita, devo dizer, não com tinta, mas com bile, indignação inflamada, desdenhosa, ameaçadora, hostil... [Paulo] os fere [os coríntios] no rosto."

Tertuliano (c. 225 d.C.), De *pudicitia* 14.4, 10, citado em Robert D. Sider, "Literary Artifice and the Figure of Paul in the Writings of Tertulian", in *Paul and the Legacies of Paul*, ed. William S. Babcock (Dallas: Southern Methodist University Press, 1990), p. 99-120, aqui, p. 113.

"Paulo estava certo em adicionar o nome de Cristo aqui [ao seu apelo pela unidade em 1:10], porque isso era o que os coríntios estavam de fato rejeitando."

Teodoreto de Ciro, *Commentary on the First Epistle to the Corinthians* 167 (século 5), citado em *1—2Corinthians*, ACCS 7, ed. Gerald Bray (Downs Grove, IL: InterVarsity, 1999), p. 9.

"Como os coríntios tinham a preferência por um ensino inteligente em vez de benéfico, eles não tinham apreço pelo Evangelho. Como eles estavam ansiosos por coisas novas, Cristo já estava desatualizado para eles. De qualquer forma, se ainda não haviam caído nesses erros, já estavam naturalmente inclinados a coisas sedutoras desse tipo. Assim, foi fácil para os falsos apóstolos serem ouvidos entre eles e adulterarem o ensino de Cristo. Pois certamente é adulterado, quando sua pureza natural está tão estragada e, por assim dizer, pintada de uma cor diferente, que fica no nível de qualquer filosofia mundana. Portanto, para agradar ao paladar dos coríntios, eles acrescentaram tempero ao seu ensino, com o resultado de que o verdadeiro sabor do evangelho foi arruinado. Estamos agora em condições de entender por que Paulo foi induzido a escrever esta carta."

> João Calvino, *The First Epistle of Paul the Apostle to the Corinthians* [d.C. 1556], Comentários de Calvino, trad. John W. Fraser (Grand Rapids: Eerdmans, 1960), p. 9.

"O estado perturbado dos cristãos em Corinto explica a necessidade de tanta atenção. Paradoxalmente, a extensão de seus problemas ('teólogos' rivais, facções, práticas sexuais problemáticas, obrigações conjugais, liturgia, papéis na igreja) torna a correspondência excepcionalmente instrutiva para cristãos e igrejas problemáticas de nossos tempos. As tentativas de viver de acordo com o evangelho na sociedade multiétnica e transcultural em Corinto levantaram questões ainda encontradas em sociedades multiétnicas, multirraciais e transculturais hoje... Para aqueles que estudam Paulo seriamente pela primeira vez, se as limitações significam que apenas uma das treze cartas pode ser examinada em profundidade, 1Coríntios talvez seja a mais recompensadora."

> Raymond E. Brown, *An Introduction to the New Testament* (Nova York: Doubleday, 1997), p. 511

"Para formar uma identidade de comunidade cristã dentro de um mundo pagão pluralista, Paulo repetidamente chama seus leitores para uma 'conversão da imaginação'. Ele os convida a ver o mundo de maneiras dramaticamente novas, à luz dos valores moldados pela história cristã."

> Richard B. Hays, *First Corinthians*, Interpretation (Louisville: Westminster John Knox, 1997), p. 11

PERGUNTAS PARA REFLEXÃO

1. O que a experiência de Paulo com os coríntios 'não totalmente ressocializados', a maioria dos quais era de origem pagã, pode dizer sobre as necessidades de instrução e formação espiritual na igreja contemporânea?
2. De que forma as atuais divisões dentro do cristianismo se assemelham ou diferem daquelas que Paulo observou e criticou em Corinto?
3. Quão bem ou mal a igreja, em sua experiência, ministra e aprende com os 'ninguém' (pessoas sem 'indicadores de status' padrão) em seu meio?
4. Que contribuições os primeiros capítulos de 1Coríntios podem fazer para a compreensão cristã contemporânea de espiritualidade e ministério?
5. De que forma a atividade sexual e judicial coríntia se assemelha à da cultura contemporânea? Ao comportamento da igreja contemporânea? Que princípios éticos e aplicações práticas podem ser extraídas dessas situações e das respostas de Paulo a elas?
6. Como a resposta de Paulo à questão de comer carne associada a ídolos pode informar uma compreensão teológica contemporânea de tópicos como liberdade, direitos e amor?
7. Quais são algumas das possíveis implicações da compreensão de Paulo da Ceia do Senhor para a liturgia contemporânea (adoração), ética e ecumenismo?
8. De que forma os problemas de unidade e diversidade se manifestam na igreja contemporânea? Que percepções a discussão de Paulo sobre esse tópico oferece?
9. Quais são as implicações de ser o corpo de Cristo para a teologia e prática cristã hoje?
10. Quais são alguns dos desafios contemporâneos e implicações de uma doutrina da ressurreição corporal, seja de Cristo ou dos crentes?
11. Quais são os 'indicadores de status' sociais e espirituais mais comuns na igreja hoje? Que formas de evangelho de 'glória' ou 'sucesso' existem hoje? Quão penetrantes e influentes eles são?

12. Existem questões teológicas e éticas contemporâneas que não são suficientemente consideradas na igreja à luz da cruz, ressurreição e parúsia? Como a visão 'bifocal' de Paulo pode iluminar essas questões?
13. Muitos dos problemas em Corinto se concentram na tensão entre o engajamento apropriado e a retirada adequada das estruturas e práticas do 'mundo'? Como essa tensão se manifesta hoje, e como a carta de Paulo pode ser útil para lidar com isso?
14. Como você responde às interpretações de 1Coríntios citadas há pouco?
15. Em suma, o que esta carta exorta a igreja a acreditar, esperar e fazer?

Para leitura e estudo adicionais
Geral

Calvino, João. *The First Epistle of Paul the Apostle to the Corinthians*. Traduzido por John W. Fraser. Grand Rapids: Eerdmans, 1960. A interpretação do reformador protestante em Genebra.

Ciampa, Roy, and Brian Rosner. *The First Letter to the Corinthians*. PNTC. Grand Rapids: Eerdmans, 2010. Comentário detalhado com ênfase especial na abordagem cristocêntrica e escatológica de Paulo à imoralidade sexual e idolatria.

Collins, Raymond F. *First Corinthians.*. SP. Collegeville, MN: Liturgical, 1999. Uma análise massiva, teológica e retoricamente astuta da carta.

Dunn, James D. G. *1Corinthians*. T&T Clark Study Guides. Nova York: Bloomsbury T&T Clark, 2004. Essencialmente, trata-se de uma breve introdução e comentários.

Furnish, Victor Paul. *The Theology of the First Letter to the Corinthians*. New Testament Theology. Cambridge: Cambridge University Press, 1999. Análise perspicaz seção por seção da teologia da carta.

Hays, Richard B. *First Corinthians*. Interpretation. Louisville: Westminster John Knox, 1997. Comentário extremamente perspicaz, com percepções provocativas sobre a mensagem contemporânea da carta.

Malcolm, Matthew R. *The World of 1Corinthians: An Exegetical Source Book of Literary and Visual Backgrounds*. Eugene, OR: Cascade, 2013. Discussão seção por seção da carta à luz de textos e contextos antigos.

Murphy-O'Connor, Jerome. *St. Paul's Corinth: Texts and Archaeology*. 3ª ed. Collegeville, MN: Liturgical, 2002. Fascinante estudo da antiga Corinto, com diagramas úteis.

———. *Keys to First Corinthians*. Nova York: Oxford University Press, 2009. Ensaios reunidos sobre vários tópicos.

Perkins, Pheme. *First Corinthians.* PCNT. Grand Rapids: Baker Academic, 2012. Forte ênfase no contexto social da práxis pastoral de Paulo.
Sampley, J. Paul. "The First Letter to the Corinthians." P. 771-1003 in vol. 10 of *The New Interpreter's Bible.* Edi. por Leander E. Keck, et al. Nashville: Abingdon, 2002. Dá atenção às convenções culturais da carta, bem como às suas convicções centrais.
Thiselton, Anthony. *First Corinthians: A Shorter Exegetical and Pastoral Commentary.* Grand Rapids: Eerdmans, 2006. Forte foco pastoral baseado na exegese no comentário maior (veja abaixo).
Winter, Bruce W. *After Paul Left Corinth: The Influence of Secular Ethics and Social change.* Grand Rapids: Eerdmans, 2001. Interpretação seção por seção à luz da cultura de Corinto.
Witherington, Ben, III. *Conflict and Community at Corinth: A Socio-Rhetorical Commentary on 1 and 2Corinthians.* Grand Rapids: Eerdmans, 1995 Comentário erudito, mas legível, sobre a carta em seu contexto social.

Técnica

Adams, Edward, and David G. Horrell, eds. *Christianity at Corinth: The Quest for the Pauline Church.* Louisville: Westminster John Knox, 2004. Ensaios acadêmicos e reflexões sobre o método histórico.
Brown, Alexandra. *The Cross and Human Transformation: Paul's Apocalyptic World in 1Corinthians.* Mineápolis: Fortress, 1995. A cruz como inauguração da nova criação e seu efeito nos meios do conhecimento e do comportamento.
Chester, Stephen J. *Conversion in Corinth: Perspectives on Conversion in Paul's Theology and the Corinthian Church.* Londres: T&T Clark, 2003. Estudo técnico de conversão e da incompleta e parcialmente equivocada conversão dos coríntios.
Conzelmann, Hans. *1Corinthians.* Translated by J. W. Leitch. Hermeneia. Filadélfia: Fortress, 1975. Uma mina de ouro de dados sobre o contexto histórico e paralelos.
Fee, Gordon D. *The First Epistle to the Corinthians.* NICNT. 2ª ed. Grand Rapids: Eerdmans, 2014 (orig. 1987). Análise detalhada, destacando a divisão entre a comunidade e Paulo.
Friesen, Steven J., Daniel N. Schowalter, e James C. Walters, eds. *Corinth in Context: comparative Studies on Religion and Society.* Boston: Brill, 2010. Estudos nos mundos social e político de Corinto e em sua conexão com as cartas de Paulo.
Harrison, James R., e L. L. Welborn, eds. *The First Urban Churches 2: Roman Corinth.* Writings from the Greco-Roman World Supplements. Atlanta: Society of Biblical Literature, 2016. Ensaios sobre o contexto material e cultural de Corinto que iluminam a comunidade paulina ali.
Hay, David M., ed. *1 and 2Corinthians.* Vol. 2 of Pauline Theology. Mineápolis: Fortress, 1993. Ensaios acadêmicos perspicazes de várias perspectivas.
Meeks, Wayne A. *The First Urban Christians: The Social World of the Apostle Paul.* 2ª ed. New Haven: Yale University Press, 2003 (orig. 1983). Descrição social clássica das igrejas de Paulo e suas práticas, com atenção especial para Corinto.

Mitchell, Margaret M. *Paul and the Rhetoric of Reconciliation: An Exegetical Investigation of the Language and Composition of 1Corinthians*. Louisville: Westminster John Knox, 1993. Um estudo influente sobre o caráter retórico da carta como um apelo à unidade da comunidade.

Schowalter, Daniel N., e Steven Friesen, eds. *Urban Religion in Roman Corinth: Interdisciplinary Approaches*. Cambridge, MA: Harvard University Press, 2005. Artigos acadêmicos sobre práticas religiosas em Corinto e sobre as cartas de Paulo.

Thiselton, Anthony C. *The First Epistle to the Corinthians: A Commentary on the Greek Text*. NIGTC. Grand Rapids: Eerdmans, 2000. Comentário exaustivo destacando o contexto social e a mensagem teológica da carta, além de sua interpretação através dos séculos.

11

2CORÍNTIOS

A defesa de Paulo da vida e do ministério cruciformes cheios do Espírito

Pois, quando sou fraco é que sou forte.

2Coríntios 12:10

A segunda carta de Paulo aos Coríntios é considerada a epístola ´adormecida´ entre as quatro tradicionais 'cartas principais' do apóstolo: Romanos, Gálatas e a correspondência coríntia. Não tem exatamente a sensação contemporânea de 1Coríntios, com suas questões de unidade, sexo, ações judiciais, homens e mulheres na igreja e línguas, ou a profundidade teológica de Romanos, nem a paixão quase incontrolável da carta aos Gálatas. Mas 2Coríntios é realmente mais do que uma carta em hibernação; é uma espécie de gigante adormecido.

Nesta carta (ou, como alguns pensam, coleção de cartas) Paulo revela sua alma, e a alma de seu evangelho, para a comunidade de crentes de Corinto que ele 'gerou'. Ele faz isso para efetuar a reconciliação entre eles e ele e, finalmente, conforme ele acredita, entre eles e Deus. Ao fazê-lo, Paulo corre o risco considerável de parecer inteiramente autopromocional e de alienar ainda mais a igreja. No entanto, o que Paulo está realmente fazendo ao explicar e defender seu apostolado — e também ao pedir aos coríntios que cumpram um compromisso financeiro com a igreja de Jerusalém — é uma defesa da forma cruciforme cheia do Espírito e vivificante da vida e ministério cristão, seja dele ou de seus destinatários.

A HISTÓRIA POR TRÁS DA CARTA

Reconstruir os eventos que ocorreram na relação entre Paulo e os Coríntios que levaram à escrita de 2Coríntios é uma tarefa complexa. O desafio é especialmente complicado pelo próprio conteúdo da carta, pois várias partes parecem ter temas e tons distintos, referindo-se a diferentes eventos passados e refletindo diferentes situações contemporâneas. Muitos estudiosos concluíram, portanto, que 2Coríntios é um composto de várias cartas. Eles sugerem que um editor posterior reuniu fragmentos de várias comunicações de Paulo aos Coríntios. Suas teorias vão desde o simples, ao moderadamente complexo, até o difícil de manejar.[1]

A maioria dos intérpretes concorda, entretanto, que há três componentes distintos em 2Coríntios: capítulos 1 a 7, 8 e 9 e 10 a 13. Voltaremos à questão de como esses componentes estão conectados, mas por enquanto podemos oferecer um breve resumo provisório dos eventos por trás de cada uma dessas seções. Em quase todas as reconstruções, esses eventos e a(s) carta(s) que eles geraram devem ser datados de meados dos anos 50 (54-57), e a correspondência quase certamente foi enviada a partir da Macedônia (veja 7:5).

2Coríntioss 1 a 7

De acordo com Atos 18—20, depois que Paulo evangelizou em Corinto, ele retornou à sua base de Antioquia (parando primeiro em Éfeso, Cesareia e Jerusalém) e então empreendeu outra viagem. Essa 'terceira' viagem o trouxe de volta pelas províncias da Galácia, Frígia, Ásia (e Éfeso, novamente), Macedônia e Acaia ("Grécia" em 20:2). Ele voltou para Jerusalém depois de paradas nas cidades da Ásia ocidental de Trôade, Mileto e Éfeso. É claro que Corinto não permaneceu sem atividades durante as viagens e visitas de Paulo a outros lugares.

---

[1] Uma teoria simples postularia duas cartas, caps. 1—9 e 10—13. Um exemplo de uma teoria moderadamente complexa colocaria os caps. 1—7 como uma carta, mas com 6:14—7:1 sendo uma adição posterior; cap. 8—9 como uma ou duas outras cartas separadas; e caps. 10—13 como uma carta distinta. Uma teoria ainda mais complexa, a ponto de ser difícil de lidar com ela, coloca vários fragmentos de cartas ao longo dos caps. 1—7, quebrados e fora de ordem, mais outras separadas nos caps. 8, 9 e 10—13.

De acordo com os primeiros sete capítulos, 2Coríntios não era na verdade a segunda carta de Paulo a Corinto. De fato, já em 1Co 5:9 o apóstolo havia mencionado uma carta escrita antes de 1Coríntios. Além disso, 2Coríntios menciona uma carta chorosa e triste (2:3-4; 7:8) escrita após uma visita 'dolorosa' de Paulo a Corinto, durante a qual alguém lhe causou angústia (2:1, 5). Essa correspondência às vezes é designada pelas letras A, B e C, como segue:

Carta A   a carta mencionada em 1Co 5:9[2]
Carta B   1Coríntios
Carta C   a carta chorosa mencionada em 2Co 2:3-4 e 7:8 (às vezes identificada com 1Coríntios ou, um pouco mais plausível, 2Co 10—13)

A carta em tom de tristeza (agora perdida, a menos que uma das teorias improváveis mencionadas há pouco esteja correta) foi enviada, provavelmente de Éfeso ou da Macedônia via Tito, como alternativa a outra visita (2:1). Isso resultou no fato de a comunidade expressar profundo arrependimento pela angústia de Paulo, lidando com o indivíduo que causou a dor e renovando sua afeição e obediência a Paulo (2:5-11; 7:5-16), como o enviado de Paulo, Tito, o infirmou, na Macedônia (7:6, 13). O relato desse incidente, juntamente com outros aspectos desses capítulos, indica uma relação altamente tensa entre Paulo e os coríntios.

Se 2Coríntios é uma carta unificada, então pode ser chamada de carta D de acordo com essa sequência de eventos. Se assim não for, os capítulos 1—7 (ou 1—8 ou 1—9) provavelmente são a carta D, e os capítulos 10—13 constituem a carta E. De qualquer forma, o tema dos primeiros sete capítulos, desencadeado por essa sequência de eventos, é a reconciliação. Até mesmo 6:14—7:1 contribuem para esse tema.

2Coríntios 8—9

O assunto dos capítulos 8 e 9, a coleta de Paulo das igrejas (em grande parte) gentias da Diáspora, especialmente da Grécia, para a empobrecida igreja 'mãe' judaica em Jerusalém, foi um aspecto importante de seu ministério nos anos 50 (cf. Rm 15:22-33). Os coríntios, ou

---

[2] Uma minoria de estudiosos encontra parte desta carta em 2Co 6:14—7:1.

aqueus, haviam manifestado forte interesse um ano antes, a ponto de inspirar os relativamente pobres macedônios (8:11; 9:2). Porém, estes seguiram com seu zelo (8:1-2), enquanto os coríntios não (8:6-7, 10-12; 9:3). Paulo estava pensando em retornar à Acaia com alguns macedônios e estava enviando Tito e outros emissários para receber a coleta com antecedência (8:6-7, 16-24; 9:4-5). Embora alguns intérpretes separem os capítulos 8 e 9 em duas cartas distintas, eles formam um todo coerente que reflete essa situação.

2Coríntios 10—13

Esta última seção da carta pressupõe que alguns coríntios (outros mais?) criticaram Paulo e que um grupo de autoproclamados apóstolos visitou Corinto, impressionando muitos, se não todos, os coríntios. Esses dois acontecimentos estão quase certamente relacionados um com o outro, e é possível que problemas semelhantes sugeridos nos capítulos 1—7 tenham piorado, ou então a compreensão de Paulo sobre seu significado aumentou.

A identidade desse grupo de 'oponentes' de Paulo, como geralmente são chamados, tem sido muito debatida, com muitas propostas próximas. Alguns já disseram que eram gnósticos, para outros, eram proponentes de práticas judaicas para gentios (como na Galácia), ainda poderiam ser considerados 'homens divinos' helenísticos (poderosos milagreiros) e ainda para outros seriam pessoas espirituais, ou que se diziam espirituais. Paulo tem suas próprias palavras para eles: "superapóstolos" (11:5; 12:11); "ostentadores... falsos apóstolos, obreiros enganosos, fingindo-se de apóstolos de Cristo... ministros [de Satanás]" (11:13, 15, NRSV); pessoas que proclamam "um Jesus que não é aquele que pregamos, ou se vocês acolhem um espírito [ou melhor, Espírito] diferente do que acolheram ou um evangelho diferente do que aceitaram" (11:4). Um pouco mais objetivamente, ele sugere que eles são pregadores judeus (11:22) que se autodenominam apóstolos e ministros (11:23) de Cristo e que se concentram ("orgulham-se de") em suas experiências poderosas do Espírito de Deus, provavelmente incluindo discursos retoricamente ornamentados, visões, revelações e milagres.[3] Eles seriam, portanto, provavelmente melhor chamados de

---

[3] Veja 10:10, 12, 18; 11:6, 18; 12:1, 11 — 12.

judeus cristãos espiritualizados, ou `povo do Espírito´. Da perspectiva de Paulo, o que é problemático não é a afirmação de serem judeus, mas a afirmação de terem um ministério cheio do Espírito do Messias.

Esse grupo de (supostos) pregadores cheios do Espírito aparentemente alimentou as críticas anteriores de Paulo por alguns coríntios de que seu apóstolo fundador era um pregador fraco (10:10; 11:6; cf. 1Co 2:1-5) que insultou-os apoiando a si mesmo e recusando seu patrocínio (11:7-11; cf. 1Co 9). Assim, o modus operandi de Paulo como apóstolo está por trás e está em jogo em 2Co 10—13.

A HISTÓRIA POR DENTRO DA CARTA

As três situações refletidas nos três componentes principais de 2Coríntios levantam a questão de como essas situações e seus capítulos correspondentes estão inter-relacionados. Como observado há pouco, os proponentes das teorias de divisão em partes encontram pelo menos duas cartas, e muitas vezes mais. Mas também já houve fortes defensores da unidade literária de 2Coríntios, especialmente entre os praticantes recentes da crítica retórica. Qualquer teoria plausível deve explicar como as mudanças de tom e de assunto se relacionam entre si.

Mesmo os defensores da unidade literária reconhecem a diferença de tom entre os capítulos 10—13 e os capítulos anteriores. Os argumentos tradicionais a favor da unidade sugerem que os capítulos 10—13 podem ter sido compostos um pouco mais tarde do que os capítulos 1—7, refletindo um agravamento do relacionamento entre os coríntios e Paulo, e foram incluídos junto com os capítulos anteriores, em vez de enviados separadamente depois. Alguns argumentos retórico-críticos sugerem que os capítulos 10—13 lidam mais diretamente com a questão mais explosiva que Paulo deve abordar depois que a reconciliação foi estabelecida com mais frieza nos capítulos iniciais. A maioria das teorias de unidade (sendo toda a carta ou apenas dos capítulos 1—9) teve alguns problemas para explicar a presença dos capítulos 8—9. Como veremos, no entanto, esses capítulos sugerem uma maneira pela qual os coríntios devem ser transformados (3:18) e "tornar-se a justiça/retidão" de Deus (5:21), indicando a maneira pela qual os apóstolos legítimos e todos os verdadeiros membros do corpo de Cristo devem manifestar esse traço divino, um motivo que abrange as três seções da carta (ver 3:9; 6:7, 14; 9:9-10; 11:15).

Sem tentar apresentar um argumento definitivo para a unidade da carta, podemos oferecer as seguintes observações adicionais e fazer uma sugestão com base nelas.

Claramente as três partes da carta diferem não apenas em assunto, mas em tom e propósito:

- Os capítulos 1—7 são amplamente *conciliadores* em seu tom e *explicativos* em propósito, um exemplo de retórica *forense*, embora não sem um apelo à reconciliação (continuada) (6:1-2, 11-13; 7:1).
- Os capítulos 8—9 apresentam um tom *exortativo* e propósito *motivacional*, um exemplo de retórica *deliberativa* com um apelo claro (8:7, 24; 9:5, 13; etc.).
- Os capítulos 10—13 mostram tom *polêmico* e propósito tanto *dissuasivo* quanto *persuasivo*, uma mistura de retórica *forense* e *deliberativa*, cujo objetivo final é edificar os leitores (12:19) por meio de seu próprio autoexame (13:5).

Como esses três podem trabalhar juntos como se fossem unificados? Se esta é uma única carta, então vemos uma estratégia retórica em ação de sair de questões de menor para maior sensibilidade e volatilidade, e de passar, correspondentemente, de formas de persuasão menos combativas para mais combativas. As 'costuras' que aparecem para alguns intérpretes como evidência de uma composição de várias cartas podem, de fato, ser exemplos de mudanças dramáticas calculadas retoricamente de um assunto para outro. Se 2Coríntios é uma comunicação complexa, como acho ser provável, então a estratégia de Paulo é (1) celebrar uma reconciliação que os coríntios precisam abraçar totalmente (caps. 1—7) por (2) cumprir sua promessa financeira (caps. 8—9) e (3) separar-se dos falsos apóstolos (caps. 10—13).

O que unifica a retórica inconstante de 2Coríntios é seu foco final na forma cruciforme cheia do Espírito de vida transformada em Cristo. Se Paulo está explicando a si mesmo e seu evangelho, convocando os coríntios para generosidade, ou censurando a egocêntrica jornada de poder dos pseudoapóstolos (como ele vê), ele fundamenta tudo o que afirma — para si mesmo e seu evangelho, sobre suas expectativas dos coríntios, e contra seus oponentes — na cruz como a manifestação do espírito de justiça/retidão, vida e glória de Deus. Como ele havia decidido — quando visitou Corinto pela primeira vez — ele não desejava saber nada, exceto Jesus Cristo crucificado (1Co 2:2). Em 2Coríntios ele argumenta — às vezes de forma gentil e educada, outras vezes em tom agressivo e severo, mas sempre persuasivo — que a participação cruciforme e transformadora na vida de Deus é a marca do apostolado, da graça e do Espírito.[4]

De muitas maneiras, 2Coríntios dá sequência nos temas-chave encontrados em 1Coríntios: a nova aliança, a centralidade no Espírito, a consequência da justificação como a prática da justiça de Deus, paz e unidade, o fato de gloriar-se no Senhor, cruciformidade (incluindo o sofrimento), e ressurreição/imortalidade, para citar alguns dos mais importantes. Um dos vários novos temas dignos de nota é a 'abundância', seja de bem ou de mal.[5] O que vem à tona aqui, de forma contundente, que não era central em 1Coríntios, é o tema da reconciliação, que reaparecerá especialmente em Romanos, Filemom e Efésios. Além disso, encontramos em 2Coríntios passagens ainda mais explicitamente 'trinitárias' (especialmente 3:17-18; 13:13; cf. 1Co 6:11), que também prefiguram Romanos.[6]

A carta se desenrola da seguinte forma:

1:1-2   Abertura
1:3—7:16 O apostolado da reconciliação cruciforme e doador de vida
        1:3–2:13   Paulo, os coríntios e o Deus da consolação e libertação
            1:3-11   O Deus que consola os aflitos e livra da morte
            1:12– 2:13   A integridade de Paulo e seu amor pelos coríntios

---

[4] Um dos desafios desta carta é interpretar o uso do pronome "nós" por Paulo. Às vezes, o "nós", de forma clara, se refere explicitamente apenas a Paulo e sua equipe, outras vezes é quase certo se referir a todos os crentes, e pode ser ainda uma referência é ambígua. Em geral, porém, muito do que Paulo diz sobre o apostolado se aplica também, de maneira análoga, a todos os que estão em Cristo.

[5] E.g., 1:5; 2:7; 3:9; 4:15; 8:2, 7; 9:1, 8, 12; 10:8.

[6] Como nos capítulos anteriores, a linguagem trinitária é usada aqui em reconhecimento de que, embora Paulo não tenha uma teologia da Trindade totalmente desenvolvida, essa linguagem é apropriada.

              1:12—2:4   A integridade de Paulo e a visi ta cancelada
              2:5-13   O amor de Paulo pelo ofen sor e a Comunidade
   2:14–6:10   Cruciformidade e Reconciliação: O Caráter do Ministério de Paulo
              2:14-17 As Metáforas Fundamentais da vida Apostólica
              3:1-18 O Ministério da Nova Aliança
              4:1–5:10 Coragem e Confiança no Ministério Cruciforme
              5:11–6:10 A Mensagem da Reconciliação
   6:11–7:16   O Apelo Final para a Reconciliação
              6:11-13 Um Resumo do Recurso
              6:14–7:1 Um Recurso Corolário
              7:2-16 A consolação e confiança de Paulo

8:1–9:15   A Graça cruciforme e a justiça da generosidade
              8:1-24   Cristo, os macedônios e os coríntios
              9:1-15   Deus, os macedônios e os coríntios

10:1–13:13 O poder cruciforme na fraqueza do espírito
              10:1-6   Declaração de guerra de Paulo
              10:7-18   Os termos da campanha: edificação e ostentação
              11:1-15   O primeiro discurso insensato de Paulo: seu autossustento
                  11:1-4   Os motivos para se orgulhar
                  11:5-11 O conteúdo da ostentação
                  11:12-15 Verdade *versus* falsa ostentação
              11:16 –12:10 O segundo discurso insensato de Paulo: suas várias fraquezas
                  11:16-21a   Introdução
                  11:21b-33   As fraquezas do ministro-guerreiro
                  12:1-10 Poder na fraqueza
              12:11-13 Conclusão dos discursos
              12:14 –13:13 Resumo final, advertências, apelos e saudações
                  12:14 – 13:10   Antecipação da terceira visita: lembretes e avisos
                  13:11-13 Saudações finais, exortações e bênção

Os resumos dos capítulos 1—7, 8—9 e 10—13 aparecem após o comentário dessas seções da carta.

1:1-2. ABERTURA

A carta começa no estilo tipicamente paulino. A identificação de Paulo como "apóstolo" nunca está em questão em sua mente, mas tinha sido e ainda estava em Corinto. De uma perspectiva, toda esta carta é sobre o que significa ser um apóstolo. O corremetente, Timóteo, estava com Paulo e Silvano (Silas) quando a igreja em Corinto foi fundada (1:19; At 18:5) e mais tarde foi enviado por Paulo para lembrar aos coríntios o significado de imitar Paulo, como seu apóstolo e pai espiritual, em sua vida em conjunto.[7] A combinação desses dois nomes no cabeçalho de uma carta lembraria aos coríntios o nascimento e amadurecimento de sua igreja como uma comunidade especificamente paulina, privilegiada e obrigada a honrar e imitar o exemplo cristão de seus fundadores. Ser um apóstolo significa representar Deus fielmente, incorporando com integridade a história de Jesus.

É interessante que a carta seja dirigida não apenas à "igreja de Deus que está em Corinto", mas também a todos os "santos" da Acaia (1:1). Corinto não era apenas a capital da província, mas também o epicentro do movimento cristão primitivo no sul da Grécia.

1:3 A 7:16. O APOSTOLADO CRUCIFORME E VIVIFICANTE DA RECONCILIAÇÃO

Nos primeiros sete capítulos desta carta, Paulo se propõe a encerrar o processo de reconciliação (descrito anteriormente) que a ocasionou.

Paulo, os coríntios e o Deus da consolação e libertação (1:3 a 2:13)

Usando o recurso retórico da *narração* e o dispositivo epistolar de uma oração de abertura, em 1:3—2:13, Paulo procura estabelecer seu relacionamento com os coríntios no contexto mais amplo de seu relacionamento comum com Deus em Cristo.

O Deus que consola os aflitos e livra da morte (1:3-11)

Paulo começa a carta propriamente dita não com típica uma ação de graças, mas com uma bênção judaica, ou *berakah* (1:3-7; cf. Ef 1:3-14).

---

[7] 1Co 4:14—17; 16:10—11; cf. At 19:22.

Essa bênção, que rapidamente se transforma num breve tratado sobre a consolação no sofrimento, dá o tom de toda a carta: a vida em Cristo é sobre a dinâmica de sofrimento e resistência, aflição e conforto, parceria e cuidado mútuo. Trata-se de uma 'vida em abundância': experimentar a presença abundante de Deus em meio à tribulação abundante. Formas da palavra "consolo" (NRSV), "conforto" (NIV), ou "encorajamento" (NAB) aparecem dez vezes nestes cinco versos (gr. *parakaleō* e *paraklēsis*).

A própria bênção exalta Deus como misericordioso e consolador por natureza (1:3), como as Escrituras testificam (e.g., Sl 103). Paulo e seus companheiros experimentaram o consolo de Deus, mas o apóstolo enfatiza que os destinatários desse conforto divino devem ser canais e não recipientes (1:4). Tanto a aflição quanto a consolação, segundo Paulo afirma, são experiências de participação: em Deus, em Cristo e na comunidade. Os crentes, apostólicos ou não, em última análise, compartilham dos sofrimentos de Cristo, à maneira de Cristo, para o benefício e salvação de outros (1:5-6; cf. Cl 1:24). Eles compartilham o consolo de Deus também para o benefício de outros (1:4, 6). Toda esta vida de aflição e conforto é uma comunhão, uma *koinōnia* (cf. *koinōnoi*, lit. 'participantes', 1:7). O objetivo de Paulo enfatizar essa comunhão no início da carta é renovar o vínculo entre ele e os coríntios e reconhecer seu caráter essencial como uma comunhão com os abundantemente aflitos e com os fartamente consolados.

Paulo continua com um exemplo concreto daquilo que vem descrevendo: uma aflição insuportável na província da Ásia, durante a qual ele e seus colegas supunham que a morte seria seu destino (1:8-10). Embora Paulo não apresente mais detalhes, a experiência de quase morte poderia ter sido um aprisionamento, um ataque de turba, uma flagelação incomumente severa, uma batalha literal ou figurativa "com feras em Éfeso" (cf. 1Co 15:32), ou alguma outra forma de perseguição. Não importa a aflição, Deus consolou como só aquele que ressuscita os mortos pode fazer, trazendo vida a partir da morte (1:9; cf. 4:14; 13:4; Rm 4:17; veja também, e.g., Sl 116). Isso renovou não apenas a confiança e a esperança de Paulo em Deus, mas também seu senso de dependência das orações e, portanto, o conforto de outros crentes (1:11). Ele espera que seus sofrimentos futuros também produzam resultados semelhantes, auxiliados especialmente pelas orações dos coríntios, tudo para louvor de Deus.

A integridade de Paulo e seu amor pelos coríntios (1:12 a 2:13)

Tendo restabelecido a mutualidade do relacionamento entre ele e os coríntios, Paulo aborda a questão delicada de sua falha em fazer-lhes uma terceira visita como havia planejado, e do desastre relacionado com sua segunda visita dolorosa e a subsequente carta lamentosa. Ele continua o tema da reconciliação explicando suas próprias ações como fundamentadas na integridade e no amor, e oferecendo perdão e conforto àquele que o ofendeu durante aquela visita angustiante.

A integridade de Paulo e a visita cancelada (1:12—2:4)

Paulo começa com um breve prefácio no qual ele se 'orgulha' de sua (e de toda a sua equipe) "franqueza"[8] e "sinceridade" (1:12). Esse aparente autoelogio é realmente, para Paulo, um exemplo de orgulho no Senhor ("pela graça de Deus", 1:12; cf. 1Co 1:31). Sua franqueza — mesmo que ocasionalmente dolorosa — e integridade são aspectos cruciais da veracidade de seu ministério de proclamar o evangelho. Como resultado de sua proclamação sincera, bem como da resposta sincera dos coríntios, cada um será o "orgulho" ou fonte de orgulho do outro na parúsia (1:14). Mais uma vez Paulo enfatiza a interdependência de sua equipe apostólica e da igreja de Corinto.

Essa pretensão de integridade leva diretamente à análise de Paulo das relações instáveis entre ele mesmo (observe o uso frequente de "eu" em vez de "nós" em 1:15 —2:13) e os coríntios devido a uma visita real, uma visita planejada, mas adiada, e uma carta substituta.

Paulo havia planejado um itinerário, ao que parece, de Éfeso a Corinto para a Macedônia, e depois de volta por Corinto para a Judeia (Jerusalém), uma rota que incluía duas paradas (um "duplo favor" ou graça dupla, 1:15) em Corinto, este último incluindo uma despedida com apoio financeiro para a viagem a Jerusalém (1:16). Paulo, sem dúvida com razão, ouviu a acusação coríntia de vacilação (1:17) como acusação de insinceridade e, mais importante, como uma ameaça à

---

[8] NRSV; A "simplicidade" da NAB, ACF) é fraca, e a "santidade" da RSV e ARA traduz uma variante textual nos manuscritos gregos.

integridade de seu evangelho e, em última análise, à fidelidade de Deus. Sua resposta, portanto, é apaixonada. Seus planos não são feitos "de modo mundano" (1:17 NVI; cf. 1:12) com um "sim" e um "não" simultâneos (1:17-19), mas de uma maneira consistente com o evangelho que sua equipe pregou (1:19). Ou seja, Paulo vê a fidelidade de Deus como a base e o motivo de sua própria veracidade e fidelidade. Em Cristo, Deus não pronuncia "sim" e "não", mas apenas "sim": "quantas forem as promessas feitas por Deus, tantas têm em Cristo o 'sim'". (1:20). Jesus é a encarnação do divino 'Sim'.

Essa afirmação abrangente, embora abordando principalmente a correspondência entre a integridade divina e paulina, também revela a hermenêutica governante de Paulo, sua maneira de ler as Escrituras e a história. Todas as promessas de Deus oferecidas a e através de Israel, e registradas nas Escrituras de Israel, são cumpridas em Cristo (cf. Ef 1:3). Isso não significa que todas as promessas já foram cumpridas, pois a missão de Deus em Cristo ainda deve ser concluída no futuro dia do Senhor. Mas para Paulo e os coríntios — *juntos* (1:21) — sua experiência do Espírito é o selo de seu pertencimento a Deus e uma "garantia"[9] naquele futuro (1:22; cf. 5:5; Ef 1:14).

Voltando ao assunto urgente da crise em questão, Paulo chama o Deus fiel como testemunha de sua própria integridade (ou seja, ele faz um juramento); a motivação específica para não visitar os coríntios era "poupá-los" (1:23). Seu objetivo no ministério não é causar angústia — como se eles não fossem seus parceiros em Cristo — mas "alegria" (1:24). Paulo havia involuntariamente causado dor às pessoas que amava com uma visita, o que não era fonte de alegria para ele (2:1-2). Em vez de infligir mais dor com outra visita, e também para evitar sofrer mais dor, ele escreveu uma carta. O objetivo da carta, sem dúvida franca, era a reconciliação expressa em alegria compartilhada (2:3). Embora tenha sido escrito "com grande aflição e angústia de coração, e com muitas lágrimas", sua fonte última foi o amor abundante de Paulo pelos coríntios (2:4). Paulo, em outras palavras, estava "seguindo a verdade em amor" (Ef 4:15).

---

[9] NRSV, NAB; "depósito"; CEB, NET, "adiantamento"; NJB "compromisso"; todas as traduções possíveis de arrabōn; "garantia" NVI e NTLH, e "penhor" em AEC, NAA, ARC, ARA e ACF.

O amor de Paulo pelo ofensor e pela comunidade (2:5—13)

A extensão desse amor é agora oferecida (2:5-11) ao culpado daquela dolorosa visita, uma pessoa não identificada que cometeu uma injustiça contra Paulo (7:12), provavelmente calúnia.[10] Aparentemente, a carta cheia de lamentações teve sucesso em convencer a maioria dos coríntios a punir o ofensor (2:6), talvez por um período de não participação na comunidade.[11] A decisão dos coríntios é bastante notável, devido ao status questionado de Paulo na comunidade, então a carta deve ter sido persuasiva apesar de dolorosa. Agora, porém, é a hora de estender graça e conforto (*charisasthai kai parakalesai*, 2:7; NRSV, "perdoar e consolar", isto é, amar (2:8). Os coríntios passaram no teste de obediência (2:9), então se eles perdoam o ofensor, Paulo o perdoa também (2:10; cf. Mt 16:19). Paulo estende esse perdão não apenas por amor ao indivíduo, mas especialmente por preocupação com a comunidade (2:10). Ele teme que a tristeza prolongada permita que Satanás obtenha uma vitória na igreja (2:11). É tempo de reconciliação, tempo de graça e misericórdia de Deus.

As afirmações de Paulo sobre integridade, amor e, ocasionalmente, critérios não intuitivos para a tomada de decisões recebem uma expressão final em 2:12-13. Paulo havia chegado a Trôade, um importante porto no noroeste da Ásia, e encontrou uma grande oportunidade para pregar o evangelho ali (2:12). No entanto, ele não permaneceu lá, quase traindo seu chamado apostólico porque outra parte de seu chamado apostólico o deixou muito inquieto. Incapaz de encontrar Tito, o portador de sua dolorosa carta aos coríntios, ele voltou para a Macedônia, onde esperava encontrar seu companheiro e obter notícias da recepção da carta pelos coríntios — o que ele finalmente fez (2:13; 7:5-16). Essa, para Paulo, foi uma decisão nascida do amor, da profunda preocupação por uma de suas igrejas (cf. 11:28). Embora ele pudesse — e alguns diriam que deveria — ter ficado em Trôade para pregar o evangelho da cruz, o evangelho da cruz não o deixou ficar.

---

[10] Paulo volta a esse assunto em 7:5-16.

[11] Embora alguns intérpretes tenham tentado identificar essa pessoa com o homem incestuoso excomungado por Paulo (1Co 5:1-13), o contexto argumenta contra essa interpretação; o ofensor causou profunda dor a Paulo e, segundo o próprio Paulo, a toda a igreja (2:5).

Trôade: Uma vista do mar Egeu das margens deste antigo porto, onde Paulo deixou para trás uma 'porta aberta' para o evangelismo por preocupação com os coríntios

Cruciformidade e reconciliação: O caráter do ministério de Paulo (2:14 a 6:10)

Tendo estabelecido sua integridade e amor, e tendo lembrado tanto a história da dor quanto seus passos para a reconciliação (1:12 — 2:13), Paulo agora coloca o tópico concreto de sua reconciliação com os coríntios em espera. Em vez de continuar a história, ele muda para uma explicação estendida de seu próprio ministério como um ministério de reconciliação centrada na cruz. A história dos coríntios, o ofensor, Tito e Paulo não será perdida; em vez disso, será colocado em uma história maior, a história da obra reconciliadora de Deus em Cristo e através do ministério de Paulo.

As metáforas fundamentais da vida apostólica (2:14-17)

Paulo começa a extensa explicação de seu ministério apostólico com duas metáforas dominantes que dão o tom e fornecem a tese de toda a exposição. Primeiro, ele descreve o que ele e seus colegas são, e depois o que eles não são.

A primeira imagem é o 'cortejo triunfal' imperial ou militar romano, no qual os espólios de guerra, incluindo seres humanos cativos a caminho da morte, eram exibidos publicamente (2:14). Os romanos, que patrocinavam centenas desses desfiles, exibiam seus cativos como sinal do poder de Roma e da fraqueza dos cativos. Assim também, Paulo e seus colegas estão sendo conduzidos — por Deus (!) — por todo o mundo como cativos fracos condenados à morte (cf. 4:7-12). Nessa metáfora bastante chocante, seu cortejo é a propagação do evangelho, não apenas em palavras, porém mais especialmente em sua existência em forma de cruz.

Essa dispersão do evangelho através deles é a "fragrância" ou "aroma" de (o conhecimento de) Cristo (2:14-15) — uma segunda imagem talvez relacionada. Quer esse aroma se refira ao incenso que acompanhava tais cortejos, o referente mais provável, ou a qualquer outra coisa (como sacrifícios), Paulo afirma que sua vida e mensagem impactam tanto os que estão sendo salvos quanto os que perecem, funcionando como confirmação de sua vida ou sua morte, respectivamente (2:15-16; cf. 1Co 1:18; Fp 1:28). Isso, Paulo percebe, é uma responsabilidade incrível, tal como "quem é suficiente?" (ARA) ou "quem está capacitado?" (NVI) é certamente uma pergunta apropriada (2:16). A resposta — àqueles chamados e capacitados por Deus — será dada em breve, mas por enquanto Paulo usa ainda outra metáfora para descrever sua responsabilidade humana como pregador: ao contrário de certas partes não identificadas (provavelmente aquelas descritas nos caps. 10—13), ele e seus colegas não são "negociantes" ou vendedores ambulantes, mas pessoas que agem com "sinceridade" (2:17; cf. 1:12), com uma comissão divina e responsabilidade correspondente.

A combinação de imagens é marcante e significativa: prisioneiro e pregador; aroma e, de fato, 'o negócio real'. É difícil imaginar que alguém sendo exibido como um prisioneiro sob uma sentença de morte possa ser fraudulento de alguma forma — e esse é precisamente o ponto de Paulo aqui e em todo o resto de 2Coríntios.

O ministério da nova aliança (3:1-18)

Mencionar sua sinceridade lembra Paulo de suas palavras anteriores de autoelogio (1:12-14) que o levam a outra metáfora, esta para os coríntios, que se tornará uma continuação para uma discussão sobre a nova aliança. Paulo e sua equipe não precisam de palavras de recomendação de ninguém, pois os próprios coríntios são suas "cartas de recomendação": a prova do valor de sua equipe como "fragrância" (2:14-15) e proclamadores de Cristo (3:1-3). Essa imagem de uma carta humana, que reforça o tema da mutualidade em Cristo, inclui os seguintes elementos significativos:

- A comunidade coríntia é a carta; Paulo e seus companheiros não se recomendam a si mesmos (3:1-2).
- A carta é uma entidade pública visível (3:2).
- O assunto da carta é Cristo ("uma carta de Cristo", provavelmente significando "sobre", não "de", Cristo; 3:3).
- A carta foi escrita com a 'tinta' do Espírito de Deus, enquanto Paulo e sua equipe foram os agentes da entrega da carta (3:3).
- A tinta que é o Espírito de Deus está inscrita no coração dos coríntios (3:3; cf. 1:22).

Além do interessante caráter trinitário (Deus, Cristo, Espírito) dessa descrição, o que chama a atenção é a alusão ao contraste entre a "velha aliança" escrita em tábuas de pedra — os Dez Mandamentos — e a "nova aliança" escrita nos corações humanos. Tal nova aliança foi prometida pelos profetas (Jr 31:33-34; Ez 36:26-27) e segundo afirma Paulo, agora é cumprida em Cristo. Os Coríntios são uma 'carta do Messias', uma solicitação da nova aliança inaugurada pelo Espírito. A realidade dessa aliança, e do chamado de Deus para ser "ministros" dela, é o que gera confiança em Paulo e seus colaboradores (3:4-6), uma confiança inspirada pelo caráter vivificante da nova aliança, contra a "carta" mortífera da antiga (3:6).

Alguma cautela é necessária aqui para evitar uma visão inadequada da estimativa de Paulo da Lei e da antiga aliança. Em 3:7-18 Paulo está engajado em uma espécie de interpretação rabínica da "glória" de Moisés — sua aparência brilhante — ao receber as duas tábuas de pedra dos mandamentos pela segunda vez (Êx 34:29-35). Após, ele com raiva, destruiu o primeiro conjunto depois de ver a orgia do bezerro de ouro (Êx 32:1-20). Paulo *não* está denegrindo a Lei e a aliança que ela representa; ao contrário, ele está exaltando a nova aliança por causa de sua suprema grandeza e glória diante da já gloriosa primeira aliança, comparando o maior com o menor (*não* com o inútil). Além disso, apesar da ênfase no fim da antiga aliança, para Paulo ainda há continuidade entre a palavra de Deus de então e agora, uma vez que todas as promessas de Deus são "sim" em Cristo (1:20). O que a nova aliança e os coríntios têm em comum com a aliança original é que a fonte comum, ou o autor, das tábuas de pedra, o coração de carne prometido por Ezequiel e o coração carnal dos coríntios é Deus, ou o "dedo" de Deus (Êx 31:18; Dt 9:10), isto é, o Espírito do Deus vivo (2Co 3:3; cf. Lc 11:20). A liberdade do Espírito — da qual Paulo falará em breve (3:17) — não é liberdade *das* obrigações fundamentais da aliança, mas liberdade *para* elas, como ele diz claramente em Gl 5:13-18.

É importante, portanto, ver Paulo em ação como um judeu descrevendo a concretização de suas esperanças judaicas por uma nova aliança que iria refazer a antiga, uma aliança que seria diferente e superior, em efeito, à antiga — como o próprio profeta Jeremias havia dito (Jr 31:32). Haveria de ser uma aliança na qual as leis de Deus seriam internalizadas pela presença do Espírito e, portanto, seriam realmente observadas (Jr 31:33-34; Ez 36:26-27). *Para Paulo, dependendo especialmente dos profetas Jeremias e Ezequiel, a antiga aliança nunca teve a intenção de ser permanente, mas de ser renovada por uma aliança envolvendo o Espírito de Deus*, que para Paulo entrou em vigor com a morte e ressurreição do Messias (3:11; cf. Gl 3:1—5:1, esp. 3:23-25).

Paulo retrata o contraste entre a antiga e a nova aliança da seguinte forma:

A antiga aliança	A nova aliança
da letra (3:6)	do Espírito (3:6)
ministério da morte (3:6,7)	dá vida (3:6)
esculpida em tábuas de pedra (3:3,7)	escrita em corações humanos (3:3)
veio em glória (3:7)	veio em maior glória (3:10-11)
ministério de condenação (3:9)	ministério da justificação/justiça (3:9)[12]
ela e sua glória agora posta de lado (3:7, 10-11)	permanente (3:11)

Os contrastes são semelhantes aos que aparecem em Rm 5:12-21, em que Adão e Cristo são diferenciados, embora as duas passagens

---

[12] Ou "salvar a justiça" (NJB); cf. 5:21. [NVI-PT, "justiça de Deus].

difiram em foco. De significado central e irônico aqui, no entanto, é o que Paulo vai dizer repetidamente em 2Coríntios: que este glorioso ministério da vida vem através do sofrimento e da morte — a morte de Cristo na cruz, e o sofrimento contínuo e até mesmo a morte de Paulo e sua equipe que são, em certo sentido, uma extensão da morte do próprio Jesus (4:10).

A palavra-chave nessa passagem, então, é "glória" — o poderoso esplendor e a presença de Deus e das coisas associadas a Deus. A nova aliança mais gloriosa significa que aqueles que a proclamam o fazem com "muita confiança" (3:12), em contraste com Moisés, que manteve a glória refletida de Deus (em seu rosto) velada (3:13; Êx 34:29-35). Para Paulo, esse véu representa a incapacidade da maioria de seus irmãos e irmãs judeus (com mentes "fechadas" [e corações], 3:14) de experimentar plenamente a glória de Deus, que ocorre somente em Jesus, o Messias (3:14-16). Ler a antiga aliança, simbolizada por (livros de) Moisés (3:15), não remove o véu; mas apenas voltando-se para "o Senhor" (3:16). A glória do Senhor está, portanto, disponível para "todos nós" (3:18) que nos voltamos para o Senhor.

Mas quem é esse "Senhor"? Agora Paulo se torna complexo e parece beirar a incoerência. O paralelismo entre 3:16 e 3:14 ("somente em Cristo"/" alguém se converte ao Senhor") sugere que o Senhor é Jesus. Mas Paulo explicitamente iguala o Senhor com o Espírito (3:17). Isso significa que o Senhor não seria YHWH (Deus Pai) nem Jesus? Ironicamente, o argumento de Paulo é quase certamente que o Espírito é o Espírito tanto de YHWH quanto de Jesus. A glória do Deus de Israel é percebida apenas por "contemplar", através da obra do Espírito,[13] a glória de sua "imagem", o (crucificado e ressuscitado) Senhor Jesus (4:4), como uma imagem refletida em um espelho (3:18). De acordo com muitos pensamentos antigos sobre Deus, Paulo acredita que aqueles que "contemplam" a imagem e a glória de Deus são transformados na gloriosa imagem divina (i.e., Cristo; cf. Rm 8:29). Essa imagem pode ser 'vista' na narrativa do evangelho e, especialmente, naqueles como Paulo que a encarnam (cf. Gl 3:1-5; 1Co 11:1).

---

[13] Observe que "estamos sendo transformados" — uma ação 'passiva divina' indicando a obra do Espírito (cf. Rm 12:1-2; Mc 9:2 e Mt 17:2 [a Transfiguração]). A metáfora visual no texto é difícil de traduzir e tem sido interpretada como vendo, refletindo ou ambos.

Tornar-se como Cristo o Filho, pelo Espírito do Pai e do Filho (cf. Rm 8:9; Gl 4:6), é experimentar tanto a "vida" (3:6) quanto a liberdade (3:17), bem como a glória (3:18). Além disso, tornar-se semelhante a Cristo é tornar-se semelhante a Deus, pois esse é o significado de ver e conhecer a Deus e sua glória na face de Jesus, a imagem de Deus (4:4-6). Essa passagem, então, culminando em 3:18 e vista em conexão com o início do capítulo 4, está entre as referências mais explícitas ao que a tradição cristã chamou de 'theosis', ou 'deificação': compartilhar da glória e justiça de Deus (cf. 5:21). Essa experiência transformadora é para "todos", assim como a morte de Cristo foi para todos. A frase grega 'de glória em glória' em 3:18 provavelmente não significa graus cada vez maiores de glória, como a maioria das traduções entende, mas uma transição da glória em forma de cruz no presente (Rm 8:29-39) para glória da ressurreição completa no futuro (cf. Rm 5:2; 1Co 15:42-44, 51-54; Fp 3:21).

A fonte dessa vida e glória é um Deus que Paulo experimenta como triúno. Sua aparente confusão de títulos e categorias deriva de profundas convicções, geradas e confirmadas pela experiência. Essas convicções são (1) que o Deus de Israel é plenamente revelado e conhecido no Filho, o Messias crucificado (cf. 1Co 1:18-25); (2) que o Espírito do Filho é também o Espírito de Deus Pai (cf. Rm 8:9; Gl 4:6); e (3) que ter o Espírito de Deus interiorizado é também ter o Espírito do Filho (cf. Rm 8:10-11).

O real interesse de Paulo não está nos detalhes da teologia trinitária nem mesmo na comparação da antiga e da nova aliança. Em lugar disso, está no privilégio e responsabilidade que ele sente como um "ministro" (3:6) dessa nova aliança centrada no Espírito. Como tal, ele é livre em Cristo para falar e viver com a ousadia do Espírito.

Coragem e confiança no ministério cruciforme (4:1 a 5:10)

Tendo feito uma reflexão sobre o esplendor do ministério da nova aliança, Paulo agora mistura imagens dessas ponderações com temas anunciados pelas metáforas de 2:14-17: ele e seus companheiros (o uso de "nós" continua) estão engajados em um ministério caracterizado pela fraqueza (cativos no cortejo triunfal de Deus) e integridade (pregadores responsáveis perante Deus). Ele também apresenta uma nova imagem — tesouro em vasos de barro (NRSV, NIV) ou potes de barro

(NTHL) — para enfatizar o valor inestimável do evangelho e a fraqueza de seus ministros humanos (4:7). Porém, o foco desta seção é que, apesar das aflições do presente, como diz Paulo, com seus colaboradores, "não desanimamos" (4:1, 16; cf. 3:12), mas permanecem confiantes por causa da presença do Espírito e a certeza da glória futura (5:6). Algumas das retóricas mais poderosas de Paulo, nesta carta consistentemente poderosa, aparecem nesta passagem.

Paulo escreve: "Não desanimamos" (NVI, NRSV), ou "não desfalecemos" (AEC, ARC, ARA) porque seu ministério é sobre a glória de Deus em Cristo e pela misericórdia (4:1) e conhecimento da glória (4:6) desse Deus (4:1-6). Paulo tinha muitas razões para ficar desencorajado: as críticas contínuas de seu ministério (4:2), a rejeição de seu evangelho por alguns (4:3) e, claro, todas as várias formas de tribulação (4:8). Entretanto, o apóstolo e seus colaboradores podem manter a cabeça erguida, uma vez que agiram com toda a integridade e falaram com total honestidade, razão pela qual se "recomendam" (4:2). "não usamos de engano", no entanto, "pregamos... a Jesus Cristo " (4:5), Paulo enfatiza. Qualquer autoelogio necessário não deve ser confundido com um 'evangelho' sobre Paulo. O evangelho — que é velado para aqueles que não creem e, portanto, estão "perecendo" por causa da atividade de Satanás no mundo ("o deus desta era", 4:3-4) — é sobre Cristo. Paulo e seus companheiros pregam Jesus Cristo como Senhor (4:5), o Cristo que é a imagem de Deus e cuja glória é a glória de Deus (4:4, 6). Paulo e outros ministros, portanto, não são 'senhores', mas 'escravos' — de fato, dos coríntios "por amor de Jesus" (4:5).[14] Ou seja, eles assumem a condição de escravos em conformidade com seu Senhor, que " esvaziou-se a si mesmo, vindo a ser servo" (Fp 2:7).

As imagens de escravidão e glória impulsionam o restante desta seção de 2Coríntios. Paulo sente a tensão entre um evangelho de glória e uma vida de escravidão e aflição. Ele resolve isso encontrando no padrão da morte e ressurreição de Jesus o padrão de sua própria vida.

A nova metáfora de jarras, ou vasos de barro, mencionada anteriormente é introduzida em 4:7-12. Paulo e sua equipe têm "esse tesouro" (4:7), o "evangelho da glória de Cristo" (4:4), na frágil cerâmica de vidas humanas que exibem fraqueza (4:7). Essa realidade, descrita com

---

[14] Cf. 1Co 3:4-9, 21-23; 4:1.

eloquência incomum em 4:8-12, deixa claro que o "poder que a tudo excede" (4:7) do evangelho entre os coríntios e outros tem sua fonte em Deus, não em qualquer ser humano. Descrevendo a experiência ministerial dele e de seus colegas em termos do padrão "a, mas não b", ou "abaixo, mas não fora" (4:8-9), Paulo diz que eles são:

- "pressionados, mas não desanimados"
- "perplexos, mas não desesperados"
- "perseguidos, mas não abandonados"
- "abatidos, mas não destruídos"[15]

Essas quatro frases descritivas bastante gerais levam ao cerne da questão para Paulo — uma tripla interpretação dessas aflições como uma continuação da morte e ressurreição de Jesus (4:10-12); isto é, uma morte que paradoxalmente produz a vida:

	Morte		Vida
4:10	Trazemos sempre em nosso corpo o 'morrer' de Jesus	↦	para que a vida de Jesus também seja revelada em nosso corpo
4:11	Pois nós, que estamos vivos, somos sempre entregues à morte por amor a Jesus [ou pro causa de Jesus]*	↦	para que a sua vida também se manifeste em nosso corpo mortal.
4:12	De modo que em nós atua a morte	↦	mas em vocês, a vida

* O verbo traduzido por "ser entregue" (paradidōmi) é frequentemente usado para Jesus ser entregue à morte (e.g., Mc 10:33; 15:1; Rm 4:25; 8:32; Gl 2:20; Ef 5:2, 25; 1Co 11:23).

O paradoxo desse arranjo é que, quando Paulo experimenta a morte de Jesus, ele manifesta a vida de ressurreição de Jesus por causa dos coríntios. Paulo afirma que o ministério cruciforme torna visível (4:10, 11) a vida de Jesus — o poder de Deus, pelo Espírito, para trazer vida (cf. 3:6). Não há duas coisas operando, vida e morte, mas sim vida na

---

[15] Para referências mais específicas de sofrimentos, veja 6:3-10; 11:23-33; 12:10; cf. 1Co 4:9-13.

morte, poder *na* fraqueza (cf. 12:9-10). Paulo já havia falado a esse respeito aos coríntios várias vezes, apontando, por exemplo, para a crucificação de Jesus e a composição da comunidade coríntia (1Co 1:18-31), além de seu próprio ministério. Para Paulo, *é assim que Deus trabalha no mundo*. A existência apostólica é apenas uma manifestação desse tipo de atividade divina. A missão de Deus é cumprida no sofrimento e fraqueza, ou então, o poder da cruz não seria poder algum e o evangelho que Paulo pregou seria um completo absurdo.

Este é realmente um tipo estranho de poder e glória: na morte contínua de Jesus que ocorre nas vidas concretas ("corpos" e "corpo mortal", 4:10-11) dos ministros apostólicos (e de todos os crentes, embora esse não seja o foco aqui), o poder da ressurreição de Jesus é manifestado.[16] Mas isso levanta uma séria questão: os ministros apostólicos participam apenas do sofrimento e da morte de Jesus e nunca de sua ressurreição e glória? As reflexões de Paulo nos próximos parágrafos abordam precisamente essa preocupação.

A resposta inicial de Paulo é breve e direta (4:13-15): a fé (i.e., no evangelho) que ele apresenta, ou talvez a fidelidade que ele pratica, está de acordo com as Escrituras (4:13 — talvez sejam palavras pronunciadas também por Jesus, na visão de Paulo). Inclui, portanto, esperança na ressurreição. Paulo acredita mesmo no que prega: que a ressurreição de Jesus assegura a ressurreição futura dos crentes, incluindo a dele própria e a de todos os seus colaboradores, o que significará ressurreição com os coríntios na presença de Deus (4:14; cf. 1Ts 4:14-17). Paulo havia escrito anteriormente aos coríntios: "Se é somente para esta vida que temos esperança em Cristo, dentre todos os homens somos os mais dignos de compaixão" (1Co 15:19). A participação fiel na morte de Cristo agora é apenas um prelúdio para participar de sua ressurreição mais tarde. Essa visão, e o desejo de compartilhá-la com outros, mantém Paulo procurando fazer "tudo" (especialmente suportar aflições) por causa dos coríntios (4:15; cf. 1:6; 2:10; cf. 11:11; 12:15, 19). De fato, ser servo dos coríntios é simultaneamente fazer tudo por causa de Jesus (4:5, 11) e por causa dos coríntios (4:15; cf. Fp 2:19-21).

Essa breve afirmação acerca da ressurreição final na presença de Deus leva Paulo a uma meditação comparativa mais extensa a respeito

---

[16] Nos capítulos 8 e 9 fica bem claro que a cruciformidade não é apenas para os apóstolos.

do sofrimento e glória, sobre o temporário e o permanente (4:16 — 5:10). Ele começa reafirmando que "não desanimamos" (4:16), o que tem ainda mais peso à luz da vida de tribulação que acabamos de narrar. (O pronome "nós" agora parece incluir todos os crentes, pelo menos implicitamente.) Tal revelação é seguida por uma série de contrastes sobre o presente e o futuro. É importante que os leitores contemporâneos de Paulo não introduzam nas palavras de Paulo entendimentos antigos ou contemporâneos da morte e da 'vida após a morte'; o apóstolo faz duas afirmações fundamentais: (1) que o corpo mortal temporário do crente será substituído por um permanente (cf. 1Co 15); e (2) que o sofrimento presente será substituído pela glória futura (cf. Rm 8:17-27). Essas afirmações são apresentadas através de uma série de imagens.

A primeira afirmação significa que Paulo não aceita a antiga noção de que um corpo é simplesmente um túmulo para a alma, que aguarda sua fuga na morte. A segunda afirmação significa que embora o sofrimento seja inevitável, não é final (cf. Rm 8:17-39). A tabela abaixo resume as imagens que veiculam essas duas afirmações. Revela que Paulo visualiza a vida dos crentes em geral, e dos ministros em particular, em dois estágios (sua semelhança sendo afirmada em 4:13). *Ambos os estágios são "vestidos", isto é, constituídos como uma forma de existência corporal, em oposição a estar "nu".* O corpo do primeiro estágio é semelhante a uma tenda, temporária e frágil, mortal e sujeita à destruição (5:1-4). É caracterizada pela aflição, mas esta igualmente é temporária, bem como leve (não importa quão grave seja), em comparação com aquela que está por vir (4:17). As imagens eloquentes de 4:17 refletem o sentido básico da palavra hebraica para glória, *kabod*, que significa "algo pesado" ou simplesmente "peso". Estar em casa nessa tenda é estar longe do Senhor, que naturalmente está no céu (5:6). Mas os crentes possuem o Espírito como a garantia/depósito/primeira parcela (5:5; cf. 1:22; Rm 8) da futura vida e glória. Portanto, mesmo que seus corpos se desgastem por causas naturais ou perseguições, eles experimentam uma renovação da natureza interior (4:16), uma referência à transformação à semelhança de Cristo (3:18; cf. Rm 8:29). Durante esse tempo, os crentes andam pela fé e não por vista (5:7), esforçando-se para agradar ao Senhor e fazer o bem e não o mal (5:9-10; cf. 5:15).

PRESENTE E FUTURO EM 2CORÍNTIOS 4:16–5:10

Presente	Futuro
interiormente estamos sendo renovados dia após dia 4:16	[implícito: fim da era de desgaste; renovação completa] (4:16)
sofrimentos leves e momentâneos (4:17)	estão produzindo para nós uma glória eterna que pesa mais do que todos eles (4:17)
o que se vê é transitório (4:18)	o que não se vê é eterno (4:18)
a temporária habitação terrena em que vivemos (5:1)	temos da parte de Deus um edifício, uma casa eterna nos céus, não construída por mãos humanas (5:1)
gememos, desejando ser revestidos da nossa habitação celestial... não queremos ser despidos (5:2-4).	revestidos da nossa habitação celestial (5:4)
Mortal (5:4)	para que aquilo que é mortal seja absorvido pela vida (5:4)
dando-nos o Espírito como garantia (5:5)	Vida (5:4)
enquanto estamos no corpo, estamos longe do Senhor (5:6)	preferimos estar ausentes do corpo e habitar com o Senhor (5:8)
porque vivemos pela fé (5:7)	[implícito?: e não pelo que vemos] (5:7)
temos o propósito de lhe agradar (5:9)	temos o propósito de lhe agradar (5:9)
as obras praticadas por meio do corpo (5:10)	devemos comparecer perante o tribunal de Cristo (5:10)

O segundo estágio começa com a ressurreição dos mortos (4:14). Os crentes são "revestidos" com um "edifício" permanente e eterno (5:1, 4; as metáforas estão misturadas, porém, o esquema funciona). A imagem pode sugerir uma "morada" totalmente nova ou transformada. (Essa morada às vezes é interpretada como o corpo corporativo de Cristo no céu, embora seja mais provável que seja o corpo transformado do indivíduo.) Em ambos os casos, a vida eterna não é a existência

O *bēma* na ágora/fórum em Corinto, do qual Gálio expulsou Paulo (At 18) e que serviu como uma imagem do tribunal de Cristo e Deus (2Co 5:10; Rm 14:10)

platônica sem corpo da alma, mas a transformação do corpo.[17] Os crentes aparecem diante do tribunal (*bēma*) de Cristo para serem julgados e recompensados por suas obras praticadas no corpo (5:10). Então eles estarão permanentemente com o Senhor (5:8) e, talvez, passem a andar pela vista (5:7). Eles herdaram a glória e a vida imensuráveis (4:17; 5:4) da qual o Espírito foi o pagamento inicial e a garantia. Seu futuro 'lar' corporal não sofre decadência e não morre.

O que ambos os estágios têm em comum é um relacionamento de aliança com o Senhor que envolve agradá-lo (5:9; cf. Rm 14:8-9; 1Ts 5:10). De fato, o propósito dos comentários de Paulo aqui não é apenas assegurar aos crentes (inclusive ele) acerca de sua glória futura, mas também motivá-los a praticar boas ações no presente. Para Paulo, isso só pode significar uma vida contínua de apostolado cruciforme. Para os coríntios, como veremos nos capítulos 8—9, deve incluir atos análogos de amor cristão.

---

[17] Pontos comparáveis, com metáforas semelhantes e diferentes, são feitos em 1Co 15, esp. v 42-54. A imagem da roupa aparece em 1Co 15:53-54.

A mensagem da reconciliação

À luz do que ele acabou de afirmar sobre o futuro dos crentes e especialmente sobre o ministério, Paulo agora apresenta a forma e a substância de sua mensagem de reconciliação em detalhes abrangentes. Como ele já havia sugerido várias vezes, para Paulo essa mensagem é proclamada não apenas em palavras, mas também em atos correspondentes. O ministério apostólico de Paulo e seus colaboradores deve — e o faz, segundo o apóstolo afirma — corresponder à mensagem da reconciliação de Deus na cruz de Cristo (6:3-4). Por essa razão, os coríntios devem se reconciliar com Paulo e seu ministério — que é o objetivo implícito desta seção e o motivo explícito da passagem a seguir (6:11—7:16).

Paulo liga o que ele está prestes a dizer sobre seu próprio ministério com suas palavras anteriores sobre o julgamento vindouro dos crentes, especialmente dos ministros (5:10; cf. 1Co 3:10-15; 4:1-5). Paulo e seus colegas agem no "temor" do Senhor (5:11), reconhecendo sua responsabilidade perante Deus. Ele afirma que eles são transparentes diante de Deus e, ele espera, também diante dos coríntios (5:11), que eles reconheçam e honrem sua integridade e conteúdo (5:12). Ao mesmo tempo em que se engaja nele e ao mesmo tempo nega esse elogio de si mesmo, Paulo está se preparando para o conteúdo principal de suas afirmações, articuladas nos versículos seguintes, que misturam a forma da vida apostólica e a substância do evangelho apostólico.

O que importa para Paulo não são as "aparências", mas o "coração" (5:12). Suas ações podem parecer estranhas ou insanas para alguns, mas qualquer que seja sua aparência para outros, Paulo faz tudo por Deus e pelos coríntios (5:13), como ele afirmou repetidamente. Isso ocorre porque ele e seus colegas ministeriais estão sob a influência do amor de Cristo (5:14; não seu amor por Cristo, como alguns já entenderam a frase "o amor de Cristo"). Ele "nos impele" (NRSV), "nos constrange" (NVI). Paulo é motivado, consumido pelo amor de Cristo, que foi expresso em sua morte — daí a conexão com a cruz e o amor que Paulo tem em mente (cf. e.g., Gl 2:19-21).

A Cruz do Amor

Será útil construir uma lista do que Paulo diz sobre a morte de Cristo em 5:14-21, uma das exposições mais completas desse evento em todos os escritos de Paulo:

- Seu *motivo*: a morte de Cristo foi um ato de amor (5:14).
- Seu *escopo*: Cristo morreu por todos (5:14).
- Seu *propósito*: ele morreu para (o benefício de) todos (5:14), para que as pessoas não vivessem mais para si mesmas, mas para Ele, e dessa forma em relacionamento de aliança com Deus (5:15), para se tornarem a justiça/retidão de Deus (5:21).
- Seus *efeitos*: todos morreram (5:14), as pessoas não devem mais ser consideradas, do ponto de vista humano (5:16), uma nova criação começou (5:17), pois há perdão e reconciliação com Deus (5:18-19).
- Sua *fonte máxima*: Deus estava em Cristo (5:19).
- Seu *modo*: o Cristo sem pecado foi feito pecado por nossa causa (5:21).

Poderíamos dedicar uma atenção considerável a cada uma dessas afirmações, mas alguns comentários críticos e sintéticos serão suficientes.

Paulo escreve, certamente, da perspectiva do crente, e especificamente a partir da visão de um apóstolo. Suas referências a "todos" devem ser lidas com atenção. Paulo não é um universalista (aquele que afirma a salvação de todas as pessoas sem respeito à sua confissão de fé), como vimos em 2:15 e 4:3-4. Embora seja verdade que Cristo morreu por "todos" (pessoas), a afirmação de que "todos morreram" deve significar que todos os crentes (ou seja, todos vocês coríntios), todos os que responderam e se beneficiaram dessa morte, compartilharam a cruz (cf. Rm 6:1-11; Gl 2:19-20). Sendo o contrário, o ministério de Paulo se tornaria nada mais do que o que alguns teólogos chamam de 'aceitar sua aceitação' — um conceito estranho para um apóstolo, o qual acredita que algumas pessoas estão perecendo atualmente (2:15; 4:3; cf. 1Co 1:18) e que, no papel de embaixador, procura efetuar a reconciliação do povo com Deus (5:20).

Essa interpretação se encaixa com a imagem da humanidade fora de Cristo que emerge em 5:14-21: vivendo para si mesmo, em inimizade com Deus (cf. Rm 5:1-11), culpado de ofensas e identificado com o pecado em vez de justiça. Nessa história surge a graciosa iniciativa de Deus em Cristo, efetuando a reconciliação e não contando as ofensas (5:18-21; cf. Rm 3:21-26). A morte de Cristo, como a substância de seu amor e do amor do Pai, foi um ato *para* (5:15) outros, cujo sentido é provavelmente tanto para seu benefício quanto em seu lugar (cf. 5:21). Esta 'troca', ou 'intercâmbio', como tem sido chamado, de justos pelos pecadores significa que o Messias sem pecado tornou-se totalmente identificado com os pecadores e se fez um sacrifício por eles (cf. Rm 8:3-4) — tudo para que aqueles que são pecadores possam agora "tornar-se" (a personificação da) "justiça" ou "justiça" de Deus (*dikaiosynē*; 5:21).[18] *O propósito da morte de Cristo não foi meramente oferecer perdão dos pecados para que as pessoas pudessem seguir seu caminho alegremente.* Ao contrário, seu objetivo foi reorientar completamente a existência humana em direção a Deus (reconciliação, nova aliança), expressa em viver para Cristo e não para si mesmo (5:15).

Temos aqui a linguagem da justificação, especialmente em 5:21. Se alguma vez permaneceu a dúvida que a justificação para Paulo é mais do que uma fórmula de declaração legal, essa passagem torna o caráter robusto da justificação em Paulo muito claro. Justificação significa reconciliação (5:18-19), como em Rm 5:1-11. É um evento de *participação* ("em Cristo", 5:17; "nele", 5:21) e *transformação* ("nova criação", 5:17; "tornar-se", 5:21; mais a morte implícita e ressurreição do eu em 5:15). De fato, a justificação implica uma transformação no ser (não apenas status) tão profunda que Paulo pode descrevê-la como assumindo a característica divina fundamental de retidão, ou justiça.[19]

Esse texto também contém a linguagem da renovação da aliança, semelhante em espírito a 3:1-11, onde em 3:9 Paulo usa a mesma palavra, *dikaiosynē* (justiça/retidão salvadora), que aparece em 5:21 e que domina Romanos.[20] A chegada da nova aliança (3:6) significa que viver como povo de Deus implica viver para o Messias crucificado e ressurreto (5:15). Significa também a chegada da "nova criação" (5:17; cf. Gl 6:15). A morte de Cristo, através do ministério do Espírito, cria pessoas

---

[18] Um texto de "intercâmbio" semelhante aparece em 2Co 8:9. Cf. também Rm 8:3-4; Gl 3:13-14; 4:4-5.

[19] Isto é (e tal afirmação vai assustar alguns leitores), justificação implica deificação, ou theosis—partilhar na justiça de Deus. Como muitos dos primeiros pais da igreja disseram: 'Deus/Cristo se tornou o que somos para que pudéssemos nos tornar o que Deus/Cristo é'. Estar em Cristo é tornar-se como Cristo, que é tornar-se como Deus, como vimos na discussão de 3:18.

[20] A NRSV, diferentemente da NAB, apresenta o termo "justificação" em 3:9.

que são a justiça de Deus e que são, portanto, parte da nova aliança/ nova criação que a morte de Cristo inaugurou.

Tudo isso em conjunto torna a morte de Cristo um evento apocalíptico ou cósmico também; é a maneira de Deus provocar uma mudança sísmica na história do mundo; essa é a *missio Dei* da qual Paulo participa e que convida também os seus destinatários a partilhar. A comissão dada por Deus para a comunidade da nova criação é encarnar a justiça salvadora de Deus no mundo — encarná-la, por assim dizer — de tal forma que a mensagem da reconciliação de Deus em Cristo se torne visível no meio da alienação do mundo. Isso implica uma comunidade que pratica amor, misericórdia e perdão dentro da comunidade e para com os de fora. Essa nova criação que a comunidade 'em Cristo' constitui é o início do cumprimento da promessa profética (e.g., Is 40—66) para a renovação da criação no estabelecimento de um povo que encarna a justiça de Deus (cf. Sl 111—112 ; Jr 23:5-6).

Há também, de acordo com Paulo, uma mudança fundamental correspondente na maneira como aqueles em Cristo consideram os outros (5:16). Assim como "nós" (Paulo, seus colegas e qualquer outra pessoa que já esteve fora de Cristo) costumávamos considerar Cristo "do ponto de vista humano", mas não o fazemos mais, também não olhamos e avaliamos os outros apenas com olhos humanos (ARA, NAB, mais literalmente, "segundo a carne"). Paulo não especifica a nova maneira de avaliar as pessoas, mas para ele o oposto de "carne" é "Espírito", e o Espírito de Deus está associado à glória de Deus manifestada no Cristo crucificado. Em outras palavras, o novo critério de avaliação é a cruz.

A cruz como critério

Fica claro em 6:1-10 que Paulo espera que os destinatários de sua carta compreendam este critério e o apliquem a ele, e a quaisquer outros pretendentes ao título de "apóstolo" ou "embaixador". Paulo já havia resumido a função de seu ministério no termo "embaixador", um termo de discurso autoritativo e representativo (5:20). A mensagem divina falada por meio de Paulo é: "Reconciliem-se com Deus" (5:20). Essas palavras certamente constituem tanto um resumo geral da pregação de Paulo quanto uma mensagem direta para os coríntios, cujos flertes com a rejeição de Paulo — aquele que incorpora a mensagem de cruz e reconciliação — são prova, na mente de Paulo, de sua necessidade de reconciliação com Deus. Os coríntios podem, de outra forma, ser culpados de "receberem em vão a graça de Deus" (6:1), pois o tempo da salvação é agora (6:2).

O foco coríntio específico desse apelo torna-se evidente no (agora menos sutil) autoelogio em 6:3-10. Paulo novamente reivindica total integridade para seu ministério e se engaja em sua defesa apenas como servo de Deus (6:3-4). Ou seja, o apóstolo e seus colaboradores estão mais uma vez se 'recomendando' apenas na medida em que são escravos de Deus em Cristo por causa dos outros (cf. 4:5). Organizando outra ênfase retórica (como 4:7-12), Paulo agora descreve o caráter difícil (6:4-5), virtuoso (6:6-7) e paradoxal (6:8-10) de seu ministério. Essas categorias lembram imagens anteriores de cruciformidade (ser aflito), integridade (não vender a palavra de Deus) e paradoxo (vida na morte):

- *Tribulações* (6.4-5): em grande perseverança, aflições, espancamentos, trabalhos etc.
- *Virtudes* (6.6-7): em pureza, paciência, bondade, amor genuíno etc.
- *Paradoxos* (6.8-10): em honra e desonra, morrendo e ainda assim vivo, triste, mas sempre alegre, pobre, mas enriquecendo muitos etc.

Em outras palavras, Paulo afirma nessas quase trinta frases, que ele e seus colegas de ministério passaram pelo teste final de integridade — em conformidade com Cristo. Sendo na aflição, ou no amor, ou "para que vocês se tornassem ricos" (cf. 8:9), Paulo e sua equipe se tornaram, em Cristo, a justiça de Deus (5:21) ao trazer "sempre em nosso corpo o morrer de Jesus" e assim também tornando visível "a vida de Jesus" em seu corpo (4:10).

Paulo espera que os coríntios não apenas o abracem totalmente por adotar esse modo de vida, mas também que eles também sigam essa vida por si mesmos, ofertando generosamente à coleta para Jerusalém. Tal generosidade seria um gesto simbólico de muitas coisas, incluindo a reconciliação dos coríntios com Paulo e seu ministério. Mas antes que Paulo possa chegar a esse assunto, ele deve concluir, pelo menos do seu ponto de vista, o próprio processo de reconciliação.

O apelo final para a reconciliação (6:11—7:16)

Por quatro capítulos, desde 2:14, Paulo vem explicando aos coríntios a natureza de seu ministério. Isso dificilmente teria sido uma digressão dos detalhes concretos de seu relacionamento com os coríntios descritos em 1:1—2:13. Devemos concluir ainda menos, como muitos o têm feito, que esses capítulos são parte de outra carta que interrompe o fluxo de 2:13 para 6:11, 7:2 ou 7:5. Ao contrário disso, Paulo usou esses capítulos para demonstrar que seu relacionamento com os coríntios tem sido um microcosmo de seu modus operandi consistentemente honesto e em forma de cruz. Essa apresentação constitui a base para o apelo à reconciliação que começa em 6:11. O próprio apelo (6:11-13 e 7:2-16) inclui uma passagem curta e intrigante (6:14—7:1) que parece, mais uma vez, interromper o fluxo do pensamento de Paulo. Na realidade, porém, essa aparente interpolação pode ser parte do apelo à reconciliação.

Um resumo do apelo (6:11-13)

O uso criativo de imagens por Paulo já foi observado. Neste breve resumo de seu apelo por plena reconciliação, Paulo novamente usa imagens vívidas para dizer aos coríntios que os aceita e os ama plenamente, como seus filhos (6:13), e que espera que eles retribuam. Em outras palavras, a bola é colocada – carinhosamente – na quadra deles.

Muitas versões do texto não captam bem as imagens que Paulo emprega. Três partes do corpo são mencionadas nestes versículos [no original, porém, não nas versões mais utilizadas em português]: boca, coração e intestinos (*ta splanchna*, uma das fontes de afeto na antiguidade), cada uma referida como 'aberta' ou 'constrita'. Paulo e sua equipe estão de mente aberta e coração aberto para com os coríntios; isto é, eles falaram "francamente" (NRSV, NAB) ou "abertamente" (NVI), e amaram completamente. Portanto, conforme diz o apóstolo, "não estamos limitando nosso afeto", afirma Paulo (6:12a); quaisquer erros foram corrigidos, pecados perdoados (cf. 2:5-11). Quanto aos coríntios, no entanto, Paulo os encontra constrangidos desde as entranhas (6:12b; veja a versão KJV; a maioria das traduções se refere com precisão, embora sem imaginação, a 'afeições' restritas). Os coríntios têm cãibras emocionais, e é hora de eles 'se abrirem' (6:13; a palavra "corações" que aparece na maioria das traduções está ausente do grego). Paulo quer que eles expressem total devoção a ele como seu pai na fé.

Um apelo conclusivo (6:14—7:1)

A menos que o apelo convincente e rico em imagens que acabamos de estudar tenha a intenção de encerrar uma carta ou uma seção de uma carta, ele deve levar a alguns detalhes adicionais sobre a maneira como os coríntios devem expressar seu amor. Mas isso terá que esperar, pois ao contrário esse texto nos parece bastante estranho, 6:14—7:1. O assunto tratado é relativamente claro: um chamado à santidade radical (7:1) que exclui qualquer tipo de 'jugo' (NAB, NIV para *heterozigotos*, 6:14a) ou "comunhão" (*koinōnia*, 6:14b) com incrédulos (*apistoi*, 6:14, 15). Mas o que esse texto está fazendo aqui?

No uso popular, 2Co 6:14—7:1 tem sido frequentemente citado como um argumento contra o casamento (ou, mais geralmente, a amizade) com alguém considerado um 'jugo desigual', isto é, crentes e não crentes. Algumas das sugestões acadêmicas para a interpretação de 6:14—7:1 se seguem:

- um fragmento da carta de Paulo mencionado em 1Co 5:9 que proibia a associação com pessoas imorais;
- uma advertência paulina adicional sobre o problema daqueles que comiam carne oferecida aos ídolos (1Co 8-10);
- um fragmento de outra carta ou documento, talvez não escrito por Paulo e talvez nem mesmo por um cristão (e.g., por um grupo judeu separatista), sobre relações com pessoas de fora da comunidade;
- um fragmento de um tratado não paulino.

Para alguns intérpretes, então, esse texto é tão bizarro que pode estar fora de lugar ou não é paulino (há várias palavras incomuns, por exemplo), ou ambos os casos — uma interpolação de algum tipo. Mas como veio parar aqui? E é realmente tão inapropriado neste lugar?

Muitos, se não a maioria, dos intérpretes agora descobrem que esse texto é completamente paulino, que tem uma função retórica dentro da carta como um todo, e que o texto pertence ao lugar onde está porque Paulo o colocou lá. Essa interpretação vê a passagem como uma advertência contra a associação com os oponentes de Paulo, particularmente os "falsos apóstolos" que serão castigados como será visto nos capítulos 10—13. Embora possa parecer estranho se referir a ministros autoproclamados como "incrédulos", a avaliação de Paulo dos "super" ou "falsos" apóstolos é que eles proclamam um Jesus, um Espírito e um evangelho diferente (11:4) e são ministros de Satanás (11:13-15). Acusá-los de incredulidade e idolatria (6:16) parece quase inofensivo, mas apropriado. Uma conexão mais explícita entre esta passagem e o problema dos pseudoapóstolos aparece na palavra "Belial" (6:15), outro nome para Satanás.

Se essa interpretação estiver correta, então o argumento específico da passagem é chamar os coríntios para se desassociarem dos falsos apóstolos (6:14a) e assim, mais geralmente, viver em santidade no temor de Deus (7:1; cf. 5:11), pois 'santidade' significa separação para os propósitos de Deus. Essas admoestações incluem uma série de perguntas retóricas sobre a antítese entre os caminhos de Deus e os caminhos de Satanás, assim como a idolatria (6:14b-16a), seguidas por uma série de citações bíblicas definindo a comunidade escolhida como o povo de Deus que é chamado separar-se das pessoas impuras (6.16b-18). Essas citações, de Levítico, 2Samuel, Isaías e Ezequiel, concentram-se no relacionamento da aliança entre Deus e o povo de Deus, e a convocação conclusiva à santidade nesse relacionamento. Como povo da nova aliança (1Co 11:25; 2Co 3:6) e como templo de Deus (cf. 1Co 3:16), a igreja de Corinto deve praticar a santidade reconciliando-se com Paulo e cortando todos os laços com seus adversários satânicos, os falsos apóstolos. Embora Paulo não se detenha nisso aqui, ele retornará ao tema, com força total, nos capítulos 10—13.

A consolação de Paulo e sua confiança (7:2-16)

A conclusão emocional do apelo à reconciliação exala a consolação e a confiança de Paulo em relação aos coríntios. Convidando-os: "Concedam-nos lugar no coração de vocês" para ele e seus colegas de trabalho (7:2), Paulo enfatiza mais uma vez sua integridade, seu amor pelos coríntios e seu orgulho por eles (7:2-4). Sua confiança neles (7:4, 16) significa que ele tem certeza (ou pelo menos reafirma essa segurança!) de que eles o obedecerão, como o fizeram antes (7:15; cf. 2:9). Isso o consola em sua aflição (7:4; cf. 1:3-7).

A menção de consolação leva Paulo a retomar a narrativa de sua ansiosa viagem de Trôade à Macedônia (7:5; cf. 2:12-13). Sua chegada lá e sua antecipação da visita de Tito foram traumáticas (7:5), mas Paulo experimentou consolação e alegria divinas quando Tito lhe falou da "saudade" e "preocupação" dos coríntios por seu apóstolo (7:5-7). A carta alcançou o objetivo em sua missão, e a notícia de seu sucesso deixou Paulo feliz por alcançar sua finalidade e ao mesmo tempo triste por sua dor (7:7-9). Ainda assim, ele não se arrepende da carta, sentindo-se satisfeito, não por ter causado tristeza, mas porque a tristeza foi "piedosa" na medida em que levava ao arrependimento e zelo renovado (7:8-11), tristeza "como Deus pretendia" (NET). Esse foi o propósito de Paulo o tempo todo: não a punição do ofensor nem o benefício do ofendido (ou seja, ele mesmo), mas a reconciliação de toda a igreja, diante de Deus, com o apóstolo da igreja (7:12-13a).

A resposta dos coríntios foi satisfatória para Paulo em um outro aspecto: seu orgulho por eles é confirmado para Tito agora, pois os coríntios o receberam como enviado de Paulo e expressaram sua obediência a Paulo por meio de Tito (7:13b-15). Por essa resposta magnânima ao próprio Paulo, a Tito e, portanto, à missão e mensagem paulinas, Paulo se alegra, e o faz com "confiança", sem dúvida porque ainda há mais a fazer (7:16). Embora Paulo não diga explicitamente o que 'mais' pode ser feito, o contexto sugere que incluirá tanto a desassociação dos falsos apóstolos quanto o cumprimento da promessa de ajudar a igreja de Jerusalém.

RESUMO DE 2CORÍNTIOS 1–7

Nos primeiros sete capítulos de 2Coríntios, Paulo desenvolveu vários pontos importantes e inter-relacionados:

- Os crentes participam de uma parceria na tribulação e consolação, compartilhando tanto o sofrimento de Cristo quanto o conforto de Deus.
- A fidelidade e integridade ministerial são fundamentadas e consideradas símbolos da fidelidade de Deus em Cristo.
- O ministério é caracterizado especialmente pela veracidade/integridade e amor cruciforme.
- A vida de amor cruciforme, sempre carrega a morte de Jesus, é paradoxalmente também uma demonstração do poder da ressurreição de Deus, a vida de Jesus, para o benefício de outros.

- A vida presente de sofrimento é insignificante em comparação com a glória imensurável que aguarda aqueles que vivem e morrem no Senhor.
- O amor reconciliador de Deus na morte de Cristo fornece a motivação e a forma do ministério como reconciliação em amor.
- Aqueles que estão em Cristo são parte da nova aliança/nova criação na qual eles se tornam a justiça/retidão de Deus.
- O ministério com integridade consiste em três elementos-chave: dificuldade, virtude e paradoxo.
- O ministério pode ser visualizado através de uma variedade de imagens vívidas, incluindo as seguintes figuras: compartilhar os sofrimentos de Cristo, ser levado cativo em procissão triunfal, não vender a palavra de Deus, transformar seres humanos em cartas abertas de Cristo, levar no corpo a morte de Jesus, sendo embaixadores de Cristo e tornando as pessoas 'ricas'.
- O relacionamento de Paulo com os coríntios exemplifica o significado da reconciliação, mas também requer atenção contínua e mais reconciliação.

8:1—9:15 A GRAÇA CRUCIFORME E A JUSTIÇA DA GENEROSIDADE

O desejo de Paulo de arrecadar fundos para o sustento da igreja em Jerusalém era uma preocupação significativa de seu ministério, mas não aquela que normalmente recebe atenção igual ao peso a que ele atribuiu. Paulo o menciona em quatro de suas cartas (Romanos, Gálatas e 1 e 2Coríntios); ele fez grandes esforços para arrecadar fundos em pelo menos três regiões (Galácia, Macedônia e Acaia); e afetou tanto seus planos de viagem quanto sua escolha de companheiros de viagem e enviados.[21] O braço direito de Paulo nesse esforço foi Tito, que participou da reunião de Jerusalém, a qual gerou a promessa de sustentar os pobres (Gl 2:1, 10; 2Co 8:16-24). É provável que a preocupação do apóstolo com essa coleta tenha enfrentado algumas dificuldades — críticas, falta de apoio, questões sobre integridade e consistência — especialmente em Corinto. E ele não tinha certeza de que a oferta seria bem recebida (Rm 15:31).

---

[21] Regiões: 1Co 16:1; 2Co 8:1-2; Rm 15:26; planos de viagem: Rm 15:22-29; 1Co 16:3-4; 2Co 1:16; 9:3-5; escolha de companheiros de viagem e enviados: 2Co 8:16-24.

Ao que parece, Paulo teve várias razões para conduzir essa missão específica; algumas ele observa explicitamente, enquanto outras estão implícitas:

- Cumprir uma promessa feita à liderança de Jerusalém e expressar apoio à igreja 'mãe' de Jerusalém e suas autoridades (Gl 2:10).
- Aliviar o sofrimento de uma comunidade pobre de crentes (Rm 15:26).
- Permitir que os crentes gentios expressem de forma tangível sua dívida espiritual para com os crentes judeus (Rm 15:27).
- Conseguir alguma medida de igualdade econômica entre as várias igrejas (2Co 8:13-15).
- Incorporar o evangelho da retidão/justiça no dom de Deus e no sacrifício de Cristo de uma forma específica (2Co 8:9; 9:13-15).
- Unificar os crentes gentios e judeus e expressar essa missão de forma concreta.
- Criar um senso de universalidade e interconexão de todas as comunidades em Cristo.

Sabemos que Paulo teve sucesso em sua campanha entre os macedônios (8:1-5), mas não está claro como, ou se, os gálatas responderam favoravelmente. O apóstolo para a Acaia não quer perder o apoio dos seus habitantes, mas aparentemente espera que eles enviem seus próprios delegados, com representantes da Macedônia, para Jerusalém (8:16-24).

Em 2Co 8—9, Paulo exorta os coríntios a cumprirem seu compromisso com a coleta de Jerusalém, fornecendo um conjunto de razões para isso. Cinco grupos de palavras-chave dominam os capítulos: (1) "comunhão", "parceria" ou "compartilhamento" (*koinōnia* e *koinōnos*: 8:4, 23; 9:13); (2) "serviço" ou "ministério" (*diakonia* e *diakoneō*: 8:4, 19, 20; 9:1, 12, 13); (3) "além do que podiam", "destacama-se em tudo", "transbordem, transbordando" (*perisseuō*: sete vezes em 8:2, 7; 9:8, 12; mais *hyperballō* em 9:14); (4) "zelo" ou "vontade/seriedade/preocupação" (*spoudē* e *zēlos*: 8:7, 8, 16; 9:2); e especialmente (5) "graça" (*charis*: dez vezes), junto com a palavra relacionada a "ação de graças" (*eucharistia*: duas vezes, 9:11, 12). Além disso, a palavra "justiça" (*dikaiosynē*), embora apareça apenas duas vezes (9:9-10), continua e reforça a afirmação teológica crítica de 5:21. Essas palavras carregam o peso da mensagem de Paulo: de que juntar-se à coleta para Jerusalém é uma maneira de os crentes compartilharem seriamente sua abundância material como uma expressão de gratidão e participação na abundante graça de Deus oferecida em Cristo. Fazer isso é provar a realidade do amor e da graça de Deus em sua vida, para incorporar sua forma de justiça.

De particular importância é a recorrência do termo *charis*, "graça". Por ter uma variedade de significados, é difícil capturar sua proeminência na tradução para o nosso idioma. No entanto, é central para o que Paulo trata nesses capítulos: a graça de Deus, a graça pela gratidão, a graça de dar. Como a tabela a seguir revela, a NRSV apresenta *charis* como graça apenas duas vezes, enquanto a NIV e especialmente a NAB são mais bem-sucedidas em transmitir esse tema unificador. A graça de Deus operante na vida da igreja abre e fecha os dois capítulos (8:1; 9:14). No entanto, o foco dos capítulos não é exatamente o mesmo. Uma diferença é a referência central à graça de Cristo no capítulo 8 (8:9) e à graça de Deus no capítulo 9 (9:15) — embora de fato os dois se refiram, a partir de perspectivas complementares, ao mesmo dom do amor reconciliador de Deus em Cristo (cf. 5:14, 19).

"GRAÇA" (*CHARIS*) E AÇÃO DE GRAÇAS (*EUCHARISTIA*) EM 2CORÍNTIOS 8–9

Versículo	NRSV/NAB/NVI
Charis	
8:1	Graça de Deus/graça de Deus/graça que Deus concedeu
8:4	[nos suplicando insistentemente por...] privilégio/favor/privilégio
8:6	[também completasse...] generoso compromisso/gracioso ato/ato de graça
8:7	[se destacaram em...] generoso compromisso/gracioso ato/ privilégio de contribuir
8:9	[vocês conhecem...] o generoso ato/gracioso ato/graça [de nosso Senhor Jesus Cristo]
8:16	Mas graças a Deus/mas graças a Deus/agradeço a Deus
8:19	[ministrar...] o generoso ato/essa obra graciosa/doação

9:8 [Deus é poderoso para] prover a vocês todas as bênçãos em abundância/tornar toda graça abundante para vocês/fazer que toda a graça lhes seja acrescentada

9:14 [insuperável] graça de Deus/graça de Deus/graça que Deus tem dado a vocês

9:15 Graças a Deus/ Graças a Deus/ Graças a Deus[22]

Eucharistia

9:11 ação de graças a Deus/ ação de graças a Deus/ ação de graças a Deus

9:12 muitas ações de graças a Deus/atos de ação de graças a Deus/expressões de gratidão a Deus

Esses vários usos de *charis* (e *eucharistia*) indicam algo do alcance de seu significado para Paulo, que conhecia a palavra e suas conotações como uma pessoa do primeiro século, como judeu e especialmente como seguidor de Jesus: um ato de generosidade irresistível para a qual a resposta adequada é tanto a gratidão ao doador quanto a obrigação de retribuir compartilhando a generosidade do doador. O que encontramos nos capítulos 8 e 9 é a graça 'na essência' — semelhança de Deus em ação.

Cristo, os macedônios e os coríntios (8:1-24)

Paulo começa seu apelo com uma descrição da incrível generosidade das igrejas macedônicas, provavelmente as de Tessalônica, Bereia e Filipos. Ele vê a generosidade deles como uma operação da graça divina em seu meio (8:1). Paulo sabe que sua generosidade foi obra graciosa de Deus porque sua "rica generosidade" transbordou de sua abundante alegria na pobreza durante um tempo de "severa tribulação" (8:2). Embora perseguidos, eram alegres; embora pobres, eles eram generosos — "além do que podiam" e de seus "meios" (NRSV, NAB) ou "na medida de suas posses e mesmo acima delas" (ARA), como o próprio Paulo testemunhou (8:3). Na verdade, eles suplicaram pela chance de compartilhar a comunhão de tal ministério da graça de Deus (8:4). Eles o fizeram completamente como um ato de autodedicação ao Senhor e

---

[22] Como em nosso idioma, a palavra 'graça' pode ser usada idiomaticamente no grego para significar uma expressão de ação de graças

à obra de Deus confiada a Paulo (8:5). Toda a experiência foi um exercício profundamente espiritual para os macedônios. Quem poderia negar ser essa atitude a graça em ação?

Paulo está obviamente descrevendo essa resposta esmagadora dos macedônios como um exemplo para os coríntios, pois já o havia inspirado a retomar, por meio de Tito, seu apelo a eles (8:5-6). Recordando sua abundância de dons espirituais e outros (cf. 1Co 1:7), Paulo os convida a sobejarem nessa obra da graça de Deus também (8:7; infelizmente, a imagem da abundância está faltando nas versões NRSV, NAB e NVI, todos as que usam "excelência/se destacam"). Paulo não dará uma ordem aos coríntios, mas ele não se envergonha de se envolver em um pouco de comparação retórica para motivá-los, pois ele vê essa questão como um teste da "sinceridade do amor de vocês" (8:8). Eles têm fé e conhecimento, e receberam muito amor (8:7), mas Paulo parece se admirar se eles são capazes de demonstrar amor.

Não surpreende que a menção do amor genuíno leva Paulo à encarnação e morte de Cristo, cujo amor "nos constrange" (5:14). A breve narrativa do amor de Cristo (8:9) ecoa o famoso poema de Cristo em Fp 2:6-11. Nesse texto, a história magistral de Paulo, aquele que se encontrava na forma de Deus esvaziou-se e tomou a forma de escravo ao se tornar humano, completando a humilhação de si mesmo ao morrer na cruz (v. 6-8). O padrão narrativo básico dessa história é 'embora x, não y, mas z': embora Cristo fosse igual a Deus, Ele não explorou essa igualdade para si mesmo, mas esvaziou-se em obediência a Deus e (como Paulo interpreta a história) para nosso benefício e salvação.

Aqui em 2Coríntios a linha da história ("embora...") é semelhante, mas Paulo alterou as imagens para abordar a situação específica concretamente: "[Embora] nosso Senhor Jesus Cristo que, sendo rico, se fez pobre por amor de vocês, para que por meio de sua pobreza vocês se tornassem ricos" (8:9).[23] A imagem é apropriadamente ligada a bens, alguém que é rico escolhendo a pobreza para o enriquecimento dos pobres. É outro texto de 'intercâmbio', paralelo a outra história que Paulo já havia mencionado em 5:21: Deus tornou pecado aquele que não tinha pecado, para que o pecador pudesse se tornar a justiça de Deus. A clara referência à morte de Cristo em 5:21 sugere que o empobrecimento

---

[23] Isso pode ser classificado como uma abreviação do padrão narrativo completo para 'embora x, z'.

voluntário de Cristo se refere pelo menos à sua morte, enquanto o paralelo em Filipenses indica que também se refere a Ele deixar a 'riqueza' ou glória de Deus para se tornar humano. Paulo diz que esse ato muito deliberado de se consumir em benefício dos outros, é a "graça" de Cristo (8:9), o amor de Cristo, o meio da justificação e a reconciliação dos coríntios com Deus.[24] Como pode alguém se beneficiar de um ato benéfico sem também participar dele? A graça é experimentada como graça somente quando é estendida a outros. Os macedônios sabiam disso muito bem.

Portanto, agora, embora Paulo não dê uma ordem, os coríntios têm dois exemplos: as igrejas macedônicas, que — agora entendemos — estavam demonstrando graça semelhante à de Cristo, e o próprio Cristo. A estes pode ser acrescentado o exemplo mencionado anteriormente de Paulo e sua equipe: como "pobres, mas enriquecendo a muitos" (6:10). Com esses três modelos em mãos, Paulo pode ir direto ao assunto com uma palavra de "conselho" (8:10): os coríntios devem cumprir o compromisso entusiástico assumido no ano anterior com uma coleta correspondentemente calorosa (8:10-11). Ele não está pedindo que eles caiam entrem em falência financeira nem deem aquilo que não têm, mas apenas que façam doações aos necessitados tendo em conta sua (relativa) abundância, a fim de que algo de uma justa igualdade econômica possa ser criada dentro das igrejas (8:12-14; NRSV 'equilíbrio justo'). A justificativa para esse lado prático do apelo é um texto bíblico (Êx 16:18) sobre a coleta diária de maná pelos israelitas — alguns coletando mais, outros menos, mas no final nenhum deles tendo muito pouco ou nada em excesso.

Partindo do pressuposto de que os coríntios serão convencidos, e para tratar de algumas possíveis preocupações que possam ter, Paulo continua com os assuntos práticos da coleta. O colega igualmente dedicado de Paulo, Tito, acompanhado por dois companheiros de trabalho adicionais (8:18, 22), cuidaria da coleta em si (8:16-24). Os dois parceiros não nomeados são reconhecidos como "apóstolos" (NAB, trad. *apostoloi*, 8:23; NRSV, "mensageiros"; NVI, "representantes"), um dos quais é especialmente encarregado pelas igrejas macedônias pela

---

[24] Alguns (e.g., John Barclay) também sugeriram que a palavra "(em) embora" em 8:9 poderia ser traduzida como "porque". Veja também a discussão de Fp 2:6 no capítulo sobre Filipenses.

administração e entrega da coleta (8:19). Paulo, ao envolver outros que são respeitados pelas igrejas da macedônia e Acaia (como Tito claramente é), está tentando desviar qualquer crítica (8:20; cf. 6:3) de si mesmo em relação à coleta. Mais uma vez, então, ele pode dizer: 'demonstrem a esses irmãos a prova do amor que vocês têm e a razão do orgulho que temos de vocês' (8:24).

Deus, os macedônios e os coríntios

A palavra "orgulho" liga o capítulo 8 ao capítulo 9 (que obviamente não eram dois 'capítulos' na mente de Paulo, a menos que os proponentes de duas cartas de apelação estejam corretos), e cria uma mudança da linguagem de 'nós' para 'eu'. Paulo agora continua seu apelo com uma nota um pouco mais pessoal, dizendo mais sobre a equipe de coleta e oferece princípios bíblicos e promessas sobre doação.

No capítulo 8, os macedônios serviram de exemplo para os coríntios. Agora Paulo se torna mais incisivo e pede que os coríntios não invalidem as afirmações exemplares que ele fez a respeito deles aos macedônios (9:1-5). Paulo havia usado com sucesso o zelo coríntio de um ano antes (9:2; cf. 8:10) para motivar os macedônios. Talvez ele tenha sido chamado à atenção com a pergunta: 'Quando os habitantes da Acaia vão realmente cumprir sua promessa?', ou talvez ele simplesmente quisesse evitar a vergonha de responder a essa pergunta com as palavras: 'Eles não vão!' (9:3-4). Assim, o envio dos emissários macedônios (i.e., com Tito) aos coríntios foi uma estratégia projetada tanto para tranquilizar as igrejas do norte quanto para estimular as igrejas do sul antes que o próprio Paulo, com outros representantes macedônios, aparecesse em Corinto (9:3-5). Mais uma vez, Paulo quer que a questão real da coleta seja tratada longe dele, para que os coríntios não sintam pressão — como se Paulo os estivesse extorquindo — mas possam doar livre e generosamente (9:5).

Tendo dito isso, Paulo estabelece três princípios básicos para as doações dos coríntios; deveriam ser oferecidas:

- *Liberalmente*, como sugere a antiga imagem de semear e colher (9:6; cf. Pv 11:24-25).
- *Alegremente* — de boa vontade e livremente (9:7; cf. Pv 22:8-9, especialmente LXX; cf. Dt 15:7-11).

- *Com justiça* — a citação bíblica em 9:9 sobre a justiça como generosidade para com os pobres provavelmente pretende se referir tanto a Deus quanto ao povo de Deus que compartilha da justiça generosa de Deus (cf. Sl 111—112).

Correspondendo a esses princípios bíblicos de liberalidade, alegria e participação na justiça de Deus estão as promessas bíblicas da provisão e bênção de Deus para aqueles que contribuem dessa maneira. Especificamente, aludindo novamente aos textos bíblicos,[25] Paulo afirma que Deus proverá tanto para aqueles que são generosos quanto aumentará seu suprimento para que eles possam dar ainda mais (9:8-11). Aqueles que dão sempre terão mais para dar (cf. Lc 6:38). Além disso, tal generosidade é um ato de *diaconia* e *leitourgia*, ministério e adoração, cuidado dos necessitados e causa de ação de graças a Deus (9:12), e se estende para além da comunidade de discípulos ("outros"; 9:13).

A conclusão do apelo reverte para a linguagem de teste e obediência. Os coríntios poderiam demonstrar sua verdadeira fidelidade ao evangelho exercendo esse ministério (9:13)? Eles seriam meramente um *recipiente* ou um *canal* da graça de Deus (2:14)? Eles serão transformados ainda mais na glória e justiça de Deus por participarem da justiça plena de graça de Deus manifestada em Cristo? Será que eles realmente experimentarão e, com Paulo, exclamar "Graças a Deus por seu dom indescritível? De nov a bola da vez está com os coríntios. Paulo só pode esperar e torcer para que seus esforços não tenham sido em vão. Aparentemente não foram (Rm 15:26).

RESUMO DE 2CORÍNTIOS 8–9

Nesta breve seção da carta, Paulo abordou um ponto – a coleta para Jerusalém – mas, ao fazê-lo, ofereceu uma breve, mas abrangente teologia da generosidade, de dar com generosidade.

- Para os crentes, a doação generosa é uma experiência da graça divina, um meio de expressar gratidão pela graça recebida de Deus e uma forma de estar em conformidade com a generosa doação de Cristo.
- A doação aos necessitados deve ser feita com alegria, liberalidade e justiça.

---

[25] Sl 112:9 (LXX 111:9); Is 55:10; Os 10:12 LXX.

- Os generosos descobrem que Deus supre suas próprias necessidades e além disso, para que possam doar ainda mais generosamente.
- A generosidade demonstra a realidade da experiência da graça.
- Os coríntios, embora não sejam compelidos por Paulo a doar, devem se sentir 'instados' pela graça e amor a fazê-lo.

10:1—13:13. O PODE CRUCIFORME NA FRAQUEZA DO ESPÍRITO

Cheio de ironia e perspicácia, 2Co 10—13 é uma das partes mais retóricas e teologicamente poderosas de todo o corpus paulino. É a defesa irrestrita por Paulo de seu próprio ministério e seu ataque simultâneo a seus 'oponentes'. Esses oponentes ou críticos encontram falhas com Paulo em vários aspectos, alimentando-se de sentimentos já expressos por alguns dos coríntios e abordados por Paulo em 1Coríntios: que ele tem uma presença pessoal fraca e carece de uma retórica chamativa (10:10; 11:6), que ele se recusa a aceitar apoio financeiro, mas em vez disso se inclina para o trabalho manual (11:7-11; os críticos provavelmente aceitavam dinheiro: 11:20). Acrescentando-se a isso, ao que parece, acusações de que Paulo não tem os sinais do apostolado autêntico, como milagres, visões e outras demonstrações de poder (12:1-12), assim, talvez que ele esteja agora invadindo o território dos oponentes ao tentar restabelecer as relações com os coríntios (10:15-16). Todas essas críticas, direta ou indiretamente, questionam a legitimidade do apostolado de Paulo.

Na perspectiva de Paulo, entretanto, o problema fundamental desses autointitulados ministros de Cristo não é o fato de eles o criticarem. Ao contrário, o motivo é que suas críticas a ele desmentem uma compreensão de Cristo, do Espírito e do evangelho (11:4) que é *tão completamente antitética à mensagem do Cristo crucificado que chega a ser demoníaca* (11:13-15). Dessa forma, Paulo declara guerra a seus oponentes — uma guerra apocalíptica de palavras (10:1-6).

A questão em jogo se resume a isto: qual é a manifestação característica do Espírito de Deus no ministério dos apóstolos autênticos de Cristo? A resposta que os coríntios estão ouvindo dos "superapóstolos" (como Paulo os rotula sarcasticamente em 11:5 e 12:11) são demonstrações de poder — fala poderosa, visões, revelações e coisas do gênero. A resposta de Paulo, sem negar a validade de tais demonstrações de poder (na verdade, ele insiste na abundância de suas próprias experiências místicas e feitos milagrosos), é que a marca do Espírito e, portanto, dos apóstolos de Cristo é o *poder na fraqueza*. Em essência, esses capítulos constituem um argumento, em grande parte da própria experiência de Paulo, de que o Espírito de Deus é o Espírito de Cristo, e especificamente o Espírito do Cristo crucificado. Esse ponto de vista não é totalmente surpreendente, em face do próprio compromisso de Paulo, ensaiado para os coríntios, de "nada saber entre vocês, a não ser Jesus Cristo, e este, crucificado" (1Co 2:2), porque para Paulo e para todos os que são verdadeiramente chamados por Deus, Cristo crucificado é "o poder de Deus e a sabedoria de Deus" (1Co 1:24).

Como sugerido na seção introdutória deste capítulo, os "superapóstolos" parecem ter sido pregadores cristãos judeus que se julgavam cheios do Espírito (11:22), os quais criticavam Paulo e se orgulhavam de seu próprio status e poder, alegando que pertenciam a Cristo como igual, de fato superior, a Paulo e seus colegas (10:7 NVI, NAB; 11:5, 12; 12:11). A estratégia de Paulo na guerra retórica que se desenrola nesses capítulos é se engajar no tipo de autoelogio e comparação com outros pelos quais ele culpa os superapóstolos. Mas há uma reviravolta: Paulo afirma que se gloria apenas no Senhor, e especificamente apenas em seu próprio sustento, perseguição e outras formas de fraqueza (percebidas ou reais). Se esses quatro capítulos são, de fato, parte de uma carta unificada, como eu acho provável, então Paulo preparou o caminho para essa estratégia criticando e se engajando em uma recomendação de si mesmo, e concentrando-se em seu próprio estilo cruciforme de ministério, nos capítulos 1—7. Como nesses capítulos e nos capítulos 8—9, também nos capítulos 10—13 Paulo deseja uma coisa: a obediência dos coríntios (10:6), pela qual ele realmente quer dizer sua obediência a Cristo (10:5).

A declaração de guerra feita por Paulo (10:1-6)

Paulo começa esses quatro capítulos com uma combinação paradoxal de apelo gentil e declaração de guerra. O tom e a substância dos dois primeiros versículos revelam o desejo sincero de Paulo em lidar com os coríntios com "mansidão e bondade" semelhantes a Cristo (10:1). Ele não quer aparecer na porta deles para um confronto direto, mas como antes, ele está preparado para fazê-lo se necessário (10:2; 13:1-4; cf. 1Co

4:14-21). De fato, tal confronto pode ser inevitável se o suave apelo não for bem-sucedido e seus oponentes (na verdade, 'eles' — o plural domina esses capítulos) continuarem a acusar a conduta de Paulo como imprópria para um apóstolo (10:2) — 'a agir com audácia', literalmente, 'andar segundo a carne' (veja NAB; NRSV mg.) ou "segundo os padrões humanos" (NVI; NRSV, "padrões humanos").

Essa acusação lança Paulo em uma refutação afiada (apropriada, talvez, para que ele que é acusado de ser manso quando presente e ousado quando ausente; 10:1), na qual ele caracteriza seu ministério em geral e seu trato com os coríntios e seus novos 'apóstolos' em particular, como guerra espiritual e até mesmo apocalíptica. Usando o vocabulário e as imagens de uma guerra romana, Paulo afirma que o combate de sua equipe não é travado de acordo com a carne (10:3), e sim com armas divinamente capacitadas (10:4). Esses armamentos permitem que eles se envolvam em destruição, cativeiro e punição de resistência (10:4-6).

A analogia pungente com a situação coríntia é clara. Paulo está prestes a tentar "destruir" os argumentos dos falsos apóstolos e 'levar cativos' os pensamentos dos coríntios — cativos ao seu Senhor Cristo, a quem eles são chamados a obedecer (10:5). Como em 5:14-21, somente Cristo é o critério epistemológico e avaliativo para a igreja: sua identidade, seu ministério, sua liderança. Se necessário, qualquer resistência residual será punida (embora não seja explicado como), presumivelmente na próxima visita apostólica (10:6; cf. 13:1-10). Essa declaração de guerra é necessária porque os falsos apóstolos estão afastando os amados coríntios de Paulo do verdadeiro conhecimento de Deus e de sua entrega a Cristo. Ironicamente, a própria mansidão e gentileza de Cristo com que essa passagem começa se tornará para Paulo o critério pelo qual argumentos e pensamentos são julgados. A arma definitiva no arsenal de Paulo não é sua habilidade retórica — embora agora seja bem exibida — mas sua fraqueza cristã.

É crucial que não entendamos mal as imagens militares de Paulo aqui. Ele não está adotando de repente uma abordagem violenta, anterior a Cristo, romana ou outra abordagem mundana para a vida em Cristo. Em lugar disso, adota o ministério que proclama a cruz em palavras e atos, e que se opõe apropriadamente ao ministério que contradiz essa cruz, o verdadeiro meio para a paz e a reconciliação, da qual a violência é apenas uma paródia anêmica. Paulo está pronto para travar esse tipo de guerra, e somente tal tipo de batalha, em nome da presença reconciliadora de Deus em Cristo.

Os termos da campanha: edificação e orgulho (10:7-18)

Tendo declarado guerra aos falsos apóstolos — mas *não* aos coríntios — Paulo agora pretende deixar claro suas intenções e estratégias nessa campanha. Primeiro, como seu ministério em geral, este segmento da carta será um exercício da autoridade de Paulo para a edificação dos coríntios e não sua destruição (10:8; cf. 12:19). Em segundo lugar, a arma primária a ser usada será a dos oponentes, ou seja, o orgulho, embora no Senhor (10:17).

A NRSV (embora não a NIV ou a NAB) mascara a força de 10:7 — se alguém (não "você", NRSV) pensa em si mesmo como pertencente a Cristo, o mesmo acontece com a equipe paulina. Essa é uma referência oblíqua às reivindicações dos rivais de uma conexão especial e autorizada (apostólica) com Cristo. Paulo não pode e não vai se afastar de sua própria autoridade apostólica especial (10:8), mesmo que os oponentes a questionem com base em sua alegada inconsistência (10:10). Suas cartas, mais poderosas que sua presença pessoal, não pretendem intimidar, mas edificar (10:8-9). Porém, se seus oponentes acham que ele não pode ser forte pessoalmente, é melhor que estejam preparados (10:11).

Subjacente a essas palavras está colocada claramente uma rivalidade entre Paulo e os novos apóstolos que foi engendrada por eles. Do ponto de vista de Paulo, eles estão se engajando em elogios de si mesmos, completamente inapropriados para eles, e em críticas ao apóstolo. O único recurso de Paulo é reafirmar sua própria autoridade (10:8), e fazê-lo, mais ou menos, nos termos de seus oponentes — por orgulho. No entanto, para Paulo, o que ele está prestes a fazer é radicalmente diferente das ações de seus rivais. Primeiro, Paulo rejeitará o autoelogio em favor de gloriar-se no Senhor e ser elogiado pelo Senhor (10:12-18). Então ele passará a se vangloriar, mas apenas na paradoxal forma cruciforme de sua vida (11:1—12:13).

O primeiro problema que Paulo tem com esses ministros é a arrogância deles, tanto que ele não ousaria se comparar com eles (10:12). Sua postura autoelogiosa, como Paulo a vê, prova que eles simplesmente não 'entendem' (10:12); Paulo e sua equipe 'pregam' a si mesmos apenas como servos semelhantes a Cristo (4:5). O segundo problema que

Paulo enfrenta é a localização e o foco de seu orgulho, a saber, a igreja em Corinto. Isso os torna transgressores, cruzando as fronteiras de uma área para a qual Deus designou a Paulo — algo que o apóstolo nunca faria (10:13-16; cf. Rm 15:20; Gl 2:9).

Paulo, por outro lado, se gloriará apenas no Senhor (significando, no contexto, o Senhor Jesus; 11:2-4), um princípio bíblico (Jr 9:23-24; Sl 34:2) que ele cita aqui (10:17), como ele também o faz em 1Co 1:31. O que Paulo quer dizer com esse princípio crucial se tornará gradualmente mais claro à medida que os dois discursos de jactância tola que se seguem se desenrolam. Mas, no mínimo, significa para ele que nenhuma quantidade de autoelogio valida o ministério de alguém ou importa de qualquer outra forma; o único louvor que conta vem do Senhor (10:18). No contexto imediato, o princípio significa que os ministros devem 'ficar fora' do território que o Senhor designou a outra pessoa, pois o Senhor não elogiará os intrusos. Mais amplamente, porém, o princípio significa que o único orgulho legítimo é obedecer ao Senhor e, especificamente, como veremos, conformar-se à humilhação de si mesmo e fraqueza do Senhor.

A primeira fala de Paulo sobre a ostentação tola: seu sustento próprio (11:1-15)

A maioria dos comentaristas de 2Coríntios rotula a seção que começa em 11:16 como 'Discurso do insensato' de Paulo, o que certamente é. Mas leríamos mal a carta se não reconhecêssemos que, pelo menos da perspectiva do apóstolo, a ostentação insensata começa já em 11:1.

Os motivos para se vangloriar (11:1-4)

Paulo sente que tem o direito de pedir aos coríntios que suportem "um pouco de minha insensatez" (11:1) porque ele é seu pai espiritual. Mais especificamente, Paulo se imagina aqui como o pai da futura noiva, um papel que significava responsabilidade pela pura devoção da filha ao noivo até o dia do casamento (11:2). Essa imagem da igreja como a noiva de Cristo está impregnada na tradição bíblica de Israel como a esposa amada de Deus, e aparece em outras partes do Novo Testamento (Ef 5:22-32; Ap 19:7-9; 21:2, 9). Como o pai espiritual da comunidade, Paulo compartilha o ciúme de Deus pela igreja em Corinto (11:2). Seu trabalho não termina com a fundação da igreja, mas apenas com sua apresentação a Cristo (ou seja, no dia do Senhor, a escatológica festa de casamento), momento em que não deve estar contaminada pelo engano demoníaco dos superapóstolos, que enganam os outros assim como a serpente (Satanás) enganou Eva (11:4; cf. 11:14; Gn 3). Submeter-se aos seus caminhos seria equivalente à idolatria, que muitas vezes é descrita nas Escrituras como infidelidade sexual.

Mas o que há de tão ofensivo nesses "superapóstolos"? Muita coisa já foi escrita sobre tal questão. Como o fruto do Jardim do Éden, a mensagem deles era tentadora para os coríntios (11:4). Mas Paulo infere que, de sua perspectiva, essas pessoas estavam pregando "um Jesus que não é aquele que pregamos, ou se vocês acolhem um espírito [que deveria ser traduzido como Espírito] diferente do que acolheram ou um evangelho diferente do que aceitaram" (11:4). Esses três elementos — Jesus, Espírito e evangelho — estão intimamente interligados na mente e na experiência de Paulo. Quando o evangelho do envio e morte do Filho de Deus é pregado e crido, aqueles que respondem a ele recebem o dom do Espírito de Deus (e.g., Rm 5:1-8; Gl 3:1-5). De fato, o Espírito de Deus é, para Paulo, o Espírito de Cristo (e.g., Rm 8:9); é "o Espírito de seu Filho [de Deus]" que o Pai enviou ao coração dos crentes (Gl 4:6). Assim, qualquer experiência verdadeira do Espírito deve ser uma experiência do Espírito de Cristo, razão pela qual Paulo pode dizer que tanto Cristo quanto o Espírito vivem nos crentes.

É altamente improvável que os superapóstolos estivessem realmente pregando uma mensagem com uma compreensão obviamente bizarra de Jesus e do Espírito. O que é muito provável, entretanto, é que Paulo viu uma enorme incongruência entre seu evangelho e seu estilo de vida (considerando em conta que para Paulo, ser um apóstolo *era* ser a sua mensagem, e vice-versa), entre uma mensagem da morte de Cristo pelo(s) pecado(s) e uma preocupação com manifestações poderosas do Espírito. Esse seria o fundamento para uma acusação de heresia? Sim, pelo menos para Paulo, se for equivalente a um repúdio da cruz como fundamento e forma de vida em Cristo. Desassociar o poderoso Cristo ressurreto do Cristo crucificado é pregar outro Jesus; separar o Espírito de Deus do Espírito da cruciformidade é pregar um espírito diferente do Espírito do Filho dado por Deus; e abandonar o Cristo crucificado e o Espírito de cruciformidade dado por Deus é oferecer outro evangelho.

O conteúdo da vanglória (11:5-11)

É essa confluência necessária de cruciformidade e apostolado que leva Paulo imediatamente a se concentrar nas acusações de "não ser um orador eloquente" (11:6) e oferecer de forma inadequada seu evangelho "gratuitamente" (11:7). Ele afirma, no entanto, que nenhum desses aspectos de seu ministério o torna inferior aos superapóstolos (11:5).

Paulo não contesta a acusação sobre seu discurso; de fato, sua falta de retórica pomposa é para ele uma consequência necessária de sua crença no poder de Deus operando na fraqueza (cf. 1Co 2:1-5). Mas o que ele afirma possuir — e (implicitamente) o que falta aos superapóstolos — é o "conhecimento" (11:6). Isso não se refere ao conhecimento esotérico de revelações especiais (que ele e os superapóstolos afirmam ter), mas ao verdadeiro "conhecimento de Deus" (10:5), o "conhecimento da glória de Deus na face de Cristo" (4:6). Ao separar o Espírito do Cristo crucificado, os superapóstolos revelam sua falta de verdadeiro conhecimento de Deus.

Paulo também não deixa de lado a acusação de oferecer o evangelho gratuitamente. Essa denúncia atinge ainda mais o coração de seu ministério, como 1Co 9 revela especialmente. Os superapóstolos e alguns dos coríntios (especialmente os mais ricos) podem ter achado vergonhoso para um professor e suposto apóstolo não aceitar dinheiro daqueles que ele ensinou *e* se humilhar ainda mais trabalhando com as mãos. Paulo, no entanto, viu sua humilhação voluntária como uma forma de ser conforme o seu Senhor, como esse texto e 1Co 9:19 revelam, cada um ecoando Fp 2:6-8 e 2Co 8:9:

> Ao humilhar-me [*emauton tapeinōn*] a fim de elevá-los (2Co 11:7).

> Porque, embora seja livre de todos, fiz-me escravo [*emauton Edoulōsa*] de todos, para ganhar o maior número possível de pessoas (1Co 9:19).

> que, embora sendo Deus [Cristo Jesus],
> não considerou que o ser igual a Deus
> era algo a que devia apegar-se;
> mas esvaziou-se a si mesmo,
> vindo a ser servo [*doulou*],
> tornando-se semelhante aos homens.

> E, sendo encontrado em forma humana,
> humilhou-se a si mesmo [*etapeinōsen heauton*]
> e foi obediente até a morte,
> e morte de cruz! (Fl 2:6-8).
>
> Pois vocês conhecem a graça de nosso Senhor Jesus Cristo que, sendo rico, se fez pobre por amor de vocês, para que por meio de sua pobreza vocês se tornassem ricos (2Co 8:9).[26]

Paulo pergunta: "Será que cometi algum pecado?" (11:7). Ele se rebaixou para a 'exaltação' deles, para seu enriquecimento, para sua salvação, para seu serviço (11:8), para não ser um fardo (11:9). Esse modus operandi que Paulo manteve e continuará a manter como fonte de seu orgulho (11:10; cf. 1Co 9:15-18), foi motivado unicamente pelo amor, segundo ele afirma — isto é, pelo amor de Cristo que o constrange (5:14). Nesse 'dom' de ministério gratuito, Paulo se assemelha não apenas a Cristo, mas também a Deus (9:15). Paulo está tão comprometido com esse princípio de não ser apoiado por aqueles para quem ele está ministrando diretamente que ele confessa o crime de 'roubar' as igrejas macedônias (11:8-9), embora não esteja claro que ele realmente pediu a doação que eles lhe fizeram.

Orgulho verdadeiro versus falso (11:12-15)

Fazer trabalho braçal e aceitar uma doação ocasional de outro lugar para oferecer o evangelho livremente é o motivo do orgulho de Paulo, seu modus operandi, e ele tem toda a intenção de manter viva a tradição, apesar das críticas dos superapóstolos. De fato, ele continuará essa abordagem do ministério precisamente *por causa* dos superapóstolos, "a fim de não dar oportunidade àqueles que desejam encontrar ocasião de serem considerados iguais a nós nas coisas de que se orgulham" (11:12). Em outras palavras, se Paulo parasse de trabalhar e começasse a aceitar dinheiro daqueles para quem ele prega, ele estaria se rebaixando ao nível dos falsos apóstolos e de sua jactância, dissociando-se da humilhação de Cristo.

---

[26] Se a palavra "embora" no início desses textos devesse ser traduzida como "porque", então Paulo estaria dizendo ainda mais nitidamente que é precisamente porque ele é um apóstolo do Senhor crucificado que ele vive como vive.

É por essa razão que Paulo agora amplia o retrato desagradável dos rivais, o que é apenas sugerido no epíteto sarcástico "superapóstolos" (11:5). Eles são, tomando emprestado um termo de Filipenses, "inimigos da cruz" (Fp 3:18), gabando-se das coisas erradas, opondo-se ao evangelho e ao Espírito de Cristo crucificado. Assim, eles "são falsos apóstolos, obreiros enganosos" que se disfarçam (NVI, NAB) como apóstolos de Cristo e agentes da justiça (11:13-15), mas na verdade são ministros de Satanás, o enganador. Por um lado, esse tipo de linguagem cheia de insultos é padrão para a antiga retórica combativa. Por outro, no entanto, Paulo pretende ser levado com a máxima seriedade; a validade do relacionamento dos coríntios com Cristo está em jogo (13:5). Certamente, o destino dos falsos apóstolos já está selado (11:15).

Paulo foi direto, até ilustrativo. Mas ele não havia terminado. Ainda havia muito do que se orgulhar.

O segundo discurso de orgulho insensato de Paulo: suas várias fraquezas (11:16–12:10)

Esta parte de 2Coríntios, muitas vezes chamada de "Discurso da insensatez" de Paulo, é a seção mais poderosa desses quatro capítulos, poderosos em sua forma retórica e teológica. Não apenas isso, mas seu discurso está entre os melhores exemplos de retórica forense em toda a literatura antiga. Nele, Paulo luta contra os superapóstolos, e o faz, obviamente, bem na frente dos coríntios. Para se engajar nessa guerra espiritual, Paulo produz um incrível arsenal retórico: sarcasmo e repreensão, autoelogio e autodepreciação, ironia e paradoxo, *sinkrisis* (comparação) e antítese, narrativa e repertório. Todo o discurso é uma paródia do insensato e inflado autoelogio de seus rivais pelo tipo errado de status. Na verdade, o discurso também zomba de toda a cultura romana de celebrar o poder nas realizações, oferecendo uma celebração do poder divino na fraqueza humana.

O orgulho, ou autoelogio, era uma convenção da vida romana. Os deuses, imperadores, generais e patronos da cidade se orgulhavam, listando publicamente suas gloriosas realizações (como a *res gestae* imperial, 'coisas realizadas') para que todos ouvissem ou vissem. Assim, também, Paulo agora lista seus feitos poderosos, seus sucessos militares; apenas eles se revelam — quando medidos de acordo com os padrões humanos — como fraquezas, derrotas e fracassos. Paulo está seguindo a convenção apenas na medida em que a está desafiando. Seu verdadeiro orgulho não está em si mesmo, mas em Cristo, o Senhor, cujo poder se manifesta na fraqueza de Paulo, cuja vida é visível na morte do apóstolo (12:9; cf. 4:7-12).

Todo o discurso é dominado pela linguagem do orgulho, fraqueza e insensatez. Formas das palavras gregas para gloriar-me/gloriarei/exaltação' aparecem quinze vezes, 'fraquezas/necessidades' nove vezes, e 'insensato/tolice' seis vezes.[27] O *propositio* do discurso, e até do livro, aparece nas palavras fundamentais: "Pois, quando sou fraco, é que sou forte" (12:10). Desenvolve, portanto, as alegações de Paulo em 1Co 1:18-2:5 de que a loucura e a fraqueza de Deus, manifestadas na cruz de Cristo, são necessariamente e apropriadamente manifestadas também no ministério de Paulo. Os apóstolos, acima de tudo, devem se tornar o evangelho.

Introdução (11:16–21a)

Paulo introduz o discurso apropriado com um apelo pela indulgência dos coríntios quando ele sai do seu modo de caráter (e, na verdade, fora de Cristo, 11:17) e deliberadamente se faz de insensato (11:16-21a). Seu raciocínio é simples (11:18): seguir o exemplo dos outros, os superapóstolos, que se orgulham, gabando-se especificamente "de modo bem humano" (NVI) — de acordo com "padrões humanos" (NRSV). Afinal, ele acrescenta sarcasticamente, que os "sábios" coríntios (1Co 4:10; 10:15) tolerarão qualquer insensato (11:19)! Pois eles têm tolerado essas aves de rapina (11.20; descritas em cinco imagens pouco lisonjeiras): os chamados apóstolos que recebem o dinheiro dos coríntios em nome de Cristo. Mas Paulo e sua equipe eram muito "fracos" para expressar tal poder (11.21a). Essas palavras de abertura, juntamente com o primeiro discurso (11:7-11) e o pós-escrito em 12:13, demonstram quão problemática teria sido a questão de Paulo recusar o dinheiro dos coríntios.

---

[27] Orgulho/ostentação/vanglória: 11:16, 17, 18 (duas vezes), 21 (duas vezes), 30 (duas vezes); 12:1, 5 (duas vezes), 6, 7 (duas vezes), 9; 'fraqueza': 11:21, 29 (duas vezes), 30; 12:5, 9 (duas vezes), 10 (duas vezes); 'insensatez/insensato: 11:16 (duas vezes), 17, 19, 21; 12:6.

As fraquezas do ministro guerreiro (11:21b-33)

Enfatizando mais uma vez seu papel de insensato (11:21b), Paulo ataca o currículo orgulhoso dos superapóstolos assumindo duas afirmações centrais (11:22-23): sua descendência hebraica, expressa de três maneiras, e sua condição de ministros (11:22-23) (*diakonoi*) do Messias. Se eles são judeus, talvez alegando representar a 'verdadeira' fé e os apóstolos de Jerusalém, Paulo também o é (11:22). Isso resolvido, Paulo passa para o que realmente importa: os critérios de sua condição ministerial, ou apostolado (11:23). Admitindo agora falar como se fosse louco [fora de mim] (11:23), Paulo lança sua grande lista de tribulações (11:23-29). Embora comece formalmente como uma comparação com os outros 'apóstolos', fica claro não apenas que Paulo vencerá a disputa das tribulações por uma vitória esmagadora, todavia ainda mais importante é que esses intrusos estão engajados em uma disputa totalmente diferente, que é não medir o sucesso apostólico em termos de fraqueza, o critério usado por Paulo — e aparentemente por Deus (11:30; 12:5, 10).

Paulo, o 'guerreiro', agora lista suas realizações militares; o servo resume seu serviço. A lista é cuidadosamente estruturada da seguinte forma:

- *Tribulações incontáveis* (11:23b) — essas quatro características gerais da vida de Paulo são tão comuns que se tornam incontáveis: anos de trabalho duro; prisões; açoites, provavelmente referindo-se à multidão, em vez de uma ação oficial; e várias experiências de quase morte, como a que foi narrada em 1:8-11.
- *Adversidades enumeradas* (11:24-26a) — esses seis itens são contados (o último vagamente): cinco ocasiões de açoitamento oficial na sinagoga, cada uma das quais teria sido quase letal; três incidentes de espancamentos oficiais romanos (até mesmo cidadãos irritantes eram às vezes açoitados ilegalmente); um apedrejamento; três naufrágios; uma curta aventura à deriva no mar; e viagens frequentes que eram cansativas e perigosas (veja 11:27).
- *Perigos* (o restante de 11:26) — a maioria dos quais está relacionada com as viagens e inclui vários locais e forças, tanto naturais quanto humanas: rios, mares, regiões selvagens e centros populacionais; bandidos, judeus, gentios e "falsos irmãos e irmãs".

- *Condições difíceis* (11:27) — uma variedade de dores físicas e privações: trabalho duro (significando principalmente, segundo se suspeita, envolvimento do trabalho com as mãos); insônia; fome e sede; exposição aos elementos.
- *Ansiedade pelas igrejas* (11:28-29) — ansiedade diária, incluindo um profundo senso de compartilhar as fraquezas e ataques às igrejas.

Enquanto a maioria desses tipos de provações são relatados em Atos e muitos estão listados em outros lugares, em nenhum outro lugar sua quantidade ou intensidade é tão completamente descrita como aqui. O caráter da lista como um todo parece muito semelhante ao destino do Senhor a quem Paulo serve, mesmo que os detalhes sejam diferentes.

Antes de relatar um último incidente com algum detalhe, Paulo insere uma palavra sobre o princípio mais importante do discurso: que ele se gloriará (o futuro soa como um juramento, como 11:31 confirma) apenas "nas coisas que mostram a minha fraqueza" (11:30). Isso leva a um ensaio da experiência de Paulo (cf. At 9:23-25) de ser baixado em uma cesta para escapar de Damasco durante o reinado do rei Aretas IV (falecido em 40 d.C.). Essa breve narrativa confirma a afirmação de Paulo de que o poder e a vida da ressurreição dado por Deus aparecem em situações de fraqueza e morte (cf. 1:8-11; 12:9-10), e ilustra a consistência da vida cruciforme de Paulo durante um período de cerca de quinze anos, bem como contribui para a noção de Paulo, como guerreiro. Uma das grandes glórias da batalha romana era ser o primeiro a escalar a muralha da cidade inimiga e assim entrar no seu interior. Tal coragem e sucesso militar eram recompensados com uma coroa de ouro, a *corona muralis*, ou 'coroa para o muro' — um ato de mobilidade descendente, de forma literal e figurativa. É, para ele, uma espécie de *corona muralis* e, aparentemente, um momento decisivo em sua espiritualidade e ministério.

Poder na fraqueza (12:1-10)

Curiosamente, Paulo narra a seguir uma experiência bastante diferente, mas também do passado. De fato, uma vez que 2Co 10—13 foi quase certamente escrito em meados dos anos 50, e a experiência da cesta ocorreu pouco antes dos 40, então a viagem celestial de 12:1-4 ("quatorze anos atrás", em 12:2) teria ocorrido pouco depois da fuga de Damasco. Como veremos, essa cronologia pode ajudar a explicar por que Paulo conta essas duas histórias de modo consecutivo.

A viagem celestial, experiência reveladora em uma visão, tem sido foco de intenso estudo há muitos anos, assim como o "espinho na carne" (12:7) que se segue no texto. É quase universalmente aceito que o próprio Paulo é a "pessoa em Cristo" (12:2) que teve essa experiência; seu uso de uma linguagem de terceira pessoa ('ele', não 'eu') para narrar o fato pode ter sido devido, em parte, às convenções retóricas da época e em parte à sua hesitação em se orgulhar do que pode parecer ser 'poder' em vez de fraqueza. No entanto, fica claro pelo contexto que Paulo se sente 'forçado' a se orgulhar de ter recebido "visões e revelações do Senhor" (12:1) — novamente significando especificamente o Senhor Jesus — a fim de demonstrar não apenas sua igualdade com os superapóstolos, mas sua superioridade sobre eles (12:11-12). Em última análise, o que importa para Paulo são suas fraquezas, pois nenhuma outra ostentação tem valor (12:1). No entanto, ele quer que os coríntios saibam que, não importa qual critério de apostolado os intrusos apresentem, ele pode cumpri-lo: visões e revelações, sinais e maravilhas (12:12), ou qualquer outra coisa.

A viagem em si, embora Paulo forneça poucos detalhes, não é diferente de outros relatos de judeus antigos, e alguns não judeus, de serem "arrebatados" (12:2, 4) ao céu. A experiência de Paulo pode ou não ter sido uma jornada física, diz ele entre parênteses (12:3), mas é uma reminiscência de outras experiências visionárias que são referidas como *Merkabah* (palavra do hebraico para 'carruagem'): experiências místicas com a glória de Deus no céu. Essa não é a experiência de chamada/conversão de Paulo, pois ele já estava "em Cristo" quando isso aconteceu.

Paulo narra brevemente a jornada em duas etapas ou, mais provavelmente, duas vezes (v. 2, depois v. 3-4), a segunda vez deixando claro que "o terceiro céu" (12:2), a morada de Deus é o "Paraíso" e não apenas o terceiro de cerca de sete céus (como alguns judeus acreditavam que existia). O que Paulo viu, seja o que for, ele não descreve, e o que ele ouviu não tem permissão para relatar (12:4). Mas, obviamente, foi uma experiência incrível e "mesmo que eu preferisse gloriar-me" (12:6-7) superaria qualquer coisa que os superapóstolos tivessem a oferecer. E não é único caso; ele teve outras experiências igualmente impressionantes (12:7). Paulo, no entanto, mantém o princípio de que ele se gloriará apenas em suas fraquezas — o que é visto e ouvido nele, não no céu (12:5-7a).

É por isso que, ele diz duas vezes para enfatizar, ele recebeu o "espinho": "para impedir que eu me exaltasse" (12:7).[28] Seu propósito era a humildade e a dependência de Deus. Há pelo menos três perguntas-chave sobre a frase "espinho na carne" (12:7; *skolops tē sarki*). O que é o espinho? Quem o deu? e, é "na carne" ou "contra a carne"?

O espinho

Ao longo dos séculos, os candidatos à identificação do espinho têm sido numerosos: uma doença física (malária, problemas oculares, epilepsia, dores de cabeça etc.); um defeito físico ou desfiguração; um problema de fala; uma doença emocional ou depressão; um tormento ou tentação espiritual; rejeição; sofrimento e perseguição; ou adversários de Paulo. Com base nos paralelos dos Manuscritos do Mar Morto, um número significativo de comentaristas recentes tem identificado o espinho como os oponentes de Paulo, especificamente (naquele momento) os superapóstolos.

Qualquer que seja a resposta, Paulo chama o espinho de "mensageiro de Satanás", indicando seu caráter adversário, e ainda assim ele também diz que "foi me dado" (12:7), cuja frase sugere sua origem divina. (Na antiga teologia judaica, não era impossível, entretanto, que Deus e Satanás parecessem 'trabalhar juntos' na adversidade; veja o caso de Jó.) Não menos confusa é a referência à carne, pois embora poucas traduções revelem, a frase pode significar algo como 'proteção contra a carne'. Essa tradução é especialmente atraente à luz das referências a falsas avaliações de acordo com a carne, ou valores humanos padrão, no contexto (10:2, 3; 11: 18; cf. 1:17; 5:16).

Por mais atraente que seja a tese dos 'oponentes', o contexto sugere que o 'espinho na carne' de Paulo é a vida de tribulação que ele deve enfrentar, que é tanto um dom de Deus (o dom/privilégio gracioso de compartilhar os sofrimentos de Cristo; Fl 1:29) e a obra do adversário. É a tribulação que impedirá Paulo de ser super ligado com as visões

---

[28] A frase é proferida apenas uma vez no NVI, mas duas vezes na versão NRSV e NAB, devido a diferenças nos manuscritos.

e avaliar as coisas "segundo a carne", como fazem os superapóstolos (11:18). É a tribulação que lhe ensinará a suficiência da graça de Deus e lhe dará verdadeiras experiências do poder de Cristo, o domínio do poder na fraqueza (12:9-10). O espinho de Paulo, a coisa da qual ele pediu libertação três vezes (12:8), mas com a qual ele agora está conformado, é identificado no contexto como suas "fraquezas" (12:9-10), a ampla gama de suas "fraquezas, insultos, sofrimentos, perseguições e calamidades por causa de Cristo" (12:10).[29] Sobre a revelação no céu, Paulo não pode dizer nada, mas a revelação que importa para ele, e que ele passa para os coríntios e para nós, é o que ele recebeu *após* a viagem para o céu. Observando a escolha cuidadosa de Paulo de palavras interconectadas, podemos apresentar seu relato dessa revelação assim (12:9-10):

> Mas ele me disse: "Minha graça é suficiente a você, pois o meu poder se aperfeiçoa na fraqueza". Portanto, eu me gloriarei ainda mais alegremente em minhas fraquezas, para que o poder de Cristo repouse em mim. Por isso, por amor de Cristo, regozijo-me nas fraquezas, nos insultos, nas necessidades, nas perseguições, nas angústias. Pois, *quando* [da mesma forma, NRSV, NET] sou fraco, é que sou forte.

Paulo aprendeu sobre esse poder, talvez pela primeira vez, no incidente da cesta de Damasco. A viagem subsequente ao Paraíso (presumivelmente a primeira, embora não a última) parecia uma forma alternativa radical de experimentar o poder de Deus. Qual seria a norma para a vida de Paulo? A resposta divina é o dom da fraqueza e tribulação; essa é a norma e a essência da existência apostólica, o critério de autenticidade que transcende e autentica todas as outras experiências da presença e do poder de Deus. O "espinho", portanto, certamente inclui perseguição (e, portanto, vagamente, 'oponentes'), porém, é mais do que isso. É um modo de vida em conformidade com Cristo que se destina a evitar que os ministros sejam muito "orgulhosos" — isto é, de avaliar as coisas em termos humanos. O espinho deve, portanto, ser entendido como um espinho *contra* a carne. Como tal, é uma ajuda *para* o Espírito, capacitando o ministro a reconhecer que o Espírito de Deus

---

[29] Paulo pode ter conhecido a tradição de Jesus no Getsêmani e imitado o tríplice pedido de Jesus por libertação da cruz (Mc 14:32-42; Mt 26:36-46).

é o Espírito de Cristo, e que o Espírito que opera milagres (12:12; cf. Gl 3:3-5), o Deus que vive no Paraíso, se revela na cruz do Filho e na cruciformidade de todos os "ministros de Cristo" (11:23). O exaltado Senhor Jesus, que habita o céu com Deus Pai, é um com Jesus crucificado, "o poder e a sabedoria de Deus" (1Co 1:24).

Paulo, então, conhece por experiência um poder incomum — o poder de Cristo (12:9), que é o poder do Espírito, o poder gracioso de Deus. Em Filipenses, ele dirá que aprendeu a lidar com qualquer coisa, mesmo sofrimento e prisão, por causa dessa graça e poder: "Tudo posso naquele que me fortalece [lit. 'capacita']" (Fp 4:13). Aqui, em 2Coríntios, ele diz que possui um "poder extraordinário" de Deus pelo qual "a vida de Jesus" se manifesta em sua aflição e perseguição (4:7-12).

Os escritos de Paulo contêm numerosas frases contundentes que poderiam servir como lema de sua vida, mas poucos expressam melhor sua pessoa e sua missão do que isso: "Pois, quando sou fraco, é que sou forte" (12:10).

Conclusão dos discursos (12:11-13).

Paulo terminou seus dois discursos sobre o orgulho insensato. Ele confessa o autoelogio tolo a que se sentiu forçado porque os coríntios não o defenderam diante dos superapóstolos (12:11). Eles essencialmente o abandonaram, mas não importa o que venha de um 'ninguém' ("nada", 12:11), Paulo sente que ele é, ou parece para os outros, superior aos superapóstolos *em virtude de sua conformidade com Cristo*. Sim, como 12:1-10 acaba de demonstrar, Paulo possui as credenciais formais dos apóstolos — não apenas visões e revelações, mas também todos os tipos de milagres (12:12), como também atesta Atos. Os superapóstolos também não podem vencê-lo nesse jogo de poder.

O que realmente importa agora para Paulo, no entanto, é a velha questão das finanças e do trabalho manual. Os coríntios não sabem o que de bom eles tiveram. Por meio seu apóstolo nada lhes faltou — nenhuma obra poderosa ou outros sinais apostólicos — exceto o fardo de ter que sustentá-lo (12:13). Para selar a explosão retórica dos últimos capítulos, Paulo agora expressa uma expressão final de sarcasmo: "Perdoem-me essa ofensa!" (12:13; cf. 11:7). No entanto, mesmo isso é oferecido em amor, pois Paulo, como a próxima seção revela, gastou-se, e continuará a fazê-lo, para a edificação dos coríntios (12:15, 19).

Resumo final, advertência, apelos e saudações (12:14—13:13)

Se imaginarmos 2Coríntios em parte como uma peça de retórica forense que tem a característica de um drama para um tribunal, então Paulo agora parece descansar de seu caso — ou assim parece. Ele tem sido tanto a defesa quanto a acusação, explicando e defendendo seu próprio ministério e depois, ou às vezes simultaneamente, atacando o ministério dos pseudoapóstolos.

Resta-lhe dar um resumo de todo o 'caso' — a situação tal como está. Paulo o faz relacionando o que disse com a possibilidade de mais uma visita a Corinto. Mas no decorrer dessa discussão, fica claro que Paulo não descansou realmente de seu caso. Agora, o foco de sua acusação, no entanto, muda dos superapóstolos para os próprios coríntios. Como em 1Co 4:14-21, Paulo, seu pai espiritual, talvez precise ir para disciplinar severamente seus filhos rebeldes, embora esse não seja seu desejo.

Antecipação da terceira visita: lembretes e advertências (12:14—13:10)

A conversa acerca de uma terceira visita domina essas observações finais (12:14, 20; 13:1-2, 10). A primeira menção a isso leva mais uma vez à questão financeira do sustento de Paulo (12:14-18). Por vários ângulos, Paulo reitera sua rejeição de princípios ao apoio coríntio para seu ministério entre eles (12.14-15; cf. 11.9): (1) ele não os sobrecarregará; (2) ele os quer, não o dinheiro deles; (3) os pais economizam e gastam com seus filhos, e não vice-versa; (4) o seu sustento provido por ele mesmo, é sua expressão de amor — algo a ser apreciado pelos coríntios (12:15). Tomadas em conjunto, as imagens financeiras de sustentar os filhos e 'se gastar e se deixar ser gasto' são a maneira de Paulo dizer que ele quer amar os coríntios de maneira divina e cristã (cf. 8:9; 9:8-10).

Mesmo com essa alegação concedida, Paulo precisa retornar ao assunto da coleta, pois se ele não sobrecarregou os coríntios, talvez os tenha induzido (12:16-18). Uma série de quatro perguntas retóricas e uma breve atualização sobre o envio de Tito e um irmão macedônio por Paulo destinam-se a defender o apóstolo e sua equipe contra acusações de que a coleta seria destinada aos seus próprios bolsos.

Esse tom defensivo, que domina não apenas aqui, mas toda a carta, pode fazer os destinatários da carta pensarem que Paulo está apenas engajado em uma autojustificação egocêntrica (12:19a). Paulo assegura aos coríntios que a autodefesa é, na melhor das hipóteses, o penúltimo objetivo de seu ministério e desta carta; Paulo afirma, como sempre, que tudo o que ele e sua equipe fazem, é para a edificação amorosa dos coríntios (12:19b). Ele teme, de fato, que a possível rejeição deles signifique uma rejeição das exigências do evangelho — e a experiência passada com os coríntios, torna tal preocupação legítima. Eles retornariam, ou já teriam retornado, aos caminhos errôneos (12:20-21) que ele tratou longamente em 1Coríntios? Se Paulo achar que esse é o caso quando ele voltar para Corinto, ele será humilhado (12:21), e isso será tão desagradável para eles quanto será para ele (12:19).

Mais especificamente, isso significa que uma terceira visita pode ser uma visita de julgamento divino executada por meio de Paulo (13:1-4). Pecado não arrependido (13:2), testemunhado por duas ou três testemunhas biblicamente exigidas (Dt 19:15) das visitas de Paulo (e talvez cartas ou relatórios), dificilmente resultará em clemência (13:2), mas em uma exibição de autoridade apostólica até então desconhecida para os coríntios. Paulo nunca renegará seu compromisso com o ministério cruciforme, mas assim como ele pode listar suas revelações e milagres como parte de seu currículo apostólico, ele também pode e exercerá seu poder divinamente concedido para disciplinar seus filhos (13:2-4; cf. 13:10). Não o fazer seria uma abdicação de seus deveres paternais e de embaixador. O Cristo crucificado é agora o Cristo vivo, e Ele não pode ser repudiado em sua igreja sem consequências.

Mas tal tipo de visita não é o que Paulo prefere, então ele convida os coríntios a "examinar" e "provar" a si mesmos para ver se eles estão realmente "na fé" (13:5 NVI, CEB, NET corretamente; NAB/NRSV, "vivendo na fé"). No contexto, essa frase parece sinônimo de "em Cristo", pois Paulo lembra aos coríntios que Cristo está neles (ou entre) eles, a menos que falhem na prova. Isso não pretende ser um quebra-cabeça ou uma tautologia; O argumento de Paulo é que a essência de ser a igreja é o fato de que ela é habitada por Cristo, mas a única prova dessa realidade é uma vida na fé, uma vida em conformidade com Cristo como pregada por Paulo e sua equipe. Se eles falharem em viver fielmente em Cristo — aceitando Paulo como seu apóstolo e abandonando seus erros

— então Paulo e sua equipe terão fracassado (13:6) e, mais importante, os coríntios terão perdido sua oportunidade (13:7).

Mesclando temas de ambas as cartas existentes, enviadas aos coríntios, Paulo encerra suas observações com uma expressão de esperança pela 'força' e 'perfeição' dos coríntios. Em uma palavra, ele quer a obediência deles, não realmente em relação a ele e sim para Cristo, e não por causa dele, mas por causa deles. A autoridade apostólica opera nos dois sentidos: julgar e edificar; Paulo quer apenas edificar (13:10).

Saudações finais, exortações e bênção (13:11-14)

A carta termina com uma série de pequenos apelos que resumem a epístola como um todo, com uma breve troca de saudações e uma bênção (13:11-13). Aqui, como em toda esta última seção da carta, descobrimos que o objetivo final de 2Coríntios não é a defesa de Paulo, mas a edificação e união dos crentes em Corinto (13:11). A série de quatro breves exortações em 13:11 recebe uma variedade de nuances nas várias traduções; o ponto em destaque, porém, é que os coríntios se unam em torno das admoestações de Paulo em um espírito de paz e unidade com a mente de Cristo (unidade em Paulo sendo ligada à semelhança de Cristo; cf. Fp 2:2; 4:2; Rm 15:5). Somente essa resposta à carta de Paulo garantirá a presença contínua do Deus amoroso e pacificador que eles encontraram no ministério evangélico de Paulo (13:11).

Após as saudações (13:12) aparece a bem conhecida bênção trinitária de 13:14 (v. 13 na NRSV, ARA). No contexto de 2Coríntios, isso ocorre não por acaso. A experiência de Deus em favor dos coríntios, como em prol de todas as igrejas de Paulo, foi a experiência de um Deus conhecido em Deus Pai, Jesus Cristo, o Filho, e o único Espírito do Pai e do Filho. Essa experiência já foi celebrada perto do início da carta (1:3-11 e 18-22, esp. 1:21-22), de modo que a abertura e o encerramento da carta constituem um *inclusio* dessa experiência trinitária de Deus. De forma discreta, mas significativa, esse *inclusio* e seu conteúdo trinitário formam a lente interpretativa de toda a carta.

É uma *koinōnia* — uma "comunhão" (NAB, ARA, NRSV) — criada pelo Espírito entre os crentes que é conhecida mais plenamente na partilha de sofrimento e consolação (1:3-7) e no compartilhamento de recursos (8:3-4; 9:13). A vida em Cristo é participativa de muitas maneiras diferentes. Em tal comunhão, os crentes compartilham a graça da generosidade do Senhor (8:9; 9:14) e em sua graça poderosa e plena em tempos de fraqueza (12:9-10). Em tais circunstâncias, o amor de Deus em Cristo, visto primeiro na cruz e agora na vida em forma de cruz dos apóstolos e irmãos e irmãs comuns, se torna conhecido e impele a comunidade (5:14).

RESUMO DOS CAPÍTULOS 10–13

Nesses capítulos retoricamente poderosos, Paulo se engaja simultaneamente no trabalho dos advogados de defesa e promotores, argumentando habilmente que:

- O ministério em Cristo pode ser descrito como sendo o de um guerreiro espiritual, atacando a oposição ao Cristo crucificado e levando os pensamentos cativos a Ele, e como sendo o pai da noiva, responsável por apresentar a igreja imaculada ao seu marido.
- Os assim chamados ministros que praticam o autoelogio, ostentam o poder e sobrecarregam as pessoas, especialmente no aspecto financeiro, pregam um evangelho estranho com um Jesus e um Espírito diferentes e inexistentes.
- O ministério de Paulo aos coríntios sempre foi feito por amor à sua edificação, incluindo especialmente sua recusa de apoio financeiro, que é sua perpétua ostentação e uma forma de identificação com Cristo crucificado.
- As fraquezas e tribulações são o elemento mais fundamental da vida apostólica de Paulo e o meio fundamental de autenticar todo e qualquer apóstolo.
- Paulo tem evidências de outros sinais aceitos de apostolado – visões e milagres – mas seu modus operandi apostólico é sintetizado no lema "Pois quando sou fraco é que sou forte".
- A preferência de Paulo pela edificação amorosa não nega a possibilidade de exercer julgamento sobre seus filhos rebeldes se eles continuarem efetivamente a trair sua vida em Cristo.

A HISTÓRIA DIANTE DA CARTA

Algumas leituras de 2Coríntios

"Que epístola admirável é a segunda carta aos Coríntios, como é cheia de afetos. Ele [Paulo] se alegra, e se arrepende, se entristece e se gloria. Nunca houve tal cuidado de um rebanho expresso, exceto no grande pastor do rebanho, que primeiro derramou lágrimas sobre Jerusalém e depois seu sangue."

George Herbert, *The Country Parson*, p. 63, c. 1630, citado em Ernest Best, *Second Corinthians*, Interpretation (Atlanta: John Knox, 1987), p. 4 (levemente alterado).

"A convicção de Paulo sobre a morte e ressurreição de Cristo é usada metaforicamente para reconstituir sua vida cheia de adversidades por meio da estrutura de vida morte/ressurreição; suas adversidades devem ser entendidas como um morrer que traz vida. Ele apresenta assim o direcionamento principal do próprio evangelho. Assim como a cruz não se encaixa em entendimentos reinantes da realidade, também a vida de Paulo não se encaixará em entendimentos predefinidos de poder e valor. Como expressão das ações de Deus na morte e ressurreição de Cristo, o ministério de Paulo força um reexame de si mesmo... Tal como o evangelho, o ministério de Paulo questiona o ouvinte em sua própria forma; e é isso que fornece sua legitimidade."

Steven J. Kraftchick, "Death in Us, Life in You: The Apostolic Medium", em *1 e 2Corinthians*, vol. 2 da *Pauline Theology*, ed. David M. Hay (Mineápolis: Fortress, 1993), p. 156-81, aqui 177.

"[A] maior parte de seus ensinamentos [de Paulo] sobre o ministério são um modelo e uma inspiração para as gerações subsequentes de missionários e pastores... Assim, 2Coríntios pode ser colocado entre parênteses com as Cartas Pastorais em sua aplicabilidade ao trabalho daqueles cuja vocação é servir a Deus como seus ministros."

Paul Barnett, *The Second Epistle to the Corinthians*, NICNT (Grand Rapids: Eerdmans, 1997), p. 50.

"Em [...] 2Coríntios, relações pessoais, objetivos e propósitos modestos, e até mesmo o que alguns podem considerar assuntos bastante mesquinhos são a ocasião para grandes reflexões teológicas... Ao longo de 2Coríntios, e de fato em toda a sua correspondência, ele [Paulo] não tem interesse em noções teológicas por si mesmas, mas apenas como elas envolvem a vida, como elas influenciam a maneira como as pessoas se comportam. Sua teologização, portanto, nunca é abstrata ou obscura; em vez disso, está sempre engajada, sempre ligada à vida como pessoas reais — ele e seus ouvintes — estão experimentando isso.

J. Paul Sampley, "The Second Letter to the Corinthians", in *The New Interpreter's Bible*, ed. Leander E. Keck et al. (Nashville: Abingdon, 2000), 11:1-180, aqui 3, 21.

Perguntas para reflexão

1. De muitas maneiras, esta carta é sobre ministério. Paulo descreve o caráter do ministério em uma série de imagens (e.g., apóstolo, aquele que 'morre' para dar vida aos outros, embaixador etc.). Como essas imagens podem informar ou não o ministério contemporâneo?
2. Para Paulo, o ministério é uma 'via de mão dupla', uma relação de reciprocidade na qual ambas as partes são canais de bênção divina (e.g., conforto). Em que sentido isso ainda é verdadeiro, ou ainda deveria ser verdade, hoje?
3. De que maneiras contemporâneas as pessoas que afirmam ser ministros de Cristo demonstram sua própria obsessão por ganância e poder (espirituais ou outras questões)? Como o evangelho de Paulo aborda esse assunto?
4. Como um crente ou igreja que não sofre — como a maioria no mundo ocidental — pode compreender, apreciar e afirmar plenamente a promessa de glória (ressurreição e estar com Cristo após a morte)?
5. O que o foco de Paulo na 'reconciliação' sugere sobre a natureza do ministério cristão contemporâneo e da vida em comunidade?
6. O assunto do dinheiro nem sempre é bem-vindo nos círculos da igreja. Quais são algumas das questões contemporâneas relacionadas à mordomia e como a espiritualidade da graça cruciforme e generosidade de Paulo pode abordá-las?
7. De que maneiras, se houver, os cristãos contemporâneos (leigos, ministros, teólogos) separam o Espírito de Deus e o Espírito de Cristo em sua teologia e práxis? Como a perspectiva de Paulo pode contribuir para o reencontro deles?
8. Quais são algumas das manifestações contemporâneas reais ou potenciais do ministério cruciforme em paralelo ao autossustento de Paulo e à prática geral de 'se gastar e se deixar se gastar' pelos outros? Que dificuldades e perigos potenciais podem existir em uma teologia e prática do ministério cruciforme?
9. A espiritualidade do 'poder na fraqueza' está restrita apenas aos 'ministros'? Como pode ser praticado por cristãos

comuns hoje? Quais são os desafios dessa abordagem da espiritualidade em nossa cultura e igrejas?
10. Como você responde às interpretações de 2Coríntios citadas anteriormente?
11. Em suma, o que esta carta exorta a igreja a crer, esperar e fazer?

Para leitura e estudo adicionais

Geral

Barrett, C. K. *A Commentary on the Second Epistle to the Corinthians*. HNTC. New York: Harper and Row, 1973. Exposição clássica, com atenção à teologia coríntia e agonia paulina.

Collins, Raymond F. *Second Corinthians*. PCNT. Grand Rapids: Baker Academic, 2013. Exegese cuidadosa e atenção aos principais tópicos teológicos, assumindo uma carta unificada.

Hafemann, Scott J. *2 Corinthians*. NIVAC. Grand Rapids: Zondervan, 2000. Atenção especial ao significado contemporâneo do texto.

Lambrecht, Jan. *Second Corinthians*. SP. Collegeville, MN: Liturgical, 1998. Comentário sucinto sobre a carta como documento unificado, com foco em suas dimensões teológicas e autobiográficas.

Matera, Frank E. *2 Corinthians*. NTL. Louisville: Westminster John Knox, 2003. Comentário perspicaz destacando as preocupações teológicas de Paulo no contexto e defendendo a unidade da carta.

Murphy-O'Connor, Jerome. *The Theology of the Second Letter to the Corinthians*. Cambridge: Cambridge University Press, 1991. Uma breve introdução e comentário, com reflexões canônicas e teológicas.

Sampley, J. Paul. "The Second Letter to the Corinthians." P. 1-180 in vol. 11 of *The New Interpreter's Bible*. Edit. por Leander E. Keck et al. Nashville: Abingdon, 2000. Comentário do ponto de vista exegético e homilético rico com consideração cuidadosa dos oponentes de Paulo.

Stegman, Thomas D. *Second Corinthians*. CCSS. Grand Rapids: Baker Academic, 2009. Interpretação teológica cuidadosa e perceptiva.

Witherington, Ben, III. *Conflict and Community at Corinth: A Socio-Rhetorical Commentary on 1 and 2Corinthians*. Grand Rapids: Eerdmans, 1995. Comentário sobre a carta em seu contexto social, defendendo a unidade retórica da carta.

Técnica

Barnett, Paul. *The Second Epistle to the Corinthians*. NICNT. Grand Rapids: Eerdmans, 1997. Thorough study with a special focus on Paul's understanding of ministry in one unified letter.

Furnish, Victor P. *II Corinthians*. AYB 32A. Garden City, NY: Doubleday, 1984. Comentário clássico equilibrado e perspicaz, rico em interpretação histórica e teológica, apoiando uma hipótese de duas cartas.

Guthrie, George H. *2Corinthians*. BECNT. Grand Rapids: Baker, 2015. Exposição detalhada usando o método de análise do discurso.

Harris, Murray J. *Second Epistle to the Corinthians*. NIGTC. Grand Rapids: Eerdmans, 2005. Análise cuidadosa e perspicaz do texto grego.

Hay, David M., ed. *1 and 2Corinthians*. Vol. 2 of Pauline Theology. Mineápolis: Fortress, 1993. Ensaios acadêmicos aguçados de várias perspectivas.

Martin, Ralph P. *2Corinthians*. WBC 40. 2ª ed. Waco, TX: Word, 1986. Comentário padrão e detalhado sobre o texto grego, defendendo duas cartas com foco no ministério apostólico de Paulo.

Seifrid, Mark A. *The Second Letter to the Corinthians*. PNTC. Grand Rapids: Eerdmans, 2014. Estudo cuidadoso destacando o "ateísmo prático" dos coríntios e a resposta de Paulo a ele.

Stegman, Thomas. *The Character of Jesus: The Linchpin to Paul's Argument in 2Corinthians*. Analecta Biblica 158. Roma: Editrice Pontifico Instituto, 2005. Uma abordagem narrativa e cristocêntrica da carta.

Thrall, Margaret E. *A Critical and Exegetical Commentary on the Second Epistle to the Corinthians*. ICC. 2 vols. Edinburgh: T&T Clark, 1994, 1998. Tratamento cuidadoso e completo.

Young, Frances, and David F. Ford. *Truth and Meaning in 2Corinthians*. Londres: SPCK, 1987; repr. Eugene, OR: Wipf and Stock, 2008. Trabalho interpretativo significativo por um teólogo líder e um estudioso líder do cristianismo primitivo.

12

Romanos

Gentios e judeus na comunidade da aliança cruciforme em Cristo

Cristo se tornou servo dos que são da circuncisão, por amor à verdade de Deus, para confirmar as promessas feitas aos patriarcas, a fim de que os gentios glorifiquem a Deus por sua misericórdia.

Romanos 15:8-9

Romanos é sem dúvida a carta mais influente já escrita. É certamente a carta mais significativa da história do cristianismo. Ela tem gerado conversões, doutrinas, disputas e até algumas reformas, e o tem feito de maneira bastante ecumênica e com uma espécie de efeito dominó.

Um texto de Romanos (13:13-14) resultou na conversão de Agostinho, quando ele tomou uma Bíblia e abriu nesse trecho da carta de Paulo. Um monge agostiniano chamado Martinho Lutero teve seu pensamento teológico reorganizado por sua leitura de Romanos ("a parte principal do Novo Testamento... o mais puro evangelho" ["Prefácio à Epístola de São Paulo aos Romanos"]), o que fez com que ele se sentisse "renascido". Um sacerdote anglicano chamado João Wesley, que mais tarde se tornaria o fundador do Metodismo, sentiu seu coração "estranhamente aquecido" em uma igreja na Aldersgate Street, em Oxford, depois de ouvir uma leitura do prefácio de Lutero a Romanos.

Há muito mais. Um teólogo suíço chamado Karl Barth inaugurou, no início do século 20, um renascimento teológico ao lançar "uma bomba no território dos teólogos liberais" (como alguém disse) — por

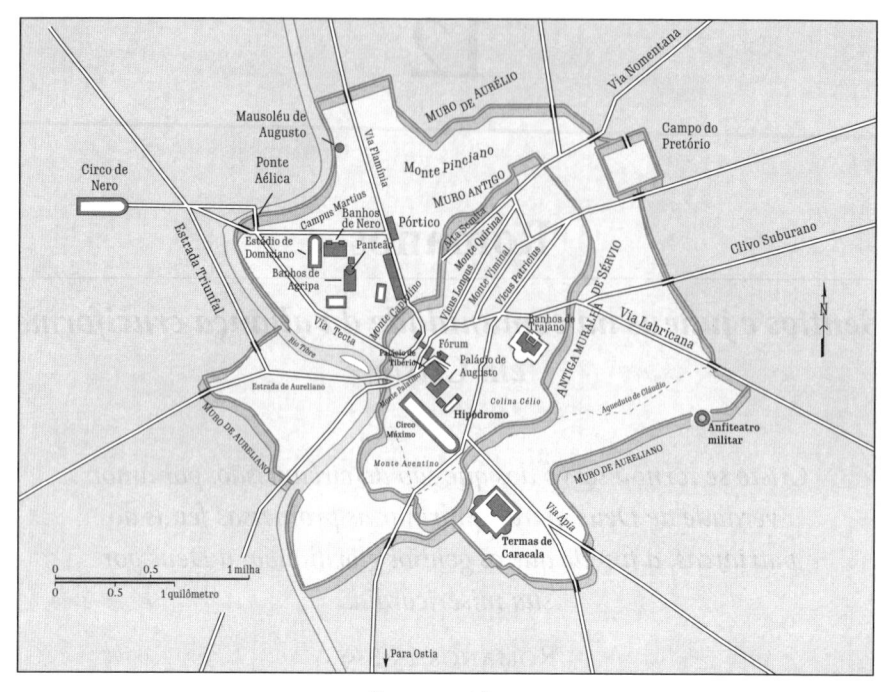

Roma antiga

meio de um comentário sobre Romanos. E a renovação do interesse em Paulo e Romanos provocou intermináveis conversas ecumênicas sobre 'fé e obras', resultando em uma convergência teológica significativa e uma "Declaração sobre a Doutrina da Justificação" conjunta de 1999 entre católicos romanos e luteranos, assinada também em 2006 pelo Conselho Metodista Mundial. A mesma carta paulina recentemente incentivou vários intérpretes a oferecer leituras fortemente políticas, pós-coloniais e orientadas para a paz que desafiam impérios antigos e modernos. O leitor e comentarista deve, portanto, abordar este documento com uma mistura de expectativa e reverência.

Como e por que uma carta tem causado tanto impacto? Essa é uma pergunta difícil, se não impossível, de ser respondida. A resposta mais óbvia cita a amplitude e a profundidade teológica do documento. O colega de Lutero, Melâncton, chamou Romanos de "um compêndio da religião cristã", e muitas vezes a epístola funcionou como tal. No entanto, essa abordagem teológica tradicional de Romanos tem sido atacada nas últimas décadas. Agostinho e Lutero, costuma-se dizer, interpretaram mal a carta, e talvez, de certo ponto de vista, eles realmente o fizeram.

Mas que atirem a primeira pedra os que não têm pecado; quem não interpretou mal este documento tão complexo? E embora a carta seja de fato escrita para a ocasião — os crentes romanos eram pessoas reais com problemas reais — ela também consiste, inegavelmente, na apresentação mais sistemática de Paulo acerca de seu evangelho. De fato, como veremos, seu caráter ocasional e sua qualidade sistemática estão logicamente interligados.

Quaisquer que sejam suas origens históricas e suas contingências, Romanos é verdadeiramente uma carta para todas as ocasiões. A carta narra a graça salvadora de Deus para com a humanidade pecadora, tanto judeus quanto gentios, que constitui, em Cristo, uma comunidade multicultural cruciforme de fé obediente emanando amor generoso e esperança genuína.

A HISTÓRIA POR TRÁS DA CARTA

Quando Paulo, estando em Corinto, escreveu aos crentes romanos, em algum momento entre 55 e 58 d.C. (provavelmente no inverno ou início da primavera de 55-56 ou 56-57), ele nunca havia visitado Roma, apesar das boas intenções que demonstrava em fazer essa visita (1:8-15; 15:14-33).[1] Provavelmente existiam assembleias de crentes no centro imperial em Roma por uma década ou mais, talvez até mesmo desde os primeiros dias da Igreja, pois especialmente os crentes judeus costumavam viajar entre Jerusalém e Roma (veja At 2:10). À medida que o evangelho se espalhava por todo o império, crentes de várias origens teriam entrado e saído da Roma cosmopolita. Paulo conhecia alguns dos conversos romanos; a lista de quase trinta pessoas, apresentada no capítulo 16, é impressionante, incluindo os amados e corajosos colaboradores de Paulo de tempos anteriores em Corinto, Priscila (Prisca) e Áquila (16:3-4). Talvez (e esses números são apenas suposições) Paulo conhecesse ao menos dez por cento dentre as várias centenas de crentes em diversas 'igrejas domésticas' (veja 16:5). No entanto, ele claramente

---

[1] A data exata da carta aos Romanos dentro desse período é contestada, mas geralmente não é assunto considerado de grande importância. A correlação dos planos de viagem de Paulo, nomes de pessoas (Febe, Gaio e Erasto) e dados relacionados de Romanos (15:25-26; 16:1-2, 23 [cf. 2Tm 4:20]), 1Co (1:14), e At (19:22; 20:1-3) torna virtualmente certo que Corinto (ou sua vizinhança) foi o lugar a partir de onde a carta foi escrita.

não era o 'pai espiritual' dessas igrejas. Então, por que Paulo escreveu esta extensa carta?

Razões para a carta aos Romanos

O debate sobre as 'razões para a carta aos Romanos' é um dos mais longos e complexos dentro da erudição bíblica moderna.[2] O significado da cidade de Roma *qua* Roma pode ter sido um fator, mas certamente não o único nem o mais importante. Respostas mais substantivas à pergunta '*Por quê?*' se relacionam obviamente com a situação das igrejas em Roma, o conteúdo da própria carta e o trabalho missionário de Paulo.

Uma razão plausível para a escrita da carta pode ter sido algum provável atrito entre os crentes gentios e judeus em Roma. Muitos estudiosos acreditam — embora seja preciso mencionar que alguns discordam veementemente — que algo como o seguinte cenário possa ter ocorrido em Roma, nos anos anteriores à escrita da epístola aos Romanos por Paulo. Em 49 d.C., um edito de Cláudio expulsou os judeus da cidade, ou pelo menos muitos deles, por causa de sua luta por um "Chrestus" — provavelmente uma alusão ao debate intrajudaico sobre a identidade e o papel do Messias judeu e, talvez, se Jesus era o esperado. (Para o edito, veja Suetônio, *Claudius* 25.4 e At 18:2.) Com a ausência de crentes judeus por cinco anos em Roma, os gentios constituíram a maior parte, se não a totalidade, das igrejas romanas, desenvolvendo sua liderança, missão e teologia.

Após a morte de Cláudio e o retorno dos judeus a Roma, as igrejas gentias estavam agora prontas para enfrentar um conflito multicultural, pois os crentes judeus tentavam se reconectar com seus irmãos gentios na fé. Estes poderiam ter desenvolvido um espírito independente, ou

---

[2] Uma discussão completa dessa questão pode ser encontrada em qualquer comentário completo. Para um resumo útil, veja Michael F. Bird, "The Letter to the Romans", em All Things to All Cultures: Paul between Jews, Greeks, and Romans, ed. Mark Harding e Alanna Nobbs (Grand Rapids: Eerdmans, 2013), p. 177-204, esp. p. 183-92. Bird discute seis propostas principais sobre o objetivo da carta: poderia ser um tratado teológico, um resumo dos ensinamentos de Paulo, uma carta de apresentação às igrejas em Roma, um pedido de apoio à sua missão, um esforço para trazer unidade às igrejas romanas, ou uma tentativa de unificar judeus e cristãos em Roma. O artigo de Bird, tal como o presente livro, opta por uma visão "eclética" do(s) propósito(s) de Romanos.

até mesmo uma atitude de superioridade, enquanto os crentes judeus naquele momento podiam estar se sentindo negligenciados ou marginalizados. Provavelmente teriam surgido diferenças com respeito a crenças e práticas. A união ainda seria possível? Necessária? A expulsão dos judeus teria sido algum tipo de julgamento divino? A realidade dessa divergência e tensão que dela resulta é descrita por Paulo em Rm 14 e 15: crentes judeus (e talvez gentios mais 'conservadores') e crentes gentios (assim como judeus mais 'liberais') estariam julgando uns aos outros por questões relacionadas com dieta e calendário — assuntos que Paulo considerava incidentais quanto ao evangelho e ao reino de Deus. Os estoicos chamavam essas questões de *adiaphora* — neutras, discricionárias e não essenciais.

O imperador Cláudio (locação: Museu do Vaticano)

Se esse cenário estiver próximo da exatidão, então a carta de Paulo às assembleias de Cristo em Roma destina-se, pelo menos, para abordar tal situação. O tema central de Romanos, a graça de Deus para judeus e gentios, incorpora as preocupações mais profundas de Paulo e, portanto, o assunto é sistematicamente desdobrado. De fato, a apresentação de seu evangelho poderia ter sido bem diferente se as igrejas consistissem apenas de gentios, ou exclusivamente de judeus.

A leitura de Romanos depende em um grau significativo da parte da carta que se vê como mais importante e reveladora da história por trás da epístola. Alguns intérpretes, ao olhar para Romanos como um tratado teológico sobre justificação, santificação e glorificação, colocam a maior parte de sua ênfase nos capítulos 1—8 (e alguns, talvez, nas exortações em 12—15, mas poucos em 9—11); não há uma história particular por trás da carta, a não ser a grande história da salvação. Intérpretes que se concentram na justificação podem privilegiar os capítulos 1—4, enquanto aqueles que enfatizam a nova vida em Cristo concentram-se fortemente nos capítulos 5—8. De modo especial, outros intérpretes, mais recentemente, encontram o foco da carta nos capítulos 9—11 (preocupação de Paulo com a fidelidade de Deus e o destino de Israel), ou em 14:1—15:13 (inquietações de Paulo com facções e julgamento), ou mesmo em 15:22-33 (o interesse de Paulo no apoio dos crentes romanos para seu ministério). Qualquer que seja seu foco, eles tentam relacionar a primeira parte da carta (caps. 1—8) à segunda (caps. 9—16), bem como a carta como um todo ao ministério de Paulo. A maioria dos intérpretes atuais pensa que a carta deveria, de alguma forma, promover o trabalho missionário e pastoral do apóstolo.

Na leitura deste livro, para a compreensão da carta como um todo, colocamos uma ênfase significativa na segunda metade de Romanos (caps. 9—16, esp. 14—15) para tratar a questão da história por trás da carta — embora dediquemos mais espaço ao denso fundamento teológico que Paulo fornece na primeira metade (caps. 1—8). Considerando-se que exista um conflito judaico-gentio na comunidade, então a profunda teologia sobre judeus e gentios certamente deve ter como um de seus objetivos primários a resolução dessa divergência. Romanos demonstra, não menos do que qualquer outra carta paulina, que a teologia do apóstolo sempre exerceu uma função pastoral; ele tinha um programa de discipulado.

Isso não significa que Romanos não tenha outro propósito além de resolver o atrito entre judeus e gentios. (Na verdade, alguns intérpretes não veem a gestão de conflitos como algo central para o propósito de Paulo, enquanto outros até duvidam da própria existência dessa contenda.) A maioria dos estudiosos concorda que há uma variedade de razões para a produção da carta aos Romanos. Por exemplo, a epístola serve como uma esplêndida introdução ao apóstolo e ao seu ensino, para que os romanos o aceitem quando ele for visitá-los (se, talvez, existissem ou não alguns críticos de Paulo em Roma) e, sem dúvida, ele espera que o apoiem em seu trabalho missionário, especialmente quando se dirigisse para a Espanha. Enquanto isso, o apóstolo também pede apoio para a coleta em prol dos crentes judeus pobres em Jerusalém e, sem dúvida, deseja uma recepção positiva de seu evangelho e ministério quando ele chegasse em Jerusalém. O apoio moral da igreja romana certamente o ajudaria nesse sentido. Esses objetivos também fazem parte do compromisso de Paulo com a unidade de gentios e judeus em uma comunidade de aliança em Cristo — fosse localmente (em Roma), fosse universalmente (de Jerusalém a Roma e além).

Temas em Romanos

Há também uma rica variedade de temas em Romanos, e qualquer tópico que for considerado o mais significativo também afetará, ou revelará, a percepção da mensagem central da carta. Essa tapeçaria tecida pelos temas se deve em parte ao gênio teológico de Paulo, em parte à complexa circunstância que gerou a carta e em parte ao empréstimo de Paulo de sua própria correspondência anterior. Pois Romanos baseia-se em Gálatas, bem como em 1 e 2Coríntios de modo significativo, embora não sem uma adaptação importante para uma nova situação. Assim, por exemplo, justificação, Abraão, a Lei e o Espírito reaparecem de Gálatas; as divisões fraco-forte, dons espirituais e o corpo (individual e coletivo) reaparecem como eco de 1Coríntios; e reconciliação, bem como transformação à imagem de Cristo, pelo Espírito, encontram, a partir de 2Coríntios, seu caminho em Romanos.

Além do tema mencionado anteriormente da graça salvadora para judeus e gentios, outros assuntos relevantes em Romanos incluem o seguinte:

- Jesus como o Messias de Deus.
- A justiça de Deus, incluindo a fidelidade, integridade, imparcialidade, poder salvador e justiça restaurativa de Deus.
- Justificação pela fé e sua consequência, obediência (cf. "a obediência da fé" como 'suporte e apoio' em 1:5 e 16:26).
- A morte e ressurreição de Jesus e dos crentes com Ele.
- Salvação como a restauração por Deus da glória e justiça perdidas pela humanidade (*doxa* e *dikaiosynē*) pela identificação e conformidade com Cristo ('cristificação' ou mesmo 'deificação/theosis').
- O caráter multicultural do povo de Deus e a unidade de gentios e judeus em Cristo.
- O evangelho como iniciativa pacificadora de Deus.
- O desafio do evangelho para Roma e seus valores.

Alguns intérpretes querem que escolhamos entre uma leitura teológica e uma pastoral, ou entre uma leitura teológica e uma carta retórica. A epístola aos Romanos é, porém, tanto pastoral quanto teológica, sendo ao mesmo tempo retórica e teológica. A história multifacetada *por trás* da carta produz a forma abrangente da história *dentro* da carta,

Roma: ruínas do fórum

bem como seus muitos temas entrelaçados. No entanto, esta epístola tecida em várias camadas possui uma unidade real, embora complexa, resumida em duas palavras: "o evangelho".

O gênero de Romanos

A complexidade da carta aos Romanos, com seus muitos temas, fortes alegações e argumentos teológicos e questões desafiadoras de interpretação, levanta a questão de seu gênero. Romanos seria, de fato, uma carta? Não é difícil descobrir por que Melâncton e outros viram a epístola como um manual ou tratado teológico. De fato, provavelmente é melhor classificar Romanos como uma carta-ensaio, um tratado que também não deixa de ser uma carta real para um grupo real de pessoas, abordando uma situação real. Paulo está no modo de ensino e frequentemente emprega, como veremos, a antiga técnica de 'diatribe'. Essa não era a forma de um discurso ou reclamação (o significado comum do termo hoje), mas um método de argumentação e instrução usando um parceiro de conversa imaginário, o 'interlocutor', ao qual se dirige diretamente.[3] Então, Romanos convida à participação no drama

---
[3] Certamente é possível que o interlocutor não seja imaginário, mas real, como argumentam alguns estudiosos, embora não me pareça ser o caso aqui.

desse diálogo paulino e nos compele a responder ao evangelho que ele proclama poderosamente.

A HISTÓRIA POR DENTRO DA CARTA

Antes de examinar as várias partes da carta, vamos reunir brevemente os temas mencionados anteriormente como forma de abordar a história de Deus em Romanos.

Um tema significativo, como já observado, é a graça de Deus — a fidelidade e misericórdia imparciais de Deus — para com judeus e gentios que cria a comunidade escatológica, ou nova aliança, por meio da "obediência da fé" (1:5; 16:26). Esse tema é anunciado já no início, usando a linguagem da justiça salvadora de Deus, ou justiça restauradora (*dikaiosynē*), aspecto que muitos intérpretes têm considerado ser a tese ou declaração do tema da carta:

> Não me envergonho do evangelho, porque é o poder de Deus para a salvação de todo aquele que crê: primeiro do judeu, depois do grego. Porque no evangelho é revelada a justiça de Deus, uma justiça que do princípio ao fim é pela fé, como está escrito: "O justo viverá pela fé" (1:16-17).

Essa é uma descrição do evangelho de Paulo que enfatiza seu efeito mais do que seu conteúdo. Intérpretes recentes também apontam para a abertura da carta, na qual a palavra "evangelho" também aparece como tendo igual ou maior importância em relação ao tema da carta. Paulo diz que ele é um apóstolo

> para o evangelho de Deus, o qual foi prometido por ele de antemão por meio dos seus profetas nas Escrituras Sagradas, acerca de seu Filho, que, como homem, era descendente de Davi, e que mediante o Espírito de santidade foi declarado Filho de Deus com poder, pela sua ressurreição dentre os mortos: Jesus Cristo, nosso Senhor (1:1b-4).

Sob a bandeira da justiça/retidão de Deus poderosamente exibida no rei Messias Jesus, a carta passa a relatar a história da resposta fiel de Deus à humanidade infiel (caps. 1—4); a nova situação resultante para aqueles que são justificados pela fé, através de morte e ressurreição com Cristo e vida no Espírito (5—8); a questão do destino futuro do Israel étnico à luz do fracasso da maioria dos judeus em aceitar o evangelho (9—11); a importância de a comunidade de Roma incorporar esse evangelho ao viver uma vida cruciforme de santidade e hospitalidade (12—15); e, finalmente, a relação de tudo isso com a grande história da salvação de Deus e a missão de Paulo dentro dela (15—16).

Podemos dizer, então, que o tema de Romanos é a salvação (*sōtēria*), mas devemos ser cuidadosos em deixar que Paulo defina para nós o que significa salvação. Ela é muito mais do que apenas o perdão dos pecados. Os seres humanos se afastaram de Deus e dos outros, e o resultado foi a falta tanto de retidão, ou justiça (*dikaiosynē*; 1:18), quanto de "glória" (*doxa*; 3:23). Curiosamente, ambos são traços divinos que podem ser compartilhados com os seres humanos. Assim, para Paulo, a salvação é a restauração da justiça/retidão e glória de Deus para a humanidade injusta/iníqua e destituída de glória. O entendimento de Paulo sobre a restauração da *dikaiosynē* e *doxa* de Deus para os seres humanos é que ela ocorre pela participação habilitada pela graça na morte salvadora e ressurreição do Messias Jesus, o justo e agora glorificado Filho de Deus. Na morte de Jesus, Deus fez as pazes com seus inimigos — a raça humana — e deu início ao projeto de reconciliar todas as pessoas consigo mesmo e entre si. Essa missão pacificadora inclui o dom da própria pessoa de Deus e, portanto, dos atributos divinos essenciais, na realidade da habitação do Espírito de Deus (5:1-11; cap. 8).

Paulo oferece essa interpretação da salvação explicitamente como o cumprimento da esperança de Israel para salvação, justiça/retidão, paz e glória, estendida agora aos gentios. É uma salvação que cria uma comunidade multicultural, o povo de Deus renovado. Ao mesmo tempo, pelo menos implicitamente, Paulo apresenta essa mensagem de salvação como o verdadeiro evangelho de Deus em contraste com o pseudo evangelho da salvação, retidão/justiça, paz (*pax*) e glória de Roma. A história que se desenrola dentro da carta aos Romanos, portanto, é um convite implícito tanto para participar quanto para ajudar a espalhar o projeto divino final: o cumprimento da promessa de Deus em permitir que Israel e as nações compartilhem da justiça/retidão e glória de Deus — assim como para incorporar esses atributos divinos de maneira concreta no mundo real.

A interpretação das 'duas alianças'

Porém, antes de prosseguir para a própria carta, devemos admitir a rejeição de uma leitura particular de Paulo de modo geral e de Romanos em particular. Essa interpretação do currículo de Paulo, mencionada no capítulo 2, foi apresentada por uma minoria, porém significativa, de estudiosos do Novo Testamento (e.g., Lloyd Gaston e John Gager) e está sendo revivida por alguns proponentes de uma reflexão sobre a perspectiva de 'Paulo dentro do judaísmo'. Esses estudiosos têm visto Paulo e Romanos mostrando aos gentios — mas não aos judeus — um novo caminho, ou seja, a fé em Cristo, para que sejam justificados e se tornem parte do povo de Deus. Eles argumentam que os judeus étnicos continuam sendo o povo de Deus e são justificados por guardarem a Lei.

A preocupação desses estudiosos em resgatar Paulo (e eles esperam, eventualmente, resgatar o cristianismo) do 'antijudaísmo' e do 'supersessionismo' (a ideia de que o cristianismo substitui o judaísmo) pode ser compreensível. Um estudioso *judeu* de Paulo assim colocou, sucintamente: "Guardar a Lei era para Paulo *adiaphora* [não essencial]; mas a fé em Jesus certamente não era!"[4]

Nada poderia ser mais claro do que o fato de Romanos anunciar um evangelho para judeus e gentios. É como uma tapeçaria tecida com textos e temas que atestam essa realidade: desde a afirmação temática sobre o evangelho como o poder de salvação para todos (1:16-17), o critério imparcial de julgamento segundo as obras (2:9-11), o tema do único Deus de todos (e.g., 3:29; 10:12), a acusação de escravidão universal ao pecado (3:9), a oferta de justificação e salvação a todos pela graça através da fé (3:22, 28-30; 10:12), o caráter multicultural da Igreja (9:24, e todos os caps. 9—11 e 14—15), a necessidade de crentes judeus e gentios tolerarem diferenças culturais e acolher uns aos outros (14:1—15:13), até a noção de benefício mútuo entre crentes gentios e judeus na Diáspora e em Jerusalém (15:22-23). Em todos esses textos e temas, Romanos oferece um evangelho para todos — especificamente para judeus e gentios (de fato, 1:16, diz: primeiro do judeu, cf. 2:9-10) — criando um povo de Deus que invoca o nome do Senhor (Jesus) e é

---

[4] Daniel Boyarin, A Radical Jew: Paul and the Politics of Identity (Berkeley: University of California Press, 1994), p. 42.

salvo. Os esforços de Paulo entre os gentios (principalmente) são para garantir que a promessa de Deus seja estendida a eles; seu evangelho, no entanto, de forma alguma exclui os judeus.

Isso não torna Paulo nem a carta aos Romanos antijudaicos ou supersessionistas, pelo menos não da forma como esses termos são normalmente usados. Paulo é um judeu que participa de debates judaicos do primeiro século sobre o que constitui o verdadeiro judaísmo, sobre o verdadeiro Israel e sobre o que Deus está fazendo na história. Ele oferece uma crítica profética do(s) judaísmo(s) de sua época e uma reinterpretação simultânea da história judaica para incluir os gentios — porém, isso somente o torna 'antijudaico' de forma semelhante a Isaías, Oseias, Amós, Jeremias e Jesus. Paulo está convencido de que, em Jesus, o Messias judeu, por meio de quem Deus reconstituiu Israel como seu povo escatológico de judeus e não-judeus, os quais são dotados do Espírito, circuncidados no coração, judeus e não-judeus, portanto, são capazes de viver em aliança com Deus e com os outros ('cumprir a Lei') — a própria bênção para todas as nações para as quais Abraão foi escolhido e que os profetas previram. Assim, Israel não é *substituído*, mas *reconstituído*. No entanto, essa reconfiguração de Israel como um povo escatologicamente inclusivo não se deve fundamentalmente, na mente de Paulo, a alguma falha fatal da parte da nação (embora ela tenha, de fato, "tropeçado", segundo Romanos), e sim às promessas e propósitos eternos de Deus.

A estrutura da carta

A história da epístola aos Romanos — a história do evangelho para judeus e gentios que Romanos narra — pode ser esboçada da seguinte forma:

1:1-15	**Abertura**	
	1:1-7	Saudação e tema: o evangelho
	1:8-15	Ação de graças
1:16-17	**Tema: o evangelho como poder e justiça de Deus para a salvação de todos**	
1:18–4:25	A resposta fiel, misericordiosa e justa de Deus ao pecado humano	

	1:18–3:20	Imparcialidade divina e responsabilidade humana
		1:18-32 A situação precária dos gentios

- 1:18–3:20   Imparcialidade divina e responsabilidade humana
  - 1:18-32   A situação precária dos gentios
  - 2:1-16   O julgamento imparcial de Deus de acordo com as obras
  - 2:17–3:8   A situação dos judeus
  - 3:9-20   A humanidade sob o poder do pecado
- 3:21-26   Justificação pela fé: de Deus, de Cristo, dos crentes
  - 3:27-31   A exclusão do orgulho
  - 4:1-25   O testemunho das Escrituras no exemplo de Abraão

5:1–8:39   O caráter da justificação pela fé: reconciliação, libertação e vida

- 5:1-11   Justificação como reconciliação por meio da cruz
- 5:12-21   Livres do pecado, sob a graça
- 6:1–7:6   Morto para o pecado, vivo para Deus
- 7:7–8:39   No espírito, não na carne
  - 7:7-25   A vida na carne
  - 8:1-39   Vida cruciforme no Espírito
    - 8:1-17   Morrer para a carne e viver no espírito
    - 8:18-39   Sofrimento e glória

9:1–11:36   A fidelidade de Deus e o futuro de Israel

- 9:1-29   Incredulidade judaica, angústia de Paulo e fidelidade divina
  - 9:1-5   A angústia de Paulo diante da incredulidade judaica
  - 9:6-29   Liberdade, fidelidade e graça de Deus
- 9:30–10:21   Reafirmação da salvação para todos por meio do evangelho
  - 9:30–10:4   A situação presente e a oração de Paulo
  - 10:5-21   A universalidade contínua do evangelho

	11:1-36	O mistério da graça	
		11:1-24	O remanescente e a oliveira
		11:25-36	A conclusão lógica e a doxologia
12:1–15:13	Vivendo fielmente diante do Deus fiel: santidade cruciforme e hospitalidade		
	12:1-13:14	Santidade: uma comunidade de bondade e amor	
		12:1-2	Santidade encarnada: um sacrifício vivo
		12:3-21	Bondade e amor a todos
		13:1-7	Uma comunidade subversiva e não revolucionária
		13:8-10	A lei do amor
		13:11-14	O contexto escatológico
	14:1-15:13	Hospitalidade: uma comunidade de judeus e gentios	
		14:1-23	*Adiaphora*, julgamentos e responsabilidade
		15:1-13	Hospitalidade cruciforme e a glória de Deus
15:14-33	**A missão de Paulo e o plano de Deus**		
16:1-27	**Encerramento**		
	16:1-23	Saudações, e recomendações e instruções finais	
	16:25 (24)-27	Doxologia	

Os resumos aparecem após o comentário nos capítulos 1—4, 5—8, 9—11 e 12—16.

1:1-15. ABERTURA

Exceto por causa de seu prestígio, Paulo era desconhecido para muitos dos crentes romanos, assim, o apóstolo usa a saudação e ação de graças para estabelecer sua identidade apostólica distintiva, mas também suas semelhanças com os crentes romanos. Paulo aguça o apetite deles para ouvir seu evangelho (1:1, 15), que ele explicará nos capítulos seguintes, pois até aquela ocasião ele havia sido "impedido" de lhes fazer uma visita pessoal (1:13).

Saudação e tema: o evangelho (1:1-7)

Paulo escreve esta carta sozinho (1:1; ao contrário das outras cartas não questionadas), talvez porque ele não tenha visitado Roma e precise estabelecer sua integridade apostólica, embora saibamos, no capítulo 16, que ele já era conhecido por muitos na capital imperial. Sua longa autoidentificação (1:1-5) concentra-se tanto em seu apostolado quanto em seu evangelho, enquanto sua identificação em relação aos "santos" romanos (1:7) se concentra em seu chamado.

Paulo é um "servo" (*doulos*, 'escravo') de Cristo, por meio de quem recebeu a experiência de graça concedida aos crentes comuns (cf. 5:2), bem como a graça particular de ser um apóstolo (1:1, 5). Em última análise, a fonte de cada aspecto de sua identidade é Deus, que o chamou e o separou para ser um apóstolo (1:1). O mesmo Deus chamou os crentes romanos (1:6-7) para serem "amados" (filhos), "chamados para serem santos", "para pertencerem a Jesus Cristo". Eles representam o significado e o impacto do evangelho de Paulo (apesar de o apóstolo não ser o pai espiritual deles) como exemplos "dentre todas as nações [ou 'gentios'] [de] um povo para a obediência que vem pela fé" (1:5). Paulo resume seu ministério apostólico como testemunha e agente da maravilhosa graça e paz de Deus (1:7).

Estes termos-chave — "fé", "obediência", "graça", "paz" — são extraídos, naturalmente, do evangelho de Paulo. A "paz", por exemplo, resume o evangelho tanto quanto a "graça" (e.g., 5:1; 8:6; 14:17). A frase "a obediência que vem pela fé" também é particularmente importante para Romanos, cujo texto não apenas começa, mas também termina com uma referência a ela (1:5; 16:26). À medida que a carta for sendo desenvolvida, ficará claro que fé e obediência não são duas respostas separadas ao evangelho, uma exigindo ou gerando a outra, mas uma resposta unificada de 'fé obediente' ou 'obediência fiel'.[5] Isso ocorre porque o evangelho é um anúncio divino e real: é a boa-nova de Deus (1:1),

---

[5] Cf. a interpretação de 'fé' (gr. *pistis*) como fidelidade de crença no capítulo correspondente de 1Ts. [o original não menciona qual capítulo]

prometida na Escritura (1:2), sobre o Filho de Deus (1:3). Esse Filho não é meramente um *descendente* davídico, mas é o prometido *Messias* davídico, ou Filho real de Deus e Senhor (1:3-4), pela ressurreição dele realizada por Deus (cf. Gl 1:1). O "Espírito de santidade" poderosamente operando na ressurreição de Cristo é o mesmo Espírito que opera em todos os crentes, como Paulo discute detalhadamente no capítulo 8.

É possível que em 1:3-4 Paulo esteja citando parte de um credo primitivo da tradição cristã que fala da exaltação de Cristo. Entretanto, nem a tradição muito menos Paulo sustentam uma cristologia de 'adoção', como alguns intérpretes têm sugerido.[6] A declaração da messianidade/filiação (NRSV), ou mesmo a designação para ela (NVI, NET), é uma forma de descrever a ressurreição como a vindicação feita por Deus a respeito de Cristo, da sua morte, e do início de seu reinado messiânico como rei. Esse tipo de confissão, como mostra Fl 2:6-11, não contradiz a crença no *status* divino preexistente de Cristo (cf. também Gl 4:4), embora a preexistência não seja mencionada nessa tradição primitiva particular que Paulo obviamente reafirma. A citação da tradição cristã primitiva e a referência às Escrituras (1:2) conferem autoridade ao evangelho de Paulo e o colocam em um terreno comum com os mestres e crentes em Roma.

A importância dessas primeiras linhas da carta, com seu breve, todavia pungente resumo do evangelho, não deve ser subestimada. Em conjunto com 1:16-17, elas nos relatam de forma resumida o que é o evangelho e o resultado que ele produz. As referências a Jesus como Filho de Deus e Messias (Cristo) significam que Ele é o rei profeticamente prometido que estabelecerá a salvação, justiça e integridade de Deus no mundo. Tais reivindicações são implicitamente um desafio para Roma, com suas próprias declarações e apresentação como as boas-novas de soberania universal, salvação e justiça, incorporadas especialmente em sua própria figura real, o imperador. Tais afirmações também convidam implicitamente a audiência de Paulo a participar da disseminação universal dessas boas-novas.

Depois de ter identificado a si mesmo, seu evangelho e seus leitores, Paulo oferece aos romanos graça e paz. Então, nesses primeiros sete versículos ele afirma a seus leitores que eles e ele — apesar de seus

---

[6] A crença de que Cristo não era o Filho preexistente de Deus, mas se tornou Filho de Deus através da 'adoção' em algum momento posterior.

diferentes chamados — compartilham uma experiência comum de graça evangélica entendida como a obediência da fé que os relaciona a Deus Pai, Jesus o Messias e Senhor e o Espírito de santidade. A criação de um relacionamento com base nessa experiência compartilhada continua na declaração de ação de graças.

Ação de Graças (1:8-15)

Nesses versículos Paulo faz três coisas. Primeiramente, ele expressa agradecimento pelos crentes romanos e pela notoriedade da fé deles (1:8). Em segundo lugar, o apóstolo afirma que ora constantemente por eles (1:9). Terceiro, e acima de tudo, ele apresenta sua oração e expressa desejo de visitá-los tanto como crente quanto como apóstolo (1:10-15).

Como apóstolo, Paulo é também um irmão, de forma que o ministério é uma via de mão dupla. Ele prevê não apenas compartilhar algum "dom espiritual" (*charisma*) para fortalecer os romanos, mas também se engajar no encorajamento mútuo (*symparaklēthēnai*) enquanto estiver entre eles (1:11-12). No entanto, ele não pode deixar de imaginar uma missão apostólica de obter alguma "colheita" (ou produzir 'fruto') como ele o faz em todas as terras gentias, 'pagando sua dívida' para com os sábios e ignorantes (1.13b-15; cf. 1Co 9.19-23), embora seu modo geral de agir seja apenas pregar para os não evangelizados (15.20).[7] Assim, anunciar o evangelho para (ou talvez 'entre') aqueles que estão em Roma pode aqui significar ensinar os convertidos, bem como converter os incrédulos (1:15). De qualquer forma, a impossibilidade de Paulo em visitar Roma até aquele momento não se devia à sua falta de desejo, mas a um poder fora de seu controle (1:13a), fosse ele satânico (cf. 1Ts 2:18) ou, mais provavelmente aqui, divino.

Com essas palavras escritas, Paulo passa a "proclamar o evangelho" aos que estão em Roma.

---

[7] Como a maioria dos judeus de sua época, Paulo geralmente dividia o mundo de forma binária entre judeus e não-judeus, os últimos chamados de "gregos" ou "as nações/gentios". Aqui ele também segue a convenção dos gregos e depois dos romanos referindo-se àqueles considerados incivilizados como "bárbaros", uma palavra onomatopeica para aqueles que balbuciam ("bar... bar"). Cf. Cl 3:11. Tanto o evangelho quanto a ekklēsia, porém, são para todos.

1:16-17. Tema: o evangelho como poder e justiça de Deus para a salvação de todos

Segundo muitos relatos, esses versículos densos (especialmente lidos em conjunto com 1:1-4) contêm o tema ou a tese (*propositio*) de Romanos e, portanto, merecem atenção cuidadosa. Neles encontramos outro pequeno léxico ainda mais rico do vocabulário de Paulo, bem como uma série de questões gramaticais e interpretativas. Os termos-chave incluem "vergonha", "evangelho", "poder", "Deus", "salvação", "crer/fé" (mesma raiz, *pist-*, em grego), "judeu" e "grego" (gentio), "retidão/justiça de Deus", "revelado", "escrito", "aquele que é justo" e "vivo". Aquilo que está visivelmente ausente, no entanto, tem confundido algumas pessoas — nenhuma referência direta é feita a Cristo. Essa ausência aponta pelo menos para duas das principais questões interpretativas. Essa 'fé justificadora' estaria orientada para Cristo? E existira alguma referência implícita, sendo que não há uma explícita, a Cristo?

A primeira coisa que Paulo diz é: "não me envergonho do evangelho porque é o poder de Deus para a salvação de todo aquele que crê" (1:16). Obviamente, esse evangelho não pode ser outro senão aquele já anunciado em 1:1-4 e que a seguir será descrito em detalhes nos próximos quinze capítulos. Tem de ser, portanto, um evangelho e uma 'revelação' completamente cristocêntricos (1:3, 17). Para Paulo, não se pode simplesmente 'ter fé' — mesmo fé no Deus de Israel — como se o Messias jamais tivesse vindo. As palavras "não me envergonho", "poder" e "salvação" indicam de forma direta que Paulo está realmente pensando em seu evangelho do Messias crucificado. Escrevendo em Corinto para os romanos, ele pode até estar aludindo deliberadamente às suas próprias palavras enviadas anteriormente a Corinto, e não de Corinto:

> Pois a mensagem da cruz é *loucura* para os que estão perecendo, mas para nós, que estamos sendo *salvos*, é o *poder* de Deus... agradou a Deus salvar aqueles que creem por meio da loucura da pregação. Os *judeus* pedem sinais milagrosos, e os *gregos* procuram sabedoria; nós, porém, pregamos Cristo crucificado, o qual, de fato, é escândalo para os *judeus* e loucura para os *gentios*, mas para os que foram chamados, tanto judeus como gregos, Cristo é o *poder* de Deus e a sabedoria de Deus... "Quem se *gloriar, glorie-se* no Senhor" (1Co 1:18, 21b-24, 31b; ênfases adicionadas).

O fato de que Paulo não se envergonha do evangelho de Cristo crucificado é uma declaração secundária deliberada; ele quer dizer que se *gloria* no Senhor Jesus Cristo crucificado e, portanto, em seu evangelho. O evangelho é um poder, uma "força liberada" no mundo.[8] Como tal, cumpre sua tarefa divina de salvação, de revelar e estabelecer a retidão/justiça de Deus, não voltando vazia ou sem resultados (cf. Is 55:11); é um 'enunciado performático'. Esse só pode ser o caso sendo o Messias Jesus crucificado também o Filho de Deus ressurreto e vindicado, conforme afirmação em 1:1-4.

Paulo claramente vê o evangelho e a salvação de Deus como orientados para todos: "primeiro do judeu, depois do grego" (1:16). Ele sabe que o único Deus de toda a humanidade (3:29-30) realmente escolheu Israel, para quem e por meio de quem foi dada a Lei de Deus, as promessas e o Messias (3:2; 9:4-5). Mas a eleição divina de Israel ocorreu, efetivamente, para a bênção ou salvação de todas as nações (cf. Gl 3:6-9; Rm 9—11). A salvação — a libertação de Israel por Deus, de acordo com as Escrituras — está assim aberta universalmente nessas boas-novas, sendo uma forte ênfase temática em Romanos. Paulo parece ter em mente o Salmo 98:2-3, no qual o salmista declara que a vitória e a fidelidade de Deus foram manifestadas tanto para Israel quanto para os confins da terra; o texto grego (LXX 97:2-3) refere-se à "salvação" e à "retidão/justiça" de Deus.

A única condição para o recebimento da salvação é a fé. Seremos sábios, como leitores, em não incorporar nossos próprios preconceitos de palavras como "salvação" e "fé" nesses textos. A própria carta irá desvendar seu significado. Por enquanto, tudo o que precisamos entender é que ambos os termos são bastante abrangentes em seu escopo. A salvação, para Paulo, embora orientada para o futuro dia de libertação, é a experiência total de ser colocado em um relacionamento de aliança em justiça com Deus agora, para um dia sermos ressuscitados dentre os mortos e absolvidos no dia do julgamento e, portanto, recebermos a vida eterna. A fé, para os leitores, é a resposta total da obediência ao evangelho (1:5). Inclui a mente, o coração e o corpo.

O termo "fé", no entanto, nos leva também a 1:17 e à possibilidade de que a noção de fé no evangelho de Paulo tenha uma aplicação maior

---

[8] Joseph A. Fitzmyer, Romans (AB33; Garden City, NY: Doubleday, 1993), p. 254.

do que apenas aos crentes. A frase "a justiça de Deus" tem sido objeto de debates intermináveis. Poderia referir-se a algo que se *origina em* Deus (e.g., "justiça de Deus", como no original; texto da NVI alterado na edição de 2011), ou algo que é *característico de* Deus (e.g., 'justiça de Deus'), sendo uma qualidade ou uma atividade divina, ou ambos os conceitos? Apesar da prevalência de longa data do primeiro tipo de interpretação, muitos estudiosos recentes têm argumentado persuasivamente que a última interpretação é mais correta, de modo geral, inclusive aqui em 1:17a. (A palavra pode ter diferentes sentidos em contextos distintos.)

Isto significa que "a justiça de Deus" provavelmente se refere a uma das características divinas mais proeminentes e ações conclusivas na Bíblia — *a fidelidade da aliança de Deus demonstrada em seu poder salvífico* (veja, e.g., Sl 98:2-3; LXX 97:2-3). O fiel poder divino salvador torna justo aquele que está injusto e fora de sintonia com as intenções de Deus. É *restaurador*, estabelecendo o que deveria ser, mas não é; portanto, é *justiça* divina, não no sentido de vingança, mas no sentido de 'tornar justo'. (As palavras traduzidas como 'retidão' ou 'justiça', bem como 'justificação' e 'justificado', todas elas fazem parte da mesma raiz grega *dik-*. Será importante ter isso em mente para compreender a relação entre a justiça de Deus e a justificação dos seres humanos, como já vimos na correspondência em Coríntios.) O evangelho é, portanto, "o poder de Deus para a salvação" porque seu anúncio revela e torna efetivo o poder fiel, salvador e criador da justiça de Deus, manifestado na morte e ressurreição de Jesus. Não erraremos muito se traduzirmos "a justiça de Deus" como 'a fidelidade salvadora da aliança de Deus' ou como 'a justiça [restauradora] de Deus'.

Como os termos 'fé' e 'fidelidade' são os mesmos em grego (*pistis*), é bem possível que as palavras muito importantes, porém compactas e enigmáticas em 1:17a — "no evangelho é revelada a justiça de Deus, uma justiça que do princípio ao fim é pela fé" — devessem ser traduzidas incluindo uma referência à fé tanto *divina* quanto humana (plenitude): 'a fidelidade de Deus é revelada a partir da fidelidade [de Deus] pela fidelidade [humana]'.[9] É até possível que a primeira menção de fidelidade se refira não a Deus de modo geral, mas a Cristo

---

[9] 9. O grego indica um ponto de partida (fonte ou agência) e um objetivo: ek... eis. Cf. CEB: "da fidelidade pela fé". ARA: "de fé em fé".

especificamente, caso em que poderíamos interpretar a frase inteira da seguinte maneira: *'Pois no evangelho, a fidelidade salvadora da aliança de Deus é revelada através da fidelidade de Cristo para gerar fidelidade entre aqueles que a ouvem'.*

Essas várias opções interpretativas sugerem que, em Romanos, Paulo está apresentando um evangelho que envolve três formas de fidelidade: a de Deus, a de Cristo e a da humanidade. Veremos isso mais explicitamente na reafirmação pelo apóstolo de sua tese em 3:21-26: a fidelidade e a justiça de Deus são reveladas na morte de Cristo e devem ser obtidas por nossa resposta fiel que leva à justificação. A iniciativa, sem dúvida, é de Deus, não nossa.

A realidade central da fé continua também em 1:17b, onde Paulo cita uma versão (ou talvez deliberadamente ele a altera) de Hb 2:4. Não se pode afirmar com certeza que Paulo está dizendo: (1) aquele que é justo viverá por fé (ARA, NAB, NET, NJB); (2) aquele que é justo viverá pela fé (NVI, NRSV); ou (3) aquele que é justo viverá pela fidelidade de Deus (ou de Cristo). Embora Paulo provavelmente confirme a interpretação (3) em 1:17a e em 3:21-26, seu foco em 1:17b está mais provavelmente na fé humana: as interpretações (1) e/ou (2). Esses são realmente dois lados da mesma moeda. A fé, entendida como total confiança e obediência, é tanto o meio quanto a manifestação contínua da justiça e da vida.

Quando as pessoas respondem com esse tipo de fé, elas se tornam justas ou íntegras: são justificadas. (É preciso lembrar que termos como 'justo', 'reto' e 'justificação' derivam da mesma raiz, *dik-*.) Ser justo, íntegro ou justificado não é entrar em uma 'ficção legal', como alguns entendem a justificação — ser 'considerado' justo mesmo que não o seja. Em lugar disso, ser justificado é ser movido, de forma poderosa e efetiva, para um relacionamento de aliança em justiça para com Deus (o que também implicará relacionamentos corretos de uns para com os outros); isso é transformador. Ser justificado é viver — viver fielmente, viver em aliança "para Deus" (cf. 6:11; Gl 2:19). Isso é o que Paulo mais tarde chamará de "novidade de vida" (6:4), cujo resultado final é "vida eterna" (5:21; 6:22-23).

O restante de Romanos descompacta o evangelho e seus efeitos que são resumidos de forma tão sucinta e tentadora em 1:1-4 e 1:16-17.

1:18—4:25. A RESPOSTA FIEL, MISERICORDIOSA E JUSTA DE DEUS AO PECADO HUMANO

Se o evangelho revela a fidelidade da aliança de Deus para salvar, então obviamente deve haver algo — em termos judaicos, algum inimigo — de que judeus e gentios precisam ser resgatados, e pela fé realmente serão. Esse inimigo, ao que parece, é um poder que age no interior e no exterior das pessoas, o qual Paulo chama de "Pecado", que universalmente manifesta seu domínio sobre a humanidade em todos os tipos de violações da aliança (chamamos de 'pecados') pelos quais as pessoas são responsáveis (1:18—3:20).[10] É a morte de Cristo, incorporando a fidelidade, graça e justiça da aliança de Deus (sobre a conexão desses termos no judaísmo do Segundo Templo, veja, e.g., Lc 1:68-75), que lida tanto com os pecados quanto com o Pecado (3:21-26), isto é, com as transgressões ('pecados' no plural) e com um poder cósmico ou apocalíptico que domina a raça humana ('Pecado' no singular).

Paulo vê a condição humana dessa maneira apenas retrospectivamente — isto é, olhando para trás, à luz do evangelho. Ele vê as terríveis dificuldades da humanidade e a solução graciosa de Deus através das lentes do Messias crucificado e ressuscitado. Isso não significa que tudo o que Paulo diz poderá revelar sua perspectiva única; de fato, é bem o oposto. Ao longo da carta ele se baseará em perspectivas e textos judaicos para mostrar, em parte, que sua avaliação da necessidade humana e da graça divina não é uma invenção criada por ele; o tema está enraizado nas Escrituras e na tradição.

Mas por que Paulo precisaria informar aos crentes — os já convertidos — longamente sobre isso? Seu objetivo é pastoral; o reconhecimento do pecado universal (i.e., judaico e gentio), do julgamento e da graça para qualquer um que crê coloca os crentes judeus e gentios em pé de igualdade, em dívida com a misericórdia de Deus, e faz de ambos filhos de Abraão, o paradigma da justificação pela graça por meio da fé (4:1-25). Portanto, não há espaço para arrogância por parte da Igreja (3:27-31).

---

[10] Os primeiros manuscritos gregos das cartas de Paulo não começam com a palavra "Pecado" (singular) com uma letra maiúscula, pois, entre outras razões, todos os textos estão escritos em letras maiúsculas. Mas essa maneira de designar 'Pecado' como poder tornou-se bastante comum entre os eruditos que usam a língua inglesa.

Imparcialidade divina e responsabilidade humana (1:18—3:20)

Todo o texto em 1:18—3:20 se move em direção ao conjunto de conclusões em 3:9-20 que são essenciais para entender a perspectiva de Paulo sobre a solução divina para a condição humana. Paulo afirma que todas as pessoas, gentios e judeus, estão "debaixo do pecado [Pecado]" (3:9); que ninguém é justo, mas todos são pecadores (3:10-18); que "o mundo inteiro" é responsável perante Deus (3:19); e que as 'obras da lei' não podem ser o meio de justificação — para estabelecer relações corretas de aliança com Deus (3:20). Paulo estrutura o argumento para essa conclusão na forma *aba'* (quiástica)[11]: *(a)* a situação dos gentios (1:18-32), *(b)* o julgamento imparcial de Deus de acordo com as obras (2:1-16), e (*a'*) a situação judaica (2:17-3:8). Sua acusação nesses capítulos é que todos os seres humanos são *disfuncionais com respeito à aliança*, relutantes e incapazes de viver em um relacionamento de aliança com Deus e com os outros — e eles não têm desculpa. O comportamento imperdoável da humanidade significa que perdemos tanto a justiça quanto a glória (gr. *dikaiosynē* e *doxa*) para a qual fomos criados para viver (cf. 3:23).[12]

Romanos 1:18—3:20 é uma releitura criativa de Gênesis 3, Sabedoria 11—19 (especialmente 12—14), Êxodo 32, Salmo 89 e vários outros salmos, além de textos adicionais, pelo prisma da salvação, justiça e glória em Cristo. De particular interesse é o uso que Paulo faz do livro Sabedoria de Salomão, um documento judaico popular escrito pouco antes do tempo do apóstolo. Paulo concorda com o texto de Sabedoria de que os gentios são pecadores e Deus é fiel, mas discorda da afirmação de que os judeus serão preservados do julgamento divino.

Subjacente a todo esse retrato negativo de gentios e judeus *à parte* de Cristo, com sua ênfase no julgamento imparcial de Deus, está a

---

[11] 'Quiástico' significa em forma de 'chi'- (ou X-).
[12] Douglas A. Campbell (especialmente em The Deliverance of God: An Apocalyptic Rereading of Justice [Grand Rapids: Eerdmans, 2009]) argumentou que partes desta seção de Romanos não representam os pontos de vista de Paulo, e sim o pensamento de um professor em Roma a quem Paulo se opõe, ou talvez uma paródia das crenças reais de Paulo. Essa visão não tem sido amplamente aceita, em parte porque a solução que Paulo encontra em Cristo de fato corresponde e desfaz a condição humana descrita nesses primeiros capítulos.

preocupação pastoral de Paulo com o comportamento de gentios e judeus *em* Cristo. Implícito no texto está uma advertência contra a arrogância inconveniente dentro das igrejas em Roma e um lembrete de que os crentes também são incluídos pelo julgamento de Deus (14:10-12).

A situação precária dos gentios (1:18-32)

Paulo começa com as más notícias, por assim dizer: o que aparece em 1:18-32 é tanto a causa quanto a manifestação da ira de Deus, a justa resposta do Deus santo da aliança ao pecado humano. Todavia, essa maneira de começar, não indica o ponto de partida teológico real de Paulo, que é (como acabamos de ver) as *boas-novas*. Ele começa aqui, de forma narrativa, para enfatizar o ponto teológico de que o evangelho é para os verdadeiramente indignos e desamparados, nivelando assim o *status*, por assim dizer, entre seus destinatários, que são os *crentes*. Ou seja, Paulo não está necessariamente oferecendo um modelo para evangelizar os incrédulos que poderia significar: "primeiro você deve saber o quão ruim você é". Ao mesmo tempo, Paulo é intencional no que diz; sua descrição da condição humana não é simplesmente feita para propósitos retóricos ou meramente para 'capturar' os hipócritas, os quais podem pensar que tais palavras se aplicam apenas a outros. Paulo está sendo absolutamente sério em suas palavras.

Em 1:18 o apóstolo usa dois termos gerais para o pecado humano: impiedade (*asebeia*) e injustiça/iniquidade (*adikia*).[13] Essas expressões representam a violação da compreensão judaica básica dos dois grandes mandamentos da aliança, o amor a Deus e o amor ao próximo. As pessoas carecem de piedade e justiça, relações corretas com Deus e com os outros, afirma Paulo. É assim que a disfunção da aliança se mostra.

Era comum em grande parte do pensamento e da literatura judaica (e.g., Sabedoria 13—14) acusar os gentios de idolatria e injustiça, especialmente imoralidade sexual. Isso é, em parte, o que Paulo está fazendo aqui. Mas ele também tem toda a humanidade em mente de forma mais geral, e pode de fato também ter em vista seus leitores judeus, que reconheceriam instantaneamente os gentios nesses versículos, mas não a si

---

[13] Para asebeia (= 'im' + 'piedade'), a "injustiça" da ARC ou a "impiedade" da NVI é melhor que a da NRSV "maldade". A CEB e a NJB traduzem adikia (= 'in' + 'retidão/justiça') como "injustiça", enquanto a NRSV e a NAB apresentam "maldade".

mesmos (contudo, veja os paralelos em Jr 2) — pelo menos não antes de ler o capítulo 2. Paulo parece não ter conhecimento da tradição rabínica posterior de sete mandamentos especiais ('noéticos', ou relacionados ao tempo de Noé) para os gentios; ele pensa mais em termos da aliança judaica, mesmo quando descreve os gentios. A passagem completa tem alguma semelhança com histórias antigas do 'declínio da civilização', mas a interpretação de Paulo é inteiramente teológica e bíblica: a ira escatológica de Deus já está sendo revelada (1:18), na própria existência dessas realidades profanas e doentias.

Paulo ecoa a convicção judaica comum de que o problema gentio/humano básico é a idolatria, e que imoralidades de vários tipos fluem desse erro básico.[14] Ele começa com a apresentação de uma 'teologia natural' — que define "os atributos invisíveis de Deus, seu eterno poder e sua natureza divina", os quais são revelados na criação e podem ser conhecidos, de modo que aqueles que não reconhecem a Deus "são indesculpáveis" (1:19-20). "Eles" de fato conheciam a Deus, mas não o honraram ou o agradeceram como seu Senhor, o que os levou ao 'obscurecimento' mental (1:21-22, 25, 28), depois à idolatria flagrante (1:23, 25) em um ato de 'troca' (cf. Sl 106:20), e finalmente a várias imoralidades (1:24, 26-27, 28b-31; cf. Ef 4:17-19). A adoração ao criador se converteu em adoração à criatura, quer na idolatria em si mesma, na imoralidade, ou em ambas, como no tempo do bezerro de ouro (Êx 32). Isso podemos chamar de 'efeito bola de neve' da quebra de aliança; é como estar cada vez mais envolvido em uma situação da qual parece não haver escapatória.

Três vezes Paulo descreve a transição da idolatria para a imoralidade como "Deus os entregou" (1:24, 26, 28; ARC, "abandonou-os"; cf. Sl 81:11-12). Paulo não está colocando a culpa em Deus pelo pecado humano, mas insistindo que Ele permite que a loucura humana siga seu curso natural sem prevenir suas consequências inevitáveis; isso é parte do que Paulo quer dizer quando fala da manifestação da ira de Deus (1:18, 32).

A troca da verdade sobre Deus (1:23, 25), diz Paulo, levou à troca da verdade sobre as criaturas dele, incluindo seus semelhantes. Um dos resultados foi o abandono das "relações naturais", tendo sido substituídas

---

[14] "Não aprenda o caminho [idólatra] das nações" (Jr 10:1 NRSV). "A própria noção de ídolos foi o início da atividade sexual imoral" (Sabedoria 14:12 CEB).

por relações não naturais (1:26-28). O ataque de Paulo às relações sexuais entre pessoas do mesmo sexo como "atos indecentes" significa que elas são contrárias à verdade revelada na criação (cf. 1:18). A ideia é completa e tipicamente judaica, parte do catálogo de vícios que os judeus (e até mesmo alguns moralistas gentios) acusavam os gentios de praticarem, embora a linguagem que Paulo usa seja colocada em um estilo estoico (lit. 'contrárias à natureza'; 1:26). Essa linguagem significava o oposto da estrutura da realidade criada (ou seja, para os judeus, o masculino e feminino no Gênesis), não contrário à própria 'natureza' (orientação sexual), como alguns argumentavam. Além disso, é altamente provável que a linguagem de Paulo não se refira meramente a relações sexuais exploratórias do mesmo sexo (como homens usando meninos ou escravos); relacionamentos de curto prazo, fora da aliança; relações homossexuais que expressam paixão descontrolada; ou atos heterossexuais realizados por pessoas atraídas pelo mesmo gênero — todos os quais têm sido defendidos como a interpretação 'correta'. As pessoas no mundo greco-romano, de fato, se engajavam nesses vários tipos de relacionamentos (consensuais, exploradores; de curto prazo, de longo prazo etc.), e muitas vezes podiam fazê-lo com paixão selvagem. Mas a oposição de Paulo envolve cada um dos casos.[15]

A atenção de Paulo ao pecado sexual, embora seja a descrição mais extensa da depravação humana, não é o ponto principal nem o último

---

[15] Há, certamente, um grande debate sobre o que Paulo realmente diz aqui e por que ele diz isso. Embora esses tipos de textos certamente exijam uma análise contínua, às vezes a restrição da aparente desaprovação geral de Paulo quanto às relações entre pessoas do mesmo gênero reflete um desconforto geral com tais pontos de vista na cultura ocidental e um esforço acadêmico para reinterpretar o texto. Recentemente, por exemplo, alguns têm argumentado que a preocupação de Paulo seria apenas com relações sexuais luxuriosas ao invés de amorosas entre o mesmo sexo, embora o termo paulino "paixões degradantes" (NRSV, NAB) em 1:26 não descreva meramente uma circunstância inadequada para atividade sexual com o mesmo sexo, mas serve como uma rubrica abrangente para tal atividade. Ou seja, para Paulo (como muitos o entendem, mesmo que discordem dele), o sexo entre pessoas do mesmo sexo é inerentemente um uso desonroso do corpo humano e contribui para a espiral contínua da pessoa (e da humanidade) para longe da glória e honra pretendidas pelo criador.

Quaisquer que sejam os pontos de vista, eles devem ser mantidos com humildade e caridade para com aqueles que discordam. Nossos melhores esforços interpretativos nunca são infalíveis.

em sua descrição do pecado dos gentios. Embora ele liste cerca de vinte outros pecados (em 1:29-31, principalmente começando com 'in' [grego *a*-, como em 1:18]), sua principal preocupação é a situação geral, não as transgressões individuais. O texto dos versículos 29-31 rompe a barreira e desencadeia uma enxurrada de males. A grande variedade de males é sintomática de um câncer metastático que já afetou não apenas o corpo (1:24), mas também a mente (1:21, 28) e o coração humanos (1:24); todas as dimensões da pessoa humana e da comunidade precisam de restauração da saúde. Nessa situação de caos moral — de pessoas que voluntariamente descartam a Deus, sofrem as consequências, e o tempo todo se vangloriam (NRSV) ou aprovam (NAB, NVI) umas às outras (1:32) — a ira de Deus é experimentada agora, sem motivo aparente, antes da vinda real do dia do julgamento e da ira (2:5; cf. 1Ts 1:9-10). É uma situação de desonra e 'destituição da glória' (cf. 3:23) que leva à morte (1:32; cf. 6:23a), ao invés da glória e da vida para a qual os seres humanos foram criados (cf. 2:7-10).

O julgamento imparcial de Deus de acordo com as obras (2:1-16)

O capítulo 2 começa com um discurso direto, "você... é indesculpável", indicando a adoção por Paulo da estratégia retórica de diálogo chamada diatribe (descrita na p. 524). Há um debate considerável sobre a identidade do interlocutor nessa diatribe. É claro que Paulo está se dirigindo a um judeu (no singular) começando em 2:17, mas esse destinatário remontaria a 2:1? Ou a pessoa abordada em 2:1 é mais genérica, uma espécie de 'qualquer homem', ou, pelo menos, todo hipócrita? A identidade do interlocutor pode não importar, porque a força do argumento em 2:1-16 é estabelecer um princípio bíblico básico: que Deus julga imparcialmente com base em atos (resumido em 2:6, 11, 13).[16] Esse princípio não diminui as convicções de Paulo sobre a justificação pela graça de Deus. Ao contrário, é o fundamento para a graça, porque todos pecaram e precisam de um poder para praticar a vontade de Deus (8:3-4).

---

[16] Muitos dos temas desenvolvidos em Rm 2 também terão aplicação pastoral em Rm 14—15.

Paulo começa a diatribe com uma crítica pungente aos hipócritas que entendem erroneamente a paciência e a misericórdia divinas (2:1-5). Tais pessoas não têm mais desculpa do que os pecadores explícitos; suas próprias ações os condenam com os mesmos julgamentos que proferem contra os outros (2:1-2). Uma série de três perguntas retóricas (2:3-4) lembra ao interlocutor que a paciência de Deus não representa apatia, mas um chamado ao arrependimento que, se não atendido, resultará na ira de Deus no dia do julgamento (2:3, 5; cf. 5:9; 14:10). Fica claro aqui que a hipocrisia e a presunção se mostram tão graves quanto qualquer vício listado em 1:18-32, pois o que está em jogo é a futura 'justificação' do interlocutor — aqui significando absolvição no tribunal divino (2:5, 13, 16) e recepção da vida eterna (2:7)

Isso conduz à ênfase principal do texto: o julgamento imparcial por Deus de gentios *e* judeus. Como muitos textos bíblicos afirmam, Deus "retribuirá a cada um conforme o seu procedimento" (2:6; cf. Sl 28:4; 62:12; Pv 24:12), sem parcialidade (2:11; cf. Dt 10:17; 2Cr 19:7), e, portanto, Ele justifica apenas os "guardadores da lei" (2:13). Aqueles que fazem o bem, seja de acordo com a lei judaica escrita ou a lei divina inscrita em seus corações (2:12, 14-15), serão recompensados com "glória, honra e imortalidade" (2:7); os malfeitores experimentarão ira e indignação (2:8). Assim, Paulo quer estabelecer uma conexão absoluta entre praticar a lei agora e a justificação final (que conduzirá à vida eterna, 2:7) posteriormente. Isso elimina qualquer prerrogativa de ter a posse da Lei de Moisés; como muitas pessoas já afirmaram, comentando sobre 2:13, é o cumprimento, não a posse da Lei que importa. Tal conclusão torna-se um princípio paulino fundamental com ampla aplicação em Romanos: simplesmente possuir a Lei é irrelevante para a justificação. Ao mesmo tempo, a falta da Lei escrita não é desculpa para praticar a impiedade e a injustiça.

Pelo menos duas questões emergem desta passagem. (1) Tudo isso significaria que Paulo concorda com algum tipo de teoria de 'crentes anônimos' que não têm lei escrita (ou o evangelho), porém mesmo assim guardariam a aliança de Deus (2:14-16)? A resposta é não, pois o objetivo desta passagem é estabelecer a imparcialidade divina, não o sucesso humano no julgamento de Deus. Afinal, todos são pecadores (como até mesmo 2:12 implica) sob o poder do pecado, e ninguém será justificado com ou sem a lei (3:9, 19-20). (2) Estaria Paulo, o apóstolo da 'justificação pela fé', se contradizendo ao confirmar a justificação com base nas obras? Mais uma vez, não, porque, como teólogo da aliança, Paulo acredita que esta deve e pode ser cumprida. Sua solução não será rejeitar a necessidade de manter a aliança, mas oferecer um novo meio — Cristo e o Espírito.

A situação dos judeus (2:17—3:8)

A diatribe cáustica iniciada em 2:1-5 se transformou numa descrição em terceira pessoa em 2:6-16, mas a diatribe retorna com força em 2:17-24. Nesses versículos, Paulo aplica os princípios de 2:1-16 diretamente a um interlocutor judeu antes de prosseguir tanto para redefinir o termo "judeu" (2:25-29) quanto para reafirmar o valor de ser um judeu étnico (3:1-8). Como o profeta Amós, Paulo surpreendentemente mudou o foco do julgamento divino dos inimigos de Israel para o próprio Israel, de 'eles' para 'você(s)' (compare com Am 1:2—2:3 com Rm 2:4-11).

Em 2:17-24, Paulo primeiro condena seu interlocutor judeu (e representante dos judeus) por dois pecados significativos: orgulho (2:17, 23) e hipocrisia (2:21-23). O orgulho de que Paulo fala está em carregar o nome judaico (2:17), lei (2:17-18, 20, 23) e a missão de instruir os gentios — que são cegos e permanecem nas trevas (2:19- 21; cf. Is 42:6-7; 49:6). Em uma palavra, é o orgulho pela distinção. Em uma série de perguntas incisivas, no entanto, Paulo afirma que seus compatriotas judeus não são diferentes dos gentios (2:21-23). Porém, mesmo a palavra 'hipocrisia' não capta a gravidade do problema. O verdadeiro erro, conforme a perspectiva de Paulo, é o fracasso em manter a aliança, de tal forma que seus compatriotas judeus, ironicamente, deixaram de ser a luz de Deus para os gentios (2:19; cf. Is 42:6-7) e, em vez disso, tornaram-se vergonha para Deus — uma fonte de blasfêmia — entre os gentios (2:24, citando Is 52:5; cf. Ez 36:16-24). À semelhança de um profeta antigo, Paulo acha incrível que o próprio povo de Deus seja tão culpado de idolatria e de todo tipo de injustiça quanto os gentios (2:21b-23). Sem dúvida, essa foi uma conclusão dolorosa a que ele chegou, mesmo que estivesse reverberando os profetas.

Tal situação leva Paulo a conduzir as reivindicações de imparcialidade divina e julgamento por ações um passo adiante em 2:25-29: ele redefine a palavra "judeu". Um judeu não é alguém que foi circuncidado fisicamente, mas circuncidado 'interiormente' e 'espiritualmente': a "circuncisão é a operada no coração" (2:29). Aqui Paulo está extraindo seu texto diretamente dos livros de Deuteronômio e Jeremias, dos quais alguns outros judeus contemporâneos também se apropriavam de forma semelhante. Em Dt 10:12-22, Israel é chamado a retornar às obrigações da aliança para com Deus e os outros e a serem "fiéis, de coração, à sua aliança", bem como a deixarem de "ser obstinados" (v. 16) porque não há nenhuma parcialidade em Deus (v. 17). Da mesma forma, Jeremias conclama o povo: "Purifiquem-se para o Senhor, sejam fiéis à aliança" para evitar o julgamento (Jr 4:4), e ele promete uma nova aliança quando Deus escreverá a "[sua] lei" no coração do povo (Jr 31:31-34). Da mesma forma, Dt 30:6 diz que Deus realizará a necessária circuncisão do coração.

Paulo está preparando o caminho para sua ênfase no dom do Espírito no coração humano (5:5; cf. 7:6; cap. 8), a marca da nova aliança. A circuncisão física em si, ou a falta dela, portanto, como em Gálatas, não tem relevância para o relacionamento da aliança com Deus. A marca *ritual* da circuncisão não garante nem impede a observância da Lei, que é o marco do limite *ético* — e o último marco é a única coisa que importa para Deus (2:25-27). Como em 2:1-16, Paulo não está aqui sugerindo que possam existir incontáveis não-judeus que guardam a Lei e, portanto, seriam judeus interiormente circuncidados. O que importa neste caso é o princípio que Paulo pode (e vai) usar para definir todos os que creem no evangelho como verdadeiros judeus, membros da nova aliança, sejam eles circuncidados fisicamente ou não. A circuncisão do coração está disponível para todos.

As objeções do interlocutor saltam imediatamente da página, começando em 3:1. Não haveria vantagem em ser judeu, em ser circuncidado? Paulo sugere que há uma vantagem (ele volta ao assunto em 9:4-5), mas então retorna à questão mais significativa que a discussão sobre a falta de fé por parte de Israel levanta: isso "anulará a fidelidade de Deus" (3:3)? A essa pergunta, Paulo oferece sua primeira de várias réplicas: 'De maneira nenhuma!' em Romanos (3:4a),[17] e ele cita o Sl 51:4 para apoiar sua exclamação (3:4b). Paulo aqui habilmente usa seu interlocutor para levantar uma das questões teológicas centrais de

---

[17] A NRSV traz "De jeito nenhum!"; lit.: 'Que nunca seja!' Veja também 3:6.

Romanos, a fidelidade divina, para a qual ele direcionará sua atenção mais detidamente nos capítulos 9—11. Enquanto isso, as perguntas do interlocutor servem para descartar duas outras conclusões falsas sobre o argumento de Paulo até agora: (1) mesmo que a injustiça e a falsidade de Israel *confirmem* (em vez de anular) a justiça e a veracidade de Deus, sua ira não é injusta, pois Ele julga com justiça e de modo imparcial (3:5-7); e (2) mesmo que algum bem eventualmente resulte da injustiça, isso não significa — como alguns, beirando a blasfêmia, acusam Paulo de insinuar (cf. 5:20; 6:1-2, 15) — que alguém deveria intencionalmente fazer o mal (3:8). A vantagem mais importante de ser judeu, então, deveria ser o entendimento de que a falta de fé humana não compromete a fidelidade divina, e que esta não desculpa a primeira.

A humanidade sob o poder do pecado (3:9-20)

Deixando as objeções para trás, por enquanto, Paulo retorna ao item principal de seu argumento para fazer um resumo. Embora a tradução e o significado de 3:9a tenham sido debatidos, as afirmações do restante do texto de 3:9-20 são claras como cristal, como já observado. A linguagem de Paulo é a das Escrituras e de um tribunal, pois ele oferece uma "acusação destruidora da pecaminosidade humana":[18]

1. *A acusação*: Todos os seres humanos — judeus e gentios igualmente — "estão debaixo do pecado [Pecado]" (3:9b).

A conclusão de que o pecado é universal tem sido a ênfase desde 1:18. Mas como Paulo "poderia ter concluído" que o problema é estar "sob o poder", ou "dominação" (NAB), do Pecado — isto é, que o Pecado é o senhor de escravos da humanidade e governante maligno? Como mencionado brevemente há pouco, essa é uma das perspectivas mais distintas de Paulo: que os seres humanos são escravizados a um poder tão real que ele pode chamá-lo de "Pecado" (singular). No idioma contemporâneo, podemos falar de um vício, com o pecado agarrando o pecador como uma droga que 'escraviza' o viciado. Uma tradução francesa traduz apropriadamente a frase em 3:9 como "o império do pecado" (TOB, Traduction œcuménique de la Bible). A frase "o mundo todo

---

[18] Richard B. Hays, Echoes of Scripture in the Letters of Paul (New Haven: Yale University Press, 1989), p. 50.

esteja sob o juízo de Deus" sugere que Paulo acredita que a evidência apresentada até então indica algo mais sinistro e fundamental do que pecados (plural) — um império do mal, por assim dizer (cf. 5:12-21). Mas agora ele volta à própria evidência.

2. *A evidência*: Ninguém é justo, mas todos se envolveram em várias práticas malignas (3:10-18).

A evidência do pecado humano até agora em Romanos consistiu nas próprias observações e análises de Paulo, embora certamente fundamentadas em textos bíblicos. Em 3:10-18, no entanto, ele tira todas as interrupções produzindo uma cadeia — uma 'catena' (corrente) — de textos bíblicos, principalmente dos Salmos, para demonstrar que *sua* acusação é realmente a acusação de *Deus* (veja esp. Sl 14; 53). Um estudioso diz que esta passagem pode ser vista como um 'poema' para a *adikia* (injustiça/iniquidade, como em 1:18).[19] Os seres humanos falham em buscar ou temer a Deus, ou em tratar outros humanos com bondade; eles não são justos ou retos (*dikaios*, 3:10), não estão no relacionamento correto da aliança com Deus ou com os outros. Seu discurso e ações são violentos e não estão envolvidos pela *shalom* de Deus (3:13-17). Os males que eles cometem comprometem todas as partes de seu corpo (3:13-18), de tal forma que são literalmente pecadores da cabeça aos pés (cf. Pv 6:12-19). Esses sintomas apontam para a doença — escravidão ao Pecado.

Tomadas em conjunto, a evidência e a acusação sugerem que qualquer solução proposta por Paulo terá que lidar tanto com os pecados (i.e., perdão pelas más ações) quanto com o Pecado (i.e., redenção ou libertação de seu poder). De particular importância é a necessidade de transformação, especialmente das formas de violência para o caminho da paz.

3. *O veredito*: "O mundo inteiro" é responsável perante (culpado diante de) Deus (3:19).

Uma vez que esse veredito é baseado na Lei (Escritura), ele inclui judeus (aqueles que estão "debaixo da lei"), não apenas gentios e, portanto, todos. Todos ficam emudecidos, sem desculpa ou defesa.

4. *A conclusão lógica*: As "obras prescritas pela lei" não podem ser o meio da justificação (3:20).

---

[19] Beverly Roberts Gaventa, em "Paul's Apocalyptic Epistemology", palestra na Society of Biblical Literature, Pauline Soteriology section, 23 de novembro de 2014.

Há um significativo debate acadêmico sobre se essas "obras" (lit. 'obras da lei') são o que no capítulo 1 chamamos de marcadores de fronteira 'éticos' ou 'rituais' (ou seja, atos morais ou circuncisão etc.). No final, isso pode ser uma falsa dicotomia, uma vez que Paulo acredita claramente que (1) a posse de símbolos rituais *não importa*, (2) o desempenho dos marcos éticos *importa*, e ainda (3) mesmo aqueles que possuem o primeiro não efetuam o último.[20] O argumento de Paulo é que nem a posse real da Lei nem a tentativa fracassada de seu cumprimento serão a fonte do relacionamento correto de alguém com Deus agora, ou sua absolvição no dia do julgamento.

O que temos, então, é uma situação de estar 'sem saída', como o saudoso J. Christiaan Beker costumava chamar a avaliação de Paulo sobre a humanidade. Embora o resumo em 3:9-20 seja em grande parte uma descrição da raça humana à parte de Cristo, Paulo está igualmente preocupado que os crentes em Roma — a quem ele logo descreverá como não mais "escravos do pecado [Pecado]", e sim "mortos para o [Pecado]" (6:6, 11) — não caiam sob o poder do Pecado por meio do orgulho e seus males associados, ou por meio de quaisquer outros erros pecaminosos.

A fidelidade, misericórdia e justiça de Deus em Cristo (3:21-31)

As palavras "mas agora" em 3:21 marcam um grande ponto de virada não apenas na carta de Paulo, mas em toda a história divina como o apóstolo a entende. O apóstolo está prestes a narrar a revelação da justiça de Deus, ou retidão, que se manifesta na morte de Cristo e é proclamada pelo evangelho do apóstolo. Esse evento inaugura uma nova era (cf. 2Co 5:17; Gl 1:4; 6:15), a era da graça (5:20-21) "na qual agora estamos firmes" (5:2). Assim, 3:21-26 explica as reivindicações sucintas de 1:16-17 e leva à exclusão de qualquer forma de orgulho (3:27-31).

Justificação pela fé: de Deus, de Cristo, dos crentes (3:21-26)

A ousada proclamação da retidão/justiça de Deus (*dikaiosynē*) e de sua fidelidade nesses versículos se opõe ao retrato sombrio do pecado e

---

[20] Como veremos mais explicitamente adiante, isso ocorre porque a Lei, enfraquecida pela "carne", não pode capacitar as pessoas a observar seus requisitos éticos.

da falta de fé da humanidade em 1:18—3:20. Embora pareça que Paulo está se baseando em fragmentos de material litúrgico cristão primitivo (alguns dos quais são difíceis de traduzir), ele os torna decisivamente seus, revelando um evangelho distintamente paulino que é, como 1:17 anuncia, 'de fé em fé'. Conforme sugerimos na discussão de 1:16-17, há dois aspectos da interpretação dessa passagem que a maioria das traduções deixa passar. Primeiro, devemos entender a retidão/justiça de Deus como a fidelidade salvadora da aliança de Deus, ou justiça restaurativa. Em segundo lugar, devemos traduzir frases normalmente vertidas como "fé em Cristo" como 'a fé [ou 'fidelidade'] de Cristo' (3:22, 26). Assim, a fé (plenitude) de Deus, de Cristo e daqueles que respondem são todas identificadas nesse texto. Isso aparece mais sucintamente em 3:22 — "a justiça de Deus pela fé em Jesus Cristo para todos os que têm fé" (minha tradução) — que nos diz o seguinte:

1. *O que* é manifestado: a justiça de Deus (= fidelidade salvadora da aliança/justiça restaurativa).
2. *Onde* ou *como* se manifesta: no ato de fé/fidelidade de Cristo (sua morte).
3. *Para quem* se manifesta: todos os que respondem com fé, ou com fidelidade ao crer.

Veremos cada um desses aspectos da passagem como um todo.

O quê. Paulo diz várias coisas sobre a justiça de Deus (retidão), ou fidelidade salvadora. Primeiro, é "independente da Lei" (3:21a), ou distinta da manifestação etnicamente específica da aliança que a Lei de Moisés constitui. No entanto, a Lei e os profetas (as Escrituras) atestam isso (3:21, uma afirmação que se torna o enfoque do cap. 4). Segundo, é 'pela fé de Jesus, o Messias' (3:22, 26), significando sua fidelidade a Deus manifestada em sua morte. Embora a maioria das traduções use a frase "fé em Jesus Cristo" em 3:22 e 3:26, a frase grega é melhor traduzida como "a [fidelidade] de Jesus".[21] A mescla feita por Paulo de fé e

---

[21] Essa interpretação ainda é debatida, mas, na minha opinião, traduz o melhor sentido desse texto e de outros textos paralelos em Paulo. A ARC traduz "fé em Jesus [Cristo] em ambos os versículos; CEB e NET usa "a fidelidade de Jesus Cristo" em 3:22, mas não em 3:26.

obediência em 1:5 já preparou o leitor para entender a morte de Jesus como um ato de fé e também de obediência (5:19). Sua morte demonstra que a justiça de Deus não significa, em última análise, ignorar os pecados nem permitir que o pecado perturbe permanentemente o relacionamento entre a humanidade e Deus, e sim 'justificar' aqueles que têm fé (3:22), o que implica compartilhar a fé de Jesus (3:26).[22]

Terceiro, a retidão/justiça de Deus significa a sua atividade graciosa de justificar os pecadores. Como observado há pouco e no capítulo 6, a justificação é transformadora: os pecadores não são apenas considerados justos, eles se tornam justos. Embora possa haver uma dimensão legal ou forense para justificação no sentido de que Deus faz uma declaração de absolvição, o resultado decididamente não é uma 'ficção' legal, como alguns afirmam. Quando Deus fala, Ele age; algo acontece. Mas a justificação é ainda mais do que um poderoso pronunciamento legal ou ato de perdão, pois 3:24 implica que a justificação resolve o problema sobre o fato de que os seres humanos carecem ou ficam aquém da glória divina (3:23). Justificação significa restauração para a glória da qual caímos — para a verdadeira humanidade. É o começo de uma nova realidade que alcançará seu objetivo final na vida eterna e na glorificação final.

Onde/como. Para Paulo, a morte de Cristo é a manifestação (3:21) da justiça salvadora de Deus. É tanto o dom fiel e misericordioso de Deus (3:24, 25) quanto o ato fiel de Cristo, sua obediência (3:22, 26; 5:18-19). Essa morte realiza duas coisas com respeito ao pecado: perdão dos pecados (plural) e redenção do Pecado (singular).

De acordo com 3:25, Deus "ofereceu" Cristo como "um sacrifício para propiciação" (NRSV), referindo-se ao sistema judaico de sacrifícios pelos pecados, ou como o "propiciatório" (NET; cf. CEB) no santo dos santos (Lv 16:12-16). A ênfase está na graça, não na punição. Além disso, essa morte também foi um ato de "redenção" (3:24) ou libertação — a linguagem da libertação da escravidão do Egito ou de qualquer outro senhor de escravos (cf. 6:7). Em outras palavras, a morte de Cristo lida tanto com os pecados (as obras) quanto com o Pecado (o poder do) — *assim como a análise de Paulo da condição humana em 1:18—3:20*

---

[22] A construção grega em 3:26 é paralela à de 4:16, que fala de compartilhar a fé de Abraão.

requer. É essa realidade interligada de perdão e libertação que dá início à vida de restauração da humanidade para a glória para a qual foi criada. Esse ato bidimensional de Deus na morte de Cristo constitui a manifestação da justiça fiel de Deus e a justificação dos seres humanos.

Para quem. Os benefícios dessa morte estão disponíveis para judeus e gentios, pois o pecado universal — falha universal em viver plenamente como a imagem ("glória") de Deus — produz uma resposta divina universal (3:22-23). Porém, esses benefícios não são automáticos; Paulo escreve para e sobre "todos os que creem" (3:22), sejam eles judeus ou gentios (cf. 2:10-11; 10:11-13). A fidelidade de Deus através da morte fiel de Cristo é, em um sentido muito real, incompleta quando não se junta com a fé humana. Quando se encontra com a fé, no entanto, como na igreja em Roma, aqueles que respondem são justificados (3:24, 26) — colocados em um relacionamento de aliança em justiça com Deus, libertados para viver em aliança, assegurados de absolvição no julgamento, restaurados à participação na glória de Deus. A restauração da glória significará a reversão da queda precipitada da humanidade na morte, um retorno à glorificação do criador e honra aos outros, como os capítulos 12—15 explicarão em detalhes. Essa é a boa notícia de Paulo sobre a graça de Deus.

A exclusão do orgulho (3:27-31)

Não é preciso um grande passo de lógica para chegar à primeira conclusão prática de Paulo para a narrativa do evangelho em 3:21-26: não há absolutamente nenhum motivo para alguém se vangloriar se a justificação ocorre por meio da fé — de Deus, de Cristo e dos crentes (3:27). O orgulho é um sinal de pecado tanto dos gentios (1:22, 30) quanto dos judeus (2:17). Assim, Paulo lembra a seus leitores que a "lei" ou princípio da fé se correlaciona com a "lei" da imparcialidade divina no julgamento (3:27-30; cf. 2:1-16). De acordo com 3:28, portanto, aqueles que apresentam ou realizam "obras prescritas pela lei" — isto é, os judeus — não são justificados de maneira diferente dos gentios. Martinho Lutero entendeu 3:28 com o significado de '*somente* fé': "Pois nós sustentamos que uma pessoa é justificada pela fé ['somente' — para Lutero] independentemente das obras prescritas pela lei". Paulo não discordaria da máxima de Lutero, desde que lhe fosse permitido definir os termos-chave. Certamente o apóstolo não acredita que alguém jamais poderia (ou sequer conseguiu) 'conquistar' uma posição de justiça diante de Deus, seja praticando certos atos ou possuindo certos marcos de identidade, como a circuncisão. O problema de introduzir a palavra 'somente' não é que Paulo acredita que algo diferente da fé seja necessário, e sim que as definições comuns de fé são muitas vezes bastante míopes quando comparadas às de Paulo. Para o apóstolo, a fé é claramente uma resposta abrangente: confiança, entrega absoluta, obediência e compromisso com a aliança. O evangelho oferece graça e exige fé obediente, assim abre a adesão da aliança a todos nós nos mesmos termos; esse é o argumento desses versículos. E, Paulo afirma (3:31), provavelmente em resposta a críticas reais ou previstas, que essa afirmação não "derruba", mas "defende" a lei (as Escrituras) — o que o conduz a duas figuras bíblicas para provar sua afirmação.

O testemunho das Escrituras no exemplo de Abraão (4:1-25)

No capítulo 4, Paulo presta homenagem ao princípio judaico de "duas ou três testemunhas" (e.g., Dt 17:6; 19:15), baseando-se em Abraão, apoiado por Davi, para corroborar suas afirmações em 3:21-31 de que (1) a justificação é através da graça pela fé, (2) independentemente da circuncisão e da Lei, e (3) exclui o orgulho. Além disso, Abraão não é apenas a *prova*, mas também o *paradigma* da fé justificadora. Neste capítulo, Paulo revela muito sobre sua compreensão única de justificação e fé, fazendo-o tanto em forma de diatribe, com perguntas que invocam a consideração cuidadosa dos leitores, quanto na forma midráshica, relendo a história de Abraão em Gn 15-17, com especial ênfase em Gn 15:6 e 17:5.

A forma como Paulo trata aqui com Abraão é bem fascinante. Para os judeus nos dias de Paulo, Abraão desempenhou vários papéis. Ele era visto como o fundador do monoteísmo, bem como o paradigma da virtude e da obediência meritória, especialmente na oferta de Isaque (Gn 22, não discutido por Paulo nesta carta). Ele era o pai de todos os judeus, o primeiro a ser circuncidado e, portanto, o primeiro membro do povo da aliança. A ênfase foi colocada na obediência de Abraão. Alguns acreditavam que ele obedeceu à Lei antes mesmo de Moisés tê-la dado. E alguns o viam não apenas como o pai do povo judeu, mas também como o prosélito paradigmático (convertido). Um argumento judaico sobre quem, e o que representa 'um verdadeiro judeu' (2:28-29), precisa de Abraão para ser convincente.

Para Paulo, Abraão é um tipo híbrido. Ele ainda é "nosso pai [judeu] segundo a carne" (4:1, ARA), mas claramente não está restrito a esse papel. Paulo afirma que Abraão é "o pai de todos nós" (4:16), confirmando assim a união de crentes judeus e gentios em Cristo. Abraão é um gentio justificado paradigmático (como um prosélito) na medida em que foi justificado sem a Lei ou a circuncisão, mas também é um judeu justificado paradigmático ao ter sido justificado não pela Lei, mas pela fé (4:9-17a). Paulo até insinua que Abraão teria sido ímpio, visto que Deus justifica o ímpio (4:5; cf. 1:18). Assim, Paulo lê a história de Abraão como a história de um pecador, um gentio, um judeu e um 'cristão' — um crente justificado. Abraão é o homem comum, na visão de Paulo.

A primeira parte do capítulo (4:1-8) enfoca a justificação de Abraão pela fé — com apoio de Salmos. Curiosamente, Paulo descarta o orgulho mesmo se a justificação fosse alcançada pelas obras (4:2), mas sua principal preocupação é a tese de que Abraão foi justificado pela fé: esta "lhe foi creditada como justiça" (4:3, citando Gn 15:6; cf. Gl 3:6-9).[23] Uma analogia contábil da prática trabalhista comum (4:4-5: salário para um trabalhador *versus* um presente sem custo algum para um não trabalhador) provê um testemunho inicial sobre 'acerto de contas' que ilustra o que Davi, no Sl 32:1-2, também diz (4:6-8). Nesses versículos aprendemos que a justificação é um dom gratuito para o ímpio (análogo àquele que não trabalha) que é recebido com fé e confiança e que produz um estado de 'bem-aventurança' (4:6-9) devido ao perdão dos pecados (4:7-8).[24] Assim, a justificação é claramente um ato de graça que inclui o perdão e que pode ser descrito metaforicamente no jargão contábil. Mas essa metáfora dificilmente *esgota* o significado da justificação.

A próxima parte do capítulo (4:9-15) estabelece a justificação de Abraão antes de sua circuncisão (narrada em Gn 17:9-14, claramente depois de 15:6) e sem a Lei de Moisés. A circuncisão não era um prerrequisito para a justificação, mas uma continuação dela, servindo

---

[23] Veja também Tg 2:21-24. Paulo e Tiago usam a palavra "fé" de maneiras diferentes, mas concordam que crença e ação são inseparáveis.
[24] Observe a menção dos "ímpios" em 1:18; 5:6.

como um selo (4:10-11). Ademais, a promessa a Abraão veio antes da Lei (4:13-15). Tudo isso significa, segundo Paulo afirma, que Abraão foi designado desde o princípio para ser o pai dos crentes judeus e gentios (4:11, 13; cf. Gl 3:7-9). Ou seja, nem a circuncisão nem a incircuncisão importam para justificação (cf. Gl 5:6).

A parte final do capítulo mostra a fé de Abraão como paradigmática para todos os crentes, uma vez que a promessa de Deus foi graciosamente estendida a ele e para todas as nações (4:16-17), como a história de Gênesis deixa claro para Paulo. Nesses dois versículos de Rm 4, aprendemos que, para Paulo, ao olhar para Abraão, ele entende que fé é confiança em Deus e nas promessas de Deus, particularmente em Deus como aquele que "dá vida aos mortos e chama à existência coisas que não existem" (4:17b). A fé, portanto, é voltada para o futuro — em forma de orientação escatológica, centrada na ressurreição — e, virtualmente, como sinônimo de esperança. Ele confia nas promessas de Deus (4:18, citando Gn 17:5, a promessa de Deus de que Abraão teria muitos descendentes). O próprio corpo sem vitalidade de Abraão e o ventre estéril de sua esposa levaram não à descrença, mas a uma confiança maior (4:19-21). Foi esse tipo de fé robusta que foi atribuída a Abraão como justiça.

Assim, embora a justificação possa ser descrita como 'creditada' (cf. 4:3, 9), não se trata de um mero evento contábil (ou, por extensão, jurídico). O Deus criador prometeu transformar a morte em vida. A história de Abraão não é sobre confiança ou esperança de modo genérico, mas de uma esperança específica: para a nova vida, para a ressurreição, para a vida eterna. Para os judeus dos dias de Paulo, um útero estéril e a falta de filhos eram o equivalente à morte, enquanto o nascimento e a progenitura eram como a ressurreição e a vida após a morte. Porque o próprio Abraão estava sem vitalidade (4:19a) — assim como o ventre de sua esposa (4:19b) —, sua fé consistia em que Deus poderia produzir vida de *sua* morte, poderia transformar *sua* morte em vida. Em outras palavras, sua fé era completamente autoenvolvente e participativa, uma questão de vida ou morte. O nascimento de Isaque (Gn 21:1-8) representou a ressurreição dos mortos, a morte de Abraão e Sara. Para Paulo, no entanto, essa história não era apenas sobre Abraão e Sara, mas também sobre Deus; o nascimento de Isaque apesar da 'morte' do corpo de Abraão e do ventre de Sara enfatiza o poder de ressurreição de Deus.

Toda a história bíblica é contada, conforme diz Paulo, 'por nossa causa', como um prenúncio do tipo de fé sobre o qual o apóstolo fala — fé no fato de Deus 'entregar' seu Filho à morte (cf. 8:32) e em ressuscitá-lo dos mortos (4:22-25). Paulo deixa claro que tanto a morte quanto a ressurreição de Cristo são essenciais para a restauração das relações corretas com Deus, o que inclui tanto o perdão das ofensas quanto a ressurreição para uma nova vida (4:25). Portanto, em última análise, Abraão dá testemunho não apenas da natureza da fé como confiança e esperança, mas também da natureza da justificação — recebendo tanto a graça perdoadora de Deus quanto a sua nova vida de ressurreição. Isto é, o *meio* de justificação é a fé, porém, o *significado* (conteúdo) da justificação é a ressurreição dos mortos (cf. 6:4), assim como o perdão. Abraão é o protótipo da morte para o pecado e ressurreição para Deus (cap. 6).

O que Abraão encontrou (NRSV, "recebeu", 4:1), então, foi em essência a realidade revelada no evangelho de Paulo: graça, fé, justificação e vida à parte da circuncisão e da Lei; ele encontrou o Deus da graça e da vida que perdoa os pecados e ressuscita os mortos. Sem jamais negar a condição judaica de Abraão, Paulo o universaliza. É por isso que os justificados são definidos como aqueles que "que têm a fé que Abraão teve" (4:16). No entanto, Paulo afirma que essa universalização não é original dele: de acordo com Gênesis, ele nos lembra, a aliança com Abraão era para ele ser o "pai de muitas nações" (4:17, de Gn 17:1-8). Paulo vê essa aliança fielmente cumprida ao levar o evangelho às nações.

RESUMO DE ROMANOS 1–4

Nos capítulos iniciais de Romanos, Paulo faz as seguintes afirmações centrais sobre o evangelho como a resposta de Deus à situação humana:

- O evangelho é o poder de Deus para salvar qualquer um e todos, judeus e gentios.
- Tanto os gentios quanto os judeus têm falhado em viver num relacionamento de aliança em justiça com Deus, cada grupo tendo suas maneiras distintas de não obedecer a Deus (idolatria) e amar os outros (imoralidade/injustiça); eles são disfuncionais em relação à aliança.
- Os seres humanos são julgados imparcialmente por Deus de acordo com seus atos; desempenho, não a posse, quanto à Lei

é o que importa e o que é necessário para relações corretas com Deus.
- Os vários tipos de pecados que as pessoas cometem, e que as Escrituras atestam, são manifestações do poder do Pecado, ao qual os seres humanos são escravizados.
- Na morte fiel e obediente de Cristo, a fidelidade da aliança graciosa e salvadora de Deus e a justiça restauradora são reveladas à medida que Deus estende o perdão dos pecados e a redenção/libertação do Pecado.
- Tanto os gentios quanto os judeus que creem no evangelho são justificados, mas não têm motivos para se orgulhar. Eles tiveram seu coração circuncidado e, portanto, são membros do povo da aliança de Deus como 'verdadeiros judeus'.
- Abraão é o paradigma dessa fé justificadora, que ele tinha à parte da circuncisão e da Lei; ele é o homem comum de Paulo, o exemplo para judeus e gentios, demonstrando que a justificação é tanto o perdão dos pecados quanto a ressurreição dos mortos para uma nova vida.

5:1—8:39. O CARÁTER DA JUSTIFICAÇÃO PELA FÉ: RECONCILIAÇÃO, LIBERTAÇÃO E VIDA

Seria difícil imaginar qualquer parte de uma obra com mais profundidade teológica do que os capítulos 5 a 8 de Romanos. Mas, qual é o propósito desses capítulos na carta? Alguns já argumentaram que Paulo aqui descreve o progresso normal do 'crescimento cristão', da justificação (cap. 5) à santificação (cap. 6), e então do desespero pelo pecado contínuo (cap. 7) para a liberdade no Espírito (cap. 8). Embora esses capítulos possam descrever alguma forma de desenvolvimento,[25] esse não é seu principal objetivo. Principalmente, os caps. 5—8 servem para explicar o significado e o caráter da justificação.

Com base em 3:21—4:25, Paulo constrói uma definição estendida de justificação como uma nova vida através de uma série de narrativas antitéticas que ecoam o "mas agora" de 3:21. Após uma exposição preliminar da justificação em 5:1-11, ele apresenta a história daqueles que, por meio da justificação, passaram da condição de estar fora de Cristo para estar em Cristo. Ele conta essa história a partir de três percepções narrativas, concentrando-se em três conjuntos de antíteses, destacando

---

[25] E.g., a narrativa do êxodo de Israel, da escravidão para a liberdade, como sugerido especialmente por N. T. Wright.

três temas distintos, mas inter-relacionados. Em cada narrativa, assim como na exposição inicial, a cruz figura no centro. A tabela a seguir resume esses capítulos:

RESUMO DE ROMANOS 5–8

Texto	Perspectiva da narrativa	Antítese	Tema	Cruz
5:1-11	Visão geral	Inimigos *versus* amigos	Justificação como reconciliação	A cruz como o amor de Deus
5:12-21	Salvação cósmica, apocalíptica e histórica	Adão versus Cristo	Justificação como libertação: libertação do Pecado sob a graça	A cruz de Cristo e sua obediência
6:1–7:6	Participacionismo: batismal	Escravidão ao Pecado *versus* justiça	Justificação como morte e ressureição: morto para o Pecado e vivo para Deus	Crucificação com Cristo
7:7–8:39	Participacionismo: existencial	Carne *versus* Espírito	Justificação como habitação pelo Espírito: no Espírito, não na carne	Morte do crente para a velha vida, sofrimento

Nesses três conjuntos de antíteses narrativas, encontramos que, em Cristo, a história humana circunscrita pela ira, pecado/Pecado, a lei e a morte (1:18-3:20) é transformada em uma história de libertação de todos esses aspectos negativos da existência humana. Não se trata, portanto, dos *efeitos* ou *resultados* da justificação (como um conjunto de consequências que podem ser separadas e talvez opcionais), mas do próprio *significado* dela. Ser justificado significa experimentar a plenitude da vida do Deus triúno. Assim como todos os que pecaram são responsáveis perante Deus, todos os que são justificados vivem na graça, e se tornam livres para serem membros da comunidade da aliança que vive sob a marca da cruz — aqueles reconciliados com Deus através da morte e ressurreição do Messias e capacitados pelo Espírito.

Tudo isso estabelece a base para o restante da carta: entender a angústia que Paulo sente por seus irmãos judeus terem perdido a alegria da justificação, bem como sua esperança para eles (caps. 9—11); e para as estipulações de aliança mais explícitas de Paulo no novo reino da graça (caps. 12—15).

Justificação como reconciliação através da cruz (5:1-11)

Esse texto multidimensional e cuidadosamente construído, que funciona como uma ponte entre os quatro primeiros capítulos e os quatro seguintes, contém muitas palavras-chave paulinas e temas que reaparecerão nos capítulos seguintes, culminando no capítulo 8. Alguns de seus principais temas aparecem também em outros resumos magistrais do evangelho de Paulo, como 2Co 5:14-21 e Ef 1:3-14. A presente passagem é artisticamente composta em forma quiástica como segue:

    1.2a Justificação por meio de Cristo
        2b-5 Esperança para a glória futura
            6-8 A morte de Cristo como o amor de Deus
        9-10 Esperança para a salvação futura
    11 Reconciliação por meio de Cristo

A observação dessa disposição do texto nos permite fazer várias observações essenciais. Primeiro, a maneira como a passagem começa e termina em forma paralela (uma técnica retórica chamada *inclusio*) sugere que a justificação (5:1) é de fato a experiência presente de reconciliação com Deus (5:11), ou a "paz com Deus" (5:1). Esse é um estado de "graça" no qual os crentes atualmente permanecem "firmes" (5:2; cf. Is 32:17 para a paz, *shalom*, como fruto de um ato divino de justiça).[26] Isso significa que houve uma cessação das hostilidades, a transformação dos "inimigos" de Deus (5:10) em amigos. Aqueles que estavam fora da

---

[26] "Justificados" e "reconciliados" são usados de forma intercambiável também em 5:9-10.

graça — fora da aliança — agora estão dentro dela. Qualquer que seja o sentido 'forense' que a justificação possa apresentar, é claramente mais do que um pronunciamento de absolvição. Se 5:1 presumivelmente diz que somos "declarados justos" (NET), essa declaração divina significa que também "fomos feitos justos" (CEB). O meio de justificação é a 'fé', normalmente entendida como nossa fé, mas é possivelmente (mais uma vez) a fidelidade de Deus (como na CEB).

Em segundo lugar, o centro ou suporte desse texto (5:6-8) indica que o ponto focal da obra reconciliadora de Deus é a morte de Cristo, que especifica o significado de "por nosso Senhor Jesus Cristo" (5:2, 11). A passagem como um todo contém quatro referências explícitas e duas implícitas à morte de Cristo. Terceiro, a justificação não mostra apenas aspectos passados e presentes, mas também uma dimensão futura, como comprovam as seções paralelas entre os suportes de abertura e a essência (5:2b-5, 9-10). 'Justificação', na linguagem de Paulo, não é o equivalente a 'salvação', mas é inseparável dela — que para Paulo é o futuro (observe o tempo futuro em 5:9-10).

Nesta passagem, portanto, Paulo entende a justificação como reconciliação com Deus no presente, juntamente com a esperança de salvação (absolvição e glória) no futuro, baseada na morte de Cristo no passado, e tudo é revelado pelo dom do Espírito. Esse entendimento é confirmado tanto pela estrutura quanto pelo conteúdo real de 5:1-11, bem como é coerente e amplifica outros textos sobre justificação. Algumas observações adicionais sobre o conteúdo da justificativa como reconciliação ainda precisam ser feitas.

Em 5:1-5 Paulo retrata uma relação estreita entre o passado, o presente e a experiência futura dos crentes. A frase "tendo sido, pois, justificados" (NVI) é aqui melhor traduzida do que "desde que somos justificados" (NRSV); a justificação começou no passado (com a resposta da fé no evangelho), mas tem um efeito contínuo. É um estado de bem-aventurança (cf. 4:6-9), de 'ter paz com Deus' e 'estar firme na graça' (5:1-2). Tem também uma orientação futura, a esperança de participar da glória de Deus que falta atualmente à humanidade pecadora (3:23). De fato, Paulo acredita que tal glorificação já começou em algum sentido (cf. 8:30; 2Co 3:18). No entanto, é a esperança segura de futuro, a plena participação na glória de Deus que é o novo fundamento da legítima 'glória' — em Deus, não em si mesmo (5:3; cf. 3:27).

O caminho para a glória, no entanto, tem uma forma cruciforme: inclui, ou resultará em 'tribulações' (5:3), como Paulo bem sabia. Embora, na verdade, Paulo conecte o sofrimento dos crentes à cruz de Cristo, aqui ele enfatiza não sua fonte, mas seu papel educativo (frequentemente reconhecido na antiguidade) e seu objetivo final (5:3-4). O sofrimento inicia uma reação em cadeia que conduz ao caráter, perseverança e esperança, uma esperança que "não decepciona" (no último dia) — ou melhor, 'não nos causa vergonha' — porque a experiência presente do Espírito Santo garante aos crentes o amor de Deus (5:5), a pessoa de Deus que é "por nós" (cf. 8:31-39). Essa experiência começa quando o amor de Deus e o Espírito são "derramados" (5:5, ARA, NAB,), o que pode ser uma referência ao batismo, porém é mais provavelmente uma metáfora para a experiência intensa do Espírito quando o evangelho é pregado e crido (cf. Gl 3:1-5). Assim, Paulo fala brevemente aqui de uma experiência unificada do Espírito, sofrimento, amor e esperança que ele desenvolverá no capítulo 8.

A menção do amor de Deus leva Paulo, na seção central (5:6-8), à fonte e manifestação máxima desse amor na morte de Cristo (cf. 8:32). Isso é graça (5.2): uma morte não intuitiva, morte sacrificial ("por nós", 5:8; cf. "sangue", 5:9), não para uma pessoa justa ou boa (5:7), mas para pessoas que são "fracas", "ímpias" (5:6) e "pecadoras" (5:8) — de fato, "inimigos" (5:10). Essa é a graça divina, ou misericórdia, do tipo mais extraordinário: alcançar aqueles que não são merecedores. Na antiguidade, isso seria visto como o tipo supremo de graça ou dom, porque é uma demonstração extremamente magnânima da benevolência do doador para com os destinatários, os quais são totalmente indignos desse dom, sejam judeus, sejam gentios.[27] O uso por Paulo da primeira pessoa do plural ("nós/para nós") é importante por causa de sua abrangência — a morte foi em favor dele e de todos os outros judeus, bem como dos gentios. À luz de 3:21-26, sabemos que Paulo vê esse dom

---

[27] Veja especialmente John M. G. Barclay, Paul and the Gift (Grand Rapids: Eerdmans, 2015), que fala da "incongruência" da graça. A fé, portanto, não cria mérito, mas é "uma declaração de falência, um reconhecimento radical e devastador de que o único capital na economia de Deus é o dom de Cristo crucificado e ressuscitado" (p. 383-84). É bem possível que Paulo esteja ciente das palavras de Jesus perdoando os inimigos na cruz (Lc 23:34).

gracioso também como a demonstração da fidelidade e justiça da aliança de Deus.

De maneira rabínica, Paulo passa para a consequência lógica e 'mais fácil' da justificação/reconciliação, a saber, 'salvação', significando resgate da (futura) ira divina (5:9-10). Mais duas referências à morte de Cristo nesses versículos levam à conclusão de que o amor salvífico de Deus demonstrado na cruz e experimentado no presente, para os justificados, permanecerá consistente no futuro. A atribuição da salvação futura à 'vida' de Cristo no final de 5:10 pode ser uma referência à ressurreição como garantia de esperança e salvação, bem como à atual obra intercessória do Filho diante do Pai (8:34). Esse diálogo sobre esperança mais uma vez leva Paulo de volta ao tema da passagem, a experiência presente ("agora") de justificação/reconciliação por meio de Cristo, que para ele é uma razão igual, se não maior, para se "gloriar" em Deus do que a esperança futura (5:11). O que une passado, presente e futuro é o amor de Deus em Cristo por meio do Espírito. E essa atividade triúna salvadora de Deus, narrada por Paulo (cf. 8:9-11; 15:17-19, 30), antecipa a doutrina posterior e completa da Trindade.[28]

Livres do Pecado, sob a graça (5:12-21)

Tendo começado uma descrição do escopo abrangente da transformação graciosa por Deus, por meio da morte do Messias, de pecadores e inimigos em pessoas que são justificadas e reconciliadas, Paulo se engaja na primeira de três análises das situações antitéticas que prevaleciam antes da morte de Cristo e permanecem agora, desde então. O contraste em 5:12-21 é obviamente entre Adão e Cristo, entre a respectiva 'ação' e a 'era' associada a cada um, entre pecado e graça (ou, melhor, 'Graça', um poder maior ainda).

Primeiramente Paulo começa, mas depois interrompe, seu contraste com as palavras "da mesma forma" (5:12). Paulo estava prestes a terminar 5:12 com algo como, 'assim também a justiça veio ao mundo por meio de um homem e do mesmo modo a graça se espalhou a todos'. Ele se desvia momentaneamente, no entanto, para uma defesa da existência

---

[28] Isto é, como em outros capítulos, a linguagem trinitária é usada aqui em reconhecimento de que, embora Paulo não tenha uma teologia da Trindade totalmente desenvolvida, tal linguagem é apropriada.

do pecado/Pecado (isto é, tanto o ato quanto o poder) antes e sem a Lei de Moisés, provavelmente porque ele havia afirmado mais recentemente que "onde não há Lei, não há transgressão" (4:15).

Paulo afirma que a ação de um homem (Adão) trouxe o pecado/Pecado e, portanto, a morte (Gn 2:15-17; 3:1-5, 19), que provavelmente também deveríamos realçar em letra maiúscula (uma vez que a Morte é, para Paulo, um poder como o Pecado),[29] para o mundo e, de fato, para todas as pessoas "porque todos pecaram" (5:12). Assim o Pecado e a Morte exercem domínio sobre a raça humana.

O debate secular sobre o 'pecado original' tem sido em parte uma interpretação desse versículo. Infelizmente, o debate começou quando Agostinho seguiu a tradução errônea do grego da Vulgata Latina e leu a frase "porque todos pecaram" (NRSV, NVI; cf. CEB) ou "na medida em que" (NAB) pecaram como "em quem [Adão]" todos pecaram. O argumento de Paulo não é realmente culpar Adão, e muito menos sugerir que o pecado original de Romanos seja transmitido biologicamente (i.e., por meio de relações sexuais), mas afirmar a universalidade do pecado. Paulo diz que nós confirmamos [no passado] e reafirmamos [no presente] o pecado de Adão, agindo nós mesmos como se fôssemos o próprio Adão.[30] Para Paulo, Adão é um "tipo" (5:14) — um prenúncio antitético — de Cristo e, por extensão, pecadores são tipos de alguém justificado. O argumento principal de Paulo na digressão, no entanto, é que o pecado existia e que a Morte "exerceu domínio" sobre a humanidade mesmo antes que a Lei de Moisés entrasse em cena e permitisse que as violações fossem contabilizadas (5:13-14). No geral, porém, Paulo está mais preocupado com a realidade dos pecados e do Pecado do que com sua origem.

O contraste Adão-Cristo continua em 5:15-19, quando Paulo faz uma identificação principal em uma variedade de imagens e expressões: o ato de Adão significa pecado e morte, enquanto a obra de Cristo significa justiça e vida. A tabela a seguir, baseada na linguagem da NRSV, NAB e NVI, mostra os paralelos contrastantes:

---

[29] Nas páginas a seguir, coloco em maiúscula as palavras 'pecado', 'morte' e 'graça' quando elas provavelmente se referem a um poder.
[30] Cf. o documento judaico 2Baruque: "Adão é, portanto, não a causa, exceto apenas para si mesmo, mas cada um de nós se tornou nosso próprio Adão" (54.19).

ADÃO E CRISTO

	Ato de Adão	Consequências	Obra de Cristo	Consequências
15	transgressão	muitos morreram	(liberdade/graciosa) dádiva da graça	pela graça de um só, Jesus Cristo, transbordou ainda mais para muitos
16	pecado de um só homem	muitas transgressões, julgamento, condenação	(liberdade) dom	justificação/perdão
17	transgressão/pecado	a Morte exerceu domínio/veio para reinar/reinou	abundância/abundante provisão da graça e a dádiva da justiça/justificação	exercerão domínio sobre a vida/(virão a) reinar na vida
18	transgressão	condenação para todos	ato de justiça	justificação/perdão para todos
19	desobediência	muitos foram feitos pecadores	obediência	muitos serão feitos justos

As notícias a respeito de Adão são sombrias; seu crime desencadeou uma série de consequências, mas apenas porque todos os outros seguiram igualmente o caminho de Adão. A vinda da Lei não ajudou em nada para resolver a situação, ao contrário, apenas agravou os problemas — mais transgressões (5:20a). Paulo sugere que ela não poderia, nem conseguiu interromper a propagação do Pecado e da Morte, derrubar a condenação, ou conceder justiça e vida. No entanto, em resumo, Paulo diz que "onde aumentou o pecado [Pecado] transbordou a graça [Graça]" (5:20b), criando o novo reino da Graça por meio da justificação, que conduz à "vida eterna" (5:21). Uma força mais poderosa — a Graça — "veio para reinar" (5:17 NAB) por meio da morte de Cristo Jesus, uma força que liberta os crentes do triunvirato do Pecado, da Morte e da Lei (esta última é boa em si mesma, mas foi cooptada pelo Pecado:

7:7-12). A morte de Cristo foi uma incursão divina e apocalíptica. Um ato gracioso de obediência e justiça — de fé e fidelidade (cf. 3:21-26) — que mudou tudo. Assim como todos, de fato, participaram do ato de pecado desobediente de Adão e se tornaram pecadores, também todos os que compartilham do ato obediente de justiça de Cristo na cruz são justificados. A dimensão participativa desse evento apocalíptico é o tema das próximas duas seções.

Morto para o pecado, vivo para Deus (6:1—7:6)

Em 5:12-21 Paulo não explica de forma explícita *como* os crentes passaram do reino do pecado para o reino da graça. Isso ele deve fazer agora. Mas ele também deve buscar a forma para sair de um buraco. Se mais pecado resultou em mais graça (5:20b), talvez mais pecado seja aceitável — como alguns parecem ter pensado que Paulo acreditava (3:8). O capítulo 6 expõe a falácia desse argumento ao descrever como os crentes participam da morte do Messias que inaugurou o reino da Graça. Por meio de sua morte — e ressurreição — eles são libertos do reino do Pecado e da Morte (6:1-23) e até mesmo da Lei (7:1-6). Em 6:1—7:6, Paulo está descrevendo a mesma realidade que ele apresenta em Gl 2:15-21: ou seja, justificação pela fé entendida como uma experiência participativa de crucificação e ressurreição com Cristo.

Muitas pessoas compreensivelmente acreditam que Rm 6 apresenta a teologia de Paulo sobre o batismo. Mas esse capítulo não trata essencialmente sobre ele, antes, o toma como o ponto de partida comum — imersão no Messias e em seu povo — para a participação na comunidade da nova aliança, e procura descompactar essa experiência comum. Porém, o foco principal de Paulo está no contraste entre a vida pré e pós-batismal, e especialmente na nova vida "para Deus" (6:10-11) como uma continuidade da crucificação batismal e ressurreição com Cristo. Acima de tudo, no capítulo, não há nada que possa ser interpretado como uma concessão de complacência àquele que foi batizado.

O tema substantivo do capítulo como um todo é a afirmação de que a vida é um tipo de 'escravidão', seja ao pecado, seja a Deus, o senhor a quem as pessoas "apresentam" a si mesmas e a seu corpo (6:13, 16, 19; cf. 12:1). O capítulo se divide muito bem em duas partes, sinalizadas por duas perguntas retóricas semelhantes (6:1, 15), cada uma seguida por "De maneira nenhuma!" (NAB: "Claro que não!") e "Vocês não sabem...?" Essas perguntas são normalmente traduzidas de maneira bastante semelhante como "continuaremos [ou 'permaneceremos'] [continuar/persistir em] no [P]pecado?" Mas todo o contexto sugere uma interpretação mais sutil: (1) *'Continuaremos* pecando para que a graça aumente?' (6:1, como a consequência lógica de 5:20); e (2) *'Podemos* pecar porque não estamos debaixo da lei, mas debaixo da graça?' (6:15, como a continuação da conclusão de 6:1-14 em 6:14). A primeira pergunta é sobre obrigação, a segunda, sobre permissão.

1. O justificado deveria permanecer no pecado para aumentar o fluxo de graça/Graça (6:1-14)? "Claro que não!", responde Paulo (6:2a NAB), pois os crentes morreram para o pecado no batismo (6:2b-11), abandonaram sua fidelidade a ele [pecado] e, portanto, agora apresentam seu corpo a Deus, não ao pecado (6:12-14). É importante ver como o batismo e a fé estão intimamente ligados para Paulo. As pessoas são batizadas "em" Cristo (6:3; Gl 3:27; gr. *eis*) e creem "em" (gr. *eis*) Cristo (Gl 2:16). Pela fé e o batismo as pessoas são transferidas para o reino do Messias. São dois lados inseparáveis de uma mesma moeda; a combinação de convicção e confissão (cf. Rm 10:5-13), sem dúvida feita no momento do batismo, traz justificação (com a promessa de salvação futura) e a entrada na comunidade. O que Paulo diz acerca do batismo pode, portanto, também ser um predicado da fé: envolve uma espécie de experiência de morte, uma crucificação com Cristo, como Paulo diz especificamente em Gl 2:15-21.

A descrição de 'batismo em Cristo' é, portanto, também uma descrição de 'fé em Cristo', ou 'justificação pela fé'. A justificação é, portanto, uma experiência de morrer e ressuscitar, como já sugerido pela história de Abraão no capítulo 4. Com base em crenças já estabelecidas e até mesmo em um credo primitivo (veja 1Co 15:3-11), em 6:3-11 Paulo esboça vários paralelos entre a morte de Cristo e a dos crentes. Todo o processo — morte, sepultamento, ressurreição e (implicitamente) aparições — está resumido em 6:3-4. A ressurreição após a morte e sepultamento no batismo é para que "vivamos uma vida nova" (6:4). Aqui, como em Gl 2:15-21, vemos o caráter profundamente participativo e transformador da espiritualidade de Paulo. 'Acreditar' num credo não é meramente concordar com sua veracidade, mas entrar nele, até mesmo, em certo sentido, transformar-se nele. Aqueles que acreditam que Cristo morreu, foi sepultado (o que demonstrou a realidade da morte), ressuscitou e apareceu (o que demonstrou a realidade da ressurreição) participa de sua história e das realidades que a história narra:

Realidade narrativa	Cristo, de acordo com o credo (1Co 15:1-11)	Crentes (Rm 6)
Morte	Cristo morreu pelos nossos pecados, segundo as Escrituras (15:3)	Morremos para o [P]pecado... fomos unidos a ele na semelhança da sua morte (6:5); nosso velho homem foi crucificado com ele, para que o corpo do [P]pecado seja destruído, e não mais sejamos escravos do [P]pecado; pois quem morreu foi justificado do [P]pecado. (6:6-7); morremos com Cristo (6:8); mortos para o pecado (6:11)
Sepultamento	Ele foi sepultado (15:4a)	fomos sepultados com ele na morte por meio do batismo (6:4)
Ressurreição	ressuscitou no terceiro dia, segundo as Escrituras (15:4b)	*Presente:* assim como Cristo foi ressuscitado dos mortos mediante a glória do Pai, também nós vivamos uma vida nova (6:11; cf. 6:13) *Futuro:* certamente o seremos também na semelhança da sua ressurreição (6:5); Ora, se morremos com Cristo, cremos que também com ele viveremos (6:8)
Aparecimento	apareceu a Pedro e depois aos Doze... (15:5-9)	[Veja 6:13: "ofereçam-se a Deus como quem voltou da morte para a vida"]

A primeira parte de Rm 6, portanto, fala claramente de uma ressurreição *presente*: "uma nova vida" e então estar "vivo para Deus" (6:4,11). Essa não é a ressurreição *do* corpo, mas é uma ressurreição *no* corpo. Isso pode se parecer, então, com uma ressurreição metafórica e não literal, no entanto Paulo certamente vê a transformação que ocorre no batismo como mais do que uma metáfora. Alguns intérpretes, no entanto, temem que falar da presente ressurreição tenha características de um triunfalismo ou de uma escatologia coríntia colapsada. O que impede Paulo de seguir por esse caminho, no entanto, é sua compreensão de "uma nova vida" como um estado contínuo de estar morto para o pecado (6:11) e, portanto, de participar da cruz (cf. cap. 8). E mais, existe uma conexão entre 6:5-11 e a discussão de Paulo sobre o fim do reinado do Pecado e da Morte em 5:12-21: por meio da participação na morte e na ressurreição de Cristo, os crentes experimentam em si mesmos a derrota do Pecado, no presente, e da Morte, no futuro. Nesses versículos, Paulo confirma o padrão cristológico fundamental da morte seguida pela ressurreição, aplicando-o aos crentes em dois sentidos: nova vida no corpo agora, assim como a ressurreição corporal e a vida eterna no futuro.

Esses dois sentidos podem se mostrar um pouco confusos em 6:5-11. O que está claro, porém, é que há, no presente, tanto uma morte quanto uma ressurreição. De acordo com 6:6-7, ser crucificado com Cristo significa libertação do Pecado, como se livrar de um senhor de escravos (cf. 3:9, 24) e a morte do "velho homem" (= a destruição do "corpo de [i.e., governado pelo] Pecado"). Essa é uma situação presente, permanente e irreversível, assim como Cristo morreu "uma vez por todas" (6:10a). Mas essa morte também significa ressurreição, um sentido de estar "morto para o Pecado e vivo para Deus" *em* Cristo (6:11) e *como* Cristo (6:10a).[31] Em continuidade com essa realidade, os crentes também têm a garantia de uma futura ressurreição e vida com Cristo (6:5, 8) — a "vida eterna" (6:23). Assim como com Cristo, isso representará liberdade total da morte/Morte como senhor de escravos e governante do mal (6:9). Do mesmo modo os crentes experimentam a morte de Cristo no presente, como morte para o pecado (como a dele), e sua ressurreição em dois estágios, como estar vivo *para* Deus agora (6:11)

---

[31] Ou seja, morte em relação ao Pecado e vida em relação a Deus.

e como experimentar a liberdade da morte/Morte por estar *com* Cristo no futuro (6:8).

O caráter presente da ressurreição é confirmado em 6:12-14, de onde Paulo extrai as consequências éticas do que acabou de dizer. Libertados do pecado (6:14; cf. 6:7), os crentes não devem permitir que ele recupere seu reinado sobre seu corpo (6:12) apresentando seus "membros" ao seu antigo senhor/dono de escravos (6:13). Fazer isso seria reentrar na esfera pré-batismal e na fé anterior de Adão e, desse jeito, viver uma forma de anacronismo. Ao contrário, os justificados devem apresentar seus membros a Deus como "armas" (CEB, NAB; não meramente "instrumentos") no 'exército' justo de Deus, uma vez que foram trazidos da morte para a vida (6:13); eles estão mortos para (= cortados) o pecado e vivos para Deus (6:11).[32] Como em 1Co 6:12-20 e Rm 12:1-2, mas em contraste com Rm 1:18-32, o corpo se torna o instrumento de serviço para Deus, à disposição de Deus, para a glória de Deus e para a participação na missão apocalíptica de resgatar a humanidade do Pecado e da Morte. Paulo também caracteriza esse estado de doação corporal de si mesmo a Deus como "sob [G]raça" e não "sob a lei" (6:14) — suas próprias frases, que baseadas no final do capítulo 5, por fazerem parte do tempo do poderoso reino da Graça pós-Cristo e não do reino pré-Cristo do Pecado, da Morte e da Lei. *O império do pecado (3:9) foi substituído pelo império da graça.*

2. A expressão "Não estamos debaixo da lei", no entanto, leva à próxima pergunta retórica: se o pecado não é *requerido*, seria ele *permitido* (6:15)? O evangelho livre de leis de Paulo seria antinomiano, que conduz ao caos moral? Essa possibilidade (ou acusação; 3:8) pode ter causado aos crentes judeus não pouca consternação e entre os crentes gentios confusão ou alegria, dependendo de suas inclinações. Paulo explica sua resposta negativa retornando à imagem de escravidão/domínio com a suposição de que todos são 'escravos obedientes' a alguma coisa, seja ao Pecado, seja à justiça/Deus (6:16, 18, 20). Os justificados, como ele já havia dito (6:6-7), foram libertados de seu antigo mestre/dominador Pecado quando obedeceram ao "ensino" (evangelho) de seu coração (6:17) e foram reescravizados à justiça/Deus (6:18, 20). (O versículo 19a sugere que Paulo

---

[32] Como em Ef 6:10-18, a linguagem de guerra empregada por Paulo não é sobre combate com forças humanas, mas com forças espirituais.

pode estar um pouco desconfortável com a analogia da escravidão, mas serve bem aos seus propósitos retóricos.) A escravidão ao pecado significava liberdade da justiça e crescimento na iniquidade, todavia escravidão à justiça (talvez também digna de reconhecimento como um poder e destacada em letra maiúscula como Justiça) significa a apresentação de si mesmo a esse novo mestre/governante e crescimento na vida contracultural de santidade (6:19b-20, 22). Os resultados das duas formas de escravidão e obediência também são antitéticos: o "salário", que é a morte, ou o dom gratuito, que é a vida eterna (6:21-23).

Por fim, Paulo se volta para ainda um terceiro tópico relacionado a 5:12-20, a liberdade da Lei (7:1-6). Embora Paulo não veja a Lei em nenhum sentido como má, ela "despertou" as "paixões pecaminosas" da humanidade (7:5; cf. 5:19) e, portanto, faz parte do antigo regime que se encerrou com a morte de Cristo. Assim, os crentes também "morreram para a lei por meio do corpo de Cristo [sua morte]" (7:4) e são "libertados" dela (7:6), como também do Pecado.

A metáfora legal que Paulo escolhe para ilustrar a 'morte para a Lei' é um pouco distorcida, porém criativa (7:1b-4). O princípio que ele enfatiza é que através da morte (do marido), a esposa é "libertada" ou "liberada" da lei que a impedia de 'viver com' outro homem; ela pode, portanto, se casar de novo com honra (7:2-3). Paulo ensina essa metáfora autorizando a libertação dos crentes da Lei com base na morte — não do antigo 'esposo', mas do novo, Cristo — e então permitindo que os crentes libertos "pertençam a outro" (Cristo) e possam "dar fruto para Deus" por meio da "nova vida do Espírito" (7:4, 6; cf. Gl 5:22-24).

Toda essa linha de pensamento acabará permitindo que Paulo seja novamente acusado de antinomianismo. Sua resposta final a tais acusações será o contraste entre a vida na carne e a vida no Espírito (em quem os crentes realmente cumprem a lei, 8:3-4; cf. Gl 5:23b). Ele faz alusão a esse contraste aqui (7:5-6), e se volta para ele em 7:7-8:39.

No espírito, não na carne (7:7—8:39)

A terceira antítese de Paulo sobre o significado da justificação é o contraste entre a vida na carne e a vida no Espírito. Como observado anteriormente, 7:7-25 deve ser lido em conjunto com 8:1-39, não como descrições de uma vida justificada 'de uma derrota' e depois 'vitoriosa', mas como representações contrastantes da vida antes e depois da justificação (i.e., dentro de Cristo e fora dele), como 5:12-21 e 6:1—7:6. A perspectiva participacionista continua nesta seção, com foco na existência cotidiana concreta.

A vida na carne é, da perspectiva judaica de Paulo, também a vida sob a Lei, escravizada ao pecado e ao desejo egocêntrico. Em Cristo (que significa também no Espírito), porém, o senhor de escravos, o Pecado, foi substituído pelo Espírito como o poder interior que impulsiona a ação humana. O Espírito capacita os crentes a cumprir a justiça que a Lei exige, mas não capacita as pessoas para a cumprirem. A escravidão à justiça retratada em 6:1-7:6 torna-se existencialmente real pela habitação do Espírito (veja 7:6).

A vida na carne (7:7-25)

Romanos 7:7-25 é um dos textos mais difíceis e diversamente interpretados da carta. Os intérpretes concordam em alguns detalhes essenciais, mas discordam radicalmente sobre o ponto principal e a função do texto. Os pontos em que há acordo incluem os seguintes: (1) Paulo declara a Lei como boa e santa; (2) o apóstolo descreve o Pecado como uma força ou poder que faz uso da Lei e escraviza as pessoas; (3) o "eu" do texto vivencia um ser dividido e uma consequente frustração moral; (4) Paulo apresenta Cristo como a solução para o dilema existencial sentido pelo "eu"; e (5) a vida no Espírito (cap. 8) é a alternativa para a vida descrita no capítulo 7. Além disso, a maioria dos intérpretes concorda que o uso do pronome "eu" é significativo, assim como a mudança de tempos verbais associada com o "eu" e com o "Pecado", do passado (7:7-13) ao presente (7:14-25).

A identificação do "Eu"

Esses acordos bastante significativos também apontam para a grande questão interpretativa que é debatida: a identidade do "eu" que está falando e a(s) situação(ões) existencial(is) a que esse "eu" está se referindo. Paulo estaria usando o "eu" para falar de forma autobiográfica, representativa (às vezes chamado de 'caráter'), ou ambos? Ele estaria falando sobre sua própria experiência judaica fora de Cristo, ou de sua própria experiência já em Cristo? Ele estaria falando, em vez disso (ou também), sobre todos os judeus ou mesmo todos os seres humanos fora de Cristo, ou sobre todos os crentes em Cristo? Ou a situação abordaria 'todas as opções citadas'? E também, o objetivo principal de Paulo poderia ser o retrato de alguma situação existencial ou defender a própria Lei ou sua visão da Lei? Ou, novamente, 'todas as opções citadas'? As questões são complexas.

Historicamente, a maioria dos leitores de Rm 7 tem entendido que Paulo estava narrando sua própria situação existencial, que poderia ser igualmente antes de sua conversão ou já como crente. Ambas as leituras parecem plausíveis, pois é difícil (simplesmente definir como ser humano ou especificamente como cristão) não se identificar com a luta interior que Paulo descreve em textos como 7:19 e 7:21-23. No entanto, a maioria dos estudiosos hoje não acredita que Paulo esteja narrando sua própria experiência judaica pré-conversão, pois em outros lugares ele não indica nenhuma sensação de luta pré-conversão com a Lei, mas apenas seu sucesso e orgulho em fazê-lo (Gl 1:14; Fl 3:4-6).

Todavia, também não é provável que Paulo esteja narrando sua experiência presente como crente. Apesar do apelo existencial dessa interpretação, a descrição do "eu" como "vendido como escravo sob o pecado" (7:14) é claramente uma referência à pessoa que está "sob o poder do pecado" (3:9) como um escravo do pecado (6:6, 16, 20 etc.), ao invés de alguém redimido do Pecado, morto para ele, mas vivo para Deus, como 'escravo' de Deus (3:24; 6:6, 11, 18, 22 etc.). Embora os crentes ainda devam lutar para não permitir que o Pecado recupere o domínio (6:12; cf. 8:13), eles o fazem assumindo sua atual libertação do Pecado, não sua escravidão a ele.

De acordo com muitos intérpretes contemporâneos, portanto, Paulo está usando o "eu" para falar representativamente como um crente sobre a experiência dos incrédulos: judeus ou pessoas em geral que estão fora do Messias. É sua perspectiva sobre a humanidade não redimida, observada através do prisma de sua redenção em Cristo. Mais especificamente, podemos dizer que o "eu" de Paulo é Adão, no sentido de 'todos' vivendo 'em Adão' e, portanto, sob o reinado do Pecado, da Morte e (depois de Moisés) da Lei (cf. 5:12-14).

Paulo ainda alude a Gn 2—3 para contar a história da entrada do pecado na raça humana (tempo passado, 7:7-13) e as consequências contínuas de seu reinado (tempo presente, 7:14-25). Essa condição de estar 'em Adão' e escravizado ao Pecado também é descrita como sendo 'da carne' ou 'na minha/carne' (7:14, 18; 8:8-9). Sua antítese encontra-se em estar "em Cristo" e, portanto, "no Espírito" (8:1, 9-11).

O significado do texto

A importância dessa visão para a compreensão da espiritualidade de Paulo não deve ser subestimada. Embora o apóstolo claramente espere que os crentes cresçam em "santificação" (6:19, 22), ou no caráter contracultural da aliança, ele não acredita que a experiência que narra no capítulo 7 seja a experiência 'normal' dos crentes quando eles (supostamente) perdem constantemente a batalha existencial entre o bem e o mal. Ao contrário, Paulo vê a vida normal dos crentes como aquela em que eles são libertados do Pecado e capacitados pelo Espírito para cumprir "as justas exigências da lei" (8:4) quando "fizerem morrer os atos do corpo" (8:13).

A discussão de Paulo em 7:7-25 começa com uma pergunta retórica sobre a possibilidade de equiparar a Lei com o pecado (7:7). Essa questão surge porque Paulo havia dito que os crentes morreram tanto para o pecado (6:2) quanto para a Lei (7:4). O que se segue é em parte uma defesa da condição boa da Lei, porém, é ainda mais uma descrição da condição humana frustrada (e especialmente judaica) separada de Cristo, apesar da Lei. A culpa não é da Lei; mas o Pecado sim é culpado. Porém, a Lei não pode trazer vida (cf. Gl 3:21) na presença de tal poder mortífero. E a Lei não pode dar poder que resulte em seu próprio cumprimento.

Em 7:7-13 Paulo mostra como o pecado "enganou" e "matou" a raça humana por "aproveitar uma oportunidade dada pelo mandamento" (7:11), um mandamento que "prometeu a vida" (7:10). As alusões ao relato de Gênesis (Gn 2:15-17; 3:1-24) do mandamento vivificante de Deus (2:16), o engano de Eva que inflige a morte da serpente (3:1-5, 13), e a cobiça do primeiro casal (3:6) são inconfundíveis e explicam os muitos verbos no pretérito. Na história recontada por Paulo, o enganador não é uma serpente, mas um poder, o Pecado. O Pecado "aproveitou uma oportunidade" (Rm 7:8, 11) — a emissão do mandamento bom e vivificante de Deus — para provocar a cobiça, que levou (implicitamente, pela desobediência; cf. 5:12-21) à morte. O mandamento era, e a Lei ainda é, "santo, justo e bom" (7:12), mas foi e é usado pelo Pecado tanto para identificar quanto para aumentar o pecado no mundo (7:13; cf. 5:20). Aquilo que deveria ter trazido vida provocou a morte.

A mudança para o tempo presente para descrever o mandamento/Lei de Deus (7:12-13) permite que Paulo faça a transição do passado, e o início da exploração da Lei pelo Pecado para o presente, bem como os efeitos contínuos desse arranjo sinistro (7:14-25). O que Paulo encontra nos seres humanos é um confuso eu (7:15), dividido, com duas 'leis' ou 'princípios' em guerra interior. "Pois [eu] não faço o que desejo, mas o que odeio" (7:15b, 19). Apesar de ter prazer na Lei e desejo de fazer o bem (7:21-22, 25), "não consigo realizá-lo" (7:18b). O caráter repetitivo desses versículos é deliberado; em 7:14-20 Paulo descreve a situação duas vezes em forma paralela cuidadosa ("[nós] sabemos", 7:14-17; "[Eu] Sei", 7:18-20), e então em 7:21-25 ele apresenta sua conclusão três vezes para dar ênfase.

O diagnóstico de Paulo sobre essa situação, como já descrito em 3:9 e no capítulo 6, é a escravização da humanidade ao pecado, que ele menciona no início e no final desta passagem (7:14, 25b). O que há de novo agora é a ideia de que o Pecado *habita* nas pessoas (7:17, 20) e realmente produz o mal que os humanos gostariam de não fazer (7:20). O Pecado não é meramente uma força externa ou um dominador *sobre* a raça humana, mas um poder *dentro* de cada pessoa. Essa é a vida sem a habitação do Espírito de Deus, ou a vida na "carne", determinada exclusivamente por Adão e não por Cristo. Isso não significa que "o corpo" seja inerentemente mau; a manifestação do Pecado nos "membros" do corpo (7:23) fez do 'eu' um "corpo de [= caracterizado pela] Morte" (7:24), mas tal situação pode ser alterada (cf. 6:12-23 e cap. 8). Isso também não significa que os seres humanos ficam livres de culpa. Eles se meteram nessa situação e não têm desculpa (1:18—3:20), mas agora eles são impotentes, disfuncionais em relação à aliança. Eles não podem escolher a vida ou a morte, A única solução para a crise é o que Deus fez por meio de Cristo (7:25a) para prover o Espírito, ao qual Paulo se volta no capítulo 8.

Vida cruciforme no Espírito (8:1-39)

O capítulo 8 é, de muitas maneiras, o clímax da seção de Romanos que começa em 5:1, e também o clímax da carta, *até aqui*, como um todo. Neste capítulo Paulo apresenta uma discussão muito completa da vida em Cristo como filhos de Deus que vivem no Espírito, a antítese da vida na carne. Embora o foco do capítulo seja a vida no Espírito, fica claro desde o começo que a salvação é obra do Deus triúno e que a experiência dos crentes é, de fato, uma experiência desse Deus em três pessoas.

Para os filhos de Deus em Cristo, o Espírito substitui o Pecado como o poder interior que determina a direção e o comportamento de uma pessoa. Talvez Paulo tenha aprendido uma lição valiosa de seus encontros com os coríntios, pois no capítulo 8 o Espírito é claramente apresentado como o Espírito da cruciformidade. O efeito da presença do Espírito é cruciforme de duas maneiras principais: mortificar as obras do corpo, ou morrer para a carne (8:13), e sofrer com Cristo (8:17). Essas duas dimensões da vida cruciforme cheia do Espírito são discutidas em 8:1-17 e 8:18-39, respectivamente, bem como constituem tanto a prova da presença do Espírito quanto a garantia da vida e glória eternas.

Paulo expressa a intimidade da identificação dos crentes com Cristo e o Espírito em uma série de palavras que começam com o prefixo 'co-' (gr. *syg-*, *sym-*, *syn-*, *sys-*; muitas vezes traduzido como 'com [co]'):

- *symmartyrei* (8:16; lit. '[co] testemunhas');
- *synklēronomoi* (8:17; lit. 'co-herdeiros');
- *sympaschomen* (8:17; lit. '[co] participantes de seus sofrimentos');
- *syndoxasthōmen* (8:17; lit. '[co] participantes de sua glória');
- *systenazei* (8:22; lit. 'geme como');
- *synantilambanetai* (8:26; '[co] intercessão'; i.e., 'ajuda');
- *synergei* (8:28; lit. '[cooperam', ARA);
- *symmorphous* (8:29; lit. 'conformes'; cf. Fl 3:10, 21).[33]

O ponto principal de toda a passagem é que a morte, seja figurativa, seja literal, dá lugar à vida (8:13), e sofrer com Cristo resulta finalmente em

---

[33] Em complemento, aparece a frase "com Ele [Cristo]" em 8:32.

glorificação com Ele (8:17). Antecipando essa glória, os crentes têm a presença e o amor do Pai, Filho e Espírito.

Morrer para a carne e viver no Espírito (8:1-17)

A ênfase de Paulo na primeira metade do capítulo 8 está no forte contraste entre a situação dos crentes no Espírito e sua condição anterior na carne. Eles agora estão habilitados a agradar a Deus (8:1-13) e a viver como seus filhos adotivos (8:14-17).

Paulo começa o capítulo apresentando uma espécie de tese, a solução da ruína que é retratada no capítulo 7, bem como em 5:12-21: não há condenação (cf. 5:16, 18; 7:24) para aqueles que estão em Cristo, porque eles foram libertados da "lei do pecado e da morte" pela "lei do Espírito da vida" (8:1-2); o Espírito substitui o Pecado, a vida toma o lugar da morte. Quando escravizadas ao pecado, o destino final das pessoas não seria a vida com Deus, mas a morte (cf. 3:23, 6:23), o resultado natural de sua falta em manter a aliança com Deus, uma falha que a própria Lei não poderia retificar. Agora, porém, os que estão no Espírito são finalmente capazes de agradar a Deus (8:8); sua disfuncionalidade em relação à aliança foi revertida pela ação de Deus (8:3). Aqueles que estão em Cristo, que têm o Espírito dentro deles, experimentam as promessas proféticas de um novo coração e do espírito divino (e.g., Ez 36:26-28; Jr 31:31-34), e, portanto, constituem a comunidade da aliança renovada como 'verdadeiros judeus' (cf. Rm 2:25-29) que podem incorporar o coração da Lei.

Em um texto altamente significativo, que pode agrupar uma fórmula pré-paulina, em 8:3-4 Paulo diz que o envio do Filho por Deus tanto 'lidou' com o Pecado/pecado quanto o condenou (em parte, pela não pecaminosidade do Filho; cf. 2Co 5:21). Assim como em 3:21-26, esse texto provavelmente se refere à morte de Cristo de duas maneiras. Primeiramente, aquele que não tem pecado morreu como sacrifício pelo pecador. Além disso, na morte de Cristo, Deus derrotou e desabilitou o Pecado para que aqueles capacitados pelo Espírito (também enviado por Deus, 8:15; cf. Gl 4:4-6) pudessem cumprir a "justa exigência da lei", ou guardar fielmente a aliança à maneira do Filho.[34] Pois o Espírito

---

[34] A voz passiva, "a fim de que as justas exigências da Lei fossem plenamente satisfeitas em nós", indica a confiança dos crentes na habitação do Espírito, tanto individual

de *Deus* é o Espírito *do Filho* (8:9). A própria Lei não podia entregar aos seres humanos moralmente incapacitados o que ela exigia, a saber, a vida em aliança com Deus (cf. Gl 3:21). Assim, o propósito da morte do Messias não é meramente perdão, mas capacitação e transformação (cf., novamente, 2Co 5:21), o que os profetas Ezequiel e Jeremias haviam prometido para o povo de Deus. Houve restauração da vida, uma ressurreição dos mortos (cf. Ef 2:1-10), como prefigurado por Abraão (cap. 4).

O significado do cumprimento da lei/aliança será desvendado em alguns detalhes nos capítulos 12—15, embora seja resumido aqui em frases como "viver/andar segundo o Espírito" e não "segundo a carne" (8:4-5), "agradar a Deus" (8:8), e fazer "morrer os atos do corpo" (8:13). O reaparecimento da linguagem de 'cumprimento' em Rm 13:8,10 sugere que a "justa exigência" é, em termos gerais, o amor orientado para os outros (cf. Gl 5:14; 6:2). Como em Gálatas e 1Coríntios, isso incluirá a interrupção das divisões e julgamentos na Igreja (14:1-15:12; cf. Gl 5:13-6:5; 1Co 3:1-4).

Essa nova vida é reanimada e capacitada pelo próprio poder e presença de Cristo, vivenciada como o Espírito de Deus e de Cristo (8:9-13). Paulo fala alternadamente de Cristo e do Espírito estar dentro de nós (8:9-11), substituindo o Pecado como a força dominante do crente e da Igreja. Paulo também fala de crentes estarem em Cristo e no Espírito (8:1, 9). A Igreja e todos os crentes estão constantemente envolvidos e possuídos pelo Espírito de Cristo, assim como o ar está ao redor e dentro deles; há uma habitação mútua de Cristo e da comunidade.

A vida no Espírito não é, porém, automática; requer a participação ativa dos crentes, que devem agora colocar sua mente nas coisas do Espírito (8:5-6) e se opor ativamente à carne (8:12-13; cf. Gl 5:16-26). Existe a possibilidade real, embora totalmente anacrônica, de que alguns que são batizados não tornem sua morte para o Pecado como uma realidade existencial. Por essa razão, o futuro dos crentes é condicional — é dependente de sua cruciformidade contínua ("se... fizerem

---

quanto coletivamente. A promessa de Ezequiel foi cumprida — "Porei o meu Espírito em vocês e os levarei a agirem segundo os meus decretos e a obedecerem fielmente às minhas leis" (Ez 36:27) — mas, os "estatutos... e leis" de Ezequiel (plural) tornaram-se no singular "lei de Cristo", talvez a 'lei [de amor] do Messias' (Gl 6:2).

morrer..." 8:13). Para aqueles que vivem de acordo com o Espírito, o resultado final é o que a Lei prometeu, mas não pode entregar: ressurreição e vida (8:11, 13b). Essa convicção leva Paulo à metáfora da adoção, que trata da criação de herdeiros.

Os crentes são aqueles que receberam o Espírito de Deus e agora são guiados por Ele (8:14-15), fato que os distingue como pessoas libertas da escravidão e do medo, e como membros da família de Deus por adoção (8:15). O costume romano de adoção tornava os filhos adotivos herdeiros plenos da propriedade do pai adotivo. Na tradição judaica, ser filhos de Deus significava ter intimidade com Deus e direito à herança (cf. 9:4), primeiro da terra e depois da salvação escatológica. Essa salvação escatológica é aquilo que gentios e judeus, em Cristo, herdarão como filhos adotivos de Deus.

A prova experimental (8:16) da adoção dos crentes é seu clamor a Deus, no idioma aramaico de Jesus — "Aba!" ou "Pai!" (8:15; veja Mc 14:36). O fato de que igrejas compostas em grande parte por crentes gentios mantiveram esse costume na oração, talvez no batismo (cf. Gl 4:6, seguindo 3:27) e em outras ocasiões, atesta o poder do relacionamento exemplar de Jesus em intimidade e obediência para com Deus. Aqui, entretanto, Paulo se concentra no *status* familiar e no privilégio que os crentes compartilham com Cristo: como filhos de Deus, eles são "herdeiros" ou coerdeiros com Cristo, o Filho (8:17a). Desse modo, eles compartilharão da herança da ressurreição e da vida (8:11), e da glória (8:17-18, 21). No entanto, mais uma vez Paulo coloca uma responsabilidade, até mesmo uma condição: "se de fato participamos dos seus sofrimentos [lit. 'sofredores com Ele'], para que também participemos da sua glória [lit. 'glorificados']" (8:17b). Compartilhar a glória de Deus é o estado original da humanidade (1:23) e o objetivo final,[35] mas ser coerdeiro com Cristo na glória futura requer sofrimento com Cristo agora. Essa não é uma afirmação sobre o sofrimento como merecedor de glória, mas como uma participação plena na história messiânica do sofrimento antes da glória, da morte antes da ressurreição. É a segunda dimensão da cruciformidade, uma realidade já mencionada em 5:3-4 e que agora será desenvolvida em 8:18-39.

---

[35] Antes do cap. 8, veja 2:7, 10; 3:23; 5:2; veja também 9:23.

Sofrimento e glória 8:18-39

A segunda metade do capítulo 8 está entre as partes mais comoventes da Bíblia, culminando em 8:31-39, "uma das mais impressionantes peças de arte retórica do Novo Testamento".[36] Paulo coloca o sofrimento dos crentes em um contexto mais amplo do sofrimento de toda a criação e da esperança da salvação futura. Ele retrata a história do universo como uma sequência dramática: o pecado humano, a sujeição e decadência da criação, a experiência presente dos crentes com o Espírito em meio ao sofrimento, glorificação e salvação final dos crentes, libertação e salvação do universo. Paulo afirma que a vida no Espírito — vida em Cristo, vida como filhos de Deus — é de fato uma vida de sofrimento, mas também assegura que nenhum sofrimento pode destruir a esperança de glória dos crentes ou separá-los do amor de Deus em Cristo.

A realidade do sofrimento e a certeza da glória. Paulo começa definindo o presente como uma era de sofrimento, mas que se desvanece em comparação com a glória vindoura (cf. 2Co 4:17). Ele parece ter adaptado uma crença judaica de que a era da salvação escatológica seria precedida por um grande tempo de sofrimento, ou 'aflições messiânicas'. Para Paulo, tais sofrimentos são uma parte integrante da vida em Cristo, porque Ele sofreu antes de sua glorificação (8:17). Portanto, a vida no Espírito, que é o Espírito de Cristo, não significa a ausência, mas a presença necessária do sofrimento antes da participação na glória escatológica. Paulo caracteriza essa era de sofrimento como as "dores de parto" (8:22; cf. Mc 13:8), durante a qual, a criação (8:19-22), os crentes (8:23-25), e até mesmo o Espírito de Deus (8:26-27) gemem, da mesma forma que o sofrimento molda os crentes à imagem de Cristo (8:28-30). Os escritores apocalípticos costumavam usar a imagem das dores do parto — sofrimento intenso pouco antes da alegria intensa.

O gemido (8:22) da criação deve-se ao fato de ela ser "submetida à inutilidade" e à sua "escravidão da decadência" (8:20-21), uma interpretação da maldição da terra após o primeiro ato de desobediência (Gn 3:17b-19). É quase impossível ler essa passagem sem pensar nas formas como os seres humanos continuaram a amaldiçoar a terra por

---

[36] Luke Timothy Johnson, *Reading Romans: A Literary and Theological Commentary* (Macon, GA: Smyth & Helwys, 2001 [orig. Nova York: Crossroad, 1997]), p. 143.

suas ações, quer pelas façanhas romanas do primeiro século, quer pelas empresas e indivíduos contemporâneos que poluem a terra e causam estragos ecológicos. Assim, a terra que sofre por consequência do pecado da humanidade, também será libertada e prosperará com a redenção da humanidade, quando os filhos de Deus forem identificados, marcando o tempo da salvação final (8:19, 21). Desse modo, a criação sofredora também está "sem fôlego com antecipação" (8:19, CEB). Para Paulo, a salvação é cósmica, e os cristãos contemporâneos muitas vezes encontram nessa passagem (como em Cl 1:15-20) a motivação para o 'cuidado com a criação', ou com a administração ambiental, em antecipação à libertação cósmica vindoura.

Ao mesmo tempo e junto com o cosmos, os crentes também participam das dores do parto enquanto aguardam a conclusão de sua adoção, a ressurreição corporal (8:23). Sua salvação ainda não está completa, mas é experimentada com esperança, exigindo paciência (8:24-25). Eles já possuem, no entanto, as "primícias" (cf. 2Co 1:22, "garantia") de sua salvação, a saber, o Espírito (8:23). E para Paulo, até o Espírito geme ao ajudar os crentes e interceder por eles (8:26).[37] Essa afirmação notável torna-se ainda mais notável com a conclusão de que Deus (o Pai) e o Espírito de Deus são uma mente e vontade intercessora (8:27), implicando assim não apenas preocupação paterna, mas até mesmo participação nos gemidos dos filhos.

O pensamento do amor e da vontade de Deus leva à famosa afirmação de 8:28: "Deus age em todas as coisas para o bem daqueles que o amam".[38] Isso não significa que Deus comanda todos os detalhes da vida dos crentes como se fossem uma experiência num jardim de rosas, mas que todas as coisas contribuem para o bem final, ou escatológico, da glorificação (8:30), em conformidade com o Filho primogênito (8:29; cf. 8:17; Fp 3:10-11). Esse é o 'propósito' para o qual os crentes foram "chamados" e "predestinados" (8:28, 29). A linguagem é a da eleição de Israel, agora aplicada à família de gentios e judeus em Cristo (cf. Ef 1—2). O argumento de Paulo não é assegurar que certos indivíduos, em vez de outros, foram predestinados para salvação, mas identificar o escopo, propósito e confiabilidade do chamado de Deus em Cristo.

---

[37] Os "suspiros profundos demais para expressar palavras" da NRSV seriam 'gemidos'.
[38] Ou talvez 'Deus faz todas as coisas juntas' — o significado seria o mesmo para Paulo. Veja também Gn 50:20.

Deus está criando uma família de irmãos semelhantes a Cristo que já compartilham parcialmente da justiça e glória de Deus.

Os verbos do pretérito em 8:30 às vezes têm sido entendidos como um resumo da sequência cronológica da salvação (latim *ordo salutis*) da predestinação na eternidade do passado até a glorificação na eternidade futura. Essa interpretação é questionada, no entanto, pela presença do verbo final, 'glorificou', no passado. Alguns entendem essa aparente glorificação passada como uma realidade futura tão certa que pode ser descrita como um fato consumado. Porém, seria melhor interpretar essa passagem em conexão com 2Co 3:18 e 4:4. Nesses textos, Paulo diz que "todos nós, com rostos descobertos, vendo a glória do Senhor como refletida em um espelho, somos transformados de glória em glória na mesma imagem; pois isto vem do Senhor, o Espírito" (2Co 3:18; NRSV), e ele identifica Cristo como aquela imagem divina (2Co 4:4). Em 2Coríntios, Paulo parece ter em mente uma glória presente, cruciforme e à semelhança de Cristo, que realmente se tornará numa glória escatológica total, em forma de ressurreição. Em Romanos, da mesma forma, Paulo pode falar de glorificação no pretérito porque em Cristo o processo de restauração da humanidade à imagem e glória de Deus — à semelhança de Cristo — já começou (cf. Is 55:3, 5-7). Como em 2Coríntios, a glória presente é poder na fraqueza, vida na morte, glória no sofrimento; mas não deixa de ser glória, não obstante a participação na vida e poder de Deus em Cristo pelo Espírito.

Esse objetivo de conformidade (*symmorphous*) à "imagem de seu Filho" (8:29) requer sofrimento, como Paulo já disse explicitamente, (*sympaschomen*, 8:17). Isso poderia significar que Deus e Cristo, de alguma forma, buscariam o mal dos crentes?

Deus Pro Nobis. A resposta de Paulo a essa pergunta aparece em 8:31-39: Não! Deus é por nós, *pro nobis*. Não importa o que aconteça, o amor de Deus e o amor de Cristo são certos. Paulo formula essa resposta com tanta intensidade e paixão que apenas uma série de perguntas retóricas carregadas de emoção, emprestadas do tribunal, serão suficientes (8:31-35). As primeiras frases declarativas nesse *peroratio* (clímax retórico) não aparecem até a segunda metade de 8:33 e 8:34, e mesmo essas podem ser perguntas retóricas (seria Deus o justificador que faz acusações... ou Cristo Jesus, o intercessor que condena?). Sendo assim, então 8:31-36 consiste em nove perguntas retóricas sucessivas — todas respondidas apenas de forma implícita, mas clara — antes que a resposta final seja dada em forma declarativa em 8:37-39.

"Diante dessas coisas" (NAB: "disto") em 8:31 se refere às experiências de sofrimento e gemido que os crentes em geral enfrentam, antes das próprias dificuldades do apóstolo (8:35b-36),[39] e, ainda mais adiante, aos poderes gerais no cosmos que se opõem ou podem se opor à humanidade (8:38-39a). O sofrimento presente não significa que Deus está contra nós ou deixará de nos conduzir à glória, pois se Ele não recusou, mas concedeu seu próprio Filho (cf. 8:3),[40] o Deus que nos justificou (8:33b) certamente completará a obra da salvação (8:32; "todas as coisas" é literalmente 'tudo'; cf. o final de 8:30). Nem o sofrimento presente pode significar que Cristo Jesus se opõe aos crentes, pois o amor que Ele encarnou em sua morte persiste no presente, depois de sua ressurreição e exaltação, enquanto Ele intercede por nós à direita de Deus (8:34-35a), tornando, portanto, a intercessão uma atividade trinitária (cf. 8:26-27).

As perguntas finalmente levam Paulo à sua resposta, sua tese: "em todas essas coisas somos mais que vencedores [gr. *hypernikōmen*] por meio daquele que nos amou" (8:37). O versículo anterior sugere que o assunto do amor é Cristo, embora 8:39 o descreva também como "o amor de Deus" em Cristo. A atitude judaica em relação ao sofrimento era suportá-lo e, quando possível, resisti-lo e superá-lo; a atitude estoica era 'conquistar' (gr. *nikaō*), reconhecendo sua incapacidade de afetar o verdadeiro eu interior. A posição de Paulo era que aqueles em Cristo são 'mais que vencedores' (grego *hypernikaō*) em meio ao sofrimento porque eles conhecem o amor de Deus e possuem uma esperança segura ao sofrerem com Cristo. Portanto, nada em toda a criação — nem as vicissitudes da vida e da morte, bem como do presente e do futuro, nem poderes cósmicos ou políticos de qualquer tipo ou em qualquer

---

[39] Em 8:36 Paulo cita o Sl 44:22 ("por amor de ti enfrentamos a morte todos os dias; somos considerados como ovelhas destinadas ao matadouro"), mas em vez de culpar a Deus por seu sofrimento, ele o aceita como uma norma da existência apostólica. Além disso, o contexto sugere que, em certo sentido, o Sl 44:22 é a norma para todos os crentes (cf. 8:17; 2Tm 3:12).

[40] Uma alusão à oferta de Isaque por Abraão, Gn 22.

situação — pode separar os crentes do amor e propósito de Deus em Cristo para com seus filhos adotivos.

RESUMO DE ROMANOS 5—8

Os capítulos 5—8 explicam o significado de 'justificação pela fé' com uma visão geral e três conjuntos de narrativas antitéticas.

- Justificação significa reconciliação com Deus no presente, juntamente com a certeza da esperança de salvação (absolvição e glória) no futuro, baseada na morte de Cristo no passado, e tornada completamente conhecida por meio do dom do Espírito.
- O único ato de desobediência de Adão inaugurou o reino do Pecado e da Morte, enquanto o único ato de obediência de Cristo na cruz inaugurou o reino da Graça e a participação dos crentes nele (primeira antítese).
- No batismo, os crentes morreram para o pecado e foram ressuscitados para uma nova vida com Cristo, libertados do velho eu para servir ('escravidão') a Deus e não ao Pecado, cujo fim é a ressurreição futura e a vida eterna (segunda antítese).
- Os justificados não são mais habitados pelo pecado nem cativos da carne, mas experimentam uma habitação mútua de Cristo e do Espírito (em Cristo e no Espírito, Cristo e o Espírito interior) para que possam viver em relacionamento de aliança com Deus conforme filhos adotados (terceira antítese).
- Essa vida tem uma figura cruciforme em dois sentidos principais, morte para a carne e sofrimento, culminando em glória: a ressurreição corporal, a conclusão do processo de ser tornado à semelhança de Cristo e compartilhar o esplendor de Deus com todos os elementos redimidos da criação.

9:1—11:36. A FIDELIDADE DE DEUS E O FUTURO DE ISRAEL

O evangelho que o 'apóstolo dos gentios' pregou foi primeiro para os judeus e "também" para os gentios (1:16). Mas Paulo descobriu que muitos judeus — não muito diferente dele no passado — rejeitaram as boas-novas. Ao mesmo tempo, grande número de gentios estava abraçando a fé, muitas vezes em razão do trabalho de Paulo e de seus cooperadores. Essa situação dos judeus causou imensa agonia ao apóstolo; talvez tenha sido seu maior desafio prático, espiritual e teológico. Deus teria sido injusto? Infiel? O evangelho de Paulo sobre a "justiça de Deus" (1:17) acabaria revelando um Deus *injusto*? Essas questões, brevemente levantadas e abordadas em 3:1-9, são agora tratadas com detalhes. Paulo emprega as técnicas de diatribe (perguntas e respostas) e da midrash (interpretação das Escrituras), recorrendo às Escrituras — que ele cita, ocasionalmente com alterações, mais de trinta vezes nesses capítulos (com quase metade das citações baseadas em Isaías) — em função de suas respostas. Lidando com o passado, presente e futuro da atividade salvífica de Deus, Paulo afirma que Ele é fiel a Israel, mesmo que a maioria dos judeus no presente não esteja confessando a convicção central do evangelho: que o Jesus crucificado e ressuscitado é o Messias judeu e Senhor universal.

Para complicar a situação de Paulo está a aparente arrogância (pelo menos por parte de alguns) dos crentes gentios em Roma. Essa soberba pode ter surgido por causa do anterior banimento de Roma, sob o imperador Cláudio, de judeus, incluindo seguidores judeus de Cristo, bem como o pequeno número de crentes judeus nas assembleias romanas de crentes em Cristo. Ambas as realidades podem ter sido interpretadas pelos gentios como sinal de desaprovação divina e até rejeição dos judeus. O argumento teológico sustentado por Paulo, que se concentra na grande misericórdia de Deus (9:14-29; 11:30-32; cf. 12:1; 15:9) e, portanto, fidelidade, também tem um objetivo muito pastoral: prevenir o orgulho e gerar unidade e respeito. Esse propósito é mais tarde concretizado nas admoestações específicas para a comunidade de crentes gentios e judeus em 14:1—15:13.

Incredulidade judaica, angústia de Paulo e fidelidade divina (9:1-29)

O discurso de Paulo começa com uma declaração apaixonada de sua angústia sobre a incredulidade no evangelho, em geral, por parte de seus irmãos judeus (9:1-5). Essas palavras de lamento são seguidas por uma defesa narrativa da fidelidade, liberdade e misericórdia de Deus (9:6-29).

A angústia de Paulo diante da incredulidade judaica (9:1-5)

A afirmação de Paulo de ter "grande tristeza e constante angústia" (9:2), afirmada três vezes como um juramento solene (9:1), é uma de suas observações mais emocionais e autorreveladoras. Nesse lamento, ele está essencialmente disposto a ser amaldiçoado (feito *anátema*) e separado de Cristo — preparado até para perder sua própria salvação — por causa de seus irmãos judeus (9:3), os quais falharam em crer no Messias apesar de todos os seus privilégios (9:4-5; cf. 3:1-2). O juramento de Paulo é mais do que um simples clamor de angústia ou frustração; é nada menos que uma explosão de amor sacrificial ou cruciforme (cf. 10:1), pois ele sabe que Cristo se tornou maldição em prol dos outros (Gl 3:13). Também é uma reminiscência do apelo de Moisés diante de Deus para puni-lo em lugar dos israelitas que cometeram idolatria e imoralidade diante do bezerro de ouro (Êx 32:30-34). Os privilégios que não ajudaram os judeus a crer no evangelho do Messias incluem, ironicamente, as próprias realidades que o evangelho de Paulo apresenta como cumpridas agora de novas maneiras: por exemplo, "adoção", "as promessas" e o próprio Messias (9:4-5). Não obstante, o pensamento da bondade divina para com Israel leva Paulo, em 9:5, a bendizer a Deus (assim NRSV, NAB), como uma antecipação de 11:33-36, ou a afirmar a divindade do Messias (NET, ARA, ARC); a tradução do versículo é difícil e debatida.

Liberdade, fidelidade e graça de Deus (9:6-29)

Nesta seção, Paulo faz a afirmação central dos capítulos 9—11: apesar das aparências em contrário, Deus não é infiel, mas misericordioso. O fracasso da crença, lamentado em 9:1-5, não pode ser o fracasso da palavra fiel de Deus (9:6a). Em vez disso, Paulo afirma que "nem todos os descendentes de Israel são Israel" (9:6b). Essa afirmação leva Paulo a uma narrativa da atividade salvífica de Deus (que se estende até 9:29), a qual revela um padrão: o que parece uma ação divina caprichosa e injusta é, na verdade, parte de um plano maior em que Deus age de forma livre, graciosa e fiel. Essa passagem reconhecidamente difícil deve ser lida no contexto como algo que oferece precedentes para a atividade surpreendentemente misericordiosa de Deus no evangelho e por meio dele. Se for lido — como muitas vezes é — como um tratado teológico sobre a predestinação, e não como um testemunho da misericórdia e fidelidade de Deus, a principal preocupação de Paulo nos capítulos 9—11, e talvez além desses capítulos, provavelmente será perdido o objetivo central do texto.

Paulo começa reconhecendo uma distinção bíblica entre descendentes da "carne" e descendentes da "promessa" (9:6b-18). Isso desenvolve a importante afirmação de 2:28-29 de que nem todos os judeus são verdadeiramente judeus (cf. 9:6b) e coloca essa declaração no quadro da eleição divina em vez de uma escolha ou mérito humano. Paulo diz que a verdadeira descendência de Abraão e, portanto, os verdadeiros filhos de Deus, não são meramente os descendentes físicos de Abraão, mas "os filhos da promessa" feita a Abraão e Sara, cumprida no nascimento de Isaque (ao invés de Ismael; cf. Gn 21:8-14; Rm 4:13-25).[41] Da mesma forma, segundo 9:10-13, Deus amou Jacó (= Israel, de quem desceram as doze tribos de Israel), mas não Esaú (de quem surgiu o povo de Edom, rejeitado por Deus [Ml 1:3]). Isso se deveu unicamente ao chamado de Deus e não a nada de bom ou mau que tenha sido feito por qualquer um dos filhos de Isaque (9:11-12).

Esses dois exemplos da eleição de Deus, na fundação de Israel como nação, são confirmados para Paulo como exemplos de liberdade e graça divinas, não de injustiça (9:14), em uma palavra dita a Moisés após o êxodo (9:15-16; cf. Êx 33:19) e no próprio êxodo (9:17). Deus é livre para mostrar ou não misericórdia a qualquer um e a todos (9:18), mas o argumento principal de Paulo é a soberania de Deus (e Ele continua o mesmo) no que diz respeito à graça inesperada e imerecida. O mesmo também é afirmado na ilustração bíblica do oleiro (9:20-24; cf. Is 29:16; Jr 18:6), que não pretende defender a predestinação de alguns indivíduos para a salvação, e outros para a condenação, mas, ao contrário, proclamar a liberdade de Deus para surpreender as pessoas com a graça e, finalmente, 'glorificá-las' (cf. 3:23; 5:2; 8:18, 30). Os seres humanos não têm o direito de desafiar essa prerrogativa divina, porque a mesma liberdade permite que Deus tenha misericórdia dos indignos, sejam judeus, sejam gentios (9:24). Esse é o significado da graça para Paulo.

A menção de judeus e gentios é um eco da declaração temática de 1:16-17 que tem vindo à tona repetidamente na carta. O padrão da eleição misericordiosa de Deus ocorre agora na salvação de ambos os povos, gentios (9:25-26, aplicando a palavra profética de Oseias, falada

---

[41] Para Paulo, os verdadeiros israelitas, os verdadeiros filhos de Abraão e os verdadeiros filhos de Deus são aqueles que compartilham a fé de Abraão em reconhecer Jesus como o Filho/Messias ressuscitado por Deus (4:12-25; 8:12-17). Essa convicção central é assumida no cap. 9 e reafirmada no cap. 10.

a respeito dos *israelitas* desobedientes [Os 1:10; 2:23], aos gentios contemporâneos de Paulo) e judeus (9:27-29). Mas a salvação dos "filhos de Israel" nem sempre resulta em abranger grande número deles — outra característica surpreendente da misericórdia de Deus. De fato, Isaías viu a misericórdia divina na salvação de um pequeno número, um "remanescente" (9:27; cf. Is 10:20-23), pois de outra forma a nação de Israel teria sido destruída como Sodoma e Gomorra (9:29; cf. Is 1:9). Essa ação divina passada torna-se o paradigma para o próprio tempo de Paulo em sua análise da resposta judaica ao evangelho (um "remanescente", 11:1-5), pois alguns judeus de fato creram no evangelho.

Nesta seção, então, Paulo confirma o livre exercício da graça inesperada e imerecida concedida por Deus no passado e, portanto, a fidelidade de Deus para com Israel e suas promessas. Esse padrão surpreendente de graça, de acordo com a leitura de Paulo dos profetas de Israel, vai além dos limites do Israel étnico para incluir até mesmo os gentios, ao mesmo tempo que salva um remanescente de Israel. Essa prática de inclusão gentia, aliada à formação de um remanescente judeu é, para Paulo, o paradigma da atividade presente de Deus por meio da proclamação do evangelho, como veremos a seguir.

Reafirmação da salvação para todos por meio do evangelho (9:30—10:21)

Paulo agora conecta o padrão da surpreendente graça de Deus para com os gentios, bem como para os judeus, relatado e defendido em 9:6-29, com sua presente manifestação sobre a chegada do Messias e seu evangelho que está se espalhando por todo o império. Ele começa observando a resposta contrastante de gentios e judeus em relação ao Messias (9:30-33) e reafirma seu desejo (agora em forma de oração) pela salvação de seus irmãos judeus (10:1-4). Ele então reitera a disponibilidade do evangelho tanto para judeus quanto para gentios e, portanto, a necessidade de sua proclamação (10:5-17), antes de retornar brevemente aos temas das respostas opostas de gentios e judeus ao evangelho e à graça incessante de Deus (10:18-21).

A situação presente e a oração de Paulo (9:30—10:4)

Paulo aplica as observações teológicas de 9:7-29 ao seu próprio contexto, observando que os gentios que nem mesmo buscavam a justiça a alcançaram pela fé — a justiça que deriva da resposta da fé (no evangelho do Messias) — enquanto "Israel" falhou em cumprir a Lei (i.e., alcançar e praticar a justiça) por meio da Lei (9:30-32a). Essa não é uma depreciação da Lei, mas das tentativas zelosas e equivocadas de cumpri-la à parte do Messias, como Paulo dirá em 10:2-4 (cf. 8:3-4). O povo escolhido de Deus, de modo geral, perdeu sua oportunidade, por assim dizer, ou na metáfora de Paulo (9:32b), "tropeçaram na 'pedra de tropeço'" (*petran skandalou*) — o Messias (9:33).[42] Parece que muitos dos primeiros cristãos associavam Cristo a essa pedra mencionada por Isaías.[43] Para Paulo, no mínimo, a causa do tropeço ou 'escândalo' entre seus irmãos judeus foi a morte do suposto Messias por crucificação (1Co 1:23; Gl. 5:11). Aqueles que creem nele, no entanto, "não serão envergonhados" (9:33; cf. 1:16; 10:11).

Embora (a maioria) de seus irmãos judeus tenha tropeçado, Paulo repete seu profundo desejo pela salvação deles (10:1), ecoando 9:1-5. (Em 11:11 aprendemos que a pedra de tropeço não é "para fazer cair"). Ela atua como testemunha do tribunal, alegando por experiência pessoal (cf. Gl 1:13-14; Fl 3:6) que os judeus têm um "zelo" equivocado, pelo qual eles tentam estabelecer relações corretas com Deus em seus próprios termos e não nos de Deus (10:2-3).[44] O meio para a justiça de Deus não é a Lei, pois esta aponta além de si mesma para o Messias, que é o "fim" (*telos*) da Lei (10:4). O sentido de "fim" aqui tem sido muito debatido; Paulo estava querendo dizer 'término', 'objetivo' ou ambos os termos? O contexto sugere que Paulo se refere a ambos, mas com ênfase no objetivo. Paulo quer dizer algo como 'o Messias é o ponto focal da Escritura, o objetivo da história da salvação da qual a Escritura dá testemunho e, portanto, o meio de justiça dado por Deus'. A chegada do Messias, então, significa que a Lei cessa como meio da justiça, não porque seja revogada, mas porque somente o dom divino do Messias e seu Espírito torna possível o cumprimento da Lei e, portanto, da justiça

---

[42] Ou seja, "a pedra que faz tropeçar" (NAB). Esta pedra às vezes tem sido erroneamente interpretada como a Lei ou o evangelho.
[43] Is 8:14; 28:16; cf. Mt 21:42; Is 4:11; 1Pe 2:6.
[44] O termo grego é transmitido com precisão pela descrição da NVI como "não se baseia no conhecimento", em vez de, e.g., a versão NAB "não perspicaz" ou o NRSV "não esclarecido".

(veja 8:3-4). A justiça está agora disponível para "todo aquele que crê" (10:4).

A universalidade contínua do evangelho (10:5-21)

Para esclarecer o que "justificação de todo o que crê" representa, Paulo resume para os crentes romanos o conteúdo e a disponibilidade do evangelho de Deus: salvação para todos, gentios e judeus, os que creem que Deus ressuscitou o Messias Jesus crucificado e confessam que Ele é Senhor (10:5-13). O texto um tanto confuso em 10:5-8 destina-se principalmente a confirmar a proximidade dessa expressão divina de salvação e seu caráter como o meio usado por Deus para a renovação da aliança e, portanto, justiça, por intermédio de Cristo. Como em Deuteronômio 30, que fornece as citações e palavras-chave "boca" e "coração" em 10:7-10 (especialmente Dt 30:11-14), esse convite à renovação da aliança e vida com Deus não é algo para ser buscado aqui e ali, pois está presente aqui e agora, no anúncio apostólico. Aqueles que respondem com fé, afirmando de coração e com a boca o senhorio de Jesus em virtude da ressurreição dele por Deus dentre os mortos, são justificados no presente — reconciliados com Deus e tornados parte do povo da aliança de Deus — e serão salvos no futuro (10:9-10), como afirma a citação bíblica de Isaías já citada (9:33) (10:11; cf. Is 28:16).[45] Embora seja imprudente ficar discutindo minúcias a respeito da sequência de ações humanas e divinas mencionadas nesse versículo (crença, confissão, justificação, salvação), é importante notar a ênfase de Paulo tanto na sua convicção interior quanto na afirmação pública.

Visto que a renovação da aliança de Deuteronômio 30 ocorreria após o exílio (Dt 30:1-5), Paulo aparentemente lê o texto deuteronômico à luz de textos proféticos que falam da salvação pós-exílica das nações (gentios), bem como de Israel. O fundamento teológico explícito da disponibilidade universal do evangelho, no entanto, é a unidade do Senhor (10:12) — isto é, Jesus.[46] Como em outros lugares (e.g., 1Co 12:3; Fl 2:11), Paulo aqui aplica *kyrios* (senhor), o título usado pela Bíblia grega para Jesus como YHWH (10:13, citando Jl 3:5

---

[45] A vergonha referida é a vergonha escatológica, como em 5:5, onde a NRSV traduz o mesmo verbo como "desapontar".

[46] Cf. 3:29-30, onde é feita uma afirmação semelhante sobre Deus (o Pai) e a justificação.

LXX, MT, NAB; = 2:32 NVI, NRSV). A salvação é oferecida àqueles, e somente àqueles que "invocam" o Senhor Jesus. Paulo não conhece outro meio de salvação — de participação na aliança — para judeus ou gentios.

A oferta de Deus do evangelho a todos vem por meio de agentes humanos, como Paulo, mas também por outros que são enviados (10:14-16). As quatro perguntas retóricas em 10:14-15a e a citação parcial de Is 52:7 em 10:15b afirmam com ênfase o compromisso pessoal de Paulo com a divulgação da mensagem sobre o Messias (10:17), bem como a necessidade de outros evangelistas. A palavra realmente deve ser levada a outros e o foi (10:17-18). Mas, como Isaías, os pregadores das boas-novas podem encontrar descrença e desobediência — as duas palavras são sinônimas para Paulo (1:5; 11:20, 31; 16:26) — em resposta à mensagem (10:16). No entanto, ele se vê como parte da equipe de mensageiros que incorporam o texto de Isaías sobre o anúncio das boas-novas do Messias até os confins da terra (10:18; cf. Is 52:7-10).

Com a divulgação da mensagem, Paulo pergunta a si mesmo em voz alta se, talvez, Israel não ouviu ou entendeu; a resposta é que Israel realmente ouviu, mas não entendeu (10:18-19a). No entanto, Paulo encontra nas Escrituras (especificamente nas palavras de Moisés [Dt 32:21] e Isaías [Is 65:1]) a garantia para a crença de que Deus está deixando Israel com ciúmes ao buscar (i.e., 'salvar') aqueles que não o procuram (10:19b-20; cf. 9:25-26, 30) — uma clara referência aos gentios crentes dos dias de Paulo. Ao mesmo tempo, Isaías dá testemunho a Paulo e a seus leitores de que Deus estende os braços abertos a Israel, pronto para receber de volta o povo "desobediente e rebelde" da aliança (10:21, citando Is 65:2; cf. 9:31-33). Paulo termina esta seção no lugar onde ele a havia começado, ao refletir sobre o incômodo fenômeno da crença gentia e da incredulidade dos judeus, mas também afirmando a fidelidade e graça de Deus para com Israel.

O ponto fundamental desta seção como um todo é, portanto, que justificação e salvação permanecem disponíveis para todos, judeus e gentios igualmente, aqueles que confessam Jesus como o (Messias crucificado e) Senhor ressurreto. O evangelho foi divulgado, e embora muitos judeus ainda não o tenham aceitado, Deus está pronto para trazer de volta o povo escolhido, mas desobediente.

O mistério da graça (11:1-36)

Movendo-se em direção à sua emocionante conclusão em forma de doxologia (11:33-36), neste capítulo Paulo rejeita firmemente qualquer pensamento de infidelidade ou rejeição de Israel por parte de Deus (11:1a), primeiro, afirmando a existência de um remanescente que acredita no evangelho (11:1-10) e finalmente declarando a salvação de "todo o Israel" (11:25-32). Entre essas afirmações ele descreve o papel da crença gentia como, em parte, uma ferramenta para deixar Israel com ciúmes (11:11-16), e ele usa a famosa imagem da oliveira (11:17-24) para desencorajar crentes gentios a se orgulharem e ao mesmo tempo exortá-los à fidelidade e à bondade.

O remanescente e a oliveira (11:1-24)

Com um sonoro "de maneira nenhuma!" (11:1a) e uma declaração firme (11:2a), Paulo responde à pergunta candente se a rejeição de Israel ao evangelho significa a rejeição de Israel por Deus. Voltando ao padrão histórico de um "remanescente" (11:5; cf. 9:27-29), Paulo apresenta a si mesmo (11:1b) — e outros crentes judeus, implicitamente — como prova tangível de que mais uma vez, como no tempo de Elias (11:2b-4; veja 1Rs 19), Deus preservou um remanescente fiel e obediente, "escolhido pela graça" (11:5). Às vezes, como as Escrituras observam (11:8-10), no misterioso trabalho divino apenas um remanescente, não todo o povo (11:7), percebe como Deus está agindo; o restante tropeça em uma "pedra de tropeço" (*skandalon* em 11:9, citando Sl 69:22 LXX; cf. 9:33).

Mas a boa notícia é que a incredulidade de Israel não é sem propósito na economia divina, nem uma queda fatal (i.e., como veremos, é apenas parcial e temporária). O 'tropeço' de Israel (11:11a) sobre o Messias (9:32-33; 11:9) resultou na salvação dos gentios (11:11b). A "plenitude" dos judeus (11:12; observe a confiança de Paulo!),[47] isto é, sua eventual salvação (11:26), trará ainda mais bênçãos (11:12, 15). Enquanto isso, Paulo espera, por meio de seu ministério aos gentios, provocar "ciúmes" em Israel e, assim, conduzir "alguns" (11:14) à fé (11:13-16). A existência de um remanescente, representado em 11:16 como "massa" sagrada relacionada a "toda a massa" e como uma "raiz" sagrada relacionada a

---

[47] NAB, "totalidade". A palavra grega é plērōma, assim como para os gentios em 11:25.

múltiplos "ramos", é um sinal da futura 'santificação' (salvação) de toda massa e de todos os ramos. Essa referência a "raiz" e "ramos" leva Paulo à conhecida analogia dos ramos naturais e enxertados de uma oliveira, sustentados por sua raiz (11:17-24).

É importante notar que Paulo dirige essa analogia, ou alegoria, relacionada com os gentios (11:13; ou seja, crentes gentios) como uma palavra de instrução e advertência. Israel muitas vezes era considerado como a árvore, videira ou vinha de Deus.[48] Em seu uso dessa imagem tradicional, Paulo entende a oliveira não como o Israel étnico, porém mais amplamente como o povo da aliança de Deus enraizado em Israel. Ele diz (11:17) que alguns ramos naturais da oliveira de Deus foram quebrados (= judeus incrédulos) e substituídos por um broto de oliveira selvagem enxertado (= o contingente de gentios crentes). Os galhos enxertados não devem "se orgulhar" (ser arrogantes em relação a esse fato) com respeito aos galhos quebrados, pois eles são sustentados pela raiz da árvore (provavelmente Israel, mas talvez os patriarcas ou Abraão) e são ainda mais propensos à poda em lugar daqueles que foram os ramos naturais (11:18-21). Por isso os crentes gentios não devem se orgulhar de sua condição ou ser impiedosos para com os ramos naturais, nem mesmo com aqueles que foram quebrados. Pois sem o "temor" pela graça de Deus,[49] bem como ter misericórdia, por sua vez, para com os outros, os crentes gentios podem ser cortados (11:20-22). Toda a situação não tem nada a ver com os méritos dos indivíduos ou da etnia, mas apenas com a bondade de Deus e com a resposta da fé.

Além disso, Paulo afirma, em 11:23-24, que se Deus pode realizar a façanha agrícola anormal de enxertar ramos não naturais em uma "oliveira cultivada" (11:24), Ele certamente tem o poder de enxertar outra vez ramos naturais quebrados (11:23). A única coisa que deve acontecer para Deus fazer exatamente isso é que os galhos quebrados — os judeus incrédulos — não continuem "na incredulidade" (11:23). Assim como os gentios que foram enxertados na árvore estão lá apenas pela graça de Deus e por fé (11:20, 22) — isto é, fé no evangelho do Messias — assim também os judeus precisam apenas da graça de Deus e dessa mesma fé no evangelho do Messias para serem reconectados ao povo da aliança

---

[48] E.g., Is 4:2; 5:1-7; 27:2-6; 60:21; 61:3; Jr 2:21; 11:16-17; Ez 19:10-14; Os 10:1; Sl 80:8-19; 92:12-14; cf. Jo 15:1-11.

[49] Assim NRSV, NAB para o gr. phobeomai, em vez de "tenha medo" da CEB.

de Deus. Isso é o que Paulo já disse repetidamente no capítulo 10 e em toda a carta. É imperativo, em outras palavras, notar que Paulo não muda aqui o critério de inclusão (i.e., salvação). Esse critério é, negativamente, o fim da incredulidade, ou, positivamente, a fé no evangelho de Cristo.

A conclusão lógica e a doxologia (11:25-36)

Tudo o que Paulo disse até então nos capítulos 9—11 agora chega à sua conclusão lógica (para ele) (11:25-33), mas é uma conclusão que tem intrigado os intérpretes por quase dois mil anos. Paulo pode ter pensado nessa conclusão como um "mistério" (11:25) no sentido de 'clara revelação', mas para seus leitores esse texto tem sido muito mais confuso do que algo claro. Os parágrafos seguintes reconhecem outras leituras possíveis do texto, mas defendem uma interpretação particular — com algumas pontas soltas. Qualquer que seja a conclusão precisa de Paulo, ela foi e deve sempre conduzir ao louvor do único Deus misericordioso (11:33-36).

A primeira afirmação que Paulo faz é relativamente clara (observe, no entanto, o tom contínuo de correção em 11.25a): a incredulidade presente de Israel ("endurecimento") é apenas *parcial* e *temporária* (11.25b). Vai durar apenas até "até que chegue a plenitude [gr. *plērōma*, como em 11:12, referindo-se aos judeus] dos gentios" (11:25). Alguns intérpretes entendem isso como um número fixo ou período de tempo, como é comum no pensamento apocalíptico, enquanto outros o consideram uma referência geral a uma resposta generalizada dos gentios ao evangelho. Mas pode, em paralelo com 11:12, significar *todos* os gentios em oposição a alguns (cf. 11:15, "a reconciliação do mundo [gentio]"); não podemos ter certeza. Mas quando os gentios (em um desses sentidos) crerem, então "todo o Israel será salvo" (11:26).

Esta segunda afirmação principal — "todo o Israel será salvo" — é muito menos clara, suscitando três perguntas básicas: *Quem? Como? Quando?* Muitas respostas diferentes para essas perguntas foram sugeridas. Começaremos pelo *como*.

A questão básica *como* parece evidente por si mesma: pelo abandono a incredulidade e a desobediência, bem como a crença e a obediência ao evangelho. Tanto o contexto imediato (11:23) quanto o contexto mais amplo (e.g., 10:5-17, para não mencionar a carta como um todo) exigem essa resposta, por mais que possa ofender as sensibilidades modernas ou pós-modernas de alguns. Em outras palavras, a questão sobre o *como* deve ser respondida com uma firme resposta cristológica e não meramente teológica. Para Paulo, não há caminho para a salvação (e.g., por meio da Lei) exceto pela confissão de Jesus como Messias e Senhor. Mas parte dessa questão envolve a identificação do agente: seria por meio de Paulo, através de sua pregação, um grupo mais amplo de evangelistas, ou talvez Deus agindo de alguma forma futura ainda desconhecida? Voltaremos a essa questão quando considerarmos o fator *quando*.

Sobre a questão *quem*, é tentador considerar a ideia de um Israel espiritual composto por judeus e gentios crentes. Alguns textos em Romanos e em outros escritos de Paulo tornam isso uma possibilidade, pois o apóstolo de fato distingue entre um Israel étnico e um Israel verdadeiro, ou circuncidado (2:28-29; 9:6-7; cf. Gl 6:16; Fp 3:3). Mais uma vez, no entanto, todo o contexto e o fluxo do argumento sugerem uma resposta diferente. Ao longo dos capítulos 9—11, o fardo para Paulo tem a ver com seus irmãos judeus, a etnia de Israel, o grande número de ramos quebrados. Ele já havia expressado esperança, senão confiança, de que o destino do "todo" e dos "ramos" será o da "massa" e da "raiz" (11:16). Ou seja, Paulo já deu a entender que a não rejeição de Israel por Deus significa mais do que *alguns* judeus incrédulos mudarem de ideia. Do modo contrário, seu argumento sobre um "remanescente" de judeus fiéis teria sido suficiente para demonstrar a fidelidade de Deus. É difícil, portanto, resistir à conclusão de que "todo Israel" significa 'todos os judeus' em vez de 'todos os gentios e judeus que creem no evangelho.'[50]

O texto frequentemente citado, "os dons e o chamado de Deus são irrevogáveis" (11:29) confirma essa interpretação. Se Paulo simplesmente quis dizer que os judeus não são excluídos do evangelho, ele estaria meramente reafirmando o óbvio, pois já existe um remanescente de crentes judeus. Todavia, um remanescente, por maior que seja, dificilmente parece um cumprimento de longo prazo de

---

[50] Há ainda a questão sobre saber se isso significa todos os judeus de todos os tempos, Israel como um todo, mas não todos os judeus individuais, todos os judeus da época de Paulo, ou todos os judeus vivos na parúsia; veja a seguir.

um chamado irrevogável; é mais uma medida paliativa. Por outro lado, as tentativas de interpretar essas palavras como a afirmação de Paulo sobre a salvação dos judeus à parte de Cristo, ou por algum outro meio, não prestam atenção suficiente ao contexto e argumento dos capítulos 9—11. Ao contrário disso, Paulo afirma que a postura de *todos* os judeus um dia será revertida da desobediência para a obediência, assim como os crentes gentios receberam graça e se tornaram obedientes (11:30-32). A declaração final, "pois Deus sujeitou todos à desobediência, para exercer misericórdia para com todos" (11:32), refere-se, no contexto, a todos os judeus e a todos os gentios que creem no evangelho.[51]

Resta para ser respondida a pergunta *quando*. A expressão "será salvo" de 11:26 está ligada a dois textos de Isaías (27:9; 59:20-21) que, juntos, predizem o perdão dos pecados de Jacó (Israel), a remoção de sua impiedade (cf. 1:18), e a renovação da aliança quando "o Libertador" vier "de Sião [Jerusalém]" (11:26-27). Esse Libertador poderia ser YHWH, porém é mais provável que seja o Messias de YHWH; o texto se refere, então, ao primeiro ou, mais provavelmente, ao segundo advento (*parúsia*) do Messias. A vinda escatológica de Jesus, o Libertador, resultará na salvação de todos os judeus pela fé, isto é, pelo reconhecimento do senhorio de Jesus. De forma específica, Paulo provavelmente quer dizer que todos os judeus contemporâneos a ele que até então descreram no evangelho e, portanto, foram "cortados" da oliveira (ou seja, aqueles que estavam vivos durante e após o tempo da morte e ressurreição de Jesus) acreditarão nele, juntando-se às fileiras de todos os judeus fiéis que precederam o advento de Jesus e todos os gentios que creram no evangelho.[52] Embora a frase "todo Israel" *possa* significar

---

[51] Se a "plenitude" de cada parte (gentios e judeus) significa "todos" em ambas as instâncias (11:12, 25), então Paulo afirma aqui que, eventualmente, todos os seres humanos acreditarão no evangelho e serão salvos. Mas, a interpretação da salvação universal não pode ser afirmada, ou negada, com certeza.

[52] Devido a definição de incredulidade estabelecida por Paulo (rejeição do evangelho de Jesus como Messias e Senhor), parece que ele não tem qualquer preocupação, ou pelo menos não expressa nenhuma, com os judeus que viveram antes do Messias e "o fim da lei" (10:4). Porém, é também possível que Paulo queira indicar que na parúsia, quando os mortos forem ressuscitados, haverá um reconhecimento de Jesus como Messias e Senhor por todos os judeus. Em qualquer das hipóteses, é bem possível que Paulo acredite que uma aparição de Jesus, não diferente daquela que o

Israel como um todo, mas não cada indivíduo, e *possa* indicar que se *plērōma* (plenitude) for interpretada de forma restrita, há mais razões para pensar que Paulo considera todos os judeus.

A conclusão *lógica* do capítulo 11, dos capítulos 9—11 juntos, e de fato da carta até este ponto, finalmente cede a uma conclusão em forma de *doxologia*. A confiança de Paulo na misteriosa e magnífica misericórdia divina gera nele louvor a Deus, que é expresso em algumas das mais belas linguagens do Novo Testamento (11:33-36). Paulo está convencido de que todo o Israel experimentará a glória e a justiça, que é um dom de Deus para o povo escolhido e para o mundo inteiro, no Messias Jesus. Paulo, portanto, compartilha dessa glória na resposta humana muito apropriada de dar glória ao Deus de riquezas e misericórdia inescrutáveis e universais. Esse ato de louvor antecipa a descrição de gentios e judeus unidos em Cristo para glorificar a Deus que segue nos capítulos 12—15, culminando em outra rodada de louvor em 15:7-13 e novamente em 16:25-27, as últimas linhas da carta.

RESUMO DE ROMANOS 9–11

Nesses capítulos, Paulo aborda o problema da descrença geral de seus irmãos judeus no evangelho.

- Essa situação fere o coração de Paulo, não por algum tipo de sentimentalismo, mas por seu aparente desafio ao próprio evangelho e especialmente à fidelidade de Deus a Israel.
- A incredulidade não se deve ao fracasso da palavra de Deus e não é um exemplo de injustiça divina, pois Deus é tanto libertador quanto misericordioso.
- A falta de fé de Israel se deve ao tropeço no Messias com um zelo equivocado sobre os meios para a justiça.
- A salvação está disponível para todos (e somente para aqueles) que acreditam que Deus ressuscitou Jesus dentre os mortos e que o confessam como seu Senhor.
- A incredulidade de Israel é parcial e temporária; existe um remanescente, e depois de um tempo dos gentios chegando à fé, o restante de Israel também chegará à fé na parúsia, para que "todo o Israel seja salvo".

---

próprio Paulo experimentou, é o que os judeus no seu conjunto necessitarão para reconhecer o Jesus crucificado como Messias e Senhor (devo esta última observação ao meu falecido colega Judy Ryan).

- Enquanto isso, os gentios devem reconhecer humildemente sua condição de "ramos" que foram "enxertados" na oliveira de Deus e, portanto, não devem se orgulhar em relação aos judeus.

12:1—15:13. VIVENDO FIELMENTE DIANTE DO DEUS FIEL: SANTIDADE CRUCIFORME E HOSPITALIDADE

A palavra final de Deus e do mistério de Deus é, como vimos, "graça" (11:30-32). Essa é a boa notícia do amor de Deus em Cristo, crucificado por judeus e gentios, a boa notícia da fidelidade de Deus à promessa feita a Abraão de que todo o mundo seria abençoado por meio dele. Esse é o evangelho que exige, à luz da misericórdia divina, a "obediência da fé" por parte daqueles que pertencem à comunidade da nova aliança de Deus, e esse é um dos principais temas desta carta. Embora o caráter radical e contracultural dessa obediência tenha sido sugerido nos capítulos 5—8, é nos capítulos 12—15 que Paulo explica com alguns detalhes qual forma essa vida de obediência do crente deve tomar. A variedade de tópicos nos capítulos 12 e 13 se relacionam com a vida interior geral da comunidade e com as relações exteriores, enquanto o texto de 14:1—15:13 se concentra na necessidade de aceitação mútua diante de facções e julgamentos.[53]

Nesses capítulos, Paulo conclama os crentes romanos a uma vida de santidade e hospitalidade que está fundamentada, não surpreendentemente (embora nem sempre de forma explícita), na cruz. Aqueles que vivem juntos no Messias Jesus estão sendo restaurados à justiça e glória que Deus planejou para a humanidade. Assim, o que significaria, na prática, ser uma comunidade que participa da vida do Pai, Filho e Espírito cuja atividade já foi narrada nos capítulos 5—8 e estendida explicitamente a judeus e gentios nos capítulos 9—11?

Santidade: uma comunidade de bondade e amor (12:1—13:14)

Os Capítulos 12 e 13 começam com uma exortação geral que orienta toda a discussão em 12:1—15:13. Em seguida, prosseguem para

---

[53] Parte do que Paulo diz em Romanos já foi dito em 1Coríntios (1Co 8—13).

palavras mais específicas de conselho apostólico, com os temas da bondade e especialmente do amor salientados.

Santidade encarnada: um sacrifício vivo (12:1-2)

Esses dois primeiros versículos dão o tom e fornecem a estrutura para tudo o que se segue. Mas eles começam com uma ligação clara com tudo o que Paulo disse até agora, especialmente nos capítulos 9—11, pois todo o apelo de Paulo é baseado nas "misericórdias de Deus" (12:1) que ele apresenta com paixão.

Embora a palavra 'cruz' não apareça no texto de 12:1-2, Paulo está visivelmente clamando por uma comunidade altercultural cruciforme (i.e., "santa"). O direcionamento para a comunidade ("irmãos [e irmãs]") é importante; Paulo não está escrevendo meramente para indivíduos. Os dois imperativos — "se ofereçam em sacrifício vivo" (12:1) e "não se amoldem ao padrão deste mundo [lit. 'era'], mas transformem-se pela renovação da sua mente" (12:2) — sugerem *morte* e fazer *diferença*. Ou seja, ser um sacrifício vivo significa um processo constante de morrer e viver, ou um padrão cruciforme, enquanto ser transformado (como resultado desse processo "santo" [12:1]) significa tornar-se diferente do ambiente que hospeda a comunidade. Tanto a mente quanto o corpo são afetados, de modo que os crentes, como Paulo sugere, se modelam em conformidade com Cristo e se amoldam à mente dele (cf. 8:29; Fp 2:1-11). À medida que isso ocorre, o obscurecimento da mente e a degradação do corpo (1:21, 24) associados à vida em Adão são gradualmente desfeitos. A glória, ou honra e justiça da humanidade estão sendo restauradas.

A imagem do "sacrifício vivo" sugere uma alternativa aos sacrifícios do templo, um sacrifício que judeus e gentios podem realizar e realizar juntos como templo de Deus (cf. 1Co 3:16). É sua adoração espiritual, racional ou razoável (o termo *logikos* pode significar qualquer um desses termos). Essa adoração não ocorre em lugares ou em horários específicos; é, antes, a liturgia da vida. Com base no capítulo 6, Paulo diz que os crentes estão constantemente em um estado paradoxal de morrer e viver (cf. Gl 2:19-20). Por estarem mortos para o pecado e vivos para Deus (6:11), com o velho eu crucificado (6:6), os crentes expressam sua ressurreição para uma nova vida (6:4) apresentando seu corpo e membros corporais (6:13, 19) como sacrifício vivo a Deus. O "sacrifício" singular sugere tanto a participação individual quanto uma oferta única e comunitária. O reaparecimento do verbo "presente", do capítulo 6, reforça a ênfase de Paulo na responsabilidade pessoal e coletiva dos crentes para incorporar a verdade de sua situação em Cristo. Ressurreição e liberdade podem ser experimentadas apenas como morte para o próprio eu e escravidão para Deus.

Tal estilo de vida é inerentemente santo, ou altercultural, e mais uma vez os crentes devem assumir a responsabilidade, permitindo-se ser transformados e, assim, discernir a boa vontade de Deus. Essa metamorfose descreve em parte o processo de "santificação" mencionado brevemente em 6:19, 22; é um processo de desaprender e aprender. O objetivo de Paulo nos parágrafos a seguir é ajudar a igreja romana nesse processo.

Bondade e amor a todos (12:3-21)

Dois tópicos principais são abordados no capítulo 12: a vida dentro da comunidade e o tratamento adequado daqueles que estão fora dela.

Ecoando palavras escritas originalmente para os coríntios (1Co 12), Paulo primeiro aconselha os romanos a viverem com um "conceito equilibrado" (12:3), como um corpo unificado de Cristo composto por vários "membros" (12:4) e dons (12:6-8). Paulo claramente tem em mente o partidarismo e o julgamento que ele abordará em 14:1—15:13, como revela a frase: "de acordo com a medida da fé que Deus lhe concedeu" (12:3; cf. 14:1, 22- 23). A questão é de atitude e julgamento, bem como uma mente renovada (12:2) que leva à humildade em vez de arrogância (12:3; cf. linguagem semelhante em Fp 2:1-5). Em uma palavra (que aparecerá em 12:9), o autoexame adequado deve conduzir ao amor.

Paulo não restringe a discussão do corpo único de Cristo ao partidarismo dos romanos. Como em 1Coríntios, ele enfatiza a unidade na diversidade (12:4-5a), bem como a interdependência e pertencimento mútuo dos vários membros do corpo (12:5b). Por outro lado, todos os membros têm dons da graça de Deus (*charismata*, como em 1Co 12:9, 28, 30-31; cf. Ef 4:11-13), e a profecia novamente ocupa o primeiro lugar.[54]

---

[54] Tecnicamente o segundo dom em 1Co, sendo seguido apenas pelo apostolado (1Co 12:28-29; 14:1).

Aqui em Romanos, Paulo pode estar enfatizando a continuidade desses dons com aqueles concedidos ao longo da história da salvação (cf. 11:29). O que também é novo neste texto é o aparecimento de cinco dons (dos sete mencionados) não especificamente listados em 1Coríntios: "ministério" ou serviço (*diaconia*), exortação (embora, veja 1Co 14:31 [NRSV, "encorajamento"]), dar, exercer liderança (ou ter autoridade) e compaixão ou misericórdia. Também é distintiva em Romanos a ênfase no exercício de qualquer dom que alguém tenha de forma apropriada e responsável, como um ato de serviço a Deus e à igreja; esse parece ser o resultado das frases de qualificação em 12:6b-8.

O tópico sobre exercer os dons de forma sóbria e equilibrada leva Paulo a escrever a seguir sobre amor e bondade de forma mais ampla dentro e também fora da comunidade (12:9-21). É tentador interpretar 12:9-13 como referência apenas ao tratamento dos crentes e 12:14-21 aos incrédulos, mas 12:15-16 parece claramente referir-se às relações dentro da igreja. Tem-se observado que 12:9-21 tem a aparência de uma coleção de máximas ou provérbios, uma lista de exortações (aos cristãos primitivos comuns?) (cf. 1Ts 5:12-22) oferecidas sem desenvolvimento em qualquer tópico, exceto a não retaliação (12:14, 19-21). No entanto, o tema da bondade e do amor, embora um tanto genérico, une as máximas em uma forma coerente e cruciforme. Além disso, Paulo parece ter agrupado as máximas em suas próprias categorias.

Por exemplo, as primeiras treze advertências (12:9-13) parecem ser acerca de amor (12:9-10, 13), fé (12:11) e esperança (12:12), provavelmente mais uma vez ecoando a substância de 1Coríntios (caps. 12—13), na qual uma discussão sobre o amor (ligada à fé e à esperança) segue o tema dos dons no corpo. As admoestações de Paulo falam de uma cruciformidade tridimensional:

- *Amor*. O amor deve ser "genuíno" (NRSV) ou "sem hipocrisia" (ARA). Os crentes devem odiar o que é mau — não as pessoas más — e se apegar ao que é bom (cf. 1Ts 5:21-22). (Em 12:14, 21, esse princípio será estendido aos de fora como vencendo o mal com o bem, em vez de praticando retaliação.) Eles devem se engajar em amor "fraternal" (*philadelphia, philostorgoi*), ou preocupação apropriada com irmãos na família escatológica de Deus. Falando de forma prática, isso se expressa ao superar os outros na demonstração de honra, ou seja, prover (veja NAB) e atender as necessidades dos irmãos como se fossem membros da família, sem interesse egoísta (12:10). Também se expressa na contribuição para as necessidades materiais dos irmãos crentes e no acolhimento de viajantes, dentre os quais havia muitos nas igrejas primitivas (12:13). Finalmente, esse amor exclui claramente a retaliação por meio do mal (12:17), embora o foco desse imperativo seja o tratamento dos incrédulos.

- *Fé*. As três admoestações em 12:11 retratam o relacionamento da comunidade com Deus, possivelmente enumerando cada uma das três 'pessoas': seu zelo ou fervor (para com Deus, o Pai?), seu ser iluminado com o Espírito,[55] e seu serviço ('escravidão', como no cap. 6) ao Senhor (Jesus).
- *Esperança*. O vocabulário de 12:12 é o da esperança em meio à oposição e lembra 5:3-5. Os crentes podem ser alegres ao suportar as adversidades, tendo a oração como meio de sobrevivência.

Essas exortações para uma vida cruciforme continuam em 12:14-21. Dentro da comunidade, espera-se que os crentes compartilhem a tristeza e a alegria uns dos outros (12:15) e incorporem uma humildade e preocupação cristãs pelos outros, especialmente os "de posição inferior" ou humildes, o que cria uma atmosfera de harmonia (12:16). Mais uma vez, Paulo não apenas amplifica o que acabou de dizer (12:3, 10) e ecoa sentimentos que ele expressa em outros lugares (Fp 2:1-5; 1Co 12:22-26), mas também antecipa o problema da divisão que ele abordará em 14:1—15:13.

Os conselhos levam à exortação final de Paulo no capítulo 12, a respeito do tratamento de pessoas de fora — especialmente aqueles que se mostram como 'inimigos' por sua perseguição e outras más ações (12:14, 17-21): "Não se deixem vencer pelo mal, mas vençam o mal com o bem". Uma instrução geral precedente sugere que os crentes devem tentar viver em harmonia com "todos" — ou seja, inclui também os que não são membros da comunidade —, evitando, assim, problemas (12:18).[56] No entanto, quando o mal aparece, a igreja deve agir como

---

[55] Assim também muitos comentaristas, contra a referência da maioria das traduções ao fervor do espírito humano.
[56] "Todos" significa os não cristãos em contextos semelhantes em Gl 6:10 e 1Ts 5:15.

Roma: O Arco de Tito, construído pelo imperador Domiciano em 81 d.C. para homenagear as vitórias de seu irmão-imperador, incluindo o cerco de Jerusalém em 70 d.C. – testemunho da opressão contínua do povo judeu por Roma, mesmo após o tempo de Paulo

seu Senhor fez e ensinou; a passagem em 12:14 ("Abençoem aqueles que os perseguem...") é uma referência clara ao ensino de Jesus preservado em Lc 6:28, e todo o texto aqui possui o espírito expresso em Lc 6:27-36 (palavras de Jesus) e Lc 23:32-43 (o exemplo de Jesus na cruz), bem como todo o sermão feito numa planície registrado em Lucas e o Sermão da Montanha contido em Mateus (especialmente Mt 5:38-48). A perseguição deve ser enfrentada com bênção em vez de maldição (12:14). A vingança, portanto, não é uma opção, como a própria tradição da Sabedoria Judaica já havia afirmado (e.g., Pv 20:22). Para os crentes, a retaliação não apenas viola o ensino e o exemplo de seu Senhor, mas também usurpa o futuro julgamento de Deus que é central nas Escrituras (12:19, citando Dt 32:35).

Essa certeza da ira divina — uma vez que no pensamento bíblico os inimigos do povo de Deus são, de modo claro, os inimigos de Deus — liberta os crentes para lidar com os inimigos em bondade. Eles podem oferecer comida e bebida (12:20; cf. Pv 25:21-22) e assim "vencer [*nikaō*, 'conquistar'] o mal com o bem" em vez de se deixar ser vencidos "pelo mal" (12:21).[57] A não retaliação é uma parte essencial de ser "mais

---

[57] Pode ser lembrado o bispo de Esmirna do século II, Policarpo, que alimentou seus captores com uma refeição antes de ser preso (Martírio de Policarpo 7).

que vencedores, por meio daquele que nos amou" (8:37). Mas o que dizer da frase intrigante "você amontoará brasas vivas sobre a cabeça dele" (12:20)? Tanto o contexto presente quanto o uso dessa frase na antiguidade sugerem não infligir algum tipo de punição, mas algo como estimular o arrependimento e transformar o inimigo em amigo. Afinal, o arrependimento é o objetivo final de Deus, que prefere dar glória a infligir ira (2:4-11). Além disso, Deus não tratou os inimigos com ira, mas com amor ao enviar Cristo para morrer por eles (5:6-8). No entanto, não há garantia de sucesso quando o amor procura vencer o mal, e os crentes devem estar preparados para aceitar as consequências do fracasso da não retaliação para converter o opressor. Essa foi, por exemplo, a perspectiva do Rev. Dr. Martin Luther King, Jr.

Uma comunidade subversiva e não revolucionária (13:1-7)

Romanos 13:1-7 está entre os mais difíceis e potencialmente perturbadores de todos os textos paulinos. Ao longo dos séculos, tem sido usado com muita frequência para apoiar o direito divino dos reis, o nacionalismo cego e a lealdade inquestionável aos governantes — até mesmo os tiranos. No entanto, não se trata de uma diretriz completa sobre as relações Igreja-Estado, muito menos é a única passagem de Paulo que apresenta conotações políticas. Simplesmente confessar Jesus como rei Senhor e Messias tem implicações políticas, especialmente em um contexto imperial.

Alguns estudiosos têm sugerido que 13:1-7 é uma interpolação, ou inserção posterior, que não se encaixa no contexto nem representa as próprias crenças de Paulo. Essa tese não é geralmente aceita, no entanto, devemos proceder com a dupla suposição de que Paulo escreveu estas linhas e as colocou onde estão por um motivo específico.

As dificuldades desse texto sugerem que devemos abordá-lo com cuidado, com as devidas salvaguardas exegéticas, a fim de evitar os mais flagrantes erros de interpretação. Ainda assim, as questões que o texto levanta não podem ser totalmente resolvidas nem mesmo por meio de uma exegese cuidadosa, pois se estendem além de Romanos, Paulo e até mesmo da própria Bíblia em algumas das questões mais complexas da teologia e da ética. Exegeticamente falando, entretanto, o seguinte conjunto de pressupostos parece apropriado; o texto está assim relacionado e deve ser interpretado à luz de:

- seu contexto imediato;
- seu contexto mais amplo e o propósito geral da carta;
- uma situação concreta da igreja romana no momento da carta;
- perspectivas teológicas abrangentes de Paulo.

Essas pressuposições dificilmente resolvem o problema interpretativo, uma vez que cada uma delas é contestada, no entanto, pelo menos a interpretação oferecida aqui pode ser testada com base na plausibilidade de vários aspectos dos contextos reconstruídos do texto, bem como do próprio texto.

O contexto imediato de 13:1-7 é o chamado da comunidade para a cruciformidade contracultural (12:1-2) à medida que o dia da salvação se aproxima (13:11-14). A mente e corpo das pessoas pertencem a Deus (12:1-2), que as está renovando e chamando-as para participar de uma batalha espiritual e apocalíptica (13:11-14). Essa existência renovada e em forma de cruz deve ser expressa especialmente como cuidado amoroso por todos os membros e visitantes (12:3-13, 15-16; 13:8-10), buscando a paz com todos os forasteiros (12:18), e retribuindo com o bem qualquer mal praticado pelos inimigos (12:14, 17-21). O propósito geral de Paulo em Romanos parece ser proclamar oevangelho da justiça de Deus para judeus e gentios, aplicar esse evangelho à situação da igreja em Roma e solicitar apoio para a propagação do evangelho. Esse propósito polivalente corresponde, conforme sugerimos, à situação concreta em Roma.

Parte da oposição à igreja provavelmente surgiu durante as disputas na sinagoga sobre a veracidade das afirmações dos crentes judeus de que o Messias ("*Chrestus*") era Jesus. A expulsão dos judeus de Roma por Cláudio foi claramente um ato político destinado a acabar com uma ameaça política assim entendida. A expectativa messiânica judaica em geral era contra a opressão e, portanto, contra o império, uma vez que Roma era o inimigo máximo do povo de Deus na época — pelo menos para muitos judeus. A real oposição judaica a Roma existia nos dias de Paulo, e às vezes tomava a forma de protestos contra os impostos e ameaças de revolta, especialmente na Palestina, mas também em Roma e nos seus arredores. É mais provável que as primeiras igrejas em Roma incluíssem membros que simpatizavam com as tendências revolucionárias judaicas ou de resistência aos impostos, e é possível que essas convergências tenham aumentado apenas com a convicção de que o Messias havia chegado.

Uma vez que os pontos de vista expressos em Romanos 13 são frequentemente rotulados como 'conservadores', especialmente em comparação com Apocalipse 13, é importante, inicialmente, lembrar o que observamos na discussão de 1:16-17: que o evangelho de Paulo tinha um caráter inerentemente anti-imperialista: Jesus e César não podem ao mesmo tempo governar o universo. Essa dimensão do evangelho implica que Paulo não pode de forma alguma defender um nacionalismo ou patriotismo cego; a esse respeito, ele concorda com todos os judeus que há apenas um verdadeiro Senhor, e não se trata de qualquer figura política terrena. No entanto, Paulo também concorda com seus irmãos judeus de que Deus estabelece e depõe a autoridade humana (13:1-2).

O que tudo isso significa para a interpretação de 13:1-7? Certamente, a questão apresentada em Roma, que leva Paulo a escrever esses versículos, é a questões da tributação (13:6-7, referindo-se tanto a tributos quanto a impostos alfandegários), e especificamente a possibilidade de resistência dos crentes romanos às formas de tributação (13:2, 4). O propósito central dessa passagem é limitado: um apelo para que os crentes em Roma paguem seus impostos (13:6-7) em vez de resistir em pagá-los (13:2, 4). Declarações gerais sobre autoridades (13:1-4) e acerca da submissão/sujeição a elas (13:1, 5) devem ser entendidas principalmente como uma apresentação do fundamento teológico judaico para a conclusão concreta. Além disso, o contexto literário sugere que a preocupação geral de Paulo é aplicar os princípios da responsabilidade cruciforme dos crentes a essa situação particular. Se (alguns dos) crentes romanos considerassem as autoridades romanas como inimigas, sua resistência aos impostos seria para eles uma forma de retaliação, o que o evangelho de Paulo proíbe (12:14, 17-20). As autoridades romanas podiam ser inimigas, ou poderiam vir a ser um dia, mas ainda assim elas atuavam como "servos" de Deus (13:4, 6). Como servos divinos, eles são considerados na tradição judaica responsáveis e prestadores de conta perante Deus por seu comportamento, um ponto que Paulo sem dúvida assume mesmo que não o mencione explicitamente (veja Pv 8:15-16).[58] Os governantes podem deter um poder (limitado) no

---

[58] Veja também Sabedoria 6:1-21 (provavelmente escrito pouco antes de Romanos), em que os governantes (romanos) são reconhecidos como estabelecidos por Deus

ordenamento providencial de Deus do mundo, como instrumento da justiça divina e até mesmo da ira, papel que é proibido para a Igreja, como os imperativos do capítulo 12 deixam claro.

Paulo, então, não vê as autoridades romanas como inimigas, ou se as vê, as trata de acordo com o evangelho, honrando-as. Os romanos readmitiram os judeus em Roma e não deveriam perseguir oficialmente a Igreja nem a comunidade judaica (embora a possibilidade de tal perseguição no futuro pudesse acontecer, em parte, em face das preocupações de Paulo). Os oficiais romanos não seriam no presente os objetos, mas sim os agentes da ira divina (13:4-5), um argumento que pode ter a intenção de reforçar a realidade da ira de Deus no mundo (1:18), bem como a proibição de vingança pelos crentes (12:14-21). Essa posição, entretanto, não torna nenhum governante romano — nem mesmo o imperador — divino; eles são dignos de respeito (13:7), mas apenas na medida em que são servos de Deus. O evangelho de Paulo, portanto, exige que os crentes em tal situação obedeçam às leis e paguem os impostos, buscando viver em paz com todos. Assim como com Jesus, no entanto (e.g., Mc 12:13-17), as palavras de Paulo não convidam à devoção acrítica ou à adoração a qualquer pessoa ou entidade política.

Se Paulo aparentemente transformou um inimigo do povo de Deus em agente de Deus, ele o fez de acordo com sua tradição, na qual os inimigos de Deus podem ser frequentemente também agentes divinos (e.g., Egito, Assíria e Babilônia). Paulo não idolatra Roma de forma alguma, mas a coloca em seu devido lugar sob o comando de Deus. Seu conselho aos crentes romanos não substitui YHWH ou Jesus como o verdadeiro Senhor; nem cria uma teologia política, e especialmente não estabelece uma teologia para todos os tempos e circunstâncias, ou oferece aprovação geral a toda e qualquer política e ação estatal. O que ele faz, no entanto, é redirecionar a energia de resistir ao pagamento dos impostos para viver em paz — algo que pode indiretamente promover a pregação do evangelho.

("o seu domínio lhes foi dado pelo Senhor"; 6:3) e, portanto, sujeitos à punição por não agir com justiça ("Porque, como servos do seu reino, vocês não governaram corretamente, nem guardaram a lei, nem andaram de acordo com o propósito de Deus, ele virá sobre vocês de forma terrível e rápida, porque um julgamento severo recai sobre os que estão em altos postos"; 6:4-5).

Ao mesmo tempo, essa passagem, como as próprias palavras de Jesus sobre o imperador e os impostos nos evangelhos sinóticos (Mc 12:13-17 e par.), finalmente desafia a autoridade do poder civil e limita o relacionamento dos crentes com ele. Os crentes, por exemplo, já dedicaram sua mente e corpo ao serviço de Deus (12:1-2). Combinado com o contexto imediato de 13:1-7, o texto sugere que os crentes não podem oferecer sua lealdade, ou sua mente e corpo, aos poderes civis para participar de suas guerras, atos de retaliação ou outros propósitos que contradizem o espírito e os ensinamentos do evangelho e o Senhor do evangelho. Nesse sentido, aqueles que estão em Cristo são mais do que não revolucionários; ao mesmo tempo, eles são paradoxalmente subversivos, oferecendo fidelidade apenas a um Senhor e a seu 'império'.

A lei do amor (13:8-10)

A menção de obrigações em 13:7 ("o que lhe é devido") leva Paulo em 13:8-10 a citar a dívida mais importante de todas — o amor mútuo. Esses versículos continuam e resumem um dos dois grandes temas inter-relacionados dos capítulos 12—15 (o outro é a santidade, à qual ele retorna em 13:11-14). Eles também estabelecem o princípio do amor comunitário sobre o qual Paulo fala longamente em 14:1—15:13.

Como o faz em Gl 5:14,[59] Paulo aqui resume a 'segunda tábua' da Lei (13:9),[60] nas palavras "Ame o seu próximo como a si mesmo". Esse resumo não nega os mandamentos mais específicos, mas revela o que cada um deles é: um chamado ao amor. Paulo entende o amor positivamente como aquilo que edifica e honra (12:9-13; cf. 1Co 8:1), e pelo lado negativo como algo que não pratica o mal (13:10, refletindo as proibições no v. 9). Novamente, como em Gl 5:14, ele também afirma que o amor, e igualmente aquele que ama, 'cumpre' a Lei (13:8, 10). Essa afirmação ecoa 8:3-4, onde Paulo diz que Deus enviou o Filho para que "as justas exigências da Lei fossem plenamente satisfeitas" naqueles que andam segundo o Espírito que estabelece o amor na comunidade (cf. Gl 5:22). Assim, para Paulo, o Filho é tanto a fonte quanto o paradigma cruciforme (como 15:3 deixa claro) do amor, mas apenas em conexão com Deus, como provedor tanto do Filho quanto do Espírito. Em outras palavras, o amor é uma ação trinitária.

---

[59] Conforme o próprio Jesus, de acordo com Mc 12:34 e paralelos.
[60] Extraído de Êx 20 e Dt 5.

O contexto escatológico (13:11-14)

Subjacente a todas as exortações de Paulo está a convicção de que a igreja é a comunidade escatológica de Deus, chamada a viver em santidade (de forma contracultural) na expectativa da vinda de Cristo e do triunfo de Deus (cf., e.g. 1Ts 1:9-10). Esses versículos tornam essa suposição explícita e criam um *inclusio* (um conjunto de suportes retóricos) com 12:1-2. A imagem sacrificial da santidade em 12:1-2 é transformada em uma série de ricas imagens escatológicas em 13:11-14. Paulo usa essas imagens na certeza de que a 'salvação' que virá "no dia [do Senhor Jesus]" está próxima (13:12; cf. 13:11).

Essa convicção significa que os crentes devem se manter despertos, não dormir (13:11), e viver na luz do dia vindouro, não nas trevas desta era (13:12-13). A linguagem apocalíptica para a vida moral (13:13; cf. 1Ts 5:4-11) destina-se a extinguir quaisquer resquícios de festas pagãs, bem como dissensões internas (cf. Gl 5:19-21). Ambos são exemplos de oferecer algo para, ou 'andar segundo' a carne (13:14; cf. 8:3-17), o último exemplo ("discussão e ciúmes") é mencionado como uma transição para o capítulo 14. Os crentes não vivem mais na escuridão ou na carne; a imoralidade é, portanto, um anacronismo. O antídoto para tal comportamento anacrônico é expresso na linguagem de se revestir, adotada (ironicamente) das convenções da moralidade pagã, bem como das liturgias batismais cristãs primitivas: os crentes romanos devem constantemente vestir a "armadura da luz" — que é revestir-se "do Senhor Jesus Cristo" (13:12, 14; cf. Gl 3:27). Eles devem viver sua história em comunhão, livres das obras da carne, guiados pelo Espírito e revestidos pelo manto do amor cruciforme encontrado em Cristo (cf. 15:1-3), em cuja morte todos foram imersos no batismo (6:3). Esse estilo de vida, que deve ser seguido diariamente, é seu meio de guerra espiritual. Sua vida dá testemunho do evangelho não apenas dentro da comunidade, mas na presença de 'todos'.

Hospitalidade: uma comunidade de judeus e gentios (14:1—15:13)

Na superfície, Rm 14:1—15:13 pode parecer uma conclusão que gera um acentuado efeito anticlímax para a substância desta carta teologicamente poderosa: palavras sobre um problema específico, ou problema em potencial, relativo à dieta e calendário. Nada poderia estar mais longe da verdade, no entanto, pelo menos na mente de Paulo. Esta seção é o clímax, o objetivo para o qual o tema 'judeu e gentio' tem sido incessantemente dirigido. A palavra que importa muito para Paulo é 'hospitalidade' ou "boas-vindas": "Portanto, aceitem-se uns aos outros, da mesma forma com que Cristo os aceitou" (15:7). A missão de Paulo para os gentios (15:14-33), proclamar o Messias onde Ele não é conhecido (15:20), não exclui de forma alguma os judeus, e certamente não pretende conceder aos gentios ou judeus um complexo de superioridade ou inferioridade. Uma comunidade dilacerada por conflitos interculturais subverte o evangelho, no que diz respeito a Paulo, e ele procura unificar essa comunidade fraturada, inóspita e multicultural, reformulando os princípios enumerados anteriormente para os coríntios (1Co 8:1-11:1). Paulo quer que a igreja viva o tema da carta, de modo que judeus e gentios sejam um corpo em Cristo, igualmente carentes da graça de Deus e ao mesmo tempo destinatários dela. Isso acontecerá apenas se eles se acolherem amorosamente, incluindo suas diferenças culturais — assuntos que, em última instância, não importam em Cristo.[61] Então eles serão capazes de adorar a Deus harmoniosamente como um corpo, como um pequeno, mas poderoso exemplo dos propósitos de Deus para o mundo todo (15:5-13).

Tem havido muitas tentativas de identificar a composição precisa e as perspectivas dos dois grupos descritos nestes capítulos, os "fracos"/"fracos na fé" (14:1-2; 15:1) e os "fortes" (15:1), ou, de forma mais neutra, o observador e o não observador (de certas práticas alimentares e de calendário). Alguns estudiosos negam que houvesse algum problema concreto, fazendo da passagem uma advertência geral para evitar o preconceito e praticar a tolerância, ou uma declaração teológica geral sobre as relações gentios-judeus na Igreja. Uns poucos estudiosos acreditam que os "fracos" seriam judeus não cristãos. A maioria dos intérpretes, no entanto, encontra um problema específico nas relações entre dois grupos de crentes em Roma. Paulo se refere a questões concretas e se dirige aos crentes como "irmãos [e irmãs]" (14:10, 13, 15, 21) que servem ao único Senhor, Cristo (14:9) ,e são chamados a viver em

---

[61] Teologicamente falando, é claro, o desafio contínuo para a Igreja sempre foi decidir quais assuntos importam e quais não importam.

harmonia uns com os outros, como um corpo (12:4), por meio do amor cristão (15:5).

Parece provável que o primeiro grupo, os crentes "fracos" ou crentes observadores de regras judaicas, se abstenha de carne e vinho (14:2, 21) e "considere um dia mais sagrado que outro" (14:5a), ou observe dias de festas cerimoniais como especiais. O segundo grupo come e bebe qualquer coisa (14:2, 21) e não observa os dias de festa (14:5b). Embora o judaísmo dos dias de Paulo não proibisse o consumo de carne e vinho, a combinação de comida e a observância do calendário, juntamente com a citação de "circuncisos" e gentios (15:9-12), sugerem fortemente que os grupos aqui são divididos entre as tendências judaicas e gentias. Isso não quer dizer, segundo enfatiza a maioria dos estudiosos, que todos os fracos fossem judeus étnicos; é bem possível que antigos tementes a Deus e até mesmo pagãos convertidos se sentissem obrigados a abandonar completamente os costumes pagãos, observando dieta e calendário rigorosos. O abandono da carne e do vinho pode estar associado à rejeição da idolatria, contexto em que se consumia muita carne e vinho. Também é possível que alguns dos "fortes" fossem judeus étnicos que sentiram que sua liberdade da Lei, em Cristo, incluía especialmente a liberdade de regulamentos dietéticos e de calendário (talvez como o próprio Paulo).

É importante notar qual não é a natureza da exortação de Paulo nesta situação, bem como o que ela é. Paulo não diz simplesmente à igreja romana: 'vale tudo'. *Paulo não é o apóstolo de uma ética cristã liberal moderna ou pós-moderna de tolerância a tudo em nome da liberdade e do respeito pela diversidade.* O que Paulo aborda aqui é um tema que não importa, uma questão que os estoicos incluiriam como parte da *adiaphora* — assuntos não essenciais. Dieta e calendário não constituem o reino ou evangelho de Deus (14:17). Paulo teria — e teve — palavras bem diferentes para pessoas que tentaram impor algo contrário ao evangelho de Cristo crucificado (e.g., os gálatas) ou tentaram confundir a imoralidade pagã com a obra do Espírito (e.g. 1Co 5—7).

Essa passagem também não é uma base apropriada para o moderno mantra individualista da moralidade: 'Isso é entre mim (ou você) e Deus'. Paulo não só está lidando com questões inconsequentes, pelo menos a partir de sua perspectiva, mas até mesmo nesses assuntos ele invoca uma preocupação necessária para a comunidade e para a glória de Deus, que subtrai qualquer programa egocêntrico ou individualista.

O que Paulo requer nesta passagem tem um caráter triplo: hospitalidade cruciforme multicultural que aceita a diversidade em assuntos que não importam; abnegação cruciforme para a edificação dos outros; e atenção em tudo para o louvor a Deus pela obediência a Cristo. O fardo da responsabilidade recai sobre os fortes (14:1, 13-21; 15:1-4; cf. 1Co 8:1-13; 11:17-34), mas os fracos também têm obrigações.

Adiaphora, *julgamentos e responsabilidade (14:1-23)*

Na primeira metade deste capítulo (14:1-12) Paulo entrelaça uma descrição dos dois grupos e suas atitudes de julgamentos mútuos com seus pontos de vista sobre serviço e responsabilidade para com o Senhor. Os "fracos na fé", abstêmios vegetarianos observadores do calendário, condenam os fortes que consomem tudo, mas não observam nada, enquanto os fortes desprezam (lit. 'contam como nada') os fracos (14:3, 10). A 'fraqueza na fé' não é em si mesma uma questão relacionada com reivindicações essenciais do evangelho, ou compromisso com Cristo, mas diz respeito a convicções sobre práticas contestadas. Na suposição de que o assunto em questão não é essencial para a mensagem do evangelho, mas é algo sobre o qual convicções pessoais profundamente arraigadas, mas diferentes, são aceitáveis (14:5; cf. 14:22-23), Paulo apresenta dois pontos principais em resposta.

Primeiro, tal comportamento de juízo não reflete a acolhida de Deus em Cristo (14:3), à qual Paulo retornará no capítulo 15, especialmente 15:7-13. Em segundo lugar, cada crente vive perante seu Senhor e é responsável diante dele. Esse ponto Paulo desenvolve com certa extensão e de vários ângulos; ele se torna um resumo dos fundamentos da existência do crente. Ele não está interessado em defender a libertinagem, muito menos a irresponsabilidade para com os outros, mas em explicar a responsabilidade perante Deus. Os crentes não vivem "para si" (ou, melhor, "em função de si mesmo": NAB, CEB, NET), mas para o Senhor Jesus Cristo (14:7-9; cf. 2Co 5:15), implicando que eles "vivem para Deus" (Rm 6:10-11). O que quer que eles façam, mesmo nos aspectos mais comuns da vida, como comer e beber, devem procurar honrar a Deus com seu comportamento (cf. 1Co 10:31). Ter essa mentalidade é absolutamente fundamental para a vida em Cristo; é verdadeiramente a única questão de vida ou morte para os crentes (14:8-9). Em assuntos não essenciais, portanto, o que importa é que o comportamento (e.g., comer ou se abster, observar um dia ou não) seja usado para glorificar a Deus em Cristo. Com base nisso, e somente nesse fundamento, cada crente um dia prestará contas a Deus como Senhor e juiz (14:10b-12). Os crentes são responsáveis tanto na vida quanto na morte diante do Senhor que os tornou seus e para quem eles vivem, paradoxalmente, como libertos e escravos do Senhor (cf. 1Co 6:19-20; 7:22-23).

A segunda metade do capítulo 14 começa com uma advertência geral a todos para que se abstenham de julgar os outros (14:13a), mas se move rapidamente para uma palavra dirigida aos fortes, que é um eco de 1Co 8. Os comedores de carne em Corinto, os fortes em Roma podem estar colocando uma "pedra de tropeço" no caminho dos fracos (14:13b, 20),[62] potencialmente prejudicando-os ou mesmo arruinando--os (14:15) por comer carne e beber vinho (14:20-21). Embora Paulo claramente esteja do lado dos fortes em suas convicções (15:1), enfatizando que, em Cristo, nenhum alimento em si é inerentemente impuro (14:14, 20; cf. Mc 7:18-19), ele chama suas ações de nocivas para outros por falharem em incorporar o amor unificador (14:15, 19), e por serem, também, uma deficiência em viver corretamente o reino por meio do serviço ao Senhor Cristo na paz e alegria do Espírito Santo (14:16-18).

O salmista (Sl 85:10b) vaticinou o dia em que a justiça e a paz se beijariam. Romanos 14:17 sugere que Paulo vê a vida da Igreja no Espírito como o cumprimento da visão do salmista. *Porque o amor do Deus triúno é demonstrado na morte de Cristo (14:15), somente a comunidade que anda em amor cruciforme desfruta da presença, alegria e bênção desse Deus triúno.* Embora as ações 'liberais' que fluem das convicções de alguém sobre esses assuntos não essenciais não sejam pecaminosas e possam ser aceitas por Deus desde que feitas com fé (i.e., como uma expressão de lealdade ao Senhor; 14:22-23), elas devem ser evitadas se causarem danos a um irmão ou irmã ou à comunidade em geral.

Como Jesus disse (e Paulo parece ter conhecido essa parte da tradição de Jesus), o mal é uma questão de quais ações procedem do coração, não de quais alimentos vão para o corpo (Mc 7:20-23). Da mesma forma, em consequência, a marca do povo de Deus é o amor que vem do coração circuncidado pela aliança renovada, não as leis alimentares culturais e outras marcas de fronteira anteriores. Ao mesmo tempo,

---

[62] Cf. 1Co 8:9, 13; Mc 9:42 e paralelos; Lv 19:14.

Paulo gostaria que todos os seguidores de Cristo estivessem cientes da incrível capacidade do coração humano de justificar, pelo menos para si mesmo, o injustificável.

Hospitalidade cruciforme e a glória de Deus (15:1-13)

A admoestação de Paulo aos fortes continua em 15:1-4 antes de se fundir em um apelo geral à harmonia e à hospitalidade em 15:5-6 e especialmente em 15:7-13. Os versículos 1-6 e 7-13 estão estruturados em forma paralela, cada seção começando com uma exortação (15:1-2, 7), seguida por um apelo a Cristo (15:3a, 8-9a), uma garantia das Escrituras (15:3b-4, 9b-12), e uma oração final como um anseio (15:5-6, 13).

Identificando-se com os fortes, Paulo os exorta a "suportar as falhas dos fracos" em vez de "agradar a si mesmos". Essa é uma obrigação de amar,[63] e a linguagem é típica das exortações de Paulo à unidade pelo amor. Carregar os fardos dos outros cumpre a lei, ou o 'padrão narrativo', de Cristo, o Messias crucificado (Gl 6:2); agradar aos outros (ou seja, agir em benefício deles e para sua edificação) é o modo como alguém se torna um imitador de Paulo e, portanto, de Cristo (1Co 10:33-11:1); uma comunidade unificada e amorosa só é possível quando, como Cristo, os crentes buscam os interesses dos outros em vez dos próprios (Fp 2:1-4). Paulo deixa claro que 'agradar' o próximo significa edificá-lo ou amá-lo (15:2), não apenas o apaziguar ou satisfazer seus caprichos. E como faz em outros lugares, Paulo mais uma vez fundamenta sua exortação na narrativa do Cristo crucificado (15:3-4), apelando ao Sl 69, um texto comumente associado à morte de Cristo nas igrejas primitivas, para falar aos romanos (15:3).

Em vez de agradar a si mesmo, Cristo — como diz o Salmo 69:9 — absorveu os insultos daqueles que insultaram a Deus. Ao ler esse texto do salmo como uma expressão da atitude de oração livremente escolhida de Cristo para com Deus, Paulo encoraja aqueles que são fortes a carregar os fardos dos outros. Como Cristo, que era 'forte' em posição e *status* com Deus (2Co 8:9; Fp 2:6), o forte pode — de fato deve, se quiser viver "segundo Cristo Jesus" (15:5) — suportar as falhas dos fracos abstendo-se de carne e vinho mesmo acreditando que seus próprios hábitos alimentares não estão errados.

---

[63] "Deve" na NRSV é o mesmo verbo que "dever" (como em "devem" amor) em 13:8.

Paulo muda para uma oração pela harmonia na vida (15:5) e na liturgia (15:6) que virá para a comunidade quando eles, de fato, viverem de acordo com o padrão narrativo do Messias crucificado.[64] O tema de 'glória' reaparece aqui à medida que nos aproximamos da conclusão da carta. Em Cristo, o primeiro pecado da humanidade foi revertido, o fracasso em glorificar a Deus (1:18-25). Quando gentios e judeus se unirem a Paulo (11:36; 16:25, 27) em glorificar a Deus juntos em Cristo, eles também, como Cristo e como seu pai comum na fé, Abraão (6:4; 4:20), poderão compartilhar da glória prometida de Deus que logo virá em sua plenitude (2:7, 10; 5:2; 8:17-18, 21, 29). A humanidade buscou, mas falhou em alcançar esta glória por conta própria (veja 1:23; 3:23).

Esse foco no louvor harmonioso de Deus leva à dramática conclusão pastoral da carta, sua *peroratio* final. Temos em 15:7-13 a exortação final de Paulo à hospitalidade (15:7), fundamentada no exemplo de Cristo e voltada para a glória de Deus (um bom resumo de 15:1-6), que então explode em uma cadeia de citações bíblicas sobre o plano divino para os gentios se juntarem aos judeus na glorificação a Deus. Paulo afirma que Cristo (15:8) tornou-se servo dos judeus tanto para seu próprio benefício (no cumprimento das promessas patriarcais) quanto para o benefício dos gentios. Em outras palavras, toda a carta aos Romanos — seus vários temas, seu extenso discurso sobre judeus e gentios nos capítulos 9 a 11 — está resumida aqui: a fidelidade de Deus (NRSV, "verdade", 15:8) aos judeus e graça para os gentios que cria um povo cheio de gratidão e hospitaleiro. O encadeamento de textos que testemunha a inclusão dos gentios na adoração a Deus se refere a todas as partes da Bíblia (Lei, Profetas, Escritos): a versão grega de Dt 32:43 (Rm 15:10); a versão grega de Is 11:10 (Rm 15:12); Sl 18:49 (Rm 15:9b) e Sl 117:1 (Rm 15:11). Se há no presente um testemunho dessa economia divina, os membros da igreja em Roma devem incorporar esses textos aceitando uns aos outros como participantes distintos, mas iguais, da salvação de Deus. Por meio do Espírito, segundo Paulo ora, eles experimentarão fé, alegria, paz e esperança (cf. 14:17) — a antítese de Rm 1:18—3:20 e o cumprimento da intenção de Deus para a humanidade. Esse dom deve ser compartilhado com outras pessoas.

---

[64] Em Rm 15:5, Paulo usa em Fp 2:2, 4 a mesma linguagem para harmonia.

15:14-33. A MISSÃO DE PAULO E O PLANO DE DEUS

Se é verdade que Romanos atinge um clímax em 14:1—15:13, enfocando o tema de judeus e gentios em Cristo para a glória de Deus, então em 15:14-33 Paulo descreve sua própria missão e seu relacionamento com Roma como um aspecto (significativo) da execução do plano de Deus no mundo, particularmente a evangelização dos gentios e a unificação de judeus e gentios no Messias. Em 15:14-21, o apóstolo relaciona sua missão à sua carta aos Romanos, e em 15:22 ele a relaciona à sua não--visita/visita a eles.

Em Romanos, Paulo ocasionalmente, sobretudo em 14:1—15:13, escreveu "com toda franqueza" (15:15) para pessoas que ele, na maior parte dos casos, não conhecia. Ele quer que seus leitores entendam a carta como um "lembrete" (15:15), não como um ataque ao caráter deles (15:14). A carta é parte de seu serviço ministerial, até mesmo "sacerdotal" — sendo os gentios sua oferta a Deus (15:16a). Uma parte essencial de seu dever é assegurar que os gentios sejam um sacrifício aceitável e santo a Deus (15:16b; cf. 12:1-2). No caso de Roma, aparentemente, isso significa colocar amavelmente os gentios em seu lugar, por assim dizer. Paulo teria então motivos para se "gloriar" no sucesso de sua obra (15:17), mas apenas no sentido do "que Cristo realizou" por meio dele para trazer a "obediência" dos gentios (15:18; cf. 1:5; 16:19, 26). Essa obra trinitária — pode ser atribuída a Cristo ou ao poder do Espírito de Deus (15:19) — inclui não apenas a proclamação, mas também "sinais e maravilhas" (15:18-19; cf. 2Co 12:12). Especificamente, Paulo vê seu dom ("graça", 15:15) como proclamar o evangelho para aqueles que não ouviram sobre ele (15:20-21), em cumprimento de Is 52:15 (LXX). Isso Paulo fez desde seu ponto de partida no leste, em Jerusalém, a oeste (sua localização em Corinto), até o Ilírico.[65]

A missão geral de Paulo aos gentios, portanto, explica sua carta aos Romanos, enquanto sua missão específica aos gentios não convertidos justifica a falta, até então, de uma visita pessoal, apesar de anos tentando ir ter com eles (15:22, 23b; cf. 1:10-14). Sentindo que sua missão na região leste da Itália estava completa, Paulo agora expressa

---

[65] Ilírico ficava na costa leste do mar Adriático e do outro lado da Itália. Sobre o trabalho de Paulo, nada específico é conhecido, mas veja 2Tm 4:10 (Dalmácia = Ilírico).

o desejo de passar por Roma a caminho da Espanha, a extremidade ocidental do império (15:24, 28). Seu objetivo não é meramente pregar e ter um pouco de comunhão, como 1:11-13 e até 15:32 podem sugerir, mas também receber uma oferta dada por eles (15:24), o que sugere o fornecimento de uma base missionária, apoio financeiro, e talvez companhia.

Esse sutil (ou não tão sutil) pedido de dinheiro não deve, porém, ser desproporcional e transformado no único motivo da carta. No entanto, a generosidade para com os irmãos e o trabalho apostólico é muito importante. Porque Paulo vê sua missão como parte integrante do plano de Deus para unir judeus e gentios em Cristo, ele acredita que o compartilhamento de recursos para o benefício espiritual de gentios não crentes ou o bem-estar material de crentes judeus pobres também é parte integrante da obra de Deus (15:25-27). A difícil coleta de fundos das igrejas na Macedônia e Acaia, para os crentes pobres em Jerusalém, até certo ponto consumiu Paulo por anos (15:25-28; cf. 1Co 16:1-4; 2Co 8-9). A entrega iminente para a igreja de Jerusalém, pensava ele, era um símbolo da conclusão bem-sucedida de seu trabalho nessas áreas, da unidade de gentios e judeus no Messias e da 'dívida' que os gentios tinham para com os judeus por sua salvação. Assim, também, os crentes romanos poderiam um dia expressar sua gratidão a Deus por sua graça, compartilhando a proclamação do evangelho no ocidente. Enquanto isso, eles poderiam orar pela proteção de Paulo contra a perseguição na Judeia[66] e pela aceitação da oferta dos gentios pelos crentes judeus em Jerusalém (15:30-32).

16:1-27. Encerramento

No capítulo final, Paulo saúda um surpreendente número de crentes em Roma que ele conhece, acrescenta algumas instruções finais e encerra com uma doxologia. É fácil passar por alto esses versículos, mas eles revelam algumas coisas bastante interessantes sobre Paulo e sobre a igreja em Roma.[67]

---

[66] Nenhum pedido frívolo, como atesta o livro de Atos em 21:27-36; 23:12-35; 25:1-5.
[67] Embora a evidência do manuscrito sugira a alguns que este capítulo não é original da carta, essa não é a conclusão da maioria dos estudiosos.

Saudações, recomendações e instruções finais (16:1-23)

A fascinante lista de pessoas e suas designações em 16:1-16 está cheia de informações sobre os relacionamentos de Paulo e especialmente sobre sua avaliação positiva do papel das mulheres (pelo menos nove são mencionadas) nas igrejas primitivas. O espaço não permite uma discussão extensa, mas alguns pontos-chave devem ser destacados. A tabela a seguir é esclarecedora:

PESSOAS EM ROMANOS 16

Nome	Designação	Outros detalhes biográficos
Febe (v.1-20)	diaconisa na igreja de Cencreia; apoiadora financeira (patrona) de muitos, incluindo Paulo	mulher gentia; provavelmente encarregada de conduzir a carta, e bem possivelmente sua intérprete
Priscila e Áquila	colaboradores em Cristo	casal judeu fabricante de tendas que se encontrou com Paulo em Corinto (At 18:1-3; arriscou a vida por Paulo; hospedava uma igreja em sua casa, em Roma)
Epêneto (v. 5)	amado por Paulo; primeiro convertido na Ásia (Menor)	homem gentio
Maria (v. 6)	trabalhou arduamente em Roma	mulher judia (provavelmente), (possivelmente 'Míriam')
Andrônico e Júnia (ARC) (não a forma masculina Júnias) (v. 7)	"parentes" étnicos; companheiros de prisão; proeminentes entre os apóstolos; convertidos a Cristo antes de Paulo	casal judeu (?)
Amplíato (v. 8)	amado irmão de Paulo no Senhor	homem gentio; possivelmente um escravo liberto

Urbano (v. 9)	cooperador de Paulo em Cristo	homem gentio; possivelmente um escravo liberto *
Estáquis (v. 9)	amado por Paulo	homem gentio; possivelmente um escravo liberto
Apeles (v. 10)	aprovado (testado?) em Cristo	homem gentio ou judeu
Os que pertencem à casa de Aristóbulo (v. 10)	–	família de escravos (provavelmente não crentes) de homens gentios
Herodião (v. 11)	"parente" étnico	homem judeu
Os da casa de Narciso (v.11)	que estão no Senhor	gentios não crentes com uma família crente
Trifena e Trifosa (v. 12)	que trabalham para o Senhor	mulheres gentias ou judias; irmãs? (libertas?) escravas?
Pérside (v. 12)	amada, trabalha arduamente pelo Senhor	mulher gentia; possivelmente escrava (liberta)
Rufo e sua mãe (v. 13)	eleito no Senhor; a mãe de Rufo também era uma "mãe" para Paulo	homem gentio e sua mãe; possivelmente filho de Simão de Cirene (Mc 15:21)
Asíncrito, Flegonte, Hermes, Pátrobas, Hermas e os irmãos que estão com eles (v. 14)	–	homens gentios, possivelmente escravos ou libertos; membros de uma igreja doméstica
Filólogo, Júlia	–	casal gentio (?)
Nereu e sua irmã	–	gentios
Olimpas	–	homem gentio
todos os santos que estão com eles (v. 15)	–	possivelmente membros de uma igreja doméstica

* Aqui e a seguir vários nomes que eram frequentemente atribuídos a escravos.

Corinto: Inscrição agradecendo a Erasto, possivelmente o funcionário público da cidade mencionado em Rm 16:23, por sua filantropia em contrapartida pela da honra de seu cargo.

Esse gráfico ilustra como as várias igrejas domésticas de Roma incorporam a visão paulina de uma comunidade inclusiva: gentios e judeus; escravos, livres e libertos; elite e não-elite; homem e mulher; de todos os cantos do império (cf. Gl 3:28; 1Co 1:26-28). Paulo tem relações de intimidade, companheirismo, gratidão e admiração por essas pessoas. Muitos são líderes na propagação do evangelho: companheiros apóstolos (o termo obviamente se refere a [outros] mais do que Paulo e os Doze), companheiros de trabalho e até companheiros de prisão. Eles exemplificam a vida cruciforme que Paulo tenta viver e prega. Não admira que ele queira que a igreja em Roma seja unida em amor!

Como observado na lista, a estima de Paulo pelas mulheres é especialmente notória; das vinte e seis pessoas nomeadas, nove são mulheres. Elas estão entre os que mais trabalharam e serviram no papel de diaconisas (servas, de alguma forma), benfeitoras e até apóstolos. Se Febe, a diaconisa e benfeitora da igreja em Cencreia, perto de Corinto (16:1-2), é elogiada e Paulo está enviando a carta por meio dela, então é provável também que ele esperasse que Febe a lesse e a interpretasse para a(s) igreja(s) em Roma.

Depois de enviar suas próprias saudações pessoais a indivíduos, em 16:16 Paulo instrui os crentes romanos a se cumprimentarem com beijo santo e, agindo como porta-voz da Igreja universal, ele transmite saudações de "todas as igrejas de Cristo" (na Acaia? em toda parte?). Em seguida, o apóstolo dá instruções sobre como evitar mestres problemáticos (16:17-19) antes de prometer a iminente derrota de Satanás por Deus e desejar graça aos crentes em Roma (16:20). Paulo então transmite saudações de várias pessoas (16:21-23), entre as quais seu amado colega de trabalho Timóteo; Tércio, seu amanuense (secretário); Caio, o patrono/anfitrião da igreja em Corinto; e Erasto, um funcionário público coríntio, possivelmente o "tesoureiro da cidade" ou "administrador da cidade" (NVI).

Doxologia (16:25[24]-27)

Embora alguns manuscritos antigos não tenham essa doxologia ou a localizem em outro lugar da carta, é um final adequado para Romanos e resume habilmente o foco da carta em espírito de oração. Liga os profetas ao apostolado e evangelho de Paulo, e ambos aos gentios. Além disso, repete o propósito da missão de Paulo e de sua carta — "a obediência da fé" — com a qual a epístola foi iniciada (1:5).

Então, o que é essa "obediência de fé"? É, essencialmente, compartilhar a obediência fiel do Messias: a semelhança de Cristo. A missão de Paulo era pregar a semelhança com o obediente e fiel Filho de Deus entre as nações, restaurando a glória e a justiça perdidas pela humanidade, para que gentios e judeus pudessem participar plenamente da vida do Deus triúno, Pai, Filho e Espírito — a vida que Deus planejou para eles. Eles são chamados e capacitados para serem comunidades habilitadas pelo Espírito, à semelhança de Deus, de justiça e glória (cruciforme), em antecipação à glória final de Deus e sua participação nela.

Por essa graça, Paulo nos lembra, Deus é verdadeiramente digno de louvor por meio de Jesus Cristo!

RESUMO DE ROMANOS 12–16

Os capítulos 12–16 apresentam o entendimento de Paulo sobre a vida de fidelidade para gentios e judeus na comunidade da aliança.

- Os crentes se oferecem a Deus como um "sacrifício vivo".
- A Igreja é uma comunidade santa e hospitaleira na qual os dons são exercidos apropriadamente e onde o amor e a honra são oferecidos a todos, incluindo os de fora e até os inimigos.

- O evangelho exige que gentios, judeus e todos os grupos 'multiculturais' dentro da Igreja vivam sem fazer julgamento mútuo em relação a assuntos não essenciais, pois os justificados vivem para seu Senhor em suas próprias maneiras distintas.
- Há um fardo especial colocado sobre os "fortes", aqueles menos escrupulosos a respeito de assuntos não essenciais, para suportar os escrúpulos dos "fracos" à maneira de Cristo.
- O objetivo do plano de Deus e do trabalho missionário de Paulo é a salvação de judeus e gentios e a criação de comunidades multiculturais nas quais eles se acolhem e respeitam uns aos outros como Deus em Cristo os acolheu; isso é simbolizado na coleta para Jerusalém.
- Paulo é auxiliado nesse trabalho pelo apoio financeiro de homens e mulheres com vários dons.

A HISTÓRIA DIANTE DA CARTA

Algumas leituras sobre Romanos

"Para os romanos, ele [Paulo] escreveu longamente, explicando a ordem (ou plano) das Escrituras, e também que Cristo é seu princípio (ou tema principal)..."
The Muratorian Canon (Fragment), c. 200 d.C. (Bruce M. Metzger, *The Canon of the New Testament: Its Origin, Development, and Significance* [Oxford: Clarendon Press, 1987], p. 306).

"[Romanos é] um resumo de toda a doutrina cristã [Lat. *caput et summa universae doctrinae christianae*]."
Filipe Melâncton, *Commentary on the Epistle of Paul to the Romans* (1532), citado em Joseph A. Fitzmyer, *Romans*, AYB 33 (Garden City, NY: Doubleday, 1993), p. 74.

"Este é o livro em que cada um busca seus próprios dogmas, e da mesma forma encontra cada um o seu [Lat. *Hic liber est in quo quaerit sua dogmata quisque, invenit et pariter dogmata quisque sua*]."
Anônimo, citado em Fitzmyer, *Romans*, p. 103.

"Esta epístola é realmente a parte principal do Novo Testamento e é verdadeiramente o evangelho mais puro. É digna não só de que todo cristão a conheça palavra por palavra, de cor, mas também que se ocupe dela todos os dias, como o pão diário da alma. Nunca poderemos lê-la ou ponderá-la demais; pois quanto mais lidamos com a carta, mais preciosa ela se torna e melhor é o sabor... Até agora a carta tem sido muito obscurecida por glosas e todo tipo de conversa fiada, embora em si seja uma luz brilhante, quase suficiente para iluminar toda a Sagrada Escritura... Nesta epístola encontramos, portanto, mais abundantemente as coisas que um cristão deve conhecer, a saber, o que é lei, evangelho, pecado, castigo, graça, fé, justiça, Cristo, Deus, boas obras, amor, esperança e a cruz... Além disso, tudo isso é habilmente apoiado pela Escritura e comprovado pelo próprio exemplo de São Paulo e dos profetas, de modo que não se poderia desejar mais nada. Portanto, parece que o apóstolo queria nesta epístola resumir brevemente toda a doutrina cristã e evangélica [evangelho], e preparar uma introdução a todo o Antigo Testamento. Pois, sem dúvida, quem tem esta epístola bem no coração, tem consigo a luz e o poder do Antigo Testamento. Portanto, que todo cristão esteja familiarizado com ela e exercite-se nela continuamente."

Martinho Lutero, "Preface to the Epistle of Saint Paul to the Romans, 1546 (1522)", *in* vol. 35 of *Luther's Works; Word and Sacrament I*, ed. E. Theodore Bachmann (Filadélfia: Muhlenberg, 1960), p. 365-66, 380.

"Romanos devem ser lido e relido em cada nova situação. Nossas sugestões sobre a leitura de Romanos hoje estarão desatualizadas amanhã."

William Baird, "On Reading Romans in the Church Today", *Interpretation* p. 34 (1980): 57.

"Sua mensagem principal [da carta aos Romanos] é a justiça de Deus..., que inclui tanto o julgamento quanto a misericórdia. Por causa do amor de Deus pelos marginalizados, que sofrem por causa do pecado e da lei, mantidos em cativeiro por ela, a justiça de Deus é concedida para tornar todos os seres humanos, sem exceção (seja por causa de classe, etnia ou gênero), novas criaturas em Cristo. Como novas criaturas, transformam-se em pessoas relacionadas como irmãs e irmãos, que praticam a justiça em um mundo em que não havia uma única pessoa capaz de fazê-lo. Essas novas criaturas capacitadas para praticar a justiça são as pessoas justificadas pela fé... A justificação não pode ser reduzida a uma declaração de que aquele que é culpado se torna 'justo' ou 'justificado'. Simplesmente não há fundamento para afirmar que a preocupação a qual Paulo deu prioridade era a necessidade de o ser humano ser declarado justo diante de Deus, ou de que

seus pecados fossem perdoados. O problema fundamental para Paulo é que não há sequer uma pessoa justa (*dikaios*) capaz de fazer justiça para transformar a realidade caracterizada pela injustiça."
Elsa Tamez, *The Amnesty of Grace: Justification by Faith from a Latin American Perspective*, trad. Sharon H. Ringe (Nashville: Abingdon, 1993), p. 96, 107.

"Enquanto Paulo reflete sobre qual pode ser o significado de sua missão para a salvação da humanidade, ele está literalmente tentando entender o que Deus está fazendo. Nesse sentido, Romanos é corretamente designado como a teologia missionária de Paulo... A mente de Paulo ultrapassa os traços da atividade de Deus na experiência de sua obra e na vida de suas igrejas, para o tipo mais ousado de conclusões sobre quem Deus realmente pode ser... Romanos é, como inúmeras mentes já perceberam antes, simplesmente o argumento mais poderoso a respeito de Deus no Novo Testamento... [N]ada no primeiro movimento cristão (e pouco mais, desde então) se compara a Romanos em profundidade teológica, força argumentativa e, acima de tudo, energia... [Paulo afirma] em um só fôlego a universalidade da vontade de Deus para salvar os humanos e a particularidade da maneira como Deus faz isso. O argumento de Romanos é, em sua raiz, simples. Deus é único e Deus é justo."
Luke Timothy Johnson, *Reading Romans: A Literary and Theological Commentary* (Macon, GA: Smyth & Helwys, 2001 [orig. Nova York: Crossroad, 1997]), p. 10-11, 17.

"A carta de Paulo aos cristãos em Roma é sua obra-prima. Abrange muitos tópicos diferentes de muitos ângulos distintos, reunindo-os em uma linha de pensamento dinâmica e atraente. Ler essa carta às vezes parece como estar sendo arrastado num pequeno barco em um rio turbulento e borbulhante. Precisamos nos segurar firme se quisermos permanecer a bordo. Mas se o fizermos, a energia e a emoção de tudo isso são imbatíveis. A razão é óbvia: porque Romanos é tudo sobre o Deus que, como Paulo diz, revela seu poder e graça por meio das boas-novas sobre Jesus. E, como Paulo insiste repetidas vezes, esse poder e graça estão disponíveis para todos que creem."
N. T. *Paul for Everyone: Romans, Part 1; Chapters 1-8*, (Louisville: Westminster John Knox, 2004), p. xii.

"[Os] *insights* mais significativos sobre a mensagem de Paulo provavelmente virão de *baixo*, de pessoas cuja situação socioeconômica em um mundo globalizado corresponde de perto à da maioria dos *destinatários originais desta carta nas favelas da megacidade de Roma*. Esse fato é destacado pelo uso de evidências arqueológicas nas ruínas de Pompeia, por Peter Oakes, para construir uma imaginária 'igreja doméstica' na Roma do primeiro século. Tal grupo certamente compreendia escravos, incluindo mulheres que eram quase rotineiramente submetidas à exploração sexual. Como esses seguidores de Jesus teriam ouvido a carta de Paulo? Se, como deveria ser o caso, eles não tinham controle absoluto sobre seu próprio corpo, como eles poderiam lidar com as tensões que a nova fé inevitavelmente criou?... Oakes conclui que, embora haja um lugar para o estudo acadêmico de Romanos, 'há também um lugar para pensar sobre como isso soa para as pessoas no nível do solo'. De fato, no século 21 devemos fazer mais do que *pensar sobre isso, devemos perguntar aos nossos irmãos e irmãs nas favelas de São Paulo, Nairóbi e Mumbai* como eles entendem esta carta antiga e o que seguir Jesus significa na prática na vida diária deles."

David W. Smith, *The Kindness of God: Christian Witness in Our Troubled World* (Nottingham, Eng.: Inter-Varsity, 2013), p. 141-42.

PERGUNTAS PARA REFLEXÃO

1. Por que você acha que Romanos tem sido uma parte tão importante da vida na Igreja?
2. Com que compreensão prévia de Romanos você abordou a leitura desta carta? Como seu entendimento prévio foi confirmado, desafiado ou ambos os casos?
3. Em 1973, o psiquiatra Karl Menninger escreveu um livro intitulado *Whatever Became of Sin?* Qual é o *status* do pecado — como ações ou como poder — na cultura hoje? Na Igreja?
4. Qual é o significado de entender a justificação como sendo baseada em três expressões de 'fé' (de Deus, de Cristo e nossa)? O que implica entender isso como morrer e ressuscitar com Cristo?
5. Se a leitura desses capítulos de Rm 5—8 estiver correta, Paulo seria um adepto da 'perfeição cristã'? Ele permite algum espaço para erros, para o(s) pecado(s)?

6. Quais são algumas das vantagens e possíveis desvantagens de uma teologia e espiritualidade que exigem sofrimento como prerrequisito da glória?
7. Como os cristãos contemporâneos entendem, e talvez não entendem, a 'salvação' — realidades como justificação, santificação, ressurreição, redenção e glorificação? Como a perspectiva universal e até cósmica de Paulo sobre isso pode nos afetar hoje?
8. Quais são algumas das maneiras pelas quais os cristãos entendem seu relacionamento com os judeus? Como o texto de Rm 9—11, se a leitura desses capítulos estiver correta, deve nos influenciar nesse relacionamento?
9. Há apoio em Rm 13 para a obediência nacionalista cega? Em caso afirmativo, como justificamos seu lugar no cânon? Se não, como algumas pessoas já entenderam dessa forma? De que maneira o evangelho que Paulo oferece em Romanos desafia os poderes políticos e lealdades?
10. Quais são algumas das versões contemporâneas de julgamento ('multicultural' ou outro) sobre coisas que não importam? A perspectiva de Paulo, em última análise, permite todas e quaisquer crenças e práticas na Igreja?
11. Como o caráter de Deus descrito em Romanos fundamenta nossa compreensão teológica hoje?
12. Como você responde às interpretações de Romanos citadas anteriormente?
13. Como você caracterizaria a missão de Deus, de Paulo e da Igreja de acordo com Romanos? Que ajuda Romanos pode oferecer à Igreja contemporânea para entender sua missão?
14. Em suma, o que esta carta exorta a Igreja a crer, esperar e fazer?

Para leitura e estudo posterior

Geral

Bird, Michael F. "The Letter to the Romans", p. 177-204 in *All Things to All Cultures: Paul among Jews, Greeks, and Romans*. Ed. por Mark Harding e Alanna Nobbs. Grand Rapids: Eerdmans, 2013. Visão geral útil sobre questões e opções interpretativas.

___. *Romans*. SGBC. Grand Rapids: Zondervan, 2016. *Romans as a theological, pastoral, and missional text.*

Blackwell, Ben C., John K. Goodrich e Jason Maston, eds. *Reading Romans in Context: Paul and Second Temple Judaism.* Grand Rapids: Zondervan, 2015. Ensaios curtos e perspicazes sobre as conexões entre as várias seções de Romanos e textos judaicos selecionados.

Byrne, Brendan. *Romans.* SP. Collegeville, MN: Liturgical, 1996. Excelente análise retórica e teológica, enfatizando a fidelidade divina e a inclusão.

Calvin, John. *Calvin's Commentaries: The Epistles of Paul the Apostle to the Romans and Thessalonians.* Trad. por R. Mackenzie. Grand Rapids: Eerdmans, 1960. A interpretação do reformador magistral "para o bem comum da Igreja".

Chrysostom, John. "The Homilies of St. John Chrysostom: Epistle of St. Paul the Apostle to the Romans", p. 329-564 no vol. 11 de *Nicene and Post-Nicene Fathers.* Ed. por Philip Schaff. Buffalo: *Christian Literature*, 1886. Sermões exegéticos pelo grande pai da Igreja (d. 407). Disponível em várias edições e online.

Gaventa, Beverly Roberts. *When in Romans: An Invitation to Linger with the Gospel according to Paul.* Grand Rapids: Baker Academic, 2016. Concentra-se na salvação, identidade, ética e comunidade na carta.

___ *Romans.* NTL. Louisville: Westminster John Knox, no prelo. Ênfase teocêntrica a partir da perspectiva apocalíptica.

Greenman, Jeffrey P. e Timothy Larsen, eds. *Reading Romans through the Centuries: From the Early Church to Karl Barth.* Grand Rapids: Brazos, 2005. Ensaios sobre intérpretes significativos de Romanos na história da Igreja.

Grieb, A. Katherine. *The Story of Romans: A Narrative Defense of God's Righteousness.* Louisville: Westminster John Knox, 2002. Interpretação convincente que identifica a justiça de Deus com a fidelidade de Jesus, com perguntas provocativas para reflexão.

Haacker, Klaus. *The Theology of Paul's Letter to the Romans.* Cambridge: Cambridge University Press, 2003. A mensagem da carta em seu contexto romano e além, enfatizando a paz e a reconciliação.

Jewett, Robert. *Romans: A Short Commentary.* Mineápolis: Fortress, 2013. Explicação do comentário técnico descrito a seguir.

Johnson, Luke Timothy. *Reading Romans: A Literary and Theological Commentary.* Macon, GA: Smyth & Helwys, 2001 (orig. Nova York: Crossroad, 1997). Interpretação perspicaz, destacando a unicidade e justiça de Deus e a fé (plenitude) de Cristo; enfatiza o objetivo de angariação de fundos da carta.

Kaylor, R. David. *Paul's Covenant Community: Jew and Gentile in Romans.* Atlanta: John Knox, 1988. Concentra-se no tema abrangente da aliança.

Keener, Craig S. *Romans.* NCCS. Eugene, OR: Cascade, 2009. Análise concisa, mas perspicaz, do mundo literário e social de Paulo, reivindicações teológicas de relevância contemporânea.

Keesmaat, Sylvia C., e Brian J. Walsh. *Romans Disarmed.* Grand Rapids: Brazos, 2017. Interpretação criativa e anti-imperial.

Kirk, J. R. Daniel. *Unlocking Romans: Resurrection and the Justification of God*. Grand Rapids: Eerdmans, 2009. Análise em forma de comentário com foco no tema da ressurreição.

Longenecker, Richard N. *Introducing Romans: Critical Issues in Paul's Most Famous Letter*. Grand Rapids: Eerdmans, 2011. Exploração aprofundada, mas de fácil leitura, de questões como data, propósito, estrutura etc.

Matera, Frank J. *Romans*. PCNT. Grand Rapids: Baker Academic, 2010. A estrutura retórica, preocupações pastorais, teologia e relevância contínua de cada seção da carta.

Oakes, Peter. *Reading Romans in Pompeii: Paul's Letter at Ground Level*. Mineápolis: Fortress, 2009. Leitura histórica criativa e perspicaz da carta como uma abordagem para uma igreja doméstica de artesãos.

Orígenes. *Commentary on the Epistle to the Romans*. Trad. por Thomas Scheck. *The Fathers of the Church*, vols. 103-4. Washington, DC: Catholic University of America Press, 2001-2002. Interpretação influente pelo teólogo do século 3.

Reasoner, Mark. *Romans in Full Circle: A History of Interpretation*. Louisville: Westminster John Knox, 2005. Principais interpretações das mais importantes passagens ao longo dos séculos.

Rodriguez, Rafael. *If You Call Yourself a Jew: Reappraising Paul's Letter to the Romans*. Eugene, OR: Cascade, 2015. Vê Romanos como um diálogo com um gentio convertido ao judaísmo e a Jesus, destinado a convencer os crentes gentios a adorar o Deus de Israel por meio do fiel Messias sem recorrer à Torá.

Rutledge, Fleming. *Not Ashamed of the Gospel: Sermons from Paul's Letter to the Romans*. Grand Rapids: Eerdmans, 2007. Sermões convincentes em quase todos os textos da carta.

Sumney, Jerry L., ed. *Reading Paul's Letter to the Romans*. Atlanta: Society of Biblical Literature, 2012. Ensaios representando várias perspectivas sobre a carta como um todo e sobre seus principais aspectos.

Talbert, Charles H. *Romans*. SHBC. Macon, GA: Smyth and Helwys, 2002. Ênfase especial em textos e ideias paralelas no mundo antigo.

Thiselton, Anthony C. *Discovering Romans: Content, Interpretation, Reception*. Grand Rapids: Eerdmans, 2016. Introdução perceptiva ao texto e sua interpretação.

Westerholm, Stephen. *Understanding Paul: The Early Christian Worldview of the Letter to the Romans*. 2ª ed. Grand Rapids: Baker, 2004. (orig. *Preface to the Study of Paul*. Grand Rapids: Eerdmans, 1997.) Reflexões lindamente escritas sobre Romanos, escritas para cativar o leitor contemporâneo inteligente.

Wright, N. T. "Romans". P. 393-770 *in* vol. 10 de *The New Interpreter's Bible*. Ed. por Leander E. Keck et al. Nashville: Abingdon, 2002. Análise teológica criativa que presta muita atenção às realidades sociais e políticas que Paulo enfrenta e desafia.

Técnica

Cranfield, C. E. B. *Romans*. ICC. 2 vols. Edinburgh: T&T Clark, 1975, 1979. Exposição completa, tradicional, que apresenta e avalia muitas opções interpretativas.

Dunn, James D. G. *Romans*. WBC 38A-B. 2 vols. Waco, TX: Word, 1988. Tratamento sofisticado e detalhado a partir da 'nova perspectiva' sobre Paulo.

Elliott, Neil. *The Arrogance of Nations: Reading Romans in the Context of Empire*. Mineápolis: Fortress, 2008. Romanos como uma alternativa aos valores e práticas imperiais, antigos e contemporâneos.

Fitzmyer, Joseph A. *Romans*. AYB 33. Garden City, NY: Doubleday, 1993. Análise tecnicamente completa e erudita da carta com uma interpretação bastante tradicional.

Gaventa, Beverly Roberts, ed. *Apocalyptic Paul: Cosmos and Anthropos in Romans 5-8*. Waco, TX: Baylor University Press, 2013. Especialistas líderes exploram as dimensões humanas e cósmicas da ação de Deus em Cristo.

Hultgren, Arland J. *Paul's Letter to the Romans: A Commentary*. Grand Rapids: Eerdmans, 2011. Exposição detalhada que interage com outros intérpretes, fontes antigas e questões teológicas importantes.

Jewett, Robert. *Romans*. Hermeneia. Mineápolis: Fortress, 2007. Estudo extenso, argumentando que Romanos se destina a reunir apoio para a missão na Espanha; seus principais temas são a superação da cultura romana da honra e a prática da hospitalidade radical.

Käsemann, Ernst. *Commentary on Romans*. Trad. por Geoffrey W. Bromiley. Grand Rapids: Eerdmans, 1980. Análise teológica clássica enfatizando a 'justiça de Deus' como o poder salvador divino.

Longenecker, Richard W. *Romans*. NIGTC. Grand Rapids: Eerdmans, 2016. Análise cuidadosa e detalhada.

Moo, Douglas J. *The Epistle to the Romans*. NICNT. Grand Rapids: Eerdmans, 1996. Análise cuidadosa do texto grego a partir da perspectiva mais tradicional.

Wu, Siu Fung. *Suffering in Romans*. Eugene, OR: Pickwick, 2015. Um estudo cuidadoso, enfatizando Rm 5 e 8, com implicações de longo alcance.

13

Filipenses

A história magistral do Senhor crucificado e exaltado na comunidade cruciforme e missionária

> *Seja a atitude de vocês a mesma de Cristo Jesus, que, embora sendo Deus, não considerou que o ser igual a Deus era algo a que devia apegar-se, mas esvaziou-se a si mesmo...*
>
> FILIPENSES 2:5-7A

Filipenses é uma das cartas mais curtas, porém mais ricas e poderosas de Paulo. Tem sido chamada como carta de alegria, de amizade e de ação de graças — tudo isso é verdade. Mas em sua essência está um dos mais famosos entre todos os textos paulinos, Fp 2:6-11. Muitos estudiosos entenderam esse texto como um hino pré-paulino usado criativamente por Paulo. Seja ou não um hino, e se Paulo o escreveu de fato ou o adaptou, o apóstolo integrou completamente essa peça poética em sua própria espiritualidade e teologia, como evidenciado tanto em Filipenses quanto em outras cartas. Na verdade, o texto molda todo o conteúdo de Filipenses; a carta é a exegese mais sustentada de Paulo em sua 'história magistral' contida em 2:6-11. Nesses quatro capítulos, Paulo chama os crentes filipenses, como cidadãos da comunidade do reino de Deus, não do império romano, a viverem em sua vida comum e pública a história do Messias Jesus crucificado e exaltado, o Senhor em quem eles vivem. Como uma improvisação fiel do poema, a *ekklēsia* em Filipos se mostra solidária com Paulo e uns com os outros no Espírito, proclamando o evangelho em palavras e atos, apesar das lutas internas e da oposição externa.

A HISTÓRIA POR TRÁS DA CARTA

A carta de Paulo aos Filipenses reflete, de maneira particularmente vívida, a situação da própria cidade, sua comunidade de crentes e o apóstolo.

A cidade

Filipos recebeu o nome por causa de Filipe da Macedônia, pai de Alexandre, o Grande, que havia fortificado uma cidade grega anterior. Depois de vários conflitos militares e passados muitos anos, em 31 a.C., Augusto refundou a cidade — onde ele e Marco Antônio haviam derrotado os assassinos de Júlio César — como colônia romana (cf. At 16:12) e a colocou sob seu patrocínio pessoal. Ele acrescentou veteranos do exército e outros à população local, e os cidadãos da colônia ganharam muitos direitos e privilégios (incluindo dispensa de cidadania na cidade de Roma e, portanto, de certos impostos) como membros de uma colônia com *status* legal italiano. Junto com esses direitos vieram os deveres, especialmente a obrigação corporativa de se comportar como um posto avançado leal ao império. Nem todos os moradores da região eram cidadãos da colônia, mas todos sentiam — e esperava-se que prestassem reverência — a presença imperial romana. As inscrições oficiais nos espaços públicos da cidade eram redigidas principalmente em latim, não em grego, e o teatro grego bem preservado da cidade foi usado para competições de gladiadores durante o período romano.

Além do foco no culto ao imperador e na reverência a Roma, a cidade de Filipos do primeiro século parece ter sido o ambiente de culto a várias divindades locais; a Silvano, um deus romano obscuro para os homens das classes mais baixas; a Baco/Dioniso, o deus do vinho; a Diana/Ártemis (caça, fertilidade), a Apolo (música, juventude, saúde) e a Ísis (imortalidade); e, claro, a Júpiter/Zeus. Não há evidência de uma sinagoga judaica, embora pareça ter havido uma comunidade judaica muito pequena (cf. At 16:13, 16).

Protegida por montanhas e cercada por férteis vales fluviais adequados para a agricultura, Filipos era um lugar atraente em muitos aspectos. Não era uma cidade grande — seu teatro comportava talvez três mil pessoas —, porém estava estrategicamente localizada na Via Egnácia (cujas ruínas são visíveis hoje, tanto no sítio arqueológico quanto próximo ao local), a estrada principal que ligava Roma e o Oriente. Com a cidade portuária de Neápolis ('Cidade Nova'; Kavala moderna)

A ágora em Filipos observada da Via Egnácia (Brian Gorman)

a cerca de 20 quilômetros de distância, Filipos era um entroncamento para viagens e comércio por terra e mar. Entre seus mercadores, como mostram as inscrições, havia comerciantes de corantes e tecidos de púrpura do Oriente, incluindo, de acordo com Atos 16, uma mercadora por nome de Lídia, oriunda de Tiatira.

Missão e parceria

De acordo com Atos, Lídia, uma "adoradora de Deus" ou gentia temente a Deus, foi a primeira convertida de Paulo em Filipos e, portanto, na Europa (16:11-15, 40). O relato de Atos mostra que Paulo recebe o 'chamado dos macedônios' no porto de Trôade da Mísia (na costa noroeste da Turquia moderna) durante sua segunda viagem missionária. Atos sugere que Timóteo (16:1-5) e Silas/Silvano (16:19, 25) viajaram com ele para a Europa. De Trôade eles (na verdade "nós", 16:11) partiram para a ilha de Samotrácia e depois para o porto de Neápolis. De lá eles evangelizaram Filipos, depois Tessalônica e em seguida Bereia. Atos relata a conversão e o batismo de Lídia e sua família (16:11-15); o exorcismo de uma escrava vidente (16:16-18); o conflito com os comerciantes pagãos donos da moça e com os magistrados romanos, que mandaram espancar e prender Paulo e Silas antes de saberem que eram cidadãos romanos (16:16-39); a conversão e batismo do carcereiro filipense e sua

Neápolis: O porto moderno (Kavala) perto de Filipos (Brian Gorman)

família (16:25-34); e, ao que parece, a conversão de outros, bem como a formação de uma igreja doméstica na casa de Lídia (16:40).

Qualquer que seja o valor que se possa atribuir a essas histórias (e o ceticismo de alguns estudiosos anteriores parece estar diminuindo), as cartas de Paulo confirmam que ele passou por sofrimentos em Filipos (1:29-30; 1Ts 2:1-2) e que as mulheres desempenharam um importante papel na igreja (Fp 4:2-3). Não apenas Paulo, mas também os próprios filipenses sofreram oposição e sofrimentos, que Paulo viu como uma comunhão com ele e também um dom de Deus (1:28-30; 2Co 8:2). De fato, essa oposição permanece de alguma forma, mesmo na ocasião em que Paulo escreve aos filipenses (1:28). Devido ao caráter totalmente romano de Filipos e à linguagem política que Paulo usa em Filipenses, a causa dessa perseguição foi provavelmente a percepção de que o evangelho que Paulo pregou pela primeira vez, e sobre o qual os filipenses agora davam testemunho em palavras e ações em sua vida diária, era uma mensagem judaica não-romana ou contra Roma, visando aos gentios (cf. At 16:16-24).

Além de sofrer como Paulo, os convertidos filipenses do apóstolo tornaram-se parceiros queridos em seu trabalho, apoiando-o financeiramente e de outras maneiras depois que ele partiu (1:5, 7; 4:10-20).

Epafrodito, a quem eles enviaram, foi o mais dramático de vários sinais tangíveis de seu apoio sacrificial a Paulo e sua missão (2:25-30; 4:18). Ele havia recebido doações da igreja durante a prisão de Paulo, pelas quais o apóstolo expressa seus agradecimentos (2:25-30; 4:10-20). Além disso, os crentes macedônios que doaram, apesar de sua aflição e pobreza, para a assistência a Jerusalém, a ser entregue por Paulo (2Co 8:1-6), por certo teriam incluído especialmente os filipenses.

Assim, a comunidade cristã filipense foi fundada e continuou a viver em um clima de sofrimento pelo evangelho. No entanto, os crentes filipenses eram generosos e alegres mesmo em sua aflição (2Co 8:2). Essa experiência compartilhada entre Paulo e os filipenses está no centro de sua comunhão evangélica, ou *koinōnia* (cf. 1:5 e 1:30). Tanto no passado quanto no presente, Paulo e os filipenses estão unidos em Cristo por seu sofrimento comum por Ele e sua alegria comum nele.[1]

Paulo na prisão

A forma particular de sofrimento de Paulo enquanto escrevia esta carta foi a prisão (1:7, 12-14, 17, 19, 30), na qual ele continua a dar testemunho tanto para descrentes quanto para crentes (1:12-14), e da qual ele espera libertação em vez de morte (1:19, 23-26; 2:24). Seu correemetente Timóteo (1:1) poderia estar servindo como secretário do apóstolo e seria seu emissário em breve (2:19-24).

Mas onde Paulo estaria preso? As teorias são muitas, embora na verdade não possamos determinar com certeza. Sabemos que havia crentes nas suas proximidades, alguns dos quais pertenciam à família imperial (4:21-22), e que havia um *praetorium* (1:13; NVI: "guarda do palácio"). Mas nenhuma dessas informações necessariamente localiza Paulo em Roma, porque o *praetorium* e a casa imperial provavelmente também poderiam se referir a contingentes imperiais nas províncias. Se Paulo estaria de fato escrevendo de Roma, pode ter sido durante o aprisionamento romano observado em At 28:16-31 e, portanto, no início dos anos 60. Outro possível local de prisão é Éfeso, caso em que a carta teria sido escrita vários anos antes, pelo fato de Paulo ter passado cerca de três anos em Éfeso, em algum período entre 52 e 57. Embora

---

[1] Sobre a alegria, muitas vezes considerada o tema da carta, veja 1:18, 25; 2:2, 17, 18, 28, 29; 3:1; 4:1, 4, 10.

Antiga Filipos

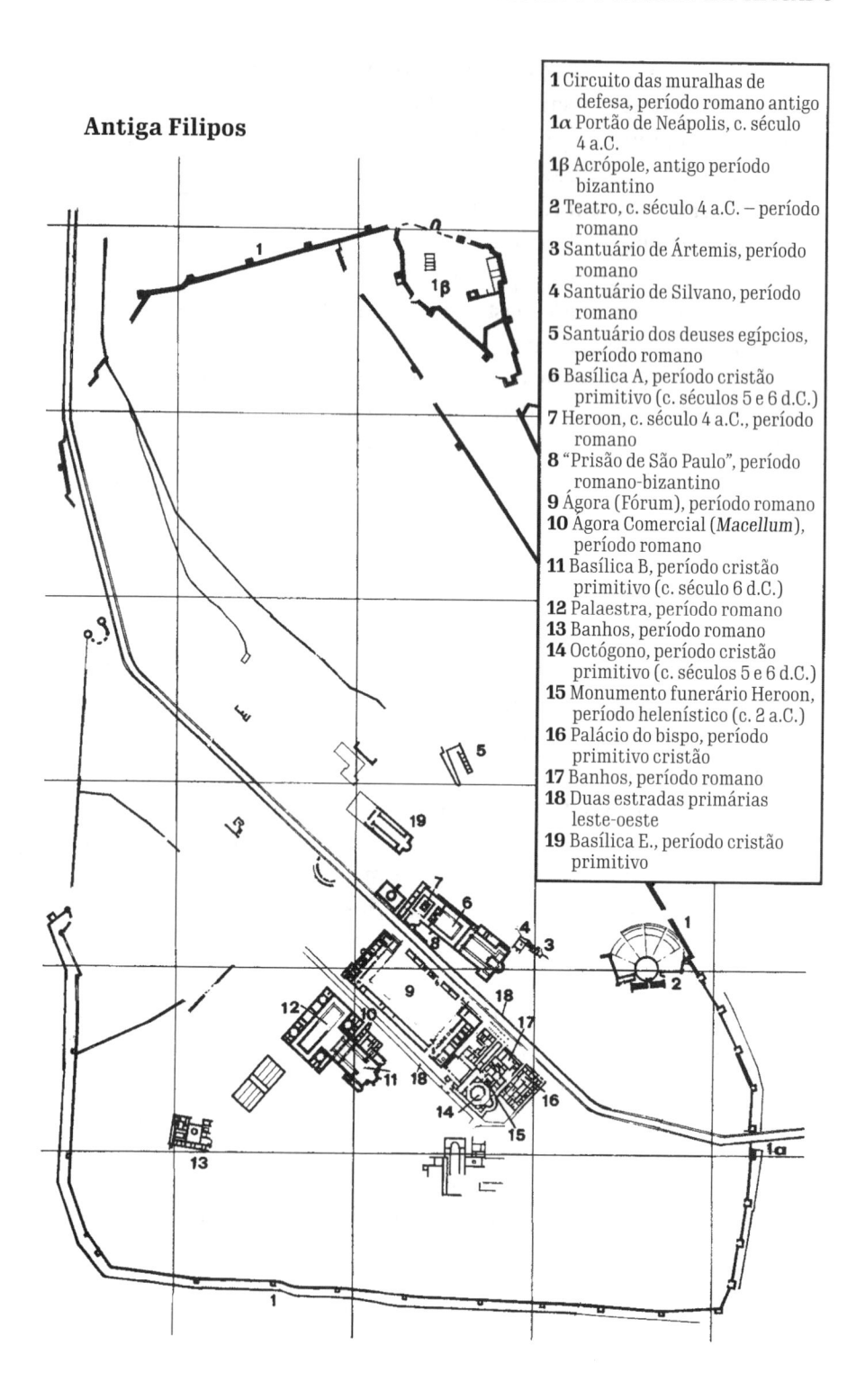

1 Circuito das muralhas de defesa, período romano antigo
1α Portão de Neápolis, c. século 4 a.C.
1β Acrópole, antigo período bizantino
2 Teatro, c. século 4 a.C. – período romano
3 Santuário de Ártemis, período romano
4 Santuário de Silvano, período romano
5 Santuário dos deuses egípcios, período romano
6 Basílica A, período cristão primitivo (c. séculos 5 e 6 d.C.)
7 Heroon, c. século 4 a.C., período romano
8 "Prisão de São Paulo", período romano-bizantino
9 Ágora (Fórum), período romano
10 Ágora Comercial (*Macellum*), período romano
11 Basílica B, período cristão primitivo (c. século 6 d.C.)
12 Palaestra, período romano
13 Banhos, período romano
14 Octógono, período cristão primitivo (c. séculos 5 e 6 d.C.)
15 Monumento funerário Heroon, período helenístico (c. 2 a.C.)
16 Palácio do bispo, período primitivo cristão
17 Banhos, período romano
18 Duas estradas primárias leste-oeste
19 Basílica E., período cristão primitivo

não haja provas concretas de uma prisão em Éfeso, Paulo fala de graves perigos na cidade (1Co 15:32) e sua província, a Ásia (2Co 1:8). A troca de emissários entre Éfeso e Filipos teria sido mais simples e rápida do que entre Roma e Filipos ou Cesareia, um terceiro local de prisão frequentemente sugerido (veja At 23:23—26:32). Na verdade, porém, esta carta poderia ter sido escrita de qualquer uma das várias outras cidades com um *praetorium* (tal como Corinto?) onde Paulo poderia estar na prisão. A incerteza sobre o local de sua composição não afeta seriamente a interpretação da carta.

As preocupações de Paulo

Tem sido frequentemente sugerido que o propósito principal de Paulo ao escrever esta carta é simplesmente agradecer a doação recebida por cortesia de Epafrodito (4:10-20), e ao fazê-lo, também atualizar os filipenses sobre a situação de seu enviado (pela carta, o retorno de Epafrodito, ou ambos os casos), pois ele ficou doente e quase morreu (2:25-30). Outras questões — possível dissensão interna (1:27-2:4; 4:2-3), oposição de forasteiros (1:28-29) e ameaças de pregadores judaico-cristãos (3:1—4:1) — às vezes são consideradas razões secundárias, ou até mesmo seriam partes de outras cartas combinadas com esta em agradecimento. Muitos estudiosos no passado acreditavam que todo ou parte de 3:1—4:1 (talvez mais alguns versículos adicionais) era uma carta independente e altamente polêmica, e um bom número sustentava que 4:10-20 constituía uma nota de agradecimento de Paulo, distinta de uma carta exortativa geral identificada com os capítulos 1 e 2 (mais alguns versículos adicionais). Isso significaria que Filipenses é um amálgama de três cartas. Essas 'teorias de partição' mais antigas, no entanto, foram amplamente substituídas por argumentos em favor da unidade da carta. Mas o que levou à escrita de Filipenses e o que a mantém unificada?

Em tempos recentes, os estudiosos exploraram a natureza do relacionamento social — seria um relacionamento patrão-cliente? Uma amizade? — que existia entre Paulo e os filipenses pela troca de ofertas. Embora essa seja uma questão importante, não devemos permitir que ela ofusque o conteúdo material e o tema teológico principal da epístola. Pois a carta aos Filipenses, embora talvez ocasionada pela necessidade de agradecer por um donativo, está muito mais focada na necessidade, e mesmo na possibilidade real, de que aqueles que estão em Cristo devem manter uma vida alegre, cheia de esperança, mas também uma vida cruciforme em face dos desafios internos e externos ao evangelho. A carta é uma palavra unificada de exortação e exemplo fundamentada na história de Cristo. É, em última análise, de fato, uma carta *missional* fundamentada na missão de Deus revelada em Cristo, que é o conteúdo do evangelho de Paulo. Ele convida os filipenses não apenas a crerem no evangelho narrado em 2:6-11, mas a se tornarem no próprio evangelho, e assim brilharem "como estrelas no universo" (2:15) e fazer avançar o evangelho.

A HISTÓRIA POR DENTRO DA CARTA

Essa caracterização da carta — como uma palavra unificada de exemplo e exortação missionária fundamentada na história de Cristo — destina-se em parte a abordar uma das perguntas comuns feitas acerca de Filipenses: Que tipo de carta é essa? Uma carta de agradecimento? De amizade? De exortação? Embora Filipenses claramente contenha elementos de todos esses 'gêneros' de cartas, é acima de tudo uma extensa meditação ou exegese do 'hino de Cristo' ou 'poema de Cristo' encontrado em 2:6-11. Diante de sua própria prisão, do sofrimento dos filipenses, de sua generosidade e do ministério abnegado de Epafrodito, da oposição de fora da igreja e tensão dentro dela, Paulo compõe uma carta que relata a história poética de Cristo, narrada em 2:6-11, para a história em curso da comunidade filipense. A linguagem política do poema (especialmente a palavra "Senhor"), combinada com linguagem política adicional em pontos chave ao longo da carta, sugere que Paulo deseja que a história de Cristo forme uma comunidade alternativa de pessoas governadas por uma lei diferente, a narrativa padrão de Cristo. Parafraseando o texto grego de 1:27, o propósito da carta é ajudar os filipenses a viver sua 'cidadania' na 'comunidade divina (expressa no verbo grego *politeuesthe*, relacionado com *polis*, 'cidade') em uma maneira digna da história evangélica de Cristo, encontrada em 2:6-11, que funciona como seu 'estatuto da cidade'. Paulo procura encorajá-los a incorporar essa história fielmente até o dia de Cristo (1:6, 10; 3:20). Esse modo de vida não pode ser limitado a tempos em reunião de *koinōnia*; a comunidade moldada pelo poema de Cristo existe de forma individual e coletiva no espaço público de Filipos, a colônia de Roma.

Filipenses 2:6-11, então, é a peça central desta carta. Fornece a estrutura formal, o conteúdo do material e muitos dos principais itens de vocabulário para toda a carta. A tabela a seguir mostra como as palavras do poema reverberam em seu prefácio (2:1-5) e se estendem ao longo da carta.[2]

ALUSÕES A FILIPENSES 2:6-11 AO LONGO DA CARTA
(NVI E TEXTOS GREGOS)

Filipenses 2:6-11	Outras passagens em Filipenses
2:6 – embora sendo [lit. 'existente'; hyparchōn]	3:20 – nossa cidadania está [hyparchei] nos céus
na forma [morphē] de Deus [veja também "vindo a ser servo" em 2:7],	3:10 – tornando-me como ele em sua morte [symmorphizomenos; lit. 'conformando-me com ele na sua morte']
	3:21 – para [os nossos corpos humilhados] serem semelhantes [symmorphon] ao seu corpo glorioso
[Cristo Jesus] não considerou [hēgēsato]	2:3 – considerem [hēgoumenoi] os outros superiores a si mesmos
	2:25 – Penso que [hēgēsamēn] será necessário
	3:7 – Mas o que para mim era lucro, [hēgēmai] passei a considerar perda, por causa de Cristo
	3:8 – Considero [hēgoumai] tudo como perda, comparado com a suprema grandeza do conhecimento de Cristo Jesus, meu Senhor, por cuja causa perdi todas as coisas. Eu as considero como esterco [hēgoumai] para poder ganhar a Cristo.

---

[2] Os paralelos verbais nem sempre são exatos; por exemplo, diferentes formas de certas palavras em 2:6-11 aparecem em outros lugares. No entanto, o efeito cumulativo desses vários tipos de ecos é impressionante e importante. A intertextualidade (ou mais precisamente aqui, a intratextualidade) nem sempre significa citações precisas ou repetições.

Filipenses 2:6-11	Outras passagens em Filipenses
igualdade com Deus [lit. 'ser igual (*isa*) a Deus'] como alguma coisa a ser explorada	2:20 – não tenho ninguém como [lit. 'igual em alma a' (*isopsychon*)] ele [Timóteo]
2:7 – mas esvaziou-se [*ekenōsen*]	2:3 – Não faça nada por ambição egoísta ou por vaidade [*kenodoxian*; lit. 'vazio/glória vã'] 2:16 – de não ter corrido inutilmente [*eis kenon*] ou me esforçado inutilmente [*eis kenon*]
A si mesmo [*heauton*; veja também 2:8]	2:3-4 – considerem os outros superiores a si mesmos [*heautōn*]. Cada um cuide não somente dos seus interesses, [*ta heauton*], mas também dos interesses de outros. 2:12 – ponham em ação a salvação de vocês [*heautōn*] 2:21 – Todos buscam os seus próprios interesses [*ta heauton*]
obtendo [*labōn*]	3:12 – Não que eu já tenha obtido [*elabon*] tudo isso
a forma [*morphē*; veja também "o ser igual a Deus" em 2:6] de um escravo [*doulou*], sendo nascido em semelhança humana.	2:22 – [Timóteo] serviu [*edouleusen*] comigo no trabalho do evangelho 1:1 – Paulo e Timóteo, servos [*douloi*] de Cristo Jesus
E sendo encontrado [*heuretheis*]	3:8-9 – para poder ganhar a Cristo e ser encontrado [*heurethō*] nele
em forma humana [*schēmati*]	3:21 – Ele transformará [*metaschēmatisei*] os nossos corpos humilhados
2:8 – humilhou-se a si [*etapeinōsen*] mesmo [*heauton*; veja também 2:7]	2:3 – humildemente [*tapeinophrosynē*] considerem os outros superiores a vocês mesmos 4:12 – Sei o que é passar necessidade [*tapeinousthai*; lit. 'para ser humilhado']
e tornou-se obediente [*hypēkoos*]	2:12 – como sempre vocês obedeceram [*hypēkousate*]

FILIPENSES

Filipenses 2:6-11	Outras passagens em Filipenses
ao ponto de [mechri] morte [thanatou] –	2:30 – [Epafrodito] quase morreu [mechri thanatou] por amor à causa de Cristo 1:20-21 – também... agora Cristo será engrandecido em meu corpo, quer pela vida quer pela morte [thanatou]. Para mim o viver é Cristo e o morrer [apothanein] é lucro. 3:10 – tornando-me como ele em sua morte [thanatō]
até mesmo a morte em uma cruz [staurou]	3:18 – há muitos que vivem como inimigos da cruz [staurou] de Cristo
2:9 – Por isso Deus o exaltou à mais alta posição e lhe deu [echarisato] o nome [onoma] que está acima de todo nome [onoma]	1:29 – pois a vocês foi dado [echaristhē] o privilégio... mas também de sofrer por ele 4:3 – os seus nomes [onomata] estão no livro da vida
2:10-11 – para que ao nome de Jesus se dobre todo joelho, no céu, na terra e debaixo da terra, e toda língua confesse que Jesus Cristo é o Senhor, para a glória [doxan] de Deus, o Pai.	1:11 – cheios do fruto da justiça, fruto que vem por meio de Jesus Cristo para a glória [doxan] e louvor de Deus 2:3 – Nada façam por ambição egoísta ou por vaidade [kenodoxian; lit. 'vazio/vã glória'] 3:19 – e a sua glória [doxa] é a vergonha [AEC] 3:21 – transformará [o nosso corpo de humilhação] para ser igual ao corpo da sua glória [ARA] [doxēs] 4:19 – de acordo com as suas gloriosas [doxē] riquezas em Cristo Jesus 4:20 – A nosso Deus e Pai seja glória [doxa] para todo o sempre.

A essa tabela poderia ser adicionado o uso frequente de Paulo, na carta, de "Cristo Jesus" (em vez de, digamos, 'Jesus Cristo') de 2:5, bem como o aparecimento do verbo 'pensar, perceber, ter em mente' (*phroneō*), do mesmo verso, um total de dez vezes na carta.³ Também há alusões ao poema que empregam outros termos para expressar ideias paralelas. Assim, o próprio Paulo absorveu tanto a mentalidade e a linguagem do poema e reforçou-o em toda a carta aos Filipenses. O significado de 2:6-11 para Paulo, não apenas em Filipenses, é tal que merece ser chamado de sua 'história magistral', sua narrativa mais importante.⁴ Em Filipenses, o caráter polivalente da história de Cristo, como Paulo a vê, é suficiente para abordar as histórias multifacetadas do apóstolo, seus colegas, seus oponentes e, especialmente, a comunidade filipense. Embora esse texto seja discutido com mais detalhes a seguir, algumas observações introdutórias são necessárias agora devido à sua centralidade na carta.

A história de Cristo

Poucos textos bíblicos receberam tanta atenção quanto Fp 2:6-11. Embora muitos estudiosos o considerem um hino cristão primitivo (pré-paulino) ou o fragmento de hino, é claramente de propriedade de Paulo e amado por ele, mesmo que não o tenha composto. É também um texto que os filipenses poderiam muito bem ter ouvido antes. Como não podemos determinar se alguma vez foi cantado, e como lhe pode faltar algumas características típicas da antiga hinódia, pode ser melhor descrito como um poema narrativo. Seja qual for o seu gênero, ele oferece um elevado louvor a Jesus como Messias e Senhor.⁵

---

³ 1:7; 2:2 (duas vezes), 5; 3:15 (duas vezes), 19; 4:2, 10 (duas vezes).

⁴ Veja o cap. 4 e especialmente meu livro Cruciformity: Paul's Narrative Spirituality of the Cross (Grand Rapids: Eerdmans, 2001), particularmente o cap. 5. Alguns também entenderam este texto, especialmente se for pré-paulino, como o ponto de origem da cristologia.

⁵ Os leitores podem estar familiarizados com o hino "Em nome de Jesus", bem como outros hinos baseados nesse texto. A afirmação de que Fp 2:6-11 é um hino cristão primitivo é agora questionada por muitos, embora o júri acadêmico ainda não tenha se decidido. A primeira edição deste livro o chamou de hino; alguns se referem a ele como um 'hino em forma de prosa'. Às vezes é considerado um elogio ou tributo (e.g., Gordon Zerbe). Usarei termos como 'história', 'drama', 'poema', 'história

Modelada no chamado quarto hino ou poema do servo de Is 40—55 (52:13—53:12), a história poética tem três personagens: Jesus (o servo sofredor que é Messias e Senhor), Deus, o Pai, e o universo dos seres criados. Os versículos 6-8 narram a missão do servo em termos das ações de Cristo de auto-humilhação e esvaziamento de si mesmo (*kenosis*) apesar de possuir igualdade com Deus. O resultado dessa servidão ou 'escravidão' é, em última análise, a morte na cruz como expressão de obediência a Deus. O enredo e, portanto, a estrutura, tem sua mudança mais dramática no versículo 9, onde a expressão "por isso" sinaliza o início da narração da resposta de Deus (o Pai) à obediência de Cristo, quando Ele o exalta e lhe concede o título divino de "Senhor". De acordo com os versículos 10-11, a história se completa quando todos os seres criados reconhecem o senhorio de Jesus para a glória de Deus Pai.

Espaço sagrado cruciforme, em um rio fora de Filipos, marcando a conversão e o batismo de Lídia

O texto, então, se concentra na história de Cristo em relação a Deus e a todas as criaturas, mas não extrai nenhuma lição espiritual ou ética explícita dessa história. É aqui que entra a criatividade de Paulo. O apóstolo encontra na história poética de Cristo uma narrativa não apenas da obediência ou fidelidade do servo a Deus, mas também do amor ao próximo que é o autossacrifício; de poder que se esvazia em vez de servir a si mesmo; e de esperança de que o sofrimento para Deus seja sempre seguido pela promessa de vindicação e exaltação divinas. Essa história não é, todavia, simplesmente uma narrativa sobre a obediência de Cristo e suas consequências para Ele; o resultado final é a proclamação universal de seu senhorio — e assim a salvação até os confins da terra. Portanto, o poema torna-se para Paulo a estrutura narrativa para uma vida de serviço cruciforme e testemunho de fé, amor, poder

---

poética', 'poema de Cristo' e até mesmo 'evangelho' de forma intercambiável. Se for também um hino, nenhuma dessas outras designações é invalidada.

e esperança, enquanto a comunidade filipense enfrenta os desafios da oposição e da discórdia. Viver dessa maneira é possuir o que Paulo entende ser a 'disposição' ou a 'mentalidade' de Cristo (2:5; NRSV: "mente"; NAB, NVI: "atitude"). Essa 'atitude' está a serviço tanto da solidariedade interna da comunidade quanto do testemunho externo para as nações.

A estrutura da carta

A carta se desdobra, como uma exegese estendida (interpretação) do poema de Cristo, conforme a seguinte estrutura:

1:1-2	**Abertura**
1:3-11	**A oração de Paulo e o poema de Cristo**
1:12-26	**A prisão de Paulo e o poema de Cristo**
	1:12-18a Os efeitos do aprisionamento
	1:18b-26 O futuro do aprisionamento
1:27—2:18	**Uma vida digna do poema de Cristo**
	1:27-30 Unidade no sofrimento por Cristo
	2:1-5 Unidade pela mente de Cristo
	2:6-11 A história poética de Cristo
	2:12-18 O fiel testemunho da comunidade e de Paulo
2:19-30	**Dois exemplos vivos do poema de Cristo**
	2:19-24 Timóteo
	2:25-30 Epafrodito
3:1—4:1	**O poema de Cristo e os inimigos da cruz**
	3:1 Transição
	3:2-11 Conhecendo a Cristo: a vida de fé
	3:12—4:1 em busca de Cristo: a vida de esperança
4:2-9	**Exortações para viver o poema de Cristo**
	4:2-3 Harmonia: Evódia e Síntique
	4:4-7 Alegria e paz
	4:8-9 Bondade
4:10-20	**A comunidade no poema de Cristo**
	4:10-14 O contentamento cruciforme de Paulo
	4:15-20 A doação cruciforme dos filipenses
4:21-23	**Saudações e bênçãos**

1:1-2. Abertura

Filipenses começa na forma habitual de uma carta paulina — remetente(s) para destinatários, graça e paz —, mas com algumas características incomuns no conteúdo. Paulo e seu corremetente, Timóteo, identificam-se como "servos" ou escravos (*douloi*) de Cristo Jesus ao invés de apóstolos ou (assim em 2Co 1:1; cf. Fm 1) como apóstolo e irmão.[6] O termo *doulos* para ambos os escritores os coloca em pé de igualdade em sua identidade fundamental como escravos de Cristo, continuando o padrão terreno de serviço (2:7) de seu Senhor exaltado (1:2; 2:11). Mais tarde, Paulo identificará seu filho de confiança (2:22) e colega de trabalho Timóteo[7] como alguém que "serviu [*edouleusen*] comigo no trabalho do evangelho" (2:22). Essa atividade consistia, em parte, como o próprio serviço de Paulo, em cuidar das necessidades e interesses dos filipenses ao invés dos seus próprios (2:20-21; cf. 2:23-26).

Também significativo é o uso de Paulo de sua frase comum "em Cristo Jesus" para expressar o caráter essencial da comunidade dos santos (NAB, "os santos") em Filipos. Essa frase ou seu equivalente reaparecerá em outras conjunturas importantes: em 1:13 (embora muitas traduções a percam de vista), 2:1, 2:5 (muitas vezes também perdida), 4:2 e 4:21. Ser santo, para Paulo, é estar em Cristo, e vice-versa (cf. 1Co 1-2). É ser chamado a viver em conformidade com Cristo, especificamente o Cristo crucificado.

O aparecimento de uma referência explícita aos líderes da igreja, "bispos e diáconos" (NRSV), como destinatários (1:1) é único nas cartas de Paulo (embora veja Fm 2a e, implicitamente, as Epístolas Pastorais). As versões diferem na tradução dos termos gregos usados (*episkopoi* e *diakonoi*, algo como 'administradores' e 'servos').[8] Os termos específicos e a forma plural usada para designar essas duas funções ou 'ofícios' sugerem liderança compartilhada com uma divisão de trabalho, talvez

---

[6] A designação inicial de Paulo é "apóstolo" em nove das treze cartas paulinas. Em Tito 1:1 ele também é doulos, enquanto em Filemom ele é "prisioneiro"; na correspondência de Tessalônica nenhum título é usado.

[7] Que também foi o corremetente de 2Coríntios, Filemom, Colossenses, 1 e 2Tessalonicenses (com Silvano).

[8] A NAB traz "supervisores e ministros", enquanto NVI, "superintendentes e diáconos", com uma nota marginal de que o termo anterior é "tradicionalmente" traduzido como "bispos". A margem da NRSV sugere a tradução alternativa "supervisores e ajudantes".

um grupo focando em ensino/pregação/formação espiritual e o outro em assistência financeira/material (como a diaconisa principal Febe em Cencreia; Rm 16:1-2). No entanto, nada se pode dizer com muita certeza sobre esses 'ofícios'. Como supervisores ou diáconos podem estar incluídas as mulheres Evódia e Síntique, bem como Clemente, todos os quais parecem ser identificados como colaboradores de Paulo (4:2-3). Se esse for o caso, então Paulo pode estar destacando os líderes para lembrá-los, especialmente as duas mulheres, de sua responsabilidade de terem uma mente semelhante à de Cristo para o serviço de toda a igreja (cf. 4:2 e 2:2).

1:3-11. A ORAÇÃO DE PAULO E O POEMA DE CRISTO

Paulo procede, de maneira habitual, da saudação à oração. Essa é dividida em duas partes: ação de graças (1:3-8) e intercessão (1:9-11). Cada parte tem um foco escatológico (1:6, 10), e cada uma reflete a convicção do apóstolo de que tanto a vida dele quanto a dos filipenses deveriam incorporar a história principal encontrada em 2:6-11. Isso toma a forma de compaixão cristã (1:8) ou, de forma mais geral, justiça que traz glória a Deus (1:11).

O evidente deleite de Paulo pelos crentes filipenses, e sua alegação de constante e alegre intercessão por eles (1:3-8), não são meros floreios retóricos. Tanto sua alegria quanto sua oração são fundamentadas na parceria no evangelho dos filipenses, ou comunhão (*koinōnia*), com ele (1:5). Essa parceria inclui apoio ao ministério de Paulo e assistência para ele durante sua prisão, e também muito mais: a comunhão de santidade ou justiça comum, testemunho e sofrimento pelo evangelho, como enfatizam especialmente os dois primeiros capítulos. Essa parceria remonta ao primeiro dia da pregação de Paulo em Filipos (1:5). Porque foi e é a obra de Deus, Paulo tem certeza de que Ele a sustentará e a completará na volta de Cristo (1:6). Tudo isso é uma comunhão íntima da graça (1:7) — até mesmo o sofrimento que Paulo (1:7) e os filipenses (cf. 1:29) estão experimentando. Juntos, os Filipenses e Paulo participam (gr. *synkoinōnous*) "defendendo (*apologia*) e confirmando o evangelho" (1:7); é isso que significa incorporar as boas-novas, 'tornar-se' o evangelho.

Mesmo em sua prisão, Paulo continuou a se preocupar tanto com a propagação do evangelho (1:7) quanto com seus convertidos e amigos, particularmente aqueles que se encontravam em Filipos: "todos vocês" (1:4, 7, 8). Essa preocupação é uma manifestação do amor sofredor semelhante ao de Cristo, "a afeição [*en splanchnois*] de Cristo Jesus" (1:8). Paulo usa a mesma linguagem em 2:1 ("se [em Cristo] nós temos... profunda afeição e compaixão [*splanchna*])" para introduzir as expectativas de humildade e consideração cristãs pelos outros que são apropriadas para aqueles que vivem no Senhor, o qual se esvaziou e se escravizou em sua encarnação e morte (2:6-8). Como Cristo, em seus sofrimentos, Paulo está preocupado — profundamente preocupado — não com seu próprio bem-estar, mas com o dos filipenses, mesmo enquanto encarcerado.

Essa profunda preocupação leva Paulo a orar (1:9-11). Ele ora pela vida dos filipenses, juntos no presente, para que sejam "puros e irrepreensíveis" no futuro, no dia de Cristo (cf. 2:15; 1Co 1:8; 1Ts 3:13; 5:23). Especificamente, ele ora para que eles tenham uma abundância de amor, conhecimento e percepção ou discernimento. No contexto de Filipenses, esses podem se referir apenas ao amor orientado para os outros descrito em 2:1-4 (e retratado, na visão de Paulo, em 2:6-8), e à mente cruciforme geral, ou percepção, exigida daqueles que reivindicam Cristo como Senhor em face da oposição. Em outra forma, as palavras de Paulo sobre a perseverança dos filipenses — uma boa obra sendo completada (1:6), uma colheita de justiça (1:11) — não são chavões piedosos, mas promessas dependentes de oração e dependentes de Deus em uma situação sombria, do ponto de vista humano. Os filipenses estão sendo perseguidos de alguma forma, e o chamado para permanecer justos para o dia do julgamento divino, e não humano, que é sério, só pode ser realizado "por meio de Jesus Cristo" (1:11). À medida que Paulo ora e os filipenses permanecem fiéis, não importa o que aconteça, eles estarão prontos para esse julgamento e participarão com alegria, tanto agora como especialmente depois, em glorificar a Deus (1:11; cf. 2:11). Uma vida missionária exige fidelidade, mas o fruto da fidelidade é a esperança.

1:12-26. A PRISÃO DE PAULO E O POEMA DE CRISTO

Tendo completado sua oração pelos filipenses e afirmado tanto a participação deles em seu 'ministério na prisão' quanto sua confiança na fidelidade deles até o fim, Paulo passa a descrever o impacto de seu atual aprisionamento tanto no evangelho quanto em si mesmo. O evangelho, ao contrário do que alguns podem pensar ou temer, na verdade seguiu em frente (1:12-18a). E o apóstolo, apesar de seus próprios sentimentos confusos e, talvez, novamente dos temores (ou mesmo desejos!) dos outros, está confiante em sua própria libertação da prisão porque isso seria do melhor interesse para os filipenses (1:18b-26).

Os efeitos do aprisionamento (1:12-18a)

Ao iniciar o corpo de sua carta, Paulo quer assegurar aos filipenses que, inesperadamente e ao contrário de suas preocupações, seu aprisionamento fez avançar em vez de atrapalhar o evangelho (1:12), e isso de duas maneiras principais. Primeiro, os captores de Paulo (ou aqueles que controlam seu local de aprisionamento),[9] assim como todos os outros cientes de sua situação, sabem que ele está preso por causa de Cristo (1:13). Na visão de Paulo, isso significa que o evangelho está fazendo suas incursões; alguns já podem ter crido (talvez pessoas que pertencem ao "palácio de César", 4:22), e outros ainda poderão confessar Jesus como Senhor.

Em segundo lugar, outros crentes não foram, na maioria das vezes, intimidados pela atitude de Paulo, e sim encorajados por ela (1:14). O apóstolo certamente quer que os filipenses sejam igualmente capacitados para dar testemunho sem temor. Falar sobre o evangelho não é uma atividade restrita aos apóstolos ou a outros ministros 'oficiais'. O fato de a prisão de Paulo estar "em Cristo" também pode sugerir a seus leitores que qualquer um que viva em Cristo e dê testemunho dele pode sofrer um destino semelhante. Isso, também, pode se tornar uma razão para o avanço do evangelho e, portanto, deve ser motivo de regozijo.

Uma pequena reviravolta (para Paulo) nesse quadro muito positivo é a resposta de alguns pregadores de Cristo cm respeito à situação de Paulo. Embora a maioria continue a proclamar Cristo "por boa vontade" e "por amor" (1:15, 16), alguns estão pregando "por inveja e rivalidade" (1:15), "por ambição egoísta, sem sinceridade" (1:17). A situação

---

[9] Ou seja, a "guarda imperial" (NRSV; NVI, "guarda do palácio") ou "guarda pretoriana" (ARA, AEC, NAA, "todo o palácio"). Há desacordo sobre o significado da palavra grega praitōrion, traduzindo o latim praetorium, em 1:13. Refere-se a um conjunto de pessoas ou a uma residência, e localizava-se apenas em Roma ou também nas capitais provinciais?

a que Paulo se refere é difícil de ser caracterizada com precisão. Aparentemente, alguns viram sua captura e prisão como prova de seu fracasso, sua queda da graça e do poder. Talvez eles tenham visto sua prisão como merecida por outras razões que não a fidelidade ao evangelho (1:16), ou como julgamento divino, um sinal dos erros da mensagem e ministério de Paulo. Talvez eles tenham visto o fato como uma oportunidade de pregar sua versão particular do evangelho e lançar seu próprio peso apostólico, agora que Paulo estava fora de cena. Paulo sentiu que pelo menos alguns deles estavam deliberadamente tentando ferir a ele e sua reputação (1:17).

Surpreendentemente, Paulo se regozija mesmo nesse aspecto de suas circunstâncias (1:18a). Os motivos de sua pregação, as críticas ao apóstolo aprisionado — nada disso importa para Paulo, que está feliz simplesmente porque sua prisão de alguma forma levou mais pessoas a proclamar e ouvir o evangelho de Cristo. O que se torna particularmente admirável na atitude de Paulo é que o comportamento dessas pessoas parece contradizer descaradamente o próprio evangelho que ele e eles proclamam, o evangelho que os filipenses recitam ou cantam (2:6-11). Isso fica explícito, talvez, em 2:22, onde Paulo contrasta Timóteo com quase todos os outros, pois "todos buscam os seus próprios interesses" (2:21), o que viola o evangelho em sua essência (2:3-5).

O futuro do aprisionamento (1:18b-26)

As palavras de Paulo sobre sua indiferença a motivos impuros e sobre o impacto atual de seu aprisionamento no evangelho e nos outros se transformam agora em uma comovente meditação sobre seu próprio futuro. Está ligado ao que o precede imediatamente pela menção de regozijo (1:18), mas seu assunto real é anunciado primeiro em 1:19 e depois, formando um *inclusio*, repetido em 1:25-26. O assunto, sem dúvida, é o destino de Paulo. É certo que ele espera libertação, como ambos os suportes do *inclusio* indicam e como 2:24 assume. Entre essas sustentações, encontramos um tremendo exemplo da introspecção sincera e discernimento espiritual de Paulo — sua teologização, por assim dizer. Paulo pode estar tomando emprestado um artifício retórico chamado *synkrisis*, a comparação e pesagem de alternativas, para fazer essa teologização.

Paulo está certo de que as orações dos filipenses e a atividade do Espírito de Cristo (1:19) resultarão em sua libertação. Se a razão de ele estar na prisão for por acusações graves, como parece, ele poderá estar enfrentando uma pena de morte. Teve ele um sonho ou outra revelação divina sobre seu futuro? Não há evidencia disso. Paulo decidiu recuar, comprometer sua confissão para garantir sua libertação e a continuação de seu trabalho missionário em outro lugar? Se esse pensamento alguma vez passou pela mente de Paulo (ou dos filipenses), o apóstolo rapidamente o descarta em 1:20, onde afirma seu compromisso de falar com ousadia, evitando a vergonha de negar a Cristo e, assim, exaltar a Cristo vivendo ou, se necessário, morrendo.

De fato, a tentação para Paulo é não buscar a libertação da prisão a qualquer custo para continuar vivendo. Em vez disso, a tentação é se submeter à morte — deixando de lado o desejo de ser libertado. Isso pode ser um pouco desconcertante para os leitores modernos, pois o fato merece atenção cuidadosa.

Paulo claramente acredita que o propósito da vida é "exaltar" (NRSV) ou "magnificar" (NAB) Cristo em seu "corpo" — na concretude da existência corpórea (1:20; cf. Rm 12:1-2). Para ele, a vida é tudo sobre Cristo (1:20), sobrevivendo dignamente do evangelho (1:27). Seu lema (1:21) é "o viver é Cristo", ou "vivendo em Cristo" (NRSV). Isso pode ser efetivado na forma como se vive e também em como se morre, "quer pela vida, quer pela morte" (1:20) — e, portanto, até mesmo *se* alguém vive ou morre. Para Paulo (e para todos os crentes), no entanto, a vida na era presente não é o objetivo final; "morrer é lucro" (1:21) porque morrer significa "partir e estar com Cristo" (1:23). Essa esperança permeia todas as cartas de Paulo.[10]

Na prisão, portanto, diante da possibilidade de morte, Paulo está num 'dilema'. Ele gostaria de permanecer "na carne", isto é, vivo e em Cristo, mas não "com Cristo" na presença de Deus? Ou ele desejaria "partir", morrer, o que seria "muito melhor" (1:23)? "E já não sei o que escolher!" (1:22). Isso soa como se Paulo não pudesse decidir se ele preferiria aceitar a morte de um mártir ou obter a libertação, quer pela pura graça de Deus trabalhando por meio dos tribunais ou autoridades

---

[10] E.g., 1Ts 4:13-18; 1Co 15; 2Co 4:16—5:10.

pagãs, quer por um esforço humano extraordinário (como lançar mão de seu *status* de 'cidadão romano').

Esse cenário é complicado pelo verbo que Paulo usa no final de 1:22 (*hairēsomai*), que a NVI e a NAB traduzem como "escolher" em vez de "preferir" (NRSV). Em que sentido Paulo poderia ter uma escolha? Poderia significar que Paulo estaria pensando em suicídio? Embora tal sugestão pareça absurda, se não 'herética', para muitos, no mundo antigo, causar a própria morte era muitas vezes considerado um ato nobre, como os exemplos de Sócrates e até do próprio Jesus (veja, e.g., Jo 10:17-18; Gl 1:4; 2:20) atestam. Mesmo prisioneiros, como gladiadores, às vezes se suicidavam para evitar a vergonha da pena de morte e para exercer controle sobre sua própria morte. O filósofo Sêneca, contemporâneo de Paulo, até defende a posição de que a vida pode ser vivida para os outros, mas a morte é feita apenas para si mesmo (*Epistle* 70.11-12).

No final, é precisamente por isso que Paulo, sabendo que a morte de Cristo era para o benefício dos *outros*, não de si mesmo, não veria o suicídio como uma escolha nobre. Se Paulo não está pensando em acabar com sua própria vida de alguma forma, então sua 'escolha' pode ser buscar ou não uma autodefesa pelas acusações que o levaram à prisão. Como Paulo entrava e saía com frequência da prisão, ele e seus colegas obviamente conseguiram garantir sua libertação em outras ocasiões. Paulo se cansou da luta? A esperança da glória celestial superou a esperança da liberdade terrena? Qualquer desejo de desistir de lutar contra o sistema seria motivado pelo glorioso objetivo de estar com Cristo, participando plenamente de sua honra e glória.

A menos que as palavras de Paulo sejam hiperbólicas (como alguns pensam), ele realmente está "pressionado" (1:23) entre a escolha da vida e a escolha da morte. Ele experimenta um conjunto complexo e intenso de sentimentos, que estão expostos nessa passagem, especialmente em 1:20-24. No final, Paulo opta pela vida. Ele não escolherá, mesmo sem ação, a opção mais desejável de morrer para alcançar o objetivo final de estar plenamente na presença de Cristo. Paulo tem tanta certeza de que essa é a escolha certa e necessária que fica absolutamente convencido de que será libertado.

Por que ele está tão certo sobre sua decisão e seu destino? Porque morrer seria melhor para ele, mas pior para os filipenses. Se Paulo escolhe por permanecer na carne, ele poderá se envolver em 'trabalho frutífero' (1:22) e será de benefício contínuo para a igreja em Filipos ("por causa de vocês", 1:24; "para o seu progresso e alegria na fé", 1:25). Em outras palavras, o fato de Paulo desejar e escolher a vida ao invés da morte é agir em amor semelhante ao de Cristo, esvaziando-se do interesse egoísta e atuando pelo bem-estar dos outros (o que é, em última análise, para o avanço do evangelho). É disso que trata a primeira parte do poema narrativo (2:6-8) e sua interpretação (2:3-4), como veremos a seguir. Paulo luta com o assunto, mas eventualmente incorpora seu próprio evangelho ao escolher a vida sobre a morte para o bem daquele evangelho e dos filipenses. Ironicamente, ele abraça a morte de Cristo mais fielmente nessa circunstância, escolhendo *não* morrer, mesmo como mártir. Sua perspectiva é tanto cruciforme quanto missional.[11]

1:27—2:18. Uma vida digna do poema de Cristo

Tendo mostrado aos filipenses sua própria luta e decisão em favor deles, Paulo agora pode seguir em frente com integridade e poder retórico para incentivá-los a se comportarem da mesma forma tanto dentro de sua irmandade quanto diante do mundo. (Paulo usa uma estratégia semelhante em 1Co 8:1—11:1.) Não é que os Filipenses, ou Paulo, possam realizar a salvação do mundo com suas ações cruciformes, pois somente Deus pode fazê-lo em Cristo. Em vez disso, porque tanto Paulo quanto os filipenses são cidadãos do reino onde Cristo é o Senhor, e porque eles vivem 'neste' Senhor Cristo, eles devem ser moldados por Ele — pela narrativa poética do obediente esvaziamento de si mesmo. Tal existência é *possível* em Cristo por causa da atividade de Deus no meio deles, e é *necessária* para um testemunho unificado no mundo que se opõe a Paulo, ao evangelho e aos crentes filipenses.

Unidade no sofrimento por Cristo (1:27-30)

Paulo começa e termina esta seção principal da carta (1:27—2:18) sobre o tema da unidade por causa do testemunho no sofrimento

---

[11] Mesmo que Paulo tivesse contemplado o suicídio ou alguma forma de 'morte assistida', isso não faria de seu debate pessoal, específico e interno, a base para a aceitação geral de qualquer uma dessas formas de morte. O que emerge de sua luta, no entanto, é um princípio de aceitar o sofrimento e de se recusar a acabar com a própria vida por razões orientadas por si mesmo.

Inscrições como estas em Filipos eram escritas geralmente em latim, não em grego, um sinal de seu *status* colonial e devoção a Roma.

(1:27-30 e 2:14-18). Ou seja, o poema de Cristo é colocado entre balizas missionárias. Os filipenses têm oponentes (1:28) e estão sofrendo por Cristo (1:29). Essa circunstância oferece a Paulo a oportunidade de emitir uma exortação fundamental e uma das metáforas dominantes da carta: em 1:27 ele convida os filipenses a viverem como cidadãos (*politeuesthe*, relacionado a *polis*, 'cidade', como observado anteriormente)[12] de maneira digna do evangelho de Cristo, o evangelho que será resumido em 2:6-11. Ser digno de cidadania é trazer honra e não vergonha para a cidade, seus governantes e suas tradições.

Neste caso, a cidadania a que Paulo se refere não é a de Filipos ou Roma, mas a do evangelho, do céu, onde Jesus governa como Salvador e Senhor e de onde voltará (3:20). Mas adotar essa cidadania celestial não é um assunto futuro nem 'espiritual', se por 'espiritual' se entende interno e privado em vez de público. Ao contrário, essa cidadania é vivida solidamente em praça pública, onde pode ser vista e contestada. É

---

[12] A versão da NVI (como a maioria das traduções) tem o suave tom "exerçam a sua cidadania de maneira digna". Kingdom New Testament de N. T. Wright traz "seu comportamento público deve corresponder ao evangelho do rei".

inerentemente uma cidadania missionária ou testemunhal: 'Conduza sua vida comum como comunidade de Deus na praça pública da colônia de Roma de uma maneira digna do evangelho de Cristo'. Ou seja, pratique a 'política de Deus'.

"Digna do" evangelho nesse contexto só pode significar 'consistente com' ele, quer Paulo esteja ou não fisicamente presente (1:27; cf. 2:12). O evangelho ao qual Paulo se refere é a boa-nova de que o Jesus crucificado — não o imperador romano — é o Senhor (2:11). Ser cidadão no reino do senhorio de Jesus é honrar a Deus dobrando os joelhos a Jesus e vivendo obedientemente como seu servo, como Paulo tentou fazer (1:30; cf. 2:12). O apóstolo afirma que quando os filipenses viverem dessa maneira, eles permanecerão firmes e unidos, "lutando unânimes pela fé evangélica" (1:27; cf. 4:1, 3), não intimidados por oposição (1:28). Em outras palavras, a unidade para Paulo é derivada, um subproduto da incorporação fiel da verdade de que Jesus é o Senhor, mesmo diante da oposição.

Paulo dá um toque especial à experiência de perseguição dos filipenses: é a evidência de sua (futura) salvação e a destruição de seus oponentes (1:28; cf. 2Co 2:16; 2Ts 1:5-10);[13] cria um vínculo com Paulo (1:30); e é um dom de Deus — o privilégio gracioso (*echaristhē*, relacionado a *charis*, 'graça') não apenas de crer, mas também de sofrer por Cristo (1:28-29). Talvez Paulo soubesse da admoestação de Jesus ao testemunho fiel do evangelho mesmo em meio ao sofrimento (e.g., Mc 8:31-38). Tanto Paulo quanto os filipenses estão envolvidos em um "combate" (1:30; *agōna*, 'competição atlética'),[14] embora seja radicalmente diferente das disputas realizadas em homenagem ao imperador.

Unidade pela mente de Cristo (2:1-5)

O tema da unidade continua em 2:1-4, focado desta vez nas relações internas entre os santos. Esses versículos funcionam como um prefácio e uma interpretação do poema de Cristo em 2:6-11, com 2:5 atuando como uma ponte que conecta as duas passagens.

---

[13] Outra interpretação possível (mas menos provável) de 1:28 é que a perseguição é um sinal para os perseguidores da (eventual) destruição dos crentes filipenses, mas é um sinal para os crentes de sua (eventual) salvação.
[14] Cf. 2:16; 3:13-14; 4:3.

Esta passagem divide-se nitidamente em vários componentes: uma série de quatro suposições sobre a vida em Cristo (2:1), um pedido para que tenham o mesmo modo de pensar ou disposição (2:2a), e uma série de frases descrevendo a natureza dessa única mente em termos de unidade e amor humilde, orientado para os outros, em vez de interesse próprio e presunçoso (2:2b-4). Diversas versões bíblicas geralmente segmentam 2:2-4 em várias frases, embora haja apenas uma longa frase grega. Paulo reúne inúmeras expressões para enfatizar um ponto principal: a unidade pelo amor é a única atitude, a atitude de Cristo (2:5), que é necessária na Igreja.

As quatro frases de 2:1, começando com a palavra "se" [ARC], não são possibilidades, mas realidades. Paulo quer dizer: '*Visto que* que essas condições de fato existem em Cristo [i.e., na Igreja]...' As frases são várias maneiras de expressar a convicção de Paulo de que uma comunidade em Cristo é repleta de profundo amor e compaixão, gerados pelo Espírito, os quais criam um vínculo comum de preocupação e encorajamento mútuos (2:1; *paraklēsis*). Essa obra natural do Espírito no Corpo de Cristo é a base para a exortação de Paulo aos filipenses (2:2-4) para cooperar com o Espírito (cf. 2:12-13) sendo unificados no amor, que "completa" a alegria que Paulo já tem em relação a essa comunidade (2:2).

A substância da exortação de Paulo em 2:2-4 é que os filipenses tenham "um só espírito e uma só atitude" (2:2), ou talvez melhor, 'possuam a mesma disposição'. Essa disposição é então explicada com algum detalhe antes de ser ligada diretamente a Cristo em 2:5-11. Tanto em 2:2 (duas vezes) quanto em 2:5, Paulo usa o verbo-chave *phroneō*, e em 4:2 ele combina esses dois versículos ao exortar Evódia e Síntique a "que vivam em harmonia no Senhor". Seria difícil para Paulo ter enfatizado a unidade mais do que ele o faz em 2:2 — uma só mente, amor e alma.[15] Embora haja aqui ecos da linguagem da amizade helenística, bem como o vocabulário do 'raciocínio prático' (gr., *phronēsis*), a ênfase geral de Paulo está na vida e perspectiva únicas e comuns criadas por Cristo e o Espírito. Essa unidade no amor não é um fim em si mesmo, mas, em última análise, visa à missão (2:12-18; cf. Jo 17:20-23).

---

[15] O "estar em pleno acordo" da NRSV (2:2) traduz sympsychoi, algo como 'almas gêmeas', "um só espírito" (NVI), ou "unidos de coração" (NAB).

Paulo não deixa o chamado à unidade no amor na estratosfera teórica, mas dá-lhe solidez apresentando dois conjuntos de comportamentos radicalmente opostos (2:3-4):

v. 3   Nada façam por ambição egoísta ou por vaidade, mas humildemente considerem os outros superiores a vocês mesmos.

v. 4   Cada um cuide, não somente dos seus interesses, mas também dos interesses dos outros.

A estrutura e linguagem desses versículos é paralela a 2:6-8, onde é dito que Cristo

v. 6   não considerou que o ser igual a Deus era algo a que devia apegar-se [i.e., para sua própria vantagem] mas

v. 7-8 esvaziou-se a si mesmo, vindo a ser servo... [e] humilhou-se.

Outros textos paulinos incorporam esse padrão 'não *y*, mas *z*', opondo similarmente o interesse pelos outros contra a preocupação egoísta como o caráter fundamental do amor, *agapē* (veja, e.g., 1Co 10:24, 33; 13:5), e conectando essa compreensão ao exemplo de Cristo (e.g., 1Co 11:1; Rm 15:1-3). Possuir o mesmo modo de pensar ou disposição que Paulo deseja que os filipenses tenham, envolve então, não apenas atitudes, mas ações, e ações de um tipo bastante radical. Assim como Cristo escolheu entre interesse próprio e esvaziamento de si mesmo/auto-humilhação, também os filipenses devem escolher entre a ambição egoísta e a alta consideração pelos outros, entre glória própria vazia e humildade (observe os *links* verbais para 2:7-8), entre seus próprios interesses e os dos outros.[16] A desunião diante da oposição significaria o fim do testemunho fiel do evangelho.

---

[16] O contraste radical retratado na narrativa sugere fortemente que isso deve ser mantido na tradução de 2:4, como o faz a NVI citada anteriormente ("Cada um cuide, não somente dos seus interesses, mas também dos interesses dos outros"), bem como como o CEB e a NRSV revisada. A NVI [versão em inglês] original tinha "olhe não apenas para os seus próprios interesses, mas também para os interesses dos outros" (grifo nosso), e a RSV, bem como as versões atuais da NASB e da NET traduzem o versículo de forma semelhante. A palavra "somente" não aparece no texto grego, e a palavra traduzida como "também" (kai, que alguns manuscritos

Em 2:5 Paulo deixa claro que os paralelos entre 2:6-8 e 2:1-4 não são acidentais. A disposição orientada para a ação que ele tem exortado está de fato ligada a Cristo. Mas de que maneira? Muita tinta foi gasta sobre a tradução e interpretação deste versículo, que conecta a exortação ao texto narrativo poético (que é introduzido com a palavra de ligação "que", referindo-se a Cristo Jesus). O espaço permite apenas a menção das duas opções básicas e uma alternativa a ambas que podem dar mais sentido a este texto tanto em seu contexto imediato quanto em seu contexto paulino mais amplo.

Opção 1 (opinião da maioria: imitação)
Deixe a mesma mente que estava em Cristo Jesus estar em você... (NRSV [nota da margem]). Adote a atitude que estava em Cristo Jesus: (CEB).

Em seus relacionamentos de uns para com os outros, seja a atitude de vocês a mesma de Cristo Jesus: (NVI).

Opção 2 (opinião minoritária: posição)
Deixe em você a mesma mente que você tem em Cristo Jesus... (NRSV [nota da margem]).

Tenham entre vocês a mesma atitude que também é sua em Cristo Jesus... (NAB).

Ou seja, Paulo promove a imitação de algo que estava em Cristo Jesus (opção 1) ou a expressão de algo que os crentes possuem em virtude de estarem em Cristo (opção 2)? Ou há ainda outra interpretação?

Opção 3 (participação)
Deixe essa mente estar em sua comunidade [lit. 'em vocês', plural], que também é [uma comunidade] em Cristo Jesus... (conf. o autor).[17]

---

realmente omitem) deveria ser traduzida como 'ao invés de'. A versão NAB não usa a palavra 'somente', mas inclui 'também' entre parênteses.

[17] Mais literalmente, 'Que essa mente esteja em você, isto é, em Cristo Jesus', significando: 'Cultive a disposição precedente [veja 2:1-4] em sua comunidade, que é de fato uma comunidade 'em Cristo', e essa disposição pode ser vista na seguinte história de Cristo.'

Ou ainda:

Cultive essa mentalidade — essa maneira de pensar, agir e sentir — em sua comunidade, que na verdade é uma comunidade no Messias Jesus...[18]

Essa tradução alternativa (opção 3) transmite o sentido de que o ponto principal de Paulo em 2:5 é a correspondência necessária entre o padrão da história de Cristo, conforme narrado no poema, e o padrão de vida daqueles que estão "neste" Cristo (veja também "em Cristo" em 2:1). A opção 3 preserva a visão da opção 1 de que Paulo está fazendo um apelo para cultivar uma disposição semelhante à de Cristo, não dizendo a eles (bastante sem sentido) para 'ter o que têm' (opção 2, erroneamente). Também mantém a visão da opção 2 de que a frase "em Cristo Jesus" é uma referência paulina típica para a comunidade, não a algo que supostamente estava 'em' Cristo, o indivíduo (opção 1, erroneamente).[19] Se a opção 3 estiver correta, então Paulo não está exortando os filipenses a cultivar um modo de pensar porque *ele* também estava em Cristo, mas porque *eles* estão em Cristo; *este é um texto sobre participação e transformação*.

Se a opção 1 ou 3 estão corretas (e talvez até a opção 2), o texto, em 2:5, mostra que Paulo quer traçar um paralelo entre a atitude e o comportamento que ele espera dos filipenses que vivem em Cristo e a atitude e o comportamento que ele encontra no próprio Cristo. As opções 2 e 3 dizem que aquilo que está "em" Cristo não é uma disposição que deve ser adotada ou imitada, mas uma comunidade que deve ser moldada pela pessoa que a comunidade habita, a pessoa cuja história é narrada em 2:6-11. Essa é uma teologia e espiritualidade de participação, como Paulo já havia sugerido em 1:8 e explicitado em 2:1-4. É participação em Cristo, no Espírito e, de fato, na vida de Deus, pois (como veremos agora) Cristo era e é igual a Deus. Tal vida não vem principalmente por meio da contemplação ou santidade em particular, mas através do serviço aos outros e testemunho fiel, mesmo sacrificial ao mundo (Fp 1:27—2:4; 2:12-16).

---

[18] Para esse entendimento de "mentalidade", veja Stephen E. Fowl, Philippians, TNHTC (Grand Rapids: Eerdmans, 2005), p. 88-90; cf. 28-29.

[19] Para uma discussão mais aprofundada, veja meu livro Cruciformity, p. 40-43.

A história poética de Cristo (2:6-11)

Nenhuma passagem em Paulo, e talvez nenhuma passagem em toda a Bíblia, recebeu mais atenção acadêmica do que Fp 2:6-11. O espaço não permite uma revisão de todas as questões e perspectivas que essa atenção gerou, mas algumas palavras introdutórias são necessárias para complementar as já oferecidas anteriormente e no capítulo 4.

Tendências acadêmicas e o pano de fundo do poema

O estudo acadêmico nos primeiros dois terços do século 20 se concentrou principalmente em questões de forma, filologia e antecedentes: que tipo de texto é este? O que significam todas as palavras incomuns? Quais são as influências religiosas e literárias no texto? Muito trabalho se concentrou no texto isoladamente, como um exemplo de teologia cristã primitiva (pré-paulina) na forma de um hino ou fragmento de hino, e não em como Paulo usou esse texto na carta. A estrutura poética e o vocabulário incomum do texto foram dois dos principais fatores que levaram à opinião geral dos estudiosos de que era um hino pré-paulino que Paulo modificou um pouco (e.g. com a adição da linha "e morte de cruz" em 2:8) — embora existissem infinitas propostas dividindo o poema em versos e estrofes.

Estudos mais recentes mostraram que a estrutura, o pensamento e o vocabulário do texto poderiam muito bem ter vindo de Paulo, que se baseia em muitas das palavras e imagens do texto. Assim, há um número crescente de estudiosos hoje que duvidam que a passagem seja um texto pré-paulino inserido na carta. Embora seja possível que Paulo não tenha originalmente composto o texto, não há nada nele contrário à teologia de Paulo vista em outras cartas; de fato, como já observamos, esse poema se torna a história principal de Paulo. Os principais argumentos para o caráter pré-paulino do texto são (1) a presença de algumas palavras que Paulo não usa em outro lugar e (2) o fato de que ele, no caso, interpreta o poema de forma tão criativa. O texto não diz explicitamente tudo o que Paulo interpreta, pois o próprio poema fala apenas da *kenosis* de Cristo em relação a Deus como um ato de obediência, não à humanidade como um ato de amor.

É possível, então, que Paulo tenha encontrado essa peça poética inicial sendo recitada ou cantada em igrejas que ele conhecia, talvez em Jerusalém ou Antioquia, no início de sua vida apostólica. Ou talvez ele a tenha encontrado pela primeira vez em Filipos quando ali evangelizou. Atraído por sua simplicidade, mas também por sua profundidade e poder, ele poderia ter descoberto que ela encapsulava não apenas a história de Cristo, mas também sua própria história, e a história que ele esperava que suas igrejas narrassem em sua vida conjunta. Por outro lado, a própria experiência de Paulo com o Messias crucificado e exaltado, juntamente com sua própria capacidade de escrever com poder retórico e poético (como evidenciado em outras partes de sua correspondência), tornam bem possível que ele mesmo tenha escrito essa narrativa de Cristo em forma de poema. Felizmente, uma decisão sobre a autoria não é necessária para entender o texto em si ou seu significado no contexto.

Quanto ao gênero, como observado anteriormente, os estudiosos estão divididos sobre a questão de saber se esse texto é um hino ou parte de um hino. O consenso mais antigo é de que essa questão foi superada à luz de comparações com hinos conhecidos daquela época, mas uma posição definitiva não é possível atualmente. Todos concordariam, porém, que nesse texto temos uma narrativa, e provavelmente seja poética.

Uma palavra sobre o pano de fundo da história está em discussão. Afirmações anteriores de que ela reflete um redentor mítico gnóstico são agora descartadas. Mas os estudiosos discordam sobre o contexto religioso primário do qual o texto emerge e ao qual alude. Três sugestões principais foram feitas: (1) o quarto hino do servo de Is 40-55, com Cristo sendo descrito como o servo sofredor de 52:13—53:12; (2) a história de Adão (Gn 1-3), com Cristo sendo contrastado com a desobediência deste e com a exploração egoísta de seu *status* como imagem de Deus; (3) o culto ao imperador, com Cristo sendo contrastado com imperadores que buscam o poder e as falsas alegações (e.g., divindade e senhorio) feitas por eles e seus admiradores. Não há razão para que todas essas histórias não possam ter influenciado a escrita, o uso e a audição deste texto. Na minha opinião, as alusões deliberadas ao servo sofredor são as mais proeminentes, de modo que o texto é realmente uma peça poética que mescla a pregação cristã primitiva com o quarto hino do servo em Isaías.[20] Mas pode muito bem ter havido uma alusão

---

[20] Veja Richard Bauckham, Jesus and the God of Israel: God Crucified and Other Studies on the New Testament's Christology of Divine Identity (Grand Rapids:

a Adão, intencionada ou ecoada. E pelo menos para Paulo, escrevendo aos filipenses, há pouca dúvida de que ele pretende que o poema seja ouvido como uma homenagem ao único e verdadeiro Senhor — não o imperador — que é igual a Deus.

Assim, essencialmente o texto retrata Cristo, em contraste com o comportamento de autoexaltação de Adão e dos imperadores romanos, como o cumprimento do servo de Deus em Isaías, aquele que era igual a Deus, mas voluntariamente se tornou um ser humano e sofreu na cruz. Ele foi consequentemente exaltado por Deus à posição de Senhor, compartilhando da honra devida somente a Deus, e não a César. Este é, em Filipenses, o evangelho ao qual Paulo se refere repetidamente. É dessa história que ele e os filipenses dão testemunho pregando, vivendo, sofrendo e (talvez) cantando.

Como observado anteriormente, o próprio texto claramente se divide em duas partes principais, ou 'atos' dramáticos, 2:6-8 e 2:9-11, a divisão indicada por "por isso" de 2:9 (cf. Is 53:12). Essas duas divisões principais podem ser referidas como a humilhação de Cristo (cf. Is 52:14—53:9) e sua exaltação (cf. Is 52:13; 53:10-12). O padrão narrativo de humilhação e exaltação mais tarde se torna o padrão também para os crentes (3:10-11), como a estrutura existencial da esperança. A primeira parte da narrativa tem Cristo como o único sujeito de cada verbo, enquanto a segunda parte desloca o sujeito primeiro para Deus, respondendo à atividade de Cristo (2:9), e depois para toda a criação (2:10-11), reagindo à resposta de Deus a Cristo.[21]

Ato I: Humilhação (2:6-8)

Os atos primários de Cristo enumerados em 2:6-8, e indicados em grego pelos únicos verbos principais nestes versículos, são em número de três: "não considerou..." "esvaziou-se..." "humilhou-se". O texto afirma que Cristo tomou a decisão de *não* fazer uma coisa, mas sim (a primeira palavra de 2:7) fazer outra. Esse algo mais veio em dois estágios paralelos, mas distintos, consistindo em duas ações radicalmente autoenvolventes e doadoras: encarnação ("esvaziou-se") e morte

---

Eerdmans, 2009), p. 197-210.
[21] Para uma exibição gráfica do texto de 2:6-11, veja a tabela no cap. 4, p. 125-26 [número de página a conferir].

("humilhou-se"). As outras frases em 2:6-8, todas indicadas em grego com particípios, amplificam o significado dessas ações principais.

Apesar de uma longa história de várias interpretações para 2:6, agora é geralmente aceito que o texto se refere a algo ("a forma de Deus", isto é, 'igualdade com Deus') que o Cristo pré-encarnado tinha, mas optou por não explorar em benefício próprio. (Esse parece ser o sentido da palavra grega incomum *harpagmos*; traduções mais antigas têm várias frases vagas usando a frase "se agarrou".) De fato, provavelmente deveríamos traduzir a referência à igualdade com Deus (grego para *einai isa theō*) como "esta igualdade com Deus" — isto é, a igualdade acima mencionada. Porque o sentido do texto é que Cristo escolheu não explorar algo que ele poderia ter explorado, a primeira frase do versículo deve, por enquanto, ser traduzida como "embora ele fosse em forma de Deus" (NRSV, NAB) em vez da mais ambígua "embora sendo Deus" (NJB).

Da mesma forma, apesar de anos de especulação sobre do que Cristo se esvaziou de acordo com 2:7 (divindade, poder, algum atributo divino etc.), é geralmente aceito que o autoesvaziamento (*kenōsis*, do verbo grego usado aqui) é metafórico, apontando para o completo rebaixamento que o tornar-se humano envolvia para alguém igual a Deus. Isso é confirmado pelas três frases subsequentes: "vindo a ser servo, tornando-se semelhante aos homens. E, sendo encontrado em forma humana". (A frase "embora sendo Deus" em 2:6 está em deliberado contraste com "vindo a ser servo" aqui.) A última dessas frases provavelmente deve ser tomada com o verbo principal em 2:8, "humilhou-se", que é explicado ainda como 'tornar-se' (no grego) "obediente até a morte — até a morte de cruz". Um eco de Is 53:12 — "ele derramou sua vida até a morte" — provavelmente será ouvido aqui.

O que 2:6-8 oferece, então, é uma interpretação da encarnação ("esvaziou-se" etc.) e morte de Cristo ("humilhou-se" etc.), como um padrão de obediência não egocêntrica e de doação, em continuidade básica com a narrativa do servo sofredor de Isaías. Toda a sequência é kenótica, ou esvaziadora, e orientada em estágios de descensão. É um currículo não romano de vergonha, poderíamos dizer, ou *cursus pudorum* — uma maldição de ignomínias.[22] A adição de certo *status* ("sendo

---

[22] Veja Joseph H. Hellerman, Reconstructing Honor in Roman Philippi: Carmen Christi as Cursus Pudorum, SNTSMS 132 (Cambridge: Cambridge University Press, 2005).

Deus") que não é explorado (embora, implicitamente, pudesse ter sido) torna o padrão de obediência auto-humilhante ainda mais radical. Esse padrão pode ser representado da seguinte forma —

embora *x*, não *y*, mas *z* —

onde *x* representa um *status* possuído, *y* representa uma ação egoísta não realizada, e *z* representa uma ação alternativa e altruísta (em dois movimentos, autoesvaziamento e auto-humilhação; z_1 e z_2, por assim dizer). Há ecos desse padrão em outras partes de Paulo. O padrão completo também aparece em forma abreviada como 'não *y*, mas *z*', como acabamos de ver em 2:3-4.[23]

Assim como o padrão de humilhação e exaltação, Paulo usará o padrão de 2:6-8 — na verdade, ele já o usou repetidamente — para descrever a norma para a vida em Cristo.[24] O exemplo mais claro é o paralelo entre 2:6-8 e 2:3-4, mencionado anteriormente. A partir de seu uso em 2:3-4, em outros lugares na carta aos Filipenses, bem como em outras cartas, vemos que Paulo claramente pretende que seus leitores o interpretem como o padrão de amor cruciforme, encontrado primeiro em Cristo — embora a palavra 'amor' não apareça em 2:6-11.

Além disso, ao introduzir a palavra "obediente" em 2:8, o texto enfatiza a imagem do escravo/servo (2:7) e interpreta a morte de Cristo como sua obediência fiel, provavelmente em contraste com a desobediência de Adão (cf. Rm 5:12-21, especialmente 5:19). Também leva Paulo, no contexto imediato, a se referir à obediência dos crentes (2:12) e, posteriormente, à fidelidade de Cristo (3:9). Em outras palavras, Paulo interpreta a morte de Cristo não apenas como um ato de amor, mas como um ato de obediência (voluntária! — cf. 2:6), e ele espera que tal obediência voluntária seja o padrão da existência dos crentes também. A história do Messias é de vulnerabilidade radical e mobilidade descendente.

---

[23] Para 'embora x, não y, mas z', veja 1Ts 2:7-8 e 1Co 9 (esp. v. 19) em referência a Paulo. Para o padrão abreviado 'não y, mas z', veja Rm 15:1-3 em referência tanto a Cristo quanto aos crentes. Paulo também usa outras formas abreviadas desse padrão. Para 'embora x, z', veja 2Co 8:9 em referência a Cristo. Para simplesmente 'z', veja Gl 1:4 e 2:20 em referência a Cristo, e 2Co 12:15 em referência a Paulo.

[24] Fp 1:21-26; 2:3-4, 20-21, 26-27.

Claramente, essa atividade de autoesvaziamento e auto-humilhação vai contra as concepções normais de divindade, quer seja romana quer não. Por essa razão, a frase de abertura, *"embora* sendo Deus", expressa bem o caráter não intuitivo do que o Messias Jesus fez. Mas o grego também permite a tradução *"porque* ele era em forma de Deus". Se essa tradução é preferível, então Paulo está dizendo que Cristo fez o que Ele fez não como uma surpreendente *contradição* de sua divindade, mas como uma *manifestação* chocante de sua divindade. Nas palavras de N. T. Wright, a "ênfase teológica real do hino... não é simplesmente uma nova visão de Jesus. É uma nova compreensão de Deus... [A] encarnação e mesmo a crucificação devem ser vistas como veículos apropriados para a autorrevelação dinâmica de Deus".[25]

Qual tradução está correta? A resposta é provavelmente 'ambas.' A *kenosis* de Jesus em sua encarnação e morte é uma atividade que normalmente não associamos com a divindade e, ao mesmo tempo, a atividade da verdadeira divindade (cf. 1Co 1:18-25). *Embora* não esperemos que Deus seja tão vulnerável, essa atividade de doação total em amor ocorreu *porque* revela, de fato, a natureza de Deus.

Ato II: Exaltação (2:9-11)

Em 2:9-11, o poema descreve a resposta em dois estágios à morte voluntária, obediente e reveladora de Cristo: exaltação por Deus e aclamação pela criação. A expressão "por isso" enfatiza a exaltação de Deus como uma consequência direta da obediência de Cristo (uma promessa implícita também para os crentes). Há aqui um eco claro do hino do servo sofredor:

Vejam, meu servo agirá com sabedoria;
será engrandecido, elevado, e muitíssimo exaltado (Is 52:13).

Por isso lhe darei uma porção com os grandes, e ele dividirá os despojos com os fortes; porquanto ele derramou sua vida até a morte (Is 53:12).

Nesses textos, Deus recompensa e exalta o servo por cumprir sua missão ao morrer. Alguns se perguntam se Deus exalta Cristo a uma

---
[25] N. T. Wright, The Climax of the Covenant (Mineápolis: Fortress, 1993), p. 84.

posição 'mais alta' ou diferente da "igualdade com Deus" que ele possuía de acordo com 2:6. Isso é improvável; a ação consequente de exaltação (a recompensa bíblica típica para os humildes) é antes a alternativa a qualquer ação divina que teria sido apropriada se o Cristo encarnado tivesse desobedecido ao Pai.

De qualquer forma, o que segue a exaltação de Cristo é expresso em linguagem tirada diretamente de Is 45:23, onde o Senhor (YHWH) proclama:

Por mim mesmo eu jurei,
a minha boca pronunciou com toda integridade uma palavra que não será revogada:
"Diante de mim todo joelho se dobrará, junto a mim toda língua jurará".

Esse texto aparece dentro de uma das mais poderosas exposições do monoteísmo hebraico na Bíblia (Is 45), na qual o Senhor Deus de Israel (YHWH) chama todos os outros deuses de falsos, reivindicando somente para si toda honra e louvor. Para o autor de Fp 2:6-11 (seja Paulo ou outro), para os primeiros cristãos, e para o próprio apóstolo, transferir esse texto e sua confissão de senhorio para Jesus foi um movimento sem precedentes e provavelmente blasfemo, sob uma perspectiva judaica. A exaltação de Jesus por Deus é expressa na concessão do nome — o nome divino "Senhor" (gr. *kyrios*) — para Jesus (2:9). De agora em diante, Jesus compartilha o nome, o caráter, o reinado e a honra que pertencem somente a Deus. Ele revelou como é o 'senhorio' do Senhor realmente. (Cf. Mc 10:45: "pois nem mesmo o Filho do Homem veio para ser servido, mas para servir"). A aclamação universal ao senhorio de Jesus, a adoração a Ele de joelhos (2:10) não rouba o som trovejante de Deus Pai. Na verdade, o que diz o poema, é exatamente o contrário; a confissão universal de que "Jesus Cristo é o Senhor" (2:11) — o que provavelmente já foi dito em muitas igrejas primitivas (veja, e.g., 1Co 12:3) — é feita *"para a glória de Deus Pai"* (2:11, ênfase adicionada).

Podemos resumir nossa consideração de 2:6-11 e seu papel na carta em quatro pontos principais:

• O poema de Cristo é a história magna de Paulo.

- O poema de Cristo é a peça central de Filipenses.
- Filipenses é uma extensa exegese do poema, cuja linguagem e imagens permeiam a carta.
- Paulo quer que os filipenses, e todas as pessoas e comunidades em Cristo, sejam uma exegese viva do poema.

O fiel testemunho da comunidade e de Paulo (2:12-18)

Conforme mencionado na discussão de 1:27-30, o texto de 2:12-18 contém ecos dessa passagem, bem como 2:1-5 e 2:6-11, sugerindo que a preocupação primordial de Paulo em todo o texto de 1:27—2:18 é a unidade, integridade e fidelidade missional da comunidade em face da oposição.

Paulo explicitamente conecta esta seção ao poema anterior de Cristo com a palavra de ligação "assim" e a menção de obediência (2:12). Embora na versão NTLH Paulo esteja dizendo "vocês que me obedeceram sempre quando eu estava aí" (2:12), o texto grego não tem a palavra 'me [eu]'. Em outras palavras, Paulo diz que os filipenses até agora têm sido fiéis e obedientes, tal como Cristo (2:8), quer Paulo estivesse presente, quer não (cf. 1:27), e agora eles devem continuar sendo fiéis. Este é o significado do imperativo (plural) "ponham em ação a salvação de vocês com temor e tremor" (2:12), também um eco do discurso de Paulo (1:28). Essa incorporação obediente do caráter cristão dos filipenses é necessária para garantir sua salvação final. É possível porque Deus está trabalhando 'entre vocês' ou 'em sua comunidade' (como em 2:5, e melhor do que o "em vocês" encontrado na maioria das traduções) tanto para desejar quanto para realizar a vontade de Deus (2:13).

Paulo então retorna ao tema da unidade e preocupação mútua — sem queixas ou discussão (2:14) — como necessário para um testemunho coletivo com integridade "no meio de uma geração corrompida e depravada" (2:15; cf. Dt 32:5). (É lembrado novamente João 17, no qual a unidade pela missão também é o tema.) A missão da igreja de Filipos é "brilhar como estrelas no universo", o que provavelmente é uma alusão ao tema de Isaías de ser uma luz para os gentios/nações (e.g., Is 49:6; 55:4-5), e que aparece também na tradição do evangelho (Mt 5:14). Paulo julgará seu próprio sucesso como apóstolo — e será julgado por Cristo, ele deduz — com base na fidelidade dos filipenses (e de outros) em "resistir" (KJV; cf. NJB) ou "retendo" (NRSV; cf. NVI e a maioria das traduções) a "palavra da vida" — o evangelho vivificante preservado no poema (2:16).

Os estudiosos debatem essas duas opções (e especificamente a tradução do verbo grego *epechō*), mas a diferença prática para os filipenses é inexistente. Paulo quer que seu testemunho público seja consistente; eles se manterão firmes, e somente se estiverem bem unidos eles se manterão firmes. Alguns estudiosos argumentam que Paulo não queria que suas comunidades 'evangelizassem', uma vez que (talvez além desse texto) ele não lhes diz explicitamente para fazê-lo. Mas se o silêncio era a norma, por que os filipenses (e outros crentes primitivos) foram perseguidos? É possível imaginar que eles não explicassem sua fé ou não desejassem que outros compartilhassem sua fé? É possível que Paulo seria, na melhor das hipóteses, neutro sobre a partilha da fé dos filipenses em palavras e ações? As circunstâncias da comunidade filipense a que esta carta dá testemunho argumentam contra tal interpretação.[26]

Enquanto os filipenses permanecerem fiéis ao poema de Cristo, Paulo se regozija em sua parte na oferta de sua fé como sacrifício a Deus (2:17-18). Ele vê a si mesmo (seja por causa de seu ministério em geral, seu sofrimento em particular, ou seu possível martírio) como uma libação — um derramamento de vinho ou óleo em um fogo de sacrifício. Ou seja, Paulo e os filipenses compartilham juntos a experiência comum de obediência fiel a Deus que inclui sofrimento (cf. 1:29-30), mas sofrimento com alegria. Em outras palavras, juntos eles continuam a história do sofrimento fiel e missionário de Jesus, o servo de Deus, narrado no poema.

2:19-30. Dois exemplos vivos do poema de Cristo

Depois de retratar Cristo como o servo paradigmático a ser imitado e o Senhor exaltado a ser obedecido, e depois apontar a necessidade de compartilharem juntos a vida cruciforme, Paulo fornece dois exemplos dessa vida: Timóteo e Epafrodito. Ele faz isso enquanto realiza a tarefa mais humana de discutir seus planos (não) de viagem — o envio de emissários até que ele possa retornar a Filipos.

---

[26] Veja mais em meu livro Becoming the Gospel: Paul, Participation, and Mission (Grand Rapids: Eerdmans, 2015), p. 106-41.

Timóteo (2:19-24)

As palavras de Paulo sobre Timóteo (2:19-24) revelam sua profunda estima por seu assistente mais jovem. Aguardando seu próprio destino e depois uma eventual visita a Filipos, Paulo espera em breve enviar Timóteo para obter uma atualização positiva sobre a fidelidade da igreja no evangelho (2:19, 23-24). Paulo caracteriza Timóteo nas palavras de amor altruísta e cristão que ele usou em 2:1-4: "Não tenho ninguém que, como ele, tenha interesse sincero pelo bem-estar de vocês" (2:20), não buscando seus próprios interesses (2:21). A inusitada oposição de "seus próprios interesses" e "os de Jesus Cristo" em 2:21 sugere que Paulo identifica de perto a preocupação com os interesses dos outros e a preocupação com os interesses de Cristo. Como Timóteo, Paulo sugere, aqueles que desejam servir a Cristo, o Senhor, devem fazê-lo servindo aos outros, assim como Timóteo serviu com Paulo (2:22).

Epafrodito (2:25-30)

Ainda mais próximo está Epafrodito, que trouxe a Paulo a oferta dos filipenses (4:18) e a quem Paulo também estima profundamente (2:25-30). Epafrodito recebe cinco títulos: irmão de Paulo, cooperador e companheiro de lutas, bem como mensageiro dos filipenses (*apostolos*, 'emissário') e ministro para as necessidades de Paulo. O ministério de Epafrodito também é descrito em termos semelhantes a Paulo e especialmente semelhantes a Cristo. Como Paulo, Epafrodito tem "saudades" dos Filipenses (2:26; cf. 1:8), e como Cristo, seu ministério e "amor à causa de Cristo" (2:30) o levou ao ponto (neste caso à 'beira [quase]') da morte — *mechri thanatou* (2:30, como em 2:8; cf. 2:27). Ele arriscou sua vida — embora não fique claro exatamente como ele fez isso, assim como a relação (se houver) desse evento com sua doença quase fatal (2:26-27); as duas referências ao encontro de Epafrodito com a morte podem ou não se referir ao mesmo episódio. Não importando o que tenha exatamente acontecido, é claro que Paulo se alegrou com a recuperação da doença de seu amigo e o está enviando (com a carta), ou o enviará, para que os filipenses também fiquem aliviados (2:28). Mais importante, Paulo exorta os filipenses a recebê-lo e a honrá-lo com todo e qualquer paradigma de amor semelhante ao de Cristo (2:29).

RESUMO DE FILIPENSES 1–2

Encontramos em Filipenses 1–2 o tema consistente de sofrimento e amor semelhantes a Cristo (cruciforme) como a marca da vida em Cristo, seja na vida de Paulo, dos Filipenses como uma comunidade, ou de Timóteo e Epafrodito. Algumas dimensões específicas dessa vida que Paulo enfatiza são as seguintes:

- O sofrimento por Cristo/pelo evangelho é uma ocasião de alegria e confiança de que Deus completará a obra de fé iniciada na Igreja. De fato, sofrer por Cristo/pelo evangelho é uma graça que pode realmente fazer avançar o evangelho.
- Os crentes vivem para magnificar Cristo na vida ou na morte, e devem ver a morte como uma partida para estar com Cristo.
- O evangelho de Paulo (conforme resumido em sua história principal, o poema em Fp 2:6-11) descreve Cristo como o pré-encarnado que não explorou seu *status* de igualdade com Deus, mas amorosa e obedientemente se esvaziou e se humilhou na encarnação e na morte.
- O evangelho também proclama a exaltação de Deus do Cristo crucificado à posição de Senhor.
- Como cidadãos da cidade imperial de Deus, os crentes honram Cristo como Senhor, procurando viver dignamente do evangelho, incorporando o amor altruísta e respeitoso de Cristo em sua comunhão.
- A unidade que esse amor cria une os crentes em testemunho fiel para um mundo hostil.
- A Igreja deve honrar e imitar aqueles que fielmente encarnam o padrão do amor de Cristo.

3:1—4:1. O poema de Cristo e os inimigos da cruz

Filipenses 3 é bem conhecido por suas extensas observações autobiográficas paulinas no contexto de alertar os filipenses sobre "os cães" (3:2). Aqueles que encontram partes de várias cartas em Filipenses frequentemente apontam para o aparente começo do fim em 3:1, seguido pelo discurso inesperado e longo de 3:2 a 3:21 (ou 4:1). Entretanto, por mais que expliquemos a aparente estranheza que é o texto de 3:1, o restante do capítulo 3 está claramente relacionado a tudo o que está nos capítulos 1 e 2 e especialmente a 2:6-11. Como nos dois primeiros capítulos, Paulo descreve, também no capítulo 3, a vida em Cristo como aquela moldada pela narrativa de Cristo encontrada no poema. Agora, porém, a ênfase não está no amor, mas na fé e na esperança.

Como Filipenses já indicou (1:15-18), e algumas das outras cartas de Paulo confirmam (e.g. Gl 1:7-9; 2Co 10—13), ele tinha 'rivais' — outros missionários cujos métodos e mensagens divergiam dele. Ele tolerou alguns desses pregadores, mas outros não, pois para Paulo eles pregavam outro evangelho que na realidade não era evangelho algum. Os pregadores que mais provocaram sua ira foram aqueles irmãos judeus que tentaram complementar o evangelho do Cristo crucificado e seu Espírito com a exigência de que os gentios aderissem à lei judaica, especialmente a circuncisão (veja particularmente Gálatas e, talvez, também Colossenses). De todos os possíveis candidatos para aqueles sob ataque em Filipenses 3, esse tipo de mestre é o mais provável.[27] Aqueles que leem as reprimendas de Paulo hoje devem se lembrar especialmente de três coisas: que os impropérios eram uma parte normal da retórica antiga; que Paulo está criticando pessoas específicas, não todos os judeus ou o judaísmo em si mesmo; e que as afirmações positivas de Paulo sobre a vida em Cristo constituem o foco e o aspecto mais importante do capítulo.

Transição (3:1)

Pode não haver explicação completamente satisfatória para a combinação de elementos neste versículo — a palavra "finalmente", a frase "alegrem-se no Senhor" e a frase sobre escrever "as mesmas coisas" como salvaguarda para os filipenses — e sua conexão com o que se segue. Pode ser que a palavra traduzida por "finalmente" deva ser traduzida como 'E agora para o assunto restante', ou 'mais uma vez': "alegrem-se no Senhor". O aparecimento do tema da alegria não deve nos surpreender, e pode ser que Paulo acredite que o melhor antídoto para o problema que ele está prestes a descrever seja a receita que ele sempre prescreveu: a alegria de sofrer fielmente por Cristo, não importa qual seja o tipo de oposição.

---

[27] Uma visão mais antiga é que Paulo está se opondo aos crentes gnósticos. Alguns estudiosos encontraram evidências de vários oponentes, incluindo não apenas 'judaizantes' (como alguns os chamam incorretamente) e gnósticos, mas também 'perfeccionistas' (veja 3:12) e 'antinomianos' (veja 3:18-19). Mas a polêmica unificada de 3:1—4:1 argumenta contra vários oponentes.

Conhecendo Cristo: A vida de fé (3:2-11)

Não é certo se alguns "cães" já tivessem se colocado à frente dos filipenses, por assim dizer, ou se Paulo está simplesmente alertando-os sobre possíveis problemas (observe "cuidado" três vezes em 3:2). Seus três rótulos: cães, esses que praticam o mal, aqueles que praticam o mal [falsa circuncisão] (lit. "a mutilação", como na NAB) — sugerem, respectivamente, sua impureza, seu impacto negativo e seu foco errôneo na circuncisão. Os insultos de Paulo também revelam sua fluência na ironia: os judeus (e alguns crentes judeus?) às vezes se referiam aos gentios como cães e os acusavam de fazer o mal, enquanto a palavra "mutilação" (*katatomē*) é um jogo de palavras com "circuncisão" (*peritomē*).[28] Paulo afirma em 3:3 que "nós" somos de fato "a circuncisão" (cf. Rm 2:25-29), sendo o pronome "nós" uma referência para aqueles que estão em relacionamento com Deus (o Pai), Cristo e o Espírito (3:3) à parte da confiança na carne — isto é, na circuncisão ou qualquer outra coisa em um suposto fundamento humano para a confiança diante de Deus. Paulo e os filipenses "gloriam-se" em Cristo Jesus e, ele sugere, na cruz de Cristo (cf. 1Co 1:31; Gl 2:15-21; 5:2-12).

Paulo rejeita categoricamente a "carne" — conquista e *status* humanos — como motivos para confiança diante de Deus mesmo para aqueles (como ele) que podem possuir tais realizações e posição (3:4). Em uma rara exibição de seu antigo *status* e orgulho étnico, Paulo, ao se retratar de maneira quase cristã, como alguém que alcançou um certo *status*, passou a considerar essa condição de maneira distinta, ao demonstrar sua nova percepção por meio de uma decisão de assumir o sofrimento. É uma versão do padrão 'embora *x*, não *y*, mas *z*' de 2:6-8. (O qualificador 'quase' é necessário porque há diferenças claras entre a história de Cristo e a de Paulo, embora cada uma seja exemplar à sua maneira.) Nesses versículos, então, Paulo narra seu próprio esvaziamento, sua morte cruciforme do velho eu e a ressurreição para uma nova vida, sua conversão cruciforme. Em uma palavra, ele narra sua chegada à fé, mas não simplesmente para compartilhar seu testemunho. Ao retratar a graça de Deus em sua transformação, Paulo está

---

[28] O versículo também contém aliteração e assonância paralelas, demonstrando habilidade retórica adicional: blepete tous kynas, blepete tous kakous ergatas, blepete tēn katatomēn ('cuidado com os cães, cuidado com os malfeitores e cuidado com os destruidores da carne').

apresentando a si mesmo como uma crítica aos mestres errantes e um exemplo para todos.

Em 3:5-6, Paulo tenta mostrar que ele era tão justo pelos padrões humanos, tão plenamente membro da aliança quanto alguém poderia ser: um israelita devidamente circuncidado, originário de uma excelente linhagem (tribo de Benjamim); com laços estreitos com a terra, língua e cultura de Israel ("verdadeiro hebreu"); comprometido em promover e observar a Lei como um fariseu; tão zeloso pela pureza de Israel a ponto de perseguir o movimento rebelde chamado "a igreja" (cf. Gl 1:13-14). Os versículos seguintes (3:7-11) narram a mudança radical de perspectiva de Paulo (observe três vezes "considerem", "considerou", "considero" como em 2:6 e 3:7, 8 [duas vezes]), que ocorreu desde que ele encontrou Cristo. Considerada em termos econômicos, a história é de 'ganhos' (os benefícios religiosos e sociais derivados de suas razões para confiar na carne) agora sendo percebidos como "perda" e, de fato, de "todas as coisas" sendo equiparadas a uma perda em comparação com o único recurso de 'ganhar' ou 'conhecer' a Cristo (3:8). No entanto, essas perdas não são todas questões de percepção; Paulo de fato perdeu "todas as coisas" (3:8); ele perdeu qualquer ganho associado às suas várias conquistas, associações e outros indicadores de *status*. Essas coisas ele agora considera como "esterco" (3:8) — traduzido como 'refugo', na NSRV.

Paulo agora revela o centro de sua própria espiritualidade: conhecer Cristo (3:8, 10) e ser encontrado nele (3:9). A última frase que Paulo relaciona o termo "justiça", ou estar em um relacionamento adequado, com o Deus da aliança. Ele abandonou o caminho anterior, derivando de (sua versão de) sua conformidade com a Lei, que ele diz ser de fato sua própria justiça. Ele agora tem uma nova justiça, cuja fonte não é a Lei, mas "fé em Cristo" (NRSV, NAB) ou, mais provavelmente, "a fé de Cristo" (NRSV [nota da margem]): "A fidelidade de Cristo" (NET). O espaço não permite uma discussão completa do extenso debate sobre essa frase em 3:9, então será suficiente dizer que um número crescente de estudiosos prefere a leitura "a fé de Cristo" (como também em passagens paralelas em Rm 3 e Gl 2—3). Se essa leitura estiver correta, significa que para Paulo a fé (plenitude) ou obediência de Cristo expressa em sua morte (2:8), ao invés da circuncisão ou guarda da Lei, é a base para ser um membro do povo da aliança de Deus. Aqueles que têm fé

(3:9) no evangelho são assim "encontrados nele [Cristo]" e participam de sua morte vivificante e de todos os seus benefícios.

O que leva à outra frase, "conhecer a Cristo". Paulo explica o que ele quer dizer com isso em 3:10-11. É participar da morte e ressurreição de Cristo, a primeira agora, a última depois, correspondendo ao padrão de exaltação e humilhação de 2:6-11. O "poder da sua ressurreição" será experimentado por Paulo (e todos os crentes) como "a ressurreição dentre os mortos" (3:11), mas somente se ("de alguma forma") eles participarem de seus sofrimentos e morte no presente (cf. Rm 8:17). No entanto, mesmo agora, esse poder da ressurreição pode ser experimentado como a força para suportar o sofrimento (veja 4:13). Isso pode assumir a forma específica de sofrimentos literais ou a forma mais geral de conformidade com sua morte — seguindo o padrão de amor cruciforme e altruísta. Tal vida de morte é, de fato, a vida de fé, a fé do evangelho (1:27), o evangelho da fé obediente de Cristo e amor abnegado que culminou em sua ressurreição e exaltação por Deus.

Em busca de Cristo: a vida de esperança (3:12—4:1)

Ao contrário, talvez, de seu próprio sentido anterior de ter 'alcançado', e talvez também em oposição às alegações de seus rivais, Paulo se sente compelido a insistir que a ressurreição dos mortos (e o estado de conclusão ou perfeição [3:12, *teteleiōmai*; NRSV, "atingiu o objetivo"] que traz) ainda é uma esperança, não sendo algo que ele e os filipenses já alcançaram (3:12). Jogando com formas do verbo 'obter' e imagens do atletismo, no entanto, Paulo insiste (falando representativamente para todos os crentes, como em Gl 2:18-21) que seu objetivo real é avançar em direção ao alvo, "mas prossigo para alcançá-lo, pois para isso também fui alcançado por Cristo Jesus" (3:12). O objetivo exato ou "prêmio" (3:14) tem sido objeto de debate, mas no contexto deve ser entendido como a promessa de ressurreição e exaltação que é a culminância do chamado de Deus em Cristo, sendo subsequente à presente vida de cruciformidade. É a cristificação escatológica final (e talvez, portanto, em última análise, deificação). Paulo assume que todos os verdadeiramente completos ou "maduros" (NRSV e NVI em 3:15, traduzindo *teleioi*; NAB, "perfeita maturidade") — talvez um termo usado por seus rivais — adote essa disposição centralizada em Cristo (o verbo *phroneō* é usado duas vezes) e se ligue à mensagem de justiça baseada na morte

Filipos: A via Egnácia

de Cristo e no padrão de morte seguida pela ressurreição (3:15-16). Perder isso seria desperdiçar o que já foi ganho — o conhecimento de Cristo e a participação nele.

O pensamento de que alguns filipenses podem não atender à advertência "vivamos no que alcançamos" leva Paulo a fazer um apelo para que eles se tornem "[companheiros] imitadores" (*symmētai*) dele mesmo e de outros (e.g., Timóteo e Epafrodito) como ele o faz (3:17). Paulo pode realmente querer dizer 'companheiros imitadores de *Cristo* [o que não aparece explicitamente no texto] comigo', pois esse não é apenas o sentido da palavra incomum que ele usa, mas também o ponto que ele apresenta em outro lugar (1Co 11:1). Esse tipo de imitação significa centrar-se na cruz, ao contrário daqueles "inimigos da cruz" (3:18) os quais Paulo agora critica. Se esses "inimigos" são os "cães" de 3:2, os perseguidores da Igreja, ex-crentes que retornaram à idolatria e à imoralidade ("o seu deus é o estômago... é vergonhoso", 3:19), ou todos os já mencionados, o argumento de Paulo é claro: os crentes devem sempre ser amigos da cruz.

Pois é esse Cristo crucificado, e nenhum outro, que é o Senhor e Salvador vindouro (3:20). Ele agora está exaltado no céu, de onde retornará e onde está situada a "cidadania" dos crentes ou, melhor, a "comunidade" (NRSV mg.; gr. *politeuma*). Eles não são cidadãos do império e da cultura de Roma, que pretende oferecer ao mundo um Salvador e Senhor na pessoa do imperador. Eles não são uma comunidade de poderosos. Eles são parte da comunidade do céu, do verdadeiro Senhor, e assim seu *status* atual é ser um corpo caracterizado pela 'humilhação', como foi o de seu Senhor enquanto esteve na terra (2:6-8). Mas essa situação mudará, pois, o padrão da humilhação-exaltação de Cristo narrado no poema também se tornará o padrão dos crentes. Seu Salvador os transformará com seu poder divino, para que seu corpo compartilhe de sua glória (cf. 1Co 15:42-54).

Tal mensagem — de humilhação terrena seguida de glória escatológica — motiva Paulo a suportar sua prisão e exortar sua amada família em Cristo, de Filipos, a que "permaneçam assim firmes no Senhor" (4:1) — o caminho da cruz.

4:2-9. Exortações para viver o poema de Cristo

A parte final da carta de Paulo (4:2-23) consiste em uma série de exortações e saudações em torno de uma imensa expressão de agradecimento pelo apoio financeiro dos filipenses a Paulo. Antes de reconhecer suas ofertas em 4:10-20, Paulo oferece algumas palavras finais de conselho em 4:2-9 que, de várias maneiras, resumem os temas da carta.

Harmonia: Evódia e Síntique (4:2-3)

Não se sabe muito sobre as duas mulheres que Paulo menciona nesses versículos, exceto que ele as vê como suas companheiras de lutas (usando a imagem atlética mais uma vez) e obreiras no evangelho. Com Clemente (4:3), elas poderiam ser contadas entre os administradores/bispos e diáconos/ministros da igreja (1:1). Os nomes de todos os três são de origem gentia. As mulheres obviamente chegaram a algum tipo de desavença nociva, e Paulo vê o tratamento mútuo entre elas ou a situação daí resultante, ou ambas as situações, como algo incompatível com o viver cristão. Embora não fosse algo que colocasse em perigo a salvação delas — seus nomes ainda estão escritos no livro da vida (uma imagem bíblica comum para a lista dos eleitos, bem como um termo cívico para os cidadãos de uma cidade) —, o caso chama a atenção de Paulo seriamente. Ele exorta cada uma das mulheres individualmente para que "vivam em harmonia [*to auto phronein*] no Senhor" (4:2), linguagem alçada da exortação geral para uma disposição cristã de humildade, amor e unidade em 2:1-5 (*to auto phronein*, 2:2; em Cristo [Jesus], 2:1, 5). Assim, as mulheres não devem apenas concordar superficialmente, mas demonstrar um amor cruciforme. Paulo também pede ao seu "leal companheiro" (*gnēsie syzyge*) — provavelmente uma referência a toda a igreja, mas possivelmente uma tradução errada do nome próprio Syzygus — para ajudar na reconciliação. A contenda entre os líderes é uma questão de preocupação para toda a igreja.

Alegria e paz (4:4-7)

Paulo continua com exortações gerais sobre a alegria, tema tão proeminente na carta, e a paz. Para um apóstolo preso e uma igreja perseguida, os dois pertencem um ao outro. "Alegrem-se" (falado duas vezes) é um imperativo bíblico apropriado para aqueles cuja confiança está "no Senhor", não importam as circunstâncias — e, portanto, "sempre" (4:4). A certeza da presença e do breve retorno do Senhor (que "perto está", 4:5; cf. Sl 34:18; 145:18) permite que os crentes lidem tanto externamente com os outros quanto internamente consigo mesmos e seus próprios temores.

As relações dos crentes com os outros — todos, incluindo os perseguidores — devem ser caracterizadas pela amabilidade (4:5). Embora Paulo use uma palavra incomum, a ideia reflete sua convicção de que tal tratamento para com os outros é o caminho de Cristo (2Co 10:1) e o fruto do Espírito (Gl 5:22-23); qualquer outra coisa (como raiva ou retaliação) iria contradizer o evangelho em que eles acreditam, recitam e encarnam. A vida interior dos crentes deve ser caracterizada por uma paz acima da razão, que vem de Deus para aqueles que estão em Cristo (4:6) e que lidam com a ansiedade, como Paulo já havia demonstrado — com orações de súplica e ação de graças (1:3-11). Quem está em Cristo experimenta a paz interior não apenas como uma emoção, mas também como seu modo fundamental de existência; em Cristo, o Deus da paz (*shalom*; veja 4:9) deu início à paz de Deus (4:7). Aqueles que vivem fielmente de acordo com o evangelho podem colocar seu corpo em risco, mas Deus protege seu coração e sua mente.

Para não banalizar essas advertências e 'promessas', os leitores contemporâneos dessa passagem devem ter o cuidado de lembrar as circunstâncias em que Paulo estava escrevendo essas palavras e aquela em que os filipenses as ouviam. Era uma época de sofrimento, e as tentações de maltratar os outros e de provocar medo eram grandes.

Bondade (4:8-9)

Finalmente (embora não exatamente, mais uma vez), Paulo compõe uma breve chamada aos pensamentos dignos e virtuosos (4:8; "verdadeiro... nobre" etc.) que pega um pouco desprevenida qualquer pessoa familiarizada com a literatura antiga. Depois de todas as palavras de Paulo, implicando críticas aos valores romanos pagãos, aqui ele escreve como um bom estoico romano. Dois aspectos sobre essa aparente anomalia merecem destaque. Primeiro, Paulo não está inesperadamente colocando seu selo de aprovação em *todos* os valores pagãos, mas apenas no que ele considera o *mais alto e melhor* no pensamento e na cultura pagã. Em segundo lugar, a adição do v. 9 ao v. 8 explica o chamado para incorporar as mais altas virtudes seculares como fundamentalmente um chamado para seguir o exemplo de Paulo e, portanto, de Cristo. Na medida em que essas virtudes universalmente reconhecidas são encontradas e definidas por Paulo como representativas de Cristo, sua origem divina deve ser reconhecida, e sua adoção no pensamento e vida garantirá a presença do Deus de paz (4:9) e, assim, a paz de Deus (4:7).

4:10-20. A COMUNIDADE NO POEMA DE CRISTO

Conforme ressaltado nas observações introdutórias, alguns intérpretes de Filipenses acreditam que a carta realmente se resume às finanças. Sempre pareceu estranho aos leitores, no entanto, que os agradecimentos de Paulo pela ajuda monetária apareçam tão tardiamente na carta. Como observado anteriormente, essa estranheza levou alguns a postular uma carta separada de agradecimento, agora incorporada ao conglomerado que chamamos de 'a carta aos filipenses'. Mas um estudo recente de antigas convenções sociais em torno da amizade, patrocínio e doação de presentes sugere que Paulo estava seguindo a etiqueta de sua época em adiar a questão de finanças até o fim. Além disso, é provável que Paulo, embora grato, nunca se sentisse completamente à vontade com o apoio financeiro para seu ministério, preferindo, por vários motivos, sustentar a si mesmo. Mais importante, porém, o adiamento desse tópico até o fim sinaliza que para Paulo a questão do dinheiro era apenas uma dimensão da "parceria [*koinōnia*] no evangelho" (1:5) que ele e os filipenses compartilhavam. No entanto, Paulo não pode deixar de agradecer e conectar suas circunstâncias e o dom à história de Cristo.

O contentamento cruciforme de Paulo (4:10-14)

As palavras de agradecimento de Paulo não começam, como alguns pensaram, com uma repreensão sutil pelo atraso dos filipenses em sua preocupação, mas com agradecimento genuíno por sua preocupação ininterrupta poder novamente encontrar expressão concreta (4:10). Sua temporária falta de oportunidade provavelmente se deveu não à pobreza, mas a uma intensificação da perseguição (cf. 2Co 8:1-5), uma aflição que talvez tivesse diminuído, mas não cessado. Na verdade, Paulo passa a explicar com bastante eloquência que ele aprendeu, através dos altos e baixos de seu ministério, o segredo do contentamento em toda e qualquer circunstância (4:11-12); ele não pode, assim, abrigar ressentimentos.

Apesar do uso de outro termo estoico (*autarkēs*, 4:11), que significa estar "contente" (ARA, NAA) ou "adaptar-me", Paulo não está adotando uma atitude estoica tradicional de apatia e autoconfiança diante das más circunstâncias. Ao contrário, esses tempos de humilhação (*tapeinousthai*, um eco do verbo "humilhou-se" em 2:8) e abundância, fome e fartura, foram os mestres de Paulo. Ele aprendeu a se identificar com o sofrimento de Cristo narrado no poema e a confiar na força ilimitada de Alguém (4:13, provavelmente implicando especificamente Cristo, o Senhor — i.e., "o poder de sua ressurreição", 3:10). Essas lições, entretanto, não tornaram o apóstolo indiferente à assistência (4:15).

Assim como, ao considerar a primeira parte do capítulo 4, os leitores modernos também devem ter cuidado para não relativizar essa passagem nem tampouco perder seu poder.[29]

---

[29] Por exemplo, o lema da equipe de atletismo de uma escola secundária cristã, "Posso todas as coisas em Cristo que me fortalece", pode ser verdadeiro, mas consideraria as afirmações de Paulo no contexto com suficiente critério?

A doação cruciforme dos filipenses (4:15-20)

Paulo continua sua expressão de profunda gratidão pela doação dos filipenses, mas o faz com cautela para não ser considerado ganancioso. Em última análise, suas palavras são tanto palavras de elogio e bênção quanto de agradecimento. Depois de lembrar aos filipenses de seu apoio solidário concedido a ele nos primeiros dias de seu ministério, mesmo em sua visita a Tessalônica, imediatamente após seu tempo em Filipos (4:15-16; cf. At 17:1), Paulo diz a eles que sua apreciação por essas doações passadas e presentes é realmente para o benefício que se reverte para eles, não para ele (4:17). No entanto, o donativo deles, trazido por Epafrodito, lhe permitiu um período de (relativa) abundância (4:18).

Embora claramente agradecido, Paulo não enfatiza o relacionamento que a dádiva pode criar entre ele e os filipenses, mas o relacionamento entre os filipenses e Deus que ele representa. É uma oferta de sacrifício a Deus mais do que um donativo para Paulo (4:18). É uma dimensão importante de sua vida de fé que, em sua totalidade, é uma oferta de sacrifício a Deus (2:17). A generosidade dos filipenses é uma expressão de seu desejo de participar não apenas da missão de Paulo, mas de Deus, a *missio Dei*. Por essa razão, é Deus e não Paulo aquele que recompensa sua doação sacrificial, fiel e à semelhança de Cristo (4:19; cf. 2Co 8:1-5, cujo contexto enfatiza ainda mais explicitamente a generosidade cruciforme dos macedônios). O papel de Paulo é simplesmente prometer a bênção bem como a provisão de Deus (4:19) e oferecer glória ao "nosso Deus e Pai" (4:20; cf. 2:11).

4:21-23. SAUDAÇÕES E BÊNÇÃOS

Paulo conclui sua carta com uma rápida saudação pessoal a "todos os santos" (cf. 1:4, 7-8) e saudações dos irmãos que estão com ele (na prisão ou em visita a ele) e de todos os outros, "especialmente os que estão no palácio de César." (Isso não significa necessariamente que Paulo estava em Roma, pois a casa imperial — a rede de administradores e trabalhadores que funcionava como um 'serviço civil' — incluía aqueles que serviam o imperador nas províncias.) Suas últimas palavras são uma típica bênção paulina (4:23).

RESUMO DE FILIPENSES 3–4

Podemos resumir esses dois capítulos da seguinte maneira:

- Paulo sustenta que apenas a cruz (entendida como a fé de Cristo) junto com a resposta da fé somente, e nenhuma conquista étnica, nacional ou outras realizações humanas ou indicadores de status, servem como base para ser membro do povo de Deus.
- Os crentes devem buscar o chamado de Deus e o conhecimento de Cristo, que consistem em viver um padrão de humilhação/sofrimento seguido de ressurreição/glória, como o modelo de Cristo.
- A Igreja existe como uma comunidade do céu, não de Roma, esperando a aparição final do verdadeiro Salvador e Senhor, que é Jesus, não o imperador.
- Os crentes são chamados a se alegrar e se contentar em todas as circunstâncias, mostrando a bondade de Cristo e experimentando a presença, paz e poder de Deus por meio da oração e do desenvolvimento de uma mente semelhante à de Cristo.
- O apoio financeiro a obreiros evangélicos como Paulo é acima de tudo uma oferta a Deus e participação na missão de Deus.

Para resumir a carta como um todo, podemos dizer que Paulo deseja que a história poética, talvez uma hinódia (2:6-11) que ele e os filipenses usam para proclamar o exaltado Jesus crucificado como Senhor, seja também a história de sua vida como cidadãos de uma sociedade anti-imperialista, altercultural. Como tal, essa história que eles recitam ou cantam deve constantemente formar e reformar sua vida comum.

A história diante da carta

Algumas leituras de Filipenses

"Ao longo da carta, Paulo dá testemunho de sua alegria neles [os filipenses] e elogia sua obediência e fé. Ele está, no entanto, preocupado que eles, como todos os que estão sujeitos a conceitos humanos, podem se exaltar como se já fossem dignos. Então ele lhes diz abertamente, falando de sua própria pessoa, que ainda falta algo para que a justiça perfeita seja alcançada. Ele os exorta às boas obras. Se aquele que é adornado com dignidade confessar que ainda está em falta para a perfeição, eles entenderão o quanto mais devem trabalhar para adquirir as bênçãos da justiça."

Ambrosiaster (final do século 4), citado em *Galatians, Ephesians, Philippians*, ACCS 8, ed. Mark J. Edwards (Downers Grove, IL: InterVarsity, 1999), p. 272.

"Que maior misericórdia há do que esta, que fez descer do céu o criador do próprio céu; que revestiu com um corpo terreno aquele que formou a terra; que tornou igual a nós aquele que, desde a eternidade, é igual ao Pai; que impôs 'a forma de servo' ao Mestre do mundo — de tal forma que o próprio Pão sentiu fome, a própria Plenitude sentiu sede, o próprio Poder se enfraqueceu, a própria Saúde foi ferida e a própria Vida se tornou mortal? E isso aconteceu para que nossa fome fosse saciada, nossa sequidão fosse regada, nossa fraqueza, suprida, nosso amor, incendiado. Que maior misericórdia pode haver do que aquela que nos apresenta o Criador criado; o Mestre feito um escravo; o Redentor vendido; aquele que exalta, humilhado; aquele que ressuscita os mortos, morto?"

Agostinho, *Sermão* 207, citado em Albert Verwilghen, *Christologie et Spiritualité selon Saint Augustin* (Paris: Beauchesne, 1985), p. 287-88 (tradução do autor).

"Cristãos americanos, devo dizer a vocês o que eu diria aos cristãos romanos séculos atrás: 'Não se amoldem ao padrão deste mundo, mas transformem-se pela renovação da sua mente'. Ou, como diria aos cristãos filipenses, 'Vocês são uma comunidade do céu'. Isso significa que, embora vocês vivam na comunidade do tempo, sua lealdade final é para com o reino da eternidade. Vocês têm dupla cidadania. Vocês vivem tanto no tempo quanto na eternidade; tanto no céu quanto na terra. Portanto, sua lealdade final não é para com o governo, nem o Estado, nem a Nação, nem para com qualquer instituição feita pelo homem. O cristão deve sua fidelidade máxima a Deus, e se alguma instituição terrena entrar em conflito com a vontade de Deus, é seu dever cristão tomar uma atitude contra isso. Você nunca deve permitir que as demandas transitórias e evanescentes das instituições criadas pelo homem tenham precedência sobre as demandas eternas do Deus Todo Poderoso."

Rev. Dr. Martin Luther King, Jr., "Carta de Paulo aos Cristãos Americanos", sermão proferido na Dexter Avenue Baptist Church, Montgomery, Alabama, 4 de novembro de 1956 http://kingencyclopedia.stanford.edu/encyclopedia/documentsentry/doc_pauls_letter_to_american_christians.1.html.

"O propósito mais abrangente [da carta aos Filipenses] é a formação de uma *phronēsis* cristã, um raciocínio moral prático que é 'conforme a sua morte [de Cristo]' na esperança de sua ressurreição."
Wayne A. Meeks, "The Man from Heaven in Paul's Letter to the Philippians", em *The Future of Early Christianity: Essays in Honor of Helmut Koester*, ed. Birger Pearson (Mineápolis: Fortress, 1991), p. 333.

"Desde os escritos de Filipenses, a comunidade cristã foi inspirada não apenas pelas palavras do apóstolo, mas pelo exemplo do líder aprisionado que fala com tanto carinho, esperança e fé. Uma das mais belas e conhecidas cartas de Paulo, Filipenses representa uma reflexão sobre o significado da fidelidade em meio à provação... O hino cristológico de Filipenses 2 não apenas inspirou os filipenses a uma maior unidade, mas continua a convidar os crentes de todas as épocas a imitar Cristo."
Mary Ann Getty, "Philippians Reading Guide", em *The Catholic Study Bible*, 2ª ed., ed. Donald Senior, John J. Collins e Mary Ann Getty (Nova York: Oxford University Press, 2011), p. 478.

"Não devemos permitir que o tom caloroso e pastoral da carta mascare sua importância teológica. Filipenses é prático, mas dificilmente é um 'peso-leve.'"
Dean Flemming, *Philippians: A Commentary in the Wesleyan Tradition*, New Beacon Bible Commentary (Kansas City: Beacon Hill, 2009), p. 21.

Perguntas para reflexão

1. Até que ponto a Igreja contemporânea se vê como uma 'colônia do céu' ou 'comunidade anti-imperial'? Quais são os possíveis pontos fortes e fracos de tais imagens? Que tipos de conflitos podem ou devem surgir quando igrejas e cristãos se veem como servos do Senhor Jesus e não de qualquer outro poder ou 'senhor'?

2. Que percepções sobre a natureza do termo 'comunhão' (*koinōnia*) esta carta oferece?

3. Foi o pai da Igreja, Tertuliano, que disse: "O sangue dos santos é a semente da Igreja". Qual é a conexão na mente e na experiência de Paulo entre o sofrimento pelo evangelho e seu avanço no mundo? Essa conexão existe hoje?

4. Que desafios às nossas concepções de unidade cristã, integridade e testemunho Filipenses apresenta à igreja contemporânea?
5. Filipenses 2:6-11 descreve o amor e o poder em termos de 'mobilidade descendente'. A que circunstâncias atuais na vida cristã coletiva ou individual esse texto pode falar? Existe algo potencialmente problemático com essa atitude paulina generalizada?
6. Qual é a relevância, se houver, das preocupações de Paulo sobre aqueles que desejam suplementar ou suplantar a cruz e assim tornar-se seus inimigos? O que significa hoje ser 'amigo da cruz'?
7. Que aspectos embrionários de uma teologia das finanças podem ser discerníveis na carta aos Filipenses?
8. Quão apropriado é aplicar afirmações da paz, poder e bênção de Deus (e.g., 4:4-7, 11-13, 19), feitas em um contexto de sofrimento e dificuldade, à nossa situação contemporânea?
9. Como você responde às interpretações de Filipenses citadas anteriormente?
10. Em suma, o que esta carta exorta a Igreja a crer, esperar e fazer?

Para leitura e estudo adicionais

Geral

Bakirtzis, Charalambos, e Helmut Koester, eds. *Philippi at the Time of Paul and after His Death*. Harrisburg, PA: Trinity, 1998. Quatro breves ensaios sobre a cidade e evidências da missão de Paulo ali.

Bauckham, Richard. *Jesus and the God of Israel: God Crucified and Other Studies on the New Testament's Christology of Divine Identity*. Grand Rapids: Eerdmans, 2009. Trabalho inovador e controverso sobre a inclusão de Jesus no Novo Testamento na identidade de Deus, com as p. 197-210 dedicadas a Fp 2:6-11.

Bockmuehl, Markus. *The Epistle to the Philippians*. BNTC. Peabody, MA: Hendrickson, 1998. Dá atenção especial ao caráter político da linguagem de Paulo.

Cohick, Lynn, *Philippians*. SGBC. Grand Rapids: Zondervan, 2013. Comentário teológico-espiritual em uma série que se concentra em ouvir, explicar e viver a história.

Flemming, Dean. *Philippians: A Commentary in the Wesleyan Tradition*. New Beacon Bible Commentary. Kansas City: Beacon Hill, 2009. Análise teológica rica e cuidadosa da carta, enfatizando sua narrativa e teologia missional.

Fowl, Stephen E. *Philippians*. THNTC. Grand Rapids: Eerdmans, 2005. Cuidadosa interpretação teológica da carta enfatizando o tema da amizade.

Hooker, Morna D. "Philippians", p. 467-549 do vol. 11 do *The New Interpreter's Bible*. Ed. por Leander E. Keck et al. Nashville: Abingdon, 2000. Análise dos objetivos práticos apostólicos da carta, bem como sua teologia e ética.

Osiek, Carolyn. *Philippians, Philemon*. ANTC. Nashville: Abingdon, 2000. Interpretação sociorretórica com especial atenção ao papel da mulher.

Still, Todd D. *Philippians & Philemon*. SHBC. Macon, GA: Smyth & Helwys, 2011. Atenção à situação social da comunidade e ao significado teológico da carta.

Thompson, James W., e Bruce W. Longenecker. *Philippians and Philemon*. PCNT. Grand Rapids: Baker Academic, 2016. Atenção às dimensões social, retórica e moral da carta.

Witherington, Ben, III. *Paul's Letter to the Philippians: A Socio-Rhetorical Commentary*. Grand Rapids: Eerdmans, 2011. Vê Filipenses como uma carta de "família" ao invés de uma carta de "amizade", com atenção à oralidade e a metáforas políticas e outras.

Zerbe, Gordon. *Philippians*. Believers Church Bible Commentary. Harrisonburg, VA: Herald, 2016. Comentários e ensaios adicionais enfatizando os temas espirituais, comunitários e especialmente políticos da carta.

Técnica

Fee, Gordon D. *Paul's Letter to the Philippians*. NICNT. Grand Rapids: Eerdmans, 1995. Erudito, mas muito legível, concentrando-se no chamado de Paulo à justiça, ou semelhança de Cristo.

Hawthorne, Gerald F., e Ralph P. Martin. *Philippians*. Rev. ed. WBC 43. Nashville: Thomas Nelson, 2004 (orig.: Martin, 1983). Análise detalhada do texto grego, enfatizando os múltiplos propósitos da carta.

Hellerman, Joseph H. *Reconstructing Honor in Roman Philippi: Carmen Christi as* Cursus Pudorum. SNTSMS 132. Cambridge: Cambridge University Press, 2005. Brilhante interpretação de Fp 2:6-8 como uma lista das ignomínias de Cristo e, portanto, uma alternativa à preocupação romana com a busca de honras e listas de realizações.

Martin, Ralph P., e Brian J. Dodd, eds. *Where Christology Began: Essays on Philippians 2*. Louisville: Westminster John Knox, 1998. Excelentes ensaios sobre muitas facetas deste capítulo extraordinariamente importante (especialmente 2:6-11).

Oakes, Peter. *Philippians: From People to Letter*. SNTSMS 110. Cambridge: Cambridge University Press, 2001. Concentra-se nas experiências dos crentes filipenses, especialmente o sofrimento financeiro e a ideologia imperial.

Reumann, John. *Philippians*. AYB 33B. New Haven: Yale University Press, 2008. Rico em detalhes históricos e linguísticos.

Silva, Moisés. *Philippians*. 2ª ed. BECNT. Grand Rapids: Baker Academic, 2005. Análise linguística e teológica.

Ware, James P. *Paul and the Mission of the Church: Philippians in Ancient Jewish Context*. Grand Rapids: Baker Academic, 2011. A missão em Filipenses à luz das atitudes judaicas em relação à conversão dos gentios.

14

Filemom

A cruz e o status quo

Talvez ele tenha sido separado de você por algum tempo, para que você o tivesse de volta para sempre, não mais como escravo, mas muito além de escravo, como irmão amado. Para mim ele é um irmão muito amado, e ainda mais para você, tanto como pessoa quanto como cristão.

FILEMOM 15-16

A carta de Paulo a Filemom é um documento breve, porém fascinante, complexo e dramático. Embora tenha apenas 25 versículos e 335 palavras gregas, gerou interpretações antagônicas e produziu uma enxurrada de artigos e comentários, incluindo uma obra que excede quinhentas páginas — quase duas páginas por palavra! Apesar de toda essa atenção acadêmica, Filemom é pouco conhecido pela maioria das igrejas, tanto por ser tão breve quanto por aparecer apenas uma vez no ciclo de três anos da maioria dos lecionários.

Em um determinado plano, esta carta trata sobre o cristianismo primitivo e a escravidão.[1] Em outro nível, ela aborda um relacionamento que envolve três crentes do primeiro século que estão interconectados de maneiras muito interessantes: um apóstolo, um proprietário de escravos e um escravo. No entanto, estudada mais profundamente, a carta trata sobre o requisito essencial do evangelho de que a fé deve

---

[1] Veja discussão sobre escravidão no cap. 1 deste livro em "A cultura mediterrânea de Paulo".

se expressar em amor cruciforme e reconciliação. É o texto de Gl 3:28 na prática, em cores vivas: "Não há judeu nem grego, escravo nem livre, homem nem mulher; pois todos são um em Cristo Jesus" (cf. Cl 3:11). Essa reconciliação e unidade chocantes, enraizadas na cruz de fidelidade e amor de Cristo, desafiam o *status quo*, mesmo numa casa romana supostamente estável.

Esta carta trata, portanto, de relacionamentos transformados. O assunto vai à essência do evangelho de Paulo, pois embora a morte reconciliadora do Messias não seja explicitamente mencionada, esse é o texto subentendido de todo o documento, oferecendo tanto a Paulo quanto a Filemon um padrão para a vida em Cristo.

A HISTÓRIA POR TRÁS DA CARTA

No contexto desta breve carta de apelo (veja v. 10) há uma série bastante complicada de eventos e uma rede de relacionamentos igualmente intrincada. Ela se assemelha a um drama em vários atos com um elenco de personagens atuantes, cujo último ato ainda não foi escrito. Infelizmente, nem todas as cenas desta peça podem ser discerníveis de forma completa e indiscutível para o leitor moderno; nem, de fato, é seu enredo básico. A interpretação tradicional — Onésimo como um escravo fugitivo que havia roubado seu mestre Filemom — tem sido alvo de críticas generalizadas, como veremos.

O drama se passa em dois locais — a casa de Filemom, quase certamente situada em Colossos (veja Cl 4:9),[2] e um local desconhecido onde Paulo estava preso (Roma? Filipos? Cesareia Marítima? Éfeso?). Como Colossos fica apenas a cerca de 200 quilômetros a leste de Éfeso, a prisão dessa cidade pode fazer mais sentido nesse contexto. Porém Roma, um destino frequente para escravos fugitivos, também é uma opção viável.

---

[2] Cl 4:9 identifica Onésimo — e assim, implicitamente, seu mestre Filemom — como habitantes de Colossos. Veja também os nomes associados aos dois documentos em Cl 1:7, 4:7-17 e Fm 1-2, 10, 23-24. Há, no entanto, uma disputa acadêmica sobre a confiabilidade de quaisquer conexões entre as cartas a Filemom e aos Colossenses porque a autoria e a data do último documento estão em questão. Neste capítulo, assumo as conclusões do próximo capítulo, a saber, que Colossenses é da época de Paulo, não posterior.

Todavia, Onésimo poderia não ser necessariamente um fugitivo. Um escravo em uma disputa com um mestre às vezes poderia apelar para uma terceira pessoa, o *amicus domini* ("amigo do mestre"), para intervir no seu caso. Por exemplo, o magistrado romano do final do primeiro século, Plínio, o Jovem, tenta convencer seu amigo Sabiniano a perdoar um ex-escravo, agora na condição de liberto, que o havia desagradado (*Cartas 9.21*). Plínio diz que o ex-escravo, sem indicação de seu nome, "jogou-se aos meus pés com tanta submissão quanto poderia ter caído aos seus... [e] sinceramente me pediu com muitas lágrimas, e mesmo com toda a eloquência de uma tristeza silenciosa, que intercedesse por ele".[3] Plínio oferece a Sabiniano um breve argumento de misericórdia, mas ele se recusa a forçá-lo. (Uma carta subsequente revela que Sabiniano mostrou misericórdia). Tudo isso soará bastante familiar ao estudarmos Filemom. No entanto, existem grandes diferenças.

Em primeiro lugar, no caso de Sabiniano, a dinâmica é, principalmente, acerca de patrono-cliente, de *ex*-mestre para *ex*-escravo. Em segundo lugar, Plínio opera dentro do *status quo* de 'normalidade' nas relações sociais; nenhuma mudança fundamental seria requerida. Na questão que envolve Filemom, porém, tudo muda por causa da terceira e mais importante diferença; enquanto Plínio não faz referência aos deuses, para Paulo os relacionamentos agora incluem uma nova parte essencial: "Deus nosso Pai e o Senhor Jesus Cristo" (v. 3). A situação não é meramente sobre relacionamentos humanos, ou sobre clemência como uma virtude honrosa, decente ou prática para um patrono. A perspectiva de Paulo é moldada pelo evangelho: uma resposta teológica para um drama humano. Assim, por mais paralelos que esses dois incidentes possam ter ou não, Paulo não pode simplesmente seguir o *status quo*.

Começamos nossa análise do drama com um breve estudo dos personagens, apresentados em ordem de aparição na carta.

---

[3] Harvard Classics, vol. 9, Letters of Marcus Tullius Cicero, trad. E. S. Shuckburgh, e Letters of Gaius Plinius Caecilius Secundus, trad. William Melmoth, rev. F. C. T. Bosanquet (Nova York: Collier, 1909).

Os personagens

Paulo, o autor principal, é "prisioneiro de" (NAB, "para") Cristo Jesus (v. 1),[4] está em uma prisão romana, aguardando julgamento, ou em prisão domiciliar. Ele não invoca explicitamente o título de 'apóstolo', talvez porque ele não havia fundado a igreja em Colossos (Cl 1:3-8), embora seu apostolado possa estar implícito nos versículos 8-9 e 21. Ele chama a si mesmo de *presbytēs* (v. 9), o que pode significar um homem na casa dos cinquenta anos ou, menos provavelmente, um 'embaixador'. O que quer que Paulo seja, ele conhece Filemom e uns poucos outros membros da igreja de Colossos, que se reúnem na casa deste (v.1-2). Ele considera Filemom como "amado" (*agapētos*)[5] e como um "colaborador" (v. 1; cf. v. 17). É bastante provável que Paulo tenha sido o responsável pela conversão de Filemom a Cristo (v. 19b). Enquanto estava preso, Paulo gerou pelo menos outro filho espiritual, Onésimo (v. 10), escravo de Filemom.

Timóteo, o corremetente da carta, não desempenha nenhum papel explícito no drama, mas provavelmente era conhecido e respeitado em Colossos, pois também é citado como coautor de Colossenses (Cl 1:1). Ele é identificado apenas como "irmão" (v. 1), mas seu nome acrescenta autoridade ao pedido da carta.

Filemom, o principal destinatário da carta, é suficientemente abastado para hospedar uma igreja doméstica (v. 2). Além de ser um converso de Paulo (v. 19b), irmão (v. 7, 20) e colaborador (v. 1), ele possui uma reputação de amor e fé (v. 5), e tem sido um incentivo para Paulo (v. 7).

Afia, Arquipo e a igreja na casa de Filemom são os destinatários da carta. A especulação sobre essa "irmã" e esse "companheiro de lutas" (v. 2) inclui a sugestão de que eles são a esposa e o filho de Filemom, mas essa proposição não é amplamente aceita. (Ainda muito menos provável é a sugestão ocasional de que Arquipo, e não Filemom, seria o proprietário de Onésimo.) Pode ser, no entanto, que como Filemom, eles também sejam membros proeminentes da igreja de Colossos; em Colossenses Arquipo é instruído a completar sua tarefa designada no Senhor (Cl 4:17). De qualquer forma, o que importa é que a carta de Paulo a Filemom é também destinada para toda a igreja. Paulo quer que

---

[4] Cf. v. 9, 10, 13, 23.
[5] Assim também a NAB, significando 'amado irmão no Senhor'. A NRSV apresenta um título mais fraco "querido amigo", cf. v. 7, 20).

Filemom, como crente e especialmente sendo líder da igreja, saiba que o assunto desta carta não é uma questão apenas particular. Os codestinatários são testemunhas do pedido de Paulo, como também serão da resposta de Filemom.

A menção a "*Deus nosso Pai e o Senhor Jesus Cristo*" não são meras formalidades pertencentes às bênçãos de abertura e encerramento (v. 3, 25). Eles são sempre uma presença real para Paulo, e ele quer que Filemom e toda a igreja sejam lembrados disso.

Onésimo era um nome comum na Antiguidade, especialmente para escravos, significando 'útil, lucrativo, benéfico, prático'(v. 10). É claro que Onésimo foi primeiramente escravo de Filemom (v. 16), mas mesmo isso agora é questionado, pois Onésimo se tornou um crente e, portanto, *irmão* de Filemom (v. 16).[6] Além disso, ele tem servido de conforto e de ajuda ("útil") para Paulo na prisão (v. 11-13). Aparentemente Onésimo fez alguma coisa que desagradou Filemom e talvez tenha cometido algum erro (v. 11, 18), tornando-se temporariamente "inútil" (v. 11). O que Onésimo fez não é claramente explicado aqui, mas agora, afirma Paulo, ele é de alguma forma novamente útil também para Filemom (v. 11).

Não apenas a *personagem* Onésimo, mas também o *nome* Onésimo é importante nesta carta. Paulo cria uma série de jogos de palavras com o nome do escravo (v. 11, 20). O texto diz que Onésimo ('Útil') já foi "inútil" (*achrēston*, v. 11) para Filemom, mas agora é "útil" (*euchrēston*, v. 11) para ele e para Paulo. As duas palavras gregas que Paulo usa também soam muito como formas da palavra 'Cristo' (*christos*). A palavra *achrēston* sugeriria 'sem Cristo', enquanto a palavra *euchrēston* representa 'bom, em Cristo', grupo de palavras que traçam um paralelo entre a 'utilidade' do homem e seu relacionamento com Cristo. Os trocadilhos terminam no versículo 20, onde Paulo solicita um "benefício" (gr. *onaimēn*, como "Onésimo") de Filemom.

Os demais membros do elenco, servindo também como testemunhas da decisão de Filemom, à distância, são cinco pessoas conhecidas por Paulo que enviam saudações para Filemom e sua igreja (v. 23-24): *Epafras* (também preso), *Marcos*, *Aristarco* (mais tarde preso com

---

[6] O ponto de vista de que Filemom e Onésimo eram na verdade irmãos de sangue ("na carne", 1:16) em vez de senhor e escravo, defendida principalmente por Allen Dwight Callahan, quase não recebeu aceitação.

Paulo; Cl 4:10), *Demas* e *Lucas*. Esses mesmos cinco saúdam a igreja de Colossos no final de Colossenses (4:10-14), onde o nome de Onésimo também reaparece (Cl 4:9). Epafras é de especial importância como um colossense nativo e o "ministro de Cristo" (Cl 1:7) que fundou a igreja colossense (Cl 1:7-8; 4:12).

O drama

Alguns detalhes do drama em que esses personagens participam não podem ser discernidos com certeza. No entanto, a sequência de quatro atos dramáticos mostrada a seguir, amplamente descritos, parece bastante clara:

Ato 1:   **O passado (relativamente) distante**
Cena 1:   Epafras funda a igreja em Colossos.
Cena 2:   Filemom, talvez em uma viagem de negócios, encontra Paulo (em algum lugar que não seja Colossos)[7] e crê no evangelho.
Cena 3:   Uma igreja em Colossos começa a se reunir na casa de Filemom.

Ato 2:   **O passado imediato**
Cena 1:   Paulo, junto com Epafras, é preso.
Cena 2:   Onésimo, escravo de Filemom, deixa a casa de seu senhor em Colossos.
Cena 3:   Onésimo encontra Paulo na prisão, crê no evangelho e começa a ajudar Paulo de alguma forma.
Cena 4:   Paulo recebe notícias do amor e da fé de Filemom, bem como expressões diretas ou indiretas de amor da parte dele que encorajaram outros crentes.

Ato 3:   **O presente**
Cena 1:   Paulo escreve a Filemom, apelando para que ele receba Onésimo de volta da mesma forma como ele receberia o próprio Paulo, como um irmão em vez de um escravo, e que perdoe qualquer dívida ou erro de Onésimo.
Cena 2:   Paulo envia a carta (e provavelmente Onésimo segue junto com ela) a Filemom, talvez (embora isso

---

[7] Assumindo que Paulo não fundou a igreja em Colossos e não a visitou: Cl 1:6-7; 2:1.

seja menos certo) acompanhado por alguém para ler e interpretar a carta à igreja.

Ato 4: **O futuro (ainda a ser escrito)**
Cena 1: A carta chega a Colossos e é lida na igreja.
Cena 2: Filemom pondera sobre um pedido crucial e difícil e finalmente toma uma decisão.
Cena 3: Paulo chega à casa de Filemom.

Como o lugar onde a carta foi escrita não é determinado, não podemos datar essa sequência de eventos com precisão. O ato 3 (a própria escrita da carta) provavelmente deve ser datado a partir de meados para o final dos anos 50, a menos que tenha ocorrido durante a prisão romana de Paulo no início dos anos 60.

Algumas questões

Apesar da relativa certeza do roteiro básico que acabamos de esboçar, a carta levanta inúmeras questões difíceis. Vários desses pontos, bem como algumas soluções propostas, serão agora resumidas antes que uma tentativa de reconstrução seja oferecida no próximo título.

1. *Por que Onésimo deixou Filemom?* (a) A resposta tradicional, como mencionado anteriormente, tem sido que Onésimo era um fugitivo que havia roubado ou causado um prejuízo material a Filemom. Isso faria de Onésimo um criminoso, cuja devolução ao dono por quem o encontrasse era obrigatória por lei, sendo que uma punição severa pelo proprietário era permitida e esperada. Uma variação dessa tese considera Onésimo um fugitivo, mas não um ladrão. (b) Uma sugestão mais recente, conforme mencionado anteriormente, é esta: após uma séria disputa com Filemom, talvez por questões de administração financeira, Onésimo buscou a opção legal de mediação por meio de um amigo de seu mestre — Paulo. (c) Ainda outra proposta é que Onésimo foi realmente enviado a Paulo, como representante de Filemom ou da igreja em sua casa, para prestar assistência ao apóstolo preso. (d) Um cenário menos provável é que Onésimo tenha sido preso, a pedido de Filemom, e depois escapou. (Dessas quatro opções, as duas primeiras são as mais plausíveis, mas o júri ainda está a deliberar.)

2. *Como e por que Onésimo encontrou Paulo?* Essa questão está obviamente relacionada com a anterior. (a) Uma opção é que o encontro deles tenha sido casual, ou porque Onésimo acabou na prisão com Paulo (um acaso improvável para um cidadão romano — supondo que Paulo fosse um deles — e um escravo comum) ou Onésimo o tenha encontrado em um círculo de crentes associados com Paulo, onde ele foi apresentado. (b) Se Onésimo não era fugitivo, ele pode ter sido enviado a Paulo como parte de seu serviço a Filemom ou para buscar a mediação de Paulo. (c) Também é possível que Onésimo tenha procurado Paulo deliberadamente por conta própria, talvez por conhecê-lo por intermédio de seu mestre.

3. *Qual é a dívida, se houver, que Onésimo tem para com Filemom?* Seria o valor referente a um bem roubado? (b) o valor do trabalho perdido ou inadequado, antes ou durante sua ausência? ou (c) nada — apenas uma dívida hipotética mencionada como parte da estratégia retórica de Paulo?

4. *Qual é o objetivo de Paulo?* (a) Concentrando-se nos versículos 15-18 é possível sugerir que o objetivo principal seja simplesmente fazer com que Filemom receba Onésimo de volta sem puni-lo, perdoando qualquer erro e tratando-o de agora em diante como um irmão em Cristo. (b) Com foco nos versículos 16 e 21 pode-se sugerir que Paulo quer que Filemom realmente liberte Onésimo da escravidão para viver na igreja de Colossos como um liberto. (c) Tomando por base os versículos 11-14 e 21, pode-se entender que o objetivo final de Paulo é que Filemom liberte Onésimo, concedendo-lhe liberdade real ou virtual, para que ele possa retornar a Paulo.

Esta última, e talvez a mais difícil e importante questão, nos leva à história dentro da própria carta: o objetivo retórico de Paulo ao escrevê-la.

A HISTÓRIA DENTRO DA CARTA

A carta em si é uma joia retórica. Nela, Paulo habilmente constrói uma relação tripartite (composta por ele mesmo, Filemom e Onésimo) que, por sua vez, é integrante de uma rede mais ampla de relacionamentos entre os três principais e os crentes citados na correspondência, e entre os três e seu Senhor. Os objetivos retóricos da carta nascem das relações construídas no texto.

Relações pessoais em Filemom

A carta a Filemom está repleta de títulos, adjetivos e imagens que revelam o trabalho do apóstolo estabelecendo uma complexa rede de laços íntimos em Cristo. Podemos olhar para eles em grupos; na tríade de Paulo, Filemom e Onésimo; e num contexto mais amplo.

Paulo e Filemom são iguais, em muitos aspectos: irmãos em Cristo (v. 1, 7, 20), colaboradores e parceiros (v. 1, 17) que são capazes de ajudar um ao outro de maneira mutuamente benéfica (v. 7, 13, 19, 20). Ao mesmo tempo, porém, Paulo é apóstolo e Filemom não, portanto são diferentes nesse ponto — mesmo que Paulo não mencione especificamente essa diferença. Além disso, Filemom também é devedor de Paulo, devendo-lhe a sua própria "vida" (v. 19) — isto é, sua vida em Cristo. Em outras palavras, Filemom não é apenas o *irmão* espiritual de Paulo, mas também seu *filho* na fé.

Paulo e Onésimo também têm essa relação pai-filho (v. 10). Levando-se em conta que ambos são crentes, também são implicitamente irmãos. Além disso, Onésimo presta serviço útil a Paulo e poderia fazê-lo no futuro (v. 11, 13). Paulo também se importa muito com Onésimo, de tal modo que ele praticamente *é* o próprio Paulo, ou pelo menos seu "coração".[8] Assim, Onésimo é irmão de Paulo, seu filho, seu ajudante e seu próprio 'eu'.

Filemom e Onésimo têm uma relação de senhor-escravo "na carne" (v. 16, ARA); o último é propriedade do primeiro. Mas agora eles também são irmãos "no Senhor" com o mesmo pai espiritual, Paulo, e o mesmo Pai e Senhor celestial também. Então agora Onésimo "não é mais" um escravo, porém um irmão "amado" ou "querido" (v. 16, *agapētos*), tanto na carne (na esfera pública, à parte das considerações espirituais) quanto no Senhor (v. 16).[9] Onésimo e Filemom estão na mesma relação de amor fraterno mútuo que Filemom e Paulo. Além disso, por alguma razão, Onésimo tornou-se inútil para Filemom, mas

---

[8] Veja v. 12, 20; cf. v. 17. O termo ta splanchna (coração) nos v. 12 e 20 é literalmente 'entranhas' ou 'intestino' — a sede das emoções mais profundas do ser.

[9] A linguagem familiar às vezes era usada com escravos sem alterar seu status social. Veja Mitzi J. Smith, "Utility, Fraternity, and Reconciliation: Ancient Slavery as a Context for the Return of Onesimus", em Onesimus. Our Brother: Reading Religion, Race, and Culture in Philemon, ed. Matthew V. Johnson e James A. Noel (Mineápolis: Fortress, 2012), p. 47-58.

agora ele pode ser útil para ele de uma maneira totalmente nova (v. 11). Isso provavelmente significa que Onésimo pode ser útil a Filemom como um substituto dele a serviço de Paulo (v. 13). Assim, Onésimo não é mais escravo de Filemom, mas seu irmão e potencial procurador — seu "eu".

O que tudo isso significa para as três personagens principais juntas? Primeiro, Filemom e Onésimo são filhos de um pai espiritual, Paulo, e, portanto, irmãos um do outro:

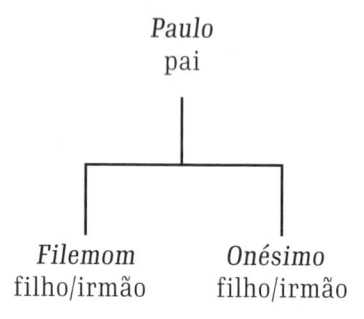

Paulo
pai

Filemom   *Onésimo*
filho/irmão   filho/irmão

Em segundo lugar, Filemom e Onésimo são igualmente ajudantes apostólicos de Paulo em sua prisão, Onésimo agora toma o lugar de Filemom:

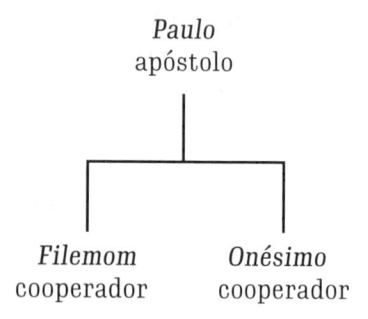

Paulo
apóstolo

Filemom   *Onésimo*
cooperador   cooperador

Terceiro, Onésimo age tanto como Paulo ("meu coração" [mais literalmente, 'minha entranha']) quanto como Filemom ("em seu lugar"):

Paulo = Onésimo
coração de Paulo

Onésimo = Filemom
procurador de Filemom

Portanto, em relação a Deus, os três são 'filhos', 'irmãos' e 'escravos' juntos em Cristo, tendo o mesmo Pai e Senhor:

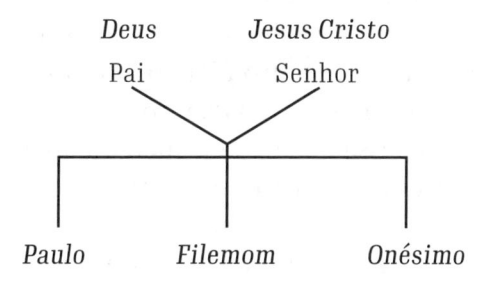

```
         Deus      Jesus Cristo
          Pai         Senhor
            \         /
             \       /
    ┌─────────┼─────────┐
    │         │         │
  Paulo    Filemom    Onésimo

       filhos / irmãos / escravos
```

Finalmente, essa última relação eles compartilham com todos os crentes, particularmente aqueles mencionados no início e no final da carta, que são testemunhas de toda a realidade multidimensional. A cruz do Messias 'nivelou a posição de todos eles', por assim dizer, dessas três personagens. Deus estava em Cristo, reconciliando essas pessoas não só consigo mesmo (cf. 2Co 5:19), mas também entre si (cf. Ef 2:11-22). O evangelho de Deus sempre efetua a reconciliação 'vertical' (pessoas com Deus) e 'horizontal' (pessoas com pessoas). Aqueles que se beneficiam da *missio Dei* são chamados a participar dela, a transmiti-la. Essa é a dinâmica em ação na carta a Filemom, que é uma joia teológica e retórica.

Relacionamentos, retórica e história

Considerando essa rede de relacionamentos, o que podemos sugerir agora sobre a história dentro e por trás da carta?

Não há evidências concretas de que Onésimo era um fugitivo que havia roubado algo de seu mestre, embora essa possibilidade não possa ser completamente descartada. A oferta de compensação de Paulo parece deliberadamente aberta ("se", v. 18, NRSV) como parte de suas pautas retóricas e apostólicas: assumir o 'pecado' do outro como um ato de amor, e dessa forma tornar mais fácil para Filemom conceder o perdão. Parece provável, no entanto, que Filemom tenha ficado muito descontente com Onésimo e que por essa razão o considerasse "inútil" (v. 11). Além disso, seria altamente improvável que Onésimo tivesse acabado de 'tropeçar' em Paulo, a quem seu mestre por acaso conhecia e por meio de quem ele também se tornou crente. Há possibilidade muito maior de que o encontro deles tenha sido arranjado. Assim, o cenário que melhor se ajusta à evidência textual da qual dispomos é que Onésimo deliberadamente procurou Paulo, por ordem ou não de Filemom, a fim de corrigir uma grave violação na relação escravo-senhor. Mesmo que Filemom possa não ter considerado uma punição corporal de Onésimo em nenhum momento (embora, novamente, isso não possa ser totalmente descartado), e de fato possa ter efetivamente enviado Onésimo a Paulo em vez de punir o escravo, ele o considerava inútil, e essa é a principal questão *presente* em jogo: a inutilidade ou utilidade de Onésimo.

A 'paternidade' espiritual de Onésimo por Paulo alterou a situação de uma forma que nem Onésimo nem Filemom poderiam esperar. O objetivo da construção das relações de Paulo por meio da carta (Ato 3 na sequência dramática) à luz dos acontecimentos recentes (Ato 2) parece ter o objetivo de convencer Filemom de que ele é obrigado a expressar sua fé em amor (1), acolhendo Onésimo como um irmão; (2) libertá-lo da escravidão e de qualquer dívida; e finalmente (3) promover seu retorno a Paulo como seu substituto pessoal — como alguém igual, não como escravo. Embora Paulo desejasse ter Onésimo de volta, no entanto, parece pela carta que apenas os dois primeiros aspectos são absolutamente necessários. O terceiro objetivo, no versículo 21, é que Filemom "fará ainda mais do que lhe peço".[10] Como Filemom responderá, e o que mais acontecerá, está no Ato 4 não escrito.

A questão *subjacente*, então, envolve o desafio do evangelho ao *status quo* dos relacionamentos. Especificamente, embora a palavra 'cruz' não apareça no texto, esta carta expressa a encarnação apostólica de Paulo da cruz — agindo em amor por meio da persuasão em vez de exercer seu direito apostólico por meio de um mandamento (v. 8-9) — de modo que Filemom, por sua vez, encarnará a cruz da fé e do amor, acolhendo e honrando voluntariamente seu novo irmão em Cristo, recebendo e transmitindo assim a missão divina da reconciliação. No entanto, essa é uma missão de reconciliação complicada, porque custará a Filemom seu *status* e, portanto, sua honra, bem como abrir

---

[10] Alguns intérpretes inverteram (2) e (3), argumentando que o primeiro objetivo de Paulo é obter de volta Onésimo e que o "ainda mais" é sua libertação.

mão da posse de seu escravo. A fé expressa no amor significará libertação — para Onésimo, naturalmente, mas de uma maneira diferente e não menos profunda, também para Filemom, que encontrará sua vida perdendo-a (cf. Mc 8:34-35).

A carta em si, obviamente, não segue ponto a ponto a sequência da história. Na verdade, Paulo usa uma variedade de artifícios epistolares e retóricos para obter o consentimento de Filemom. A seguir, um breve resumo da carta (os números referem-se aos versículos):

1-3   **Abertura**
4-7   **Ação de graças e petição**
8-22 **Apelos de Paulo**
     V. 8-17 Reconstruindo relacionamentos
     V. 18-22 A 'nota promissória' de Paulo e a visita próxima
23-25 **Saudações e bênção**

Parece que os pedidos de Paulo foram entendidos e aceitos por Filemom, e que Onésimo se tornou um obreiro distinto na igreja (Cl 4:9). O nome Onésimo foi posteriormente adotado por vários líderes cristãos, incluindo talvez o bispo de Éfeso do início do século 2 (veja Inácio, *Aos Efésios* 1—6), a menos que, como alguns pensaram, o próprio Onésimo de Colossos fosse esse bispo. (Isso seria possível, mas pouco provável.)

1-3. Abertura

Paulo se identifica não como apóstolo de Cristo, mas como seu prisioneiro; nenhuma outra abertura de suas cartas identifica Paulo dessa forma.[11] O fato de ter seu fiel colega de trabalho Timóteo como corremetente (como em Colossenses, Filipenses e 1 e 2Tessalonicenses) não apenas expressa o apoio do colega de Paulo aos pedidos contidos na carta, mas também oferece a Paulo a oportunidade de expressar a linguagem familiar ("irmão") que é tão importante para esta carta.

---

[11] Não aparece nem mesmo nas outras cartas da "prisão" (Colossenses, Efésios e Filipenses). O termo "prisioneiro" (desmios), no entanto, também surge como uma autodesignação paulina em Efésios (3:1; 4:1) e 2Timóteo (1:8), e reaparece em Filemom no v. 9.

Paulo e Timóteo escrevem tanto para Filemom quanto para a igreja que se reúne em sua casa ("sua" é singular, v. 2), incluindo especialmente dois aparentes líderes na igreja, Áfia e Arquipo. O assunro sobre o qual esta carta tratará não é um assunto particular, embora apenas Filemom seja abordado diretamente, à medida que a carta se desenrola. Os irmãos e irmãs de Filemom no Senhor saberão do assunto, e sua resposta aos apelos da carta será feita na companhia deles, talvez com a contribuição deles. O motivo da intimidade familiar pode ser observado no tratamento como "amado" (NAB, com razão, em contraste com a NRSV, "querido amigo") dado a Filemom, e "irmã" em referência a Áfia. Além disso, o tema da parceria com Paulo (cf. Fm 1, 5) é introduzido nos codinomes atribuídos tanto a Filemom ("cooperador") quanto a Arquipo ("companheiro de lutas"). Enquanto Paulo e Timóteo cumprimentam Filemom e a igreja da maneira tipicamente paulina (v. 3), eles (não tão sutilmente) emitiram um lembrete de que 'somos uma família, e estamos juntos nisso, especialmente quando estou preso'.

Apesar da presença de Timóteo e da igreja na abertura, a maior parte da carta continua formalmente como um pedido pessoal de Paulo ("eu") a Filemom ("você" singular) — até a bênção final (v. 25).

4-7. Ação de graças e petição

No estilo paulino normal, a carta continua com uma expressão de ação de graças, desta vez combinada com uma petição, que destaca o tema da carta. A gratidão constante de Paulo a Deus, ao ele se lembrar de Filemom em suas orações (v. 4), deve-se ao fato de ele ter ouvido falar do "amor por todos os santos" demonstrado por Filemom e de sua "fé no Senhor Jesus" (v. 5). Essas palavras — "amor" e "fé", que são repetidas em ordem inversa nos versículos 6-7 — são fundamentais para a compreensão de Paulo sobre a essência da vida em Cristo (cf. Gl 5:6).

Ao esperar que a "fé" preceda o "amor", o leitor fica admirado e percebe que a ênfase de Paulo está no amor de Filemom, citado tanto no começo quanto no término (v. 5, 7) dessa breve oração. Infelizmente, Paulo não identifica a fonte de onde vem esse conhecimento (reputação geral? Onésimo?) ou a forma exata das expressões de amor de Filemom, mas esses atos de bondade "reanimaram" o coração dos santos e, portanto, deram a Paulo muita alegria e encorajamento (cf. 2Co 7:4). Paulo usará a mesma expressão grega (*anapauein ta splanchna*) no versículo

20: "Reanime o meu coração em Cristo". O objetivo de incluir a breve narrativa dos atos de amor de Filemom é claramente para encorajá-lo a agir com amor mais uma vez.

Esse amor, porém, não existe no vácuo; ele tem derivado da fé e deve ser exercido a partir dela. A frase "fé no Senhor Jesus" — em vez de em Deus (1Ts 1:8) — provavelmente significa *fidelidade* para com Cristo, ao invés de simples crença nele. Tal fidelidade significa viver segundo a fidelidade e o amor de Cristo revelados na cruz (cf. Gl 2:19-20). Essa conexão de fé e amor explica o versículo 6: a fé de Filemom será "eficaz" à medida que ele continuar a se expressar em amor (cf. Gl 5:6, com terminologia semelhante). É essa "comunhão" (*koinōnia*) da fé pelo amor que leva ao conhecimento de todo o "bem" que pode ser feito em Cristo (v. 6).

Essa 'oração' é realmente mais uma descrição narrativa (*narratio*) da oração e experiência de Paulo à luz do amor de Filemom. Portanto, é dirigida a Deus apenas indiretamente (v. 4) e diretamente a seu "irmão" Filemom (v. 7) — continuando o tema da família.

8-22. O APELO DE PAULO

Neste ponto ao ler ou ouvir a carta, Filemom pode estar se perguntando: 'O que está acontecendo?' Ele provavelmente não tinha ideia de que algum apelo viria até o "por isso" ("pois", ARA) do versículo 8. Imagine o choque quando ele descobre que seu "inútil" escravo Onésimo se tornou um crente e tem ajudado o apóstolo Paulo (v. 10-13)!

Os apelos que seguem a oração e constituem o corpo da carta são apresentados com base nas relações pessoais já discutidas anteriormente. Cinco apelos explícitos ou implícitos podem ser discernidos nos versículos 8-22:

1. que Filemom receba Onésimo de volta como irmão — como ele receberia o próprio Paulo — e não como escravo (v. 12, 15-17);
2. que Filemom liberte Onésimo da escravidão (v. 16);
3. que Filemom transfira quaisquer dívidas de Onésimo para Paulo e depois perdoe o apóstolo (v. 18-19);
4. que Filemom faça "ainda mais" (v. 21; provavelmente denotando, à luz dos v. 13-14, enviar Onésimo de volta a Paulo);
5. que Filemom prepare um quarto de hóspedes para Paulo (v. 22).

Reconstruindo relacionamentos (v. 8-17)

À luz da história de fé de Filemom expressando-se em amor ("por isso", v. 8), Paulo diz que apelará "com base no amor" (v. 9) em vez de ordenar a Filemom que cumpra seu "dever" (v. 8; 'qual dever?' Filemom sem dúvida estaria perguntando). A sintaxe grega sugere especificamente que a decisão de Paulo de não emitir uma ordem é uma expressão de seu amor apostólico; por amor a Filemom, ele abriu mão de um direito apostólico (ordenar) e decidiu, em vez disso, "fazer um apelo" com base no amor (NAB, traduzindo *parakalo*, v. 9). Nessa decisão, o próprio Paulo está imitando a Cristo, negando a si mesmo o uso de certo *status* e poder, incorporando assim o padrão 'embora x, não y, mas z' v. 19). O texto ecoa recusas semelhantes de usar o privilégio apostólico (1Ts 2:7; 2Ts 3:7-9; 1Co 9, esp. o v. 19), todos os quais, por sua vez, são baseados em textos sobre a abnegação de Cristo (e.g., Fp 2:6-8; 2Co 8:9). Assim, Paulo se coloca como um exemplo de renúncia ao exercício de direitos, preparando o cenário para um pedido de que Filemom faça o mesmo. Ele o faz (v. 9) como prisioneiro de Cristo e como um homem mais velho (ou talvez um embaixador [NRSV; nota da margem]). Paulo se apresenta, portanto, como uma figura de Cristo engajada na reconciliação cruciforme.

No versículo 10, Paulo finalmente menciona o nome Onésimo — o outro tema principal da carta. Agora a relação envolvendo os três — Paulo, Filemom, Onésimo — é construída, ou reconstruída (supondo-se que Filemom sabia que Onésimo tinha ido se encontrar com Paulo), em termos surpreendentes. Paulo diz que está apelando em favor de seu "filho", Onésimo, escravo de Filemom, pois de alguma forma o Paulo preso compartilhou o evangelho com Onésimo, que creu e se tornou o "filho" do apóstolo.

O escravo anteriormente "inútil" (como Paulo acreditava que Filemom o considerava) tornou-se útil tanto para Paulo quanto para Filemom (v. 11). Essa utilidade é explicada no versículo 13: Onésimo prestou serviço a Paulo, e ele o fez como uma espécie de procurador de Filemom. O caráter específico desse serviço não é mencionado, mas deve ter sido algo suficientemente significativo para Paulo procurar manter consigo o escravo de outro homem. Onésimo tornou-se tão querido para Paulo que o apóstolo o chama de "meu próprio coração" ou 'minha própria entranha' (sede da mais profunda emoção; grego *splanchna*, v. 12). Ele está, portanto, devolvendo seu "coração" a Filemom para que este não se sinta compelido a permitir que Onésimo fique com Paulo, mas consinta voluntariamente com tal arranjo (v. 14). Quaisquer sentimentos de má vontade que Filemom tivesse em relação a Onésimo deveriam ser dissipados — ou pelo menos esse resultado deve ter sido o que Paulo esperava — ao pensar que Onésimo agora era tão querido pelo apóstolo. E agora seria quase impossível imaginar que Filemom não enviasse Onésimo de volta a Paulo.

No entanto, a primeira preocupação de Paulo não parece estar na recuperação de Onésimo como seu assistente. Assim, ele quer que Filemom receba Onésimo de volta como irmão e não como escravo: "*não mais* como escravo" (v. 16, ênfase adicionada). Paulo implica, de fato, que qualquer que seja a causa humana da separação entre Onésimo e Filemom, a providência de Deus estava em ação ("Talvez ele tenha sido separado de você por algum tempo, para que você o tivesse de volta para sempre", v. 15). Esta é a convicção mais básica de Paulo: que Onésimo se separou de Filemom para se tornar crente e irmão. Sua localização pós-conversão, portanto, não é a principal questão; talvez seja para ficar com Filemom, mesmo "para sempre" (v. 15), mas deve estar sob novas condições (v. 16). A acolhida de Filemom, portanto, não deve ser apenas uma mudança de atitude, mas uma mudança real e permanente no caráter da relação; Onésimo é agora um irmão 'espiritualmente' falando ("no Senhor", v. 16, ARA) e 'socialmente' (NRSV: "na carne"; NAB: "como um [companheiro]"). Aqui está um exemplo vívido e concreto da afirmação de Paulo em Gl 3:28 (citado anteriormente). Filemom, o mestre, não pode apenas tratar bem seu escravo agora; deve reconhecer que ele e Onésimo são irmãos e que precisa acolhê-lo como faria com seu companheiro — e irmão — Paulo (v. 17). É o seu "dever" (v. 8).[12] Essa é a realidade da reconciliação no Messias Jesus.

---

[12] Tem havido uma discussão considerável sobre o possível conflito entre o desejo de Paulo de libertar Onésimo e suas palavras (debatidas) sobre escravos em 1Co 7:21-24. Se em 1Coríntios ele aconselha os escravos a buscarem a liberdade, então obviamente não há nenhum conflito com esta carta; não sendo o caso, então poderia haver um confronto profundo. Deve-se lembrar, no entanto, que Paulo se dirige a escravos, em 1Coríntios, e a um senhor aqui em Filemom. A obrigação de um senhor de conceder a liberdade e a obrigação de um escravo em buscá-la, ou não, podem estar fundamentadas em diferentes convicções teológicas (e.g., paciência escatológica no caso dos escravos, amor cruciforme no caso dos senhores).

Paulo, portanto, convida Filemom a se tornar semelhante a Cristo em relação a Onésimo.

A 'nota promissória' de Paulo e a visita próxima (v. 18-22)

E sobre as dívidas que Onésimo pode ter com seu mestre e agora irmão? Paulo oferece uma 'nota promissória' a Filemom assinada de próprio punho (v. 18-19a) antes de lembrá-lo do incrível débito — sua própria vida — que ele tem com o apóstolo (v. 19). Paulo está novamente disposto a ser amorosamente semelhante a Cristo, mas essa referência oblíqua à própria conversão de Filemom sugere que, para o apóstolo, a questão sobre dívida — e ainda mais sobre punição, se algum castigo estivesse em envolvido — nessa situação é realmente inadequada para Filemom.

Apesar da ênfase de Paulo na reconciliação entre Onésimo e Filemom, ele sente que Onésimo pertence, não a Filemom, mas a si mesmo, e espera que Filemom lhe traga algum 'benefício' "no Senhor" e "reanime [seu] coração" (v. 20) obedecendo e até mesmo fazendo mais do que Paulo pede explicitamente nos versículos 15-17. Paulo, em outras palavras, espera que Filemom expresse sua fidelidade — sua "obediência" — a Cristo em um ato de amor (cf. v. 5, 7), acolhendo Onésimo e depois liberando-o de todas as dívidas e da escravidão a fim de que Paulo possa tê-lo para colaborar com ele no serviço evangélico.

Esse objetivo leva ao último pedido de Paulo: que Filemom lhe prepare um quarto de hóspedes (v. 22). Paulo faz esse pedido com a confiança de que ele será liberto da prisão e também como um 'incentivo' adicional para Filemom. Talvez Paulo espere tomar Onésimo consigo quando ele chegar.

23-25. SAUDAÇÕES E BÊNÇÃO

Conforme observado anteriormente, as saudações finais de Paulo ampliam o contexto em que seus apelos são transmitidos — e, portanto, sua autoridade. A menção a Epafras, o evangelista de e para Colossos, é especialmente significativa nesse caso.

A bênção final de Paulo estabelece, com o versículo 3, um par de suportes (um *inclusio* retórico) para a carta. O apelo que Paulo faz, bem como a decisão que Filemom tomará, são fundamentados na graça do

Senhor Jesus Cristo, que, embora rico, tornou-se pobre e, apesar de ser igual a Deus, tornou-se escravo (2Co 8:9; Fp 2:6-8).

Todos os outros recursos retóricos que Paulo traz para a situação (e sobre Filemom) — a presença de testemunhas, o apelo à reputação e ações passadas, a (re)construção de relacionamentos pessoais em Cristo, jogos de palavras e imagens — servem como maior garantia para o pedido de Paulo, que é amor: o de Filemom, o de Paulo e, sobretudo, o de Cristo.

No final, então, Filemom é compelido a cumprir? Por um lado, a resposta é não, porque Paulo não ordena coisa alguma — mesmo que praticamente ele intimide — a Filemom. Por outro lado, a resposta é sim, mas apenas no sentido de que Paulo sabe, e acredita que Filemom também creia, que "o amor de Cristo nos constrange" (2Co 5:14) a fazer certas escolhas. A liberdade de Filemom é preservada, mas é uma liberdade que se esvazia no amor pelos outros, especialmente aqueles de menor *status* (cf. Fl 2:6-11; 1Co 8:1-11:1; Rm 15:1-3). Paulo exerceu uma espécie de poder cruciforme, uma forma cristã de *auctoritas* — influência em vez de controle. A decisão está agora com Filemom.

RESUMO DE FILEMOM

A carta breve, mas convincente, de Paulo a Filemom expressa uma série de temas paulinos para uma situação particular:

- A fé deve se expressar em atos de amor – amor cristão, sacrificial, cruciforme e reconciliador.
- Em Cristo todos os crentes são irmãos e irmãs, não importa qual seja sua posição ou *status* na Igreja ou no mundo.
- A cruz subverte o *status quo*, reconstruindo relações não apenas dentro da Igreja, mas também na esfera pública.

Parece claro que Paulo deseja que Filemom liberte Onésimo da escravidão e de qualquer dívida, e depois o envie para o serviço evangélico de Paulo. Em vista de outros textos, é difícil saber com certeza, no entanto, se Paulo se opôs, em princípio, a todo tipo de escravidão ou se foi contra apenas a certos tipos ou instâncias de relações entre escravos e senhores, ou ainda se ele teria sentimentos ambíguos sobre a escravidão como uma 'instituição social' ou sobre a escravidão dentro da Igreja.

Apesar dessa falta de clareza em questões mais amplas, a carta a Filemom continua sendo um poderoso testemunho do poder do evangelho, uma epístola única na família das cartas paulinas.

A HISTÓRIA DIANTE DA CARTA
Algumas leituras sobre Filemom

"Esta epístola nos oferece uma ilustração magistral e terna do amor cristão. Pois aqui vemos como São Paulo assume o papel do pobre Onésimo e, com o melhor de sua capacidade, defende sua causa diante de seu mestre. Ele age exatamente como se fosse o próprio Onésimo, que havia feito algo errado. No entanto, ele não faz isso com força ou compulsão, como pode fazer dentro de seus direitos; mas ele se esvazia deles para obrigar Filemom também a renunciar ao seus. O que Cristo fez por nós com Deus Pai, isso São Paulo faz também por Onésimo com Filemom. Pois Cristo se esvaziou de seus direitos (Fp 2:7) e venceu o Pai com amor e humildade, de modo que o Pai teve que deixar sua ira e direitos de lado, e nos receber em favor por causa de Cristo, que defende seriamente nossa causa e de todo coração toma nossa parte. Pois nós todos somos seu 'Onésimo', se cremos."
Martin Luther, "Preface to the Epistle of Saint Paul to Filemom, 1546 (1522)", no vol. 35 de *Luther's Works; Word and Sacrament I*, ed. E. Theodore Bachmann (Filadélfia: Muhlenberg, 1960), p. 390.

Verdadeiramente Ele nos ensinou a amar uns aos outros / sua lei é amor e seu evangelho é paz / correntes Ele quebrará, pois, o escravo é nosso irmão / E em seu nome toda opressão cessará / Doces hinos de alegria em coro agradecido nos elevem / Que todos nós louvemos seu santo nome.
John Sullivan Dwight, "O Holy Night", baseado no poema francês "Minuit, Chrétiens" de Placide Cappeau (1808-1877), musicado como uma canção de Natal por Adolphe Adam em 1847.

"Eu estava pregando para uma grande congregação sobre a Epístola a Filemom: e quando insisti na fidelidade e obediência como virtudes cristãs para os servos e sobre a autoridade de Paulo, e condenei a prática de fugir, metade da minha audiência deliberadamente se levantou e *foi embora*; aqueles que permaneceram se mostravam nada satisfeitos, quer com o pregador, quer com sua doutrina. Após a despedida, não houve pequena agitação entre eles; alguns declararam solenemente 'que não havia tal Epístola na Bíblia'; outros, 'que eles não se importavam de não mais me ouvir pregar novamente!'"
Rev. Charles Colcock Jones, white Methodist missionary to slaves, citado em Albert J. Raboteau, *Slave Religion: The "Invisible Institution" in the Antebellum South* (Nova York: Oxford University Press, 1978), p. 294.

"[Filemom] descobre que 'estar em Cristo' faz uma reivindicação totalitarista sobre ele, na qual não há exceções. *Se ele deve permanecer no serviço de Cristo, o Senhor, ele não pode estar 'em Cristo' somente quando está 'na igreja'.*"
Norman R. Petersen, *Rediscovering Paul: Filemom and the Sociology of Paul's Narrative World* (Filadélfia: Fortress, 1985), p. 269.

"['Fugitivo'] não é a categoria na qual ele [Paulo] quer que Filemom veja seu ex-escravo, ainda mesmo que por um momento. Não: *ele é o filho amado de Paulo* e, portanto, *o irmão amado de Filemom*. Aqueles que têm lido esta carta sem ver a teologia densa e profundamente revolucionária que ela contém devem refletir sobre o terremoto social e cultural que Paulo está tentando causar — ou melhor, que ele acredita já ter sido causado pela ação de Deus no Messias."
N. T. Wright, *Paul and the Faithfulness of God,* vol. 4 de *Christian Origins and the Question of God* (Mineápolis: Fortress, 2013), p. 9.

"Paulo não era um William Wilberforce, mas sem Paulo talvez nunca tivéssemos William Wilberforce."
Michael F. Bird, *Colossians and Filemom*, NCCS (Eugene, OR: Cascade, 2009), p. 30.

Perguntas para reflexão

1. O que você acha que motivou a Igreja primitiva a preservar e canonizar a carta a Filemom? Que contribuições para o cânon esta carta trouxe? O que faltaria à igreja se a epístola a Filemom não tivesse sido preservada e canonizada?
2. Em que sentido a carta a Filemom fornece, ou não, informações sobre a prática de cuidados pastorais e direção espiritual na tomada de uma decisão cristã?
3. Existem relacionamentos contemporâneos de *status quo* que são análogos ao relacionamento de um mestre de escravos e que precisam de um exame à luz do evangelho?
4. Que temas teológicos estão presentes dentro ou por trás desta carta que deve fazer parte das discussões contemporâneas sobre o caráter dos relacionamentos dentro da Igreja?
5. O que você acha das interpretações da epístola a Filemom citadas no texto?
6. Em suma, o que esta carta exorta a Igreja a acreditar, esperar e fazer?

Para leitura e estudo adicionais

Geral

Bird, Michael F. *Colossians and Philemon*. NCCS. Eugene, OR: Cascade, 2009. Especialmente útil para julgar questões sobre a situação da carta.

Callahan, Allen Dwight. *Embassy of Onesimus: The Letter of Paul to Philemon*. Valley Forge, PA: Trinity (repr. Bloomsbury T&T Clark), 1997. Vê a carta como um texto de reconciliação para dois irmãos de sangue.

Felder, Cain. "Philemon." P. 881–905 no vol. 11 of *The New Interpreter's Bible*. Ed. por Leander E. Keck et al. Nashville: Abingdon, 2000. Enfatiza o poder da transcendência de classe, reconciliando o evangelho.

Gorday, Peter, ed. *Colossians, 1–2 Thessalonians, 1–2 Timothy, Titus, Philemon*. ACCS 9. Downers Grove, IL: InterVarsity, 2000. Trechos das interpretações dos primeiros pais da Igreja.

Moo, Douglas J. *The Letters to the Colossians and to Philemon*. PNTC. Grand Rapids: Eerdmans, 2008. Uma exposição de leitura agradável, com atenção primária à situação histórica, bem como alguma atenção ao significado teológico.

Still, Todd D. *Philippians & Philemon*. SHBC. Macon, GA: Smyth & Helwys, 2011. Considera aspectos retóricos, sociocientíficos e pastorais da carta.

Thompson, Marianne Meye. *Colossians & Philemon*. THNTC. Grand Rapids: Eerdmans, 2005. Implicações teológicas em contraste com as práticas de escravidão romana e para os cristãos contemporâneos.

Wright, N. T. *Paul and the Faithfulness of God*. Vol. 4 de *Christian Origins and the Question of God*. Mineápolis: Fortress, 2013, cap. 1. Concentra-se no Ministério da Reconciliação.

Técnica

Barth, Markus, e Helmut Blanke. *The Letter to Philemon*. ECC. Grand Rapids: Eerdmans, 2000. Análise exaustiva.

Dunn, James D. G. *The Epistles to the Colossians and to Philemon*. NIGTC. Grand Rapids: Eerdmans, 1996. Análise cuidadosa do texto grego.

Fitzmyer, Joseph A. *The Letter to Philemon: A New Translation with Introduction and Commentary*. AYB 34C. Nova York: Doubleday, 2000. Oferece uma perspectiva semelhante à deste capítulo.

Johnson, Matthew V., e James A. Noel, eds. *Onesimus Our Brother: Reading Religion, Race, and Culture in Philemon*. Mineápolis: Fortress, 2012. Ensaios de estudiosos afro-americanos que envolvem a carta dos que estão à 'margem' e à luz das expressões antigas e modernas da escravidão para dar ao homem Filemom sua própria voz.

Petersen, Norman R. *Rediscovering Paul: Philemon and the Sociology of Paul's Narrative World*. Philadelphia: Fortress, 1985. Leitura marcante dos mundos narrativo e social da carta.

Tolmie, D. Francois, ed. *Philemon in Perspective: Interpreting a Pauline Letter*. Berlin: De Gruyter, 2010. Ensaios que representam várias perspectivas e abordagens.

15

Colossenses

A plenitude e a sabedoria de Deus no Cristo cósmico e crucificado

> *O mistério de Deus, isto é, o próprio Cristo, em quem estão escondidos todos os tesouros da sabedoria e do conhecimento... Pois nele habita corporalmente toda a plenitude da divindade, e nele vocês chegaram à plenitude...*
>
> Colossenses 2:2-3, 9-12a (NRSV)

A carta aos Colossenses tem um ar de majestade. Ela exalta Cristo como o soberano cósmico, a Sabedoria preexistente de Deus em quem habita a plenitude divina, cuja morte libertou dos poderes hostis do universo aqueles que creem, e cuja ressurreição os levou a sentar-se com Ele acima dos poderes derrotados. Essa experiência cósmica, no entanto, inspira uma espiritualidade prática que, segundo a carta, supera as tentativas equivocadas de renovar a humanidade por meio de uma 'filosofia' e suas práticas ascéticas extremas que não reconhecem a plenitude de Deus em Cristo muito menos a realidade e poder da morte e ressurreição de Cristo. Colossenses é um comentário extenso sobre a afirmação de Paulo de que Cristo é a sabedoria e o poder de Deus (1Co 1:18-25).

Antes de olhar para a carta propriamente dita, vamos considerar algumas dimensões da história por trás e por dentro da carta, concluindo com uma discussão sobre sua autoria, pois nem todos estão convencidos de que Paulo é seu verdadeiro autor.

A HISTÓRIA POR TRÁS DA CARTA

A carta aos Colossenses — assim como Gálatas, mas com menos ira e injúrias — parece ter sido escrita com um propósito: convencer seus destinatários de que Cristo é totalmente capaz de efetuar a libertação espiritual deles. Eles devem, portanto, resistir à tentação de se envolver em práticas que pretendem complementar, mas na verdade suplantam (no pensamento de Paulo), sua participação na morte e ressurreição de Cristo. Isso não quer dizer que as cartas a Colossos e à Galácia abordem exatamente o mesmo problema, ou que tratem problemas semelhantes da mesma maneira. Mas sua singularidade comum de propósito é impressionante. Tal como em relação a Gálatas, muita tinta já foi gasta na tentativa de reconstruir as especificidades da situação pressuposta em Colossenses.

A cidade e sua comunidade de crentes

No período romano, Colossos era uma cidade de importância moderada. Localizava-se na região da Frígia e na província romana da Ásia, cerca de 200 quilômetros a leste da capital provincial de Éfeso e não muito longe das cidades mais proeminentes de Laodiceia e Hierápolis. Teve grande importância por causa de sua localização no fértil vale do rio Lico e em uma rota comercial que ligava Éfeso e o mar Egeu, a oeste, com a capital da província da Pisídia (Antioquia) e pontos mais além, a leste.[1]

Não sendo uma colônia romana, Colossos foi povoada principalmente por nativos frígios e gregos. Além disso, de acordo com o historiador judeu Josefo, as regiões da Frígia e da Lídia tinham muitos judeus cujos ancestrais foram trazidos da Babilônia e da Mesopotâmia por Antíoco III, por volta de 200 a.C. (*Antiguidades Judaicas* 12.149). Portanto, a cidade fazia parte de uma área em que o judaísmo floresceu ao lado das religiões locais e dos cultos pagãos, o padrão do império. A

---

[1] A cidade romana de Colossos foi provavelmente destruída por um terremoto no início dos anos 60, mas foi posteriormente reconstruída, talvez no final do século 2, e habitada até ao século 9. Tudo o que resta, a partir dessa descrição, é um monte não escavado, ou tel. No topo dessa colina há fragmentos de cerâmica, e na sua base pode se ver porções de algumas colunas antigas, bem como os restos de, talvez, um pequeno teatro como um bouleutērion. Os planos para escavar Colossos estão em andamento.

Oeste da Ásia Menor

possibilidade de haver um sincretismo religioso — a fusão de crenças e práticas de diversas tradições — talvez fosse ainda mais forte na cidade do que em qualquer outro lugar do mundo politeísta em que Paulo vivia.

É quase certo que a igreja em Colossos não foi fundada por Paulo (veja 2:1) nem pelo corremetente da carta, Timóteo, mas por seu "amado conservo" (*syndoulou*) Epafras, ele mesmo um colossense (1:7-8; 4:12; Fl 23). Certamente havia gentios na igreja (1:27), e eles podem ter sido a maioria, mas também há muitas razões para imaginar que havia crentes judeus na comunidade; era um grupo multiétnico (3:11). Desde o início, a igreja se tornou um corpo crescente e florescente (1:4-8).

Uma filosofia de auto-humilhação

O primeiro objetivo desta carta, como mencionado anteriormente, é advertir contra uma certa "filosofia" que se opõe a Cristo (2:8). O segundo motivo é prover uma alternativa devidamente fundamentada. Tradicionalmente, essa filosofia tem sido chamada de 'heresia colossense'. Embora alguns estudiosos tenham sugerido que a carta seja um ataque preventivo, a maioria acredita que a heresia ou filosofia já estaria presente em Colossos. Como veremos a seguir, o ambiente religioso que gerou essa filosofia tem sido calorosamente debatido, porém, mesmo entre aqueles que discordam sobre as origens da filosofia há bastante concordância sobre sua forma de modo geral.

A própria carta, especialmente em 2:16-23, sugere os seguintes elementos de tal filosofia:

- observação da dieta e feriados judaicos (2:16);
- auto-humilhação/ascetismo extremo, provavelmente incluindo jejum e talvez outras disciplinas (2:18, 21, 23);
- "adoração de anjos", que pode sugerir adoração ou veneração *de* anjos, ou participação *com* os anjos na adoração (2:18);
- experiências de visões (2:18);
- interesse nos "espíritos elementares deste mundo", as forças que governam o cosmos e a vida humana (2:8).

Os defensores dessa filosofia parecem ter se baseado em um dualismo filosófico e religioso que identificava Deus e "a carne" — esta como existência corporal normal — como estando em desacordo entre si. Eles teriam acreditado que o propósito da adoração era fugir da carne e entrar no "reino celestial". O meio ou prerrequisito para essa entrada celestial seria a observância de jejuns designados e outros modos de desapego da carne (o corpo maligno), que supostamente suprimia seus impulsos. Além disso, parece provável que esses ascetas místicos, como os chamaremos, exigiam a circuncisão dos gentios (cf. 2:11-23). Toda a experiência pode ter levado à 'competição' e ao orgulho ascético (2:18).

Colossos: As ruínas não escavadas da cidade estão enterradas sob um grande monte, com algumas colunas parciais e outras peças de construção visíveis.

Que tipo de cosmovisão religiosa teria gerado esse estilo de vida? A resposta é que muitos poderiam tê-la. Estava na moda entre alguns estudiosos de uma geração anterior chamar a filosofia colossense de 'gnosticismo'. Mas sobre a forma como esse termo é usado para descrever uma visão religiosa dualista posterior de mundo, com relatos complicados em níveis de emanações celestiais, o máximo que podemos dizer é que em Colossos havia um gnosticismo *incipiente*. Dentro dos próprios ensinamentos paulinos, aparentemente já havia um debate regular contra "a carne" e a favor da experiência carismática, cujas dimensões da vida em Cristo alguns crentes poderiam estar enfatizando em excesso (e.g. em Corinto). E sabemos, por meio da carta aos Gálatas, que estava 'em ação' a ideia de exigir dos crentes gentios a prática da circuncisão e outros marcadores simbólicos judaicos de fronteira.

Outras possíveis fontes sugeridas são os cultos de mistério e várias formas do próprio judaísmo. De fato, alguns estudiosos têm sugerido que os ascetas místicos não seriam hereges (cristãos), mas simplesmente judeus que representavam alguma forma de judaísmo da Diáspora helenizada, talvez um judaísmo místico primitivo (*Merkabah*), como descrito brevemente no capítulo 1. É verdade que todas as características distintivas dos ascetas místicos (exceto provavelmente a adoração de anjos, se é isso a que o texto se refere) poderiam ser puramente judaicas, a maioria dos intérpretes chamava a filosofia colossense de sincretista, argumentando que ela misturava elementos de certas religiões e filosofias pagãs, judaísmo e 'cristianismo'. Por sincretismo, não devemos entender uma apropriação oficial ou formal de várias religiões, e sim uma mistura popular de elementos aparentemente congruentes. Embora não possamos ter certeza, a suposição feita aqui é que os ascetas místicos eram crentes (cristãos) que estavam convencidos de que certas práticas — especialmente disciplinas ascéticas extremas — conhecidas entre seus irmãos judeus e pagãos lhes permitiriam suprimir seus desejos carnais e, portanto, se encontrar, de forma mais plena, com Deus/Cristo na presença dos vários poderes hostis e benevolentes do universo.

Nijay Gupta compôs uma carta hipotética, plausível, desses 'filósofos' ascéticos aos crentes colossenses:

> Queridos colossenses, sabemos que vocês estão passando por **dificuldades**: sem dúvida, estão cientes de que existem **espíritos** e **poderes** malignos que têm **autoridade** sobre nosso mundo mortal. Esses poderes se aproveitam da fraqueza do **corpo** e da **carne** humana. Assim, nosso mundo está repleto desse caos cósmico. Podemos oferecer, no entanto, **conhecimento, sabedoria** e **ensinamentos** (**tradições**) que podem protegê-los dessas forças malévolas. Ao controlar, combater e **disciplinar** seu próprio **corpo** frágil, vocês podem resistir a esses **poderes**. A **circuncisão** e a estrita obediência **ritual** da Torá são particularmente eficazes para neutralizar esses espíritos hostis. Uma vez que vocês tenham se **submetido** a tais **disciplinas** do **corpo**, terão acesso ao mundo celestial — recebendo **sabedoria** divina, **visões** e provisões para lutar contra a fraqueza da carne que os poderes do mal usam contra você. Podemos oferecer-lhes o caminho certo para a **plenitude e perfeição espiritual**.[2]

---

[2] Nijay K. Gupta, Colossians, SHBC (Macon, GA: Smyth & Helwys, 2013), p. 18.

A história por dentro da carta

A carta aos Colossenses é dirigida àqueles que estão sob a influência, ou possível influência, de tais ascetas sincretistas com uma mente voltada para o celestial. Em um movimento ousado, o autor da carta retoma a linguagem de um hino, poema ou outro fragmento litúrgico citado em 1:15-20 e, muito provavelmente, o vocabulário daqueles que ele procura condenar, afirmando que os crentes *já* foram elevados com Cristo às maiores alturas, e que os poderes do universo que eles temem ou buscam (ou ambos os casos) foram derrotados pela cruz de Cristo e substituídos por sua ressurreição. (A esse respeito, Colossenses é como Filipenses ao usar um texto poético como um ponto de lançamento para reflexão teológica e aplicação espiritual.[3]) Essa vida 'celestial' dos crentes, no entanto, não é aquela existência cheia de práticas ascéticas extremas e visões, mas de morte contínua do velho eu para um ser renovado no novo eu. Isso não é alcançado por medidas externas extraordinárias, mas pela presença interior de Cristo. Como a Sabedoria divina, cuja história é narrada no poema, Cristo foi o agente de Deus tanto para a criação quanto para a reconciliação, e agora, exaltado e preeminente, Ele capacita a comunidade com fé, esperança e amor.

Um tema relevante nesta carta, como em Efésios, é 'plenitude' (e.g., 1:9, 19, 24-25; 2:2, 9-10; 4:12, 17). Principalmente relacionada a uma família de palavras gregas (plenitude = *plērōma*); a linguagem desse tema transmite a afirmação de que em razão de a plenitude de Deus estar em Cristo, no passado e no presente (1:9; 2:9), aqueles que estão em Cristo experimentam a plenitude de Deus (2:10).

Assim, em essência, Colossenses conta uma história da sabedoria, poder e suficiência de Cristo. Nada revela mais de Deus do que Cristo, nada é mais poderoso do que o exaltado Cristo crucificado, e nada mais é necessário do que o próprio Cristo. Ele é, no entanto, experimentado pela participação em sua morte e ressurreição, não por qualquer outro meio — não pela adesão à Lei, não pelo jejum, não pelas visões. Colossenses não denigre a experiência 'mística' em si. Ao contrário, ele a descreve novamente. Por meio da participação na morte e ressurreição

---

[3] Assim como no capítulo sobre Filipenses, usarei o termo 'poema de Cristo' ou 'poema' ao invés de 'hino' para descrever este texto. O júri ainda está decidindo sobre seu gênero real, mas se é um hino, também é um poema. Assim como em Fp 2:6-11, qualquer que seja o gênero, essa passagem atribui grande louvor a Cristo.

de Jesus, as pessoas têm a experiência mística final, o encontro mais completo com a realidade divina possível nesta vida. Essa experiência começa no batismo (2:12-13) e continua na vida diária (caps. 3—4). É, paradoxalmente, um tipo de misticismo completamente vivido neste mundo.

É Paulo o autor?

Essa ousada história de Cristo e dos crentes impressiona quase todos os leitores de Paulo como algo diferente das histórias às quais eles se acostumaram nas cartas não questionadas. Os intérpretes perceberam diferenças tanto na forma (estilo, vocabulário) quanto na substância (teologia). Essas diferenças se devem à adaptação de Paulo a um novo tipo de ameaça ao evangelho, ou são a marca de outro escritor — seriam ambos os casos?

Com respeito ao estilo e vocabulário, Colossenses exibe certos padrões sintáticos e uma série de termos que não são encontrados nas cartas paulinas não questionadas, mas são encontrados especialmente em Efésios. (Para a relação entre essas duas cartas, veja o capítulo sobre Efésios.) Para um leitor do texto grego, a carta não 'parece' exatamente com o Paulo que conhecemos, digamos, como em Romanos e 1Coríntios.

Quanto à substância, muitos intérpretes têm argumentado que Colossenses difere das cartas não questionadas quanto à autoria em sua (1) cristologia, (2) eclesiologia, (3) escatologia e (4) ética — uma lista bastante abrangente de tópicos teológicos-chave. Em suma, esses intérpretes percebem uma ênfase distinta em: (1) o Cristo cósmico; (2) a igreja como uma entidade cósmica ou universal, em vez de local; (3) uma escatologia 'efetiva' de forma que a ressurreição seja uma experiência presente e não futura; e (4) uma ética patriarcal (preservada no 'código doméstico' de 3:18—4:1).

O espaço não permite uma exploração completa de cada um desses tópicos. No entanto, as supostas diferenças às vezes são mal interpretadas ou exageradas. Por exemplo:

1. O Cristo cósmico preexistente de Colossenses ainda é o Cristo crucificado (1:20, 24; 2:14), e o Cristo crucificado das cartas de autoria não questionadas é o "Senhor" preexistente e exaltado

(e.g., Fp 2:6-11), termo que o identifica de maneira significativa com o soberano Deus criador do universo. A identidade do Messias crucificado com o Senhor exaltado é uma marca registrada da experiência e teologia de Paulo. Ainda mais, de acordo com Colossenses e as cartas de autoria paulina confirmada, Deus estava em Cristo reconciliando o mundo consigo mesmo (2Co 5:19; cf. Cl 1:19-20).
2. Em Colossenses a igreja 'cósmica' continua sendo uma entidade local que se reúne em casas (4:16), com líderes identificáveis (1:7; 4:7-17), enquanto ao longo das cartas não questionadas um dos objetivos de Paulo é fazer com que igrejas individuais se vejam como parte de uma rede ampla, dentro do império, com relações mútuas (e.g., 1Co 1:2) e responsabilidades (e.g., a coleta para Jerusalém).
3. A chamada escatologia efetiva de Colossenses tem muito mais uma dimensão futura do que esse termo sugere (1:5, 23, 27; 3:4, 6, 10, 24), enquanto as cartas não questionadas têm mais ênfase no tempo presente — a experiência do Espírito (e.g., Gl 5; Rm 8; cf. Cl 1:8), a nova vida como uma simultânea morte e ressurreição (Rm 6:4, 11, 13; 12:1-2; Gl 2:19-21; cf. Cl 3:1-7), e a transformação permanente em glória (2Co 3:18; cf. Cl 3:10) — do que muitos dos intérpretes de Paulo já quiseram admitir.
4. Como veremos na discussão de 3:18—4:1, os contextos sociais e literários do código doméstico revelam que esse texto é muito mais radical do que uma leitura superficial poderia sugerir. A convicção paulina de que em Cristo não há gentio nem judeu, homem nem mulher, escravo ou livre (Gl 3:28; cf. Cl 3:11) está viva e bem colocada em Colossenses.

Com respeito aos três primeiros pontos, alguns têm afirmado que a ênfase *temporal* (horizontal ou escatológica) das cartas de autoria não contestada tornou-se uma ênfase *espacial* (vertical ou 'celestial') em Colossenses. Embora haja alguma verdade nessa observação, em Colossenses a vida 'no céu' ainda é uma vida na terra e uma existência vivida na esperança; a vida de ressurreição ainda é a vida cruciforme. *O que temos em Colossenses, então, é muito mais uma continuidade em relação às cartas não questionadas do que muitas vezes se reconhece.*

No entanto, não se pode negar que existem diferenças de estilo e de ênfase teológica em Colossenses. Embora o próprio Paulo pudesse ter escrito uma carta com tais diferenças, é provável que ele não tenha escrito ou ditado Colossenses palavra por palavra. Todavia, o conteúdo é tão próximo de Paulo que deve ter sido escrito por alguém que conhecia muito bem a mente do apóstolo. Essa pessoa pode ter sido um 'discípulo' ou colega de trabalho que teria escrito após a morte de Paulo, porém, nessa hipótese, as referências pessoais no início e no final da carta seriam menções imprecisas, destinadas apenas para dar autoridade à carta; isso é possível, mas não parece admissível nesse caso.

Mais provavelmente, como outros têm sugerido, a prisão de Paulo (algemado; 4:18) exigiu que ele pedisse a um assistente que escrevesse a carta depois de lhe dar instruções gerais. Como muitos estudiosos já sugeriram, essa pessoa pode ter sido Timóteo, o corremetente formal (1:1). Também poderia ser Epafras, o evangelista colossense (1:7). Outro possível escritor é Tíquico, que serve como relator sobre a condição de Paulo e, aparentemente, também o portador da carta (4:7-9). Visto que Tíquico cumpre uma função semelhante na entrega da carta aos Efésios (Ef 6:21-22), seu papel em escrever tanto Colossenses quanto Efésios explicaria, em parte, sua semelhança. (Veja também as observações introdutórias sobre Efésios.) Na minha opinião, uma situação como essa explica melhor a origem e o caráter de Colossenses, e vou me referir a Paulo como o autor.

Se foi escrita durante a vida de Paulo, a carta aos Colossenses foi composta em meados dos anos 50 (possivelmente em Éfeso) ou, mais provavelmente, no início dos anos 60 (de Roma), seguindo Filemom e precedendo Efésios (não importando quem tenha escrito Efésios). Se escrita após a morte de Paulo, provavelmente isso ocorreu logo depois. (Um ditado acadêmico frequentemente citado é: 'se foi escrita por Paulo, teria sido o mais tarde possível; se depois de Paulo, o mais cedo possível'.) Em qualquer dos casos, a carta se desdobra da seguinte forma:

1:1-2	**Abertura**	
1:3-23	**Introdução litúrgica: preeminência de Cristo**	
	1:3-8	Ação de graças
	1:9-14	Intercessão
	1:15-20	O Poema de Cristo
	1:21-23	Exortação

1:24—2:5   Introdução narrativa: o ministério de Paulo
2:6-23   Vida em Cristo como libertação dos poderes
    2:6-8   Cristo, e não 'filosofias vãs'
    2:9-15   A experiência de Cristo
    2:16-23   O erro da filosofia
3:1—4:6   O modelo da vida em Cristo
    3:1-4   Introdução
    3:5-17   Renovação em Cristo
    3:18—4:1 Relacionamentos no lar
    4:2-6   Exortações gerais
4:7-18   **Saudações e bênção**

1:1-2 Abertura

A saudação de Paulo contém alguns elementos importantes para a carta. Escrevendo para pessoas que geralmente não o conheceram pessoalmente, ele se identifica como um apóstolo "pela vontade de Deus" para dar à sua carta o peso apropriado na cidade de Colossos. O corremetente da carta, Timóteo,[4] é um "irmão" (1:1) no mesmo *status* de todos os colossenses (1:2). Os próprios destinatários são designados como "santos" e "fiéis" irmãos [e irmãs]. Eles são separados para Deus e fiéis ao evangelho de Deus em Cristo; essas frases sugerem a confiança de Paulo na disposição dos colossenses em resistir à 'filosofia' que está sendo cogitada em Colossos. O desejo de graça e paz é padrão nas cartas de Paulo.

1:3-23. Introdução litúrgica: preeminência de Cristo

Tem-se observado muitas vezes que Colossenses tem um ar 'litúrgico', um senso de majestade e adoração. Isso é notado, em grande medida, pela primeira parte da carta, na qual orações de agradecimento e petição (1:3-14) precedem a peça central da carta, que é o Poema de Cristo contido em 1:15-20. O poema é seguido por uma exortação sumária que dele deriva.

---

[4] Também o (ou um) corremetente para 2Coríntios, Filipenses, 1 e 2Tessalonicenses e Filemom.

Ação de graças (1:3-8)

O agradecimento constante que Paulo e Timóteo oferecem a Deus (1:3) ocorre em função da fé, esperança e amor dos colossenses (1:4-5a), uma tríade que encontramos em outras passagens de Paulo.[5] Cristo Jesus não é nomeado como objeto da fé, mas como o ponto de sua localização, "em Cristo" (1:4), assim como o Espírito é identificado como a esfera (1:8) na qual seu amor mútuo (1:4) ocorre. A realidade de os colossenses estarem "em Cristo" (assim como Cristo está neles, 1:27) é o centro da espiritualidade dos crentes de acordo com a carta; a expressão "em Cristo" (ou "em quem") aparece diversas vezes. Essa 'morada mútua' de Cristo e dos crentes é uma marca da espiritualidade paulina também nas cartas de autoria questionada (veja, e.g., Rm 8:1-17).

Paulo e Timóteo lembram aos colossenses que sua experiência presente de fé e amor está fundamentada no futuro — em uma esperança "reservada para vocês no céu" —, sobre a qual eles ouviram no passado (1:5-6; cf. 1:23, 27; 3:4). Essa forte ênfase escatológica inaugura um dos temas de Colossenses, e sua conexão com o "evangelho" sugere outro. O evangelho da graça de Deus, que foi plantado em nome de Paulo por Epafras em Colossos e que floresceu entre os colossenses e em todo o mundo (1:6-7), está duas vezes ligado à palavra "verdade" (1:5, 6).[6] Somente este evangelho, e nenhuma outra mensagem — especialmente aquela pregada pelos ascetas místicos — é a verdade digna da adesão dos colossenses.

Intercessão (1:9-14)

Paulo e Timóteo agora mudam da oração de ação de graças para uma petição, revelando o conteúdo de sua oração intercessória regular pelos colossenses. Em essência, sua oração é para o pleno conhecimento da vontade de Deus por meio da sabedoria e entendimento espiritual (1:9), que tudo aponta para a "plenitude" da sabedoria celebrada no poema, ou seja, o próprio Cristo. A oração, apesar de suas alusões a textos bíblicos e temas de sabedoria judaica, é implicitamente cristocêntrica desde o início; só é possível conhecer a Deus conhecendo o

---

[5] 1Co 13:13; Gl 5:5-6; 1Ts 1:3; 5:8.
[6] Epafras é mencionado novamente em 4:12 e em Fl 23.

Filho. Em 1:13 essa implícita centralidade em Cristo tornou-se explícita ("o Reino de seu Filho amado [de Deus]").

Embora as traduções em nossa língua transmitam a substância da oração em linguagem semelhante, elas variam em nuances sobre as inter-relações entre suas várias dimensões. O grego sugere o que vem a seguir. O conteúdo básico da oração — plenitude, conhecimento da vontade de Deus, sabedoria, entendimento (1:9) — deriva da tradição da Sabedoria. De acordo com essa tradição judaica, o conhecimento de Deus não é meramente um empreendimento intelectual, mas tem um propósito prático e ético — um propósito de aliança: viver (literalmente 'caminhar' para frutificar "em toda boa obra" ARA 1:10) dignamente do Senhor, que significa proporcionar o seu prazer.[7] De acordo com esses versículos, tal tipo de vida, ou andar, tem quatro aspectos básicos:

- frutificar em toda boa obra (1:10);
- crescer no conhecimento de Deus (1:10);
- ser fortalecidos para o sofrimento (1:11; implícito pela combinação de referências à resistência [*hypomonē*], paciência [*makrothymia*] e alegria [*chara*]);
- dar graças a Deus Pai (1:12).

De particular interesse é a fonte de força para o sofrimento, o poder glorioso de Deus (1:11), que sugere a soberania de Deus sobre todos os poderes hostis.

A oração termina com uma série de frases descrevendo a atividade salvífica do Pai que serve de transição para o poema. Essa ação divina tem dimensões passadas, presentes e futuras (1:12-14). No passado, Deus nos resgatou (NAB, "libertou") do poder das trevas para que agora vivamos no reino de seu amado Filho, ou esfera de poder (1:13).[8] Nele, os crentes têm redenção ou libertação das trevas e perdão dos

---

[7] O verbo grego peripateō, 'andar', muitas vezes traduzido como 'viver', aparece em 1:10; 2:6; 3:7; 4:10. É, infelizmente, usualmente traduzido como 'viver', 'comportar-se', 'agir' etc. — escondendo a imagem dinâmica do caminhar que é tanto mais paulina quanto mais missionária.

[8] A linguagem incomum do reino do "Filho" apenas torna explícito o que a linguagem de Paulo sobre o senhorio de Jesus implica; cf. 1Co 15:24-28.

pecados (1:14). No entanto, essa libertação apocalíptica das trevas para a luz ainda não está completa, e os crentes um dia receberão a "herança" devida aos santos (1:12).

Esse desejo expresso em oração, no início da carta, sustenta e informa o argumento contra o novo misticismo sobrenatural dos mestres colossenses e o argumento para o Cristo-místico nesse mundo proposto na carta.

O poema de Cristo (1:15-20)

As palavras finais da oração em forma de petição em 1:9-14 nos preparam para as palavras de louvor ao que Deus fez por meio de Cristo. Como observado anteriormente, muitos pensam que esses versículos fazem parte de um hino cristão primitivo, ou pelo menos um poema, cheio de imagens expressivas e 'rima de pensamento'. O texto, um resumo lírico da *missio Dei*, ou missão cósmica de Deus, pode ser dividio em duas estrofes. Esses versos da poesia contam a história da criação e da reconciliação por meio de Cristo, respectivamente, e assim o poema (como o chamaremos) é uma composição poética narrativa semelhante, em caráter geral, a Fp 2:6-11.

Pano de fundo e forma

O pano de fundo principal desse poema é a tradição da Sabedoria, especialmente a convicção judaica de que ela desempenhou um papel na criação e desempenha (ou desempenhará) novamente um papel na recriação. Essa tradição atinge sua maior expressão no livro canônico de Provérbios e no deuterocanônico Sabedoria de Salomão. É preciso observar alguns trechos, mas os leitores são especialmente encorajados a consultar a íntegra de Pv 8 e Sabedoria 7:22—8:1.

> Por sua sabedoria o SENHOR lançou os alicerces da terra,
> por seu entendimento fixou no lugar os céus (Pv 3:19)
>
> O SENHOR me criou como o princípio de seu caminho,
> antes das suas obras mais antigas;
> fui formada desde a eternidade,
> desde o princípio, antes de existir a terra...
> Quando ele estabeleceu os céus, lá estava eu (Pv 8:22-23, 27a).

> A sabedoria, a criadora de todas as coisas, me ensinou...
> Pois ela é um sopro do poder de Deus,
> e uma emanação pura da glória do Todo-Poderoso;
> portanto, nada impuro consegue penetrar nela.
> Pois ela é um reflexo da luz eterna,
> um espelho imaculado da obra de Deus e uma imagem de sua bondade.
> Embora ela seja apenas singular, pode fazer todas as coisas,
> e, permanecendo em si mesma, ela renova todas as coisas;
> em cada geração ela passa pelas almas santas e as torna amigos de Deus e profetas;
> pois Deus não ama nada tanto quanto a pessoa que vive com sabedoria (Sabedoria 7:22, 25-28 NRSV).

A sabedoria é aqui retratada não apenas como agente da criação e da renovação humana, mas também como reflexo ou imagem de Deus. Todos esses temas são encontrados no poema de Colossenses.

Tem havido um debate considerável sobre o ponto preciso de transição entre a primeira e a segunda estrofes do poema, mas é provável que o final da primeira seja 1:17 ("Ele... é antes de todas as coisas...") e o início da segunda é paralela em 1:18 ("Ele é a cabeça..."). Cada estrofe é dominada pela imagem do filho primogênito (*prototokos*, 1:15, 18), o filho privilegiado na tradição judaica, aquele que receberia uma porção dobrada da herança do pai (Dt 21:15-17) e aquele através do qual as gerações subsequentes receberiam sua herança e *status* familiar. Essa imagem aponta não para um nascimento literal e a implicação de ser um ente criado, mas metaforicamente para uma posição de honra: a supremacia de Cristo tanto na criação quanto na recriação (ressurreição).[9] Em cada estrofe a afirmação de que Cristo é o "primogênito" é seguida pela justificação dessa afirmação — "pois nele..." (1:16, 19). A linguagem 'em Cristo' agora se refere não à posição dos crentes, mas ao *locus* da atividade de Deus Pai.

O argumento do poema não é apenas que Cristo é a sabedoria de Deus e a plenitude de Deus, mas também que esse Messias reina soberano. Grande parte da linguagem do poema é o idioma exaltado da realeza e suas realizações. Nenhum outro poder terreno ou celestial se

---

[9] A palavra prōtotokos é também usada pelo rei Davi no Sl 89:27 (LXX 88:28).

iguala à Sabedoria preexistente de Deus, por meio de quem a criação e a nova criação ocorreram e que agora governa sobre todos.[10]

Duas estrofes

A primeira estrofe (1:15-17) começa reivindicando para Cristo os atributos da sabedoria e ainda mais: ser a imagem preexistente do Deus invisível (1:15) em quem toda a criação foi realizada (1:16). A possível implicação de que "primogênito" poderia significar que Cristo foi um ser criado, como era o caso da sabedoria provavelmente, é negada por 1:16, que afirma exatamente o oposto: todas as coisas no céu e na terra foram criadas "em" e "através" de Cristo (cf. 1Co 8:6). Paulo está apelando para a 'posição' e preeminência do filho judeu primogênito mencionado anteriormente. Cristo é, portanto, "o primogênito sobre toda a criação" (CEB). Além disso — e vai muito além da tradição da Sabedoria —, todas as coisas foram criadas *para* Cristo (também 1:16).[11] Ele existia antes de todas as coisas, e todas as coisas continuam a "se manter unidas" nele (1:17). A ênfase em "todas as coisas" é clara: a expressão aparece duas vezes no v. 16 e duas vezes no v. 17. Entre "todas as coisas" estão os vários poderes do universo, sejam nos céus (plural em grego porque havia vários níveis de céu no pensamento judaico) ou na terra, sejam visíveis ou invisíveis. Essa é uma referência direta tanto aos poderes hostis que podem estar intimidando certos crentes quanto aos poderes angélicos que os poderiam estar atormentando. A presença da longa lista muda o foco de uma afirmação geral sobre a supremacia de Cristo na criação para uma afirmação específica sobre sua supremacia aos poderes.

A segunda estrofe (1:18-20) começa ecoando formalmente o final da primeira estrofe, mas muda o foco da criação para a recriação. Cristo é a cabeça de seu corpo, a igreja, onde a nova criação é constituída (cf. 2:10-11). Então, a imagem do primogênito inclui a ideia paulina de Cristo como o primeiro de muitos filhos que compartilham ou compartilharão a herança da ressurreição e glória da família (1:18; cf. Rm 8:29). Todavia, como primogênito da família e, portanto, seu cabeça

---

[10] Veja Joshua W. Jipp, Christ is King: Paul's Royal Ideology (Mineápolis: Fortress, 2015), cap. 3, "King and Praise: Hymns as Royal Encomia to Christ the King".

[11] Provavelmente vai além de 1Co 8:6, em que Cristo é o agente da criação, mas Deus, o Pai, é seu objetivo.

(de acordo com a tradição judaica), Cristo recebe o lugar de preeminência (1:18). 'Cabeça' também sugere governo, como aquele que reina não apenas sobre os poderes, mas também na Igreja. Ser 'cabeça' o torna distinto de seu corpo (a Igreja), como Ele também foi distinto da criação.

A razão para essa distinção é a singularidade de Cristo como o lugar da habitação plena de Deus (1:19) e o meio da reconciliação de Deus (1:20): a encarnação — para usar um termo posterior já implícito em outro lugar em Paulo[12] — e a cruz. A Sabedoria foi designada para habitar e renovar os seres humanos (Sabedoria 1:4; 7:27); agora, diz Paulo, Cristo é digno de toda honra porque Deus habitou *plenamente* nele; Cristo é Deus e também a Sabedoria encarnada. O uso do termo "plenamente" pode derivar de afirmações feitas em Colossos de que existe alguma fonte de sabedoria divina além de Cristo — talvez a Lei, ou anjos. A oração em 1:9 por sabedoria divina pode ser respondida somente em referência a Cristo, a própria fonte da sabedoria divina.

Dessa forma, porque a sabedoria de Deus é o Cristo crucificado (cf. 1Co 1:23-24), a encarnação é inseparável da crucificação. O propósito da encarnação era a reconciliação, ou a promoção da paz (cf. 2Co 5:19; Rm 5:6-8). Essa reconciliação é de alcance cósmico, incluindo "todas as coisas" (1:20) da criação (1:16; cf. Rm 8:18-25). A implicação ressalta claramente que o universo, abrangendo os poderes mencionados em 1:16, está alienado de Deus. A morte sacrificial de Cristo (seu "sangue", 1:20) não apenas oferece o perdão dos pecados (1:14), mas também liberta a humanidade das forças hostis do universo (1:13) e até, de alguma forma, restaura esses poderes (eventualmente?), com todas as coisas, ao seu propósito divinamente criado (1:20). *Isso é pacificação com o derramamento do próprio sangue, não o de um 'inimigo'* (cf. Rm 5:1-11; 2Co 5:14-21). A combinação de perdão e libertação dos poderes é outra marca das convicções de Paulo (cf. Rm 3:21-26).

A visão de Paulo é grandiosa e abrangente, uma narrativa de criação e recriação. Ele conta essa história não para informar os colossenses, mas para lembrá-los de seu envolvimento nela. De fato, a narrativa poética é a base do restante da carta, pois frases-chave e conceitos, ou suas implicações, reaparecem posteriormente. Mais especialmente, se

---

[12] E.g., Gl 4:4; 2Co 8:9; Fl 2:6-8.

a plenitude de Deus habita em Cristo, e se Ele habita na comunidade dos crentes, então eles estão experimentando em Cristo a plenitude de Deus. Nada mais nem menos é necessário. O significado dessa participação na vida de Deus por meio daquele em quem o próprio Deus criou e reconciliou o mundo — o que às vezes é chamado de 'theosis' ou 'deificação' — será revelado no restante da carta.

A reflexão moderna sobre esse texto poético inspirou os cristãos a levar a sério o senhorio universal de Cristo e o escopo cósmico da salvação. Mas também gerou questionamentos sobre o significado preciso dessa universalidade. Além do fato de que esse texto tem sido visto como um testemunho do compromisso do Criador com toda a criação e, portanto, da missão da igreja em cuidar dessa criação. É, em outras palavras, um texto sobre o 'cuidado da criação' ou, mais formalmente, 'ecoteologia', mas só porque Cristo é o criador e senhor de toda a criação.

Exortação (1:1-23)

O poema é agora aplicado aos Colossenses; eles são os beneficiários da reconciliação feita por Cristo (1:22), tendo sido alienados de Deus, como se tornou evidente por suas más ações (1:21), as quais são o oposto da vontade de Deus (1:9). A reconciliação com Deus tem um propósito: desfazer o modo de vida característico daqueles ainda não reconciliados, de modo que Cristo possa um dia apresentar os crentes como "santos, inculpáveis e livres de qualquer acusação" (1:22; cf. 1Co 1:7-8; Fp 1:6, 10; 1Ts 3:13; 5:23). Isso implica responsabilidade por parte dos colossenses e de todos os crentes: fidelidade à esperança do evangelho que Paulo prega (1:23; cf. 1:5, 27; 3:4) — e isso certamente se concentra em Cristo como primogênito, a fonte de toda a sabedoria e esperança. A comunidade deve, em outras palavras, encarnar o poema que é a base de sua vida em conjunto.

1:24—2:5. Introdução narrativa: o ministério de Paulo

A menção de Paulo como ministro do evangelho no final de 1:23 fornece uma transição da introdução litúrgica para um resumo narrativo de seu ministério. Isso se destina para o benefício dos destinatários da carta e para estabelecer ainda mais a adequação da presente comunicação a eles.

A passagem começa com a combinação paulina comum de sofrimento e alegria,[13] e continua imediatamente com a ideia de Paulo: "Agora me alegro em meus sofrimentos por vocês e completo no meu corpo o que resta das aflições de Cristo" (1:24). No contexto de uma carta que exalta a plenitude da pessoa e obra de Cristo, essa afirmação não pode significar que a paixão de Cristo fosse de alguma forma ineficiente. Portanto, ela sugere que, sendo o sofrimento e a morte de Cristo definitivos acerca da revelação de si mesmo e atividade de Deus no mundo, eles devem continuar na vida do apóstolo (cf. 2Co 1:5). Assim como Paulo constantemente lembra a seus leitores de que Cristo (sofreu e) morreu por eles, agora ele os lembra de que sofre por eles, o corpo de Cristo. Seu papel como servo sofredor é complementado por seu ministério de pregação e ensino (1:25), no qual ele participa da plena revelação do mistério de Deus aos que creem na mensagem (os "santos" de Deus), especialmente entre os gentios (1:26-27).

O conteúdo essencial desse mistério, ou "plano secreto" (CEB, 1:26), essa "palavra de Deus" (1:25), é "Cristo em vocês, a esperança da glória" (1:27, elaborando em 1:23; cf. Rm 5:2; 8:18, 21).[14] Para Paulo, essa 'máxima' expressa sua certeza de que os crentes conhecerão a plenitude da glória de Deus e experimentarão o objetivo da existência humana — a renovação completa à imagem do Criador (3:10), que significa a imagem de Cristo (1:15; veja também 2Co 3:18; 4:4-6). Essa renovação começa no presente (3:10) por causa da habitação de Cristo (cf. Rm 8:9-10; Gl 2:20). Cristo não precisa ser procurado em algum lugar ou de alguma forma; Ele está presente na comunidade. Como observado anteriormente, a tradição cristã se refere a essa renovação pela habitação divina de várias maneiras, incluindo 'deificação' ou 'theosis' e também 'Cristificação' ou 'Christosis'. Esses termos procuram indicar um processo de tornar-se cada vez mais como Cristo (e, portanto, como Deus) participando da vida de Cristo (e, portanto, da vida de Deus) enquanto sempre vai permanecer como uma criatura, jamais se tornando o Criador.

---

[13] Explícita ou implicitamente em Rm 5:2-5; 2Co 6:8-10; Fl 1:12-18; 4:4-6; 1Ts 5:16-18.
[14] Ou, em uma palavra, o mistério é "Cristo" (2:2; 4:3).

O lema combina habilmente a realidade presente com a esperança futura. Assim, resume o objetivo de toda a carta: a habitação da sabedoria de Deus (Cristo) capacita os crentes a andar de uma maneira que tanto agrada a Deus quanto assegura sua herança futura (cf. 1:9-10, 22-23). Por essa razão, Paulo proclama Cristo como a fonte da sabedoria e o meio para atingir a maturidade (na maioria das traduções), ou perfeição (NAB, NJB) — plenitude (1:28). A isso Paulo se dedica incansavelmente enquanto reconhece o próprio Cristo como a verdadeira fonte de sua força (1:29-2:1; cf. 1:11; Fl 2:12-13; 4:13).

A breve descrição de Paulo sobre si mesmo evolui para uma advertência e uma transição para a discussão da 'filosofia', pois o apóstolo declara os objetivos de seu ministério mais especificamente para aqueles que ele nunca conheceu pessoalmente (colossenses, laodicenses e outros).[15] Paulo deseja que as comunidades se mantenham unidas e caracterizadas pelo amor (2:2), bem como pela fé — isto é, neste contexto, o pleno abraço de Cristo como a sabedoria de Deus (2:2-3), em quem "estão escondidos todos os tesouros da sabedoria e conhecimento" (2:3). No contexto específico de Colossenses, Paulo está preocupado com argumentos que "só parecem convincentes", "plausíveis" (NRSV), ou "capciosos" (NAB) que, como veremos, desafiam a suficiência de Cristo. Presente em espírito com eles, o apóstolo se regozija antecipadamente na firmeza de sua fé (2:5).

2:6-23. Vida em Cristo como libertação dos poderes

O objetivo concreto da carta de Paulo agora vem à tona: persuadir os colossenses a permanecerem firmes em Cristo e dissuadi-los de abraçar a filosofia enganosa (como Paulo a vê) dos ascetas místicos. A estratégia retórica de Paulo é contrastar o vazio das práticas associadas àquela filosofia com a "plenitude" de Cristo e a integral experiência dos colossenses com Deus e com ele.

---

[15] Observe também a troca de cartas entre os colossenses e os laodicenses que Paulo exorta (4:15-16).

Cristo, e não 'filosofias vãs' (2:6-8)

Os primeiros versículos estabelecem o tema desta seção de forma positiva e negativa e, de fato, o assunto de toda a carta. Positivamente, assim como os colossenses receberam a Cristo, o Senhor (2:6), através da fé (cf. 2:5), eles agora devem 'viver' (corretamente, 'andar', NAB) nele, como Paulo orou em 1:10. Isso significa estabilidade e crescimento, como sugerem as metáforas "enraizados... edificados... firmados", bem como um constante espírito de ação de graças (2:7). Negativamente, os colossenses não devem ser seduzidos e capturados — uma metáfora de guerra — por qualquer suposta alternativa ou suplemento a Cristo que seja, em última análise, apenas uma filosofia vazia e enganosa (visão de mundo e práticas) originada pela tradição humana e, pior, pelos hostis poderes elementares deste mundo (cf. 2:8; Gl 4:8-9), não pela revelação de Deus em Cristo. Aquilo que não representa Cristo é, na melhor das hipóteses, humano, ou demoníaco, na pior delas; de qualquer forma, não é o evangelho.

A experiência de Cristo (2:9-15)

A razão para essa dupla advertência é apresentada agora: a suficiência de Cristo. Ecoando o poema de 1:15-20, Paulo afirma que, por ser Cristo a plenitude de Deus (veja 1:19), os crentes chegaram à plenitude nele (2:9-10). Eles não precisam de nada mais para ter uma 'experiência' completa com Deus, ou de vida, além de crescer nesse relacionamento (2:6-7). E mais, eles não precisam expressar temor ou adorar quaisquer outros poderes porque Cristo — por meio de quem todos os poderes foram criados, e que na cruz desarmou e derrotou as forças hostis (1:16; 2:15) — é o cabeça (soberano) não apenas sobre sua Igreja, mas também sobre todos os poderes (2:10). Os crentes compartilham da vitória da cruz de Cristo. Essa é uma experiência do *Christus victor*.[16]

Essa participação na vitória de Cristo é retratada em três imagens: circuncisão, sepultamento e ressurreição, bem como o perdão de dívidas (2:11-14a). A circuncisão que Paulo descreve é espiritual, não física (2:11; cf. Rm 2:26-29), removendo não um pedaço de carne, mas "o corpo da carne" — a força interior contra Deus que se manifesta em

---

[16] "Christus victor" é um dos modelos tradicionais para entender a morte de Cristo (a expiação), focando em sua vitória sobre o pecado, a morte e Satanás.

transgressões (2:13). Essa circuncisão espiritual é equiparada, ou talvez presumida e conduzida ao ato público do batismo, no qual a fé dos crentes lhes permitiu passar da morte em delitos, pelo sepultamento, para a nova vida — ressurreição (2:12-13). Nesse momento, suas ofensas já foram perdoadas (2:13b), uma realidade expressa na metáfora final, o perdão da dívida (2:14). Desse modo, a situação humana fora de Cristo era de culpa, morte e hostilidade contra Deus.

Duas alusões da mensagem dos ascetas místicos ao judaísmo provavelmente aparecem nesses versículos. Primeiro, Paulo dá a entender que o foco dos judeus na circuncisão é equivocado; o batismo em Cristo, uma circuncisão espiritual gerada pela fé, substitui a circuncisão física e efetua o que esta não fez. Em segundo lugar, Paulo dá a entender que a Lei não trouxe auxílio para a situação do ser humano, mas a exacerbou ao demonstrar o fracasso humano. A volta à circuncisão física e à Lei — isto é, aos símbolos da identidade judaica que não libertam os gentios da morte espiritual — seria um grave erro.

A passagem termina com uma breve, mas significativa descrição dupla da cruz como ato de vitória de Deus. Primeiro, Deus "cancelou a escrita de dívida... que nos era contrária" — o inimigo caracterizado pela culpa, derivado das acusações feitas pela Lei; esse registro foi pregado na cruz (2:14). Segundo, Deus "despojou os poderes e as autoridades" (2:15); isto é, na cruz Deus derrotou os próprios poderes cósmicos que mantêm a humanidade nas garras do medo. Como em 2Co 2:14, a imagem aqui também inclui um "desfile triunfal" (CEB), no qual o vencedor militar fazia um "espetáculo público" dos inimigos derrotados. Juntas, essas duas partes da imagem *Christus victor* (ou melhor, neste caso, *Deus victor*) transmitem a libertação da culpa e do medo, em quaisquer formas antigas ou modernas que se apresentem. Os poderes hostis da culpa e do medo, assim como outras forças cósmicas e demônios pessoais, são revelados para aqueles que estão em Cristo e se beneficiam de sua morte pelo que realmente são: *impotentes*.

O erro da filosofia (2:16-23)

As especificidades desse tipo de erro em Colossos são agora descritas e abordadas. Como em 2:6-8, Paulo nomeia tanto o que evitar quanto o que aceitar.

Conforme pode ser visto nas observações introdutórias, devem ser evitadas as seguintes atitudes:

- a observância da dieta judaica e das leis do calendário como um requisito e símbolo de adesão à aliança (2:16; cf., e.g., Ez 45:17);
- "auto-humilhação" (provavelmente significando jejum) e outras práticas ascéticas exigidas (2:18, 22);
- "adoração de anjos", implicando na veneração de anjos ou, menos provavelmente, adoração na companhia de anjos (2:18);
- fixação em visões (2:18).

Os crentes já morreram com Cristo para os "espíritos elementares deste mundo" (2:20), incluindo os anjos e outros poderes associados a eles, para que não lhes fossem prestadas homenagens, venerando-os diretamente ou submetendo-se às tradições humanas que eles inspiravam (2:22; cf. 2:8), o que seria um anacronismo (cf. 3:7). As regulamentações e experiências ascéticas ou 'ensinos humanísticos' enraizados na preocupação com esses espíritos elementares são, de fato, bastante mundanos (2:20), completamente humanos (2:22; cf. Mc 7:1-22), incapazes de promover a verdadeira sabedoria e piedade (2:23) e, em última análise, ineficazes no tratamento da raiz do problema humano da "carne" (NAB, traduzindo *sarx* em 2:23).[17] Ademais, eles conduzem ao julgamento e à arrogância (2:16, 18) sobre quem está verdadeiramente 'envolvido' e é verdadeiramente 'espiritual' ou 'sábio'.

Se tudo isso soa apenas como ataques pessoais, devemos prosseguir para a questão real: todos esses aparentes caminhos para sabedoria e práticas de piedade tiram o foco de Cristo como a verdadeira fonte de sabedoria e crescimento em Deus (2:19). O que deve ser adotado, então, por outro lado, é simplesmente Cristo, e somente Cristo (2:19). Ele é a "cabeça" (= Senhor; 2:19; cf. 1:18; Ef 1:22; 4:15; 5:23) e a substância, a realidade, para a qual todos os símbolos judaicos apontam (2:17). Além disso, nenhuma outra experiência espiritual é necessária, exceto a experiência de receber Cristo, o Senhor (2:6), morrer com Cristo em vitória sobre os espíritos elementares (2:20), e então continuar a 'viver' nele (2:6).

---

[17] ARA, "contra a sexualidade"; NVI, "refrear os impulsos da carne".

> **RESUMO DE COLOSSENSES 1–2**
>
> Na primeira metade da carta aos Colossenses, Paulo proclama o mistério de Cristo como a plenitude de Deus e seu corolário, assegurando que em Cristo se encontra a plenitude da vida em Deus.
>
> - Cristo, como imagem preexistente e sabedoria de Deus, em quem a plenitude de Deus sempre habitou, é o mediador tanto da criação quanto da redenção; em sua morte, Deus derrotou os poderes hostis do cosmos e efetuou uma reconciliação que afeta toda a criação.
> - Os crentes receberam Cristo como Senhor, participando de sua morte e ressurreição, e assim chegaram à plenitude de Deus nele, mas sua tarefa é crescer nele e 'andar' nele enquanto estão neste mundo.
> - A Igreja não deve se deixar enganar por qualquer tipo de 'filosofia' vazia que pretenda suplantar ou complementar Cristo ao oferecer sabedoria, conhecimento, autodisciplina ou qualquer outra experiência espiritual fora do Senhor.
> - Especificamente, a Igreja deve evitar o misticismo sincretista e o ascetismo extremo que certos mestres estão defendendo.

3:1—4:6. O MODELO DA VIDA EM CRISTO

Se adotar símbolos judaicos de filiação à aliança, ascetismo extremo, veneração de anjos e visões não constitui verdadeira sabedoria e piedade, então como obtê-las? A resposta a essa pergunta ocupa o restante da carta (3:1—4:6) até as saudações e considerações finais. Em suma, a resposta de Paulo procura abordar as mesmas preocupações que podem levar às práticas dos ascetas místicos. É ter uma experiência de ressurreição em Cristo que é, paradoxalmente, também uma experiência de morte que lida com as fontes do pecado humano e encarna as virtudes de Cristo na cruz. É expressar a adesão à aliança, não em marcos simbólicos de limites rituais como a observância de calendário e humilhação de si mesmo, mas em valores éticos substantivos, como compaixão e humildade. Não é abster-se de viver no corpo e no mundo, fugir de suas realidades para o céu, com seus vários poderes cósmicos, mas levar uma vida de ação de graças e louvor celestiais inspirados aqui e agora, no corpo e no mundo.

Introdução (3:1-4)

Paulo começa com uma breve meditação sobre a experiência central dos crentes: sua ressurreição para uma nova vida com Cristo (3:1). Eles foram elevados o mais alto possível: ao "alto", isto é, com Cristo à direita de Deus — a sede do poder (3:2). Esse foco na dimensão 'vertical' provavelmente decorre da preocupação dos ascetas místicos com poderes celestiais e visões. Os crentes não precisam dessas experiências. De fato, tais experiências são, na verdade (ironicamente), terrenas e muito humanas (2:20-22); e aqueles que estão em Cristo são exortados a colocar sua mente nas coisas que são do alto (3:2), pois eles morreram e sua verdadeira vida está escondida com Cristo, preparada para ser revelada em um futuro dia de glória (3:3-4; cf. 1:5, 23, 27).

Tal linguagem para descrever a experiência cristã primitiva impressionou muitas pessoas, como experimentar uma escatologia conquistada, de glória e sucesso no presente, e é uma das principais razões pelas quais eles desejam distanciar Paulo dos colossenses. No entanto, a experiência da ressurreição narrada aqui dificilmente pode ser considerada literal ou triunfalista. Os crentes certamente ainda não estão no céu, mas devem aguardar um dia vindouro de glória. Tampouco eles o 'alcançaram' espiritualmente. Os primeiros quatro versículos do capítulo 3 não podem ser separados do texto que vem a seguir. Ou seja, a identificação com o Cristo *cósmico exaltado* também significa identificação com o Cristo *humilde* e *crucificado*. A morte dos crentes (3:3) não se completa, mas continua no processo, pois a ressurreição, paradoxalmente, significa que houve morte (3:5). Isso é consistente com o exemplo do apóstolo, cuja própria ressurreição com Cristo acarretou sofrimento (1:24). Esse caráter paradoxal da experiência da ressurreição é desvendado nos versículos seguintes. Não é uma espiritualidade orientada meramente para o 'outro mundo', e sim para uma espiritualidade *neste mundo*, outro mundo espiritual. Isto é, aqueles que fixam sua mente em Cristo no céu, em quem sua identidade final e futuro repousam, são atualmente impelidos para o 'mundo real'.

Renovação em Cristo (3:5-17)

A realidade da morte e ressurreição/exaltação em Cristo se manifesta no âmago da questão da vida cotidiana. Paulo continua com uma exortação sumária: "façam morrer..." (3:5) que flui logicamente da expressão ("portanto") que ele acabara de mencionar. Ele então fornece uma lista de dois tipos de pecados, relacionados com o sexo (3:5) e a fala (3:8), que os crentes devem remover de sua vida (3:8). Eles não devem mais "viver" neles (3:7; veja NSRV), pois agora vivem em Cristo (2:6). Trata-se de uma peregrinação comunitária, com responsabilidades de 'uns para com os outros' (3:9, 13, 16).

O significado da vívida metáfora "façam morrer" se torna claro a partir da linguagem mais terrena de 3:7 e 3:8. Paulo pede uma atitude radical ('matar') em vez de seguir um conjunto de regulamentos ('não toque'). É importante, portanto, não pensar nessa exortação meramente como um tipo diferente de ascetismo. Ao contrário, Paulo fundamenta a ordem para evitar certas práticas no grande esquema da renovação da humanidade à imagem de seu criador, o que significa à imagem de Cristo (3:10, ecoando 1:15; cf. Rm 8:29), que se desenrola na transformação radical de cada crente (3:7, 9; cf. 2Co 3:18; 4:4). Os crentes "se despiram" do velho eu (literalmente "pessoa", *anthropos*) e "se revestiram" do novo (3:9-10), portanto não podem viver da forma antiga.[18] Se isso é uma referência ao batismo, ela não se foca no ritual em si, mas em sua subsequente mudança no estilo de vida. Em poucas palavras, a vida de ressurreição permanece, paradoxalmente, na vida cruciforme. A Igreja participa da missão de Deus com respeito à humanidade quando incorpora a condição humana renovada em Cristo e permite que outros também participem dessa renovação (veja 4:2-6).

As duas listas de pecados incluem intenções (e.g., impureza, paixão, luxúria, raiva, ira, malícia), bem como ações (e.g., toda imoralidade sexual [gr. *porneia*], calúnia, linguagem abusiva, mentira). Mas por que existe o foco nos pecados sexuais e da fala? Talvez porque sejam paixões 'comuns' que destroem famílias e comunidades, mas não são controladas por disciplinas ascéticas. O que pode alterar tais comportamentos é a participação na ação divina de restaurar a harmonia da criação. Essa obra começa agora na comunidade chamada Igreja, na qual a pessoa e

---

[18] Cf. Rm 6:1-14; 13:14; Gl 2:19-20; 3:27. Pode muito bem haver aqui uma alusão a Adão (cf. Rm 5:12-21; 1Co 15:20-22, 45-49). É importante lembrar, mais uma vez, que para Paulo, renovação à imagem de Jesus Filho é a renovação à imagem do criador (Deus Pai). Ou seja, Cristificação, ou Christosis, é deificação, ou theosis. Ao mesmo tempo, a deificação é, na verdade, a humanização — tornando-se o tipo de humano que Adão não era, e sim Cristo.

a presença de Cristo, sabedoria de Deus para a criação e recriação do mundo, une todos os que nele se renovam (3:11; cf. Gl 3:28). A dupla ênfase na unidade judeu-gentio e o foco na igualdade livre-escravo são de particular importância para a carta aos Colossenses. (Os citas [v. 11] eram um povo tribal do norte visto como especialmente bárbaro.)

Essa renovação da humanidade, retratada em imagens da criação, agora também é expressa em termos de aliança (3:12). Os crentes são o povo amado, os "escolhidos" de Deus, separados, como Israel, para viver em distinção daqueles que não conhecem a Deus (3:12). Continuando com a linguagem tanto da aliança quanto da vestimenta (nova criação), Paulo chama os colossenses a 'vestir' trajes que são particularmente apropriados para aqueles estão ligados a Cristo: compaixão, bondade, humildade, mansidão e paciência (3:12); tolerância mútua e perdão (3:13; cf. Ef 4:32[19]); e sobretudo o amor, a força que unifica esses trajes e aqueles que os vestem (3:14). Essas virtudes constituem a experiência contínua da cruz, não apenas como 'morte' para o velho modo de vida, mas como a forma positiva do novo estilo de vida.[20]

Três últimos conselhos gerais sobre a vida em comunidade concluem esta seção em que Paulo descreve a renovação em Cristo. A primeira é uma exortação para permitir que a paz de Cristo — a fonte da reconciliação — reine no corpo de Cristo (3:15). A segunda é uma exortação para permitir que a palavra e a sabedoria de Cristo permeiem a comunidade por meio de instrução mútua e cânticos de agradecimento (tal como em 1:15-20?) de louvor (3:16; cf. Ef 5:19). Finalmente, é apresentada uma ampla recomendação paulina sobre fazer tudo de maneira consistente com Cristo e honrar a Deus (3:17; cf. 1Co 10:31; Ef 5:20). Esse princípio de 'tudo o que fizerem' provê uma transição natural para as disposições para a conduta no lar que vêm a seguir.

---

[19] Paulo poderia muito bem estar ciente do ensino de Jesus sobre a conexão entre receber perdão/amor e oferecer perdão/amor como visto na Oração do Senhor (Mt 6:12, 14-15; Lc 11:4a; cf. Mc 11:25; Lc 6:37b) e em certas parábolas (e.g., Mt 18:23-35; Lc 7:36-50). Também por trás da obrigação do perdão poderia estar a tradição da palavra de perdão de Jesus na cruz (Lc 23:24).

[20] O fundamento da existência cristã na ação de Deus e Cristo na cruz é mais claro nos apelos ao perdão (3:13) e à paz (3:15; cf. 1:20), mas está implícito em toda esta passagem, especialmente na presença de palavras como "humildade" e "amor", que estão associadas à cruz em toda a correspondência paulina. Cf. a passagem semelhante em Ef 4:31—5:2.

Relacionamentos no lar (3:18—4:1)

Em vários textos antigos pagãos e judaicos, encontramos advertências aos pais e outros sobre o comportamento apropriado dentro de casa, por isso não é surpreendente encontrar textos semelhantes na literatura cristã primitiva; este texto é o exemplo cristão mais antigo que foi preservado.

Talvez o incidente de Filemom-Onésimo tenha levado Paulo a duas conclusões: (1) que *apesar* da igualdade de escravo e livre em Cristo (3:11; cf. Gl 3:28), seria impossível, por muitas razões, efetivamente cada família se desestruturar por meio da alforria de todos os escravos; e (2) *por causa* dessa igualdade entre escravo e livre em Cristo, mas em vista da impossibilidade de libertação universal, eram necessárias diretrizes especiais para o tratamento mútuo dos senhores crentes — junto com a esposa e os filhos do senhor — e os escravos crentes numa mesma casa para que eles vivessem juntos como uma família em Cristo, uma espécie de 'igreja doméstica'. O interesse primordial de Paulo, então, não é a preservação da casa patriarcal greco-romana, mas a aplicação da condição apropriada 'em Cristo', ou normas cristocêntricas para uma instituição que era uma dádiva da vida neste mundo — o lar, que muitas vezes incluía escravos.

Ao mesmo tempo, esse foco no 'código familiar' incide de forma distinta num indivíduo, o chefe do grupo familiar agregado, ou patriarca. É a ele que o apóstolo se dirige três vezes: sobre suas relações com sua esposa, seus filhos e seus escravos. O patriarcado era, de fato, uma instituição dentro de uma instituição. No mundo romano, os membros da casa de um patriarca — sua esposa, filhos e escravos — eram sua propriedade, e ele podia (em teoria, e muitas vezes na prática) dispor deles como bem entendesse, tendo até o poder de vida e morte sobre eles. Essa passagem em Colossenses subverte e transforma o poder (*patria potestas*) do patriarca.

Em 3:18—4,1, essa conversão do lar em igreja doméstica e a transformação simultânea do poder do patriarca ocorrem de três maneiras importantes, como visto nos contextos existencial, literário e cultural do código familiar.

- Em primeiro lugar, os deveres dos vários membros da família situam-se explicitamente na realidade da vida em Cristo. A repetida menção do nome do Senhor em 3:18—4:1 não é uma série de clichês religiosos. Esse aspecto do texto lembra aos membros da família que eles devem sempre incorporar a admoestação feita em 3:17 na família: "Tudo o que fizerem, seja em palavra seja em ação, façam-no em nome do Senhor Jesus". Eles certamente podem começar a fazer isso com as várias alusões ao ministério de Cristo em 3:12-16 (e.g., mansidão, perdão) e com a forma geral da vida em Cristo descrita ao longo do capítulo 3. Mesmo o chefe (o patriarca) deve estar consciente de que ele é responsável perante um Mestre superior (4:1). Esse é o significado do contexto *existencial* do código.

- Segundo, as exortações em 3:18—4:1 seguem as exortações mais gerais sobre a vida em Cristo em 3:1-17 e são apresentadas como um subconjunto desses imperativos mais gerais. Uma vez que o código está claramente escrito para uma família de crentes que prestam contas ao mesmo Senhor, espera-se que todos os membros da família vivam, em primeiro lugar, de acordo com os preceitos gerais. O código é uma aplicação, não uma alternativa a 3:1-17. *Por conseguinte, 3:18—4:1 não pode ser interpretado de alguma fora que possa contradizer os princípios gerais do viver em Cristo, articulado em 3:1-17.* Por exemplo, o patriarca crente não pode agir com impureza, ganância, ira ou linguagem imprópria nem abusiva com sua esposa, filhos ou escravos. Ele deve ser amável para com a esposa, gentil com seus escravos e paciente com seus filhos. Ele tem o dever 'patriarcal' de estabelecer uma família marcada pelo amor, humildade, perdão e pela edificação mútua de seus membros. Ele terá que aprender de Cristo e, assim, reaprender a liderar uma família, não apenas com seus pares ou 'superiores' culturais, mas também com seus 'subordinados' culturais. Esse é o significado do contexto *literário* do código.

- Terceiro, o código se concentra nos deveres, e não nos direitos dos membros da família, incluindo especialmente o patriarca. A esse respeito, esse código doméstico oferece uma alternativa a qualquer código legal que faria exatamente o oposto. O patriarca, de fato, não tem direitos explícitos concedidos a ele. Certamente, outros têm deveres para com ele, mas se não cumprirem, ele não tem o direito de puni-los. Ele tem apenas a obrigação de ser paciente com eles e perdoá-los — vivendo uma vida cruciforme diante deles. O patriarca, bem como todos os membros da família, tem a responsabilidade de ser uma espécie de modelo de Cristo para seus vizinhos. Esse é o significado do contexto *cultural* do código.

Portanto, para resumir, o código doméstico não *subscreve* um sistema patriarcal, mas o *reescreve* no contexto da vida em Cristo. Não é um exemplo de 'confirmar o *status quo*', como alguns têm afirmado. Tampouco é um exemplo da ética potencialmente revolucionária de Paulo sendo domesticada. Ao contrário, não é menos revolucionária do que qualquer outra situação em que as pessoas são chamadas para uma vida cruciforme em Cristo.

Uma esposa crente deve estar sujeita ao marido (dificilmente haveria outra opção), apenas de uma maneira apropriada para uma pessoa e um casal em Cristo (3:18). O patriarca, em seu papel de marido, deve demonstrar amor *agapē* semelhante a Cristo e não tratar a esposa com amargura (3:19, crueldade, NRSV, NAB). Os filhos de uma família crente devem obedecer aos pais (não apenas ao pai) "em tudo", um mandamento bíblico que permanece em Cristo (3:20). Porém, mesmo o "tudo" desse requisito é implicitamente matizado pelo contexto mais amplo. O patriarca como pai, por sua vez, não pode usar sua autoridade para atormentar e exasperar seus filhos, pois isso prejudicaria seu amadurecimento como crentes (3:21).

Os escravos recebem o mais longo conjunto de instruções (3:22-25), porém, o argumento é simples: obedeçam a seus senhores e trabalhem para eles como se estivessem servindo ao seu verdadeiro Mestre, pois o Senhor Cristo é de fato aquele que verdadeiramente recebe sua honra e reconhece sua integridade. Como crentes, eles são responsáveis perante seu Senhor supremo por qualquer mal feito, até mesmo para um mestre (3:25). O patriarca, como proprietário de escravos, é lembrado de que ele também tem o mesmo Senhor no céu e espera-se que trate os escravos com justiça e consideração (4:1). Esse conjunto de advertências dentro do código doméstico coloca carne e sangue (embora alguns diriam que não é suficiente) na declaração de igualdade em 3:11. *Uma vez que o escravo e o mestre são ambos escravos de um verdadeiro Senhor, nenhum deles é realmente (apesar da lei romana) o dono ou propriedade do outro*. No mínimo, então, a relação escravo-senhor foi reconstruída dentro da família cristã, de modo que os cristãos que têm escravos não podem mais tratá-los como antes. Além disso, as sementes da libertação dos escravos foram plantadas para as gerações posteriores.

Exortações gerais (4:2-6)

Paulo conclui esta parte da carta ligando sua própria história com a dos colossenses. Ele o faz acrescentando algumas outras exortações gerais. O foco principal está na responsabilidade dos colossenses para com aqueles que ainda não haviam crido no evangelho.

Um chamado geral à oração com ação de graças (4:2) se transforma rapidamente em um pedido de oração pela missão evangelística de Paulo, com o desejo do apóstolo que eles orem para que Deus lhe abra portas e possa pregar abertamente (4:3-4). Mas os colossenses não podem confiar somente em Paulo para difundir "o mistério de Cristo". Eles devem incorporar o evangelho em sua conduta e discurso, demonstrando sua sabedoria e graça (4:5-6). Isso requer não apenas estar preparado para responder a questionamentos (4:6), mas também tomar a iniciativa de pregar sempre que possível — aproveitando ao máximo todas as oportunidades (4:5; veja NAB). Ou seja, o 'viver' dos crentes colossenses em Cristo (4:5, como em 1:10; 2:6) é inerentemente missionário, uma maneira intencional de encontrar aqueles que (ainda) não fazem parte do corpo de Cristo.

4:7-18. Saudações e bênção

Colossenses conclui com um conjunto de saudações em que onze pessoas associadas a Paulo são nomeadas. Aqueles que acreditam que a carta é pseudônima entendem essa lista como um dispositivo artificial projetado para dar-lhe autoridade e credibilidade. Embora seja verdade que várias das pessoas mencionadas aqui são personagens regulares nas cartas contestadas e em Atos, isso não é motivo para descartar a autenticidade de sua associação com Paulo em relação aos Colossenses.

As duas primeiras pessoas mencionadas, Tíquico e Onésimo, deverão levar as saudações de Paulo quando forem para Colossos, aparentemente entregando sua carta à igreja (4:7-9). Conforme observado na introdução, Tíquico cumpre um papel semelhante em Efésios e pode ser responsável por alguns aspectos do estilo e conteúdo das duas cartas

Laodiceia: A carta aos Colossenses (2:1; 4:13-16) menciona os crentes nessa cidade vizinha, assim como o livro de Apocalipse.

(Ef 6:21-22).²¹ A descrição que Paulo faz sobre ele (4:7) revela muito sobre sua compreensão do ministério: "irmão amado, ministro fiel [*diakonos*], e cooperador" (lit. "conservo", *syndoulos*, o mesmo título dado a Epafras em 1:7). Curiosamente, Onésimo, o ex-escravo de Colossos, é descrito em linguagem semelhante — "fiel e amado irmão" —, mas sem a qualificação de "escravo". Onésimo foi liberto para servir junto com Paulo. Ele retorna à sua cidade natal de Colossos com uma nova identidade no Senhor.

Saudações, com breves comentários, são enviadas por mais três companheiros de trabalho de Paulo: Aristarco (também na prisão), Marcos (que pode ter vindo em alguma missão) e Jesus (chamado Justo), os quais são identificados como seus únicos colaboradores judeus (4:10-11) — talvez para reforçar a adequação de seu evangelho para aqueles com herança ou inclinação judaica. Epafras, o evangelista para os colossenses, é mencionado como alguém que intercede

---

²¹ Tíquico também aparece em At 20:4; 2Tm 4:12; e Tt 3:12.

vigorosamente ("batalhando por vocês em oração", 4:12) pelas igrejas que fundou em Colossos (1:7-8) e também, provavelmente, nas proximidades de Laodiceia e Hierápolis (4:13). Todos esses homens, exceto Justo, são mencionados também em Fl 23-24, com Epafras (não Aristarco) na prisão com Paulo naquela época. Da mesma forma, Lucas e Demas, também mencionados em Fm 24, enviam saudações (4:14).

As próprias saudações de Paulo são enviadas aos crentes em Laodiceia, pelo menos alguns dos quais se reunem na casa de uma mulher chamada Ninfa, e para quem ele havia escrito uma carta (4:15-16). O conteúdo daquela carta — desconhecido para nós, apesar da existência de uma carta apócrifa posterior (século 4 ou 5?) a apócrifa *Carta aos Laodicenses* — e da carta aos Colossenses era suficientemente abrangente ou continha mensagem importante para ser compartilhada entre as cidades (4:16).[22] O relacionamento contínuo de Paulo com os crentes em Colossos é ainda apontado por sua mensagem para Arquipo, um dos receptores mencionados na carta a Filemom (Fl 2), para completar uma tarefa não especificada (4:17).

Finalmente, Paulo de alguma forma toma sua pena de escrever, apesar de estar acorrentado — sem dúvida depois de deixar a redação da carta para um secretário (Tíquico?) — com o objetivo de autenticar a carta e enviar sua palavra de graça (4:18), terminando a carta no mesmo tom com o qual ele começou (1:2, 6). É um resumo adequado de sua mensagem: a plenitude da graça de Deus em Cristo.

RESUMO DE COLOSSENSES 3—4

Na segunda metade da carta aos Colossenses, Paulo expõe o significado concreto de viver plenamente em Cristo, a plenitude de Deus.

- Os crentes, tendo sido "ressuscitados com Cristo" e "revestidos de Cristo", constituem a nova humanidade sendo recriada à imagem do Criador.
- A vida de ressurreição dos crentes é, paradoxalmente, uma experiência de morte contínua: morte para o velho eu e seus pecados associados, especialmente ligados a sexo e linguagem, e a encarnação da compaixão, humildade, perdão e paz cruciformes do Senhor.

---

[22] Alguns estudiosos pensam que a carta de Paulo aos Efésios é na verdade a carta aos laodicenses.

- Nesse contexto, todos os membros da família cristã – com especial ênfase no patriarca – devem tratar-se uns aos outros, não segundo as normas culturais, mas de forma coerente com Cristo e com dedicação ao seu Senhor comum.
- Todos os crentes têm uma medida de responsabilidade para divulgar o evangelho.

A HISTÓRIA DIANTE DA CARTA
Algumas leituras sobre colossenses

"Quando abro a porta da capela da Epístola aos Colossenses, é para mim como se o próprio Johann Sebastian [Bach] estivesse sentado ao órgão."
Adolf Deissmann, *Paul: A Study in Social and Religious History*, trad. William E. Wilson (Nova York: Harper, 1957 [origem 1911]), p. 107.

"Com um sentimento de grande temor, perguntei a ela [minha avó] um dia por que ela não me deixava ler nenhuma das cartas paulinas [em voz alta para ela]. O que ela me disse eu nunca esquecerei. 'Durante os dias da escravidão', ela me disse, 'o ministro do mestre ocasionalmente oferecia serviços para os escravos. O velho McGhee era tão malvado que não permitia a um ministro negro pregar para seus escravos. Sempre o ministro branco usava como texto básico algo escrito por Paulo. Pelo menos três ou quatro vezes por ano ele usava a passagem: "Escravos, sejam obedientes aos seus senhores... como a Cristo". Então ele procurava mostrar que, se fôssemos escravos bons e felizes, Deus nos abençoaria. Prometi ao meu Criador que se eu aprendesse a ler e fosse liberta, eu não leria essa parte da Bíblia.'"
Avó de Howard Thurman, citada em seu livro *Jesus and the Disinherited* (Nashville: Abingdon, 1949; repr. Boston: Beacon, 1996), p. 30-31.

"A evidência concreta desse triunfo [o triunfo de Cristo sobre os poderes] é que na cruz Cristo 'desarmou' esses Poderes. A arma que eles até então tinham como fonte de sua força foi arrancada de suas mãos. Essa arma era o poder da ilusão, sua capacidade de convencer [as pessoas] de que eram os regentes divinos do mundo, a certeza e a direção definitivas, a felicidade suprema e o dever supremo para uma pequena humanidade dependente. Desde Cristo sabemos que isso é ilusão. Somos chamados a buscar um destino superior: temos ordens superiores a seguir e estamos sob um protetor maior. Nenhum poder

pode nos separar do amor de Deus em Cristo. Desmascarados, revelados em sua verdadeira natureza, eles perderam seu poder sobre [as pessoas]. A cruz os desarmou: onde quer que ela seja pregada, ocorre a desmoralização e o desarmamento dos poderes."
Hendrikus Berkhof, *Christ and the Powers* (Scottdale, PA: Herald, 1962), p. 31.

"Se você morreu com Cristo em seu batismo para os princípios do consumismo autônomo que ainda mantém o mundo cativo, então por que você vive de uma maneira que sugere ainda estar nas garras de sua visão ideológica? Por que você se submete aos seus regulamentos para o consumismo como se não houvesse amanhã, vivendo como se a comunidade fosse um impedimento à realização pessoal, agindo como se tudo fosse descartável, incluindo relacionamentos, o nascituro e o meio ambiente? Por que você permite que essa visão enganosa ainda tenha domínio sobre você? Você não sabe que manter algum tipo de ligação com os ídolos dessa cultura é como subir na cama com um cadáver que já está em decomposição?"
Brian J. Walsh e Sylvia C. Keesmaat, *Colossians Remixed: Subverting the Empire* (Downers Grove, IL: InterVarsity, 2004), p. 138, em um "targum" sobre (paráfrase contemporânea de) Cl 2:8—3:4.

"Cristo-Criador-e-Sustenedor... estabeleceu a paz na cruz para impulsionar o mundo em direção à sua restauração e renovação — um mundo onde, um dia, o câncer e a dor serão uma apenas uma memória."
Nijay K. Gupta, *Colossians*, SHBC (Macon, GA: Smyth & Helwys, 2013), xiv, refletindo sobre a batalha de sua filha contra o câncer.

Perguntas para reflexão

1. De que maneira, se for o caso, a suficiência de Cristo, como agente de criação e reconciliação de Deus, é desafiada hoje? Como a igreja tem respondido e como deveria responder a esses desafios?
2. Como o poema de abertura de Colossenses, e a carta como um todo, pode levar os cristãos de hoje a entender o senhorio universal de Cristo e a agir no escopo cósmico de sua obra reconciliadora, bem como o cuidado adequado da criação em antecipação de sua parte na salvação de Deus?

3. De que maneira as pessoas hoje experimentam o universo como um lugar seguro ou hostil, e a que poder(es) benevolente(s) ou maligno(s) elas atribuem sua boa ou má sorte? Como a carta aos Colossenses pode oferecer perspectivas úteis sobre a natureza e a força desses poderes, assim como tomar uma atitude apropriada em relação a eles?
4. Que tipos de práticas e experiências espirituais suplementares — porém inapropriadas — as pessoas às vezes tentam impor aos cristãos hoje? Quais podem ser suas motivações? Qual é o apelo de tais experiências?
5. A rejeição de Paulo à 'filosofia' tornaria todo estudo intelectual ou não-teológico inútil, ou mesmo prejudicial? Que tipo de atitude em relação à cultura essa noção, no contexto de todos os colossenses, pode ser fomentada?
6. Que tipo de perspectivas sobre disciplinas espirituais, como o jejum, a crítica ao extremo ascetismo em Colossenses pode gerar?
7. Que significado têm (ou poderiam ter) as metáforas 'ser ressuscitado com Cristo' e 'revestir-se de Cristo' para a Igreja contemporânea? Por que é importante manter essas metáforas conectadas à cruz?
8. Quais são os pecados contemporâneos associados ao sexo e à fala que os crentes modernos deveriam 'fazer morrer' — e por quê?
9. Como o evangelho, conforme relatado em Colossenses, pode impactar a vida familiar em nossos dias?
10. Qual é a responsabilidade da Igreja em ajudar seus membros a estarem preparados para compartilhar sua fé com outros?
11. Como você responde às interpretações de Colossenses citadas anteriormente?
12. Em suma, o que esta carta exorta a Igreja a crer, esperar e fazer?

Para leitura e estudo adicionais

Geral

Bird, Michael F. *Colossians and Philemon*. NCCS. Eugene, OR: Cascade, 2009. Comentários úteis e compreensíveis sobre todos os aspectos do texto.

Gorday, Peter, ed. *Colossians, 1-2 Thessalonians, 1-2 Timothy, Titus, Philemon.* ACCS 9. Downers Grove, IL: InterVarsity, 2000. Trechos extraídos das interpretações dos pais da Igreja primitiva.

Gupta, Nijay K. *Colossians.* SHBC. Macon, GA: Smyth & Helwys, 2013. Envolvimento histórico, literário e profundamente teológico de fácil leitura com o texto que enfatiza tanto a cruz quanto a ressurreição.

Hay, David M. *Colossians.* ANTC. Nashville: Abingdon, 2000. A mensagem teológica do texto e seus antigos paralelos judaicos e não judaicos.

Lincoln, Andrew T. "Colossians", p. 551-669 em vol. 11 do *The New Interpreter's Bible.* Ed. por Leander E. Keck et al. Nashville: Abingdon, 2000. Análise perspicaz com foco no tema da sabedoria em Cristo em oposição aos ensinamentos de ascetas visionários.

MacDonald, Margaret Y. *Colossians and Ephesians.* SP. Collegeville, MN: Liturgical, 2000. Argumenta que Paulo não é o autor, a 'filosofia' é sincrética, e o batismo é uma questão central.

Martin, Ralph P. *Ephesians, Colossians, and Philemon.* Interpretation. Atlanta: John Knox, 1991. Escrito para pregadores e professores, assumindo Paulo como o provável autor.

Moo, Douglas J. *The Letters to the Colossians and to Philemon.* PNTC. Grand Rapids: Eerdmans, 2008. Uma extensa pesquisa de assuntos introdutórios, seguida de exegese sólida.

Seitz, Christopher R. *Colossians. Brazos Theological Commentary on the Bible.* Grand Rapids: Brazos, 2014. Atenção especial ao contexto canônico, reivindicações teológicas, história de interpretação e suposto papel no ministério de Paulo.

Sumney, Jerry L. *Colossians: A Commentary.* NTL. Louisville: Westminster John Knox, 2008. Atenção cuidadosa é dada à teologia da carta sobre a suposição de sua autoria logo após a morte de Paulo.

Talbert, Charles H. *Ephesians and Colossians.* PNTC. Grand Rapids: Baker Academic, 2007. Comentários detalhados, mas compreensíveis, com atenção especial ao contexto antigo.

Thompson, Marianne Meye. *Colossians & Philemon.* THNTC. Grand Rapids: Eerdmans, 2005. Comentário perspicaz, enfatizando a importância teológica da carta.

Walsh, Brian J., e Sylvia C. Keesmaat. *Colossians Remixed: Subverting the Empire.* Downers Grove, IL: InterVarsity, 2004. Interpretação criativa e perspicaz que liga o contexto da carta, as alegações de verdade e a ética ao contexto pós-moderno do império e da globalização.

Wright, N. T. *The Epistles of Paul to the Colossians and Philemon.* TNTC. Grand Rapids: Eerdmans, 1986. Exposição clara, argumentando pela autoria paulina e oposição da carta aos crentes gentios que se voltam para o judaísmo.

Técnica

Cadwallader, Alan H., e Michael Trainor. *Colossae in Space and Time: Linking to an Ancient City.* Göttingen: Vandenhoeck & Ruprecht, 2011. Ensaios sobre a arqueologia e a história de Colossos e seus arredores.

Dunn, James D. G. *The Epistles to the Colossians and to Philemon*. NIGTC. Grand Rapids: Eerdmans, 1996. Cuidadoso trabalho textual acrescido das hipóteses de que Paulo provavelmente instruiu Timóteo a escrever a carta e a 'filosofia' que representa os ensinamentos da(s) sinagoga(s) local(is).

Lohse, Eduard. *Colossians and Philemon*. Hermeneia. Filadélfia: Fortress, 1971. Comentário detalhado argumentando que um membro da escola paulina expressou sua oposição ao sincretismo.

Maier, Harry O. *Picturing Paul in Empire: Imperial Image, Text and Persuasion in Colossians, Ephesians and the Pastoral Epistles*. Nova York: T&T Clark/Bloomsbury, 2013. Estudo perspicaz de imagens imperiais e imagens paulinas de Cristo, argumentando que Colossenses é uma forma de "contramemória".

Schweizer, Eduard. *The Letter to the Colossians: A Commentary*. Trad. por A. Chester. Mineápolis: Augsburg, 1982. Influente análise, com atenção tanto à teologia da carta quanto à história de sua interpretação na suposição da autoria de Timóteo para o preso Paulo.

16

Efésios

Uma nova humanidade digna do Cristo cósmico, crucificado e pacificador

Porque somos criação de Deus realizada em Cristo Jesus para fazermos boas obras, as quais Deus preparou antes para nós as praticarmos... Pois Ele é a nossa paz, o qual de ambos fez um e destruiu a barreira, o muro de inimizade.

Efésios 2:10, 14

O documento chamado carta (ou epístola) de Paulo aos Efésios é uma celebração litúrgica da *missio Dei*, ou propósito eterno de Deus — unir todas as pessoas e toda a criação em Cristo — e uma exortação à Igreja, a presente manifestação do propósito divino, para incorporar esse propósito na vida diária. Assim, esta carta trata sobre o "evangelho da paz" (6:15), que é simultaneamente o evangelho da maravilhosa e generosa graça de Deus. Como mencionado em Colossenses, só que ainda mais explicitamente, esse propósito divino e sua incorporação estão focados na cruz de Cristo, que agora é exaltado aos "lugares celestiais". Também, como no caso de Colossenses, entretanto de modo mais claro, a autenticidade e o caráter desta carta são contestados. Não devemos, no entanto, permitir que disputas sobre autoria nos impeçam de nos envolver com a própria carta aos Efésios. Fazer isso seria um erro lamentável, pois Efésios é um documento rico, embora às vezes difícil, que provocou um impacto profundo na teologia e na espiritualidade cristãs. Raymond Brown escreveu o seguinte comentário: "Entre os escritos paulinos, somente Romanos pode se igualar a Efésios como o texto que pode exercer a maior influência no pensamento e na espiritualidade cristãos".[1]

A HISTÓRIA POR TRÁS DA CARTA

Embora a ênfase deste livro esteja na mensagem teológica de cada carta paulina, é claro que não podemos deixar de prestar atenção aos questionamentos relacionadas ao tema de autenticidade e caráter do documento. O livro de Efésios foi realmente escrito para a igreja em Éfeso? Trata-se de uma carta? Paulo é seu autor?

Uma carta para os Efésios?

Não sabemos muito sobre a história que está por trás da carta aos Efésios. De fato, os primeiros e melhores manuscritos do Novo Testamento omitem a frase "em Éfeso" de 1:1.[2] É bem possível, então, que este documento tenha sido concebido como uma carta circular e que os crentes de Éfeso, se é que o receberam, não eram seu único público-alvo.

O conteúdo de Efésios parece apoiar tal teoria. Há bem pouca sugestão de quaisquer situações específicas estarem sendo abordadas, ou de se pensar aqui uma comunidade concreta. Embora existam exortações para se tomar cuidado com erros doutrinários (e.g., 4:14; 5:6), elas parecem bastante gerais, e é muito mais difícil reconstruir uma 'filosofia/heresia de Éfeso' como a 'filosofia/heresia de Colossenses' (embora alguns tenham discernido temas gnósticos ou antignósticos na carta). Portanto, as afirmações teológicas e as exortações éticas têm um conceito genérico. Ao contrário de Romanos, sobre o qual o mesmo pode ser dito para os capítulos 1—8 (ou 1—11), mas não para 12—16, Efésios não se move do geral para o específico.

Ademais, o texto assume que os destinatários, ou pelo menos muitos deles, não tiveram contato direto com Paulo (1:15; 3:2), por isso, certamente um lugar diferente de Éfeso é sugerido, onde Paulo passou um tempo considerável. É provável, no entanto, considerando o texto de 1:1 contendo originalmente as palavras "em Éfeso", que esta carta

---

[1] Raymond E. Brown, *An Introduction to the New Testament* (Nova York: Doubleday, 1998), p. 620. Efésios foi, por exemplo, a carta mais querida de João Calvino. Sua dificuldade se deve, em parte, ao número de frases gregas longas e complexas.
[2] Por exemplo, a frase está ausente de p46 e B (Vaticanus).

Éfeso: A enorme ágora comercial perto do teatro e do porto

'circular' se tornou associada à cidade porque se destinava a percorrer toda a província da Ásia, da qual Éfeso era a capital e o epicentro a partir do qual o evangelho de Paulo se espalhou por toda a região (cf. At 19:10). É claro que nem todos os que ouviram o evangelho de Paulo teriam tido contato direto ou indireto com ele, o que explicaria o sentimento de distância entre o escritor e os leitores em Efésios. À luz dessa provável conexão entre a carta e a cidade, e devido à importância de Éfeso no ministério de Paulo, cabe uma breve nota sobre a cidade.[3]

A cidade de Éfeso

Éfeso era uma cidade grande e espetacular, com talvez um quarto de milhão de habitantes. Suas ruínas expansivas e parcialmente reconstruídas são talvez as mais fascinantes — e entre as mais visitadas — de

---

[3] Alguns estudiosos sugeriram que este documento é a carta não preservada aos laodicenses mencionada em Cl 4:16, mas como nenhum manuscrito menciona Laodiceia na saudação, essa hipótese é menos provável do que a sugestão de que 'Efésios' tenha sido uma carta circular. Uma proposta recente para esta carta ser a de Laodiceia vem de Douglas A. Campbell, Framing Paul: An Epistolary Biography (Grand Rapids: Eerdmans, 2014), esp. p. 309-38.

Éfeso: ao se aproximar da cidade a partir do porto, era possível ver o espetacular teatro helenístico, cenário dos distúrbios narrados em Atos 19. Após as reformas do século primeiro d.C., o teatro abrigava cerca de 25 mil pessoas.

todas as cidades antigas da bacia do Mediterrâneo. Fundada por volta de 1000 a.C. e ligeiramente reposicionada mais de uma vez ao longo dos séculos, tornou-se a capital da província romana da Ásia sob o domínio de Augusto. Passou a ser também considerada o centro do culto imperial e recebeu o título de "primeira e maior metrópole da Ásia".

Éfeso tinha um porto próspero (que mais tarde desapareceu, devido ao assoreamento, o que praticamente acabou com a vida da cidade) e uma localização estratégica nas rotas comerciais terrestres. Entre suas estruturas distintas na época de Paulo estavam um teatro acusticamente magnífico; um estádio; duas grandes ágoras; portões impressionantes e uma basílica (usada para o comércio e transações bancárias) dedicada a Augusto; templos de Apolo, Roma/Júlio e Augusto ou Ísis; um *pyrtaneion* (do grego *pyr*, 'fogo'), onde as sacerdotisas de Ártemis guardavam a sagrada chama eterna da cidade; e, claro, havia um templo para Ártemis/Diana (o Artemísio), uma das sete maravilhas do mundo antigo. Com quatro vezes o tamanho do Partenon em Atenas, o Artemísio foi dedicado à deusa grega da castidade, fertilidade e caça, que em Éfeso havia sido transformada ("Ártemis dos Efésios", At 19:28, 34) na herdeira da tradição da deusa mãe da Anatólia (e.g., Cibele). Ártemis era a mãe e a alma de todos os aspectos da vida dentro e ao redor de Éfeso. De acordo com Atos 19, o evangelho de Paulo e a adoração de Ártemis entraram em sério conflito. Embora Ártemis dominasse a vida em Éfeso, outras formas de devoção religiosa, incluindo a magia, existiam na cidade. No entanto, as tentativas de identificar traços de questões religiosas peculiarmente efésias na carta não foram amplamente aceitas.

Independentemente de qual seja a relação exata da cidade de Éfeso com esta carta, tratava-se de uma cidade estratégica dentro do ministério de Paulo, que tinha pra ele a mais utilidade na Ásia que Corinto tinha na Acaia.[4] A cidade permaneceu como um importante centro da Igreja primitiva, sendo objeto das cartas de João (Ap 2:1-7) no final do primeiro século e de Inácio, bispo de Antioquia (*Aos Efésios*), no início do século 2, e mais tarde tornou-se o local dos concílios da Igreja.

Uma carta de Paulo?

O significado de Éfeso para o ministério de Paulo torna peculiar o fato de que nenhuma carta com seu destino definido para essa igreja tenha sido preservada. Não só o provável estilo circular e genérico da carta aos Efésios levou alguns a desassociá-la da igreja de Éfeso, mas seu caráter como uma carta — especificamente como uma carta de Paulo — também foi seriamente questionado. Muitos estudiosos sugeriram categorizá-la como um discurso, ensaio ou homilia (talvez uma homilia batismal), em vez de uma carta. Mas como ela possui um começo e um fim epistolar e, como todas as cartas paulinas, tem um caráter de discurso, é melhor considerar Efésios como uma carta, cuja ocasião e audiência exatas não podem ser determinadas com certeza.

O que é bastante provável sobre a história que está por trás da carta, no entanto, é o fato de ela ser modelada em Colossenses.[5] A estrutura, vocabulário e teologia dos seis capítulos de Efésios são semelhantes — embora não idênticos — à carta mais curta de Colossenses.

---

[4] Cf. At 18:19-21; 19:1—20:1; 20:16-38; 1Co 15:32; 16:8-9; 2Co 1:8-9.
[5] Estudiosos também argumentaram pela dependência de Colossenses em relação a Efésios (possível, todavia menos provável) e pela independência de uma carta da outra (muito menos viável).

Éfeso: estátua de Ártemis (local: Museu de Éfeso)

Éfeso: coluna restaurada no local do Templo de Ártemis

Aproximadamente metade do texto de Efésios tem material paralelo em Colossenses (alguns exatos ou semelhantes) e, como Colossenses, Efésios contém material que soa como 'litúrgico' — isto é, tirado do culto cristão primitivo e da catequese. Os acadêmicos que pensam que a carta aos Colossenses foi escrita por alguém que não era Paulo, normalmente concluem que o apóstolo também não escreveu Efésios, argumentando que é obra de um discípulo ainda posterior a Paulo, provavelmente escrita em algum momento no último terço do primeiro século. Aqueles que consideram plausível que Colossenses é de autoria paulina, muitas vezes ainda atribuem Efésios a um discípulo posterior, que escreveu após a morte do apóstolo.

No entanto, pode ser proposto algo de meio-termo entre a escrita feita diretamente por Paulo e a autoria por um discípulo posterior. Como em Filipenses e Colossenses (assim como em Filemom), o texto de Efésios menciona Paulo na prisão (3:1, 13; 4:1; 6:20). Como veremos a seguir, Efésios tem ecos não apenas de Colossenses, mas também de Filipenses, que podem ter ocorrido devido às circunstâncias do cativeiro. Além disso, tal situação provavelmente exigiria maior assistência de um secretário, ou amanuense, do que as cartas escritas em liberdade. Curiosamente, tanto Colossenses (4:7-9, 16) como Efésios (6:21-22) endossam Tíquico, colaborador de Paulo, como o portador das notícias sobre o apóstolo e, implicitamente, das cartas. O aparecimento de Tíquico em Efésios poderia ser explicado como sendo o de um escritor posterior imitando Colossenses, ou é possível que Tíquico não fosse apenas o mensageiro, mas também a voz distinta que surgiria em ambas as cartas? Considerando essa hipótese, então Efésios foi escrito depois de Colossenses, mas ainda durante a vida de Paulo, em algum momento no início dos anos 60.[6]

Essa é a visão adotada no presente livro, e isso por duas razões principais. Primeiramente, encontro em Efésios a voz de Paulo que ouvimos nas cartas não questionadas, especialmente seu cântico da graça amorosa de Deus em Cristo, o Senhor crucificado e exaltado, bem como a resposta da comunidade ao amor cruciforme. Em segundo lugar, assim como em Colossenses, não creio que as supostas diferenças entre Efésios e as cartas não questionadas sejam convincentes ou suficientes para desconsiderar a autoria paulina (veja adiante). Então, no comentário a seguir eu me refiro a Paulo como o autor, uma vez que ele é claramente o nome e, na minha opinião, quase certamente também o real autor do texto — com a assistência de um secretário.

A HISTÓRIA POR DENTRO DA CARTA

Efésios definitivamente tem um caráter distinto, mas sua peculiaridade às vezes tem sido superenfatizada. Afirma-se que Efésios, assim como Colossenses, porém o primeiro ainda mais, possui uma escatologia/soteriologia consolidada e uma cristologia e eclesiologia exaltadas que

---

[6] Talvez Tíquico tenha usado Colossenses como modelo para uma carta mais genérica.

diferem substancialmente das cartas paulinas não questionadas. A seguir, duas das afirmações comuns sobre essas diferenças, juntamente com breves comentários:

- Em Efésios, muitos afirmam que a salvação é apresentada como um evento ocorrido no passado ("salvos"; 2:5, 8), que criou uma experiência presente de ressurreição com Cristo com pouca ênfase em uma esperança futura, expressa em frases paulinas e inusitadas como "Deus nos ressuscitou com Cristo e com ele nos fez assentar nas regiões celestiais em Cristo Jesus" (2:6). Essas diferenças supostamente radicais do Paulo autêntico dependem em parte de uma leitura equivocada das cartas não questionadas e em parte de uma leitura errônea de Efésios. Embora seja verdade que Paulo prefira o termo 'justificado' ou 'reconciliado' quando fala da experiência passada do crente (e.g., Rm 5:1-11) e geralmente reserva a linguagem da 'salvação' para o futuro, ele diz "nessa esperança fomos salvos" (Rm 8:24).

   E tem mais, ao contrário da opinião de muitos estudiosos, ao refletir sobre o batismo, Paulo fala de uma ressurreição para uma nova vida (Rm 6:4, 11, 13). Essa forma de ressurreição é uma vida de oferta cruciforme de si mesmo a Deus e de amor pelos outros, de acordo com Romanos. Estar assentado "com ele nas regiões celestiais" (Ef 2:6) também envolve um estilo de vida cruciforme (e.g., Ef 5:1-2). A trajetória de "[vivamos] uma nova vida... vivos para Deus em Cristo Jesus" (Rm 6:4, 11), para "vocês ressuscitaram com Cristo... a sua vida está escondida com Cristo em Deus" (Cl 3:1, 3), até Ef 2:6 não é um desenvolvimento tão radical como alguns têm sugerido. Semelhante a Fl 3:7-11 e Cl 3:1-17, em Efésios o poder da ressurreição é experimentado como a capacidade de alguém se conformar com a cruz. Além disso, há uma escatologia futura mais forte em Efésios do que muitas vezes se reconhece (1:9-14, 21; 4:13, 30). A falta de uma referência explícita à volta de Cristo (em contraste com Cl 3:4) não deve ser exagerada, especialmente à luz de frases como "esperamos em Cristo" (1:12), "não apenas nesta era, mas também na que há de vir" (1:21), e "o dia da redenção" (4:30; cf. 1:13b-14).

- Além disso, muitos afirmam que Efésios tem uma cristologia e uma eclesiologia cósmica em que Cristo é o Senhor cósmico que começa a exercer parte do papel de Deus na salvação (cf. Ef 2:16 com 2Co 5:19 e até Cl 1:20, em reconciliação; cf. Ef 4:7-11 com 1Co 12:28 sobre a concessão de dons e funções). Cristo é designado como a "cabeça" (Ef 4:15; contraste com 1Co 12) de seu corpo, que é a Igreja cósmica ou universal, não a Igreja local. A Igreja, não o mundo, é o objetivo final da salvação/reconciliação.

O espaço não permite uma resposta completa, mas algumas observações são essenciais. Primeiramente, a maioria das tradições iniciais litúrgicas e teológicas cristãs apresentam Cristo 'assumindo' os títulos de Deus (Senhor, Salvador) e o papel na salvação. Esse é o problema inerente ao 'monoteísmo cristológico'; Fl 2:6-11 (cf. Is 45:23) é um exemplo perfeito. Para Paulo, a iniciativa, o agente e o objetivo da salvação e todos os seus benefícios são sempre procedentes de Deus, porém às vezes os papéis do Pai, do Filho e do Espírito não são traçados com linhas claras (e.g., em 1Co 12:11 o Espírito, não o Pai ou o Filho, é que concede dons; cf. 2Co 3:17-18).

Em seguida, chamar Cristo, o Senhor, de "cabeça" da Igreja dificilmente seria uma mudança inesperada ou inadequada nas imagens; de fato, o mais intrigante é que a imagem não se moveu nessa direção já em 1Coríntios (veja 1Co 11:3). E, por fim, é simplesmente falso que a igreja não seja 'local' em Efésios. A distinção de Efésios está em colocar a igreja local, com todas as suas atividades e membros talentosos (enfatizado no cap. 4 e, de fato, em todos os caps. 4—6), dentro do contexto de uma visão mais plenamente articulada da Igreja universal, para a qual alguns textos em cartas não questionadas, bem como a coleta de recursos feita por Paulo em favor Jerusalém, já apontam. Embora a Igreja como corpo (universal) de Cristo seja atualmente a "plenitude dele [Cristo]" (1:23), o plano de Deus não termina na Igreja, pois toda a criação eventualmente irá "convergir" em Cristo (1:10; cf. Rm 8:18-25).

Certamente esses comentários não podem responder a todas as interpretações de Efésios que contribuem para sua suposta distância do autêntico Paulo. Efésios realmente retrata um Cristo exaltado e uma Igreja exaltada (ninguém pode contestar isso), mas essas ênfases podem ser explicadas a partir das circunstâncias e trajetória das principais Epístolas da Prisão: Filipenses, Colossenses e Efésios. Como a própria carta aos Filipenses já demonstra, as Epístolas da Prisão, de Paulo, revelam uma forte ênfase em Cristo como Senhor contra todo e qualquer poder — especialmente os poderes imperiais em Filipenses. Uma ênfase correspondente na Igreja como uma entidade distinta, anti-imperial e contracultural aparece em Filipenses. Esses temas não estão ausentes de outras cartas anteriores, mas são mais pronunciados em Filipenses, e o são, talvez, porque Paulo está enfrentando a manifestação do poder anticristão enquanto escreve. Os poderes descritos em Colossenses e Efésios são mais cósmicos, mas não longe de aspectos ameaçadores, pelo menos não para os antigos. Além disso, em Efésios há textos quase implicitamente anti-imperiais (e.g., o retrato de Cristo como o grande unificador universal e pacificador).

O tema e a estrutura da carta

Efésios, então, anuncia a dramática história da salvação cósmica de Deus em Cristo conhecida na Igreja. É o propósito eterno (3:11), o plano (*oikonomia*, 1:10; 3:9) e o "mistério" (*mysterion*, 1:9; 3:3, 4, 5, 9; 6:19) divinos. A primeira metade da carta (caps. 1—3) enfoca o plano de Deus para reconciliar e unificar todas as coisas em Cristo, um plano efetuado pela morte de Cristo e demonstrado na salvação e unificação de judeus e gentios, especialmente por meio do ministério de Paulo. A segunda metade (caps. 4—6) aponta para contornos de um estilo de vida cruciforme e contracultural, que é vivido de modo semelhante ao de Cristo, em antecipação à conclusão da história de Deus, como uma espécie de guerra contra as forças espirituais que se opõem à Igreja no mundo, capacitada pelo Espírito. Assim, a carta conecta a graça de estar em Cristo, e, portanto, incorporado ao grande plano de Deus, com as responsabilidades associadas a estar nele e participar de seu grande propósito. (Estruturas de cartas semelhantes aparecem em Colossenses [caps. 1—2, caps. 3—4] e Romanos [caps. 1—11, caps. 12—16].

Como observado anteriormente, a mensagem de Efésios é a boa-nova de paz e reconciliação, o tema que inicia e termina a carta (1:2; 6:23), e que chega à sua expressão teológica mais completa e densa em

1:10 e 2:14-17. De fato, a tríade paulina de fé, esperança e amor torna-se agora em fé, *paz* e amor em 6:23.

Como em Filipenses e Colossenses, uma bela peça poética no primeiro capítulo (neste caso, 1:3-14) fornece a estrutura teológica básica e a linguagem para o restante da carta. Além do tema central da reconciliação e unidade, esta carta, como Colossenses, contém o motivo da "plenitude" (e.g., 1:10, 23; 3:19; 4:10, 13; 5:18). Estar em Cristo, sendo parte de seu corpo, é experimentar a plenitude da vida como Deus planejou. A oração no centro da carta expressa a esperança de que todos possam conhecer a plenitude de Deus em Cristo (3:19), ou seja, na Igreja. Mas a Igreja não é um 'ajuntamento sagrado'; é um instrumento da obra reconciliadora de Deus (3:20-21), em exibição pública diante dos poderes ameaçadores do mundo (3:8-10) e engajado numa 'luta' contra eles (6:10-20). Estar em Cristo é permanecer agindo no mundo, em Cristo.

Algumas vezes tem sido sugerido que Efésios foi escrito como uma espécie de introdução à teologia de Paulo, uma abertura no *corpus* de suas cartas. Ainda que Efésios nunca tenha operado em uma competência tão formal, de fato dá voz a alguns dos maiores temas paulinos, mesmo que as palavras e a 'clave' musical sejam ocasionalmente um pouco diferentes das cartas não questionadas. A carta nos apresenta de uma maneira espetacular o plano gracioso de Deus, do qual Paulo dá testemunho constante.

Ela se desdobra de acordo com a seguinte estrutura:

1:1-2　　**Abertura**
1:3—3:21　**A *Missio Dei*: o plano eterno de Deus em Cristo**
　　　　　1:3-14　　Abençoados pelos favores celestiais em Cristo
　　　　　1:15-23　　Oração por espírito de sabedoria e de revelação
　　　　　2:1-10　　A incomparável graça de Deus em Cristo
　　　　　2:11-22　　A unidade de judeus e gentios em Cristo
　　　　　3:1-13　　O papel de Paulo e da Igreja na *Missio Dei*
　　　　　3:14-21　　A segunda oração de Paulo por seus leitores
4:1—6:20　**Vida em Cristo: ser digno do chamado de Deus, fortalecido pelo Espírito**
　　　　　4:1-16　　A unidade e maturidade da Igreja
　　　　　4:17—6:9　Aprendendo e vivendo em Cristo
　　　　　　　　4:17-24　　Não mais como os gentios

                4:25–5:2   Falando e agindo amorosamente
                5:3-14   Pureza sexual contracultural
   5:15–6:9 Vida comunitária
                5:15-21   Comunidade e Trindade
                5:22–6:9 Vida em Cristo no lar
                6:10-20   Guerra espiritual e missionária
6:21-24   **Assuntos finais**

Os resumos dos capítulos 1—3 e 4—6 seguem o comentário nas respectivas seções da carta.

1:1–2. Abertura

A carta começa de maneira tipicamente paulina, mas alguns detalhes são dignos de nota. A redação aqui é muito semelhante à abertura de Colossenses, incluindo o adjetivo "fiéis" (Colossenses tem "fiéis irmãos [e irmãs]"), palavra que aparece na saudação apenas nessas duas cartas. A adição de "em Cristo Jesus" à qualificação "fiéis" (cf. Cl 1:2, "em Cristo") é especialmente apropriada dada a forte ênfase da carta para estar em Cristo.[7] Entretanto, ao contrário de Colossenses, Efésios não menciona nenhum remetente adjunto e (no manuscrito original) provavelmente nenhuma cidade específica como destino. Além disso, Efésios acrescenta a expressão "o Senhor Jesus Cristo" ao "Deus nosso Pai" já citado em Colossenses como fonte de graça e paz.

1:3—3:21. A *Missio Dei*:
O plano eterno de Deus em Cristo

A primeira metade de Efésios tem uma forma de celebração e até mesmo litúrgica no seu tom, começando com uma bênção de Deus no estilo judaico (1:3-14), seguida por uma oração de intercessão (1:15-23) e concluindo com outra oração de intercessão (3:14-21). As seções teológicas (2:1-22) e autobiográficas (3:1-13) servem para ligar os destinatários e o autor à generosa graça de Deus que está sendo celebrada. E a causa da celebração é visível: a missão de Deus para unir e reconciliar a criação fragmentada começou em Cristo e continua na Igreja.

---

[7] Ef 1:3-14; 4:1, 17, 21; 5:8; 6:1, 10, 21.

Abençoados pelos favores celestiais em Cristo (1:3-14)

O texto de Efésios 1:3-14 é uma frase longa, complexa e notável em grego — a mais longa de todo o Novo Testamento. Tem a forma de uma oração judaica de louvor, ou bênção (*berakah*; cf. 2Co 1:3-7; Sl 103, 113), e também é semelhante às orações públicas que os antigos faziam em homenagem a grandes benfeitores. As bênçãos de Deus em Cristo listadas nesses versículos incluem:

- eleição (1:4, ARC)
- adoção (1:5)
- graça (1:6)
- redenção/perdão (1:7-8a)
- revelação (1:8b-10)
- herança/esperança (1:11-12)
- o Espírito Santo (1:13-14)

Os termos "em Cristo" e "nele" não devem ser entendidos meramente como 'por meio de Cristo', mas como bênçãos que derivam do dom gracioso de compartilhar intimamente a vida do Messias ao fazer parte do seu 'corpo'. Toda a *berakah* se baseia na suposição de que Jesus é o exaltado Filho de Deus (2:6; 4:9-10; cf. Sl 110) que compartilha o seu *status* e bem-aventurança com seu povo.

A lista de bênçãos é por si mesma bastante notável, enfatizando a riqueza da graça de Deus no passado, presente e futuro (cf. Rm 5:1-11) com uma variedade de termos bíblicos marcantes e metáforas instigantes, muitas das quais aparecem em outras cartas paulinas, mas raramente em tal quantidade num só lugar.

Essa amplitude explica a frase "todas as bênçãos espirituais" (1:3), embora "nas regiões celestiais" — uma expressão única para 'no céu' — precise de um breve comentário. Seu uso em Efésios sugere que os crentes não são de alguma forma transportados para o céu nem para longe das lutas deste mundo (de fato, "as forças espirituais do mal" também estão "nas regiões celestiais" [6:12]), mas sim que, pelo fato de estarem em Cristo, eles compartilham da poderosa graça de Deus que está em ação para derrotar as forças cósmicas do mal. Portanto, os crentes levam sua vida na terra, no presente, à luz das realidades celestiais e escatológicas; esta é, em essência, uma visão de mundo apocalíptica.

A primeira bênção, a eleição (1:4, ARC), é, naturalmente, um termo bíblico que agora é usado para o chamado de Deus, em Cristo, tanto para os gentios quanto para os judeus, como os capítulos 2 e 3 enfatizarão especialmente. A frase "antes da criação do mundo" indica que não se trata de uma reflexão divina, mas faz parte de um propósito eterno (1:11). A eleição da Igreja, assim como a de Israel, não é para que se ocupe algum lugar de privilégio sem responsabilidade, mas para estar em uma aliança, para viver uma vida cultural alternativa ('santa', 'gloriosa') caracterizada pelo amor. A vida deve ser "irrepreensível", uma palavra associada à integridade no testemunho, bem como à responsabilidade no dia do julgamento (5:27; Fl 2:15; Cl 1:22).

As bênçãos seguintes, adoção e graça (1:5-6), são termos bíblicos adicionais relacionados à eleição ("nos predestinou", 1:5). As Escrituras chamam o povo de Deus de "os filhos de Israel", tendo Deus como seu pai amoroso que os abençoa e protege, e que espera a imitação de seu amor em retribuição. A linguagem da eleição e adoção não representa a predestinação individual ou mesmo corporativa em desfavor dos não eleitos; é a linguagem da identidade corporativa, respondendo às perguntas: "Quem somos nós?" e "Quem está incluído nesse 'nós'?" A graça experimentada primeiro por Israel no êxodo agora foi concedida a judeus e gentios igualmente "no Amado" (1:6; cf. 2:11-22). Essa maneira única de se referir a Cristo como "o Amado" provavelmente implica sua própria filiação com Deus (cf. 4:13) e antecipa o próximo versículo, no qual o Amado é descrito como a manifestação da graça amorosa de Deus (cf. Rm 8:3, 32). Em troca dessa graciosa dádiva de adoção, Israel — e agora a Igreja — deve a Deus a honra devida a um pai. Isso explica o chamado à santidade e ao amor em 1:4, pois o Deus-Pai da aliança diz: "Sejam santos, porque eu sou santo" (Lv 11:45; 19:2). A santidade, então, é fundamentalmente a imitação pelos filhos do amor de Deus revelado em Cristo (4:32—5:2).

As especificidades dessa generosa graça divina, com ênfase tanto na realidade presente quanto na esperança futura, estão agora descritas nas bênçãos seguintes. (A graça de Deus também será descrita em 2:1-10). A primeira bênção mencionada é "redenção" (1:7-8a), uma metáfora do reino da escravidão e da narrativa do êxodo, definida aqui como perdão (cf. Rm 3:24-26). Embora a redenção como perdão seja uma posse no presente, a totalidade da salvação ainda não está plenamente recebida (cf. 1:14; 4:30). A bênção seguinte (1:8b-10) é a revelação do "mistério da sua vontade", a ser cumprido em Cristo, que é "convergir" ou unificar toda a criação em Cristo.[8] Essa é uma característica distintiva de Efésios, embora haja precedentes em Rm 8 e especialmente em Cl 1:19-20. Essa convergência acontecerá na "plenitude dos tempos", uma referência ao futuro (diferente da frase semelhante em Gl 4:4, que se refere ao passado).

O próximo benefício é que aqueles que estão em Cristo são parte, agora e também no futuro, desse mistério que se desdobra, já tendo recebido uma "herança" (como filhos de Deus, com base na morte de Cristo) que garante seu lugar (1:11). Essa herança não é, todavia, plenamente concretizada e desse modo gera a bênção da esperança (1:12) marcada por uma vida de louvor no presente. O dom do Espírito Santo é a bênção final mencionada (1:13-14), sendo caracterizada em duas imagens que conectam o presente e o futuro. Como o "selo" de Deus, o Espírito marca e protege os crentes como propriedade divina. Como "a garantia (*arrabōn*, como em 2Co 1:22; 5:5) da nossa herança", o Espírito é o "depósito" (NVI) ou "primeira parcela" (NAB) da futura redenção. A experiência da redenção é real, mas ainda não está completa.

O plano divino, ou "mistério", de "fazer convergir em Cristo todas as coisas" (1:9-10) sugere uma metanarrativa de criação e recriação, e especificamente trazer unidade ao que agora está disperso e desordenado, a fim de restaurar a harmonia na criação.[9] Veremos mais adiante no capítulo 2 que esse mistério, tornado conhecido no evangelho como uma missão de paz divina, já está sendo revelado e vivenciado. Este mistério, o "evangelho que os salvou" (1:13; cf. 3:6-7), é de fato "o evangelho da paz" (6:15).

Tanto a forma como o conteúdo de toda essa passagem exortam os crentes a oferecerem louvor a Deus (1:6, 12, 14) por suas graciosas e generosas bênçãos, que são para a Igreja uma participação na obra

---

[8] Irineu, um pai da igreja do segundo século desenvolveu este texto paulino no grande tema de sua teologia, particularmente sua compreensão da morte de Cristo. É conhecido como 'recapitulação', do latim *recapitulatio*, sendo ele próprio oriundo do substantivo grego *anakephalaiōsis* (relacionado ao verbo em Ef 1:10). Para a palavra "mistério", cf. 3:1-10 (três ocorrências); 6:19.

[9] O termo 'metanarrativa' pode implicar histórias controladoras que manifestam e justificam a dominação. Aqui a metanarrativa divina é uma história maior de libertação e cura, de benevolência e florescimento.

trinitária de graça e paz oferecida pelo Pai, em Cristo, por meio do Espírito.[10]

Oração por espírito de sabedoria e de revelação (1:15-23)

A oração que segue a bênção decorre diretamente dela; é, com efeito, uma oração para que os destinatários da carta possam experimentar plenamente a realidade da qual a *berakah* dá testemunho. Assim como a bênção, esta oração é (provavelmente) uma longa frase em grego.

Depois de uma breve menção da fidelidade da aliança dos destinatários (1:15, fé e amor, as dimensões 'vertical' e 'horizontal' da aliança; cf. Gl 5:6), Paulo afirma que ele oferece orações constantes de ação de graças e intercessão por eles (1:16).[11] O restante da passagem (1:17-23) articula o conteúdo da oração, que é trinitária tanto em substância quanto em estrutura.

A primeira parte da oração (1:17) invoca o Deus triúno como a fonte da experiência espiritual dos crentes, que é resumida aqui como "conhecimento dele [Deus]". A menção de Deus Pai e de Jesus sugere que o "espírito de sabedoria e revelação" (cf. 1:8b-9) é o Espírito Santo mencionado em 1:13. Caracterizados como aqueles com os "os olhos do coração... iluminados," (1:18), os destinatários da carta não estão sendo convidados a buscar algum conhecimento secreto e misterioso, mas a vir para uma realidade que é bem pública, até cósmica, isto é, o senhorio de Cristo, descrito nos versículos 20-23. Ser "iluminado" sobre isso não é meramente ter acesso à informação, mas participar plenamente da graciosa redenção em Cristo descrita em 1:3-14. É conhecimento (1:18, "saber") primordial no sentido 'bíblico' de experiência direta. Objetivamente, isso significa uma experiência de esperança (1:18; cf. 1:12), de uma herança pródiga conhecida agora e depois (1:18; cf. 1:7, 11, 14), e poder incomparável (1:19). Como na oração de bênção, essas dimensões do conhecimento de Deus estão todas interconectadas como bênçãos de Deus Pai, em Cristo, por meio do Espírito.

A menção do poder parece ser um elemento novo, que recebe uma elaboração bastante extensa como o poder divino que ressuscitou e

---

[10] Como nos capítulos anteriores, a linguagem trinitária é usada aqui em reconhecimento de que, embora Paulo não tenha uma teologia da Trindade totalmente desenvolvida, tal linguagem é apropriada.

[11] Cf. Cl 1:3-5; 1Ts 1:2-3; 2Ts 1:3; Fp 1:3-5.

exaltou Cristo (1:20-23). É provável, porém, que a referência ao poder como "seu poder para conosco" (1:19) seja uma alusão à presença do Espírito (cf. 3:16). Pode-se afirmar que esse poder é o mesmo que ressuscitou Cristo e o colocou assentado à direita de Deus (cf. Sl 110) "nas regiões celestiais" (1:20), que também é onde os crentes estão assentados com Cristo (2:6). Embora Cristo (e, portanto, também os crentes) esteja assentado acima de todo poder (1:21), os crentes ainda lutam contra tais poderes cósmicos (6:12).[12] Eles o fazem na força do Espírito (6:17-18) com toda a "armadura de Deus" (6:13). Participar do reino celestial de Cristo sobre todos os poderes significa, ironicamente, viver na terra e combater esses poderes no poder do Espírito. *Participação celestial significa atividade missionária.*

A ressurreição e exaltação anteriores de Cristo por Deus (1:20) resultaram no atual governo de Cristo sobre todos os poderes (cf. 1Co 15:24-28; Cl 2:10, 15). Embora pareça que esse senhorio significa que os poderes não tenham domínio total, o texto de 6:12 depõe contra essa leitura. Ao contrário, devemos entender que o governo de Cristo é tanto presente quanto futuro ("nesta era, mas também na que há de vir", 1:21), e que seu domínio sobre os poderes do presente significa que Ele protege a Igreja dessas forças cósmicas do mal pelo poder do Espírito, ao mesmo tempo que a Igreja as combate também. Assim, o texto diz que Deus o fez cabeça sobre todas as coisas "para a igreja" (1:22). A Igreja, de fato, é o corpo de Cristo e, nesse sentido, uma realidade cósmica que compartilha de seu senhorio (1:23) — mas apenas como descrito anteriormente. Isso não é triunfalismo, como alguns já entenderam erroneamente. Ainda existe o mal no mundo, e há um futuro no plano de Deus. Para o presente, a Igreja é a plenitude de Cristo. A reunião final de "todas as coisas" nele (1:10) aguarda o futuro, mas é antecipada agora na realidade do corpo infundido pelo Espírito de Cristo.

Tais alegações sobre a soberania de Cristo e sobre a participação da Igreja nela desafiam implicitamente todas as outras alegações de poder e autoridade universais, sejam as de César, sejam as de qualquer outra entidade 'universal'. As mesmas reivindicações também são um desafio à Igreja, que é o corpo de Cristo e sua plenitude, porque a própria visão da Igreja do que Deus está fazendo nela e por meio dela deve ser

---

[12] Veja Colossenses para atenção adicional aos poderes.

moldada pela dramática história de graça e paz que a carta está narrando. Ou seja, a Igreja deve ter certeza de que suas próprias reivindicações à plenitude de Cristo correspondem à figura de Cristo que emerge neste e nos capítulos subsequentes.

A incomparável graça de Deus em Cristo (2:1-10)

Tendo louvado a Deus pelas riquezas da graça concedidas em Cristo, e havendo orado para que os destinatários de sua carta tenham uma experiência completa dessa graça, Paulo passa a descortinar a substância dessa graça generosa mais completamente. O texto de Efésios 2:1-10 elabora a noção da Igreja como a plenitude de Cristo (1:23), compartilhando o poder de sua ressurreição em nova vida. A realidade que resulta da plenitude de Cristo como restauração à unidade será explorada na passagem seguinte, 2:11-22. De qualquer forma, Ef 2:1-10 — embora seja outra frase grega longa e difícil — é um resumo magnífico da "palavra da verdade, o evangelho que os salvou" (1:13) pregada por Paulo. Combinado com 2:11-22 (que é paralelo em sua estrutura a 2:1-10), torna-se uma espécie de comentário estendido sobre Gl 5:6 e 6:15: "Porque em Cristo Jesus nem circuncisão nem incircuncisão têm efeito algum, mas sim a fé que atua pelo amor"; "De nada vale ser circuncidado ou não. O que importa é ser uma nova criação!"

A essência dessa passagem é que, embora os gentios estivessem mortos por causa dos pecados em que uma vez "viveram" e neles "andaram" (2:2-3), Deus graciosamente os tornou (assim como Paulo) vivos com Cristo (2:4-9), uma nova criação em Cristo destinada a andar agora em boas obras (2:10).[13] A descrição estendida do andar em pecado (2:2-3) interrompe a sintaxe da sentença (levando à parcial repetição de 2:1 em 2:5), mas serve para aumentar o contraste entre o pecado da humanidade e a graça interveniente de Deus, e entre o antigo e o presente 'andar' dos destinatários da carta. De fato, a metáfora judaica da vida como um andar, aparecendo aqui nos versículos 2 e 10, torna-se uma metáfora importante para a vida em Cristo no restante de Efésios (4:1, 17; 5:2, 8, 15; cf. 6:15), embora seja constantemente deixada de lado na

---

[13] As versões NRSV, NAB e NVI usam formas do verbo 'viver' para o verbo *peripateō* em 2:2 e 2:10; KJV e RSV usam corretamente formas de "andar".

maioria das traduções modernas. O verbo 'andar' sugere que estar em Cristo é uma realidade missional dinâmica, e não estática.

Os primeiros três versículos (2:1-3, com 2:5a) descrevem a situação anterior do autor e destinatários, e a situação de todos os incrédulos, como uma situação de morte (2:1, 5) e desobediência (2:2). Embora o texto não retrate o pecado (singular) como um poder ao qual os humanos são escravizados (como fazem os romanos), sugere que os humanos que não estão em Cristo permanecem num estado de obediência e até de escravidão à "carne" (2:3) — e especialmente ao "príncipe do poder do ar" (2:2). Essa é provavelmente uma referência ao diabo (4:27; 6:11; cf. "deus deste mundo/era" em 2Co 4:4) e às próprias forças cósmicas sob seu comando sobre as quais Cristo é agora Senhor, mas que ainda exercem poder neste "mundo de trevas" (6:12). E ainda mais, os resultados dessa condição são os mesmos citados em Romanos e em outros lugares: não apenas morte e desobediência, mas também a ira divina (2:3).[14]

Em grande contraste com a trágica condição humana está a graça vivificante de Deus: "Todavia, Deus..." (2:4)! Esse Deus de misericórdia e amor abundantes (como já apresentado em 1:3-14) realizou um ato poderoso: Ele nos vivificou, nos ressuscitou e nos exaltou com Cristo (2:5-6), exclama Paulo. Ou seja, Deus nos trouxe da morte para a vida (cf. Rm 6:4,11,13) e nos tornou participantes da vida e glória do Cristo ressuscitado e que ascendeu ao céu (cf. Rm 8:30). Para que essa imagem não seja pensada para evitar a cruz, o uso anterior do termo "redenção" como "o perdão de nossas ofensas" (1:7) indica que essa experiência do amor de Deus e da ressurreição é parte de um evento completo de perdão pelas ofensas e pecados que exigiu uma ressurreição da morte em primeiro lugar (2:1). Além disso, a nova vida para a qual os crentes são ressuscitados é de conformidade com o amor de Deus expresso na morte de Cristo (5:1-2, 21-33). Embora a ênfase esteja na ressurreição, ainda é uma ressurreição que requer um tipo de morte. Estar assentado com Cristo "nas regiões celestiais" significa estar "em Cristo Jesus" (2:6), isto é, em sua Igreja, onde o amor abnegado de Cristo e seu poder de ressurreição vivificante são experimentados como uma realidade. O

---

[14] Cf. Ef 5:6; Cl 3:6; Rm 1:32; 2:5-16; 5:9; 6:16-23; 1Ts 1:10; 2:16; 5:9.

foco final desse evento salvífico é teocêntrico: mostrar para sempre o esplendor da graça de Deus, que fez coisas tão maravilhosas (2:7).

É de fato por meio dessa graça que Paulo e seu público "foram salvos" (2:5, 8). Embora a frase fale de um evento passado, a salvação, como já vimos, ela ainda tem uma dimensão futura. A fé é o meio ("pela fé") pelo qual os seres humanos se apropriam dessa salvação (2:8). "Isto" — toda a experiência da salvação entendida como redenção, ressurreição e nova vida — é um dom completamente divino, não merecido, não conquistado ou realizado de qualquer forma por esforços e atos humanos, como 2:8-9 enfatiza. (A palavra "isto", no v. 8 de muitas traduções, quer dizer que vem de Deus e não de nós mesmos, é um pronome neutro em grego, referindo-se a todo o assunto que está sendo discutido. O dom não é a "fé", um substantivo feminino e não pode ser o referente do neutro "isto").

A ênfase na graça não minimiza o papel das "boas obras" ou ações. Na verdade, ela as enfatiza de maneira extraordinária, pois no versículo 10 Paulo diz que a própria *finalidade* desse evento de ressurreição, ou nova criação em Cristo, é andar em boas obras, as quais Deus preparou "para ser o nosso caminho de vida" (NRSV, NJB; cf. 2Co 5:15; Rm 6). Boas obras são uma parte inerente do que significa ser salvo, não algo para ser visto como um suplemento opcional (ou, pior, perigoso). O perdão dos pecados, então, não é o único propósito da morte de Cristo e de nossa ressurreição, pois o perdão sem nova vida não é redenção. A questão, portanto, não é *se* as ações importam, e sim *como* — não a *causa* da salvação, mas o seu *propósito* e a *expressão* adequada (cf. Rm 8:3-4). O povo restaurado ao relacionamento correto com Deus vive essa reconciliação *perante* os outros e *para* os outros. Como Gl 5:6 também sugere, o que é absolutamente essencial é a fé expressando-se em boas obras e em obras de amor (cf. Ef 4:1-3; 4:31—5:2). Para um teólogo judeu da aliança não poderia haver outra forma.

A unidade de judeus e gentios em Cristo (2:11-22)

Nessa passagem, Paulo toma o evento da salvação descrito em 2:1-10 e o coloca em um contexto mais amplo — Deus unificando gentios e judeus em Cristo. A estrutura da passagem é paralela à de 2:1-10, como demonstra o gráfico a seguir:

PARALELOS ENTRE EFÉSIOS 2:1-10 E 2:11-22

Tópico	2:1-10	2:11-22
Situação dos gentios	Vocês estavam mortos... merecedores da ira... (2:1-3)	Vocês eram gentios por nascimento... estavam sem Cristo, separados da comunidade de Israel, sendo estrangeiros quanto às alianças da promessa, sem esperança e sem Deus no mundo... (2:11-12)
A intervenção de Deus	Todavia, Deus... deu-nos vida... pois vocês são salvos pela graça, por meio da fé (2:4-9)	Mas agora em Cristo Jesus vocês... foram aproximados mediante o sangue de Cristo... por meio da cruz, pela qual ele destruiu a inimizade (2:13-18)
Nova criação	criação de Deus realizada em Cristo Jesus para fazermos boas obras (2:10).	Portanto, vocês já não são estrangeiros nem forasteiros, mas... membros da família de Deus...um santuário santo no Senhor (2:19-22; cf. "um novo homem" 2:15)

Os dois primeiros versículos (2:11-12) lembram aos destinatários da carta que, como gentios fora de Cristo — o Messias judeu — eles eram, anteriormente, "a incircuncisão" o 'não Israel', por assim dizer (cf. Os 1:9, 10; 2:23). Nenhum dos benefícios especiais de Israel, o veículo de Deus para a salvação do mundo, era deles: estranhos a Israel e alheios a todas as alianças de Deus, eles estavam sem esperança e, apesar de seus deuses, sem Deus.

A graça trouxe aqueles que estavam distantes de Deus e de Israel a um relacionamento com Ele e os tornou membros da "nova humanidade" de Deus (2:15). Embora enraizada na história de Israel, essa intervenção divina não envolve uma aliança baseada na circuncisão física; os gentios não estão se tornando judeus. Ao contrário, Deus em Cristo estabeleceu a paz, criando um grupo de dois povos (2:14). Esse ato divino de pacificação e reconciliação ocorreu na cruz (2:13). Cristo é a "nossa" paz, porque sua morte eliminou os dois obstáculos que separavam judeus e gentios: o "muro de inimizade" (2:14), uma referência ao muro do templo de Jerusalém que separa o pátio dos gentios do templo principal, recintos nos quais os judeus podiam transitar livremente; e "a Lei dos mandamentos expressa em ordenanças" (2:15). Não se trata tanto de uma crítica à Lei em si, como se ela não tivesse valor, mas de suas funções para dividir, simbolizadas pela circuncisão (2:11). Na nova humanidade, o texto implica que tanto gentios como judeus em Cristo têm igual acesso a Deus e vivem em um relacionamento de aliança, no qual todos realizam os mesmos tipos de boas ações em amor, que Deus preparou para eles.[15]

Uma situação de inimizade, tanto 'horizontal' (humanos para com humanos) quanto 'vertical' (humanos para com Deus), foi resolvida notavelmente por meio do derramamento de sangue (2:13; cf. 1:7), *que não é o sangue do inimigo*. Derramar o próprio sangue não seria a maneira romana ou humana normal de tratar os inimigos — ou de criar a paz. Assim, a cruz de Cristo é o meio para uma paz bidimensional: verticalmente ela efetua a reconciliação com Deus para cada grupo (2:16; cf. 2Co 5:19), e horizontalmente ela erradica a hostilidade entre os dois grupos de pessoas em que o mundo pode ser dividido: judeus e gentios (2:14, 16; cf. Is 2:1-4). Paulo vê a condição humana como todas as pessoas necessitadas dessa reconciliação, mesmo os judeus que, como ele, tinham "as alianças da promessa" mencionadas em 2:12 (2:17; cf. Rm 1:18—3:20). O resultado é o privilégio glorioso de acesso compartilhado ao Deus triúno — em Cristo, por meio do Espírito, e ao Pai (2:18).

O resultado coletivo dessa graça reconciliadora já foi mencionado de várias maneiras; em 2:19 Paulo retorna às condições mencionadas em 2:11-12 e diz que elas foram invertidas. Os gentios não são mais estranhos e estrangeiros, porém membros da comunidade de Deus, a família de Deus. Esta é uma casa edificada sobre os apóstolos e profetas, sendo esses últimos talvez os profetas de Israel, mas mais provavelmente os das igrejas (cf. 3:5; 4:11), com Cristo como a pedra angular (NVI, NAA) ou (menos provável) a pedra fundamental (NTLH [nota na margem].; cf. ARC, "pedra de esquina").[16] Continuando a imagem

---

[15] Sobre Cristo como paz, fonte de paz e pacificador, veja também Rm 5:1; Cl 1:20; 3:15; 2Ts 3:16; e as saudações de cada carta (Rm 1:7; 1Co 1:3; 2Co 1:2; etc.). As imagens aqui em 2:14-17 são desenvolvidas a partir de Is 52:7; 57:19.

[16] A mudança na imagem de 1Co 3:11, onde Cristo é o único fundamento, é frequentemente exagerada. O papel de Cristo não é diminuído aqui, mas ganha destaque

de um edifício, os versículos de 2:21-22 retratam a Igreja como o templo de Deus, uma obra em andamento pelo e para, mais uma vez, o Deus triúno — em Cristo, pelo Espírito (cf. NVI, NAB e NRSV [nota na margem] *versus* NRSV, "espiritualmente"), para Deus.

Ao contrário dos comentários feitos por muitos intérpretes, essa passagem não reflete necessariamente uma época em que as tensões entre crentes gentios e judeus foram resolvidas como as encontradas em Gálatas, e haveria uma grande família feliz judaica e cristã. Embora seja verdade que a nova humanidade é apresentada aqui no modo indicativo como uma realidade presente, esse é precisamente o tipo de realidade que exige gratidão especial por parte dos gentios (assim também Rm 9—11) e esforços contínuos para a realização da unidade por todos (Ef 4—6 e a maioria das cartas paulinas). A realidade retratada em Efésios não é substancialmente diferente da — e carrega uma exortação conclusiva não inferior à — afirmação em Gl 3:28 de que "não há judeu nem grego".

Este capítulo, portanto, assume uma realidade missionária permanente. A missão de Deus, de Paulo e dos destinatários da carta, é trazer as pessoas do reino do pecado, morte e alienação, que é governado por poderes contrários a Deus, para o reino do perdão, vida de ressurreição e paz governado por Jesus, o Messias e Senhor. A carta agora se volta para o papel de Paulo e da Igreja nessa missão.

O papel de Paulo e da Igreja na *Missio Dei* (3:1-13)

Depois de apresentar o plano reconciliador e unificador de Deus, a *missio Dei*, Paulo agora passa a informar ou lembrar aos destinatários de sua carta sobre seu próprio papel nesse plano e também, por extensão, o deles. A passagem parece ser baseada, em parte, em Cl 1:23b-28.

Em 3:1-6 a identidade de Paulo é estabelecida: ele é um prisioneiro por (ou "de") Jesus em favor de "vocês" gentios (3:1). Essa prisão é o resultado de Paulo ter sido agraciado para receber uma revelação do mistério de Deus e, assim, ter sido comissionado como um dos "santos apóstolos" (3:2-3, 5).[17] Paulo já havia resumido esse *status* "em poucas palavras" (3:3) na primeira linha da carta, e o mistério (3:3, 4, 5; cf.

---

como a pedra singular que define toda a estrutura.
[17] Cf. especialmente Rm 1:1-6; 1Co 9:1-2; Gl 1:1, 11-24.

1:9) do evangelho tem sido o assunto de sua oração e seu discurso até agora. Ele sugere que compartilhar o evangelho com as nações vale o alto custo.

Conforme visto nas observações introdutórias deste capítulo, a falta de familiaridade entre o escritor e os destinatários mostrada em 3:2 tem sido explicada de várias maneiras diferentes. Se Paulo escreveu ou não esses versículos, eles concordam com as cartas não questionadas, mas trazem sua própria marca peculiar no contexto desta carta: o uso tríplice da palavra "mistério" — que significa 'segredo revelado' — para descrever o plano de Deus (3:3, 4, 9). Esse plano, antes desconhecido para os humanos, foi revelado a apóstolos e profetas como Paulo (3:5). Em 3:6 uma declaração resumida desse plano — a inclusão dos gentios — usa três palavras, todas começando com o prefixo 'co' (gr. *syn*) e todas repercutindo os dois primeiros capítulos, para enfatizar a igualdade de gentios e judeus em Cristo: "companheiros herdeiros, membros do mesmo corpo... participantes da promessa".[18]

Os versículos subsequentes continuam a identificar Paulo e sua missão, mas na verdade funcionam principalmente, mais uma vez, para resumir e enfatizar o conteúdo da graça e sabedoria divinas. Paulo é agora apresentado como alguém que se tornou um "servo" [NTLH] (3:7, *diakonos*; cf. Cl 1:7, 23, 25; 1Co 3:5; 2Co 3:6; 11:23) do evangelho, o que foi um ato de graça e poder divinos (3:7), embora Paulo, como "o menor dentre todos os santos", fosse indigno (3:8; cf. 1Co 15:8-10). Reiterando o conteúdo do evangelho, os versículos seguintes enfatizam a graça ilimitada de Deus em Cristo (3:8); o plano como atividade do Deus criador e, portanto, implicitamente recriador (3:9); a Igreja como veículo da proclamação do evangelho (a "sabedoria" de Deus), até mesmo aos poderes cósmicos (3:10); e o caráter eterno e cristocêntrico desse plano (3:11). Assim, a atividade missionária de Paulo está, em última instância, a serviço do papel da Igreja no mistério e missão de Deus: o que o apóstolo faz é "para que" [NAA] (um indicador de propósito) a Igreja possa desempenhar a função a que é chamada: ser o *locus* da poderosa obra de reconciliação que dá testemunho dos poderes deste mundo (3:10). Essa convicção sustenta a oração em 3:14-21 e a descrição da vida na igreja na segunda metade da carta.

---

[18] Mais literalmente, 'coerdeiros', 'corporificados', 'coparticipantes'.

Uma frase de transição destacando a confiança diante de Deus que os crentes agora têm em Cristo (3:12) leva ao desejo, na oração de Paulo, de que os destinatários da carta não se desanimem com os sofrimentos dele "em favor de vocês" [NAA] (3:13; cf. 3:1). Eles são o fruto de sua missão ordenada por Deus para os gentios e, portanto, não é algo para se envergonhar, mas para honrar e se gloriar.

A segunda oração de Paulo por seus leitores (3:14-21)

A menção da oração no final de 3:13 leva a um texto mais longo de oração em 3:14-21, sendo esta a segunda prece intercessora em Ef 1—3 (cf. 1:15-23). Invoca a Deus como Pai, Cristo e Espírito. Paulo dirige sua oração (3:14) ao Pai (*pater*) como a única fonte (e assim, implicitamente, unificador) de cada família e nação humanas (*família, pátria*). Essa é uma afirmação implicitamente anti-imperial, uma vez que Augusto recebeu o título de 'pai da pátria', e algumas moedas romanas incluíam, com sua imagem, as palavras poderosas 'César Augustus Divi F[ilius] Pater Patriae': 'César Augustus, Filho de Deus, Pai da Pátria'. Concluindo a intercessão, há uma doxologia dirigida à verdadeira fonte de poder (3:20-21).

A oração intercessora oferecida por Paulo se desenvolve e é parte integrante de seu ministério estabelecido em 3:1-13 ("por essa razão", 3:14). Mais uma vez, trata-se de uma frase longa e complexa no grego. As intercessões específicas parecem ser quatro em número, apresentadas em dois pares, embora estejam intimamente relacionadas:

- força capacitada pelo Espírito no íntimo do ser (3:16);
- a habitação de Cristo por meio da fé e do amor (3:17);
- poder para compreender a extensão do amor de Cristo (3:18);
- conhecimento do amor de Cristo (3:19).

O primeiro pedido é para que Deus — por meio do Espírito — conceda um poder interior proveniente dos abundantes recursos da glória divina, um eco do pedido feito em 1:19. A segunda petição é paralela: que Cristo habite no coração dos destinatários. Como em outras passagens de Paulo (cf. esp. Rm 8:1-11), há em Efésios uma intercambialidade quanto à relação existencial dos crentes com Cristo e com o Espírito. O Espírito está neles (3:16, no seu ser interior), e eles estão no Espírito

(6:18); eles também estão em Cristo (1:4, 7 etc.), e Cristo neles (3:17). A habitação de Cristo mencionada aqui ocorre por meio da fé e em conjunto com o amor, um eco da descrição dos destinatários em 1:15. Como sempre, Paulo se recusa a separar fé e amor, e especialmente ao pensar no Cristo que habita em nós (Gl 2:20; cf. Gl 5:6).

O terceiro e o quarto pedidos também estão intimamente ligados: "compreender" ou apreender (*katalabesthai*) a extensão e conhecer (*gnōnai*) o amor de Cristo (3:18-19). (Paulo usa os mesmos dois verbos em Fl 3:10, 12 para descrever o conhecimento de Cristo e seu poder e apreender o objetivo da conformidade com Ele, para o qual Cristo o conquistou.) Essa compreensão completa é um paradoxo, pois esse amor está verdadeiramente além da possibilidade de medir (3:18) e conhecer (3:19), é a essência da vida em Cristo. Conhecer o amor de Cristo, segundo anuncia a oração, resulta em ser cheio da plenitude de Deus (3:19; cf. 1:23). Essa conexão é possível, antes de tudo, somente se o próprio Cristo for a plenitude de Deus (cf. Cl 1:19; 2:9, o que provavelmente é assumido em Efésios). Portanto, conhecer a plenitude de Deus só é possível aceitando e compartilhando o amor abnegado que caracteriza tanto o Filho quanto o Pai (3:19; 5:1).

Esses pedidos de poder e amor dão origem a uma doxologia trinitária (3:20-21), louvando o Deus que, por meio do "seu poder que atua em nós" (o Espírito no íntimo da pessoa, o Cristo que habita em nós), excede nossa imaginação e assim merece louvor eterno na Igreja — isto é (em vez de "e"), em Cristo Jesus. Para Paulo, a oração intercessora é um instrumento de sua missão e da Igreja. Essa oração combina a mais profunda espiritualidade da participação na vida de Deus, com uma promessa igualmente profunda e inseparável do poder divino de participar amorosamente da grandiosa e eterna *missio Dei*. A doxologia final louva a Deus não apenas por ser ativo *na* Igreja, mas também por trabalhar *por meio* dela.

RESUMO DE EFÉSIOS 1–3

Nos três primeiros capítulos de Efésios desenvolvem-se os seguintes temas principais:

- Deus tem um plano eterno, um mistério (a *missio Dei*), que agora foi revelado: reunir todas as coisas em Cristo.
- Esse plano brota das profundezas da generosa graça de Deus e começou a se desdobrar na morte de Cristo, por meio da qual

Deus reconcilia as pessoas consigo mesmo e entre si – como visto especialmente na união de judeus e gentios na Igreja como a nova humanidade.
- Deus ressuscitou e exaltou Cristo, colocando-o acima de todos os poderes cósmicos e fazendo dele a cabeça de seu corpo, a Igreja.
- Em Cristo, judeus e gentios igualmente, que foram salvos pela fé, recebem todas as bênçãos espirituais possíveis; eles foram ressuscitados com Cristo, são membros da família de Deus e estão crescendo juntos como um templo santo, caracterizado pela fé da aliança e boas obras de amor.
- A missão particular de Paulo é levar esse mistério e esse evangelho aos gentios, sofrer e orar por eles, para que eles também participem plenamente da vida e missão de Deus.

4:1—6:20. VIDA EM CRISTO: SER DIGNO DO CHAMADO DE DEUS, FORTALECIDO PELO ESPÍRITO

A primeira metade de Efésios terminou com uma bela oração e uma doxologia inspiradora, cada uma delas refletindo o incrível "mistério" do plano de Deus em Cristo. Embora tenha havido indicações ao longo do caminho sobre o significado desse grande plano para a vida diária dos crentes — boas obras, amor, unidade, paz —, o estilo de vida apropriado não foi discutido em detalhes. Agora, porém, as consequências lógicas — "portanto", "por isso" (4:1, A21, NTLH) — desse evangelho do Cristo cósmico, exaltado e crucificado devem ser exploradas. Isso está resumido na *propositio*, ou tese, dos três últimos capítulos (4:1-3): "andar"[19] dignamente da grande vocação em unidade e amor. De fato, essa é provavelmente a tese de toda a carta. Mas 'andar', como já observamos, é algo proposital, até mesmo missionário. Não é meramente viver uma existência santa em uma célula ou mesmo em uma comunidade, mas trata-se de um movimento corporativo em uma determinada direção.

A unidade e maturidade da Igreja (4:1-16)

A primeira parte do capítulo 4 relaciona cuidadosamente as exortações que seguem nos capítulos 4 a 6 com as celebrações litúrgicas e

---

[19] Conf. KJV, como no cap. 2 e em ambos os caps. 4 e 5; RSV, NRSV, "levar uma vida" (NAB, NVI da mesma forma).

reflexões teológicas que caracterizaram a primeira metade da carta. Uma ênfase especial é então colocada na unidade da Igreja, especialmente no papel dos diversos dons ao contribuir para sua unidade e maturidade no serviço de sua missão.

Como observado há pouco, os três primeiros versículos introduzem não apenas esta passagem, mas toda a segunda metade da carta, e funcionam como um resumo da mensagem de todo o documento. Paulo escreve como prisioneiro "no Senhor" — ainda como parte do corpo [igreja] de Cristo (4:1). Seu conselho proferido na prisão pode ser condensado em uma frase: 'andar de forma digna de seu chamado' (4:1).[20] Três palavras-chave se destacam nesse 'caminhar': "paz" (4:3), "unidade" (4:3) e "amor" (4:2).

É importante notar que "a unidade do Espírito pelo vínculo da paz" é um dom divino a ser mantido, não criado. O que isso implica é que tal unidade e paz só podem ser mantidas pela prática do amor. Vários aspectos do que o amor envolve estão listados no versículo 2 (humildade, mansidão, paciência; cf. Gl 5:22-23; Cl 3:12-15), e estes serão desenvolvidos a partir de 4:25. O amor também é a chave para o exercício da pregação e dos dons que produzirão crescimento em direção a essa unidade (4:15, 16). A passagem é, portanto, corretamente comparada não apenas com 1Co 12 (um corpo com diversos membros e dons), mas com um todo 1Co 12-14, em que os dons, incluindo os dons da pregação, devem ser exercidos em amor para a edificação do corpo de Cristo.

Antes de falar do uso correto dos dons, que será fundamental para a unidade, Paulo fornece a base teológica dessa harmonia nas chamadas sete unidades da Igreja (4:4-6). Essas unidades, todas mencionadas anteriormente na carta, são:

- um *corpo* — o corpo de Cristo, a Igreja (1:23; 3:6; 4:12, 16; 5:23, 30);
- um *Espírito* — o poder em ação dentro da Igreja (1:20; 3:16, 20);
- uma *esperança* — a herança e redenção prometida para aqueles que estão em Cristo (1:11-14, 18; 3:6);
- um *Senhor* — Jesus, soberano no cosmos e na Igreja (2:20-22; há vinte e três ocorrências do termo "Senhor" em Efésios);

---

[20] Cf. Cl 1:10; Fl 1:27; 1Ts 2:12.

- uma *fé* — o mistério do evangelho da salvação, agora revelado (1:13);
- um *batismo* — embora não mencionado anteriormente de forma explícita, o meio de incorporação na Igreja (ao invés da circuncisão) para judeus e gentios, no qual aqueles que estão mortos em pecados são ressuscitados para uma nova vida (2:1-6, 11);
- um *Deus e Pai de todos* — o Deus e Pai de Jesus e de todos os crentes (1:2, 3, 17; 2:18; 3:14; 5:20; 6:23).

Essa base teológica sétupla e experiencial de unidade fornece a estrutura dentro da qual os dons e o ministério devem ser exercidos com amor para a unificação e o amadurecimento do corpo de Cristo (4:7-16). Como em 1Co 12, a diversidade de dons em Efésios também é essencial para a unidade. Inicialmente Paulo discute a fonte dos dons concedidos à Igreja (4:7-10). Então, em outra longa e complexa frase grega (4:11-16), ele apresenta alguns tipos de dons (4:11) e elabora o propósito deles (4:12-16).

Como em 1Coríntios (12:7, 11), Efésios afirma que *todos* os crentes (4:7) receberam um dom que emana da "graça". No entanto, ao contrário de 1Coríntios, Efésios atribui essa doação benevolente ao próprio Cristo (4:7-11; cf. Deus e o Espírito, 1Co 12:11, 18, 28). Sem dúvida, essa mudança se deve à centralidade da exaltação de Cristo (1:20-22) nesta carta e sua posição como "cabeça" da Igreja (4:15; 5:23). Isso está documentado aqui por uma citação do Salmo 68:18, em que os inimigos do Senhor reconhecem a soberania de Deus por conceder — não receber — dons. Contudo, à luz da reconciliação graciosa de Deus, em Cristo, dos "merecedores da ira" (2:3), e porque Deus tornou Cristo "o cabeça de todas as coisas para a igreja" (1:22), agora o Senhor é Cristo, e Ele não é o *receptor*, mas o *doador* de dons (4:8).[21] Uma explicação entre parênteses da 'ascensão' de Cristo — o salmo implica também uma descida para, ou, menos provavelmente, os locais inferiores da terra (cf. 1Pe 3:19) — serve principalmente para repetir a ênfase da carta na soberania cósmica de Cristo (1:10, 22).

Os dons listados (4:11) podem ser quatro ou cinco em número e claramente pretendem ser representativos, não exaustivos, com ênfase

---

[21] Como Timothy Gombis assinalou, Paulo tem em mente todo o Salmo 68, um salmo do guerreiro divino no qual a vitória divina significa dádivas para o povo (68:35).

na pregação e ensino do evangelho. Apóstolos e profetas já foram mencionados como fundamentos da Igreja (2:20) e como destinatários do mistério divino (3:5). Evangelistas, pastores (lit. 'pastores de ovelhas') e mestres (ou talvez, gramaticalmente, um dom/função, 'pastores-mestres') parecem ser líderes que são os destinatários indiretos da revelação, em contraste com alguém como Paulo.

Todos esses indivíduos têm uma tarefa primordial: não é exercer todo o ministério da Igreja, e sim "preparar os santos" — todos os membros da comunidade — para a obra do ministério, para a edificação do corpo de Cristo (4:12). O ministério, então, é o trabalho de todos os crentes; os líderes são os que capacitam. Uma definição de 'edificação' é então apresentada: unidade na fé e conhecimento do Filho de Deus, que é ter maturidade semelhante à de Cristo (4:13). Em vista de 3:17-19 devemos conectar o conhecimento de Cristo mencionado aqui com o amor, o que significaria que Paulo mede a maturidade, não surpreendentemente, em termos de fé e amor.

No entanto, o texto sugere que a maturidade em Cristo não é meramente sobre ter virtudes, mas também trata sobre ter conhecimento, tem a ver com doutrina e teologia. O versículo 14 descreve um estado existente de crença que é o oposto de maturidade; a figura imaginativa de ser soprado de um lado para outro pelo vento é uma advertência contra a doutrina inspirada pelo engano. Essa pode ser uma palavra genérica de cautela, ou pode estar levando em consideração um grupo específico que, aos olhos de Paulo, está deliberadamente enganando as pessoas. Em ambos os casos, o antídoto e o caminho para a maturidade é "praticar a verdade em amor" (4:15 NET; cf. NAB, NJB), que inclui, mas não se limita a seguir "a verdade em amor". Essa frase, cheia de significado, comunica uma das obrigações fundamentais que os crentes têm uns com os outros. Para esta carta, é claro, a verdade está "em Jesus", como dirá o texto de 4:21. A verdade é, acima de tudo, a revelação do plano eterno de Deus em Cristo, como a carta tem enfatizado repetidamente. Praticar a verdade em amor é dar testemunho de Jesus, em toda a vida, incluindo o falar (cf. 4:25), de uma forma moldada pelo seu amor cruciforme (cf. 5:2).

A maturidade em Cristo é, desse modo, uma experiência comunitária abrangente ("cresçamos em tudo", 4:15). Voltando às imagens do corpo, o texto conclui com a imagem de um corpo imaturo desenvolvendo-se em maturidade já possuída por sua cabeça (Cristo), pois cada parte trabalha em conjunto para a edificação de todo o corpo (4:16; cf. 1Co 12:14-26). Todas essas atividades podem ser resumidas em uma palavra: "amor" (a última palavra de 4:16 no texto grego), pois como 1Coríntios coloca, "o amor edifica" (1Co 8:1; cf. 14:4-5) e é a principal marca da maturidade dos crentes (1Co 13:11).

Tal foco no crescimento interno da Igreja — sua paz, unidade e amor — não está em oposição à sua missão no mundo. De fato, a suposição de que a missão pode ocorrer sem coesão interna é contrária a muitas experiências humanas, para não mencionar a oração de Jesus em João 17. Um corpo saudável, funcional e em contínuo crescimento é a condição *sine qua non* de uma atividade significativa no mundo.

Aprendendo e vivendo em Cristo (4:17—6:9)

Grande parte do restante de Efésios apresenta uma série de exortações sobre vários aspectos do processo de amadurecimento individual e coletivo em Cristo. Dois temas em 4:17—5:21 merecem atenção especial: a nota de contraste entre a vida passada e a presente dos crentes, bem como a ênfase no falar. A seção seguinte, os chamados deveres familiares (5:22—6:9), deve ser vista, em termos gramaticais e contextuais, como um subconjunto das exortações mais gerais.

Essas advertências adicionais sobre a vida no corpo de Cristo preparam o caminho para a descrição final da vida no mundo como participação em uma luta missionária apocalíptica (6:10-20).

Não mais como os gentios (4:17-24)

Conversão, por definição, significa mudança — alteração de crença, senso de pertencimento e comportamento. Às vezes é chamada de socialização secundária, ou ressocialização. No contexto da comunidade, significa a criação de uma cultura alternativa. Um dos temas persistentes em todo o Novo Testamento é a necessidade de os crentes serem diferentes de seus antigos comportamentos, bem como de seus vizinhos descrentes. (Essa passagem em particular tem ecos de textos semelhantes, especialmente em Colossenses e Romanos, todos os quais podem apontar para padrões comuns de instrução cristã primitiva). Em 4:17, Paulo demanda uma espécie de juramento sobre a necessidade dessa transformação: "não vivam mais ['andem'] como os gentios vivem ['andam']" (cf. 1Ts 4:5; 5:4-8). Um padrão básico de 'antigo... novo' (4:22; cf. Cl 3:9-10; Rm 6:6) e 'uma vez que... agora' (4:22; cf. 5:8; Cl 3:7-8; Gl 4:8; 1Co 6:11) provavelmente desenvolvido antes de Paulo e pode muito bem ter sido usado no contexto do batismo, bem como na formação da comunidade em curso.

A descrição de como os gentios incrédulos 'andam' (4:17; "vivem" na maioria das traduções) certamente não é atraente (4:17-20). Ela contém ecos de Rm 1:18-32, enfocando as mentes obscuras, fúteis e ignorantes dos gentios (4:18-19; cf. Rm 1:21-22, 28); seu coração duro (4:19; cf. Rm 1:24; 2:5); e sua imoralidade (4:19; cf. Rm 1:24-32).[22] Ênfase especial é colocada na imoralidade sexual (4:19), que era uma preocupação constante nas igrejas primitivas (cf., e.g., 1Co 6:12-20; 1Ts 4:3-5).

É claro que não foi assim que os destinatários da carta "aprenderam de Cristo" (4:20). Em uma simulação de descrença (discernível apenas no texto grego) que realmente funciona para expressar sua certeza sobre o que eles aprenderam, Paulo levanta a possibilidade irracional de que eles tenham ouvido e aprendido de outra forma (4:21). Porém, na realidade, eles aprenderam de Cristo como o transformador da vida humana. Eles foram ensinados a abandonar a velha vida, o velho eu, e a se revestirem do novo eu (*kainon anthrōpon*, 4:24), como a mudança de uma roupa velha para uma totalmente nova (4:22, 24; cf. Rm 13:12, 14), incluindo uma mente renovada (4:23; cf. Rm 12:1-2). Essa é uma (re)criação à imagem de Deus (4:24), parte integrante de se tornar uma "nova humanidade" (*kainon anthropon*, 2:15; cf. Cl 3:9-10; 2Co 5:17). É a renovação completa da mente e da vida. Tal renovação é implícita, mas inerentemente também é um testemunho para aqueles que ainda andam em seus 'antigos caminhos'.

Falando e agindo amorosamente (4:25—5:2)

Tendo defendido a necessidade de transformação moral, Paulo passa a descrever a nova vida em Cristo, tanto aqui quanto na próxima passagem por meio de antítese ('não faça isso, mas faça aquilo'), um ato correspondente para o velho eu/novo eu e o padrão de descrentes/

---

[22] Curiosamente, Efésios esclarece a frase três vezes repetida em Rm 1, "Deus os entregou" (1:24, 26, 28), colocando a culpa diretamente na conta dos gentios que "se entregaram" à imoralidade (4:19).

crentes enunciado nos versículos anteriores. Como observado há pouco, há uma ênfase notável no conteúdo desses versículos, que é claramente entendida como uma ocasião para transmitir graça ou seu oposto. Portanto, a fala é vista como um ato, assim como roubar é uma ação, e há atos inadequados a serem evitados bem como aqueles que são apropriados para serem praticados. A garantia geral para tornar esses atos apropriados é, logicamente, ser uma nova pessoa em Cristo. Mas também há uma razão ligada a cada proibição e admoestação. A tabela a seguir resume esses três aspectos da passagem:

TRANSFORMAÇÃO MORAL EM EFÉSIOS 4:25–5:2

Texto	Proibição	Admoestação	Justificativa
4:25	Mentira	Falar a verdade (cf. 4:15, acrescentando "em amor")	Membros uns dos outros (e.g., como um só corpo; cf. 4:4, 16)
4:26-27	Ira prolongada	Apaziguar a ira antes que o sol se ponha	Não dar lugar ao diabo
4:28	Furto (dirigido aos ladrões)	Em vez disso, trabalhar, fazendo algo de útil com as mãos	Honestidade; repartir com os necessitados
4:29-30	Palavra torpe	Palavra edificante	Conceder graça àqueles que a [palavra] ouvem; evitar entristecer o Espírito Santo de Deus
4:31-32	Amargura, indignação, ira, gritaria, calúnia, maldade	Ser bondosos e compassivos uns para com os outros, perdoando-se mutuamente	A experiência de doação de Deus em Cristo

Os versículos finais desta passagem (5:1-2) dão continuidade ao conceito da imitação de Deus em Cristo iniciada no final de 4:32. Introduzidos pela conjunção subentendida "portanto", eles provavelmente devem ser entendidos não apenas como parte da alternativa à ira e à raiva, porém mais amplamente como um resumo do tipo de amor cruciforme que sustenta todos os comportamentos apropriados listados nesta passagem. De fato, a admoestação de "viver [lit. 'andar'] em amor" (5:2) resume adequadamente a ética de Efésios e de Paulo em geral. Significa ser imitadores de Deus, como filhos adotivos dele: amar como resultado de ser amado por Deus e oferecer-se aos outros sacrificialmente como Cristo, o Filho Amado, o fez (cf. 1:3-8a; Gl 2:20). Essa é uma ética para todos os crentes, em todos os momentos. Ela reaparecerá em 5:25. De fato, 'andar em amor divino e cristão' é, ou poderia ser, o lema e a missão da Igreja.

Pureza sexual contracultural (5:3-14)

A referência à imoralidade sexual em 4:19 agora reaparece e é abordada com certa extensão, incorporando questões de pensamento, fala e ação. A discussão é colocada, mais uma vez, no contexto da distinção dos crentes em relação aos seus pares descrentes. O autor assume que os crentes vieram de uma cultura hipersexualizada.

A passagem começa com a proibição da imoralidade sexual e do discurso misturado com conteúdo sexual impróprio (5:3-4). As práticas e tópicos excluídos englobam imoralidade sexual, impureza e luxúria.[23] Até mesmo o fato de discutir tais coisas já é se comportar como os descrentes, não como pessoas que constituem uma outra cultura ("santos"). Envolver-se em leviandade acerca de sexo ou vulgaridade é desonrar a Deus criador, e isso deve ser substituído por ação de graças (5:4; cf. Rm 1:20-28). A gravidade dessa questão é apresentada a seguir (5:5), presumivelmente na suposição de que a própria fala é um ato que coloca o falante/orador em risco por causa de sua herança em Cristo e que pode levar à prática de outros atos (cf. 1Co 5:9-11; 6:9-11). Esses tipos de atos sexualmente imorais — que equivalem à idolatria (5:5), como os judeus costumavam dizer — são característicos de pagãos, não de santos.

Parece ter sido uma tentação para os primeiros cristãos (e eles certamente não estão sozinhos nisso) retornar aos seus hábitos anteriores

---

[23] A primeira prática excluída em 5:3 (porneia) deve ser traduzida como 'imoralidade sexual' (CEB, NET, NVI; cf. NJB), não meramente 'fornicação' (NRSV). A terceira (pleonexia), no contexto, provavelmente significa 'luxúria sexual', não "ganância" (a maioria das traduções); assim também para palavras relacionadas em 4:19; 5:5.

nesse campo de pensamento, fala e comportamento sexual. O texto adverte contra "palavras tolas" que podem atrair os destinatários da carta para o relaxamento nesta área (5:6). Mas a ira de Deus não deve ser considerada levianamente (5:6), assim como é enfatizada a necessidade de evitar a flagrante imoralidade sexual (5:7), como está expressa em 1Co 5:11, que especifica evitar associar-se aos *crentes* imorais. É provável, então, que o cenário seja semelhante aqui: os autodenominados crentes tentando convencer outros crentes de que as práticas sexuais pagãs não prejudicam seu *status* em Cristo.

Isso daria uma força especialmente pesada ao tema 'outrora e agora' que reaparece em 5:8-14 (cf. 4:17-24). É um lembrete de que o passado ficou para trás e que viver como os pagãos é viver de forma anacrônica, é viver fora de Cristo. A inadequação desse tipo de vida é destacada pela linguagem apocalíptica das trevas e da luz (5:8-14; cf. 1Ts 5:4-11). Os crentes devem andar (NRSV etc., "viver") de maneira condizente com o que eles são, filhos da luz (5:8), fazendo o que é bom, buscando a vontade do Senhor (5:9-10). Em vez de participar das secretas e vergonhosas "obras das trevas", eles devem (como luz) expor tais obras (5:11-13) — não apontar o dedo para as pessoas, mas nomear atividades imorais pelo que elas realmente são. Embora 'andar na luz' signifique mais do que manter a pureza sexual, isso tem um significado maior.

Esta seção termina com uma citação, talvez de uma liturgia batismal ou de um hino (5:14b). Ela resume o argumento de toda a passagem e também de 4:17-24. Cristo, representado aqui como uma luz (cf. Jo 8:12; 9:5; etc.), brilhou sobre aqueles que agora são crentes. Pela fé no evangelho e no batismo, eles despertaram de seu sono de morte que era fruto de seus pecados e delitos sexuais e outros (cf. 2:2, 5). Aqueles que foram assim ressuscitados dos mortos encontraram a luz que é Cristo (5:13) e foram transformados em luz (5:14). Sua tarefa agora é viver como luz (cf. Mt 5:14; Fl 2:15) e testemunhar contra o mal e para Cristo, a luz.

Vida comunitária (5:15—6:9)

As exortações gerais aos destinatários da carta estão agora chegando a uma conclusão, e palavras resumidas são oferecidas sobre a vida da comunidade com Deus, que são então aplicadas aos relacionamentos dentro da família dos crentes.

Comunidade e Trindade (5:15-21)

A noção de 'andar' (5:15) faz sua aparição final, junto com o tema 'ou isto ou aquilo', agora em termos de sabedoria e de insensatez (5:15, 17). Andar com cuidado ou sabedoria é definido em termos apocalípticos como ter consciência do caráter maligno do tempo presente e, portanto, fazer bom uso desse tempo (5:16) — isto é, compreender e fazer a vontade do Senhor (5:17; cf. 5:10). O termo real para usar o tempo — *exagorazomenoi ton kairon* — tem a ver com 'comprar' ou talvez 'resgatar', significando "aproveitar ao máximo cada oportunidade", como coloca a NVI. Isso sugere que Efésios não aconselha alguém a se retirar do mundo, como se isso fosse possível, mas a uma maneira totalmente nova de engajar-se. Esse engajamento será descrito em 6:10-20 como uma guerra — uma batalha em prol do bem do 'inimigo'.

O tema acerca de não ser tolo, mas sábio, continua com a admoestação de ser cheio do Espírito em vez de se embriagar com vinho (5:18). Essa metáfora e contraste parecem surgir do nada. Embora possa haver alguma conexão com a história relatada em Atos sobre os efeitos do Espírito sendo confundidos com embriaguez (At 2:1-13), é mais provável que a loucura da embriaguez esteja ligada às atividades noturnas "vergonhosas" dos pagãos que acabamos de mencionar (5:12).

De qualquer forma, o conselho para ser cheio do Espírito é apresentado tanto como uma admoestação para todos os crentes quanto como uma experiência contínua, e não uma experiência única. O significado de ser "cheio do Espírito" neste contexto é descrito muito claramente no texto grego com uma série de frases com a forma nominal do verbo no gerúndio (com a desinência 'ndo'), em 5:19-21, que elucidam o verbo principal, "deixem-se encher", em 5:18. Elas são as seguintes, traduzidas de forma bastante rígida:

- *falando* entre vocês com salmos, hinos e cânticos espirituais (5:19a);
- *cantando* e *louvando* de coração ao Senhor (5:19b);
- *dando graças* constantemente a Deus Pai por todas as coisas, em nome de nosso Senhor Jesus Cristo (5:20);

- sujeitando-se uns aos outros, no temor de Cristo (5:21, ARA).[24]

Essas quatro partes do texto formam uma espécie de padrão paralelo abb´a´ (quiástico), com foco nas relações entre si (a, a') e com Deus (b, b'). Embora seja difícil saber com certeza se os dois primeiros itens (5:19) devem ser distintos, eles parecem diferentes, o primeiro referindo-se ao cântico destinado a inspirar e edificar os outros, enquanto o segundo tem a ver com a música oferecida como louvor a Deus. A ação de graças contínua é uma marca da espiritualidade paulina (5:4; cf. Cl 3:17; 1Ts 5:16-18). Estar sujeito (NAB, "subordinado") uns aos outros (NVI, "Submeter-se uns aos outros") não é claramente definido, mas é uma reminiscência de passagens como Fl 2:1-4: "cada um cuide não somente dos seus interesses, mas também dos interesses dos outros" (v. 4). Pode-se pretender aqui resumir 4:25—5:2, que, como Fl 2:1-4, liga a preocupação com os outros à imitação do Senhor.

Tal submissão mútua é feita como um gesto de honra a Cristo, que se deu em amor (5:2, 25). É um requisito geral para todo e qualquer que esteja em Cristo, e é uma prova da plenitude do Espírito na vida do crente e da comunidade. A vida no Espírito — vida com Deus Pai, vida em Cristo — requer edificação mútua (5:19a) e amor cruciforme (5:21) tanto quanto o louvor (5:19b) e a ação de graças a Deus (5:20). Esta é a comunidade que fala a verdade e se constrói no amor (4:15-16), em comunhão com o Deus triúno de amor.

Vida em Cristo na família (5:22—6:9)

Em razão desta seção de Efésios — o 'cotidiano da casa' ou as 'regras da casa' — ser muito importante e ainda tão controversa, é absolutamente crucial que as observações sobre 5:18-21 sejam consideradas desde o início. Além disso, uma vez que as várias exortações anteriores

---

[24] Infelizmente, poucas versões revelam a forma do verbo no gerúndio em 5:21 (ou seja, 'sujeitando'), o que é crucial para se observar tanto a inseparabilidade dos vários aspectos da plenitude do Espírito aqui mencionados quanto os deveres dos maridos e esposas como um subconjunto da advertência geral à submissão mútua na comunidade. A NRSV, NVI e NAB traduzem 5:21 como uma nova sentença com um verbo imperativo independente, embora a ARA tenha corretamente a forma "sujeitando".

a 5:22—6:9 são genéricas e universais para relacionamentos em Cristo, assim, *nada do que é dito nas especificidades de 5:22—6:9 deve ser interpretado de uma forma contraditória às advertências anteriores.* A carta prescreve práticas de pacificação, harmonia, amor doador e perdão que devem ser evidenciadas em *todos* os relacionamentos dos quais os crentes participam, incluindo os da família. De particular importância é o foco no amor semelhante ao de Deus e de Cristo em 4:31—5:2. Portanto, seja o que for que possa implicar as relações domésticas, elas não podem ser a *antítese* do amor que se doa, mas devem ser a *personificação* desse amor. E também, a nova forma de conviver no lar deve representar a renúncia à velha vida e aceitação completa da nova vida (4:17-32).

O código doméstico, portanto, não é uma tentativa de impor valores pagãos e patriarcais a um sistema de valores cristão. Ao contrário, é uma tentativa de aplicar a noção de submissão mútua, de cruciformidade mútua ou amor cristão, a uma estrutura inerentemente patriarcal, reconhecendo na família cristã uma outra cultura. O resultado, embora talvez não seja suficientemente radical para alguns, não deixa de ser revolucionário, desafiando as suposições que todo homem gentio adulto poderia trazer para a vida familiar.

A relação familiar (com base em Cl 3:18—4:1 ou em um antecedente comum) divide-se em três seções, mas em cada seção uma figura reaparece na posição daquilo que normalmente é um lugar de poder — o chefe masculino da família. Ele é o marido (5:22-33), o pai (6:1-4) e o mestre (6:5-8). Por lei e costume, o homem na Antiguidade era quem detinha a posse de todos os membros de sua casa como partes de sua propriedade pessoal. Isso não significava que nenhum homem respeitasse sua esposa, filhos ou escravos, mas os colocava em uma posição fundamental de poder, com todos os tipos de direitos, e bem poucos deveres exigíveis em relação aos membros da família. Em Cristo, porém, conforme diz Efésios, isso mudou completamente. Por um lado, o membro mais fraco de cada par é abordado primeiro, dando-lhes maior dignidade nesta 'igreja doméstica'.

O primeiro relacionamento a ser afetado é o de marido e mulher. Argumenta-se frequentemente que a mulher recebe um lugar inferior: somente ela é instruída a "ser sujeita" (v. 22, 24) e, de fato, sujeita "em tudo" (v. 24). Além disso, o marido é explicitamente chamado de "o cabeça da mulher, como também Cristo é o cabeça da igreja" (v. 23), e a esposa (de forma implícita), seu corpo (v. 28-29), sugerindo que somente o marido tem o papel cristão de cabeça e salvador. Embora em primeira leitura essa interpretação tenha alguns pontos óbvios a seu favor, ela deve ser rejeitada.

Os três verbos principais usados para descrever a responsabilidade conjugal — "sujeitar-se" (v. 22, 24), "respeitar" (v. 33) e "amar [assim como Cristo amou a igreja e entregou-se por ela]" (v. 25, 28, 33) — são extraídos diretamente das injunções gerais e fundamentais para todos os crentes declaradas em 5:2 (amor sacrificial) e 5:21 (sujeição mútua, respeito). A submissão da esposa ao marido é simplesmente um aspecto de sua obrigação geral para com todos os crentes (5:21). De fato, a gramática do texto exige que vejamos as coisas dessa maneira, pois não há verbo no texto grego de 5:22; ele é colocado nas traduções em geral, mas na realidade todo o versículo em 5:22 é, tanto linguística quanto materialmente, uma continuação do pensamento expresso em 5:21. A sujeição ao marido é um subconjunto da prática geral de sujeição da comunidade. *O marido da mulher, portanto, tem a mesma obrigação (sujeição) para com ela, visto que ambos são membros da comunidade crente.*

Exigir que o homem mostre amor cristão à sua esposa (5:25) é, portanto, outra maneira de dizer que ele deve estar sujeito a ela — verdadeiro autossacrifício. Apesar de o marido ser chamado de "o cabeça da esposa", ele não está recebendo nenhum tipo de poder cósmico sobre ela. A única admoestação que ele recebe é para ser abnegado e sacrificar-se como Cristo (veja também 5:1-2). Interpretar essa afirmação como um 'exercício de poder' seria interpretar mal tudo o que Efésios diz sobre os crentes serem chamados ao amor e à bondade. Além disso, visto que a esposa é crente, ela também compartilha a obrigação comum dos crentes de amar os outros, incluindo seu cônjuge, com amor semelhante ao de Cristo.

Parte da dificuldade em compreender essa passagem é que, por sua própria admissão, Paulo está misturando ética e cristologia (5:32). A recomendação para um marido santificar, purificar e apresentar sua esposa (5:26-27) e amá-la como o seu próprio corpo (5:28-29) não deve ser enfatizada demais. O foco principal é Cristo e a Igreja; o paralelo do casamento não é perfeito. Tomada metaforicamente, a linguagem pretende mostrar a necessidade de cuidado mútuo em razão da união de pessoas, criada pelo casamento (cf. esp. v. 31, citando Gn 2:24). Nem a linguagem de 'submeter-se à cabeça' nem 'cuidar do próprio corpo' expressam valores patriarcais ou paternalistas; em lugar desse entendimento, tal linguagem *enfraquece* esses valores.

O texto, portanto, assume, mas também subverte, a hierarquia da relação marido-mulher por meio da imagem de "cabeça" e "corpo". Na visão de Paulo, essa imagem transmite, principalmente, não a autoridade do marido e a submissão da esposa, mas a unidade íntima entre a cabeça e o corpo que os torna uma só carne (5:31, citando Gn 2:24). Assim, o dever do líder não é governar, mas nutrir, e fazê-lo sacrificialmente. A imagem radical da liderança aqui é a de um Senhor crucificado — poder na fraqueza e amor abnegado, que pode ser retribuído.

A submissão mútua e, portanto, o respeito e o amor também existem na relação pais-filhos (6:1-4). A expectativa bíblica da obediência dos filhos é reafirmada, e sua promessa conclusiva observada (6:1-3). Ao mesmo tempo, os pais devem exercer suas obrigações paternas de disciplina e instrução de maneira consistente com "o Senhor" (6:4b) — isto é, com o amor bondoso de Deus em Cristo. Se não for desse modo, eles tratarão seus filhos com severidade, como costumavam fazer, e assim os provocarão à ira (6.4a). Em vez disso, eles devem formá-los "no Senhor", o que exigirá um exemplo apropriado e cristão.

Da mesma forma, existe mutualidade na relação senhor-escravo (6:5-9). A obediência dos escravos ao senhor deve ser feita como um serviço a Cristo e a Deus, não aos humanos (6:6-7). Isso não se baseia no princípio pagão do patriarcado, mas nos princípios bíblicos de bondade e de imparcialidade (6:8-9). O Senhor espera que seu povo sempre faça o bem, julgando e recompensando escravos e livres exatamente nos mesmos termos (6:8).

Por essa razão, quase inacreditavelmente, o texto exige que os senhores "tratem seus escravos da mesma forma" (6:9). Enquanto um senhor talvez não deva "obedecer" a seus escravos, ele pode — e, como crente, agora deve! — tratá-los com respeito e até amor. A contenção de ameaças é apenas a ponta do problema. Fazer da "mesma" forma significa que o senhor é chamado a tratar seus escravos como Cristo, buscando a vontade de Deus e o prazer de Cristo ao tratar os escravos. Isso pode não ser uma convocação para abolir a escravidão, mas é uma reestruturação radical das relações dentro desse sistema. Entre outras coisas, o abuso sexual comum de escravos e a punição violenta de escravos são proibidos pelas advertências específicas aqui e pelas mais gerais no início da segunda metade da carta.

Em suma, essa 'mini-igreja', o lar cristão, é um espaço de vida transformada em Cristo. Ao contrário das casas de seus vizinhos pagãos, os lares não *têm* um altar, *eles são* um altar, um lugar para a doação mútua semelhante à de Cristo.

Guerra espiritual e missionária (6:10-20)

A advertência final da carta é uma convocação para participar em uma batalha com poder divinamente fornecido e com oração. A primeira parte da admoestação é o uso criativo de uma imagem: a de um soldado e sua armadura (6:11-17). A segunda parte é um pedido quádruplo por oração, especialmente para o avanço do evangelho. Em resumo, o texto conclama os crentes a se "fortalecerem" e a "orar".

A força de que fala o texto não é a força humana normal, mas aquela recebida do Senhor; é uma "armadura" divina e deve ser vestida por todos os crentes, não por alguns selecionados (6:10-11). A batalha a ser travada é apocalíptica, não contra seres humanos, mas contra o diabo e os poderes cósmicos do mal (6:11-12). A luta já está presente, mas também pode estar aumentando à medida que o "dia mau" — talvez uma batalha cósmica final — se aproxima (6:13). Uma vez que Efésios apresenta Cristo como Senhor sobre todos os poderes do universo (1:20-22), parece provável que aqui Paulo preveja uma batalha contínua que culminará na futura submissão final de todos os inimigos de Deus, uma parte integrante da 'reunião' de todas as coisas em Cristo (1:10). Aqueles que participam da guerra não devem se permitir serem derrotados, mas devem "permanecer inabaláveis" (6:13).

À luz tanto da descrição da armadura para a batalha e dos pedidos de oração, fica claro que a guerra descrita aqui é o avanço do evangelho — a participação

Éfeso: Relevo mostrando armadura típica de um soldado ou gladiador (local: Museu de Éfeso; foto de Carole Raddato)

na missão de Deus que traz reconciliação com Ele e entre as pessoas. Ou seja, essa é uma guerra cujo efeito pretendido é abençoar o 'inimigo' com o evangelho. É fazer uma guerra com a paz. Os elementos da armadura dos crentes são os seguintes:

- cinto = a verdade (6:14)
- couraça = a justiça (6:14)
- sapatos = a preparação para proclamar o evangelho da paz (6:15, NTLH)
- escudo = a fé (6:16)
- capacete = a salvação (6:17)
- espada = a palavra de Deus (6:17)

O texto é um eco deliberado de vários textos bíblicos nos quais diversas qualidades divinas são retratadas como a própria armadura de Deus, assim como a do rei ou do servo de Deus.[25] Portanto, usar essa armadura é assumir a causa divina e lutar em sua campanha cósmica para espalhar a justiça por todo o mundo. É fazê-lo nos termos de Deus, usando os seus próprios atributos — vestindo o que Deus veste, por assim dizer. É claro que essa roupagem divina só pode ser entendida corretamente à luz da pessoa de Cristo e da vida em Cristo retratada anteriormente na carta. Nenhuma conclusão literal, militarista ou violenta deve ser extraída dessas imagens militares. Ao contrário, a batalha é travada com amor semelhante ao de Deus e de Cristo; a paz é tanto o seu objetivo como o seu meio.

Provavelmente está além da pretensão do autor ter a intenção de que os leitores deem importância aos detalhes das imagens militares. As realidades a que se referem as várias partes da armadura são as realidades do evangelho pregado por Paulo e vivenciado entre os destinatários da carta, segundo Efésios. O único elemento novo não encontrado anteriormente na carta é a espada do Espírito, "a palavra de Deus", que aqui talvez deve se referir ao evangelho, não às Escrituras. Esse evangelho é a força, ou a arma do Espírito contra todo e qualquer poder que se oponha a Deus e à humanidade. Ao mesmo tempo, e ainda mais importante, o evangelho é aquele poder que une as pessoas a Deus e umas

---

[25] E.g., Is 11:1-9, esp. v. 5; 49:2, 6; 52:7; 59:15b-17; Sabedoria 5:17-20.

às outras (1:13; 3:6; cf. Rm 1:16). Talvez a imagem mais interessante que Paulo usa aqui seja a dos sapatos como preparação para pregar o evangelho da paz de Deus em Cristo. Aqueles que *usam* as boas-novas devem *compartilhar* as boas-novas.

Por essa razão, a descrição da guerra dos crentes com o evangelho em mãos (ainda em andamento) é então conduzida aos pedidos de oração em 6:18-20. Esses pedidos vão do geral para o específico — orar em todas as ocasiões (6:18a), orar por todos os santos (6:18b), orar por Paulo (duas vezes, 6:19-20). O pedido de oração específica de Paulo para si mesmo, como um "embaixador preso em correntes", é para que ele fale com ousadia. Sem dúvida, o foco está no texto de 6:10-17, quando o apóstolo espera que outros se juntem à batalha e proclamem o "mistério do evangelho" (6:19) com igual ou maior ousadia.

6:21-24. Assuntos finais

Paulo dá início à conclusão da carta com uma palavra sobre seu portador, Tíquico, a quem o apóstolo elogia como irmão e ministro fiel, e a quem envia para informar e encorajar os destinatários sobre sua situação na prisão (6:21-22). Ele então oferece palavras de paz, amor, fé e graça a todos, acrescentando uma frase peculiar em Efésios, a "todos os que amam a nosso Senhor Jesus Cristo com amor incorruptível" (6:24). Esse amor é o que a carta pretende estimular.

RESUMO DE EFÉSIOS 4–6

Efésios 4–6 fornece os imperativos paulinos que fluem logicamente do mistério do evangelho apresentado nos três primeiros capítulos. Esses imperativos podem ser resumidos da seguinte forma:

- Os crentes devem andar dignamente, em seu chamado, e de uma maneira claramente distinta de seu passado pagão e de seus antigos pares pagãos.
- Como membros do corpo de Cristo, todos os crentes são ministros e têm o dom da graça para promover a unidade, o amadurecimento e a edificação de todo o corpo; de particular importância são aqueles que têm o dom de capacitar toda a Igreja para o ministério, por meio do ensino e da pregação.
- De forma especial são enfatizadas as virtudes da paz, unidade e amor; comportamento e fala bondosos, perdoadores; pureza sexual em pensamento, modo de falar e ação.

- Implícito a todos os imperativos está um chamado geral à imitação da bondade de Deus, conforme demonstrada na morte sacrificial de Cristo.
- Esse chamado deve ser expresso por meio de um estilo de vida de submissão mútua (demonstrar cuidado cruciforme pelo próximo), tanto dentro da igreja, de modo geral, quanto na família crente, em particular, onde o evangelho remodela todos os relacionamentos.
- A Igreja participa de uma batalha espiritual com as forças cósmicas, sendo suas 'armas' derivadas do caráter de Deus em Cristo: que são as características de uma vida de amor e paz, formada pelo evangelho e comprometida com seu avanço no mundo.

A HISTÓRIA DIANTE DA CARTA
Algumas leituras de Efésios

"[A] própria Epístola está cheia de sublimes concepções e doutrinas... É repleta de sentimentos de sublimidade e grandeza irretorquíveis. Pensamentos que ele [Paulo] quase não apresenta em qualquer outro lugar, ele aqui os declara claramente."

João Crisóstomo (c. 347-407 d.C.), introdução às suas *Homilies on the Epistle of St. Paul the Apostle to the Ephesians* em *A Select Library of the Nicene and Post-Nicene Fathers*, ed. Philip Schaff (Nova Iorque: Scribner's, 1905; orig. 1889), 13:49.

"[Efésios é] a coroa dos escritos paulinos."

C. H. Dodd, citado em C. L. Mitton, *Ephesians, New Century Bible Commentary* (Grand Rapids: Eerdmans, 1976), p. 2.

"Ainda que se conclua que a carta foi escrita pelo apóstolo Paulo ou produzida mais tarde por um de seus seguidores próximos, não se pode negar o poder do testemunho cristão contido nela e a maneira completa como ela, sem citar obrigatoriamente o testemunho das cartas do apóstolo, representa o coração e o núcleo da proclamação de Paulo do evangelho de Jesus Cristo aos gentios."

Paul J. Achtemeier, Joel B. Green e Marianne Meye Thompson, *Introducing the New Testament: Its Literature and Theology* (Grand Rapids: Eerdmans, 2001), p. 389.

"Efésios às vezes é criticado por causa de sua escatologia 'cósmica' e excessivamente 'concretizada', que retrata os destinatários já ressuscitados com Cristo nos lugares celestiais (cf. 2:5-6), e assim deixa para trás a realidade da vida na terra. Mas deve ficar claro, especialmente nos capítulos 4—6, que Efésios ainda está muito em contato com as realidades deste mundo... O escritor não está tentando... nos levar a um tempo e lugar onde podemos ver o mundo de forma diferente. Com boas razões, Nils Dahl [estudioso do Novo Testamento] afirmou que Efésios foi, e talvez ainda seja hoje, uma das declarações mais influentes do pensamento e da espiritualidade cristãos."

Stanley P. Saunders, "Learning Christ: Eschatology and Spiritual Formation in New Testament Christianity", *Interpretation* 56 (2002): p. 155-67, aqui, p. 166.

Perguntas para reflexão

1. Quais são alguns dos pontos fortes, bem como alguns dos possíveis perigos de uma teologia e espiritualidade que enfatizam a ressurreição no presente e a exaltação com Cristo? O que Efésios oferece, se é que oferece alguma coisa, para ajudar a manter esses perigos sob controle?
2. Em que pode contribuir para o debate secular sobre "fé e obras" a primeira metade do Efésios 2?
3. Que principais divisões entre as pessoas são encontradas hoje na sociedade e na Igreja? Como pode o plano divino para a reconciliação e unidade entre gentios e judeus falar com essas divisões?
4. Em que Efésios pode contribuir com as nossas tentativas contemporâneas de definir o ministério em geral e o ministério leigo em particular?
5. Por que o discurso é uma questão para consideração teológica e espiritual como é, proeminentemente, em Efésios? Existe uma necessidade na igreja contemporânea de uma atenção mais cuidadosa à teologia e à prática da pregação?
6. Em que áreas da vida a Igreja precisa ser mais distinta de sua cultura 'pagã'? Como a santidade está relacionada com a missão?
7. Em sua experiência, como as relações domésticas (5:22—6:9) foram usadas e abusadas em discussões sobre casamento e vida familiar? Como a interpretação oferecida aqui — em que a relação familiar é sobre a aplicação da submissão

mútua cruciforme a todos os relacionamentos domésticos — afetaria as discussões contemporâneas sobre casamento, 'valores familiares' e vida familiar?

8. Que valor a imagem da guerra 'espiritual' ou 'cósmica' pode ter para a Igreja hoje? Como pode ser mal interpretada ou mal utilizada?
9. Como você responde às interpretações de Efésios citadas nestas questões?
10. Em suma, o que esta carta exorta a Igreja a crer, esperar e fazer?

Para leitura e estudo adicionais
Geral

João Calvino. *The Epistles of Paul the Apostle to the Galatians, Ephesians, Philippians and Colossians*. Trad. por Thomas H. L. Parker; ed. por David W. Torrance e Thomas F. Torrance. Grand Rapids: Eerdmans, 1996. Interpretação do grande reformador.

Edwards, Mark J., ed. *Galatians, Ephesians, Philippians*. ACCS 8. Downers Grove, IL: InterVarsity, p. 1999. Trechos das interpretações dos pais da Igreja primitiva.

Fowl, Stephen E. *Ephesians: A Commentary*. NTL. Louisville: Westminster John Knox, 2012. Uma rica interpretação teológica enfocando o drama cósmico da salvação e a identidade e práticas cristãs propostas na carta.

Gombis, Timothy G. *The Drama of Ephesians: Participating in the Triumph of God*. Downers Grove, IL: InterVarsity, 2010. Vê a carta como um convite para participar da missão divina de resgate.

Murphy-O'Connor, Jerome. *St. Paul's Ephesus: Texts and Archaeology*. Collegeville, MN: Liturgical, 2008.Textos antigos sobre Éfeso, descrições do local e um relato do ministério de Paulo na cidade.

Perkins, Pheme. "Ephesians", p. 349-466, vol. 11 of *The New Interpreter's Bible*. Ed. por Leander E. Keck et al. Nashville: Abingdon, 2000. Uma leitura teológica e sociológica da carta, defendendo o pseudônimo e destacando os desenvolvimentos de outras cartas.

—— *Efesians*. ANTC. Nashville: Abingdon, 1997. Veja anotação anterior.

Peterson, Eugene H. *Practice Resurrection: A Conversation on Growing Up in Christ*. Grand Rapids: Eerdmans, 2010. Uma leitura espiritual, teológica e pastoral.

Talbert, Charles H. *Ephesians and Colossians*. PCNT. Grand Rapids: Baker Academic, 2007. Atenção cuidadosa à carta no seu contexto, sem pressupor dependência de Colossenses.

Tomás de Aquino. *Commentary on Saint Paul's Epistle to the Ephesians*. Trad. por M. Lamb. Albany, NY: Magi, 1966. A interpretação do grande teólogo medieval.

Williamson, Peter S. *Ephesians*. CCSS. Grand Rapids: Baker, 2009. Análise clara com reflexões pastorais e teológicas úteis.

Yoder Neufeld, Thomas R. *Ephesians*. Believers Church Bible Commentary. Scottdale, PA: Herald, 2002. Concentra-se na participação da Igreja na atividade reconciliadora de Deus.

Técnica

Barth, Markus. *Ephesians*. AYB 34, 34A. 2 vols. Nova York: Doubleday, 1974. Comentário clássico defendendo a autoria paulina e o uso de fontes litúrgicas.

Best, Ernest. *A Critical and Exegetical Commentary on Ephesians*. ICC. Edinburgh: T&T Clark, 1998. Um comentário detalhado que vê o autor como parte da 'escola paulina'.

Koester, Helmut, ed. *Ephesos, Metropolis of Asia: An Interdisciplinary Approach to Its Archaeology, Religion, and Culture*. Valley Forge, PA: Trinity, 1995 (reimpr. Cambridge, MA: Harvard University Press, 2004). Ensaios sobre o contexto do cristianismo primitivo em Éfeso.

Lincoln, Andrew T. *Ephesians*. WBC 42. Dallas: Word, 1990. Comentário completo, perspicaz e justamente influente sobre a suposição de autoria de um herdeiro da tradição paulina.

MacDonald, Margaret Y. *Colossians, Ephesians*. Collegeville, MN: Liturgical, 2002. Faz uso das ciências sociais.

Maier, Harry O. *Picturing Paul in Empire: Imperial Image, Text and Persuasion in Colossians, Ephesians and the Pastoral Epistles*. Nova York: T&T Clark/Bloomsbury, 2013. Estudo perspicaz das imagens imperiais e paulinas para a imagem de Cristo, argumentando que Efésios é um 'terceiro espaço'.

17

2Timóteo

Sofrimento em lugar de vergonha

Portanto, não se envergonhe de testemunhar do Senhor, nem de mim, que sou prisioneiro dele, mas suporte comigo os meus sofrimentos pelo evangelho, segundo o poder de Deus.

2Timóteo 1:18

A segunda carta de Paulo a Timóteo, se realmente foi escrita pelo apóstolo, é provavelmente sua última carta preservada. A epístola respira o ar da morte e da vitória no final da vida terrena de Paulo, à medida que a necessidade de fidelidade na proclamação contínua do evangelho — mesmo em face do sofrimento — é estabelecida. Por várias razões, esta carta tem maiores reivindicações de autoria de Paulo do que 1Timóteo, e é por isso que a estamos considerando fora de sua sequência canônica e numérica.

Prefácio: as Epístolas Pastorais

Desde o início do século 13, três das cartas paulinas — 1 e 2Timóteo e Tito — são conhecidas como Epístolas ou Cartas Pastorais (abreviadas como Pastorais). Essas cartas são endereçadas a dois dos companheiros mais próximos de Paulo.[1] Como havíamos sugerido no capítulo 3 que

---

[1] Sobre Timóteo, veja At 16:1-10; 17:10-15; 18:1-5; 19:21-22; 20:1-6; Rm 16:21; 1Co 4:14-17; 16:10-11; 2Co 1:1, 15-22; Fl 1:1; 2:19-24; 1Ts 1:1; 3:1-10; e Fm 1; também Cl 1:1 e 2Ts 1:1. Sobre Tito, veja 2Co 2:12-13; 7:5-16; 8:1-6, 16-24; 12:14-18; e Gl 2:1-3. Curiosamente, já no século 13, Tomás de Aquino havia chamado as cartas a esses colegas de Paulo de 'pastorais'.

todas as cartas de Paulo são de natureza pastoral, algumas explicações aqui são necessárias. Quando afirmamos que as cartas de Paulo têm caráter pastoral, queremos dizer que elas são uma ferramenta de seu próprio ministério pastoral, uma forma de apostolado por procuração. O termo 'as Epístolas Pastorais' ou 'as Cartas Pastorais' deriva do fato de que nessas três cartas Paulo está escrevendo a indivíduos sobre como *eles* devem exercer seu ministério pastoral como líderes da igreja, sobre a necessidade e as qualificações de *outros* líderes de igrejas ('guias de ovelhas' ou 'pastores', do latim *pastor*, [aquele que guia ovelhas]), e sobre a condução da vida na Igreja. De fato, o propósito dessas cartas foi descrito como para 'ordenar a disciplina da Igreja' já no final do século 2, na primeira lista preservada do cânon do Novo Testamento (o Cânon de Muratori).[2]

No entanto, esse agrupamento das três cartas sob um título tem algumas peculiaridades. Embora as três cartas tenham um vocabulário e estilo comuns, 2Timóteo é bastante distinto em forma e substância de 1Timóteo e Tito: não apresenta as descrições de trabalho estendidas para líderes da Igreja, nem a designação de vários cargos ou regras para a ordenamento eclesiástico. De modo diverso é uma carta muito pessoal que revela desejos e instruções de despedida para um colega mais jovem e querido. Assim, devemos ter cautela ao associar 2Timóteo com 1Timóteo e Tito, pois suas diferenças são pelo menos tão significativas quanto suas similaridades.

Existem, porém, semelhanças importantes entre elas. De fato, são as relações familiares entre as três cartas que levaram a maioria dos estudiosos não apenas a agrupá-las, mas também a argumentar em favor de sua autoria não paulina e de sua data tardia — em qualquer tempo desde logo após a morte do apóstolo até meados do século 2. (A maioria dos acadêmicos se inclinaria para o final do primeiro ou início do segundo século.) Essas conclusões são baseadas em diferenças percebidas no vocabulário, estilo, teologia, 'governança' (abordagem sobre o ministério e vida da Igreja) e aparente situação histórica diante das cartas não contestadas.

As várias evidências para essa conclusão não serão examinadas aqui. Em vez disso, consideraremos brevemente as opções disponíveis

---

[2] A data deste documento é contestada; pode ser do final do século 2 ou talvez de um século mais tarde.

para nós à luz das observações gerais já feitas e do entendimento da autoria como um 'espectro' discutido no capítulo 3. É possível que o próprio Paulo tenha escrito todas as três cartas, talvez com a ajuda de colegas. Se ele o fez, ainda devemos explicar as diferenças significativas das cartas não contestadas, como prováveis desenvolvimentos em seu pensamento que ocorreram à medida que ele amadureceu (ou diriam alguns, se deteriorou) no final de seu ministério e sua vida. Quem sabe também devemos explicar a situação das cartas postulando uma extensão de sua atividade após os eventos sugeridos tanto pelas cartas não questionadas quanto pelo livro de Atos, que deixa Paulo em Roma numa prisão domiciliar, dando testemunho ousado do evangelho por um último período de tempo (assim parece) antes de sua morte (At 28:16-31).

Também é possível — e, para muitos estudiosos bíblicos, praticamente certo — que Paulo não tenha escrito nenhuma das três cartas. Se ele não o fez, devemos levar em conta seus conteúdos particulares e tentar situá-los em seu período de tempo e localização social apropriados. Tem havido sugestões de que, se Paulo não escreveu as Epístolas Pastorais, o autor (às vezes chamado de 'o Pastor') teria apelado para a personalidade, autoridade e ensino de Paulo a fim de afastar os hereges que surgiam e estabelecer a ordem doutrinária e comportamental dentro das igrejas às quais se dirigiu.

Uma posição de 'compromisso' seria sustentar que o conteúdo básico de 2Timóteo vem da época de Paulo e representa com precisão seu pensamento, enquanto 1Timóteo e Tito surgem mais provavelmente em uma época posterior, representando um desenvolvimento do próprio Paulo. Esta é a perspectiva fundamental adotada neste livro. Tal posição pode assumir duas formas básicas acerca da autenticidade de 2Timóteo: que Paulo foi o autor ou autorizou a produção da carta perto do fim de sua vida (minha opinião), ou que ela preserva fragmentos genuínos de cartas dos últimos dias de Paulo que foram posteriormente editados na forma desta carta que agora possuímos.

Em ambos os casos, esse tipo de proposta ainda deve lutar com todas as semelhanças e diferenças nas Pastorais, bem como com as questões de tempo, lugar e propósito, observadas anteriormente. Em suma, a posição de compromisso adotada aqui pode ser declarada como segue: *2Timóteo preserva fielmente o espírito, embora não necessariamente como uma carta, do apóstolo Paulo, enquanto 1Timóteo e Tito preservam a carta, embora não necessariamente o espírito de 2Timóteo.* Em outras palavras, em 2Timóteo certamente encontramos a teologia de Paulo, mas em uma linguagem ligeiramente diversa daquela mostrada nas dez cartas que não estão no grupo das Epístolas Pastorais. Essa mesma linguagem básica reaparece em 1Timóteo e Tito, mas essas duas cartas transmitem, até certo ponto, uma mensagem teológica diferente. Entre outras diferenças, 1Timóteo e especialmente Tito parecem não conter muito da espiritualidade cruciforme que de outra forma é onipresente em Paulo. O silêncio ou a ausência dessa motivação torna a autoria paulina menos provável, a meu ver. Por outro lado, Tito preserva outros aspectos centrais da teologia paulina, incluindo a ênfase de Paulo na graça e sua abordagem 'bifocal' da ética (olhar para trás e para frente para moldar as decisões no presente). Assim, todos os julgamentos sobre autoria devem ser feitos com humildade e cautela, e acima de tudo sem descartar o valor teológico dos escritos em questão.

Uma palavra final de cautela e um convite à reflexão podem, entretanto, estar em questão. Conforme observado brevemente no capítulo 3, as Epístolas Pastorais têm sido frequentemente acusadas de prover uma espécie de subversão por Paulo da liberdade, assim como da espontaneidade que ele supostamente trouxe para a Igreja e o mundo. O termo (geralmente pejorativo) 'catolicismo primitivo' — os primórdios da institucionalização do credo, ministério e vida eclesial — foi cunhado para descrever os desenvolvimentos (implicitamente negativos) do genuíno Paulo ao 'Pastor'. Entre as críticas típicas às Epístolas Pastorais estão as seguintes:

- A nova fé e evangelho tornaram-se estáticos, definíveis e controláveis, como um "depósito" (veja, e.g., 2Tm 1:12-14).
- Acreditar que a existência se tornou acomodatícia, burguesa e patriarcal — uma versão batizada com a piedade e virtude do *status quo* romano.
- A igreja tornou-se rotineira e institucionalizada em sua liderança e ministério.
- A igreja, em suma, estabeleceu-se no longo prazo, com pouco ou nenhum senso de novidade, distinção de sua cultura anfitriã ou urgência escatológica.

Costuma-se dizer com frequência que todos esses desenvolvimentos contrastam com as versões dinâmicas da fé, do evangelho, da vida em Cristo e da Igreja que encontramos nas cartas genuinamente paulinas.

Entretanto, ao ler e avaliar as Pastorais devemos ter cuidado para que nossos próprios preconceitos, moldados especialmente pelos valores das igrejas e democracias modernas e 'progressistas' não nos impeçam de ouvir, compreender e até mesmo aprender com as vozes das Escrituras que têm potencial, a princípio, de colidir com certas sensibilidades modernas ou pós-modernas. Tampouco podemos assumir acriticamente que o 'genuíno Paulo' foi o precursor daqueles chamados grupos eclesiásticos e políticos progressistas. Devemos, em outras palavras, ser críticos das críticas e desconfiar das suspeitas.

Além disso, não devemos deixar de apreciar alguns dos pontos altos que se mostram claros nas Pastorais, não importando quem as escreveu. Estes podem incluir:

- a ênfase na inseparabilidade de crença e prática;
- o apelo à integridade dos ministros da igreja perante os públicos interno e externo;
- a ênfase em manter as convicções fundamentais da fé, expressas em hinos e credos, apesar dos ataques vindo de dentro ou de fora da Igreja;
- o tema de modelagem e orientação como parte integrante da saúde da Igreja.

Alguns desses pontos fortes das Pastorais são particularmente apropriados, ironicamente, em uma época de grande desconfiança das estruturas eclesiais, dos líderes, credos e — às vezes — da própria Igreja. Só por isso, devemos prestar atenção a essas três epístolas. Porém, mais fundamentalmente, pelo menos para os cristãos, essas cartas são parte do cânon, recebidas pela Igreja como Escritura inspirada e, como toda Escritura, útil para a formação e a reforma cristã. A inspiração, como observamos no capítulo 3, não depende da autoria, nem — devemos acrescentar — de nossa certeza sobre essa autoria.

Voltamo-nos agora para 2Timóteo.

A HISTÓRIA POR TRÁS DA CARTA

A visão da história por trás desta carta depende, é claro, de quando se acredita que ela foi escrita (durante ou depois do tempo de vida de Paulo) e por quem (Paulo, um de seus colegas ou alguém que escreveu em seu nome). No entanto, é possível fazer uma reconstrução parcial da história sem uma decisão final sobre questões de autoria.

Uma carta de Paulo?

Um argumento importante, porém raramente mencionado para a autenticidade desta carta, é a grande quantidade de nomes pessoais e de lugares citados, por um lado, mas, por outro, a geral falta de referências às outras cartas ou a incidentes específicos em Atos. A presença de muitos nomes pessoais e detalhes sobre as pessoas designadas é frequentemente usada para apoiar o uso de pseudônimos (os nomes supostamente seriam artifícios para enganar o leitor), mas isso é feito apenas às custas da integridade do autor da carta — uma acusação séria endereçada contra alguém responsável por uma carta tão zelosa pela verdade.

Ademais, é difícil imaginar um escritor posterior a Paulo fabricando deliberadamente uma série de referências a pessoas e a lugares específicos sem também aumentar a plausibilidade da carta (como uma obra do apóstolo), incluindo referências a eventos conhecidos pelas igrejas por meio de cartas paulinas genuínas anteriores ou por meio de Atos.[3] Mas isso é precisamente o que deve acontecer se a carta for pseudônima; não há nenhuma conexão explícita com quaisquer eventos narrados ou implícitos nas outras cartas ou em Atos, mas certamente alguns ou todos esses documentos já estavam em circulação no momento em que um escritor pseudônimo teria usado a caneta em nome de Paulo. Se a carta fosse uma falsificação, por que isso não seria aceitável?

Outra evidência é a profundidade da emoção expressa na carta; o apóstolo Paulo se sente abandonado e sem esperança de libertação (4:6-18). Apesar desses sentimentos — que parecem condições improváveis para a criação de um suposto 'discípulo' posterior do apóstolo —, o Paulo de 2Timóteo permanece firme e confiante diante da provável morte. Esse é aquele Paulo que conhecemos pelas cartas não questionadas.

---

[3] Para os nomes de pessoas em 2Tm, veja 1:5, 15-18; 2:17; 3:11; 4:9-15, 19-21.

Éfeso: a rua Curetes, com as casas de terraço à esquerda (cobertas
para proteção) e a biblioteca do século 2 de Celso logo à frente
(Patty Rath)

Finalmente, devemos enfatizar que o tema dominante de 2Timóteo aborda aquilo que chamamos de cruciformidade. Esse é de fato o espírito de Paulo, ainda que esteja sendo expresso em uma nova linguagem.

As diferenças de linguagem entre 2Timóteo e as cartas não questionadas podem muito bem ser o resultado do trabalho de um amanuense ou secretário. Poderia até ser possível que esse assistente fosse Lucas (4:11). A autoria da carta por Paulo, com redação e edição final feita por outra pessoa, é pelo menos um cenário plausível.

Paulo, o mensageiro fiel na prisão

Quer tenha sido escrita por Paulo, quer não, a carta apresenta o apóstolo como alguém que sofre e até mesmo está "preso como um criminoso" (2:9), talvez (embora não necessariamente) em Roma (1:17). Os estudiosos permanecem indecisos, se uma prisão romana está em questão, se a carta reflete os pensamentos de Paulo após a primeira fase de uma prisão romana enquanto aguarda a próxima fase, ou durante uma segunda prisão romana (veja 4:16-18). Se Roma não era o local da prisão, a melhor alternativa é Cesareia (veja At 20 e 23).

As frequentes prisões de Paulo parecem ter sido uma fonte constante de constrangimento ou vergonha para alguns dos primeiros crentes. A carta reconhece essa realidade, exortando Timóteo a imitar o outro colega de Paulo, Onesíforo (1:16), em não se "envergonhar... do testemunho de nosso Senhor ou de mim [Paulo], seu prisioneiro" (1:8). Talvez, sob a influência dos falsos mestres aos quais a carta se refere, Timóteo pode ter sentido vergonha do evangelho, de Paulo, ou de ambos (1:6-7).

Quer sejam as palavras de Paulo, quer de outro escritor, 2Timóteo descreve o apóstolo aprisionado como o modelo de ensino e sofrimento (3:10-12) — uma fonte de honra e não de vergonha. Ele é apresentado como aquele que está prestes a partir (4:6-8), fato que levanta a seguinte questão: quem levará adiante a mensagem e o ministério paulino após a morte de Paulo? Assim como a prisão do apóstolo não acorrentou o evangelho, o fim de sua vida terrena também não pode significar (nem vai) o fim de seu evangelho.

A necessidade da continuidade do evangelho de Paulo é ainda mais premente, de acordo com 2Timóteo, por causa da chegada de falsos mestres em Éfeso (o destino mais provável da carta) ou para onde quer que a carta fosse enviada (2:14-3:9; 3:13; 4:3-4). Segundo a carta, esses mestres são fraudadores perigosos que enganam e seduzem, agindo como uma gangrena no corpo da Igreja (2:17). Eles sinalizam a chegada dos últimos dias. De forma enfática, além dessa polêmica geral, a carta afirma que esses mestres propagam "que a ressurreição já aconteceu" (2:18).

Paulo torna-se, em tal situação, o portador da verdade contra os erros dos falsos mestres. Ele é o modelo para todos os crentes, mas especialmente para os mestres, combinando os papéis de quem ensina a verdade e de quem sofre por ela (e.g., 2:2-3; 3:10-12). Como mestre, Paulo é fiel ao evangelho, não distorcendo nem fazendo mau uso dele como acontece com os falsos mestres. Como alguém que sofre pela verdade, Paulo é também um paradigma para todos os que vivem (3:12) e ensinam (1:8, 12; 2:8-9; 3:11) com fidelidade. O chamado para Timóteo é para ensinar e sofrer de forma similar (4:5).

A HISTÓRIA POR DENTRO DA CARTA

A epístola Segundo Timóteo, então, é um chamado ao ministério fiel entendido sobre o modo de ensinar o evangelho paulino sem fazer nenhuma transigência, não se envergonhando dele — e até mesmo sofrendo por essa causa. Em essência, é um chamado à imitação de Paulo como pastor/mestre e mártir; ele é o padrão para essas atitudes.[4] Embora no mundo narrativo da carta Paulo ainda estivesse vivo, ele estava sendo constantemente perseguido e estava prestes a morrer. Timóteo agora é chamado para 'tomar o manto'.

Alguns têm sugerido que 2Timóteo é a 'última vontade e o testamento' de Paulo ou a carta que tem as características de um 'discurso de despedida'. Um grande comentarista há vários séculos a chamou de 'canção do cisne de Paulo' (Johannes Albrecht Bengel). Embora não haja dúvida de alguma verdade nessas sugestões, a epístola é muito mais uma missão pessoal ou 'parênese' (exortação) do que qualquer outra coisa.[5] Isso é apresentado no início da carta: "Portanto, não se envergonhe de testemunhar do Senhor, nem de mim, que sou prisioneiro dele, mas suporte comigo os meus sofrimentos pelo evangelho, segundo o poder de Deus... Retenha, com fé e amor em Cristo Jesus, o modelo da sã doutrina que você ouviu de mim. Quanto ao que lhe foi confiado, guarde-o por meio do Espírito Santo que habita em nós" (1:8, 13-14). A carta implica em que Timóteo — e todos os ministros do evangelho — devem continuar o ministério de palavra e testemunho de Paulo e fazê-lo como o próprio apóstolo: com a disposição de sofrer em lugar de se envergonhar do evangelho. Como vimos em outras cartas, esse ministério cruciforme capacitado pelo Espírito será eficaz e recompensado (2:1-13; 4:8).

A carta se apresenta da seguinte forma:

1:1-2   **Abertura**
1:3-18   **O evangelho e seus mensageiros fiéis**
        1:3-5   Memórias e ação de graças de Paulo
        1:6-14   Passando a tocha: exortação inicial
        1:15-18   Exemplos de apoio e de não se envergonhar

---

[4] Como pastor/mestre: 1:5-8, 11-14; 2:1-2, 7, 14-16; como mártir: 1:8, 12, 15-18; 2:8-10; 3:11-12; 4:6-18.
[5] Veja esp. 1:8, 11-14; 2:1-3; 3:10-14; 4:1-5.

2:1-26	**Imagens da missão de Timóteo**	
	2:1-7	Mestre, soldado, atleta, lavrador
	2:8-13	Memória evangélica e perseverança[6]
	2:14-19	Um trabalhador que não se envergonha
	2:20-26	O servo do Senhor
3:1—4:8	**A missão para Timóteo em seu contexto escatológico**	
	3:1-9	O advento dos falsos mestres como sinal escatológico
	3:10—4:8	A recomendação para a firmeza
	3:10-17	Paulo como exemplo, a Escritura como norma
	4:1-5	A missão por si mesma
	4:6-8	O presente, o passado e o futuro de Paulo
4:9-22	**Palavras finais**	
	4:9-18	Memórias, pedidos e esperanças
	4:19-22	Saudações e bênção

1:1-2. ABERTURA

A carta começa com uma declaração da origem e propósito do apostolado de Paulo. Ecoando as expressões iniciais de outras cartas paulinas (1 e 2Coríntios, Gálatas, Efésios, Colossenses), as primeiras palavras afirmam que o apostolado de Paulo é pela vontade de Deus. Seu propósito, apresentado em linguagem distinta de 2Timóteo, é espalhar a realidade da "vida e imortalidade" por meio do evangelho (cf. 1:10) — uma formulação apropriada para uma carta que sugere a iminência da morte. Também se destaca a adição da palavra "misericórdia", encontrada em outro lugar apenas em 1Timóteo, ao padrão de abertura no desejo por graça e paz.[7] Timóteo é tratado como o "filho amado" de Paulo, sendo o adjetivo "amado" muitas vezes aplicado aos conversos e colegas do apóstolo.

1:3-18. O EVANGELHO E SEUS MENSAGEIROS FIÉIS

O corpo da carta inicia com memórias do passado e um desafio para o futuro.

---

[6] Eu uso "evangélica" para significar 'relativo ao evangelho (gr. euangelion).

[7] Essas observações sobre a abertura imediatamente surgem, mas evidentemente não podem resolver a questão da autoria. No entanto, sugerem uma relação entre 1 e 2Timóteo.

Memórias e ação de graças de Paulo (1:3-5)

A breve frase de ação de graças serve para reconectar Paulo com seu "filho amado" Timóteo e ligar seu passado às exortações por vir. Como o próprio Paulo (1:3), Timóteo está levando adiante uma tradição familiar (cf. At 16:1) por estar em um relacionamento de aliança com Deus e possuir a mesma fé dinâmica e vivificante que sua mãe e avó demonstravam (1:5). Quando Paulo ora, as lembranças da fé de Timóteo e de suas lágrimas (talvez na despedida mais recente dos dois) o enchem de alegria.

Passando a tocha: exortação inicial (1:6-14)

As lembranças do relacionamento pessoal de Timóteo com Paulo levam à premissa de tudo o que se segue: não apenas Timóteo herdou uma fé viva que lhe foi comunicada por meio de sua família, mas também recebeu um dom especial de Deus, transmitido por Paulo por meio da imposição de mãos (1:6; cf. 1Tm 4:14). Embora a imposição de mãos provavelmente tenha ocorrido no contexto do culto da igreja, o fato não deve ser interpretado de forma anacrônica em termos de entendimentos posteriores de 'ordenação'. O dom concedido a Timóteo é o chamado para participar do ministério que Paulo exerceu com o mesmo empoderamento concedido pelo Espírito (1:7). O significado básico da imposição de mãos é, assim, a continuidade da atividade do Espírito e o reconhecimento do dom de Timóteo como legado e parceria. A partir de agora, Timóteo poderia compartilhar o caráter do ministério de Paulo, e ele deve continuar quando Paulo se for. Para garantir a continuidade do ministério de Timóteo (e, portanto, de Paulo), este deve "manter viva a chama" (NAB "agitar/incendiar") o dom (*carisma*, 1:6). Já ouvimos, implicitamente, que essa não seria uma tarefa fácil, mas não há desculpa para covardia ou temor (ACF, ARC), porque o Espírito dado por Deus o fortalece de três formas: (1) poder de suportar o sofrimento, (2) amor (talvez para proporcionar a motivação necessária para o sofrimento) e (3) autodisciplina para enfrentar os perigos à frente.[8]

A presença e o poder do Espírito de Deus tornam-se a base para a exortação de Paulo a Timóteo para se juntar a ele na divulgação do

---

[8] O "espírito" mencionado em 1:7 é quase certamente uma referência ao Espírito de Deus (assim NET, NVI, NJB).

evangelho e no sofrimento que acompanhará esse testemunho (1:8). O sofrimento deve substituir a vergonha. Timóteo precisa estar disposto a se identificar tanto com o Senhor (Jesus) quanto com Paulo. Segue-se um breve ensaio deste evangelho paulino que enfatiza a graça de Deus em chamar e salvar aqueles que creem nele (1:9-10). O uso da linguagem da salvação no passado ("salvou", 1:9), que se liga com a rejeição de 'obras' como a base dessa salvação, é semelhante a Ef 2:8 e Tt 3:5, que são frequentemente consideradas cartas pseudônimas. Mas o texto também lembra Romanos (esp. 3:28 e 8:24-30) e Gálatas (e.g., 2:16); a noção, e talvez até a formulação, é claramente do apóstolo.

O que é mais incomum, no entanto, é a maneira como essa salvação é descrita: a graça eterna de Deus em Cristo foi "revelada pela manifestação [*epiphaneia*; NAB, 'aparição'] de nosso Salvador Cristo Jesus. Ele tornou inoperante a morte e trouxe à luz a vida e a imortalidade por meio do evangelho" (1:10).[9] Como pôde ser notado há pouco, a linguagem de morte e vida/imortalidade faz sentido em uma espécie de último testamento. O uso da palavra "manifestação", no entanto, pode ser pensado para expressar uma teologia puramente 'encarnada' um pouco em desacordo com a ênfase do evangelho paulino sobre a morte de Cristo. Fica claro em Gl 4:4-5 e Fl 2:6-8, porém, que para Paulo era possível a ênfase conjunta tanto na 'encarnação' de Cristo quanto em sua morte. Além disso, em outros lugares em 2Timóteo (esp. 2:11), a morte de Jesus é essencial tanto para a salvação quanto para a espiritualidade em relação ao sofrimento apostólico que permeia a carta.

Da descrição do evangelho o texto passa para a descrição do apóstolo, revelando o tema da carta: o chamado apostólico à fidelidade essencial ao evangelho. O título triplo de Paulo como "pregador... apóstolo... mestre" está ligado ao sofrimento (1:11-12).[10] Ao longo das cartas não questionadas, assim como Colossenses e Efésios, essa conjunção é

---

[9] Epiphaneia ocorre novamente como referência à segunda vinda em 4:1, 8 e em 1Tm 6:14. Veja também 2Ts 2:8 e cf. At 2:20. Na Antiguidade, a palavra significava um ato de intervenção divina, não apenas revelação. Poderia também se referir ao aparecimento do imperador (divino).

[10] A única outra ocorrência nesse grupo de cartas paulinas é 1Tm 2:7, e em nenhum outro lugar além desses dois textos Paulo se refere a si mesmo como um "pregador" (kēryx; NAB, "pregador") ou "mestre" (didaskalos). Entretanto, as formas verbais destes dois substantivos, especialmente "pregador" (kēryssō, 'proclamar', 'pregar'), são usadas para caracterizar seu ministério mesmo nas cartas indiscutíveis (Rm

evidente; o sofrimento é constitutivo do apostolado de Paulo. Porém, seu sofrimento não lhe causa vergonha, porque ele mantém uma perspectiva escatológica, confiando no poder protetor de Deus (1:12; cf. 1:1, 10). Não está completamente claro se essa proteção se refere ao que Paulo confiou a Deus (assim, NRSV) ou, mais provavelmente, ao que Deus confiou a Paulo (assim, NAB, NRSV mg.). A imagem é de objetos de valor sendo confiados por um viajante à custódia de um amigo.

O conteúdo da confiança é um pouco mais claro do que a questão de quem está confiando e em quem está sendo colocada a confiança: é o evangelho (ou as tradições associadas a ele) que agora também está sob os cuidados de Timóteo (1:13-14; cf. 1Tm 6:20). Esse evangelho é caracterizado como ensino ou a "sã" doutrina, aquela que reflete e incorpora as características fundamentais da aliança de fé e amor que distinguem Cristo e, portanto, também o evangelho (1:13; cf. 1Tm 1:14). O evangelho é ainda descrito, duas vezes, como um "bom depósito/tesouro" (NRSV) ou "precioso tesouro" (NTLH), indicando não seu caráter estático, mas seu imenso valor (1:14; gr. *parathēkē*, usado também em 1:12). Esse chamado à perseverança fiel só é possível pelo poder do Espírito (coragem) (1:14; cf. 1:7).

Exemplos de apoio e de não se envergonhar (1:15-18)

Tendo confiado a Timóteo seu encargo inicial, o apóstolo agora relata brevemente exemplos positivos e negativos desse encargo antes de desenvolver a exortação mais plenamente. Por um lado, há o exemplo positivo de Onesíforo (1:16-18), que muitas vezes atendeu Paulo na prisão em Roma e "não se envergonhou" do apóstolo encarcerado. Ele também realizou algum tipo de ministério em Éfeso (1:18), talvez enquanto Paulo estava preso. Agora ao lado de Timóteo (4:19), Onesíforo recebe a bênção de Paulo e os melhores votos escatológicos (1:16, 18). Por outro lado, o exemplo negativo é o de "todos os da província da Ásia", incluindo dois homens desconhecidos (1:15; cf. 4:10-11). Se a afirmação é hiperbólica, ela serve ao propósito da carta: encorajar a fidelidade ao apóstolo e a seu evangelho, ao invés de sentir vergonha.

10:8; 1Co 1:23; 9:27; 15:11; 2Co 1:19; 4:5; 11:4; Gl 2:2; cf. didaskō, "ensinar", em 1Co 4:17), assim como nos textos discutíveis 2Ts 2:15 e Cl 1:28.

2:1-26. Imagens da missão de Timóteo

A exortação inicial dada a Timóteo é agora desenvolvida por meio de uma série de imagens que retratam sua missão — fidelidade de alto custo — como uma consequência natural do evangelho.

Mestre, soldado, atleta, lavrador (2:1-7)

As primeiras imagens são precedidas por duas exortações gerais (2:1-2): primeiro, ser forte na graça que está em Cristo (talvez uma referência ao Espírito, como em 1:7, 14); em segundo lugar, preparar outros mestres fiéis do evangelho. As três imagens a seguir se aplicariam explicitamente a Timóteo e implicitamente a todos os outros mestres ou pregadores do evangelho. Todas as três eram de uso comum por mestres na Antiguidade.

Como um soldado, Timóteo deve aceitar o sofrimento que acompanha sua batalha pelo evangelho, visando apenas agradar seu comandante (ou recrutador) e não ser tentado ou distraído por atividades externas (2:3-4). Como um atleta, ele deve seguir as exigentes regras da competição se quiser receber a coroa (escatológica) da vitória (2:5). E como um lavrador persistente, ele compartilhará os primeiros frutos (escatológicos) de seu trabalho. Ao contrário de 1Co 9:7, nenhuma dessas imagens é usada para justificar o sustento financeiro de quem ministra. Ao contrário, juntas, elas parecem sugerir (2:7) que todos os pregadores são chamados à perseverança fiel, que será finalmente recompensada — como o evangelho demonstra. O ministro do evangelho deve passar pelas dificuldades com a determinação de um soldado, sem vacilar, como um atleta, e sem cessar, como um lavrador.

Memória evangélica e perseverança (2:8-13)

O chamado à fidelidade de elevado custo e sua recompensa é fundamentado, para Paulo, no evangelho. Timóteo deve constantemente "lembrar" o foco deste evangelho, que é Jesus, o Messias (implicitamente, crucificado) — o Cristo, descendente de Davi — ressuscitado por Deus dentre os mortos (2:8; cf. Rm 1:3-4). A história de Jesus é o fundamento da esperança de Timóteo, em fidelidade, nos sofrimentos. Por este evangelho da morte e ressurreição de Jesus, Paulo sofre e ainda está acorrentado, embora, conforme ele anuncia com imagens vívidas, o evangelho *não* esteja acorrentado (2:9). O exemplo da perseverança de Paulo no sofrimento é, obviamente, destinado a encorajar Timóteo e todos aqueles que sofrem pelo evangelho. Mas o sofrimento de Paulo não é, antes de tudo, um exemplo, e não é aqui principalmente um 'meio' para obter sua própria salvação, apesar de 2:11 (cf. Rm 8:17). Ao contrário, é parte integrante de seu ministério aos outros, a fim de garantir *sua* glória eterna (2:10). A premissa por trás dessa afirmação parece ser que a infidelidade ministerial diante do sofrimento pode inspirar outros a abandonar a fé e, assim, perder sua salvação futura.

Essa afirmação leva à citação de algum tipo de "poema" (2:11), talvez parte de um hino ou credo. Retoricamente estruturado como a poesia hebraica, o texto é composto por uma série de quatro afirmações 'se... também'. Os dois primeiros (2.11a-12a: "morrermos... viveremos"; "perseverarmos... reinaremos") são paralelos e sinônimos, expressando o padrão de sofrimento seguido de glória. Os dois que vêm a seguir (2.12b-13) são antitéticos ao primeiro par, expressando as consequências de evitar a fidelidade de alto custo ("negarmos... são infiéis/ infiéis"). Embora esses textos sejam paralelos, eles não são sinônimos. O primeiro (2:12b) transmite o destino do negador infiel (cf. Mt 10:33; Mc 8:38), enquanto o segundo (2:13) reafirma o caráter imutável de Cristo sem reverter as reivindicações da afirmação anterior. Em outras palavras, a fidelidade de Cristo *não* significa que a infidelidade humana seja de alguma forma menos séria do que negar a Cristo.

Um trabalhador que não se envergonha (2:14-19)

A mudança de tom de 2:13 para 2:14-19 a princípio parece dramática: de palavras que negam Cristo para "discussões" (2:14). Mas a advertência evangélica em 2:8-13 serve como um aviso sobre a importância das palavras; o pregador é alguém que trabalha com palavras, um criador de palavras, por assim dizer. Os obreiros evangélicos têm a responsabilidade de não participar ou perpetuar lutas com discussões inúteis e espiritualmente perigosas (2:14, 16; cf. 1Tm 6:20) — talvez uma referência a 'controvérsias' desconhecidas, aparentemente provocadas por alguns falsos mestres (2:23). Tal atividade é semelhante à disseminação da gangrena no corpo (2:17). Os ministros, portanto, devem ensinar "a palavra da verdade" — o evangelho — correta e fielmente, para evitar a contaminação da comunidade e o sentimento de vergonha diante de Deus.

Um exemplo sério desse tipo de ensino ruim — que parece ser mais do que apenas uma disputa de palavras — é então oferecido: certos mestres estão afirmando que a ressurreição (dos mortos) já ocorreu, e isso está produzindo efeitos deletérios em alguns (2:18). Parece que pontos de vista semelhantes, exemplos de 'escatologia já concretizada', surgiam de vez em quando nas igrejas primitivas, em Tessalônica, por exemplo (2Ts 2:2), e talvez em Corinto (1Co 4:8; 15:12). A resposta paulina a essa posição é sempre que a nova vida é caracterizada no presente pelo sofrimento, e a glória da ressurreição prometida aos fiéis ainda é futura. Essa resposta está implícita aqui pelo contexto (2:8-13) e presume-se que seja óbvia. A preocupação mais premente é o problema dos próprios professores. Duas breves alusões às Escrituras destinam-se a identificar esses mestres como não sendo porta-vozes do Senhor e convocá-los ao arrependimento (2:19, citando Nm 16:5, 26).

O servo do Senhor (2:20-26)

Timóteo, ao contrário de tais propagadores do erro, é convocado a ser um verdadeiro servo do Senhor, um mestre "apto" (assim, NRSV) (2:24; cf. 1Tm 3:2). O papel de servo é retratado na imagem dos utensílios domésticos, alguns dos quais são de ouro e prata e feitos para uso especial, enquanto outros são de madeira e barro para uso comum (lit. 'desonroso') (2:20). Essa imagem representa o contraste entre mestres fiéis e infiéis; os primeiros são 'purificados' dos erros que mancham os segundos e, portanto, são úteis (2:21; cf. Fm 11). Isso significa que Timóteo (e, implicitamente, os colegas que ele treina) deve deixar os desejos licenciosos da juventude para trás a fim de buscar a virtude piedosa (2:22; cf. 1Tm 4:12; 6:11) e abandonar as controvérsias para ensinar a verdade — até mesmo para os falsos mestres (2:23-26). Pois mesmo eles poderiam se arrepender da armadilha demoníaca (cf. 1Tm 3:7) que os prendeu em seus caminhos errôneos (2:25-26).

3:1—4:8. A MISSÃO PARA TIMÓTEO EM SEU CONTEXTO ESCATOLÓGICO

Depois de apresentar a série de imagens para o encargo de Timóteo no capítulo 2, centrado no *conteúdo* da mensagem do evangelho (2:8-13), a carta passa a enfatizar novamente o caráter desse encargo, colocando-o em seu *contexto* escatológico. A seção de 3:1—4:8 começa com a frase "nos últimos dias" (3:1) e conclui com uma referência à "aparição" do Senhor (*epiphaneia*, 4:8). Referências a esses dois suportes retóricos também aparecem no meio da passagem (3:13; 4:1-3). A sóbria e sofrida "obra de um evangelista" (4:5), incluindo a oposição aos falsos mestres, à qual Timóteo é chamado, ocorre dentro desse quadro escatológico de referência.

O advento dos falsos mestres como sinal escatológico (3:1-9)

Esta seção não começa com uma previsão sobre o mal associado a algum futuro "últimos dias" (3:1), mas sim com a identificação da crise atual (observe os verbos do tempo presente em 3:5-8) como um sinal de que *esses* dias são realmente os últimos dias. O aparecimento dos falsos mestres descritos em 2:14-25 é entendido em comum com muitos pensamentos apocalípticos, como prova de que o tempo pouco antes do fim desta era será caracterizado por guias religiosos perigosos e enganosos (veja e.g., 1Tm 4:1-3; Mc 13:3-6, 21-23).

A descrição negativa de pessoas em quase vinte frases (3:2-4) é semelhante à caracterização da humanidade (especialmente gentia) por Paulo em Rm 1:18-32, e é o acervo da sabedoria judaica e do pensamento apocalíptico. A característica significativa aqui é que essas pessoas não estão 'lá fora', mas 'aqui' — dentro da própria Igreja. Eles estão "tendo aparência de piedade [NAB: demonstrando 'uma pretensa religião'], mas negando o seu poder" (3:5), pessoas cuja "mente é depravada; são reprovados na fé... [que] resistem à verdade" (3:8). No contexto geral de 2Timóteo, essas acusações se referem a professores que distorceram a própria mensagem do evangelho (2:18), aquele "tesouro" ou "depósito" confiado a Timóteo (1:14), e simultaneamente introduziram uma ética que é inconsistente com o verdadeiro evangelho (2:16, 19). Em outras palavras, falta-lhes fé e amor (1:13); eles não conhecem a "verdade" (2:25), uma "verdade" que se refere claramente às dimensões de credo e moral do evangelho.

Aparentemente, esses professores estão alcançando sucesso especial entre certas mulheres,[11] cuja própria capacidade de aprender a verdade

---

[11] "mulheres instáveis" (NVI) é preferível a "mulheres tolas" (NRSV); a palavra descreve um grupo particular de mulheres, não todas as mulheres em geral.

nesse sentido paulino seria questionável (3:6-7). Timóteo não deve se associar com esses falsos mestres (3:5), apesar de qualquer pretensão de poder divino — como Janes e Jambres (3:8), os dois magos do Faraó, segundo a tradição judaica — que eles possam ter. A "insensatez" desses professores acabará por se tornar evidente (3:9).

A recomendação para a firmeza (3:10—4:8)

"Perseverança" (gr. *hypomonē*, 3:10) é um termo que serve bem para resumir a exortação a Timóteo nesses versículos: uma fidelidade cheia de esperança ao evangelho, apesar da oposição e sofrimento; firmeza. Seu exemplo, naturalmente, é Paulo.

Paulo como exemplo, a Escritura como norma (3:10-17)

A definição do encargo começa com uma descrição introdutória das qualidades do ministério de Paulo que Timóteo observou e está implícito que ele mesmo deveria imitar. Essas qualidades incluem não apenas o conteúdo de seu ensino, mas também a conduta de sua vida (3:10). O foco principal está claramente no custo do ministério — as realidades de "paciência" e "perseverança" em face de "perseguições" e "sofrimento" — e na "fé" e "amor" (cf. 1:13) que capacitaram Paulo a aceitar esse custo (3:10). Os eventos de perseguição lembrados ocorreram em Listra e ao redor da cidade natal de Timóteo (At 16:1; 13:44—14:20).

Esse breve resumo produz a seguinte conclusão importantíssima: "De fato, todos os que desejam viver piedosamente em Cristo Jesus serão perseguidos" (3:12). Esse versículo serve como um resumo bem sucinto da visão de Paulo sobre a maneira de viver e as consequências da vida em Cristo. Embora até então Deus tenha livrado Paulo de seus perseguidores (3:11), para todos os crentes fiéis a perseguição é inevitável — e assim também, pelo menos para Paulo, será o martírio (4:6).

A oposição virá tanto por parte de pessoas "iníquas" (provavelmente de fora) quanto de impostores (de dentro), e aumentará (3:13), como seria de esperar nos últimos dias. A responsabilidade de Timóteo, e de todos os ministros que ele ensina (2:2), é a perseverança no evangelho como pregado e vivido não apenas por Paulo, mas também pela própria mãe e avó de Timóteo (3:14-15; cf. 1:5). Tanto ele quanto elas apontaram para Timóteo as Escrituras de Israel como o testemunho divino da salvação em Cristo (3:15). Como palavra inspirada por Deus (*theopneustos*), as Sagradas Letras são úteis tanto para a formação ("ensino... instrução na justiça") quanto para reforma ("repreensão... correção") de caráter, equipando crentes para todas as boas obras para as quais Deus os chama (3:16-17). Timóteo deve agora "continuar" firme nas Escrituras (3:14).

A própria missão por si mesma (4:1-5)

Essas palavras introdutórias, combinando as duas características de fidelidade e sofrimento, levam ao solene e escatológico encargo de Paulo a Timóteo, dado na presença de Deus e de Cristo e "por sua manifestação [de Cristo] e por seu reino" (4:1). Em duas palavras, a missão é 'pregar' e 'ensinar' (4:2). Esse ministério de pregação e educação deve ocorrer em todos os momentos (4:2), seja "a tempo e fora de tempo", em condição "favorável ou desfavorável" (NRSV). Esse ministério firme e fiel é ainda mais crucial quando a hora estiver chegando — e já chegou! (3:1-8) —, quando as pessoas terão "coceira nos ouvidos" e preferirão mitos selecionados por si mesmas e para satisfação própria em vez da "verdade" e "sã doutrina" (4:3-4). A pregação estimulante, conforme sugere o texto, não produz a saúde espiritual da mente e do coração que gera a fé e o amor exigidos pelo evangelho.

Em contraste com tais prostituições da verdade, Timóteo tem uma missão de fidelidade de alto custo, delineada em três imperativos específicos, e uma exortação sumária geral (4:5):

- ser moderado em tudo,[12] um chamado escatológico à adesão à verdade e à vigilância (cf. 1Ts 5:6-8);
- suportar o sofrimento;
- espalhar o evangelho (o trabalho de um evangelista);
- desempenhar seu ministério plenamente.

O presente, o passado e o futuro de Paulo (4:6-8)

O encargo agora se completa com o retorno ao ministério do próprio Paulo. As palavras comoventes de 4:6-8 são oferecidas por alguém

---

[12] A NAB ("seja autocontrolado em todas as circunstâncias") e a NTLH ("seja moderado em todas as situações") perdem o contexto e a imagem escatológica clara.

que vê suas circunstâncias presentes à luz tanto de seu passado quanto de seu futuro. Há ecos claros da carta aos Filipenses, também escrita da prisão com a ameaça de morte pairando sobre sua cabeça. Segundo 4:6, Paulo sabe que a sua "partida" (cf. Fl 1:23) está próxima e que a sua morte será, como tem sido a sua vida de sofrimento, uma espécie de "libação", ou "oferta de bebida" (cf. Fl 2:17). Passando de imagens de culto para atléticas, ele afirma: "combati o bom combate" (NAB, "tenho competido bem") e "terminei a corrida" (4:7). Interpretando essas imagens, Paulo diz: "guardei a fé" — o que, ironicamente, significa de fato que ele a entregou, inteira, intacta e, portanto, sã. Ele já fez o que Timóteo e todos os outros ministros do evangelho devem fazer agora.

Continuando as imagens atléticas e olhando para o futuro, Paulo expressa confiança de que o Senhor recompensará sua fidelidade de alto custo com a "coroa da justiça" (4:8). Esse será o dom conferido no aparecimento de Cristo a todos os que "ansiaram tanto" por aquele dia a ponto de oferecerem sua vida pela propagação do evangelho. Assim, a promessa de Deus na Escritura, de que os justos que sofrem serão um dia vindicados, sustentará Paulo na hora de sua morte, como sem dúvida já o havia sustentado durante todo o seu ministério cruciforme.

Os sentimentos profundos expressos em 4:1-8 são paralelos aos sentimentos encontrados não apenas em algumas das cartas de Paulo, mas também em Atos dos Apóstolos. Seu discurso aos presbíteros efésios em Mileto, por exemplo (At 20:17-38), combina similarmente uma missão e uma meditação sobre o ministério passado: "todavia, não me importo, nem considero a minha vida de valor algum para mim mesmo, se tão somente puder terminar a corrida e completar o ministério que o Senhor Jesus me confiou, de testemunhar do evangelho da graça de Deus... que ele comprou com o seu próprio sangue" (At 20:24, 28).

4:9-22. Palavras finais

A epístola Segundo Timóteo conclui com palavras pessoais adicionais que sugerem que a experiência recente de Paulo foi tudo, menos uma vida agradável do ponto de vista humano, mas ele mantém sua esperança em Timóteo e, mais importante, em Deus. O efeito dessas palavras finais é a criação de empatia por Paulo e pelo importante papel que Timóteo e outros — em contraste com outros colegas do apóstolo — podem e devem desempenhar na preservação do evangelho paulino.

Memórias, pedidos e esperanças (4:9-18)

O tema desta seção é a experiência de abandono sentida por Paulo. Ele insiste com Timóteo para encontrar-se com Marcos e vir até ele, trazendo o manto, livros e seus pergaminhos, porque, além da companhia de Lucas, ele está sozinho (4:9, 11, 13; cf. 4:21). Um colega, Demas, deixou o apóstolo, talvez por medo ("amando este mundo"; 4:10), enquanto outros dois, Tito e o desconhecido Crescente (4:10), seguiram em frente por razões não declaradas, e Paulo enviou Tíquico a Éfeso (4:12). Ao mesmo tempo, Alexandre, talvez um antigo defensor de Paulo em Éfeso (At 19:33), se opôs a ele e talvez traiu o trabalho da equipe paulina.[13]

Para piorar as coisas, conforme relata o texto, Paulo não teve ninguém que o apoiasse em um julgamento anterior (ou parte anterior do processo atual), e ainda assim ele perdoa aqueles que o abandonaram (4:16). O que quer que tenha acontecido, e onde quer que tenha ocorrido (em Roma ou em qualquer outro lugar), Paulo atribui à presença e ao poder do Senhor (Jesus) a suspensão temporária de sua execução para continuar evangelizando os gentios, especialmente durante o próprio julgamento (4:17). Isso leva Paulo, em 4:18, a expressar confiança e louvor na capacidade do Senhor de resgatá-lo de todo ataque maligno (mesmo que ele de fato morra após os próximos procedimentos) no sentido de levar o apóstolo ao "reino celestial" de Cristo (cf. 4:1).

Saudações e bênção (4:19-22)

As saudações aos antigos colegas de trabalho de Paulo, Prisca e Áquila, e à família de Onesíforo, que esteve ao lado dele em seu aprisionamento (1:16), são unidas a palavras que expressam mais um sentimento de solidão, pois Paulo deixou para trás mais dois amigos em outras cidades (4:20). No entanto, mesmo antes de Timóteo chegar, Paulo não está realmente sem algum apoio além de Lucas. Embora não estejam presentes com ele, há quatro crentes (de outra forma desconhecidos) ainda em contato (4:21), e eles enviam saudações em nome de outros também.

A bênção final ("com o seu espírito") lembra as bênçãos de Gl 6:18, Fl 4:23 e Fm 25, mas é diferente das observadas em 1Tm 6:21 e Tt 3:15.

---

[13] Demas, Lucas e Marcos aparecem também no final de Colossenses (4:10, 14) e de Filemom (24), Epístolas adicionais de Paulo na prisão.

RESUMO DE 2TIMOEO

Segunda Timóteo é um encargo de firmeza, ou fidelidade de alto custo para com o evangelho. A carta revela que:

- O ministério de Timóteo é um dom de Deus, empoderado pelo Espírito, que precisa ser reavivado e então exercido sem medo.
- O evangelho é uma fé sagrada que deve ser tratada com cuidado enquanto Timóteo prega e ensina suas dimensões doutrinárias e morais inter-relacionadas.
- A presença de mestres falsos ou 'enganadores' é uma característica dos 'últimos dias' em que o evangelho está sendo proclamado atualmente.
- Aqueles que pregam e vivem fielmente o evangelho sofrerão perseguição, assim como Paulo que o fez com fé, amor e esperança perseverante.

A história diante da carta

Algumas leituras sobre 2Timóteo

Para leituras adicionas sobre as cartas Pastorais em geral, veja o final do capítulo 18.

"Esta carta é o testamento de Paulo e o canto do cisne."
   Johannes Albrecht Bengel (falecido em 1752), *Gnomon Novi Testamenti* (Londres: Nutt, Williams e Norgate, 1855), p. 837.

"Em 2Timóteo o sofrimento torna-se quase a principal característica de um cristão. E o sofrimento é considerado pelo menos uma das coisas que conecta o crente com Cristo. Talvez a imagem esteja melhor focada em 2Timóteo 2:11: 'Se com ele morremos, também com ele viveremos'. 2Timóteo pode ser lido efetivamente como uma meditação na cruz."
   Lewis R. Donelson, *Colossians, Ephesians, 1 and 2 Timothy, and Titus*, Westminster Bible Companion (Louisville: Westminster John Knox, 1996), p. 120.

Perguntas para reflexão

1. Qual das imagens usadas para descrever o ministério de Timóteo ou Paulo fala com mais força no presente contexto?
2. A afirmação de que "todos os que desejam viver piedosamente em Cristo Jesus serão perseguidos" (3:12) ainda é

verdade? Se não, por quê? Se sim, o que isso significa para a Igreja contemporânea, e especialmente para o ministério contemporâneo? O que isso representa para igrejas e indivíduos que não tiveram que sofrer por sua fé?
3. A noção de mestres 'falsos' ou 'enganadores' ainda é válida na igreja? Quais são as principais características do ensino 'falso' de acordo com 2Timóteo? Do ensino 'insano'?
4. Como você responde às interpretações de 2Timóteo citadas nessas questões?
5. Em suma, o que esta carta exorta a Igreja a crer, esperar e fazer?

Para leitura e estudo posterior

Nota: muitos dos trabalhos apresentados a seguir tratam em conjunto das três cartas Pastorais.

Geral

Aageson, James W. *Paul, the Pastoral Letters, and the Early Church*. Peabody, MA: Hendrickson, 2008. Compara e contrasta 'padrões teológicos' nas Pastorais e nas cartas não questionadas.

Bassler, Jouette. *1 Timothy, 2 Timothy, Titus*. ANTC. Nashville: Abingdon, 1996. Uma exposição baseada na suposição das cartas pseudônimas.

Collins, Raymond F. *1 and 2 Timothy and Titus*. NTL. Louisville: Westminster John Knox, 2002. Uma interpretação simpática das cartas como esforços teológicos e pastorais apropriados para envolver a cultura.

Dunn, James D. G. "*1 and 2 Timothy and Titus*". p. 773–880 no vol. 11 do *The New Interpreter's Bible*., ed. por Leander E. Keck et al. Nashville: Abingdon, 2000. Comentário que faz apreciação sobre a mensagem histórica e contemporânea das cartas, com uma abordagem equilibrada da questão da autoria.

Gorday, Peter, ed. *Colossians, 1-2 Thessalonians, 1-2 Timothy, Titus, Philemon*. ACCS 9. Downers Grove, IL: InterVarsity, 2000. Trechos de interpretações dos pais da igreja primitiva.

Harding, Mark. *What Are They Saying about the Pastoral Epistles?* Mahwah, NJ: Paulist, 2001. Visão concisa das tendências no final do século 20.

Johnson, Luke Timothy. *Letters to Paul's Delegates: 1Timothy, 2 Timothy, Titus*. Valley Forge, PA: Trinity, 1996. Defende a autoria paulina e foca no contexto social das cartas.

Montague, George T. *First and Second Timothy, Titus*. CCSS. Grand Rapids: Baker, 2008. Inclina-se para a autoria paulina e discute o texto em ligação com contextos originais e ensinamentos posteriores da igreja.

Twomey, Jay. *The Pastoral Epistles through the Centuries.* Oxford/Malden, MA: Wiley-Blackwell, 2009. Discussão capítulo a capítulo da história interpretativa das Pastorais.

Wall, Robert W., com Richard B. Steele. *1 and 2 Timothy and Titus.* THNTC. Grand Rapids: Eerdmans, 2012. Interpretação teológica com atenção significativa ao contexto canônico, além de 'estudos de caso' das Pastorais.

Young, Frances M. *The Theology of the Pastoral Epistles.* Cambridge: Cambridge University Press, 1994. Visão geral por um especialista em patrística.

Técnica

Dibelius, Martin, e Hans Conzelmann. *The Pastoral Epistles.* Hermeneia. Filadélfia: Fortress, 1972. Nega autoria paulina e foca em paralelos com outros textos antigos.

Johnson, Luke Timothy. *The First and Second Letters to Timothy: A New Translation with Introduction and Commentary.* AYB 35A. Nova York: Doubleday, 2000. Nega autoria paulina e foca em paralelos em outros textos antigos.

Knight, George W., III. *The Pastoral Epistles.* NIGTC. Grand Rapids: Eerdmans, 1992. Análise técnica completa postulando a autoria de Paulo tendo Lucas como amanuense.

Köstenberger, Andreas J., e Terry L. Wilder, eds. *Entrusted with the Gospel: Paul's Theology in the Pastoral Epistles.* Nashville: Broadman & Holman Academic, 2010. Atenção autêntica à teologia geralmente negligenciada das Pastorais.

Maier, Harry O. *Picturing Paul in Empire: Imperial Image, Text and Persuasion in Colossians, Ephesians and the Pastoral Epistles.* Nova York: T&T Clark/Bloomsbury, 2013. Argumenta que as Pastorais exortam a honrar Jesus, não o imperador, como Deus e salvador.

Marshall, I. Howard. *A Critical and Exegetical Commentary on the Pastoral Epistles.* ICC. Edinburgh: T&T Clark, 1999. Análise cuidadosa, apresentando posição de autoria semelhante à defendida neste livro para cada carta.

Mounce, William D. *Pastoral Epistles.* WBC 46. Nashville: Nelson, 2000. Análise detalhada do texto grego após argumentar pela autoria paulina tendo Lucas como secretário.

Quinn, Jerome D., e William C. Wacker. *The First and Second Letters to Timothy.* Grand Rapids: Eerdmans, 2000. Análise minuciosa sobre a suposição de um pseudônimo.

Towner, Philip H. *The Letters to Timothy and Titus.* NICNT. Grand Rapids: Eerdmans, 2006. Análise sobre a definição de Paulo como autor principal.

18

1 Timóteo

Ordem e conduta adequada na Casa de Deus

Escrevo estas coisas, embora espere ir vê-lo em breve; mas, se eu demorar, saiba como as pessoas devem comportar-se na casa de Deus, que é a igreja do Deus vivo, coluna e fundamento da verdade.

1 Timóteo 3:14-15

O documento conhecido como a primeira carta de Paulo a Timóteo é um texto que muitos intérpretes modernos amam odiar. A epístola apresenta, na opinião deles, todas as características negativas do cristianismo 'pós-apostólico' ou 'catolicismo primitivo' contra as quais a Igreja contemporânea precisa lutar: hierarquia eclesial, opressão das mulheres e uma acomodação geral não saudável quanto à cultura.

Não será suficiente, no entanto, descartar um texto canônico tão rapidamente. A tarefa do intérprete é tentar entender este documento em seus próprios termos em seu próprio contexto e, sem ignorar suas possíveis limitações, permitir que ele fale de maneiras mais inesperadas a nossas próprias situações. Essa estratégia parece especialmente acertada para um texto com o tema sobre saber "como as pessoas devem comportar-se na casa de Deus, que é a igreja do Deus vivo, coluna e fundamento da verdade" (3:15). Embora este capítulo se concentre na primeira parte da tarefa (compreender 1 Timóteo em seu próprio contexto), as perguntas no final do capítulo permitem a consideração da segunda parte (trazendo-a para os dias de hoje).

A HISTÓRIA POR TRÁS DA CARTA

A primeira epístola a Timóteo pretende ser uma carta de Paulo ao seu amigo íntimo e filho querido na fé e no ministério, Timóteo (veja referências bíblicas no nota 1 do capítulo anterior, p. 612***). A carta sugere que Paulo e Timóteo estiveram juntos em Éfeso e que o apóstolo, ao partir de Éfeso para a Macedônia, deixou o jovem Timóteo na cidade para ensinar (4:12), combater falsos ensinamentos e ajudar os crentes efésios a ordenar sua vida como Igreja (1:3-7; 3:14-15; 4:11-16; 6:2b, 20-21). No entanto, essa nomeação como 'pastor' não parece ter caráter permanente, mas um papel temporário de supervisão, no lugar de Paulo (4:13), em uma igreja que já contava com vários líderes regulares.

Esse papel de Timóteo como representante de Paulo "até a minha chegada [do apóstolo]" (4:13) revela algo em que devem concordar tanto aqueles que argumentam a favor quanto contra a autoria paulina: a epístola de 1Timóeo mostra uma incumbência para ordenar a fé e a vida da igreja, dando continuidade ao trabalho de Paulo durante o período de sua ausência. A questão de saber se o conteúdo desse encargo é realmente atribuído ao apóstolo traz à tona a questão da autoria.

Uma carta de Paulo?

A maioria dos estudiosos rejeita a autoria paulina desta carta, datando-a no final do primeiro século ou no início do segundo. As principais razões para essa opinião são as diferenças percebidas entre 1Timóteo e as cartas não questionadas. Especificamente, essas supostas diferenças incluem os seguintes aspectos:

- *Vocabulário e estilo*: a presença de um número significativo de palavras e expressões ausentes nas cartas não questionadas e a falta ou redefinição de termos paulinos-chave.
- *Eclesiologia*: uma visão de uma igreja estruturada com papéis de liderança definidos ou 'ofícios' que é desconhecida nas cartas não questionadas, mas é semelhante ao que é sugerido por documentos da Igreja do final do primeiro século e início do segundo.
- *Cristologia*: uma compreensão de Jesus focada em seu ser "Salvador" e em sua futura *epiphaneia*, ou "aparição", um vocabulário desconhecido nas cartas não questionadas.

- *Espiritualidade*: uma conexão indefinida (ou ausente) entre pronunciamentos teológicos e injunções éticas, uma abordagem com caraterística não paulina.
- *Atitude em relação às mulheres*: uma visão restritiva da atividade e do lugar das mulheres na igreja, em contraste com a teologia e prática paulina genuína (e.g., Gl 3:28; Rm 16; e até 1Co 11:2-16).

A essa lista comum podemos acrescentar o fato significativo de que a carta a 1Timóteo fala muito pouco sobre a espiritualidade paulina em conformidade com o Cristo crucificado, sendo 6:11-13 o único lugar em que pode ser observada.

Resolver as questões levantadas por essas e outras considerações relacionadas a elas não é tarefa simples. Algumas das observações podem ser imprecisas ou incompletas. Por exemplo, não podemos realmente comparar os encargos citados em 1Timóteo com a suposta falta de menção a cargos nas cartas não questionadas, considerando que tanto 1Co 12 quanto Fl 1:1 nomeiam papéis de liderança sem descrever seus deveres ou qualificações. E mais, alguns estudiosos sugeriram plausivelmente que a provável configuração de ministérios ou 'ofícios' em 1Timóteo — bispo/bispos, presbíteros e diáconos (gr. *episkopos/episkopoi*, *presbyteroi* e *diakonoi*) — é paralela ao esquema de liderança na sinagoga judaica (assim como um *collegium* pagão, ou 'clube' e outras entidades) na época do próprio Paulo. Esse arranjo comum na Antiguidade não representa de forma alguma uma hierarquia absoluta, e sim o que Luke Johnson chamou de "estrutura colegiada".[1]

Quanto à posição da carta em relação às mulheres, ela não é inequivocamente negativa. Apesar da restrição ao ensino (2:12), a epístola provavelmente reconhece a presença de mulheres no ofício de diaconisas (3:11), e distingue claramente um papel, e talvez um ministério ou ofício formal, para certas viúvas (5:3-16). Também é possível que a atitude restritiva em relação ao ensino, se gerada por circunstâncias inusitadas, não contradiga totalmente as cartas não questionadas, que não são monolíticas em sua própria abordagem. Da mesma forma, a cristologia e a espiritualidade da carta podem ser ditadas por necessidades

---

[1] Luke Timothy Johnson, The First and Second Letters to Timothy: A New Translation with Introduction and Commentary, AYB 35A (Nova York: Doubleday, 2000), p. 218-19.

prementes desconhecidas em outras cartas, mas não necessariamente produzindo abordagens incompatíveis. Quanto ao vocabulário e ao estilo, as diferenças podem ser explicadas por questões de desenvolvimento do próprio Paulo, pelo papel de um secretário ou pela natureza da carta e o histórico de seu destinatário (um colega de trabalho, não uma comunidade).

Nenhuma dessas explicações é totalmente convincente ou satisfatória para muitos estudiosos. A abordagem mais sábia para a questão da autoria neste ponto é provavelmente admitir a possibilidade de autoria paulina ou pós-paulina, com a última opção sendo a possibilidade mais realista, mas não hermética. Em qualquer um dos cenários, 1Timóteo provavelmente deve a 2Timóteo parte de seu vocabulário e teologia, embora no todo, como observado no capítulo anterior, 1Timóteo preserve mais o sentido literal do que o espiritual de 2Timóteo. Ao mesmo tempo, uma abordagem teológica de 1Timóteo insiste em que reconheçamos seu lugar no cânone e busquemos suas contribuições positivas para o pensamento e a vida cristã, mesmo que tenhamos dificuldades com certos aspectos de seu conteúdo.

Contexto e tema

Como observado anteriormente, o tema de 1Timóteo é a conduta correta na Igreja como "casa" de Deus (*oikos*), a "coluna e fundamento da verdade" (3:15). A ênfase da carta na ordenação de crença, comportamento e liderança, que flui dessa metáfora governante para a Igreja, deve-se em grande medida à presença de falsos mestres ou de 'ensinos doentios' e a uma preocupação relacionada com a reputação da igreja e de seus líderes. O caráter exato dos mestres é difícil de ser determinado — e poderia haver mais de um grupo — mas existem pelo menos linhagens judaicas (1:3-11) e ascéticas (4:3) presentes, e talvez protognósticas (6:20).[2]

Muito da verdade doutrinária e ética afirmada em oposição a esses mestres é preservada em declarações concisas e em fragmentos litúrgicos citados na carta. Há argumentos pouco sustentados, embora exista um relato bastante robusto das virtudes e boas ações esperadas dos

---

[2] O movimento gnóstico, provavelmente originário de meados do século 2, ensinava que o conhecimento especial (gnósis) é o meio para a salvação.

líderes da igreja e de todos os crentes. A linguagem usada para expressar essas virtudes e boas ações parece combinar elementos da moralidade judaica, pagã e distintamente cristã, de uma forma que difere um pouco das estratégias empregadas nas cartas não questionadas.

Quer tenha sido escrita por Paulo, um colega ou um 'discípulo' — e quaisquer que sejam as circunstâncias precisas de sua composição —, 1Timóteo apresenta um mandato para ensinar a verdade de Deus revelada em Cristo, conectando esse ensinamento a um viver correto e para certificar-se de que os 'ofícios' da Igreja, que, se pressupõe, já existiam, sejam ocupados por pessoas de caráter íntegro. Esse é um comportamento apropriado para a família de Deus. Embora muitos estudiosos considerem plausível a localização dessa família divina em Éfeso (1:3), mesmo que Paulo não seja o autor, outros argumentam que essa localização não pode ser determinada de modo definitivo.

A HISTÓRIA POR DENTRO DA CARTA

A carta é desenvolvida da seguinte forma:

1:1-2 **Abertura**
1:3-20 **Uma determinação para combater o ensino falso**
2:1-15 **Oração e ensino na assembleia**
    2:1-7   A oração e o testemunho da comunidade
    2:8-15 Maridos e esposas no culto de adoração
3:1-13 **Qualificações de bispos e diáconos**
    3:1-7   Líderes/bispos
    3:8-13 Diáconos
3:14–4:16 **Instruções sobre o próprio ministério de Timóteo**
    3:14-16 O tema da missão
    4:1-5   Respondendo ao engano do ascetismo
    4:6-16 Uma missão geral
5:1–6:2a **Encargos relativos a vários grupos da igreja**
    5:1-2 A igreja como família
    5:3-16   Viúvas
    5:17-25 Presbíteros
    6:1-2a   Escravos
6:2b-19 **Exortações finais**
    6:2b-10 Falsos mestres
    6:11-16 O fiel combate
    6:17-19 Uma advertência para os ricos
6:20-21 **Sumário dos encargos e bênção**

1:1-2. ABERTURA

A epístola é iniciada em um formato tradicional, mas com algumas características inusitadas para uma carta paulina. A caracterização do apostolado de Paulo ("por ordem de Deus...") em 1:1 é encontrada novamente apenas em Tt 1:3; a identificação de Deus como "nosso Salvador" aparece apenas em 1Timóteo (também 2:3; 4:10) e Tt (2:10; 3:4);[3] e o complemento "nossa esperança" é aplicado a Cristo somente aqui e em Cl 1:27, embora Tt 1:2-3 também associe Cristo com a esperança.[4] Essa frase de abertura caracterizada em três partes, referindo-se a Paulo, Deus e Cristo, estabelece Paulo como o proclamador de salvação e esperança conforme o desejo divino. Cumprir o mandato paulino é assumir uma tremenda responsabilidade.

O texto sugere em 1:2 que Timóteo, como um filho "verdadeiro" (NVI, NAB) ou "leal" (NRSV) na fé (NRSV, NVI), está preparado para cumprir essa responsabilidade com a graça, misericórdia e paz que vêm em conjunto como a comissão de Paulo, tanto de Deus Pai como de Cristo Jesus "nosso" Senhor. Linguagem semelhante aparece apenas na abertura de 2Timóteo e Tito.[5]

1:3-20. UMA DETERMINAÇÃO PARA COMBATER O ENSINO FALSO

O lugar tradicional para expressar ação de graças é ocupado com uma fala de agradecimento (1:12-17) caracterizada por uma incumbência de lutar contra o falso ensino (1:3-11, 18-20). Essa estrutura quiástica sugere que a primeira forma pela qual Timóteo pode exercer seu papel como "filho" de Paulo é proteger da corrupção o evangelho da salvação, assim como a esperança que Paulo primeiro experimentou e depois proclamou.

Paulo pede a Timóteo que permaneça em Éfeso, onde ele aparentemente o colocou como seu representante antes de partir para a Macedônia (cf., possivelmente, At 19:22 e 20:1). Pode ser que naquele momento

---

[3] Em outros lugares do Novo Testamento, Deus, em vez de Cristo, é chamado de Salvador somente em Lc 1:47 e Jd 25. Está implícito também em 2Tm 1:9 e Tt 3:5.

[4] Veja também Tt 2:13; 3:7.

[5] "Graça, misericórdia e paz" somente em 2Tm 1:2; "verdadeiro filho" somente em Tt 1:4; "amado filho" em 2Tm 1:2.

os vários problemas enfrentados em Éfeso tivessem desencorajado Timóteo (e outros). O trabalho de Timóteo (1:3) é deter a propagação de doutrinas "diferentes" (NRSV) — isto é, "falsas" (NVI, NAB) — (gr. *heterodidaskalein*). O caráter preciso dessas falsas doutrinas não fica muito claro, mas parece ser um movimento centrado na especulação (1:4) sobre a lei judaica (1:7-10) que se preocupa com "mitos e genealogias intermináveis" (1:4).

Essas "discussões inúteis" (1:6) são contrastadas com a "sã doutrina" — isto é, o ensino 'saudável' (1:10).[6] A característica fundamental do ensino sadio é que seu objetivo (*telos*) é a conjunção da crença com o comportamento, a criação de uma comunidade cuja fé possa resultar no amor (1:5). Embora "amor" esteja conectado aqui com "um coração puro" e "uma boa consciência", o argumento é essencialmente o mesmo usado em Gl 5:6: "a fé que opera pelo amor". Esse é o "treinamento divino" (NRSV) ou "o plano de Deus" (NAB) conhecido por meio da fé (1:4).

Deste modo, podemos supor que, mesmo que os falsos mestres estivessem usando a Lei em seu ensino, isso não teria o objetivo de promover o amor. É possível, então, que esses mestres fossem crentes judeus tentando persuadir a igreja, sob os cuidados de Timóteo, a se envolver na interpretação mais radical da Lei judaica e na aplicação de suas minúcias à regulação da vida individual e comunitária. Paulo rebate (1:8-9) que a Lei não se destina aos "inocentes" (NRSV) ou aos "justos" (NVI, NAB) — isto é, crentes —, mas é voltada para aqueles que a violam de várias maneiras (1:8-10). Paulo não está dizendo que a Lei deixou de ter relevância para os crentes, como se os cristãos pudessem agora evitar suas exigências éticas e fazer o que bem entendem; ao contrário, o foco do ensino de Paulo está nas determinações reais da aliança e não em especulações sobre suas minudências. O problema com os falsos mestres não é o fato de eles obedecerem à Lei, e sim que, em vez de usar as exigências claras da aliança da Lei para demonstrar aos descrentes sua necessidade de transformação, eles estão usando a Lei para os crentes a fim de promover especulações sobre obscuridades.

Em tal situação, é correto indicar que a Lei não é "dada" (1:9) com esse sentido para os crentes. Qualquer uso "de maneira adequada" da

---

[6] Veja também 1Tm 6:3; 2Tm 1:13; 4:3; Tt 1:9, 13; 2:1, 2.

Lei (cf. 1:8) concentra-se na "sã doutrina": a fundamental conexão entre a Lei e o evangelho, entre as boas-novas e a lei moral divinamente concedida, a qual se destinava a capacitar as pessoas a cumpri-la (cf. Rm 8:3-4).

O poder do evangelho para transformar a vida humana não poderia encontrar maior testemunho do que a própria conversão e chamado de Paulo para o serviço de Cristo, fato que é narrado e ligado aos textos litúrgicos, em 1:12-17. Paulo agradece ao próprio Cristo por capacitá-lo (1:12) e lhe ter confiado o evangelho (1:11), bem como o designado para o seu ministério (*diakonia*, 1:12). Isso aconteceu apesar de Paulo ter sido um blasfemo, perseguidor e "homem de violência" (NRSV) que agiu sem conhecimento ou fé (1:13).[7]

A abundante graça de Cristo mudou tudo isso, e agora Paulo vive em Cristo, compartilhando a fé e o amor do Salvador (cf. 1:5). Sua transformação ilustra a veracidade de uma proclamação litúrgica citada em 1:15 — que Jesus Cristo veio para salvar (ou seja, transformar) pecadores; Paulo é um exemplo para todos do poder da misericórdia de Cristo (1:16). Por isso, o apóstolo irrompe em louvor em outro texto litúrgico que conecta sua transformação também ao "único Deus" (i.e., Deus Pai; cf. 1:2), que é o "Rei eterno" (1:17).

Essa narrativa da transformação de Paulo em uma pessoa de fé e amor prepara o terreno para um retorno à missão de Timóteo (1:18-20). O discípulo deve ser guiado e inspirado em sua batalha espiritual por causa de certas profecias proferidas sobre ele (1:18). Estas podem muito bem ter revelado seu próprio chamado para continuar a missão paulina, o que ele deve fazer imitando o próprio compromisso de Paulo com a crença e o comportamento apropriados — "a fé e a boa consciência" (1:19). Esse eco de 1:5 e 1:14 sugere que Paulo não está interessado nos caprichos de uma 'consciência limpa' introspectiva, mas na demonstração prática de amor — amplamente entendido como relações de aliança corretas para com os outros — que é consistente com a Lei e com o evangelho.

Aqueles que rejeitam as implicações éticas da fé — como Himeneu e Alexandre (1:20; cf. 2Tm 2:17; 4:14) — de modo blasfemo, "naufragaram em sua fé" (NAB) e foram (temporariamente?) separados da

---

[7] Cf. Gl 1:1-17, onde Paulo diz que Deus o separou e depois o transformou mediante a revelação de Cristo.

comunidade. O trabalho de Timóteo é garantir que isso não aconteça com mais ninguém.

2:1-15. Oração e ensino na assembleia

A menção da separação de dois homens da comunidade leva a uma breve, mas controversa discussão sobre o culto na comunidade reunida, que inclui oração e instrução.

A oração e o testemunho da comunidade (2:1-7)

O primeiro conjunto de instruções é sobre intercessão e testemunho que homens e mulheres, conforme se pode concluir, são chamados a fazer (2:1-7). As instruções começam com um apelo à intercessão e ação de graças por todas as pessoas e pelas autoridades políticas (2:1-2). O objetivo dessa oração é pedir que a comunidade viva em paz, provavelmente uma referência à possibilidade de perseguição não oficial e oficial (2:2). A linguagem tranquila de 2:2 não promove uma ética burguesa, como alguns já sugeriram, argumentando que termos como "piedade" ou "devoção" (NAB; *eusebeia*) revelam uma acomodação ao *status quo* romano. Ao contrário, a esperança desta carta é que vizinhos e funcionários públicos sejam atraídos — em lugar de se oporem — ao estilo de vida dos crentes e, assim, sejam alcançados pela salvação (2:3-4). *O testemunho da comunidade talvez não fosse tão completamente romano ou burguês como alguns têm sugerido, se fosse necessário orar para que aquelas pessoas não perturbassem a igreja.*

A motivação missionária para a oração da comunidade é conduzida ao lado da citação de outro fragmento litúrgico enfatizando a singularidade de Deus Salvador e Cristo mediador (2:5-6a). O texto enfoca o papel mediador de Cristo tanto na encarnação quanto na morte, uma morte entendida em termos de sacrifício ("resgate"). Lembrando aos leitores de seu próprio chamado missionário (2:7), Paulo sugere que eles participem de sua missão testemunhando aos vizinhos e autoridades por quem eles oram. Uma vez que a morte de Cristo acaba de ser descrita (2:6) como um "testemunho" (CEB, NAB, RSV; *martyrion*), o texto implica que o testemunho fiel da Igreja é também uma continuação do testemunho de Jesus, que foi igualmente dirigido às autoridades políticas (cf. 6:13).

Maridos e esposas no culto de adoração (2:8-15)

Os versículos restantes sobre a oração (2:8-10) e as instruções sobre ensino e aprendizado (2:11-15) são mais espinhosos por causa das atitudes controversas em relação às mulheres que estão incorporadas neles. Várias questões importantes surgem em uma leitura atenta do texto:

- Faria a passagem uma distinção entre homens e mulheres em geral, ou entre maridos e esposas especificamente?
- Exortaria as mulheres a orarem ou simplesmente a se vestirem com recato?
- *Por que* o texto diz, seja qual for o sentido, aquilo que ele realmente afirma?
- Expressaria algo positivo sobre as mulheres, ou é irremediavelmente patriarcal e tendencioso?

Tentaremos responder a essas questões mais ou menos na ordem, observando de antemão que há um leque muito amplo de opções interpretativas, muitas delas dependentes de reconstruções do cenário social supostamente refletido neste texto.[8]

Em grego, as palavras para 'homem' e 'mulher' também podem significar 'marido' e 'esposa', dependendo do contexto. Aqui o contexto (a menção de dar à luz em 2:15) sugere os dois últimos elementos de traduções.[9] O texto confirma o padrão de uma visão antiga de que uma esposa não deve ensinar seu marido (2:11-12). Todavia, o apóstolo o faz à luz das histórias de Gênesis sobre a criação e a 'queda' (2:13-14). Eva, criada depois de Adão, estabeleceu um mau precedente ao sugerir algo errado para seu marido, segundo afirma o texto, mas nem tudo está perdido para seus descendentes. Espera-se que uma esposa (singular no texto) aprenda e não seja excluída da salvação desde que gere filhos e "ela" demonstre fé e amor — os requisitos básicos de todos os crentes (1:5) — juntamente com santidade e bom senso (2:15).

A referência à gravidez pode aludir a uma tradição judaica de que a sedução de Eva era de caráter sexual, o que explicaria a referência à

---

[8] É possível que esse texto tenha sido composto como uma explicação adicional do texto bastante ambíguo em 1Co 14:33-34.
[9] A interpretação do parto como referência ao nascimento de Jesus (a encarnação) não tem suporte contextual.

modéstia (2:9 e talvez também o texto de 2:15). O argumento é que qualquer filha de Eva será salva se evitar o pecado sexual e praticar a santidade, o que é representado pela criação de filhos crentes com o marido, em vez de estar vestida sedutoramente nas reuniões da igreja. A primeira das referências à modéstia (2:9) aparece em conexão com "boas obras" (2:10), usando o traje apropriado na assembleia (2:9-10). A crítica a joias e vestidos extravagantes pode simplesmente aludir a um axioma da ética tradicional, ou pode implicar a presença de mulheres ricas que frequentam a assembleia vestidas inadequadamente.

Não está claro no texto grego de 2:9 se as esposas (ou mulheres) estão sendo exortadas a orar (como os homens/maridos), ou apenas para se adornar com modéstia e praticar boas ações, como a maioria das traduções sugere. O contexto, no entanto, propõe que maridos e esposas estão recebendo orientações específicas para seu comportamento quando oram no contexto do culto público: homens não se mostrando agressivos (2:8), mulheres não demonstrando sensualidade.

Se essa análise estiver correta, isto quer dizer que a esposa pode orar com seu marido no culto, mas não o ensinar. Essa proibição pode estar ligada não tanto a princípios teológicos, mas a circunstâncias em que mulheres (especialmente ricas?) eram cativadas por falsos mestres. Se esse for o caso, então os princípios teológicos usados destinam-se a uma aplicação específica, e não geral. De qualquer forma, tanto homens quanto mulheres devem adorar, aprender juntos e expressar sua fé por meio de boas ações de santidade e amor, que é o tema da primeira parte da carta. Nesse sentido, maridos e esposas têm certa igualdade apesar de suas diferenças. Esse chamado à fé, expresso em amor, enfraquece, pelo menos até certo ponto, o patriarcado que muitos encontram no texto. Além disso, como veremos a seguir, é provável que 1Timóteo testemunhe a participação de mulheres em pelo menos uma forma de ministério.

3:1-13. QUALIFICAÇÕES DE BISPOS E DIÁCONOS

Conforme observado na introdução, 1Timóteo parece apresentar pelo menos três 'ofícios' na igreja, ou ministérios formais. Dois são discutidos em 3:1-13. Estes são: o "líder" (nota da NRSV) ou "bispo" (nota NRSV, NAB, NVI; gr. *episkopos*) e o "diácono" (*diakonos*) — provavelmente incluindo diaconisas. (O terceiro ofício, "presbítero" [*presbyteros*], é discutido em 5:17-25.) Só podemos apresentar suposições sobre seus papéis com base nas palavras usadas para essas ocupações e nas suas próprias qualificações.[10]

Líderes/bispos (3:1-7)

O ofício de "bispo" ou "pastor" (*episkopos*) é uma posição nobre que pode ser corretamente desejada por alguém (3:1). Um bispo precisa demonstrar integridade, autocontrole (marido de uma só mulher, ou menos provável, não ser adepto da poligamia), ter dignidade, hospitalidade e habilidade de ensino, e ele (as mulheres não poderiam se candidatar ao cargo) não pode ser violento ou apegado ao vinho (3:2-3). O bispo também deve administrar bem sua própria casa (3:4-5), ser suficientemente maduro na fé para evitar o orgulho e suas consequências (3:6), e ainda ter uma boa reputação fora da igreja (3:7). Essas qualificações sugerem responsabilidades administrativas, de ensino e talvez de 'relações públicas'. O uso do substantivo singular *episkopos* não deve ser tomado de forma arcaica para indicar que uma cidade inteira tivesse apenas um bispo. Ao contrário, o texto sugere que cada igreja doméstica deveria ter um bispo, semelhante a um 'presidente' de uma sinagoga ou *collegium*. Talvez as igrejas se reunissem nas casas dos bispos.

Diáconos (3:8-13)

Os diáconos (*diakonoi*) também devem ser pessoas de bom caráter, não gananciosas (3:8), e que sejam conhecidas como pessoas de fé e amor (3:9, referindo-se à sua consciência; cf. 1:5). Eles também devem exercer autocontrole e administrar bem seus lares (3:12). Isso sugere responsabilidades internas de servir em outras funções além do ensino. Curiosamente, os diáconos devem ser testados (ou examinados) de alguma forma, provavelmente em sua crença e em seu comportamento, antes de serem nomeados (3:10).

A referência a "mulheres" em 3:11 pode estar ligada às esposas dos diáconos (assim, NET) ou, muito mais provavelmente, às diaconisas, uma vez que se espera que sejam "sérias" (NRSV) ou "dignas" (NAB)

---

[10] O termo "irrepreensível" (NVI) ou "confiável" (NAB) referenciado em 3:1 pode ser a frase seguinte sobre bispos ou a frase anterior sobre a esposa.

como suas contrapartes masculinas (3:11; cf. 3:8).[11] A existência de diaconisas não deveria nos surpreender (ao nos lembrar de Febe em Rm 16:1), e não iria ser uma contradição 2:12, mesmo que esse versículo seja interpretado como uma proibição absoluta para o ensino pelas mulheres, uma vez que o ministério diaconal — diferentemente do bispo — não exige a função do ensino.

3:14—4:16. Instruções sobre o próprio ministério de Timóteo

Esta seção de instruções ocorre principalmente, embora não de forma exclusiva, na segunda pessoa do singular como um direcionamento específico para Timóteo. Consiste em três partes: uma instrução temática geral (3:14-16), uma advertência sobre um ensinamento falso em particular (4:1-5) e um conjunto de admoestações gerais sobre o exercício do ministério (4:6-16).

O tema da missão (3:14-16)

Conforme observado na introdução, 3:15 apresenta o tema básico de 1Timóteo: "como comportar-se na casa de Deus". Essas instruções, concebidas como um substituto temporário para o próprio ministério de ensino de Paulo pessoalmente (3:14), são consideradas primordiais para a essência da igreja como "coluna e fundamento da verdade" (3:15).

Essa afirmação leva imediatamente à menção de outra peça litúrgica, provavelmente um credo ou hino, em 3:16. Essa confissão de fé cuidadosamente estruturada resume o evangelho de Paulo em três pares de frases, totalizando seis afirmações. Estas não estão dispostas cronologicamente, mas retoricamente, dependendo de pares de opostos para dar estrutura ao texto:

> manifestado em *corpo* — justificado no *Espírito*, visto pelos anjos —,
> pregado entre as nações,
> crido no *mundo* — recebido na *glória*.

---

[11] Veja CEB: "mulheres que são servas na igreja", paralelamente à tradução de 3:8 (com uma nota "ou esposas"). As versões NRSV, NVI e NAB usam termos vagos ("mulheres", v. 11), mas a NVI indica ambas as opções interpretativas em uma nota.

Os três conjuntos de pares compartilham um esquema deste mundo natural/mundo transcendente que indica a interação divino-humana que o evangelho ("o mistério da piedade", 3:16) proclama. Jesus é de fato o mediador entre o céu e a terra (cf. 2:5). A Igreja é, portanto, obrigada a ordenar sua vida de maneira que testemunhe a verdade desse evangelho da encarnação, vindicação e exaltação de Cristo.

Respondendo ao engano do ascetismo (4:1-5)

Entre os falsos mestres havia uma corrente de ascetismo que proibia o casamento e insistia em alguma forma de abstinência alimentar, talvez vegetarianismo (4:3). Semelhante ascetismo cristão primitivo é atestado em 1Co 7 e Rm 14.

A resposta a tal ascetismo é primeiro conectá-lo com a esperada apostasia do fim dos tempos, "últimos tempos" (NVI) ou "últimos dias" (NAB). A polêmica contra os mestres ascetas (4:1-2) implica um problema de consciência de inspiração demoníaca, ou uma disjunção entre teologia adequada e a ética. Portanto, a segunda parte da resposta é vincular o casamento e a alimentação à doutrina da criação (4:3b-5), um movimento distintamente judaico que demonstra o uso correto das Escrituras (1:8). Para os crentes, a palavra de Deus declara boa a ordem criada (cf. Gn 1), e eles respondem com uma palavra de agradecimento.

Uma missão geral (4:6-16)

Em contraste com os vários falsos mestres, Timóteo é chamado para ser um bom servo ou ministro (*diakonos*) de Cristo, alguém que rejeita a obsessão dos falsos mestres pelos mitos (4:7a; cf. 1:4), mas busca a "boa doutrina" (4:6; cf. 1:10), ensino que o conecta à "sã doutrina", como uma fiel afirmação ou provérbio lembra o escritor e o leitor (4:7b-9). A verdadeira missão de qualquer ministro — Paulo, Timóteo ou outros — é ensinar de modo a promover a piedade, para a transformação em vez de especulação, uma tarefa baseada na esperança de salvação futura (4:9-10).

Para o jovem Timóteo, esse encargo significa, em termos concretos, viver como exemplo de ensino sadio: uma doutrina que resulta em uma vida de fé, amor e integridade geral (4:11-12). Tal integridade demonstrará que o ensino sadio independe da idade (4:12, 15). Timóteo deve exercer, e não negligenciar o dom que lhe foi concedido. Ele fará isso lendo (ou seja, estudando as Escrituras), exortando (instrução ética) e ensinando (instrução doutrinária) na ausência de Paulo (4:13-14). A salvação que ele e seus ouvintes esperam (4:10, 16) depende, em certa medida, da integridade de sua vida e ensino (4:16) — uma enorme responsabilidade.

5:1—6:2A. ENCARGOS RELATIVOS A VÁRIOS GRUPOS DA IGREJA

A próxima parte da carta considera as responsabilidades de vários grupos na Igreja.

A Igreja como família (5:1-2)

Uma exortação feita de modo geral para tratar os outros como parentes de sangue, criando o que os sociólogos chamam de família 'fictícia' ou 'alternativa', inicia a seção. Timóteo é lembrado de que, como um 'ministro', ele tem um profundo parentesco com aqueles a quem serve, e que tal tipo de relacionamento requer amor e integridade.

Viúvas (5:3-16)

Essa passagem fascinante é a única no Novo Testamento que trata, de forma mais extensa e direta, sobre o lugar das viúvas na Igreja primitiva.[12] Há algum debate para entender se o texto aborda o tratamento de apenas um grupo de viúvas — aquelas, de acordo com 5:9, a serem "incluídas na lista" (NVI, NRSV) ou "inscritas" (NAB, NVI) —, ainda também as viúvas de modo geral (5:3-8). Há todavia uma discussão sobre o papel exato das viúvas inscritas. Elas estariam sendo consideradas parte de um 'ofício' ou uma 'ordem' como o caso dos diáconos e bispos? Ou seja, elas exerceriam um ministério oficial, ou simplesmente esperava-se que praticassem boas ações em gratidão pelo apoio financeiro recebido da comunidade?

Podemos responder a essas perguntas, pelo menos em parte, observando como a passagem começa e termina: com a questão de quais viúvas são *realmente* viúvas (5:3, 5, 16). A NVI traduz "viúvas de fato"

---

[12] Cf. At 6:1-3. As viúvas também são mencionadas em Mc 12:40, 42-43; Lc 2:37; 4:25-26; 7:12; 18:3; 20:47; 21:2-3; At 9:39-41; 1Co 7:8; Tg 1:27; Ap 18:7.

como sendo aquelas que "não têm ninguém para cuidar delas", o que é parcialmente correto. A prática judaica e cristã primitiva assumia que as viúvas (e órfãos) eram objetos de um cuidado divino especial.[13] Os fundos limitados das igrejas primitivas levantavam a questão prática de como essa preocupação divina deveria ser expressa. Haveria limites sobre quem a igreja precisava ajudar? Toda a discussão em 5:3-16, portanto, aborda uma questão prática: quais viúvas a *comunidade* deveria apoiar financeiramente? As qualificações para a 'viúvas de fato' destinam-se principalmente a responder a essa questão.

A primeira e principal qualificação é ter sido deixada desamparada e, portanto, sem apoio financeiro (5:5), implicando não apenas que uma mulher não tem marido, mas que ela não tem família. Se tiver familiares sobreviventes, é dever deles cuidar da viúva (5:4, 8, 16). Se eles não o fizessem — supondo que fossem crentes — estariam negando a fé (o amparo aqui é claramente considerado um costume judaico permanente) e fazendo menos do que até mesmo os pagãos praticavam rotineiramente (5:8).

A segunda qualificação é ser devota a Deus e não viver para os prazeres (5:6). Pode haver uma sugestão aqui de que algumas viúvas seriam mulheres de posses bastante autoindulgentes. Isso está, sem dúvida, relacionado à terceira qualificação: a idade. A verdadeira viúva deve ter mais de sessenta anos e ter sido fiel ao seu marido (5:9). A preocupação é aparentemente com as mulheres que demonstravam, ou poderiam demonstrar, sensualidade doentia em seu estado de viuvez.

Com respeito às viúvas mais velhas, a preocupação específica parece estar relacionada ainda a uma quarta qualificação — devoção à igreja —, o que poderia ser demonstrado por meio de boas obras, hospitalidade, criação de filhos (incluindo órfãos?), e assim por diante (5:10). Embora o texto não declare explicitamente que as viúvas inscritas devem continuar a prestar tal serviço, é provável que sim. De fato, parece que as viúvas que desejavam se inscrever para receber o auxílio teriam feito uma promessa de permanecer solteiras e continuar praticando boas obras de serviço à comunidade e em nome da comunidade (5:12).

---

[13] Além dos textos do Novo Testamento citados na nota anterior, veja Dt 10:18; 24:19-21; 27:19; Sl 146:9; Is 1:17; Jr 7:6. O tema continua também na literatura cristã primitiva depois do Novo Testamento.

A preocupação com as mulheres mais jovens e a sensualidade, caso fossem registradas como viúvas, é que elas não conseguiriam cumprir tal promessa; talvez acabassem indo de casa em casa, envolvendo-se em mexericos em vez de praticar boas ações (5:13), e quem sabe até desejassem se casar novamente (5:11). Isso obviamente seria uma publicidade negativa para a igreja; portanto, o conselho é não as registrar como viúvas, mas encorajá-las a se casar (5:14). Se essa recomendação parece preconceituosa e sexista, seu viés aparentemente não é infundado (5:15).

Em conclusão, podemos dizer que, embora a 'viúva de fato' possa não ter se envolvido em um ofício como o bispado ou o diaconato, tal viúva alistada provavelmente trazia consigo algumas responsabilidades, possivelmente incluindo a missão de ir "de casa em casa" (5:13) para ajudar os aflitos membros da igreja.

Presbíteros (5:17-25)

O próximo grupo a ser considerado na carta, e provavelmente o terceiro 'ofício' descrito, também gerou alguma controvérsia. A palavra grega *presbyteroi*, "presbíteros" (NVI, NRSV) ou "anciãos" (versão Imprensa Bíblica), parece referir-se a um grupo de homens remunerados que, embora não necessariamente idosos, têm o respeito da Igreja e são seus líderes ("lideram bem a igreja", NVI, 5:17). A mesma responsabilidade (e o termo grego correspondente) aparece em Rm 12:8 e 1Ts 5:12, bem como nesta carta em 3:4, referente aos presbíteros/bispos. Alguns presbíteros, mas não todos, pregam e ensinam (5:17). Os presbíteros que se sobressaem devem receber o dobro do salário (5:17), de acordo com o que as Escrituras indicam (5:18).[14] Como um corpo, os presbíteros ordenam outros ao ministério pela imposição de mãos (4:14).

Esse seria o mesmo grupo dos "bispos" ou "diáconos" descritos em 3:1-7? A opinião acadêmica está dividida. Embora Tt 1:5-7 use os termos "presbítero" e "bispo" de forma intercambiável (ou quase isso), a evidência em 1Timóteo é inconclusiva.[15] É provável, no entanto, que

---

[14] Veja Dt. 25:4; 1Co 9:9; Lc 10:7.

[15] Os presbíteros/bispos devem ser capazes de ensinar (3:2), mas isso não significa que todos realmente ensinem. Se alguns não ensinam, então os dois grupos podem ser os mesmos. Se todos os bispos de fato ensinam, então o grupo de presbíteros é distinto dos bispos.

estejam em questão dois ofícios distintos, um pouco sobrepostos. Qualquer que seja a estrutura precisa dos ofícios, as funções de administração, educação e ordenação (ou imposição de mãos) são executadas por um corpo congregacional, não por uma pessoa.

Ao lado dos bons bispos, aparentemente havia alguns que causavam problemas. As instruções para lidar com tais questões incluem: (1) o uso de várias testemunhas, conforme exigido por Dt 19:15 (5:19); (2) a repreensão pública do impenitente (5:20); e (3) imparcialidade (5:21). A existência de tais líderes problemáticos oferece a oportunidade de uma advertência para não 'ordenar' (impor as mãos) líderes muito apressadamente e assim não imitar os pecadores, mesmo que sejam ordenados (5:22). Um proverbial conselho final sobre o evidente caráter público das boas e más ações (5:24-25) é precedido por uma curiosa recomendação a Timóteo (5:23). Talvez fosse um antídoto não apenas para doenças estomacais, mas também para presbíteros ascéticos.

Escravos (6:1-2a)

Uma breve admoestação aos crentes que são escravos conclui esta seção de exortações a grupos específicos na Igreja.[16] No entanto, ao contrário de Colossenses e Efésios, não há uma advertência correspondente aos senhores. Ao contrário, os escravos são instruídos a respeitar todos os senhores, sejam eles (implicitamente) descrentes (6:1) ou (explicitamente) crentes (6:2a). No primeiro caso, o motivo é, mais uma vez, proteger a Igreja de ter más relações com — e possível perigo — o mundo fora dela (6:1). Neste último caso, o motivo é servir aos irmãos amados, não permitindo que seu *status* no Senhor como "irmãos" se torne uma desculpa para que haja menos respeito ou serviço (6:2a).

Se tal perspectiva é consonante ou contraditória com outros textos paulinos sobre escravos e senhores (e.g., Fl; Cl 3:22—4:1; Ef 6:5-9), trata-se de um tema muito debatido. Mas o texto não pode ser interpretado como apoio a senhores opressores. Isso dificilmente seria consistente com o chamado da carta ao amor e às boas ações, ou com o tipo de relacionamento familiar articulado em 5:1-2. O texto se aplica a todas as relações na comunidade, mesmo a de senhor-escravo. Ele busca evitar que os escravos tirem vantagem dessa relação.

---

[16] Uma admoestação para os ricos aparece em 6:17-19.

6:2B-19 EXORTAÇÕES FINAIS

A seção final desta carta consiste em uma coleção de exortações, muitas de caráter proverbial, que desenvolvem ainda dois temas anteriores, os falsos mestres e os deveres de Timóteo, assim como ressaltam o problema aparentemente irritante da ganância na comunidade.

Falsos mestres (6:2b-10)

A passagem levanta a suspeita de que os falsos mestres apresentam dois problemas: sua própria doutrina e seus motivos. A doutrina apropriada é mais uma vez caracterizada como fiel a Cristo e ligada à ética (promovendo a "piedade", *eusebeia*, 6:3) em lugar de causar controvérsia (6:2b-5; cf. 1:3-7; 4:6-16). Os efeitos negativos de tal ensino são listados e atribuídos a uma combinação de arrogância, ignorância e ganância (6:4-5).

A atenção explícita em referência ao dinheiro nessas advertências conclusivas, juntamente com a preocupação implícita expressa em outros lugares, sugere que a acusação de ganância não é meramente polêmica. "Piedade" (NVI) "religião" (NAB) — *eusebeia* — não é um meio para se obter lucro financeiro (6:5), mas apenas para uma recompensa eterna no futuro (assim 4:8) e contentamento no presente (6:6-8; cf. Fp 4:11). Os crentes devem ser lembrados da antiga sabedoria de que os seres humanos entram e saem deste mundo de mãos vazias (6:7; cf. Jó 1:21), e que o amor ao dinheiro (não o próprio dinheiro em si mesmo) conduz a todos os tipos de males, incluindo o afastamento da fé (6:9-10). Essa advertência espantosa provavelmente pretende ser uma crítica a certos mestres e um aviso a todos.

O fiel combate (6:11-16)

O próximo conjunto de admoestações se refere e se resume ao ministério de Timóteo. Ele deve buscar as virtudes morais e espirituais que compõem o tema desta carta (piedade, fé, amor etc.; 6:11), e combater "o bom combate da fé" (NAB, "competir bem pela fé"), um resumo de sua vocação como representante de Paulo (6:12a; cf. 1:18), e fazer algo que o próprio Paulo já havia feito (2Tm 4:7). Desempenhar um ministério tão fiel é a forma para que Timóteo tome posse da vida eterna para a qual foi chamado, que ele havia confessado publicamente (6:12b)

Éfeso: Casas pertencentes à elite e aos ricos; residências como essas de terraço (semelhantes a condomínios de alto padrão) faziam parte do mundo com que as primeiras comunidades cristãs tiveram que conviver.

— talvez quando foi batizado ou quando recebeu a imposição de mãos (cf. 4:14). Mas porque as palavras de Timóteo são chamadas de "boa confissão" (NAB, NJB: "nobre confissão"), as mesmas palavras usadas no testemunho de Jesus diante de Pilatos (6:13), a ocasião da confissão fiel de Timóteo pode ter sido em face de algum tipo de acusação formal ou informal, como um julgamento ou uma cena diante de uma turba.

A próxima parte da síntese da missão (6:13-16) tem um caráter solene e litúrgico. O texto pode, de fato, representar uma parte de algum antigo rito de 'ordenação' no qual a presença de Deus e de Cristo é invocada (6:13; a transmissão do Espírito pode estar implícita em 4:14; cf. 2Tm 1:6-7). A referência à confissão de Cristo é um apelo implícito à fidelidade cruciforme, mesmo quando em situação de perigo, bem como um lembrete da inevitabilidade do sofrimento (6:13). Tudo isso é colocado em uma estrutura escatológica (6:14-15a, usando *epiphaneia* para se referir ao retorno de Jesus) que termina com uma explosão de louvor (6:15b-16).

Uma advertência para os ricos (6:17-19)

O conjunto final de instruções da carta diz respeito aos ricos da Igreja. Eles não devem se orgulhar de suas riquezas, muito menos confiar nelas, mas precisam confiar em Deus, o generoso provedor (6:17). Além disso, os abastados devem ser ricos em boas obras e devem compartilhar delas generosamente (6:18). Esse é o seu próprio tesouro e a garantia da *verdadeira* vida no futuro (6:19), um eco das palavras de Jesus (e.g., Mt 6:19-21; Lc 12:13-21).

6:20-21. SUMÁRIO DOS ENCARGOS E BÊNÇÃO

O tema desta carta se resume em uma última admoestação a Timóteo (6:20-21a): "guarde o que foi confiado a você" (*tēn parathēkēn*), isto é, mantenha a verdade do evangelho de Paulo e se afaste "do que é falsamente chamado conhecimento". Existe um perigo real de desvio do evangelho, com a possibilidade de "ruína e destruição" (6:9). Há dúvidas se devemos ler tal advertência como 'conservadora'. Ao contrário, ela é radical no sentido primário dessa palavra: uma acusação para preservar, e até mesmo sofrer, a mensagem original — a verdade incorporada em Jesus, a verdade que o próprio Jesus testemunhou e pela qual sofreu e morreu.

Nesta visão, a carta conclui brevemente, mas de forma comovente, com uma bênção de graça para Timóteo e todos os envolvidos (6:21b, "vocês" plural).

RESUMO DE 1TIMOTEO

A epístola de Primeiro Timóteo é uma exortação para garantir que a vida coletiva da igreja inclua certos elementos-chave.

- Como "casa" de Deus, a Igreja deve ordenar sua adoração, doutrina e vida de acordo com os princípios do evangelho de Paulo preservados nos fragmentos litúrgicos eclesiásticos.
- A doutrina sã ou saudável está preocupada com transformação espiritual e conduta ética, não com especulações de vários tipos.
- O ensino que se preocupa com as minúcias da lei judaica e genealogias, vários aspectos do "conhecimento", ou crenças e práticas ascéticas é doentio (não saudável) porque não está em consonância com o evangelho e não conduz à virtude maior.
- Os líderes da Igreja (bispos, diáconos, presbíteros e, menos formalmente, as viúvas) são servos que devem ser pessoas maduras na fé, ter caráter comprovado e boa reputação na comunidade

em geral, também possuam dons e experiência requeridos para ensino, administração, e boas obras.
- Embora as mulheres (esposas) não devam ensinar seus maridos no contexto do culto público, espera-se que elas aprendam e orem, vivam uma vida piedosa e ensinem seus filhos fielmente; além disso, algumas delas provavelmente sirvam como diaconisas, e viúvas mais velhas estão formalmente inscritas, em um *status* que talvez envolva também uma espécie de ministério diaconal.

A HISTÓRIA DIANTE DA CARTA
Algumas leituras de 1Timoteo e das cartas Pastorais em geral

"O fato de termos falado publicamente com mulheres já seria ruim o suficiente — falar publicamente com homens virou o mundo puritano de cabeça para baixo.

'Eles vão acender as piras de fogo', eu disse a Nina quando os primeiros homens apareceram, e procurei não dar importância a isso. Nós rimos, mas não pareceu nada engraçado.

Não permito que a mulher ensine nem que tenha autoridade sobre o homem. Esteja, porém, em silêncio. Haveria algum versículo mais irritante na Bíblia? Foi pregado naquele verão [1837] em todos os púlpitos da Nova Inglaterra tendo as irmãs Grimké em mente. As igrejas congregacionais aprovaram uma resolução de censura contra nós, pedindo um boicote às nossas palestras."

Ativista abolicionista e, com sua irmã Nina, a professora itinerante Sarah Grimké, no romance histórico *The Invention of Wings*, de Sue Monk Kidd (Nova York: Viking Penguin, 2014), p. 330.

"Em contraste com esses dois gigantes [Paulo e João], o autor das Pastorais e, de fato, a maioria dos outros escritores posteriores do Novo Testamento, parece não ter muita originalidade — são sinceros e dedicados, é verdade, mas sem ideias novas. Nosso autor é mais bem descrito como um sacerdote dedicado a transmitir o que recebeu, não um profeta ou um espírito criativo que ilumina a fé cristã com seu próprio gênio, não a reafirma nem a reinterpreta para incluir qualquer valor que possa ter surgido na apresentação dos hereges. Ele é um clérigo, fanaticamente leal, intenso, intolerante, mas capacitado para a administração. Preocupado em que a Igreja seja respeitada no seu ambiente pagão, ou seja, preocupado com o que devemos chamar

de relações públicas, ele defende virtudes tanto pagãs quanto cristãs. Elas representam o que deveríamos chamar de um ponto de vista conservador, de bom senso, de meio-termo — o ponto de vista da Igreja que minimizará a diferença entre ela mesma e o mundo para que possa ganhar o mundo mais facilmente."
Fred D. Gealy, "The First and Second Epistles to Timothy and the Epistle to Titus", in *The Interpreter's Bible*, ed. George A. Buttrick et al. (Nova York e Nashville: Abingdon, 1955), 11:343-551 (aqui, p. 373).

"Eu entendo que vocês têm um sistema econômico na América conhecido como capitalismo. Por meio desse sistema econômico, vocês foram capazes de fazer maravilhas. Vocês se tornaram a nação mais rica do mundo e construíram o maior sistema de produção que a história já conheceu. Tudo isso é maravilhoso. Mas, americanos, existe o perigo de vocês usarem mal o seu capitalismo. Eu ainda afirmo que o dinheiro pode ser a raiz de todo mal. Pode levar a pessoa a viver uma vida de materialismo grosseiro. Receio que muitos dentre vocês estejam mais preocupados em desfrutar da vida do que promover a vida. Vocês estão propensos a julgar o sucesso de sua profissão pelo índice de seus salários e pelo tamanho da distância entre os eixos de seus automóveis, e não pela qualidade de seu serviço à humanidade."
Rev. Dr. Martin Luther King Jr., "Carta de Paulo aos cristãos americanos", pregado na Igreja Batista Dexter Avenue, Montgomery, Alabama, 4 de novembro de 1956. Disponível em: <http://kingencyclopedia.stanford.edu/encyclopedia/documentsentry/doc_pauls_letter_to_american_christians.1.html>.

"As Epístolas Pastorais foram acusadas de abrir mão das grandes visões do reino nos ensinamentos de Jesus e a ética mística de Paulo em troca da moralidade mundana, não heroica e burguesa. Isso é verdade apenas no sentido de que cristãos comuns, com responsabilidades comuns encontram uma ética que fala com eles. O heroísmo que emerge é silencioso, encontrado em meio à manutenção de outros deveres. A virtude cristã é vista no tumulto da vida comum, não na ordem primitiva de uma seita de outro mundo. O cristianismo está se movendo para a corrente principal do mundo grego e romano. E a pergunta sempre será: O que foi ganho e perdido nessa transição?"
Lewis R. Donelson, *Colossians, Ephesians, 1 e 2 Timothy, and Titus*, Westminster Bible Companion (Louisville: Westminster John Knox, 1996), p. 120.

"[T]eologia e ética estão completamente integradas nas Pastorais — evidentes, não menos importantes, no fluxo da argumentação em várias passagens (e.g., 1Tm. 2:1-6; 4:3-5; Tt 2:1-15; 3:1-7). Sua teologia não era um mero apego a velhas fórmulas; produziu diretamente efeitos práticos para a vida. Tampouco a ética era simplesmente uma conformação nervosa aos ideais burgueses; sua lógica estava profundamente enraizada no evangelho. A importância dessa observação para as igrejas de todos os tempos dificilmente pode ser subestimada."
James D. G. Dunn, "1 and 2 Timothy and Titus", in *The New Interpreter's Bible*, ed. Leander E. Keck et al. (Nashville: Abingdon, 2000), 11:773-880 (aqui, p. 784-85).

Perguntas para reflexão

1. Existem paralelos modernos com a busca doentia de especulação e questões de minúcias no estudo da teologia e no ensino da doutrina que é criticado nesta carta? Que contribuição para o ensino da "sã doutrina" 1Timóteo pode trazer para a igreja contemporânea? De que maneira, se houver uma, seu próprio ensino pode parecer "falso"?
2. Qual é a maneira mais apropriada de descrever a atitude em relação às mulheres, expressa em 2:8-15?
3. Como as qualidades exigidas dos presbíteros, bispos e viúvas podem fornecer orientação para a liderança da Igreja hoje? Algum dos requisitos está desatualizado ou inadequado? Algum é especialmente significativo?
4. Quais aspectos do encargo ministerial da carta de 1Timóteo ao próprio Timóteo devem ser (a) apropriados, (b) modificados ou (c) rejeitados hoje?
5. Como você responde às interpretações de 1Timóteo, e das Pastorais em geral, citadas anteriormente?
6. Em suma, o que esta carta exorta a Igreja a crer, esperar e fazer?

Para leitura e estudo adicionais

Veja também as sugestões sobre as Pastorais como um todo no final do capítulo anterior.

Spencer, Aida Besançon. *1Timothy*. NCCS. Eugene, OR: Cascade, 2013. Defende a autoria paulina e dá muita atenção ao contexto de Éfeso.

19

Tito

Colocando em ordem a vida e a liderança da igreja

> *Porque a graça de Deus se manifestou salvadora a todos os homens. Ela nos ensina a renunciar à impiedade e às paixões mundanas e a viver de maneira sensata, justa e piedosa nesta era presente, enquanto aguardamos a bendita esperança: a gloriosa manifestação de nosso grande Deus e Salvador, Jesus Cristo.*
>
> Tito 2:11-13

Ainda mais do que as outras Epístolas Pastorais, a carta a Tito sofre injustamente com o descaso de alguns e o menosprezo de outros. Embora não exiba a paixão de 2Timóteo nem contenha as controvérsias associadas a diversas partes de 1Timóteo, esta carta não é uma dieta pós-paulina branda que merece a marginalização canônica que experimentou.

Ao contrário, a carta a Tito é uma tentativa de articular uma visão paulina de fé, amor, autocontrole e esperança — em uma palavra, "piedade" (*eusebeia*) — vivida no mundo real entre a primeira e a segunda vinda de Cristo. Cada uma dessas duas vindas é entendida como uma aparição ou 'epifania' (gr. *epiphaneia*): uma manifestação divina de graça e salvação.[1]

---

[1] A carta usa o próprio substantivo *epiphaneia* apenas uma vez para a segunda vinda (2:13), mas também usa duas vezes o verbo relacionado *epiphanein* para a primeira vinda (2:11; 3:4). As traduções usam "apareceu" para o verbo e "aparecer" (NVI), "aparição" (NAB) ou "manifestação" (NRSV) para o substantivo.

A HISTÓRIA POR TRÁS DA CARTA

Conforme observado nos capítulos anteriores, a carta a Tito é rotineiramente descartada como uma obra pseudônima escrita por um 'discípulo' do apóstolo. Os principais argumentos para essa perspectiva não precisam ser repetidos aqui, uma vez que são os mesmos observados para 1 e 2Timóteo. No entanto, um problema adicional deve ser mencionado: fora desta carta, o Novo Testamento não fornece nenhuma evidência de que Paulo tenha visitado Creta, mas 1:5 afirma que ele deixou Tito lá para que "pusesse em ordem o que ainda faltava" e "constituísse presbíteros em cada cidade".[2]

Embora seja obviamente impossível confirmar ou refutar a situação histórica afirmada nesse versículo, esta é a história que o leitor deve imaginar. Paulo, o grande missionário, está deixando seu fiel colega de trabalho Tito para ordenar a vida e a liderança das igrejas paulinas em Creta, uma grande ilha no Mediterrâneo ao sul do Mar Egeu que separa a Grécia da Ásia Menor. O 'Tito histórico', de acordo com Gálatas e 2Coríntios, era um gentio convertido que Paulo apresentou como prova de que os líderes de Jerusalém não exigiam que os gentios fossem circuncidados (Gl 2:1-3). Tito assumiu um papel diplomático especialmente significativo na relação de Paulo com os crentes coríntios (2Co 2:13; 7:6,13-16), sobretudo, de forma apropriada, no que diz respeito à coleta para os crentes pobres em Jerusalém (2Co 8:6, 16, 23; 12:18). Tito era claramente um dos associados mais queridos e confiáveis de Paulo: um irmão, parceiro e colega de trabalho (2Co 2:13; 8:23).

Então, como representante de Paulo, Tito (quer seja ele a figura histórica ou apenas um artifício literário) recebe pela carta instruções de Paulo sobre liderança da Igreja, oposição aos falsos mestres e suas controvérsias e a conduta geral dos crentes no mundo. Os temas da sã doutrina e das boas obras, conhecidos desde 1Timóteo, reaparecem. Esses tópicos e temas são todos definidos no contexto das duas epifanias que moldam a vida na época atual (2:11-14). Referimo-nos a isso nos capítulos 6 e 10 deste livro como a visão 'bifocal' de Paulo da existência em Cristo.

A acusação de promover uma ética 'burguesa' ou 'conservadora' foi levantada contra Tito, como também contra 1Timóteo. Quer tenha

---

[2] De acordo com At 27, o navio que levava Paulo a Roma contornou a costa sul de Creta em uma ocasião de vento assustador.

sido produzida pelo próprio Paulo ou (como parece mais provável) um autor posterior que se sentia em dívida com ele, esta carta não merece tais rótulos sem sérios questionamentos. Além dos comentários gerais feitos em contextos anteriores, podemos fazer as seguintes breves observações. Embora seja verdade que Tito apresenta o que poderíamos chamar de 'virtudes cívicas tradicionais', a carta não afirma *todas* essas 'virtudes' pagãs. Esse documento rejeita certas formas de pensamento e comportamento que caracterizam os forasteiros e que *outrora* caracterizavam os crentes nas cidades de Creta (ou outro lugar). A *eusebeia* ('religiosidade, piedade, devoção') da carta não é a fidelidade religiosa e patriótica aos deuses, imperadores e valores romanos que seu equivalente latino, *pietas*, denota e exige. Tito dificilmente faria uma defesa do *status quo* romano.

A carta a Tito envolve, em outras palavras, uma peneiração teológica das 'virtudes cívicas tradicionais' para descobrir quais são suficientemente compatíveis com o evangelho e podem ser apropriadas ou transformadas em uma existência de fé, amor e esperança vivida entre as epifanias. O caráter explicitamente pactual da ética da carta não deve ser negligenciado (2:14). A carta a Tito não pretende formar comunidades de crentes isolados, mas de crentes que existem como povo de Deus dentro das realidades do Império Romano e, implicitamente, as realidades de tempos posteriores e outros lugares.

A HISTÓRIA POR DENTRO DA CARTA

A carta se desenvolve da seguinte forma:

1:1-4	**Abertura**	
1:5-16	**Nomeação de líderes e oposição a falsos mestres**	
	1:5-9	Presbíteros/bispos
	1:10-16	Falsos mestres
2:1–3:11	**Pondo em ordem a vida da comunidade**	
	2:1	A orientação geral a Tito
	2:2-10	Instruções para grupos específicos
	2:11–3:11	O ministério de Tito e sua base evangélica[3]
3:12-15	**Saudações e orientação final**	

---

[3] Uso o termo "evangélico" para significar 'relacionado ao evangelho' (gr. euangelion).

1:1-4. Abertura

A abertura de Tito ecoa as aberturas de 1Tessalonicenses, 1Timóteo e Romanos de maneira significativa. Paulo é servo/escravo de Deus e apóstolo de Cristo (1:1). Sua missão tem uma ênfase tríplice: fé, "verdade que conduz à piedade" e "esperança da vida eterna" (1:1-2). Essa é uma versão da tríade paulina de fé, amor e esperança (cf. 1Ts 1:3). Os temas da promessa divina (1:2-3; cf. 2Tm 1:1) e encargo/chamado (1:3; cf. Rm 1:1-6) são importantes em todo o corpus paulino. A designação de Deus e Jesus como "Salvador" (1:3, 4) não é um exemplo de confusão teológica, mas uma declaração da participação de Deus e Cristo em todo o esquema da salvação (cf. 2:11, 13; 3:4, 6; 1Tm 1:1, em que Deus também é nomeado como Salvador). Como Timóteo (1Tm 1:2), Tito é filho "leal" (NRSV) ou "verdadeiro" (NVI) de Paulo (1:4) e, portanto, um canal adequado para a obra de Deus no mundo.

1:5-16. Nomeação de líderes e oposição a falsos mestres

A primeira parte trata dos bons e dos maus personagens nas cidades de Creta, a saber, a necessidade de nomear bons líderes-mestres (1:5b-9) e de se opor aos maus (1:10-16). Essas tarefas são partes essenciais da incumbência geral dada a Tito para "pôr em ordem" (NRSV), para "endireitar" (NAB) a situação em Creta quando Paulo a deixou (1:5a).

Presbíteros/bispos (1:5-9)

Os títulos dados aos líderes que Tito deve designar são aqueles usados para os dois ofícios mencionados em 1Timóteo, presbíteros/bispos (*presbyteroi*, 1:5) e presbítero/bispo (*episkopos*, 1:7; o substantivo singular, no contexto, não sugere apenas um líder). As traduções representam esses termos de várias maneiras: a NRSV usa "anciãos" e "bispo" (com uma nota: "ou *um líder*"); a NVI tem "presbítero" e "bispo"; e a NAB usa igualmente "presbíteros" e "bispo".

Em 1Timóteo os dois termos parecem referir-se a funções um tanto diferentes; aqui, no entanto, eles parecem ser usados de forma intercambiável. As qualidades exigidas para esses líderes também lembram 1Timóteo: demonstrar bom caráter moral, 'valores familiares' (um casamento, filhos crentes), ter uma personalidade humilde e calma, autocontrole, boa reputação, o dom da hospitalidade, óbvia devoção a Deus (1:6-8). Esses líderes não devem ser rebeldes ou gananciosos — características associadas a falsos mestres (1:6, 7). Em vez disso, presbíteros/bispos são mestres (não apenas administradores) que devem conhecer a verdade do evangelho para pregá-lo com firmeza e refutar o erro resolutamente (1:9).

Falsos mestres (1:10-16)

A menção daqueles que contradizem ou se opõem à verdade fornece uma transição natural para uma discussão sobre o caráter de tais mestres em contradição com a natureza dos bons líderes da Igreja. É bem possível que as palavras duras que aparecem nesses versículos sejam exageradas. (O epíteto anticretense do Epimênides cretense [c. 600 a.C.] em 1:12 pode perturbar alguns daqueles que não são falsos mestres!) No entanto, podemos discernir vários traços dos oponentes: há alguns que são gentios e outros são judeus (1:10); eles diferem de Paulo e Tito em sua interpretação do evangelho (de forma errônea e enganosa, da perspectiva do escritor; 1:10-11); eles estão arruinando as famílias (1:11); e provavelmente cobram por seus serviços (1:11).

Também é provável que, como os falsos mestres implícitos em 1Timóteo, essas pessoas sejam apaixonadas pela mitologia judaica especulativa (1:14a) e tenham tendências ascéticas (1:14b-15a). O trabalho de Tito não é destruir essas pessoas, mas refutar suas ideias para que elas se tornem "sadias na fé" (1:13). Até então, elas são pretextos hipócritas e desprezíveis para os mensageiros da verdade (1:15b-16).

2:1—3:11. PONDO EM ORDEM A VIDA DA COMUNIDADE

Semelhante a 1Tm 5:1—6:2a e à grande parte de 1Timóteo em geral, a próxima seção da carta dá instruções para Tito, incluindo admoestações aplicáveis a grupos específicos.

A orientação geral a Tito (2:1)

Em total contraste com o trabalho daqueles que ensinam doutrinas errôneas e assim rejeitam a verdade, Tito é encarregado de falar "o que está de acordo com a sã doutrina" (2:1). Acima de tudo, como em 1Timóteo, isso significa ensinar a doutrina de forma não especulativa ou ascética, mas transformadora para a vida neste mundo, promovendo valores coerentes com o evangelho.

Instruções para grupos específicos (2:2-10)

Apesar da variedade nas instruções para grupos específicos, há um tema geral de quatro dimensões: a necessidade de (a) virtude (especialmente autocontrole, incluindo libertar-se de vícios e promiscuidade) e (b) boa instrução para (c) o benefício do próprio grupo e (d) sua reputação na comunidade. Há uma preocupação missional abrangente em todas as instruções.

Tito deve ensinar os homens mais velhos (2:2) a ter algumas das virtudes (incluindo o autocontrole) associadas aos bispos em 1Tm 3:2, juntamente com uma variação interessante da tríade paulina de fé, amor e esperança (aqui "perseverança", *hypomonē*, como em 2Ts 1:3-4). Podemos concluir que pelo menos parte da liderança da Igreja é extraída desse grupo. Mas, em um sentido muito importante, as mulheres mais velhas também são líderes. Elas devem ser virtuosas (incluindo, como os bispos em 1Tm 3:3, livres do vício do álcool) e ensinar o que é bom para as mulheres mais jovens (2:3). O conteúdo desse ensinamento — as expectativas das mulheres mais jovens — é uma instrução 'tradicional' para mulheres casadas: devoção fiel ao marido e aos filhos, incluindo autocontrole, castidade e submissão a seu marido, como forma de testemunho ao mundo (2:4-5). Da mesma forma, os homens mais jovens devem ser prudentes, exemplos em boas obras e bons mestres, novamente para proteger a reputação da comunidade (2:6-8). Também, alguns deles são claramente líderes comunitários e geralmente se espera que sejam como os bispos em 1Tm 3:1-7.

Por que apenas os escravos são abordados (2:9-10) e não também os senhores não está claro, mas a razão para a obediência dos escravos apresentada aqui é mais uma vez seu valor testemunhal. Pela obediência, respeito, honestidade e fidelidade, os escravos se tornam um "ornamento" (ARC) para a "doutrina" da salvação de Deus (2:10).

O ministério de Tito e sua base evangélica (2:11—3:11)

A série anterior de admoestações que Tito deve transmitir como parte de seu ministério tinha um tema consistente, conforme observado anteriormente. A carta agora localiza a base para esse trabalho em um par de breves exposições do evangelho (2:11-14; 3:4-8a), que também preparam o caminho para admoestações mais gerais a serem entregues por Tito e destinadas a toda comunidade (2:15-3:3; 3:8b-11).

A carta refere-se ao 'evento de Cristo' (como alguns se referem a ele) mais eloquentemente como o aparecimento da graça salvífica de Deus (2:11-12), que educa (*paideuousa*) as pessoas a viverem em retidão e piedade (*dikaiōs kai eusebōs*). Conforme observado na introdução deste capítulo, isso se refere à primeira aparição ou epifania do Salvador — significando Deus/Cristo, não o imperador. Alguns intérpretes entenderam a forte ênfase ética nesses versículos e em toda a passagem como uma interpretação tardia, não paulina e moralista do evangelho. Nada poderia estar mais longe da verdade. Em todas as suas cartas, Paulo insiste, como bom judeu, que o propósito da eleição, redenção e justificação é morrer para o pecado e para a carne a fim de servir a Deus e aos outros. Paulo também insiste que a vida de fé e amor é vivida na esperança entre a primeira e a segunda vindas de Cristo (morte/ressurreição e parúsia).

A mesma estrutura de existência é descrita aqui: libertação das "paixões mundanas" para uma vida piedosa durante a presente era (2:11-12) na esperança da revelação final da salvação, aqui chamada de "manifestação" (NVI; NAB, "aparição") ou "aparecimento" (ARC; gr. *epiphaneia*) "de nosso grande Deus e Salvador, Jesus Cristo" (2:13). A atribuição do título "Deus" a Jesus gerou debate, uma vez que ocorre raramente no Novo Testamento.[4] Mas é um movimento lógico a ser feito para pessoas que já atribuíram os títulos divinos "Senhor" (em outras partes do Novo Testamento) e "Salvador" (aqui) a Jesus, e para um autor que desde o início da carta expressa sua convicção de que tanto Deus Pai quanto Jesus deveriam ser chamados de "Salvador" (1:3-4). O papel salvífico de Jesus é então descrito como uma morte de autodoação para redenção, purificação e criação de um povo da aliança "dedicado à prática de boas obras" (2:14; cf. 2Co 5:15; Gl 5:6; Êx 19:5).

A obrigação de Tito é pregar com autoridade o evangelho e a ética que dele resulta (2:15). Essa ética é resumida em 3:1-2 como submissão às autoridades, obediência, gentileza, boa vontade para com os outros e bondade geral. No versículo seguinte (3:3) fica claro que não é uma ética branda, no qual são descritos os modos de vida anteriores e contrastantes dos membros da comunidade, vida caracterizada pela desobediência e vários males. Como no restante da correspondência paulina, aqui encontramos um padrão claro de 'anteriormente... mas agora' para descrever os resultados de receber o evangelho.

---

[4] É possível, embora não viável, que o texto signifique "nosso grande Deus e nosso Salvador, Jesus Cristo", fazendo distinção entre Deus e Cristo.

Segue-se outro rico resumo do evangelho paulino da libertação misericordiosa, narrado novamente em termos de uma *epifania* (3:4-7). Essa descrição do ato trinitário de salvação contém muitos termos paulinos tradicionais, mas também alguma linguagem nova, especialmente as palavras "a bondade [*chrēstotēs*] e a benignidade [*philantrōpia*] de Deus nosso Salvador" (3:4 NRSV; NAB: "bondade e amor generoso"; NVI: "bondade e o amor"). A ênfase na graça e misericórdia, mais o papel do Espírito em tornar as pessoas herdeiras da vida eterna, é especialmente evocativo tanto de Gálatas quanto de Romanos. Esse resumo eloquente do evangelho paulino, que pode ter sido usado na liturgia, é chamado de uma declaração segura ou confiável (3:8a).

As palavras finais repetem um tema-chave de Tito e de 1Timóteo: que a verdadeira doutrina não tem nada a ver com especulações, controvérsias ou genealogias, mas apenas com aquilo que promove boas ações (3:8b-9). Tito deve advertir por até duas vezes aqueles que pensam e agem de outra forma, e depois dissociar-se deles (3:10-11) — o que sinalizaria para os outros o erro que cometem.

3:12-15. SAUDAÇÕES E ORIENTAÇÃO FINAL

A carta termina de maneira tipicamente paulina, embora duas das pessoas mencionadas (Ártemas, Zenas) e a cidade nomeada (Nicópolis, na costa da Grécia ocidental) não apareçam em nenhum outro lugar nas cartas ou em Atos. O tema da carta — a necessidade de "boas obras" — reaparece em 3:14, e termina com uma palavra de saudação e bênção.

RESUMO DE TITO

A carta exorta Tito a ordenar a liderança e a vida das comunidades da ilha de Creta de acordo com o evangelho paulino.

- A vida na era presente deve ser vivida com um olho nas epifanias passadas e futuras de Cristo como graça e salvação de Deus.
- Tito deve nomear presbíteros/bispos qualificados que ensinarão a sã doutrina e se oporão aos falsos mestres.
- Tito deve admoestar a igreja como um todo sobre a necessidade de: (a) virtude (especialmente autocontrole, incluindo libertação do vício e promiscuidade) e (b) boa instrução para (c) o benefício da própria comunidade e (d) sua reputação na comunidade.

A HISTÓRIA DIANTE DA CARTA
Uma leitura de Tito

"Esta é uma epístola curta, mas um modelo de doutrina cristã, na qual se compreende de maneira magistral tudo o que é necessário para um cristão conhecer e viver."
    Martinho Lutero, "Preface to the Epistle of Saint Paul to Titus, p. 1546 (1522)", no vol. 35 de *Luther's Works; Word and Sacrament I*, ed. E. Theodore Bachmann (Filadélfia: Muhlenberg, 1960), p. 389.

PERGUNTAS PARA REFLEXÃO

1. É a Igreja contemporânea chamada a se engajar em "um peneiramento teológico das 'virtudes cívicas tradicionais' para descobrir quais são suficientemente compatíveis com o evangelho e podem ser apropriadas ou transformadas em uma vida de fé, amor e esperança vivida entre as epifanias"? Em caso afirmativo, quais principais valores culturais podem sobreviver — e quais podem não sobreviver — a esse peneiramento, e por quê?
2. Que significado deve ser atribuído hoje à noção teológica das duas epifanias de Cristo?
3. Quais são os potenciais benefícios e responsabilidades ao considerar os possíveis efeitos 'missionais', tanto positivos quanto negativos, no mundo exterior como um fator importante na ordenação da vida e do culto da Igreja?
4. Como você responde à interpretação de Tito citada anteriormente?
5. Em suma, o que esta carta exorta a igreja a crer, esperar e fazer?

PARA LEITURA E ESTUDO ADICIONAIS

Veja também as sugestões sobre as Pastorais como um todo no capítulo 17 sobre 2Timóteo.

Técnica

Quinn, Jerome D. *The Letter to Titus: A New Translation with Notes and Commentary and an Introduction to Titus, I and II Timothy, the Pastoral Epistles.* AYB 35. Nova York: Doubleday, 1990. Uma análise detalhada, sob o pressuposto de pseudônimo, que defende Tito como a primeira das Epístolas Pastorais.

20

EPÍLOGO

Paulo, nosso contemporâneo

Quando Paulo estava ausente, ele escreveu cartas para vocês, e se as estudarem cuidadosamente, poderão ser edificados na fé que lhes foi dada, "a qual é a mãe de todos nós" [Gl 4:26], se for seguida pela esperança, e se o amor a Deus e a Cristo e ao próximo nos guiar no caminho.

POLICARPO, BISPO DE ESMIRNA, CARTA AOS FILIPENSES 3.2-3, C. 115 D.C.

Policarpo de Esmirna (cidade localizada no oeste da Ásia Menor; moderna Izmir) foi um corajoso bispo cristão e mártir que, cerca de quatro décadas depois de escrever essas palavras, foi queimado na fogueira pelas autoridades romanas por se recusar a confessar César como Senhor. Ele tinha 86 anos. Sua descrição do ministério epistolar de Paulo aos cristãos em Filipos — tanto aqueles abordados em meados do primeiro século quanto os que viveram várias gerações depois — serve como um resumo provocativo de nosso próprio encontro com Paulo neste livro.

As palavras de Policarpo, especialmente interpretadas à luz de seu destino final, nos dizem várias coisas sobre o apóstolo: ele é realmente nosso contemporâneo, nosso pastor-teólogo, que nos ensina sobre a inseparabilidade da fé, esperança e amor, e sobre o significado daquela confissão cristã mais básica: "Jesus é o Senhor". De fato, a vida e a morte de Policarpo lembram a todos os cristãos que as leituras mais sábias das cartas de Paulo, seja no primeiro século, no segundo ou depois, sempre envolvem a participação em uma história, a história da revelação e redenção de Deus no exaltado Messias crucificado, Jesus. Isto é, o objetivo final da interpretação das cartas de Paulo não é apenas compreendê-las, mas vivê-las, continuar sua história, especialmente em tempos desafiadores como os enfrentados pelos cristãos na primeira parte do século 21. Neste epílogo, consideramos brevemente esse objetivo.

Paulo, nosso contemporâneo

Policarpo diz aos cristãos em Filipos que as cartas de Paulo, escritas muitos anos antes, ainda falam conosco. Sua voz não é silenciosa, pois o apóstolo é seu — e nosso — contemporâneo. Essa afirmação não significa que a voz de Paulo seja sempre clara, ou que o entendimento contemporâneo de Paulo seja fácil. Ao contrário, a interpretação de Paulo exige um estudo cuidadoso e requer que essa exegese diligente ocorra na comunidade cristã. Policarpo, assim como Paulo, dirige-se aos filipenses e a todos nós na terceira pessoa do plural: "se [vocês, *todos, juntos*] as estudarem cuidadosamente". A menção de várias cartas pode referir-se a mais de uma epístola dirigida aos filipenses ou, mais provavelmente, se deve à convicção de Policarpo de que todo o *corpus* paulino é, em última análise, dirigido a toda a Igreja de todos os lugares e para todos os tempos. Como Joel Green colocou sucintamente: "Da mesma forma que se referir à Bíblia como a Escritura é uma declaração teológica, falar da Igreja, teologicamente, é falar de sua unidade através do tempo e do espaço. Há apenas um povo de Deus".[1] O que significa que quando Paulo falou aos coríntios, aos filipenses e a outras *ekklēsiai* (igrejas) primitivas, ele estava e está falando conosco.

Certamente, nem todos têm concordado que Paulo é uma voz contemporânea bem-vinda, ou mesmo uma voz do passado digna de sua atenção. Ao longo dos séculos, e em nossos dias, tem havido muitos críticos que consideram Paulo, ou algumas das cartas atribuídas a ele, tão seriamente equivocadas em um ou mais assuntos importantes que o rejeitaram como um indivíduo irremediavelmente patriarcal, ou arrogante, ou conservador, ou antinomiano, ou antijudaico, ou em desacordo com Jesus, ou "puritano", ou homofóbico, ou qualquer outra coisa.[2] Alguns até pensam que o cristianismo estaria melhor sem Paulo

---

[1] Joel B. Green, *Seized by Truth: Reading the Bible as Scripture* (Nashville: Abingdon, 2007), p. 51.
[2] Para uma refutação de fácil leitura da acusação de que Paulo traiu Jesus, veja J. R. Daniel Kirk, *Jesus Have I Loved, but Paul? Narrative Approach to the Problem of Pauline Christianity* (Grand Rapids: Baker Academic, 2012).

ou suas cartas. Outros ainda concluíram, e em certa medida com razão, que os escritos de Paulo precisam ser libertados — não tanto de seus próprios erros, mas de séculos de má interpretação.[3]

A gravidade dessas questões não deve ser subestimada. No entanto, Paulo continua a falar, e as pessoas continuam a ouvir o que ele diz. Em parte, é a constelação de problemas observada em Paulo que continua atraindo os leitores de volta à sua correspondência, mesmo quando eles não a entendem completamente ou nem concordam com ela. Há uma qualidade persistente em suas cartas, uma profundidade religiosa e intelectual atemporal que raramente, ou nunca, foi igualada na história da escrita de cartas ou do cristianismo. É por isso que a interpretação de seu minúsculo *corpus* literário continua a preocupar algumas das mentes mais aguçadas tanto nos círculos acadêmicos quanto eclesiais. Muitas de suas questões são também nossas indagações: unidade e diversidade na Igreja, reconciliação étnica, sexualidade incorporada de modo apropriado, o desafio da vida altercultural ("santidade") em uma cultura hostil, amor pelos inimigos em um mundo perigoso, esperança em face do sofrimento e da morte, e assim por diante. Cartas que foram escritas *aos* filipenses, aos coríntios, aos romanos e outros foram escritas também *para* nós, como sabia Policarpo.

Isso não significa diminuir a realidade do caráter 'particular' das cartas de Paulo, ou sugerir que não exista lacuna entre ele e nós, entre o seu tempo e o nosso. É bem o oposto disso. Certamente devemos reconhecer a especificidade das cartas de Paulo, mas isso, em parte, é o que se mostra tão atraente nelas: elas foram dirigidas a pessoas reais em situações da vida real. Nós nos identificamos com elas porque nos encontramos como pessoas semelhantes em situações similares. Podemos e devemos, portanto, empregar nossa imaginação disciplinada, mas criativa, concedida por Deus, capacitada pelo Espírito e moldada por Cristo para discernir analogias entre as histórias de Paulo e as nossas. Quatro princípios teológicos e éticos podem nos ajudar nesse esforço, provendo tanto o desafio quanto a promessa de interpretar Paulo na Igreja de hoje: (1) *particularidade*, significando a especificidade da obra de Deus nas várias comunidades abordadas nas Escrituras (e manifestadas também, de fato, mais fundamentalmente, na encarnação); (2)

---

[3] Veja, por exemplo, a tentativa de Neil Elliott, *Liberating Paul: The Justice of God and the Politics of the Apostle* (Maryknoll, NY: Orbis, 1994).

inspiração, ou envolvimento de Deus na produção da Escritura dentro de comunidades reais e por meio dos autores humanos, de modo que os textos falem além de suas situações específicas; (3) *pensamento analógico*, enraizado na conclusão da parábola do Bom Samaritano: "vá e faça o mesmo"; e (4) *improvisação*, ou a prática de permitir que o Espírito guie a Igreja em novas, mas confiáveis direções. O objetivo de ler Paulo dessa maneira pode ser resumido na expressão 'fidelidade criativa'.

Paulo, pastor-teólogo

Dessa forma, para os cristãos, Paulo não é simplesmente um enigma a ser resolvido, um oponente a ser derrubado ou mesmo um grande intelecto a ser admirado. Ele vem até nós, por meio de suas cartas, como nosso mestre e guia espiritual, como um canal da Palavra de Deus. O que é notável sobre Paulo — e Policarpo também percebe isso — é que suas cartas intelectualmente desafiadoras são o trabalho de um pastor, cujo objetivo é apenas a edificação da Igreja. Sua escrita é a de um pastor-teólogo cuja tarefa de ensinar a doutrina tem um propósito pastoral: a formação de melhores pessoas e comunidades cristãs.

Não é por acaso, portanto, que a teóloga Ellen Charry toma emprestado de Paulo o título de seu livro perspicaz, *By the Renewing of Your Minds: The Pastoral Function of Christian Doctrine* [Pela renovação de suas mentes: a função pastoral da doutrina cristã], um estudo de teólogos que praticaram a teologia de forma pastoral.[4] Ela considera Paulo o primeiro teólogo. Como Charry aponta em sua introdução, as famosas palavras de Paulo no início de Romanos 12 resumem sucintamente a abordagem do apóstolo à tarefa da teologia:

> Portanto, irmãos, rogo pelas misericórdias de Deus que se ofereçam em sacrifício vivo, santo e agradável a Deus; este é o culto racional [ou "razoável"] de vocês. Não se amoldem ao padrão deste mundo [ou "desta era"], mas transformem-se pela renovação da sua mente, para que sejam capazes de experimentar e comprovar a boa, agradável e perfeita vontade de Deus (Rm 12:1-2).

---

[4] Ellen T. Charry, By the Renewing of Your Minds: The Pastoral Function of Christian Doctrine (Nova York: Oxford, 1997).

Para Paulo, a tarefa do ensino e da reflexão teológica é transformadora tanto da mente quanto da vida, dos indivíduos e das comunidades. A verdadeira teologia também é doxológica, porque quando a vontade de Deus, 'o sonho de Deus',[5] é incorporada em pessoas transformadas, Deus é verdadeiramente honrado e glorificado. A verdadeira teologia é o trabalho de um pastor que tem o coração de um pastor de ovelhas, bem como uma mente de acadêmico.[6]

Paulo mostra constantemente seu compromisso com esse tipo de compreensão da teologia. Para ele, todo problema prático na Igreja tem uma causa e uma solução teológica, e toda afirmação teológica tem consequências práticas. Nada é demasiadamente mundano para que haja um apelo à cruz, à ressurreição, à parúsia e ao julgamento, à unidade e o caráter da Igreja, à fidelidade da aliança de Deus, ao senhorio de Jesus, a estar em Cristo, ao poder transformador do Espírito, ou outra das convicções teológicas centrais de Paulo. As divisões em Corinto, por exemplo, ou os debates sobre a circuncisão na Galácia, trazem à tona uma série de afirmações teológicas que fundamentam e sublinham as exortações concretas de Paulo.

O CARÁTER INDISSOCIÁVEL DA FÉ, ESPERANÇA E AMOR

Se a boa teologia é ordenada para fins pastorais, quais seriam esses objetivos para Paulo? A espiritualidade trinitária que encontramos no apóstolo sugere que poderíamos responder sucintamente sendo algo como "comunhão com Deus Pai, Filho e Espírito e, portanto, uns com os outros". Mais concretamente, ao longo deste livro vimos que a famosa tríade paulina de fé, esperança e amor permeia suas cartas. Policarpo também notou isso, falando vividamente da interconexão dessas três 'virtudes teológicas', como a tradição cristã passou a chamá-las. Sugerimos que, para Paulo, essas são virtudes *missionais*. Também tentamos indicar a centralidade dessas virtudes para Paulo, e para uma leitura teologicamente orientada de suas cartas, concluindo cada um dos capítulos sobre as treze cartas com a pergunta para reflexão e discussão: "Em suma, o que esta carta exorta a Igreja a acreditar, esperar e fazer [i.e., em amor]?"

---

[5] Devo essa frase à minha colega Amy Richter.
[6] Veja especialmente James W. Thompson, Pastoral Ministry, according to Paul: A Biblical Vision (Grand Rapids: Baker Academic, 2006).

Não é o propósito deste breve epílogo responder a essa pergunta em detalhes ou com profundidade; espero que os leitores tenham começado a fazer isso por si mesmos ao ler este texto. Ademais, tentei abordar esses tópicos de fé, esperança e amor (junto com poder) em outros lugares, em estudos abrangentes da espiritualidade de Paulo e a partir de sua visão missionária.[7] Porém, dois pontos principais para nós que vivemos hoje devem ser enfatizados: primeiro, que Paulo de fato vê essa tríade como uma unidade e, segundo, que Paulo entende e experimenta essa tríade apenas em função da cruz.

A unidade de fé, esperança e amor

Os debates teológicos sobre Paulo têm se centrado na justificação pela fé e no papel das 'boas obras' por meio milênio. Esses debates foram reacendidos, supostamente resolvidos e retomados mais uma vez durante o último meio século de descobertas e debates sem precedentes sobre o judaísmo nos dias de Paulo, por um lado, e diálogos ecumênicos e inter-religiosos sem precedentes, por outro. Em 1999, quando católicos romanos e luteranos chegaram a um acordo — na verdade, uma espécie de unidade na diversidade — sobre a 'doutrina' da justificação, houve grande regozijo em muitos (embora não em todos) círculos.[8] O resultado desse acordo pode ser declarado em duas afirmações: primeiro, que para Paulo e para a igreja cristã, a justificação ocorre unicamente pela graça divina; e, segundo, que a evidência da justificação é a manifestação de boas obras. Dito de outra forma, a justificação pela fé e uma vida de amor ao próximo são inseparáveis, como Policarpo já havia discernido em sua própria leitura de Paulo.

Na opinião de alguns observadores, incluindo o presente escritor, o acordo católico-luterano poderia ser articulado de maneira um pouco diferente e fortalecido por uma leitura ainda mais atenta de Paulo. Como vimos neste livro, para Paulo, justificação é o estabelecimento de relações corretas com o Deus de Israel, que agora chama todo o mundo

---

[7] Michael J. Gorman, Cruciformity: Paul's Narrative Spirituality of the Cross (Grand Rapids: Eerdmans, 2001); Becoming the Gospel: Paul, Participation, and Mission (Grand Rapids: Eerdmans, 2015).

[8] Declaração Conjunta sobre a Doutrina da Justificação, disponível em diversos formatos e edições. Em 2006, o Conselho Metodista Mundial também adotou o documento.

para fazer parte da aliança divinamente iniciada que requer e oferece amor a Deus e aos outros — uma aliança com dimensões 'verticais' e 'horizontais' inseparáveis. Essa aliança foi exibida e cumprida no único ato de fidelidade e amor de Cristo na cruz, um evento que foi simultaneamente uma expressão de sua obediência fiel a Deus (ou seja, amor a Deus) e sua devoção de autodoação aos outros (i.e., amor ao próximo). Responder e participar da cruz de Cristo é, portanto, entrar em um relacionamento de aliança tanto com Deus quanto com os humanos, no qual não pode haver relacionamento vertical (o que Paulo geralmente chama de "fé" ou "fidelidade") sem um relacionamento efetivo horizontal (o que Paulo normalmente chama de "amor"). Aqueles que tentam ter um sem o outro não entenderam o que Paulo é ou, no que diz respeito ao apóstolo, o que Deus é. Não existe, para Paulo, como para Dietrich Bonhoeffer, "graça barata".

Se a fé e o amor estão inextricavelmente interligados, o que dizer da esperança? Em um mundo cheio de poderes hostis e outros tipos de perigos, a esperança seria escassa ou teria um baixo custo pessoal, mas de forma alguma é o que Paulo acredita. Para ele, a esperança é o tempo futuro da fé, a certeza de que o que Deus fez na morte e ressurreição de Cristo — por nós, por toda a humanidade e, de fato, por todo o cosmos — será completado. Ela não pode ser frustrada por nenhum poder, humano ou demoníaco, que possa se mostrar vitorioso no momento. A esperança baseada em outro fundamento, que não seja nesse tipo de fé, é vazia e, de fato, perigosa. Nas suas formas mais distorcidas, a esperança não enraizada na fé pode levar a expressões idólatras de confiança em outros poderes que não sejam de Deus, e pode, ao mesmo tempo, levar também a ações de ódio, até mesmo a crimes contra a humanidade, em vez de atos de amor. O século 20 foi um período de muitas perversões da esperança. Em vez disso, como veremos a seguir, a esperança do evangelho significa que as comunidades cristãs podem ser uma testemunha viva dessa esperança, moldada pela fé e pelo amor e não pelo medo, por exemplo.

O caráter cruciforme da fé, esperança e amor

O segundo ponto principal que precisamos destacar sobre a unidade de fé, esperança e amor é que essa tríade só faz sentido para Paulo e para nós quando observada através das lentes da cruz. Fé, esperança e amor são, antes de tudo, aspectos da cruz de Cristo e, portanto, também dimensões de nossa resposta e participação nessa cruz.

Para muitos cristãos, a morte de Cristo permanece essencialmente uma transação entre Deus e a humanidade, na qual Cristo é uma figura voluntária, mas amplamente passiva. Em tal cenário, a cruz de Cristo não define nem a sua própria nem a nossa humanidade. A cruz é vista como a *fonte* de nossa salvação, mas não como a *forma* dela. Para Paulo, no entanto, a cruz de Cristo é a fonte *e* a forma de nossa salvação. Quando respondemos ao evangelho, abraçamos a cruz não apenas como um dom, mas também como uma exigência. Tomando emprestada a linguagem de Jesus, nós 'tomamos a cruz', começando uma vida que pode ser mais bem descrita com uma palavra: *cruciforme* — em forma de cruz. Nossa devoção a Deus, nosso amor pelos outros e nossa esperança para o futuro estão todos fundamentados e moldados pela cruz.

Em tal espiritualidade cruciforme, sacrifício, dificuldade e sofrimento não devem ser vistos como intrusos, mas como parte integrante do acordo, sustentado pela presença do Espírito como antegozo e garantia de uma futura ressurreição semelhante à de Cristo. No entanto, tais experiências não são fins em si mesmos. A cruciformidade, em harmonia com a própria cruz, sempre tem um objetivo, como o início de uma nova vida em Cristo, ou a reconciliação, ou o bem do outro, ou o bem-estar de uma comunidade. Viver em Cristo dessa maneira é trabalhar "com o grão do universo", para usar as palavras do falecido John Howard Yoder.[9] Por essa razão, traz mais alegria e felicidade do que qualquer espiritualidade triunfalista e barata atualmente no mercado.[10] É, paradoxalmente, cheia de vida ressurreta.

Jesus é Senhor

Tanto Paulo quanto seu antigo intérprete Policarpo compreendiam o mistério da existência cruciforme, porém sem um caráter depressivo. Eles compreenderam, pelo menos em parte, o significado da confissão

---

[9] John Howard Yoder, "Armaments and Eschatology", Studies in Christian Ethics 1 (1988): p. 58. A frase foi divulgada diante de um público mais amplo por Stanley Hauerwas; veja, por exemplo, sua publicação em 2001 Gifford Lectures: With the Grain of the Universe: The Church's Witness and Natural Theology (Grand Rapids: Brazos, 2001).

[10] Veja mais em Gorman, Cruciformity.

"Jesus é o Senhor". Ou melhor, talvez, porque foram capturados por essa revelação. *Jesus não está morto.*

Infelizmente, o significado da afirmação de que Jesus é o Senhor nem sempre capturou a imaginação da Igreja como fez no tempo do Império Romano. Como vimos ao longo deste livro, essa confissão revela a dimensão 'política' e também a 'religiosa' do cristianismo primitivo. Como essas duas dimensões da vida humana estavam inextricavelmente interligadas na antiguidade, o cristianismo primitivo não perguntava *se* política e religião estavam relacionadas, mas sim *qual* política afetaria a religião e vice-versa. Para Paulo e a Igreja primitiva, a resposta era a religião e a política do exaltado Messias Jesus crucificado. Isso era, naturalmente, uma realidade.

Sugerimos, portanto, que é mais apropriado falar do caráter *teopolítico* do evangelho de Paulo (veja o capítulo 4). Para ele, confessar Jesus como Senhor era uma admissão teopolítica. Significava que Jesus encarnava a reivindicação legítima do Deus de Israel à soberania e aclamação universal, e que todos os outros pretendentes ao lugar que é legitimamente de Deus somente deveriam ser rejeitados. Tais pretendentes obviamente incluiriam as divindades do mundo politeísta de Paulo. O apóstolo disse que as pessoas que reconheceram Jesus como Senhor deram as costas aos deuses pagãos e se voltaram para o único, verdadeiro e vivo Deus (1Ts 1:9-10).

Senhores e deuses

Não faltam em nosso mundo os chamados "deuses e senhores" (1 Co 8:5) que pretendem ser alternativas viáveis a Jesus como Senhor. Como N. T. Wright (entre outros) nos lembra, nossas culturas ocidentais supostamente "seculares" são, de fato, bastante religiosas; elas são pagãs.[11]

Isso não significa que haja um templo para Ártemis ou Ísis em cada esquina — embora algumas antigas divindades pagãs tenham encenado um retorno em certos círculos. Mais frequentemente, no entanto, nossas divindades pagãs, como muitas antigas, são valores culturais que foram idolatrados e, portanto, efetivamente deificados — como em Roma.

---

[11] E.g., N. T. Wright, What Saint Paul Really Said: Was Paul of Tarsus the Real Founder of Christianity? (Grand Rapids: Eerdmans, 1997), p. 153-57.

Essa competição contemporânea pelo evangelho cristão pode incluir as divindades pagãs de Luxúria, Prazer, Escolha; Orgulho, Proeza Atlética, Popularidade; Poder, Ambição, Ganância; Violência, Ódio, Vingança; e algumas das ideologias reinantes ou "ismos" de nossos dias: Racismo, Nacionalismo, Militarismo. Alguém duvidaria que a sociedade ocidental é religiosa, e também politeísta?

Essas divindades exigem a fidelidade das pessoas, seus sacrifícios de tempo, energia e dinheiro, e sua unicidade de propósito. Elas determinam os objetivos de seus adeptos e os meios para alcançá-los. A ética — o estilo de vida exigido pelas divindades — torna-se então apenas um meio para alcançar os fins exigidos pelas divindades. Essas personificações da moralidade desumanizam os relacionamentos, a sexualidade e até a própria vida.

Nesse contexto, o evangelho de Paulo sobre o senhorio de Jesus significa que as pessoas hoje, não menos que os tessalonicenses ou coríntios dos dias do apóstolo, são chamadas a se afastar dos ídolos e de sua ética idólatra que troca a virtude pelo vício, para servir ao Deus vivo e verdadeiro. Elas são instadas a oferecer sua mente e corpo como sacrifício vivo ao Deus conhecido mais plenamente no Filho de Deus. De fato, elas são convidadas a viver vidas determinadas por Jesus, o Senhor, e não por quaisquer divindades que procurem deslocar sua soberania.

Principados e potestades

Não era, e não é, apenas a realidade das divindades tradicionais que desafia o senhorio de Jesus para os cristãos. Já havia, e continua ativo ainda hoje o sistema de governantes e instâncias políticas — "principados e potestades" (Cl 2:15, NAA) — cujas ambições e ações contradizem o caráter e a realeza de Deus. Em uma palavra: se Jesus é o Senhor, Ele é o Senhor por causa de sua designação divina, e se Jesus é o Senhor, César não o é — mesmo que reivindique uma soberania divinamente designada.

Policarpo sabia muito bem disso. Quando preso e ameaçado de execução, foi-lhe pedido que simplesmente jurasse fidelidade ao soberano César, confessando que "César é o Senhor". "Apenas algumas palavras — que mal elas poderiam fazer?", perguntaram seus algozes romanos (*Martírio de Policarpo* 8). Mas Policarpo, assim como Paulo, havia sido preso por causa de Jesus Cristo e não podia trair aquele que lhe foi tão fiel por 86 anos. Ele se recusou a obedecer e morreu como mártir (*Martírio de Policarpo* 9-16).

Atualmente, poucos cristãos nas igrejas ocidentais enfrentam a possibilidade de encontros tão dramáticos com as autoridades civis. Mas isso pode se dar em parte porque os cristãos ocidentais falharam em ouvir as reivindicações teopolíticas radicais do evangelho de Paulo. A noção de que o evangelho de Paulo poderia desafiar 'principados e potestades' do mundo moderno tem sido muitas vezes esquecida, se não perdida, entre as ruínas da cristandade: religião civil, nacionalismo e devoções pessoais que nunca desafiam qualquer *status quo* — religioso, cultural ou político. No entanto, esse não é o caso em muitas partes do mundo.

Portanto, podemos agir de igual forma no Ocidente e imaginar que Jesus tenha o título de "Governador", "Primeiro Ministro", "Presidente" ou, talvez mais objetivo (especialmente para os norte-americanos), "Comandante-Chefe". Não que qualquer um desses títulos corresponda precisamente a "Senhor" ou transmita adequadamente a estima de Jesus que os cristãos modernos deveriam ter por Ele, mas sugerem que confessar Jesus sempre envolve uma reivindicação teopolítica e um desafio ao *status quo* político. Os cristãos norte-americanos, em particular, precisam refletir sobre o significado da confissão de que é Jesus, e não qualquer ser humano que, em última instância, é seu "Comandante-chefe" e, portanto, aquele que determina o tipo de "guerra" (espiritual) que eles devem conduzir nesta vida (veja, e.g., 2Co 10:1-6; Ef 6:10-20).

Isso nos traz de volta à questão de Paulo diante de Jesus. O apóstolo não está tão distante de Jesus como pode parecer à primeira vista. O reino de Deus no ensino de Jesus era sobre o reino universal do Deus de Israel e a criação de uma nova comunidade incorporando a aliança e o caráter de Deus, com seus membros vivendo juntos como discípulos de Jesus. Assim, também foi com Paulo, exceto que sua experiência do Jesus *ressuscitado* o levou a reformular a mensagem do reino de Deus como o senhorio de Jesus, Filho de Deus e Messias, e da vida *nele*. No contexto da Roma do primeiro século (e das superpotências do século 21), tanto Jesus quanto Paulo proclamaram, em palavras e atos, o 'império' de Deus.

Desse modo, Paulo desafia nossa fidelidade tanto ao paganismo quanto à política no processo de renovação de nossa mente individual e coletiva. Mas Paulo foi domesticado, encaixado em nossos preconceitos sobre a realidade e os valores supremos. No entanto, o evangelho de Jesus Cristo que Paulo pregou não pode ser domado por muito tempo, porque é o "poder de Deus para a salvação" (Rm 1:16), e seu poder é liberado no mundo de uma forma que liberta os seres humanos de tudo e de qualquer coisa que seja contrária ao caráter e à história de Deus, revelados no exaltado Messias crucificado. O que pode estar em falta hoje é um grupo de intérpretes de Paulo — comunidades de cristãos — tão completamente envolvidos por Jesus que contarão a história de seu senhorio com seus lábios e com sua vida. Mas para aqueles que acreditam no poder do evangelho de Paulo, mesmo essa lacuna no mundo não é um estado permanente de coisas, e não pode nem impedirá que o evangelho seja eficaz no mundo.

Vivendo a história:
a natureza do testemunho cristão

Isso nos leva, finalmente, àquilo que pode ser a necessidade mais básica nas igrejas cristãs de hoje em relação ao estudo de Paulo: é a necessidade de que as comunidades não apenas *leiam* as cartas de Paulo, mas as *vivam*, as encarnem e as "vivenciem". O objetivo final de toda interpretação bíblica é que os leitores se tornem uma exegese viva dos textos que leem, uma espécie de vivência.[12] Como o próprio formato dos capítulos sete a dezenove deste livro sugeriu, Paulo pretendia que a História e as histórias que ele contou — as histórias por trás e por dentro das cartas — tivessem continuidade no futuro: "a história diante da carta". O futuro dessas histórias é o nosso presente. Quase dezenove séculos atrás, o futuro das mesmas histórias era o presente de Policarpo.

Quando os soldados romanos que vieram prender Policarpo chegaram à casa onde o bispo estava hospedado, eles foram recebidos com uma apresentação simples, mas poderosa do evangelho que Paulo havia pregado e Policarpo havia exaltado em sua carta aos filipenses:

---

[12] Veja, entre outros, Nicholas Lash, in Theology on the Way to Emmaus (Londres: S.C.M., 1986), p. 37-46 ("Performing the Scriptures"); Michael J. Gorman, Elements of Biblical Exegesis: A Basic Guide for Students and Ministers, rev. e exp. ed. (Grand Rapids: Baker Academic, 2009), p. 139-66, esp. p. 163-65. Gorman, Becoming the Gospel; Samuel Wells, Improvisation: The Drama of Christian Ethics (Grand Rapids: Brazos, 2004).

Policarpo proveu uma refeição para os soldados (*Martírio de Policarpo 7*). Para aqueles que estavam prestes a consumar sua morte, Policarpo deu testemunho fiel ao oferecer sua hospitalidade — uma hospitalidade cruciforme e vivificante. Ao poderoso que deixou dolorosamente clara sua própria fraqueza, Policarpo manifestou o poder do evangelho e suas promessas paulinas: "Pois, quando sou fraco, é que sou forte"; "Tudo posso naquele que me fortalece" (2Co 12:10; Fp 4:13).

Como Jesus e como Paulo, Policarpo sabia que a cruz exigia uma história de vida, descrita, por exemplo, pelas bem-aventuranças (*Carta de Policarpo 2*). Policarpo também sabia que a história não era só dele para viver. Ele não viveu ou morreu sozinho, mas na companhia de outros contadores de histórias (*Martírio de Policarpo 19*). Eles eram mártires — 'testemunhas' — cuja vida e morte haviam sido "em conformidade com evangelho" (*Martírio de Policarpo 1.1*). Eles exibiram a virtude cristã primitiva básica de resistência fiel e paciente no sofrimento (gr. *hypomonē*). Curiosamente, em sua carta aos filipenses, Policarpo havia repetidamente exortado os filipenses a praticar essa virtude, citando Paulo (*Aos Filipenses 9*) como modelo. Em última instância, porém, Policarpo e seus companheiros não se tornaram conforme Paulo, mas em conformidade com Cristo. O próprio Paulo já havia dito aos coríntios, um século antes, que assim deveria ser (1Co 11:1). Tal conformismo improvisado, na medida em que foi e é uma expressão da fidelidade cristã, constitui também um verdadeiro ato de testemunho e de evangelização. Evangelismo ou testemunho à maneira de Paulo (ou de Policarpo) não é uma estratégia de *marketing* projetada para conquistar mais membros; é a proclamação fiel e centrada na cruz — em palavras e atos — do evangelho. Implica, portanto, o que chamei de 'tornar-se o evangelho'.

'Tornar-se o evangelho' significa assumir a forma da história que encontramos nos escritos de Paulo. O próprio Paulo disse isso de muitas maneiras, mas talvez nunca de forma tão perspicaz ou sucinta como neste texto de 2Coríntios:

> "Deus tornou pecado por nós aquele que não tinha pecado, para que nele nos tornássemos justiça de Deus." (2Co 5:21)

Aqui temos encarnação, expiação, substituição, graça, reconciliação, justiça restauradora, justificação, participação, transformação, testemunho, missão e até mesmo theosis, todos reunidos em um texto indivisível. Aqui está o entendimento de Paulo sobre salvação e missão em poucas palavras: participação transformadora na graça de Deus revelada em Jesus. Como Richard Hays colocou o assunto:

> [Paulo] não diz "para que *conheçamos* a justiça de Deus", nem "para que *creiamos na* justiça de Deus", nem mesmo "para que possamos *receber* a justiça de Deus". Em vez disso, a Igreja deve se *tornar* a justiça de Deus: onde a Igreja incorpora em sua vida conjunta o amor reconciliador do mundo de Jesus Cristo, a nova criação é manifesta. A Igreja encarna a justiça de Deus.[13]

Da mesma forma, Morna Hooker argumenta que o "nós" em 2Co 5:21:

> [...] tem um significado particular para o próprio entendimento de Paulo sobre discipulado e ministério, [e] torna-se um convite para que outros participem da atividade divina. O que Cristo é para nós — justiça, sabedoria, santificação, redenção — os cristãos devem ser agora para o mundo.[14]

Hooker e Hays estão falando do que podemos chamar de 'theosis missional coletiva': a compreensão de Paulo da participação comunitária na vida e missão de Deus — na justiça graciosa, amorosa, salvadora, pacificadora e restaurativa de Deus. Isso é o que Dietrich Bonhoeffer descreveu, não como imitação, mas como "metamorfose", isto é, a obra trinitária da "própria imagem de Deus, a forma de Cristo... [buscando] tomar forma dentro de nós (Gl 4:19, versão do autor)".[15] Tornamo-nos semelhantes a Deus quando participamos da missão de Deus manifestada em Cristo.

---

[13] Richard B. Hays, The Moral Vision of the New Testament: Community, Cross, New Creation; A Contemporary Introduction to New Testament Ethics (São Francisco: HarperCollins, 1996), p. 24.

[14] Morna D. Hooker, "On Becoming the Righteousness of God: Another Look at 2Co 5:21," NovT 50 (2008): p. 358–75 (aqui, p. 375). Hooker alude aqui a 1Co 1:30.

[15] Dietrich Bonhoeffer, Discipleship, vol. 4 de Dietrich Bonhoeffer Works, trad. Barbara Green e Reinhard Krauss (Mineápolis: Augsburg Fortress, 2001), p. 283, 284-85.

O que encontramos em 2Co 5:21 e textos semelhantes é uma boa notícia tanto como *fato consumado* quanto como convite. Essa boa notícia não envolve meramente *crer* no evangelho, mas *tornar-se* o evangelho. Significa transformação à imagem do Filho, assumindo sua forma cruciforme agora, pelo poder do Espírito de Deus, na expectativa de compartilhar sua glória da ressurreição mais tarde. Isso é precisamente o que Bonhoeffer e Policarpo, e tantos outros homens e mulheres fiéis desejaram acima de tudo — assim como o próprio Paulo.

O CONVITE DE PAULO PARA NÓS

Paulo, nosso contemporâneo, também nos convida a ouvir o chamado e a promessa do evangelho. Ele nos chama não apenas como leitores, ou como indivíduos, mas como *comunidades de intérpretes*, como 'alguém *que se transforma no evangelho*'. Ele nos chama para uma morte com Cristo que pode não ser literal, mas ainda assim será de alto custo, e Ele promete — ou melhor, Deus promete por meio dele — a alegria de uma nova vida no presente, bem como a esperança certa de ressurreição no futuro. Especialmente, a missão da Igreja é encarnar a cruz paradoxal e vivificante de nosso Senhor, a cruz que começou com encarnação e ministério e terminou com ressurreição e exaltação. Essa é, portanto, uma missão de praticar a crucificação e a ressurreição *simultaneamente*. Essa jornada missionária será tanto teopolítica quanto culturalmente alternativa, como vimos ao longo deste livro. Estar em Cristo é participar de uma comunidade subversiva — uma comunidade *benevolentemente* subversiva e vivificante patrocinada por um Senhor benevolente, salvador, redentor e restaurador.

O apóstolo do Senhor crucificado nos convida, como o fez aos tessalonicenses, a encarnar uma esperança que gera santidade e bondade, testemunho fiel e amor; como os gálatas, a nos tornarmos comunidades de Cristo e do Espírito as quais acolhem pessoas de todos os gêneros, raças e condições socioeconômicas; como os coríntios, a encarnar um amor generoso e uma justiça em forma de cruz que se dispõe a esvaziar-se pelo bem do outro ou de toda uma comunidade; como os filipenses, a viver com outros crentes em unidade e humildade, dando testemunho fiel por palavra e ação diante de adversários internos e externos; como os romanos, a nos tornarmos comunidades multiculturais que oferecem adoração a Deus e hospitalidade cruciforme aos amigos que divergem e aos inimigos que dominam; como os colossenses e efésios, permitir que nossos relacionamentos sejam reformados pelo poder do evangelho do senhorio cósmico de Cristo; e, como Filemom, Timóteo e Tito, oferecer liderança às comunidades pelo exemplo evangélico.

Em síntese, Paulo nos convida à fidelidade cruciforme, esperança e amor como a forma consistente e coerente de nossa vida em comunidade, tanto na igreja quanto em público — isto é, como uma outra cultura, uma política alternativa vivida diante de Deus e dos outros. Essas três virtudes cristológicas e missionais, proclamadas em palavras e obras, constituem na Igreja de Deus e por meio dela o poder do evangelho, que é o poder do Senhor crucificado e ressurreto, no mundo.

Perguntas para reflexão e discussão

1. Quais são algumas das questões discutidas nas cartas de Paulo que parecem mais contemporâneas? Mais estranhas ou irrelevantes? Com relação a este último grupo, ainda é possível encontrar analogias contemporâneas com essas questões, ou com algum dos princípios que elas incorporam?
2. Quais são as consequências teológicas, espirituais e morais de ver a cruz como a fonte, mas não a forma de nossa salvação? De separar fé e amor?
3. De que maneiras concretas o evangelho do senhorio de Jesus é desafiado pelos senhores, deuses, principados e potestades de hoje?
4. Que tipos de práticas impedem ou ajudam a Igreja a se tornar no próprio evangelho: uma comunidade missionária transformada, cruciforme e vivificante, capaz de discernir e fazer criativamente a vontade de Deus?
5. Como, em suma, a recuperação do evangelho e das cartas de Paulo pode ajudar na renovação da Igreja, dentro de uma cultura pós-cristã, para que ela possa incorporar uma vida de fé (plenitude), esperança e amor em testemunho do senhorio de Jesus?

Para leitura e estudo adicionais

Babcock, William S., ed. *Paul and the Legacies of Paul*. Dallas: Southern University Methodist Press, 1990. Ensaios de ilustres estudiosos do cristianismo primitivo sobre a influência de Paulo na teologia e prática cristãs do final do primeiro ao quinto século.

Bonhoeffer, Dietrich. *Discipleship.* Vol. 4 of *Dietrich Bonhoeffer Works.* Trad. por Barbara Green e Reinhard Krauss. Mineápolis: Augsburg Fortress, 2001. Obra clássica do pastor-mártir alemão que usou os evangelhos e as cartas paulinas para demonstrar a o alto custo da graça do discipulado contra a graça barata de um estabelecimento cultural e religioso supostamente cristão. (Também traduzido como *O preço do discipulado.*)

Charry, Ellen T. *By the Renewing of Your Minds: The Pastoral Function of Christian Doctrine.* Nova York: Oxford, 1997. Um estudo de teólogos, começando com Paulo, que entenderam a tarefa da teologia como formação intelectual e moral.

Gorman, Michael J. *Cruciformity: Paul's Narrative Spirituality of the Cross.* Grand Rapids: Eerdmans, 2001. Análise de Paulo da espiritualidade trinitária e centrada na cruz, com um capítulo conclusivo que se concentra especificamente na relevância contemporânea de Paulo.

____. *Becoming the Gospel: Paul, Participation, and Mission.* Grand Rapids: Eerdmans, 2015. Uma interpretação de Paulo e de várias cartas paulinas na perspectiva da 'hermenêutica missional'.

Hall, Douglas John. *The Cross in Our Context: Jesus and the Suffering World.* Mineápolis: Augsburg Fortress, 2003. A centralidade da cruz para o discipulado contemporâneo.

Harink, Douglas. *Paul among the Postliberals: Pauline Theology beyond Christendom and Modernity.* Grand Rapids: Brazos, 2003. Temas paulinos em teólogos como Yoder e Hauerwas, e acerca da relevância de Paulo segundo intérpretes recentes.

Kirk, J. R. Daniel. *Jesus Have I Loved, but Paul? A Narrative Approach to the Problem of Pauline Christianity.* Grand Rapids: Baker Academic, 2012. Paulo como um intérprete fiel de Jesus, dissipando frequentes interpretações errôneas tanto de Jesus quanto de Paulo.

Matera, Frank J. *Strategies for Preaching Paul.* Collegeville, MN: Liturgical, 2001. Uma exposição das cartas de Paulo, organizadas de acordo com o lecionário (anos A, B e C), oferecendo ajuda contextual, exegética e temática.

McKnight, Scott, e Joseph Modica, eds. *The Apostle Paul and the Christian Life: Ethical and Missional Implications of the New Perspective.* Grand Rapids: Baker Academic, 2016. Principais estudiosos sobre a relevância contínua de Paulo.

Thompson, James W. *Preaching Like Paul: Homiletical Wisdom for Today.* Louisville: Westminster John Knox, 2001. Análise da pregação de Paulo (revelada em suas cartas) como modelo de pregação pastoral formadora de comunidade.

____. *Pastoral Ministry according to Paul: A Biblical Vision.* Grand Rapids: Baker Academic, 2006. A compreensão de Paulo do ministério pastoral como transformação da comunidade.

____. *The Church According to Paul: Rediscovering the Community Conformed to Christ.* Grand Rapids: Baker Academic, 2014. Exame altamente perspicaz e relevante da *ekklēsia* em Paulo.

Sua opinião é importante para nós.
Por gentileza, envie-nos seus comentários pelo e-mail:

editorial@hagnos.com.br

Visite nosso site:

www.hagnos.com.br